工商管理经典译丛·会计与财务系列
BUSINESS ADMINISTRATION CLASSICS

中级会计学
——基于IFRS（上册）
·········· 第 ❷ 版 ··········

唐纳德·基索（Donald E. Kieso）
杰里·韦安特（Jerry J. Weygandt）　著
特里·沃菲尔德（Terry D. Warfield）

周　华　张姗姗　张卓然　等　译

INTERMEDIATE ACCOUNTING:IFRS EDITION
············· Second Edition ·············

中国人民大学出版社
·北京·

译者序

国际会计准则理事会(International Accounting Standards Board,IASB)所推广的国际会计准则(International Accounting Standards,IAS)和国际财务报告准则(International Financial Reporting Standards,IFRS)在欧美证券市场具有一定影响。它们还被部分国家和地区借鉴,作为当地会计法规的立法蓝本。此外,个别国家和地区甚至直接采用国际财务报告准则,作为当地的会计规则。

在我国,能够深入浅出地对国际准则进行辩证讲解的入门教材为数不多,初学者想要初步掌握 IFRS 的整体脉络,往往感到无从下手。由基索教授、韦安特教授和沃菲尔德教授联袂编写的《中级会计学——基于 IFRS》(第 2 版),对 IFRS 进行了比较深入的讲解,是初学者快速掌握 IFRS 的有益参考。* 我们很荣幸能有机会牵头翻译,并向读者朋友们推荐这部优秀教材。

这部教材具有很多鲜明的特色,现列出其中的三个特点予以说明。

第一,本教材结合经济业务的原理来阐释会计处理规则,有助于初学者快速提升专业胜任能力。教材从讲解实际业务入手,让读者在学习会计处理之前,能够对商业活动有一个感性的认识。例如,第 21 章在讲解租赁的会计处理之前,先行讲解租赁业务的产生、发展、经济实质,以及租赁与借款购置资产相比所具有的优势,这种详尽的、接地气的讲解对于读者掌握经济业务要领、理解会计处理规则具有较大的帮助。教材配有内容丰富、篇幅精干的案例,有助于读者进一步拓展思想维度。

第二,本教材通过设置"理论争鸣""数字背后的故事"等专栏,介绍了理论界对某些会计规则存在的争议,帮助读者既知其然又知其所以然。例如,第 12 章在讲解研发支出的会计处理规则时,同时讲解了资本化的主张和费用化的主张;第 24 章在讲解财务报告的充分披露问题时,给出了理论界关于披露质量和数量的争论。这些理论争鸣有助于读者站在更高的层次去理解会计准则的设计理念,也有助于授课教师灵活地组织开展课堂讨论。

第三,本教材不仅详尽地讲解了国际财务报告准则的具体规则,还扼要阐释了 IFRS 与美国证券市场上的公认会计原则(Generally Accepted Accounting Principles,GAAP)的异同。众所周知,西方主要发达国家鲜有采用国际财务报告准则的,美国证券市场对待国际趋同的态度出现了反复,短期内不会考虑与国际财务报告准则趋同。在这样的大背景下,教材专栏所提供的比较信息对于读者朋友拓宽视野并辩证地

---

* 该书的 GAAP 版现今已经发行十多个版本,在国际上享有盛誉,其最新中译本为基索等著的《中级会计学(第 13 版)》(北京:中国人民大学出版社,2016)。

看待 IFRS 具有重要意义。

本书由中国人民大学商学院"会计学原论"研究组组织翻译。具体分工如下：

初稿翻译：张姗姗、张卓然、莫彩华、吴晶晶、刘畅、于秉南、秦雯、徐畅

初稿校对：张姗姗、张卓然、莫彩华、吴晶晶

统校统译：周华、张姗姗、张卓然

限于译者的学识水平，译文难免不妥之处，敬请读者批评指正。

周 华 张姗姗 张卓然

前　言

全球化进程日益凸显。由于国家之间在经济等方面的互动越来越频繁，全球资本市场必须提供高质量的财务信息。为了实现这一目标，我们需要一套高质量的财务报告准则。所幸，国际财务报告准则（International Financial Reporting Standards，IFRS）得到了较为广泛的认可，已在 115 个国家中至少以某种形式予以实施。有证券监管机构将 IFRS 评价为现存最优的全球统一的高质量会计准则。

变革无时无刻不在持续

大多数国家希望加速接受并实施 IFRS 的进程。已有很多国家将国内会计准则变更为国际财务报告准则。学生和教学工作者都需要辅助他们应对这一变革的教学资料。我们修订《中级会计学——基于 IFRS》正是为了继续帮助读者理解 IFRS 的内容，以及 IFRS 在实务中的应用方法。例如，我们依照现行实务标准对公允价值计量、租赁业务发展、收入确认、财务报表列报等问题进行了解读。另外，我们还根据新的财务报告概念框架对正在修订的准则进行了讨论，分析这些问题在未来会如何被准则制定机构予以解决。

会计全球化概览

虽然 IFRS 得到了较为广泛的认可，但并不是所有的国家都实施这套准则。例如，美国的公司在编制财务报表时仍然在执行美国公认会计原则（U. S. Generally Accepted Accounting Principles，U. S. GAAP）。事实上，公司按照 U. S. GAAP 和 IFRS 分别进行账务处理所呈现出的报表差别就可能凸显或淹没企业的一项竞争优势。因此，理解两套准则的差异对于分析公司业绩可能是很重要的。另外，国际会计准则理事会（International Accounting Standard Board，IASB）和美国财务会计准则委员会（Financial Accounting Standard Board，FASB）正在共同致力于他们所制定的两套规则的合理趋同。因此，我们在章末设置了"国际会计视野"栏目，清晰地列示 U. S. GAAP 和 IFRS 之间现存的重要区别，以及两大机构为了消除这些区别正在进行的努力。借由这些内容，学生在学习本教材之后可以真正接受到全球化会计教育。

《中级会计学》系列教材

《中级会计学——基于 U. S. GAAP》是帮助理解美国公认会计原则及其实践应用的领先教材。而在本书中，我们努力继续提供与国际财务报告准则相适应的会计领域教学资料。本教材内容全面、与时俱进，同时使教师方便灵活选择教学覆盖范围。

我们为《中级会计学——基于 IFRS》的出版感到兴奋。我们相信对学习 IFRS 感兴趣的教师和学生会体会到本教材的实用性。如果读者对本教材有任何意见和建议，请发邮件给 AccountingAuthors@yahoo.com，我们非常欢迎您与我们联系。

目 录

第1章

财务报告与会计准则

学习目标

学完本章后，你应该能够：

1. 描述国际资本市场的日益重要性及其与财务报告的关系。
2. 了解财务报表的主要类型以及财务报告的其他形式。
3. 解释会计在资源优化配置中的作用。
4. 解释高质量会计准则的必要性。
5. 了解财务报告的目标。
6. 了解主要的准则制定机构以及准则制定程序。
7. 解释国际财务报告准则（IFRS）的含义以及作用。
8. 描述财务报告所面临的挑战。

国际财务报告的变革

当今时代，国际贸易高度自由化，世界各经济体之间高度关联。很多公司不仅在本国经营业务，还在世界各地从事国际化生产和经营活动。而且，公司现在不仅可以在本国资本市场上进行融资，还可以走出国门，到世界各地的资本市场上融资。正是因为这种经济全球化趋势，很多公司越来越意识到一套统一的财务报告准则的必要性。为了提高全球化时代的经济运行效率，一项业务不管发生在北京、巴黎还是纽约或者伦敦，其对外报告的方式应当是一样的。

为此，财务报告正在发生一场深刻的变革。过去，世界各国基本都会制定一套只针对本国公司的财务报告准则，还有一些国家则选择跟从欧洲或者美洲的一些国家来制定其财务报告准则。但现在，一套被称为"国际财务报告准则"（International Financial Reporting Standards，IFRS）的财务报告准则为世界上超过 115 个国家所采用。下面是对 IFRS 的一些评论。

● 始于 2007 年的全球金融危机及其后续影响有力证明了世界各资本市场之间的高度关联性以及当前资本市场对一套统一的财务报告制度的需求紧迫性。这也是为什么 G20 会支持国际会计准则理事会（International Accounting Standard Board，IASB）的工作，并要求加快推进"全球会计制度"的相关程序。[Michael Prada，国际财务报告准则基金会主席]

● 大型跨国公司都意识到了采纳一套统一的财务报告准则的好处。那样，公司的信息管理系统更为流畅，内部培训机制更为方便，并且公司还可以更加便利地与外部利益相关者沟通。事实上，与 IFRS 趋同的意义不仅在于会计方面，更在全球经济方面。[David Tweedie，原 IASB 主席]

● 不同国家财务报告准则之间的差异每年会给公司带来数百万美元的协调成本。而在国际经济层面，这甚至会大大降低资本的运行效率。因此，（社会）对一套高质量的国际会计准则的需求越来越强烈。[Robert Herz，原 FASB 主席]

● 当前 IFRS 被越来越多的国家和地区采用。这充分说明了通过各国采纳 IFRS 的方式来统一国际财务报告准则是实现全球会计统一最为可行的方法。这主要是因为 IASB 组织架构合理，制定程序开放，所制定的准则合理。IASB 在制定准则过程中会及时与外界进行互动，参考各方专业人士的意见。[KPMG]

● 亚洲金融海啸、安然公司和世通公司会计丑闻，以及欧洲统一资本市场的建立，推动了全球统一会计准则的形成与发展。几乎所有与会计相关的国际组织都为我们制定一套国际统一的财务报告准则和会计语言提供了帮助和支持。〔Hans Hoogervorst，IASB 主席，2013 年 7 月〕

上述言论说明国际财务报告准则的制定程序正在发生巨大变化。希望这些程序可以制定出一套有效的国际会计准则，这会使大家都受益。

◈ 本章概览

正如本章开篇所提到的，越来越多的国家开始采用 IFRS。而在世界 500 强公司当中，有 310 家公司采用了 IFRS。但是，在完善这些准则时，会计行业仍然面临很多挑战，比如如何完善概念框架，如何使用公允价值计量，如何看待合并报表，如何应对表外融资，以及如何合理记录租赁、养老金等业务。本章主要讨论国际财务报告的背景以及影响它的其他事项，具体如下：

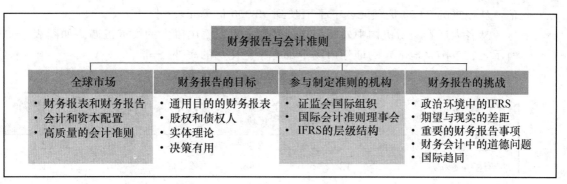

1.1　全球市场

全球市场越来越相互交融，比如一个人可能开着日本车，穿着意大利的鞋子和毛衣，喝着巴西咖啡和印度的茶，吃着瑞士巧克力棒，用着丹麦家具，看着美国的电影，还用着阿拉伯石油。大量且种类繁多的进出口贸易意味着国际贸易的繁荣发展，对很多公司来说，全世界都是它们的市场。

为了提供经济全球化相关的一些证据，图表 1－1 提供了 20 家跨国公司的销售情况。

图表 1－1　　　　　　　　　　**跨国公司**　　　　　　　　单位：百万美元

排名	公司	国家	收入	排名	公司	国家	收入
1	荷兰皇家壳牌石油	荷兰	484 489	6	中石油	中国	352 338
2	埃克森美孚	美国	452 926	7	国家电网	中国	259 142
3	沃尔玛	美国	446 950	8	雪佛龙	美国	245 621
4	英国石油	英国	386 463	9	康菲石油	美国	237 272
5	中石化	中国	375 214	10	丰田汽车	日本	235 364

续

排名	公司	国家	收入	排名	公司	国家	收入
11	道达尔	法国	231 580	16	德国意昂集团	德国	157 057
12	大众汽车	德国	221 551	17	埃尼集团	意大利	153 676
13	日本邮政控股	日本	211 019	18	荷兰国际集团	荷兰	150 571
14	嘉能可国际	瑞士	186 152	19	通用汽车	美国	150 276
15	俄罗斯天然气工业股份公司	俄罗斯	157 831	20	三星电子	韩国	148 944

资料来源：http://money.cnn.com/magazines/fortune/global500/2012/.

此外，由于技术的进步和管制的放松，投资者现在可以在多个国家进行海外投资和财富配置，因而有时还需要对国外公司进行财务分析和决策。同样，很多投资者为了分散其投资组合的风险，还会将重点投向海外市场。因此，很多投资者现在都会持有海外公司的证券。比如，美国投资者在海外的股权投资规模在近 7 年内增长了 20 倍，从原来的 2 000 亿美元一下子增长到 42 000 亿美元。

从各大证券交易机构中外国公司的数量也可以看出巨大的投资机遇。如图表 1 - 2 所示，在各国（地区）的证券市场中都有一定比例的海外公司。

图表 1 - 2　　　　　　　　　　证券交易市场

证券交易所	总交易量（百万美元）	上市公司总数	本国公司	外国公司	外国公司占比（%）
纽约泛欧证券交易所（美国）	18 027 080	2 308	1 788	520	22.5
纳斯达克交易所	12 723 520	2 680	2 383	297	11.1
东京证券交易所	3 986 204	2 291	2 280	11	0.5
伦敦证券交易所	2 825 662	2 886	2 288	598	20.7
纽约泛欧证券交易所（欧洲）	2 125 422	1 112	969	143	12.9
韩国证券交易所	2 022 640	1 816	1 799	17	0.9
法兰克福证券交易所	1 750 853	746	670	76	10.2
香港证券交易所	1 444 712	1 496	1 472	24	1.6
澳大利亚证券交易所	1 194 163	2 079	1 983	96	4.6
台湾证券交易所	887 520	824	722	52	6.3
新加坡证券交易所	284 289	773	462	311	40.2

正如上文所述，资本市场现在越来越互相关联，公司也拥有非常大的自由度选择融资的市场。如果资本市场之间没有任何关联度，那么公司只能在一个地方进行融资，并且影响资本成本的因素只有公司自身的特征。由于资本市场之间的关联度，原本的地域限制被打破。因此，公司拥有了更多的融资地域选择。而采纳统一的国际会计准则会进一步刺激这一趋势。

□ 1.1.1　财务报表和财务报告

会计是一门商业语言。有位经济学家和政治学家曾提到，会计是促进资本市场形成和发展的重要因素之一。会计的主要特征是：确认、计量经济实体的财务信息，并向利益相关者报告。财务会计主要为企业内部和外部利益相关者编制企业财务报告。使用财务报告的利益实体主要有投资人、债权人、管理层、工会以及政府机构等。作为对比，管理会计主要是识别、计量、分析管理层计划、控制和评估公司业绩所需要了解的财务信息，并向管理层报告。

财务报表是公司对外报告自身财务状况的主要途径。财务报表以货币的形式对外报告公司的历史业绩，主要包括：（1）资产负债表；（2）利润表；（3）现金流量表；（4）所有者权益变动表。此外，财务报表附注也是每张财务报表的有机组成部分。

有些财务信息只有财务报表以外的财务报告形式才能提供，或者通过其他形式能够更好地将信息提供给使用者。比如，公司董事长的声明或者年报中的补充报告、招股说明书、提交给政府的文件、与公司相关的新闻、管理层预测以及社会或环境影响报告等。而公司可能因为司法判决、政府规制或者某些惯例而需要提供这些信息。

在本书中，我们主要关注两类财务信息的发展：（1）基本财务报表；（2）相关披露信息。

□ 1.1.2　会计和资本配置

因为资源是有限的，所以人们在投资时一般比较谨慎并需要确保他们的资源被有效利用。与此同时，资源是否能被有效利用决定着公司的发展。这就是会计专业所面临的任务。

会计师必须及时提供能够准确、公允地反映公司业绩的会计信息，从而使真正好的公司吸引到投资资本。比如，可靠并且相关的财务信息可以使投资人和债权人比较像 IBM、麦当劳、微软以及福特这些公司的收入和资产。这些信息使用者会据此评估与投资相关的收益和风险并进行投资决策，从而使资本的配置更为有效。图表 1-3 展示了具体过程。

图表 1-3　　　　　　　　　　　资本分配过程

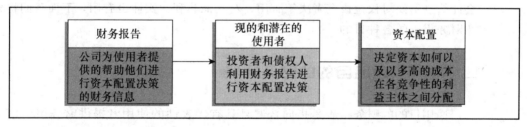

有效的资本配置是经济健康发展的关键，可以促进产品生产、鼓励产业创新，并且为证券交易和信贷提供高效率的市场环境。不可靠、不相关的信息则会导致资本配置的低效，进而影响证券市场。

□ 1.1.3　高质量的会计准则

为了提高资本的配置效率，投资者需要与其决策相关的、如实反映的信息，以帮助他们作出正确的决策。比如，假设你对通信行业感兴趣。现在知道，世界最大的四家通信运营商包括日本电报电话公司、德国电信公司、西班牙电信公司和美国电话电报公司。在这四家公司中，你如何决定投资哪一家呢？你如何对比日本电报电话公司和德国电信公司呢？

为了提高不同国家公司财务信息的可比性，制定一套公认的高质量的统一会计准则就显得非常必要。这样投资者就能够对日本的公司和德国的公司进行更为直接的对比，进而作出更加可靠的投资决策。但是如何能够制定出一套公认的高质量的会计准则并最终落实呢？下面是一些基本的因素：

1. 需要一个专门的准则制定机构负责制定统一的会计准则。
2. 统一会计准则必须前后一致、连贯。
3. 通用的披露规则。
4. 一套与之相适应的统一的审计准则。
5. 不同国家执行会计制度的思路相近。
6. 市场参与者必须受过相应的教育。
7. 需要相似的会计信息管理系统。
8. 世界各国公司管理制度和法律架构应该相近。①

庆幸的是，正如前文所述，财务报告环境正在发生巨大的变革，这将有利于一套高质量的统一会计准则的实现。各国会计准则制定机构以及相关监管机构也都意识到，实施一套高质量的统一会计准则将进一步优化资本市场结构，帮助投资者提高理解能力。

1.2 财务报告的目标

财务报告的目标（或目的）是什么？财务报告的通用目的是向已有和潜在股权投资者、贷款人和其他债权人提供决策所需的关于报告实体的财务信息。这些决策包括买入、卖出或持有公司股票与债券和提供或终止贷款以及其他形式的借款。[1]此外，会计信息不仅对权益投资者决策有用，对其他非利益实体也有用。下面我们将分别介绍财务报告的各种目的。

□ 1.2.1 通用目的的财务报表

通用目的的财务报表是指向普遍且具有代表性的使用者提供财务报告信息。比如，当雀巢公司对外报告其财务报表时，这些报表同时提供给股东、债权人、供应商、员工以及政府来了解公司的财务状况和经营业绩。雀巢公司报表的信息使用者需要这些信息来做有效决策。为了节约提供信息的成本，通用目的的财务报表是最为合适的。换句话说，通用目的的财务报表以最小的成本提供了最有用的信息。

---

① Robert H. Herz, "Towards a Global Reporting System: Where Are We and Where Are We Going?" AICPA National Conference on SEC and PCAOB Reporting Developments (December 10, 2007).

□ 1.2.2 股权和债权人

财务报告目标将股权投资者和债权人作为通用财务报表的主要使用者，通用财务报告也主要围绕他们的需求。比如，当雀巢公司发布其财务报告时，它主要聚焦于投资者和债权人的需求，因为他们对财务报告的需求最为精细和急切。投资者和债权人需要通过财务信息了解雀巢公司的净现金流情况和资产的保值增值（即管理层的受托责任）。所以，主要的信息使用者不是管理层、政府监管部门或者其他非投资者。

> **数字背后的故事　　不要忘了受托责任**
>
> 除了提供与未来现金流相关的决策有用的信息以外，管理层同样负有为投资者监督和保全公司经济资源的责任，并保证资源的高效利用。例如，雀巢公司的管理层有责任保证公司资源不因经济因素而遭受贬值，比如价格、科技和社会的变化。因为雀巢公司管理层履行职责（即受托责任）的表现通常会影响公司获得现金净流入的多少，因此可以看出，财务报告在提供决策有用的信息的同时还可以评价管理层履行职责的状况。[2]

□ 1.2.3 实体理论

实体理论是通用财务报告目标的一部分，即公司被视作一个与其所有者（当前股东）独立的分离的实体。比如，雀巢公司的资产被视作公司的资产，而不是具体债权人或投资者的资产。但是，这些投资者和债权人对雀巢公司的资产拥有股权或债权形式的追索权。实体理论与公司的经营环境也是一致的，即报告财务报告的公司与其投资者（包括股东和债权人）是独立的、有很大区别的。因此，那种只以股东作为财务报告的焦点的观点——通常称作所有权理论——被认为是不合理的。

□ 1.2.4 决策有用

投资者之所以对财务报告感兴趣，是因为它给投资者提供了决策有用的信息（即所谓的决策有用观）。正如之前提到的，投资者在做决策时比较关注评估：（1）企业获得现金净流入的能力；（2）管理层保证投资者资本保值增值的能力。因此，财务报告应该帮助投资者评估未来所能获取股利和利息的数额、时间和不确定性，并且能帮助其评估出售股权、赎回企业债权或持有至到期投资的可能收益。为了作出决策，投资者必须了解企业有什么经济资源、谁对这些资源有索取权、经济资源的价值有何变化等问题。财务报表和相关附注解释应该是这些信息的主要来源。

这里重点提到的"评估未来现金流"并不意味着收付实现制比权责发生制更加重要。基于权责发生制的会计信息克服了现金收支对收入费用确认的财务影响，可以更好地反映公司当前和持续产生优质现金流的情况。

回忆你们初级会计课程中提到的权责发生制会计的目标：权责发生制会计允许公

司在业务发生的时候就将影响财务报表的事项记录在财务报表中，而不是在收到或支付现金的时候。使用权责发生制记录的净利润意味着当公司对外出售产品或者提供服务时就确认收入，而不是在它收到现金的时候。同理，当费用发生的时候就确认费用，而不是在支付现金的时候。在权责发生制会计下，一般一家公司在实现销售的时候就会确认收入，这样公司就可以在销售收入实现的时候就将收入和当期经济环境联系起来。从长期来看，销售和费用比现金收付更加具有经济意义。[①]

1.3　参与制定准则的机构

之前，大多数国家都会让自己国家的准则制定机构制定准则。比如，加拿大有会计准则理事会，日本有日本会计准则理事会，德国有德国会计准则委员会，而美国则有财务会计准则委员会（FASB）。这些准则委员会制定准则的概念框架和目标都不太一样，准则类型既有原则导向又有制度导向，既有税收导向又有业务导向。

国际上负责准则制定的主要机构是总部位于英国伦敦的国际会计准则理事会（International Accounting Standards Board，IASB）。IASB 发布的国际财务报告准则（IFRS）被大多数国家的公司采用，同时也被一些在美国上市的外国公司采用。正如前面所提及的，现在 IFRS 已经被超过 115 个国家采用，并且有越来越多的国家准备采用。

IFRS 为公司提供了一个编制统一财务报告的参考，也方便了投资者比较不同国家公司的财务信息。所以，我们在这里主要介绍 IFRS 和制定 IFRS 的国际会计准则理事会。（美国制定会计准则的体系请参见 www.wiley.com/college/kieso。）除了 IASB 外，另一个负责制定国际会计准则的机构是证监会国际组织。

1.3.1　证监会国际组织

证监会国际组织（International Organization of Securities Commissions，IOSCO）是各证券暨期货管理机构所组成的国际合作组织。组织的成员主要是各国证券监管机构。它并不直接制定国际会计准则，其主要责任是确保国际资本市场的有效运转，其成员单位比如法国、德国、新西兰以及美国证监会都下定决心解决下列问题：

- 相互合作制定出高质量的监管规则，从而保证市场的公平、高效及健康。
- 做到信息、经验共享，从而推动国内市场的发展。
- 联合制定有效的国际证券交易规则和监督体系。
- 互相支持，促进对规则严格的执行和对违规行为有效的打击，推动资本市场的完善发展。

IOSCO 支持将 IFRS 作为全球统一的高质量的会计准则。它建议成员允许跨国上

---

① 这里用到的现金流是指"经营活动产生的现金流"。现金流还经常包括借款和还款等筹资活动现金流、对外投资或接受股东投资或分配股利等投资活动现金流。

市的公司使用 IFRS，进而推动跨境合作，减少全球系统性风险，从而保护投资者，推动证券市场的公平、有效发展（详见 http://www.iosco.org/）。

数字背后的故事　　全球统一会计准则的进程如何

会计准则全球统一的发展进程如何？为了回答这个问题，IASB 对 IFRS 在全球范围内的接受程度进行了调查。调查结果显示，95% 的国家和地区支持将 IFRS 作为唯一的全球会计准则。这些国家中还包括尚未实施 IFRS 的美国。

超过 80% 的国家和地区将 IFRS 作为上市公司对外报告的会计准则。剩下的有 11 个尚未采纳 IFRS 的国家采取了一系列重要措施向 IFRS 趋同。采纳 IFRS 的部分国家和地区在具体实施 IFRS 时进行了微小的调整，以便更为平稳地从其本国的会计准则转换到 IFRS。可以预见，这些调整产生的差异会在不久的将来被消除。此外，超过 40% 的国家则是直接采纳并实施了 IFRS。

不可否认的是，目前还有少数重要的经济体没有或者没有完全采纳 IFRS。但是那些国家的趋同工作已经在快速推进。比如，日本已经允许实施 IFRS，并且扩大了使用 IFRS 的公司的范围。美国也已经允许非美国上市公司采用 IFRS。现在，已经有 450 家外国企业采纳了 IFRS，代表了整个市场数万亿美元的资本。综上，世界各国采纳 IFRS 的进程得到了很好的发展。

资料来源：Adapted from Hans Hoogervorst, "Breaking the Boilerplate," IFRS Foundation Conference (June 13, 2013).

1.3.2　国际会计准则理事会

国际会计准则制定体系由四个机构组成。

1. 国际财务报告准则基金会。该机构对国际会计准则理事会、国际财务报告准则咨询委员会和国际财务报告解释委员会三个机构进行监督。它负责提名理事会的成员、监督组织运行的有效性以及为其他三个机构筹集资金。

2. 国际会计准则理事会。该机构负责制定一套统一的、高质量的并且可行的通用目的的国际财务报告准则。[①]

3. 国际财务报告准则咨询委员会。该机构负责向 IASB 提供准则制定方面的意见。

4. 国际财务报告解释委员会。该机构在 IFRS 概念框架下协助 IASB 对 IFRS 进行解释，以及解决与财务报告相关的事宜。

国际财务报告准则基金会的委托人挑选 IASB 和咨询委员会的成员，为他们提供资金支持并对 IASB 的运营进行监督。IASB 是四个机构中负责日常运行的主要机构，其任务是以维护公众利益为目的，制定一套高质量、可理解的通用目的的国际财务报

---

① IASB 的前身是国际会计准则委员会（International Accounting Standards Committee，IASC）。IASC 是由来自澳大利亚、加拿大、法国、德国、日本、墨西哥、荷兰、英国、爱尔兰以及美国等多个国家的职业会计师团体于 1973 年 6 月 29 日倡导成立的。1982 年该组织修订了组织章程等相关协议文件，2009 年完成了最新的修订工作。该组织章程规定过去 IASC 发布的相关准则和解释文件在 IASB 成立后仍然有效，直至 IASB 颁布最新准则。因此本书中提及的 IFRS 还包括 IASC 制定的仍然有效的国际会计准则（International Accounting Standards，IAS）和 SIC 解释文件。

告准则。

此外，基金会还成立了监督理事会。该理事会负责协调准则制定机构和一些国际组织（比如 IOSCO）的联系，进而对准则制定机构形成有效监督。它还负责为整个组织提供外事联系。图表 1-4 展现了国际会计准则制定机构的组织架构。

图表 1-4　　　　　　　　国际会计准则制定机构的组织架构

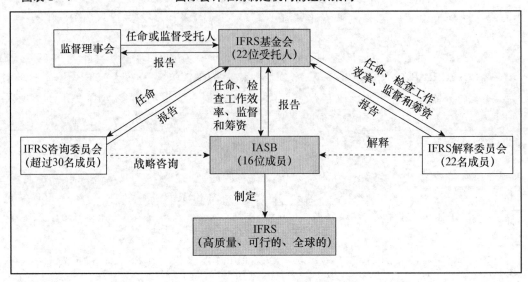

资料来源：Adapted from Ernst & Young. *International GAAP 2013*.

法定程序

在制定财务会计准则时，IASB 有一套透明、公开、开放的法定程序。这一程序包含以下几个方面：（1）准则制定理事会必须独立并受到来自多个国家和多个专业的受托人的监督；（2）推进准则制定的程序必须彻底、系统；（3）在准则制定的每一个阶段都应该与投资者、监管机构、实业界代表以及全球会计师职业团体沟通；（4）与国际上其他准则制定机构进行沟通。

为了推进法定程序，IASB 在具体执行时会严格按照图表 1-5 所示的步骤制定 IFRS。

此外，IASB 的下列特点进一步保障了法定程序实施的有效性。

● 理事组成。理事会由 16 名理事组成。理事的薪酬较高并且每五年进行一次轮换。16 名理事都来自不同的国家。[1]

● 自治。IASB 不隶属于其他任何专业组织，只对 IFRS 基金会负责。

● 独立。全职的理事会成员必须切断其与过去工作单位的任何联系。在任命理事时主要考虑该候选人在制定准则方面的经验和能力，而不是候选人的国籍。

● 投票。通过一项新的准则需要得到 9 名理事的同意。

通过上述程序设置，IASB 及其理事将能在制定准则时尽量减少政治因素、行业偏好、国别以及文化的干扰。

---

[1]　IASB 的理事组成充分考虑了地域的代表性。一般来说，亚洲/大洋洲、欧洲、北美洲各有 4 名理事，另外非洲、南美洲各拥有 1 名理事。剩余的 2 名理事席位则会根据平衡地理分布的需要灵活分配。

图表 1 - 5 IASB 法定程序

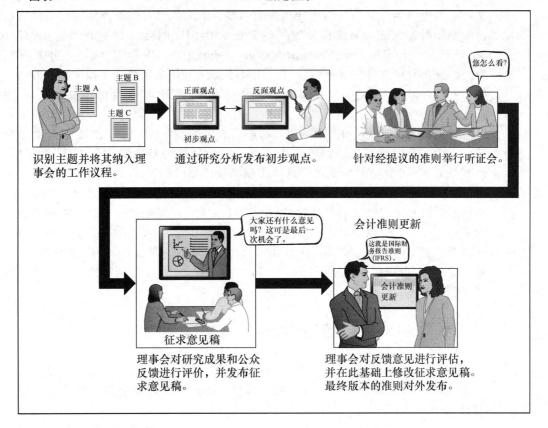

识别主题并将其纳入理事会的工作议程。

通过研究分析发布初步观点。

针对经提议的准则举行听证会。

理事会对研究成果和公众反馈进行评价，并发布征求意见稿。

理事会对反馈意见进行评估，并在此基础上修改征求意见稿。最终版本的准则对外发布。

公告的类型

IASB 发布的公告主要有三类：

1. 国际财务报告准则；
2. 财务报告概念框架；
3. 国际财务报告准则解释公告。

国际财务报告准则 IASB 颁布的财务会计准则被称为国际财务报告准则（International Financial Reporting Standards，IFRS）。IASB 到目前为止已经发布了 13 项会计准则，包括合并报表会计准则和股份支付会计准则等。

在 IASB 成立之前（2001 年之前），由国际会计准则委员会（International Accounting Standards Committee，IASC）制定全球统一的会计准则。该机构发布了 41 项国际会计准则（International Accounting Standards，IAS），其中一部分已经被 IASB 发布的公告取代或修改。那些尚未取代的被纳入了 IFRS 的整体框架之下。

财务报告概念框架 为了给准则的制定提供一个长远的、整体的、思想性的指导，避免准则制定工作陷入诸多细节问题，IASB 构建了国际财务报告准则概念框架。这一财务报告概念框架阐释了理事会在制定新准则时所要达到的基本目标。该文件的主要目的就是形成一套内在统一的概念框架，用来指导解决当前和未来的一些问题。比如，前面提到的"通用目的的财务报表"就是该概念框架所规定的。概念框架的形成和修订程序与 IFRS 的程序类似（包括初步意见稿、听证讨论会、征求意见稿等）。但是概念框架并不属于 IFRS，因此不会规定具体某一经济事项的会计处理。概念框架中也不会提及与管理会计相关的内容。第 2 章将对概念框架进行具体探讨。

国际财务报告准则解释公告 解释公告由国际财务报告解释委员会（International Financial Reporting Interpretations Committee，IFRIC）发布，并具有权威强制力。这些解释文件主要覆盖：（1）IFRS 还没有特别着手的财务报告新业务；（2）没有官方指导但是公众存在不满或互相矛盾的准则。IFRIC 迄今已经发布了 20 多个解释公告。

和 IASB 制定会计准则的原则一样，IFRIC 在提供指导时也是以原则导向为基础。一般 IFRIC 会首先以编制和报告财务报表框架为基础形成初步统一意见，然后在不与 IFRS 冲突的前提下再对具体准则的使用提供指导。

IFRIC 在其他很多方面帮助 IASB。比如，一些引起公众关注的新兴会计问题，如果不尽快解决很可能引起金融危机和会计丑闻，还可能会打击公众对现有报告体系的信心。IFRIC 可以帮助 IASB 解决一些有争议的会计问题，并决定是否可以解决或者是否需要 IASB 参与解决。本质上说，它变成了 IASB 的"问题过滤器"。这样一来，IASB 可以更加专注于研究更为长远的问题，而 IFRIC 则解决那些更为短期的新兴问题。

□ 1.3.3　IFRS 的层级结构

IASB 是一个民间组织，所以没有监管强制力，也没有具体执行机构。因此，IASB 依赖于其他组织来落实其准则的执行。比如，欧盟要求其成员国的上市公司采用 IFRS。

所有公司在采用 IFRS 编制财务报表时必须参考其准则和解释文件。下面的层级是一般公司用来理解会计确认、计量和披露要求的：

1. 国际财务报告准则、国际会计准则、国际财务报告准则解释公告；
2. 财务报告概念框架；
3. 其他准则制定机构颁布的会计公告（比如美国公认会计原则）。

如果相关业务没有准则或者解释文件，那么就依次参考以下文件：（1）准则或解释公告对类似业务的规定或指导；（2）财务报告框架；（3）最近其他与 IASB 采用类似概念框架的准则制定机构对类似业务的规定，以及与前面不冲突的其他会计规则和行业规则等。IFRS 的最高要求是财务报表必须如实反映（即"真实公允"）。而一般认为一家公司遵循了 IFRS 的规则就做到了公允反映。①[3]

▓ 1.4　财务报告的挑战

虽然已有的财务报告体系已经用非常有用和可靠的形式有机、系统地整合了企业

---

① 然而，正如 IASB 的主席 Hans Hoogervorst 所指出的，"我们经常难以判断哪些建议是出于既定利益而提出的，哪些建议是出于帮助我们构建更高质量的准则、代表公众利益而提出的。既定利益经常涵盖于公众利益之中。有时，甚至信息使用者都不想让准则发生变化。分析师则热衷于他们的模型，因此并不期望准则帮助反映复杂的事项"。关于这一点，请参考"Strengthening Institutional Relationships，"www. IASB. org（September 23，2013）。

财务信息，但是仍然有很多有待改进之处。下面是一些主要的挑战。

□ 1.4.1　政治环境中的 IFRS

准则使用者在 IFRS 的制定过程中是最具影响力的。这些准则使用者包括大多数对准则有兴趣或者受到会计准则影响的群体。准则使用者都希望并争取对特定的经济业务按照其所想要的方式计量或对外报告。他们也都知道，影响 IFRS 的最好方式就是直接参与到其制定过程中或通过一些方式影响或者说服制定者按照他们的方式制定准则。①

所以，这些准则使用者经常会盯住 IASB，并对修订准则或者制定新准则施加压力。事实上，施加压力的各方诉求不尽相同甚至相互矛盾。有些准则使用者要求会计专家能更快地解决他们的问题，还有一些群体却坚持反对准则的频繁更改。图表 1-6 展示了 IASB 受到的来自各方的压力。

图表 1-6　　　　　　　　报表使用者群体对会计准则的影响

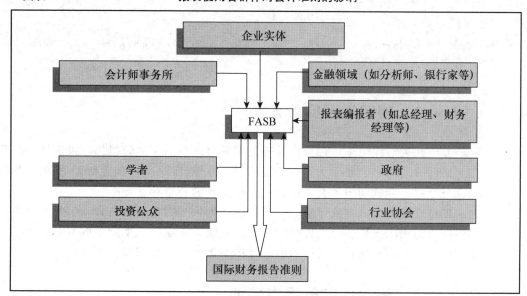

制定 IFRS 应当受政治的影响吗？为什么不应该？我们身边处处存在政治，包括家庭、学校、互助会、联谊会、宿舍、办公室、教堂、寺庙以及清真寺等。政治无处不在。对于存在于这个现实社会的 IFRS，同样无法逃避政治的压力。

政治会影响 IFRS 的制定，但并不意味着一定是负面的影响。比如，考虑到准则的经济后果，很多相关特殊利益群体会对准则的制定发表意见。② 理事会需要做的是不能让公告完全受到政治的影响。也就是说，虽然需要考虑到利益实体的想法，但是

---

① 在某些少见的情况下，遵从准则或其解释反而会因为与财务报告的目标相冲突而误导报表使用者。在这种情况下，企业可以优先考虑"真实公允"这一要求。此时，企业需要披露大量的信息以证明这种会计处理上的非常例外的合理性。

② 经济后果的意思是财务报告对报告编制者财务状况和财务信息使用者的影响，以及这些影响导致的最终决策行为。这些个体和群体的行为决策对财务信息的提供具有决定性的影响。请见 Stephen A. Zeff，"The Rise of 'Economic Consequences'," *Journal of Accountancy*（December 1978），pp. 56-63。

理事会在制定 IFRS 时仍然需要基于大量的研究和经济现实的概念框架。

数字背后的故事　　经济后果？

目前围绕金融资产公允价值会计的争论最能说明会计准则的经济后果。FASB 和国际会计准则委员会（IASB）都要求对股权投资、金融工具等金融资产按照公允价值进行计量。他们认为公允价值可以为投资者提供最具价值相关性和可靠性的财务信息。但是，近期发生的金融危机使某些国家的中央银行和银行监管机构希望暂停使用公允价值会计。因为如果遵循公允价值会计规则，这些银行需要对坏账和不良投资计提大量损失，这无疑会在投资者和存款人中制造恐慌情绪，并导致挤兑事件。

关于这一点，曾有一个非常著名的案例。法国总统萨科齐曾力劝他的欧盟伙伴回到原先的会计准则，从而在金融危机中给银行和报表编制者一些喘息的机会。萨科齐致力于出台新的监管制度，包括如何监管盯市会计，因为它已被指责加剧了金融危机。国际监管规则制定者也对公允价值在金融危机中的作用做了探讨。我们无法计算这些政治压力对公允价值会计产生了多大的影响，但可以确定它已经引起了全世界的关注和争论——会计数据会产生经济后果。

资料来源：Adapted from Ben Hall and Nikki Tait，"Sarkozy Seeks EU Accounting Change，" *The Financial Times Limited*（September 30，2008）。

1.4.2　期望与现实的差距

发生在类似西门子、帕拉玛特等公司的丑闻吸引了监管机构、投资者和公众的眼球。这些丑闻的影响非常大，以至于很多人开始怀疑会计职业界是否充分履行了职能。公众对会计的期望和会计认为它可以做到的总是存在差距。

虽然会计师可以对此辩解说会计不应该为每起财务危机负责，但整个行业仍然需要不断努力来满足社会对会计师的要求。然而，满足公众期望的成本是巨大的，制定出高质量、简明清晰同时又可靠的会计体系需要大量的资源。

1.4.3　重要的财务报告事项

尽管在我们的财务报告制度下公司披露的信息比较可靠有效，但是如果从长远来看，仍然有很多工作要做。

● 非财务业绩。当前财务报告没能反映管理层广泛使用的核心业绩指标，比如客户满意度指数、存货积压情况、已购产品退货率。

● 预测性信息。当前财务报告没能向已有和潜在投资者和债权人提供面向未来的预测性信息。有人开玩笑说按照现行准则编制的 2015 年财务报表应该以"很久很久以前"作为开头，因为报表主要采用历史成本进行计量，并反映了过去事项累积产生的经济后果。

● "软资产"。当前财务报告主要关注"硬资产"（存货、厂场资产）的信息，却忽视了软资产的信息。大多数时候软资产是最关键的企业资产，比如索尼公司的专利技术、宜家公司的品牌形象等。

● 及时性。现在公司只是编制季度和审计后的年度报表，而无法提供实时财务报表。

我们认为会计职业界在尝试提高资本配置效率时总会遇到上述挑战，现在这些问题的应对措施已经初步显现：

● 目前已经有很多公司开始自愿披露投资者需要的相关信息，其中有很多信息是非财务信息。比如，银行开始披露贷款增长、信贷质量、手续费收入、经营有效程度、资本运营以及管理层战略等信息。

● 最初，公司通过互联网对外报告有限的财务数据。现在，大部分公司在互联网上提供了各种形式的公司年报。最具创新性的公司还将报表的部分内容以电子表格等形式提供，方便使用者对数据进行直接使用和操作。此外，公司使用可扩展商业语言提供年报，这能使信息使用者以更快捷、成本更低的方式来获取公司财务信息。

● 现在越来越多的会计准则要求记录和披露时使用公允价值。比如，公司会用公允价值计量股权或债券投资、负债以及衍生金融工具，或者在附注中提供与公允价值相关的财务信息。

上述变化都将为投资者提高财务报告的相关性和有用性。

□ 1.4.4　财务会计中的道德问题

专门关注会计道德问题的著名评论员 Robert Sack 发现，"基于我的经验，刚毕业的毕业生一般都是坚持道德的理想主义者……这是值得庆幸的！这个时候你往往对这个职业热情高涨，你会对自己说：'我永远不会像那些做假账的人一样堕落。'这样的心态非常危险。需要警惕的是，压力并不会突然降临，它是潜移默化逐步积累起来的，并且通常不会在掌控我们之前被我们察觉。"

在会计方面，和其他商业领域一样，我们经常遇到道德困境，有些困境解决起来非常简单，但有些则需要在艰难的决策中寻找方案。公司的主要目标是"收益最大化"，"同时面临竞争压力"和"短期绩效"，这就会将会计置于非常尴尬和高压的环境之中。一般情况下，类似"这样报告财务信息到底好不好"，"这样对还是不对"以及"在这样的环境下我应当怎么做"这样的最基本问题，即使遵循了 IFRS 或者相关会计法规也很难清楚地回答。而且，技术手段在面临道德问题的时候也都束手无策。

做对的事情不总是简单的。面对压力时，很难抉择应该是"违反规则"，还是"适应所谓的游戏规则"，抑或是"消极应对，不去理会"。比如，"我的决定会给我的工作带来负面影响吗"，"我的上级会因此而对我失望吗"以及"我的同事会因此而对我不满吗"等问题都是工作中经常遇到的道德难题。这种抉择之所以困难，是因为没有一个完全准确且完整的道德指导体系。来自时间、工作、客户、个人以及朋友的压力都会使这种道德问题的抉择复杂化。为此，本书展示了相关道德问题来帮助你理解在今后履职过程中可能遇到的真实情况。

□ 1.4.5　国际趋同

正如开篇所提到的，将各个国家的会计准则向一套统一的会计准则趋同是可行的。下面展示了一些国家正在进行的国际趋同工作：

1. 中国正在执行与国际财务报告准则持续趋同的战略。该战略的最终目标是消除其本国准则和 IFRS 之间的差异。

2. 日本允许本国企业采用 IFRS。可以预见在不久的将来将有更多日本企业采用 IFRS。

3. IASB 和 FASB 在过去的 12 年间一直在推进 IFRS 和 GAAP 的趋同工作。它们不久前刚刚公布了趋同的收入准则，并且将很快公布包括金融工具和租赁等其他重要准则。

4. 近期，马来西亚正在修订其农业资产准则。

5. 意大利的准则制定机构已经发布了共同控制下企业合并会计准则的征求意见稿。

此外，美国和欧洲的监管部门已经同意互相承认对方的会计准则，以便公司海外上市和证券交易。因此，过去巨大的协调工作被省去，并将大大提高信息的可比性。因为国际会计趋同事务非常重要，因此我们在每一章的最后都会有一个"国际会计视野"的板块，展现非 IFRS 准则与 IFRS 的差异，其中大多数来自美国。这将有助于你进一步深入了解全球会计准则。

1.5　小　结

会计准则国际趋同正在进行中。其中一些项目已经完成，差异也随之缩小，但仍有很多问题需要落实。目前来看，最终实现全球只采用 IASB 制定的准则是早晚的事情。此外，会计面临很多挑战，但是都被快速、妥善、有效地解决了。正如一个国际监管组织所提到的："关于 IFRS 最后是否真的能成为我们所追求的高质量的全球统一的会计准则的问题还存在很多不确定因素。但可以肯定的是，如果它充分考虑了投资者的需求，则最终一定可以实现高质量的目标。那么剩下的问题是，如何让它被全世界各国都普遍接受，成为真正的全球会计准则。"

国际会计视野

国际财务报告

很多人都认为应该有一套统一的国际会计准则，下面列举了一些原因：

● 跨国公司。现在的公司将全球都纳入其市场范围，比如很多公司发现它们最大的市场并不在本国。

● 并购。国际巨头的合并如 Kraft 和 Cadbury 的合并，以及 Vodafone 和 Mannesmann 的合并等，意味着将来这种合并会越来越多。

● 信息技术。随着互联网的发展，以往的交流障碍逐渐被打破，不同国家、市场的公司和个人现在可以借助互联网很方便地交换产品和服务。

● 资本市场。现在资本市场对全球发展都具有重要意义。不管是现金、股票还是债券或者衍生金融工具，在全球都有非常活跃的交易市场。

相关事实

下面是美国财务会计准则委员会（Financial Accounting Standards Board，FASB）颁布的公认会

计原则（General Accepted Accounting Principle, GAAP）和 IFRS 的相同点和不同点。

相同点

● 适用于美国上市公司的公认会计原则由美国财务会计准则委员会（FASB）制定。FASB 是一个私营组织。美国证券监督管理委员会（SEC）负责对 FASB 进行监管。类似地，IASB 也是一个私营组织，并受到证监会国际组织（IOSCO）的监管。

● IASB 和 FASB 拥有类似的组织架构，包括负责监督的基金会、准则制定委员会、咨询委员会和解释委员会。此外，还有一套代表公共利益的外部监管架构。

● FASB 依赖证监会的权威来推进其会计准则的实施。IASB 则依赖证监会国际组织的权威推进其会计准则的实施。

● IASB 和 FASB 都在努力合作寻求趋同的途径。一个很好的例子就是最近双方共同发布了一项趋同的收入准则。而且，双方现在还在合作准备发布趋同的金融工具计量和分类的准则。

不同点

● GAAP 在制定准则时根据严格的规则导向，IFRS 则以原则为导向，更为灵活宽松。理念和方法的差异导致关于两种导向的争论。

● GAAP 和 IFRS 存在差异非常正常，因为准则制定者是根据各自报表使用者群体的特点制定各自的准则的。IFRS 需要兼顾不同国家的情况，不同国家的主要报表使用者不同，可能是投资者，也可能是税务机关，还有可能是中央政府。美国则不一样，其报表使用者主要就是股权和债券投资者。

深度解读

FASB 至今为止已经成立近 70 年。因此，相对来说，IASB 还是一个比较"年轻"的组织。为此，IASB 在制定 IFRS 时构建的组织架构参考了美国的 FASB。具体如下图所示。

FASB 编制财务报告准则的组织架构

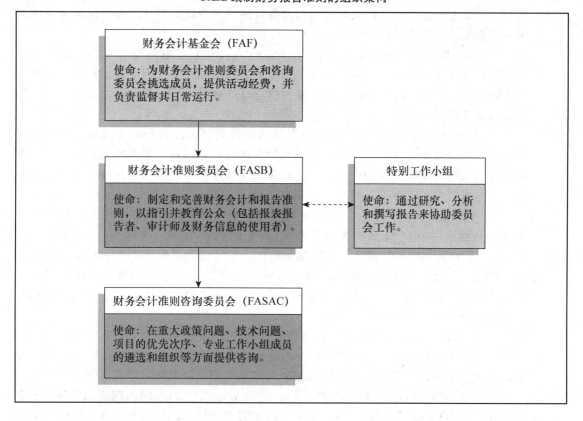

未来之路

　　IASB 和 FASB 都在努力推进会计准则的国际趋同工作，以消除双方之间的主要差异。事实上，从 2010 年开始，IASB（以及 FASB 在双方已经趋同的领域）就设定了采用最新趋同准则的过渡期。

之所以这么做，是为了让企业更好地适应准则的趋同变化。

　　国际财务报告的大环境近期发生了巨大的变化，可以预见，很多企业将会在不久的将来共同遵循一套统一的会计准则。

■ 本章小结

　　1．描述国际资本市场的日益重要性及其与财务报告的关系。当今时代，国际贸易高度自由化，世界各经济体之间高度关联。随着各国资本市场的联系加深，地域对公司和资本市场的限制越来越小。因此，公司会到海外资本市场进行股票或者债券融资。国际统一会计准则的发展和实施将进一步推动这一趋势。

　　2．了解财务报表的主要类型以及财务报告的其他形式。公司一般都会提供：（1）资产负债表；（2）利润表；（3）现金流量表；（4）股东权益变动表。除了财务报表，财务报告还会提供其他很多形式的内容。比如董事长声明或者年报中的补充报告、提交给政府的文件、与公司相关的新闻、管理层预测以及社会或环境影响报告等。

　　3．解释会计在资源优化配置中的作用。会计提供可靠、相关且及时的信息给管理层、投资者和债权人，使资源可以流向绩效最好的企业。会计还能提供衡量企业效率（盈利能力）和财务健康程度的指标。

　　4．解释高质量会计准则的必要性。为了使会计信息足够可比，一套广泛运用的高质量会计准则是必要的。投资者越来越多地进行跨国投资，因此他们需要跨国可比的会计信息。但是，高质量的会计准则应该是什么样的，应如何制定、如何实施，仍然是具有争议性的话题。

　　5．了解财务报告的目标。财务报告的通用目的是向已有和潜在股权投资者、贷款人和其他债权人提供决策所需的关于报告实体的财务信息。这些决策包括买入、卖出或持有公司股票与债券和提供或终止贷款以及其他形式的借款。此外，会计信息不仅对权益投资者决策有用，对其他非利益实体也有用。

　　6．了解主要的准则制定机构以及准则制定程序。证监会国际组织并不制定会计准则，但它负责保证提高资本在国际市场上的运作效率。国际会计准则理事会（IASB）是负责制定国际财务报告准则的机构。它的任务是从维护公共利益的立场出发，制定一套通用目的的、高质量的、可理解的国际财务报告准则（IFRS）。IASB 发布的准则已经被超过 115 个国家或地区采纳，所有在欧洲资本市场上市的公司都必须遵循 IFRS。

　　7．解释国际财务报告准则的含义以及作用。IFRS 由国际财务报告准则、国际会计准则和 IFRS 解释委员会或 SIC 颁布的解释公告组成。在没有上述三类公告的情况下，相关组织可以参考财务报告概念框架和其他准则制定机构制定的准则。

　　8．描述财务报告所面临的挑战。当前的挑战包括：（1）政治因素对 IFRS 的影响；（2）预期和现实的差距；（3）与公司的非财务业绩、向已有和潜在投资者和债权人提供预测性信息以及无形资产等相关的事宜；（4）会计中的道德问题；（5）国际趋同。

思考题 *

2. 简述财务会计和管理会计的区别。

3. 简述财务报表和财务报告的区别。

6. 财务报告的目标是什么？

权威文献

［1］The Conceptual Framework for Financial Reporting, "Chapter 1, The Objective of General Purpose Financial Reporting" (London, U. K. : IASB, September 2010), par. OB2.

［2］The Conceptual Framework for Financial Reporting, "Chapter 1, The Objective of General Purpose Financial Reporting" (London, U. K. : IASB, September 2010), par. OB4.

［3］International Accounting Standard 8, *Accounting Policies, Changes in Accounting Estimates and Errors* (London, U. K. : IASB, 1993), par. 12.

---

* 思考题、简单练习、综合练习有删减。

第 2 章

财务报告的概念框架

学习目标

学完本章后，你应该能够：

1. 描述概念框架的作用。
2. 描述国际会计准则理事会为构建概念框架所做的努力。
3. 理解财务报告的目标。
4. 了解会计信息的质量特征。
5. 定义财务报表的基本要素。
6. 描述会计基本假设。
7. 解释会计基本原则的运用。
8. 描述成本约束对会计信息质量的影响。

什么是概念框架

所有人都认为会计应该有一个框架，也就是概念框架。为了理解构建该框架的重要性，我们来看看以下两种情况你应该做何反应。

情况 1："试试运气……"

为了激发所在社区对于慈善捐助的热情，三城联合慈善组织每年都举办彩票抽奖活动。在今年的彩票抽奖活动中，三城联合慈善组织设立的大奖，奖金为 1 000 000 美元。总共印制了 10 000 张彩票，三城联合慈善组织计划以每张 150 美元的价格出售这些彩票。

自举办以来，彩票抽奖活动吸引了全社区的关注，该组织总能实现自己的销售目标。然而，如果出现卖彩票的总收入低于大奖金额的极端情况，该组织有权取消彩票并将购买金额退还持有人。

近年来，彩票出现了公开活跃的二级市场。今年，市场价格在 75～95 美元之间波动后，稳定在 90 美元左右。

今年彩票刚刚开售，以慷慨却古怪著称的三城捐款者千万富翁 Phil N. Tropic 在三城联合慈善组织以 150 美元的现金买了一张彩票。

我们应该如何回答以下问题：

1. Phil N. Tropic 应该在他的财务报表中将彩票确认为资产吗？
2. 假设 Phil N. Tropic 将彩票确认为资产，应该以什么金额进行报告呢？可能的答案有 150 美元、100 美元和 90 美元。

情况 2：善始善终

Hard Rock 矿业公司刚刚在新露天矿 Lonesome Doe 经营了一年。Hard Rock 为土地支付了 1 000 万美元，为使土地达到开采状态支付了 2 000 万美元。该矿预计可以运营 20 年。根据环境法规的要求，Hard Rock 必须在 Lonesome Doe 矿开采结束的时候恢复矿区的环境。

根据过去的经验、行业的数据以及现有的技术，Hard Rock 预计恢复环境的支出大约是 1 000 万美元。在这些支出中，有 400 万美元是用来恢复在开采矿产之前准备开采矿产时移走的表层土壤。剩余的支出与矿产的开采深度相关，而矿产的开采深度又与开采的矿产量相关。

我们应该如何回答以下问题：

1. Hard Rock 公司应该将与 Lonesome Doe 矿开采有关的恢复成本确认为一项负债吗？如果要将其确认为负债，则负债的金额应该是多少呢？

2. Hard Rock 公司在经营 Lonesome Doe 矿 5 年后，引进了一项新技术，可以将环境恢复总成本降到 700 万美元，与恢复表层土壤有关的预计恢复成本降到 300 万美元。Hard Rock 公司应该怎么记录预计负债的变化呢？

要解答这两个情景下的问题，我们需要对资产和负债进行定义。我们希望，这一章的内容可以为你提供一个解决类似问题的框架。

资料来源：Adapted from Todd Johnson and Kim Petrone，*The FASB Cases on Recognition and Measurement*，Second Edition（New York：John Wiley and Sons，Inc.，1996）.

本章概览

正如开篇故事中提到的，财务报告使用者会对如何进行特定经济事项的确认和计量感到困扰。财务会计与财务报告依靠于概念框架来完善会计信息，解决使用者的困扰。在本章中，我们将讨论财务报告概念框架下的基本概念，如下图所示。

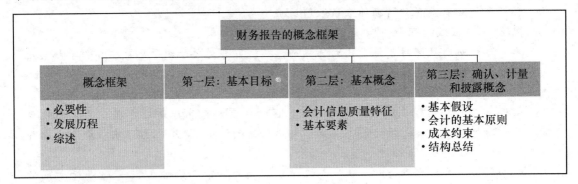

2.1　概念框架

概念框架确立了财务报告的基本概念。概念框架是在同一目标指导下的一整套概念体系。这个目标就是识别财务报告的目的。其余的概念为以下内容提供指导：（1）识别财务报告的范围；（2）选择需要报告的交易、事项和情况；（3）如何进行会计确认和计量；（4）如何将信息归总并报告。①

2.1.1　概念框架的必要性

为什么我们需要概念框架呢？首先，有效准则的制定应该建立在一套与之相关的已有概念之上。一套完美成熟的概念框架可以使国际会计准则理事会颁布更加有用一

---

① 回顾我们在第 1 章讨论过的，虽然概念框架的制定与修改需要经过与制定或修改准则一样的法定程序（讨论稿、听证会、征求意见稿等），但概念框架并不是一项准则。也就是说，概念框架不会定义任何特殊的计量和披露准则，同样不能与现有的 IFRS 相抵触。[1]

致的公告，从而形成一套条理清晰的会计准则。的确，如果没有一套完美成熟的框架的指引，准则的制定只能依赖于各准则制定者自己建立的概念。下面是一位前准则制定者对这一问题的观察。

> 随着我们个人职业生涯的发展，每个人都会建立一个概念框架。有些人的框架是清晰明朗而又坚定不移的，有些人的是模糊而又犹豫的，还有一些人的是模糊但坚定不移的。……时不时地，当有人通过构建一系列令人费解的逻辑链条来支持某个你已有成见的结论时，绝大多数人会感到很不舒服。事实上，也许有时我们自己对自己也会这样。……我的经历……教会了我很多东西。最重要的一点是绝大多数人有与生俱来的倾向，在保持我们之前的结论不变的情况下接受新的事实。①

也就是说，根据单独的概念框架制定的准则会导致对于相同或相似的事情产生前后不一致的结论。结果，各个准则之间不会有一致性，过去的决定也无法对未来的决定提供指引。另外，框架可以加强财务报表使用者的理解和对于财务报告的信心，可以增强各公司财务报告间的可比性。

其次，一个完善的理论框架能够使业界根据现有的基本理论框架快速地解决新出现的实际问题。例如，澳大利亚 Aphrodite Gold 公司发行两种债券。可以在到期时以 2 000 美元现金和 5 盎司黄金价值高者进行赎回。两种债券的票面利率都是 8.5%。Aphrodite 公司或买家应该用什么金额来记录债券？债券的溢价或折价金额又是多少？如果债券是用银进行赎回（发行日并不知道到期时银的价值），那么 Aphrodite 公司该如何摊销这笔金额？要注意，Aphrodite 公司在债券发行日并不知道债券赎回日黄金的价值。

对于国际会计准则理事会来说，为在开篇故事所出现的情况下迅速制定出适合的会计处理方法即使不是不可能，也是极其困难的。执业会计每天就需要解决这样的问题。怎么解决呢？通过良好的职业判断，以及在公认的概念框架的帮助下，执业会计很快就可以找到合适的处理方法。

数字背后的秘密　　你的原则是什么

Royal Ahold 事件（荷兰）、安然事件（美国）和 Satyan Computer Services 事件（印度）这类的会计丑闻强调了对概念框架的需要。要恢复公众对财务报告的信心，很多人认为监管机构应该走向以原则为导向的会计准则。公司利用规则导向的详细规定来进行会计操纵，而不是反映交易事项的经济实质。例如，安然公司众多的表外融资业务通过只控制不到 3% 的所有权来避免在财务报告中进行清晰的报告，这是一项奇怪的会计准则在现实中的展现。安然公司的金融工程师可以构建交易来实现特定的会计处理，即使会计处理不能反映该交易的经济实质。在以原则为导向的会计准则下，希望高级管理层的注意力会从按照具体规则进行会计处理转向关注公司实现了财务报告目标。

2.1.2　概念框架的发展历程

2010 年，国际会计准则理事会颁布了《财务报告概念框架 2010》（简称概念框架）。概念框架仍在继续完善，国际会计准则理事会尚未完成对其以前版本的更新。

---

① C. Horngren, "Uses and Limitations of a Conceptual Framework," *Journal of Accountancy* (April 1981), p. 90.

目前，概念框架包括简介及如下四个章节：

- 第 1 章：通用财务报告目标
- 第 2 章：报告实体（尚未正式发布）
- 第 3 章：有用的财务信息的质量特征
- 第 4 章：框架（这部分内容是在国际会计准则理事会颁布概念框架前就存在的，在有变化或者更新前都被视为概念框架的一部分），主要包括以下几部分：

1. 基本假设——持续经营假设
2. 财务报表要素
3. 财务报表要素的确认
4. 财务报表要素的计量
5. 资本和资本保全

尽管第 1 章和第 3 章的内容在最近已经完成，但是概念框架其他部分的内容仍需要大量的工作。国际会计准则理事会早已认识到广大财务报告使用者对财务报告概念框架的需要，正在极力推动概念框架的完成。需要强调的是，财务报告概念框架并不是一项具体的准则，因此若现行准则与财务报告概念框架产生分歧，要以现行准则为准。尽管如此，财务报告概念框架仍然可以在现行准则尚未考虑到的情况下为使用者提供指引。①[2]

□ 2.1.3 概念框架综述

图表 2-1 为国际会计准则理事会的财务报告概念框架的综述。

图表 2-1 财务报告概念框架

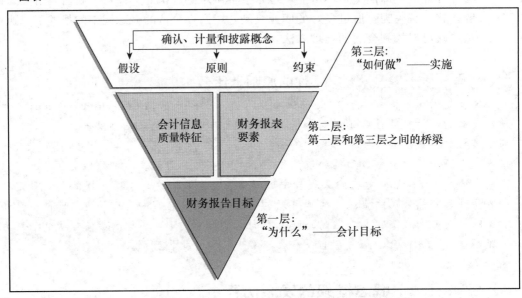

---

① 国际会计准则理事会和财务会计准则委员会已经共同研究发布了第 1 章"通用财务报告目标"和第 3 章"有用的财务信息的质量特征"。它们正在按阶段完成概念框架剩余部分的修改工作。国际会计准则理事会发布了一篇讨论稿，征求对财务报告概念框架进一步修改的意见。讨论稿主要讨论对资产和负债的定义、计量、确认、报告、披露和其他综合收益这类问题。讨论稿详见 http://www.ifrs.org/Current-Projects/IASB-Projects/Conceptual-Framework/Pages/Conceptual-Framework-Summary.aspx。

第一层是识别财务报告目标，也就是财务报告的目的。第二层是使会计信息有用的信息质量特征和财务报表要素（资产、负债等）。第三层是在制定和运用会计准则和相关概念中确认、计量和披露的概念。这些概念包括假设、原则，以及反映当下会计环境的成本约束。我们接下来将讨论概念框架的三个层次。

2.2　第一层：基本目标

财务报告的目标是概念框架的基础。框架的其余方面——会计信息质量特征，财务报表要素，确认、计量和披露——从目标开始有逻辑地展开。框架的其余方面确保财务报告能够实现其目标。

通用财务报告的目标是提供报告主体的财务信息，能够为现在和潜在的权益投资人与债权人在企业投资决策方面提供有力信息。[3]通常的投资决策包括买、卖、持有股票和债券以及提供或偿还贷款以及其他形式的信贷。对资本提供者决策有用的信息也许对于财务报告的其余使用者来说也是有用的。

正如在第 1 章中所讲的，为了给决策者提供信息，公司需要编制通用财务报表。通用财务报表能够帮助那些无法获取公司全部财务信息从而至少依赖于财务报告的部分信息的使用者。然而，隐含的假设是使用者拥有足够的商业和财务会计的知识来理解包含在财务报表中的信息。这一点是非常关键的。这意味着财务报表的编制者假设财务报表使用者有相同的能力。该假设影响着公司报告信息的方式和程度。

2.3　第二层：基本概念

第一层的目标是关注财务报告的目的。后面，我们还要讨论这一目标是如何实现的（第三层）。那么第二层是什么呢？第二层提供解释会计信息质量特征的概念基石，并定义财务报表的元素。[4]也就是说，第二层构建了为什么（目标）和怎么样（确认、计量和财务报表列报）之间的桥梁。

2.3.1　会计信息质量特征

像英国马莎、韩国三星这样的公司提供财务报表上的资产信息时，是按当初付出了多少成本（历史成本），还是按其现在的价值（公允价值）呢？美国百事可乐公司是将四个主要经营分部合并为一个予以报告，还是应该把百事饮料、菲多利、桂格食品和百事国际按单独的分部进行报告？公司应该如何选择适合的会计方法、数额、披露信息的类别，以及报告的形式呢？答案就是：根据哪种方式能为决策（决策有用观）提供最有用的信息来决定。国际会计准则理事会（识别）制定出会计信息质量特征，以将对决策更有用的信息与没那么有用的信息区分开。另外，国际会计准则理事会将成本约束作为概念框架的一部分（在本章的后面我们会讨论这个问题）。如图表

2-2 所示，会计信息质量特征可以分层级。

　　如图表 2-2 所示，会计信息质量特征既有基本特征也有增强特征，这主要取决于其是怎样影响信息的决策有用性的。无论如何分类，每一个会计信息质量特征都会有助于财务报告信息的决策有用性。然而，提供有用的财务信息面临着财务报告的普遍约束——成本不应该超过报告所带来的收益。

图表 2-2　　　　　　　　　　会计信息质量特征的层次

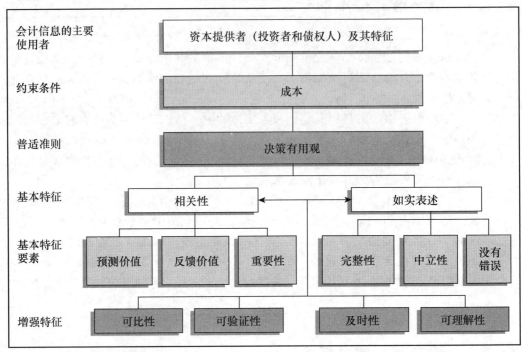

基本特征——相关性

　　相关性是使会计信息决策有用的两个基本特征之一。相关性以及这个基本特征的相关要素如下所示。

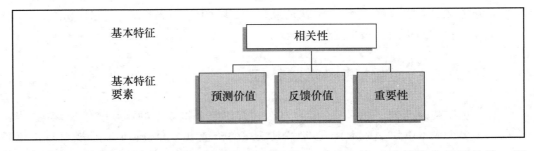

　　能够引起决策差异的会计信息才具有相关性。对于决策无关的信息是无关的。当财务信息具有预测价值、反馈价值或二者兼有时，就能够引起决策差异。

　　如果财务信息能够对投资者形成自己未来预期的预测过程产生作用，那么财务信息就具有预测价值。例如，如果潜在投资者对购买日本立邦涂料公司（Nippon）的普通股感兴趣，他们会分析其现有的资源以及对于这些资源的所有权、股利支付情况，根据过去的盈利表现预测未来现金流的金额、时间和不确定性。

相关信息帮助使用者肯定或纠正之前的预期，这就是反馈价值。例如，当立邦涂料公司发布自己的年度财务报告时，这就肯定或改变了基于之前评估的过去（或现在）的预期。由此可见，预测价值和反馈价值是相互关联的。例如，关于当前立邦涂料公司资产和负债的水平与结构的信息可以帮助使用者预测公司把握机会的能力和对不利情况的反应能力。这些信息还能帮使用者确认和纠正过去对于这些能力的预测。

重要性是相关性在具体公司层面的体现。忽略或错报信息会影响使用者根据已报出的财务报表做决策。一家公司判断信息是不是重要的，根据的是与信息有关的项目的性质或金额是否被认为必须出现在财务报告中。如果信息对决策者没有影响，那么就是不重要的，也就无关。简而言之，信息必须能够产生决策差异，否则公司就不必对其进行披露。

评估重要性也是会计中一项具有挑战性的工作，因为需要同时衡量一个项目金额相对大小和重要程度。然而，很难为公司判断一个特定项目是否重要提供有力指导。重要性根据金额相对大小变化而变化。例如，图表 2-3 列示的两组数据展示了金额的相对大小。

图表 2-3	重要性的比较	单位：美元
	公司 A	公司 B
销售收入	10 000 000	100 000
成本和费用	9 000 000	90 000
经营利润	1 000 000	10 000
营业外收入	20 000	5 000

在这一期间，公司 A 和公司 B 的收入、费用和净利润都是成比例的。每家都报告了营业外收入。我们从 A 公司的简略利润数据可以发现，营业外收入是单独列报还是与经营利润合在一起列报并不重要。营业外收入只有经营收入的 2%。如果合在一起列报，也不会严重扭曲利润金额。B 公司的营业外收入只有 5 000 美元。但是，与 A 公司相比，B 公司的营业外收入相对更加重要，因为 B 公司的营业外收入占经营收入的 50%。很明显，经营利润中包含这样一个项目会对利润金额产生重要的影响。因此，我们在确定重要性的时候，应该关注金额的相对大小。

公司和审计人员普遍接受将净利润 5% 以下的金额视为不重大的。但是，实务中也需要具体情况具体分析。比方说，市场监管机构认为一家公司可以采用这个比例进行重要性的初步估计，但是必须考虑其他因素。例如公司必须记录以下事项：为了满足分析师盈利数值的事项，保持积极盈利趋势的事项，转亏为盈或转盈为亏的事项，提高管理层报酬，隐藏非法交易如贿赂等。换句话，公司在确定重要性的时候必须同时考虑数量和性质两个方面。

因此，单纯通过数值来确定项目的重要性并不可行。事实上，应该根据项目的性质和金额确定重要性。重要性对于内部的会计决定也有影响。如费用明细分类账分录的金额，在各部门之间分配费用的精确度，以及应计与递延项目的调整的事项。重要性的合理确定只有通过良好的判断力和专业知识才能实现。

基本特征——如实表述

如实表述是使会计信息对决策有用的第二大基本特征。如实表述及其相关要素如下所示。

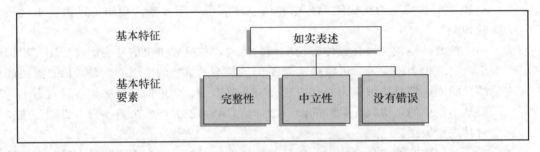

如实表述表示会计记录的数值和描述符合真正发生的情况。如实表述非常重要，因为大多数报表使用者既没有时间也没有专业知识来衡量信息的真实性。例如，如果西门子公司的利润表报告了 60 510 000 000 欧元的收入，但是其实际收入是 40 510 000 000 欧元，那么报表的销售金额失去了真实性。为了实现如实表述，信息必须是完整的、中立的，而且没有错误的。

完整性是指实现如实表述所需要的所有信息都包含在内。信息的遗漏会造成信息的错误或者误导财务报告使用者，使信息对财务报告使用者来说失去作用。例如，兴业银行没有提供对评估次级贷款应收款（有毒资产）有用的信息，那么信息就是不完整的，对于它们的价值来说就不是可靠的。

中立性代表公司不能选择偏袒特定利益集团的信息。公正的信息是首要的考虑因素。例如，在财务报表的附注中，英美烟草公司这样的烟草公司不应该漏掉由于与烟草相关的健康问题导致的大量的诉讼，即使这些披露对公司是有害的。

中立性的规定已经受到了越来越多的攻击。有些人认为国际会计准则理事会不应该颁布会对产业或公司造成不良经济影响的文件。我们不认同这种观点。会计准则（以及制定的过程）必须远离偏见，否则我们永远也得不到可靠的财务报告。没有可靠的财务报告，个人就无法利用这些信息。一项研究证实了这一观点：许多人赌拳击比赛，因为竞赛不是固定的。但是没有人赌摔跤比赛。为什么？因为公众认为摔跤比赛是被操纵的。如果财务信息是偏倚的（被操纵的），公众将会失去使用的信心。

没有错误的信息是财务报表项目更加准确（真实）的表述。例如，如果瑞士联合银行错报其贷款损失，它的财务报表就是误导性的，不是财务结果的真实反映。然而，如实反映并不代表财务报表完全没有作用。这是因为大部分财务报告的计量包括管理层判断各种各样的估计。例如，管理层必须估计无法收回的坏账费用。折旧费用的确定需要估计固定资产的使用年限以及残值。

数字背后的秘密　　**20 多年来不真实的会计信息**

日本奥林巴斯株式会社的舞弊事件正说明了如实表述的重要性。财务造假调查委员会最近披露的报告揭开了事实的真相。追溯到 20 年前，奥林巴斯株式会社就开始隐瞒在外销业务方面的持续亏损。美元兑日元的汇率变动对奥林巴斯株式会社的外销业务产生了不利的影响，造成了亏损。然而奥林巴斯并未报告亏损，也就是说，它的会计信息并没有如实表述。

亏损是如何在财务报告中隐藏起来的呢？当时，和其他国家一样，日本的会计准则允许对投资以其成本进行计量。理论上说，应该冲销该投资的账面价值，然而企业却从未这样操作过。管理层反而进行更高风险的投资，期望弥补之前的损失。但事实却并非如此，亏损最终超过了 10 亿美元。奥林巴斯株式会社最初并不在意其面临的巨额亏损，直到 1997 年日本会计准则发生改变，要求对某些投资以其市场价值进行计量。

为了解决这个问题，奥林巴斯株式会社在泥潭中越陷越深：它计划将亏损的投资以初始成本价"出售"给奥林巴斯株式会社设立的"皮包公司"。在当时宽松的会计准则要求下，并不要求将这类"皮包公司"的报表合并到奥林巴斯株式会社的报表中，这样就可以继续隐瞒这笔亏损。当调查委员会发现了这笔虚假的交易后，这笔亏损终于浮出水面。

这一丑闻凸显了如实表述对公司业绩和财务状况的重要影响。在 1997 年，也就是奥林巴斯开始财务欺诈 7 年之后，会计准则才开始要求对某些金融工具以其公允价值计量，在这之前，将亏损隐藏起来是非常容易的。此外，美国安然公司的丑闻引发了更多会计准则的改变，迫使公司无法隐藏其表外资产产生的亏损。如果会计准则一直强调如实表述，奥林巴斯这类丑闻就不会发生。

资料来源：F. Norris, "Deep Roots of Fraud at Olympus," *The New York Times* (December 8, 2011).

增强特征

增强特征是对基本特征的补充。这些特征可以识别出更加有用的信息。如下所示的增强特征包括可比性、可验证性、及时性以及可理解性。

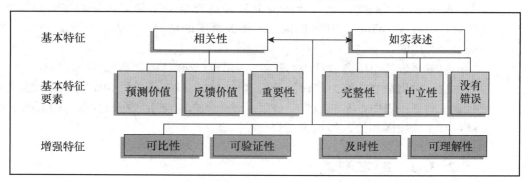

可比性 不同公司用相似的方式计量和报告的信息具有可比性。可比性可以帮助使用者辨别出公司间在经营活动中的真正相似点和不同点。例如，历史上日本养老金会计不同于美国的养老金会计。在日本，公司不把这些成本计入利润或把很少一部分计入利润。美国公司按实际发生额进行记录。这样就很难将日本丰田公司、本田公司的财务信息与美国通用汽车公司、福特汽车公司的财务信息进行比较。只有在信息可比时，投资者才能进行有效的评估。

另一种可比性是一致性，代表同一家公司在不同时期对待相同或类似的事项采用同样的会计处理。通过这样的处理，公司展现了会计准则的一致性。然而，一致性并不意味着公司不能变更会计处理。公司可以变更会计处理方法，但是必须证实新的处理方法比旧的更合适。如果可以进行变更的话，公司必须在变更当期的财务报表中披露会计变更的性质和影响，以及变更的理由。① 当会计政策变更的时候，审计师一般都会在审计报告的解释说明部分中提到。这一段会说明变更的性质，并提醒阅读者关注财务报表讨论该变更细节的附注。

可验证性　当不同的计量者运用相同的方法得到相似的结论时，信息就具备可验证性。可验证性发生在下面这些情况下：

1. 两个独立的审计师盘点印度塔塔汽车公司的存货，得到相同的数量。因此资产数值的验证就可以仅仅通过盘点资产来确定（称作直接验证法）。

2. 两个独立的审计师在年底的时候用先进先出法计算塔塔汽车公司的存货的价值。可验证性可以通过用同样的会计准则和方法检查投入（数量和金额）以及重新计算产出（期末存货的价值）来进行确认（称作间接验证法）。

及时性　及时性指信息应在失去经济决策能力之前提供给决策者。更快地得到相关信息能够提高其影响决策的能力。另一方面，缺乏及时性的信息就失去了有用性。例如，如果中国联想公司 9 个月后才报出中期数据，那么信息对于使用者的决策来说作用大大降低。

可理解性　决策者所做决定的种类，如何做决定，已经获得或者是可以通过其他渠道获得的信息以及获取信息的能力千差万别。为了使信息有用，必须在决策者与其所做的决定之间建立连接。这个连接，就是可理解性，指能够使合理明智的使用者看到其意义。当信息经过分类，特点鲜明，并且简明扼要的时候，信息可理解性增强。

例如，假设英国 Tomkins 公司公布了一个季度的报告，报告显示中期的利润直线下降。中期报告为决策提供了相关真实的信息。有些使用者在阅读了报告之后，决定卖掉 Tomkins 公司的股票。然而，还有些使用者不能理解报告的内容和意义。当 Tomkins 公司年底的时候宣布更低分红并出现股价下降时，他们还会感到很惊奇。因此，尽管 Tomkins 公司高调报送了相关真实的信息，但是对于无法理解它的人来讲也是无用的。

财务报告的使用者被认为都具备一定的商业和经济活动的知识。在决策中，使用者也应该付出适当的努力来评价分析这些信息。具有相关性和如实表述的信息都应该包含在财务报表中，不能因为一些信息过于复杂或使用者在缺少帮助的情况下难以理解，就不去披露相关、如实表述的会计信息。②

□ 2.3.2　基本要素

要建立一个理论框架，一个重要的项目是基本要素，或基本的定义。在会计上很多术语具有独特和具体的含义。这些术语构成了商业语言，即会计上的行话。

一个术语就是资产。它仅仅代表我们拥有的东西吗？或者是我们可以使用的东

---

① 调查显示报表使用者非常重视一致性。他们说，变化会破坏变化前和变化后的可比性。有些公司帮助顾客理解变化前和变化后的数据。然而普遍的情况是，使用者说自己失去了分析跨期数据的能力。国际财务报告准则（在第 22 章中进行讨论）关于会计变更的规定就是为了提高变更前和变更后数据的可比性。

② The Conceptual Framework for Financial Reporting，"Chapter 3，Qualitative Characteristics of Useful Financial Information"（London，U. K.：IASB，September 2010），paras. QC30－QC31.

西，如租赁资产？又或者是我们可以利用它的价值产生收入的东西？如果这样的话，我们应该把公司的管理人员定义为资产吗？

正如我们开篇所讲的彩票的例子，定义财务报表中的要素是很有必要的。财务报告概念框架定义了与计量公司业绩和财务状况最直接相关的五个要素。我们在下面将其列示出来，方便大家查阅和回顾；现在你无须记住这些定义。在以后的章节中我们会对每个要素做出更详细的解释。

❀❀❀ 财务报表的要素

计量公司财务状况最直接相关的要素是：资产、负债和所有者权益。它们的定义如下：

资产。由过去的事项产生的、被企业控制的、预期未来经济利益可以流入企业的资源。

负债。由过去的事项产生的、预期会导致经济利益流出企业的现时义务。

所有者权益。企业的资产减负债后的剩余权益。

收入和费用的定义如下：

收入。导致所有者权益增加的经济利益（除股东投资外）。收入包括日常经营收入和利得。

费用。导致所有者权益减少的经济利益的抵减（除向股东分配外）。费用包括不是日常活动产生的损失。

国际会计准则理事会将这些定义分为两类。[5]第一类包含三个要素——资产、负债和所有者权益——描述了某个时点企业资源的金额以及所有权。第二类包含两个要素——收入和费用，描述了在某个时间段会影响公司的交易的事项或情况。第一类要素会受第二类要素影响，且能在任何时点反映第二类要素变化的累计金额。这叫做"钩稽关系"，也就是一张财务报表中的关键数值与另一张财务报表中的金额相符合。

■ 2.4 第三层：确认、计量和披露概念

财务报告概念框架的第三层由执行第一层的基本目标的概念组成。这些概念解释了公司应该如何对财务报告的要素和事件进行确认、计量和报告。在这里，我们把这些概念分为基本假设、原则和成本约束。并不是每个人都使用这个分类体系，因此你应该关注的是理解概念，而不是怎样划分和组织概念。这些概念可以作为解决有争议的财务报告事项的指导方针。

☐ 2.4.1 基本假设

正如我们先前所提到的，财务报告概念框架只特别提出了一个基本假设——持续经营假设。但是，我们认为在财务报告环境中还存在其他基本假设。为了保持完整性，我们将依次分析以下五项基本假设：（1）会计主体；（2）持续经营；（3）货币计

量；（4）会计期间；（5）权责发生制。

会计主体假设

会计主体假设意味着经济活动由受托责任主体来识别计量。也就是公司保证自己的活动独立于其所有者和其他企业单位。① 在最基本的标准，会计主体假设指南非 Sappi 公司记录公司的财务活动，并将其与公司的所有者和其他管理人员区分开来。同样重要的是，财务报表的使用者需要区分不同公司的活动和基本要素，比如沃尔沃、福特汽车和大众汽车。如果使用者不能区分不同公司的活动，他们怎么能知道哪家公司的财务状况超过其他公司呢？

会计主体概念不能适用于区分竞争企业之间的活动，比如日本丰田汽车和韩国现代汽车。如果我们这样定义的话，个人、部门、分部或整个行业都可以当作一个主体。因此，会计主体不一定是法律主体。母公司和子公司各自都是法律主体，但是在会计和报告上将其业务合并并不符合会计主体假设。②

持续经营假设

几乎所有的会计方法都依赖持续经营假设，也就是说公司会有长期的寿命。尽管有大量的公司倒闭，但是大部分公司都可以实现较长的持续经营。作为一项规则，我们假设公司能够存在足够长时间来实现自己的目标和承诺。

这一假设有重要的含义。如果我们假设进行最终清算，历史成本计量属性就有局限性了。比如说在清算的方法下，公司应该用公允价值计量资产的价值，而不是购置成本。只有当我们假设公司持续经营的时候，折旧和摊销政策才是合适的。如果公司进入清算，那么资产和负债流动性和非流动性的划分就失去了意义，定义一项固定或长期资产也失去了意义。这时，按偿还的先后顺序列示负债更合理。

持续经营假设适用于绝大多数公司的处境。只有即将清算的企业才不适用该假设。在这些例子中，对资产和负债的价值重估可以提供接近于公司公允价值的信息。你可以在高级会计的课程中学到更多关于清算情况下公司的会计问题。

货币计量假设

货币计量假设意味着货币是企业在经济活动中常用的结算工具，为会计计量和分析提供了合适的基础。也就是说，货币计量是利益实体资本变化和交换商品劳务最有效的途径。货币计量是相关的、简单的、普遍可获得的、可理解的以及有用的。该假

① 2010 年，国际会计准则理事会发布了一份题为《财务报告概念框架——会计主体》的征求意见稿。国际会计准则理事会的提议表明，会计主体应该有如下三个特征：（1）经济活动应该已经发生，或正在发生，或将发生。（2）这些经济活动可以与其他主体的活动有所区别。（3）会计主体经济活动的财务信息应该可以为该主体的决策提供依据。详见 IASB, "Conceptual Framework for Financial Reporting—The Reporting Entity," Exposure Draft (March 2010)。

② 主体的概念正在变化。例如，公司越来越难定义外部的边界。上市公司经常包括许多上市子公司，每个子公司又有联营、特许权以及其他的附属情况。另外，公司几个月或几周就会形成和解除这些联营或顾客-供应关系。这些"实际的公司"产生了如何按会计主体记账的问题。详见 Steven H. Wallman, "The Future of Accounting and Disclosure in an Evolving World: The Need for Dramatic Change," Accounting Horizons (September 1995)。国际会计准则理事会正在其概念框架项目的会计主体部分和合并报表部分探讨这些问题（详见 http://www.iasb.org/Current1Projects/IASB1Projects/Conceptual1Framework/Conceptual1Framework.htm 和 http://www.iasb.org/Current%20Projects/IASB%20Projects/Consolidation/Consolidation.htm）。

设基于一条更基本的假设，那就是量化数据能够在经济信息交流和合理的经济决策中发挥作用。

此外，会计通常会忽略价格的变化（通货膨胀或紧缩），假设计量单位——欧元、美元或日元是稳定的。因此货币计量使我们能将 1985 年的英镑与 2015 年的英镑相加而不用做任何调整。没有因通货膨胀或紧缩进行调整的英镑或其他货币可以继续在财务报表中计量确认的要素。只有情况发生非常重大的变化（比如发生了类似南美那么严重的通货膨胀），才会考虑采用"通货膨胀会计"。①

会计期间假设

为了精确地衡量公司活动结果，我们需要一直等到公司清算。然而决策者不能等那么久来获取信息。决策者需要了解一定时间内公司的表现和经济状况，从而可以在对公司业绩进行评估和比较之后采取合适的行动。因此，公司必须分期报告信息。

会计期间假设表明公司可以将经营活动人为分为不同的期间。划分的方法不尽相同，但最常见的就是以月、季度和年度作为会计期间。

期间越短，就越难确定期间内的净利润。月度结果通常没有季度结果可靠，季度结果通常没有年度结果可靠。投资者都会要求公司尽快公布信息。然而公司公布信息越快，就越容易出现错误。这为我们展现了在编制财务报表时相关性和如实表述相互矛盾的有趣现象。

随着企业生产周期缩短和产品升级换代速度加快，人为设定一个会计期间的问题越来越凸显。很多人认为科技进步了，公司应该在线上提供即时的财务信息以确定可提供的相关信息。

权责发生制

企业以权责发生制为基础编制企业的财务报表。权责发生制的意思是当经济业务实际发生时，再将其计入财务报表中。[8]例如，在权责发生制下，企业在明确未来经济利益很可能流入企业，并且相关收入能够可靠计量时确认收入（收入确认原则）。权责发生制与收付实现制恰恰相反。同样，在权责发生制下，企业在支出实际发生的时候确认费用，而不是实际支付的时候。

除了权责发生制外，还有收付实现制。在收付实现制下，企业只有在收到现金时才确认收入，在支付现金时才确认费用。在国际财务报告准则中禁止采用收付实现制，这是因为在收付实现制下确认的收入不满足收入确认原则的要求（在下个部分会对此进行详细讨论）。同样，企业也不可以在实际支付现金时确认费用，这也违反了费用确认原则的要求（在下个部分会对此进行详细讨论）。

以权责发生制为基础编制的财务报表不仅可以给报表使用者提供有关过去经济事项涉及的现金收入与支出，还能提供未来可能支付现金或者可能收到现金的信息。因此，以权责发生制为基础提供的有关过去经济事项及其他事项的信息是最具有决策有用性的。

---

① 正如概念框架第四章第六十三段所述，这种方法意味着资本保全概念的应用，即以名义货币计量公司净资产的变动，不考虑物价变动的影响。[6]一项单独的国际财务报告准则（IFRS No. 29, "Financial Reporting in Hyperinflationary Economies"）对如何处理货币购买力的变化提供了指导。[7]

2.4.2　会计的基本原则

我们通常用会计原则来记录和报告交易：（1）计量属性；（2）收入确认；（3）费用确认；（4）充分披露。接下来我们逐一分析各原则。

计量属性

我们现在采用的是兼容系统，可以使用一种或两种会计计量属性。最常见的计量基础是历史成本计量和公允价值计量。选择不同的计量属性意味着对相关性和如实表述的不同侧重。在这里，我们将讨论这两种。

历史成本　国际财务报告准则要求公司按照取得的价格计量和报告资产和负债。这就称作历史成本原则。历史成本相比其他计量方式来说，很重要的优点是它是对特定事项支付的金额的如实表述。

为了说明这个优点，考虑一下如果公司选择现在的卖价作为计量基础会出现的问题。公司可能对于未卖出的部分不知如何计价。会计部门的每一位人员对于资产的计量可能都不同。另外，多久计量一次售价？所有的公司最少每年要结一次账。但是有的每月计算一次净利润。这些公司在每次想计算利润的时候都要重新计算一下资产的售价。评论家对现行成本（重置成本和未来现金流量的现值）以及除历史成本以外的计量方式都提出了同样的批评。

那么负债呢？公司是用成本对它们进行会计处理的吗？是的。公司按照已经达成一致的价格以负债，如债券、票据、应付账款等来换取资产或服务。交易过程中确定的价格就是负债的"成本"。公司用这个数值对负债进行计量并在财务报表中进行列报。因此，许多公司很喜欢用历史成本，因为历史成本提供了财务信息历史趋势的可验证标准。

公允价值　公允价值指"在计量当日熟悉交易的双方在公平交易中自愿进行资产交换或者债务清偿的金额"。因此公允价值是以市场为基础的计量属性。[9] 最近，国际财务报告准则不断呼吁在财务报告中使用公允价值计量。这就称作公允价值原则。对于某些特定行业的企业来说，公允价值提供的资产与负债信息比历史成本更有用。例如，公司以公允价值报告很多金融工具，包括衍生工具。对于有些行业，比如经纪公司、共同基金等，一般以公允价值编制自己的财务报表。在最初取得资产的时候，历史成本等同于公允价值。在接下来的时间里，随着市场环境和经济环境的变化，历史成本和公允价值往往就不同了。因此，公允价值计量或估计总是能够提供与资产或负债预计现金流更相关的信息。比如，当长期资产出现减值的时候，公允价值计量会确认减值损失。

国际会计准则理事会认为公允价值信息相比历史成本来说对使用者更有相关性。公允价值计量能够让我们更好地洞见资产与负债的价值（它们的财务状况），并为测算未来现金流提供了更好的基础，但这种观点仍有争议。最近，理事会采取进一步措施促使公司选择公允价值作为金融资产和金融负债的计量属性，称作公允价值计量。[10] 理事会认为由于公允价值更能反映金融工具的现值，因此公允价值比历史成本更相关。因此，公司现在可以选择对大部分金融工具进行公允价值计量，包括应收账款、投资、债权类证券。

在财务报告中公允价值的使用越来越多。然而，在公允价值信息无法获得时，基于公允价值的计量就为会计报告增添了很多主观性。为了增强公允价值计量的一致性和可比性，国际会计准则理事会建立了一个公允价值层级，提供确定公允价值时使用方法的先后顺序。如图表 2-4 所示，公允价值层级分为三个层次。

图表 2-4　　　　　　　　　　　公允价值的层次

第一层：存在活跃市场的资产或负债，活跃市场中的报价应当用于确定其公允价值。　　　　　主观性最弱

第二层：不存在活跃的市场，参考熟悉情况并自愿交易的各方最近进行的市场交易中使用的价格或参照实质上相同的其他资产或负债的当期的公允价值。

第三层：不存在活跃市场，且不满足上述两个条件，应当采用公司自己的数据如估值技术等确定资产和负债的公允价值。　　　　　主观性最强

正如图表 2-4 所示，第一层主观性是最弱的，因为是基于资产或负债活跃市场的价格，比如英国《泰晤士报》上的股票收盘价格。第二层的主观性就强一些，依赖于类似资产或负债在活跃市场上的价值。第三层就需要更多的判断，是主观性最强的，根据提供的信息来得到相对比较真实的公允价值。①

当市场上交易者众多，流通性很强的时候，获得公允价值比较容易，但是在其他情况下，公允价值并不太容易获得。你如何对像美国新世纪这样的次级贷款发放者的抵押贷款资产进行计量呢？要知道这些资产的交易市场已经基本消失了。这就需要通过大量专业合理的判断来得到合适的结果。国际财务报告准则也提供了在市场上相关的数据无法得到时估计公允价值的指导。总体来说，这些计价都是与第三层公允价值计量相关的。我们将在第 6 章中具体讨论用预计未来现金流量和现值来计算价值这一问题。

正如之前提到的，目前我们有一个兼容体系，允许使用历史成本和公允价值。虽然历史成本原则依旧是计量中重要的基础，但是运用公允价值进行计量和报告的情况也在逐步增加。新的计量和披露准则需要在财务报告和相关披露中使用公允价值计量时增强一致性和可比性。

收入确认原则

当公司同意向客户销售商品或提供劳务的时候，它就有向客户提供商品和劳务的义务。在公司履行了这项义务后，就可以确认收入。收入确认原则要求公司在履行义务的会计期间确认收入。举例说明，假设 Klinke Cleaners 公司在 6 月 30 日寄出衣服，但是顾客直到 7 月的第一个星期才收到并支付款项。Klinke 公司应该在 6 月确认收入，因为公司是在 6 月完成销售，而不是在收到现金的 7 月确认收入。在 6 月 30 日，Klinke 公司在资产负债表上确认应收账款，在利润表上确认提供相关产品应确认的收入。

---

①　对于主要的资产和负债，公司必须披露：（1）公允价值计量；（2）公允价值计量的层次——第一层、第二层还是第三层。根据不同层次主观性程度不同，一家公司若越依赖于第三层的方法来确定公允价值，这家公司就需要披露越多计量过程中的信息。因此，对于第三层的计量就需要额外的披露，我们在稍后的章节中将会讨论具体的披露的情况。

为了更详细地说明收入确认原则，假设德国空中客车公司签署合同向英国航空公司销售飞机，价值高达 100 000 000 欧元。为了表明何时确认收入，空中客车公司运用图表 2－5 所示的五步法。①

图表 2－5　　　　　　　　　　收入确认的五步法

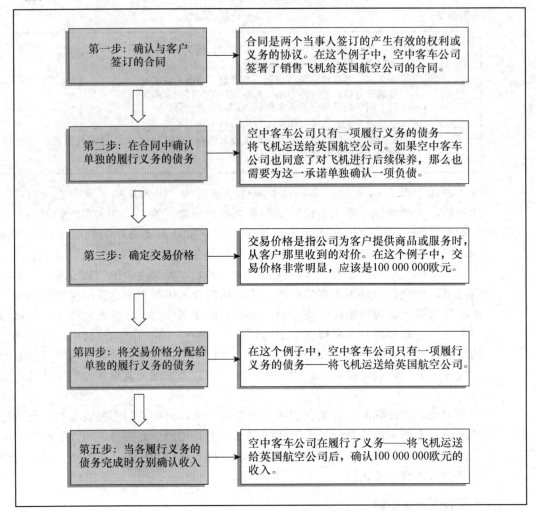

第一步：确认与客户签订的合同	→	合同是两个当事人签订的产生有效的权利或义务的协议。在这个例子中，空中客车公司签署了销售飞机给英国航空公司的合同。
第二步：在合同中确认单独的履行义务的债务	→	空中客车公司只有一项履行义务的债务——将飞机运送给英国航空公司。如果空中客车公司也同意了对飞机进行后续保养，那么也需要为这一承诺单独确认一项负债。
第三步：确定交易价格	→	交易价格是指公司为客户提供商品或服务时，从客户那里收到的对价。在这个例子中，交易价格非常明显，应该是100 000 000欧元。
第四步：将交易价格分配给单独的履行义务的债务	→	在这个例子中，空中客车公司只有一项履行义务的债务——将飞机运送给英国航空公司。
第五步：当各履行义务的债务完成时分别确认收入	→	空中客车公司在履行了义务——将飞机运送给英国航空公司后，确认100 000 000欧元的收入。

大部分的收入确认很少有问题，因为交易的开始和完成都在同一会计期间。然而，在有些情况下收入的确认时点就是一个棘手的问题，发生错误和错报的风险很大。第 18 章中我们将具体讨论收入的确认。

费用确认原则

费用是在一定期间内为了销售商品、提供劳务或其他公司的主要经营活动而导致的现金流出、其他资产的耗费或负债的增加（或几者兼有）。费用的确认是与资产净值的变化和收入的确认相关的。在实际中，费用的确认原则是"费用与收入配比"。这种方法就是费用确认原则。

---

① 图表 2－5 中的框架基于最新的收入确认准则。

举例说明，公司不是在实际支付工资或生产产品时确认费用，而是在该工作（服务）或生产真正为收入服务的时候确认费用。因此，公司将费用确认与收入确认联系在一起。也就是将付出（费用）与成就（收入）配比，费用确认原则的执行与费用的定义是一致的（现金流出或其他资产的耗费或负债的增加）。[①]

然而，有些成本难以与收入相联系。因此，必须采用其他方法。公司经常采用合理系统的分配方法，使相关的会计处理符合费用确认原则。这种费用的确认方法需要对公司的收益以及与收益相关的成本进行假设。例如，诺基亚公司将长期资产的成本在使用该资产的所有会计期间摊销，因为该资产为其使用寿命中产生的收入都做了贡献。

公司将一些成本记为当期费用（或损失），仅仅是因为它们不能建立起这些成本与收入之间的联系。这些成本的例子包括管理人员的工资，还有其他的管理费用。

成本一般分为两类：产品成本和期间费用。产品成本，比如原材料、人工费用、制造费用，都是与产品相关的。如果相关产品的收入是在后续会计期间进行确认的，那么相对应的成本也会被带入后续会计期间。期间费用，比如管理人员的薪酬以及其他的管理费用，是与期间相关的。公司将这些费用记入当期，即使与这些费用相关的收益可能发生在未来期间。为什么？因为公司不能在这些费用与收入之间建立直接的关系。图表 2-6 总结了费用确认的步骤。

图表 2-6   **产品成本和期间费用的确认步骤**

成本的类型	关系	确认
产品成本：	成本与收入有直接关系	在确认收入时确认成本（配比原则）
● 原材料		
● 人工成本		
● 制造费用		
期间费用：		
● 工资	成本与收入没有直接关系	在发生费用的当期进行确认
● 管理费用		

充分披露原则

在决定对外披露什么信息的时候，公司一般将实务中是否能够影响信息使用者判断和决策作为判断标准。这就是充分披露原则，这一原则揭示出财务报告所披露信息的性质和金额是一系列权衡后的结果。这些权衡包括：（1）能有充分的细节透露对决策者很重要的事项；（2）充分压缩信息使信息具有可理解性，同时还要注意编制和使用的成本。

使用者在以下三个地方能找到关于企业财务状况、收入、现金流量和投资的信息：（1）财务报告的主体；（2）财务报告的附注；（3）补充信息。

正如在第 1 章中讨论的，财务报表包括资产负债表、利润表（或综合收益表）、现金流量表、所有者权益变动表。它们是交流财务信息的整体框架。能够在财务报告

[①] 这种方法称作配比原则。然而，关于配比原则的有效性还存在很大争议。关键的一个问题是配比原则允许公司递延某些成本，将其在资产负债表上作为资产。实际上，这些成本不会带来未来收益。如果滥用的话，配比原则就会允许资产负债表变成一个没有配比的成本的倾销场。

的主体中进行确认的项目，应该满足基本要素的定义：（a）未来经济利益很可能流入或流出该主体；（b）该项目的成本或者价值可以准确计量。[11]

披露的作用不可以取代正确的会计计量。正如一位知名的会计师所说："充分的披露无法矫正会计的错误，就像形容词和副词不能取代名词和动词。"因此，即使公司在财务报表中披露了权责发生制下销售商品成本的金额，以收付实现制为基础的销售成本也是不正确的。

财务报表附注经常会进一步说明或解释财务报表主体中的要素。如果财务报表主体没有对公司的表现和财务状况介绍完全，那么财务报表附注应做进一步的说明。附注中的信息不一定是可计量的，也不一定像要素那么规范。附注可以部分或全部是叙述型的。附注的例子包括对在财务报告中计量要素使用的会计政策和方法的描述，对不确定事件和偶然事件的解释，过长以致无法包含在报表中的数据和信息。附注对于理解公司的财务业绩和状况来说是必要的。

补充信息包含展现不同于财务报告视角的细节与金额。可以是高相关性但是低可靠性的可计量信息。典型的例子就是石油和天然气公司提供已经被证实的储量信息以及相关的现金流折现信息。

补充信息也包括管理层对财务信息的解释及其对于信息重要性的讨论。比如，一些大型企业集团所进行的金融交易需要新的会计与报告方法和准则。在这些情况下企业都面对同样的问题，也就是要确保提供足够的信息使合理审慎的投资者不会被误导。①

我们将在第 4，5 和 24 章中讨论财务报表的内容、安排、列报，以及充分披露的其他方面。

□ 2.4.3　成本约束

提供具有会计信息质量特征的信息，使信息具有有用性，公司必须考虑限制报告的最主要的因素。这就是成本约束。公司必须衡量提供信息的成本和使用信息获得的效益。准则制定机构和政府机构在作出最终的信息要求之前，会运用成本效益分析方法。为了证明某一特殊计量或披露要求的合理性，机构必须确定这项要求所带来的收益要超过付出的成本。

一家企业的高管对准则制定者拟议的规则做了以下的评论："在我的金融职业生涯当中，我从没有见过如此荒谬的规则。……将这些算法复杂的估计结果作为资产和负债记录下来简直不可理喻，唯一可以理解的就是国际会计准则理事会过去一直在做同样的蠢事……看在上帝的分上，请有点常识吧。"② 虽然很极端，但是这些评论反映出商界人士对于这些规定及其过低的成本效益感到无奈。

成本效益分析的难处在于成本或者效益有时可能不明显或不可计量。成本分为很多类型：收集加工成本、传播成本、审计成本、潜在诉讼成本、向竞争者披露成本以

---

① 为了给企业信息披露提供指引，国际会计准则理事会发布了题为《披露框架——管理层声明》的实务公告。国际会计准则理事会表示该实务公告既不是会计准则也不是概念框架的一部分。但是，管理层声明应该符合概念框架中规定的财务报告的其他界定。

② "Decision-Usefulness：The Overriding Objective," *FASB Viewpoints* (October 19, 1983), p. 4.

及分析和理解成本。对编制者的好处则包括更好的管理控制和以较低成本进行融资。使用者会获得关于分配资源、纳税评估和税率管制的更好信息。正如前面提到的，收益比成本更难量化。

《萨班斯-奥克斯利法案》在美国的实施说明了获取成本和收益标准的挑战。一项调查显示，为了遵循关于财务报告的新内部控制准则，平均每家公司的成本增加了780万美元。然而，调查结果显示"对改进后更可靠财务报表所带来的好处进行量化是不太可能的"。①

尽管在评估成本与收益中存在困难，国际会计准则理事会仍试图确定每一项被提出的准则将起到重大作用，与最终信息产生的收益相比，为了符合规定而付出的相关成本是合理的。另外，理事会将新准则成本收益的评估作为法定程序的一部分。

◊◊◊　数字背后的秘密　　小心为妙

在实务中，当会计处理面临不确定性时，从保持谨慎性和保守性的角度来进行处理往往是可以接受的。谨慎性或者保守性意味着，当可以选择不同的会计处理方法时，选择高估资产或收入、低估负债或费用可能性最小的处理方法。财务报告概念框架表示，谨慎性和保守性与会计信息质量特征中的中立性相冲突，因为保持谨慎性和保守性会使得报告的财务状况和经营成果有偏向性。

实际上，在某个会计期间有偏向性地低估资产（或者高估负债），往往都会导致后续会计期间报告的财务状况比实际有所夸大，而这并不是谨慎性原则下应该出现的结果。这与中立性原则，即无偏向性的会计信息相抵触。因此，概念框架中并未将谨慎性和保守性列为会计信息质量特征之一。

但是，这并没有使得关于谨慎性和保守性的讨论停止。最近，欧洲议会号召国际会计准则理事会在概念框架中再次引入谨慎性原则。欧洲议会认为，谨慎性原则可以使得会计师在处理损失时更为谨慎。立法者认为，在2007—2009年的金融危机期间，欧洲的纳税人不得不花费数十亿欧元拯救濒临破产的银行，而保持谨慎性可以防止金融危机重演。一些议员甚至将是否引入谨慎性与对国际会计准则理事会的资助联系起来。

对此，国际会计准则理事会主席 Hans Hoogervorst 表示，议会的立场堪忧，如果议会持续在这个问题上向国际会计准则理事会施压，会让国际会计准则理事会的独立性受到质疑。正如谨慎性原则会使得报表数据失去中立性，欧洲议会对于谨慎性的立场会使得国际会计准则理事会目前的会计准则制定程序失去中立性。

资料来源：H. Jones, "IASB Accounting Body Rejects EU Parliament's Funding Conditions," Reuters（October 14, 2013），http://uk.reuters.com/article/2013/10/14/uk-accounting-iasb-idUKBRE99D0KQ20131014.

□ 2.4.4　结构总结

图表2-7为本章中讨论的财务报告概念框架。除了在每个层级提供了更多信息，其余与图表2-1相似。这部分内容对理解在后续章节的学习中遇到的问题有

---

① Charles Rivers and Associates, "Sarbanes-Oxley Section 404: Costs and Remediation of Deficiencies," letter from Deloitte and Touche, Ernst and Young, KPMG, and Pricewaterhouse-Coopers to the SEC（April 11, 2005）.

所帮助。

图表 2 - 7　　　　　　　　　　　　　财务报告的概念框架

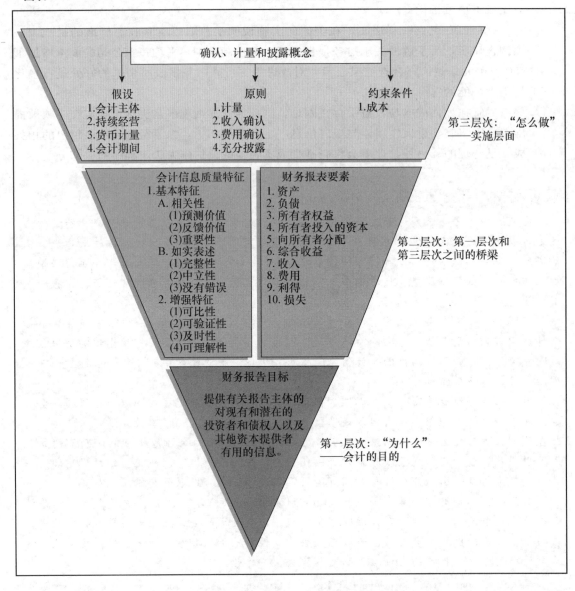

国际会计视野

概念框架

国际会计准则理事会（IASB）和美国财务会计准则委员会（FASB）正在共同致力于开发一套普适性的概念框架。这套框架是基于现有的公认会计原则（GAAP）和国际财务报告准则（IFRS）的概念框架。联合项目的目的在于开发一套概念框架，并在此基础上制定出一套原则导向的、内部一致的会计准则，使财务报告更加有用。

相关事实

如下是 GAAP 和 IFRS 关于概念框架异同的关

键点。

相同点

● 在 2010 年，IASB 和 FASB 完成了联合创建概念框架的第一阶段。在这个阶段，他们对财务报告的目标以及一套通用的会计信息质量特征达成了一致。这些在第 2 章的讨论中已经展示过。值得注意的是，在趋同阶段之前 IASB 的框架更多地关注提供管理层业绩的信息（受托责任观）。

● 现有的 GAAP 和 IFRS 的概念框架非常相似。它们的结构相似（都包括目标、要素、会计信息质量等）。除了将同一概念的阐述方式进行趋同外，没有改变现有框架的必要。

● 趋同后的概念框架应该是一个单一的文件，而不像现在存在两个不同的概念框架。概念框架的基本结构应该不会变化。

● IASB 和 FASB 拥有相同的计量属性，都是基于历史成本和公允价值。2011 年颁布了趋同后的公允价值准则，使 GAAP 与 IFRS 对公允价值的定义、计量技巧和披露要求一模一样。

不同点

● 虽然 GAAP 和 IFRS 在报告资产的时候正在越来越多地使用公允价值，但现在还是 IFRS 更广泛地使用公允价值。正如例子中提到的，在 IFRS 下，公司可以对不动产、厂场和设备以及自然资源，甚至在某些情况下对无形资产使用公允价值进行计量。

● GAAP 针对市场上无法提供可靠公允价值的情况，有一套指导估计公允价值的概念声明（财务会计概念第 7 号声明《在会计中使用现金流量信息和现值》）。IASB 并没有类似的概念声明，只是颁布了与 GAAP 趋同后的公允价值准则（IFRS 13）。

● 货币计量假设是每个框架中的一部分。然而，度量单位会根据公司开展生产经营活动的地点不同而变化（比如，人民币、日元以及英镑）。IFRS 明确提出，财务报表应该在权责发生制的基础上编制。

● 会计主体假设也是每个框架的一部分，虽然一些文化上的差异会导致应用上的差异。例如，在日本，许多企业已经形成联盟，虽然它们不是同一个公司的部门，但是它们在不同领域的行为非常相似。

深度解读

虽然用于编制 IFRS 的概念框架与 GAAP 所用的概念框架非常相似，但是其会计要素和要素的定义都是不同的。FASB 的会计要素和定义如下所示。

资产。资产指企业过去的交易或事项形成的、由企业拥有或控制的、预期会给企业带来经济利益的资源。

负债。负债是指企业过去的交易或事项形成的、预期会导致经济利益流出企业的现时义务，导致经济利益流出企业的形式是在未来期间向其他企业转移资产或提供劳务。

所有者权益。所有者权益是指企业资产扣除负债后，由所有者享有的剩余权益。在企业中，所有者权益是所有者的索取权。

所有者投入的资本。能够增加企业的净资产，所有者为了获得或增加自己在企业中的所有者权益而从其他实体转入的经济价值。资产普遍被认为是所有者投入的资本，但是接受所有者的投资也包括服务，为企业清偿或转移负债。

向所有者分配。通过向所有者转移资产、提供服务或承担负债减少企业的净资产。向所有者分配减少企业中所有者的权益。

综合收益。一个企业在一定期间内，不是由于所有者权益的变化，而是由于其他的交易事项或情况导致企业净资产的变化。这包括一定期间内除了由于所有者投入的资本和向所有者分配之外的所有的所有者权益变动。

收入。在一定期间内，通过销售商品、提供劳务或其他公司的主要经营活动而导致的现金流入或其他资产的增加或负债的减少（或几者的组合）。

费用。在一定期间内，为了销售商品、提供劳务或其他公司的主要经营活动而导致的现金流出或其他资产的耗费或负债的增加（或几者的组合）。

利得。由企业非日常经营活动所形成的、会导致所有者权益增加的、与所有者投入资本无关的经济利益的流入。

损失。由企业非日常经营活动所形成的、会导致所有者权益减少的、与向所有者分配利润无关的经济利益的流出。

（资料来源："Elements of Financial Statements," *Statement of Financial Accounting Concepts No. 6*（Stamford, Conn.：FASB, December 1985），pp. IX and X.）

未来之路

为了更新、修改并完成一套趋同的概念框架，IASB 和 FASB 面临诸多困难。比如，如何权衡会计信息质量特征，如信息高度相关，但是难以证

实？当定义资产的时候，如何界定被企业控制这个标准？负债本身就是一项未来经济利益的流出还是一项在未来导致经济利益流出的义务？应该采用统一的计量属性，比如历史成本法或公允价值法，还是根据被计量的资产或负债使用不同的计量属性？我们乐观地认为，新的文件会是前者的一个很大提升，在此基础上能够产生原则导向的会计准则，帮助财务报告使用者做出更好的决策。

■ 本章小结

1. 描述概念框架的作用。会计专业需要一个概念框架来实现以下目的：（1）建立一套与已确立的概念和目标相关的概念框架；（2）为解决新的实际的问题提供一个框架；（3）提升财务报表使用者对财务报告的理解和信心；（4）提高财务报表在各公司之间的可比性。

2. 描述国际会计准则理事会为构建概念框架所做的努力。国际会计准则理事会发布了一篇概念框架的公告。财务会计准则委员会发布了一系列概念框架的公告。国际会计准则委员会和财务会计准则委员会正在共同致力于开发一套更好的普适性的概念框架，为未来会计准则的制定提供良好的基础。

3. 理解财务报告的目标。通用财务报告的目标是提供关于报告主体的财务信息，能够在企业投资决策方面为现有和潜在的权益投资人以及债权人提供有力信息。通常的投资决策包括买、卖、持有股票和债券以及提供或偿还贷款以及其他形式的信贷。对资本提供者决策有用的信息也许对于财务报告的其余使用者来说也是有用的。

4. 了解会计信息的质量特征。会计选择最重要的标准是决策有用观——为决策制定提供最有用的信息。相关性和如实表述是决策有用观的两个基础质量特征。相关信息对于预测或验证价值有重要影响，并且是有实质的影响。如实表述包括完整性、中立性以及没有错误。信息的增强特征包括：（1）可比性；（2）可验证性；（3）及时性；（4）可理解性。

5. 定义财务报表的基本要素。财务报表的基本要素包括：（1）资产；（2）负债；（3）所有者权益；（4）收入；（5）费用。我们在前面已经定义过这五个要素。

6. 描述会计基本假设。财务会计的五个基本假设如下所示。（1）会计主体：公司的活动独立于其所有者以及其他企业单位。（2）持续经营：假设公司能够存在足够长时间来实现自己的目标和承诺。（3）货币计量：货币计量意味着货币是企业在经营活动中常用的结算工具，为会计计量和分析提供了合适的基础。（4）会计期间：公司的经济活动可以分成人为的期间。（5）权责发生制：当经济业务实际发生时，再将其记入财务报表中。

7. 解释会计基本原则的运用。（1）计量属性：国际财务报告准则允许视情况采用历史成本或公允价值的计量基础。虽然历史成本原则（根据取得的价值计量）依旧

是计量中重要的基础，但是运用公允价值进行计量和报告的情况也在逐步增加。（2）收入确认原则：当企业确定未来经济利益很可能流入，且该收入的金额可以准确计量时确认收入。（3）费用确认原则：作为一项通用的准则，公司在服务或产品确实对收入做了贡献的时候确认费用（通常说的配比）。（4）充分披露：公司提供对影响使用者的判断和决策有重要性的信息。

8. 描述成本约束对会计信息质量的影响。必须衡量提供信息的成本和从中获得的收益。

简单练习

BE2-5　下列支出应当记录为资产还是费用，并阐述原因。假定所有的物品都是原料。

（a）支付购买土地的法律费用1 500欧元。

（b）Eduardo公司铺平通往办公楼的车道花费21 000欧元。

（c）肉类市场以3 500美元的价格购买了一台绞肉机。

（d）6月30日，梦露和米诺两位医生支付了6个月（包括7月份和接下来5个月）的办公室租金。

（e）史密斯的五金公司向建筑施工中使用的业务工支付了9 000欧元的工资。

（f）阿尔瓦雷斯花店向其员工——货车司机支付了2 100欧元的月工资。

BE2-6　对于下面的每一项，指出它属于财务报表的哪一类。

（a）留存收益　　（b）营业收入（销售收入）

（c）资本公积　　（d）存货

（e）折旧　　　　（f）设备变卖损失

（g）应付利息　　（h）股利

（i）投资收益　　（j）普通股股本

综合练习

E2-1（有效性、财务报告目标）　判断下列关于概念框架的说法是否正确。如果错误，请简要解释来支持你的立场。

（a）依赖于概念主体的会计规则的制定，将会形成有用一致的声明。

（b）对公司内部人士来说，在做出战略决策时，通用财务报告是最有用的。

（c）基于个体概念框架的会计准则通常会形成一致的和可比的会计报告。

（d）资本提供者是唯一受益于通用财务报告的报告使用者。

（e）应制定使得毫无经济学和商业知识的使用者可以了解公司的财务业绩的会计报告。

（f）财务报告的目标是框架逻辑结果其他方面的基础。

权威文献

[1] International Accounting Standard 8, *Accounting Policies, Changes in Accounting Estimates, and Errors* (London, U.K.：International Accounting Standards Committee Foundation, 2001).

[2] The Conceptual Framework for Financial

Reporting (London, U. K. : IASB, 2010).

［3］The Conceptual Framework for Financial Reporting, "Chapter 1, The Objective of General Purpose Financial Reporting" (London, U. K. : IASB, September 2010).

［4］The Conceptual Framework for Financial Reporting, "Chapter 3, Qualitative Characteristics of Useful Financial Information" (London, U. K. : IASB, September 2010).

［5］The Conceptual Framework for Financial Reporting, "Chapter 4, The 1989 *Framework*: The Remaining Text" (London, U. K. : IASB, 2010), paras. 4. 2-4. 35.

［6］The Conceptual Framework for Financial Reporting, "Chapter 4, The 1989 *Framework*: The Remaining Text," (London, U. K. : IASB, September 2010), par. 43.

［7］International Accounting Standard No. 29,

Financial Reporting in Hyperinflationary Economies (London, U. K. : IASB, 2001).

［8］The Conceptual Framework for Financial Reporting, "Chapter 1: The Objective of General Purpose Financial Reporting" (London, U. K. : IASB, 2010), par. OB17.

［9］International Financial Reporting Standard 13, *Fair Value Measurement* (London, U. K. : IASB, 2011), par. 9.

［10］International Financial Reporting Standard 9, "Financial Instruments, Chapter 4: Classification" (London, U. K. : IASB 2010), paras. 4. 1. 5-4. 1. 6 and 4. 2. 2-4. 2. 3.

［11］The Conceptual Framework for Financial Reporting, "Chapter 4, The 1989 *Framework*: The Remaining Text" (London, U. K. : IASB, 2010), paras. 4. 37-4. 39.

第 3 章

会计信息系统

学习目标

学完本章后，你应该能够：

1. 理解基本的会计术语。
2. 掌握复式记账规则。
3. 明确会计循环步骤。
4. 登记日记账，过至分类账，并编制试算平衡表。
5. 理解编制调整分录的原因。
6. 根据调整后的试算平衡表编制财务报表。
7. 编制结账分录。
8. 为商业企业编制财务报表。

企业需要可靠的信息系统

　　企业必须保存会计账簿。监管方要求企业编制并保存可审计的会计记录和相关文件。企业如果不对交易信息进行准确记录，其收益可能会减少，影响日常经营活动的效率，并提供不准确且有误导性的信息。

　　然而，由于经济犯罪和腐败等原因，企业所保存的会计记录并不一定准确。显然，经济犯罪顽疾仍普遍存在于企业中。下图统计了近期发生的各类经济犯罪事件。

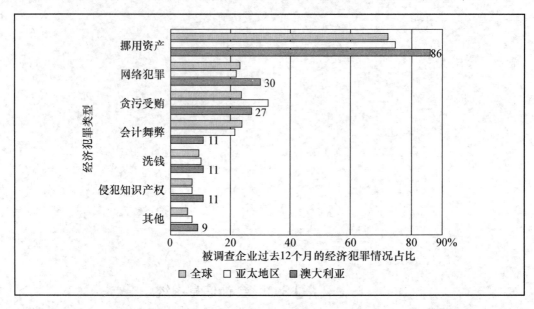

　　排名前四的经济犯罪类型依次为：挪用资产、网络犯罪、贪污受贿和会计舞弊。舞弊的类型包括员工费用报销舞弊、虚假发票入账以及相关付款和不恰当的资产处置等。例如下面这种情况：

　　如果业务经理非常清楚公司的发票系统，那么他就可以通过提供虚假发票的方法将日常第三方提供的商品和服务的成本做大。此外，如果员工同时拥有资产处置以及注销资产价值的权限，那么当资产再次被处置时，企业可以得到更高的利润。

　　网络犯罪在经济犯罪类型中排名第二。过去，网络犯罪不太常见。然而，智能手机、平板设备、社交媒体和云计算在为企业提供巨大商机的同时，也增加了敏感数据以及隐私信息泄露的风险。网络犯罪的实施者和动机是多种多样的，例如：（1）有授权的内部人员通过滥用授权来获取个人利益；（2）竞争者试图得到不当利益；（3）外国政府为了政治诉求或经济利益实施间谍活动；（4）跨国犯罪集团窃取或侵占信息以获取利益；（5）抗议组织行为或政策的积极分子。

例如下面这个例子中的情况：

罪犯在境外的计算机上生成一封欺诈邮件，包含一个网址、恶意的散布性的文件和超链接，在不经过授权的情况下给电脑安装一些软件。而这种软件可以让罪犯获得接入公司内网的权限。

最后，尽管这种情况并不常见，但有些大型企业并没有保留准确的业务交易记录。以全球最大的国际人力资源服务企业美国 Adecco 公司为例，该公司被证实其内部控制体系存在缺陷，导致公司的工资银行账户、应收款项和收入凭证等有较大的操纵空间。这些不合规操作使公司不得不一再推迟收入数据的公布，导致股价大幅下跌。又如加拿大水电公司利用减值准备账户操纵利润，最终破产清算。

由此可见，企业必须建立良好的内部控制以保证所提供信息的相关性和准确性。否则，企业会常常面临犯罪，或者企业的信息系统容易受到错误和其他不法行为的影响。

资料来源：Adapted from "Cybercrime: Out of Obscurity and into Reality," *Sixth Annual Global Economic Crime Survey* (PricewaterhouseCoopers, 2012); and "Cybercrime: Protecting against the Growing Threat," *Global Economic Crime Survey* (PricewaterhouseCoopers, 2012).

本章概览

开篇的故事说明：所有企业都必须配备可靠的信息系统。本章旨在阐释会计信息系统的特点，本章的内容和结构如下图所示。

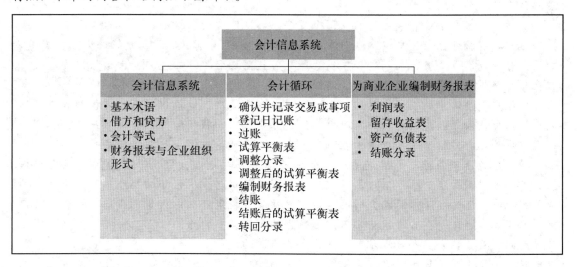

3.1 会计信息系统

会计信息系统收集、处理交易数据并向利益相关者传递财务信息。不同企业的会计信息系统有很大的差异。系统的设计取决于各个公司业务和交易的性质、规模、处理的数据量以及管理的需求等。

正如我们在开篇故事中讨论的，公司对会计信息系统的重视提升到了新的高度，以确保财务报表信息的相关性和可靠性。完善的会计信息系统会为管理层解答以下问题：

- 债务总额为多少，有哪几类负债？
- 我们本期的销售收入比上期高吗？
- 我们有哪些资产？
- 我们的现金流入及流出额为多少？
- 我们上期盈利了吗？
- 我们是否有产品线或部门在亏损经营？
- 我们能稳步增加股东分红吗？
- 我们的净资产收益率提高了吗？

高效的会计信息系统所提供的数据还可以解决其他很多管理问题。精心设计的会计信息系统会使各类公司受益。

□ 3.1.1 基本术语

借助一系列基本概念，财务会计对企业有关交易或事项进行确认、记录、分类和解释。因此你需要掌握这些收集会计数据时使用的基本术语。

⬡⬡ 基本术语

事项。事项往往伴随着一定的结果，通常会导致资产、负债或所有者权益的变化。事项可能是外部性或内部性的。

交易。交易属于外部事件，涉及两个或多个实体间的转移或交易。

账户。系统地显示交易或事项对某个特定会计要素（如资产、负债等）产生的影响。公司为每项资产、负债、收入、费用以及所有者权益设置不同的账户。由于账户的格式往往类似于字母 T，所以经常称其为"T 形账户"（见图表 3-3）。

实账户与虚账户。实账户又称永久性账户，分为资产、负债以及所有者权益账户，列示在资产负债表上。虚账户又称暂时性账户，分为收入、费用和利润分配账户。除利润分配账户以外，收入和费用账户列示在利润表上。公司定期关闭虚账户，但不关闭实账户。

分类账。记载会计记录的账簿或打印资料。总分类账汇集了资产、负债、所有者权益、收入和费用的所有账户信息。明细分类账记载特定总分类账下的明细信息。

日记账。原始账簿，记录公司的初始交易及其他特定事项。大量的原始记录会从日记账转移至总分类账。在日记账中录入交易数据称为登记日记账。

过账。将重要事实和数据从日记账过到分类账的过程。

试算平衡表。试算平衡表列示总分类账中的所有未结账户及其余额。完成所有会计调整的试算平衡表称为调整后的试算平衡表。完成所有结账分录的试算平衡表称为结账后的试算平衡表。企业可在任何时点编制试算平衡表。

调整分录。企业需在会计期末以权责发生制为基础对账户进行调整，并编制调整分录，以提高财务报表的准确性。

财务报表。财务报表对会计数据进行收集、列示并汇总。财务报表共有四类：（1）资产负债表反映企业在会计期末的财务状况；（2）利润表衡量企业在该会计期间的经营成果；（3）现金流量表报告企业在该会计期间因经营活动、投资活动和筹资活动所形成的现金流入和流出；（4）留存收益表反映留存收益从年初到年末的余额变动情况。

结账分录。企业结转所有虚账户的余额并将其归零，计算净收入（或净损失），并将净收入（或净损失）通过利润分配转移至所有者权益的过程，也称为"分类账结账""账簿结账"或"结账"。

3.1.2 借方和贷方

借方（缩写：Dr.）和贷方（缩写：Cr.）分别表示左和右。所谓借贷并不意味着增加或减少，而是描述企业记账时做分录的方向。当企业在 T 形账户左侧记录时，即为借记该科目；当企业在右侧进行会计记录时，即为贷记该科目。比较左右两侧的总额，如果借方总额大于贷方总额，则称该科目有借方余额；如果贷方总额大于借方总额，则称该科目有贷方余额。

将借方置于左侧、贷方置于右侧只是一种记账习惯，将二者位置互换并不会影响记账功能。然而在各国，会计记录遵守该惯例。如今，将借方记在左侧、贷方记在右侧就好像马路上应靠右侧行车的规定一样，人们已习以为常。该规则适用于所有会计账户。

借贷恒等原则是应用复式记账法进行会计记录的基础（有时也称为复式账簿法）。按照复式记账体系，企业需要将每一笔交易的双重（或多重）影响记录在对应的会计科目下。该体系是一套逻辑严谨的记录交易或事项的方法，也可以验证记录金额的准确性。如果公司用相等的借贷额记录每笔交易，那么所有科目的借方总额一定等于贷方总额。

图表 3-1 给出了会计系统的基本准则。资产和费用类账户的增加记在左方（或

图表 3-1　　　　　　　　　　　复式（借贷）记账法

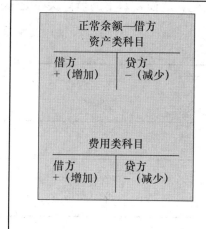
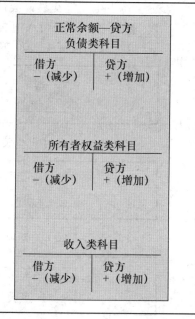

借方），减少记在右方（或贷方）。相应地，负债和收入类科目的增加记在右方（或贷方），减少记在左方（或借方）。股东权益的增加，如普通股和留存收益，应记在贷方，但股票分红的增加应记在借方。

□ 3.1.3　会计等式

在复式记账法下，有借必有贷，反之亦然。于是有了基本的会计恒等式（见图表 3 - 2）。

图表 3 - 2　　　　　　　　　会计恒等式

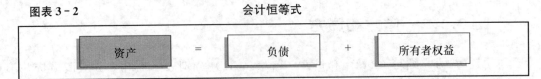

图表 3 - 3 将该等式加以拓展，详细列示了组成所有者权益的会计科目。该图表同样展示了借记（或贷记）每一类账户的规则和影响。请认真学习这个图表。它有助于你理解复式记账体系的基本原理。和会计恒等式一样，拓展的会计等式也必须平衡（即借方总额＝贷方总额）。

图表 3 - 3　　　　　　　拓展的会计等式、借贷规则和影响

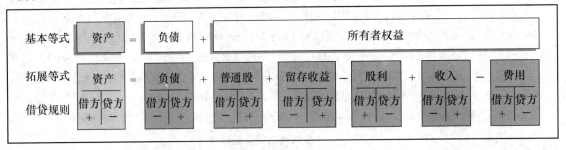

每发生一笔交易，会计等式的要素会有变化。然而，基本的恒等关系是不变的。以下列示 Perez 公司八项交易的处理方法。

1. 股东投资 40 000 美元购买普通股。

2. 向秘书支付 600 美元现金作为报酬。

3. 支付 5 200 美元购买办公设备，并用本票支付价款的 10％。

4. 为提供的劳务收取 4 000 美元现金。

资产 +4 000	=	负债	+	所有者权益 +4 000（收入）

5. 偿还短期债务 7 000 美元。

资产 −7 000	=	负债 −7 000	+	所有者权益

6. 宣布现金分红 5 000 美元。

资产	=	负债 +5 000	+	所有者权益 −5 000

7. 将 80 000 美元的长期负债转为普通股。

资产	=	负债 −80 000	+	所有者权益 +80 000

8. 支付 16 000 美元购买一辆运货车。

资产 −16 000 +16 000	=	负债	+	所有者权益

☐ 3.1.4　财务报表与企业组织形式

　　资产负债表的股东权益部分报告普通股和留存收益信息。利润表报告收入和费用信息。留存收益表报告分红情况。因为公司在会计期末将收入、费用和股利结转至留存收益项目，因此，这三项中任意一项的变化均会影响股东权益金额。图表 3-4 揭示了股东权益与这些项目之间的关系。

　　企业组织形式决定了构成或影响所有者权益的会计账户类型。公司通常设置普通股、股本溢价、股利分配和留存收益等科目。独资或合伙企业则使用业主资本账户和业主提款账户。其中，业主资本账户记录业主在企业的投资情况，业主提款账户记录业主的提款情况。

　　图表 3-5 总结了不同的企业组织形式下，影响所有者权益的交易与实账户（永久性账户）、虚账户（暂时性账户）的分类之间的关系。

图表 3 - 4　　　　　　　　　财务报告与所有权结构

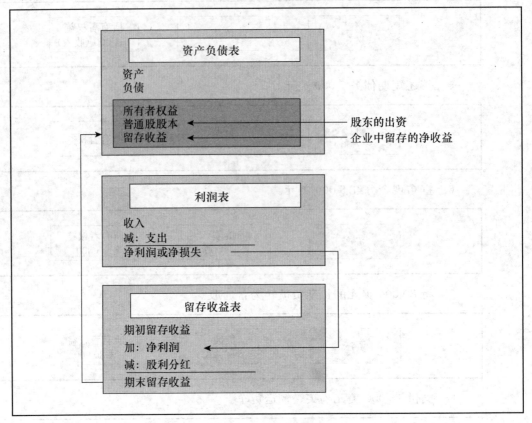

图表 3 - 5　　　　　　　交易对于所有者权益科目的影响

		所有权结构			
		独资与合伙企业		公司	
所有者权益 相关交易	对所有者权益 科目的影响	虚账户 （临时账户）	实账户 （永久账户）	虚账户 （临时账户）	实账户 （永久账户）
业主投资	增加		资本		普通股及 相关账户
可确认收入	增加	收入		收入	
已发生费用	减少	费用	资本	费用	留存收益
业主提款	减少	提款		股利	

3.2　会计循环

　　会计循环的步骤如图表 3－6 所示。公司通常依照既定步骤对交易或事项进行会计处理并编制财务报表。

图表3-6　　　　　　　　　　　　　会计循环

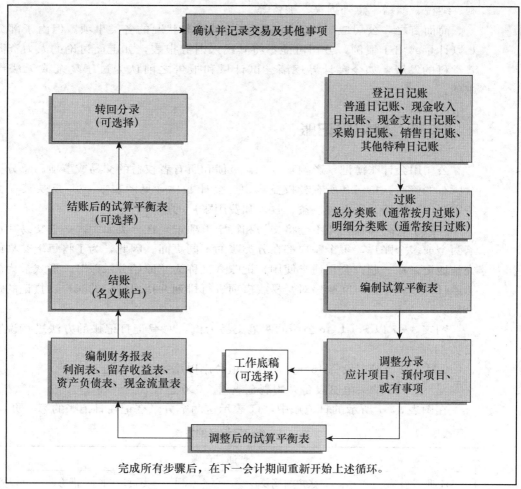

确认并记录交易及其他事项

登记日记账
普通日记账、现金收入
日记账、现金支出日记账、
采购日记账、销售日记账、
其他特种日记账

过账
总分类账（通常按月过账）、
明细分类账（通常按日过账）

编制试算平衡表

调整分录
应计项目、预付项目、
或有事项

工作底稿
（可选择）

编制财务报表
利润表、留存收益表、
资产负债表、现金流量表

结账
（名义账户）

结账后的试算平衡表
（可选择）

转回分录
（可选择）

调整后的试算平衡表

完成所有步骤后，在下一会计期间重新开始上述循环。

□ 3.2.1　确认并记录交易或事项

会计循环的第一步是对交易或其他特定事项进行分析。首要的问题是确定哪些事项应该被记录。尽管国际财务报告准则中有相关指南，但内容并不具体。如公司人事变动和管理制度变动可能非常重要，但公司不应对其记账；而对于现金销售和采购等事项，不论金额大小，公司都应全部记录。

我们在第2章所阐述的概念能帮助企业确定哪些事项应该予以记录。财务报告记录的事项应该：（1）满足会计要素的定义；（2）未来经济利益很可能流入或流出企业；（3）相关成本可以可靠计量。例如，我们是否应该将员工的价值体现在资产负债表和利润表中呢？诚然，技术人员是企业的重要资产（该信息具有高度的相关性），但是如何可靠确认并计量其价值的问题尚待解决。因此，我们并未对人力资源进行会计处理。或许当计量技术更加成熟且被广泛认可时，类似信息会作为补充数据予以列示。

交易可能是两个企业进行价值交换，比如购买或出售商品和劳务。交易也可能是单向的价值转移，比如企业可以无偿承担某些责任，如慈善捐赠、股东投资、分派股利、纳税、馈赠、意外损失、被盗等。

简而言之，公司应尽可能地记录影响其财务状况的各类事项。但由于部分事项难以计量或出于惯例，公司可能不将其纳入财务报表，如上面讨论的人力资源。随着学科的发展，如今会计界逐渐尝试计量和报告之前认为过于复杂或无法计量的事项。

3.2.2 登记日记账

公司用会计账簿记录影响其资产、负债和所有者权益的交易或事项。总分类账包含所有的资产、负债和所有者权益账户。会计账户（见图表 3-3）反映某项交易对特定资产、负债、所有者权益、收入和费用账户的影响。

实践中，公司最初并不会将交易和特定事项记录在分类账中。一笔交易往往会影响两个或多个账户，每个账户都在分类账的不同页面。因此，为了将每笔交易或事项完整地记录在一起，公司通常使用日记账（又称为"原始分录账"）。形式最为简单的普通日记账就是按时间顺序对交易或事项进行排列并指出借记的账户、贷记的账户及金额。

图表 3-7 以 Softbyte 公司的两笔交易为例，对登记日记账的方法进行说明。交易如下：

9 月 1 日　股东投资 15 000 土耳其里拉用以增持公司股份。

　　　　　购买电脑设备并用现金支付 7 000 里拉。

在图表 3-7 所示的日记账中，J1 表示这两笔分录登记在日记账的第一页。

图表 3-7　　　　　　　　　　登记日记账的方法

普通日记账					J1
日期	账户与摘要	类页	借方	贷方
2015 年 9 月 1 日	现金		15 000	
	普通股			15 000
	（发行股份募集资金）			
1 日	设备		7 000	
	现金			7 000
	（用现金购买机器设备）			

每一笔普通日记账分录可分为四部分：（1）日期；（2）借记账户和金额；（3）贷记账户和金额；（4）摘要。公司应先记借方，再记贷方（略微缩进）。摘要记在该笔交易最后一项贷方账户的下方，可能占一行或多行。公司在过账时需要填写类页栏。

有时，除了普通日记账，企业还需使用特种日记账。特种日记账用于整理具有相同性质的交易（比如现金收入、销售业务、购买业务、现金支付等）。因此，使用特种日记账可以缩短记账时间。

3.2.3 过账

过账就是将日记账所记录的会计分录转移至分类账的过程。过账包括以下步骤：

1. 在分类账中，在借方账户的对应栏中分别记录记账日期、日记账的页数和金额。

2. 在日记账的类页栏中，记录借方金额所过入分类账的账户编号。

3. 在分类账中，在贷方账户的对应列中分别记录记账日期、日记账的页数和金额。

4. 在日记账的类页栏中，记录贷方金额所过入分类账的账户编号。

图表 3-8 以 Softbyte 公司的第一笔日记账分录为例，对过账步骤进行说明。图表所示为标准格式的总分类账。一些公司称之为三栏式账户，因为它设有借方、贷方、余额三个栏次。每笔交易记录完成后，账户的余额都将被确定。摘要和类页栏记录该笔交易的特殊信息。小方格中的数字表示步骤顺序。

图表 3-8 将日记账分录过账

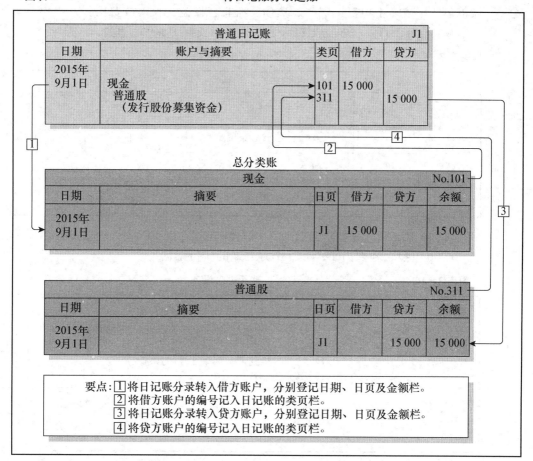

普通日记账类页栏中的数字代表每一笔款项过账所转入的分类账账户的编号。比如，"现金"右侧栏中标记的数字"101"代表公司将该笔 15 000 里拉的款项过到分类账第 101 号账户。

当日记账全部账户所对应的类页栏中都填写了过账账户编号时，过账工作即宣告完成。因此，类页栏中的数字有两个作用：（1）表示该账户所对应的分类账账户编号；（2）表示该账目已经完成过账。每个公司都有自己的分类账编号体系。很多公司从资产账户开始编号，随后依次为负债、所有者权益、收入以及费用账户。

图表 3-8 表明账户已完成过账。日页栏中的数字 J1（日记账第 1 页）代表分类账中数据的来源。

案例拓展

接下来，我们以先锋广告代理公司（Pioneer Advertising Agency Inc.）10 月份的交易业务为例，对上述基本步骤进行拓展说明，会计期间为一个月。图表 3-9 至图表 3-18 展示了每笔交易的日记账分录与过账结果。为了简化，我们用 T 形账户代替标准格式的账户。请认真学习对各项交易业务的分析。

分析经济业务主要有两个目的：（1）明确应记录的账户类型；（2）确定记账方向（借记或贷记）。在编制日记账分录前进行业务分析，不仅有助于理解本章所探讨的会计分录，同时也有助于掌握后续章节中更为复杂的分录。请记住，每笔记账分录都涉及下述一个或多个项目：资产、负债、所有者权益、收入或费用。

1. 10 月 1 日：股东向先锋广告代理公司投资 100 000 里拉。

图表 3-9　　　　　　　　　　　股东现金投资

日记账	10 月 1 日	现金 　普通股 　（发行普通股募集资金）	101 311	100 000	100 000
过账		现金　　　　101		普通股　　　311	
	10 月 1 日　100 000			10 月 1 日　100 000	

2. 10 月 1 日：先锋广告代理公司支付 50 000 里拉购买办公设备，签发一张金额为 50 000 里拉、利率为 12%、3 个月到期的应付票据。

图表 3-10　　　　　　　　　　　购买办公设备

日记账	10 月 1 日	设备 　应付票据 　（签发 3 个月到期、利率 12%的票据 用以购买办公设备）	157 200	50 000	50 000
过账		设备　　　　157		应付票据　　　200	
	10 月 1 日　50 000			10 月 1 日　50 000	

3. 10 月 2 日：先锋广告代理公司从 R. Knox 预收广告服务费 12 000 里拉，相应的广告服务预计于 12 月 31 日完成。

图表 3-11 预收账款

日记账	10 月 2 日	现金 预收账款 （从 R. Knox 收取预收款项）	101 209	12 000	12 000

过账	现金 101	预收账款 209
	10 月 1 日　100 000 10 月 2 日　12 000	10 月 2 日　12 000

4. 10 月 3 日：先锋广告代理公司用现金支付 10 月份办公室租金 9 000 里拉。

图表 3-12 支付每月租金

日记账	10 月 3 日	租金费用 现金 （支付 10 月份租金）	729 101	9 000	9 000

过账	现金 101		租金费用 729
	10 月 1 日　100 000 10 月 2 日　12 000	10 月 3 日　9 000	10 月 3 日　9 000

5. 10 月 4 日：先锋广告公司支付 6 000 里拉购买为期一年的保险，有效期限至次年 9 月 30 日。

图表 3-13 购买保险

日记账	10 月 4 日	预付保险费 现金 （购买一年期保险，生效日期 10 月 1 日）	130 101	6 000	6 000

过账	现金 101		预付保险费 130
	10 月 1 日　100 000 10 月 2 日　12 000	10 月 3 日　9 000 10 月 4 日　6 000	10 月 4 日　6 000

6. 10 月 5 日：先锋广告代理公司以赊购的方式从 Aero Supply 购买大约 3 个月的广告材料，总金额为 25 000 里拉。

图表 3-14 赊购物料

日记账	10 月 5 日	物料 应付账款 （从 Aero Supply 公司赊购物料）	126 201	25 000	25 000

过账	物料 126	应付账款 201
	10 月 5 日　25 000	10 月 5 日　25 000

7. 10 月 9 日：先锋广告代理公司和当地报社签署合同，要求报社于 11 月最后一周的周日起为其分发广告传单。公司将在 11 月设计传单内容。在插入该传单的周末报刊被派送后，公司应向报社支付款项 7 000 里拉。

图表 3 - 15 　　　　　　　　　　　　　签订合约

> 并没有发生业务交易。以上事项仅为先锋广告代理公司和报社就 11 月应提供的劳务而签订合约。因此，在 10 月份不必做记账处理。

8. 10 月 20 日：先锋广告代理公司的董事会向股东宣告并支付现金股利 5 000 里拉。

图表 3 - 16 　　　　　　　　　　　公司宣告并支付股利

| 日记账 | 10 月 20 日 | 股利
　现金
（宣告并支付现金股利） | 332
101 | 5 000 | 5 000 |

	现金		101		股利		332
过账	10 月 1 日	100 000	10 月 3 日	9 000	10 月 20 日	5 000	
	10 月 2 日	12 000	10 月 4 日	6 000			
			10 月 20 日	5 000			

9. 10 月 26 日：先锋广告代理公司用现金支付员工薪酬。工资按月（每四周）支付，每周薪酬总额为 10 000 里拉（或每天 2 000 里拉）。在 10 月份，员工工资从 10 月 1 日即星期一开始计算。计薪日截至 10 月 26 日星期五，共需支付薪酬 40 000 里拉。

图表 3 - 17 　　　　　　　　　　　支付职工薪酬

| 日记账 | 10 月 26 日 | 职工薪酬
　现金
（支付截至 10 月 26 日的员工薪酬） | 726
101 | 40 000 | 40 000 |

	现金		101		职工薪酬		726
过账	10 月 1 日	100 000	10 月 3 日	9 000	10 月 26 日	40 000	
	10 月 2 日	12 000	10 月 4 日	6 000			
			10 月 20 日	5 000			
			10 月 26 日	40 000			

10. 先锋广告代理公司收到现金 28 000 里拉，并向 Copa 公司开出 72 000 里拉的账单，因为公司在 10 月份向其提供了价值 100 000 里拉的广告服务。

图表 3 – 18 确认劳务收入

日记账	10 月 31 日	现金 应收账款 　劳务收入 　（确认已提供劳务的收入）		101 112 400	28 000 72 000	100 000

过账	现金		101	应收账款 112	劳务收入	400
	10 月 1 日　100 000	10 月 3 日　9 000		10 月 31 日　72 000		10 月 31 日　100 000
	10 月 2 日　12 000	10 月 4 日　6 000				
	10 月 31 日　28 000	10 月 20 日　5 000				
		10 月 26 日　40 000				

☐ 3.2.4 试算平衡表

　　试算平衡表是特定时点的账户及其余额的列表。公司通常在会计期末编制试算平衡表。试算平衡表将各账户以其在分类账中的顺序进行列示，其中借方金额列示在左栏，贷方金额列示在右栏。两栏的总额必须相等。

　　试算平衡表用于验证过账后借方和贷方金额在数字上是否相等。复式记账法下，当借方科目总金额等于贷方科目总金额时，该等式成立。试算平衡表可以揭示登记日记账和过账过程中的错误。此外，它对编制财务报表也有帮助。编制试算平衡表的步骤如下：

　　1. 在相应的借方和贷方栏列示账户名称及其余额。

　　2. 计算借方和贷方的总金额。

　　3. 验证借贷栏金额是否相等。

　　根据先锋广告代理公司的分类账编制的试算平衡表如图表 3 – 19。请注意借方总额（287 000 里拉）等于贷方总额（287 000 里拉）。试算平衡表通常在账户名称的左侧列示账户编号。

图表 3 – 19 试算平衡表（未调整）

先锋广告代理公司 试算平衡表 2015 年 10 月 31 日		
	借方	贷方
现金	₺ 80 000	
应收账款	72 000	
物料	25 000	
预付保险费	6 000	
设备	50 000	
应付票据		₺ 50 000
应付账款		25 000
预收账款		12 000

续

	借方	贷方
普通股		100 000
股利	5 000	
劳务收入		100 000
职工薪酬	40 000	
租金	9 000	
	₺ 287 000	₺ 287 000

试算平衡表不能保证全部交易都已记录或分类账是准确无误的。即使试算平衡表借贷栏金额相等，也可能有很多错误。举例而言，即使借贷平衡，公司也可能存在以下问题：（1）某笔交易未记入日记账；（2）某笔日记账分录借贷双方金额均未过入分类账；（3）某笔日记账分录重复过账；（4）在记账或过账中使用错误的账户；（5）在记录交易额时出现可抵消的错误。换言之，只要公司将相等的金额记录在借方和贷方，即使账户或金额不正确，借方总额和贷方总额也相等。

数字背后的故事　　　变革管理

对于考虑采用国际财务报告准则编制报表的公司，需要预先做好充分的准备以确保会计信息系统不会出现问题。识别出需求或者会计方法的改变，例如采用新的会计准则，需要大量的时间。而对企业造成的影响是广泛且不同的。会计方面的变化和信息技术（IT）、商业过程、企业税收以及日常运营之间的相互影响延长了解决这些问题所需要的时间。当企业首次采用国际财务报告准则时，通常需要 3～4 年的时间，调整各种会计和报告系统，以做好充分准备。

资料来源：Adapted from *Mapping the Change*：*IFRS Implementation Guide*（PricewaterhouseCoopers，2008）；and *IFRS and US GAAP*：*Similarities and Differences*，*2013 Edition*（PricewaterhouseCoopers，2013）.

□ 3.2.5　调整分录

为了在劳务发生的期间确认收入，在费用发生的期间确认费用，公司需要编制调整分录。简而言之，调整分录确保公司，例如 SAP 公司、国泰航空公司和诺基亚，遵循收入确认和费用确认原则。

调整分录使公司在资产负债表日将资产、负债和所有者权益信息正确列示在资产负债表中，同时也使利润表能准确报告该会计期间的收入和费用。尽管试算平衡表已将交易数据进行初步整合，但可能仍然没有包括完整且最新的数据信息。原因如下：

1. 部分事项无法按日计量，因为按日计量效率较低，比如原材料的消耗和工人薪酬。

2. 部分成本并未在会计期间确认，因为这些成本随着时间的推移逐步摊销，而不是日常交易的结果，比如建筑物和设备折旧、租金和保险费等。

3. 部分事项可能并不需要记账，比如在下一个会计期间才能收到的公用设施服务账单。

公司在编制财务报表时应当编制调整分录。我们以日本索尼公司为例进行说明。编制报表前，索尼公司必须分析试算平衡表中的每个账户，以判断数据的完整性和及时性是否满足财务报告的需要。这类分析需要对索尼公司的运营和账户间钩稽关系有深刻的理解，分析过程往往非常复杂。所以，试算平衡表通常由能力较强的会计人员编制。为了收集调整数据，索尼公司可能需要对其供给物资和维修部件进行库存盘查。此外，公司可能需要编制保险单、租赁协议以及其他合约的明细附表。公司通常在资产负债表日后编制调整分录，然而，调整分录的日期截至资产负债表日。

调整分录的类型

调整分录可分为应计项目和递延项目两大类。每个大类下可分为两个子类，如图表 3-20 所示。

图表 3-20　　　　　　　　　　　调整分录的分类

> 递延项目：
> 1. 预付费用（待摊费用）：事先支付现金，却未使用或消费所购买的商品或劳务。
> 2. 预收账款：事先收取现金，却未提供相关劳务。
> 应计项目：
> 1. 应计收入：已经提供劳务，却未收到款项或未做会计记录。
> 2. 应计费用：费用已经发生，却未支付款项或未做会计记录。

接下来，我们将回顾每一类调整分录的具体案例和相关说明。所涉案例都基于先锋广告代理公司 10 月 31 日的试算平衡表（见图表 3-19）。我们假定该公司的会计期间为一个月。因此，它需编制月度调整分录，日期为 10 月 31 日。

递延项目的调整分录

递延意味着推迟或延期。递延项目是指在确认收入和费用之前企业已预先收取或支付现金的项目。递延项目可分为两类：预付费用和预收账款。

如果公司不对递延项目进行调整，资产和负债账户会被高估，而相关费用和收入账户则会被低估。比如，在先锋广告代理公司的试算平衡表中（见图表 3-19），物料资产的余额包括已购买的物料，因此该余额被高估了。而相关费用账户物料费用则被低估，因为物料消耗的费用并未确认。因此，递延项目的调整分录会调减资产负债表账户余额，而调增利润表账户余额。图表 3-21 说明了递延项目调整分录的影响。

预付费用（待摊费用）　企业在使用相关资产前就已经支付了价款并计入资产支出的费用称为预付费用。当发生预付费用时，企业借记资产账户以记录未来将获得的收益或服务。常见的预付费用有：保险费、物料、广告费和租金。此外，公司在购买建筑物和设备时也会产生预付费用（待摊费用）。

预付费用（待摊费用）会随着时间的推移（如租金和保险费）或资产的使用和消耗（如物料）而逐步摊销。此类费用不需要通过日记账进行会计处理，既无必要也不现实。因此，公司通常在编制财务报表时才对此类费用进行摊销。以法国路易威登公司为例，在每个资产负债表日，路易威登公司会编制调整分录记录本期应确认的费用，从而使资产账户以调整后的余额列报。

如前所述，在编制调整分录之前，资产被高估而费用被低估。因此，预付费用（待摊费用）的调整分录为借记费用类账户，并贷记资产类账户。

图表 3 - 21　　　　　　　　　　　　　　递延项目的调整分录

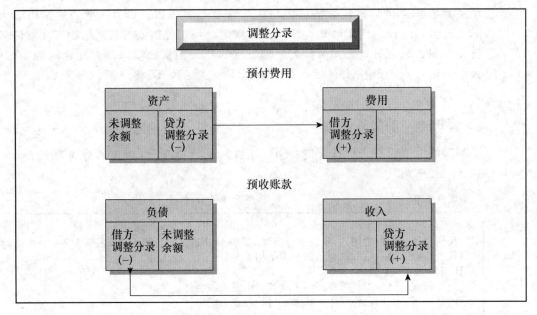

物料：公司可能使用多种物料。比如，会计师事务所需要办公用品，如文具、信封和会计用纸。广告公司会储存广告物资，如方格纸、录像带以及广告纸等。在取得物料时通常借记资产类账户，而物料消耗费用通常推迟至期末通过调整分录予以确认。在会计期末，企业通常会对物料进行实物盘点。物料（资产）账户余额和现存物料成本之差即为本期的物料消耗费用。

比如，先锋广告代理公司在 10 月 5 日购买广告物料并支付 25 000 里拉。因此，针对该笔业务，企业应借记资产账户"物料"。该账户在 10 月 31 日的试算平衡表（见图表 3-19）中的余额为 25 000 里拉。在 10 月 31 日营业结束后的库存盘点显示现存物料的成本为 10 000 里拉。所以本月消耗的物料即物料费用为 15 000 里拉（25 000－10 000）。对广告物料的相关分析和调整过程如图表 3-22 所示。

经过调整，资产账户"物料"的余额为 10 000 里拉，和资产负债表日的存货盘点额相等。此外，物料费用账户的余额为 15 000 里拉，代表 10 月份所消耗物料的成本。若不做调整分录，该月的费用将被低估且净收入被高估 15 000 里拉。而且，在 10 月 31 日的资产负债表中，资产和所有者权益都会高估 15 000 里拉。

保险：多数公司会为商品和设备购买火灾险和盗窃险，为应对顾客的突发情况而购买个人责任险，为公司的汽车和卡车购买汽车保险。保险对损失的覆盖程度决定购买保险的成本（需要支付的保费金额）。保险政策规定了保险的期限和范围。最低保险期限通常为 1 年，但也有 3 年期和 5 年期可供选择，且年均保费可能更低。当公司支付保险费时，通常会借记资产类账户"预付保险费"。在资产负债表日，公司根据当期应摊销的费用借记保险费用账户，贷记预付保险费账户。

比如，在 10 月 4 日，先锋广告代理公司支付 6 000 里拉购买为期 1 年的火灾险，保险期始于 10 月 1 日。先锋广告代理公司在支付保费时将该项支出借记在"预付保险费"账户。该账户在 10 月 31 日的试算平衡表中的余额为 6 000 里拉。对保险费的相关分析和调整过程如图表 3-23 所示。

图表 3 - 22 物料调整

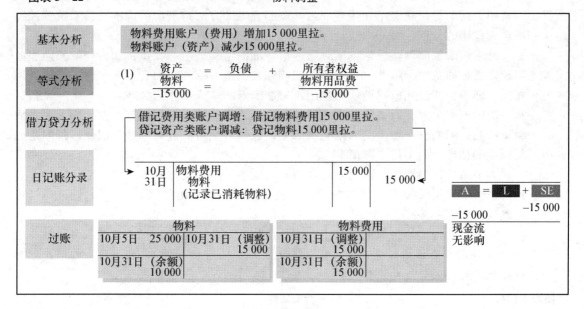

图表 3 - 23 保险费调整

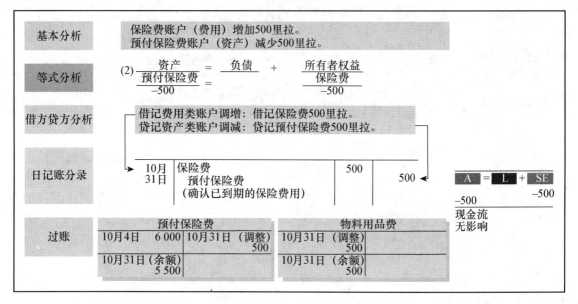

预付保险费账户（资产）的余额为 5 500 里拉，代表将在剩余保险有效期 11 个月内摊销的费用。同时，保险费账户余额即为 10 月份应摊销的保险费用。如果不做调整分录，该月的费用将被低估 500 里拉，而净收入被高估 500 里拉。此外，资产和所有者权益账户在 10 月 31 日的资产负债表中都将被高估 500 里拉。

折旧：诸如美国卡特彼勒公司和西门子公司通常拥有各种生产设施，比如建筑物、设备、机动车辆等。这些资产可在数年内为公司服务。服务期限通常称为资产的使用寿命。例如，西门子公司预计某建筑可使用数年，则西门子公司在取得该建筑时应将其计为资产，而不是费用。西门子公司按照历史成本原则，按购买成本对资产进行计量。

按照费用确认原则，西门子公司应当在资产使用寿命的各个阶段将部分成本确认为费用。折旧是指在资产使用寿命内，按照确定的方法将资产的成本进行系统分摊并确认为费用的过程。

针对折旧编制调整分录：国际财务报告准则将购置生产设备视作为获取长期服务而预先支付的款项。因此，针对折旧定期编制调整分录的原因和上面讨论的预付费用相同，即将当期已耗成本确认为费用，将期末未消耗成本作为资产列示。生产设备计提折旧的原因主要有设备的使用、部件的损坏、报废等。举例而言，在西门子公司取得资产时，影响资产折旧的因素无法确定，公司必须对其进行估计。因此，折旧是已耗成本的估计值而不是实际值。

为了估计折旧费用，西门子公司通常按使用年限对资产成本进行分配。比如，若西门子公司以 10 000 里拉的价款购买某设备并预计其使用年限为 10 年，则公司每年会确认 1 000 里拉的折旧费用。

在先锋广告代理公司的案例中，该公司预计办公设备的折旧费用为每年 4 800 里拉（成本 50 000 里拉减去 2 000 里拉的残值并在 10 年内分摊），或每月 400 里拉。对计提折旧的相关分析和调整过程如图表 3 - 24 所示。

图表 3 - 24　　　　　　　　　　　　　　**折旧调整**

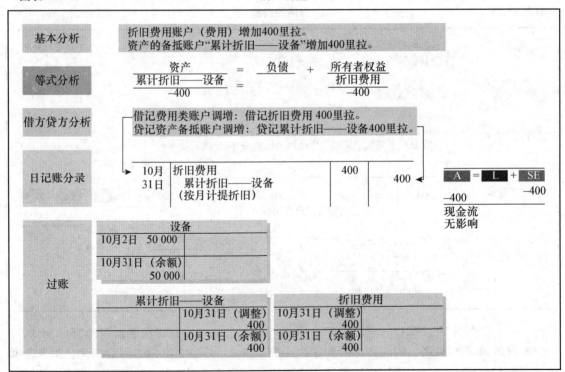

"累计折旧——设备"账户的余额每月应增加 400 里拉。因此，在 11 月 30 日编制调整分录并重新过账后，该账户余额应为 800 里拉。

报表列示："累计折旧——设备"是资产账户的备抵账户。在资产负债表中，资产备抵账户和资产账户相抵消。也就是说，"累计折旧——设备"账户的金额将抵减资产负债表中设备账户的金额。累计折旧账户的余额通常在贷方。先锋广告代理公司之所以通过累计折旧科目记录折旧费用，而不是直接贷记设备科目，是为了同时披露设备的原始价值和截至当期期末的已耗成本。在资产负债表上，该公司从相关资产账户中扣除累计折旧——设备账户的余额，具体如下：

图表 3 - 25   累计折旧的资产负债表列示

设备	₺ 50 000	
减：累计折旧——设备	400	₺ 49 600

折旧资产的账面价值等于原始成本和累计折旧额之差。在图表 3 - 25 中，资产负债表日设备的账面价值为 49 600 里拉。请注意资产的账面价值通常和公允价值不同。原因在于：折旧是分配的概念，不是估值概念。也就是说，折旧是在资产使用年限内对购置成本进行分摊，并不能体现资产价值的真实变动。

折旧费用代表资产成本中在当期（本例为 10 月份）消耗的部分。若不做调整分录，总资产、所有者权益总额和净收入会被多计，而折旧费用会被少计。

公司为其每一项设备计提折旧费用，比如卡车、机器，以及全部建筑。公司也为上述资产建立累计折旧账户，如累计折旧——卡车、累计折旧——机器、累计折旧——建筑。

预收账款 当公司已经收到现金，但尚未提供劳务时，公司会将其确认为负债并记入（贷记）预收账款账户。换言之，公司当下有向客户提供劳务的义务。换取未来服务的事项，比如租金、杂志订阅收入、客户的押金等，可被记录在预收账款账户。诸如爱尔兰瑞安航空、中国南方航空和美国西南航空等公司，在航班起飞前将该航班的机票收入确认为预收账款。开学前收到的学费也属于预收账款。

预收账款和预付费用相对立。某公司账簿上确认的预收账款很可能是另一家公司的预付费用。比如，在同一会计期间内，若房客有预付租金，那么房东便会确认预收的租金收入。

以瑞安航空公司为例，当公司已收取款项，但将在未来会计期间提供服务时，会贷记预收账款，将其确认为负债，并在提供服务的期间确认收入。然而，按日确认收入并不现实，因此瑞安航空公司将收入的确认推迟到会计调整阶段。在该阶段，瑞安航空公司将编制调整分录以确认该会计期间因提供服务而实现的收入，并将负债余额在期末列示。一般情况下，调整之前的负债会被高估而收入会被低估。因此，预收账款的调整分录应借记（调减）负债账户，贷记（调增）收入账户。

比如，先锋广告代理公司 10 月 2 日从 R. Knox 预收广告服务费 12 000 里拉，有关服务预计于 12 月 31 日完成。该公司将该笔款项贷记为预收账款。该负债账户在 10 月 31 日的试算平衡表中余额为 12 000 里拉。基于对该公司 10 月份为 Knox 提供服务的评估，公司决定 10 月份确认收入 4 000 里拉。因此，负债（预收账款）减少，且所有者权益（服务收入）增加，如图表 3 - 26 所示。

经调整，负债类账户"预收账款"的余额为 8 000 里拉。该余额代表将在未来期间提供的剩余的广告服务。同时，10 月份确认的服务收入总额为 104 000 里拉。若不做会计调整，利润表中的收入和净收入会被低估 4 000 里拉。此外在 10 月 31 日的资产负债表中，负债会被高估 4 000 里拉，所有者权益会被低估 4 000 里拉。

图表 3 - 26　　　　　　　　　　　　　　预收账款调整

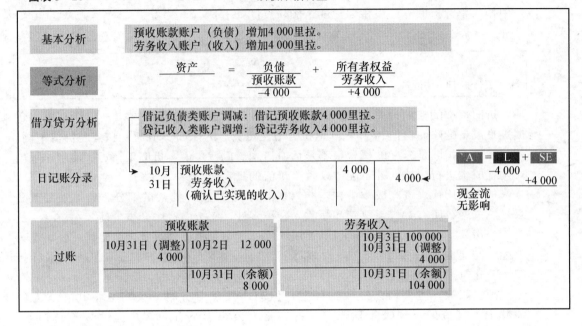

应计项目的调整分录

调整分录的第二大类是应计项目。公司利用应计项目的调整记录会计当期因提供劳务而实现的收入和发生的费用。若不做应计调整，收入账户（以及相关的资产账户）或费用账户（以及相关的负债账户）会被低估。因此，应计项目的调整会同时调增资产负债表账户和利润表账户。图表 3 - 27 为应计项目的调整分录。

图表 3 - 27　　　　　　　　　　　　　　应计项目的调整分录

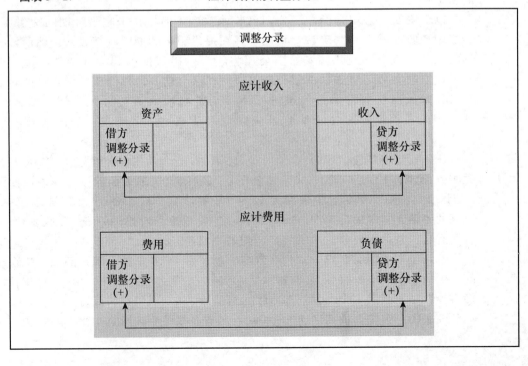

应计收入 劳务已经提供，即收入已实现，但在会计期末尚未入账的收入称为应计收入。应计收入可随着时间的推移累积增加，如利息收入。这些事项没有入账是因为利息收入不涉及日常交易，公司无法按日确认。应计收入还包括那些已经提供劳务但尚未收取款项的收入，如佣金。这些事项未入账的原因可能是当期只完成了约定服务的一部分，而客户在服务全部完成时才会付款。

调整分录核算资产负债表日的应收账款和该会计期间应确认的劳务收入。在做调整分录之前，资产和收入都会被低估。因此，应计收入的调整应借记（调增）资产账户，贷记（调增）收入账户。

10 月，先锋广告代理公司提供价值 2 000 里拉的劳务，截至 10 月 31 日尚未向客户收款。由于与劳务有关的收入尚未收取，因此不进行账务处理。按权责发生制调整未入账的劳务收入，则应调增资产账户，即应收账款，同时调增收入账户，即劳务收入，所有者权益也随之增加。如图表 3-28 所示。

图表 3-28　　　　　　　　　　应收账款和收入的应计调整

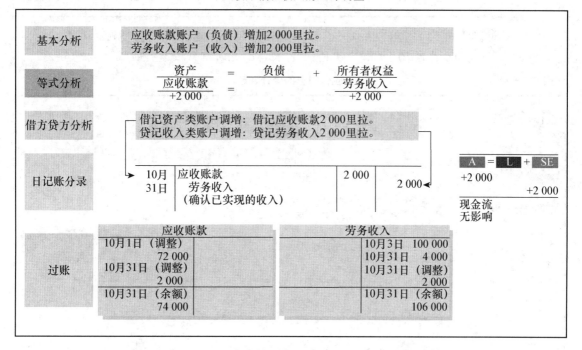

"应收账款"账户显示在资产负债表日客户欠款 74 000 里拉。"劳务收入"的余额为 106 000 里拉，代表该公司 10 月份已实现的收入总额（100 000＋4 000＋2 000）。若不做调整分录，资产负债表中的资产和所有者权益以及利润表中的收入和净收入都会被低估。

应计费用 截至资产负债表日，已经发生但款项尚未支付或尚未入账的费用称为应计费用。常见的应计费用有利息、租金、税金和工资薪金。应计费用的产生原因和应计收入相同。实际上，某公司账簿中记录的应计费用，对另一家公司而言可能是应计收入。比如，先锋广告代理公司有 2 000 里拉的应计服务收入，而这对客户而言就是应计费用。

应计费用的调整记录了公司在资产负债表日应承担的义务，以及在当前会计期间应确认的费用。在做调整分录之前，负债和费用账户都会被低估。因此，应计费用的调整应借记（调增）费用类账户，贷记（调增）负债类账户。

应付利息：先锋广告代理公司在 10 月 1 日签发了一张金额为 50 000 里拉、期限 3 个月的应付票据。该票据的年利率为 12%。累计利息金额由以下三个因素决定：（1）应付票据面值；（2）利率，通常为年利率；（3）票据发行在外的时间。对先锋公司而言，在该票据 3 个月后到期时，利息总计 1 500 里拉（50 000×12%×3/12），或每月 500 里拉。图表 3 - 29 以该公司为例，对利息的计算公式进行说明。请注意该公式以年为单位计算时间。

图表 3 - 29　　　　　　　　　　　　利率计算公式

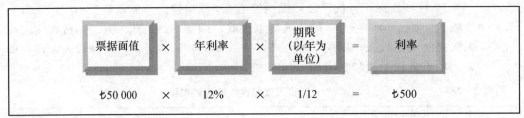

如图表 3 - 30 所示，在 10 月 31 日确认应付利息会增加负债类账户"应付利息"的金额，同时增加费用类账户"利息费用"，因此所有者权益有所减少。

图表 3 - 30　　　　　　　　　　　　应付利息的会计调整

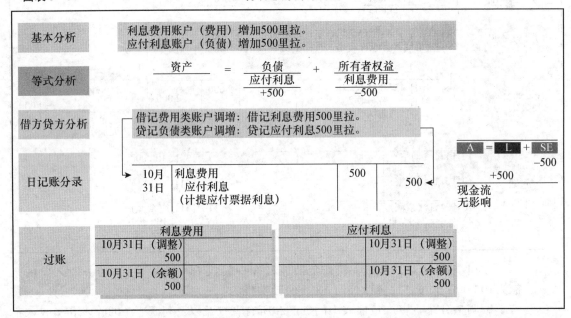

利息费用账户显示 10 月份应确认的利息费用。应付利息账户表明公司在资产负债表日所欠利息额。在应付票据到期前，先锋广告代理公司不会支付利息。那么，该公司为什么要记录应付利息而不直接贷记应付票据呢？原因在于通过单独核算应付利息，公司可在报表中同时记录两类债务，即本金和利息。若不做调整分录，负债和利息费用会被低估，净收入和所有者权益会被高估。

应付职工薪酬：企业的部分费用是在发生以后才支付的，如在员工提供劳务后向员工支付报酬。比如，先锋广告代理公司在 10 月 26 日支付薪酬，而下一个支付日是 11 月 23 日。然而，如下图中日历所示，10 月仍有 3 个工作日（10 月 29—31 日）。

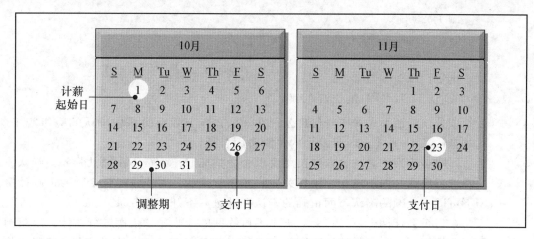

在 10 月 31 日，从支付日到月末的工作日薪酬是先锋公司的应付费用。员工的薪酬总额为每周 10 000 里拉（即每 5 个工作日），或每日 2 000 里拉。因此，在 10 月 31 日确认的应付职工薪酬应为 6 000 里拉（2 000×3）。相关分析和调整过程如图表 3 - 31 所示。

图表 3 - 31　　　　　　　　　　　　　　　　**薪酬费用调整**

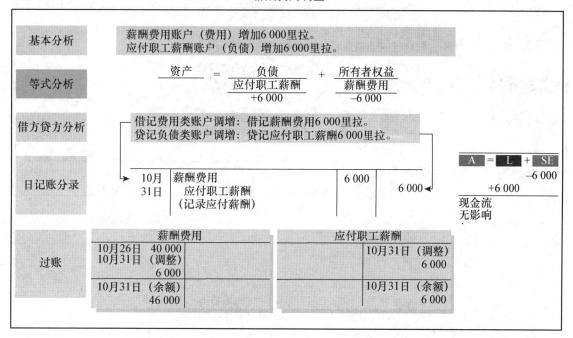

在会计调整后，"薪酬费用"账户的余额为 46 000 里拉（23 天×2 000 里拉），即 10 月份实际发生的薪酬费用。"应付职工薪酬"的账户余额为 6 000 里拉，是 10 月 31 日应付的全部职工薪酬。若不做调整，Pioneer 广告公司的费用和负债都会被低估 6 000里拉。

先锋广告代理公司每四周支付一次职工薪酬。因此，下一个支付日为 11 月 23 日，届时将再次支付职工薪酬 40 000 里拉，其中包括 10 月 31 日确认的 6 000 里拉和 11 月确认的 34 000 里拉（如 11 月日历所示的 17 个工作日×2 000 里拉）。因此，先锋广告代理公司在 11 月 23 日的会计分录如下：

11 月 23 日

借：应付职工薪酬　　　　　　　6 000
　　薪酬费用　　　　　　　　　34 000
　　贷：现金　　　　　　　　　　　　　40 000
（确认 11 月 23 日的工资总额）

该分录抵消了先锋广告代理公司在 10 月 31 日调整分录中确认的应付职工薪酬，同时确认了 11 月 1—23 日发生的薪酬费用总额。

坏账：恰当地确认收入和费用要求企业将坏账作为费用在提供劳务、确认收入的期间进行确认，而不是在冲销相关应收款项时确认。对应收账款余额的正确计量依赖于不可回收金额的确认，而正确的确认和计量离不开调整分录。

在每个会计期末，公司会对未来不可回收的应收账款金额进行估计。以英国马莎百货公司为例，它在估计坏账金额时会考虑如下因素：过去几年发生的坏账金额、总体经济状况、应收账款逾期时间，以及其他表明应收账款无法收回的可能性的因素。举例而言，假定根据以往经验，先锋广告代理公司合理估计 10 月份的坏账损失为 1 600 里拉。对坏账的分析和调整过程如图表 3 - 32 所示。

图表 3 - 32　　　　　　　　　　　　　　　坏账费用调整

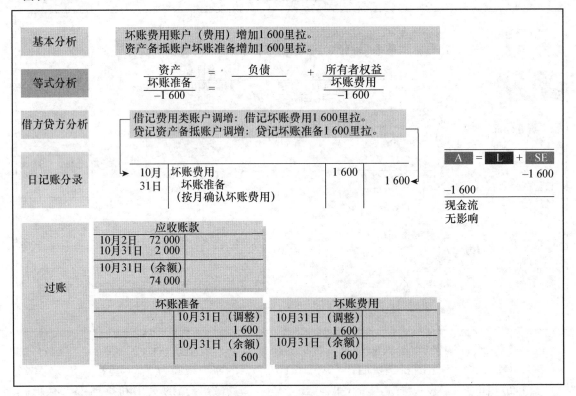

若不做调整分录，资产会被高估，而费用会被低估。"坏账准备"账户与"累计折旧——设备"账户一样，是资产备抵账户，在资产负债表中列示。

公司通常以当期收入的一定比例计提坏账，或按应收账款和应收票据期末余额的一定比例调整坏账准备，确认坏账损失。

□ 3.2.6 调整后的试算平衡表

在全部调整分录记账完成并过账后，先锋广告代理公司根据分类账再次编制试算平衡表，如图表 3-33 所示。该试算平衡表称为调整后的试算平衡表。编制调整后的试算平衡表的目的在于验证调整后的分类账的借方余额和贷方余额是否相等。由于分类账包含编制财务报表所需的全部数据，因此调整后的试算平衡表是编制财务报表的主要依据。

图表 3-33　　　　　　　　　　　　　调整后的试算平衡表

先锋广告代理公司 调整后的试算平衡表 2015 年 10 月 31 日		
	借方	贷方
现金	￠80 000	
应收账款	74 000	
坏账准备		￠1 600
物料	10 000	
预付保险费	5 500	
设备	50 000	
累计折旧——设备		400
应付票据		50 000
应付账款		25 000
预收收入		8 000
应付职工薪酬		6 000
应付利息		500
普通股		100 000
股利	5 000	
劳务收入		106 000
薪酬费用	46 000	
物料费用	15 000	
租金费用	9 000	
保险费用	500	
利息费用	500	
折旧	400	
坏账费用	1 600	
	￠297 500	￠297 500

□ 3.2.7 编制财务报表

先锋广告代理公司可直接根据调整后的试算平衡表编制财务报表。图表 3 - 34 和图表 3 - 35 揭示了调整后的试算平衡表与财务报表的内在联系。

如图表 3 - 34 所示，先锋广告代理公司根据收入和费用账户编制利润表，然后利用留存收益、股利分配账户以及利润表中的净利润（或净损失）账户编制留存收益表。如图表 3 - 35 所示，它根据资产、负债、普通股和留存收益表中的留存收益账户期末余额编制资产负债表。

图表 3 - 34　　　　　　根据调整后的试算平衡表编制利润表和留存收益表

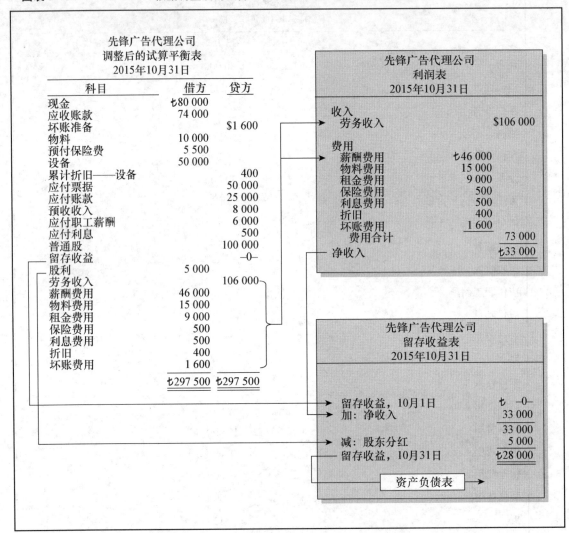

图表 3-35　　　　　　　　　　　　根据试算平衡表编制资产负债表

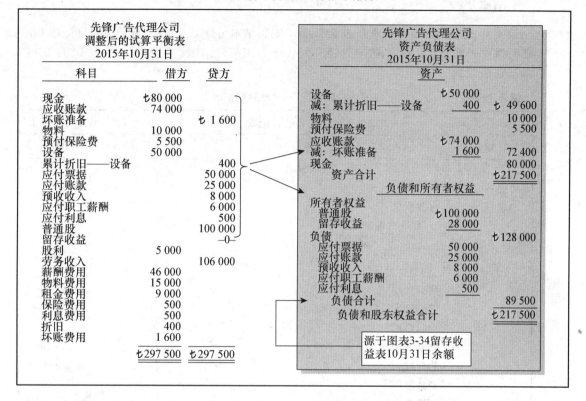

为了实现"24/7 会计"的设想，公司必须在季度内每天更新收入、利润及资产负债表数据，并在网站上公布。这种模式使所有投资者都能及时获取最新的财务信息，而不仅仅是能接触到企业管理层的分析师的专利。

实现实时报告的阻力主要在两方面：所有虚账户（临时账户）均需要每日结账；未经审计的实时数据的可靠性值得怀疑。仅少数公司具备实时报告的能力。

□ 3.2.8　结账

基本过程

结账是指将虚账户（临时账户）的余额结转并减记至零，以便于记录下一个会计期间的交易的过程。在结账过程中，先锋广告代理公司将收入和费用账户的全部余额（即损益类科目）转移至结账账户（或过渡性科目），即"本年利润"科目。"本年利润"科目与收入费用相匹配。

先锋广告代理公司仅在每个会计期末使用该结账账户。该账户显示当期净利润或净亏损，并随后将该金额（净利润或净亏损）转移至所有者权益账户（对股份公司而言，该所有者权益账户为留存收益；对独资或合伙企业而言则为资本账户）。公司将所有的结账分录过账至相对应的总分类账。

结账分录

实际上，公司通常仅在年度会计期末编制结账分录。然而，为了说明日记账和结账分录的过账过程，我们假定先锋广告代理公司每月结账。图表 3－36 为 10 月 31 日的结账分录。

图表 3－36 　　　　　　　　　　在日记账登记结账分录

	普通日记账		J3
日期	账户名称及摘要	借方	贷方
	（1）　　　　　　　结账分录		
10 月 31 日	劳务收入	106 000	
	收益汇总		106 000
	（将收入账户结账）		
	（2）		
31 日	收益汇总	73 000	
	物料费用		15 000
	折旧费用		400
	保险费用		500
	薪酬费用		46 000
	租金费用		9 000
	利息费用		500
	坏账费用		1 600
	（将费用账户结账）		
	（3）		
31 日	收益汇总	33 000	
	留存收益		33 000
	（将净收入结账转至留存收益）		
	（4）		
31 日	留存收益	5 000	
	股利		5 000
	（将股利结账转至留存收益）		

编制结账分录时应注意以下事项：（1）避免因失误重复确认收入和费用，而未将账户余额清零；（2）不要通过"本年利润"科目结转股利。股利不属于企业的费用，也不影响净利润。

结账分录过账

结账分录的过账和账户划线结平的过程如图表 3－37 所示。在结账分录过账后，所有临时账户余额清零。另外，请注意留存收益账户余额代表先锋广告代理公司在会计期末的累计未分配利润。该公司将该金额列示在资产负债表，同时作为期末余额在留存收益表列示。如上所述，该公司仅在年末结账时登记"本年利润"账户，年内并不在该账户下登记日记账和过账分录。

图表 3－37   结账分录过账

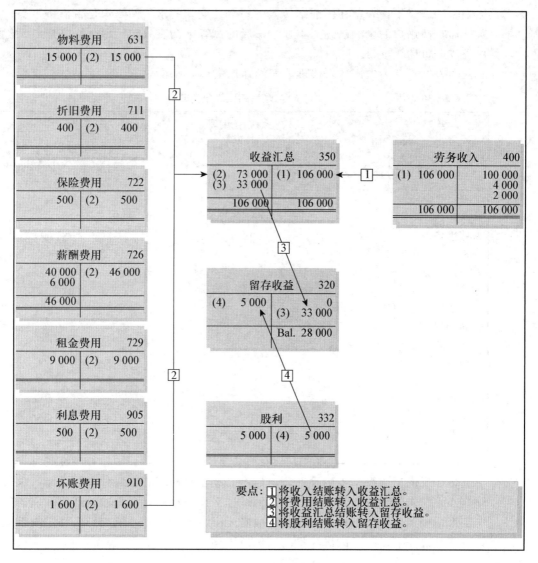

如图表 3－37 所示，作为结账过程的重要环节，先锋广告代理公司对临时账户，即图表 3－37 中以 T 形账户表示的收入、费用和股利账户，进行汇总、计算并结转余额，然后用双下划线划线结平。企业并不结转永久账户，如资产、负债和所有者权益（包括普通股和留存收益），而是在当期所记分录的下方划单下划线。账户余额记录在下划线的下方并结转到下一个会计期间（如图表 3－37 中的留存收益）。

结账工作完成后，所有的利润表账户和股利账户都抵销为零，可为下一会计期间重新使用。

3.2.9 结账后的试算平衡表

请回顾公司在完成日常记账后编制的试算平衡表，以及将全部调整分录过账后编制的第二版试算平衡表（即调整后的试算平衡表）。同理，将结账分录过账后，公司可编制第三版试算平衡表。结账后编制的试算平衡表称为结账后的试算平衡表。编制结账后的试算平衡表旨在验证结转入下一会计期间的永久性账户是否借贷平衡。由于所有临时性账户的余额已经清零，结账后的试算平衡表只包括永久性账户，又称实账户或资产负债表项目。

图表 3-38 为先锋广告代理公司结账后的试算平衡表。

图表 3-38　　　　　　　　　　结账后的试算平衡表

先锋广告代理公司 结账后的试算平衡表 2015 年 10 月 31 日		
科目	借方	贷方
现金	₺ 80 000	
应收账款	74 000	
坏账准备		₺ 1 600
物料	10 000	
预付保险费	5 500	
设备	50 000	
累计折旧——设备		400
应付票据		50 000
应付账款		25 000
预收收入		8 000
应付职工薪酬		6 000
应付利息		500
普通股		100 000
留存收益		28 000
	₺ 219 500	₺ 219 500

结账后的试算平衡表可验证公司是否已经正确地编制结账分录并过账，也表明会计等式在期末依然成立。然而，和其他试算平衡表相同，它无法验证先锋广告代理公司是否记录了全部交易或分类账是否准确无误。比如，若一笔交易未登记或重复登记日记账并过账，结账后的试算平衡表仍然平衡。

□ 3. 2. 10　转回分录——可选步骤

有些会计人员倾向于在本期期初利用转回分录冲销上期期末某个调整分录的影响。转回分录通常和上一会计期间所做的调整分录相反。转回分录是记账程序的可选步骤，并不是会计循环的必要环节。因此，我们将在本章结尾的附录 3B 中讲述这部分内容。

数字背后的故事　　　会计信息系统，并没有那么简单

近几年经济的剧烈波动使公司迫切需要更具及时性、可比性的财务信息，以应对快速变化的经济形势。正如某学者所言，公司极度重视削减成本和制定未来规划，但很多公司发现它们并没有所需要的信息和获取信息的能力。此外，在不稳定的经济形势下，公司为了使新系统上线而暂停日常运营需要承担很大风险。

如何解决上述问题呢？是逐年升级内部系统还是一次性大规模改造？以某家公司为例，该公司已经尽可能地对现有系统进行标准化，并在过去 10 年中稳步升级系统。企业的并购活动可能会对现有报告系统产生极大冲击。该公司在何时对被并购公司的系统实行标准化的问题上持谨慎态度。然而，在某些跨国交易达成后，公司必须使用新的系统。

在某些情况下，公司需要进行一次性改造。比如，对于有稳定并购业务的公司来说，内部往往有 50～70 套总账系统。在这种情况下，如果系统不兼容，公司就难以正常运转。所以这时应该推动大变革还是进行小范围调整呢？这似乎应当根据实际情况决定。但可以确定的是，良好的会计信息系统对于企业来说不可或缺。否则，企业将面临极高的风险。

资料来源：Emily Chasan, "The Financial-Data Dilemma," *Wall Street Journal* (July 24, 2012), p. B4.

□ 3.2.11　总结会计循环

总结会计循环的各步骤可知，会计期间内各记账程序是一系列符合逻辑顺序的程序。

1. 将当期发生的交易登记日记账。
2. 从日记账过账至分类账。
3. 编制试算平衡表（未经调整的）。
4. 编制调整分录并过账至分类账。
5. 编制调整后的试算平衡表。
6. 根据调整后的试算平衡表编制财务报表。
7. 编制结账分录并过账至分类账。
8. 编制结账后的试算平衡表（可选）。
9. 编制转回分录（可选）并过账至分类账。

在每个会计期间，公司通常需要完成以上所有步骤。

3.3　为商业企业编制财务报表

先锋广告代理公司属于服务业。在本节，我们以 Uptown Cabinet 公司为例，对商业企业的财务报表编制进行详细说明。财务报表是根据调整后的试算平衡表编制的。

□ 3.3.1　利润表

图表 3-39 所示的 Uptown Cabinet 公司的利润表清晰明确，易于理解。如该图表所示，利润表中的数据分为以下几部分：销售毛利润、经营利润、税前利润和净利润。尽管利润表还要求列报每股收益，我们此处省略该项目并留待后续章节讨论。在课后习题中，若无明确要求，均无须列示每股收益。

图表 3 - 39　　　　　　　　　　　　商业企业利润表

Uptown Cabinet 公司 利润表 2015 年 12 月 31 日			
净销售收入			₺ 400 000
销售商品成本			316 000
销售毛利润			84 000
销售费用			
薪酬费用（销售人员）		₺ 20 000	
广告费用		10 200	
销售费用合计		30 200	
管理费用			
薪酬费用（综合人员）	₺ 19 000		
折旧费用——设备	6 700		
房产税税费	5 300		
租金费用	4 300		
坏账费用	1 000		
电话及网络费用	600		
保险费用	360		
管理费用合计		37 260	
销售和管理费用合计			67 460
经营利润			16 540
其他收入或利得			
利息收入			800
			17 340
其他支出或损失			
利息费用			1 700
税前利润			15 640
所得税			3 440
净利润			₺ 12 200

□ 3.3.2　留存收益表

　　对于经营过程中所创造的净利润，公司既可留存在企业内部，也可以股利分红的形式分发给股东。如图表 3 - 40 所示，Uptown Cabinet 公司将上期净利润记入 1 月 1 日的留存收益账户，增加了留存收益账户的余额。在扣除 2 000 里拉股票分红后，留存收益在 12 月 31 日的余额为 26 400 里拉。

图表 3 - 40 商业企业留存收益表

Uptown Cabinet 公司 留存收益表 2015 年 12 月 31 日		
留存收益，1 月 1 日		₺ 16 200
加：净收入		12 200
		28 400
减：股利分红		2 000
留存收益，12 月 31 日		₺ 26 400

☐ 3.3.3 资产负债表

如图表 3 - 41 所示，Uptown Cabinet 公司的资产负债表分类列报各类资产和负债项目。其中，流动资产包括应收利息、存货、预付保险费、预付租金等。Uptown Cabinet 公司将其列示为流动资产的原因在于它们可在短期内变现或被耗用。Uptown Cabinet 公司从应收款项的总额（包括应收账款、应收票据和应收利息）中扣除坏账准备金，因为公司估计在 57 800 里拉的应收款中，仅 54 800 里拉是可收回的。

图表 3 - 41 商业企业资产负债表

Uptown Cabinet 公司 资产负债表 2015 年 12 月 31 日			
资产			
非流动资产			
不动产、厂场和设备			
设备		₺ 67 000	
减：累计折扣——设备		18 700	
不动产、厂房和设备合计			₺ 48 300
流动资产		40 000	
存货		540	
预付保险费		500	
预付租金	₺ 16 000		
应收账款	41 000		
应收利息	800		
减：坏账准备	3 000	54 800	
现金		1 200	
流动资产合计			97 040
资产合计			₺ 145 340

所有者权益和负债		
所有者权益		
普通股，发行普通股的票面价值 5.00 里拉， 　共 10 000 股	₺ 50 000	
留存收益	26 400	
所有者权益合计		₺ 76 400
长期负债		
应付债券，到期日：2022 年 6 月 30 日	30 000	
流动负债		
应付票据	₺ 20 000	
应付账款	13 500	
应付房产税	2 000	
应付所得税	3 440	
流动负债合计	38 940	
负债合计		68 940
负债和所有者权益合计		₺ 145 340

在不动产、厂场和设备项目中，Uptown Cabinet 公司从原始成本中扣除累计折旧——设备，两者的差额即为设备的账面价值。

流动资产包括应收利息、存货、预付保险费和预付房租项目。这些项目被划分为流动资产，是因为可以在一段相对较短的时间内转化为现金或为公司所用。该公司在应收账款、应收票据和应收利息中扣减坏账准备，是因为 57 800 里拉中只能收回54 800 里拉。

由于 Uptown Cabinet 的企业组织形式为公司制，因而公司净资产又称为"股东权益"，这点区别于个人独资或合伙企业。股东权益包括股本（即股东原始投资）和经营所得的留存收益。在课后练习中，若没有明确要求，只需编制未进行分类的资产负债表。

2022 年到期的应付债券属于长期负债，因此，该项目在资产负债表中单独列示。（公司于 12 月 31 日支付债券利息。）

资产负债表将应付房产税作为流动负债列示，因为该税金需在一年内缴纳。此外，短期负债还包括应付账款等其他项目。

☐ 3.3.4　结账分录

Uptown Cabinet 公司在普通日记账中登记以下结账分录。

2015 年 12 月 31 日		
利息收入	800	
销售收入	400 000	
收益汇总		400 800
（将收入类账户结账转入收益汇总）		

收益汇总	388 600	
销售商品成本		316 000
薪酬费用（销售人员）		20 000
广告费用		10 200
薪酬费用（综合人员）		19 000
折旧费用		6 700
租金费用		4 300
房产税费用		5 300
坏账费用		1 000
电话和网络费用		600
保险费用		360
利息费用		1 700
所得税费用		3 440
（将费用类账户结账转入收益汇总）		
收益汇总	12 200	
留存收益		12 200
（将收益汇总账户结账转入留存收益）		
留存收益	2 000	
股利		2 000
（将股利结账转入留存收益）		

国际会计视野

会计信息系统

如本章所述，企业必须建立有效的会计信息系统。随着美国公司（如 Sunbeam、Rite-Aid、施乐、世通公司等）会计丑闻频频曝出，立法人员提高了对财务报表的质量要求。自 2002 年《萨班斯-奥克斯利法案》（SOX）通过以来，所有在美国证券交易所上市的公司必须重视会计信息系统建设，确保财务报告的可信度。

相关事实

以下列示了 GAAP 和 IFRS 对会计信息系统规范的主要异同点。

相同点

● 跨国公司对交易数据应使用相同的记账流程和记账规则。因此，第 3 章所介绍的账户、借贷基本规则、会计循环的步骤（即日记账、分类账，以及会计科目表）等内容在 GAAP 和 IFRS 下是相同的。

● GAAP 和 IFRS 的业务分析方法相同，但两者标准不同，可能会对业务的记录产生影响，这一点将在后续章节讲解。

● FASB 和 IASB 对财务报表的核心要素（即资产、负债、权益、收入和费用）在本书的基本定义上有所拓展。

● GAAP 规范的试算平衡表和本书的格式相同。在书中，货币符号仅用于试算平衡表和资产负债表。GAAP 下也是如此。

不同点

● 不同国家对某项具体业务的记账规则可能不同。比如，和美国相比，欧洲公司更多以公允价值而非历史成本为基础进行计量。但复式记账体系是全球通用的。

● 内部控制系统是设计用于防范和识别欺诈、错误的系统。虽然美国上市公司大部分已建立内部控制系统，但仍有很多国家的上市公司未对内部控制系统进行正式的文件说明，也没有聘请独立审计师对内部控制系统的有效性进行审计。以上加强公司内部控制管理的规定仅适用于在美国证券交易所上市的大型公司。

深度解读

对于是否要求外国公司服从《萨班斯-奥克斯利法案》这一问题，争论的焦点在于高成本的信息系统是否损害了美国证券市场的竞争力。下图为该法案颁布后有关 IPO 的统计数据。

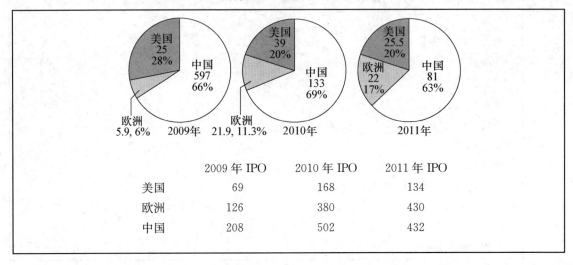

IPO 所得占比：美国、欧洲、中国　　　　　　单位：十亿美元

	2009 年 IPO	2010 年 IPO	2011 年 IPO
美国	69	168	134
欧洲	126	380	430
中国	208	502	432

资料来源：PricewaterhouseCoopers，U. S. IPO Watch：2011 Analysis and Trends.

请注意，美国证券市场的 IPO 占比一直在下滑。一些法案的批判者将份额的下滑归咎于企业为了遵从监管规则而增加的内部控制成本。然而，其他人并不认同。这些评论者认为其他资本市场的发展是资本流动全球化的自然结果。

未来之路

本书所阐释的基本会计循环是全球通用的，未来不会发生较大变动。但是，资产、负债、权益、收入和费用的结构，可能会随着 IASB 和 FASB 对会计基本概念框架的调整而变化。此外，高质量的国际会计需要以高质量的会计准则和审计规范为基础。在 GAAP 与 IFRS 日益趋同的背景下，国际审计规范也在日益完善。国际审计与鉴证准则委员会（IAASB）是独立的审计准则制定机构。该委员会致力于在全球范围内建立高质量的审计、鉴证和质量控制的标准。IAASB 是否会采取和《萨班斯-奥克斯利法案》类似的内部控制规制呢？让我们拭目以待。可以通过以下网站了解国际审计领域的发展：http://www.ifac.org/iaasb/。

■ 本章小结

1. 理解基本的会计术语。掌握以下 11 个会计术语将有助于理解关键会计概念：（1）事项；（2）交易；（3）账户；（4）实账户和虚账户；（5）分类账；（6）日记账；（7）过账；（8）试算平衡表；（9）调整分录；（10）财务报表；（11）结账分录。

2. 掌握复式记账规则。所有账户的左方为借方，右方为贷方。所有资产和费用类账户记在借方（左方）表示增加，记在贷方（右方）表示减少。相应地，所有负债和收入类账户记在贷方（右方）表示增加，记在借方（左方）表示减少。股东权益类账户，即普通股和留存收益，记在贷方表示增加。股利分红账户记在借方表示增加。

3. 明确会计循环步骤。会计循环的基本步骤为：（1）确认并记录交易或事项；（2）登记日记账；（3）过账；（4）编制调整前的试算平衡表；（5）编制调整分录；（6）编制调整后的试算平衡表；（7）编制财务报表；（8）结账。

4. 登记日记账，过至分类账，并编制试算平衡表。形式最简单的日记账即按时间顺序列示企业全部交易和事项，并分别借记或贷记对应账户。在普通日记账中登记的事项必须过账转入总分类账。在特定会计期末，公司登记日记账并过账到分类账后需要编制未调整的试算平衡表。

5. 理解编制调整分录的原因，掌握调整分录的主要类型。调整分录使公司得以正确确认收入和费用，从而确定本期的净利润，并使资产、负债和所有者权益账户的期末余额正确列示。调整分录主要分为递延项目（预付费用和预收账款）和应计项目（应计收入和应计费用）。

6. 根据调整后的试算平衡表编制财务报表。公司可直接根据调整后的试算平衡表编制财务报表。即根据收入和费用类账户编制利润表；根据留存收益、股利、净利润（或净亏损）账户编制留存收益表；根据资产、负债和所有者权益账户编制资产负债表。

7. 编制结账分录。在结账过程中，公司将所有收入和费用类账户（利润表项目）的余额转移至结账账户"本年利润"，该账户仅在会计期末使用。"本年利润"账户中的收入和费用应符合配比原则，两者差额即代表当期净利润或净亏损。然后，将当期净利润（净亏损）结转至所有者权益账户（公司制企业称其为留存收益账户，而独资或合伙企业称其为资本账户）。

8. 为商业企业编制财务报表。商业企业的财务报表和服务业企业不同，因为商业企业必须核算销售毛利。然而，两类企业的会计循环过程基本相同。

附录 3A 收付实现制与权责发生制

多数企业以权责发生制为基础进行会计处理，即在履行义务的会计期间确认收入，在发生费用的会计期间确认费用，而不考虑现金收支的时间。

然而，一些小型企业和一般纳税个人（普通个别纳税人）实行严格的或修正的收付实现制。在严格的收付实现制下，企业仅在收到现金时确认收入，支付现金时确认费用。收付实现制下的利润取决于收到的收入和支付的费用。收付实现制忽略了两条基本原则：收入确认原则和费用确认原则。因此，以收付实现制为基础编制的财务报表并不符合国际财务报告准则的要求。

我们将举例说明收付实现制与权责发生制之间的区别。假定 Quality Contractor 公司签订协议以 22 000 里拉建造一个车库。1 月份，Quality Contractor 公司动工修建，发生的 18 000 里拉的支出记在贷方，并于月底将建造完成的车库交付买方。2 月份，Quality Contractor 公司收到客户支付的现金 22 000 里拉。3 月份，Quality Contractor 公司向债权人偿付到期债务 18 000 里拉。图表 3A-1 和图表 3A-2 分别列示了收付实现制和权责发生制下每月的净利润。

图表 3A - 1　　　　　　　　　　利润表——收付实现制

Quality Contractor 公司 利润表——收付实现制			
1 月	2 月	3 月	总计
收入	₺ -0-	₺ 22 000	₺ -0-	₺ 22 000
费用	-0-	-0-	18 000	18 000
净收入（损失）	₺ -0-	₺ 22 000	₺（18 000）	₺ 4 000

图表 3A - 2　　　　　　　　　　利润表——权责发生制

Quality Contractor 公司 利润表——权责发生制			
1 月	2 月	3 月	总计
收入	₺ 22 000	₺ -0-	₺ -0-	₺ 22 000
费用	18 000	-0-	-0-	18 000
净收入（损失）	₺ 4 000	₺ -0-	₺ -0-	₺ 4 000

　　若将三个月的数据汇总来看，收付实现制和权责发生制下计算的净利润金额相等。两种记账基础的不同之处在于确认收入和费用的时点。同理，不同的记账基础对资产负债表也产生一定影响。图表 3A - 3 和图表 3A - 4 列示了 Quality Contractor 公司每月月末分别以收付实现制和权责发生制为基础编制的资产负债表。

图表 3A - 3　　　　　　　　　　资产负债表——收付实现制

Quality Contractor 公司 资产负债表——收付实现制			
	1 月 31 日	2 月 28 日	3 月 31 日
资产			
现金	₺ -0-	₺ 22 000	₺ 4 000
资产合计	₺ -0-	₺ 22 000	₺ 4 000
负债和所有者权益			
所有者权益	₺ -0-	₺ 22 000	₺ 4 000
负债和所有者权益合计	₺ -0-	₺ 22 000	₺ 4 000

图表 3A - 4　　　　　　　　　　资产负债表——权责发生制

Quality Contractor 公司 资产负债表——权责发生制			
	1 月 31 日	2 月 28 日	3 月 31 日
资产			
应收账款	₺ 22 000	₺ -0-	₺ -0-
现金	-0-	22 000	4 000
资产合计	₺ 22 000	₺ 22 000	₺ 4 000
负债和所有者权益			
所有者权益	₺ 4 000	₺ 4 000	₺ 4 000
应付账款	18 000	18 000	-0-
负债和所有者权益合计	₺ 22 000	₺ 22 000	₺ 4 000

分析 Quality Contractor 公司的利润表和资产负债表可知，以收付实现制为基础编制财务报表不符合会计的基本理论，具体如下：

　　1. 1 月份，从车库动工建造到完工交付，收付实现制低估了公司的资产和收入。它未确认 22 000 里拉的应收账款，无法反映未来近期的现金流入。

　　2. 1 月底，收付实现制低估了因建造车库和拥有负债而产生的费用。它未确认 18 000 里拉的应付账款，无法反映未来近期的现金流出。

　　3. 由于收付实现制直到 2 月份才确认收入和资产，因而低估了 1 月份的所有者权益。同时，由于直到 3 月份才确认费用和负债，因而高估了 2 月份的所有者权益。

　　总之，收付实现制违背了财务报告权责发生制的基本原则。

　　修正的收付实现制是权责发生制和收付实现制的结合体。它基于严格的收付实现制，但又借鉴权责发生制对其进行修正，比如将厂房确认为资产并计提折旧，对存货进行会计处理等。这种记账方法通常应用于某些专业服务企业（如医生、律师、会计和咨询等），以及零售、房地产和农业企业等。①

将收付实现制转化为权责发生制

　　很多时候，公司希望将以收付实现制或修正的收付实现制为基础编制的财务报表转化为权责发生制下的报表，以提交给投资者和债权人。我们假定 Dr. Diane Windsor 和其他小企业主一样，以收付实现制为基础进行会计处理，并以此为例说明具体的转化方法。2015 年，Dr. Windsor 共收到患者支付的医疗费 300 000 里拉，并支付运营费用 170 000 里拉，现金收入比现金支出多 130 000 里拉（300 000－170 000）。如图表 3A－5 所示，在 2015 年 1 月 1 日和 12 月 31 日，她设置了应收账款、预收服务收入、应计负债和预付费用账户。

图表 3A－5　　　　　　　**Dr. Diane Windsor 的财务信息**

	2015 年 1 月 1 日	2015 年 12 月 31 日
应收账款	₺ 12 000	₺ 9 000
预收服务收入	－0－	4 000
应计负债	2 000	5 500
预付费用	1 800	2 700

计算劳务收入

　　为了将收付实现制下的收入转换为权责发生制，我们必须了解本年度应收账款和预收服务收入的变化。应收账款的年初余额代表上年度确认并在本年收取款项的收入，期末余额表示本年确认且款项尚未收取的收入。因此，以权责发生制为基础计算收入时，我们应扣除应收账款的期初余额并加上应收账款的期末余额，计算公式如图

---

① 若存在以下情况，企业可能采用收付实现制或修正的收付实现制：

（1）企业主要关注现金流情况（比如，医生会根据以收付实现制计算的净利润分配工资和奖金）。

（2）财务报表的使用者很少（如规模小、所有权高度集中且几乎无负债的企业）。

（3）企业业务相对简单（存货、长期资产、长期负债的金额很小）。

表 3A－6 所示。

图表 3A－6　　　　现金收入转为以权责发生制计量的收入——调整应收账款

> 现金收入〔—期初应收账款＋期末应收账款〕＝权责发生制为基础的收入

同理，预收服务收入的期初余额代表上年度收取款项且本年进行会计确认的收入，期末余额表示本年收取款项并将在明年进行会计确认的收入。因此，以权责发生制为基础计算收入时，我们应加上预收服务收入的期初余额，减去预收服务收入的期末余额，计算公式如图表 3A－7 所示。

图表 3A－7　　　现金收入转为以权责发生制计量的收入——调整预收服务收入

> 现金收入〔＋期初预收服务收入—期末预收服务收入〕＝权责发生制为基础的收入

因此，为了将以收付实现制为基础确认的收入转为权责发生制，Dr. Windsor 应使用图表 3A－8 所示的计算方法。

图表 3A－8　　　从现金收入（收付实现制）转为劳务收入（权责发生制）

实际现金收入		₺ 300 000
—期末应收账款	₺（12 000）	
＋期末应收账款	9 000	
＋期初预收服务收入	—0—	
—期末预收服务收入	（4 000）	（7 000）
劳务收入（权责发生制）		₺ 293 000

☐ 计算运营费用

为了将年度内以收付实现制确认的运营费用转换为权责发生制，我们必须了解本年度预付费用和应计负债的变化。首先，我们需要将预付费用的年初余额（即款项已于上年度支付的费用）确认为本年费用。因此，以权责发生制为基础计算费用时，我们应在收付实现制计量的费用基础上加上预付费用的期初余额。

相应地，预付费用的期末余额为本年已经支付但应在明年确认的费用（在权责发生制下，Dr. Windsor 应在未来会计期间确认这笔费用）。为了将收付实现制确认的运营费用转换为权责发生制，我们应扣除预付费用的期末余额，计算公式如图表 3A－9 所示。

图表 3A－9　　　将费用支出转换为费用（权责发生制）——调整预付费用账户

> 已支付的运营费用〔＋期初预付费用—期末预付费用〕＝以权责发生制为基础的费用

同理，应计负债的期初余额代表上年度已经确认但应于本年偿付的负债，期末余额表示本年已经确认但尚未偿付的负债。为了按权责发生制计算费用，我们需要在现付费用的基础上，减去应计负债的期初余额并加上应计负债的期末余额，其计算公式如图表 3A－10 所示。

图表 3A‑10　　将费用支出转换为费用（权责发生制）——调整应计负债账户

已支付的运营费用（＋期初应计负债－期末应计负债）＝以权责发生制为基础的费用

因此，为了将以收付实现制为基础确认的费用转为权责发生制，牙医 Dr. Windsor 应使用图表 3A‑11 所示的计算方法。

图表 3A‑11　　将费用支出（收付实现制）转换为运营费用（权责发生制）

实际支付的费用		₺170 000
＋期初预付费用	₺1 800	
－期末预付费用	(2 700)	
－期初应计负债	(2 000)	
＋期末应计负债	5 500	2 600
运营费用（权责发生制）		₺172 600

所有的转化过程都可以通过工作底稿完成，如图表 3A‑12 所示。

图表 3A‑12　　　　　　　　　将现金收支表转化为利润表

科目	收付实现制	调整 加	调整 减	权责发生制
		DIANE WINDSOR, D.D.S. 将利润表数据从收付实现制转为权责发生制 2015年		
现金收入	₺300 000			
－应收账款（1月1日）			₺12 000	
＋应收账款（12月31日）		₺9 000		
＋预收服务收入（1月1日）		—	—	
－预收服务收入（12月31日）			4 000	
劳务收入				₺293 000
费用支出	170 000			
＋预付费用（1月1日）		1 800		
－预付费用（12月31日）			2 700	
－应计负债（1月1日）			2 000	
＋应计负债（12月31日）		5 500		
运营费用				172 600
净利润（收付实现制）	₺130 000			
净利润（权责发生制）				₺120 400

通过以上方法，我们将收付实现制下的收款和付款调整为权责发生制下的收入和费用，并计算出以权责发生制为基础确认的净利润。在此过程中，折旧和摊销应作为额外费用计入权责发生制下的净利润。

收付实现制的理论缺陷

收付实现制根据现金收支的时点确定是否进行会计确认。很多人认为会计信息应当是具体的、实实在在的。这说的不就是现金收支吗？如果最终无法获取现金，那么一切创新、设计、生产和销售活动都是毫无意义的。常言道，"现金是真正的底线"或"现金是经济的润滑剂"。既然如此，权责发生制的优点何在呢？

事实上，在当今社会的经济活动中，贷款的润滑作用比现金大得多。权责发生制（而不是收付实现制）可以对贷款事项进行全面的会计处理。投资者、债权人以及其他决策者希望能及时获取有关公司未来现金流情况的信息。在权责发生制下，只要能合理估计未来现金流，企业就会报告相关的业务活动及现金流量情况，以满足上述利益相关者的信息需求。应收和应付事项是对未来现金流量的估计。换言之，权责发生制有助于预测企业未来现金流，因为它在交易和事项发生而不是现金收支时报告该事项对未来现金流的影响。

附录 3A 小结

9. 了解收付实现制与权责发生制之间的区别。收付实现制在收到款项时确认收入，支付款项时确认费用。权责发生制在履行义务的会计期间确认收入，在发生费用的会计期间确认费用，而不考虑实际收款和付款的时间。权责发生制更具理论优势，因为只要能合理估计未来现金流，企业就会报告相关损益及现金流量情况。而收付实现制会计并不符合国际财务报告准则的要求。

附录 3B　分录的使用

使用转回分录在不影响上一会计期间财务报表数据的同时，简化了下一年度的会计处理。

对转回分录的说明——应计项目

公司通常使用转回分录冲销以下两类调整分录：应计收入和应计费用。为了说明应计费用的转回分录，我们以如下交易和会计调整为例。

1. 10 月 24 日（薪酬费用原始分录）：支付 10 月 10—24 日的职工薪酬 4 000 里拉。

2. 10 月 31 日（调整分录）：10 月 25—31 日发生薪酬费用 1 200 里拉，款项将于 11 月 8 日支付。

3. 11 月 8 日（后续的薪酬费用分录）：共支付薪酬 2 500 里拉。其中包含 10 月 31 日应付职工薪酬 1 200 里拉和 11 月 1—8 日发生的薪酬费用 1 300 里拉。

是否使用转回分录的会计处理对比如图表 3B-1 所示。

图表 3B-1　　　　　　　　　　　　　是否使用转回分录的会计处理对比

未做转回分录			做转回分录		
原始薪酬分录					
10 月 24 日	薪酬费用	4 000	10 月 24 日	薪酬费用	4 000
	现金	4 000		现金	4 000
调整分录					
10 月 31 日	薪酬费用	1 200	10 月 31 日	薪酬费用	1 200
	应付职工薪酬	1 200		应付职工薪酬	1 200
结账分录					
10 月 31 日	收益汇总	5 200	10 月 31 日	收益汇总	5 200
	薪酬费用	5 200		薪酬费用	5 200
转回分录					
11 月 1 日	无		11 月 1 日	应付职工薪酬	1 200
				薪酬费用	1 200
随后的薪酬分录					
11 月 8 日	应付职工薪酬	1 200	11 月 8 日	薪酬费用	2 500
	薪酬费用	1 300		现金	2 500
	现金	2 500			

通过对比可知，无论公司是否使用转回分录，前三笔分录没有变化，最后两笔分录不同。11 月 1 日的转回分录冲销了 10 月 31 日的调整分录所确认的应付职工薪酬 1 200 里拉，同时增加了"薪酬费用"账户的贷方金额 1 200 里拉。一般认为，费用账户的余额很少在贷方，然而在本例中该余额是正确的。因为在新的会计期间支付的第一笔薪酬费用将借记在"薪酬费用"账户，以抵消原贷方余额。费用账户最终的借方余额将和新的会计期间发生的薪酬费用相等（在本例中为 1 300 里拉）。

在编制转回分录以后，企业根据支付的费用总额借记相应的费用账户。换言之，在 11 月 8 日（以及之后的每个付薪日），公司根据支付的薪酬总额借记"薪酬费用"账户，而无须借记"应付职工薪酬"账户。重复相同的分录有助于简化会计信息系统的记账过程。

对转回分录的说明——递延项目

到目前为止，我们假定全部递延项目都通过"预付费用"或"预收收入"账户核算。然而，有时公司会直接将递延项目记入费用或收入账户。此时，企业也可使用转回分录对递延项目进行调整。

为了对预付费用的转回分录进行说明，我们以下述交易和会计调整为例。

1. 12 月 10 日（原始分录）：支付现金 20 000 里拉购买办公用品。

2. 12 月 31 日（调整分录）：确定现存办公用品 5 000 里拉。

图表 3B-2 对比总结了是否使用转回分录的会计处理。

图表 3B-2   是否对递延项目编制转回分录的会计处理对比

未做转回分录			做转回分录		
原始物料采购分录					
12 月 10 日	物料	20 000	12 月 10 日	物料费用	20 000
	现金	20 000		现金	20 000
调整分录					
12 月 31 日	物料费用	15 000	12 月 31 日	物料	5 000
	物料	15 000		物料费用	5 000
结账分录					
12 月 31 日	收益汇总	15 000	12 月 31 日	收益汇总	15 000
	物料费用	15 000		物料费用	15 000
转回分录					
1 月 1 日	无		1 月 1 日	物料费用	5 000
				物料	5 000

在 12 月 31 日调整分录编制完成之后（无论是否使用转回分录），资产账户"物料"的余额为 5 000 里拉，"物料费用"的余额为 15 000 里拉。如果公司在购买物料时借记"物料费用"账户，那么在结账后应做转回分录将未消耗物料的成本转回至"物料费用"账户。下一会计期间若购买物料，公司可继续借记"物料费用"账户。

递延项目通常在实账户中反映（如资产和负债），往往不需要对其编制转回分录。以上方法适用于核算公司需要在多个会计期间分摊的事项（如物料和零部件）。然而，对于不符合该条件和不覆盖两个或多个会计期间的事项，公司通常将它们直接记入收入和费用账户。收入和费用账户通常不需要调整，因此公司可通过系统地结账汇总记入"本年利润"账户。

虚账户的使用增强了会计信息系统的一致性，提高了会计处理的效率，尤其当一年内发生大量的涉及损益类账户的交易时。比如，会计人员会将购货发票所列示的项目费用化（资本性资产的购置除外），而无须考虑该项目在期末是否会被计入预付费用，因为他们知道公司会在会计期末做调整。

□ 转回分录总结

转回分录的要点总结如下：

1. 所有应计项目都应转回。
2. 若公司将最初的现金交易记录在收入或费用账户，则此类递延项目应该转回。
3. 折旧和坏账的调整分录无须转回。

编制转回分录并不是会计循环的必要环节，因此，一些会计人员会完全跳过这个步骤。

□ 附录 3B 小结

10. 识别可转回的调整分录。转回分录通常用于冲销以下两类调整分录：应计收入和应计费用。若公司将最初的现金交易记录在收入或费用账户，则此类递延项目可能也需要转回。

附录 3C 工作底稿的使用：再议会计循环

在本附录中，我们对会计循环中于会计期末执行的程序进行补充说明，并阐述工作底稿在该阶段的使用方法。使用工作底稿往往使期末（月度、季度或年度）的会计记录和报告过程更为便捷。工作底稿可以帮助企业更及时地编制财务报表，因为通过使用工作底稿，企业可在未完成所有调整分录和结账分录的记账和过账的情况下编制财务报表。

企业一般利用多栏式的纸张或电子数据表编制工作底稿。无论哪种形式，公司都可通过工作底稿调整账户余额或编制财务报表。

工作底稿不能代替财务报表，它是收集并处理编制财务报表所需信息的工具，不具有正式性。编制工作底稿可以从很大程度上保证公司对有关期末会计记录和报表明细的会计处理的正确性。图表 3C-1 所示的十栏式工作底稿设置了不同栏目，以填写试算平衡表、调整分录、调整后的试算平衡表、利润表和资产负债表的有关信息。

☐ 工作底稿栏目

试算平衡表栏

如图表 3C-1 所示，Uptown Cabinet 公司根据 12 月 31 日分类账的数据编制试算平衡表。"存货"账户的余额为 40 000 里拉，这是通过永续盘存制计算的存货期末价值。

调整分录栏

在 Uptown Cabinet 公司将所有的调整数据记录在工作底稿上之后，调整栏的借贷金额相等。然后，将所有账户的余额过渡到调整后的试算平衡表栏。

在工作底稿登记调整分录

如图表 3C-1 所示，以下事项（a）到（g）为 Uptown Cabinet 公司在工作底稿中编制调整分录的依据。

（a）设备原始成本为 67 000 里拉，年折旧率 10%。

（b）每季度的坏账预计为销售收入（400 000 里拉）的 1%。

（c）本年度到期的保险费用 360 里拉。

（d）12 月 31 日确认应收票据利息 800 里拉。

（e）租金费用账户包含 500 里拉预付租金，可抵扣下一年度的租金费用。

（f）12 月 31 日应缴房产税 2 000 里拉。

（g）预计应缴所得税 3 440 里拉。

图表 3C-1　　　　　　　　　　　　工作底稿的使用

Uptown Cabinet Corp.xls
Home　Insert　Page Layout　Formulas　Data　Review　View

P18　　fx

Uptown Cabinet公司
十栏工作表
2015年度（截至2015年12月31日）

科目	试算平衡表 借方	贷方	调整 借方	贷方	调整后的试算平衡表 借方	贷方	利润表 借方	贷方	资产负债表 借方	贷方
现金	1 200				1 200				1 200	
应收票据	16 000				16 000				16 000	
应收账款	41 000				41 000				41 000	
坏账准备		2 000		(b)1 000		3 000				3 000
存货	40 000				40 000				40 000	
预付保险费	900			(c) 360	540				540	
设备	67 000				67 000				67 000	
累计折旧——设备		12 000		(a)6 700		18 700				18 700
应付票据		20 000				20 000				20 000
应付账款		13 500				13 500				13 500
应付债券		30 000				30 000				30 000
普通股		50 000				50 000				50 000
留存收益，2015年1月1日		16 200				16 200				16 200
股利	2 000				2 000				2 000	
销售收入		400 000				400 000		400 000		
销售商品成本	316 000				316 000		316 000			
薪酬费用（销售人员）	20 000				20 000		20 000			
广告费用	10 200				10 200		10 200			
薪酬费用（综合人员）	19 000				19 000		19 000			
电话和网络费用	600				600		600			
租金费用	4 800			(e) 500	4 300		4 300			
房产税费用	3 300		(f)2 000		5 300		5 300			
利息费用	1 700				1 700		1 700			
合计	543 700	543 700								
折旧费用			(a)6 700		6 700		6 700			
坏账费用			(b)1 000		1 000		1 000			
保险费用			(c) 360		360		360			
应计利息			(d) 800		800				800	
利息收入				(d) 800		800		800		
预付租金			(e) 500		500				500	
应付房产税				(f)2 000		2 000				2 000
所得税费用			(g)3 440		3 440		3 440			
应付所得税				(g)3 440		3 440				3 440
合计			14 800	14 800	557 640	557 640	388 600	400 800		
净收入							12 200			12 200
合计							400 800	400 800	169 040	169 040

2015 年 12 月 31 日在工作表中做的调整分录如下所示：

（a）折旧费用　　　　　　　　　　6 700

　　　累计折旧——设备　　　　　　　　　6 700

（b）坏账费用　　　　　　　　　　1 000

　　　坏账准备　　　　　　　　　　　　　1 000

（c）保险费用　　　　　　　　　　360

　　　预付保险费　　　　　　　　　　　　360

（d）应收利息　　　　　　　　　　800

利息收入		800
(e) 预付租金	500	
租金费用		500
(f) 房产税费用	2 000	
应付房产税		2 000
(g) 所得税费用	3 440	
应付所得税		3 440

Uptown Cabinet 公司将调整分录转移至工作表的调整栏，通常用字母对各分录进行标记。试算平衡表包含调整分录中所有新增的账户，如工作表所示。（举例请见图表 3C–1 中第 32～40 行。）随后，Uptown Cabinet 公司将调整栏的借贷方金额汇总并计算余额。

调整后的试算平衡表

调整后的试算平衡表列示期末会计调整后所有账户的余额。比如，Uptown Cabinet 公司将试算平衡表坏账准备账户的贷方栏金额 2 000 里拉与调整分录的贷方栏金额 1 000 里拉加总，并将加总额 3 000 里拉填入调整后试算平衡表的贷方栏。同理，Uptown Cabinet 公司从预付保险费账户借方栏的金额 900 里拉中减去调整分录贷方栏的金额 360 里拉，并将两者差额 540 里拉填入调整后试算平衡表的借方栏。

利润表和资产负债表栏

Uptown Cabinet 公司将调整后试算平衡表的所有借方栏科目填入右侧的利润表栏和资产负债表栏。所有贷方科目的处理方法类似。

随后，公司对利润表栏目进行汇总求和，并计算当期净利润或净亏损，以结平借贷方金额。利润表借方栏显示净利润为 12 200 里拉，即收入类账户与费用类账户的差额。

Uptown Cabinet 公司在结平利润表栏以后，将净利润 12 200 里拉作为留存收益增加额填入资产负债表的贷方栏。

根据工作底稿编制财务报表

工作底稿可以提供编制财务报表所需要的信息，而无须参考分类账或其他会计记录。此外，工作底稿将数据按列分类列示，提高了报表编制的效率。Uptown Cabinet 公司的财务报表详见第 3 章。

附录 3C 小结

11. 编制十栏式工作底稿。十栏式工作底稿设置了不同栏目用于填写试算平衡表、调整分录、调整后的试算平衡表、利润表和资产负债表的有关信息。工作底稿不能代替财务报表，它是收集并处理编制财务报表所需信息的一种非正式工具。

简单练习

BE3 - 1　Mehta 公司 5 月份的交易如下所示。请为每笔交易编制日记账分录。（摘要可以省略。）

5 月 1 日，B. D. Mehta 公司现金投资 4 000 欧元购买一家小型焊接公司的普通股。

5 月 3 日，赊购设备，交易金额为 1 100 欧元。

5 月 13 日，向房东支付 5 月份房租 400 欧元。

5 月 21 日，要求 Noble 公司支付已完成的焊接工作酬劳 500 欧元。

BE3 - 3　2015 年 7 月 1 日，Crowe 公司向 Zubin 保险公司支付 15 000 欧元购买一份 3 年期的保险。两家公司的会计期间均为 1 月 1 日至 12 月 31 日。请编制 Crowe 公司在 7 月 1 日的日记账分录和 12 月 31 日的调整分录。

综合练习

E3 - 6（调整分录）　牙外科博士 Stephen King 在 2015 年 1 月 1 日开了家牙科诊所。开业的第一个月，诊所发生了以下事项：

1. 为购买牙医保险的病人提供治疗。在 1 月 31 日，因提供劳务应确认收入 750 美元，但尚未给保险公司开出账单。

2. 截至 1 月 31 日，共发生水电费 520 美元，款项尚未支付。

3. 1 月 1 日购买牙科设备花费 80 000 美元。其中，已用现金支付 20 000 美元，并签发了面值为 60 000 美元的 3 年期应付票据。设备每月折旧 400 美元，利息费用为每月 500 美元。

4. 1 月 1 日购买 1 年期医疗事故险，支付 15 000 美元。

5. 购买牙科物料支付 1 600 美元。1 月 31 日，确认现存物料的成本为 400 美元。

要求：编制 1 月 31 日的调整分录（摘要可以省略）。账户名称分别为：累计折旧——设备、折旧费用、劳务收入、应收账款、保险费用、利息费用、应付利息、预付保险费、物料、物料费用、水电费用以及应付账款。

第 4 章

利润表和相关信息

学习目标

学完本章后，你应该能够：

1. 理解利润表的用途和局限性。
2. 了解利润表的内容和格式。
3. 编制利润表。
4. 解释如何在利润表中报告各种项目。
5. 明确每股收益信息在何处列报。
6. 解释期内所得税分摊。
7. 理解会计变更和差错更正的报告。
8. 编制留存收益表。
9. 解释如何报告其他综合收益。

财务报表正在改变

英国乐购公司最近在其利润表中列示了如下额外补充信息：

非 IFRS 下：税前潜在利润	
税前利润	£2 954
调整项目：	
IAS 32 和 IAS 39 "金融工具"——公允价值重新计量	88
IAS 19 养老金涉及利润表	403
养老金 "正常的" 货币出资额	(376)
IAS 17 "租赁"——租金及免租金期的年度上调的影响	27
IFRS 3 收购所得无形资产的摊销	32
税前潜在利润	£3 128

乐购公司管理层在致股东报告书中指出，他们认为 "税前潜在利润" 为股东了解公司的发展趋势及业绩状况提供了额外的有用信息。他们声称这些方法被用于内部业绩分析并且由 IFRS 定义的潜在利润可能无法直接与其他公司的利润调整法（有时称作备考法）相比较。此外，他们还表明这并不意味着税前潜在利润是 IFRS 利润计量法的替代物或者比其更高明。那么，为什么公司要做这些额外的调整呢？一个主要的原因就是公司认为利润表上的项目没有反映公司的经营成果。再以英国马莎公司为例，马莎公司曾在附表中单独报告了经过某些项目调整的净利润，这些项目包括战略规划成本、重组成本以及减值损失。所有这些调整使得调整后的利润指标高于报告利润。

对这些做法持怀疑态度的人发现，调整后的净利润通常会有所增加。此外，他们还发现由于不同的企业对自身基础业务的认识有不同的看法，因此调整数据难以相互比较。诸如乐购、马莎等公司对备考报告的实际运用在很大程度上隐晦地表达了对特定财务报告准则包括财务报表列报准则的不满。

近期，国际会计准则理事会发起了一个关于财务报表列报的项目，以解决报表使用者对于财务报表列报的担忧。报表使用者认为利润表信息的分类和列报存在太多可供企业选择的空间。他们注意到，利润表信息往往高度汇总，而且缺乏一致性。因此，投资者很难透过数据评估企业的财务业绩，也难以与其他公司相比较。

以利润表为例，一些公司将产品成本（如原材料和劳动力成本）及综合行政管理成本（如租金和水电费）分摊在利润表中。另一些公司则是仅仅将产品成本及综合行政管理成本汇总列报。在汇总列报的情况下很难理解这些成本的本质（经常性还是非经常性，固定的还是可变的）。换句话说，两家公司虽然在利润表列报上都遵守现有的准则，但在披露的详细信息上可能相差相当大。

我们需要一套列报利润表信息时可以遵守的准则。鉴于国际会计准则理事会将精力集中在收入、租赁、保险和金融工具等重大项目上，其在财务报表列报上的工作已经处于次要地位。然而，国际会计准则理事会对利益相关者的投入表明有关财务报表列报特别是利润表列报的项目将会优先处理。希望关于财务报表列报的重启项目将会提供这些必需的准则。

资料来源："Staff Draft of Exposure Draft：Financial Statement Presentation"（IASB：July 10，2010）；and H. Hoogervorst，"The Imprecise World of Accounting，" Speech to the International Association for Accounting Education and Research（June 20，2012）.

本章概览

正如开篇故事所述，公司正在尝试提供它们认为对决策有用的利润表信息。而投资者需要完整且可比的利润及其组成信息，以便正确评估公司的盈利能力。本章探讨影响利润表及相关信息的各类项目，包括各类收入、费用、利得和损失，如下图所示。

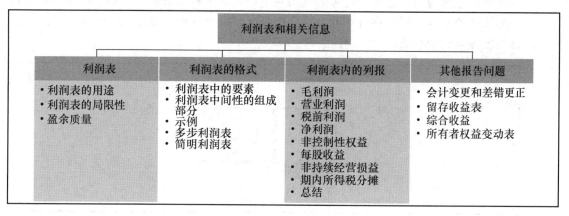

4.1 利润表

利润表是衡量公司一定时期内经营成果的报表（它也经常被称为损益表①）。商

---

① 在公司不报告其他综合收入（本章稍后讨论）时，我们将称之为利润表。报告其他综合收入时，我们称之为综合收益表。

界和投资界使用利润表来评判公司盈利能力、投资价值和公司信用。它为投资者和债权人提供有助于预测未来现金流的数额、时间和不确定性的信息。

□ 4.1.1　利润表的用途

利润表能够从很多方面帮助财务报表使用者预测未来现金流。例如，投资者和债权人利用利润表信息：

1. 评价公司以往的业绩。研究收入和费用可以知道公司经营状况的好坏，并将公司的业绩表现与其竞争者相比较。例如，分析师将韩国现代公司提供的利润数据与日本丰田公司做比较。

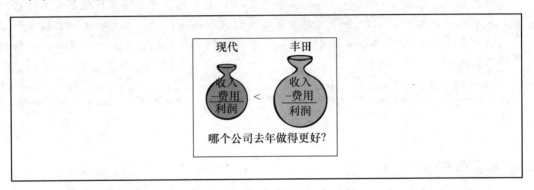

2. 为预测未来业绩提供基础。过去的业绩信息有助于确定未来主要趋势，如果该趋势是连续的，则可以提供关于未来业绩的信息。例如，美国通用电气公司的收入一度实现连续增长。显然，过去的成功并不一定意味着未来也会成功。但是，如果过去和未来的业绩之间存在合理联系，分析师就可以更好地预测未来的收入，从而更好地预测盈余和现金流。

3. 帮助评估未来现金流的风险和不确定性。利润的各组成部分信息——收入、费用、利得和损失——凸显了它们之间的关系。利润表有助于评估未来无法实现特定水平的现金流的风险。例如，投资者和债权人经常将德国西门子公司的日常经营业绩和其他非经常性利润区分开来，因为西门子公司主要通过日常经营活动获取收入和现金流。因此，在预测未来业绩时，持续性较强的经营活动信息通常比非经常性事项的信息更加重要。

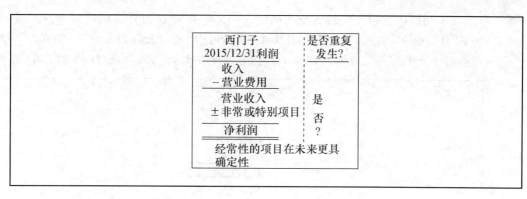

综上，利润表中的信息——收入、费用、利得和损失——能够帮助报表使用者评价过去的业绩，并评估未来实现某一特定现金流的可能性。

□ 4.1.2 利润表的局限性

鉴于净利润数据包含了假设和估计，报表使用者必须意识到利润表的局限性，具体包括：

1. 利润表中省略了一些无法可靠计量的项目。当前的会计实务禁止确认部分项目的损益，即使这些项目可能会对公司的业绩产生影响。例如，若无法确定某些证券投资的损益是否能实现，则企业可能不会确认这些证券投资的未实现利得和损失。另外，越来越多的公司，如法国欧莱雅公司和德国戴姆勒公司，其企业价值因为品牌认知、顾客服务和产品质量等显著提高。但有关该类价值的确认和报告的准则框架目前仍为空白。

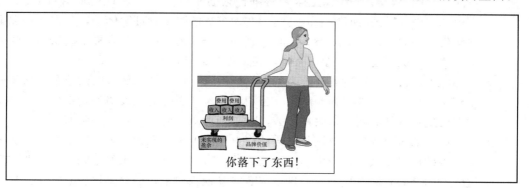

2. 利润数字受所选用的会计核算方法的影响。某公司可能采用加速折旧法计提固定资产折旧，而另一家公司可能采用直线法计提折旧。假设其他所有因素都相同，则第一家公司的报告利润相对较低。而实际上，这就像拿苹果与橘子做比较。

3. 利润指标包含主观判断。例如，一家信用较好的公司估计某资产的使用寿命为 20 年，而另一家公司则将同种类型的资产的使用寿命定为 15 年。同样，一些公司可能对未来的保修成本和坏账损失作出乐观的估计，从而降低费用、提高利润。

综上可知，利润表的局限性影响了其在预测未来现金流的数额、时间和不确定性上的有用性。

□ 4.1.3 盈余质量

到目前为止，我们强调了利润表信息对于投资和信贷决策、评价企业及管理层业绩的重要性。[1] 公司通常会试图达到或超过市场的预期，从而提高股票的市场价格，增加高管所持股权的价值。因此，公司有动机通过利润操纵来达到盈余目标，或使盈利看上去风险更小。

监管部门担心企业会过分重视盈余目标而忽视经营管理。这削弱了盈余质量和财务报告的质量。正如某位前监管人士所说，"经营管理可能正被会计操纵取代，事实可能会输给假象"。[2] 什么是盈余管理？它通常被定义为有计划地管理收入、费用、利得和损失发生的时间以平滑利润。在大多数的盈余管理案例中，公司通常以牺牲未来年份的利润为代价增加当期利润。例如，企业为了增加盈余提早确认销售收入。正如一位评论员所述，"就像一瓶酒，还未准备好软木塞就被打开了"。

此外，公司还通过盈余管理减少当期盈余，以增加以后年度的盈余。典型的例子是利用"甜品罐"进行利润储备。公司利用不切实际的假设诸如贷款损失、重组费用和保修退货责任等项目来估计债务，未来通过减少此类储备增加利润。

如此的盈余管理严重扭曲了会计信息，降低了信息预测未来盈余和现金流的有用性，因此也对盈余质量产生了消极的影响。市场建立在信用的基础之上。股东和公司之间的结合必须保持强劲。一旦投资者或其他人对报告的财务报表数字失去信任，资本市场将会遭受沉重打击。

数字背后的故事 **最孤单的数字——4**

通过盈余管理调高或调低利润会对盈余质量产生不利的影响。那么为什么公司要这么做呢？近期，部分研究显示，许多公司调整季度盈余以达到投资者的预期。它们是怎么做

---

① 为了证明利润信息的有用性，会计学者已经就公司的市场价格与利润之间的关系进行了实证研究。详见 W. H. Beaver，"Perspectives on Recent Capital Markets Research," *The Accounting Review*（April 2002），pp. 453–474.

② A. Levitt，"The Numbers Game," Remarks to NYU Center for Law and Business，September 28，1998（Securities and Exchange Commission，1998）.

的呢？研究结果表明，公司倾向于将盈余调增 10% 或 20%。这能让它们获得最好的结果，如下图所示。

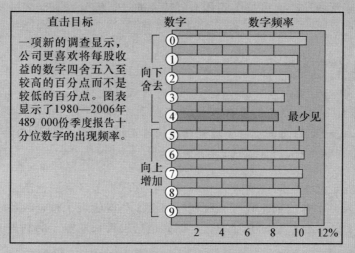

资料来源：Joseph Grundfest and Nadya Malenko, Stanford University.

如上图所示，在 10 个数字中，数字"4"出现的频率最低，远低于概率上它本该出现的次数。这种现象称为"4 的恐惧"。以研究样本中的某典型企业为例，若该企业季度净利润同比增加 31 000 美元，则每股收益将增加 10%。某研究对超过 2 600 家公司的季度业绩进行分析发现，企业更倾向于将数字向上舍入而非向下舍入。

另一项最新的研究加剧了人们对盈余管理的担忧。该项研究调查了 169 家上市公司的 CFO（对其中 12 人进行了深入的采访），最终得出结论：当存在实际的现金流支持并且不包含不可靠的长期估计时，高质量的盈余是可持续的。然而，大约 20% 的公司进行盈余管理，扭曲了经济业绩，使得每股收益平均变动 10%。

盈余管理会给投资者造成困扰吗？如果投资者不能确定盈余质量的影响，那么答案就是肯定的。事实上，这些被调查的 CFO 指出，"对于外部观察者来说，要揭开盈余管理的面纱是十分困难的，特别是当企业利用细微的难以观察的会计选择或实际业务进行盈余管理的时候"。那么，投资者应该怎么办呢？调查者指出，受访的 CFO "建议投资者密切关注公司关键管理人员的行为、盈余和现金流缺乏关联的情况、公司与同行之间的显著偏差以及应计费用的异常等"。

资料来源：S. Thurm, "For Some Firms, a Case of 'Quadrophobia'," *Wall Street Journal* (February 14, 2010); and H. Greenberg, "CFOs Concede Earnings Are 'Managed'," www. cnbc. com (July 19, 2012). The study referred to is by I. Dichev, J. Graham, C. Harvey, and S. Rajgopal, "Earnings Quality: Evidence from the Field," Emory University Working Paper (July 2012).

4.2　利润表的格式

4.2.1　利润表中的要素

净利润源于引起收入、费用、利得和损失变化的交易和事项。利润表是这些交易和事项的总结。这种收益计量方法，即交易法，强调在一定时期内发生的、与利润相关的业务活动。① 列报时可依据顾客、产品线或功能等将利润进一步细分，也可以营业性的和非营业性的、可持续的和不可持续的进行细分。利润表最主要的两个核心要素如下所示。

❅❅❅ 财务报表要素

　　收益。在一定会计期间内，以企业资产增加或负债减少的形式，会导致所有者权益增加的，与所有者投入资本无关的经济利益的增加。

　　费用。在一定会计期间内，以企业资产减少或负债增加的形式，会导致所有者权益减少的，与向所有者分配利润无关的经济利益的减少。[1]

　　收益的定义中同时包含收入和利得。收入产生于日常经营活动，有多种形式，例如销售收入、小费、利息收入、股利、租金。利得代表了符合收益定义，可能或可能不产生于日常经营活动的其他项目，例如包括出售长期资产的利得或交易性证券的未实现利得。

　　费用的定义中同时包含费用和损失。费用通常产生于日常经营活动，有多种形式，例如商品的销售成本、折旧、租金、工资薪金、税金。损失代表了符合费用定义，可能或可能不产生于日常经营活动的其他项目，例如包括重组费用造成的损失、销售长期资产带来的损失或交易型证券的未实现损失。②

　　由于了解利得和损失有助于评价未来的现金流，利得和损失在利润表中通常要分开单独列报。例如，当麦当劳销售一个汉堡包时，它将销售价格确认为收入，然而，若出售一块土地，则应当将售价超过账面价值的部分确认为利得。原因在于销售汉堡包是麦当劳的日常业务，而出售土地则不是。

　　财务报表要素是非常重要的。大多数决策者认为，财务报表的部分要比整体更有用。如前所述，投资者和债权人对未来利润及现金流的数额、时间和不确定性感兴趣。而利润表要素的具体信息以及与以前年度数据的对比能使决策者更好地估计未来利润和现金流。③

□ 4.2.2　利润表中间性的组成部分

　　公司通常在利润表中列示图表 4-1 所示的部分或全部内容。[2]

图表 4-1　　　　　　　　　　　　　　　利润表的格式

1. 销售收入部分。销售、折扣、折让、补贴和其他相关信息。其目标是得出销售收入的净值。
2. 产品成本部分。反映用以出售产生收入的商品的成本。

---

　　① 交易法最常见的替代方法是资本保全法。该方法下，公司一定时期内的利润数额取决于权益在调整资本投入（例如，股东投资）或分派（例如，股息）后的变动额。资本保全法的主要缺点是，利润的构成部分不能得到反映。各种税务机关都使用资本保全法来识别是否有未上报的利润，并称之为"净值检查"。

　　② 国际会计准则理事会主张收益包括收入和利得，是因为它们都反映了经济利益的增加。类似地，费用包括费用和损失，是因为它们反映了经济利益的减少。

　　③ 如果一家公司编制全面综合收益表，需要披露的事项有：（1）根据性质分类的其他综合收益；（2）与联营公司和合营企业相关的综合收益；（3）全部综合收益。全面综合收益表将在本章后面部分详细讨论。

毛利润。收入减去产品成本。

3. 销售费用。反映公司以销售为目的的活动产生的费用。

4. 管理费用。反映日常管理产生的费用。

5. 其他收入和费用。包括不符合上述收入和费用项目的大多数其他交易。例如由于销售长期资产产生的利得和损失、资产的减值及重组费用等。此外，租金收入、股利收入及利息收入等也通常列示于此项之中。

经营收入。公司日常经营产生的成果。

6. 财务成本。用于识别公司融资成本的单独项目。后面以利息费用代替。

税前利润。所得税前的总利润。

7. 所得税。对税前利润征收的税款。

持续经营所得。计算非持续性经营项目之前的公司经营成果。如果公司没有非持续性经营产生的利得或损失，则无须列报该部分。此时，该数字即为企业最终的净利润。

8. 非持续经营损益。处置企业业务单元所产生的利得或损失。

净利润。一段时期内公司经营净成果。

9. 非控制性损益。表示净利润中分配给控股股东和非控股股东的比例（也称为少数股东权益）。

10. 每股收益。报告每股对应的净利润数字。

4.2.3 示例

图表 4-2 是 Boc Hong 公司的利润表。除非持续经营损益外，该公司的利润表包含图表 4-1 中所有的项目。在计算净利润的过程中，利润表还计算了以下项目的小计或合计数作为中间性指标列示：销售毛利、营业利润、税前利润和净利润。

图表 4-2 利润表

BOC HONG 公司 利润表 2015 年度（截至 2015 年 12 月 31 日）		
销售		
销售收入		$3 053 081
减：销售折扣	$24 241	
销售退回和折让	56 427	80 668
净销售收入		2 972 413
商品成本		1 982 541
毛利润		989 872
销售费用		
销售人员薪酬和佣金	$202 644	
销售办薪金	59 200	
差旅费和招待费	48 940	
广告费	38 315	
运输费	41 209	
运输物料和费用	24 712	
邮费和办公用品	16 788	
电话费和网络费用	12 215	

销售设备折旧	9 005	453 028	
管理费用			
管理人员薪酬	186 000		
办公人员薪酬	61 200		
法律和专业服务费	23 721		
水电费	23 275		
保险费	17 029		
房屋折旧	18 059		
办公设备折旧	16 000		
办公用品、物料和邮费	2 875		
其他办公费用	2 612	350 771	803 799
其他收入和利得			
股利收入		98 500	
租金收入		42 910	
处置固定资产利得		30 000	171 410
营业利润			357 483
债券和票据利息			126 060
税前利润			231 423
所得税			66 934
净利润			$ 164 489
分配			
Boc Hong 公司股东			$ 120 000
少数股东权益			44 489
每股收益			$ 1.74

□ 4.2.4　简明利润表

　　有时，单张利润表可能无法反映所有费用的明细信息。为了解决这个问题，某些公司选择在利润表中列示费用的合计数，然后再编制辅助报表对合计数进行补充说明。这种方法将利润表简化为一张表格上的几行数字。基于此，如果报表使用者想知道所有与公司经营有关的信息，就必须关注辅助报表。

　　如图表 4-3 所示，Boc Hong 公司的利润表就是一张简明利润表，而图表 4-2 是包含更多明细信息的利润表。实践中，简明利润表更为常见。图表 4-4 是辅助报表的一个示例，即附注 D，列示了销售费用的明细。

图表 4-3　　　　　　　　　　　　　简明利润表

BOC HONG 公司		
2015 年利润表（截至 2015 年 12 月 31 日）		
净销售收入		$ 2 972 413
商品成本		1 982 541
毛利润		989 872
销售费用（详见附注 D）	$ 453 028	
管理费用	350 771	803 799

其他收入和费用	171 410
营业利润	357 483
利息费用	126 060
税前利润	231 423
所得税	66 934
净利润	$164 489
分配	
Boc Hong 公司股东	$120 000
少数股东权益	44 489
每股收益	$1.74

图表 4 - 4　　　　　　　　　　　　**辅助报表示例**

附注 D：销售费用	
销售人员薪酬和佣金	$202 644
销售办薪金	59 200
差旅费和招待费	48 940
广告费	38 315
运输费	41 209
运输物料和费用	24 712
邮费和办公用品	16 788
电话费和网络费用	12 215
销售设备折旧	9 005
销售费用合计	$453 028

　　利润表应该包含多少明细信息呢？一方面，企业希望利润表是简单的、高度概括的，以便于读者找到重要的信息；另一方面，公司又希望能够披露所有活动的结果，而不仅仅是提供一个框架。结果，利润表必须包含特定的基本要素，但公司可以选择不同的列报格式。

数字背后的故事　　　你可能需要一张地图

　　许多公司越来越多地通过备考数据列报收益的办法来提升业绩。近期一项关于新西兰40 强公司的研究证实，采用备考数据列报办法的公司已从 2004 年的 10％增加到 2010 年的 45％。一项关于法国公司的类似研究表明，79％的样本公司采用备考数据办法列报的收益比未调整的（IFRS）数据高，这表明管理层有显著动机来列报比 IFRS 下的数据及分析师预测的数据都要高的利润。

　　法国的 Vivendi Universal 公司是一个很好的例子，该公司已经连续几年使用备考数据法列报其年度收益。然后，它会在财务报告中将备考数据法和 IFRS 下的数据进行调整。Vivendi Universal 公司备考数据法下称为"按整体份额调整后的净利润"的收益系统性地高于按照 IFRS 计算出的利润。最令人惊讶的一点是排除项目的类型。年度报告中的调整报告明显将类似"一次性费用""资产处置利得/损失""财政拨款"乃至"商誉摊销和所得税"等重要的经营费用和经济损失排除在外。

一位监管者将这种做法称为 EBS（Everything but Bad Stuff，除了不好的都要）。确实，美国的上市公司被要求将非 GAAP 的财务指标调整为 GAAP 下的财务数据。因此也为投资者提供了一个路线图，帮助他们分析公司 GAAP 的数据是如何调整为备考数据的。这也为投资者提供了一个更为完整的关于公司盈利能力的全景而不是管理层所喜欢的那个故事。类似的规则应该在国际上也适用。

　　资料来源：Gaynor B, "Crisis of Accounting's Double Standards," *The New Zealand Herald*（November 27, 2010）; and F. Aubert, "The Relative Informativeness of GAAP and Pro Forma Earnings Announcements in France," *Journal of Accounting and Taxation*, Vol. 2 (1)（June 2010）, pp. 1-14. See also SEC Regulation G, "Conditions for Use of Non-GAAP Financial Measures," Release No. 33-8176（March 28, 2003）.

4.3　利润表内的列报

4.3.1　毛利润

　　Boc Hong 公司通过净销售收入扣除产品销售成本的方式来计算毛利润。由于 Boc Hong 公司单独列报经常性收入，因此净销售收入信息是很有用的。而非经常性收入则在利润表的其他收入和费用中报告。这么做的结果是，分析师可以更加容易地了解和评估公司持续经营收入的变化趋势。

　　同样，披露的销售毛利信息可用于评估企业业绩、预测未来盈余。报表使用者可通过研究销售毛利的变化趋势来了解竞争压力对利润的影响。

4.3.2　营业利润

　　Boc Hong 公司通过毛利润扣除销售管理费用及其他收入和费用的方式来计算营业利润。营业利润强调了影响经常性收益的项目。同样，它也是分析师用来预测未来现金流量时间、数额和不确定性的常用指标。

费用的分类

　　企业应当根据费用的属性（如材料成本、直接人工、运输费、广告费、员工福利、折旧费用、摊销费用）或职能（如销货成本、销售费用、管理费用），对费用进行分类并报告分析结果。

　　属性费用法的优点是应用简单，因为企业不需要根据不同的职能分配费用。对于必须将费用分配到产品中的制造企业来说，属性费用法使得企业在报告费用时避免主观的费用分配。

　　职能费用法通常被认为更具有相关性，因为该方法可以识别企业成本的主要驱动因素，从而可以帮助使用者评估这些费用是否与它们所产生的收入相配比。这种方法的缺点是分配过程较为主观，因此费用分类信息可能具有一定的误导性。

　　为了进一步阐释这两种方法，假设 Telaris 会计师事务所提供审计、税务和咨询服务，其收入和费用如下。

服务收入	€400 000
服务成本	
员工工资（各类服务项目合计）	145 000
物料费用（各类服务项目合计）	10 000
销售费用	
广告成本	20 000
招待费用	3 000
管理费用	
水电费	5 000
房屋折旧	12 000

在属性费用法下，Telaris 公司的利润表将列示各项费用，但不会将这些费用分类计入各类小计，如图表 4−5 所示。

图表 4−5　　　　　　　　　　　　属性费用法

Telaris 公司 利润表 2015 年 1 月	
服务收入	€400 000
员工工资	145 000
物料费用	10 000
广告成本	20 000
水电费	5 000
房屋折旧	12 000
招待费用	3 000
净利润	€205 000

如果 Telaris 公司使用职能费用法，它的利润表如图表 4−6 所示。

图表 4−6　　　　　　　　　　　　职能费用法

Telaris 公司 利润表 2015 年 1 月	
服务收入	€400 000
服务成本	155 000
销售费用	23 000
管理费用	17 000
净利润	€205 000

尽管许多企业认为两种方法各有千秋，但实际工作中通常使用职能费用法。企业通常在利润表中使用职能费用法，但在财务报表附注中提供费用的明细信息（即属性费用法）。例如，图表 4−3 和图表 4−4 所示的 Boc Hong 公司的简明利润表就揭示了

这种信息该如何列报。① IASB-FASB 关于财务报表列报的讨论意见稿也建议像 Boc Hong 公司那样同时使用两种方法。

利得和损失

净利润应该包含哪些内容一直备受争议。例如，公司是应该列报利得和损失，调整以前年度的收入和费用计入留存收益的一部分，还是应该先计入利润表再转入留存收益？

由于这些项目的数额和量级十分重要，因此这一问题也就十分重要。例如，如图表 4-7 所示，一项针对 500 强企业的调查总结了企业最常见的利得和损失的类型和数额。调查发现，有 40% 的被调查企业报告了重组费用，通常包含清算费用和其他一次性项目。而将近 60% 的公司报告了资产减值损失或资产处置损益。一项针对 200 家采用 IFRS 的企业的调查发现，27% 的被调查企业报告了非持续性经营费用。②

图表 4-7　　　　　　近年来 500 强企业报告非经常性项目的类型和数量

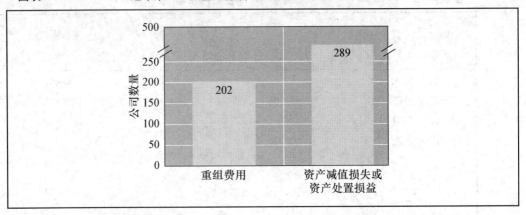

正如开篇故事所述，实践中我们需要一致的、可比的利润报告以避免公司披露经过"改进"的信息。制定一个有关报告利润组成的框架对信息有用性具有重要意义。③ 部分报表使用者认为，最有用的利润指标是那些只反映企业日常活动中重复发生的收入和费用要素的指标。而非经常性项目无法反映一个公司未来的盈利能力。

与之相反，另一些分析师认为只关注已扣除这些项目后的利润会遗漏有关公司业绩表现的重要信息。企业的任何利得或损失，无论与主营业务是否相关，都与企业的长期盈利能力有关。就像一位分析师所说，"这些以往被核销的信息是有意义的，它

---

① 采用属性费用法的制造企业通常将直接人工、所用原材料和存货变动列报在在产品和完工品中。制造费用项目被列示为基础费用。如果采用职能费用法，减值费用、摊销费用和人工成本必须披露，因为这些信息被认为对预测未来现金流量有用。

② Accounting Trends and Techniques—2012（New York：AICPA）and IFRS Accounting Trends and Techniques—2011（New York：AICPA）.

③ 正如开篇故事所述，IASB 正在进行一个财务报表列报的项目，关于像资产负债表及现金流量表那样在利润表中更好地列示信息。

们说明了企业（过去）盈余的波动性"。①

通常，国际会计准则理事会认为收入和费用以及其他收入和费用都应该列示为营业利润的一部分。例如，仅仅因为其不经常发生或数量异常，就将明显与经营相关的项目（如存货跌价准备和重组费用）扣除是不恰当的。同理，因为一些项目（如折旧和摊销费用）不涉及现金流而将它们扣除也是不恰当的。然而，当理解公司财务业绩需要时，公司可以提供额外的项目、标题及金额等。

IFRS 指出，利润表中可能需要披露额外项目，以帮助使用者预测未来现金流的数额、时间和不确定性。举例如下：

- 由于存货减值至可变现净值或不动产、厂场和设备减值至可回收金额导致的损失，以及这些减值的冲销。
- 由于公司经营活动重组导致的损失以及重组成本准备的冲销。
- 处置不动产、厂房和设备或投资带来的利得或损失。
- 诉讼导致的利得或损失。
- 其他负债的冲销。

因此，大多数公司将这些项目列示为经营项目的一部分，并且如果数额重要将会充分披露。另一些公司，举例而言，仅仅将这些项目单独列示于营业利润之前。还有一些公司将其计入其他收入和费用，然后在该部分或者财务报告附注中逐条列示。

◎◎ 数字背后的故事　　一次性费用困扰你吗

这是个古老的问题：当分析师分析一家有非经常性损益项目的公司时，应该用净利润还是营业利润？一些人认为营业利润更好地代表了将来会发生的事项。另一些人注意到特别项目不再那么特殊。例如，一项研究注意到，2001 年标准普尔 500 指数中的公司列报了 1 650 亿美元的冲销项目，比前 5 年之和还要多。

一项更近的研究表明，公司持续对一次性或非经常性项目进行调整。而且该趋势在增强，2012 年 36％的大型公司对一次性或非经常性项目进行了调整，而在 2011 年这一比例为 20％。

一项由《华尔街日报》和 Multex 网站发起的研究表明，分析师不应该忽略这些费用。基于发生非经常性费用的公司数据，研究表明，和非经常性费用少的公司相比，非经常性项目较大的公司更易有消极的股价表现。因此，这些非经常性费用预示了较差的未来收益，而不是代表困难时期的结束。

事实上，一些分析师用这些费用来淘汰一些可能会走下坡路的公司。根据"蟑螂理论"，任何预示有问题的费用将会给盈利性带来更多的问题。因此，投资者应该对重组费用及其他一次性费用项目使用频率的增加保持谨慎，因为这里面可能掩盖了预示未来较差业绩的费用。

资料来源：Adapted from J. Weil and S. Liesman, "Stock Gurus Disregard Most Big Write-Offs, but They Often Hold Vital Clues to Outlook," *Wall Street Journal Online* (December 31, 2001); and R. Walters, "Exceptional Costs Becoming Business as Usual for Tech Groups," *Financial Times* (November 14, 2013).

---

① D. McDermott, "Latest Profit Data Stir Old Debate Between Net and Operating Income," *Wall Street Journal* (May 3, 1999).

□ 4.3.3　税前利润

Boc Hong 公司通过将利息费用（通常指财务费用）从营业利润中扣除的方法来计算税前利润。在 IFRS 下，公司必须在利润表中列示其财务费用。这是为了区分公司的经营活动（如何利用资本创造价值）和筹资活动（如何获得资本）。

大多数情况下，财务费用包含利息费用。在其他情况下，公司将其与类似利息收入的项目抵消。图表 4 - 8 揭示了英国 Network Rail 公司如何列示其只涉及利息费用的财务费用。

图表 4 - 8　财务费用的列报

10. 财务费用	
银行贷款及透支利息	￡71
长期债券利息	672
中期债券利息	253
商业票据利息	12
融资租赁负债相关利息	16
其他利息	82
借款总成本	1 106
减：资本化金额	92
总财务费用	￡1 014
集团通过融资获得的资产所涉及的借款成本已予以资本化。本年所用的平均利率为 5.0%。	

如上所述，一些公司将利息收入和利息费用冲销，只确认净利息费用或净利息收入。章末练习中，财务费用中只考虑利息费用，利息收入应该列示为其他收入和费用的一部分。

□ 4.3.4　净利润

Boc Hong 公司通过税前利润扣除所得税的方式计算净利润。净利润代表在考虑本期所有的收入和费用之后的利润。它被许多人认为是评价一家公司在给定期间内成功或失败的最重要的因素。

在利润表中净利润的列报位置紧随所得税之后，因为所得税只有在所有的收入和费用都确定之后才能计算。在实务中，理解公司本期的所得税费用是如何计算的十分重要。例如，一些收入项目可能有其对应的不同税率。另外的情况下，费用项目也许不能在税前抵扣。理解这些情况有助于财务报表使用者更好地预测这家公司的未来。因此，财务报表中总是有大量和如何计算所得税有关的披露。本书第 19 章将详细讨论。

□ 4.3.5　非控制性权益

诸如西门子这样的公司会在其他企业拥有大量的权益，西门子通常会将这些企业的财务成果并入自身的财务报表。此时，西门子公司称为母公司，其他公司称为子公司。非控制性权益是指子公司中不归属于母公司的那部分所有者权益（净资产）。

为便于说明，假设 Boc Hong 公司获得了 LTM 公司 70% 发行在外的股份。由于 Boc Hong 拥有超过 50% 的股权，因而公司合并了 LTM 公司的财务成果。合并净利润按照控股股东（Boc Hong）和非控股股东所持 LTM 公司股份的百分比分配。换句话说，在这种安排下，LTM 公司的所有权分为两类：（1）控股股东代表的多数股权；（2）控股股东之外的其他股东所代表的非控制性权益（有时也称为少数股东权益）。当 Boc Hong 公司编制合并利润表时，IFRS 要求企业将合并净利润在控股股东权益和非控制性权益之间分摊，并将结果列示于净利润之后——利润表的底部。图表 4-9 展示了 Boc Hong 公司如何报告非控制性权益。

图表 4-9　　　　　　　　　　　　非控制性权益的列报

净利润	$ 164 489
分配	
Boc Hong 公司股东	$ 120 000
少数股东权益	44 489

这些数额属于净利润或净损失的分配，而不是一项收入或费用项目。

☐ 4.3.6　每股收益

公司通常用一个重要的数据来总结经营成果：净利润。然而，金融界普遍将一个更加精简的数据作为最重要的业绩指标——每股收益（earnings per share，EPS）。

每股收益的计算通常很直接，即净利润减去优先股股利（归属于普通股股东的净利润），除以发行在外普通股的加权平均数。①

为便于说明，假设 Lancer 公司报告的净利润为 350 000 美元。当年宣布并支付了 50 000 美元的优先股股利，发行在外普通股的加权平均数为 100 000 股。Lancer 公司计算出的每股收益为 3 美元，如图表 4-10 所示。

图表 4-10　　　　　　　　　　　　计算每股收益的等式

$$\frac{净利润-优先股股利}{加权平均发行在外普通股股数}=每股收益$$

$$\frac{\$350\,000-\$50\,000}{100\,000}=\$3$$

请注意，每股收益衡量每股普通股赚取的利润，并不代表支付给股东的股利金额。

招股说明书、代理材料和给股东的年度报告通常使用每股净利润或每股收益数据。各类财经期刊和证券分析师也高度重视每股收益。鉴于每股收益的重要性，公司必须在利润表中披露每股收益信息。

许多公司的资本结构相对简单，资本仅由普通股构成。对这些公司而言，在利润

---

① 在计算每股收益时，如果优先股股利已被宣告发放或虽没有宣告发放但是累积的，公司要先从净利润中扣除优先股股利。此外，在计算每股收益时任何归属于少数股东的净利润都应扣除。

表中列报普通股每股收益是适当的。然而在很多情况下，由于存在可能导致普通股额外发行的或有事项，每股收益可能会在未来被稀释（减少）。①[3]

总之，每股收益的简易和易获得的特点使得它被广泛运用。由于大众甚至是精英阶层给予每股收益的重视，公司必须尽量使每股收益有意义。

□ 4.3.7 非持续经营损益

如图表 4-7 所示，非持续经营是一种最常见的非经常性项目。IASB 将非持续经营定义如下：公司的分部或者已被处置或者处于待处置状态，并且满足如下条件：

1. 代表了一项主要经营范围或者某一地域的经营；
2. 属于一项主要经营范围或者某一地域的经营的一部分；
3. 属于专门收购来打算再次出售的分部。[4]

首先，对业务分部进行举例说明。英国联合利华公司是一家生产和销售消费品的企业。公司有多个产品组，每个产品组都有不同的产品线和品牌。对于联合利华公司而言，产品组是企业可以认定的最小单位，其业务活动和现金流可以与公司其他业务明显区别开来。所以，每个产品组就是公司的一个业务分部。如果联合利华公司处置某业务分部，那么应该将其归为非持续经营损益。

又比如，假设 Softso 公司某品牌的美容护肤产品组出现亏损，公司决定出售该部分业务。出售后，公司将中止所有与该产品组相关的活动。在这个案例中，Softso 公司从现有业务中清理了这一部分的业务和现金流，应将其作为非持续经营事项予以报告。

然而，若 Softso 公司决定仅中止亏损品牌，仍保留美容护肤品业务，由于 Softso 公司不能将该品牌的现金流从整个产品组的现金流中区分出来，因此不能把该品牌视为独立的经营分部，也不能将出售该品牌产生的利得或损失归为非持续经营。

可作为非持续经营项目（利润表中一个独立的类别）报告的可以是处置业务分部产生的利得或损失，也可以是已经或将要从持续经营中分离出来并单独处置的组成部分的经营成果。企业将非持续经营的税后净损益作为独立项目，在"持续经营损益"项目后列报。

例如，一家高度多元化的企业——Multiplex Products 公司决定终止其电子业务部门。本年度，电子业务亏损 300 000 英镑（税后）。Multiplex 公司在年末出售该业务并产生交易损失 500 000 英镑（税后）。Multiplex 公司对非持续经营事项的报告如图表 4-11 所示。

图表 4-11　　　　　　　　　　**非持续经营在利润表中的列报**

持续经营利润		£20 000 000
非持续经营		
非持续性电子产品分部经营损失（税后）	£300 000	
电子产品分部处置损失（税后）	500 000	(800 000)
净利润		£19 200 000

---

① 我们在第 16 章中讨论会计中这些摊薄证券每股盈余的计算问题。

企业仅在非持续经营利得或损失发生时，才会使用"持续经营利润"项目。①

如果公司报告了非持续经营损益，那么就必须在利润表或财务报表附注中报告这些项目每股收益的数额。[5]Poquito Industries 公司的利润表如图表 4-12 所示。请注意 Poquito 公司的列报顺序，每股信息在底部列示。假设 Poquito 公司全年发行在外的股份为 100 000 股。图表 4-12 所示的 Poquito 公司利润表是高度简化的，因此公司需要在单独的报表或相关附注中对其他收入或费用和非持续经营损益等项目进行充分适当的解释说明。

图表 4-12   利润表

POQUITO INDUSTRIES 公司 利润表 2015 年度（截至 2015 年 12 月 31 日）		
销售收入		R $ 1 420 000
商品成本		600 000
毛利润		820 000
销售和管理费用		320 000
其他收入和利得		
利息收入	R $ 10 000	
处置纺织分部损失	(5 000)	
投资损失	(30 000)	(25 000)
营业利润		475 000
利息费用		15 000
税前利润		460 000
所得税		184 000
持续经营利润		276 000
非持续经营		
比萨分部的利润，减适用所得税 24 800 美元	54 000	
处置比萨分部的损失，减适用所得税 41 000 美元	(90 000)	(36 000)
净利润		R $ 240 000
每股收益		
持续经营业务利润		R $ 2.76
非持续经营业务利润，税后		0.54
处置非持续经营业务损失，税后		(0.90)
净利润		R $ 2.40

4.3.8   期内所得税分摊

非持续经营损益以税后净额在利润表上列示。所得税在这些项目上的分摊称为期内所得税分摊，即在某一期间内的分摊。它将某一会计期间的所得税费用（有时也称

---

① 在实践中，一个公司通常只会在报告上使用一行来报告，如"非持续经营亏损"，然后在附注中解释这总额为 800 000 英镑的亏损的两个组成部分。

为所得税纳税备抵）与产生所得税的特定项目相联系。

期内所得税分摊有助于财务报表使用者更好地理解所得税对净利润不同组成部分的影响。例如，报表使用者可以知道与"持续经营利润"或"非持续经营损益"相关的所得税金额。该方法有助于使用者更好地预测未来现金流的时间、数额和不确定性。另外，期内所得税分摊不鼓励报表使用者使用税前业绩指标评价财务成果，因为所得税是企业实实在在的费用。

公司将期内所得税分摊应用于以下利润表项目：（1）持续经营活动产生的利润；（2）非持续经营损益。所得税分摊的基本原则是"让所得税跟着收益走"。

为计算"持续经营利润"对应的所得税费用，公司会发现所得税费用与收入、费用及其他构成持续经营利润总额的项目都相关。（计算时无须考虑不计入持续经营利润总额的项目的所得税费用。）然后，将剩余的所得税与相应项目联系起来（例如，非持续经营损益）。在这里，我们将更为详细地探讨非经常性利得和损失的期内所得税分摊问题。

非持续经营（利得）

为应用期内所得税分摊的概念，假设 Schindler 公司持续经营活动产生的税前利润为 250 000 欧元，非持续经营利得为 100 000 欧元。企业所得税税率为 30%。Schindler 公司在利润表中列示如下信息（见图表 4-13）。

图表 4-13   期内所得税分摊与非持续经营利得

税前利润		€ 250 000
所得税		75 000
持续经营利润		175 000
非持续经营利得	€ 100 000	
减：实际所得税	30 000	70 000
净利润		€ 245 000

Schindler 公司认为，75 000 欧元（250 000×30%）的所得税来自相关的收入和费用交易事项产生的税前利润，并省略了该税前利润以外的项目的所得税。公司单独列示了与非持续经营利得相关的所得税影响，金额为 30 000 欧元。

非持续经营（损失）

为阐释非持续经营损失的列报，假设 Schindler 公司持续经营活动产生的税前利润为 250 000 欧元，非持续经营损失为 100 000 欧元。假设所得税税率为 30%，Schindler 公司所得税的列示方法如图表 4-14 所示。在本例中，该项损失带来了30 000 欧元的节税收益，因此，公司将其从 100 000 欧元的损失中扣除。

图表 4-14   期内所得税分摊与非持续经营损失

税前利润		€ 250 000
所得税		75 000
持续经营利润		175 000
非持续经营损失	€ 100 000	

| 减：实际所得税减少 | 30 000 | 70 000 |
| 净利润 | | € 105 000 |

公司还可以附注披露的形式报告非持续经营项目的所得税影响，如图表 4 - 15 所示。

图表 4 - 15　　　　　　　　以附注形式披露期内所得税分摊

税前利润	€ 250 000
所得税	75 000
持续经营利润	175 000
非持续经营损失，实际所得税减少（附注 1）	70 000
净利润	€ 105 000

附注 1：在本年度，公司非持续经营业务损失 70 000 欧元，净所得税减少 30 000 欧元。

□ 4.3.9　总结

图表 4 - 16 总结了前述所有收入项目。

图表 4 - 16　　　　　　　　　　利润项目汇总

类别	标准	例子	在利润表中的位置
销售或服务收入	公司日常活动产生的收入	销售收入，销售费用	销售收入或收入部分
产品成本	销售存货或提供服务的成本所产生的费用	在一个商业公司，产品的成本，在一个服务公司，服务成本	从销售收入或服务收入中减去（得到毛利润）
销售和管理费用	公司日常活动所产生的费用	销售人员工资，运输费用，租金，折旧，水电费	从毛利润中减去；如果使用职能费用法，必须披露折旧摊销费用和劳务费用
其他收入和费用	利得和损失及其他附属收入和费用	长期资产出售的利得，无形资产减值损失，投资收入，股利和利息收入，意外损失	作为营业利润的一个部分报告
财务成本	从营业成本中分离出的财务成本	利息费用	在营业利润和税前利润之间的一个单独部分报告
所得税	政府基于收入强制征收的费用	基于税前利润计算的税收	在税前利润和净利润之间的一个单独部分报告
非持续经营	已经被公司处置或分类为待处置的一个分部	多元化的公司出售它的重要电子工业分部，批发出售东西到连锁超市和食品快餐店的食品经销商决定停止向其中之一出售东西，由意外事件、征收或新法律的禁止造成的利得或损失	在持续经营利润和净利润之间的一个单独部分报告税后非持续经营利得或损失

续

类别	标准	例子	在利润表中的位置
非控制性权益	将净利润或净损失分配给两个群体：（1）拥有控股权的股东为代表的主要利益群体和（2）非控股股东的利益（通常称为少数股东权益）	将净利润（损失）分配给非控股股东	在净利润或净损失下面列报，对净利润或净损失进行分配（不是利润或费用科目）

如该图表所示，企业在利润表中报告所有的收入、利得、费用和损失，并在期末将它们归集到利润总额中。它们在利润表中提供了一些有用的小计数据，例如毛利、营业利润、税前利润和净利润。非持续经营项目在利润表中单独列示，位于持续经营利润项目之后。其他收入和费用独立列示在营业利润之前。提供利润的中间数据可以帮助读者更好地评价盈余信息，从而有助于评估未来现金流的数额、时间和不确定性。

数字背后的故事　　各种各样的利润概念

正如开篇故事所述，IASB 正在开展一个关于财务报表列报的项目。2008 年，IASB（和 FASB）公布了一份草案，举例描述了新的财务报表。最近，这两个机构选取了两个群体进行实际检验：报表编制者和使用者。其中，编制者被要求重新编制财务报表，并且对新的报表进行评论。而使用者则负责检查重新编制的报表，并评价其有用性。

此外，实际检验还包括询问分析师经常使用或分析的来自利润表的业绩指标，可选的指标包括：（a）净利润；（b）税前利润；（c）息税前利润（EBIT）；（d）息税折旧摊销前利润（EBITDA）；（e）营业利润；（f）综合收益；（g）其他。下图列示了分析师的回答。

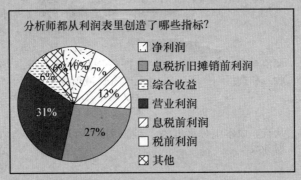

如上图所示，营业利润（31％）和息税折旧摊销前利润（27％）是分析师眼中最主要的业绩指标。大多数分析师都认可以净利润为基础的业绩指标（包括税前利润）。显然，报表使用者和编制者都不是只看利润表最后一行的汇总数字，这也支持了 IFRS 要求企业在利润表中提供中间性的汇总数据的必要性。

资料来源："FASB-IASB Report on Analyst Field Test Results," Financial Statement Presentation Informational Board Meeting (September 21, 2009).

4.4　其他报告问题

在本部分，我们将讨论以下四方面的问题：（1）会计变更和差错更正；（2）留存收益表；（3）综合收益；（4）所有者权益变动表。

4.4.1　会计变更和差错更正

会计政策变更、会计估计变更和差错更正的报告处理需要特别的规定。

会计政策变更

会计变更在实务中非常普遍，因为在资产负债表日，重要事项或条件可能有争议或不确定性。如公司采用不同的会计政策，就属于会计变更的一种。会计政策变更包括将存货计价方法从先进先出法变更为平均成本法，或者建筑合同从完工百分比法变更为完成合同法。[1][6]

发生会计政策变更时，企业应当对财务报表进行追溯调整。这种调整基于当前采用的新的会计政策对以前年度报表进行重述。公司确认会计变更对以前年度的累积影响数并调整列报前期期初留存收益的金额。

例如，2015 年 3 月，Gaubert 公司决定将存货计价方法从先进先出法变更为加权平均法。在 2015 年新采用的加权平均法下，Gaubert 公司的本年税前利润为 30 000美元。图表 4－17 展示了该公司 2013 年和 2014 年的税前利润数据。

图表 4－17　　会计政策变更的计算

年份	先进先出法	加权平均法	先进先出法和加权平均法的差异
2013	$40 000	$35 000	$5 000
2014	30 000	27 000	3 000
合计			$8 000

图表 4－18 展示了 Gaubert 公司在 30％所得税税率下可比利润表的数据。

图表 4－18　　会计政策变更在利润表中的列报

	2015 年	2014 年	2013 年
税前利润	$30 000	$27 000	$35 000
所得税	9 000	8 100	10 500
净利润	$21 000	$18 900	$24 500

在追溯调整法下，公司用当前新的会计方法重述以前年度的利润数字，保证了各年信息的可比性。

---

[1]　在第 22 章，我们将更详细地研究与会计政策变更和会计估计变更相关的问题（下面将详细介绍）。

会计估计变更

会计估计变更是会计程序的固有属性。例如，公司需要估计可折旧资产的使用寿命和残值、应收账款坏账准备、存货跌价准备和某项特定支出的受益期。由于时间、环境的变化或信息的更新，即使初始估计是真实的，后续往往也会发生变更。如果会计估计变更仅影响变更当期，那么企业只需在变更当期进行确认；如果既影响当期又影响未来期间，则需在当期和未来期间进行确认。

现以仅影响当期的会计估计变更为例进行说明。假设 DuPage 材料公司一直按照 1% 的比例计提应收账款坏账准备。然而，在 2015 年，DuPage 公司认为必须将坏账准备的计提比例上调至 2%，从而将应收账款的账面价值减记至实际可收回金额。然而，使用 2% 的计提比例导致坏账准备数额增加为 240 000 瑞士法郎，或者在以前年度的 1% 的估计数上增长了一倍。DuPage 公司在 2015 年 12 月 31 日记录的坏账损失和坏账准备如下所示：

借：坏账损失　　　　　　　　　　　　　　　　　　　　　　　240 000
　　贷：坏账准备　　　　　　　　　　　　　　　　　　　　　　　240 000

DuPage 公司将会计估计变更的影响全额计入 2015 年的利润，因为这项变更没有对未来期间产生影响。公司没有对此项变更采用追溯调整法，即无须调整以前年度数据。（我们将在第 22 章详细讨论影响本期及前期的会计估计变更。）会计估计变更并不属于会计处理的错误。

差错更正

会计差错是指由于数字计算错误、会计政策的错误应用、对财务报表编制时已存在的事实的疏忽或曲解而造成的错报。近年来，许多公司都发生了财务报表的差错更正。常见的错报涉及不恰当的报告收入、股票期权的会计处理、应收账款坏账准备、存货以及其他准备等。

公司通过在账户中录入正确的分录来更正差错，并且在财务报表中对更正进行报告。差错更正适用追溯重述法，与会计政策变更的处理相似。公司应当在发现差错的当期进行差错更正，将其在资产负债表中列报并调整期初留存收益的金额。如果公司要编制可比财务报表，那么应该根据会计差错的影响重述以前期间的报表。

例如，2015 年，Tsang 公司发现自己高估了 2014 年的应收账款和销售收入 100 000 新台币。2015 年，Tsang 公司的差错更正分录如下（不考虑所得税）：

借：留存收益　　　　　　　　　　　　　　　　　　　　　　　100 000
　　贷：应收账款　　　　　　　　　　　　　　　　　　　　　　　100 000

因为上期的销售收入被高估了，因而净利润也被高估了，所以企业在分录中借记期初"留存收益"。同理，为使被高估的应收账款回到正确的数值，企业贷记"应收账款"。

总结

如果会计政策变更和差错更正影响以前期间，直接借记或贷记"留存收益"予以确认。图表4-19总结了与这两个项目相关的基本概念，同时还包括会计估计变更的会计处理和报告。虽然简略，但该表格为影响利润表的某些特殊项目处理方法的确定提供了框架。

图表4-19 会计变更和差错更正的总结

类型	标准	例子	利润表中的位置
会计政策变更	从一种公认的会计政策改变为另一种	存货计价方法从先进先出法变更为加权平均法	用新采用的会计政策在同一位置重述以前年度利润表
会计估计变更	正常的、重复发生的更正和调整	应收账款和存货的可变现净值的变更；固定资产、无形资产使用寿命估计的变更；售后成本、所得税、薪金支出等预计负债的变更	在受影响的账户进行变更（不列示税后净额）并且披露变更的性质
差错更正	错误、误用事实	报告的收入和费用有误	重述以前年度利润表纠正差错

4.4.2 留存收益表

净利润增加留存收益，净损失减少留存收益。现金股利和股票股利都会减少留存收益。会计政策变更（通常情况下）和前期调整也会增加或减少留存收益。企业应该借记或贷记这些调整的税后净额来得到期初的留存收益。企业报告留存收益的方式各不相同。例如，一些公司编制单独的留存收益表，如图表4-20所示。

图表4-20 留存收益表

CHOI INC公司 **留存收益表** **2015年度（截至2015年12月31日）**		
1月1日报告的留存收益		₩1 050 000
前期净利润数额更正（存货数额错误）		50 000
调整后1月1日留存收益		1 100 000
加：净利润		360 000
		1 460 000
减：现金股利	₩100 000	
股票股利	200 000	300 000
12月31日留存收益		₩1 160 000

期初至期末留存收益的调节过程提供了本年净资产的变动信息。股利分配与当期净利润的关系反映了管理层对净利润的管理。企业可能会选择将部分或全部的盈余都投入生产经营活动，或将当期利润对外分配，或者将当期利润和以前期间累积的盈余全额分配。

留存收益的限制

公司常常会限制留存收益的使用以满足合同要求、董事会政策或当前的需求。通常，公司会在财务报表附注中披露受限的留存收益的数额。在一些案例中，公司会将限制用途的留存收益转入"拨定留存收益"账户。因此，留存收益可能会在两个独立的账户列报——（1）自由留存收益（未限制用途的）；（2）拨定留存收益（限制用途的）。两个账户之和为留存收益总额。

□ 4.4.3　综合收益

公司的利润通常包括当期发生的所有收入、费用、利得、损失。这些项目在利润表中分类列示，以便于财务报表使用者更好地理解净利润各组成部分的重要性。会计政策变更和差错更正的影响不计入当期净利润，因为该影响与以前期间相关。

近年来，越来越多的资产和负债使用公允价值计量。如何列报公允价值变化产生的利得和损失，是利润报告面临的重大压力和问题。由于公允价值不断变化，一些人认为在净利润中确认这些利得和损失会产生一定的误导。IASB 同意这种观点，并且仅允许少量的交易计入所有者权益。典型的例子是非交易性权益资产未实现的利得或损失。① 这些利得和损失没有包含在净利润中，因此减少了公允价值变动导致的盈余波动。同时，企业应当披露这些潜在的利得和损失。

公司将这些不计入利润表的项目归为综合收益。综合收益包括除所有者投入资本和向投资者分配股利之外的所有当期导致所有者权益变化的项目。因此，综合收益包括以下项目：净利润中报告的所有收入和利得、费用和损失，不记入利润表但会影响所有者权益的利得和损失。这些项目——既不记入利润表，同时与所有者无关，并能导致净资产发生变化——称为其他综合收益。

企业可选择以下两种方法列报其他综合收益的组成部分：（1）一张单独连续的报表（一表法）；（2）两张独立但连续的报表，分别列示净利润和其他综合收益（二表法）。一表法通常指综合收益表；二表法以传统的利润表为第一张表，以综合收益表为第二张表。

在任意一种方法下，企业都可以列示净利润和其他综合收益的各个组成项目。另外，企业应当报告净利润和综合收益，但无须报告与综合收益相关的每股信息。②

接下来，我们将分别解释说明这两种方法。在下面的两个案例中，假设 V. Gill 公司 2015 年报告了以下信息：销售收入 800 000 欧元；商品成本 600 000 欧元；营业费用 90 000 欧元；非交易性证券未实现的税后利得 30 000 欧元。

一表法

在这种方法下，传统的净利润只是部分汇总小计，综合收益才是最终的总额。这种将两者结合起来的方法的优点在于不用设立新的财务报表，缺点是净利润成了小计数。图表 4-21 展示了 V. Gill 公司一表法下的报表格式。

---

① 我们在第 17 章中进一步讨论非交易性证券，增加了关于其他综合项目是汇兑收益或损失、套期保值中的未实现利得和损失（第 17 章附录），特定情况下的保险利得和损失（第 20 章），以及重估价盈余调整的例子（第 11 和 12 章）。

② 一个公司必须列示其他综合收益的组成部分，可选取税后影响额和税前影响额中的一个，以及一个与其他综合收益有关的总税额。两种方案都必须在报表或附注里列示其他综合收益的各个组成部分。[7]

图表 4-21　　　　　　　　　　　一表法格式：综合收益

V. Gill 公司 综合收益表 2015 年度（截至 2015 年 12 月 31 日）	
销售收入	€ 800 000
商品成本	600 000
毛利润	200 000
营业费用	90 000
净利润	110 000
其他综合收益	
未实现持有利得，税后净额	30 000
综合收益	€ 140 000

二表法

V. Gill 公司二表法下的报表格式如图表 4-22 所示。综合收益在单独的报表中报告，反映了归属于其他综合收益的利得和损失与传统的利得和损失具有同等地位。

图表 4-22　　　　　　　　　　　二表法格式：综合收益

V. Gill 公司 综合收益表 2015 年度（截至 2015 年 12 月 31 日）	
销售收入	€ 800 000
商品成本	600 000
毛利润	200 000
营业费用	90 000
净利润	€ 110 000
V. Gill 公司 **综合收益表**	
净利润	€ 110 000
其他综合收益	
未实现持有利得，税后净额	30 000
综合收益	€ 140 000

□ 4.4.4　所有者权益变动表

企业编制所有者权益变动表，以作为综合收益表的补充。所有者权益通常由普通股股本、普通股资本溢价、留存收益和其他综合收益累计额构成。所有者权益表报告了当期各个所有者权益账户的变化和所有者权益总额，具体列报项目如下：

1. 本期其他综合收益累计。
2. 所有者投入资本（如发行股份）和对所有者的分配（股利）。
3. 将所有者权益各组成部分的期初账面价值调整至期末。

企业通常采用纵列的格式编制所有者权益表。在这种格式下，每个账户和所有者权益合计各占一列。

　　举例来说，假设 V. Gill 公司的基本信息不变，如图表 4 - 22 所示。2015 年初，公司各所有者权益账户的余额如下：普通股 300 000 欧元、留存收益 50 000 欧元、和非交易性证券未实现利得或损失相关的累积其他综合收益 60 000 欧元。当期普通股账户没有变化。本期发放现金股利 10 000 欧元。图表 4 - 23 展示了 V. Gill 公司的所有者权益表。

图表 4 - 23　　　　　　　　　　　在所有者权益表中列报综合收益

V. Gill 公司 所有者权益表 2015 年 12 月 31 日				
	总数	留存收益	其他综合收益	普通股
期初数	€ 410 000	€ 50 000	€ 60 000	€ 300 000
净利润	110 000	110 000		
股利	(10 000)	(10 000)		
其他综合收益				
未实现持有利得，税后净额	30 000		30 000	
期末数	€ 540 000	€ 150 000	€ 90 000	€ 300 000

　　综合收益总额由净利润 110 000 欧元与和未实现利得相关的 30 000 欧元留存收益之和构成。其他综合收益的每个额外项目均由单独一列来列示。[①] 因此，这张报表有助于理解所有者权益本期是如何变动的。

　　无论采用何种格式，V. Gill 公司都应当在资产负债表的所有者权益部分报告累积其他综合收益 90 000 欧元，如图表 4 - 24 所示。[②]

图表 4 - 24　　　　　　　　　　　在资产负债表中列报累积其他综合收益

V. Gill 公司 资产负债表 2015 年 12 月 31 日 （股东权益部分）	
股东权益	
普通股	€ 300 000
留存收益	150 000
累积其他综合收益	90 000
股东权益总额	€ 540 000

---

　　①　根据 IFRS，其他综合收益部分应将其他综合收益项目金额按以下要求分组列示：（a）不能在以后期间重分类为利润或损失；（b）可以在以后期间特定的条件满足后重分类为利润或损失。如果公司有少数股东权益，需要加一列来列示少数股东权益。[8]

　　②　许多公司用储备这个词来包括权益中除实投资本之外的所有项目。实投资本由股本（普通股和优先股）和资本溢价（普通股和优先股）构成。我们更倾向于用留存收益和累积其他综合收益而不是储备，因为这些概念更好地描述了权益部分的这些项目。

通过提供有关综合收益的组成部分和累积其他综合收益的信息，企业报告了所有有关净资产变动的信息。① 基于此，报表使用者将更好地理解公司的盈余质量。

国际会计视野

利润表

FASB 发布的准则（GAAP）是 IFRS 的全球主要替代者。和 IFRS 一样，GAAP 也要求编制利润表。此外，GAAP 下利润表的内容和格式与 IFRS 下的内容和格式类似。GAAP 发布了一系列准则为有关利润表列报问题提供指导。

相关事实

下面是 GAAP 和 IFRS 与利润表相关的主要异同。

相同点

● GAAP 和 IFRS 都要求公司注明归属于少数股东的净利润数额。

● GAAP 和 IFRS 有关非持续性经营活动的列报规则相同，但 IFRS 对非持续性经营活动的定义更为狭窄。双方同意建立一个基本一致的定义用于财务报表列报的合作项目。

● GAAP 和 IFRS 都有直接计入所有者权益而不影响净利润的项目，并作为综合收益的一部分列示。GAAP 和 IFRS 都允许使用一表法或二表法来编制综合收益表。

不同点

● GAAP 规定，利润表的格式必须遵循一步法或多步法。而 IFRS 对此没有提及。另外，在 GAAP 下，公司必须将具有特殊性且不经常发生的项目作为特殊项目列报。而 IFRS 中不存在特殊项目。

● 美国 SEC 要求企业按照职能列报费用。在 IFRS 下，公司必须将费用按照属性或职能分类。GAAP 则没有类似要求。

● GAAP 对利润表中列报的项目不作要求。然而，美国 SEC 在列报要求上有更加严格的规定。

IFRS 规定了某些必须在利润表中列报的项目。

● 美国 SEC 的监管制度定义了许多关键指标，并且对企业报告非 GAAP/IFRS 信息提出了要求和限制。IFRS 没有对诸如营业利润这样的关键指标进行定义。

● 美国 GAAP 不允许重估值会计。IFRS 允许对固定资产和无形资产进行价值重估并作为其他综合收益列报。这种差异使得 IFRS 能带来更多不影响净利润而直接影响权益的事项。

深度解读

IFRS 采用的术语有时和美国 GAAP 有差异。例如，下表是和本章有关的一些差异。

IFRS	GAAP
权益或所有者权益	所有者权益或股东权益
股本——普通股	普通股股本
股本——优先股	优先股股本
普通股	普通股股票
优先股	优先股股票
股本溢价——普通股	普通股股本溢价或投入资本超过股票面值额
股本溢价——优先股	优先股股本溢价或投入资本超过股票面值额
准备	留存收益和累积其他综合收益
财务状况	资产负债表或财务状况表
盈利或亏损	净利润或净损失

未来之路

IASB 和 FASB 正在开展一个项目，主题是重构财务报表。内容包括如何对利润表各项目进行分

---

① 会计政策变更和差错更正不被认为是其他综合收益项目。

类，以便能够更好地反映企业运营情况。此外，这　种方法可以避免人们过度关注净利润数字。

本章小结

1. 理解利润表的用途和局限性。利润表为投资者和债权人提供相关信息，以帮助他们预测未来现金流的数额、时间和不确定性。同时，利润表也有助于报表使用者识别未实现的特定现金流的风险（不确定性的等级）。利润表的局限性体现在以下方面：（1）利润表中省略了一些无法可靠计量的项目；（2）利润数字受所选用的会计核算方法的影响；（3）利润指标包含主观判断。

2. 了解利润表的内容和格式。净利润是由交易产生的收入、费用、利得和损失构成的。这种收入计算方法——交易法——聚焦于给定某一期间所发生的收入相关事项，而不是仅仅列示净资产的变动额，它披露这些变动的内容。

利润表的构成如下：销售额或收入、产品销售成本、销售费用、管理费用、财务费用以及所得税。如果存在，公司也要列报非持续经营（税后净额）。每股收益需要列示，当适用时，分配至少数股东权益的净利润或净损失也要列示。

3. 编制利润表。公司通过从收入中扣除费用来计算净利润，但为了在利润表内列报有用的合计额，公司也会将收入和费用进行分类。这些合计额包括毛利润、营业利润、税前利润以及最终结果——净利润。

4. 解释如何在利润表中报告各种项目。企业通常在利润表中提供一些关于收入和费用的详细信息，但也可能会编制一张简明利润表，并在其中提供利润表附注中不同内容的详细信息。公司被要求将费用按照属性或职能分类。特殊或一次性项目应该列示于营业利润中，但是财务费用应该区别于营业收入和费用列示。非持续经营项目的影响应该在持续经营利润之后单独列示。

5. 明确每股收益信息在何处报告。企业必须在利润表上披露每股收益的信息。报告非持续经营项目的企业必须在利润表上或者财务报表附注中报告每股收益在这些项目中的数值。

6. 解释期内所得税分摊。企业应当将本年所得税费用分摊至利润表中的特定项目中，从而为报表使用者提供更有益的披露信息。这一步骤，期内所得税分摊，是指将本年度内的所得税费用分摊至影响税收准备金额的下列项目中：（1）持续经营项目收入；（2）非持续经营项目。

7. 理解会计变更和差错更正的报告。会计政策变更和差错更正是通过留存收益来进行调节的。会计估计变更在会计处理中是正常的。这些变更的影响延续到未来，在变更的当期影响当期利润，在未来期间不调整留存收益。

8. 编制留存收益表。留存收益表应该披露净利润（损失）、股利、会计政策变更和差错更正的调整及留存收益受到的限制。

9. 解释如何报告其他综合收益。企业用以下两种方式之一来报告其他综合收益的内容：（1）一张合并连续的报表（一表法）；（2）两张独立但连续的报表（二表法）。

简单练习

BE4-1　Starr 公司 2015 年实现销售收入 540 000 英镑。该年度其他项目数据如下所示：

产品成本	£330 000
销售费用	120 000
所得税	25 000
员工价值的增加	15 000
管理费用	10 000

请为 Starr 公司编制一张 2015 年利润表。Starr 公司发行在外的普通股数量为 10 万股。

BE4-2　Brisky 公司 2015 年实现销售净收入 2 400 000 英镑，利息收入 31 000 英镑。2015 年的费用构成为产品成本 1 450 000 英镑；管理费用 212 000 英镑；销售费用 280 000 英镑；利息费用 45 000 英镑。Brisky 公司的税率为 30％。公司 2015 年经审批的普通股数量为 100 000 股，其中发行在外的普通股数量为 70 000 股。请编制该公司 2015 年 12 月 31 日的利润表。

综合练习

E4-1（净利润的计算）　下面是 Jackson 家具公司本年度除留存收益外所有账户的变化情况。

	增加（减少）		增加（减少）
库存现金	£79 000	应付账款	£(51 000)
应收账款（净额）	45 000	应付债券	82 000
存货	127 000	普通股	138 000
投资	(47 000)		

要求：
计算本年净利润，假设除了净利润的影响和本年已宣告发放的 24 000 英镑的股利外，留存收益账户没有其他变动。

权威文献

［1］The Conceptual Framework for Financial Reporting，"Chapter 4：*The Framework* (1989)：The Remaining Text"（London，U. K.：IASB, 2010），par. 4. 25.

［2］International Accounting Standard 1，*Presentation of Financial Statements*（London，U. K.：IASB，2007），par. 82.

［3］International Accounting Standard 33，*Earnings per Share*（London，U. K.：IASB，2003）.

［4］International Financial Reporpting Standard 5，*Non-current Assets Held for Sale and Discontinued Operations*（London，U. K.：IASB，2004）.

［5］International Accounting Standard 33，*Earnings per Share*（London，U. K.：IASB，2003）.

［6］International Accounting Standard 8，*Accounting Policies，Changes in Accounting Estimates and Errors*（London，U. K.：IASB，2003）.

［7］ International Accounting Standard 1, *Presentation of Financial Statements* (London, U. K.: International Accounting Standards Committee Foundation, 2007), paras. 90－91.

［8］ International Accounting Standard 1, *Presentation of Financial Statements* (London, U. K.: International Accounting Standards Committee Foundation, 2007), paras. 81－82.

第 5 章

资产负债表与现金流量表

学习目标

学完本章后，你应该能够：

1. 解释资产负债表的应用及局限性。
2. 识别资产负债表的主要分类。
3. 编制报告式资产负债表和账户式资产负债表。
4. 了解编制现金流量表的目的。
5. 识别现金流量表的内容。
6. 编制基本现金流量表。
7. 理解现金流量表的作用。
8. 确定需要在附注中披露的附加信息。
9. 说明资产负债表的主要披露方法。

喂！资产负债表不平！

现在，一个好的会计系学生应该知道"总资产＝总负债＋权益"这一等式。从这个等式中，我们也能够确认企业的净资产，即"总资产—总负债＝净资产"。是的，到目前为止，这些都很简单。不过让我们来看一看国际会计准则理事会最近发布的讨论稿，它探讨了应该如何编制资产负债表（亦称财务状况表）。

资产负债表主要分为五大部分，许多资产和负债以净额的形式一对一列示。下表为新资产负债表的总体框架：

营业活动
经营资产和负债
投资资产和负债
融资活动
金融资产
金融负债
所得税
非持续经营活动
权益

这张表确实与传统意义上的资产负债表有些不同。我们向表里增添一些数字，看看其效果如何。

资产负债表

营业活动		
经营活动		
存货	€ 400 000	
应收账款	200 000	
短期资产合计		€ 600 000
固定资产（净额）	500 000	

无形资产	50 000	
长期资产合计		550 000
应付账款	30 000	
应付职工薪酬	40 000	
短期负债合计		(70 000)
租赁负债	10 000	
其他长期负债	35 000	
长期负债合计		(45 000)
净经营资产		1 035 000
投资活动		
交易性金融资产	45 000	
其他证券	5 000	
投资资产合计		50 000
净营业资产合计		1 085 000
融资活动		
金融资产		
现金	30 000	
金融资产合计		30 000
金融负债		
短期借款和长期借款	130 000	
金融负债合计		(130 000)
净金融负债		(100 000)
所得税		
递延所得税		70 000
非持续经营活动		
持有待售资产		420 000
净资产		€1 475 000
权益		
股本——普通股	€1 000 000	
留存收益	475 000	
权益总计		€1 475 000

资料来源：Marie Leone and Tim Reason，"How Extreme Is the Makeover?" *CFO Magazine*（March 1，2009）；and *Preliminary Views on Financial Statement Presentation*，FASB/IASB Discussion Paper（October 2008）.

由于净资产与权益数额相等，因此可以判断资产负债表是平的，但总资产和总负债就不重要了吗？正如有些人所见，资产负债表并没有以我们所期望的形式达到平衡。也就是说，资产并不等于负债与权益之和。这是因为资产和负债是按照营业、融资、非持续经营和所得税分别列示的。这就将引发一系列的问题，例如：

- 将营业活动与融资活动分开列示的处理方法能够提供更具决策有用性的信息吗？
- 所得税与非持续经营信息值得分开列示吗？

国际会计准则理事会正试图回答这种模式所带来的各种问题。但有一件事是可以确定的——采用新财务报表将是一个巨大的变革，但愿这种改变能够朝着好的方向发展。

本章概览

开篇故事中提到，国际会计准则理事会正在完善资产负债表及其他财务报告中的财务信息披露。在本章，我们要分析各种会影响资产负债表和现金流量表的资产、负债和权益项目。本章内容和结构如下图所示。

资产负债表与现金流量表		
资产负债表	**现金流量表**	**附加信息**
• 作用 • 局限性 • 分类 • 格式	• 编制目的 • 内容及格式 • 编制概述 • 作用	• 财务报表附注 • 披露方法 • 其他指南

5.1　资产负债表

资产负债表反映了企业在特定日期的资产、负债和股东权益状况。① 这张财务报表提供了企业资源中投资的性质与金额、对债权人承担的义务，以及净资源中的所有者权益信息。因此，它可以帮助报表使用者预测未来现金流量的数额、时间和不确定性。

5.1.1　资产负债表的作用

通过提供资产、负债和股东权益信息，资产负债表为计算回报率和评价企业资本结构打下了基础。分析师也利用资产负债表中的信息对公司风险②和未来现金流量进行评估。在这方面，分析师主要利用资产负债表来评价公司的流动性、偿债能力与财务弹性。

流动性是指"一项资产被出售或转换为现金，或者一项债务得到清偿所需要的时间"。债权人关注公司的短期流动比率，比如现金（或准现金）与短期负债之间的比率。这些比率能够说明一家公司，例如阿迪达斯，是否有资源偿付它现在以及快要到期的债务。与此类似，股东也会根据流动性来估计未来发放现金股利或股票回购的可

---

① 国际会计准则理事会表示，statement of financial position 这一表述能更好地反映报表的功能，并且与第 2 章所讨论的概念框架相一致。而 balance sheet 这一表述只是简单地反映出复式记账法要求借方总额与贷方总额相等这一情况，并未明确报表的内容或目的。[1]

② 风险传递了公司未来事项、交易、环境和结果的不可预测性。

能性。总体而言，阿迪达斯公司的流动性越高，破产风险就越小。

偿债能力是指公司偿还到期债务的能力。举例来说，当一家公司持有与资产相比很高水平的长期债务时，它的偿债能力就比与它相似但持有低水平长期债务的公司要弱。高债务公司的风险相对来说更大，因为它们需要更多资产来满足其偿付固定债务（支付利息和本金）的需求。

流动性和偿债能力会影响公司的财务弹性。财务弹性度量了"企业为满足无法预见的需要与机会，而采取有效措施改变其现金流量的金额和时点的能力"。举个例子，一家公司受债务所迫，没有或几乎没有现金来源进行财务扩张或支付到期债务，那么它在财务上就缺乏弹性。财务弹性大的公司在艰难时刻更容易生存下去，在经历不可预期的挫折之后能够更快地恢复，以及更好地利用利润丰厚、意料之外的投资机会。总体来说，公司的财务弹性越大，破产风险越小。

□ 5.1.2 资产负债表的局限性

资产负债表的主要局限性包括：

1. 大多数资产和负债是按照历史成本报告的。因此，人们经常批评资产负债表中的信息没有以相对而言更公允的价值进行报告。例如，墨西哥 Pemex 公司拥有可能会升值的原油和天然气。然而，该公司只有在卖掉这些资产时才报告资产升值的信息。

2. 资产负债表中报告的许多项目都是由公司的判断和估计进行确认的。例如，联想公司会在资产负债表中估计应收账款的可收回金额、仓库的使用年限，以及保修期内可能退回的电脑数量。

3. 由于公司无法客观记录许多具有财务价值的项目，资产负债表就不可避免地会忽略它们。例如，美国英特尔公司员工在开发新的计算机芯片方面所具备的知识和技能，无疑是公司最重要的资产。然而，由于英特尔公司无法对其员工和其他无形资产（比如客户群、研究优势和声誉）进行可靠计量，因此就没有在资产负债表中确认这些项目。与此类似，许多负债也只能通过表外方式进行报告。

安然公司是当时美国第七大公司，其破产使资产负债表遗漏重要项目的问题凸显出来。在安然事件中，该公司没有在其主要财务报表中披露某些表外金融负债。

□ 5.1.3 资产负债表的分类

资产负债表上的会计科目是分类列示的。也就是说，为了得到有意义的分类汇总结果，在资产负债表中应该将相似的项目组合在一起。此外，这种资产负债表排列方法能够说明各项目之间重要的关系。

国际会计准则理事会经常提到，财务报表各部分以及每部分下各分项的内容比报表整体要丰富得多。因此，国际会计准则理事会并不提倡只报告汇总账户（总资产、净资产、总负债等）的做法。相反，公司应当充分详细地报告具体项目并将其分类，以帮助财务报表使用者估计未来现金流量的数额、时间和不确定性。这种分类方法也能够让财务报表使用者更容易地评价公司的流动性、财务弹性、盈利能力和风险。

为了对财务报表中的项目进行分类，公司应将性质相似的项目分为一组，将不同性质的项目分别列示。例如，公司应分别报告：

1. 流动性不同的资产和负债。例如，诺基亚公司应将现金和存货分别报告。

2. 在公司的核心经营活动或其他活动中类别或预期功能不同的资产。例如，彪马公司应将库存商品与不动产、厂场和设备分别报告。与此类似，马莎公司应将用于经营活动的资产、投资活动持有的资产以及具有限定用途的资产（如租赁设备）区分开来。

3. 金额、性质和时点不同的负债。例如，荷兰皇家阿霍德集团应将应付账款和退休金负债分别报告。

资产负债表中的三大类项目包括资产、负债和权益。我们在第 2 章就已对其作出了如下定义。①

资产负债表要素

1. 资产。由过去事项形成，为某一主体所控制，预期会带来经济利益的流入。

2. 负债。某一主体因过去事项形成的现时义务，其结算预期将导致内含经济利益的资源从该主体流出。

3. 权益。某一主体的资产扣除负债后，由个人享有的利益。

公司对这三类项目又进一步做了子分类。图表 5-1 反映了资产负债表列示的一般格式。

图表 5-1　　　　　　　　　　　　**资产负债表的分类**

资产	负债和所有者权益
非流动资产	权益
投资	股本
不动产、厂场和设备	股本溢价
无形资产	留存收益
其他资产	累积其他综合收益
流动资产	非控制性权益（少数股东权益）
	非流动负债
	流动负债

数字背后的故事　　　谁先列示

财务报表格式引发了诸多讨论。其中一个有意思的问题就是，资产负债表应首先列示流动资产还是非流动资产。最近，有关人员对 175 家国际企业进行了一项针对资产列示顺序的调查，其趋势如下所示。

---

① 企业可能会以其他方式对资产负债表进行分类，但实际上，其主要细分内容大同小异。在德国等一些国家，企业常常先列示流动资产。IAS 1 要求，除特殊情况下，企业应将流动资产和负债与非流动资产和负债区分开来。[2]

资产负债表格式

分类	2011 年	2010 年	2009 年
流动资产，非流动资产，流动负债，非流动负债，权益	84	51	43
非流动资产，流动资产，权益，非流动负债，流动负债	54	67	64
非流动资产，流动资产，流动负债，非流动负债，权益	16	30	32
非流动资产，流动资产，非流动负债，流动负债，权益	0	5	4

该项调查表明，企业正逐渐倾向于在资产负债表中首先报告流动资产。这是从几年前开始出现的变化。但我们要认识到，除非以流动性为基础的资产负债表能够提供更具相关性的信息，企业必须编制分类资产负债表。因此，企业既可以首先列示流动资产，也可以首先列示非流动资产。重点在于财务报表使用者能够很好地理解这些资产如何在短期和长期内变现。

资料来源：P. Walters, "IFRS Financial Statements," *Accounting Trends and Techniques—2012* (New York: AICPA)，p. 117.

非流动资产

流动资产是指现金以及企业可以在一年或超过一年的一个营业周期内变现、出售或消耗的其他资产。非流动资产是不符合流动资产定义的资产。我们接下来会对其中包括的多个项目进行探讨。

长期投资　长期投资，通常简称为投资，在一般情况下包括四类：

1. 证券投资，例如债券、普通股或长期票据。
2. 目前未用于经营活动的有形资产投资，例如以投机为目的持有的土地。
3. 专项基金投资，例如偿债基金、养老基金或扩建厂房基金。
4. 对非合并子公司或联营企业的投资。

为了对债务类证券和权益类证券投资进行计量和报告，企业将其分为三类：

1. 为收回而持有的证券：企业设法按合同规定收回本金和利息的债务性证券。
2. 交易性证券（或指定以公允价值计量且其变动计入当期损益的证券）：企业以赚取价差为目的购入和持有，并将于近期出售的债务类证券和权益类证券。
3. 非交易性权益证券：持有目的与交易性证券不同的特定权益类证券（例如，为满足法律或合同规定）。

我们将在第 17 章对为收回而持有的证券和非交易性权益证券进行深入讨论。[①]

企业应当将交易性证券（债务类证券或权益类证券）报告为流动资产。根据具体情况将为收回而持有的证券和非交易性权益证券归类为流动资产或非流动资产。企业应按摊余成本报告为收回而持有的证券，按公允价值报告所有交易性证券和非交易性权益证券。[3]

---

① 注意：国际会计准则理事会发布了 IFRS 9《金融工具》，取消了可供出售与持有至到期的分类内容。

法国迪奥公司对投资的列报如图表 5－2 所示。

图表 5－2　　　　　　　　资产负债表中对长期投资的列报　　　　　　　　单位：百万欧元

迪奥公司	
对联营企业投资	€ 219
非流动金融资产	375

不动产、厂场和设备　　不动产、厂场和设备是公司用于经营的具有较长生命周期的有形资产。它包括土地、房屋及建筑物、机械、家具、工具、耗费性资源（矿产）等具有实物形态的财产。企业应对除土地之外的这类资产提取折旧（如房屋及建筑物），或直接耗尽（如石油储备）。

日本永旺有限责任公司在资产负债表中对不动产、厂场和设备的列报如图表 5－3 所示。

图表 5－3　　　　　　资产负债表中对不动产、厂场和设备的列报　　　　　单位：百万日元

永旺有限责任公司	
不动产、厂场和设备	
土地	¥316 649
房屋及建筑物	786 075
家具及固定装置	120 347
交通工具	2 459
在建工程	33 172
不动产、厂场和设备合计	¥1 258 702

重要会计政策概述
不动产、厂场和设备——不动产、厂场和设备按成本计价。不动产、厂场和设备的折旧以资产预计使用年限为基础，采用直线法来计算。店铺的使用年限为 20～39 年，办公楼的使用年限为 38～59 年，构筑物的使用年限为 3～20 年，家具及固定装置的使用年限为 2～20 年，交通工具的使用年限为 4～6 年。年末不动产、厂场和设备的累计折旧金额为 861 445 000 000 日元。

企业通常应在报表附注中披露不动产、厂场和设备的计价基础、债权人对其享有的优先权，以及相应的累计折旧金额。

无形资产　　无形资产没有实物形态，也不是金融工具。[①] 它包括专利权、著作权、特许权、商誉、商标权、商品名称和客户名单。使用寿命有限的无形资产应在其使用寿命内摊销，而使用寿命不确定的无形资产（如商誉）应定期进行减值测试。无形资产是企业重要的经济资源，却常被财务分析师忽略，因为它很难计量。企业在研究与开发支出发生时通常将其费用化，但当一个开发项目很可能产生未来经济利益时，企业将这部分特定的开发支出资本化。

诺基亚公司在资产负债表中对无形资产的报告如图表 5－4 所示。

---

① 金融工具是形成某一企业的金融资产，同时形成另一企业的金融负债或权益的合约。[4]

图表 5－4　　　　　　　　　　　资产负债表中对无形资产的列报　　　　　　　　单位：百万欧元

诺基亚公司	
资本化开发支出	€ 244
商誉	6 257
其他无形资产	3 913
无形资产合计	€ 10 414

其他资产　在实务中，"其他资产"部分的项目各有不同。有些企业的其他资产包括长期预付费用和非流动性应收款项等项目，有些企业的长期资产则可能包括专项资金、待售资产和限定用途现金或证券。"其他资产"部分应只包括与特定类别资产截然不同的非经常性项目。

流动资产

如之前所述，流动资产是指现金以及企业可以在一年或超过一年的一个营业周期内变现、出售或消耗的其他资产。营业周期（营业循环）是指企业从取得原材料和物资到因销售商品收到现金的平均时间（企业利用原材料和物资生产出商品）。营业循环从货币形态开始，经过存货、生产、应收账款，最后又回到货币形态。当一年内发生几次营业循环时（通常发生在服务企业），企业以一年为限。当营业周期超过一年时，企业会使用更长的期间进行核算。

五个主要的流动资产项目及其计价基础如图表 5－5 所示。这些资产通常按如下顺序列报。

图表 5－5　　　　　　　　　　　　　流动资产与计价基础

项目	计价基础
存货	成本与可变现净值孰低
预付费用	成本
应收账款	预计可收回金额
短期投资	公允价值（一般情况）
现金及现金等价物	公允价值

如果这五项资产不能在一年或超过一年的一个营业周期内变现或消耗的话，企业就不会将其报告为流动资产。举个例子，企业持有现金如果既不是为了清偿现时义务，也不是为了满足当前经营的需要，而是具有专门的用途，那么就应把现金从流动资产部分剔除。总体来讲，企业如果预计在一年或超过一年的一个营业周期内将一项资产变现，或者用这项资产来偿还流动负债，那么就可以将这项资产归类为流动资产。

但以上原则还需进行进一步的说明。企业可以按照管理的意图将非交易性权益投资归类为流动资产或非流动资产。当企业打算长期持有普通股或优先股或债券时，它们就不能被归为流动资产。

尽管我们已经明确定义了流动资产，但还是会产生一些理论问题。例如，如何对流动资产部分包括预付费用这一问题作出解释？这种列示方法的依据是，企业如不提前支付这些项目的话，在营业周期内就会需要其他流动资产。如果我们顺着这条逻辑继续思考下去，那么最后的结论就是，如果提前购买的任何资产在营业周期内都可以节约流动资产的使用，那么这些资产就应该被看做流动的。

另一个问题是，当企业在营业周期内消耗厂场资产时，关于流动资产的定义就有问题了。从概念上讲，企业应在流动资产部分记录一个与厂场资产当前折旧费用相等的金额，因为它会在下一个营业周期被耗用。然而，这个概念上的问题却经常被忽略。这个例子说明，我们对某些流动资产和非流动资产在形式上的划分有些混乱。

存货　为了恰当地列示存货，企业应披露其计价基础（如成本与可变现净值孰低）和使用的成本流转假设（如先进先出法或平均成本法）。荷兰皇家阿霍德集团对存货的列报如图表 5-6 所示。

图表 5-6　　　　　　　　资产负债表中对存货的列报　　　　　　　单位：百万欧元

皇家阿霍德集团	
流动资产	
存货（附注 16）	€ 1 319
附注 16 存货按成本与可变现净值孰低计价。成本包括采购成本、加工成本以及为将存货运送到指定地点、达到现有状态所发生的其他成本，扣除归属于存货的供应商补贴。根据存货的性质或用途，企业可以采用先进先出法或加权平均成本法确定其成本。对于某些存货来说，企业采用零售价法计量其成本，即用存货的售价扣除适当比例的毛利率后的价值。可变现净值等于存货在正常营业活动中的预计销售价格减去估计的营销、分销和销售费用后的金额。	

制造企业（比如图表 5-7 中所示的宏碁股份有限公司）还应说明存货的完成阶段。要注意，宏碁股份有限公司所使用的货币单位包括新台币和美元两种。

图表 5-7　　　　　　　　资产负债表中对存货的列报　　　　单位：百万新台币/美元

宏碁股份有限公司		
流动资产		
存货（附注 7）	NT $ 40 028 195	$ 1 219 702
附注 7 存货	NT $	$
原材料	14 528 727	422 706
在产品	49 437	1 506
产成品	16 907 906	515 202
零部件	4 544 547	138 477
在途物资	9 233 802	281 364
减：计提的存货跌价准备	（5 236 224）	（159 553）
	40 028 195	1 219 702

应收账款　企业应清晰地识别出由坏账产生的可预见损失、非商业应收款的金额与性质以及作为担保的应收账款。应收账款的主要类别应该在资产负债表或相关附注中列示。对于非日常交易（如出售不动产、向分公司或员工贷款）形成的应收账款，企业应分别将其归类为长期资产，除非应收账款预期能在一年内收回。英国里德爱思唯尔公司对应收账款的报告如图表 5-8 所示。

图表 5 - 8	资产负债表中对应收账款的列报	单位：百万欧元
里德爱思唯尔公司		
流动资产		
应收账款和其他应收款项（附注 22）		€ 1 685
附注 22：应收账款和其他应收款项		
应收账款		€ 1 578
坏账准备		(77)
		1 501
预付款及应计收入		184
合计		1 685
应收账款大多为无息，其账面价值接近于公允价值。		

预付费用 企业如果将在一年或超过一年的一个营业周期内受益（通常为劳务），那么应将预付费用计入流动资产。正如我们之前所探讨的那样，这些项目属于流动资产，因为企业如果不提前支付这些费用，在下一年或下一个营业周期就需要使用现金。预付费用应按未消耗成本或未实现成本进行报告。

一个常见例子就是预付保险费用。企业将其归为预付费用，因为费用的支付时间先于保险项目的受益时间。其他常见的预付费用还包括预付租金、广告费、税费和办公费。阿迪达斯公司在其他流动资产部分报告了预付费用、除所得税之外的应交税款以及衍生金融资产，具体如图表 5 - 9 所示。

图表 5 - 9	资产负债表中对预付费用的列报	单位：百万欧元
阿迪达斯公司		
其他流动资产（附注 9）		€ 789
附注 9：其他流动资产		
其他流动资产包括以下几项：		
预付费用		€ 292
除所得税之外的应交税款		82
金融资产		
利率衍生品		1
货币期权		22
远期合约		156
保证金		66
其他金融资产		43
其他项目		129
其他流动资产总额		791
减：准备		2
其他流动资产净额		€ 789

短期投资 如之前所述，企业应将交易性证券（债务类证券或权益类证券）划分为流动资产，根据具体情况将非交易性投资划分为流动资产或非流动资产。企业应按

摊余成本报告为收回而持有的证券（有时亦称为持有至到期投资），按公允价值报告所有交易性证券。①

例如，图表 5－10 是比利时百威英博啤酒公司年度报告中对其短期金融资产列报的一段摘录。

图表 5－10　　　　　　　　资产负债表中对短期投资的列报　　　　　单位：百万欧元

百威英博啤酒公司	
投资证券（附注 17）	€179
附注 17	
短期投资	
以公允价值计量且其变动计入当期损益的金融资产	€170
持有至到期债务类证券	9
	€179

现金　　人们通常认为现金包括现钞和活期存款（存放在金融机构中，可随时提取的款项）。现金等价物是指流动性强、在 3 个月内到期的短期投资。许多企业都使用了"现金及现金等价物"这个项目，且金额近似等于其公允价值。我们以阿迪达斯公司年度报告中的一段摘录为例，具体参见图表 5－11。

图表 5－11　　　　　　资产负债表中对现金及现金等价物的列报　　　　单位：百万欧元

阿迪达斯公司	
现金（附注 5）	€244
附注 5：现金及现金等价物	
现金及现金等价物包括存放在银行的现金、库存现金以及短期银行存款。	

企业必须披露现金的限定用途或与其有关的承诺。一家公司如果不是为了现时义务的需要而限制现金用途，那么就应将这部分现金从流动资产中剔除。图表 5－12 中英国沃达丰公司的年度报告就为我们提供了一个这样的例子。

图表 5－12　　　　　　　资产负债表中对限定用途现金的列报　　　　　单位：百万英镑

沃达丰公司	
非流动资产	
其他投资（附注 15）	£7 060
附注 15：其他投资	
其他投资包括上市证券、非上市证券和作为限制性存款持有的现金，不包括划分为贷款和应收款项的其他债务和债券。	
上市证券	
权益类证券	£3 931
非上市证券	

---

① 当选择公允价值时，企业会挑出某些金融资产和金融负债，以公允价值作为其计量基础。对这些企业来说，金融资产（和负债）的一部分按历史成本记录，另一部分按公允价值记录。[5]

权益类证券	833
公共债务和债券	20
其他债务和债券	2 094
作为限制性存款持有的现金	182
	￡7 060

权益

权益，亦称股东权益，是最难编制和理解的部分。普通股和优先股合约的复杂性以及与权益有关的各种限制条件是所有者权益难以理解的原因，而这些都是公司法、债务合约及董事会施加的结果。企业通常将权益分为六个部分。

权益部分
1.　股本。发行股份的票面价值或法定价格。它包括普通股和优先股。
2.　股本溢价。实收股本超过面值或法定价格的金额。
3.　留存收益。企业的未分配收益。
4.　累积其他综合收益。其他综合收益项目的合计金额。
5.　库存股。通常为企业购回的普通股金额。
6.　非控制性权益或少数股东权益。被报告企业的非全资子公司的一部分权益。

企业必须披露普通股的票面价值、法定股本、发行股本及流通在外股本的数额。这对优先股也同样适用。尽管在股本溢价来源不一且重要的情况下，小计金额所反映的内容更为丰富，但股本溢价（对普通股和优先股均适用）仍常以合计金额列示。留存收益分为未被占用（未被指定）的留存收益（可用于支付股利）和指定用途的留存收益（如受债券合同或其他债务合约的限制）。此外，企业将重新获得的股本（即库存股）作为股东权益的抵减项。

累积其他综合收益（亦称储备或其他储备）包括非交易性权益证券未实现的利得或损失，以及某些衍生交易未实现的利得或损失。作为权益的一部分，非控制性权益（亦称少数股东权益）也应予以单独列示（如果这种列示是适当的）。图表 5-13 展示的是比利时德尔海兹集团的权益部分。

图表 5-13　　　　　　　　　资产负债表中对权益的列报　　　　　　　单位：百万欧元

德尔海兹集团	
股本	€50
股本溢价	2 725
库存股	(56)
留存收益	2 678
其他储备	(1 254)
股东权益	4 143
少数股东权益	52
权益合计	€4 195

根据国际财务报告准则报告的很多企业常常用"储备"这一术语作为留存收益、

股本溢价、累积其他综合收益等项目的泛称。联想集团列报如图表 5 - 14 所示。

图表 5 - 14　　　　　　　　资产负债表中对储备的列报　　　　　　　　单位：百万美元

联想集团	
股本	$ 29 530
储备	1 281 208
股东权益	1 310 738
少数股东权益	177
权益合计	$ 1 310 915

公司的权益账户与合伙企业或独资企业大不相同。合伙人的永久资本账户和临时账户（提用账户）余额分别显示。独资企业一般只有一个资本账户，它反映了所有者所有的权益交易。

非流动负债

非流动负债是指企业不打算在一年或超过一年的一个正常营业周期内偿还的债务。相反，企业将在这段时间之后偿付债务。最常见的例子就是应付债券、应付票据、递延所得税、租赁负债和退休金负债。企业若用流动资产来偿付将在当前营业周期或一年内到期的非流动负债，那么就将其归为流动负债。

非流动负债通常分为三类：

1. 产生于特定融资活动的债务，如发行债券、长期租赁负债和长期应付票据。

2. 产生于企业日常经营活动的债务，如退休金负债和递延所得税负债。

3. 应付金额、收款人或应付日期须由一个或多个未来事项的发生或不发生确定的负债，如劳务或产品质量保证、环境负债和重组，亦称为准备。

企业通常会对非流动负债作大量的补充披露，因为大多数长期负债都要受到各种合同和规定的限制，以保护债权人的利益。

对于应付债券，最好分别报告其溢价或折价情况。企业在财务报表附注中经常说明所有非流动负债合约的条款（包括到期日、利率、债务性质及保证债务实现的抵押证券）。图表 5 - 15 中摘录的新西兰银蕨农场有限公司的财务报表就是一个这样的例子。

图表 5 - 15　　　　　　　资产负债表对非流动负债的列报　　　　　　　单位：千新西兰元

银蕨农场有限公司	
非流动负债	
准备	NZD 9 683
无息贷款	550
递延所得税	20 724
	NZD 30 957

流动负债

流动负债是企业打算在一年或超过一年的一个正常营业周期内偿还的债务。它包括：

1. 因取得商品或劳务而发生的应付款项：应付账款、应付职工薪酬、应交所得税等。

2. 因交付商品或提供劳务而发生的预收款项，如预收租金收入、预收认股收人。

3. 在一个营业周期或一年内偿还的其他负债，比如须在当期偿还的部分长期债券、因购买设备而产生的短期债务、预计负债如质量保证负债等。如之前所述，预计负债亦称为准备。

在下一年偿还的负债有时并不计入流动负债部分。出现这种情况的条件是，企业在报告期期末之前以长期基础进行债务再融资。[6]这种处理方法的适用原因是，这些债务并不是用流动资产或新的流动负债来偿还的。

各企业对流动负债报告的顺序并不一致。但大体来说，企业一般都会将应付票据、应付账款或短期借款列示在第一项。应交所得税或其他流动负债一般在最后报告。以图表 5-16 中西门子公司的流动负债部分为例。

图表 5-16　　　　　　　　资产负债表中对流动负债的列报　　　　　　　单位：百万欧元

西门子股份公司	
流动负债	
短期债务和将于一年内到期的长期债务	€1 819
应付账款	8 860
其他流动性金融负债	2 427
流动性准备	5 165
应交所得税	1 970
其他流动负债	21 644
与划分为持有待售资产有关的负债	566
流动负债合计	€42 451

流动负债包括商业票据、非商业票据、应付账款、预收账款以及一年内到期的长期负债等项目。若所得税金额重大，也应与其他应计项目分开列示。企业在财务报表附注中还应充分说明担保负债（如以股票作担保的应付票据）的相关信息，以便识别那些为债务提供担保的资产。

流动资产总额减去各类流动负债后的余额称为营运资本（亦称净营运资本）。营运资本表示企业相对流动资源的净额。也就是说，它是能够满足营业周期融资需求的流动性缓冲。

企业很少在资产负债表中披露营运资本金额，但银行与其他债权人会计算营运资本金额作为企业短期流动性的衡量指标。为了确定企业实际流动性的大小和营运资本的可用性，以满足流动负债的需要，我们还应分析流动资产的组成及其与现金的接近程度。

□ 5.1.4　资产负债表格式

如前所述，国际财务报告准则不会指定企业的资产负债表项目列报顺序或格式。因此，一些企业按资产、权益、负债的顺序依次列报。还有一些企业在资产部分先报告流动资产，在负债部分先报告流动负债。很多企业先报告诸如应收账款净额，不动产、厂场和设备净额等项目，然后在附注中披露与备抵账户有关的附加信息。

大体来说，企业会选择使用账户式或报告式来编制资产负债表。账户式将资产部分列示在左边，权益和负债部分列示在右边。这种格式的主要缺点是，需要足够大的空间并排列报项目。所以账户式资产负债表通常需要两页纸。

为避免这一缺陷，报告式则在一页纸上一部分接着一部分地列示。图表 5-17 展示了在同一页纸上资产、权益和负债如何按照上下结构依次列示。

图表 5-17　　　　　　　报告式分类资产负债表

Scientific Products 公司 资产负债表 2015 年 12 月 31 日			
资产			
非流动资产			
长期投资			
为收回而持有的证券投资		$82 000	
为将来开发而持有的土地		5 500	$87 500
不动产、厂场和设备			
土地		125 000	
房屋	$975 800		
减：累计折旧	341 200	634 600	
不动产、厂场和设备合计			759 600
无形资产			
资本化开发支出		6 000	
商誉		66 000	
其他可辨认无形资产		28 000	100 000
非流动资产合计			947 100
流动资产			
存货		489 713	
预付费用		16 252	
应收账款	165 824		
减：坏账准备	1 850	163 974	
短期投资		51 030	
现金及现金等价物		52 485	
流动资产合计			773 454
资产总计			$1 720 554
权益和负债			
权益			
股本——优先股	$300 000		
股本——普通股	400 000		
股本溢价——优先股	10 000		
股本溢价——普通股	27 500		

留存收益	170 482	
累积其他综合收益（损失）	(8 650)	
减：库存股	12 750	
归属于所有者的权益		$ 886 582
非控制性权益		13 500
权益合计		$ 900 082
非流动负债		
到期日为 2024 年 1 月 31 日的债券	425 000	
与退休金有关的准备	75 000	
非流动负债合计	500 000	
流动负债		
应付票据	80 000	
应付账款	197 532	
应付利息	20 500	
应付职工薪酬和其他负债	5 560	
与质量保证有关的准备	12 500	
收取顾客的押金	4 380	
流动负债合计	320 472	
负债总计		820 472
负债和所有者权益总计		$ 1 720 554

企业偶尔也会使用其他资产负债表格式。例如，企业有时用流动负债抵减流动资产，得到营运资本数额。或者，它们还会用总负债抵减总资产。

数字背后的故事　　预警信号

分析师将资产负债表信息运用到所设计的模型中预测财务困境。研究员 E. I. Altman 开发了破产预测模型，将资产负债表和利润表相关数额代入下列公式，计算出"Z值"。

$$Z = \frac{营运资本}{总资产} \times 1.2 + \frac{留存收益}{总资产} \times 1.4 + \frac{息税前利润}{总资产} \times 3.3 + \frac{销售收入}{总资产} \times 0.99$$

$$+ \frac{权益市场价值}{总负债} \times 0.6$$

经过大量测试，Altman 发现，Z 值在 3.0 以上的企业不太可能破产，而 Z 值在 1.81 以下的企业很可能破产。

Altman 对原始模型作了进一步发展，以适用于公开上市的制造企业。他与其他人又对模型进行修正，以适用于各行各业的企业、新兴企业以及未在公开市场上交易的企业。

以前，实务会计人员几乎没有听说过 Z 值的使用。如今，审计师、管理咨询师和法院采用这种方法来评价一家公司的整体财务状况和趋势。此外，银行也利用 Z 值进行债务评价。虽然 Z 值较低并不能说明公司一定会破产，但在许多情况下，该模型都已被证实是准确的。

资料来源：E. I. Altman and E. Hotchkiss, *Corporate Financial Distress and Bankruptcy*, Third Edition (New York: John Wiley and Sons, 2005).

5.2　现金流量表

我们在第 2 章中已指出，财务报告目标中的重要一点是"评定现金流量的数额、时间和不确定性"。到目前为止我们已看到三张财务报表：利润表（或综合收益表）、权益变动表和资产负债表。每张报表都反映了企业在一定期间的某些现金流量信息，但反映程度有限。举例来说，利润表提供了经营活动产生的资源信息，但这些资源并不完全是现金。权益变动表列示了支付股利或购买库存股所使用的现金数额。比较资产负债表列示了企业已取得或处置的资产，以及已发生或偿还的负债。

虽然这些信息是有用的，但这三张报表都不能详细地总结出一定期间现金流入和流出、现金来源和使用的所有情况。为满足这一需求，国际会计准则理事会要求编制现金流量表。[7]

□ 5.2.1　现金流量表的编制目的

编制现金流量表的基本目的是提供企业在一定期间内与现金收入和支出有关的信息。为了达到这一目的，现金流量表报告如下内容：（1）一定期间内经营活动的现金影响；（2）投资交易；（3）融资交易；（4）一定期间内现金的净增加或净减少额。①

报告现金的来源、使用及其净增加或净减少额有助于投资者、债权人和其他人员了解企业流动性最强资源的情况。由于绝大多数个人都会保管支票簿并以现金制为基础进行纳税申报，因此他们可以理解现金流量表中报告的信息。

现金流量表回答了以下简单却重要的问题：

1. 某期间内的现金是从哪里来的？
2. 该期间内的现金用到哪里去了？
3. 该期间内的现金余额发生了什么变化？

数字背后的故事　　　　**注意现金流量**

投资者经常关心以应计制为基础计量的净利润。但现金流量信息对企业流动性、财务弹性和整体财务表现的评定也起着重要作用。下图反映了某公司 7 年间的财务表现。

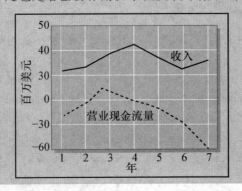

---

①　现金通常指的是现金及现金等价物。现金等价物是在 3 个月内到期的流动投资。

尽管该公司的利润很稳定，在某期间收益一度增长，但其现金流在第 3 年左右却开始逐渐减少。在第 7 年后不久，该公司就提出了破产申请。学过企业现金流的财务报表读者可能会及早发现问题的征兆。这个案例说明，现金流是重要的财务问题预警信号。

另一个零售商案例是塔吉特公司。尽管塔吉特公司的利润很好，但有些人认为，该公司的赊销收入与现金收入相比有点太多了。这为什么会是一个问题呢？就像上例，如果为应对坏账损失而被迫开始大量增加坏账准备的话，目前盈利的贷款人的收益在未来也可能受到冲击。如果塔吉特公司的坏账损失增加，那么它就会受到这样的打击。

资料来源：Peter Eavis，"Is Target Corp.'s Credit Too Generous?" *Wall Street Journal* (March 11，2008)，p. C1.

5.2.2　现金流量表内容及格式

企业在现金流量表中将一定期间内现金的收入与支出区分为三类不同的活动：经营活动、投资活动和筹资活动，其定义如下所示。

1. 经营活动涉及与净利润的确定有关的交易的现金影响。

2. 投资活动包括发放及收回贷款、取得及处置投资（债券和股票）和不动产、厂场和设备。

3. 筹资活动涉及负债和所有者权益项目。它包括：（a）从所有者那里取得资源，并向他们提供投资回报；（b）向债权人借钱，并偿还所借金额。

图表 5 - 18 是现金流量表的基本格式。

图表 5 - 18　　　　　　　　　现金流量表的基本格式

现金流量表	
经营活动产生的现金流量	$×××
投资活动产生的现金流量	×××
筹资活动产生的现金流量	×××
现金净增加（减少）额	×××
现金的期初余额	×××
现金的期末余额	$×××

图表 5 - 19 描绘了不同活动的现金流入和流出情况。

报表的价值在于帮助使用者评价流动性、偿债能力与财务弹性。如前所述，流动性是指资产和负债与现金的接近程度。偿债能力是企业偿还到期债务的能力。财务弹性是企业应对财务困境以及不可预见的需求和机会的能力。

我们将在第 23 章完整地说明现金流量表的详细编制方法和内容。之后各章也会涉及一些影响典型现金流量表内容的要素和复杂的话题。本章仅作介绍性论述，旨在提醒现金流量表的存在性和作用。

图表 5-19　　　　　　　　　　　现金流入和流出情况

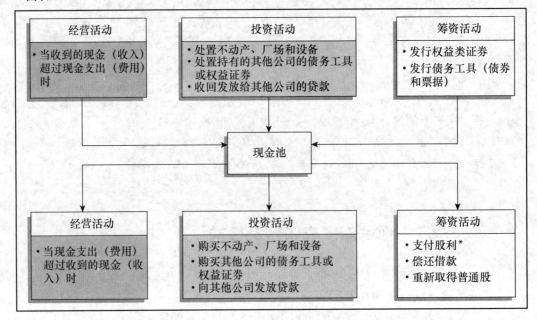

* 根据国际财务报告准则的相关规定，支付股利可能被划分为经营活动，也可能被划分为融资活动。出于作业的目的，假设该项为融资活动。

□ 5.2.3　现金流量表编制概述

信息来源

企业编制现金流量表所需信息的获取来源有：（1）比较资产负债表；（2）当期利润表；（3）选定的交易数据。

下面的小例子可以说明企业是如何在现金流量表编制过程中使用这些信息来源的。

2015 年是电话营销公司经营的第一年，该公司在 2015 年 1 月 1 日发行了 50 000 股面值为 1 美元的普通股股票，获得 50 000 美元现金。在这一年中，企业租借办公场地、家具和通信设备，开展营销服务。2015 年 6 月，企业花 15 000 美元购买土地。图表 5-20 是企业在 2015 年 1 月 1 日和 2015 年 12 月 31 日的比较资产负债表。

图表 5-20　　　　　　　　　　　　比较资产负债表

电话营销公司 资产负债表		
2015 年 12 月 31 日	2015 年 1 月 1 日	增加/减少
资产		
土地　　　　　　$15 000	$-0-	增加 $15 000
应收账款　　　　 41 000	-0-	增加　41 000
现金　　　　　　 31 000	-0-	增加　31 000

续

	2015 年 12 月 31 日	2015 年 1 月 1 日	增加/减少
总计	$ 87 000	$ -0-	
权益和负债			
股本	$ 50 000	$ -0-	增加 50 000
留存收益	25 000	-0-	增加 25 000
应付账款	12 000	-0-	增加 12 000
总计	$ 87 000	$ -0-	

图表 5－21 列示了利润表和附加信息。

图表 5－21　　　　　　　　　利润表数据

电话营销公司 利润表 2015 年（截至 2015 年 12 月 31 日）	
收入	$ 172 000
营业成本	120 000
利润总额	52 000
所得税费用	13 000
净利润	$ 39 000
附加信息：当年股利支付金额为 14 000 美元。	

编制现金流量表

利用这些信息来源编制现金流量表包括四个步骤：

1. 确定经营活动产生（或使用）的现金流量净额。
2. 确定投资活动和筹资活动产生（或使用）的现金流量净额。
3. 确定这一期间现金数额的变化（增加或减少）。
4. 与现金从期初余额到期末余额的变动数额进行核对。

经营活动产生的现金流量净额是经营活动产生的现金流入与流出的差额。将按权责发生制确定的净利润转换为收付实现制即可确定该金额。为此，企业以净利润为基础，增添或扣除利润表中不涉及现金收支的那些项目。这个过程需要企业不仅对当年的利润表进行分析，而且对比较资产负债表和所选定的交易数据进行分析。

通过对电话营销公司比较资产负债表的分析，我们发现了会影响经营活动产生的现金流量净额的两个项目：

1. 应收账款的增加导致非现金收入增加了 41 000 美元。
2. 应付账款的增加导致非付现费用增加了 12 000 美元。

因此，为了得到经营活动产生的现金流量净额，电话营销公司将应收账款增加额（41 000 美元）从净利润中扣除，将应付账款增加额（12 000 美元）增加到净利润中。经过这些调整，企业确定了经营活动产生的现金流量净额为 10 000 美元，如图表 5－22 所示。

图表 5 - 22　　　　　　　　　　　　经营活动产生的现金流量净额

净利润		$ 39 000
将净利润调整为经营活动产生的现金流量净额		
应收账款的增加	$ （41 000）	
应付账款的增加	12 000	（29 000）
经营活动产生的现金流量净额		$ 10 000

　　接下来，企业要确定投资活动和筹资活动。电话营销公司唯一的投资活动就是购买土地。它有两项筹资活动：（1）发行 50 000 股的普通股股票，使现金增加 50 000美元；（2）支付 14 000 美元的现金股利。已知经营活动、投资活动和筹资活动产生（或使用）的现金流量净额，企业就能确定现金净增加额。图表 5 - 23 为电话营销公司 2015 年的现金流量表。

图表 5 - 23　　　　　　　　　　　　　现金流量表

电话营销公司 现金流量表 2015 年度（截至 2015 年 12 月 31 日）		
经营活动产生的现金流量		
净利润		$ 39 000
将净利润调整为经营活动产生的现金流量净额		
应收账款的增加	$ （41 000）	
应付账款的增加	12 000	（29 000）
经营活动产生的现金流量净额		10 000
投资活动产生的现金流量		
购买土地	（15 000）	
投资活动产生的现金流量净额		（15 000）
筹资活动产生的现金流量		
发行普通股股票	50 000	
支付现金股利	（14 000）	
筹资活动产生的现金流量净额		36 000
现金的净增加额		31 000
现金的期初余额		—0—
现金的期末余额		$ 31 000

　　现金流量表报告了现金净增加额为 31 000 美元，而比较资产负债表同样计算出现金增加了 31 000 美元，两者金额一致。①

----

　　①　企业必须在现金流量表或相关附注中报告利息和所得税的支付金额。在这里，我们假设企业在财务报表附注中列报了这些信息。因此，在章末练习中，你不需要在报表中列报该信息。在第 23 章，我们将对这个问题进行更为具体的探讨。

重要的非现金活动

企业的重要活动并不是全部与现金相关。一些重要的非现金活动包括：

1. 为购买资产而发行普通股；
2. 将债券转换为普通股；
3. 为购买资产而发行债券；
4. 长期资产交换。

不涉及现金收支的重要筹资活动和投资活动不在现金流量表主体中报告，而是在财务报表附注中单独予以报告。这样的非现金活动报告方式符合充分披露原则。

图表 5-24 是综合现金流量表的一个例子。需要说明的是，企业利用发行债券所获得的 50 000 美元来购买设备，这一行为属于重要的非现金交易。出于完成章末练习的目的，你需要在"现金流量附注"中单独列示重要的非现金活动。

图表 5-24　　　　　　　　　　　　综合现金流量表

Nestor 公司 现金流量表 2015 年度（截至 2015 年 12 月 31 日）		
经营活动产生的现金流量		
净利润		€ 320 750
将净利润调整为经营活动产生的现金流量净额		
折旧费用	€ 88 400	
无形资产摊销	16 300	
出售厂场所取得的收益	(8 700)	
应收账款的增加	(11 000)	
存货的减少	15 500	
应付账款的减少	(9 500)	91 000
经营活动产生的现金流量净额		411 750
投资活动产生的现金流量		
出售厂场	90 500	
购买设备	(182 500)	
购买土地	(70 000)	
投资活动产生的现金流量净额		(162 000)
筹资活动产生的现金流量		
支付现金股利	(19 800)	
发行普通股股票	100 000	
偿还债券	(50 000)	
筹资活动产生的现金流量净额		30 200
现金的净增加额		279 950
现金的期初余额		135 000
现金的期末余额		€ 414 950
现金流量附注 投资活动和筹资活动涉及的非现金项目为：利用发行 50 000 美元的债券所得价款购买设备。		

5.2.4 现金流量表的作用

"快乐是正的现金流"，这句话当然是对的。尽管净利润是衡量企业成功或失败的一项长期指标，但现金是企业的命脉。没有现金，企业不可能存活。对小型企业和新兴企业来说，现金流是生存的唯一重要因素。大中型企业甚至都不得不控制现金流。

债权人会认真研究现金流量表，因为他们关心债务是否能得到偿还。他们先找到经营活动产生的现金流量净额。如果数额较大，说明企业无须再借款，仅凭经营活动产生的充足现金就可以偿还债务。相反，如果经营活动产生的现金流量净额较小或者为负值，就说明企业可能不得不采取借款或发行权益证券的方式，以获得足够的现金来偿还债务。因此，债权人要从企业的现金流量表中寻找以下问题的答案：

1. 企业对经营活动产生的现金流量净额的创造能力有多强？
2. 经营活动产生的现金流量净额的发展趋势如何？
3. 造成经营活动产生的现金流量净额为正或为负的主要原因是什么？

你应该认识到，企业即便报告了净利润，也可能破产。净利润和经营活动产生的现金流量净额之间的差别可能很大。企业的净利润数额有时会很高，但经营活动产生的现金流量净额却为负值。这种情形最终会导致企业破产。

此外，应收账款和（或）存货的大幅增长可以解释净利润为正，而经营活动产生的现金流量净额却为负的问题。举个例子，Hu 公司在经营的第一年便报告了 80 000港元的净利润，但其经营活动产生的现金流量净额却是−95 000 港元，如图表 5 - 25所示。

图表 5 - 25　　　　　经营活动产生的负的现金流量净额

Hu 公司 经营活动产生的现金流量净额		
经营活动产生的现金流量		
净利润		HK $ 80 000
将净利润调整为经营活动产生的现金流量净额		
应收账款的增加	HK $ (75 000)	
存货的增加	(100 000)	(175 000)
经营活动产生的现金流量净额		HK $ (95 000)

Hu 公司极易发生现金短缺，原因是它把现金投到了应收账款和存货上。该公司如果在应收账款的收回方面出现问题，或者存货周转缓慢，变为过期存货，那么其债权人可能很难收回债务。

财务流动性

财务报告使用者通常采用现金流量比率来评定流动性水平。它表明了企业在某一年能否通过经营活动偿还其流动负债。图表 5 - 26 为该比率的计算公式。

图表 5－26　　　　　　　　　　现金流量比率公式

$$\frac{经营活动产生的现金流量净额}{平均流动负债}＝现金流量比率$$

现金流量比率越高，企业流动性问题发生的可能性越低。例如，该比率接近1∶1比较好。它说明企业能通过内部产生的现金流量偿还所有的流动负债。

财务弹性

现金流量债务比提供了财务弹性信息。它表明企业无须变卖经营活动所使用的资产，即可通过经营活动产生的现金流量净额偿还负债的能力。图表 5－27 为该比率的计算公式。请注意，它与现金流量比率的计算较为相似。但由于将平均流动负债替换为平均总负债，其范围更广一些。

图表 5－27　　　　　　　　　　现金流量债务比公式

$$\frac{经营活动产生的现金流量净额}{平均总负债}＝现金流量债务比$$

该比率越高，企业偿还到期债务的难度越小。它能够发出信号，表明企业是否有能力偿还债务，在外部资金来源有限或成本高昂的条件下能否幸免于难。

自由现金流

考察企业财务弹性的一种更明智的方法是进行自由现金流分析。自由现金流是企业能够自由支配的现金。企业可以利用自由现金流进行额外的投资、偿还债务、购买库存股或只是提高企业的流动性水平。财务报表使用者可以根据图表 5－28 所示的公式计算自由现金流。

图表 5－28　　　　　　　　　　自由现金流公式

经营活动产生的现金流量净额－资本性支出－股息＝自由现金流

在分析自由现金流时，我们先扣减资本性支出，因为它是企业通常最不可能自由支配的费用。（如果缺乏对设备持续性的维护和扩充，企业不可能保持其竞争力。）接着扣减股息。尽管企业可以不支付股息，但这种情况通常只在金融突发事件来临时才会发生。扣减之后的金额就是企业的自由现金流。很显然，自由现金流金额越大，企业的财务弹性就越大。

自由现金流分析所涉及的问题有：

1. 企业能否在不借助外部融资的条件下支付股利？
2. 若经营能力下降，企业能否维护其所需的资本性投资？
3. 用来额外投资、偿还债务、购买库存股或增加流动性，可自由支配的现金流金额是多少？

图表 5－29 是根据 Nestor 公司的现金流量表作出的自由现金流分析。（现金流量表见图表 5－24。）

图表 5 - 29　　　　　　　　　　　　自由现金流计算方法

Nestor 公司 自由现金流分析	
经营活动产生的现金流量净额	€ 411 750
资本性支出	(252 500)
分配股利	(19 800)
自由现金流	€ 139 450

通过这种计算方法，我们得出 Nestor 公司经营活动产生的现金流量净额为 411 750 欧元，金额巨大且为正值。Nestor 公司的现金流量表显示，企业购买了价值为 182 500 欧元的设备和价值为 70 000 欧元的土地，总资本性支出为 252 500 欧元。Nestor 公司有相当充足的现金流满足股利支付的需要，因此它的财务弹性很好。

回顾图表 5 - 24，如你所见，Nestor 公司利用其自由现金流赎回了债券，并增加企业流动性。如果发现有利可图的额外投资，它可以在股息或基本资本性支出不受威胁的前提下增加投资支出。财务弹性强的企业即使在环境艰难的条件下，也有能力投资利润丰厚的项目。事实上，这些财务弹性强的企业在经济低迷时常常表现得更为出色，因为它们有能力利用其他企业无法利用的机会。

5.3　附加信息

国际财务报告准则要求企业每年编制一套完整的财务报表。除了要编制当年的财务报表，企业还必须提供过去年度的比较信息。换句话说，企业必须报告两套完整的财务报表及有关附注。

一套完整的财务报表由以下几部分组成：

1. 期末资产负债表。

2. 期间综合收益表。企业既可以选择直接编制单张综合收益表，也可以选择分别编制利润表和综合收益表。若使用第二种编制方法，则先编制利润表。

3. 权益变动表。

4. 现金流量表。

5. 附注，包括对重要会计政策和其他解释性信息的摘要。[8]

在第 4 章和第 5 章中，我们已经讨论了前四项。但是，这些主要财务报表并不能完整地反映企业的财务状况和财务表现。国际财务报告准则要求企业在财务报表附注中披露描述性信息，对报表主体所列报的项目进行扩展和说明。

□ 5.3.1　财务报表附注

如前所述，附注是报告财务报表信息所不可或缺的组成部分。附注可以对具体财务报表项目的相关信息进行定性说明。此外，附注也可以针对某一定量项目提供补充性数据，以扩充财务报表信息。附注还可以对财务安排或基本合同协议中规定的限制条件予以解释。尽管附注在某些情况下令人难以理解,但它为财务报表使用者提供了有价值的信息。

会计政策

会计政策是企业编制和列报财务信息时采用的具体原则、基础、惯例、规则和实践。国际会计准则理事会建议企业披露涉及在可供选择范围内选择或所属行业特定的所有重要会计原则和方法。例如,企业可以根据若干种成本流转假设(如平均成本法和先进先出法)对存货进行计量,利用若干种可接受的方法(如双倍余额递减法和直线法)对厂场和设备计提折旧,采用不同的计量属性(如成本、净值和公允价值)对投资进行计价。明智的财务报表使用者了解这些可能的会计处理方法,认真考察报表,以确定企业所使用的方法。

因此,企业通常在财务报表附注中最先披露"重要的会计政策摘要"。这项披露非常重要,因为国际财务报告准则有时允许企业对某一交易有不同的会计处理方法。财务报表使用者如果不了解这些政策,就无法对不同企业的财务报表进行比较。我们以若干家企业年度报告为例,来看一看它们所采用的各项会计政策。

图表 5 - 30　　　　　　　　　**会计政策——存货**

LG 韩国公司
存货 存货按成本与市价孰低计价。除了在途物资成本按个别计价法确定外,其他存货成本按移动平均法或加权平均法确定。当存货的市场价值(产成品或商品的可变现净值、原材料的当期重置成本)低于账面价值时,账面价值按成本与市价孰低计价。集团公司根据存货类别采用成本与市价孰低法,存货跌价准备冲减存货账面价值,资产减值损失计入销售成本。但当减记存货价值的影响因素已经消失时,市场价值上升,高于账面价值,存货跌价准备应予以转回,转回后的存货金额不超过计提减值前的原账面价值。转回金额同时冲减销售成本。

图表 5 - 31　　　　　　　　　**会计政策——无形资产**

斯道拉恩索公司
无形资产按成本计价,在其预计使用年限内按直线法摊销。无形资产的预计使用年限通常为 3～10 年,专利权的预计使用年限为 20 年。

图表 5 - 32　　　　　　　**会计政策——不动产、厂场和设备**

JJB 体育公司
不动产、厂场和设备 不动产、厂场和设备按成本减去累计折旧和确认的减值损失后的净额计价。 除土地和在建工程之外,资产在其预计使用年限内,采用直线法计提折旧,冲减资产成本。各项资产预计使用年限如下所示: 　　永久性土地及建筑物　　　　　　　　　　　　　　　　　　50 年 　　租赁资产改良　　　　　　　　　　　　　　　　　　　租赁期内 　　厂场及设备　　　　　　　　　　　　　　　　　　　　5～25 年 融资租赁资产的折旧年限按自有资产预计使用年限或资产相关租赁期限孰低。 资产处置或报废产生的利得或损失计入当期损益,其金额等于资产销售收入与资产账面价值之间的差额。

图表 5 - 33   会计政策——金融负债

德尔海兹集团
非衍生金融负债 IAS 39《金融工具》将非衍生金融负债的确认和计量分为两类：以公允价值计量且其变动计入当期损益的金融负债；以摊余成本计量的金融负债。德尔海兹集团仅按摊余成本对金融负债进行计量。金融负债包括"债务""借款""应付账款"和"其他负债"。

财务报表补充附注

　　企业在附注中除了披露会计政策之外，还要对财务报表项目进行具体说明。企业相关人员必须作出判断，识别出财务信息的重要方面，以便在附注中进行详细阐述。在多数情况下，国际财务报告准则要求披露特定资料。以资产负债表为例，附注披露包括：

　　1. 不动产、厂场和设备项目细分为土地、房屋等，同时报告相应的累计折旧金额。

　　2. 应收账款细分为来自客户的应收款项、来自关联方的应收款项、预付账款和其他款项。

　　3. 存货细分为商品、生产物资、在产品和产成品等。

　　4. 预计负债细分为退休金负债和其他项目。

　　此外，某些具体准则还要求披露细节表和计算方法。例如，国际财务报告准则要求企业对应收账款进行账龄分析。图表 5 - 34 为英国吉百利公司对应收账款的账龄分析。

图表 5 - 34   应收账款账龄分析

吉百利公司		
	流动	非流动
应收账款	£835	—
减：应收账款坏账准备	(46)	—
	£789	—
20. 应收账款和其他应收款项		
对已过期但尚未计提减值的应收账款账龄分析如下：		
应收账款总额		£835
减：应收账款坏账准备		(46)
		£789
其中：		
未到期		£657
过期 3 个月以下		123
过期 3 个月以上		9
		£789

　　金融负债也要求进行账龄分析。图表 5 - 35 为迪奥公司对金融负债的账龄分析。

图表 5 – 35 金融负债账龄分析 单位：百万欧元

迪奥公司					
附注 17.4 借款总额账龄分析					
		2012 年			2013 年到期
付款日	2013 年	€3 866	付款日	第 1 季度	€3 356
	2014 年	1 440		第 2 季度	78
	2015 年	2 152		第 3 季度	66
	2016 年	449		第 4 季度	366
	2017 年	307			
	2017 年以后	788			
合计		€9 002	合计		€3 866

　　企业还要求披露对财务报表中的多项资产和负债从年初余额到期末余额的调节过程。例如，企业通常要提供不动产、厂场和设备余额调节表，无形资产余额调节表，以及预计负债余额调节表。图表 5 – 36 为瑞士雀巢公司的不动产、厂场和设备余额调节表。

图表 5 – 36 不动产、厂场和设备调节明细表 单位：百万瑞士法郎

雀巢公司					
	土地和建筑物	机械设备	工具、家具和其他设备	交通工具	合计
总价值					
1 月 1 日	CHF13 245	CHF25 455	CHF7 446	CHF931	CHF47 077
货币换算	(156)	(478)	(171)	(86)	(891)
资本支出	860	2 695	1 209	207	4 971
处置资产	(258)	(884)	(492)	(78)	(1 712)
重分类为持有待售	(30)	(38)	(3)	—	(71)
修改合并范围	90	51	3	(44)	100
12 月 31 日	CHF13 751	CHF26 801	CHF7 992	CHF930	CHF49 474

　　采用国际财务报告准则的企业需要进行大量的附注披露。很多企业的年度报告都非常长，大型企业的财务报表附注达 20 多页毫不奇怪。

5.3.2 披露方法

　　企业应尽可能完整地披露各种或有事项对财务状况的影响、资产和负债的计价方法以及企业的合同和协议。为披露这些相关信息，企业可能会使用旁注、交叉引用和备抵项目。

旁注

　　企业经常以在项目之后用括号加注说明的方式提供附加信息。例如，图表 5 – 37

中的旁注为英国吉百利公司发行的股票数量，它位于资产负债表"权益"的下方。

图表 5 - 37　　　　　　　　　　　　股票发行的旁注披露

吉百利公司	
权益	
普通股（发行 1 361 000 000 股，每股面值为 10 便士）	￡136 100 000

这种附加的相关信息增强了资产负债表的明晰性和完整性。它优于附注，因为它将附加信息纳入报表主体，不太可能被报表阅读者忽略。尽管如此，企业仍应避免使用过长的旁注，以免分散使用者的注意力。

交叉引用和备抵项目

企业对资产负债表中的资产和负债进行"交叉引用"，以反映它们之间的直接关系。如图表 5 - 38 所示，在 2015 年 12 月 31 日，企业要反映以下账目——一笔在流动资产中列示，另一笔在流动负债中列示。

图表 5 - 38　　　　　　　　　　　　交叉引用和备抵项目

流动资产（节选）	
为偿还应付债券设立的基金存款——见流动负债	$ 800 000

流动负债（节选）	
将于 2016 年偿还的应付债券——见流动资产	$ 2 300 000

这项交叉引用说明，企业当期将偿还 230 万美元的应付债券，但现金存款仅留出 80 万美元。因此企业需要来自非限制性现金、投资出售、净利润或其他来源的额外现金。企业也可以选择以旁注的方式反映同一信息。

另一种常用方法就是建立备抵或附加账户。资产负债表中的备抵账户用以抵减资产、负债或权益账户，如累计折旧账户和坏账准备账户。备抵账户为财务信息的列报提供了一定的灵活性。例如，通过使用累计折旧账户，报表阅读者可以看到资产的初始成本和截至当期的折旧金额。

反过来，附加账户用以增加资产、负债或权益账户。例如，公允价值调整账户添加到非交易性权益账户上后，即为企业的投资资产总额。

5.3.3　其他指南

除个别财务报表细节和报表附注，IAS 1 还强调了与列报有关的重要事项。[9]

抵销

IAS 1 规定，资产和负债、收入和费用要单独报告，否则使用者可能难以理解企业发生的交易或事项。因此，公司（如中石化）以应付账款账户抵减现金是不恰当的行为。同样，中石化在资产负债表中以因购买房屋所取得的借款来抵减房屋成本也是不合理的。但中石化可以以扣除减值准备（如坏账准备或存货跌价准备）后的资产净值对资产进行计量。在最后一种情形下，企业只是在财务报表上简单地报告相应金额，因此并不视为抵销。通常来说，除国际财务报告准则具体规定外，企业不允许进行抵销。

一致性

在第 2 章讨论的概念框架中，其中一项增强质量特征为可比性。作为可比性的一部分，概念框架指出，企业所采用的原则和方法在不同期间应保持一致。[10] 除非国际财务报告准则要求企业采用新政策，企业对相似的交易或事项应采用同一会计政策。因此，澳大利亚沃尔沃斯公司如果采用直线法对不动产、厂场和设备计提折旧，就应在所有列报期间均采用直线法。

公允列报

企业必须公允地列报财务状况、财务表现和现金流量。公允列报就是利用国际会计准则理事会发布的概念框架中的定义和确认标准可靠地陈述交易和事项。我们假设，财务报表得到公允列报的前提是，使用国际财务报告准则进行合理披露。换句话说，企业如果对会计政策的运用不合理，那么即便采用财务报表的解释性附注，也无法解决此问题。

只有在极少数情况下，如第 2 章所述，企业可以以"真实和公允"为先。这种情形的产生条件可能是，某一企业所采用的国际财务报告准则与财务报告目标相互冲突，或者某监管机构指出国际财务报告准则的某一特定事项可能具有误导性。但正如之前所述，以真实和公允为先在如今的报告环境下不大可能出现。①

理论争鸣　　资产负债表报告：总额还是净额

除了在开篇故事中讨论的财务报表列报问题，对资产负债表报告有争议的另一方面是资产和负债的抵销（净额）问题。人们普遍认为，抵销已确认资产和已确认负债会削弱使用者对已发生交易和情况的理解能力，以及对企业未来现金流的评定能力。换句话说，资产、负债和股东权益信息的提供有助于使用者计算回报率，评价资本结构。然而，取资产和负债的净额会限制使用者评估未来经济利益和义务的能力。

也就是说，抵销会隐藏资产和负债的存在，进而难以评估流动性、偿债能力和财务弹性。因此，美国公认会计原则不允许单独报告汇总项目（如总资产、净资产、总负债）。近日，国际会计准则理事会和财务会计准则委员会在努力制定资产负债表抵销的通用标准。国际财务报告准则的现有抵销规定比美国公认会计原则更为严格。而拟议的规定将只允许在极少数情况下（例如，须依法强制执行抵销权时）使用抵销。

在美国，这项新规定的实施将导致资产负债表中的总计金额急剧增加，对金融机构的影响更甚。例如，据研究估计，新规定会使美国银行的资产负债表总计金额增加 9 000 亿美元（平均增长 68%，增长幅度从花旗集团的 31.4% 到摩根士丹利的 104.7%）。* 一如所料，针对这项拟议的规定，财务会计准则委员会遭到其部分成员（特别是金融机构）的

---

① 广为人知的法国兴业银行事件是个例外。该银行运用真实和公允原则对 2008 年前期报告的亏损进行调整。尽管允许使用真实和公允原则，人们对该报告仍提出质疑，认为它准许银行"洗澡"，即在 2007 年，对银行已是不利的年份，尽可能多地报告亏损。如此一来，兴业银行 2008 年度报告就会看上去更好一些。参见 F. Norris，"SocGen Changes Its Numbers," *The New York Times*（May 13，2008）。

强烈反对。美国银行担心，一旦将其资产负债表与德意志银行和法国巴黎银行等国际竞争对手的资产负债表进行对比，新准则将使其处于不利境地。结果是，迄今为止，委员会一直没能达成统一标准，这项计划只得暂缓执行。

然而，委员会发布了对披露的一致要求。这项披露规定要求，对于资产负债表中符合抵销条件的工具和交易，企业必须同时披露其总额信息和净额信息。虽然委员会尚未能够制定抵销的统一标准，但企业根据新出台的统一披露规定提供的信息，使得财务报表使用者能够评价资产负债表中净额列示所产生的影响。这样一来，新规定支持了充分披露原则。

* Y. N'Diaye, "S&P: Accounting Rule Could Boost Bank Balance Sheets by Average 68%," *https://mninews. deutsche-boerse.com* (September 22, 2011).

国际会计视野

资产负债表与现金流量表

与国际财务报告准则的规定相同，美国公认会计原则也要求报告资产负债表和现金流量表。此外，美国公认会计原则下的资产负债表与现金流量表的内容和列报与国际财务报告准则也很相似。

相关事实

以下是美国公认会计原则和国际财务报告准则中资产负债表相关要求的主要相同点和不同点。

相同点

● 美国公认会计原则和国际财务报告准则均允许将"资产负债表"或"财务状况表"作为报表标题。国际财务报告准则建议使用"财务状况表"这一名称，而不是"资产负债表"，但并不对此做强制规定。

● 美国公认会计原则和国际财务报告准则均要求企业披露：（1）所遵循的会计政策；（2）管理层在应用企业会计政策的过程中作出的判断；（3）主要假设和不确定性估计，以便对下一财年资产和负债的期初账面价值作出重大调整。企业必须列报与前期相比较的信息，且每年都要编制财务报表。

● 美国公认会计原则和国际财务报告准则均要求在资产负债表权益部分列报非控制性权益（少数股东权益）。

不同点

● 在区分流动和非流动资产和负债方面，美

国公认会计原则的相关规定与本教材所述相同。然而，根据美国公认会计原则，上市公司必须遵循美国证券交易委员会的有关规定，对特定项目进行列示。美国公认会计原则还对此类信息的具体报告形式做了强制性规定。而国际财务报告准则要求，除少数情况之外，企业必须报告分类资产负债表。

● 美国公认会计原则要求最先列示现金，而国际财务报告准则要求现金列示在流动资产的最后。也就是说，国际财务报告准则与美国公认会计原则所要求的流动资产的列示顺序截然相反。

● 你在本书中会发现，美国公认会计原则术语和国际财务报告准则术语存在很多不同之处。例如，在美国公认会计原则中，普通股是"common stock"。而在国际财务报告准则中，普通股一般是"share capital—ordinary"。

● 美国公认会计原则不提倡用"准备"这一术语，而在国际财务报告准则中则不存在这一禁令。

深度解读

很多根据国际财务报告准则报告的企业常常用"准备"这一术语作为留存收益、股本溢价、累积其他综合收益等项目的泛称。

美国公认会计原则和国际财务报告准则在资产负债表的列报顺序方面存在差异。如下表所示，美国企业通常按流动资产、非流动资产、流动和非流动负债、股东权益的顺序列报。

资产	负债和所有者权益
流动资产	流动负债
长期投资	长期负债
不动产、厂场和设备	股东权益
无形资产	普通股
其他资产	股本溢价
	留存收益

此外，流动资产和流动负债下的项目按流动性大小列报。具体见美国孩之宝公司财务报告的一段摘录。

单位：千美元

孩之宝公司	
流动资产	
现金及现金等价物	$ 715 400
应收账款，减 27 700 美元的坏账准备	556 287

存货	203 337
预付费用和其他流动资产	243 291
流动资产合计	$ 1 718 315

未来之路

国际会计准则理事会和财务会计准则委员会正在进行一项计划，统一财务报表列报的相关标准。所提议框架的主要特点是，主体按相同的形式组织每一张报表，使其融资活动与经营活动和投资活动分开，同时将融资活动进一步分为与所有者和债权人的交易。对资产负债表所使用的这种分类方法也将同样运用于综合收益表和现金流量表。这项计划分三个阶段实行。你可以通过以下链接了解这一财务列报联合计划：http://www.ifrs.org/Current-Projects/IASBProjects/Financial-Statement-Present-ation/Pages/Financial-Statement-Presentation.aspx.

本章小结

1. 解释资产负债表的作用及局限性。资产负债表提供了企业资源中投资的性质与金额信息、对债权人承担的义务信息，以及权益信息。资产负债表有助于财务报告的形成，它为（1）计算回报率；（2）评价企业的资本结构；（3）评定企业的流动性、偿债能力与财务弹性提供了基础。

资产负债表有以下三点局限性：（1）资产负债表不能反映公允价值，因为会计人员以历史成本为基础对大多数资产和负债进行计量和报告；（2）企业必须使用判断和估计，以确认某些金额，如应收款项的可收回金额、长期有形资产和长期无形资产的使用年限；（3）资产负债表忽略了很多对企业具有财务价值但无法客观记录的项目，如人力资源、客户群和声誉。

2. 识别资产负债表的主要分类。资产负债表的基本要素有资产、权益和负债。资产主要分为非流动资产，长期投资，不动产、厂场和设备，无形资产，其他资产和流动资产。负债主要分为非流动负债和流动负债。企业资产负债表中的权益大体分为股本、股本溢价和留存收益。

3. 编制报告式资产负债表和账户式资产负债表。报告式在同一页中将权益和负债直接列示在资产下方。账户式将资产部分列示在左侧，将权益和负债部分列示在右侧。

4. 了解编制现金流量表的目的。编制现金流量表的基本目的是提供企业在一定期间与现金收入和支出有关的信息。报告现金的来源、使用以及净变动使财务报表阅读者能够了解企业流动性最强资源的情况。

5. 识别现金流量表的内容。在现金流量表中，企业将一定期间的现金收入和支出分为三种不同的活动类型。（1）经营活动：涉及与净利润的确定有关的交易的现金影响。（2）投资活动：包括发放及收回贷款、取得及处置投资（债务和权益）和不动产、厂场和设备。（3）筹资活动：涉及负债和权益项目，包括（a）从所有者取得资源，并向他们提供投资回报；（b）向债权人借钱，并偿还所借金额。

6. 编制基本现金流量表。编制现金流量表所需的信息通常来源于比较资产负债表、当期利润表和选定的交易数据。企业根据这些信息来源按四步编制现金流量表：（1）确定经营活动产生（或使用）的现金流量净额；（2）确定投资活动和筹资活动产生（或使用）的现金流量净额；（3）确定这一期间现金数额的变化（增加或减少）；（4）与现金从期初余额到期末余额的变动数额进行核对。

7. 理解现金流量表的作用。债权人会认真研究现金流量表，因为他们关心债务是否能得到偿还。比较经营活动产生的现金流量净额和负债金额有助于评定企业的偿债能力。在这方面，债权人使用的两大比率为现金流量比率和现金流量债务比。此外，自由现金流数额为债权人和股东提供了企业的财务弹性情况。

8. 确定需要在附注中披露的附加信息。除了一套完整的财务报表外，国际财务报告准则还要求在财务报表附注中做补充报告。附注披露包括：（1）会计政策；（2）与不动产、厂场和设备，应收账款，负债和预计负债，权益等项目有关的补充披露和明细表。

9. 说明资产负债表的主要披露方法。企业使用两种方法披露资产负债表有关信息。（1）旁注：企业以在项目之后用括号加注说明的方式提供附加信息或描述。（2）交叉引用和备抵项目：企业对资产负债表中的资产和负债进行"交叉引用"，以反映它们之间的直接关系。国际财务报告准则还规定了抵销（通常不被允许）、会计政策一致性和"真实和公允"列报等相关指南。

附录 5A　比率分析

□ 使用比率分析财务表现

分析师和其他利益相关方通过考察报表项目之间的关系以及识别这些关系的发展趋势，可以收集财务报表的定性信息。以比率分析为出发点会对该类信息的收集有所帮助。

比率表达了一个量与另一个量之间的数学关系。比率分析用百分比、比值或简单的比例形式来表示选定的报表数据段之间的关系。

我们以宏碁集团为例对比率分析进行说明。该公司最近的流动资产金额为 1 863.91 亿新台币，流动负债金额为 1 493.15 亿新台币。用流动资产除以流动负债，我们得到这两个数额之间的比率。可选择的表示形式有：

百分比：流动资产占流动负债的 125%。

比值：流动资产是流动负债的 1.25 倍。

比例：流动资产与流动负债的比为 1.25 : 1。

为了分析财务报表，我们将各种比率归为四类，如下所示。

比率的主要类型

流动性比率。衡量企业的短期偿债能力。
营运能力比率。衡量企业的资产使用效率。
盈利能力比率。衡量在给定期间内给定企业或部门的成功或失败程度。
保障比率。衡量对长期债权人和投资者的利益保障程度。

在第 5 章中，我们已经讨论过与现金流量表有关的三种计算方法，即现金流量比率、现金流量债务比和自由现金流。在本教材的其余部分，我们给出一系列比率，帮助你了解和解释财务报表列报的信息。图表 5A - 1 列示了我们将在本教材中使用的比率。在接下来的章节中进一步考察这些比率，你会发现这张图表十分有用。第 24 章的附录对财务报表分析做了更为深入的探讨。

图表 5A - 1 　　　　　　　　　　**财务比率总结**

比率	计算公式	目的或作用
Ⅰ. 流动性		
1. 流动比率	$\dfrac{流动资产}{流动负债}$	衡量短期偿债能力
2. 速动比率	$\dfrac{现金、短期投资和应收款项净额}{流动负债}$	衡量瞬时短期流动性
3. 现金流量比率	$\dfrac{经营活动产生的现金流量净额}{平均流动负债}$	衡量企业在给定年度通过经营活动偿还流动负债的能力
Ⅱ. 营运能力		
4. 应收账款周转率	$\dfrac{净销售收入}{平均应收账款（净额）}$	衡量应收账款的流动性
5. 存货周转率	$\dfrac{销货成本}{平均存货}$	衡量存货的流动性
6. 资产周转率	$\dfrac{净销售收入}{平均总资产}$	衡量使用资产创造收入的效率
Ⅲ. 盈利能力		
7. 销售净利率	$\dfrac{净利润}{净销售收入}$	衡量每一美元销售收入所产生的利润
8. 总资产净利率	$\dfrac{净利润}{平均总资产}$	衡量资产的整体盈利能力
9. 普通股权益净利率	$\dfrac{净利润-优先股股利}{平均普通股股东权益}$	衡量所有者投资的报酬率
10. 每股收益	$\dfrac{净利润-优先股股利}{流通在外的加权平均股数}$	衡量每一普通股所赚取的净利润
11. 市盈率	$\dfrac{每股市价}{每股收益}$	衡量每股市价与每股收益的比率

续

比率	计算公式	目的或作用
12. 股利支付率	$\dfrac{现金股利}{净利润}$	衡量以现金股利形式分配出去的收益占总收益的百分比
Ⅳ. 保障系数		
13. 资产负债率	$\dfrac{总负债}{总资产}$	衡量由债权人提供的资产占总资产的百分比
14. 利息保障倍数	$\dfrac{息税前利润}{利息费用}$	衡量企业支付到期利息的能力
15. 现金流量债务比	$\dfrac{经营活动产生的现金流量净额}{平均总负债}$	衡量企业在给定年度通过经营活动偿还总负债的能力
16. 每股账面价值	$\dfrac{普通股股东权益}{流通在外的股数}$	衡量企业在按资产负债表报告的数额进行清算后，每股将收到的金额
17. 自由现金流	经营活动产生的现金流量净额－资本性支出－股息	衡量可供支配的现金流量

□ 附录 5A 小结

10. 识别财务比率的主要类型及其所衡量的内容。比率表达了一个量与另一个量之间的数学关系，以百分比、比值或比例形式表示。流动性比率衡量企业的短期偿债能力。营运能力比率衡量企业的资产使用效率。盈利能力比率衡量企业成功或失败程度。保障比率衡量对长期债权人和投资者的利益保障程度。

简单练习

BE5-1 Harding 公司 2015 年 12 月 31 日的试算平衡表中包含如下账户：应收账款 110 000 欧元；存货 290 000 欧元；坏账准备 8 000 欧元；专利权 72 000 欧元；预付保险 9 500 欧元；应付账款 77 000 欧元；现金 30 000 欧元。要求：编制资产负债表流动资产部分，并将以上账户按适当顺序列示。

BE5-7 托马斯公司 2015 年 12 月 31 日调整后的试算平衡表中包含的负债账户如下所示：应付债券（3 年内到期）100 000 美元；应付账款 72 000 美元；应付票据（90 天内到期）22 500 美元；应付职工薪酬 4 000 美元；应交所得税 7 000 美元。要求：编制资产负债表的流动负债部分。

综合练习

E5-5（编制修正后的资产负债表） Bruno 公司决定扩大经营规模。为筹集扩张所需的资金，该公司会计人员最近编制了资产负债表，具体如下表所示：

Bruno 公司 资产负债表 2015 年 12 月 31 日	
流动资产	
现金	€ 260 000
应收账款净额	340 000
存货（平均成本与可变现净值孰低）	401 000
交易性证券——成本（公允价值为 120 000）	140 000
不动产、厂场和设备	
房屋及建筑物净额	570 000
设备净额	160 000
为将来使用而持有的土地	175 000
无形资产	
商誉	80 000
其他可辨认资产	90 000
预付费用	12 000
流动负债	
应付账款	135 000
应付票据（明年到期）	125 000
退休金负债	82 000
应付租金	49 000
应付债券溢价	53 000
非流动负债	
应付债券	500 000
权益	
普通股，每股面值为 1 欧元，法定股数为 400 000 股，发行股数为 290 000 股	290 000
股本溢价	180 000
留存收益	?

　　要求：请根据以下所给信息编制修正后的资产负债表。假设房屋及建筑物的累计折旧余额为 160 000 欧元，设备的累计折旧余额为 105 000 欧元。坏账准备余额为 17 000 欧元。退休金负债视为一项非流动负债。

权威文献

　　[1] International Accounting Standard 1, *Presentation of Financial Statements*（London，U. K.：International Accounting Standards Committee Foundation，2005），par. BC 16.

　　[2] International Accounting Standard 1, *Presentation of Financial Statements*（London，U. K.：International Accounting Standards Committee Foundation，2005），par. 60.

　　[3] International Accounting Standard 39, *Financial Instruments：Recognition and Measurement*

(London, U. K.: International Accounting Standards Committee Foundation, 2003), paras. 43-46.

[4] International Accounting Standard 32, *Financial Instruments: Presentation* (London, U. K.: International Accounting Standards Committee Foundation, December 2003), par. 11.

[5] International Accounting Standard 39, *Financial Instruments: Recognition and Measurement* (London, U. K.: International Accounting Standards Committee Foundation, 2003), par. 9b.

[6] International Accounting Standard 1, *Presentation of Financial Statements* (London, U. K.: International Accounting Standards Committee Foundation, September 2005), par. 72.

[7] International Accounting Standard 1, *Presentation of Financial Statements* (London, U. K.: International Accounting Standards Committee Foundation, September 2005), par. 10d.

[8] International Accounting Standard 1, *Presentation of Financial Statements* (London, U. K.: International Accounting Standards Committee Foundation, September 2005), par. 10.

[9] International Accounting Standard 1, *Presentation of Financial Statements* (London, U. K.: International Accounting Standards Committee Foundation, December 2005).

[10] International Accounting Standard 8, *Accounting Policies, Changes in Accounting Estimates and Errors* (London, U. K.: International Accounting Standards Committee Foundation, 2003).

第 6 章

会计与货币时间价值

学习目标

学完本章后，你应该能够：

1. 识别与货币时间价值有关的会计议题。
2. 区分单利和复利。
3. 恰当地使用复利表。
4. 确定在解决利息问题时需使用的基本变量。
5. 解决 1 美元的终值与现值问题。
6. 解决普通年金和预付年金的终值问题。
7. 解决普通年金和预付年金的现值问题。
8. 解决递延年金和债券的现值问题。
9. 将预期现金流量运用于现值计量。

如何计量

　　计量是会计的一个重要部分。在第 2 章已讨论过，我们所使用的计量属性并不唯一。也就是说，很多项目以历史成本为基础进行计量（如固定资产、存货），但也有越来越多的项目以公允价值为基础进行计量（如金融工具、减值）。当某一项目的市场价格可知时，其公允价值很容易确定（公允价值层级的第一层级）。然而当市场价格无法获得时，会计人员必须依赖估值模型来估计其公允价值（公允价值层级的第三层级）。

　　一般来说，以估值模型为基础估计公允价值需要使用现金流量折现方法。它有三项基本要素：（1）估计未来现金流量的金额和时点；（2）估计未来现金流量发生的概率；（3）确定合适的折现率，根据该折现率对预期现金流量折现，最终得到公允价值估计值。看起来很简单，对吗？事实上，按照该方法，根据国际财务报告准则的要求估计各种复杂资产和负债的公允价值是一个很困难的过程。

　　比如，许多欧洲的金融机构在处理希腊债券持有损失时，就要面临估值这一难题。证券市场失灵，致使投资和贷款的实际市场价格不容易获得。在这之后，各大银行，如法国农业信贷银行、苏格兰皇家银行和德克夏银行，以及其他许多金融机构均发生了巨额亏损。类似的估值困难也发生在投资拍卖利率证券（ARS）的公司。ARS 的公允价值通常根据季度拍卖情况来确定。但在金融危机期间，拍卖失败，ARS 的投资者被迫只能使用估值模型，而不是市场价格来确定公允价值。

　　国际会计准则理事会已经出台了公允价值估计指南（IFRS 13），但也一直在考察是否需要额外的估价指导，对其需求程度有多大。鉴于此，准则制定者成立了咨询小组，小组成员包括会计专家和估值专家、财务报表的编制者和使用者、监管机构以及其他行业代表。以计价资源组为例，它针对以财务报告为目的的公允价值运用问题，提出了许多观点。计价资源组所讨论的一些问题列举如下：

● 企业合并中的或有对价计量；
● 在计量无形资产时考虑无形资产在未来若干期间将产生的超额收益；
● 溢价和折价对公允价值计量的影响；
● 在进行商誉减值测试时对报告单位账面价值的确定；
● 对不确定性计量的分析披露。

上述一系列会计议题说明了问题的多样性和复杂性，这些问题在落实公允价值计量原则的过程中必须予以解决。通过参考计价资源组对这些项目的讨论结果，提出了许多关于公允价值指南在特殊项目中的运用方法。例如，针对或有对价问题，计价资源组指出，企业在进行未来现金流量估计时一定要考虑税收的影响，且在某些情况下，不同资产和负债的税收影响不同。

　　在公允价值计量原则运用方面，计价资源组向准则制定者提出了许多好的建议。学完本章后，你会更深入地理解货币的时间价值原则，以及在会计计量中使用的现金流量折现方法。

　　资料来源：Ernst and Young, "Valuation Resource Group: Highlights of November 2010 Meeting," *Hot Topic—Update on Major Accounting and Auditing Activities*, No. 2010–59（5 November 2010）.

⊙ 本章概览

　　开篇故事表明，作为一名身处当前会计环境的财务专家，你要会计算现值和终值并了解它们的含义。本章的目的在于介绍对未来现金流入和流出现值计算有帮助的工具和方法。本章内容和结构如下图所示：

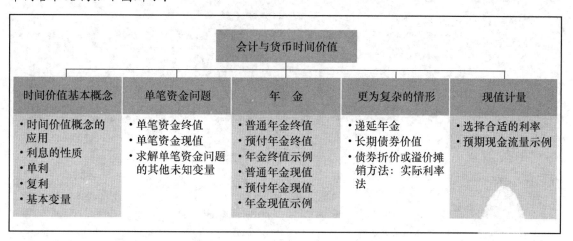

6.1　时间价值基本概念

　　在会计（和财务）领域中，"货币的时间价值"这一短语说明了时间与货币的关系，即现在收到的 1 美元比在未来某一时点收到的 1 美元更有价值。为什么？是因为你可以拿现在的 1 美元进行投资，并据此收到利息。然而，当要决定"将一笔钱用于投资还是放贷"时，你一定要将现在的 1 美元和将来的 1 美元在同一时间基础上进行比较，也就是"拿苹果和苹果比较"。为此，投资者使用现值这一概念。现值在会计中的应用极为广泛。

□ 6.1.1　时间价值概念的应用

　　财务报告根据不同情况使用不同的计价方法——对设备按历史成本计价，对存货按可变现净值计价。我们在第 2 章已讨论过，国际会计准则理事会正逐渐要求企业使用公允价值对资产和负债进行计量。根据国际会计准则理事会最近发布的公允价值计量指南，最为有用的公允价值计量基础是活跃市场上的市场价格。在公允价值层级中，它指的就是第一层级。第一层级公允价值计量最为客观，因为它以报价为依据，比如股票收盘价。

但是，很多资产和负债的以市场为基础的公允价值信息都无法获取。在这种情况下，公允价值可以根据资产或负债的预期未来现金流量进行估计。这种公允价值估计一般指的是公允价值层级中的第三层级（最为主观），因为它是以不可观察的输入值为基础，例如企业关于资产或负债预期未来现金流量的内部数据或假设。正如公允价值指南中所述，现值法就是将预期现金流量折算成现值，它代表了一种公允价值估计。[1]

由于现值的应用范围越来越广，理解现值法至关重要。① 以下列示的会计议题都要应用基于现值的计量方法，其中的大部分议题在之后的章节中都会予以讨论。

以现值为基础的会计计量

1. 票据。估计无票面利率或比市场利率低的非流动应收票据和应付票据的价值。
2. 租赁。估计长期租赁予以资本化的资产和负债价值，计算租赁付款额和每年租赁摊销额。
3. 退休金和其他退休后福利。计算雇主退休后福利费和退休后福利义务的服务成本要素价值。
4. 长期资产。通过对未来现金流量折现以评估另类长期投资*。确定由延期付款合同取得的资产价值。计算资产减值。
5. 股权激励。确定为员工提供的股票期权激励计划的公允价值。
6. 企业合并。确定在企业合并中取得或承担的应收款项、应付款项、负债、应计项目和承诺的价值。
7. 披露。在补充信息披露中计算石油和天然气储备的未来现金流量价值。
8. 环境负债。确定资产预计处置义务的公允价值。

除会计和商业领域外，复利、年金和现值概念还可运用于个人理财和投资决定。在购买房屋或汽车、计划退休和评估另类投资的过程中，都要理解货币的时间价值这一概念。

□ 6.1.2　利息的性质

利息是借款人使用资金所支付的价格。它是收到（或偿还）的现金与贷出（或借入）的现金（即本金）的差额。例如，Corner 银行向 Hillfarm 公司发放了 10 000 美

---

① IFRS 将现值作为一系列交易的计量基础，如应收账款和应收贷款[2]、租赁[3]、退休后福利[4]、资产减值[5]和股权激励[6]。

* 另类投资是指在股票、债券及期货等公开交易平台之外的投资方式。由于不在公共交易平台上运作，另类投资的一个重要特点就是缺少流动性。——译者注

元贷款，同时向该公司说明到期需偿还 11 500 美元。偿还金额超过 10 000 美元的部分，即 1 500 美元，就代表利息费用。

贷款人通常将一段特定时期的利息数额以比率的形式作出规定。例如，假定 Hillfarm 公司借入 10 000 美元，一年后偿还 11 500 美元，那么年利率为 15%（1 500/10 000）。将利息表示为百分比率的惯例已经是一种既定的商业行为。[1] 事实上，企业管理层的投资和借款决策是以相关利率为依据的，而不是未来将收到或支付的实际利息金额。

利率是如何确定的呢？一项重要的因素就是相关的信用风险（无法偿付风险）水平。在其他因素不变的条件下，信用风险越高，利率就越高。诺基亚或阿迪达斯等低风险企业可能会以与现行市场利率相同或略低的利率取得一笔借款。但银行如果向附近的一家面包店发放贷款的话，就可能会收取高于市场利率几个百分点的利息。

任意一项金融交易所涉及的利息金额都是三个变量的函数。

计算利息所使用的变量

1. 本金。借款金额或投资金额。
2. 利率。未偿本金的一定百分比。
3. 时间。本金在全部偿还（或收回）之前所经历的年数或一年的一部分。

由此产生如下三种关系：
- 本金数额越大，利息数额越大。
- 利率越高，利息数额越大。
- 时间越长，利息数额越大。

☐ 6.1.3　单利

单利是指企业只对本金计算利息。它是本金经过一期所产生的收益（或增长）。单利的计算公式如下所示。[2]

利息 $= p \times i \times n$

式中，p 为本金；i 为单期利率；n 为期数。

举个例子，Barstow 电力公司取得 10 000 美元的借款，时间为 3 年。采用单利法计算利息，年利率为 8%。总利息支付金额的计算过程如下：

$$
\begin{aligned}
利息 &= p \times i \times n \\
&= 10\,000 \times 0.08 \times 3 \\
&= 2\,400（美元）
\end{aligned}
$$

如果 Barstow 取得了 3 个月的借款，借款金额为 10 000 美元，年利率为 8%，则

---

① 很多制度法规均要求企业在所有合同中都要以年为单位披露利率。也就是说，合同规定的利率不能为"每月 1%"，而只能是"每年 12%"（单利）或"每年 12.68%"（逐月复利）。

② 商务数学和商业金融教材中的单利传统计算公式为 I（利息）$= P$（本金）$\times R$（利率）$\times T$（时间）。

利息为 200 美元，计算过程如下：

$$利息＝10\ 000×0.08×3/12$$
$$＝200（美元）$$

□ 6.1.4　复利

据说，英国著名经济学家约翰·梅纳德·凯恩斯称它为魔术。欧洲著名银行的创始人梅耶·罗斯柴尔德则声称它是世界第八大奇迹。如今，人们不断赞美它的神奇和力量。他们称赞的对象是谁呢？复利。

复利是指对本金及其产生的尚未支付或收取的利息计息。它是本金经过两期或多期所产生的收益（或增长）。复利计算不仅以本金为基数，还以本金经过以前计息期产生的利息为基数，前提是利息同本金一起存留，未被提取。

为了说明单利与复利的区别，假定 Vasquez 公司将 10 000 美元存入 Last 国家银行，银行采用单利法计息，年利率为 9%。该公司还将另一笔 10 000 美元的款项存入 First 国家银行，银行采用复利法计息，逐年复利，年利率也为 9%。两笔存款均于 3 年后到期，Vasquez 公司在存款到期之前均不支取利息。图表 6-1 中计算了 Vasquez 公司未来收取的利息以及每年年末的本息和。

图表 6-1　　　　　　　　　　　　　　单利和复利

Last 国家银行				First 国家银行		
单利计算	单利	期末累计余额		复利计算	复利	期末累计余额
第1年 $10 000.00×9%	$900.00	$10 900.00		第1年 $10 000.00×9%	$900.00	$10 900.00
第2年 $10 000.00×9%	900.00	$11 800.00		第2年 $10 900.00×9%	981.00	$11 881.00
第3年 $10 000.00×9%	900.00	$12 700.00		第3年 $11 881.00×9%	1 069.29	$12 950.29
	$2 700.00		$250.29 差异		$2 950.29	

要注意的是，在图表 6-1 中，单利在 3 年内均是对初始本金 10 000 美元计息。复利则是对每年年末累计金额（本金与到目前为止产生的利息之和）计息。这是复利存款账户余额比单利存款账户余额大的原因。

很明显，任何一位理性投资者在条件允许的情况下都会选择复利而非单利。在上例中，复利带来了 250.29 美元的额外利息收入。实际上，我们假定复利所产生的未支付的利息成为本金的一部分。那么以此类推，每年年末的累计金额就成为新的本金总额，下一年产生的利息要根据这个新的本金总额来计算。

复利计算方法的使用遍及商业领域。在我们所处的经济社会中，企业需要使用大额长期资产，并为取得该类资产而进行长期融资，因此更要采用复利计算方法。财务经理根据各项投资的定期回报来观察和评估其是否值得再投资以赚取超额回报。单利的应用范围通常只局限于短期投资和时间跨度不超过一年的负债。

数字背后的秘密　　　　一个相当不错的起点

各国政府就如何向公民提供退休福利所展开的持续争论力证了复利的巨大威力。有人提议政府向每位刚出生的公民发放1000美元。这笔款项作为礼物存入某一账户，在该公民退休之前都可获得免税利息收入。假设账户在该公民65岁退休之前每年可产生5%的收益（收益率不算太高），那么1000美元将增长到23839美元。如果采用逐月复利的方法，那么在出生时存入的这1000美元就会增至25617美元。

为什么这么早就要开始存入呢？如果政府在该公民18岁时才存入这笔款项，逐年复利，那么1000美元在退休之前只能增至9906美元。也就是说，投资时间缩短1/3，退休时所得到的金额就会减少50%以上。这个例子说明，一定要尽早开始，复利的威力才能够充分发挥出来。

复利表

我们在本章末给出了五张不同类型的复利表。这些表格有助于你对本章的学习以及对其他利率相关问题的解决。

复利表及其内容

1. 1美元终值表。包括现在以某一特定利率存入的1美元，经过某一特定时期后增至的金额（表6-1）。

2. 1美元现值表。包括为在某一特定时期后获得1美元，现在必须以某一特定利率存入的金额（表6-2）。

3. 1美元普通年金终值表。包括1美元定期租金在某一特定利率下经过某一特定时期后增至的金额。款项（租金）在该特定期间内的各期期末支付（表6-3）。

4. 1美元普通年金现值表。包括为在某一特定期间内的各期期末支取1美元，现在必须以某一特定利率存入的金额（表6-4）。

5. 1美元预付年金现值表。包括为在某一特定期间内的各期期初支取1美元，现在必须以某一特定利率存入的金额（表6-5）。

图表6-2为这几张表的一般格式和内容。它列示了1美元本金在三种不同的复利水平下，从第1期到第5期每期期末的本息累计金额。

图表6-2 　　　　　　　　　　**表6-1摘录**

不同复利水平下的1美元终值 表6-1摘录			
时期	9%	10%	11%
1	1.090 00	1.100 00	1.110 00
2	1.188 10	1.210 00	1.232 10
3	1.295 03	1.331 00	1.367 63
4	1.411 58	1.464 10	1.518 07
5	1.538 62	1.610 51	1.685 06

复利表是以基本公式为基础编制的。例如，1 美元的终值系数（FVF）计算公式为：

$$FVF_{n,i} = (1+i)^n$$

式中，$FVF_{n,i}$ 为利率为 i、期数为 n 的终值系数；n 为期数；i 为单期利率。

财务计算器中包含了预先设定的 $FVF_{n,i}$ 以及其他货币时间价值计算公式。

为了说明在计算复利终值时复利表的作用，假定利率为 9%。图表 6-3 列示了 1 美元的终值（即终值系数）。

图表 6-3　　　　　　　　　　　　　复利终值计算

时期	期初金额	×　　系数 $(1+i)$	=	期末金额*	计算公式 $(1+i)^n$
1	1.000 00	1.09		1.090 00	$(1.09)^1$
2	1.090 00	1.09		1.188 10	$(1.09)^2$
3	1.188 10	1.09		1.295 03	$(1.09)^3$

* 这些金额在表 6-1 中 9% 一栏。

要注意的是，在对复利表的整个讨论过程中，我们有意使用时期这一术语而非年数。利息通常以年利率表示，但也会出现计息期不到一年的商业情形。面对这种情况，企业必须将年利率折算成计息期利率，用年利率除以每年复利次数即可得到计息期利率。

此外，企业用年数乘以每年复利次数来确定期数。举个例子，假定本金为 1 美元，投资 6 年，年利率为 8%，每季度复利一次。通过查询表 6-1，我们找到 2% 这一列，第 24 行（6 年×每年复利 4 次）的系数为 1.608 44，即复利终值约等于 1.61 美元。因此，所有的复利表均用时期这一术语而非年数来表示 n。图表 6-4 列示了在 4 种不同复利频率①下的计息期利率和复利次数。

图表 6-4　　　　　　　　　　　　　复利频率

年利率 12%，5 年期，复利计息	计息期利率	复利次数
每年复利一次（1）	0.12/1=0.12	5 年×1 年复利 1 次=5 次
每半年复利一次（2）	0.12/2=0.06	5 年×1 年复利 2 次=10 次
每季度复利一次（4）	0.12/4=0.03	5 年×1 年复利 4 次=20 次
每月复利一次（12）	0.12/12=0.01	5 年×1 年复利 12 次=60 次

复利频率最终会影响收益率的计算。比如，9% 的年利率每天复利一次，收益率为 9.42%，两者相差 0.42%。9.42% 为实际利率（effective yield）。② 年利率（9%）

---

① 理论上讲，每一天每一秒都可以赚取利息或计提利息，因此可以采用连续复利。使用自然（内皮尔）对数体系可以帮助我们进行连续复利的相关计算。但实际情况是，大多数商业交易都假定复利频率不超过一天一次。

② 复利频率（n）高于一年一次，就会产生实际利率。实际利率的计算公式如下：

实际利率 $=(1+i)^n-1$

假定年利率为 8%，每季度复利一次（季度利率为 2%），那么实际年利率为：

实际利率 $=(1+0.02)^4-1$

$=(1.02)^4-1$

$=1.082\ 4-1$

$=0.082\ 4$

$=8.24\%$

为设定利率、名义利率或票面利率。当复利频率高于一年一次时，实际利率总会大于设定利率。

　　图表 6-5 列示了 5 种不同的复利频率对实际利率的影响以及 10 000 美元的投资一年后产生的收益。

图表 6-5　　　　　　　　　　　　　　不同复利频率的对比

利率	复利频率				
	每年复利一次	每半年复利一次	每季度复利一次	每月复利一次	每日复利一次
8%	8.00%	8.16%	8.24%	8.30%	8.33%
	$800	$816	$824	$830	$833
9%	9.00%	9.20%	9.31%	9.38%	9.42%
	$900	$920	$931	$938	$942
10%	10.00%	10.25%	10.38%	10.47%	10.52%
	$1 000	$1 025	$1 038	$1 047	$1 052

☐ 6.1.5　基本变量

　　以下为所有复利问题所涉及的四个基本变量。

❖❖ 基本变量

　　1. 利率。除非另有说明，该利率一般指的是年利率。当计息期短于一年时，年利率必须调整为计息期利率。

　　2. 期数。即复利次数。（计息期可能等于或短于一年。）

　　3. 终值。指现在投入的一定量的一笔或几笔资金采用复利计息时在未来某一时点上的价值。

　　4. 现值。指未来的一笔或几笔资金采用复利计息时折算至现在的价值。

　　图表 6-6 通过时间矢量图描述了这四个基本变量之间的关系。

图表 6-6　　　　　　　　　　　　　　基本时间矢量图

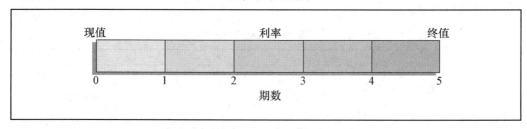

　　在某些情况下，这四个变量均已知。但在许多商业情形下，至少有一个变量是未知的。为了更好地理解和解决本章所提出的问题，我们鼓励你以图表 6-6 所示的时间矢量图形式对复利问题进行简要描述。

6.2　单笔资金问题

许多商业决策和投资决策都与单笔资金有关。这笔资金或者存在于现在，或者存在于未来。单笔资金问题通常可归属于如下两类中的一类。

1. 计算现在投入的一笔金额已知的资金在某一特定利率水平下经过某一特定时期后的未知终值。

2. 计算未来某一特定时期的一笔金额已知的资金按某一特定利率水平所折算的未知现值。

在分析已知信息时，首先要确定该问题与终值有关还是与现值有关，然后根据具体情况运用如下一般规则：

● 如果要计算终值，那么就把所有的现金流量都累加到未来某一时点上。在这种情况下，随着时间的推移，利息增加，资金数额或价值也在增加，因此终值大于现值。

● 如果要计算现值，那么就把未来所有的现金流量都折算到现在。在这种情况下，折现使资金数额或价值减少，因此现值小于终值。

绘制时间矢量图将有助于你判断该未知变量为终值还是现值。有时以上两者都不是，该未知变量为利率或折现率，或者为复利次数或折现次数。

□ 6.2.1　单笔资金终值

为了确定单笔资金的终值，我们用终值系数乘以单笔资金的现值（本金），计算公式如下：

$$FV = PV(FVF_{n,i})$$

式中，FV 为终值；PV 为现值（本金或单笔资金数额）；$FVF_{n,i}$ 为利率为 i、期数为 n 的终值系数。

举个例子，假定 Bruegger 公司现在投入 50 000 欧元，投资 5 年，逐年复利，利率为 11%。该企业想要确定这笔资金的终值。图表 6-7 以时间矢量图形式说明了该项投资的情况。

图表 6-7　　　　　　　　终值时间矢量图（$n=5$，$i=11\%$）

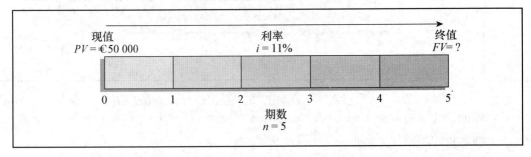

通过使用终值计算公式，Bruegger 公司解决了该项投资问题，计算过程如下。

$$终值 = PV(FVF_{n,i})$$
$$= 50\,000(FVF_{5,11\%})$$
$$= 50\,000\,(1+0.11)^5$$
$$= 50\,000(1.685\,06)$$
$$= 84\,253(欧元)$$

为确定上式中的现值系数为 1.685 06，Bruegger 公司可以使用财务计算器或查阅恰当的复利表，本例适用表 6-1（11% 这一列，5 期这一行）。

企业可以将上述时间矢量图和计算公式应用于常规商业情形。举个例子，假定上海电力公司在 2015 年初将 250 000 000 元存入中国工商银行的第三方保管账户，作为对发电厂建造的保证。发电厂建造预计于 2018 年 12 月 31 日完工。如果利率为 10%，每半年复利一次，那么企业在第 4 年年末的存款账户金额将为多少呢？

已知现值为 250 000 000 元，复利次数为 8 次（4×2），计息期利率为 5%（0.10÷2），企业可以通过使用时间矢量图来解决这一问题，确定终值，具体如图表 6-8 所示。

图表 6-8　　　　　终值时间矢量图（$n=8$，$i=5\%$）

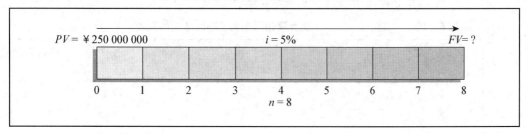

$$终值 = 250\,000\,000(FVF_{8,5\%})$$
$$= 250\,000\,000\,(1+0.05)^8$$
$$= 250\,000\,000(1.477\,46)$$
$$= 369\,365\,000(元)$$

在查阅表 6-1（5% 这一列，8 期这一行）找到终值系数后，我们发现 250 000 000 元的存款到 2018 年 12 月 31 日会增至 369 365 000 元。

☐ 6.2.2　单笔资金现值

之前所举的 Bruegger 公司的例子说明，现在投入 50 000 欧元，利率为 11%，逐年复利，那么到第 5 年年末其价值为 84 253 欧元。也就是说，5 年后的 84 253 欧元现在价值 50 000 欧元，50 000 欧元就是 84 253 欧元的现值。现值是指为了在将来取得一定的金额，现在需要投入的价值。

产生的利息不断累积，导致现值总是小于已知终值。企业通过累积将一定金额向后推算以确定终值，通过折现将一定金额向前推算以确定现值。

如前所述，本章末给出的表 6-2 为"1 美元现值表"。图表 6-9 可说明此表的性质，它列示了 1 美元在 3 种不同利率水平下 5 期的现值。

图表 6-9　　　　　　　　　　　　　表 6-2 摘录

不同复利水平下的 1 美元现值 表 6-2 摘录			
时期	9%	10%	11%
1	0.917 43	0.909 09	0.900 90
2	0.841 68	0.826 45	0.811 62
3	0.772 18	0.751 32	0.731 19
4	0.708 43	0.683 01	0.658 73
5	0.649 93	0.620 92	0.593 45

确定 1 美元的现值（现值系数）需使用如下计算公式：

$$PVF_{n,i} = \frac{1}{(1+i)^n}$$

式中，$PVF_{n,i}$ 为利率为 i、期数为 n 的现值系数。

1 美元在利率为 9% 时 3 期的现值如图表 6-10 所示。

图表 6-10　　　　　　　　　1 美元在折现率为 9% 时 3 期的现值

折现期	1	$\div$	$(1+i)^n$	$=$	现值*	计算公式 $1/(1+i)^n$
1	1.000 00		1.09		0.917 43	$1/(1.09)^1$
2	1.000 00		$(1.09)^2$		0.841 68	$1/(1.09)^2$
3	1.000 00		$(1.09)^3$		0.772 18	$1/(1.09)^3$

* 这些金额在表 6-2 中 9% 一栏。

任意单笔资金（终值）的现值计算公式如下所示。

$$PV = FV(PVF_{n,i})$$

式中，PV 为现值；FV 为终值；$PVF_{n,i}$ 为利率为 i、期数为 n 的现值系数。

如果 5 年后将收取或支付 84 253 欧元，折现率为 11%，每年复利一次，那么其现值为多少呢？图表 6-11 以时间矢量图的形式描述了该问题。

图表 6-11　　　　　　　　　现值时间矢量图（$n=5$，$i=11\%$）

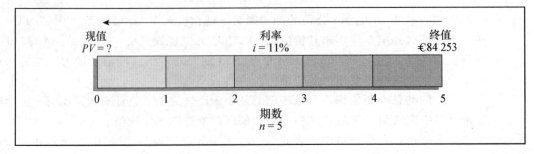

利用公式，我们可以计算出现值，过程如下。

$$PV = FV(PVF_{n,i})$$

$$=84\ 253(PVF_{5,11\%})$$
$$=84\ 253\left(\frac{1}{(1+0.11)^5}\right)$$
$$=84\ 253(0.593\ 45)$$
$$=50\ 000(美元)$$

为确定现值系数为 0.593 45，我们可以使用财务计算器或查阅 1 美元的现值表，即表 6-2（11%这一列，5 期这一行）。

时间矢量图和公式法可应用于各种情形。举个例子，假定你有一位很有钱的叔叔，他决定在你 3 年后大学毕业时给你 2 000 美元去旅行。为了让你在毕业时能够获得 2 000 美元的旅游经费，他计划现在存入一笔资金，采用复利计息，利率为 8%。他对你开出的条件只有两个：顺利毕业；告诉他现在应投入多少钱。

为了便于他理解，你要画出如图表 6-12 所示的时间矢量图，并按以下步骤解决此问题。

图表 6-12　　　　　　　　现值时间矢量图（$n=3$，$i=8\%$）

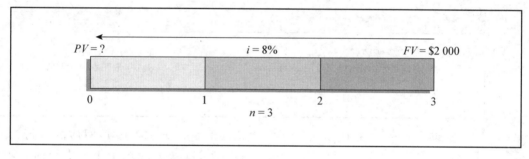

$$PV=2\ 000(PVF_{3,8\%})$$
$$=2\ 000\left(\frac{1}{(1+0.08)^3}\right)$$
$$=2\ 000(0.793\ 83)$$
$$=1\ 587.66(美元)$$

因此，你可以建议你叔叔现在投入 1 587.66 美元，当你毕业时就能够给你 2 000 美元。而为了满足你叔叔的另外一个条件，你就必须通过这门会计学课程，以及其他更多的课程。

□ 6.2.3　求解单笔资金问题的其他未知变量

在之前所讲的单笔资金问题中，无论计算终值还是现值，期数和利率都是已知的。但在很多商业情形中，终值和现值已知，但期数或利率未知。在下面所举的两个单笔资金问题（终值和现值）中，或者期数（n）未知，或者利率（i）未知。这些示例及相应的解决方案均说明，只要知道四个变量（终值，FV；现值，PV；期数，n；利率，i）中的任意三个变量，就可以求出余下的一个未知变量。

示例——计算期数

Somonauk 村想攒够 70 000 美元在城镇广场上建造退伍军人纪念碑。该村于当年年初将 47 811 美元存入纪念基金，利率为 10%，每年复利一次。那么纪念基金要达到 70 000 美元需要经过多长时间？

在本例中，现值（47 811 美元）、终值（70 000 美元）和利率（10%）均已知。图表 6-13 以时间矢量图形式描述了该项投资情况。

图表 6-13　　　　　　　　求解未知期数的时间矢量图

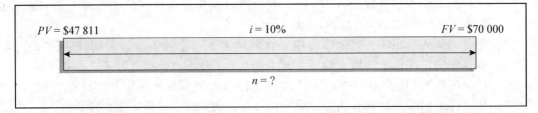

已知现值与终值，该村就能计算出未知期数。终值计算公式和现值计算公式均可使用，具体过程如图表 6-14 所示。

图表 6-14　　　　　　　　求解未知期数

终值法	现值法
$FV = PV(FVF_{n,10\%})$ $\$70\,000 = \$47\,811(FVF_{n,10\%})$ $FVF_{n,10\%} = \dfrac{\$70\,000}{\$47\,811} = 1.464\,10$	$PV = FV(PVF_{n,10\%})$ $\$47\,811 = \$70\,000(PVF_{n,10\%})$ $PVF_{n,10\%} = \dfrac{\$47\,811}{\$70\,000} = 0.683\,01$

查询表 6-1，在 10% 这一列中找到终值系数 1.464 10 所对应的一行为 4 期。因此，当利率为 10%，每年复利一次时，47 811 美元经过 4 年可累积到 70 000 美元。还可以查询表 6-2，在 10% 这一列中找到现值系数 0.683 01 所对应的一行也为 4 期。

示例——计算利率

高级设计公司 5 年后需要 1 409 870 欧元用于基础研究。为此，该公司目前投资 800 000 欧元。要想让投入到基础研究项目中的 800 000 欧元在 5 年后增至 1 409 870 欧元，利率应为多少？

图表 6-15 中的时间矢量图描述了该项投资的情况。

图表 6-15　　　　　　　　求解未知利率的时间矢量图

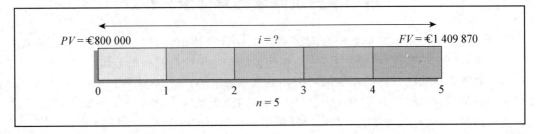

为确定未知利率，高级设计公司既可使用终值法，又可使用现值法，具体过程如图表 6-16 所示。

图表 6-16 求解未知利率

终值法	现值法
$FV = PV(FVF_{5,i})$	$PV = FV(PVF_{5,i})$
€1 409 870 = €800 000$(FVF_{5,i})$	€800 000 = €1 409 870$(PVF_{5,i})$
$FVF_{5,i} = \dfrac{€1\,409\,870}{€800\,000} = 1.762\,34$	$PVF_{5,i} = \dfrac{€800\,000}{€1\,409\,870} = 0.567\,43$

查询表 6-1，在 5 期这一行中找到终值系数 1.762 34 所对应的一列为 12%。因此，若要使 80 000 欧元在 5 年后累积到 1 409 870 欧元，投资利率必须为 12%。或者查询表 6-2，也可以发现 0.567 43 这一现值系数位于 5 期这一行、12% 这一列上。

6.3 年 金

以上讨论仅涉及单笔资金的累积或折现，然而许多问题都会涉及定期的一系列收支，如分期贷款或销售、分期收回投入资金、一系列的已实现节约成本等。

举个例子，人寿保险合同要求投保人按相同的时间间隔支付一系列的等额款项。这种定期付款代表一笔资金以年金的形式进行累积。根据定义，年金需满足以下特征：（1）等额定期收支（称为租金）；（2）每期收付租金的时间间隔相同；（3）每期复利一次。年金终值就是所有租金的总额加上租金所累积的复利。

要注意的是，租金可能在期初发生，也可能在期末发生。如果租金发生在每期期末，那么这种年金称为普通年金（ordinary annuity）。如果租金发生在每期期初，那么这种年金称为预付年金（annuity due）。

6.3.1 普通年金终值

确定年金终值的一种方法是：先分别计算每期租金累积到未来某一时点上的价值，然后将各期租金的终值汇总。

假定连续 5 年，每年年末将 1 美元存入银行（普通年金），利率为 12%，每年复利一次。图表 6-17 利用 1 美元的终值表（表 6-1）计算出 5 年间存入的每一美元租金的终值。

图表 6-17 求解普通年金终值

每期期末投资1美元						第5年年末价值
现在	1	2	3	4	5	
$1.00 →→→→→→→→						$1.573 52
$1.00 →→→→→→						1.404 93
$1.00 →→→→						1.254 40
$1.00 →						1.120 00
$1.00						1.000 00
合计（利率为12%，5年期的1美元普通年金终值）						$6.352 85

由于普通年金是指每期期末存入的租金，因此这些租金在当期均不产生利息。例如，第 3 期租金仅能产生两期的利息（第 4 期和第 5 期），在第 3 期并不产生利息，因为它是在第 3 期期末存入的。在计算普通年金终值时，复利次数常常会低于租金期数。

　　采用前面提到的普通年金终值计算方法总能够算出正确的终值。但如果租金期数很多，这种方法就会显得极其烦琐。使用如下公式则可以更高效地计算出 1 美元普通年金终值。此公式对各期租金和复利进行了汇总。

$$FVF\text{-}OA_{n,i} = \frac{(1+i)^n - 1}{i}$$

式中，$FVF\text{-}OA_{n,i}$ 为普通年金终值系数；i 为每期利率；n 为复利次数。

　　例如，$FVF\text{-}OA_{5,12\%}$ 指的是 1 美元普通年金在利率为 12% 时 5 期累积的价值。

　　利用上式可编制出与 1 美元的终值表和 1 美元的现值表相类似的普通年金表和预付年金表。图表 6-18 摘自 1 美元普通年金终值表。

图表 6-18　　　　　　　　　　　　　　表 6-3 摘录

1 美元普通年金终值 表 6-3 摘录			
时期	10%	11%	12%
1	1.000 00	1.000 00	1.000 00
2	2.100 00	2.110 00	2.120 00
3	3.310 00	3.342 10	3.374 40
4	4.641 00	4.709 73	4.779 33
5	6.105 10	6.227 80	6.352 85*

*此年金终值系数与图表 6-17 中各期 1 美元年金终值的总额相等。

　　在此，我们举个例子来解释该表。假定连续 4 年，每年年末投资 1 美元，利率为 11%，每年复利一次，那么在第四年年末的年金价值为 4.71 美元（4.709 73 × 1.00）。现在，用表中某行某列的系数乘以作为普通年金的 1 美元租金，结果就是最后一期租金收付时的各期租金和复利的累计总额。

　　利用以下公式可计算出普通年金终值。

$$普通年金终值 = R(FVF\text{-}OA_{n,i})$$

式中，R 为定期租金；$FVF\text{-}OA_{n,i}$ 为期数为 n、利率为 i 的普通年金终值系数。

　　假定连续 5 年，每年年末将 5 000 美元存入银行，收益率为 12%，那么第 5 年年末的终值为多少？图表 6-19 以时间矢量图形式描述了该问题。

图表 6-19　　　　　普通年金终值的时间矢量图（$n=5$，$i=12\%$）

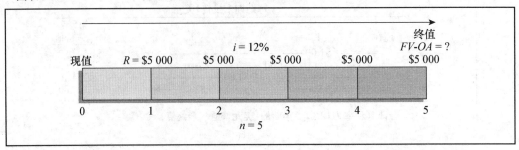

利用计算公式可解决该项投资的问题，过程如下。

$$普通年金终值 = R(FVF\text{-}OA_{n,i})$$
$$= 5\,000(FVF\text{-}OA_{5,12\%})$$
$$= 5\,000\left(\frac{(1+0.12)^5-1}{0.12}\right)$$
$$= 5\,000(6.352\,85)$$
$$= 31\,764.25(美元)$$

为确定年金终值系数为 6.352 85，我们可以使用财务计算器或查阅相应的表格，对于本例来说，即查阅表 6-3（12%这一列，5 期这一行）。

我们以 Hightown 电子公司为例，对此计算方法进行说明。假定该公司为了攒够资金用于偿还 3 年后到期的债务，在未来 3 年内每半年末存入 75 000 美元。当年利率为 10%时，该公司在第 3 年年末的存款金额是多少呢？图表 6-20 中的时间矢量图对该情形做了描述。

图表 6-20　　　　普通年金终值的时间矢量图（$n=6$, $i=5\%$）

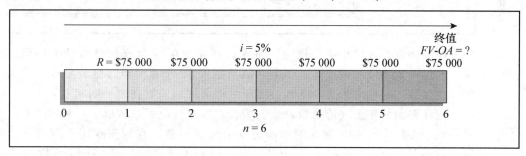

解决 Hightown 电子公司这一问题可使用公式法，具体过程如下。

$$普通年金终值 = R(FVF\text{-}OA_{n,i})$$
$$= 75\,000(FVF\text{-}OA_{6,5\%})$$
$$= 75\,000\left(\frac{(1+0.05)^6-1}{0.05}\right)$$
$$= 75\,000(6.801\,91)$$
$$= 510\,143.25(美元)$$

所以，当每期利率为 5%时，以 6 个月为一期，6 期 75 000 美元的存款将增至 510 143.25 美元。

□ 6.3.2　预付年金终值

上述普通年金分析的假设条件是定期租金发生在每期期末。而之前曾讲过，预付年金假定定期租金发生在每期期初。这意味着预付年金在发生的当期就能够累积利息（与之相反，普通年金不能在发生当期累积利息）。换句话说，这两种年金所涉及的复利次数有所不同。

在确定年金终值时，对于发生在某期期末的租金（普通年金），其复利次数要比发生在该期期初的租金（预付年金）少一次。图表 6-21 列示了这一差别。

图表 6–21   普通年金终值与预付年金终值的比较

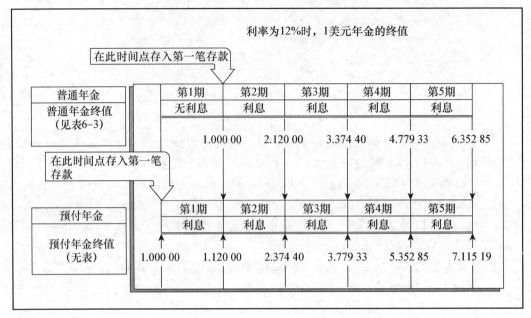

在本例中，预付年金的现金流量比普通年金的现金流量提前发生一期。结果就是，预付年金终值系数比普通年金终值系数大 12 个百分点。也就是说，普通年金终值系数在第一期期末为 1.000 00，而预付年金终值系数在第一期期末为 1.120 00。

为计算预付年金终值系数，我们用普通年金终值系数乘以 1 与利率之和。举例来说，要确定利率为 12% 时 5 期的预付年金终值系数，我们只要用 5 期的普通年金终值系数乘以 1 与利率之和（$1 + 0.12$），就可得到预付年金终值系数为 7.115 19（$6.352\,85 \times 1.12$）。

普通年金表可以转换为预付年金表。举个例子，Erin Berge 打算在她儿子 Venden 每年过生日的时候存入 800 英镑作为上大学的费用。在儿子的 10 岁生日时，她将第一笔款项存入银行，利率为 6%，每年复利一次。Erin 想知道到她儿子的 18 岁生日时，存款累计金额为多少。

如果在 Venden 过 10 岁生日的时候存入第一笔款项，Erin 一共要存入 8 笔存款，即年金期数为 8 期（假设在 18 岁生日时没有存入款项），如图表 6–22 所示。由于所有的存款均发生在每期期初，因此为预付年金。

图表 6–22   预付年金的时间矢量图

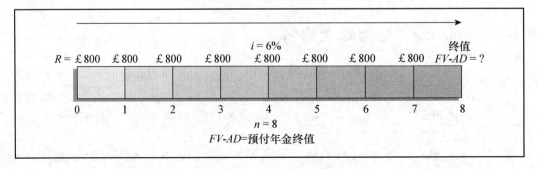

通过查询 1 美元普通年金终值表，Erin 找到了利率为 6% 时的 8 期普通年金终值

系数为 9.897 47。然后她用该系数乘以（1＋0.06），得到预付年金终值系数。所以，到 Venden 的 18 岁生日时，存款累计金额为 8 393.06 英镑，计算过程如图表 6－23 所示。

图表 6－23　　　　　　　　　　预付年金累计金额计算

1. 利率为 6％，期数为 8 期的 1 美元普通年金终值（表 6－3）	9.897 47
2. 系数（1＋0.06）	× 1.06
3. 利率为 6％，期数为 8 期的 1 美元预付年金终值	10.491 32
4. 定期存款（租金）	× £800
5. 儿子 18 岁生日时的累计金额	£8 393.06

根据 Venden 所选择大学的具体情况，这些钱只够他支付第一年的部分费用。

□ 6.3.3　年金终值示例

在之前的年金示例中，有三个已知变量——每期租金金额、利率和期数。根据这三个变量，我们可以确定未知的第四个变量——终值。

以下所讲的前两个终值问题与租金金额计算和租金期数计算有关。第三个问题与预付年金终值计算有关。

计算租金

假定你打算在 5 年后攒够 14 000 瑞士法郎作为一套公寓的首付款。在接下来的 5 年中，年收益率为 8％，每半年复利一次。那么你在每半年末应存入多少钱？

终值为 14 000 瑞士法郎，期数为 10（即 5×2），利率为 4％（即 8％÷2），每期期末存入的款项未知。图表 6－24 以时间矢量图形式对该问题做了描述。

图表 6－24　　　　　　　　普通年金终值的时间矢量图（$n=10$，$i=4\%$）

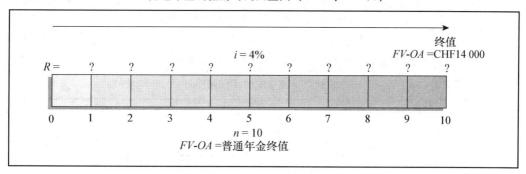

利用普通年金终值计算公式，你可以确定每期租金金额，过程如下。

$$普通年金终值 = R(FVF\text{-}OA_{n,i})$$
$$14\,000 = R(FVF\text{-}OA_{10,4\%})$$
$$14\,000 = R(12.006\,11)$$
$$R = 1\,166.07（瑞士法郎）$$

所以，为了攒够 14 000 瑞士法郎作为首付款，以每半年为一期，一共 10 期，你要在每期存入 1 166.07 瑞士法郎。

计算定期租金期数

假设某企业未来需要 117 332 美元，于是计划在每年年末存入 20 000 美元，利率为 8%，每年复利一次。为攒够资金，企业要存几期款项？

117 332 美元为终值，20 000 美元为每期年金，年利率为 8%，租金期数未知。图表 6 - 25 以时间矢量图形式描述了该问题。

图表 6 - 25　　　　　　　　求解未知期数时，普通年金终值的时间矢量图

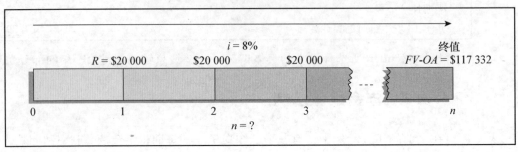

利用普通年金终值计算公式，该企业能够求出普通年金终值系数，计算如下。

$$普通年金终值 = R(FVF\text{-}OA_{n,i})$$
$$117\ 332 = 20\ 000(FVF\text{-}OA_{n,8\%})$$
$$FVF\text{-}OA_{n,8\%} = \frac{117\ 332}{20\ 000} = 5.866\ 60$$

查询表 6 - 3，找到在 8% 这一列中系数 5.866 60 所对应的一行为 5 期。所以，企业每期存入 20 000 美元，一共要存 5 期。

计算终值

为建立自己的退休基金，机械师 Walter Goodwrench 现在每周末都要工作。Goodwrench 先生今天将 2 500 美元存入某储蓄账户中，利率为 9%。他打算每年均存入 2 500 美元，总共存 30 年。则当 Goodwrench 先生 30 年后退休时，他的退休储蓄账户累计金额为多少？图表 6 - 26 以时间矢量图形式描述了该问题。

图表 6 - 26　　　　　　预付年金终值的时间矢量图（$n=30$，$i=9\%$）

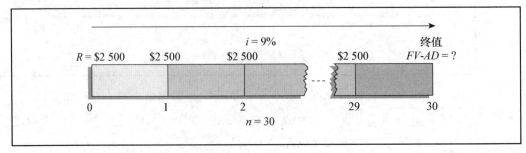

利用 1 美元普通年金终值表，Goodwrench 先生计算出了该问题的答案，计算过程如图表 6 - 27 所示。

图表 6-27 预付年金累计金额的计算

1. 利率为 9%，期数为 30 期的 1 美元普通年金终值	136.307 54
2. 系数（1+0.09）	× 1.09
3. 利率为 9%，期数为 30 期的 1 美元预付年金终值	148.575 22
4. 定期租金	× $2 500
5. 第 30 年年末的累计金额	$371 438

□ 6.3.4 普通年金现值

年金现值是指为了在未来某一特定期间内取得年金（一系列收支），现在需要以复利投入的一笔资金。换句话说，普通年金现值就是一系列收付时间间隔相同的等额租金的现值。

计算年金现值的一种方法是：先逐一确定每期租金的现值，然后将其各自的现值汇总。例如，在未来的 5 期内，每期期末都可收取 1 美元年金。假设利率为 12%，利用现值表（见表 6-2），我们就能够计算每期年金各自的现值。图表 6-28 是对该方法的说明。

图表 6-28 求解普通年金现值

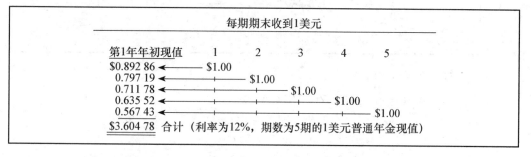

由此可知，如果现在投入 3.61 美元的一笔资金，在利率为 12% 时，我们在未来 5 期的每期期末均可取得 1 美元。将这种烦琐的方法进行简化，可得到以下公式：

$$PVF\text{-}OA_{n,i} = \frac{1 - \dfrac{1}{(1+i)^n}}{i}$$

$PVF\text{-}OA_{n,i}$ 是 1 美元普通年金在期数为 n、利率为 i 时的现值系数。普通年金现值表就是以该式为基础编制的。图表 6-29 为普通年金现值表摘录。

图表 6-29 表 6-4 摘录

	1 美元普通年金现值 表 6-4 摘录		
时期	10%	11%	12%
1	0.909 09	0.900 90	0.892 86
2	1.735 54	1.712 52	1.690 05

续

时期	10%	11%	12%
3	2.486 85	2.443 71	2.401 83
4	3.169 86	3.102 45	3.037 35
5	3.790 79	3.695 90	3.604 78*

* 此年金现值系数与图表 6 - 28 中各期 1 美元年金现值的总额相等。

普通年金现值的一般计算公式如下所示。

$$普通年金现值 = R(PVF\text{-}OA_{n,i})$$

式中，R 为定期租金（普通年金）；$PVF\text{-}OA_{n,i}$ 为 1 美元普通年金在期数为 n、利率为 i 时的现值系数。

举个例子，未来 5 年内每年年末将收到 6 000 美元租金，折现率为 12%，则其现值为多少？我们可以通过绘制时间矢量图解决该问题，如图表 6 - 30 所示。

图表 6 - 30   普通年金现值的时间矢量图

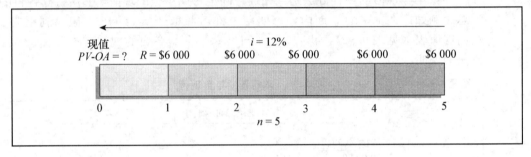

计算公式如下：

$$
\begin{aligned}
普通年金现值 &= R(PVF\text{-}OA_{n,i}) \\
&= 6\ 000\ (PVF\text{-}OA_{5,12\%}) \\
&= 6\ 000(3.604\ 78) \\
&= 21\ 628.68（美元）
\end{aligned}
$$

6 000 美元普通年金在期数为 5 时的现值为 21 628.68 美元。为了确定普通年金现值系数为 3.604 78，我们可以使用财务计算器或查阅相应的表格，在本例中即为表 6 - 4（12% 这一列，5 期这一行）。

数字背后的秘密   吸烟引发的"繁荣"

货币时间价值概念也会渗透到公共政策讨论中。比如，许多国家的政府部门都会将提供政府经营服务（诸如收费公路和桥梁）所获得的未来现金流量的权利出售给私人运营商。因此，政府必须对这项交易所涉及的财务方面的成本和收益作出评估。在这种情况下，政策制定者只有估计出未来现金流量的现值，才能确定这项权利的出售价格。又如，在一起针对吸烟医疗成本的国家诉讼中，烟草公司被判向政府机构支付一定金额的赔偿金，因此这些政府机构要确定赔偿金的收取方式。

假定某政府机构应收取总价值为 56 亿美元的赔偿金，款项分 25 年收到。该政府可以选择逐年收回应收款项，也可以把它卖给投资银行（该过程称为证券化）。如果将该应收款项卖出，它就会在现在一次性收到 12.6 亿美元的资金。对该政府机构来说，这是一笔值得进行的交易吗？假设折现率为 8%，每年收到的赔偿金数额相同（例如年金），那么烟草公司所付赔偿金的现值为：

$$56 \div 25 = 2.24(亿美元)$$
$$2.24 \times 10.674\,78^* = 23.9(亿美元)$$
$$* \ PV\text{-}OA \ (i = 8\%, \ n = 25)$$

尽管年金现值几乎是 12.6 亿美元的 2 倍，但政府仍旧倾向于现在就拿到 12.6 亿美元的资金，为什么？原因有二：其一是政府正面临预算赤字，这笔资金可以填补一部分预算漏洞；其二是有些人认为烟草公司未来可能无法支付款项，考虑到这种风险，现在取得资金更为稳妥。

如果第二个原因成立的话，那么在计算现值时应使用更高的利率。假设折现率为 15%，则年金现值为 14.48 亿美元（56÷25＝2.24；2.24×6.464 15）。该计算结果与政府一次性收到的款项金额更为接近。

□ 6.3.5 预付年金现值

在讨论普通年金现值时，我们将最后一期租金按租金期数折现。然而，在确定预付年金现值时，折现次数总是比普通年金少一次。图表 6-31 列示了这一差别。

图表 6-31 普通年金现值与预付年金现值的比较

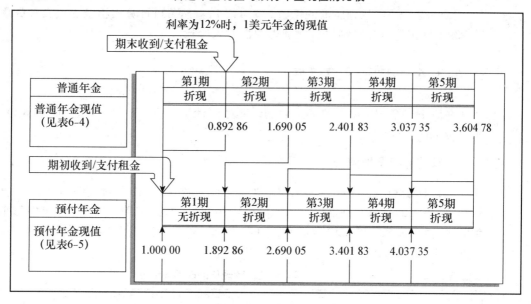

预付年金的各期现金流量都要比普通年金推迟一期进行折现，这导致了预付年金现值系数正好比普通年金现值系数大 12 个百分点。因此，为计算预付年金现值系数，我们就用普通年金现值系数乘以 1 与利率之和（即 $1+i$）。

为了确定利率为 12% 时 5 期的预付年金现值系数，我们可以用利率为 12%、5 期的普通年金现值系数（3.604 78）乘以 1.12，最后得到预付年金现值系数为 4.037 35

（3.604 78×1.12）。表 6-5 即为预付年金现值系数表。

举个例子，Space Odyssey 公司租用了一颗通信卫星，每年年初需支付 480 万美元的租金，租期为 4 年。如果相关年利率为 11%，则该项租金支付义务的现值为多少？图表 6-32 以时间矢量图形式说明了该企业的租赁情况。

图表 6-32　　　　　　　　预付年金现值的时间矢量图 ($n=4$, $i=11\%$)

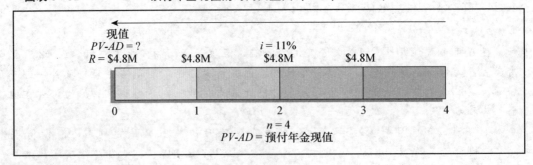

图表 6-33 列示了解决此问题的计算过程。

图表 6-33　　　　　　　　　　预付年金现值计算

1. 利率为 11%，期数为 4 期的 1 美元普通年金现值（表 6-4）	3.102 45
2. 系数 (1+ 0.11)	× 1.11
3. 利率为 11%，期数为 4 期的 1 美元预付年金现值	3.443 72
4. 定期存款（租金）	×$4 800 000
5. 付款额的现值	$ 16 529 856

查阅表 6-5，找到所需的系数为 3.443 71，然后可计算出租金支付义务的现值为 16 529 808 美元（计算结果有差别为四舍五入所致）。

6.3.6　年金现值示例

在以下三个例子中，我们将分别说明如何计算：（1）现值；（2）利率；（3）每期租金金额。

计算普通年金现值

假设你刚刚中了 400 万美元的彩票。已知你在未来 20 年内的每年年末将收到一张 20 万美元的支票，则你赢得的实际金额为多少？或者说，在未来 20 年内每年所收到的 20 万美元支票的现值为多少？图表 6-34 以时间矢量图形式说明了这一令人羡慕的情形（假设利率为 10%）。

图表 6-34　　　　　　　求解彩票支付款现值的时间矢量图

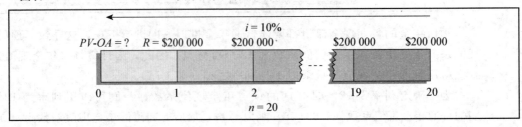

现值计算过程如下：

$$
\begin{aligned}
\text{普通年金现值} &= R(PVF\text{-}OA_{n,i}) \\
&= 200\,000(PVF\text{-}OA_{20,10\%}) \\
&= 200\,000(8.513\,56) \\
&= 1\,702\,712（美元）
\end{aligned}
$$

因此，如果政府现在存入 1 702 712 美元，利率为 10%，那么它在每年取出 20 万美元用于支付，20 年后即可付清这 400 万美元的彩票奖励款项。

计算利率

很多顾客都用信用卡购买商品。当收到信用卡账单时，你可以分期支付应支付的款项总额或余额。假如你收到了一张万事达卡的账单，应支付的款项余额为 528.77 欧元。为偿还欠款，你打算在未来 12 个月内每月支付 50 欧元。第一笔款项将在一个月后支付。则利率为多少？

528.77 欧元为终值，50 欧元为每期支付金额，期数为 12，利率未知。图表 6 - 35 中的时间矢量图对此情况做了描述。

图表 6 - 35　　　　　　　　　　求解欠款实际利率的时间矢量图

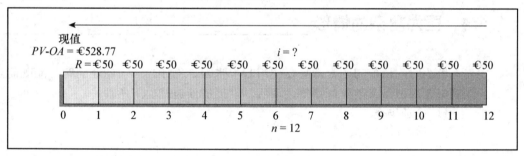

利率计算过程如下：

$$
\begin{aligned}
\text{普通年金现值} &= R(PVF\text{-}OA_{n,i}) \\
528.77 &= 50(PVF\text{-}OA_{12,i}) \\
(PVF\text{-}OA_{12,i}) &= \frac{528.77}{50} = 10.575\,40
\end{aligned}
$$

查阅表 6 - 4，找到 12 期这一行，你会发现系数 10.575 34 所对应的一列为 2%。由于 2% 是月利率，因此名义年利率为 24%（即 12×2%），实际年利率为 26.824 23%（即 $(1+0.02)^{12}-1$）。显然，如果条件允许的话，你最好现在就还清所有欠款。

计算定期租金

Juan 和 Marcia Perez 为了女儿 Maria 的大学学费，现已积攒 36 000 美元。他们将钱存入桑托斯银行，利率为 4%，每半年复利一次。那么在不用光这笔资金的条件下，他们的女儿在 4 年大学生活期间，每半年末可以取出多少等额现金？图表 6 - 36 为该问题的时间矢量图。

图表 6-36　　　　　　　　　　　求解大学资金普通年金的时间矢量图

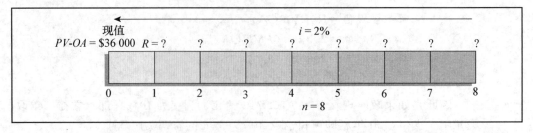

直接用 36 000 美元除以 8 期，这种计算方法是错误的。原因是它忽略了尚未支取的存款还可以产生利息这件事情。Maria 要考虑到，每半年复利一次，利率为 2%（即 4%÷2），期数为 8（即 4×2）。因此，还是运用普通年金现值计算公式，以确定每期的取款金额，计算过程如下：

$$普通年金现值 = R(PVF\text{-}OA_{n,i})$$
$$36\,000 = R(PVF\text{-}OA_{8,2\%})$$
$$36\,000 = R(7.325\,48)$$
$$R = 4\,914.35（美元）$$

6.4　更为复杂的情形

解决时间价值问题常常需要使用若干张表。例如，某一商业问题可能既需要计算单笔资金现值，又需要计算年金现值。常见情形包括以下两种：

1. 递延年金。
2. 债券问题。

6.4.1　递延年金

递延年金是指第一次等额收付发生在特定期数之后的年金。递延年金从第 2 期或第 2 期以后才开始产生等额收付。例如，递延 4 年、收付 6 年的普通年金是指最初 4 年不产生年金，第 5 年年末才发生第一笔租金，此后连续发生 6 年。递延 4 年、收付 6 年的预付年金则是指最初 4 年不产生年金，第 5 年年初才发生第一笔租金，此后连续发生 6 年。

递延年金终值

计算递延年金终值相对来说比较简单。由于递延期间不发生累积或投入，递延期间就不会产生利息，因此递延年金终值与未递延的年金终值没有差别。也就是说，在计算终值时可直接忽略递延期。

为说明这一点，假定 Sutton 公司为建造新的公司总部计划分 6 年购买一块地皮。由于现金流不足，Sutton 公司打算只在第 4 期、第 5 期和第 6 期期末将存款拨付出去，每期支付 80 000 美元，预期年利率为 5%。则 Sutton 公司在第 6 年年末的累计终值是多少？图表 6-37 为该情形的时间矢量图。

图表 6 - 37　　　　　　　　　　递延年金终值的时间矢量图

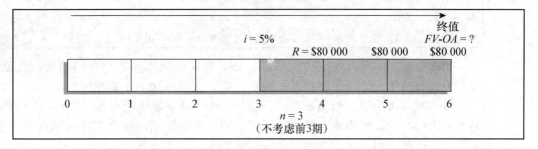

Sutton 公司利用普通年金终值的标准计算公式即可确定累计金额。

$$普通年金终值 = R(FVF\text{-}OA_{n,i})$$
$$= 80\,000(FVF\text{-}OA_{3,5\%})$$
$$= 80\,000(3.152\,50)$$
$$= 252\,200(美元)$$

递延年金现值

在计算递延年金现值时，我们一定要考虑初始投资在递延期所产生的利息。

为计算递延年金现值，假定包括递延期在内的整个期间均有租金发生，我们首先按整个期间计算 1 美元普通年金的终值，然后减去在递延期未取得的年金现值，即可得到在递延期之后实际取得的年金现值。

为说明这一点，假定 Bob Bender 开发出一套适用于学生的高级会计教程软件，并拥有版权。他同意将版权卖给校园微系统，条件是校园微系统每年需支付给他 5 000 美元，支付期数为 6 年，款项于第 5 年开始支付。给定年利率为 8%，则 6 期支付款项的现值为多少？

该问题其实就是计算递延 4 期、支付 6 期的普通年金现值。图表 6 - 38 以时间矢量图形式描述了该销售协议。

图表 6 - 38　　　　　　　　　　递延年金现值的时间矢量图

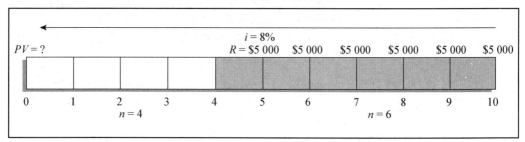

该问题有两种可行的解决方法。第一种方法只利用了表 6 - 4，具体过程如图表 6 - 39 所示。

图表 6 - 39　　　　　　　　　　递延年金现值的计算

1. 每期租金	$ 5 000
2. 利率为 8%，总期数为 10 期（租金支付期（6）+递延期（4））的 1 美元普通年金现值	6.710 08

3. 减：利率为 8%，递延期为 4 期的 1 美元普通年金现值	−3.312 13
4. 差额	×3.397 95
5. 递延期为 4 期，支付期为 6 期的租金现值（每期租金为 5 000 美元）	$16 989.75

扣除递延期 1 美元年金的现值，就是要剔除递延期间不存在的租金。这就将 10 期 1 美元普通年金的现值转换成了递延 4 期、支付 6 期的年金现值。

另一种方法是同时利用表 6-2 和表 6-4 计算 6 期年金现值。Bender 可以先将 6 期年金进行折现。然而由于年金递延了 4 期，刚刚算出的年金现值必须作为终值按 4 期再进行折现。图表 6-40 以时间矢量图形式描述了这两步过程。

图表 6-40　　　递延年金现值的时间矢量图（两步过程）

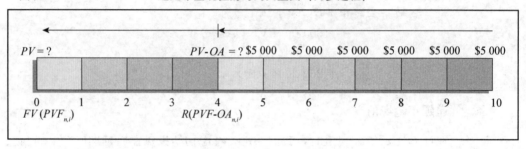

利用公式，我们通过两步即可完成计算，具体过程如下。

第一步：

$$普通年金现值 = R(PVF\text{-}OA_{n,i})$$
$$= 5\,000(PVF\text{-}OA_{6,8\%})$$
$$= 5\,000(4.622\,88)$$
$$（表 6-4，普通年金现值）$$
$$= 23\,114.40（美元）$$

第二步：

$$单笔资金现值 = FV(PVF_{n,i})$$
$$= 23\,114.40(PVF_{4,8\%})$$
$$= 23\,114.40(0.735\,03)$$
$$（表 6-2，单笔资金现值）$$
$$= 16\,989.78（美元）$$

按这种方法计算出的现值为 16 989.78 美元，与图表 6-39 采用另一种方法计算出的结果相同。

□ 6.4.2　长期债券价值

长期债券会产生两种现金流量：（1）在债券存续期内支付的定期利息；（2）到期日支付的本金（面值）。债券购买方按市场利率确定这两类现金流量在发行日的现值。

定期支付的利息就代表年金，而到期归还的本金即涉及单笔资金问题。债券的当前市场价值就等于利息年金现值与本金现值之和。

为了说明这一点，假定 Alltech 公司在 2015 年 1 月 1 日发行了总面值为 100 000

美元、票面利率为 9％、5 年期的债券，每年年末支付债券利息。与该债券风险相似的其他债券的现行市场利率为 11％。则购买方在发行日实际支付的价款为多少？

图表 6 - 41 以时间矢量图形式描述了这两种现金流量。

图表 6 - 41　　　　　　　　　求解债券价值的时间矢量图

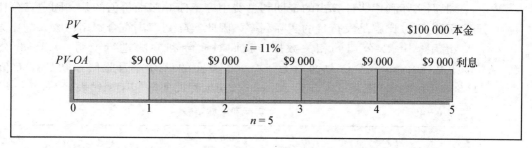

Alltech 公司应按 11％的折现率计算这两种现金流量的现值，具体过程如图表 6 - 42 所示。

图表 6 - 42　　　　　　　　　付息债券现值计算

本金的现值：$FV(PVF_{5,11\%}) = \$100\,000(0.593\,45)$	\$ 59 345.00
支付利息的现值：$R(PVF\text{-}OA_{5,11\%}) = \$9\,000(3.695\,90)$	33 263.10
现值之和（市场价格）——债券账面价值	\$ 92 608.10

债券购买方在发行日支付 92 608 美元，就可获得实际利率为 11％的 5 年期债券。事实也的确如此，因为 Alltech 公司要按 11％对现金流量折现。

□ 6.4.3　债券折价或溢价摊销方法：实际利率法

在上例中（见图表 6 - 42），Alltech 公司折价发行了债券，折价金额的计算过程如图表 6 - 43 所示。

图表 6 - 43　　　　　　　　　债券折价金额计算

债券到期价值（面值）		\$ 100 000.00
本金的现值	\$ 59 345.00	
利息的现值	33 263.10	
实收款项（现值或收到的现金）		92 608.10
债券折价		\$ 7 391.90

Alltech 公司会在债券存续期内摊销这部分折价金额，或者说核销这部分利息费用。

我们倾向于采用实际利率法摊销折价或溢价金额。在使用实际利率法时：

1. 债券发行方首先用债券的期初账面价值乘以实际利率，计算出债券利息费用。

2. 然后比较债券利息费用与应付利息的大小，将两者差额作为债券折价或溢价摊销额。

图表 6 - 44 为债券摊销额的计算公式。

图表 6 - 44   摊销额计算

债券利息费用	应付债券利息
(期初债券账面价值×实际利率)－(债券面值×票面利率)＝摊销额	

根据实际利率法计算出的定期利息费用等于债券账面价值的某一固定百分比。由于该固定百分比就是发行日的实际利率，因此实际利率法符合费用与收入配比原则。

沿用 Alltech 公司的相关数据，我们对实际利率法进行说明。Alltech 公司以 7 391.90 美元折价发行总面值为 100 000 美元的债券，因此债券初始账面价值为 92 608.10 美元。图表 6 - 45 为 Alltech 公司债券的实际利率摊销表。

图表 6 - 45   实际利率摊销表

债券折价摊销表 5 年期，票面利率为 9%，实际利率为 11%			
日期	应付利息	利息费用	债券折价摊销	债券账面价值
1/1/15				$ 92 608.10
12/31/15	$ 9 000[a]	$ 10 186.89[b]	$ 1 186.89[c]	93 794.99[d]
12/31/16	9 000	10 317.45	1 317.45	95 112.44
12/31/17	9 000	10 462.37	1 462.37	96 574.81
12/31/18	9 000	10 623.23	1 623.23	98 198.04
12/31/19	9 000	10 801.96	1 801.96	100 000.00
	$ 45 000	$ 52 391.90	$ 7 391.90	

a. $ 100 000×0.09＝$ 9 000。
b. $ 92 608.10×0.11＝$ 10 186.89。
c. $ 10 186.89－$ 9 000＝$ 1 186.89。
d. $ 92 608.10＋$ 1 186.89＝$ 93 794.99。

在第 7 章和第 14 章中，我们还将利用上述摊销表反映票据和债券交易。

6.5 现值计量

过去的现值会计计算大多以最有可能发生的现金流量金额为基础。而现在，IFRS 13 介绍了一种预期现金流量法。[7] 它使用一系列现金流量，并结合这些现金流量发生的概率，给出了更具相关性的现值计量结果。

为说明预期现金流量模型，假定未来现金流量为 100 美元的概率为 30%，为 200 美元的概率为 50%，为 300 美元的概率为 20%。因此预期现金流量将为 190 美元 [(100×0.3)＋(200×0.5)＋(300×0.2)]。而传统的现值计算方法就会采用最有可能发生的现金流量估计值 (200 美元)，但该方法没有考虑不同现金流量发生的概率。

6.5.1 选择合适的利率

确定预期现金流量后，企业必须按合适的利率对现金流量进行折现。根据该目的选择的利率由三种要素构成。

1. 纯利率（2%～4%）。在没有违约风险和预期通货膨胀时，贷款人将收取的金额。

2. 预期通货膨胀率（0%～?）。当经济处于通货膨胀状态时，贷款人收到的实际金额就会缩水。因此，为了弥补购买力方面的损失，贷款人会提高利率。当预期通货膨胀率上升时，利率也随之提高。

3. 信用风险利率（0%～5%）。政府发行的债券没有或几乎没有信用风险（如无法偿付的风险）。企业在财务稳定程度、盈利能力和流动性方面各有不同，因此信用风险也有高有低。

根据国际会计准则理事会的相关规定，企业在计算完预期现金流量之后，应当按无风险收益率对该现金流量进行折现。无风险收益率是指纯收益率与预期通货膨胀率之和。理事会认为预期现金流量框架中已包含信用风险，因为在计算预期现金流量时就考虑了款项收付的可能性大小。所以在确定预期现金流量的折现率时，只需考虑纯利率和预期通货膨胀率即可。[①]

6.5.2　预期现金流量示例

假定 Juno 电器公司销售的所有产品均有两年的质保期。2015 年，Juno 电器公司销售一款烘干机，总价款为 250 000 美元。Juno 电器公司与 Lorenzo 维修公司达成协议，为 2015 年销售的烘干机提供质量保证。为确定 2015 年发生的质量保证费用以及资产负债表 2015 年 12 月 31 日的质量保证负债金额，Juno 电器公司必须对协议的公允价值进行计量。由于质量保证合同缺乏现有市场，Juno 电器公司采用预期现金流量法估计质量保证负债的价值。

根据之前质量保证费用的有关情况，Juno 电器公司估计出与 2015 年所售烘干机有关的预期现金流出量，如图表 6-46 所示。

图表 6-46　　　　　　　　预期现金流出量——质量保证

	预计现金流量	×	估计概率	=	预期现金流量
2015 年	$3 800		20%		$760
	6 300		50%		3 150
	7 500		30%		2 250
			合计		$6 160
2016 年	$5 400		30%		$1 620
	7 200		50%		3 600
	8 400		20%		1 680
			合计		$6 900

---

① 换句话说，用于对现金流量折现的利率应当反映出与估计现金流量内在一致的假设，否则某些假设的影响将被重复计算或忽略。假设在计算一份贷款合同的现金流量时，所用折现率为 12%。该折现率反映了对具有特定特征的贷款未来违约的预期。而同样 12% 的利率却不应被用来对预期现金流量折现，因为期望现金流量已经反映了与未来违约有关的假设。[8]

对这些数据赋予预期现金流量的概念，Juno 电器公司估计 2015 年发生的与质量保证有关的现金流出量为 6 160 美元，2016 年则为 6 900 美元。

图表 6-47 列示了预期现金流量的现值。假定无风险利率为 5%，现金流量于每年年末发生。[1]

图表 6-47　　　　　　　　　　　　　　现金流量现值

年份	预期现金流量	×	现值系数 $i=5\%$	=	现值
2015	$6 160		0.952 38		$5 866.66
2016	6 900		0.907 03		6 258.51
				合计	$12 125.17

本章小结

1. 识别与货币时间价值有关的会计议题。以下会计议题都要应用基于现值的计量方法：（1）票据；（2）租赁；（3）退休金和其他退休后福利；（4）长期资产；（5）偿债基金；（6）企业合并；（7）披露；（8）分期付款合同。

2. 区分单利和复利。见基本概念栏目的第一项和第二项。

3. 恰当地使用复利表。为了在 5 张复利表中找出需要使用的复利表，你要确定所求解的问题：（1）单笔资金终值；（2）单笔资金现值；（3）一系列资金（年金）终值；（4）一系列资金（年金）现值。此外，在涉及一系列资金（年金）问题时，你要判断出款项收付时点为每期期初（预付年金）还是每期期末（普通年金）。

4. 确定在解决利息问题时需使用的基本变量。以下为所有复利问题所涉及的四个基本变量。（1）利率。除非另有说明，该利率一般指的是年利率。当计息期短于一年时，年利率必须调整为计息期利率。（2）期数。复利次数（计息期可能等于或短于一年）。（3）终值。指现在投入的一定量的一笔或几笔资金采用复利计息时在未来某一时点上的价值。（4）现值。指未来的一笔或几笔资金采用复利计息时折算至现在的价值。

5. 解决 1 美元的终值与现值问题。见基本概念栏目的第 5（a）项和第 6（a）项。

6. 解决普通年金和预付年金的终值问题。见基本概念栏目的第 5（b）项。

7. 解决普通年金和预付年金的现值问题。见基本概念栏目的第 6（b）项。

8. 解决递延年金和债券的现值问题。递延年金是指第一次等额收付发生在特定期数之后的年金。递延年金终值的计算方法同未递延年金终值。为计算递延年金现值，假定包括递延期在内的整个期间均有租金发生，首先按整个期间计算 1 美元普通年金的终值，然后减去在递延期未取得的年金现值。债券的当前市场价值等于利息年

---

① 正如在本章开头所指出的，我们会遇到很多需要计算现值的情况。一种常见情况（国际会计准则理事会对此专门发表意见）是，一家企业要确定其资产是否发生减值。当一项资产（如设备）的账面价值无法收回时，即发生减值。用于确定可收回金额的方法之一是使用价值法。使用价值法用于计算持续使用资产所产生的预期现金流量的现值。该方法将在之后的非流动资产章节中进行深入讨论。

金现值与本金现值之和。

9. 将预期现金流量运用于现值计量。预期现金流量法使用一系列现金流量，并结合这些现金流量发生的概率，得出最有可能发生的预期现金流量估计值。对现金流量折现所采用的合适的利率为无风险收益率。

基本概念

1. 单利。只计算本金所产生的利息，不对以前期间可能累积的利息计息。

2. 复利。对本金及其在以前期间产生的未支付利息计息。

3. 利率。通常表示为年利率。但当计息期短于一年时，年利率必须调整为计息期利率。

4. 年金。每隔一段相同时间发生的一系列收支（租金）。年金类型：

（a）普通年金。每期期末支付（收取）租金。

（b）预付年金。每期期初支付（收取）租金。

5. 终值。现在投入的一笔资金在某一利率水平下经过一段时期后的价值。

（a）1 美元终值或单笔资金终值。1 美元（或一笔给定的资金）在期数为 n、利率为 i 时的第 n 期期末终值（表 6-1），用 FV 来表示。

（b）年金终值。投入的一系列租金按复利计息的终值。换句话说，是指投入的一系列等额定期存款按复利计息的累计总额。存款和利息的增加都会导致累计金额的增加。

（1）普通年金终值。在最后一期租金支付日的终值（表 6-3）。

（2）预付年金终值。以最后一期租金支付日为基点，经过一期后的终值。如果无法获得预付年金表，可根据以下公式对表 6-3 进行调整后使用。

n 期 1 美元预付年金终值
＝n 期普通年金终值×（1＋利率）

6. 现值。未来的一笔给定资金按复利折算到之前某一时点上（通常为现在）的价值。

（a）1 美元现值或单笔资金现值。1 美元（或一笔给定的资金）在期数为 n 时按利率为 i 折算的现值（表 6-2）。

（b）年金现值。一系列租金按复利折算的现值。换句话说，是指为了能够定期获取一系列等额款项，按复利折算，现在需要投入的资金。

（1）普通年金现值。每期期末收付的 1 美元（租金）在期数为 n、折现率为 i 时的现值（表 6-4）。

（2）预付年金现值。每期期初收付的 1 美元（租金）在期数为 n、折现率为 i 时的现值（表 6-4）。如果要使用表 6-4 计算预付年金现值，可根据以下公式对该表进行调整。

n 期 1 美元预付年金现值
＝n 期普通年金现值×（1＋利率）

简单练习

BE6-5 Sally Medavoy 打算投资一项基金，每年投资 8 000 欧元，投资期为 20 年，年利率为 12％。如果今天支付第一笔款项，20 年后基金账户中将会有多少欧元？如果第一笔款项在年底支付，20 年后基金账户中将会有多少欧元？

BE6-6 Steve Madison 10 年后需要 250 000 美元。假设利率为 11％，为满足其需要，他每年年末应投资多少美元？

综合练习

E6－2（单利和复利计算） Sue Ang 投资 30 000 港元，年利率为 8%，8 年内均未取回利息。第 8 年年末，Sue 收回了全部本息。

要求：

(a) 假设投资以单利计算，Sue 将收回多少港元？

(b) 假设投资以复利计算，每年复利一次，Sue 将收回多少港元？

(c) 假设投资以复利计算，每半年复利一次，Sue 将收回多少港元？

权威文献

[1] International Accounting Standard 36，*Impairment of Assets*（London，U. K.：International Accounting Standards Committee Foundation，March 2004），Appendix A and International Financial Reporting Standard 7，*Financial Instruments：Disclosures*（London，U. K.：International Accounting Standards Committee Foundation，2005），par. 27.

[2] International Accounting Standard 39，*Financial Instruments：Recognition and Measurement*（London，U. K.：International Accounting Standards Committee Foundation，2003）.

[3] International Accounting Standard 17，*Leases*（London，U. K.：International Accounting Standards Committee Foundation，2003）.

[4] International Accounting Standard 19，*Employee Benefits*（London，U. K.：International Accounting Standards Committee Foundation，2001）.

[5] International Accounting Standard 36，*Impairment of Assets*（London，U. K.：International Accounting Standards Committee Foundation，2004）.

[6] International Financial Reporting Standard 2，*Share-Based Payment*（London，U. K.：International Accounting Standards Committee Foundation，2004）.

[7] International Financial Reporting Standard 13，*Fair Value Measurement*（London，U. K.：International Accounting Standards Committee Foundation，2011），paras. B12－B30；and International Accounting Standard 36，*Impairment of Assets*（London，U. K.：International Accounting Standards Committee Foundation，2004），Appendix A.

[8] International Financial Reporting Standard 13，*Fair Value Measurement*（London，U. K.：International Accounting Standards Committee Foundation，2011），paras. B14－B19；and International Accounting Standard 36，*Impairment of Assets*（London，U. K.：International Accounting Standards Committee Foundation，2004），par. A3.

表 6 - 1　　　　　　　　　　　　　　　　1 美元终值（单笔资金终值）表

(n) 期数	$FVF_{n,i}=(1+i)^n$					
	2%	2.5%	3%	4%	5%	6%
1	1.020 00	1.025 00	1.030 00	1.040 00	1.050 00	1.060 00
2	1.040 40	1.050 63	1.060 90	1.081 60	1.102 50	1.123 60
3	1.061 21	1.076 89	1.092 73	1.124 86	1.157 63	1.191 02
4	1.082 43	1.103 81	1.125 51	1.169 86	1.215 51	1.262 48
5	1.104 08	1.131 41	1.159 27	1.216 65	1.276 28	1.338 23
6	1.126 16	1.159 69	1.194 05	1.265 32	1.340 10	1.418 52
7	1.148 69	1.188 69	1.229 87	1.315 93	1.407 10	1.503 63
8	1.171 66	1.218 40	1.266 77	1.368 57	1.477 46	1.593 85
9	1.195 09	1.248 86	1.304 77	1.423 31	1.551 33	1.689 48
10	1.218 99	1.280 08	1.343 92	1.480 24	1.628 89	1.790 85
11	1.243 37	1.312 09	1.384 23	1.539 45	1.710 34	1.898 30
12	1.268 24	1.344 89	1.425 76	1.601 03	1.795 86	2.012 20
13	1.293 61	1.378 51	1.468 53	1.665 07	1.885 65	2.132 93
14	1.319 48	1.412 97	1.512 59	1.731 68	1.979 93	2.260 90
15	1.345 87	1.448 30	1.557 97	1.800 94	2.078 93	2.396 56
16	1.372 79	1.484 51	1.604 71	1.872 98	2.182 87	2.540 35
17	1.400 24	1.521 62	1.652 85	1.947 90	2.292 02	2.692 77
18	1.428 25	1.559 66	1.702 43	2.025 82	2.406 62	2.854 34
19	1.456 81	1.598 65	1.753 51	2.106 85	2.526 95	3.025 60
20	1.485 95	1.638 62	1.806 11	2.191 12	2.653 30	3.207 14
21	1.515 67	1.679 58	1.860 29	2.278 77	2.785 96	3.399 56
22	1.545 98	1.721 57	1.916 10	2.369 92	2.925 26	3.603 54
23	1.576 90	1.764 61	1.973 59	2.464 72	3.071 52	3.819 75
24	1.608 44	1.808 73	2.032 79	2.563 30	3.225 10	4.048 93
25	1.640 61	1.853 94	2.093 78	2.665 84	3.386 35	4.291 87
26	1.673 42	1.900 29	2.156 59	2.772 47	3.555 67	4.549 38
27	1.706 89	1.947 80	2.221 29	2.883 37	3.733 46	4.822 35
28	1.741 02	1.996 50	2.287 93	2.998 70	3.920 13	5.111 69
29	1.775 84	2.046 41	2.356 57	3.118 65	4.116 14	5.418 39
30	1.811 36	2.097 57	2.427 26	3.243 40	4.321 94	5.743 49
31	1.847 59	2.150 01	2.500 08	3.373 13	4.538 04	6.088 10
32	1.884 54	2.203 76	2.575 08	3.508 06	4.764 94	6.453 39
33	1.922 23	2.258 85	2.652 34	3.648 38	5.003 19	6.840 59
34	1.960 68	2.315 32	2.731 91	3.794 32	5.253 35	7.251 03
35	1.999 89	2.373 21	2.813 86	3.946 09	5.516 02	7.686 09
36	2.039 89	2.432 54	2.898 28	4.103 93	5.791 82	8.147 25
37	2.080 69	2.493 35	2.985 23	4.268 09	6.081 41	8.636 09
38	2.122 30	2.555 68	3.074 78	4.438 81	6.385 48	9.154 25
39	2.164 74	2.619 57	3.167 03	4.616 37	6.704 75	9.703 51
40	2.208 04	2.685 06	3.262 04	4.801 02	7.039 99	10.285 72

续前表

| $FVF_{n,i} = (1+i)^n$ | | | | | | (n) |
8%	9%	10%	11%	12%	15%	期数
1.080 00	1.090 00	1.100 00	1.110 00	1.120 00	1.150 00	1
1.166 40	1.188 10	1.210 00	1.232 10	1.254 40	1.322 50	2
1.259 71	1.295 03	1.331 00	1.367 63	1.404 93	1.520 88	3
1.360 49	1.411 58	1.464 10	1.518 07	1.573 52	1.749 01	4
1.469 33	1.538 62	1.610 51	1.685 06	1.762 34	2.011 36	5
1.586 87	1.677 10	1.771 56	1.870 41	1.973 82	2.313 06	6
1.713 82	1.828 04	1.948 72	2.076 16	2.210 68	2.660 02	7
1.850 93	1.992 56	2.143 59	2.304 54	2.475 96	3.059 02	8
1.999 00	2.171 89	2.357 95	2.558 03	2.773 08	3.517 88	9
2.158 92	2.367 36	2.593 74	2.839 42	3.105 85	4.045 56	10
2.331 64	2.580 43	2.853 12	3.151 76	3.478 55	4.652 39	11
2.518 17	2.812 67	3.138 43	3.498 45	3.895 98	5.350 25	12
2.719 62	3.065 81	3.452 27	3.883 28	4.363 49	6.152 79	13
2.937 19	3.341 73	3.797 50	4.310 44	4.887 11	7.075 71	14
3.172 17	3.642 48	4.177 25	4.784 59	5.473 57	8.137 06	15
3.425 94	3.970 31	4.594 97	5.310 89	6.130 39	9.357 62	16
3.700 02	4.327 63	5.054 47	5.895 09	6.866 04	10.761 26	17
3.996 02	4.717 12	5.559 92	6.543 55	7.689 97	12.375 45	18
4.315 70	5.141 66	6.115 91	7.263 34	8.612 76	14.231 77	19
4.660 96	5.604 41	6.727 50	8.062 31	9.646 29	16.366 54	20
5.033 83	6.108 81	7.400 25	8.949 17	10.803 85	18.821 52	21
5.436 54	6.658 60	8.140 28	9.933 57	12.100 31	21.644 75	22
5.871 46	7.257 87	8.954 30	11.026 27	13.552 35	24.891 46	23
6.341 18	7.911 08	9.849 73	12.239 16	15.178 63	28.625 18	24
6.848 47	8.623 08	10.834 71	13.585 46	17.000 00	32.918 95	25
7.396 35	9.399 16	11.918 18	15.079 86	19.040 07	37.856 80	26
7.988 06	10.245 08	13.109 99	16.738 65	21.324 88	43.535 32	27
8.627 11	11.167 14	14.420 99	18.579 90	23.883 87	50.065 61	28
9.317 27	12.172 18	15.863 09	20.623 69	26.749 93	57.575 45	29
10.062 66	13.267 68	17.449 40	22.892 30	29.959 92	66.211 77	30
10.867 67	14.461 77	19.194 34	25.410 45	33.555 11	76.143 54	31
11.737 08	15.763 33	21.113 78	28.205 60	37.581 73	87.565 07	32
12.676 05	17.182 03	23.225 15	31.308 21	42.091 53	100.699 83	33
13.690 13	18.728 41	25.547 67	34.752 12	47.142 52	115.804 80	34
14.785 34	20.413 97	28.102 44	38.574 85	52.799 62	133.175 52	35
15.968 17	22.251 23	30.912 68	42.818 08	59.135 57	153.151 85	36
17.245 63	24.253 84	34.003 95	47.528 07	66.231 84	176.124 63	37
18.625 28	26.436 68	37.404 34	52.756 16	74.179 66	202.543 32	38
20.115 30	28.815 98	41.144 79	58.559 34	83.081 22	232.924 82	39
21.724 52	31.409 42	45.259 26	65.000 87	93.050 97	267.863 55	40

表 6-2 1 美元现值（单笔资金现值）表

(n) 期数	$PVF_{n,i}=\dfrac{1}{(1+i)^n}=(1+i)^{-n}$					
	2%	2.5%	3%	4%	5%	6%
1	0.980 39	0.975 61	0.970 87	0.961 54	0.952 38	0.943 40
2	0.961 17	0.951 81	0.942 60	0.924 56	0.907 03	0.890 00
3	0.942 32	0.928 60	0.915 14	0.889 00	0.863 84	0.839 62
4	0.923 85	0.905 95	0.888 49	0.854 80	0.822 70	0.792 09
5	0.905 73	0.883 85	0.862 61	0.821 93	0.783 53	0.747 26
6	0.887 97	0.862 30	0.837 48	0.790 31	0.746 22	0.704 96
7	0.870 56	0.841 27	0.813 09	0.759 92	0.710 68	0.665 06
8	0.853 49	0.820 75	0.789 41	0.730 69	0.676 84	0.627 41
9	0.836 76	0.800 73	0.766 42	0.702 59	0.644 61	0.591 90
10	0.820 35	0.781 20	0.744 09	0.675 56	0.613 91	0.558 39
11	0.804 26	0.762 14	0.722 42	0.649 58	0.584 68	0.526 79
12	0.788 49	0.743 56	0.701 38	0.624 60	0.556 84	0.496 97
13	0.773 03	0.725 42	0.680 95	0.600 57	0.530 32	0.468 84
14	0.757 88	0.707 73	0.661 12	0.577 48	0.505 07	0.442 30
15	0.743 01	0.690 47	0.641 86	0.555 26	0.481 02	0.417 27
16	0.728 45	0.673 62	0.623 17	0.533 91	0.458 11	0.393 65
17	0.714 16	0.657 20	0.605 02	0.513 37	0.436 30	0.371 36
18	0.700 16	0.641 17	0.587 39	0.493 63	0.415 52	0.350 34
19	0.686 43	0.625 53	0.570 29	0.474 64	0.395 73	0.330 51
20	0.672 97	0.610 27	0.553 68	0.456 39	0.376 89	0.311 80
21	0.659 78	0.595 39	0.537 55	0.438 83	0.358 94	0.294 16
22	0.646 84	0.580 86	0.521 89	0.421 96	0.341 85	0.277 51
23	0.634 16	0.566 70	0.506 69	0.405 73	0.325 57	0.261 80
24	0.621 72	0.552 88	0.491 93	0.390 12	0.310 07	0.246 98
25	0.609 53	0.539 39	0.477 61	0.375 12	0.295 30	0.233 00
26	0.597 58	0.526 23	0.463 69	0.360 69	0.281 24	0.219 81
27	0.585 86	0.513 40	0.450 19	0.346 82	0.267 85	0.207 37
28	0.574 37	0.500 88	0.437 08	0.333 48	0.255 09	0.195 63
29	0.563 11	0.488 66	0.424 35	0.320 65	0.242 95	0.184 56
30	0.552 07	0.476 74	0.411 99	0.308 32	0.231 38	0.174 11
31	0.541 25	0.465 11	0.399 99	0.296 46	0.220 36	0.164 25
32	0.530 63	0.453 77	0.388 34	0.285 06	0.209 87	0.154 96
33	0.520 23	0.442 70	0.377 03	0.274 09	0.199 87	0.146 19
34	0.510 03	0.431 91	0.366 04	0.263 55	0.190 35	0.137 91
35	0.500 03	0.421 37	0.355 38	0.253 42	0.181 29	0.130 11
36	0.490 22	0.411 09	0.345 03	0.243 67	0.172 66	0.122 74
37	0.480 61	0.401 07	0.334 98	0.234 30	0.164 44	0.115 79
38	0.471 19	0.391 28	0.325 23	0.225 29	0.156 61	0.109 24
39	0.461 95	0.381 74	0.315 75	0.216 62	0.149 15	0.103 06
40	0.452 89	0.372 43	0.306 56	0.208 29	0.142 05	0.097 22

续前表

$PVF_{n,i}=\dfrac{1}{(1+i)^n}=(1+i)^{-n}$						（n）期数
8%	9%	10%	11%	12%	15%	
0.925 93	0.917 43	0.909 09	0.900 90	0.892 86	0.869 57	1
0.857 34	0.841 68	0.826 45	0.811 62	0.797 19	0.756 14	2
0.793 83	0.772 18	0.751 32	0.731 19	0.711 78	0.657 52	3
0.735 03	0.708 43	0.683 01	0.658 73	0.635 52	0.571 75	4
0.680 58	0.649 93	0.620 92	0.593 45	0.567 43	0.497 18	5
0.630 17	0.596 27	0.564 47	0.534 64	0.506 63	0.432 33	6
0.583 49	0.547 03	0.513 16	0.481 66	0.452 35	0.375 94	7
0.540 27	0.501 87	0.466 51	0.433 93	0.403 88	0.326 90	8
0.500 25	0.460 43	0.424 10	0.390 92	0.360 61	0.284 26	9
0.463 19	0.422 41	0.385 54	0.352 18	0.321 97	0.247 19	10
0.428 88	0.387 53	0.350 49	0.317 28	0.287 48	0.214 94	11
0.397 11	0.355 54	0.318 63	0.285 84	0.256 68	0.186 91	12
0.367 70	0.326 18	0.289 66	0.257 51	0.229 17	0.162 53	13
0.340 46	0.299 25	0.263 33	0.231 99	0.204 62	0.141 33	14
0.315 24	0.274 54	0.239 39	0.209 00	0.182 70	0.122 89	15
0.291 89	0.251 87	0.217 63	0.188 29	0.163 12	0.106 87	16
0.270 27	0.231 07	0.197 85	0.169 63	0.145 64	0.092 93	17
0.250 25	0.211 99	0.179 86	0.152 82	0.130 04	0.080 81	18
0.231 71	0.194 49	0.163 51	0.137 68	0.116 11	0.070 27	19
0.214 55	0.178 43	0.148 64	0.124 03	0.103 67	0.061 10	20
0.198 66	0.163 70	0.135 13	0.111 74	0.092 56	0.053 13	21
0.183 94	0.150 18	0.122 85	0.100 67	0.082 64	0.046 20	22
0.170 32	0.137 78	0.111 68	0.090 69	0.073 79	0.040 17	23
0.157 70	0.126 41	0.101 53	0.081 70	0.065 88	0.034 93	24
0.146 02	0.115 97	0.092 30	0.073 61	0.058 82	0.030 38	25
0.135 20	0.106 39	0.083 91	0.066 31	0.052 52	0.026 42	26
0.125 19	0.097 61	0.076 28	0.059 74	0.046 89	0.022 97	27
0.115 91	0.089 55	0.069 34	0.053 82	0.041 87	0.019 97	28
0.107 33	0.082 16	0.063 04	0.048 49	0.037 38	0.017 37	29
0.099 38	0.075 37	0.057 31	0.043 68	0.033 38	0.015 10	30
0.092 02	0.069 15	0.052 10	0.039 35	0.029 80	0.013 13	31
0.085 20	0.063 44	0.047 36	0.035 45	0.026 61	0.011 42	32
0.078 89	0.058 20	0.043 06	0.031 94	0.023 76	0.009 93	33
0.073 05	0.053 40	0.039 14	0.028 78	0.021 21	0.008 64	34
0.067 63	0.048 99	0.035 58	0.025 92	0.018 94	0.007 51	35
0.062 62	0.044 94	0.032 35	0.023 35	0.016 91	0.006 53	36
0.057 99	0.041 23	0.029 41	0.021 04	0.015 10	0.005 68	37
0.053 69	0.037 83	0.026 74	0.018 96	0.013 48	0.004 94	38
0.049 71	0.034 70	0.024 30	0.017 08	0.012 04	0.004 29	39
0.046 03	0.031 84	0.022 10	0.015 38	0.010 75	0.003 73	40

表 6 - 3　　　　　　　　　　　　　　　　1 美元普通年金终值表

（n）期数	$FVF\text{-}OA_{n,i}=\dfrac{(1+i)^n-1}{i}$					
	2%	2.5%	3%	4%	5%	6%
1	1.000 00	1.000 00	1.000 00	1.000 00	1.000 00	1.000 00
2	2.020 00	2.025 00	2.030 00	2.040 00	2.050 00	2.060 00
3	3.060 40	3.075 63	3.090 90	3.121 60	3.152 50	3.183 60
4	4.121 61	4.152 52	4.183 63	4.246 46	4.310 13	4.374 62
5	5.204 04	5.256 33	5.309 14	5.416 32	5.525 63	5.637 09
6	6.308 12	6.387 74	6.468 41	6.632 98	6.801 91	6.975 32
7	7.434 28	7.547 43	7.662 46	7.898 29	8.142 01	8.393 84
8	8.582 97	8.736 12	8.892 34	9.214 23	9.549 11	9.897 47
9	9.754 63	9.954 52	10.159 11	10.582 80	11.026 56	11.491 32
10	10.949 72	11.203 38	11.463 38	12.006 11	12.577 89	13.180 79
11	12.168 72	12.483 47	12.807 80	13.486 35	14.206 79	14.971 64
12	13.412 09	13.795 55	14.192 03	15.025 81	15.917 13	16.869 94
13	14.680 33	15.140 44	15.617 79	16.626 84	17.712 98	18.882 14
14	15.973 94	16.518 95	17.086 32	18.291 91	19.598 63	21.015 07
15	17.293 42	17.931 93	18.598 91	20.023 59	21.578 56	23.275 97
16	18.639 29	19.380 22	20.156 88	21.824 53	23.657 49	25.672 53
17	20.012 07	20.864 73	21.761 59	23.697 51	25.840 37	28.212 88
18	21.412 31	22.386 35	23.414 44	25.645 41	28.132 38	30.905 65
19	22.840 56	23.946 01	25.116 87	27.671 23	30.539 00	33.759 99
20	24.297 37	25.544 66	26.870 37	29.778 08	33.065 95	36.785 59
21	25.783 32	27.183 27	28.676 49	31.969 20	35.719 25	39.992 73
22	27.298 98	28.862 86	30.536 78	34.247 97	38.505 21	43.392 29
23	28.844 96	30.584 43	32.452 88	36.617 89	41.430 48	46.995 83
24	30.421 86	32.349 04	34.426 47	39.082 60	44.502 00	50.815 58
25	32.030 30	34.157 76	36.459 26	41.645 91	47.727 10	54.864 51
26	33.670 91	36.011 71	38.553 04	44.311 74	51.113 45	59.156 38
27	35.344 32	37.912 00	40.709 63	47.084 21	54.669 13	63.705 77
28	37.051 21	39.859 80	42.930 92	49.967 58	58.402 58	68.528 11
29	38.792 23	41.856 30	45.218 85	52.966 29	62.322 71	73.639 80
30	40.568 08	43.902 70	47.575 42	56.084 94	66.438 85	79.058 19
31	42.379 44	46.000 27	50.002 68	59.328 34	70.760 79	84.801 68
32	44.227 03	48.150 28	52.502 76	62.701 47	75.298 83	90.889 78
33	46.111 57	50.354 03	55.077 84	66.209 53	80.063 77	97.343 16
34	48.033 80	52.612 89	57.730 18	69.857 91	85.066 96	104.183 76
35	49.994 48	54.928 21	60.462 08	73.652 22	90.320 31	111.434 78
36	51.994 37	57.301 41	63.275 94	77.598 31	95.836 32	119.120 87
37	54.034 25	59.733 95	66.174 22	81.702 25	101.628 14	127.268 12
38	56.114 94	62.227 30	69.159 45	85.970 34	107.709 55	135.904 21
39	58.237 24	64.782 98	72.234 23	90.409 15	114.095 02	145.058 46
40	60.401 98	67.402 55	75.401 26	95.025 52	120.799 77	154.761 97

续前表

$FVF\text{-}OA_{n,i}=\dfrac{(1+i)^n-1}{i}$						(n) 期数
8%	9%	10%	11%	12%	15%	
1.000 00	1.000 00	1.000 00	1.000 00	1.000 00	1.000 00	1
2.080 00	2.090 00	2.100 00	2.110 00	2.120 00	2.150 00	2
3.246 40	3.278 10	3.310 00	3.342 10	3.374 40	3.472 50	3
4.506 11	4.573 13	4.641 00	4.709 73	4.779 33	4.993 38	4
5.866 60	5.984 71	6.105 10	6.227 80	6.352 85	6.742 38	5
7.335 92	7.523 34	7.715 61	7.912 86	8.115 19	8.753 74	6
8.922 80	9.200 44	9.487 17	9.783 27	10.089 01	11.066 80	7
10.636 63	11.028 47	11.435 89	11.859 43	12.299 69	13.726 82	8
12.487 56	13.021 04	13.579 48	14.163 97	14.775 66	16.785 84	9
14.486 56	15.192 93	15.937 43	16.722 01	17.548 74	20.303 72	10
16.645 49	17.560 29	18.531 17	19.561 43	20.654 58	24.349 28	11
18.977 13	20.140 72	21.384 28	22.713 19	24.133 13	29.001 67	12
21.495 30	22.953 39	24.522 71	26.211 64	28.029 11	34.351 92	13
24.214 92	26.019 19	27.974 98	30.094 92	32.392 60	40.504 71	14
27.152 11	29.360 92	31.772 48	34.405 36	37.279 72	47.580 41	15
30.324 28	33.003 40	35.949 73	39.189 95	42.753 28	55.717 47	16
33.750 23	36.973 71	40.544 70	44.500 84	48.883 67	65.075 09	17
37.450 24	41.301 34	45.599 17	50.395 93	55.749 72	75.836 36	18
41.446 26	46.018 46	51.159 09	56.939 49	63.439 68	88.211 81	19
45.761 96	51.160 12	57.275 00	64.202 83	72.052 44	102.443 58	20
50.422 92	56.764 53	64.002 50	72.265 14	81.698 74	118.810 12	21
55.456 76	62.873 34	71.402 75	81.214 31	92.502 58	137.631 64	22
60.893 30	69.531 94	79.543 02	91.147 88	104.602 89	159.276 38	23
66.764 76	76.789 81	88.497 33	102.174 15	118.155 24	184.167 84	24
73.105 94	84.700 90	98.347 06	114.413 31	133.333 87	212.793 02	25
79.954 42	93.323 98	109.181 77	127.998 77	150.333 93	245.711 97	26
87.350 77	102.723 14	121.099 94	143.078 64	169.374 01	283.568 77	27
95.338 83	112.968 22	134.209 94	159.817 29	190.698 89	327.104 08	28
103.965 94	124.135 36	148.630 93	178.397 19	214.582 75	377.169 69	29
113.283 21	136.307 54	164.494 02	199.020 88	241.332 68	434.745 15	30
123.345 87	149.575 22	181.943 43	221.913 17	271.292 61	500.956 92	31
134.213 54	164.036 99	201.137 77	247.323 62	304.847 72	577.100 46	32
145.950 62	179.800 32	222.251 54	275.529 22	342.429 45	644.665 53	33
158.626 67	196.982 34	245.476 70	306.837 44	384.520 98	765.365 35	34
172.316 80	215.710 76	271.024 37	341.589 55	431.663 50	881.170 16	35
187.102 15	236.124 72	299.126 81	380.164 41	484.463 12	1 014.345 68	36
203.070 32	258.375 95	330.039 49	422.982 49	543.598 69	1 167.497 53	37
220.315 95	282.629 78	364.043 43	470.510 56	609.830 53	1 343.622 16	38
238.941 22	309.066 46	401.447 78	523.266 73	684.010 20	1 546.165 49	39
259.056 52	337.882 45	442.592 56	581.826 07	767.091 42	1 779.090 31	40

表6-4 1美元普通年金现值表

(n) 期数	$PVF\text{-}OA_{n,i} = \dfrac{1 - \dfrac{1}{(1+i)^n}}{i}$					
	2%	2.5%	3%	4%	5%	6%
1	0.980 39	0.975 61	0.970 87	0.961 54	0.952 38	0.943 40
2	1.941 56	1.927 42	1.913 47	1.886 09	1.859 41	1.833 39
3	2.883 88	2.856 02	2.828 61	2.775 09	2.723 25	2.673 01
4	3.807 73	3.761 97	3.717 10	3.629 90	3.545 95	3.465 11
5	4.713 46	4.645 83	4.579 71	4.451 82	4.329 48	4.212 36
6	5.601 43	5.508 13	5.417 19	5.242 14	5.075 69	4.917 32
7	6.471 99	6.349 39	6.230 28	6.002 05	5.786 37	5.582 38
8	7.325 48	7.170 14	7.019 69	6.732 74	6.463 21	6.209 79
9	8.162 24	7.970 87	7.786 11	7.435 33	7.107 82	6.801 69
10	8.982 59	8.752 06	8.530 20	8.110 90	7.721 73	7.360 09
11	9.786 85	9.514 21	9.252 62	8.760 48	8.306 41	7.886 87
12	10.575 34	10.257 76	9.954 00	9.385 07	8.863 25	8.383 84
13	11.348 37	10.983 19	10.634 96	9.985 65	9.393 57	8.852 68
14	12.106 25	11.690 91	11.296 07	10.563 12	9.898 64	9.294 98
15	12.849 26	12.381 38	11.937 94	11.118 39	10.379 66	9.712 25
16	13.577 71	13.055 00	12.561 10	11.652 30	10.837 77	10.105 90
17	14.291 87	13.712 20	13.166 12	12.165 67	11.274 07	10.477 26
18	14.992 03	14.353 36	13.753 51	12.659 30	11.689 59	10.827 60
19	15.678 46	14.978 89	14.323 80	13.133 94	12.085 32	11.158 12
20	16.351 43	15.589 16	14.877 47	13.590 33	12.462 21	11.469 92
21	17.011 21	16.184 55	15.415 02	14.029 16	12.821 15	11.764 08
22	17.658 05	16.765 41	15.936 92	14.451 12	13.163 00	12.041 58
23	18.292 20	17.332 11	16.443 61	14.856 84	13.488 57	12.303 38
24	18.913 93	17.884 99	16.935 54	15.246 96	13.798 64	12.550 36
25	19.523 46	18.424 38	17.413 15	15.622 08	14.093 94	12.783 36
26	20.121 04	18.950 61	17.876 84	15.982 77	14.375 19	13.003 17
27	20.706 90	19.464 01	18.327 03	16.329 59	14.643 03	13.210 53
28	21.281 27	19.964 89	18.764 11	16.663 06	14.898 13	13.406 16
29	21.844 38	20.453 55	19.188 45	16.983 71	15.141 07	13.590 72
30	22.396 46	20.930 29	19.600 44	17.292 03	15.372 45	13.764 83
31	22.937 70	21.395 41	20.000 43	17.588 49	15.592 81	13.929 09
32	23.468 33	21.849 18	20.388 77	17.873 55	15.802 68	14.084 04
33	23.988 56	22.291 88	20.765 79	18.147 65	16.002 55	14.230 23
34	24.498 59	22.723 79	21.131 84	18.411 20	16.192 90	14.368 14
35	24.998 62	23.145 16	21.487 22	18.664 61	16.374 19	14.498 25
36	25.488 84	23.556 25	21.832 25	18.908 28	16.546 85	14.620 99
37	25.969 45	23.957 32	22.167 24	19.142 58	16.711 29	14.736 78
38	26.440 64	24.348 60	22.492 46	19.367 86	16.867 89	14.846 02
39	26.902 59	24.730 34	22.808 22	19.584 48	17.017 04	14.949 07
40	27.355 48	25.102 78	23.114 77	19.792 77	17.159 09	15.046 30

续前表

$PVF\text{-}OA_{n,i}=\dfrac{1-\dfrac{1}{(1+i)^n}}{i}$						(n) 期数
8%	9%	10%	11%	12%	15%	
0.925 93	0.917 43	0.909 09	0.900 90	0.892 86	0.869 57	1
1.783 26	1.759 11	1.735 54	1.712 52	1.690 05	1.625 71	2
2.577 10	2.531 30	2.486 85	2.443 71	2.401 83	2.283 23	3
3.312 13	3.239 72	3.169 86	3.102 45	3.037 35	2.854 98	4
3.992 71	3.889 65	3.790 79	3.695 90	3.604 78	3.352 16	5
4.622 88	4.485 92	4.355 26	4.230 54	4.111 41	3.784 48	6
5.206 37	5.032 95	4.868 42	4.712 20	4.563 76	4.160 42	7
5.746 64	5.534 82	5.334 93	5.146 12	4.967 64	4.487 32	8
6.246 89	5.995 25	5.759 02	5.537 05	5.328 25	4.771 58	9
6.710 08	6.417 66	6.144 57	5.889 23	5.650 22	5.018 77	10
7.138 96	6.805 19	6.495 06	6.206 52	5.937 70	5.233 71	11
7.536 08	7.160 73	6.813 69	6.492 36	6.194 37	5.420 62	12
7.903 78	7.486 90	7.103 36	6.749 87	6.423 55	5.583 15	13
8.244 24	7.786 15	7.366 69	6.981 87	6.628 17	5.724 48	14
8.559 48	8.060 69	7.606 08	7.190 87	6.810 86	5.847 37	15
8.851 37	8.312 56	7.823 71	7.379 16	6.973 99	5.954 24	16
9.121 64	8.543 63	8.021 55	7.548 79	7.119 63	6.047 16	17
9.371 89	8.755 63	8.201 41	7.701 62	7.249 67	6.127 97	18
9.603 60	8.950 12	8.364 92	7.839 29	7.365 78	6.198 23	19
9.818 15	9.128 55	8.513 56	7.963 33	7.469 44	6.259 33	20
10.016 80	9.292 24	8.648 69	8.075 07	7.562 00	6.312 46	21
10.200 74	9.442 43	8.771 54	8.175 74	7.644 65	6.358 66	22
10.371 06	9.580 21	8.883 22	8.266 43	7.718 43	6.398 84	23
10.528 76	9.706 61	8.984 74	8.348 14	7.784 32	6.433 77	24
10.674 78	9.822 58	9.077 04	8.421 74	7.843 14	6.464 15	25
10.809 98	9.928 97	9.160 95	8.488 06	7.895 66	6.490 56	26
10.935 16	10.026 58	9.237 22	8.547 80	7.942 55	6.513 53	27
11.051 08	10.116 13	9.306 57	8.601 62	7.984 42	6.533 51	28
11.158 41	10.198 28	9.369 61	8.650 11	8.021 81	6.550 88	29
11.257 78	10.273 65	9.426 91	8.693 79	8.055 18	6.565 98	30
11.349 80	10.342 80	9.479 01	8.733 15	8.084 99	6.579 11	31
11.435 00	10.406 24	9.526 38	8.768 60	8.111 59	6.590 53	32
11.513 89	10.464 44	9.569 43	8.800 54	8.135 35	6.600 46	33
11.586 93	10.517 84	9.608 58	8.829 32	8.156 56	6.609 10	34
11.654 57	10.566 82	9.644 16	8.855 24	8.175 50	6.616 61	35
11.717 19	10.611 76	9.676 51	8.878 59	8.192 41	6.623 14	36
11.775 18	10.652 99	9.705 92	8.899 63	8.207 51	6.628 82	37
11.828 87	10.690 82	9.732 65	8.918 59	8.220 99	6.633 75	38
11.878 58	10.725 52	9.756 97	8.935 67	8.233 03	6.638 05	39
11.924 61	10.757 36	9.779 05	8.951 05	8.243 78	6.641 78	40

表 6 - 5　　　　　　　　　　　　　　1 美元预付年金现值表

（n）期数	$PVF\text{-}AD_{n,i}=1+\dfrac{1-\dfrac{1}{(1+i)^{n-1}}}{i}$					
	2%	2.5%	3%	4%	5%	6%
1	1.000 00	1.000 00	1.000 00	1.000 00	1.000 00	1.000 00
2	1.980 39	1.975 61	1.970 87	1.961 54	1.952 38	1.943 40
3	2.941 56	2.927 42	2.913 47	2.886 09	2.859 41	2.833 39
4	3.883 88	3.856 02	3.828 61	3.775 09	3.723 25	3.673 01
5	4.807 73	4.761 97	4.717 10	4.629 90	4.545 95	4.465 11
6	5.713 46	5.645 83	5.579 71	5.451 82	5.329 48	5.212 36
7	6.601 43	6.508 13	6.417 19	6.242 14	6.075 69	5.917 32
8	7.471 99	7.349 39	7.230 28	7.002 05	6.786 37	6.582 38
9	8.325 48	8.170 14	8.019 69	7.732 74	7.463 21	7.209 79
10	9.162 24	8.970 87	8.786 11	8.435 33	8.107 82	7.801 69
11	9.982 59	9.752 06	9.530 20	9.110 90	8.721 73	8.360 09
12	10.786 85	10.514 21	10.252 62	9.760 48	9.306 41	8.886 87
13	11.575 34	11.257 76	10.954 00	10.385 07	9.863 25	9.383 84
14	12.348 37	11.983 19	11.634 96	10.985 65	10.393 57	9.852 68
15	13.106 25	12.690 91	12.296 07	11.563 12	10.898 64	10.294 98
16	13.849 26	13.381 38	12.937 94	12.118 39	11.379 66	10.712 25
17	14.577 71	14.055 00	13.561 10	12.652 30	11.837 77	11.105 90
18	15.291 87	14.712 20	14.166 12	13.165 67	12.274 07	11.477 26
19	15.992 03	15.353 36	14.753 51	13.659 30	12.689 59	11.827 60
20	16.678 46	15.978 89	15.323 80	14.133 94	13.085 32	12.158 12
21	17.351 43	16.589 16	15.877 47	14.590 33	13.462 21	12.469 92
22	18.011 21	17.184 55	16.415 02	15.029 16	13.821 15	12.764 08
23	18.658 05	17.765 41	16.936 92	15.451 12	14.163 00	13.041 58
24	19.292 20	18.332 11	17.443 61	15.856 84	14.488 57	13.303 38
25	19.913 93	18.884 99	17.935 54	16.246 96	14.798 64	13.550 36
26	20.523 46	19.424 38	18.413 15	16.622 08	15.093 94	13.783 36
27	21.121 04	19.950 61	18.876 84	16.982 77	15.375 19	14.003 17
28	21.706 90	20.464 01	19.327 03	17.329 59	15.643 03	14.210 53
29	22.281 27	20.964 89	19.764 11	17.663 06	15.898 13	14.406 16
30	22.844 38	21.453 55	20.188 45	17.983 71	16.141 07	14.590 72
31	23.396 46	21.930 29	20.600 44	18.292 03	16.372 45	14.764 83
32	23.937 70	22.395 41	21.000 43	18.588 49	16.592 81	14.929 09
33	24.468 33	22.849 18	21.388 77	18.873 55	16.802 68	15.084 04
34	24.988 56	23.291 88	21.765 79	19.147 65	17.002 55	15.230 23
35	25.498 59	23.723 79	22.131 84	19.411 20	17.192 90	15.368 14
36	25.998 62	24.145 16	22.487 22	19.664 61	17.374 19	15.498 25
37	26.488 84	24.556 25	22.832 25	19.908 28	17.546 85	15.620 99
38	26.969 45	24.957 32	23.167 24	20.142 58	17.711 29	15.736 78
39	27.440 64	25.348 60	23.492 46	20.367 86	17.867 89	15.846 02
40	27.902 59	25.730 34	23.808 22	20.584 48	18.017 04	15.949 07

续前表

$PVF\text{-}AD_{n,i}=1+\dfrac{1-\dfrac{1}{(1+i)^{n-1}}}{i}$						(n)期数
8%	9%	10%	11%	12%	15%	
1.000 00	1.000 00	1.000 00	1.000 00	1.000 00	1.000 00	1
1.925 93	1.917 43	1.909 09	1.900 90	1.892 86	1.869 57	2
2.783 26	2.759 11	2.735 54	2.712 52	2.690 05	2.625 71	3
3.577 10	3.531 30	3.486 85	3.443 71	3.401 83	3.283 23	4
4.312 13	4.239 72	4.169 86	4.102 45	4.037 35	3.854 98	5
4.992 71	4.889 65	4.790 79	4.695 90	4.604 78	4.352 16	6
5.622 88	5.485 92	5.355 26	5.230 54	5.111 41	4.784 48	7
6.206 37	6.032 95	5.868 42	5.712 20	5.563 76	5.160 42	8
6.746 64	6.534 82	6.334 93	6.146 12	5.967 64	5.487 32	9
7.246 89	6.995 25	6.759 02	6.537 05	6.328 25	5.771 58	10
7.710 08	7.417 66	7.144 57	6.889 23	6.650 22	6.018 77	11
8.138 96	7.805 19	7.495 06	7.206 52	6.937 70	6.233 71	12
8.536 08	8.160 73	7.813 69	7.492 36	7.194 37	6.420 62	13
8.903 78	8.486 90	8.103 36	7.749 87	7.423 55	6.583 15	14
9.244 24	8.786 15	8.366 69	7.981 87	7.628 17	6.724 48	15
9.559 48	9.060 69	8.606 08	8.190 87	7.810 86	6.847 37	16
9.851 37	9.312 56	8.823 71	8.379 16	7.973 99	6.954 24	17
10.121 64	9.543 63	9.021 55	8.548 79	8.119 63	7.047 16	18
10.371 89	9.755 63	9.201 41	8.701 62	8.249 67	7.127 97	19
10.603 60	9.950 12	9.364 92	8.839 29	8.365 78	7.198 23	20
10.818 15	10.128 55	9.513 56	8.963 33	8.469 44	7.259 33	21
11.016 80	10.292 24	9.648 69	9.075 07	8.562 00	7.312 46	22
11.200 74	10.442 43	9.771 54	9.175 74	8.644 65	7.358 66	23
11.371 06	10.580 21	9.883 22	9.266 43	8.718 43	7.398 84	24
11.528 76	10.706 61	9.984 74	9.348 14	8.784 32	7.433 77	25
11.674 78	10.822 58	10.077 04	9.421 74	8.843 14	7.464 15	26
11.809 98	10.928 97	10.160 95	9.488 06	8.895 66	7.490 56	27
11.935 18	11.026 58	10.237 22	9.547 80	8.942 55	7.513 53	28
12.051 08	11.116 13	10.306 57	9.601 62	8.984 42	7.533 51	29
12.158 41	11.198 28	10.369 61	9.650 11	9.021 81	7.550 88	30
12.257 78	11.273 65	10.426 91	9.693 79	9.055 18	7.565 98	31
12.349 80	11.342 80	10.479 01	9.733 15	9.084 99	7.579 11	32
12.435 00	11.406 24	10.526 38	9.768 60	9.111 59	7.590 53	33
12.513 89	11.464 44	10.569 43	9.800 54	9.135 35	7.600 46	34
12.586 93	11.517 84	10.608 58	9.829 32	9.156 56	7.609 10	35
12.654 57	11.566 82	10.644 16	9.855 24	9.175 50	7.616 61	36
12.717 19	11.611 76	10.676 51	9.878 59	9.192 41	7.623 14	37
12.775 18	11.652 99	10.705 92	9.899 63	9.207 51	7.628 82	38
12.828 87	11.690 82	10.732 65	9.918 59	9.220 99	7.633 75	39
12.878 58	11.725 52	10.756 97	9.935 67	9.233 03	7.638 05	40

第 7 章

货币资金和应收款项

📝 学习目标

学完本章后，你应该能够：

1. 识别归属于货币资金的项目。
2. 掌握货币资金及相关项目列报的方法。
3. 掌握应收款项的定义并区分不同类型的应收款项。
4. 掌握应收账款确认的相关会计问题。
5. 掌握应收账款计量的相关会计问题。
6. 掌握应收票据确认的相关会计问题。
7. 掌握应收票据计量的相关会计问题。
8. 掌握与应收款项相关的特殊会计问题。
9. 掌握列报和分析应收款项的方法。

北电网络的隐情

加拿大北电网络公司（Nortel Networks）在 2009 年初申请破产。北电网络的终结是加拿大历史上最大的财务失败案例之一。北电网络曾一度占多伦多证券交易所（Toronto Stock Exchange）股票交易量的 1/3；2000 年，该公司的股价高达 124.5 美元。然而到了 2009 年，股价却跌至 1.2 美分。为什么会这样？首先，由于激烈的竞争和错误的经营决策，该公司在 21 世纪初的科技企业股价暴跌中遭受了沉重的打击。其次，北电网络卷入了财务丑闻，有 3 名高管被起诉。

在一份借款会计处理方案中，北电网络通过操纵坏账准备向高管输送额外利益。例如，北电网络称有必要将 2003 年的净收入更改为原先报告数值的一半。此外，该公司还在 2002 年低估了净收入。这是怎么回事呢？北电网络的行为是收益管理"甜饼罐"的经典案例，即通过操纵坏账准备来掩盖可疑的会计处理。

如下图所示，2002 年，北电网络高估了坏账损失（并大量计提坏账准备）。接着在 2003 年，该公司大幅削减坏账损失，尽管应收款项的总量几乎不变。2002 年公司的坏账准备占应收款项总额的 19% 而在 2003 年占比仅为 10%——差异十分明显。

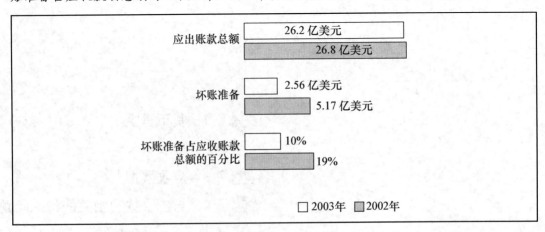

资料来源：Company reports.

很难说是因为 2002 年的坏账准备太高还是 2003 年的坏账准备太低，又或者两者都有。不管怎样，对坏账准备的操纵使北电网络在 2003 年能够报告比实际更高的盈利。通过上面的分析，我们可以知道仔细查看公司报告中坏账损失金额的重要性。也就是说，如果之前就对北电网络的坏账处理进行仔细分析，其破产的末路也许就能被提前预测出来。

受 2008 年金融危机影响，市场分析师们对银行业应收款项的坏账准备提高了警惕。这时，人们担心的是坏账准备计提得不够多。也就是说，银行是不是对坏账确认得太晚了？许多贷款给希腊、西班牙、爱尔兰和葡萄牙这样的国家的欧洲银行都是典型例子。尽管这些贷款明显有问题（价值被高估），但银行仍然认为不该减少贷款金额（部分原因是这些贷款能够持有至到期）。然而，这种观点受到了质疑，并且贷款削减行为持续增多。例如，西班牙第三大银行 Bankia Group 将其 2011 年度的经营成果从原先的盈利 409 亿欧元更正为亏损 33 亿欧元。

鉴于金融和非金融公司在坏账处理中都存在问题，IASB 正致力于对坏账会计处理的改善。

资料来源：Adapted from J. Weil, "At Nortel, Warning Signs Existed Months Ago," *Wall Street Journal* (May 18, 2004), p. C3; and J. Weil, "The E4 Smiled While Spain's Banks Cooked the Books," *Bloomberg* (June 14, 2012).

本章概览

正如开篇案例所述，应收账款可收回性的衡量对于准确报告应收款项净额、营业利润、净利润和资产有着重要的意义。在本章，我们要讨论货币资金和应收款项，这两项资产对于像北电网络和诺基亚这样的非金融公司和西班牙 Bankia Group、瑞士联合银行（UBS）这样的金融公司都至关重要。本章的内容和组织结构如下图所示。

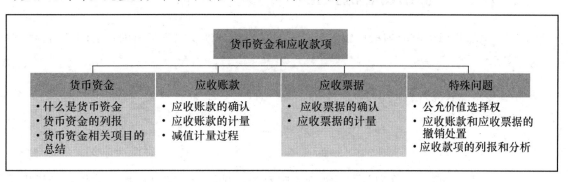

7.1 货币资金

7.1.1 什么是货币资金？

货币资金是一种金融资产，也称为金融工具。金融工具是一种合同，该合同能够让一个主体的金融资产变动，并使另一个主体的金融负债或权益变动。金融资产和非金融资产的示例如图表 7-1 所示。

图表 7 - 1　　　　　　　　　　　　　　　　资产类型

金融资产	非金融资产
货币资金	存货
借款和应收款项	预付费用
债权投资	不动产、厂场和设备
股权投资	无形资产

货币资金作为标准的交换媒介，是流动性最强的资产，是计量和记录其他会计科目的基础。企业通常将货币资金列为流动资产。货币资金包括硬币、纸币和银行存款。[1]可转让证券如邮政汇票、保付支票、本票、支票、个人支票、银行汇票也属于货币资金。那么定期存款是货币资金吗？诚然，银行有权要求企业在定期存款提现时提前通知银行，然而由于银行很少要求企业这么做，因而定期存款也属于货币资金。

可以为中小投资者赚取利息的部分票据应该被划分为暂时性投资而不是货币资金，例如货币市场基金、货币市场储蓄单、存款单以及类似的存款和"短期票据"。这些证券通常包含有关变现的限制性条款。能提供支票签发特权的货币市场基金通常被视为货币资金。

有些项目在分类上存在问题：企业把远期支票和债务视作应收款项。预付差旅费如果由员工支付或者将从员工工资中扣除，那么应归为应收款项，若由公司支付则以预付费用处理。库存邮票属于库存办公用品或者预付费用。零用基金用于支付日常经营费用和偿付短期负债，因而应作为货币资金在流动资产中列示。

□ 7.1.2　货币资金的报告

虽然货币资金的列报比较简单，但是仍有一些涉及以下项目的报告问题需要特别关注：

1. 现金等价物。
2. 限制性现金。
3. 银行透支。

现金等价物

"现金及现金等价物"是流动资产中较为常见的一个类别。现金等价物是指满足下列条件的流动性极高的短期投资：（a）易于转换为确定金额的现金；（b）即将到期，其价值不会由于利率的变动而出现较大波动。一般来说，只有那些到期期限不超过 3 个月的投资才符合上述条件。

常见的现金等价物包括短期国库券、商业票据和货币市场基金。一些企业在资产负债表上将现金和短期投资项目合并列报，并将短期投资项目的金额在报表附注中披露或说明。

大多数人认为现金等价物就是现金，但事实上，两者并不完全等同。一些公司就在这方面吃了很大的苦头。由于购买的拍卖利率债券大幅贬值，它们不得不对现金等价物计提大额减值。这些债券的利率通常每周都会变动，而且一般都有很长的偿付期

（长达 30 年）。一些公司认为，由于可以每天在拍卖场交易，因而这些债券属于现金等价物。（总之，它们流动性极高而且几乎没有风险。）审计人员认可了这种将债券划分为现金等价物的会计处理，尽管这些债券的期限远远超过规定的 3 个月。但是，当 2008 年信贷危机袭来时，债券拍卖会停止了，交易市场不再存在，证券的价值不断下跌。可见，将这些债券划分为现金等价物是有误导性的。

目前来看，现金等价物项目很有可能会在财务报表中完全取消，而财务报表只列报现金项目。如果一项资产不属于现金，但在本质上是短期的，那么它就应该以短期投资来列报。由此的启示是，经济形势较好时，一些有失偏颇的会计处理可能不会产生什么影响，但当经济情况恶化时，这些会计处理就会严重误导财务报表使用者并导致很多不良后果。

限制性现金

限制性现金是指为特定用途而预留的现金，如零用现金、工资薪金和股利基金。这些账户的余额通常并不大，因此企业一般不会将其和现金账户分开列报。但是，当限制性现金数额重大时，企业需要将其从一般意义上的现金项目中划分出来，并在流动资产和非流动资产中列示。进一步地，归为流动资产还是非流动资产取决于限定用途的现金将在多长的期限内使用。当用于支付一年内或虽超过一年但仍在一个经营周期内到期的债务时，限制性现金应归为流动资产。如果企业长期持有限制性现金，则限制性现金应视为非流动资产。

划分为非流动资产的现金通常用于扩建厂房、偿还长期负债或者作为入场保证金，印度印孚瑟斯公司（Infosys）的限制性现金披露如图表 7 - 2 所示。

图表 7 - 2　　　　　　　　　　　限制性现金的披露

印孚瑟斯
现金及现金等价物。2013 年 3 月 31 日和 2012 年 3 月 31 日的现金及现金等价物所包括的限制性现金和银行存款分别为 30.5 亿卢比和 26.8 亿卢比。而限制主要针对作为担保保证金持有的现金和银行存款、公司控制的由不可撤销信托持有的现金和银行存款，以及未付股息。 **限制用途的存款**。2013 年 3 月 31 日的金融机构存款包括印度人寿保险公司的 79.8 亿卢比（2012 年 3 月 31 日为 55 亿卢比）存款，用于在经营过程中应对员工相关的债务。这笔资金被认为属于限制性现金，但不包含在"现金及现金等价物"中。

银行和其他贷款机构往往为客户设有最低存款额。这种最低存款额被定义为补偿性余额。作为企业活期存款（或定期存款和存单）的一部分，补偿性余额有助于企业维持和贷款机构之间的借款协议，包括尚未偿还的借款，或未来信用额度的保障。[2]

为了避免投资者对企业可用于偿还后续负债的现金总额产生误解，企业应将法规规定限制使用的存款中的补偿性余额部分单独列报。如果是为了短期借款协议而持有的补偿性余额，企业应该将其划分为流动资产，在"现金及现金等价物"项目下列报。如果是为了长期借款协议而持有的补偿性余额，企业应该将其划分为非流动资产，用诸如"以补偿性余额的形式持有的存款"科目在投资或其他资产项目下列报。如果补偿性余额的存在没有使资产负债表中列示的现金受到限制，那么企业应该在报表附注中披露相关合同和金额。

银行透支

企业签发了超出现金账户余额的支票时，就会产生银行透支。企业在列报银行透支时，应该将其作为应付账款列示在流动负债部分。但是，如果透支金额重大，企业应当在资产负债表或者报表附注中单独披露银行透支的金额。①

若银行透支能够按要求偿还并且构成公司货币资金管理的重要部分（例如对同一家银行开设的其他账户进行冲减处理），银行透支就将成为货币资金组成的一部分。[3] 不符合上述要求的银行透支应列示为流动负债。

□ 7.1.3　货币资金相关项目的总结

现金及现金等价物包括交换媒介和大部分的可转让证券。如果一项资产不能快速变现，那么企业应将其单独列报为投资、应收款项或者预付费用。如果不用于偿还近期到期的债务，企业应将其归为长期资产。图表 7 - 3 总结了货币资金相关项目的分类。

图表 7 - 3　　　　　　　　　　货币资金相关项目的分类

对现金、现金等价物以及非现金项目的分类		
项目	分类	备注
现金	现金	如果不限制其用途，则作为现金列报。如果限制其用途，则要对其单独确认并列报为流动资产或非流动资产。
零用基金	现金	作为现金列报。
短期票据	现金等价物	3 个月之内到期的投资，通常与现金合并列示。
短期票据	短期投资	在 3～12 个月内到期的短期票据作为短期投资列报。
远期支票和债务	应收款项	被认为是可以收回的。
预付差旅费	应收款项	可以从雇员那里收回或者从其工资里扣除。
库存邮票（以邮票形式或者邮资机形式）	预付费用	也可以作为库存办公用品列报。
银行透支	现金	如果不允许抵销，则为流动负债。
补偿性余额	单独分类为以补偿性余额形式持有的库存现金	在资产负债表中以流动资产或非流动资产列示。在报表附注中单独披露借款合约的详细信息。

① 银行透支往往是由于企业在签发支票时的疏忽造成的。银行通常希望企业不时发生这种透支的行为，预先也为这种情况的发生商定了费用。但是曾经有一段时期，一家大型经纪公司开始蓄意大额透支它的银行账户——有时超过了 10 亿美元，以此得到公司投资所需的无息负债。因为透支的金额巨大，而且透支的费用没有提前商定，该公司的行为招致刑事调查。

◆◆◆　**数字背后的故事**　　**财富**

　　许多公司都持有大量现金。囤积现金的一个主要原因是为了使公司在与 2009 年后信贷危机相似的信贷紧缩环境下更加安全。有分析师指出，"在这种局势下，股东价值已经失控了，存续为第一要务。保持资产的流动性至关重要，经济业务领域都是如此"。另一种策略是利用现金来寻找机会。英国 Centrica 公司表示其聚集现金的目的是为了进行收购。其他企业则表示现金对其在经济低迷期的持续投资提供了保障。例如，iPod 就诞生于上一次互联网泡沫衰退期。下面列示了一些大量持有现金的著名企业。

公司	行业	现金（百万美元）	现金/市值（%）
诺基亚（芬兰）	信息设备	10 917	3.8
索尼（日本）	信息设备	8 646	4.6
淡水河谷（巴西）	材料	10 331	5.3
西门子（德国）	跨业经营	8 450	6.1
惠普（美国）	信息设备	11 189	6.2
埃克森美孚（美国）	石油和天然气加工	31 437	10.5
苹果（美国）	信息设备	7 236	12.5

资料来源：Anonymous，"Cheap and Cash Rich," *Forbes*（April 27，2009）。

7.2　应收款项

　　应收款项同样是金融资产，还是金融工具。应收款项（通常指贷款和应收款项）是指企业拥有的向客户或其他利益相关者获取现款、商品或服务的权利。贷款举例：金融机构如汇丰银行向意大利菲亚特公司提供资金。应收款项举例：企业如法国空客在向日本全日空公司赊销一架飞机时确认应收账款。为了更好地讨论，我们采用应收款项来表示贷款和应收款项。

　　根据财务报表列报的要求，企业应将应收款项按照流动性（短期）和非流动性（长期）进行分类。流动性应收款项是企业预期可于一年内或当前经营周期内（以两者中期间较长者为基准）收回的应收款项，其余应收款项则全部划归非流动性应收款项。在资产负债表中，应收款项被进一步划分为商业应收款和非商业应收款。

　　客户经常会因购买产品或接受服务而对企业产生欠款，此类欠款即企业的商业应收款。商业应收款通常是企业最重要的会计科目之一，企业可将其细分为应收账款和应收票据两个科目。应收账款是购买方为已购产品或服务进行支付的口头承诺，反映了短期商业信用下的"赊销"行为，通常由企业在 30～60 天之内收回。应收票据是指在未来某一规定日期支付一笔确定数目款项的书面承诺，它们可能由销售、融资或其他交易事项引起。票据有长期票据或短期票据。

　　非商业应收款可由多种交易事项产生。例如：

1. 预付给主管与员工的款项。
2. 预付给子公司的款项。
3. 为应对潜在损毁或损失而预付的押金。
4. 为保证履行义务或支付款项而预付的保证金。

5. 应收股利与应收利息。

6. 以下几种索取权：

（a）向保险公司要求支付赔偿金。

（b）向诉讼被告索赔。

（c）向政府机构要求税收退款。

（d）因物品损毁或丢失向运输公司索取赔偿。

（e）向债权人索取退回、损毁或丢失商品的赔偿。

（f）向客户索要需退还的物品（板条箱、集装箱等）。

由于非商业应收款的特有性质，企业通常将其单独列示在资产负债表中。图表 7-4 所示为荷兰喜力公司和芬兰诺基亚公司在其各自的资产负债表中对商业应收款和非商业应收款的列报情况。

图表 7-4   应收款项的列报   单位：百万欧元

喜力		诺基亚	
流动资产	1 596	流动资产	984
存货	11	存货	4 111
其他投资	2 537	应收账款，坏账准备净额	879
商业应收款及其他应收款	232	预付费用和应计收入	37
现金和现金等价物	1 037	长期应收款的流动部分	167
可供出售资产	124	其他金融资产	2 418
流动资产总额	5 537	现金及现金等价物	8 596

应收账款和应收票据会计处理的基本内容是一致的，即确认和计量。接下来我们分别就应收账款和应收票据基本的会计处理进行讨论。

7.2.1 应收账款的确认

在多数应收账款的交易事项中，交易双方的交换价格就是要确认的应收账款数额。交换价格是指债务人（客户或借款者）应付的金额。各类业务单据可作为交换价格的确认依据，其中，发票是最常见的单据之一。当然，交换价格的计量有时会比较复杂：（1）折扣（商业折扣和现金折扣）；（2）销售日与到期支付日之间的时间间隔（即利息因素）。

商业折扣

销售价格有时会包含商业折扣或数量折扣。企业提供商业折扣的原因在于避免商品目录的频繁变动，或针对不同的购买量进行价格调整，或向竞争者隐瞒商品的真实价格。

商业折扣通常用百分比表示。例如，假设你的教材定价为 90 美元，若出版商以 30％的商业折扣将其销售给大学书店，那么出版商对每本书的应收款就是 63 美元。出版商通常直接从价格中扣除商业折扣，向客户收取折扣之后的价格净额。

又如，一家主要咖啡生产商将每罐 10 盎司的速溶咖啡定价为 5.85 美元并以 5.05 美元的价格一次性销售给超市，其商业折扣率约为 14％。超市再以每罐 5.2 美元的价格销售给消费者。因此，生产商确认的应收款项和相关的销售收入是每罐 5.05 美元，而不是 5.85 美元。

现金折扣（销售折扣）

企业为客户提供现金折扣（也称销售折扣）以鼓励提前付款。现金折扣的表达形式通常为"2/10，n/30"，表示如果 10 天内付款则给予 2% 的现金折扣，10 天之后至 30 天内付款则无折扣。此外，现金折扣还可表示为以下形式："2/10，E. O. M.，net 30，E. O. M."，即在下月第 10 天之前的任意一天付款则给予 2% 的现金折扣，而此后至第 30 天之前付款则无折扣。

除非现金流紧缺，否则企业通常会享受销售折扣。原因在于，若在 10 天之内支付货款可获得 1% 的销售折扣，而此后至 30 天之内支付则没有折扣，那么企业可赚取或至少可避免支付 18.25% $[0.01 \div (20/365)]$ 的利息。

企业在核算销售业务和相关销售折扣时，应收款和销售收入通常按照总额入账，并在折扣期内收到货款时才确认销售折扣。在利润表中，销售折扣是销售收入的减项，销售收入与销售折扣的差额为销售净额。

有观点认为，如果将扣除销售折扣之后的价格作为商品的既定价格，则未获得销售折扣意味着既定价格之上的额外支付，这些额外支付是因未能提前付款而受到的惩罚。也就是说，卖方制定的赊销价格略高于现销价格，二者之差即为现金折扣。因此在折扣期内付款的客户实际上是以现销价格购买，而在折扣期后付款的客户则以赊销价格完成支付，赊销价格高于现销价格的部分是客户因延迟付款而支付的罚金。基于此，一些企业将应收款项和销售收入按照净额入账，之后根据客户未享受的折扣借记"应收账款"，贷记"未实现的销售折扣"。图表 7 - 5 所示的会计分录显示了总价法和净价法的区别。

总价法下，企业应将销售折扣作为销售收入的减项在利润表中列报，合理估计可能发生的折扣并从销售收入中扣减。净价法下，企业应将客户未享受的销售折扣作为"其他收入和费用"① 会计核算。

图表 7 - 5　　　　　　　　　总价法和净价法下的分录

总价法		净价法	
销售额为 10 000 美元，折扣条件为"2/10，n/30"			
借：应收账款	10 000	借：应收账款	9 800
贷：销售收入	10 000	贷：销售收入	9 800
在折扣期内收到 4 000 美元的付款			
借：银行存款	3 920	借：银行存款	3 920
销售折扣	80	贷：应收账款	3 920
贷：应收账款	4 000		
在折扣期之后收到 6 000 美元的付款			
借：银行存款	6 000	借：应收账款	120
贷：应收账款	6 000	贷：未实现的销售折扣	120
		借：银行存款	6 000
		贷：应收账款	6 000

---

① 从某种意义上说，客户未享受的折扣就是企业的短期融资，有观点认为企业应在利息收入账户下进行会计处理。

理论上，确认未实现的销售折扣（净价法）是正确的。在这种情况下，应收款的余额更接近可实现价值，销售净额反映企业从销售中获取的收入。然而在实践中，企业很少采取净价法，原因在于净价法需要额外的分析和核算。例如，净价法要求企业对过了折扣期的应收账款编制调整分录以记录未实现的销售折扣。

不确认利息因素

理论上，企业应该以现值即未来可收回金额的折现值计量应收款项。如果款项无法立即获取，则应收款的票面金额便不等于企业最终收回的金额。

例如，假设法国家乐福公司有一笔 1 000 美元的赊销业务，约定未来 4 个月内支付全部货款，适用的年利率为 12%。在这种情况下，这笔应收款项的现值不是 1 000 美元，而是 961.54 美元（1 000×0.961 54），即家乐福公司在 4 个月后收到的 1 000 美元与现在收取的 1 000 美元不同。

理论上，任何在销售完成后取得的收入都应视为利息收入，而在实践中，由于对于流动资产，与应收账款有关的利息收入金额相对于当期净利润而言往往不具有重要性，因而企业通常对此忽略不计。

□ 7.2.2　应收账款的计量

应收款项的列报包括分类与计量两项内容。应收款项的分类需要确定每笔款项的账龄。企业将可于一年内或当前经营周期内收回的应收款项归为短期应收款，其余为长期应收款。

企业应当计量和列报短期应收款的可变现金额。① 可变现净值是指企业预期可收回的现金净额。确定可变现金额需要考虑无法收回的应收账款、退货及折让等因素。

无法收回的应收账款

一位备受尊敬的会计师曾经恰如其分地指出，信贷经理们梦寐以求的便是每位客户都能如期还清债务。② 但现实往往不尽如人意，比如经济衰退可能导致企业客户的销售收入下降，最终无法如期偿还债务，个人客户也会在遭受失业或重大疾病之后面临相似的困境。企业根据因提供商业信用而发生的损失金额借记坏账损失（或未收回账款费用）。该类损失在日常经营的商业信用活动中很常见，同时也是企业必须承担的风险之一。坏账的会计处理有以下两种方法：（1）直接转销法；（2）备抵法。

采用直接转销法对坏账进行会计处理

直接转销法下，若企业确定某笔应收账款无法收回，则借记当期坏账损失。举例

---

① 理论上，IASB 认为应收款项应以摊余成本列示。摊余成本是在收购日计量的应收余额，受到支付、溢价或折扣的摊销的影响，并在确定损失或预计无法收回的情况下减少。[4] 考虑到摊余成本与长期应收款的关联性更大，我们暂不讨论此概念，这里先使用可变现金额概念。因为短期应收款的本金通常无折扣，也无折扣和溢价的摊销问题。

② William J. Vatter, *Managerial Accounting* (Englewood Cliffs, N. J.: Prentice-Hall, 1950), p. 60.

来说，假定在 12 月 10 日，Cruz 公司将 Yusado 公司的一笔 8 000 美元的应收账款作为坏账核销。会计分录如下：

12 月 10 日

借：坏账损失　　　　　　　　　　　　　　　　　　　　　　　　8 000

　　贷：应收账款（Yusado）　　　　　　　　　　　　　　　　　　8 000

　　　　（转销对 Yusado 公司的应收账款）

在直接转销法下，"坏账损失"科目只能反映实际发生的坏账损失，"应收账款"科目则按照总额进行列报。

支持直接转销法的人声称（通常出于税收目的），该方法记录事实而非主观估计。

直接转销法假设销售商品产生的应收账款一般都可收回，而之后的事项才能反映实际发生坏账的款项。从实务的角度来说，直接转销法简单易懂且便于应用。但这种方法的理论缺陷也很明显。在该方法下，信贷损失无法与相关的销售收入相配比，也无法在资产负债表中反映应收款项的可变现金额。因此，除非坏账金额不重大，否则一般认为采用直接转销法是不恰当的。

采用备抵法对坏账进行会计处理

备抵法下，企业应当在会计期末对无法收回的应收款项进行合理估计，以提供一种更加合理的收入计量方法，并确保资产负债表中的应收款以可变现净值列示。可变现净值是企业预期可收回的现金净额。可变现净值排除了公司预计无法收回的金额。因此，这种方法在资产负债表中减去了预计无法收回的应收款项金额。

IFRS 要求企业在坏账金额较大时使用备抵法进行报告。备抵法有如下三个基本特征：

1. 企业需要估计不能收回的应收款项金额，估算出的坏账损失应与当期相关销售收入相匹配。

2. 每个期末编制调整分录，按估计的坏账准备金额借记"坏账损失"，贷记"坏账准备"（资产备抵科目）。

3. 当企业核销应收账款时，应按实际发生的坏账金额借记"坏账准备"，贷记"应收账款"。

记录预计坏账　举个例子，假设 Brown 家具公司在 2015 年赊销了 1 800 000 英镑的家具，到 12 月 31 日时，尚有 150 000 英镑的应收款项，信贷经理估计其中包含 10 000 英镑的坏账。则企业在期末编制如下的调整分录：

2015 年 12 月 31 日

借：坏账损失　　　　　　　　　　　　　　　　　　　　　　　　10 000

　　贷：坏账准备　　　　　　　　　　　　　　　　　　　　　　　10 000

　　　　（记录预计坏账）

Brown 家具公司将坏账损失作为营业费用在利润表中进行列报，这样一来，预计坏账就匹配了 2015 年实现的销售收入，Brown 家具公司记录了销售收入实现的当年发生的相关费用。

如图表 7-6 所示，在资产负债表的流动资产部分，坏账准备账户是应收账款账户的备抵账户。

图表 7 - 6   坏账准备账户的列示

Brown 家具公司资产负债表（节选）		
流动资产		
存货		£300 000
预付费用		25 000
应收账款	£150 000	
减去：坏账准备	10 000	140 000
现金		15 000
流动资产总额		£480 000

坏账准备账户的余额表示企业拥有的应收款项中预计在未来不能收回的金额。由于不能事先知晓有多少预计坏账会真正实现，企业用一个备抵账户代替对应收账款的直接扣减，当坏账实际发生时，备抵账户的贷方余额吸收实际发生的转销金额。图表 7-6 中的 140 000 英镑表示在报告日应收账款的可变现净值。在会计期末企业不对坏账准备账户进行结账。

记录坏账的转销   当企业用尽一切手段却依旧无法收回到期的应收款项时，就应该对这笔款项进行转销。例如在信用卡行业，行业惯例是转销超过偿还期限 210 天仍未收回的款项。

例如，假设 Brown 家具公司的财务副总批准于 2016 年 3 月 1 日对 Randall 公司一笔 1 000 英镑的应收账款予以转销。记录转销的分录编制如下：

2016 年 3 月 1 日

 借：坏账准备   1 000

  贷：应收账款（Randall 公司）   1 000

  （转销二级科目为 Randall 公司的账户余额）

转销应收账款并不会导致坏账损失的增加。用备抵法转销坏账时，企业贷记"坏账准备"，而不是贷记"坏账损失"。由于在计提坏账准备的调整分录中已经确认了费用，所以企业在转销坏账时无须借记"坏账损失"，而是冲减应收账款和坏账准备的余额。

已转销坏账的收回   在一些偶然情况下，企业能够从客户那里收回已经作为坏账转销的应收账款。企业应当编制两个会计分录以记录坏账的收回：（1）转回原转销坏账的会计分录，恢复该客户的应收账款账户；（2）按一般方法编制收回应收账款的分录。

仍以 Brown 家具公司为例，假设 7 月 1 日，Randall 公司支付了 Brown 家具公司于 3 月 1 日转销的 1 000 英镑应收款项。会计分录编制如下：

2016 年 7 月 1 日

 借：应收账款（Randall 公司）   1 000

  贷：坏账准备   1 000

  （转销确认坏账的会计分录）

 借：库存现金   1 000

  贷：应收账款（Randall 公司）   1 000

  （款项收回）

请注意，坏账的收回和坏账的转销一样，只影响资产负债表账户。将上述两个分录合并，即为借记"库存现金"1 000 英镑，贷记"坏账准备"1 000 英镑。①

备抵法下估计坏账损失的基础 在前文的叙述中，为了简化，我们假设企业能够确定预期发生的坏账金额。然而现实中，企业采用备抵法核算坏账时，应采用一定的方法合理估计坏账准备的金额。业界普遍接受的估计方法有两种：（1）销售收入百分比法；（2）应收账款余额百分比法。估计方法的选择是一项管理决策，取决于管理层更看重收入与费用之间的配比还是应收账款的可变现净值，更注重利润表还是资产负债表。图表 7-7 比较了这两种估计方法。

图表 7-7 估计坏账损失基础之间的比较

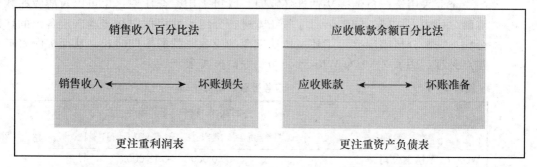

从利润表的角度来看，采用销售收入百分比法可以更好地实现费用与收入的配比。而从资产负债表的角度考虑，应收账款余额百分比法可以更好地反映应收账款的可变现净值。在这两种方法下，企业都必须基于过去的坏账损失情况来决定坏账损失数额。

销售收入百分比法（利润表法）。采用销售收入百分比法估计坏账时，管理层需要根据过去的经验和预期的信贷政策，估计坏账占赊销收入的百分比。

该比率可以对应企业的全年赊销总额或者净赊销额。例如，假设巴西 Gonzalez 公司采用销售收入百分比法估计坏账，估计当期有 1% 的净赊销款无法收回，若 2015 年净赊销额为 800 000 巴西雷亚尔，则估计的坏账损失为 8 000 巴西雷亚尔（即 800 000 巴西雷亚尔的 1%），调整分录编制如下：

2015 年 12 月 31 日

借：坏账损失 8 000

　　贷：坏账准备 8 000

调整分录过账之后，假设坏账准备账户有 1 723 巴西雷亚尔的期初贷方余额，则巴西 Gonzalez 公司的账户信息如图表 7-8 所示。

图表 7-8 过账之后的坏账准备账户

坏账损失		坏账准备	
12 月 31 日调整　8 000		1 月 1 日余额	1 723
		12 月 31 日调整	8 000
		12 月 31 日余额	9 723

由于坏账损失的估计只涉及虚账户（销售收入账户），因此企业不需要考虑坏账

---

① 如采用直接转销法，则企业将收回的款项借记库存现金，贷记收入类账户"收回的坏账"，并在客户的账户中予以适当注释。

准备账户的已有余额。坏账准备的余额不影响坏账损失的金额及相应的应贷记坏账准备账户的金额。因此，销售收入百分比法实现了成本和收入的合理配比。因而这种方法也称为利润表法。

应收账款余额百分比法（资产负债表法）。企业根据过去的经验，按应收账款余额的一定百分比估计该应收账款的坏账损失，无须明确指出具体哪个账户发生了坏账。这种方法可以合理准确地估计应收账款的可变现金额，但违背了成本和收入的配比原则。该方法将应收款项按照其可变现净值在资产负债表中进行列报，因此也称为资产负债表法。

企业采用资产负债表法估计坏账时，既可采用综合比率，也可以对应收账款设置账龄分析表，按照不同账龄对应收账款进行分组，并根据以往经验确定各组的坏账百分比。账龄分析表还显示了超过偿还期限的应收账款的逾期时长，从而提醒管理部门重点关注。图表 7 - 9 为 Wilson 公司的账龄分析表。

图表 7 - 9　　　　　　　　　　应收账款账龄分析表

Wilson 公司账龄分析表				
客户名称	12 月 31 日余额	60 天以内	60～90 天	91～120 天	超过 120 天
Western 不锈钢公司	€ 98 000	€ 80 000	€ 18 000		
Brockway 钢铁公司	320 000	320 000			
Freeport Sheet & Tube 公司	55 000				€ 55 000
Allegheny 炼钢厂	74 000	60 000		€ 14 000	
	€ 547 000	€ 460 000	€ 18 000	€ 14 000	€ 55 000
总结			
账龄	金额	估计的坏账百分比	备抵账户余额
60 天以内	€ 460 000	4％	€ 18 400
60～90 天	18 000	15％	2 700
91～120 天	14 000	20％	2 800
超过 120 天	55 000	25％	13 750
坏账备抵的年末余额			€ 37 650

假设 Wilson 公司的坏账准备账户没有余额，本年度坏账损失为 37 650 欧元。

将条件略作修改，假设调整前坏账准备账户有 800 欧元的贷方余额，则 Wilson 公司应将坏账准备账户调增 36 850 欧元（37 650－800），会计分录如下：

借：坏账损失　　　　　　　　　　　　　　　　　　　　　　　　　36 850
　　贷：坏账准备　　　　　　　　　　　　　　　　　　　　　　　　36 850

这样一来，Wilson 公司坏账准备账户的余额就变为 37 650 欧元。如果调整前的坏账准备账户有 200 欧元的借方余额，则 Wilson 公司应确认 37 850 欧元的坏账损失（贷方应记额 37 650 欧元＋借方余额 200 欧元）。在应收账款余额百分比法下，坏账损失的估计涉及实账户（应收账款账户），因此 Wilson 公司不能忽视坏账准备账户的已有余额。

□ 7.2.3　减值计量过程

对许多国家来说，合理计量坏账准备是相对直接简单的。IASB 提供了详细的应收款项减值测试的应用指南。

企业应在每个报告期末对应收款项进行减值测试，考虑是否有客观证据表明资产出现了减值迹象，并进行减值测试。以下情况可能造成应收款项减值：

● 客户发生严重财务困难。

● 债务人违反了合同条约，如偿付利息或本金发生违约或逾期等。

● 企业对发生财务困难的债务人作出让步，更改合同条约。

● 无法辨认一组应收款项中的某项资产的现金流量是否已经减少，但根据公开的数据对其进行总体评价后发现，该组金融资产自初始确认以来的预计未来现金流量确已减少且可计量。

当有客观证据表明，企业从客户待收回的预计未来现金流量下降时，应收款项被认为发生减值。[5]

IASB 要求按如下方式进行减值测试：

1. 单项金额重大的应收款项，应单独进行减值测试。如果有客观证据表明其已发生减值，应当确认减值损失。对单项金额不重大的应收款项，可以单独进行减值测试，但并不是必须单独进行。

2. 单独测试未发现减值的应收款项，应当包括在具有类似信用风险特征的金融资产组合中再进行减值测试。

3. 未单独进行测试的应收款项应组合进行减值测试。

我们举例说明如何操作。假设 Hector 公司将所有应收款项分为单项金额重大的应收款项和其他应收款项。

单项金额重大的应收款项		
Yaan 公司	€ 40 000	
Randon 公司	100 000	
Fernando 公司	60 000	
Blanchard 公司	50 000	250 000
其他应收款项		500 000
合计		€ 750 000

Hector 公司确定 Yaan 公司的应收款项发生了 15 000 欧元的减值损失，Blanchard 公司应收款项全部无法收回，Fernando 公司和 Randon 公司的应收款项没有发生减值。Hector 公司确定以 2% 的综合比率计算其他应收款项的减值。全部减值核算过程如图表 7 - 10 所示。

图表 7 - 10　　减值的计算

应收账款减值		
单独进行减值测试的应收账款		
Yann 公司		€ 15 000
Blanchard 公司		50 000
组合进行减值测试的应收账款	€ 500 000	
加上：Randon 公司	100 000	
Fernando 公司	60 000	
组合进行减值测试的应收账款总额	€ 660 000	
组合测试得出的减值		13 200
减值总额		€ 78 200

Hector 公司的应收款项共减值 78 200 欧元。这种核算方法的问题在于，Hector 公司必须将 Randon 公司和 Fernando 公司单独测试未发生减值的应收款项和其他应收款项一起进行减值测试，因为公司没有单独减值测试所需的信息。

■ 7.3　应收票据

　　应收票据是指有正式承付票支持的、在未来某一特定时间支付一笔确定数额款项的书面承诺。票据可以转让，由出票人签发给指定的收款人，持有票据的收款人可以合法出售票据或将票据转让他人。由于货币具有时间价值，大部分票据都包含利息因素，但企业仍将票据分为带息票据和无息票据。带息票据包含确定比率的设定利息，无息票据（又称为零息票据）的利息包含在票面金额里。应收票据具有良好的流动性，即使是长期票据也很容易变现（尽管可能需要支付一定的手续费）。

　　当客户需要延长一笔应收款的支付期限时，企业通常会接受客户签发的应收票据。企业也会要求高风险客户或新客户签发票据。此外，对雇员和子公司发放贷款，以及出售不动产、厂场和设备的过程中也会用到应收票据。在一些行业（例如游艇和运动汽艇行业）中，所有的赊销都是通过签发票据进行的。然而，绝大多数的票据源于借贷交易。应收票据会计处理的基本内容和应收账款一致，包括确认和计量。

□ 7.3.1　应收票据的确认

　　企业通常将短期应收票据按照票面价值（扣减备抵额）入账，因为短期票据到期时利息很少，与票面金额相比不具有重要性。一般而言，对于被视为现金等价物的应收票据（3 个月或更短时间内到期并且极易变现），考虑到重要性，企业可不考虑溢价和折价摊销。

　　然而，对于长期应收票据，企业应按照折价的基础进行记录和报告。当带息票据的票面利率等于实际（市场）利率时，票据按面值交易。[①] 若票面利率与市场利率不相等，则票据价格（票据的现值）不等于票据的面值，二者之间的差额称为溢价或折价，企业应当记录这一差额并在票据期限内对其进行摊销，使其接近实际（市场）利率。这是货币时间价值应用于会计核算的一个例子。

按照面值发行的票据

　　为举例说明按照面值发行的票据的贴现过程，假设 Bigelow 公司将 10 000 欧元借给 Scandinavian 进口公司，并换回一张面值为 10 000 欧元，期限 3 年，票面利率为每年 10％的带息票据。市场上同等风险的票据的市场利率也为 10％。图表 7-11 描述了相关现金流的示意图。

---

① 票面利率是票面上标注的利率。实际利率，也称为市场利率或有效收益率，是市场中用以确定票据价值的利率，亦即确定票据现值的折现率。

图表 7 - 11　　　　　　　　　　　以面值发行的票据的现金流示意图

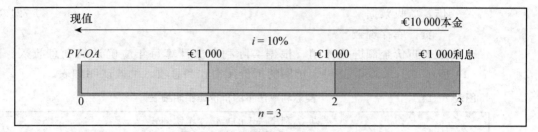

Bigelow 公司按照如图表 7 - 12 所示方式计算票据的现值或交易价格。

图表 7 - 12　　　　　　　　票面利率和市场利率相等时的票据现值

票据的面值	€10 000
本金的现值	
€10 000（$PVF_{3,10\%}$）＝€10 000×0.751 32	€7 513
利息的现值	
€1 000（$PVF\text{-}OA_{3,10\%}$）＝€1 000×2.486 85	2 487
票据的现值	10 000
差额	€-0-

在这个例子中，由于实际利率和票面利率相等，所以票据的现值和票面金额相等。Bigelow 公司收到票据后的会计处理如下：

　　　借：应收票据　　　　　　　　　　　　　　　　　　　　　10 000
　　　　　贷：库存现金　　　　　　　　　　　　　　　　　　　　　　10 000

每年收到利息时，Bigelow 公司的会计处理如下：

　　　借：库存现金　　　　　　　　　　　　　　　　　　　　　1 000
　　　　　贷：利息收入　　　　　　　　　　　　　　　　　　　　　　1 000

不按票面金额发行的票据

零息票据　企业收到的零息票据的现值就是企业支付给发行方的金额。根据票据的现值和终值企业可计算利息率。该利息率通常称为内含利率。企业以现值（支付的金额）确认票据，并在票据的存续期间摊销折价。

举例说明，假设 Jeremiah 公司收到一张 3 年期的面值为 10 000 美元的零息票据。票据的现值是 7 721.8 美元。根据企业收到的现金总额（票据到期时的 10 000 美元）和票据未来现金流的现值（7 721.8 美元）计算的内含利率是 9%（1 美元在 3 年期以 9% 的折现率计算出来的现值是 0.772 18 美元）。图表 7 - 13 展示了相关现金流的示意图。

图表 7 - 13　　　　　　　　　零息票据的相关现金流示意图

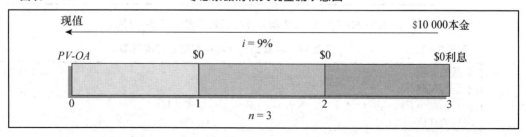

Jeremiah 公司用以下分录以现值（7 721.8 美元）借记应收票据。

借：应收票据   7 721.80

    贷：库存现金   7 721.80

企业对折价金额进行摊销，根据实际利率法计算每年应确认的利息收入。图表 7−14 展示了 Jeremiah 公司 3 年期的折价摊销和利息收入的确认明细表。

图表 7−14   实际利率法下的折价摊销明细表

实际利率法下的折价摊销明细表 利息票据以 9% 折现				
发行日	收到的现金	利息收入	摊销的折价	票据的账面金额
				$ 7 721.80
第一年末	$-0-	$694.96[a]	$694.96[b]	8 416.76[c]
第二年末	-0-	757.51	757.51	9 174.27
第三年末	-0-	825.73[d]	825.73	10 000.00
	$-0-	$ 2 278.20	$ 2 278.20	

a. $7 721.80×0.09＝$694.96
b. $694.96−0＝$694.96
c. $7 721.80＋$694.96＝$8 416.76
d. 此处由于四舍五入调整了 5 美分。

第一年年末，Jeremiah 公司用实际利率法确认的利息收入如下：

借：应收票据折价   694.96

    贷：利息收入（7 721.80 ×9%）   694.96

每年年末，Jeremiah 公司的应收票据和利息收入会增加。在到期时，该公司收到票据的票面金额。

带息票据   带息票据的票面利率和实际利率往往不相等。零息票据是带息票据的一种。

为了说明一个更常见的情况，假设 Morgan 公司向 Marie 公司提供贷款，并换回一张 3 年期，面值为 10 000 欧元，年利率为 10% 的票据。相同风险条件下的票据的市场利率为 12%。图表 7−15 展示了相关现金流的时间矢量图。

图表 7−15   带息票据的现金流示意图

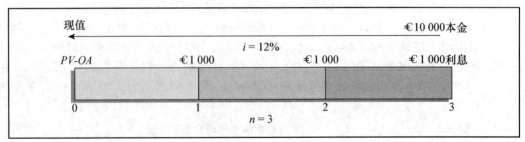

Morgan 公司按如图表 7−16 所示方式计算现金流的现值。

图表 7−16   实际利率和票面利率不相等时现值的计算

票据的面值	€ 10 000
本金的现值	
€ 10 000($PVF_{3,12\%}$)＝€ 10 000×0.711 78	€ 7 118
利息的现值	

€1 000($PVF\text{-}OA_{3,12\%}$)＝€1 000×2.401 83		2 402
票据的现值		9 520
差额（折价）		€480

在这个例子中，因为实际利率（12%）高于票面利率（10%），因此票据的现值低于面值，即票据折价发行。Morgan 公司票据现值的会计分录如下：

借：应收票据　　　　　　　　　　　　　　　　　　　　　　　9 520
　　贷：库存现金　　　　　　　　　　　　　　　　　　　　　　9 520

然后，Morgan 公司采用实际利率法对折价进行摊销，并确认利息收入。图表 7－17 展示了 3 年期的折价摊销和利息收入的确认明细表。

图表 7－17　　　　　　　　　实际利率法下的折价摊销明细表

实际利率法下的折价摊销明细表 利率为 10% 的票据以 12% 折现			
发行日	收到的现金	利息收入	折价摊销	票据的账面金额
				€9 520
第一年末	€1 000[a]	€1 142[b]	€142[c]	9 662[d]
第二年末	1 000	1 159	159	9 821
第三年末	1 000	1 179	179	10 000
	€3 000	€3 480	€480	

a. €10 000×10%＝€1 000
b. €9 520×12%＝€1 142
c. €1 142－€1 000＝€142
d. €9 520＋€142＝€9 662

在发行日，该票据的现值是 9 520 欧元。最终，票据在三年期内额外的利息收入是 480 欧元（10 000－9 520）。

第一年年末，Morgan 公司收到 1 000 欧元的现金，但确认的利息收入为 1 142 欧元（9 520 ×12%），两者之间的差额 142 欧元即为采用实际利率的额外利息收入。Morgan 公司按如下方式记录第一年收到的利息和折价摊销（金额参照折价摊销表）。

借：库存现金　　　　　　　　　　　　　　　　　　　　　　　1 000
　　应收票据　　　　　　　　　　　　　　　　　　　　　　　142
　　贷：利息收入　　　　　　　　　　　　　　　　　　　　　　1 142

现在，该票据的账面价值为 9 662 欧元（9 520＋142）。Morgan 公司在第三年票据到期前，每年重复上述过程。

当票据的现值超过面值，即为溢价发行。溢价增加了应收票据的余额。而这个增加额根据实际利率法会在票据期限内摊销，应收票据和利息收入都会相应减少。

因让渡资产、销售商品、提供劳务而收到的票据　如果企业的票据是在正常的商业交易中因让渡资产使用权、销售商品、提供劳务而收到的，那么它的票面利率通常被视为是公允的。以下三种情况除外：

1. 没有票面利率。

2. 票面利率不合理。

3. 票据的面值和相同或相似物品的现销价格或债务的公允价值之间存在巨大差异。

在上述情况下，企业用资产、商品或服务的公允价值或者票据近似的公允价值来计量票据现值。

举例说明，假设 Oasis Development 公司将街角的一块土地转让给 Rusty Pelican 用于餐馆经营。作为交换，Oasis Development 公司得到了一张 5 年期，到期价值为 35 247 英镑的不带息票据。Oasis Development 公司购买土地的初始成本为 14 000 英镑。出售日的公允价值为 20 000 英镑。根据上述给定条件，Oasis Development 公司应该以土地的公允价值 20 000 英镑作为不带息票据的现值。相关的会计分录如下：

借：应收票据		20 000
贷：土地		14 000
土地处置利得（20 000－14 000）		6 000

Oasis Development 公司用实际利率法在票据的期限内对折价进行摊销。

利率的选择

在票据交易中，有很多因素会影响实际利率或真实利率的确定，如资产、商品或服务的公允价值。然而，一旦公允价值无法确定，且票据缺乏可变现的市场，则票据的现值难以确定。在这种情况下，企业必须确定一个与票面利率不同的近似利率，这一过程称为估算。估算的利率称为估算利率。

同等信用评级的发行企业发行的类似金融工具的利率会影响估算利率的确定。限制性条款、抵押担保、付款期限以及主要的现行利率也会影响估算利率的选择。企业在收到票据时就要确定估算利率，估算利率确定以后无须再考虑市场利率的变化。

□ 7.3.2　应收票据的计量

短期应收票据的计量、坏账损失的确认和备抵金额的记录所涉及的计算和估计方法与商业应收账款基本相同。所以，企业通常使用整体法（销售收入百分比法或应收账款百分比法）来预测减值。

而长期应收款项的计量会涉及更多的会计估计。例如，随着时间的推移，在对折价和溢价进行摊销后，应收票据的价值也会改变。另外，由于这类应收款项在很长时间内都属于偿付款项，其公允价值和摊余成本之间往往会产生差异。对长期应收票据而言，减值测试通常以个体为基础而非以整体为基础。此时，减值损失为账面价值和用初始实际利率对未来现金流折算后的现值的差。

举个例子，假设 Tesco 公司有一笔账面价值为 20 万欧元的应收票据。应付款方为 Morganese 公司，该公司称自己正遭遇财务困境。Tesco 公司决定对此应收票据进行减值。Tesco 公司用初始实际利率对未来现金流折算后计算得现值为 17.5 万欧元。根据以上信息，对减值损失的计算过程如下：

应收票据的账面价值	€ 200 000
应收票据的现值	（175 000）
减值损失	€ 25 000

记录这笔减值损失的分录如下：

坏账损失		25 000
坏账准备		25 000

用初始实际利率折算后的票据现值通常不等于公允价值。也就是说，市场折算率与初始实际利率通常不等。IASB指出，这就是为什么应收款项以摊余成本列示。对带息应收款项的会计处理与减值测试会在本章后文的附录7B中详细介绍。

◈ 数字背后的故事　　　经济后果和转销

　　前文曾经提到过，金融机构公布的资产减值引发部分投资者的强烈不满。同时，高管将减值损失归咎于现有会计规则对损失的夸大，并进而尝试寻求新的、更宽容的方式对投资（包括应收款项和应收票据）进行估值。根据现有会计规则，无论市场上的证券价格如何波动，企业都应该以公允价值（通常就是市场价格）对所持证券进行估值。

　　正是此项规则使得之前的"安然事件"成为舆论焦点。银行高管（和一些分析师）认为，上述会计规则会引发多米诺效应。如果市场行情不好，会迫使银行对资产计提减值，导致市场行情继续恶化，进而引起更多的资产减值。

　　英国Barlays公司和法国Société Générale公司等企业提出，报表中列示的资产减值可能并不会真正发生。很多企业表示，它们并没有以当前市价出售投资的意图，但现在却被迫以当前市场价格为基准，对持有的投资计提大额减值。

　　企业总是认为自己的经营情况良好，能够一直持有投资组合，直到渡过金融危机。一位评论家认为，强制企业以其现在出售投资能得到的金额对证券进行估值，就是"试图在持续经营的企业中进行破产清算会计处理"。

　　一位权威人士承认这一做法存在争议，但表示："还有更好的方法吗？要假装企业的资产没有发生减值吗？难道让企业声明这些资产的价值最终还能恢复？"支持以公允价值计量的人则认为，尽管以公允（市场）价值计量存在各种不足，但能使企业的经营更加规范。一味地回避问题会导致经济的长期停滞，日本就是典型的案例之一。机构投资者理事会（Council for Institutional Investors）的总顾问Jeff Mahoney指出，"当贷款情况恶化时，日本人没有对金融机构公布的资产减值信息予以足够的重视"。另外，企业有时并不能一直持有某项资产，直到资产的价值恢复到管理层认可的价值水平。

　　一个典型的例子就是很多欧洲银行向希腊、西班牙、爱尔兰、葡萄牙等国家提供贷款。显然，这些贷款属于不良贷款（价值被高估），但这些银行坚持不对其计提资产减值（部分原因是这些贷款可以持有至到期）。这样的想法显然站不住脚，因为减值损失一直在增加。举例来说，西班牙Bankia银行近期计提了将近400亿欧元的坏账损失。相似的情形也出现在亚洲市场，最近一年，在亚洲市场上未评级的高风险债券占整体的比例从8%上升到了11%。因此，如果管理者对持有的债券和投资过于乐观，投资者就需要对潜在的减值风险提高警惕。

　　资料来源：Adapted from David Reilly, "Wave of Write-Offs Rattles Market: Accounting Rules Blasted as Dow Falls; A $600 Billion Toll?" *Wall Street Journal* (March 1, 2008), p. Al; J. Weil, "The E4 Smiled While Spain's Banks Cooked the Books," *Bloomberg* (June 14, 2012); and J. Grant, "Red Flags Waving Over Asian Corporate Debt," *Financial Times* (November 4, 2013).

7.4　与应收款项相关的特殊问题

　　企业通常按照本章前文提到的准则来进行确认和计量。与应收款项有关的其他问题包括：

1. 公允价值选择权的使用。
2. 应收款项的撤销处置。
3. 应收款项的列报和分析。

□ 7.4.1　公允价值选择权

企业通常以摊余成本对应收款项进行计量。虽然如此，企业可对包括应收款项在内的大多数金融工具选择采用公允价值进行计量。[①][6] IASB 认为，采用公允价值计量金融工具优于历史成本。金融工具的公允价值反映资产当前的变现价值，因而更具相关性和可理解性。

公允价值计量

如果公司使用了公允价值选择权，则应该以公允价值计量应收款项，将未实现持有损益作为净收益的一部分进行列报。未实现持有损益是指应收款项的公允价值在各个会计期间的净变化额，但不包含利息收入。企业将应收款项按照其公允价值在报告日进行列报，应收款项的公允价值变动计入净利润。

企业对金融工具进行初始确认或改变会计计量基础时（例如企业并购），可能会选择公允价值计量。一旦对某项应收款项采用公允价值计量，则企业必须在持有期间以公允价值对其进行后续计量。如果初始确认时未使用公允价值，则该项金融工具在后续的会计期间也不能改用公允价值计量。

记录公允价值选择权

假设 Escobar 公司近期收到一张应收票据，公允价值为 810 000 巴西雷亚尔，账面价值为 620 000 巴西雷亚尔。2015 年 12 月 31 日，Escobar 公司对该票据采用公允价值进行初始计量。由于初始计量选择公允价值，Escobar 公司在持有该票据的后续会计期间内都以公允价值计量。同理，如果未选择公允价值计量，则应当以账面价值（以摊余成本计量）对应收票据进行后续的会计处理。

Escobar 公司选择使用公允价值计量应收票据，并将未实现利得和损失计入当期损益。未实现的持有利得为 2015 年 12 月 31 日票据的公允价值与账面价值之间的差额，即 190 000 巴西雷亚尔（810 000－620 000）。Escobar 公司应编制调整分录，记录应收票据价值的增加和未实现的持有利得，相关会计分录如下：

2015 年 12 月 31 日

借：应收票据		190 000
贷：未实现的持有利得或损失——利得		190 000

之后，Escobar 公司在资产负债表中列示应收票据的公允价值，而在利润表中将未实现的持有利得列示为"其他收益和费用"。在后续的会计期间内，企业应当将公允价值的所有变动确认为未实现的持有利得或损失。例如，假设 2016 年 12 月 31 日，

---

① IASB 对负债中公允价值选择权的使用进行了修订。主要变化为：原本使用公允价值选择权时，负债以公允价值计量，若企业自身的信用风险降低，带来的利得可以计入收入；但新准则规定这种利得不能计入收入。[7]

应收票据的公允价值为 800 000 巴西雷亚尔，Escobar 公司应当确认 10 000 巴西雷亚尔（810 000－800 000）的未实现持有损失，并调减应收票据的账户余额。

7.4.2 应收款项的撤销

什么时候应收款项不应再作为企业例如荷兰 Unilever 公司持有的资产——也就是撤销？一种情况是应收款项不再有价值；也就是，对应收款项的现金流不再有权收回。举例来说，若 Unilever 公司持有应收账款，而对方公司宣布破产，该应收款项就不再具有价值。类似地，当 Unilever 公司持有的应收款项到期了，就应该将其从账面上撤销。以上两个例子中，Unilever 公司都不再对应收款项具有合约权利。这样，应收款项就被撤销。

另一种情况是，Unilever 公司将应收款项转让（例如销售）给了其他公司，一并转让的还有相应所有权带来的风险和收益。举例来说，若 Garcia 公司将应收款项出售给了 Holt 公司，并将持有应收款项带来的风险和收益一并转让给 Holt 公司，就意味着 Garcia 公司将这笔应收款项撤销。尽管原理简单直接，实际操作时却很难衡量相应的风险和收益是否部分或全部转移。接下来的讨论就将围绕应收款项的转让展开。

应收款项的转让

企业提前转让应收账款和应收票据的原因很多。例如，为了加快应收款项现金回收的速度，企业会将应收款项转移给其他企业以换取现金。另外，在很多行业，为了提升企业的竞争力，企业不得不为顾客提供销售贷款。如耐用消费品行业，比如汽车、卡车、工业或农业生产设备、计算机和大型机械的销售，大部分是以分期付款的方式完成的。这些行业中的龙头企业通常拥有专门从事融资信贷的全资子公司。例如，Daimler 旗下有 Daimler Truck Financial，Toyota 旗下拥有 Toyota Motor Credit。

其次，由于资金紧张，同时正常的信贷无法取得或者融资成本过高时，应收款项的持有人会选择出售应收款。此外，企业选择出售应收款而不是直接借款的原因可能是应对现有的贷款协议的需要。

最后，应收款项的回收通常耗时耗力且成本较高。诸如 MasterCard、Visa、American Express 和 Discover 几家信用卡公司或者其他公司可以接管应收款项回收的过程，及时为企业提供现金。

相反，应收款项的购买者购买应收款是为了获得法律对资产购买者所有权的保护，因为抵押债权人拥有的权利相对较少。此外，银行和其他信用机构为了应对某些法定的借款限制，往往会购买应收款项。也就是说，他们不能发行额外的贷款，但可以购买应收款项，然后借此收取服务费用。

向第三方转让应收款项时可以选取以下两种方式：

1. 担保借款。
2. 销售应收款项。

担保借款

企业在借款时往往可以将应收款项作为担保物。事实上，债权人通常会要求债务人指定或者质押①部分应收账款作为贷款的担保。如果这笔贷款到期时没有偿还，那么债权人可以将担保物变现，即收回应收款项。

为了说明这个问题，假设 2015 年 3 月 1 日，Meng Mills 公司将价值 700 000 美元的应收账款提供给 Citizens 银行作为 500 000 美元票据的担保物。Meng Mills 公司仍对应收账款的收回负责，债务人对该担保协议并不知情。Citizens 银行对应收账款收取 1% 的融资费用，票据的利率为 12%。Meng Mills 公司每月将其收回的应收账款全额交给银行。图表 7-18 显示了 Meng Mills 公司和 Citizens 银行对这笔担保借款业务的会计分录。

图表 7-18　　　　　担保借款情况下的应收款项转让分录

Meng Mills 公司		Citizens 银行	
2015 年 3 月 1 日转让应收账款并签发票据			
借：银行存款	493 000	借：应收票据	500 000
财务费用	7 000*	贷：利息收入	7 000*
贷：应付票据	500 000	银行存款	493 000
＊（1%×＄700 000）			
3 月将 440 000 美元的应收账款变现，其中应扣除 6 000 美元的现金折扣 再加 14 000 美元的销售退回			
借：银行存款	434 000	（无分录）	
销售折扣	6 000		
销售退回	14 000		
贷：应收账款	454 000		
（＄440 000＋＄14 000＝＄454 000）			
2015 年 4 月 1 日将 3 月份收到的款项与应计利息一起汇给银行			
借：财务费用	5 000*	借：银行存款	439 000
应付票据	434 000	贷：利息收入	5 000*
贷：银行存款	439 000	应收票据	434 000
＊（＄500 000×0.12×1/12）			
4 月份将剩余款项收回，不包括已转销的 2 000 美元的坏账			
借：银行存款	244 000	（无分录）	
坏账准备	2 000		
贷：应收账款	246 000*		
＊（＄700 000－＄454 000）			
2015 年 5 月 1 日将 66 000 美元（500 000－434 000）的票据余额和票据利息汇给银行			
借：财务费用	660*	借：银行存款	66 660
应付票据	66 000	贷：利息收入	660*
贷：银行存款	66 660	应收票据	66 000
＊（＄66 000×0.12×1/12）			

---

① 如果企业出于保管的目的转让应收款项，则该保管协约被称为质押。

在记录应收款项的回收时，Meng Mills 公司还需要确认所有的折扣、退货、折让和坏账。Meng Mills 公司每月用收回的应收款项偿还票据的负债及票据利息。①

转售应收款项

近年来，应收账款的转售变得越来越重要。一种常见的类型是将应收账款出售给代理商。代理商是指向企业购买应收款项的金融公司或者银行，它们对此收取手续费，然后直接从客户那里收取款项。应收账款转售一般在纺织业、服装业、制鞋业、家具业和房屋装修业比较常见。② 图表 7 - 19 展示了典型的转售业务。

图表 7 - 19　　　　　　　　　　　　　**应收账款转售的基本流程**

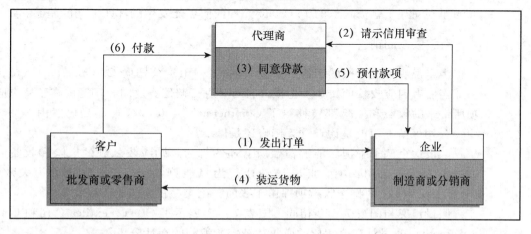

无追索权的销售

当购买无追索权的应收款项时，购买人承担了应收款项的回收风险和所有可能的信用损失。这类销售通常称为无追索权的销售。无追索权的转让意味着应收账款在形式上（所有权凭证的转移）和实质上（控制权的转移）均实现了转移。无追索权的交易的会计处理与资产出售相同，即将处置所得借记货币资金，然后贷记应收账款的账面价值。处置所得与应收账款账面价值的差额，在扣除可能存在的调整准备（折扣、销售退回、折让等）之后，卖方应将其确认为应收款项转让损失。代理商会预留一部分款项用以应对可能的销售折扣、销售退回和销售折让，此时卖方用应收代理商款项（以应收款项列报）对其进行核算。

举例说明，假设 Crest Textiles 公司将 500 000 欧元的应收账款以无追索权的转售业务的方式转让给 Commercial Factors 公司，并由 Commercial Factors 公司负责后续账款的回收。Commercial Factors 公司按应收账款总额的 3% 收取手续费，并另行保留应收账款总额的 5% 以应对可能的调整。Crest Textiles 公司和 Commercial Factors 公司对该项无追索权的应收账款转移业务编制如图表 7 - 20 所示的分录。

---

① 若由 Citizens 银行而不是 Meng Mills 公司负责应收款项的回收，结果又该如何呢？银行只需要将现金收入汇给 Meng Mills 公司，Meng Mills 公司的会计分录仍与图表 7 - 18 一致。Meng Mills 公司将这些"被质押"的应收款项作为资产在资产负债表中列报。这时持有应收款项所带来的风险和收益并没有转移到 Citizens Bank。

② 诸如 MasterCard 和 Visa 等信用卡是典型的保理业务。通常，应收款项的买方从购买的应收款中收取 0.75%～1.5% 的代理佣金（信用卡保理业务的佣金通常为 4%～5%）。

图表 7-20　　　　　　　　　无追索权的应收账款销售的分录

Crest Textiles 公司		Commercial Factors 公司	
借：银行存款	460 000	借：应收账款（票据）	500 000
应收代理商款项	25 000*	贷：应付顾客款项（Crest Textiles 公司）	25 000
应收账款处置损失	15 000**	利息收入	15 000
贷：应收账款（票据）	500 000	银行存款	460 000

* （5%×€ 500 000）
** （3%×€ 500 000）

在确认应收款项售出时，Crest Textiles 公司确认了 15 000 欧元的损失。而代理商的净利润等于融资收入的 15 000 欧元和任何可能发生的坏账之间的差额。

有追索权的销售

为了说明有追索权的销售，假设 Crest Textiles 公司向 Commercial Factors 公司保证当后者因应收款项转让发生损失时对其进行赔偿。这时，问题就在于持有应收款项所带来的收益和风险都转移给了 Commercial Factors 公司还是仍然由 Crest Textiles 公司保留？也就是说，这算销售还是借予？

假设这个例子中担保能够覆盖所有违约行为，则应收款项的风险和收益仍然由 Crest Textiles 公司保有。此时该转让行为只能算借予——有时也称为失败销售。Crest Textiles 公司将应收款项保留于账面，该交易视为借予。①

假设情况与图表 7-20 相同，图表 7-21 展示了 Crest Textiles 公司和 Commercial Factors 公司对有追索权的应收款销售所编制的会计分录。

图表 7-21　　　　　　　　　有追索权的应收款项销售分录

Crest Textiles 公司		Commercial Factors 公司	
借：银行存款	460 000	借：应收账款	500 000
应收代理商款项	25 000	贷：应付顾客款项（Crest Textiles 公司）	25 000
财务费用	15 000	利息收入	15 000
贷：追索权负债	500 000	银行存款	460 000

在这个例子中，Crest Textiles 公司持有对 Commercial Factors 公司的负债。Commercial Factors 公司持有对 Crest Textiles 公司的应收账款。失败销售的会计处理与担保借款相似。当转让的应收款项被收回，Crest Textiles 公司账上的追索负债减少。同样，在 Commercial Factors 公司账上的应收账款也减少。

转让总结

IASB 用终止确认指代应收款项的转让。根据 IASB，决定转让行为是否属于销售的关键在于卖方是否将持有应收款项所带来的风险和收益一并转让。图表 7-22 总结了转让应收款项的会计处理原则。[9]

---

① 一般而言，IFRS 不允许资产和负债的抵销，除非企业有明确的权利可以以资产和负债的净额进行结算交易。[8] 因此，Crest Textiles 公司在资产负债表上同时列示 50 万欧元的应收款项和负债。

图表 7 - 22　　　　　　　　　　转让应收款项的会计处理

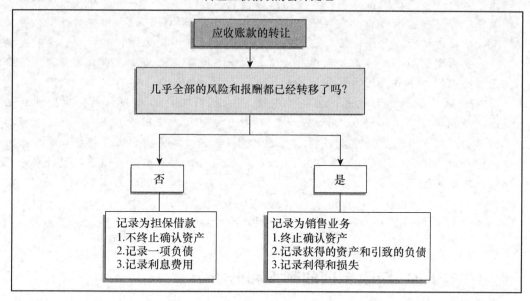

如图所示，如果持有应收款项所带来的风险和收益都被转让，则撤销资产。若未转移，则视交易为担保借款。若销售是合理的，企业仍需考虑交易中取得的资产和承担的负债（例如担保）。①

 理论争鸣　　　　**解决资产减值准备计提"太少、太晚"的问题**

金融危机暴露了贷款损失拨备（或者坏账损失准备）显著的弱点。在经济下行初期，企业应当以较高额度计提坏账损失准备，然而在现行的 IFRS 下，企业的减值准备反而处于较低的水平（即坏账损失准备计提"太少、太晚"的问题）。因此，IASB 正在研究制定新准则，以保证坏账损失准备的余额可以更好地反映所有估计的贷款损失。

准则制定委员会认为，企业应该在预期无法如约收回贷款时确认减值损失。委员会进一步指出，将减值损失在贷款的存续期间内递延是不恰当的。换句话说，如果企业预计无法全额收回应收款，则应该立即确认减值损失。一种新方法是"三分类"法，即根据减值发生可能性的不同将贷款（和其他金融工具）分为三类，以反映出减值的变化。

● 第一类仅包含贷款，并按照未来 12 个月的预期损失计提资产减值准备。这种贷款的预计减值损失已于首日计入价格。此类贷款的利息收入基于贷款的原值。

● 第二类包含信用风险明显增加的贷款，贷款的信用低于"可投资等级"。为了反映时间影响，此类贷款的预计减值损失会增加。利息收入的计算方法保持不变。

● 第三类包含的金融资产信用已经降到了信用受损的程度（例如客户停止支付）。预计损失减值照样确认，但是利息收入则是基于贷款减值后的余额。

在这个模型下，企业在初始分类时将金融资产初始分为第一类，并按照未来 12 个月

---

① 有时企业可能仍然持有应收款项但却不保有相应的风险和收益。这时企业就需要判断其是否仍然对应收款项保留控制。第一个指标是能否将其销售。若不能够控制，则需将其撤销。在其他情况下，企业保留控制都是为担保借款。风险和收益与收入的确认有关。但目前来看金融资产的转移不在收入范围内。

的预期损失计提资产减值准备。若信用质量恶化或预期有很大一部分现金无法收回，这些金融资产会再分类为第二类或第三类，此时企业应当增加资产减值准备的计提，以反映资产预期损失的增加。另外，第三类利息收入在相同情况下比第一、二类少。这种新模型增加了企业决定预期损失时需要考虑的因素。也就是既要基于历史信息，又要考虑现金流可能无法收回的未来事件影响（例如预测）。

"三分类"模型因太过复杂而备受争议。为此，IASB 考虑投入使用实地测试来解决过于复杂且难以操作的问题。IASB 希望能在 2014 年发布修正后的准则。该减值模型表明了适时实践对理论产生的重大影响。上述模型得到了很多支持，因为坏账损失准备可以反映因信用质量恶化产生的预期损失。此外，从信用质量的未来导向上看，预计坏账损失的确认比现行模型更早。

资料来源：IASB Exposure Draft, *Financial Instruments*：*Expected Credit Losses*（March 2013）；see *http://www.ifrs.org/Current-Projects/IASB-Projects/Pages/IASB-Work-Plan.aspx.*

□ 7.4.3   应收款项的列报和分析

应收款项的列报

应收款项分类的一般原则如下[10]：

1. 分类列报不同种类应收款项的账面金额。
2. 在资产负债表中列示流动应收款项与非流动应收款项。
3. 在考虑坏账确认是单独还是组合进行后，适当用计价备抵账户的金额冲减坏账。
4. 披露应收款项公允价值，并使其具有与账面价值的可比性。
5. 披露以下信息以评估应收款项的固有信用风险：

（a）既未过期也未减值的应收款项。

（b）条款变更后，不是将要过期就是将减值的应收款项账面金额。

（c）对过期或减值的应收款项，披露本报告期末过期的应收款项账龄分析。

6. 披露被指定为质押担保物的应收款项。
7. 披露应收款项的所有重大信用风险集中度。①

在图表 7-23 中，Colton 公司资产负债表的资产部分展示了应收款项的信息披露。

应收款项的分析

应收账款周转率   分析师通过计算财务比率，如应收账款周转率，衡量企业应收账款的流动性。应收账款周转率是指一段期间内企业回收应收账款的平均次数。该比率等于净销售收入除以当期应收账款平均余额（净额）。理论上，分子应该只包括净赊

---

①   当应收款项的回收受相同因素影响时，就会产生信用风险集中，如相关企业处于同一行业或同一地域。例如，根据阿布扎比航空公司（Abu Dhabi Aviation）的近期报告，其应收账款的 61% 来自阿拉伯联合酋长国政府，16% 来自阿拉伯联合酋长国政府控制的石油公司。财报使用者想知道，其中是否有很大一部分应收款项来自经济状况不稳定的客户。然而现行准则并未对信用风险集中度作出明确的数量上的规范。对于已识别的风险集中度，企业应该披露以下信息：（1）造成风险集中的因素；（2）客户不履行义务可能造成的损失；（3）与应收款项相关的担保物信息。

图表 7 - 23　　　　　　　　　　　　　应收款项的披露

Colton 公司 2015 年 12 月 31 日资产负债表（节选） （单位：千欧元）		
流动资产		
其他应收款		€ 1 300
与关联方发生的应收账款		2 722
商业应收款（附注 12）	€ 20 896	
减去：应收款项坏账准备	109	20 787
应收项目总额		24 809
减去长期应收项目		2 322
流动应收项目总额		22 487
现金及现金等价物		20 509
流动资产总额		42 996
长期应收款		
与关联方发生的应收账款		2 126
其他应收款		196

（右侧批注）
- 区分不同种类的应收款项
- 将应收款项分为流动应收款项和长期应收款

附注 12：商业应收款和其他应收款（部分）。
所有的长期应收款都将在资产负债表日以后 5 年内到期。超期不到 3 个月的商业应收款不考虑减值问题。在 12 月 31 日，应收款项的账龄分析如下：

（千欧元）	总额	未超期减值	超期尚未减值				
			<30 天	30～60 天	60～90 天	90～120 天	>120 天
2015 年	20 896	11 991	4 791	2 592	1 070	360	92

（右侧批注）披露应收款项的账龄

在 2015 年 12 月 31 日，初始价值为 109 欧元的商业应收款发生了减值，并且计提了足够的减值准备。下列表格汇总了应收款项减值的变动情况。

	单独减值损失 （千欧元）	组合减值损失 （千欧元）	总额 （千欧元）
2015 年 1 月 1 日	29	69	98
当年发生的费用	10	16	26
注销应收款项	(3)	(6)	(9)
收回应收款项	(2)	(4)	(6)
2015 年 12 月 31 日	34	75	109

（右侧批注）减值应收款项的列示

商业应收款及其他应收款公允价值如下：

	2015 年
商业应收款	€ 20 896
与关联方发生的应收账款	2 776
其他应收款	1 300
	€ 24 972

（右侧批注）披露公允价值

截止到 2015 年 12 月 31 日，本年度某些子公司将账面余额总计 1 014 欧元的应收款项在银行换取了现金。这些交易以担保借款入账。如果借款合同发生违约，借款方有权收取这些应收款项的收回金额。如果借款合同没有发生违约，子公司会收回这些应收款项并将新产生的应收款项指定为抵押品。

（右侧批注）披露抵押协议

销收入，但是这个数据一般很难取得。如果赊销收入和现销收入的相对金额较为稳定，则应收账款周转率反映的趋势信息（应收账款的流动性）仍然是有意义的。除非有重大季节性因素的影响，否则应收账款平均余额可以通过商业应收款的期初净额和期末净额计算得出。

　　例如，路易威登集团（LVMD Group）2012 年净销售额为 281.03 亿欧元，应收账款期初余额为 18.78 亿欧元，期末余额为 19.85 亿欧元。应收账款周转率的计算如图表 7 - 24 所示。

图表 7 - 24　　　　　　应收账款周转率的计算

净销售额/商业应收款净额平均值＝应收账款周转率

$$\frac{€\,281.03}{(€\,18.78+€\,19.85)/2}=15 \text{ 次，或每 24.3 天（365÷15）}$$

　　上述信息①反映了企业回收应收账款的能力。企业也可以编制账龄分析表来协助确定应收账款的账龄。一个理想的应收账款周转率可能是因为某些应收账款回收较快而另一些款项却被拖欠较长时间。账龄分析表可以揭示此类问题。

　　应收账款周转率常常被转化为应收账款回收期或者发行在外的时间天数——平均回收期。本例中，365 除以 15 得到 24.3 天。企业常用平均回收期评估信用政策和应收账款回收管理政策的有效性。评估的一般原则为，平均回收期不应远高于信用期，即若客户的付款期为 60 天，那么平均回收期不应远超过 60 天。

国际会计视野

货币资金和应收款项

　　IFRS 和 GAAP 在货币资金和应收款项方面的政策非常相似。比如，对现金及现金等价物的定义相似，并且 IFRS 和 GAAP 都有公允价值选择权。国际信贷危机爆发后，准则制定委员会便致力于完善贷款减值准备政策。

相关事实

　　以下是 IFRS 和 GAAP 中涉及货币资金和应收款项的关键异同点。

相同点

● IFRS 与 GAAP 在货币资金的会计处理和报告方面基本相同。此外，两者对现金等价物的定义也基本相同。

● 货币资金和应收款项在资产负债表中都作为流动资产列示。

● 贷款和应收款项都以其摊余成本计量，并考虑计提坏账准备。

不同点

● GAAP 规定流动资产项目应按照流动性由强到弱依次列示，而 IFRS 规定企业可将货币资金和应收款项作为流动资产的最后一个项目列示。

● GAAP 明确指出具有不同特征的应收款项应该如何分别列报，IFRS 则没有相关规定。

● GAAP 和 IFRS 均允许企业选择采用公允价值计量，但具体要求并不完全相同。在 IFRS 中，公允价值计量需要满足特定的条件，然而 GAAP 中并没有这样的要求。此外，两者在金融工具的核算方面也存在一些差异。

---

① 除 365 天以外，企业还可用其他数据计算应收账款回收期。如通常采用的 360 天，因为它可以被 30（天）和 12（月）整除。课后习题请使用 365 天计算。

- GAAP 中银行透支以负债列示，而 IFRS 中规定银行透支应以现金列报，但前提是透支能够及时偿付并且是作为公司现金管理必不可少的部分。
- GAAP 和 IFRS 在涉及应收款项转移的会计处理时存在差异。GAAP 将控制权的失去作为主要衡量标准。而 IFRS 下，需要同时满足风险和报酬的转移与控制权的失去。另外，GAAP 不允许转移部分金融工具，而 IFRS 允许。

深度解读

在对贷款和应收款项的会计处理方面，IFRS 允许转回减值损失，转回的减值损失不能超过减值前的资产摊余成本。例如，2014 年 12 月 30 日，Zirbel 公司应收款项账面价值 10 000 美元。2015 年 1 月 2 日，借款人宣布破产，Zirbel 公司预计能够收回应收款项账面价值的一半。Zirbel 公司确认减值的会计分录如下：

借：减值损失 5 000
    贷：应收借款 5 000

2016 年 1 月 10 日，Zirbel 公司获悉借款人摆脱破产，并估计不能收回的款项为 1 000 美元。根据 IFRS，Zirbel 公司确认减值准备转回的分录如下：

借：应收借款 4 000
    贷：减值损失转回 4 000

Zirbel 公司在 2016 年的利润里反映减值转回。根据 GAAP，减值损失是不允许转回的。以发生减值后的余额作为贷款的新成本。

未来之路

在 IASB 与 FASB 合作的趋势下，金融工具的公允价值计量仍然是有待解决的重点问题。IASB 与 FASB 都表示，按照公允价值对金融工具进行计量和报告，有助于提高金融工具信息的可理解性。在确认应收款项等金融工具时，公允价值选择权是迈向公允价值确认的重要一步。我们希望这只是一个过渡阶段，并且委员会会继续致力于推广全面的金融工具公允价值计量。

最后，IASB 正在研究一种新的减值模型，一种在计量金融工具减值时更具前瞻性的模型。FASB 正在研究一种相似的模型。不过，最终在一些具体细节上两者可能存在差异。

本章小结

1. 识别归属于货币资金的项目。归属于货币资金的项目应该随时可用于偿还现存债务，而且偿还不会受到合约性条款限制。货币资金包括硬币、纸币和银行存款。可转让证券如邮政汇票、保付支票、本票、支票、个人支票、银行汇票也属于货币资金。定期存款也属于货币资金。

2. 掌握货币资金及相关项目列报的方法。企业在资产负债表中的流动资产部分列报货币资金项目。相关项目的列报方法如下：（1）限制性现金：企业将作为短期借款补偿性余额而持有的受到法律限制用途的存款以"现金及现金等价物"科目在流动资产项目下单独列报。长期借款的补偿性余额应该被划分为非流动资产，在投资或者其他资产项目下单独列报。（2）银行透支：企业在列报银行透支时，应该将其作为应付账款列示在流动负债部分。但是如果透支金额重大，企业应当在资产负债表或者相关报表附注中单独披露银行透支的金额。（3）现金等价物：企业通常将其和现金一起，在"现金及现金等价物"科目下列报。

3. 掌握应收款项的定义并区分不同类型的应收款项。应收款项是指企业拥有的向客户或其他利益相关者获取现款、商品或服务的权利。应收款项有以下三种分类方式：（1）短期或者长期；（2）商业或者非商业；（3）应收账款或者应收票据。

4. 掌握应收账款确认的相关会计问题。以下两个因素可能会使交换价格的计量变得复杂：（1）折扣（商业折扣和现金折扣）；（2）销售日与到期支付日之间的时间间隔（即利息因素）。

理论上，企业应该以应收款项的现值来计量应收款项，也就是未来现金流量折现的价值。然而对于在正常商业往来中形成的、按照商业惯例在一年期之内到期的应收款项，一般不再考虑其现值。

5. 掌握应收账款计量的相关会计问题。企业应当计量和列报短期应收款的摊余成本（可收回金额）。摊余成本是指在获取应收账款的数额基础上，根据支付、摊销、减值调整后的金额。计量减值可采用单独法和组合法。

6. 掌握应收票据确认的相关会计问题。企业将短期应收票据按照其票面价值入账，将长期应收票据以其预期可收回金额的现值入账。当带息票据的票面利率等于实际（市场）利率时，票据是按面值交易的。当票面利率和实际利率不相等时，企业需要确认折价或者溢价。

7. 掌握应收票据计量的相关会计问题。和应收账款一样，企业应当计量和列报短期应收票据的可收回金额。长期应收票据的计量和列报与长期应收账款一致。

8. 掌握与应收款项有关的特殊会计问题。主要指与公允价值选择权和撤销有关的特殊问题。如果公司选择采用公允价值计量，应收款项应以公允价值列示于资产负债表，公允价值变动应计入当期损益。为了加速应收款项收回现金，应收款项的持有人可以使用两种方法将其转让给其他企业以换取现金。（1）担保借款：债权人通常会要求债务人指定抵押应收款项作为贷款的担保。（2）销售（转售）应收款项：金融公司或者银行作为代理商向企业购买应收款项，然后直接向客户收取账款。转让的应收款项应撤销，若有关风险和收益所有权转移，则视作销售，并撤销应收款项。否则，转让视作担保借款。

9. 掌握列报和分析应收款项的方法。企业应该适当用计价备抵账户的金额冲减应收款项账户余额，将应收款项划分为流动资产和非流动资产，披露被指定为质押担保物的应收款项，披露应收款项中包含的固有信用风险的性质。分析师通过计算应收账款周转率和应收款项未清偿天数来分析应收款项。

附录 7A　现金控制

现金是最容易被转移和挪用的资产。管理层对现金交易的会计处理面临两大问题：（1）建立适当的内部控制制度，防止高管或者员工进行未经授权的交易；（2）为妥善管理库存现金和现金交易提供必要的信息。在本附录中，我们将讨论一些有关现金的基本控制方法。

□ 使用银行账户

为了达到理想的控制目标，企业可以在多家银行、不同网点，开立不同种类的账户。对于跨地区经营的大型企业而言，开户行的地点选择是非常重要的。在具有战略意义的地点设立收款账户可以缩短顾客的付款时间，从而加速现金流入企业。设立多个收款中心通常能够降低企业的收款浮动值。收款浮动值是指企业账簿上记录的银行存款和银行账簿上记录的银行存款之间的差额。

跨地区经营的大型企业常常用锁箱账户收集客户账单繁多的地区的款项。企业通常在当地邮局租一个邮箱，授权当地的银行代为收取邮寄到该邮箱的汇款。银行至少每天清空一次邮箱，然后立即将收到的款项直接存入企业的收款账户。使用锁箱账户的优点在于企业收到的现金可立即使用。一般来说，在锁箱账户协议中，银行用微缩胶卷拍摄支票以供记账，再向企业提供存款凭条、收回款项的明细表以及客户的各类信件。因此，锁箱系统增强了企业对现金的控制，加速了现金的收回。如果加速收回资金带来的收益高于锁箱系统的成本，那么采用这个系统是值得的。

对于大多数企业来说，普通支票账户是基本存款账户，对于小型企业来说，甚至是唯一的账户。企业用这个账户存缴和支取现金，并完成所有相关交易。例如，企业通过普通支票账户取得其他银行账户的存款，或者向其他银行账户拨款。

企业通常利用专用存款账户（定额备用金账户）对特定用途的资金进行专项管理。该类账户是大额支票或特殊类型支票的结算账户。企业从普通支票账户或其他渠道向专用存款账户转账，用以结算有特定用途或既定目的的存款。企业常常通过专用存款账户支付薪水、股利、佣金、奖金、保密费用（例如管理层的薪水）以及差旅费。

☐ 定额备用金制度

几乎所有企业都需要为各类杂项费用进行小额支付，例如出租车费、低值易耗品（小额办公用品）和员工的午餐费等。用支票支付所有项目是不现实的，现实中一般用现金进行支付，因此对这些交易进行控制是非常有必要的。基于此，定额备用金制度既能保证现金的合理控制，又不违背支票的付款规则。下面我们详细阐述定额备用金制度的运行。

1. 企业指定一个备用金管理员，然后给这名管理员一笔小额现金用于付款业务。将资金划拨为备用金的会计分录如下：

借：备用金		300
贷：现金		300

2. 备用金管理员向个人支付现金之后，需取得有收款人签字的收据，并在备用金收据后附上付款凭证。企业无须记录备用金支出的日常交易，到再次补足备用金时记录即可；由备用金管理员之外的人员负责编制会计分录。

3. 当备用金不足时，备用金管理员向财务总监或出纳提出补足备用金的申请，同时提交备用金收据和其他付款凭证。审核通过后，备用金管理员将收到公司支票以补足备用金。此时，企业根据备用金收据进行如下的会计处理：

借：办公用品费		42
邮费		53
杂费		76
现金余缺		2
贷：现金		173

4. 如果企业认为备用金过多而决定减少备用金数额时，应该编制如下会计分录：

借：现金		50
贷：备用金		50

设立备用金之后，只有在调整备用金数额时，企业编制的分录才会涉及备用金账户。

当备用金账户无法结平时，企业使用现金余缺账户，即出现了找错零钱、多付费用或者收据遗失等情况。如果出现现金短缺（即收据上的金额与备用金的余额之和小于备用金的定额），企业应根据短缺的金额借记现金余缺账户。如果出现现金盈余，企业则根据盈余的金额贷记现金余缺账户。企业只有在年末才结清现金余缺账户，该账户期末通常以"其他费用或收入"在利润表中列示。

在补足备用金之后，企业往往又会立即产生一些费用。因此为了保证财务报告的准确性，企业应该在各会计期末或备用金即将用完时补足备用金。

在定额备用金制度下，备用金管理员时时刻刻都需要对持有的备用金负责，无论是现金形式还是已签字的收据形式的备用金。这些收据是出纳签发补足备用金的支票的付款凭证。此外，为了对备用金实施更好的控制，企业还应当遵循以下两个程序。

1. 备用金管理员的上级主管应该对备用金余额进行不定期的盘点检查，以确保备用金账户的会计处理准确无误。

2. 企业应该在补足备用金之后注销或销毁备用金收据，以免再次用于获取备用金补给。

□ 对现金余额的实物保护

除控制现金收支活动以外，企业还需要借助内部控制妥善保管现金和银行存款。因为收取的款项转化为现金，支付的款项源于银行存款，因此对现金收支过程的合理控制以及其他控制程序是保护现金余额的重要部分。

毋庸置疑，现金的实物保护是最基本的保护程序。企业应该尽可能减少办公场所保留的库存现金，做到只保留备用金、当日的收款以及用于找零的资金。条件允许的话，企业应当将这些现金保存在地下室、保险箱或者可上锁的收银机中。此外，企业应该尽快将每天收到的款项全部存入银行。无论是内部经营管理用的报告还是对外财务报告，准确列报可使用的现金数额都是非常重要的。

企业通常会记录现金的收入、支出与结余。然而由于现金交易非常频繁，现金活动的记录仍会出现错误或者遗漏。因此，企业必须定期核查总分类账中的现金结余是否正确。企业可以计算当前的现金持有量——备用金、找零资金和尚未存入银行的收款，并将其与企业总分类账中记录的金额进行比较。此外，企业要编制银行存款余额调节表，调节企业和银行记录的银行存款的差异。

□ 银行存款余额调节表

每月月末，银行会向每位客户提供银行对账单（企业银行账户交易记录的复印件）和银行当月支付的客户支票。[①] 如果银行和企业的记录都没有出现差错，所有的存款和签发的支票都在当月到达银行，而且没有同时影响企业和银行的现金记录的特

[①] 纸质支票依然是一种支付手段。然而桌面排版软件和硬件的出现催生了新的支票欺诈方法，如复制、篡改和伪造支票。与此同时，反欺诈技术也得到了一定的发展，如紫外线成像、高容量条形码和生物测定法。这些技术将纸质凭证转化为电子文件，进而降低欺诈风险。

殊事项，那么银行报告的现金数额应该等于企业自身账户中记录的金额。但是，由于下列一项或多项调整，这种情况几乎不存在。所以企业可以预料到两者的记录会存在差异，因此必须对自身的账户记录和银行记录进行调节，以分析两者差异的性质。

应调节的事项

1. 在途存款。存款人月底记录的存款，银行在下个月才收到并记录。

2. 未付款的支票。存款人已经开出支票并记账，但银行到下个月才记账（"结清"）。

3. 银行手续费。银行在存款人的存款额中扣除的手续费，例如银行服务费、支票印刷费、空头支票费和保险箱租金等。存款人可能在收到银行对账单后才知道发生的费用金额。

4. 银行贷记项目。银行为了存款人的利益而回收或存储的款项，而存款人在收到银行对账单之后才知道这些项目的发生。例如为存款人代收的应收票据以及生息支票账户赚取的利息。

5. 银行或存款人的差错。银行账面余额和存款人账面余额的差异有可能是银行或存款人的差错导致的。

银行存款余额调节表是核对银行和企业的银行存款记录差异的表格。如果这些差异仅仅来自银行尚未记录的交易，则企业对银行存款的会计记录就是正确的。然而，如果还有另一些导致差异的事项，则银行和企业都需要调整自己的记录。

银行存款余额调节表有两种形式。第一种形式是把银行对账单的余额调节为企业的账面余额，或反方向操作。第二种形式是将银行对账单余额和企业账面余额同时调整至正确的金额。实务中大多数企业采用第二种形式的银行存款余额调节表。图表 7A-1 展示了第二种形式的调节表以及通常需要调整的事项。

图表 7A-1　　　　　　　　　银行对账单的形式和内容

银行对账单期末余额		$$$
加：未达账项	$$	
尚未送存的收款（现金）	$$	
低估银行对账单余额的银行差错	$$	$$
		$$$
减：未兑现支票	$$	
高估银行对账单余额的银行差错	$$	$$
正确的现金余额		$$$
存款人账面余额		$$$
加：银行已经收取但企业尚未记账的金额	$$	
低估账面余额的差错	$$	$$
		$$$
减：尚未记账的银行服务费	$$	
高估账面余额的差错	$$	$$
正确的现金余额		$$$

这种形式的调节表包含两个部分：（1）银行对账单上的余额；（2）存款人账面上的余额。企业应当将这两部分余额调节到"正确的余额"，即企业账面上的应有金额，抑或是资产负债表中报告的金额。对于"存款人账面余额"的调整项，企业应该据此编制调整日记账分录。如果银行出现了差错，企业应该及时告知银行。

举例说明，假设 2015 年 11 月 30 日，Nugget 矿业公司在 Melbourne 银行的存款账面余额是 20 502 美元。11 月份的银行对账单显示，期末余额为 22 190 美元。检查了 Nugget 矿业公司的会计记录和 11 月的银行对账单之后，发现如下调整事项。

1. Nugget 矿业公司 11 月 30 日寄出的 3 680 美元的存款未出现在银行的对账单中。

2. 企业在 11 月签发但还未出现在银行对账单上的支票：

支票＃7327　　　　150 美元
　　＃7348　　4 820 美元
　　＃7349　　　 31 美元

3. Nugget 矿业公司委托银行代为保管 Sequoia 公司的债券。11 月 20 日，银行收到利息 600 美元，Nugget 矿业公司还未对利息收入记账。

4. Nugget 矿业公司未对银行收取的 18 美元的服务费记账。

5. 随银行对账单一起退回的还有一张 Nugget 矿业公司客户开出的被标注了"NSF"的 220 美元的空头支票。银行从 Nugget 公司账户中减去 220 美元。

6. Nugget 矿业公司发现 11 月开出的＃7322 支票的记录有误，131 美元的支付款错记为 311 美元。

7. 银行误将 Nugent 石油公司签发的 175 美元的支票视为 Nugget 矿业公司的支票，并从 Nugget 矿业公司的账户中扣除了该笔款项。

Nugget 矿业公司将账面余额和银行对账单余额调整为正确余额 21 044 美元，调节过程如图表 7A - 2 所示。

图表 7A - 2　　　　　　　　银行对账单的示例

Nugget 矿业公司 银行对账单 Melbourne 银行，2015 年 11 月 30 日			
银行对账单期末余额			$ 22 190
加：未达账项	(1)	$ 3 680	
银行差错——本不应从账户中扣除的支票额	(7)	175	3 855
			26 045
减：未兑现支票	(2)		5 001
正确的现金余额			$ 21 044
账面余额			$ 20 502
加：银行收取的利息	(3)	$ 600	
＃7322 支票的差错	(6)	180	780
			21 282
减：银行服务费	(4)	18	
退回 NSF 支票	(5)	220	238
正确的现金余额			$ 21 044

2015 年 12 月初，为了调整和纠正 Nugget 矿业公司的账面余额，企业根据"存款人账面余额"的调整事项编制如下分录：

借：银行存款	600
贷：利息收入	600

（记录由银行收取的 Sequoia 公司的债券利息）

借：银行存款	180
贷：应付账款	180

（纠正 ♯7322 支票的金额错误）

借：办公费用——银行服务费	18
贷：银行存款	18

（记录 11 月份的银行手续费）

借：应收账款	220
贷：银行存款	220

（记录退回的客户空头支票）

日记账分录过账之后，Nugget 矿业公司的银行存款余额调整为 21 044 美元。Nugget 矿业公司应该将 Nugent 石油公司的支票退还给 Melbourne 银行，并将差错告知银行。

□ 附录 7A 小结

10. 解释现金管理中常用的方法。现金管理中常用的方法如下：（1）使用银行账户：为了达到理想的控制目标，企业可以在多家银行、不同网点，开立不同种类的账户。（2）定额备用金制度：用支票来支付所有杂项费用是不现实的，所以对这些交易进行控制是非常有必要的。（3）对现金余额的实物保护：对现金收支过程的合理控制是保护现金余额的重要部分。企业应该尽可能减少办公场所保留的库存现金。（4）银行存款余额调节表：企业无法盘点银行存款，因此需要编制银行存款余额调节表。

附录 7B 应收款项的减值

正如本章中所提到的，企业每个报告期间都要对应收款项进行减值测试。企业首先判断是否有确凿证据表明会发生减值损失。可能会带来减值损失的情况包括：客户的重大金融困难、支付违约、因客户支付困难而变更应收条款等。当这些情况对来自客户的未来现金流产生不利影响时，应收账款确认减值损失。①采用组合法进行减值测试的例子包括销售百分比法以及应收账款百分比法。在本附录中，我们将讨论基于单独法的长期应收款减值方法。

---

① 这里所说的减值测试仅适用于以摊余成本计量的应收款项。[12] 当借款作为证券化资产的一部分出售时，则适用更复杂的准则，尤其是当初始条款变更过后。如果借款与证券进行了捆绑（例如，按揭证券），减值计量则不同于此处所说。我们将在第 17 章对这种情况进行讨论。

□ 减值的计量和报告

如果应收款项是单独确认减值的，那么企业应该根据减值的金额确定损失的大小。贷款的总投入金额（通常是本金与应计利息之和）和以历史实际利率①折现的预期未来现金流入之间的差额即为减值损失。当使用历史实际贷款利率时，贷款的总投入金额只有在合同约定的现金流减少时才会发生变化。此时企业应当确认相应的损失，因为预期未来现金流减少了。企业不考虑因当前经济情况变化导致的影响贷款公允价值的利率变动。在估计未来现金流入时，贷款人必须使用合理有据的假设和估计。

减值损失的案例

2014 年 12 月 31 日，Ogden 银行向 Carl King 发放了 100 000 欧元的贷款。这笔贷款的历史实际利率为 10%，3 年后到期，本金在到期时一次付清，每年支付利息。不幸的是，King 遭遇财务危机，Ogden 银行认为很可能无法全额收回贷款。信贷员重新估计了这笔贷款的预期未来现金流，并利用现值法计算应确认的减值损失。图表 7B-1 展示了信贷员编制的现金流量表。

图表 7B-1   减值贷款的现金流

12 月 31 日	合约现金流	预计现金流	现金流损失
2015 年	€ 10 000	€ 5 000	€ 5 000
2016 年	10 000	5 000	5 000
2017 年	€ 110 000	105 000	5 000
现金流总计	€ 130 000	€ 115 000	€ 15 000

如上所示，这笔贷款发生了减值。预期未来现金流 115 000 欧元低于合同约定的本利和 130 000 欧元。如图表 7B-2 所示，应确认的减值损失等于贷款的初始投入 100 000 欧元与预期现金流的现值之间的差额。

图表 7B-2   减值损失的计算

初始投资成本		€ 100 000
减：3 年后以 10% 折现的 100 000 欧元的现值 （表 6-2）；FV ($PVF_{3,10\%}$)；(€ 100 000×0.751 32)	€ 75 132	
3 年每年支付 5 000 欧元，以 10% 折现的现值 R ($PVF\text{-}OA_{3,10\%}$)；(€ 5 000×2.486 85)	12 434	87 566
减值损失		€ 12 434

如上所示，减值损失的金额为 12 434 欧元。为什么不是 15 000 欧元（130 000－115 000）呢？因为 Ogden 银行应当记录损失的现值，而不是未折现的金额。

---

①　为方便起见，贷款人也可以使用贷款的市场价值（如果市场价值信息可得），当贷款为抵押贷款时，也可使用抵押担保物的公允价值。如果投资的价值基于历史利率计算，由此产生的贷款价值在后续期间往往不等于公允价值。这与其他金融工具适用的公允价值会计不同。

记录减值损失

Ogden 银行（贷款人）根据预期减值损失的金额 12 434 欧元借记坏账损失费用，并贷记坏账准备，冲减应收款项的金额。因此，记录减值损失的会计分录如下①：

借：坏账损失费用		12 434
贷：坏账准备		12 434

减值损失的转回

在确认减值损失之后，一些事项的发生或经济环境变化（例如由债务人信用等级变动引起的资产减值）可能导致应收款项的价值恢复。在这种情况下，先前确认的减值损失可以部分或全部转回。可以通过直接借记应收账款，或者借记备抵账户，贷记坏账损失转回。

假设在确认减值的第二年，借款人 Carl King 摆脱了财务困境，Ogden 银行预计可按照最初的贷款条约全额收回这笔款项。基于最新的信息，预计的支付金额现值为 100 000 欧元。Ogden 银行编制以下会计分录将先前记录的减值转回：

借：坏账准备		12 434
贷：坏账损失		12 434

需要注意的是，转回减值损失之后的账面价值不应当超过假定不计提减值准备情况下该应收款项在转回日的摊余成本。②

□ 附录 7B 小结

11. 掌握坏账损失的会计处理。贷款的未来现金流的现值（以历史实际利率折现）与其账面价值之差应当确认为减值损失。

简单练习

BE7-4　Wilton 公司 2015 年度的净销售额为 1 400 000 欧元。在 2015 年 12 月 31 日公司编制调整分录之前，相关账户的余额如下：应收账款借方余额 250 000 欧元，坏账准备贷方余额 2 400 欧元。假设 Wilton 公司预计本年度净销售额的坏账比例为 2%，试编制 2015 年 12 月 31 日记录坏账损失的分录。

BE7-5　沿用 BE7-4 中 Wilton 公司的资料。

（a）假设当期应收账款有 10% 无法收回，而不是净销售额的 2%。试编制记录坏账损失的分录。

（b）假设 Wilton 公司设置账龄分析表，得出本年度预计坏账损失为 24 600 欧元。试编制记录坏账损失的分录。

---

① 当坏账实际发生时，企业应按发生的金额确定坏账损失，冲减坏账准备。如果后续期间出现新的情况，导致未来现金流发生改变，则企业应与初始确认减值一样，根据相关金额调增或调减坏账准备和坏账损失账户。在讨论过程中，"损失"和"坏账损失"这两个术语可以互替。企业根据应收款项减值造成的损失，确认坏账损失或相关的坏账准备，因为企业会运用这些账户对应收款项进行计价。

② Carl King 做了什么分录呢？答案是不做分录。因为从法律上讲他仍然欠 100 000 欧元。

综合练习

E7 - 6（记录销售业务） Lopez 计算机公司的相关信息如下所示：

7 月 1 日，出售给 Smallwood 公司价值 30 000 巴西雷亚尔的计算机，现金折扣为"3/15，n/60"。Lopez 公司采用总价法对现金折扣进行处理。

7 月 10 日，Lopez 公司收回 Smallwood 公司全部的应收账款。

7 月 17 日，出售给 Hernandez 商店 250 000 巴西雷亚尔的计算机和外围设备，现金折扣为"2/10，n/30"。

7 月 30 日，Hernandez 商店支付了 7 月 17 日的购货款项。

要求：为 Lopez 计算机公司编制所需的会计分录。

权威文献

［1］ International Accounting Standard 7, *Statement of Cash Flows* (London，U. K. ：International Accounting Standards Committee Foundation，2001)，paras. 6-7.

［2］ FASB ASC 210-10-S99-1. ［Predecessor literature："Amendments to Regulations S-X and Related Interpretations and Guidelines Regarding the Disclosure of Compensating Balances and Short-Term Borrowing Arrangements，" *Accounting Series Release No. 148*，Securities and Exchange Commission (November 13，1973).］

［3］ International Accounting Standard 7, *Statement of Cash Flows* (London，U. K. ：International Accounting Standards Committee Foundation，2001)，par. 8.

［4］ International Accounting Standard 39, *Financial Instruments：Recognition and Measurement* (London，U. K. ：International Accounting Standards Committee Foundation，2003)，par. 9.

［5］ International Accounting Standard 39, *Financial Instruments：Recognition and Measurement* (London，U. K. ：International Accounting Standards Committee Foundation，2003)，paras. 58-70.

［6］ International Accounting Standard 39, *Financial Instruments：Recognition and Measurement* (London，U. K. ：International Accounting Standards Committee Foundation，2003)，paras. IN16 and 9.

［7］ International Financial Reporting Standard 9, *Financial Instruments* (London，U. K. ：IFRS Foundation，November 2013)，par. 5. 7.

［8］ International Accounting Standard 1, *Presentation of Financial Statements* (London，U. K. ：International Accounting Standards Committee Foundation，2003)，paras. 32-35.

［9］ International Financial Reporting Standard 9, *Financial Instruments* (London，U. K. ：IFRS Foundation，2010)，par. 3. 2.

［10］ International Financial Reporting Standard 7, *Financial Instruments：Disclosure* (London，U. K. ：International Accounting Standards Committee Foundation，2005)，paras. 1-19.

［11］ International Financial Reporting Standard 7, *Financial Instruments：Disclosure* (London，U. K. ：International Accounting Standards Committee Foundation，2005)，paras. 31-38.

［12］ International Accounting Standard 39, *Financial Instruments：Recognition and Measurement* (London，U. K. ：International Accounting Standards Committee Foundation，2001)，paras. 58，63-65.

第 8 章

存货计价：成本法

学习目标

学完本章后，你应该能够：

1. 确定存货的主要分类。
2. 区分存货的永续盘存制和定期盘存制。
3. 明确存货包含的商品实物以及存货错报对财务报表的影响。
4. 了解存货成本所包含的内容。
5. 描述并比较用于计算存货成本的不同方法。

它应该很简单，但并不是这样！

理论上，存货的会计计量十分简单，你只需要确定存货的成本并依此进行结转，直到货物被售出。但存货的会计处理仍存在很多细节问题。比如，会计师有时很难判断某些支出应该计入存货成本还是计入当期费用。甚至在某些情况下，存货是否真的已经售出都很难确定。下面有一些案例，可以检测你的相关会计知识。

案例一

Chocola 公司是一家生产巧克力棒的企业。Chocola 最近的销售业绩出现了提升，因为它推出了一项买一送一的促销活动，即顾客每买一根巧克力棒就可以得到一根额外的免费巧克力棒。每根巧克力棒的售价是 3 欧元，生产成本为 1 欧元。

问题：当一根巧克力棒被出售给顾客时，与商品相关的存货成本应该如何计量？是将 2 欧元都计入存货成本还是将 1 欧元计入存货成本、1 欧元计入销售费用？

案例二

Wellness 药店就店内的商品摆放情况向其药品生产商提出了一项富有吸引力的提议，即在一段特定的时间内，为升级后的摆放空间支付一笔固定费用（金额通常与商品销售数量无关）。这些费用通常称为进场费。

问题：当 Wellness 药店收到这笔进场费时，应该把它计入收入还是抵减商品销售成本？

案例三

Digital Age 是一家电子产品零售商。它从某生产商购买大量电脑并把它们储存在各个仓库里，之后再把电脑运到各个零售商店。Digital Age 在各个内部仓库和零售商店之间运送这些电脑时，会产生运输费用。

问题：对于在不同的内部仓库之间发生的运输费用和从内部仓库运到零售商店产生的运输费用，Digital Age 分别应如何进行会计计量？

下面是针对上述问题的解决方案。

案例一： 当卖出一根巧克力棒时，免费巧克力棒的购货成本是存货成本的一部分，也应该作为销售商品成本的一部分记录下来。所以一根巧克力棒的销售商品成本应该是 2 欧元，而不是 1 欧元。Chocola 公司不应该把这根免费的巧克力棒作为销售费用，如果这样做了，巧克力棒的存货量将会被误报。

案例二： Wellness 药店应该把这笔进场费作为商品销售成本的抵减（即存货价值的抵减）。立即确认这笔费用收入属于过早确认收入，因为 Wellness 药店负有在一段特定时间内提供摆货空间的义务。收到的费用最好可以和这段时间销售的存货联系起来，并分配给相应的生产商。

案例三：不同的内部仓库的中间运输成本和运到零售商店的运输成本都应该包括在存货成本中。因为这些成本发生在把存货送到第一个销售点的过程中，而且这个过程是供应链中不可避免的一部分。

如上文所述，有时候这些与存货相关的问题会变得困难和复杂。找到正确的答案很重要，因为存货通常是一家公司的资产负债表中最大的一个资产科目。不能准确地记录存货情况会导致一些反映财务状况的关键指标的误报，比如毛利和净利润。

⊕ 本章概览

正如本章的开篇案例所示，与存货的会计计量和报告相关的问题是比较复杂的。对存货采用不恰当的确认和计量方法会导致重要财务指标的误报。本章的内容和组织框架如下：

存货计价：成本法			
存货基本问题	**存货包含的实物**	**存货包含的成本**	**成本流转假设**
·分类 ·成本流转 ·控制 ·存货计价基本问题	·在途货物 ·代销品 ·特殊销售协议 ·存货错报	·产品成本 ·期间费用 ·购货折扣	·个别计价法 ·平均成本法 ·先进先出法 ·总结分析

8.1 存货基本问题

□ 8.1.1 分类

存货是指企业在日常经营活动中持有以备出售的资产项目、在生产产品过程中使用或消耗的材料、物料等。存货的确认和计量需要认真和严谨。存货往往是商业（零售）和制造企业最大的流动资产投资。

对于商业企业而言，例如家乐福公司（法国），通常是在外部购买自己所要出售的商品。将持有的尚未出售的商品成本作为商品存货报告，财务报告中只有一个存货账户，即存货。

而对于制造企业，其往往是生产产品，再将所生产的产品出售给商业企业。很多大型的企业都是制造企业，如中国石油化工公司（中国），丰田汽车公司（日本），荷兰皇家壳牌石油公司（荷兰），宝洁公司（美国），乔治威斯顿公司（加拿大）和诺基亚公司（芬兰）等。尽管各制造企业所生产的产品可能不同，但它们通常具有三个存货账户——原材料、在产品和产成品。

公司将所持有的且尚未投入生产的材料和物资的成本作为原材料存货进行报告。

原材料包括制作棒球棒所需的木材、生产汽车所需要的钢铁等，这些原材料可以直接追溯到最终产品。

在连续生产过程中的任何时点上，都可能会存在只加工了一部分但尚未完工的产品。这些未完工产品所消耗的原材料成本，加上与这一材料相匹配的直接人工成本和一定比例的制造费用，即构成了在产品存货成本。

会计期末，公司将所持有的已完工但尚未出售的产品成本作为产成品存货成本进行报告。图表 8-1 对家乐福公司（法国）（一家零售企业）和 CNH Global 公司（荷兰）（一家制造企业）财务报表中存货的列示情况进行了对比。这两家不同类型的公司资产负债表的其余部分基本相似。

图表 8-1　　　　　　　　　销售企业与制造企业流动资产列示情况对比

商业企业 家乐福公司		制造企业 CNH Global 公司	
资产负债表		资产负债表	
2012 年 12 月 31 日		2012 年 12 月 31 日	
流动资产（单位：百万欧元）		流动资产（单位：百万美元）	
存货	€5 658	现金及现金等价物	$2 008
商业应收款	2 144	限制用途的现金	885
短期金融企业消费信用贷款	3 286	在菲亚特及其附属公司	
其他流动金融资产	352	现金管理池的订金	4 232
应收税款	520	应收账款及票据，净额	9 514
其他流动资产	795	存货	
现金及现金等价物	6 573	原材料	$1 027
待出售资产	465	在产品	226
总流动资产	€19 793	产成品	2 481
		总存货	3 734
		递延所得税	659
		预付账款及其他	560
		总流动资产	$21 592

像 CNH Global 公司这样的制造企业也可能会包括一个制造用或工厂用存货盘存账户。CNH Global 公司的这一账户可能包括的科目有机械油、钉子、清洁材料等在生产过程中使用但并不是生产所需的最基本原料。

图表 8-2 展示了商业企业和制造企业成本流转的差异情况。

□ 8.1.2　存货成本流转

销售或者生产商品的企业在每个会计期末都会报告存货以及所销售商品的成本。公司的成本流转情况如下。期初存货加上进货成本即为可供销售的商品成本。随着商品对外出售，与之相关的成本便被计入产品销售成本。而那些在会计期末没有销售出去的产品代表着期末存货成本。图表 8-3 展示了上述关系。

公司一般会使用永续盘存制和定期盘存制中的一种来对存货成本进行准确的记录。

图表 8-2 制造企业和商业企业的成本流动

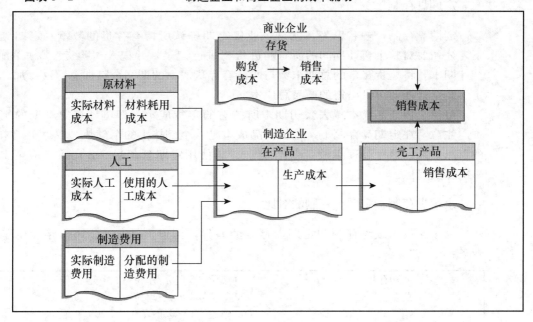

图表 8-3 存货成本流转

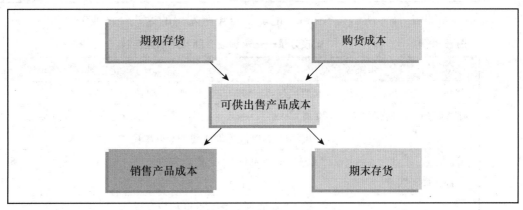

永续盘存制

永续盘存制能够对存货账户的变化进行持续追踪。即在所有购买和销售商品的业务发生时就将其在存货账户中直接进行记录。永续盘存制的会计特征如下:

1. 购入用于再出售的商品或用于生产的原材料记入"存货"科目的借方,而非"购货"科目的借方。

2. 购货运费记入"存货"科目的借方,而非"购货"科目的借方。购货退回及折让以及购货折扣记入"存货"科目的贷方,而不单列账户。

3. 每笔销售业务发生时,将所售商品成本借记"销售成本"科目,贷记"存货"科目。

4. 对每一存货的明细账记录可以保持对存货的管理和控制。存货明细账可以显示公司所持有的每一类型存货的数量和成本信息。

永续盘存制可以使存货账户和销售成本账户余额得到连续记录。

定期盘存制

定期盘存制，顾名思义，就是企业仅定期确认所持有存货的数量。定期盘存制下，公司要对整个会计期间的所有购进货物进行记录，并记入"购货"账户的借方。会计期末，将购货账户的总期末数与所持有存货成本的期初余额加总，这一加总数决定了此会计期间可供出售的商品总成本。

可供出售商品成本减去公司期末所持有的存货成本，即可计算出本期的销售成本。注意，在定期盘存制下，销售商品成本是一个倒挤出的余额数，取决于期末存货的盘点数额。这一过程叫做"存货的盘点"。使用定期盘存制的公司每年应至少进行一次存货盘点。

永续盘存制和定期盘存制的对比

为了比较永续盘存制和定期盘存制的差异，假设 Fesmire 公司当年发生了如下业务：

期初存货	100 单位×6 美元/单位＝600 美元
购货	900 单位×6 美元/单位＝5 400 美元
销售	600 单位×12 美元/单位＝7 200 美元
期末存货	400 单位×6 美元/单位＝2 400 美元

如图表 8-4 所示，Fesmire 记录了当年所发生的这些经济业务。

图表 8-4　　　　　比较分录——永续盘存制与定期盘存制

永续盘存制		定期盘存制	
期初存货，100 单位，6 美元/单位			
存货账户显示所持存货为 600 美元		存货账户显示所持存货为 600 美元	
以 6 美元/单位的价格购入 900 单位			
借：存货	5 400	借：购货	5 400
贷：应付账款	5 400	贷：应付账款	5 400
以 12 美元/单位销售 900 单位存货			
借：应收账款	7 200	借：应收账款	7 200
贷：销售收入	7 200	贷：销售收入	7 200
借：销售成本（每单位成本 6 美元）	3 600	（无分录）	
贷：存货	3 600		
会计期末存货账户相关分录			
无须分录。		借：存货（期末，存货盘点数）	2 400
存货账户显示期末账户余额为 2 400 美元		销售成本	3 600
（600＋5 400－3 600）。		贷：购货	5 400
		存货（期初）	600

当公司采用永续盘存制，并且永续盘存制下的存货账户余额与实际盘点的数额存在差异时，需要以单独的会计分录对永续盘存制下的存货账户进行调整。为了说明这一点，假设在报告期末，永续盘存制下的存货账户余额为 4 000 美元，而存货盘点显

示存货的实际持有数为 3 800 美元，对存货进行调整的会计分录如下：

　　借：存货溢余或短缺　　　　　　　　　　　　　　　　　　　　200

　　　　贷：存货　　　　　　　　　　　　　　　　　　　　　　　　　200

永续盘存制下存货溢余与短缺通常代表着销售商品成本的误报。这种差异通常是由于正常或可预计的耗损、破坏、被盗和错误的会计记录而产生。存货的溢余与短缺需要对销售商品成本进行调整。实务中，公司有时会将存货的溢余与短缺在利润表的"其他收入或费用"科目中进行报告。

注意，当公司采用定期盘存制时并不报告存货的溢余与短缺。原因是，定期盘存制下并不存在与实地盘存相对应的会计记录。定期盘存制下，存货的溢余与短缺已被计入销售成本之中。

☐ 8.1.3　存货控制

基于各种原因，公司在经营过程中越来越重视对存货的计划和控制。一家公司无论是制造企业还是商业企业，都需要一个实时更新的准确的会计系统。如果储备的商品在样式、质量和数量上不能满足市场所需，公司就可能会失去销售机会和客源。此外，公司必须对库存水平进行密切监控以限制存货大量积压带来的财务成本。

在理想化的环境下，公司会希望其存货水平和销售成本均能得到连续记录。会计软件的普及以及价格的可接受性使得永续盘存系统对多种类型的公司都具有成本效益。现在的很多公司例如 Loblaw 公司（加拿大）、Woolworth 公司（澳大利亚）和 J. Sainsbury 公司（英国），都将收银机中光学扫描仪记录的销售业务用于永续盘存系统。

然而，很多公司并不能负担得起一套完整的永续盘存系统。但是，这些公司中的大多数又都需要有关其存货水平的即时信息，以避免缺货或采购过剩的情况，并为编制月度和季度财务数据做准备。因此，这些公司往往会使用改进的永续盘存制。这一系统仅提供存货在数量上增加或减少的具体信息，而不提供金额方面的信息，仅为复式记账系统外的一个备忘录，有助于确定任何时点上的库存水平。

无论是采用在数量和金额记录上都完整的永续盘存制还是采用改进的永续盘存制，公司每年都可能需要进行一次存货盘点。无论公司采用何种类型的存货记录方式，它们都可能会面临存货损失或计量错误的风险。存货损耗、破坏、盗窃、错误的会计记录，没有编制或记录申请，以及类似的原因都可能导致存货的账户记录与公司实际持有数存在差异。因此，所有公司都需要对存货记录进行定期检验，通过实地盘点、计重、测量等方法，将盘点数与详细的存货记录进行比对。正如上文所述，公司通过调整存货账户记录使其与实际的持有数相符。

在条件允许的情况下，公司应该在临近会计期末时进行存货盘点，从而在年度会计报表中合理报告存货的数量。然而，由于这种情况并非总能得到满足，如果公司存货的明细记录能保持较高的准确度，在会计期末的两三个月内进行存货盘点也是允许的。①

---

① 很多公司开发出了确定存货的新方法，包括统计抽样，这些方法可以对存货进行较为可靠的记录，并不需要对存货的每一条目进行年度盘点。

□ 8.1.4 存货计价的基本问题

一个会计期间内的商品销售（或使用）数量与这一期间内的商品购进（或生产）数量很少是完全一致的，因此这一期间的存货数量要么增加要么减少，公司必须将可供出售商品成本在已出售或已使用的商品和未出售的商品之间分配。可供出售或使用的商品成本是下列项目的加总数：（1）会计期初所持有商品的成本；（2）会计期间内取得或生产的产品成本。销售成本是会计期间内可供出售的商品成本与会计期末所持有商品成本两者之间的差额。图表 8-5 列示了这一计算过程。

图表 8-5　　　　　　　　　　销售成本的计算

期初存货 1 月 1 日	$100 000
年度内外购和生产产品成本	800 000
可供销售商品总成本	900 000
期末存货	（200 000）
年度内销售商品成本	$700 000

存货的计价是复杂的，需要明确下列事项：

1. 存货中包含的商品实物（商品的所有权是谁的？包括在途物资、代销品、特殊销售协议）。

2. 存货中包含的成本（生产成本与期间费用）。

3. 适用的成本流转假设（个别计价法、平均成本法、先进先出法、零售法等）。本章接下来的三节将探讨这些基本问题。

8.2 存货中包含的商品实物

理论上，公司应在取得货物控制权时对存货采购业务进行会计记录。也就是说，公司拥有对所购买存货的使用权和支配权，并且从本质上来讲，公司获得了存货的所有剩余价值。控制权也包括公司有能力阻止他人对所购买存货的使用、支配或者从中获取收益。一般规则是，公司应当在取得货物的法定所有权时记录存货采购。[①]

然而，实务中，公司通常是在取得货物时进行会计确认。为什么这样呢？因为对于每一笔购货业务，确定商品合法所有权转移的确切时间是非常困难的。另外，如果企业一直采用这一方法，一般不会产生重大的错报。图表 8-6 列示了公司确定某一商品所有权归属于买方还是卖方的一般准则，但在途货物和代销品的所有权确认例外。

---

① 顾客已经取得控制权的标准是：（1）公司获得了顾客对该项资产所付款项的所有权；（2）公司已向顾客转移了该项资产的合法权利；（3）公司已在实质上向顾客转移了该项资产；（4）顾客已获得所有权相应的重大风险和回报；（5）顾客已经接受了该项资产。

图表 8-6　　　　　　　　　　　　　确定所有权的一般规则

□ 8.2.1　在途货物

有时在会计期末，购买的商品仍在运输途中，公司尚未收到。对于这些已发出货物的会计核算取决于其所有权归属。例如，像 LG 公司（韩国）通过应用"所有权转移"规则来确定商品所有权。如果供应商以起运点交货的方式向 LG 公司发货，那么当供应商将货物交付给承运方时即视为商品的所有权转移给了 LG 公司，承运人即 LG 公司的代理方。如果供应商以目的地离岸交货的方式发货，那么只有当 LG 公司从承运人处收到货物时其才取得商品的所有权。"起运点"和"目的地"通常被指定在一个特定的位置，例如首尔离岸价格。

假定 LG 公司采用定期盘存制，当其取得商品所有权时，就必须在取得所有权的当期将其作为"购货"进行会计记录（若采用永续盘存制，则作为"存货"记录）。因此，当以起运点交货的方式向 LG 公司发货时，即使会计期末货物仍在途，货物的所有权也转移到了 LG 公司。正因为货物在发运时其所有权已经转移给 LG 公司，所以公司应该确认这项购货业务。如果不确认这样的购货业务就会导致资产负债表中存货和应付账款的低估，以及利润表中购货和期末存货的低估。

□ 8.2.2　代销品

公司可以通过代销货物的方式销售某些商品。在这样的安排下，Williams 艺术馆（发货方）可以发货给苏富比控股公司（美国）（代销方），苏富比控股公司作为 Williams 艺术馆的受托人代销货物。苏富比控股公司同意在不承担任何风险（除了对可能的损失和毁损保持应有的谨慎和合理保护）的情况下接收代销品，直至其将商品销售给第三方。当苏富比控股公司将代销品出售后，其将销售实现的收入减去销售过程中发生的销售佣金及费用后的数额支付给 Williams 艺术馆。

委托代销商品的所有权仍归委托方所有（如上例的 Williams 艺术馆）。因此，Williams 艺术馆的存货科目中包含这部分商品的成本，其成本为商品的购价或生产成本。偶尔地，仅当委托代销商品的数量非常大的情况下，委托方会将寄售商品在单独的会计科目中记录。有时委托方会在财务报表附注中披露代销商品。

代销方对收到的代销商品不做会计处理。需要注意的是，代销商品在向第三方出售前，其所有权仍归委托方所有。实务上，代销方应时刻注意，不得将任何代销商品作为其存货的一部分进行核算。

☐ 8.2.3 特殊销售协议

正如前面指出的，商品法定所有权的转移是用来判定公司存货科目中是否应该包含这一商品条目的。然而，商品法定所有权的转移和交易标的物的转移常常不相匹配。例如，法定所有权可能已经转移给了购货方，但销售方仍保留了商品的控制权。相反，所有权可能并未转移，但交易的经济实质表明，销售方已不再保留商品的控制权。

下面列示了两种特殊的销售情形，指出了公司在实务中可能会遇到的各种类型的问题。它们是：

1. 附有回购协议的销售。
2. 附有退货权的销售。

☐ 8.2.4 附有回购协议的销售

有时，公司会以存货进行融资，但既不在资产负债表中确认负债也不确认存货。这种方法通常是指产品的融资合约，这种合约通常包含带有隐含或明确"回购"意图的"销售"协议。

为了说明这一点，假定 Hill 公司将商品转移（"销售"）给 Chase 公司，并同时签订协议将在特定的一段时间内以特定的价格回购这部分商品。紧接着 Chase 公司以此存货为抵押进行贷款，并以贷款金额对 Hill 公司进行支付，而 Hill 公司将在未来回购这部分商品。Chase 公司再以还款收益来履行其贷款义务。

这种交易的实质就是 Hill 公司以其存货进行融资——仍保留商品的控制权——尽管商品的法定所有权已经转移给了 Chase 公司。通过建立这种交易方式，Hill 公司经常在一定程度上规避个人财产税。对于 Hill 公司来说，这种交易的其他好处是可以剔除资产负债表中的流动负债，提高对利润进行操纵的能力。Chase 公司可能在随后签订一项类似的互惠协议。

在实务中这种协议被描述为"停车场交易"。在这种情形下，Hill 公司只是将其存货在 Chase 公司的资产负债表中停留一小段时间。当回购协议存在，并且设定的回购价格包括了存货的所有成本和相关的持有成本时，Hill 公司应在其账簿中报告这部分存货和相关负债。[1]

☐ 8.2.5 附有退货权的销售

在出版、音乐、零售等行业领域，允许消费者全额或部分退货的正式或非正式协议是很常见的。

下面对此进行说明，Quality 印刷公司销售教材给 Campus 书店，并签订协议，允许 Campus 书店全额退还未销售出去的教材。过去的记录显示，Campus 书店退回了从 Quality 印刷公司购入的大约 25% 的教材。那么 Quality 印刷公司应该如何对这项销售交易进行会计报告呢？

为了对这项销售进行会计记录，Quality 印刷公司应该认识到以下几点。

（1）记录在会计账簿中的收入所对应的货物是完全售出的，并且预计不会被退回。

（2）预计会被退回的书作为负债记录。

（3）预计会被退回的书将作为一项资产，抵减商品销售成本。

如果 Quality 印刷公司不能可靠地预计被退回的商品比例，那公司在能够可靠预计退回情况之前，不应该记录任何收入。

数字背后的故事　　　　禁止暂存

在一个精心设计的会计舞弊案中，Kurzweil Applied Intelligence 公司（美国）的员工两年里在隐瞒了两次审计和一次 IPO 发行的情况下伪造了价值上百万美元的虚假存货交易。他们伪造了虚假的货运单据和运输记录以支持这些虚假销售交易。其后，他们没有将这些高科技设备交付给客户，而是将其运输到一个公共仓库作临时储备。其中，某些货物的储备时间竟长达 17 个月（而 Kurzweil 公司仍拥有其所有权）。

在审计师试图证实这些存货的存在性时，为了蒙混过关，Kurzweil 公司的员工则将这些设备在仓库之间进行转移。为了掩饰这些欺骗性的销售交易记录，在审计结束后，其员工则伪造成是客户退还商品，从而将仍旧被隐藏的商品运回公司。在审计师揭露该欺诈行为后，Kurzweil 公司的股价暴跌。

资料来源："Anatomy of a Fraud," *BusinessWeek* (September 16, 1996), pp. 90～94.

8.2.6　存货差错的影响

在确定销售成本时，如果不正确地包含或扣除了某些项目将导致存货差错，并导致财务报表差错。以下为两个存货差错的例子，假定公司采用定期盘存制。

期末存货错报

如果联想公司（中国）正确记录了期初存货和购进存货，但期末存货的报告中漏记了某些项目，这会产生什么样的影响呢？这种情况将会对会计期末财务报表产生下列影响。

图表 8-7　　　　期末存货错报对财务报表的影响

资产负债表		利润表	
存货	低估	销售成本	高估
留存收益	低估	净利润	低估
流动资本（营运资本）	低估		
流动比率	低估		

如果期末存货被低估，流动资本和流动比率也会被低估。如果商品销售成本被高

估，那么净利润将被低估。

　　为了说明期末存货低估对为期两年（2015—2016 年）的净利润产生的影响，假定 2015 年 Yei Chen 公司期末存货少记了 10 000 港元；所有其他会计科目均正确记录。这一错报产生的影响就是减少了 2015 年的净利润，增加了 2016 年的净利润。这一错报能在 2016 年被抵销是因为 2016 年的期初存货被低估，从而净利润被高估。如图表 8-8 所示，2015 年和 2016 年的利润表均错报了净利润数据，尽管这两年的净利润总额数是正确记录的。

图表 8-8　　　　　　　期末存货错报对两个连续会计期间的影响

Yei Chen 公司（单位：千港元）				
	不正确的记录		正确记录	
	2015 年	2016 年	2015 年	2016 年
收入	HK $ 100 000	HK $ 100 000	HK $ 100 000	HK $ 100 000
销售成本				
期初存货	25 000	20 000	25 000	30 000
外购或生产成本	45 000	60 000	45 000	60 000
可供出售商品成本	70 000	80 000	70 000	90 000
减：期末存货成本	20 000 *	40 000	30 000	40 000
销售成本	50 000	40 000	40 000	50 000
毛利	50 000	60 000	60 000	50 000
管理及销售费用	40 000	40 000	40 000	40 000
净利润	HK $ 10 000	HK $ 20 000	HK $ 20 000	HK $ 10 000
	总利润		总利润	
	两年合计＝HK $ 30 000		两年合计＝HK $ 30 000	

*2015 年期末存货低估 10 000 港元。

　　如果 Yei Chen 公司在 2015 年高估了期末存货，便会产生相反的影响。存货、流动资本、流动比率和净利润将会被高估。净利润错报的影响将在 2016 年被抵销，但这两年的利润表均错报了净利润数据。

购货和存货错报

　　假定 Bishop 公司对购买的某种商品未进行会计记录，也没有将其计入期末存货。对财务报表将会产生如图表 8-9 所示的影响（假定会计上为一项赊购业务）。

图表 8-9　　　　　　　购货与存货错报对财务报表的影响

资产负债表		利润表	
存货	低估	购货	低估
留存收益	无影响	销售成本	无影响
应付账款	低估	净利润	无影响
流动资本	无影响	存货（期末）	低估
流动比率	高估		

　　漏记购货业务和库存存货会造成资产负债表中存货和应付账款的低估，也会造成利润表中购货和期末存货的低估。然而，对于这部分商品的漏记并不会对这一期间的

净利润产生影响。为什么？因为 Bishop 公司同时少报了购进货物和期末存货，并且两者少报的数额也是相同的——因此这种错报在销售成本中被抵销了。总流动资本不受影响，但由于存货和应付账款漏记了相同的数额，流动比率被高估了。

为了说明购货错报对流动比率的影响，假定 Bishop 公司低估应付账款和期末存货的数额为 40 000 美元。图表 8-10 列示了被低估的数据和正确的数据结果。

图表 8-10   **购货和期末存货错报的影响**

低估的购货和期末存货		正确记录的购货和期末存货	
流动资产	$120 000	流动资产	$160 000
流动负债	$40 000	流动负债	$80 000
流动比率	3 : 1	流动比率	2 : 1

被低估的数据显示流动比率为 3 : 1，而正确的流动比率为 2 : 1。因此，应付账款和期末存货的少报可以对流动比率起到"粉饰"的作用。这样一来，Bishop 公司可以使其流动比率看起来"更好"。

如果 Bishop 公司同时高估了购进货物和期末存货，那么对资产负债表的影响将与上述结果正好相反。财务报表会高估存货和应付账款，并且低估流动比率。高估不会影响销售成本和净利润，因为错报被相互抵销。同样，流动资本不受影响。

我们必须强调，合理的存货计量对于提供准确的财务报告是非常重要的。例如，某女式服装制造商，由于进行了抵销年度净利润的会计违规操作，导致其需要对前一年的盈余进行重述。重述是由于报告中高估了存货，削减了销售成本。再比如另一家公司，由于其天线制造部门的会计人员高估了期末存货，导致其不得不重新报告净利润，调减数额 170 万美元。

8.3 存货中包含的成本

存货的会计计量是一个很重要的问题。跟其他资产一样，公司一般采用成本法计量存货。

□ 8.3.1 产品成本

产品成本是与存货直接相关的成本，因此公司用存货科目记录它们。这些成本与将产品运输至经营场所并达到预定可销售状态直接相关。它们通常包括：(1) 购买成本；(2) 加工成本；(3) 发生在存货运至销售点并达到可销售状态过程中的其他成本。

购买成本包括以下所有内容：

1. 购买价格。
2. 进口关税和其他税费。
3. 运输费用。
4. 与购买货物直接相关的成本。[2]

制造企业的加工成本包括直接材料、直接人工、制造费用。制造费用包括间接材料、间接人工和多种成本，例如折旧费、税费、保险费、电力费和热力费。①

其他成本包括发生在把存货运至当前地点并达到可销售状态过程中的成本。一个关于其他成本的例子是因特殊顾客需求而设计一个产品的成本。例如，如果联想公司（中国）的一个顾客要求，在欧洲卖出的电脑需要一个额外的兼容欧洲电源的电源适配器，那么设计这样一个电源适配器的成本就要包括在电脑的成本里。

将采购部门的购买成本和费用、仓储费用和持有待售期间发生的其他费用按照一定的比例分配给存货是合理的。然而，公司通常并没有把这些项目包含在存货的成本中，因为实际分配这些成本费用存在很大难度。

8.3.2　期间费用

期间费用是与产品的获得和生产不直接相关的费用。期间费用包括销售费用、管理费用等，这些都不包含在存货成本中。

然而，理论上，这些费用同初始的购买价格和相关运费一样，都是产品成本的一部分。为什么公司并不把这些费用包含在存货成本中？因为公司普遍认为，销售费用与已售产品成本直接相关，而不是与未售存货成本直接相关。此外，期间费用，特别是管理费用，与直接的生产过程并不相关，因此，分配行为也是不合理的。公司不应将非正常发生的运费、装卸成本和材料损耗计入存货成本。如果与实际的损耗水平或产品短缺有关的成本比正常损耗或短缺的成本要高，公司应将超出的数额作为当期的费用处理。[5]

利息是另外一项期间费用。公司通常会支付一些与购买存货有关的利息费用。支持将利息费用作为期间费用的人认为，利息费用实际上是一种融资费用。反对者认为，为采购存货而开展的融资活动所发生的利息费用同材料成本、人工成本和制造费用一样，是资产价值的一部分。因此，他们主张，公司应该将这些利息费用资本化。

IASB 规定公司在建造自行使用固定资产或建造用于销售、出租的大型工程项目（比如轮船或不动产等）时，资本化相关的利息费用。[6]②IASB 强调这些大型工程耗时长、需要大量支出并且涉及大量利息费用。因此，对于按照常规工艺生产制造以及大批量生产的存货的利息费用，公司不能将其资本化。因为在这种情形下，信息的披露成本远大于其收益。

8.3.3　购货折扣的处理

购货折扣或者商业折扣是指向顾客提供的与销售价格相关的减免优惠。这些折扣可能是用来鼓励初次购买行为，也可能是一笔大额订单的奖励。在一些案例中，这类折扣刺激用于鼓励早期的购买行为。在实际情况中，各个公司对于购货折扣的会计处理存在差异，有的公司把购货折扣计为存货价值的减少，也有公司认为购货折扣是销售收入。但是，IASB 会要求将购货折扣记录为存货成本的减少。[7]

---

① IASB 曾单独出具一份财务报告准则规范农产品存货的会计处理。[3]根据 IFRS 的规定，诸如小麦、橘子等农产品应以公允价值减去其成熟收获时的销售成本计量。农产品若使用与普通存货一样的会计处理方法则显得成本过高。[4]

② 有关利息资本化的报告准则对长期资产的会计核算有非常大的影响。

关于购货折扣的账户记录，在定期盘存制下，如果企业使用购货折扣账户，说明企业是按总额来记录其销售收入和应付账款。如果公司采用总价法，购货折扣作为购货的减项在利润表中列报。

另外一种方法是以扣除现金折扣后的净额来记录购货和应付账款。在这种方法下，公司采用购货折扣损失这个账户来记录没有在折扣期间兑现的购货折扣。如果公司采用净价法，它将购货折扣损失作为一项财务费用并将其列报在利润表的"其他费用和损失"中。这种处理有两个好处：（1）有助于正确列报资产和相关负债的成本；（2）可以将没能实现的购货折扣视为管理层的失职，并以此衡量治理的无效率。

为了进一步说明总价法和净价法的不同，假设有如图表 8-11 所示的交易。

图表 8-11　　　　　　　　　　　总价法和净价法下的会计分录

总价法		净价法	
购货成本 10 000 美元，折扣条件"2/10，n/30"			
借：购货	10 000	借：购货	9 800
贷：应付账款	10 000	贷：应付账款	9 800
折扣期内支付货款 4 000 美元			
借：应付账款	4 000	借：应付账款	3 920
贷：购货折扣	80	贷：现金	3 920
现金	3 920		
折扣期后付款 6 000 美元			
借：应付账款	6 000	借：应付账款	5 880
贷：现金	6 000	购货折扣损失	120
		贷：现金	6 000

许多人认为净价法所获得的收益与其复杂的计算过程相比并不匹配。这就是逻辑性更差但更简单的总价法得以广泛运用的原因。此外，一些人认为管理层并不愿意在财务报表中列报购货折扣损失的金额。

8.4　采用何种成本流转假设

在任意确定的会计期间，公司通常会购买许多不同价格的商品。如果一家公司以成本对存货进行计价并且进行了大量不同单位成本的采购行为，那么该公司应当采用哪一成本进行定价呢？从概念上讲，对已售或未出售的特定项目进行个别确认似乎是最佳的选择。因此，IASB 要求只有当存货并不是通常可互换的产品，并且据此提供的产品或服务是为了特殊项目而生产的且与日常生产相分离的情况下，才能用这种个别计价法。比如，独栋住宅的核算适合采用个别计价法。但对大部分公司来说，个别计价法并不切实可行。只有当企业的存货周转率比较低，单位价格高，或者库存总量很小时，才使用个别计价法。在其他情况下，存货成本的定价应使用以下两种成本流转假设中的一个：（1）先进先出法；（2）平均成本法。[8]

为了举例说明不同的成本流转方法，假设 Call-Mart 公司在其经营的第一个月内进行了以下交易。

日期	购货	销售或发出	余额
3 月 2 日	2 000@€ 4.00		2 000 单位
3 月 15 日	6 000@　 4.40		8 000 单位
3 月 19 日		4 000 单位	4 000 单位
3 月 30 日	2 000@　 4.75		6 000 单位

基于上述信息，Call-Mart 公司计算的期末存货为 6 000 单位，可用于出售的商品（期初存货＋当期采购）成本为 43 900 欧元 ［（2 000 单位，单价 4.00 欧元）＋（6 000 单位，单价 4.40 欧元）＋（2 000 单位，单价 4.75 欧元）］。问题是应该选择哪一个或哪些单价来计算 6 000 单位期末存货的成本，答案取决于公司采用哪种成本流转假设。

8.4.1　个别计价法

个别计价法主张识别已售商品和存货中的每一个条目。一家公司会涉及商品销售成本和特定项目的销售成本，也包括存货的特定项目成本。这种方法也许只在能够区分不同采购行为可行的情况下采用。因此，大多数公司只在持有少量昂贵且易于区分的存货时才会采用这一方法。在零售业，它包括某些类型的皮草、珠宝、汽车和一些家具。在制造业，它包括分批法下的特殊订单和许多制造产品。

为了举例说明，假设 Call-Mart 公司的 6 000 单位存货由 3 月 2 日采购的 1 000 单位、3 月 15 日采购的 3 000 单位和 3 月 30 日采购的 2 000 单位存货构成。图表 8－12 展示了 Call-Mart 公司是如何计算期末存货和商品销售成本的。

图表 8－12　　　　　　　　　　　　　个别计价法

日期	单位数	单位成本	总成本
3 月 2 日	1 000	€ 4.00	€ 4 000
3 月 15 日	3 000	4.40	13 200
3 月 30 日	2 000	4.75	9 500
期末存货	6 000		€ 26 700
可供出售商品成本（前面计算过这一数据）		€ 43 900	
减：期末存货		26 700	
销售成本		€ 17 200	

该方法有些理想化。个别计价能够将真实的成本和真实的收入匹配。因此，公司报告的期末存货值为真实成本。换言之，个别计价法下的成本流是与商品的实物流相匹配的。然而，仔细观察，这种方法除了在很多情况下缺乏实用性，还有其他一些缺陷。

有人认为个别计价法允许公司操纵净利润。例如，假设一家批发商年初时以三种不同的价格采购了同样的胶合板。出售胶合板时，该批发商可以选择最低或是最高的价格收取费用，只需从特定的胶合板中简单地选择相应的数量交付给客户即可。然而，企业的经理可以通过选择高价或低价的胶合板交付给客户来操控净利润，而这取决于公司希望当期的报告盈余的高低。

另一个问题与企业中时有发生的存货特定项目成本的任意分配有关。例如，公司经常会在涉及特定存货项目的运输费用、仓储费和折扣方面遇到分配困难。这一结果导致在分配这些成本费用时有些随意，导致个别计价方法精确度的"崩溃"。①

□ 8.4.2 平均成本法

顾名思义，平均成本法对存货项目的计价是基于当期可用的所有相似商品的平均成本。我们举例说明对定期盘存制的（期末计算存货总额）使用。Call-Mart 公司采用加权平均成本法计算期末存货和商品销售成本的过程如图表 8‐13 所示。

图表 8‐13　　　　　　　　　　加权平均成本法——定期盘存制

发货单日期	单位数	单位成本	总成本
3月2日	2 000	€4.00	€8 000
3月15日	6 000	4.40	26 400
3月30日	2 000	4.75	9 500
可供出售的存货	10 000		€43 900
加权平均单位成本		$\dfrac{€43\,900}{10\,000}=€4.39$	
存货单位数		6 000 单位	
期末存货		6 000×€4.39=€26 340	
可供出售商品成本		€43 900	
减：期末存货		26 340	
销售成本		€17 560	

在计算每单位存货的成本时，如果存在期初存货，Call-Mart 公司会在可用总数量单位和可用商品的总成本中包含这部分期初存货。

公司在永续盘存制中采用移动平均法。图表 8‐14 展示了永续盘存制下对平均成本的应用。

图表 8‐14　　　　　　　　　　移动加权平均法——永续盘存制

日期	购货		销售或发出	余额	
3月2日	(2 000@€4.00)	€8 000		(2 000@€4.00)	€8 000
3月15日	(6 000@ 4.40)	26 400		(8 000@ 4.30)	34 400
3月19日			(4 000@€4.30)		
			€17 200	(4 000@ 4.30)	17 200
3月30日	(2 000@ 4.75)	9 500		(6 000@ 4.45)	26 700

在该方法中，Call-Mart 公司在每次采购后均会计算一个新的平均单位成本。例如，3月15日，在以 26 400 欧元购进 6 000 单位商品后，Call-Mart 公司总共拥有8 000 单位存货，成本为 34 400 欧元（8 000＋26 400）。则平均单位成本为 34 400 欧元除以 8 000，即 4.30 欧元。在下次商品采购之前，Call-Mart 公司使用该单位成本

---

① 电影制片产业为成本分配问题提供了一个很好的例子。演员通常会从某一电影或是电视节目中获取一定百分比的净收入。然而，一些演员声称他们的出演为电影制片厂获取了非常可观的利润，但是自己却只获得了利润中的小部分。演员们说制片厂会在成功的节目中分配额外的成本进而避免分配利润。

计算流出企业的商品成本。当 Call-Mart 公司进行新的采购时，则需要计算新的平均单位成本。据此，公司列示的 3 月 19 日售出的 4 000 单位存货的单位成本为 4.30 欧元，因此商品销售的总成本为 17 200 欧元。3 月 30 日，在购进 2 000 单位价值为 9 500 欧元的商品后，Call-Mart 公司确定的新的单位成本为 4.45 欧元，因此期末存货的价值为 26 700 欧元。

公司经常会基于实际需要而非理论原因采用平均成本法。这些方法不仅应用简单而且客观。它们不像其他存货计价方法能够主观操控收入。此外，平均成本法的支持者认为衡量存货的特定实物流转通常是不太可能的，因此，最好采用平均计价法计算成本项目。这一观点在存在相似存货项目交易时尤其具有说服力。

□ 8.4.3　先进先出法

先进先出法（FIFO）假设公司按照购买商品的顺序对其加以使用。换言之，先进先出法假设最先购买的商品被最先使用（在制造业中）或最先被出售（在商业企业中）。因此剩余的存货必须反映最近采购的商品。

为了举例说明这种方法，假设 Call-Mart 公司的存货采用定期盘存制。该公司确定期末存货成本时，会以最新的采购成本为准，逐渐倒推至最初购进的存货单位。Call-Mart 公司对其期末存货和商品销售成本的确定如图表 8-15 所示。

图表 8-15　　　　　　　　　先进先出法——定期盘存制

日期	单位数	单位成本	总成本
3 月 30 日	2 000	€ 4.75	€ 9 500
3 月 15 日	4 000	4.40	17 600
期末存货	6 000		€ 27 100
可供出售的存货成本		€ 43 900	
减：期末存货		27 100	
销售成本		€ 16 800	

如果 Call-Mart 公司在数量和金额上采用永续盘存制，则对每一笔流出企业的存货都应附上相应成本数据。因此 3 月 19 日流出企业的 4 000 单位的存货成本由 3 月 2 日和 3 月 15 日采购的存货成本构成。图表 8-16 展示了 Call-Mart 公司基于先进先出法的永续盘存制。

图表 8-16　　　　　　　　　先进先出法——永续盘存制

日期	购货		销售或发出		余额	
3 月 2 日	（2 000@€ 4.00）	€ 8 000			2 000@€ 4.00	€ 8 000
3 月 15 日	（6 000@ 4.40）	26 400			2 000@ 4.00 〉 6 000@ 4.40	34 400
3 月 19 日			2 000@€ 4.00 〉 2 000@ 4.40 （€ 16 800）		4 000@ 4.40	17 600
3 月 30 日	（2 000@ 4.75）	9 500			4 000@ 4.40 〉 2 000@ 4.75	27 100

在该案例中，期末存货的成本为 27 000 欧元，商品出售的成本为 16 800 欧元 [(2 000@€ 4.00)＋(2 000@€ 4.40)]。

注意，在这两个先进先出法的例子中，商品出售成本（16 800 欧元）和期末存货成本（27 100 欧元）是相同的。所有采用先进先出法的情况中，不论是永续盘存制还是定期盘存制，月末的存货成本和商品出售成本都是相同的。为什么？因为最先采购的存货的成本是相同的，而后又最先被出售。不管是公司在计算整个会计期间内（永续盘存制）销售的商品成本，还是计算会计期末（定期盘存制）残余的存货成本，这都是成立的。

先进先出法的一个目标就是估计商品的实物流转。当商品的实物流转过程为最先购进的被最先出售时，先进先出法极其接近个别计价。与此同时，先进先出法可以防止企业对收入的操纵，在这种方法下，公司不能选择将某些特定成本项目归类为费用。

先进先出法的另一个优势在于期末存货的成本接近现行成本。因为最先购进的商品也最先出售，期末存货为最近期采购的存货。在存货周转迅速的企业中尤为如此。近期采购商品后，且价格不发生变化时，该方法一般会在资产负债表中估计一个重置成本。

然而，先进先出法难以做到利润表中当期成本和当期收入的匹配。公司将先前的成本支出与近期的收入相匹配，可能会引发毛利和净收入的扭曲。

公司通常将各种存货计量方法结合使用。例如，雀巢公司（瑞士）对其原材料存货采用先进先出法计价，而剩余部分的存货则以平均成本法计价。对于某些存货周转率较高的生产线，公司可能无法权衡先进先出法额外的账簿记录和费用。在这些情况下，公司通常会使用平均成本法，因为平均成本法的计算过程较为简单。

尽管公司为了准确地计算净利润可能会使用多种存货计量方法，但一旦公司选择了某种计价方法，就必须在以后期间持续使用这种方法。如果某些情况显示公司所使用的存货计价方法是不合适的，那么公司在决定选择其他方法之前必须认真考虑所有其他的可能情况，公司应对所做的任何变更进行清晰的解释，并在财务报告中披露其影响。①

☐ 8.4.4　存货计价方法——总结分析

本章前面的部分介绍了多种存货计价方法。下面，我们对两种普遍使用的存货计价方法进行简要的总结，以指出这些计价方法对财务报表的影响。这一比较假定采用定期盘存制并选择以下数据。

所选数据	
期初现金余额	€ 7 000
期初留存收益	€ 10 000

---

① 在美国广泛使用的另一种计价方法是后进先出法（LIFO）。在 IFRS 下，在发布财务报告时后进先出法是不允许使用的，因为 IASB 认为后进先出法不能可靠地表现真实的存货流转情况。[9] 附录 8A 将会讨论后进先出法的理论基础。关于后进先出法这种特殊的计量方法的讨论可以在本书的辅助网站上看到，www.wiley.com/college/kieso。

期初存货	4 000 单位，3 欧元/单位	€12 000
购货	6 000 单位，4 欧元/单位	€24 000
销售	5 000 单位，12 欧元/单位	€60 000
营业费用		€10 000
所得税税率		40%

图表 8-17 列示了使用平均成本法和先进先出法时的净利润的比较结果。

图表 8-17　　　　　平均成本法和先进先出法下的结果比较

	平均成本法	先进先出法
销售收入	€60 000	€60 000
销售成本	18 000[a]	16 000[b]
毛利	42 000	44 000
营业费用	10 000	10 000
税前利润	32 000	34 000
所得税（40%）	12 800	13 600
净利润	€19 200	€20 400

a.　4 000×€3＝€12 000　　　　　b.　4 000×€3＝€12 000
　　6 000×€4＝　24 000　　　　　　　1 000×€4＝　4 000
　　　　　　　　€36 000　　　　　　　　　　　　€16 000
　€36 000÷10 000＝€3.60
　€3.60×5 000＝€18 000

注意，毛利和净利润在先进先出法下比在平均成本法下更高，因为销售价格在增长。

图表 8-18 显示了所选数据在会计期末的最终余额。

图表 8-18　　　　　在不同存货计价方法下所选项目的余额

	存货	毛利	税费	净利润	留存收益	现金
平均成本法	€18 000 （5 000×€3.60）	€42 000	€12 800	€19 200	€29 200 （€10 000＋€19 200）	€20 200*
先进先出法	€20 000 （5 000×€4）	€44 000	€13 600	€20 400	€30 400 （€10 000＋€20 400）	€19 400*

*年末现金	＝	期初余额	＋	销售收入	－	购货	－	营业费用	－	税费
平均成本法—€20 200		€7 000	＋	€60 000	－	€24 000	－	€10 000	－	€12 800
先进先出法—€19 400		€7 000	＋	€60 000	－	€24 000	－	€10 000	－	€13 600

年末时，平均成本法下现金的余额更多（因为税费更低）。这个例子假设销售价格在上涨。如果销售价格下降，会出现与之相反的结果。

本章小结

1.　确定存货的主要分类。对于商业企业来说，通常其财务报表中只有一个存货账户，即"存货"。而制造企业通常有三个存货账户：原材料、在产品和产成品。公司将所持有的但尚未投入生产过程的商品和材料所分配的成本作为原材料存货。将投入生产但尚未完工的原材料成本，加上专门与这一材料相对应的直接人工成本和按一定比例分配的制造费用成本作为在产品存货进行报告。最后，将会计期末所持有的确定为已完工但尚未出售的产品的成本作为产成品存货报告。

2. 区分存货的永续盘存制和定期盘存制。永续盘存制会在存货账户中对存货的变化进行连续性的记录。也就是说，公司会在所有购买和销售业务发生时就将这些业务直接在存货账户中进行记录。而在定期盘存制下，公司只是定期确认所持有的存货数量。公司在购货时借记购货账户，但是存货账户保持不变，会计期末以可供出售产品成本减去期末存货成本来确定销售成本，公司通过存货的实地盘点来确定期末存货。

3. 明确存货包含的商品实物以及存货错报对财务报表的影响。公司应在获得货物的法定所有权时（通常是在收到货物的时点）对存货的购入进行记录。公司必须对装运条款进行评估以确定所有权转移的时点。对于代销品、附有回购协议的销售和高退货率的销售业务，公司应认真考虑并确定其销售成本。

如果公司错报了期末存货：（1）在资产负债表中，存货和留存收益将会被错报，并导致对营运资本和流动比率的错报；（2）在利润表中，销售成本和净利润将被错报。如果公司错报了购货（以及与其相关的应付账款）和存货：（1）在资产负债表中，存货和应付账款将被错报，并导致流动比率的错报；（2）在利润表中，购货和期末存货将被错报。

4. 了解存货成本所包含的内容。产品成本是指那些依附于存货并被记入"存货"账户的成本。这些成本通常包括：（1）购买成本；（2）加工成本；（3）发生在存货运至销售点并达到可销售状态过程中的其他成本。期间费用是指那些与取得或生产产品并不直接相关（间接相关）的成本。因此，如销售费用、一般开支和管理费用等期间费用并未包含在存货成本中。

5. 描述并比较用于计算存货成本的不同方法。IASB 要求只有当存货并不是通常可互换的产品，并且据此提供的产品或服务是为了特殊项目而生产的且与日常生产相分离的情况下，才能用个别计价法。只有当企业的存货周转率比较低，单位价格高，或者库存总量很小时，才会使用个别计价法。在其他情况下，存货成本的定价应使用以下两种成本流转假设中的一个：（1）平均成本法是以会计期间内可获得的所有同类商品的平均成本作为存货计价的基础。（2）先进先出法假定公司按照其购买货物的顺序来使用货物。因此留存的存货一定是最近期购买的存货。

附录 8A　后进先出成本流转假设

就像我们在本章之前提到过的，在 IFRS 下，不允许以财务报告为目的使用后进先出法。在禁止使用后进先出法时 IASB 指出，如果使用后进先出法，会导致资产负债表中存货一项的数字与近期的存货成本水平没有什么关系。同时，也有人声称应当使用后进先出法，因为这可以使近期购买存货的成本与当前销售价格更好地配比。IASB 总结称，这样一种会导致当期利得或损失，并且与资产负债表中存货的计量前后矛盾的方法，是不应当被使用的。[10] 尽管如此，美国仍允许以财务报告为目的使用后进先出法，一些国家允许以计税为目的使用它，因为它可以节省相当数额的税费。

在这一部分，我们会就后进先出法的存货计量程序展开更广泛的讨论。

□ 后进先出法

后进先出法（LIFO）用后期购进商品的成本与收入进行匹配。为了举例说明，我们沿用之前 Call-Mart 公司的例子。回忆一下，Call-Mart 公司在其经营的第一个月内进行了以下交易。

日期	购货	销售或发出	余额
3 月 2 日	2 000@€ 4.00		2 000 单位
3 月 15 日	6 000@ 4.40		8 000 单位
3 月 19 日		4 000 单位	4 000 单位
3 月 30 日	2 000@ 4.75		6 000 单位

如果 Call-Mart 公司采用定期盘存制，即假设当月出售或流出企业的存货的总成本基于近期采购的存货成本计量。Call-Mart 公司以库存总量作为计算期末存货价格的基础而忽略其出售或流出企业的真正日期。例如，Call-Mart 公司将会假设出售的 4 000 单位存货包括 3 月 30 日购进的 2 000 单位和 3 月 15 日购进的 6 000 单位中的 2 000 单位。图表 8A－1 展示了 Call-Mart 公司采用定期盘存制时是如何计算存货和相关商品销售成本的。

图表 8A－1 后进先出法——定期盘存制

发货单日期	单位数	单位成本	总成本
3 月 2 日	2 000	€ 4.00	€ 8 000
3 月 15 日	4 000	4.40	17 600
期末存货	6 000		€ 25 600
可供出售的存货成本		€ 43 900	
减：期末存货		25 600	
销售成本		€ 18 300	

如果 Call-Mart 公司对于存货的数量和金额采用永续盘存制，则使用后进先出法会导致与定期盘存制不同的期末存货和商品销售成本金额。图表 8A－2 列示了不同存货盘存制下的这些差异。

图表 8A－2 后进先出法——永续盘存制

日期	购货		销售或发出		余额	
3 月 2 日	（2 000@€ 4.00）	€ 8 000			2 000@€ 4.00	€ 8 000
3 月 15 日	（6 000@ 4.40）	26 400			2 000@ 4.00 6 000@ 4.40	34 400
3 月 19 日			（4 000@€ 4.40） € 17 600		2 000@ 4.00 2 000@ 4.40	16 800
3 月 30 日	（2 000@ 4.75）	9 500			2 000@ 4.00 2 000@ 4.40 2 000@ 4.75	26 300

图表 8A-1 显示了月末定期盘存制下计算的存货（存货 25 600 欧元和商品销售成本 18 300 欧元）与永续盘存制下计算的存货（存货 26 300 欧元和商品销售成本 17 600 欧元）的差异情况。定期盘存制下采用后进先出法时，将当月流出企业的商品的总成本与当月的采购成本总额相匹配。与此相反，永续盘存制将即时采购成本与每一笔流出企业的存货相匹配。事实上，定期盘存制下计算时假设 Call-Mart 公司在 3 月 19 日出售或流出企业的存货成本也包括在其 3 月 30 日采购的商品的成本中。

☐ 存货计价方法——总结分析

有了新增的后进先出法的例子，我们可以回顾一下本章之前展示的总结分析。分析以下面这些数据为基础，并且假定采用定期盘存制。

所选数据		
期初现金余额		€7 000
期初留存收益		€10 000
期初存货	4 000 单位，3 欧元/单位	€12 000
购货	6 000 单位，4 欧元/单位	€24 000
销售	5 000 单位，12 欧元/单位	€60 000
营业费用		€10 000
所得税率		40%

图表 8A-3 列示了使用平均成本法、先进先出法和后进先出法时的净利润的比较结果。

图表 8A-3　　　　**平均成本法、先进先出法和后进先出法下的结果比较**

	平均成本法	先进先出法	后进先出法
销售收入	€60 000	€60 000	€60 000
销售成本	18 000[a]	16 000[b]	20 000[c]
毛利	42 000	44 000	40 000
营业费用	10 000	10 000	10 000
税前利润	32 000	34 000	30 000
所得税（40%）	12 800	13 600	12 000
净利润	€19 200	€20 400	€18 000
	a. 4 000×€3=€12 000	b. 4 000×€3=€12 000	c. 5 000×€4=€20 000
	6 000×€4=€24 000	1 000×€4= €4 000	
	€36 000	€16 000	
	€36 000÷10 000=€3.60		
	€3.60×5 000=€18 000		

注意，毛利和净利润在后进先出法下最低，在先进先出法下最高，在平均成本法下居中。

图表 8A-4 列示了所选数据在会计期末的最终余额。

图表 8A - 4　　　　　　　　　在各种存货计价方法下所选项目的余额

	存货	毛利	税费	净利润	留存收益	现金
平均成本法	€ 18 000 (5 000×€ 3.60)	€ 42 000	€ 12 800	€ 19 200	€ 29 200 (€ 10 000＋€ 19 200)	€ 20 200*
先进先出法	€ 20 000 (5 000×€ 4)	€ 44 000	€ 13 600	€ 20 400	€ 30 400 (€ 10 000＋€ 20 400)	€ 19 400*
后进先出法	€ 16 000 (4 000×€ 3) (1 000×€ 4)	€ 40 000	€ 12 000	€ 18 000	€ 28 000 (€ 10 000＋€ 18 000)	€ 21 000*

*年末现金	=	期初余额	+	销售收入	-	购货	-	营业费用	-	税费
平均成本法——€ 20 200	=	€ 7 000	+	€ 60 000	-	€ 24 000	-	€ 10 000	-	€ 12 800
先进先出法——€ 19 400	=	€ 7 000	+	€ 60 000	-	€ 24 000	-	€ 10 000	-	€ 13 600
后进先出法——€ 21 000	=	€ 7 000	+	€ 60 000	-	€ 24 000	-	€ 10 000	-	€ 12 000

年末时，后进先出法下现金余额更多（因为税费更低）。这个例子假设销售价格在上涨。如果销售价格下降，会出现与之相反的结果。

□ 附录 8A 小结

6. 描述后进先出成本流转假设。后进先出法假设最近期购买的货物最先卖出。这个方法是将最近期购买的存货成本与本期收入相配比。在销售价格上涨的时候，使用后进先出法会出现更低的净利润和所得税，还有更高的现金流。

简单练习

BE8-1　Rivera 公司 12 月 31 日的试算表列示了下列资产（单位：欧元）。

现金	190 000	在产品	200 000
设备（净额）	1 100 000	应收账款（净额）	400 000
预付保险	41 000	专利权	110 000
原材料	335 000	产成品	170 000

编制 12 月 31 日财务报表的流动资产部分。

BE8-2　Matlock 公司采用永续盘存制。期初存货 50 件，每件成本 34 欧元。6 月份期间，公司以每件 34 欧元的价格购买了 150 件产品，其中退回产品 6 件，以每件 50 欧元的价格销售 125 件。编制 Matlock 公司 6 月份的会计分录。

综合练习

E8-7（以净额法记录购入的货物）下面列示的是与 Guillen 公司有关的业务。

5 月 10 日　购货单显示采购商品价格为 20 000 英镑，现金折扣条件为"2/10，n/60"。

11 日　购货单显示采购商品价格为 15 000 英镑，折扣条件为"1/15，n/30"。

19 日　支付 5 月 10 日的货款。

24 日　购货单显示采购商品价格为 11 500 英镑，现金折扣条件为"2/10，n/30"。

要求：

（a）假定公司以扣除现金折扣后的净额记录购货业务，并将损失的折扣作为财务费用，编制公司上市业务的会计分录。

（b）假定除上述列示的业务外公司没有其他购货或支付业务，若公司需要编制 5 月 31 日的财务报表，请编制必要的调整分录。

权威文献

［1］International Accounting Standard 18, *Revenue*（London，U. K.：International Accounting Standards Committee Foundation，2001），par. 16；Appendix，par. 5.

［2］International Accounting Standard 2, *Inventories*（London，U. K.：International Accounting Standards Committee Foundation，2001），par. 11.

［3］International Accounting Standard 41, *Agriculture*（London，U. K.：International Accounting Standards Committee Foundation，2001）.

［4］International Accounting Standard 2, *Inventories*（London，U. K.：International Accounting Standards Committee Foundation，2001），par. 20.

［5］International Accounting Standard 2, *Inventories*（London，U. K.：International Accounting Standards Committee Foundation，2001），par. 16.

［6］International Accounting Standard 23, *Borrowing Costs*（London，U. K.：International Accounting Standards Committee Foundation，2001）.

［7］International Accounting Standard 2, *Inventories*（London，U. K.：International Accounting Standards Committee Foundation，2001），par. 11.

［8］International Accounting Standard 2, *Inventories*（London，U. K.：International Accounting Standards Committee Foundation，2001），par. 23－25.

［9］International Accounting Standard 2, *Inventories*（London，U. K.：International Accounting Standards Committee Foundation，2001），paras. BC9－BC10.

［10］International Accounting Standard 2, *Inventories*（London，U. K.：International Accounting Standards Committee Foundation，2001），paras. BC13－BC14.

第 9 章

存货：其他计价问题

学习目标

学完本章后，你应该能够：

1. 描述和应用成本与可变现净值孰低原则。
2. 解释公司在什么时候以可变现净值对存货进行计价。
3. 解释公司在什么时候以相对独立售价对存货进行计价。
4. 讨论与购货承诺相关的会计问题。
5. 通过应用毛利法确定期末存货。
6. 通过应用零售价盘存法确定期末存货。
7. 解释如何报告和分析存货。

事实并非如此

当评估某一零售商的财务报表时，投资者需要有关其存货的可比信息。为了获得这些信息，投资者需要确定零售商使用的是何种存货计价方法（先进先出法、后进先出法、平均成本法，还是各方法的结合），然后将公司的存货计价方法下的财务信息调整为常见信息。这仅是一个好的开始，随后投资者通常会计算关于公司的一些相关信息，如存货周转率、存货周转天数、毛利率以及速动比率等流动性指标。

这些计算是关键的。存货是营运资本的重要组成部分，并且由销售存货而产生的毛利被视为是衡量零售商进步水平的最重要的收入组成部分。例如，考察以下所示的典型零售商 Maxim 公司的财务报表。可以发现，存货占流动资产的比例超过 50%，毛利占销售收入的 25%。

Maxim 公司（单位：百万欧元）			
合并资产负债表		合并利润表	
流动资产		收入	€ 50 705
现金及现金等价物	€ 1 199	销售成本	38 132
应收账款	2 288	毛利	€ 12 573
存货	5 731		
其他流动资产	1 101	净利润（损失）	€(1 231)
总流动资产	€ 10 319		

对财务报表的分析需要基于这些数据信息。然而，财务报表所报告的信息的可信度仍是我们经常要面对的问题。因为需要对存货可能发生的减值进行判断，所以会存在主观估计。例如，Maxim 公司在其年报中披露了有关其存货的信息。

如下表所示，有关存货计量和计价的主观估计（与减值和存货损失相关的）会显著影响投资者比较 Maxim 公司与其他零售商的存货水平（以及其对毛利的影响）的能力。因此，存货余额可能并非如其账面所示，不仅取决于我们在第 8 章所学的成本流转假设（例如，先进先出法/加权平均法），而且取决于本章介绍的重大的减值及存货损失。

编制财务报表时关键的会计估计：存货	判断和不确定性
我们通过对减值以及存货损失的调整以成本和可变现净值孰低原则对存货进行计价。 　　我们的存货计价能够反映出存货成本高于其可变现净值或处置价格的部分及其变化。减值对我们的存货建立了新的成本基础。后续事实及其他情况的发生不会导致对以前记录减值的转回，也不会导致对新建的成本基础的增加。	我们的减值调整也包括对不确定性的调整，因为这一计算要求管理者制定假设并根据存货的老化程度、预计消费需求、促销环境、技术陈旧等情况运用职业判断。
我们的存货计价也反映了自上一期存货盘点后预期的实际存货损失的调整。定期的存货盘点能够保证我们的合并财务报表是合理报告的。	我们的减值调整也包括对不确定性的调整，因为这一计算要求管理者制定假设并根据一系列因素，包括历史结果和流动存货损失趋势等进行职业判断。

本章概览

　　如本章开篇案例所示，有关存货的信息有助于预测财务状况，特别是利润。本章讨论公司在开发相关存货信息时所使用的一些计价和估计概念。本章的内容和组织架构如下：

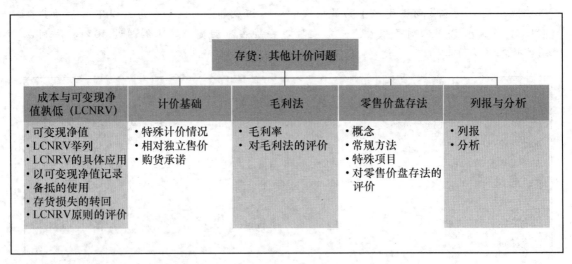

9.1　成本与可变现净值孰低

　　存货是按照成本进行记录的。然而，如果存货的价值降至其初始成本以下，就会发生难以继续遵循历史成本原则的情况。无论是何种原因导致存货价值下降——报废、价格水平变化，抑或是货物毁损，公司都应将存货调减至可变现净值并报告存货损失。当资产的未来效用（创收能力）跌至其初始成本以下时，公司会放弃历史成本原则。

9.1.1　可变现净值

成本为存货的取得价格，通过使用下面几种以历史成本为基础的存货计价方法——个别计价法、平均成本法或先进先出法的一种计算而得。可变现净值（NRV）是指公司预计从存货销售中实现的净值。具体来说，可变现净值是指在日常经营活动中，存货的估计售价减去至完工时估计将要发生的成本以及估计的销售费用。[1]

为了清晰说明，假设 Mander 公司有一批成本为 950 欧元的未完工存货，售价为1 000 欧元，估计至完工时发生的成本为 50 欧元，估计销售成本为 200 欧元。Mander 公司存货的净现值计算如图表 9－1 所示：

图表 9－1　　　　　　　　　　可变现净值的计算

存货价值——未完工		€1 000
减去：估计完工成本	€50	
估计销售费用	200	250
可变现净值		€750

Mander 公司在其财务状况报表中报告其存货价值为 750 欧元。在其利润表中，Mander 公司报告存货跌价准备 200 欧元（950－750）。偏离成本的计价是适当的，因为存货不应以高于期望从销售或使用实现的收益报告。除此之外，像 Mander 这样的公司应将效用损失与损失发生当期的收入相配比，而不是同销售期的收入配比。

因此，公司在每个报告日应以成本与可变现净值孰低（LCNRV）的原则报告其存货。图表 9－2 显示了两个公司如何在 LCNRV 下测量。

图表 9－2　　　　　　　　　　LVNRV 的披露

诺基亚（芬兰）
存货以成本与可变现净值孰低报告。成本定为使用标准成本，其接近以先进先出法基础上计算的实际成本。可变现净值是在正常经营过程中，除去变现成本后能从存货销售中实现的金额。除去材料和直接人工费用，存货价值也应包含适当比例的制造费用。对于存货的积压和报废要在成本与可变现净值孰低的基础上进行备抵科目的记录。

Kesa Electricals（英国）
存货以成本与可变现净值孰低进行报告。成本使用加权平均法计算得出。可变现净值代表在正常经营活动中，估计售价减去适用的变量销售费用。

9.1.2　LCNRV 举例

如上所述，公司以成本与可变现净值孰低来计价存货。公司基于存货可变现金额的最可靠的证据（预计售价、预计至完工成本以及预计销售成本）来估计存货的可变现净值。[2]举例说明，Jinn-Feng 食品公司以成本与可变现净值孰低来计算存货价值，如图表 9－3 所示。

图表 9‑3   确定最终存货价值

食品	成本	可变现净值	最终存货价值
菠菜	¥80 000	¥120 000	¥80 000
胡萝卜	100 000	110 000	100 000
豆角	50 000	40 000	40 000
豌豆	90 000	72 000	72 000
什锦菜	95 000	92 000	92 000
			¥384 000

最终存货价值：
菠菜　　　选择成本（¥80 000），因为其低于可变现净值。
胡萝卜　　选择成本（¥100 000），因为其低于可变现净值。
豆角　　　选择可变现净值（¥40 000），因为其低于成本。
豌豆　　　选择可变现净值（¥48 000），因为其低于成本。
什锦菜　　选择可变现净值（¥92 000），因为其低于成本。

如图表 9‑3 所示，存货最终价值 384 000 日元等于每件存货以 LCNRV 计价的总和。也就是说，Jinn‑Feng 食品公司对每一单个种类的食品都使用了 LCNRV 进行计价。

□ 9.1.3　LCNRV 的具体应用

在 Jinn‑Feng 食品公司的例子中，假定公司对每一单个种类的食品运用 LCNRV 原则计价。然而，公司也可以直接对一组相似或相关的存货，或对存货总额运用 LCNRV 原则。例如，在纺织行业，确定单个纺织物的价格是不太可能的，因此可能需要对在某一特定季节用于衣物生产的所有纺织物进行可变现净值的评估。①

如果公司是以相似或相关类别或存货总额法来应用 LCNRV，那么某些存货市价的上升往往会被其他存货市价的下降所抵销。为了说明这一点，假设 Jinn‑Feng 食品公司将其食品存货分为两个重要的类别：冷冻和罐装，如图表 9‑4 所示。

图表 9‑4   LCNRV 的多种应用

	成本	LNCRV	LCNRV：按照 单个项目	LCNRV：按照 主要类别	LCNRV：按照 存货总额
冷冻					
菠菜	¥80 000	¥120 000	¥80 000		
胡萝卜	100 000	110 000	100 000		
豆角	50 000	40 000	40 000		
冷冻食品总额	230 000	270 000		¥230 000	
罐装					
豌豆	90 000	72 000	72 000		
什锦菜	95 000	92 000	92 000		
罐装食品总额	185 000	164 000		164 000	
总额	¥415 000	¥434 000	¥384 000	¥394 000	¥415 000

---

①　对于无法实际单独评估的一整条产品线或一组给定地理位置的库存全部计量可能是必须要做的。然而对于整类库存计量是不合适的，例如产成品或一个特定行业的所有库存。[3]

如果 Jinn-Feng 食品公司是按照每一存货项目来应用 LCNRV 原则，那么存货的价值为 384 000 日元。如果是按照存货总额来应用，那么存货总额则为 415 000 日元。为什么会有这种区别呢？当公司按照存货类别或存货总额法时，高于成本的可变现净值会抵销低于成本的可变现净值。对于 Jinn-Feng 食品公司来说，使用相似或相关类别的方法可以部分抵销菠菜较高的可变现净值。使用存货总额的方法可以完全抵销菠菜较高的可变现净值。①

在大部分情况下，公司以逐个项目为基础来对存货进行定价。事实上，一些国家的税法也要求公司以单个项目为基础定价存货，除非实务操作上有困难。另外，就资产负债表的报告而言，单个项目的方法可以给出最低估值。在一些情况下，当公司的期末存货只有一种时（包含了多种不同的原材料）公司会以存货总额来对存货进行定价。如果公司生产多种期末存货，公司可能会以相似或相关的存货基础计价存货。公司所选的方法应该是能够最清楚地反映收入的那一种。无论公司采用何种方法，都应在各期始终采用这一方法。②

□ 9.1.4 以可变现净值记录而非以成本记录

在以可变现净值对存货进行计价时，可以用下列两种方法中的一种来记录收入效用。一种方法为销售成本法，该方法要求将可变现净值低于存货账面价值的部分借记为销售成本。因此，公司并不在利润表中报告这一损失，因为销售成本中已经包括了这部分损失的数额。第二种方法称为损失法，该方法要求将可变现净值低于存货账面价值的部分借记为损失。我们使用 Ricardo 公司的如下数据来列示两种方法下的会计分录。

销售成本（调整为可变现净值之前）	€ 108 000
期末存货（成本）	82 000
期末存货（可变现净值）	70 000

图表 9 - 5 列示了销售成本法和损失法下的会计分录，假定使用永续盘存制。

图表 9 - 5　　　　将存货减记至可变现净值时的会计核算——永续盘存制

销售成本法		损失法	
将存货由成本降为可变现净值			
借：销售成本	12 000	借：存货跌价损失	12 000
贷：存货（82 000－70 000）	12 000	贷：存货（82 000－70 000）	12 000

销售成本法将损失隐藏在销售成本账户中。而损失法是根据减记数额确认损失，在利润表中将损失和销售成本分开列示。

---

①　在任何可行情况下对个别项目进行计量的原因是为了避免对未实现收益的确认。在对相似和相关存货使用 LCNRV 原则时可能出现对未实现收益的确认（例如一些存货未实现收益抵销了另一些存货的未实现损失）。一般说来，IFRS 禁止对未实现收益的确认。

②　如果产成品将以高于成本或与成本相同的价格销售，存货中用于生产该商品的材料和其他物资就不需要以低于成本的金额计量。然而，材料价格的下降可能表明产成品的成本超过可变现净值。在这种情况下，材料需要以可变现净值计量。

图表 9-6 使用 Ricardo 公司的数据，比较了在两种方法下利润表中的不同报告数据。

图表 9-6　利润表列示——将存货降至可变现净值的销售成本法和损失法

销售成本法	
销售收入	€ 200 000
销售成本（调整为可变现净值后*）	120 000
销售毛利	€ 80 000
损失法	
销售收入	€ 200 000
销售成本	108 000
销售毛利	92 000
存货减至市价的损失	12 000
	€ 80 000
*销售成本（调整为可变现净值前）	€ 108 000
存货的成本与可变现净值的差异	
（€ 82 000－€ 70 000）	12 000
销售成本（调整为可变现净值后）	€ 120 000

IFRS 没有指定需用一个专门的账户来借记调减的数额。我们认为损失法列报是更受青睐的，因为这种方法可以清晰地披露将存货调减为可变现净值时导致的损失数额。

□ 9.1.5　备抵的使用

公司通常会使用一个备抵账户来将存货调整为可变现净值，该账户称为存货跌价准备。可见，我们并不是直接贷记存货账户。例如，在损失法下使用备抵账户，Ricardo 公司编制了如下会计分录以记录将存货调减至可变现净值的过程。

借：存货跌价损失　　　　　　　　　　　　　　　　　　　　12 000
　　贷：存货跌价准备　　　　　　　　　　　　　　　　　　　12 000

备抵账户的使用可以同时报告存货的成本和可变现净值。Ricardo 公司在资产负债表中报告的存货如图表 9-7 所示。

图表 9-7　使用备抵账户对存货的列报

存货（成本）	€ 82 000
存货跌价准备	（12 000）
存货（可变现净值）	€ 70 000

无论是在销售成本法下还是损失法下使用备抵账户，资产负债表反映的存货数额均为 82 000 欧元，尽管资产负债表显示的存货净额为 70 000 欧元。在不改变价格的情况下，这也使存货明细分类账记录与统驭账户相一致。在做课后习题时，应使用备抵账户来记录可变现净值的调整，除非另有规定。

□ 9.1.6 存货损失的转回

在减记后的期间，经济条件可能发生变化，从而以前减记存货的可变现净值可能高于成本，或者有明显的证据表明存货的可变现净值增加。在这种情况下，减记的数额发生转回，且转回数额不得超过最初减记的数额。[4]

继续采用 Ricardo 公司的例子，假定在后续期间，市场环境发生变化，而存货的可变现净值增加到 74 000 欧元（增加额为 4 000 欧元）。因此，备抵的数额仅为 8 000 欧元。Ricardo 公司编制了如下的会计分录，采用的是损失法。

> 借：存货跌价准备   4 000
>   贷：存货跌价损失   4 000

为了保证存货按 LCNRV 原则报告，备抵账户需要在随后的期间进行调整。图表 9-8 显示了 Vuko 公司存货的可变现净值的估值以及可变现净值的调整对收入的影响。

图表 9-8   可变现净值的调整对净收入的影响

日期	以成本计价的存货	以市价计价的存货	估价账户需调整的数额	估价账户余额的调整	对净收入的影响
2015 年 12 月 31 日	₱ 188 000	₱ 176 000	₱ 12 000	₱ 12 000（增加）	减少
2016 年 12 月 31 日	194 000	187 000	7 000	5 000（减少）	增加
2017 年 12 月 31 日	173 000	174 000	0	7 000（减少）	增加
2018 年 12 月 31 日	182 000	180 000	2 000	2 000（增加）	减少

因此，如果价格下降，公司应当做一项额外的减记分录。如果价格上升，公司记录一项收入的增加。我们可以将收益的净增加额作为原确认损失的恢复。在任何情况下存货都不得以高于成本的金额列报。

□ 9.1.7 LCNRV 原则的评价

LCNRV 原则存在一些理论缺陷。

1. 公司确认资产价值的下降，并在效用损失发生的当期将其费用化，而不是在实现销售的时点。另外，其只在销售实现的时点确认资产价值的增加。这种不一致的处理会扭曲收入数据。

2. 这一原则的应用会导致不一致性，因为公司可能在某一年以成本对存货计价，而在下一年以可变现净值来对存货计价。

3. 以 LCNRV 原则对存货进行计价，可以保证资产负债表中存货的计价具有谨慎性，但其对利润表的影响可能满足谨慎性，也可能不满足。如果公司在某一年发生了亏损，那这一年的利润确实会较低。但随后期间，如果预期的售价下降并未实现，那么净利润可能比正常数额还要高。

很多财务报表使用者都很青睐 LCNRV 原则，因为他们知道这一原则至少可以防止对存货的高估。另外，确认所有损失并预期无利得通常可以避免高估收入。

9.2　计价基础

□ 9.2.1　特殊计价情况

大多数情况下，公司以 LCNRV 原则来记录存货。① 然而，有些情况下公司可能会偏离这一原则。当成本难以确定、产品在市场报价下适销对路，以及单位产品可互换时这样的处理可能更为合理。在这部分，我们将讨论可变现净值是存货计价的一般原则的两种情况：

- 农业资产（包括生物资产和农产品）。
- 中介交易商持有的商品。

农业存货

在 IFRS 下，当存货与农业活动相关时，可变现净值指标将在存货计价中使用。一般情况下，农业活动会产生两种类型的农业资产：（1）生物资产；（2）收割时点的农作物。[6]

生物资产（分类为非流动资产）是活体的动物或植物，例如羊、牛、苹果树或者棉花。农作物是生物资产的收获产品，例如羊毛、牛奶、水果或者棉花。这些资产的会计计量如下：

- 生物资产以初始成本进行计量，在每一报告期末以公允价值减去销售成本进行计量（可变现净值）。公司在生物资产的可变现净值发生变化时在其利润中记录利得或损失。②
- 农作物（从生物资产中获得）在收获时点以公允价值减去销售成本（可变现净值）记录。一旦收割，农作物的可变现净值就变为其成本，并且这些资产与其他在正常经营过程中持有待售的资产的会计核算是相同的。③

农作物以可变现净值进行会计核算举例

为了说明以可变现净值对农作物进行会计核算，假定 Bancroft Dairy 公司生产牛奶并销售给当地奶酪商。Bancroft Dairy 公司于 2015 年 1 月 1 日以 460 000 欧元购买了 420 头奶牛。Bancroft Dairy 公司提供了与奶牛相关的如图表 9-9 所示信息。

---

① 制造业企业通常采用标准成本系统来事先确定原材料、人工和制造费用的单位成本，并以标准成本对原材料、在产品和产成品存货进行计价。标准成本将正常水平的材料和物资、劳动力、效率和产能利用率考虑进去，并且会定期检查。如有必要，会根据当前情况进行修正。出于财务报告的目的，如果实际成本和标准成本没有明显的差异，以标准成本对存货计价是比较便捷的。[5] 诺基亚（芬兰）以及惠普（美国）对它们的一部分存货就使用标准成本法计价。

② 生物资产在初始确认时可能会出现收益，比如一头小牛的出生。由于农产品的收获，农产品在初始确认时可能出现收益或损失。由于在决定公允价值减去销售成本时销售成本被减掉，农业资产的初始确认可能出现损失。

③ 以公允价值或售价减去相应的销售成本的计量与 LCNRV 法（售价减去估计销售成本和完工成本）中可变现净值的计量是一致的，因为在收获时，农产品已完工并准备出售。[7]

图表 9 - 9　　　　　　　　　　农业资产——Bancroft Dairy 公司

奶牛		
账面价值,2015 年 1 月 1 日*		€ 460 000
由于奶牛成长和价格变化导致的公允价值变化	€ 35 000	
由于收获牛奶导致的公允价值降低	(1 200)	
账面价值的变化		33 800
账面价值,2015 年 1 月 31 日		€ 493 800
1 月份收获的牛奶**		€ 36 000

　　* 账面价值以公允价值减去销售成本(可变现净值)计算。奶牛的公允价值基于具有相似年龄、品种和遗传的家畜的市场价格来确定。

　　** 牛奶最初是按照在收获牛奶时点的牛奶公允价值减去销售成本(可变现净值)来衡量。牛奶的公允价值基于当地的市场价格来确定。

　　如上所示,在这一个月里奶牛的账面价值上升。部分原因是奶牛市价(减去销售成本)的变化。市价的变化也可能会受到奶牛生长的影响——随着奶牛成熟以及产奶能力的提高其价值增加。

　　同时,随着熟牛的不断产奶,其产奶能力会逐渐下降(公允价值下降)。[①]

Bancroft Dairy 公司编制了下列分录以记录奶牛账面价值的变化。

　　　借:生物资产——奶牛 (493 800—460 000)　　　　　　　　　　33 800
　　　　贷:未实现的持有利得或损失——收益　　　　　　　　　　　　　　33 800

　　根据这一分录的结果,Bancroft Dairy 公司的资产负债表报告了生物资产(奶牛)以非流动资产按照公允价值减去销售成本(可变现净值)记录。另外,未实现的利得和损失在利润表中作为"其他收入或费用"进行报告。在后续期间的每一个报告日,Bancroft Dairy 公司继续以可变现净值来报告生物资产,并在利润表中记录与之相关的未实现的持有利得或损失。因为这一生物资产(奶牛)有现成的市场,所以以可变现净值估价能提供与这些资产更多的相关信息。

　　除了记录生物资产的变化,Bancroft Dairy 公司编制下列总分录以记录 1 月份收获的牛奶。

　　　借:牛奶存货　　　　　　　　　　　　　　　　　　　　　　　36 000
　　　　贷:未实现的持有利得或损失——收益　　　　　　　　　　　　　36 000

　　牛奶存货在其收获的时点按照可变现净值进行记录,并且在利润表中记录未实现的持有利得或损失。对于生物资产,可变现净值被视为与收割时点最相关的估价。那么 Bancroft Dairy 公司从奶牛上收入的牛奶存货又发生了什么呢?假定 1 月份收获的牛奶以 38 500 欧元的价格出售给当地的奶酪制造商,Bancroft Dairy 公司记录的销售业务如下:

　　　借:现金　　　　　　　　　　　　　　　　　　　　　　　　　38 500
　　　　销售成本　　　　　　　　　　　　　　　　　　　　　　　　36 000
　　　　贷:牛奶存货　　　　　　　　　　　　　　　　　　　　　　　36 000
　　　　　销售收入　　　　　　　　　　　　　　　　　　　　　　　38 500

---

　　① 由于成熟奶牛的生长和收获所引起的公允价值的变动可以以牛群中不同年龄的奶牛市场价格的变动为基础进行估计。

因此，牛奶一旦获得，其可变现净值就变为其成本，且牛奶与正常经营过程中所持有的其他存货的会计处理相同。

最后需要注意的是，一些动物和植物可能并不被视为生物资产，而是分解为其他类型的资产进行会计核算（不是以可变现净值）。例如，一家宠物店可能会从饲养员处购进狗并持有以备出售。由于宠物店并不对狗进行饲养，所以这些狗不被视为生物资产。因此，这些狗作为持有待售存货进行会计核算（以 LCNRV 原则计价）。

商品中介交易商

商品中介交易商一般也使用公允价值减去销售成本（可变现净值）对其存货进行计量。商品中介交易商为了别人或者自己买卖商品（例如收割的玉米、小麦、贵金属、燃料油）。持有这些存货的首要目标是在近期出售，并从价格波动中赚取收益。因此，可变现净值在该行业中是最相关的计量方法，因为中介交易商是在未来从这些存货中获取收益。

评估一个公司是否扮演中介交易商的角色需要一定的判断。公司需要考虑它们愿意持有存货的时长以及与商品相关的附加服务。如果商品存在重大附加服务，比如分配、存储和再装配，那么公司可能并不是中介交易商。因此，以可变现净值计量商品存货是不合适的。举例来说，Columbia Coffee 批发公司购买咖啡豆，然后在很短的时期内将这批咖啡豆卖掉。以可变现净值计量该批咖啡存货就是合适的。但是，如果 Columbia Coffee 批发公司扩大业务，烤制咖啡豆并将其再包装后卖给当地咖啡店，那么这批咖啡存货就应以 LCNRV 原则计量，其他持有代售的存货也是相似的情况。[①]

□ 9.2.2　使用相对独立售价计价

如果公司一次性购置（又叫一揽子购买）一组不同项目的商品，就会产生特殊的问题。

为了说明这一点，假定 Woodland Developers 公司以 100 万美元购入了一块土地并将其细分为 400 块。这些细分的土地具有不同的大小和形状，但大致可以分为三组：A，B 和 C。Woodland Developers 公司出售了其中的部分土地后，需要将这 100 万美元的购买成本在已售土地和未售土地之间进行分配。

为什么 Woodland Developers 公司不简单地将这 100 万美元的成本除以 400，从而得出每一块土地的成本为 2 500 美元？因为这种方法没有识别出各块土地在大小、形状和受青睐程度上的差别。因此，为了准确计算每一项目，最为普遍和最具合理性的做法是以各产品的相对独立售价为基础将总成本分配给各产品项目。

图表 9 - 10 列示了 Woodland Developers 公司使用相对独立售价对成本进行分配。

---

① 矿物和矿产品，如煤或铁矿石，按照完善的行业惯例也可以可变现净值进行计量。在采矿业，当矿物被提取出来时，通常会有远期合同、政府担保或是一个活跃的市场来保证销售。因为销售失败的风险几乎可以忽略不计，以可变现净值进行计量是合理的，在这一背景下，类似于农业资产、矿物和矿产品在提取时都以可变现净值进行会计计量。在后续期间内，矿物和矿产品存货的价值变动在变动期间以损益计量。

图表 9 - 10　　　　　　　　　成本分配，使用相对独立售价

土地分组	土地块数	每块土地单位售价	总售价	相对售价	总成本	分配给各土地组的成本	单位土地成本
A	100	$10 000	$1 000 000	100/250	$1 000 000	400 000	$4 000
B	100	6 000	600 000	60/250	1 000 000	240 000	2 400
C	200	4 500	900 000	90/250	1 000 000	360 000	1 800
			$2 500 000			$1 000 000	

Woodland Developers 公司使用上述给出的"单位土地成本"确定已售土地成本和毛利，如图表 9 - 11 所示。

图表 9 - 11　　　　　　　　使用相对独立售价确定毛利

土地分组	已售土地数量	单位成本	已售成本	销售收入	毛利
A	77	$4 000	$308 000	$770 000	$462 000
B	80	2 400	192 000	480 000	288 000
C	100	1 800	180 000	450 000	270 000
			$680 000	$1 700 000	$1 020 000

因此，期末存货的价值为 320 000 美元（1 000 000－680 000）。

Woodland Developers 公司也可以使用其他的方法来计算存货数额。所有土地的成本占售价的比率为 1 000 000 除以 2 500 000，即为 40%。因此，如果已售土地的总售价为 1 700 000 美元，那么已售土地的成本就是 1 700 000 美元的 40%，即为 680 000 美元。未售存货的价值为 100 万美元减 68 万美元，即 32 万美元。

化工行业普遍使用相对售价法来计算由一桶原油所生产的多种产品和副产品成本。

9.2.3　购货承诺——一个特殊的问题

在很多行业，公司为维持生存和保持持续经营能力，要储备充足的存货以满足客户的需求。因此，公司签订购货承诺是非常普遍的，即一项提前数周、数月或数年购买存货的协议。一般来说，销售方仍保留着购货承诺所包含的商品或原材料的所有权。实际上，商品可以仅是以自然资源的形式存在，例如未种植的种子（为农产品的情况下），或者是在产品（为一项产品的情况下）。[1]

通常情况下，购买者对于销售者尚未发运但已承诺购买的商品编制任何分录是不必要也不合适的。对于购买者和销售者将在发运时点确定售价且可能会被取消的普通订单，并不能代表为购买者的一项资产或负债。因此，购买方不需要记录这项购买承诺或在财务报表中进行报告。

但是如果购买方签订了一项正式的、不可撤销的合同又会发生什么样的情况呢？

---

[1]　在最近对 175 家跨国公司的调查中，购买商品和服务的承诺被提及 83 次。参见 P. Walters, *IFRS Accounting Trends and Techniques*（AICPA, 2012），p. 64.

即便如此，购买者在合同成立当日也不确认任何资产和负债，因为合同在性质上是"未生效的"：任何一方均未履行合同。然而，如果这一合同是重大的，购买方应在其财务报表附注中详细披露这一合同。图表 9 - 12 列示了购货承诺披露的一个例子。

图表 9 - 12　　　　　　　　　　购货承诺的披露

> 附注 1：2016 年的原材料采购合同已执行，金额为 600 000 美元。2015 年 12 月 31 日这种原材料的市场价格为 640 000 美元。

图表 9 - 12 的披露显示，资产负债表日的合同价格低于市场价格。如果合同价格高于市场价格，且买方预计在购买行为生效时将会发生这部分损失，那么买方应确认负债并相应地在市场价格下降的当期确认损失。①

为了说明这一会计问题，假定 Apres 纸业公司与 Galling Land 公司签订的一项伐木合同将于 2016 年以 10 000 000 欧元的价格执行。进一步假定 2015 年 12 月 31 日这一伐木权的市场价格下降为 7 000 000 欧元。Apres 纸业公司在 2015 年 12 月 31 日将编制如下会计分录：

借：未实现的持有利得或损失——收益	3 000 000
贷：购货承诺负债	3 000 000

Apres 纸业公司将在其利润表的"其他利得或损失"账户报告这一未实现的持有损失。而且由于合同将在下一会计年度履行，Apres 纸业公司将在资产负债表的流动负债部分报告购货承诺负债（通常在条款中提及）。当 Apres 纸业公司以 10 000 000 欧元的成本伐木时，应编制如下会计分录：

借：购货（存货）	7 000 000
购货承诺负债	3 000 000
贷：现金	10 000 000

这一购货承诺的结果就是 Apres 纸业公司为一项价值仅为 700 万欧元的合同支付 1 000 万欧元的价款。其在以前期间就记录了这项损失，即当价格实际下降的时点。

如果 Apres 纸业公司在伐木前其合同价能够部分或完全恢复，应减少购货承诺负债。在这种情况下，公司应根据部分或全部恢复的金额在价格上涨的期间报告由此产生的利得。例如，美国国会为避免潜在的破产情况，会允许一些木材公司以低于合同的价格履行其承诺。举例说明，假定 Galling Land 公司允许 Apres 纸业公司将合同承诺从 10 000 000 欧元降低到 9 000 000 欧元。这项交易的分录如下：

借：购货承诺负债（10 000 000 － 9 000 000）	1 000 000
贷：未实现的持有利得或损失——收益	1 000 000

如果 Apres 纸业公司伐木的时点市价低于合同价的数额超过 2 000 000 欧元，那么 Apres 纸业公司在伐木期间应确认一项额外的损失，并以 LCNRV 原则来记录购货。

那么购买者只能任由市场价格下降的支配吗？不完全是，购买者可以通过套期保值来保护自身利益，避免市场价格下降可能造成的损失。在套期保值中，购货承诺中

---

① 这样的合同注定是艰巨的，在这种合同下，满足义务所付出的不可避免的成本可能超过预期的经济收益。[8]在第 13 章我们会对这一概念进行更详细的讨论。

的购买方同时签订另一项合同，即同意在未来以固定的价格销售相同数量的同种（类似）商品。因此，公司在购货承诺中处于买方的位置，而在相同商品未来合约中处于卖方的位置。这样做的目的就是抵消买方和卖方的价格风险。公司将在某一项合约中获利，而以相近（可能相同）的数额在另一项合同中受损。

例如，Apres 纸业公司可以对其购货承诺合同签订一份具有相同金额伐木权的未来远期合同，从而进行套期保值。在这种情况下，其购货合约中的 3 000 000 欧元损失可由远期合约中的 3 000 000 欧元所抵销。①

听起来似乎很容易，但对购货承诺的会计处理仍存在争议。

一些人指出，公司应在其签订合约时就将购货承诺作为资产或负债报告。而另一些人认为在交货日确认更为合理。尽管财务会计概念并没有排除对于购货承诺记录相关的资产和负债，但对于公司是否应该记录这些资产和负债也没有给出明确的结论或指示。[9]

9.3 存货估价的毛利法

公司通过存货盘点来检验永续盘存制下存货记录的正确性，或者，如果没有进行记录，公司通过盘点来得出存货的实际数量。然而，有时候，进行存货盘点在操作上是不可行的。这种情况下，公司会采用代替的方法来近似存货的持有数量。

一种检验或确定存货数量的替代方法是毛利法（又叫毛利率法）。审计师在其只需要公司存货的估计数时会广泛采用这种方法（例如，中期报告）。当火灾或其他灾害毁损了存货或存货记录时，公司也会使用这种方法。毛利法建立在如下三个假设的基础上：

1. 期初存货加上购货等于需要进行会计核算的所有货物。
2. 没有销售的存货一定是被公司所持有的。
3. 将销售额减至成本，再从期初存货加上购货的总和中扣除这一成本，等于期末存货。

举例说明，假定 Cetus 公司的期初存货为 60 000 欧元，购货 200 000 欧元。以售价计算的销售总额为 280 000 欧元。毛利为售价的 30%。

Cetus 公司应用的毛利法如图表 9 – 13 所示。

图表 9 – 13 毛利法的应用

期初存货（成本）		€ 60 000
购货（成本）		2 000 000
可供出售存货		260 000
销售收入（售价）	€ 280 000	
减：毛利（280 000 欧元的 30%）	84 000	
销售收入（成本）		196 000
近似存货（成本）		€ 64 000

---

① 附录 17A 提供了对套期保值以及衍生工具的使用如远期合约等的详细讨论。

当期的记录中包含了 Cetus 公司以成本计算存货时需要的所有信息，除了毛利率。Cetus 公司根据公司政策和以前的记录来确定毛利率。在某些情况下，如果公司认为以前期间不能代表当期，那么公司必须调整这一比率。①

□ 9.3.1　毛利率的计算

在大多数情况下，毛利率被视为售价的一定比率。例如，在前面的例子中，毛利为售价的 30%。以毛利占销售收入的比来表示利润是一种最为普遍的方法，有如下几点原因。

（1）大多数公司是以零售价格的基础来报告存货，而不是以成本为基础。

（2）以销售价格表示的毛利比以成本表示的毛利要低，更低的比率能给消费者更好的印象。

（3）基于售价的毛利不会超过 100%。②

在图表 9-13 中，毛利是给定的。Cetus 公司是如何得到这一数据的呢？为了知道如何计算毛利率，假定一件商品的成本为 15 欧元，售价为 20 欧元，毛利即为 5 欧元。根据如图表 9-14 所示的计算过程，这一毛利率为售价的 1/4，即 25%，为成本的 1/3，即 33%。

图表 9-14　　　　　　　　　　　　毛利率的计算

$$\frac{\text{加成}}{\text{售价}}=\frac{€\,5}{€\,20}=\text{零售价的 }25\% \qquad \frac{\text{加成}}{\text{成本}}=\frac{€\,5}{€\,15}=\text{成本的 }33.33\%$$

尽管公司通常会以售价为基础计算毛利，但你也应该理解成本加成和销售价格加成之间的基本关系。例如，假定公司对于一个给定的项目加价 25%。那么，毛利占售价的比重为多少？为了获得答案，假定这一项目以 1 欧元出售，采用如下公式计算：

$$\text{成本}+\text{毛利}=\text{售价}$$
$$C+0.25C=SP$$
$$(1+0.25)C=SP$$

---

① 当使用毛利率估计存货价值时，还有一种方法不像传统方法那么复杂。这种方法使用如下的标准的利润表格式。（假定与 Cetus 公司例子中的数据相同。）

关系			答案	
销售收入		€ 280 000		€ 280 000
销售成本				
期初存货	€ 60 000		€ 60 000	
购货	200 000		200 000	
可供出售存货	260 000		260 000	
期末存货	(3)?		(3) 64 000（估计）	
销售成本		(2)?		(2) 196 000（估计）
销售毛利（30%）		(1)?		(1) 84 000（估计）

对于未知数的计算过程如下：首先计算毛利总额，再计算销售成本，最后计算期末存货，如下所示：

（1）€ 280 000×30%=€ 84 000（销售毛利）

（2）€ 280 000-€ 84 000=€ 196 000（销售成本）

（3）€ 260 000-€ 196 000=€ 64 000（期末存货）

② 毛利加成百分比、毛利率和加成百分比是同义的，公司在涉及成本时普遍使用加成，而涉及销售收入时使用毛利。

$$1.25C=€1.00$$
$$C=€0.80$$

毛利等于 0.20 欧元（1.00－0.80）。因此，毛利占销售价格的比重为 20%（0.20/1.00）。

相反，假定毛利占销售价格的 20%。那么成本加成是多少呢？为了获得答案，再次假定项目以 1 欧元销售。计算方程如下：

$$\text{成本}+\text{毛利}=\text{售价}$$
$$C+0.20SP=SP$$
$$C=(1-0.20)SP$$
$$C=0.80SP$$
$$C=0.80(€1.00)$$
$$C=€0.80$$

如前面的例子所示，加成等于 0.20 欧元（1.00－0.80）。成本加成为 25%（0.20/0.80）。

零售商使用如图表 9－15 所示的公式表达这些关系。

图表 9－15　　与毛利相关的公式

1. $\text{销售价格毛利率}=\dfrac{\text{成本加成百分比}}{100\%+\text{成本加成百分比}}$
2. $\text{成本加成百分比}=\dfrac{\text{销售价格毛利率}}{100\%-\text{销售价格毛利率}}$

为了理解如何使用这些公式，考虑其在图表 9－16 所示计算中的应用。

图表 9－16　　毛利公式的应用

销售价格毛利率		成本加成百分比
给定：20%	→	$\dfrac{0.20}{1.00-0.20}=25\%$
给定：25%	→	$\dfrac{0.25}{1.00-0.25}=33.33\%$
$\dfrac{0.25}{1.00+0.25}=20\%$	←	给定：25%
$\dfrac{0.50}{1.00+0.50}=33.33\%$	←	给定：50%

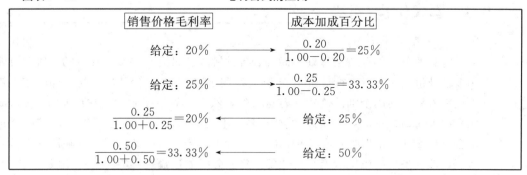

因为销售价格高于成本且两者的毛利相同，所有销售价格毛利率将总是比以成本为基础计算的相关比率小。注意公司不会用销售额乘以基于成本的加成百分比。取而代之的是，公司必须将毛利百分比转化为以销售额计算的百分比。

□ 9.3.2　对毛利法的评价

毛利法的主要缺点是什么？第一，毛利法提供的是一个估计值。因此，公司每年必须进行一次存货的实地盘点以检验存货持有量。第二，毛利法在确定加成时会使用过去的百分比。尽管过去可以为未来提供参考，但使用即期的比率更合适。注意，无论什么时候当有重大的波动发生时，公司必须调整这一百分比使其更为合理。第三，公司在使用总括毛利率时应提起注意。通常，商店或超市对不同的商品使用多种不同的毛利率。在这些情况下，公司可能需要根据商品的相对毛利率对商品进行分类，并以分部、商品线或类似的基础来应用毛利法。从财务报告的角度来看，毛利法是不可接受的，因为其提供的为估计值。IFRS 要求进行实地盘点作为对记录的存货准确性的额外验证。注意，毛利法与使用的存货计价方法（先进先出法和平均成本法）是紧密相关的，因为它要依赖于历史成本。

数字背后的故事　　挤压利润

管理者和分析师都非常关注毛利信息。毛利率的微小变动就会对经营结果产生显著影响。苹果公司（美国）的毛利在一段时间内收缩明显，成为毛利分析的一个经典案例。为应对个人电脑市场的价格战，苹果公司不得不迅速降低其 Macintosh 电脑的价格——降低价格的速度要远高于降低其成本的速度。结果，其毛利率在一年里由 44％下降为 40％。尽管 4％的下降比例似乎很小，但其对净利润的影响导致苹果公司的股价在 6 周内由每股 57 美元下降为每股 27.5 美元。另一个更近期的例子是 Debenham 公司（英国）——英国第二大百货商店，经历了 14％的股价下降。原因是什么？周转率较慢的库存商品的降价降低了其毛利率。而积极的一面是，毛利率的增长会向市场传递积极的信号。例如，Dr. Pepper's 公司（美国）毛利虽仅增加 1％却给了市场一个利好的消息，暗示公司可以通过提高价格而避免由于商品成本上升对利润的挤压。

资料来源：Alison Smith, "Debenham's Shares Hit by Warning," *Financial Times* (July 24, 2002), p. 21; and D. Kardous, "Higher Pricing Helps Boost Dr. Pepper Snapple's Net," *Wall Street Journal Online* (June 5, 2008).

9.4 零售价盘存法

零售业务中的存货会计处理面临着各种挑战。具有某些类型存货的零售商可能会使用个别计价法对存货进行计价。当零售商所持存货的单位价值较高时，如汽车、钢琴或毛皮大衣等，使用个别计价法是有意义的。然而，如果家乐福（法国）、Debenham（英国）或 Bloomingdale's（美国）等有着多种不同类型商品的大型零售企业采用这种计价法会是什么样的情形呢？在这种情况下，确定每笔销售业务的成本、在标签中输入成本条码、改变条形码以反映商品价值的下降、分配如运输费等成本等都是极为困难的。

一种替代方法是以零售价来汇编存货。对于大多数零售商来说，成本与价格间可观测的差异是存在的。零售商可以使用公式将零售价转化为成本。这种方法也叫零售价盘存法。其要求零售商作如下记录：（1）购入商品的总成本和零售价值；（2）可供出售商品的总成本和零售价；（3）当期的销售额。零售价盘存法的使用非常普遍。例如，家乐福超市使用零售价盘存法，沃尔玛和 Debenham 也一样。

以下说明零售价盘存法在 Debenham 这样的公司中是如何运用的。首先，Debenham 公司从可供出售商品零售价值中，减去当期的销售额。这一计算公式确定了期末存货（持有）的零售价值。下一步，计算所有商品成本与零售价的比率。其计算公式为可供出售商品的总成本除以可供出售商品的零售价。最后，为了获得期末存货的成本数额，Debenham 公司将这一成本与零售价的比率应用在零售价计算的期末存货中。图表 9 - 17 列示了 Debenham 公司采用零售价盘存法的计算过程（数据为假定值）。

图表 9 - 17　　　　　　　　　　　零售价盘存法

	成本	零售价
期初存货	£14 000	£20 000
购货	63 000	90 000
可供出售存货	£77 000	110 000
减：销售收入		85 000
期末存货，零售价		£25 000
成本与零售价比率（£77 000÷£110 000）＝70%		
期末存货成本（£25 000 的 70%）＝£17 500		

零售价盘存法有很多种形式，包括传统的方法（以 LCNRV 为基础）和成本法。无论公司使用哪一种方法，税务机构、不同的零售商协会以及会计业界均赞成零售价盘存法的使用。这一方法的优点之一就是诸如 Debenham 这样的公司可以不用进行存货的实地盘点就能大致估计出期末存货余额。然而，为了避免潜在的存货高估，Debenham 公司会进行定期盘存。定期盘存对于零售行业是极其重要的，因为存货的被盗和毁损在这一行业非常普遍。

零售价盘存法对于各种类型的中期报告尤其重要，因为这种报告通常需要对存货进行相对快速和可靠的计量。同时，保险精算师经常使用这种方法来估计由于火灾、洪水或其他类型灾害造成的损失。这种方法也可以作为一种控制装置，因为公司需要在期末对存货记录与实地盘点的任何差异进行解释。最后，零售价盘存法也促进了年末的实地盘点。盘点人员在进行实地盘点时只需记录每一项目的零售价，而不需要去检查每一项目的发票成本，因而节约了时间和成本。

□ 9.4.1　零售价法概念

在假定价格不变的情况下，图表 9 - 17 中的"零售价"一栏显示的数额代表了最初的零售价。但在实务中，零售商在向购买者收费时经常会调高或降低价格。

对于零售商而言，提价一词意味着在零售价基础上额外的加价。（在另一种情况下，例如在前文对毛利的讨论，我们通常是指在成本的基础上进行加价。）取消提价是指零售商已在原零售价基础上提价的商品的价格下降。

在一个竞争市场中，零售商经常需要使用降价策略，就是在原价格的基础上降低价格。一般价格水平下降、特殊销售、货物污染或毁损、库存过剩以及市场竞争等原因都使得对售价进行削减可能是必要的。近来，零售业中降价非常普遍。如果对于零售商已经降价的商品，降价在随后期间被价格的上涨所抵销，就会发生取消降价——例如当天甩卖。无论是取消加价还是取消降价，其数额都不会超过原始的加价或降价的数额。

为了厘清这些概念，假定 Designer 服装公司最近从 Marroway 公司购买了 100 件衬衣。这些衬衣的总成本为 1 500 欧元，即每件 15 欧元。Designer 公司对每件衬衣制定的售价为 30 欧元。这些衬衣销售得非常快，于是管理者对每件衬衣加价 5 欧元。

但这一加价使得这些衬衣的价格对于消费者来说太高了，所以销售速度变得很慢。管理者随后将价格减至每件 32 欧元。这时我们可以说 Designer 服装公司对每件衬衣加价 5 欧元，取消加价 3 欧元。

一个月之后，管理者将剩余衬衫的价格降为每件 23 美元。此时，就发生了额外的 2 美元的取消加价，并且每件还降价 7 美元。如果管理者随后将衬衫的价格增加至每件 24 美元，就发生取消降价 1 美元。

□ 9.4.2　带有提价或降价的零售价盘存法

零售商在会计期末通过使用加价或降价的概念来对存货进行合理的估价。为了得到恰当的存货数据，公司必须对提价、取消提价、降价、取消降价进行合理的处理。

为了说明不同的可能情况，考察 In-Fusion 公司的数据，如图表 9－18 所示。In-Fusion 公司可以在 A 和 B 两个假设下计算出以成本计价的期末存货价值（我们将在后面解释做这两个假设的原因）。

假设 A：在提价（和取消加价）后计算成本比率，但要在降价前计算这一比率。

假设 B：在提价和降价（以及对应地取消提价或降价）后均计算成本比率。

图表 9－18　　　　　　　带有加价和降价的零售价盘存法

	成本	零售价
期初存货	€500	€1 000
购货（净额）	20 000	35 000
加价		3 000
取消加价		1 000
降价		2 500
取消降价		2 000
销售额（净额）		25 000

In-Fusion 公司

	成本		零售价
期初存货	€500		€1 000
购货（净额）	20 000		35 000
可供出售商品	20 500		36 000
加：加价		€3 000	
减：取消加价		1 000	
净加价			2 000
	20 500		38 000
（A）成本与零售价比率 $=\dfrac{€20\ 500}{€38\ 000}=53.9\%$			
减：			
降价		2 500	
取消降价		(2 000)	
净降价			500
	€20 500		37 500
（B）成本与零售价比率 $=\dfrac{€20\ 500}{€37\ 500}=54.7\%$			
减：销售额（净额）			25 000
以零售价计价的期末存货			€12 500

In-Fusion 公司的计算过程如下：

以零售价计价的期末存货×成本比率＝期末存货价值
假设 A：€ 12 500×53.9%＝€ 6 737.50
假设 B：€ 12 500×54.7%＝€ 6 837.50

问题变为：In-Fusion 公司在计算期末存货时使用哪一假设和哪一比率？其答案取决于 In-Fusion 公司使用何种零售价盘存法。

一种方法是只使用假设 A（计算成本比率时只使用提价而不使用降价）。它近似于 LCNRV 原则。我们将这种方法称为传统零售价盘存法或 LCNRV 法。

为了理解为什么在计算成本比率时，这种方法只考虑提价，而不考虑降价，你必须理解零售企业是如何运作的。提价通常意味着某一项目市场价值的增加，另一方面，降价意味着某一项目效用的下降。因此，为估计 LCNRV，我们将降价视为一项当期损失，所以在计算成本与售价比率时未将其包含在内。忽略降价会使成本与售价的比率降低，因此更接近 LCNRV。

举一个例子来清晰地区分这两种方法。假设 In-Fusion 公司购买了两件商品，各花费 5 欧元；每件商品的初始零售价为 10 欧元。其中的一件随后降至 2 欧元。假定当期未发生销售业务，如果在计算成本与零售价比率时将降价考虑在内（假设 B——成本法），我们按图表 9-19 所示方法计算期末价值。

图表 9-19　包含降价的零售价盘存法——成本法

成本与零售价比率中包含降价		
	成本	零售价
购货	€ 10	€ 20
减：降价		8
期末存货，零售价		€̲ ̲1̲2̲
成本与零售价比率＝$\frac{€10}{€12}$＝83.3%		
以成本计价的期末存货（€ 12×0.833）＝€ 10		

成本法反映了这两件商品的平均成本，且不考虑其中一件商品的降价损失。其对期末商品的计价为 10 欧元。

如果计算成本对零售价的比率时不将降价考虑在内（假设 A——传统零售价法），我们按如图表 9-20 所示的方式计算期末存货价值。

图表 9-20　不包含降价的零售价盘存法——传统法（LCNRV）

计算成本与零售价比率时不包含降价		
	成本	零售价
购货	€ 10	€ 20
成本与零售价比率＝$\frac{€10}{€20}$＝50%		
减：降价		8
期末存货，零售价		€̲ ̲1̲2̲
以成本计价的期末存货（€ 12×0.5）＝€ 6		

在传统零售价法（计算成本率时不考虑降价）下，期末存货价值将为 6 欧元。存货 6 欧元的计价反映了两个存货项目：一件计价 5 欧元；另一件计价 1 欧元。它反映出 In-Fusion 公司将一件商品的售价由 10 欧元降为 2 欧元，成本由 5 欧元降为 1 欧元。①

为了大致估计 LCNRV，In-Fusion 公司必须计算出成本对售价的比率。这一比率可通过用可供出售商品成本除以这些商品的原零售价加上加价后的总额得到。这一计算不包括降价和取消降价。图表 9－21 利用 In-Fusion 公司的信息，列示了采用 LCNRV 原则的零售价盘存法的基本格式。

由于平均效应，通常无法准确地通过 LCNRV 原则对存货计价，但还是可以得到一个适当的估计值，相反，加上净加价并减去净降价可得到估计成本。

图表 9－21   复杂的传统零售价盘存法格式

In-Fusion 公司		
	成本	零售价
期初存货	€ 500	€ 1 000
购货（净额）	20 000	35 000
总额	20 500	36 000
加：净加价		
加价		€ 3 000
取消加价		(1 000)
		2 000
总额	€ 20 500 ←——————————————————→	38 000
减：净降价		
降价		2 500
取消降价		(2 000)
		500
可供出售商品售价		37 500
减：销售额（净额）		25 000
期末存货，零售价		€ 12 500

$$\text{成本与零售价比率} = \frac{\text{可供出售商品成本}}{\text{可供出售商品原始价格加净加价}} = \frac{€\ 20\ 500}{€\ 38\ 000} = 53.9\%$$

以 LCNRV 原则计价的期末存货（53.9% × € 12 500）= € 6 737.50

□ 9.4.3　与零售价法相关的特殊项目

当考虑运费、购货退回与折让以及购货折扣等问题时零售价盘存法就变得更加复杂。在零售价法下，我们对这些项目按以下方式处理。

- 运输费用作为采购成本的一部分。
- 购货退回一般被视为以成本和零售价计量的价格的减项。

---

① 这个数字并不是真正的可变现净值，而是可变现净值减去正常毛利。换句话说，商品的售价减至 2 欧元，但减去 50% 的正常毛利（成本 5 欧元÷市价 10 欧元），这一数据就变为 1 欧元。使利润率接近预计完工成本和销售成本的计量是接近可变现净值的。

● 购货折扣与折让通常作为购货成本的减项。

简而言之，在计算可供出售商品成本后进行这些处理将会对零售价盘存法的成本栏产生影响。①

注意，销售退回与折让被视为是对销售总额的合理调整。然而，如果公司是以总价法记录销售业务的，公司将不确认销售折扣。如果这种情况下对销售折扣进行了相应调整，所提供的以售价记录的存货数据可能会被高估。

另外，有很多特殊项目需要认真分析。

● 从其他部门调入的存货按照与从外部公司购入的存货相同的方式报告。

● 正常短缺（破坏、毁损、盗窃、损耗）应从零售价中减除，因为这些商品已不能再用于出售。这些成本应在售价中得以反映，因为在零售企业中，一定数额的短缺被视为是正常的。因此，公司在计算成本与售价的比率时将不考虑这部分数额。然而，在计算以零售价计价的期末存货时，将正常短缺视为类似于销售收入的减项。

● 非正常短缺应从成本和零售价中扣除，并作为一项特殊的存货数额或一项损失报告。否则，将会扭曲成本对售价的比率以及高估存货价值。

● 雇员折扣（为鼓励员工对公司忠诚、更好的表现等而给予员工的激励）如同销售额一样在零售价中扣除。在计算成本与零售价的比率时不应考虑这些折扣，因为它们没有反映销售价格的整体变动。②

图表 9-22 列示了其中一些概念。Extreme Sport Apparel 公司使用传统的零售价盘存法确定期末存货价值。

图表 9-22　　　　传统的零售价盘存法——包含特殊项目

Extreme Sport Apparel 公司		
	成本	零售价
期初存货	€ 1 000	€ 1 800
购货	30 000	60 000
调入	600	—
购货退回	(1 500)	(3 000)
总额	30 100	58 800
净加价		9 000
非正常短缺	(1 200)	(2 000)
总额	€ 28 900 ⟷	65 800
减：		
净降价		1 400
销售收入	€ 36 000	
销售退回	(900)	35 100
雇员折扣		800
正常短缺		1 300
		€ 27 200

---

① 如果购货折让没有作为销售价格的减项反映，那么对零售价一栏不做调整。

② 注意，如果雇员折扣以总价法记录，对于零售价一栏中的雇员折扣无须做任何调整。

$$成本与零售价比率 = \frac{€\,28\,900}{€\,65\,800} = 43.9\%$$

以 LCNRV 原则计价的期末存货（43.9%×€ 27 200）＝€ 11 940.80

□ 9.4.4　零售价盘存法的评价

如家乐福（法国）、马莎（英国），以及你们当地的百货商店会由于如下原因而使用零售价盘存法计算期末存货价值：（1）可以在不进行期末盘点的情况下计算出净收入；（2）确定期末存货短缺时作为一种控制手段；（3）控制持有商品的数量；（4）保险方面的信息。

零售价盘存法的一个特点是其对不同的毛利率具有平均效应。当公司对所有业务应用这一方法时就会产生问题，因为各部门间的毛利是不同的。由于这种差异而导致的可能扭曲的报告结果将是不被允许的，因此，公司在这种情况下可以重新定义零售价盘存法，分部门计算存货，或者将具有相同毛利的商品分类再分别计算存货成本。另外，只有假定存货项目的分类类似于所有可供出售商品的"混合"时，这种方法才是可靠的。

9.5　列报与分析

□ 9.5.1　存货列报

会计准则要求财务报表应披露下列与存货相关的项目：

1. 计量库存采用的会计政策，包括使用过的成本公式（加权平均法、先进先出法）。

2. 总库存的账面价值以及分类后的账面价值（常用的库存分类有商品、供应品、原材料、在产品以及产成品）。

3. 存货的账面价值为公允价值减去销售成本。

4. 存货的数量确认为期间费用。

5. 存货账面价值的减值金额在该期间内确认为费用，账面价值减值金额的转回确认为该期间内费用的减少。

6. 导致账面价值减值金额转回的环境和事件。

7. 作为负债担保的存货金额。

制造商应在资产负债表或报告附注中一个单列的表格中报告存货组成。原材料、在产品和产成品的相对组成信息有助于获得流动性方面的信息以及计算产成品进度。与存货有关的重大的或非正常的融资安排需要在报表附注中披露。包括如关联方交易、生产融资安排、公司购货承诺以及存货以担保物进行质押。公司应在流动资产部分披露贷款中作为担保物质押的存货，而不是作为债务的抵销。

公司还应报告其报告存货数额的基础（LCNRV），以及确定存货成本的方法（后进先出法、先进先出法、平均成本法等）。[10]例如，Lectra SA 公司（法国）的年报包含如图表 9 - 23 所示的信息。

图表 9 - 23　　　　　　　　　　　　存货方法的披露

Lectra SA 公司 2012 年 12 月 31 日资产负债表 （单位：千欧元）	
流动资产	
存货（附注 12）	€ 22 756

会计准则与方法（部分）——存货

　　原材料存货以购置成本（基于加权平均成本，包含相关成本）与可变现净值孰低计量。产成品和在产品以行业标准成本（期末在实际成本的基础上调整）与可变现净值孰低计量。可变现净值是正常经营活动中的估计售价减去估计的完工成本或升级成本，以及不可避免的销售成本。存货成本不包含利息费用，如果可变现净值低于账面价值，则需要计提跌价准备。　　　　　　　　　　　　　　　　　　　　　　《会计政策的解释》

　　附注 12：存货
　　存货——总价值
　　原材料　　　　　　　　　　　€ 23 422
　　产成品及在产品　　　　　　　　6 865　　　　　　　　《存货分类》
　　　　　　　　　　　　　　　　　　　　　€ 30 287

　　资产减值
　　原材料　　　　　　　　　　　（5 447）
　　产成品及在产品　　　　　　　（2 084）　　　　　　《存货确认为费用》
　　　　　　　　　　　　　　　　　　　　　（7 531）

　　存货——净值
　　原材料　　　　　　　　　　　17 974
　　产成品及在产品　　　　　　　　4 782　　　　　　　《以可变现净值计量的账面价值》
　　总计　　　　　　　　　　　　　　　　　€ 22 756

● 产成品及在产品包括展示品和二手设备。
● 2012 年期间 1 296 000 欧元的资产减值已经完全核销（2011 年的 895 000 欧元也是），因此资产总额的减少和资产减值的数目应该是相同的。
● 2012 年集团库存的增加主要是由于 Versalis 和 Vector 新一代刀具的投放生产。
● 该年存货的减值达到 1 749 000 欧元，由于销售而将之前的减值转回的金额达到 1 249 000 欧元，与同期的存货减值实现部分账面抵销。

《存货的减值、转回及相关环境》

　　如果 Lectra SA 公司改变任一存货组成部分的定价方法，其必须报告会计政策的变更。例如，如果 Lectra SA 公司将产成品的会计核算方法由加权平均法改为先进先出法，那么其应单独报告这一变更，以及对当期和前期收入（在第 22 章介绍）的影响。会计政策变更需要在审计报告中进行解释说明，以描述这一政策的变更。

　　作为存货披露实践中的另一个案例，Pernod Ricard 公司（法国）在其年报中报告的存货信息如图表 9 - 24 所示（注意在流动资产中划分长期存货采用的“商业惯例”）。

图表 9－24   存货计价的商业惯例披露

Pernod Richard 公司	
流动资产	
存货（附注 13）	€ 3 715

附注 13：存货
存货以成本（采购成本以及生产成本，包括间接生产费用）与可变现净值孰低进行测量。可变现净值是售价减去估计的完工成本及销售存货的成本。大部分存货都以加权平均成本法的方式计量。长期存货的成本使用单一模式计量，该模式包括蒸馏和老化成熟成本，但不包括财务成本。保留在存货中的实质部分因为某些特定葡萄酒和烈酒的老化过程可能超过一年以上才会被售出，但这些存货仍被归类为流动资产。

在资产负债表日，存货和在产品的分解如下：

（单位：百万欧元）		当年的变动			
	年初	总数变动	减值变动	其他变动	年末
原材料	135	18	—	(3)	150
在产品	2 836	379	—	(254)	2 961
商品	399	52	—	(38)	413
产成品	253	15	—	(10)	258
总值	3 623	464	—	(305)	3 782
原材料	(12)	—	(3)	0	(25)
在产品	(20)	—	(6)	3	(23)
商品	(12)	—	(2)	(1)	(15)
产成品	(15)	—	0	1	(14)
备抵计价	(59)	—	(11)	3	(67)
净值	3 564	464	(11)	(302)	3 715

其他变动主要由于外币变动的损益造成。在年末，主要用于威士忌和白兰地生产的成熟中的库存占到在产品库存的 84%。Pernod Ricard 公司对其供应商的依赖程度不高。

上述例子说明，公司会披露为了使存货价值达到可变现净值而做的存货价值重估及价值备抵。因此，对于 Pernod Ricard 公司来说，年末其存货以成本（或可变现净值）计价的金额为 3 715 百万欧元。

□ 9.5.2 存货分析

公司所持有的存货数量对其经济结果具有显著影响。因此，公司必须对存货进行管理。但是存货管理又是一把双刃剑。它要求持续性的关注。一方面，管理者想要持有种类和数量都较多的存货，这样将会为顾客提供更多的选择。然而，这种存货政策可能会导致超额的存货成本（例如，投资、储存、保险、税款、过时以及毁损）。另一方面，较低的库存水平又会导致脱销、失去销售机会以及引起客户不满。

财务比率的使用可以帮助公司在这两种风险中寻求一个中间点。管理以及评估存货水平普遍使用的比率是存货周转率以及一个相关的度量指标——存货平均销售天数。

存货周转率

存货周转率是衡量公司在某一期间销售存货的平均次数。它衡量了存货的流动性。将销售成本除以某一期间内持有存货的平均数即可得到存货周转率。

除了季节性因素，分析师们都是以期初和期末的存货余额来计算存货平均值。例如，Tate & Lyle 公司（英国）在其 2013 年的年报中报告的期初存货为 450 百万英镑，期末存货为 510 百万英镑，当年的销售成本为 2 066 百万英镑。图表 9 - 25 列示了存货周转率的计算公式以及 Tate & Lyle 公司 2013 年的比率计算。

图表 9 - 25 存货周转率

$$存货周转率 = \frac{销售成本}{平均存货} = \frac{£2\ 066}{(£450 + £510)\ /2} = 4.30\ 次$$

存货平均销售天数

存货周转率的一个变形是存货销售平均天数。这一指标代表了公司将所持存货销售出去的平均天数。例如，用 365 除以 Tate & Lyle 公司的存货周转率 4.30 次，即得到 Tate & Lyle 公司的存货平均销售天数约为 85 天。

每一行业均有其典型的存货水平。然而，只有那些拥有比竞争者更低的存货水平、更高的周转率，同时仍然能够满足消费者的需求的公司才是最成功的。

国际会计视野

大多数情况下，美国的 GAAP 和 IFRS 的规定是相同的。主要的区别是 IFRS 禁止使用后进先出成本流转假设，并以不同的方式使用 LCNVR 原则。

相关事实

以下是 GAAP 和 IFRS 中与存货相关规定的相同点和不同点。

相同点

● IFRS 和 GAAP 对获得的存货均按照历史成本进行会计核算，并且在随后期间以成本与可变现净值（市价）孰低原则对存货进行计价。

● 存货所有权归属——在途物资、代销品、特殊销售协议——以及存货中所包含的成本在 IFRS 和 GAAP 规定下的会计核算是相同的。

不同点

● GAAP 对存货的会计核算提供了更为详细的指引。存货的会计核算和报告也要求更多地以 IFRS 原则为基础。

● IFRS 和 GAAP 在存货核算上的主要区别与后进先出成本流转假设有关。GAAP 允许使用后进先出法对存货计价。而 IFRS 禁止使用后进先出法。在 IFRS 下，只允许使用先进先出法和平均成本法这两种成本流转假设。这两套标准也都允许在适当的时候采用个别计价法。

● 在对存货计价进行成本与市价孰低测试时，GAAP 定义市价为在可变现净值（上限）和可变现净值减正常提价（下限）约束下的重置成本。IFRS 将市价定义为可变现净值并且没有使用上限和下限来确定市价。

● GAAP 规定，如果在成本与市价孰低原则下存货被调减，那么新的基础被视为存货的成本。因此，存货在后续期间可能不会再被调回其初始成本。而在 IFRS 下，调减可能在后续期间被转回，且转回的最高限额为之前曾调减的数额。调减和后续期间的任何转回都应在利润表中进行报告。

● IFRS 规定生物资产和农产品都应在收获的时点按照可变现净值进行报告。GAAP 并未要求对公司所有的生物资产按照相同的方式报告。此外，这些资产一般也不以可变现净值进行报告。这两套标准对于披露的要求也存在差别。

深度解读

下表展示了 GAAP 在存货中的应用，是 Fortune Brands 公司（美国）使用 GAAP 与存货相关的原则所进行的披露。

Fortune Brands 公司
流动资产
存货（附注 2）
烟叶 　　　　　　　　　 $563 424 000
散装威士忌 　　　　　　 237 759 000
其他原材料、物料及
在产品 　　　　　　　 238 906 000
产成品 　　　　　　　　 658 326 000
$1 693 415 000

附注 2：存货
存货以成本（平均成本法或先进先出法，少量
存货使用后进先出法）与市价孰低法计量。为
了与通用的商业习惯保持一致，烟叶及散装威
士忌被归类为流动资产，尽管根据这些存货的
老化过程，这些存货通常不会在一年内出售。

未来之路

一个比较难解决的集中问题与后进先出成本流转假设的使用有关。如前所述，IFRS 特别规定禁止使用后进先出法。相反，由于后进先出法具有明显的税收优势，美国广泛使用这种成本流转假设。另外，一些人指出从财务报表的角度来说，后进先出法能使当期成本与收入进行更好的匹配，因此能够保证公司计算出更为合理的收入数据。

本章小结

1. 描述和应用成本与可变现净值孰低原则。无论是何种原因，如果存货的价值降至其初始成本以下，公司应当调减存货以反映这一损失。当资产的未来效用（创收能力）降至其初始成本以下时，一般的原则是摒弃历史成本原则。

2. 解释公司在什么时候以可变现净值对存货进行计价。当成本难以确定、产品在市场报价下适销对路，以及单位产品可互换时，公司以可变现净值计价。以可变现净值作为一般原则对存货进行计价的两种常见情况包括：（1）农业资产（包括生物资产和农产品）；（2）中介交易商持有的商品。

3. 解释公司在什么时候以相对独立售价对存货进行计价。当公司一次性购置（又叫一揽子购买）一组不同项目的商品时，可能以相对售价为基础将总购买价格分配于各单个项目上。

4. 讨论与购货承诺相关的会计问题。对购货承诺的会计处理是存在争议的。一些人认为公司应在合同签订时将购货承诺作为资产或负债报告。其他人认为在发运日确认是最为合理的。如果公司有确定购买承诺，而价格低于初始成本，则应该记录损失。IFRS 认为这种情况等同于有法律义务的合约。

5. 应用毛利法确定期末存货。公司通过应用毛利法按如下步骤确定期末存货成本。（1）计算毛利占售价的百分比。（2）通过销售净额乘以毛利率计算毛利。（3）从销售净额中减去毛利计算销售成本。（4）从可供销售存货成本中减去销售成本计算期末存货成本。

6. 通过应用零售价盘存法确定期末存货。公司通过使用传统的零售价盘存法按如下步骤确定期末存货成本。（1）从可供出售商品的零售价中减去当期的销售额，来估计以零售价计价的存货成本。（2）将可供出售商品总成本除以可供出售商品总零售价，即可得到流进某一部门或某一公司的所有商品的成本对零售价比率。（3）通过使用成本对零售价比率将以零售价计价的存货转换为估算的成本数。

7. 解释如何报告和分析存货。IFRS 对存货披露的要求通过图表 9 - 23 和图表 9 - 24 进行了展示。会计准则要求从一个期间到另一个期间应采用一致的成本计价方法。管理以及评估存货水平普遍使用的比率是存货周转率和存货平均销售天数。

简单练习

BE9 - 7　Kemper 公司与其主要供应商签订了一份不可撤销的长期购货协议，协议规定公司在 2016 年以成本 1 000 000 美元购买供应商的一批原材料。2015 年 12 月 31 日，该批原材料的市场价格为 950 000 美元。编制 12 月 31 日必要的会计分录。

BE9 - 8　沿用 BE9 - 7 有关 Kemper 公司的信息。2016 年，Kemper 公司以 1 000 000 美元购买了该批原材料，而其实际价值为 950 000 美元。编制购货业务分录。

综合练习

E9 - 11（购货承诺）　Prater 公司在生产过程中的关键原材料难以取得，于是在 2015 年 11 月 30 日与生产这种原材料的最大的供应商签订了一份不可撤销的长期购货协议，规定购货价格为 400 000 美元。2015 年 12 月 31 日，原材料的价格下跌至 375 000 美元。

要求：在 2015 年 12 月 31 日应如何编制会计分录以确认这一情况？

权威文献

［1］International Accounting Standard 2, *Inventories* (London, U. K.：International Accounting Standards Committee Foundation, 2003), par. 6.

［2］International Accounting Standard 2, *Inventories* (London, U. K.：International Accounting Standards Committee Foundation, 2003), paras. 28 - 29.

［3］International Accounting Standard 2, *Inventories* (London, U. K.：International Accounting Standards Committee Foundation, 2003), par. 29.

［4］International Accounting Standard 2, *Inventories* (London, U. K.：International Accounting Standards Committee Foundation, 2003), par. 33.

［5］International Accounting Standard 2, *Inventories* (London, U. K.：International Accounting Standards Committee Foundation, 2003), par. 21.

［6］International Accounting Standard 41, *Agriculture* (London, U. K.：International Accounting Standards Committee Foundation, 2001).

［7］International Accounting Standard 2, *Inventories* (London, U. K.：International Accounting Standards Committee Foundation, 2003), paras. 3 - 4.

［8］International Accounting Standard 37, *Provisions, Contingent Liabilities and Contingent Assets* (London, U. K.：International Accounting Standards Committee Foundation, 2001), paras. 66 - 68.

［9］Conceptual Framework for Financial Reporting (London, U. K.：International Accounting Standards Committee Foundation, 2010), par. 4. 46.

［10］International Accounting Standards 2, *Inventories* (London, U. K.：International Accounting Standards Committee Foundation, 2001), par. 36.

第 10 章

不动产、厂场和设备的取得和处置

学习目标

学完本章后，你应该能够：

1. 描述不动产、厂场和设备的特征。
2. 确定不动产、厂场和设备的取得成本。
3. 掌握自行建造不动产、厂场和设备的相关会计问题。
4. 掌握利息费用资本化的相关会计问题。
5. 掌握取得不动产、厂场和设备并计量的相关会计问题。
6. 掌握不动产、厂场和设备后续支出的会计处理。
7. 掌握处置不动产、厂场和设备的会计处理。

注意你的花销

　　诸如不动产、厂场和设备等长期资产是许多企业资产负债表中的重要元素。长期资产和产品的研究与开发都是企业产生现金流的驱动力。在企业资产负债表中披露的固定资产信息直接影响着企业总资产、折旧费用、现金流和净利润等信息。因此，企业非常关注其资本性支出的水平。

　　下表列示了近一年中全球范围内资本性支出最高的 10 家企业，下面对这些信息进行分析。

资本性支出最高的 10 家企业——以能源类企业为主导

公司	国家	行业	资本性支出（10 亿美元）
中石油（PetroChina Company）	中国	能源	50.0
巴西石油公司（Petrobras）	巴西	能源	38.5
埃克森美孚（ExxonMobil）	美国	能源	34.3
荷兰皇家壳牌公司（Royal Dutch Shell）	荷兰	能源	32.6
雪佛龙公司（Chevron）	美国	能源	30.9
道达尔公司（Total S. A.）	法国	能源	26.2
中石化（China Petroleum & Chemical）	中国	能源	25.2
英国石油公司（BP plc）	英国	能源	23.1
三星电子（Samsung Electronics）	韩国	IT	21.6
丰田汽车（Toyota）	日本	消费品	21.0

　　资料来源：S&P Capital IQ，Standard & Poor's Ratings Services' Calculations。

　　如上表所示，资本性支出最高的 10 家企业中，能源类企业占 8 家，其他行业（制造业）中只有三星电子（韩国）和丰田汽车（日本）入围。

　　在企业中，往往很难确定合适的资本性支出水平。太高的资本性支出会带来占用现金流和降低议价能力的风险，而太低的资本性支出又会削弱企业的竞争力。欧洲经济衰退、2008 年金融危机以及中国支出水平的降低造成最近企业资本性支出的下降。西欧、拉美和亚太等地区国家的资本性支出呈现疲软态势。下图呈现出全球资本性支出增长已经失速，近几年甚至负增长。

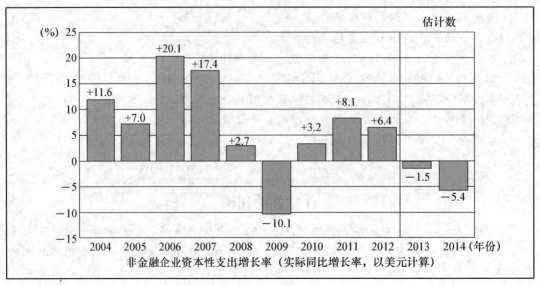

全球非金融企业资本性支出增长率

非金融企业资本性支出增长率（实际同比增长率，以美元计算）

资料来源：S&P Capital IQ, Standard & Poor's Ratings Calculations，IMF.

下面以法国为例说明资本性支出减少带来的问题。尽管借款利率很低，但欧洲第二大经济体——法国的企业仍保守对待资本性支出。由于税收的升高以及国外竞争的加剧，法国企业的利润率降至 1985 年以来的最低值，降低了企业承受更高风险的能力。建筑材料商圣戈班集团（法国）的首席执行官说："我们希望企业面临的不确定性越少越好，但事实上却越来越多。"

即使在经济情况较好的时候，资本性支出的问题也是非常复杂的。企业的管理层主要考虑以下几个问题：

1. 资本性支出水平——企业应该花多少？
2. 资本性支出配置——企业应该在什么项目上花钱？
3. 项目执行——企业的资本性支出如何转化为真正的现金流入？

这些问题很难回答，错误的答案会造成企业利润的下降。财务报告使用者对于这些信息十分感兴趣。正如前面提到的，太高的资本性支出会带来占用现金流和降低议价能力的风险，而太低的资本性支出又会削弱企业的竞争力。资本性支出会对企业的销售额、折旧费用及现金流造成影响，进而影响企业的财务灵活性。

资料来源：W. Horobein and S. Schnechner, "Facing Uncertainty, French Firms Cut Back on Investments," *Wall Street Journal* (July 7, 2013); *Pulling the Capex Lever*, AT Kearney (2013); and G. Williams, *Global Capital Expenditures Survey 2013*, Standard and Poor's (July 10, 2013).

本章概览

正如本章开篇案例所述，有些企业，例如中石油公司（中国），在不动产、厂场和设备方面的投资规模巨大。相反，有些企业，例如阿尔卡特-朗讯公司（法国），在同类资产上的投资甚少。本章，我们将探讨如何对不动产、厂场和设备的取得、使用和处置进行恰当的会计处理。本章内容和结构如下：

不动产、厂场和设备的取得和处置			
取得	**计量**	**后续支出**	**处置**
·土地、建筑物和设备的取得成本 ·自行建造资产 ·利息费用 ·观察结论	·现金折扣 ·延期付款合同 ·一揽子购买 ·股票发行 ·非货币性资产交换 ·政府补助	·增置不动产、厂场和设备 ·改良和重置 ·重新安排和重新安装 ·维修 ·总结	·不动产、厂场和设备的出售 ·不动产、厂场和设备的强制更换

10.1　不动产、厂场和设备

　　诸如鸿海精密公司（中国台湾）、塔塔钢铁公司（印度）和荷兰皇家壳牌公司（英国和荷兰）通常会持有可长期使用的资产，我们称之为固定资产（或不动产、厂场和设备）。不动产、厂场和设备是有形资产，用于生产商品、提供服务、出租或保障管理活动，其使用寿命超过一个会计年度。[1]不动产、厂场和设备包括土地、建筑物（办公室、工厂、仓库）和设备（机器、货物、工具）等。不动产、厂场和设备的主要特征如下：

　　1. 企业持有的目的是经营管理，而不是用于出售。只有用于企业日常生产经营活动的资产才能称为不动产、厂场和设备。例如，一栋闲置的建筑应当被单独列示为一项投资。为了获得价值增值而持有的资产应该被列示为一项投资。此外，持有待售的不动产、厂场和设备应该在资产负债表中单独列示。而对于土地开发商或者房地产经销商而言，土地应该被划分为企业的存货。

　　2. 使用寿命超过一个会计年度，且通常需要计提折旧。不动产、厂场和设备通常能够为企业提供数年的服务。企业通过定期计提折旧，将资产成本在未来各期间分摊。然而，对土地的处理属于例外，只有当土地的价值实际减少时，企业才需要计提折旧。例如，由于不科学的土地轮作、干旱或者水土流失等因素导致土地肥力下降，进而引起土地贬值，企业应当对其计提折旧。

　　3. 具有实物形态。不动产、厂场和设备是有形资产，具有物理形态或实物特征。这一特征使它们有别于专利、商誉等无形资产。但是，不动产、厂场和设备又与原材料不同，它们并不会成为企业产品的物理组成部分。

10.2　不动产、厂场和设备的取得

　　绝大多数企业都采用历史成本作为不动产、厂场和设备的计量基础。历史成本应当包括企业取得某项资产、将其置于指定地点并使之达到预定可使用状态前所支付的所有现金或现金等价物。不动产、厂场和设备同时满足下列条件，才能予以确认：该不动产、厂场和设备的成本能够可靠计量且与该不动产、厂场和设备有关的经济利益

很可能流入企业。[2] 例如，星巴克公司（美国）为经营需要购置了一台咖啡机，这部分支出被确认为资产，因为其成本能够可靠计量且未来可以为企业带来经济利益。但是，当星巴克对其咖啡机进行日常维修时，这笔维修支出应该计入费用，因为其带来的收益主要是在当期流入企业的。

总之，企业将如下费用计入不动产、厂场和设备的取得成本。[3]①

1. 购买价款，包括进口关税和不可退的消费税，减去商业折扣与回扣。例如，英国航空公司（英国）以考虑制造成本后对价的公允价值来对其飞机进行计价。

2. 将资产置于指定地点并使之达到预定可使用状态前所发生的费用。例如，当 Skanka AB 公司（瑞典）向卡特彼勒公司（美国）购买重型机械时，将运输费用与购买价款一并计入不动产、厂场和设备的取得成本。②

在取得不动产、厂场和设备之后，不动产、厂场和设备的计量可以以历史成本为基础，也可以选用公允价值（即重估价值）进行计量。企业可以选择对不动产、厂场和设备中的全部项目或者单个项目选用历史成本法或公允价值法。例如，企业可以对其持有的土地（一种资产）选用公允价值进行后续计量，同时对建筑物和设备（其他种类的资产）选用历史成本进行后续计量。

大多数企业选用历史成本法进行后续计量——这种方法的使用成本较低，因为在公允价值法下，需要聘请评估师进行评估。此外，公允价值法下资产的价值较高，因此折旧费用也相应升高，导致净利润下降。本章讨论历史成本法，公允价值法将在第 11 章进行讨论。

□ 10.2.1　土地成本

土地成本包括取得土地并使其达到预定可使用状态前的所有支出。因此，当欧尚（法国）或者永旺（日本）购买一块土地用于修建新商铺时，土地成本通常包括：（1）购买价格；（2）过户费，例如土地的产权费、律师费和土地登记费；（3）达到预定可使用状态前发生的费用，如土地平整、填平、排水、清理等费用；（4）任何可能的财产留置、担保、抵押；（5）任何使用寿命不确定的土地改良。

例如，永旺为修建一栋建筑物购买了一块土地，并将挖地基之前发生的所有成本都归为土地成本。旧建筑的拆除、土地的清理、平整和填补，都属于土地成本，因为这些都是使土地达到预定可使用状态所必须进行的活动。永旺将土地达到预定可使用状态前取得的所有收入，包括旧建筑残留物或清理木材的销售收入，都作为土地成本的抵减。

在某些情况下，永旺购买土地时可能会承担附加在土地上的某种特定义务，例如需要补缴税款或者土地已经被抵押。此时，土地成本应当包括取得土地的现金支出以及应承担的义务。换言之，如果土地的购买价格是 50 000 000 日元，附加的应计财产

---

① 在确定资本化的费用时，需要考虑重要性水平。例如，假设 Cathay 公司持有一些零部件，以防止设备故障。尽管可以带来未来现金流，与零部件相关的支出仍应该计入费用，除非这些零部件单独或者合计金额较为重大。

② 如果企业在资产达到使用年限时需要承担法定弃置义务，应该将预计发生的拆除费用和场地恢复费用计入固定资产的成本。例如，英国石油公司（英国）表示，在企业有义务拆除某项设备或资产，并恢复该设备或资产占用的场地时，企业会将相关费用确认为一项负债。同时，将该部分金额计入资产的原始价值。我们将在第 13 章中具体讨论这类资产与相关负债的确认与计量问题。

税 5 000 000 日元、留置权 10 000 000 日元，则土地的成本应该为 65 000 000 日元。

永旺可能还需要为土地的局部改良支付特别税捐，例如资助修建硬路、街灯、下水道和排水系统。公司应该将这些费用计入土地成本，因为它们具有相对永久性。即建成之后，由当地政府负责维护。此外，永旺还应该将所有永久性的改良支出，例如园林绿化支出，计入土地成本。同时，对于使用寿命有限的改良支出，如私人车道、人行道、围墙、停车场，公司应该将其单独记入"土地改良"账户，并在预计的使用寿命期内摊销。

通常来讲，土地是不动产、厂场和设备的一部分。然而，如果购买和持有土地的主要目的在于投机，则企业应当将其归为一项投资。而对于房地产商，其持有土地的目的是再次销售，因此应将其划分为存货。

若企业出于投资目的持有土地，那么应当如何处理持有期间发生的税费、保险费以及其他直接费用？许多人认为企业应当资本化。理由是，企业持有投资时并未获得收入。通常，企业对这些费用作资本化处理，除非这项资产当期已产生收入（例如出租的房产）。

□ 10.2.2　建筑物成本

建筑物成本包括购买或者建造建筑物过程中所有直接相关的支出。这些支出包括：（1）建造期间发生的材料费、人工费和管理费用；（2）顾问费和建筑开发许可费用。一般来说，企业会委托他人修建并签订建造合同。从挖掘地基到最后完工整个过程中发生的所有费用都属于建筑物成本。

然而，对于拟新建房屋的所在位置的原有建筑物，企业应该如何处理？旧建筑的拆除费用属于土地成本还是新建筑物的成本？回忆一下，如果公司购买了一块建有旧楼的土地，那么，旧建筑物的拆除费用减去残留物价值的净额是为使土地达到预定可使用状态所发生的成本，与土地有关而与新建筑物无关。换言之，所有为使某项资产达到预定可使用状态而发生的成本都是该项资产的成本。

也就是说，与使得建筑物达到预定可使用状态不直接相关的支出都不应该资本化。例如，开办费用、与建筑物剪彩相关的促销费用以及经营初期由于销售量较低导致的损失都不应该资本化。同理，一般的行政支出（例如财务部门的支出）不应该计入建筑物成本。

□ 10.2.3　设备成本

会计上的"设备"包括运输设备、办公设备、机器、家具和装饰物、室内陈设、工厂设备以及类似的固定资产。这类资产的成本包括购买价格、运费、装卸费、运输过程中发生的设备保险费、必要的特殊基础费用、装配及安装费和试运行费用等。如果在将设备置于指定地点并使之达到预定可使用状态的过程中生产了产品（例如测试仪器时试生产的样品），并且销售该产品产生了收益，应该抵减设备成本。因此，设备成本包括购买该项设备的价款和使该项设备达到预定可使用状态的所有支出。

□ 10.2.4　自行建造不动产、厂场和设备

企业偶尔也会自行建造不动产、厂场和设备。确定自建不动产、厂场和设备的成本是一个难题。由于缺乏购买价格或合约价格，企业必须通过成本和费用的分摊以取得自建资产的成本。建造过程中发生的材料费和直接人工费的处理比较简单，企业可以直接追溯至与不动产、厂场和设备建造相关的工时记录和领料单。

但是，建造过程中发生的间接成本的分摊则会引发很多特殊的问题。这些间接成本称为间接费用或管理费用，包括动力费、热力费、电费、保险费、厂房建筑物和设备的财产税、工厂保安的工资、固定资产的折旧费和各类易耗品等。

企业可采用以下两种方法对间接成本进行处理。

1. 不将固定间接费用分摊至自建资产的成本。这种处理方法的主要依据在于，间接费用通常是相对固定的，一般不会因建造厂房或设备而增加。这种处理方法假定，无论企业是否自行建造资产，间接费用都会保持不变。因此，将部分间接费用分摊到自建资产的成本会降低当期费用，进而高估当期利润。但是，企业通常会将因建造资产而增加的变动间接费用计入自建资产的成本。

2. 将间接费用的一部分分摊至自建资产的成本。这种处理方法称为全部成本法，该方法认为成本应该在所有的生产产品和建造的资产间分摊。将间接费用的一部分分摊给自建资产，就像正常生产过程的成本分摊一样。这种方法的支持者认为，不分摊间接费用会低估资产的初始成本，并使未来费用分摊有误。

企业应当将固定间接费用按相应比例分摊给自建资产以确定其成本。大部分企业都采用这种方法，它们认为该方法能使成本更好地与成本产生的收益相配比。原材料、人力成本或者其他资源的非正常浪费不应该计入资产的成本中。[4]

如果分摊间接费用之后导致自建资产的成本高于外部独立生产商的报价，企业不应将超出部分的间接费用资本化，而应确认为当期损失，从而避免以超出资产公允价值的金额记录资产的成本。在任何情况下，企业都不应该对自行建造的不动产、厂场和设备确认利得。

□ 10.2.5　建造过程中的利息费用

如何对利息费用进行适当的会计处理是一个长期存在争议的问题。① 对于建造不动产、厂场和设备而融资产生的利息费用，企业目前可以选择以下三种不同的会计处理方法。

1. 对建造过程中产生的利息费用不做资本化处理。在该方法下，利息被视为融资费用而非建造成本。一些人认为，如果企业选择使用股票（权益）而不是债券来为自建资产融资，就不会产生利息费用。这种方式最大的争议就是，无论资金的来源是什么，只要使用了资金，就不能忽略其内含的相关利息费用。

2. 将建造使用的所有资金的成本资本化，无论该资金成本是否实际发生。这种

---

① IFRS 使用借款费用来替代利息费用这一术语。借款费用包括用实际利率法计算出的利息费用。在这里我们用利息费用来指代借款费用这一术语。

方法认为，资产的建造成本应该包括融资成本，无论建造资金来源于自有资金、债券融资还是股权融资。该方法的支持者认为，所有使一项资产达到预定可使用状态前的必要支出都应该被确认为该项资产的成本，就像人力成本和物料成本一样，无论是实际发生的还是估算出的利息费用都应该计入成本。这种方法主要的缺点在于权益资本（股票）成本的估算包含很多主观因素，脱离了历史成本计量的框架。

　　3．只对建造过程中实际发生的利息费用进行资本化处理。这种处理方法延续了第二种方法的部分逻辑——利息费用和人力成本、物料成本一样，都是成本的组成部分。但是这种方法只对债券融资过程中发生的利息费用进行资本化处理。（也就是说，这种方法试图避免股权融资成本的测算。）在这种方法下，以债券融资方式建造资产的资产成本会高于以股权融资方式建造资产的资产成本。有些人并不赞同这种处理方法，他们认为无论企业以自有资金、股权融资还是债券融资的方式建造资产，资产的成本应该相同。

　　图表 10-1 展示了企业在三种不同的处理方式下，如何将利息费用（如果存在）计入资产成本中。

图表 10-1　　　　　　　　　　　　　　　**利息费用资本化**

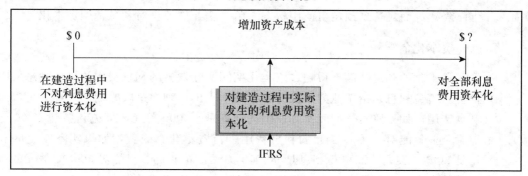

　　IFRS 要求企业采取第三种资本化的方法对利息费用进行处理——对实际发生的利息费用（进行适当的调整之后）予以资本化。这种方法遵循了确定资产成本的基本原则：取得一项资产的历史成本包括将其运输到指定地点并使之达到预定可使用状态前发生的所有必需的支出（包括利息费用）。这种方法的基本原理是，建造过程中的资产还不能为企业带来收益，因而应当递延确认（资本化）利息费用。一旦建造完工，资产达到预定可使用状态，就可以为企业创造收益。在这个时点，企业应该将利息费用化，并与资产创造的收益进行配比。同理，企业在购买已经达到预定可使用状态的资产时，应该对发生的利息全部予以费用化处理。[5]

　　在具体执行该一般方法时，企业应该考虑以下三个因素：

　　1．符合资本化条件的资产。

　　2．资本化期间。

　　3．资本化金额。

符合资本化条件的资产

　　符合资本化条件的资产是指需要经过相当长的一段时间才能达到预定可使用状态的资产。利息费用资本化的时点从企业发生与该项资产相关的第一笔支出开始，直到该项资产实质上已经达到预定可使用状态时，企业停止利息费用资本化。

　　符合利息费用资本化条件的资产包括企业为自用而建造的资产（如建筑物、厂场和大型机械设备），为出售或者出租而建造的资产，或者作为大型项目的子项目（如造船或者房地产开发）。

不符合资本化条件的资产有：（1）正在使用或者已经达到预定可使用状态的资产。（2）没有用于企业的盈利活动，且不处在使其达到预定可使用状态所必需的购建或者生产过程中的资产。符合第二类资产特征的例子包括尚未开发的土地、已经报废的资产，或由于产能过剩企业已不再使用的资产以及需要维修才能使用但维修尚未开始的资产。

资本化期间

资本化期间是指企业必须对利息费用资本化的时间区间。当同时满足下列三个条件时，企业才能开始对利息费用进行资本化处理。

1. 资本支出已经发生。
2. 为了使资产达到预定可使用状态所必要的购建或者生产活动正在进行。
3. 利息费用已经发生。

只要同时满足以上三个条件，企业就应当持续对利息费用资本化。当资产在实质上已经建成而且达到预定可使用状态之后，企业应停止对利息费用资本化。

资本化金额

资本化的利息金额不得超过资本化期间实际发生的利息费用与可免利息之间的较低者。可免利息是指企业如果没有发生资本支出，则在这段时间内理论上可以避免的利息费用。如果资本化期间实际发生的利息是 90 000 美元，可免利息是 80 000 美元，那么企业只能对 80 000 美元的利息费用进行资本化。或者，如果实际发生的利息费用是 80 000 美元，而可免利息是 90 000 美元，企业仍然只能对 80 000 美元的利息费用进行资本化。利息费用在任何情况下都不包括股东权益资本的成本。

为了运用可免利息的概念，企业将利率与符合资本化条件的资产的加权平均累计支出额相乘，来确定当期可能资本化的利息金额。

加权平均累计支出　在计算加权平均累计支出时，企业按照每笔建造支出产生利息费用的时间（一年或一个会计期间内的某段时间）计算建造支出的权数。

举例说明，假设 Han Ren 公司计划修建一座桥梁，预计需要持续 17 个月才能完成。该项目启动于 2015 年。2015 年，企业先后在 3 月 1 日、7 月 1 日、11 月 1 日分别向承包商支付了 240 000 美元、480 000 美元和 360 000 美元的项目费用。2015 年12 月 31 日，企业按如图表 10-2 所示方式计算当年的加权平均累计支出。

图表 10-2　　　　　　　　加权平均累计支出的计算

支出		×	资本化期间*	=	加权平均累计支出
日期	金额				
3 月 1 日	$240 000		10/12		$200 000
7 月 1 日	480 000		6/12		240 000
11 月 1 日	360 000		2/12		60 000
	$1 080 000				$500 000

*资本化期间是指从产生资本支出之日到年末或者利息资本化终止日期之间的月份，以利息资本化终止日期和年末较早的一个日期为准。在本案例中是 12 月 31 日。

在计算加权平均累计支出时，Han Ren 公司应按照产生利息费用的时间计算每一笔支出的权数。3 月 1 日发生的支出会产生 10 个月的利息费用。7 月 1 日发生的支出会产生 6 个月的利息费用。而 11 月 1 日发生的支出仅仅为 Han Ren 公司带来两个月的利息费用。

利息率　企业在选择适用于加权平均累计支出的利息率时，需要遵循以下原则：

1. 如果加权平均累计支出额小于等于建造该项资产的专项借款的金额，则使用该专项借款的利息率。

2. 如果加权平均累计支出额大于建造该项资产的专项借款的金额，则使用当期所有其他未清偿借款的加权平均利息率。

图表 10-3 展示了当加权平均资本支出超过专项借款的金额后，资本化率（加权平均利息率）的计算过程。[①]

图表 10-3　　　　　　　　　　　　加权平均利息率的计算

	本金	利息
2 年期利率 12% 的票据	$600 000	$72 000
10 年期利率 9% 的债券	2 000 000	180 000
20 年期利率 7.5% 的债券	5 000 000	375 000
	$7 600 000	$627 000

$$加权平均利息率 = \frac{利息总额}{本金总额} = \frac{\$627\,000}{\$7\,600\,000} = 8.25\%$$

利息资本化的综合举例

为了说明与利息资本化相关的问题，我们假设在 2014 年 11 月 1 日，Shalla 公司与 Pfeifer 建筑公司签订合同，委托其建造一栋价值为 1 400 000 美元的建筑物，其中，土地的成本为 100 000 美元（该土地从承包商处购买，购买价款包含在第一笔付款中）。Shalla 公司 2015 年向建筑公司支付的款项如下所示。

1 月 1 日	3 月 1 日	5 月 1 日	12 月 31 日	总计
$210 000	$300 000	$540 000	$450 000	$1 500 000

Pfeifer 建筑公司在 2015 年 12 月 31 日完工，并使建筑达到预定可使用状态。2015 年 12 月 31 日，Shalla 公司仍有部分未偿还债务，具体如下：

建筑专项贷款：

1. 2014 年 12 月 31 日发行的 3 年期，年利率 15% 的票据，所得款项用于购买土地和建造房屋，每年 12 月 31 日付息。　　　　750 000 美元

其他贷款：

2. 2011 年 12 月 31 日发行的 5 年期，年利率 10% 的票据，每年 12 月 31 日付息。　　　　550 000 美元

[①] 如果使用的利息率与专项借款不相关，企业需要考虑使用其他借款。只有当借款与符合资本化条件的资产直接相关时才可以考虑使用该项借款的利息率。

3. 2010 年 12 月 31 日发行的 10 年期，年利率 10% 的债券，每
年 12 月 31 日付息。　　　　　　　　　　　　　　　　　600 000 美元

Shalla 公司按图表 10-4 所示计算 2015 年的加权平均累计支出。

图表 10-4　　　　　　　　加权平均累计支出的计算

支出		× 本年资本化期间 =	加权平均累计支出
日期	金额		
1 月 1 日	$ 210 000	12/12	$ 210 000
3 月 1 日	300 000	10/12	250 000
5 月 1 日	540 000	8/12	360 000
12 月 31 日	450 000	0	0
	$ 1 500 000		$ 820 000

请注意，在本年最后一天，即 12 月 31 日发生的支出不产生任何利息费用。

Shalla 公司按照图表 10-5 所示计算可免利息。

图表 10-5　　　　　　　　可免利息的计算

加权平均累计支出	× 利息率 =	可免利息
$ 750 000	0.15（建筑专项票据）	$ 112 500
70 000[a]	0.110 4（其他贷款的加权平均利息率）[b]	7 728
$ 820 000		$ 120 228

a. 该金额为加权平均累计支出超出建筑专项票据的部分。
b. 加权平均利息率的计算如下：

	本金	利息
5 年期利率 10% 票据	$ 550 000	$ 55 000
10 年期利率 12% 债券	600 000	72 000
	$ 1 150 000	$ 127 000

$$\text{加权平均利息率} = \frac{\text{利息总额}}{\text{本金总额}} = \frac{\$ 127\ 000}{\$ 1\ 150\ 000} = 11.04\%$$

Shalla 公司按照图表 10-6 所示计算实际发生的利息费用，确定 2015 年度可以资本化的利息金额的最大值。

图表 10-6　　　　　　　　实际利息的计算

建筑专项票据	$ 750 000 × 0.15 =	$ 112 500
5 年期票据	$ 550 000 × 0.10 =	55 000
10 年期债券	$ 600 000 × 0.12 =	72 000
实际利息		$ 239 500

Shalla 公司资本化的利息费用应该等于可免利息 120 228 美元与实际发生的利息 239 500 美元两者中的较低者，即 120 228 美元。

Shalla 公司在 2015 年的日记账分录如下：

1 月 1 日

借：土地	100 000
建筑物（或在建工程）	110 000

贷：货币资金	210 000
3 月 1 日	
借：建筑物	300 000
贷：货币资金	300 000
5 月 1 日	
借：建筑物	540 000
贷：货币资金	540 000
12 月 31 日	
借：建筑物	450 000
贷：货币资金	450 000
借：建筑物（资本化的利息费用）	120 228
利息费用（239 500－120 228）	119 272
贷：货币资金（112 500＋55 000＋72 000）	239 500

　　Shalla 公司应当将资本化的利息费用以折旧的方式在该项资产的使用寿命内摊销，而不是根据债务的期限分摊资本化的利息费用。Shalla 公司还需要披露在此期间资本化的利息费用及采用的资本化率，并注明费用化的利息金额与资本化的利息金额。

　　2015 年 12 月 31 日，Shalla 公司在利润表的非经营活动损益部分或财务报告附注中披露了资本化的利息金额。我们在图表 10-7 和图表 10-8 中展示了这两种披露方式。

图表 10-7　　　　　　　　　　利润表中利息费用资本化的列报

其他费用和损失：		
利息费用	$ 239 500	
减：资本化的利息费用	120 228	$ 119 272
税前利润		××××
所得税		×××
净利润		$××××

图表 10-8　　　　　　　　　财务报表附注中利息费用资本化的披露

> 附注 1：会计政策。利息费用资本化。2015 年，利息费用总额为 239 500 美元，其中 120 228 美元资本化处理，119 272 美元计入本期费用。

有关利息费用资本化的特殊问题

　　对于利息费用资本化，我们需要特别关注以下两个问题：

1. 土地的支出。
2. 利息收入。

　　土地的支出　为了进行土地开发以满足特定用途，企业购置了一块土地，此时与这笔支出相关的利息费用符合资本化的条件。如果是为建造建筑物（例如建造厂场）而购置土地，则在建筑期间发生的资本化的利息费用应当计入厂场成本，而非土地成本。反之，如果是进行土地开发后再销售，那么所有资本化的利息都应归为土地购置成本的一部分。然而，如果企业购置土地的目的是投机，则不能对购置过程中的利息费用资本化，因为该项资产已达到预定可使用状态。

　　利息收入　企业常常会为建造资产而融资。对于在建造过程中暂时闲置的资金，企业可以投资于一些付息证券。在资产建造初期，这笔资金带来的利息收入有可能高于发生的利息费用。

在计算可资本化的利息费用以确定自建资产的成本时，企业是否应当将利息收入抵减利息费用？IFRS 规定，专项借款产生的利息收入应当抵减资本化的利息金额。该项规定的基本原理是，这笔利息收入与专项借款产生的利息费用直接相关。假设 2015 年 Shalla 公司（详见图表 10-7）750 000 美元的专项借款产生了 10 000 美元的利息收入。在这种情况下，Shalla 公司资本化的利息费用应该为 110 228 美元（120 228－10 000），而不是 120 228 美元。只有专项借款产生的利息收入才可以抵减 Shalla 公司资本化的利息费用。如果将其他一般借款的利息收入抵减资本化的利息费用，会使得资本化的利息费用降低。

□ 10.2.6　评论

利息资本化的问题仍备受争议。很多人认为，从理论上讲，鉴于之前所述的原因，企业要么选择不对利息进行资本化处理，要么对所有的利息费用予以资本化，既包括实际发生的也包括估算的利息。

数字背后的故事　　利息费用中包含了什么？

财务报告使用者如何了解利息费用资本化对企业利润的影响呢？他们可以借助财务报表附注。如果资本化的利息费用相较于利息费用总额具有重要性，则企业必须在报表附注中披露资本化的利息金额与利息费用总额。例如，荷兰皇家壳牌公司在最近的一个年度将占总利息费用近 42% 的利息予以资本化，并对外提供了如下的财务报表附注。

利息费用（单位：百万美元）	
利息费用总额	$2 051
减：资本化的利息费用	(870)
合计	$1 181
采用的资本化率为 5%。	

10.3　不动产、厂场和设备的计量

与其他资产相同，企业应该以为取得不动产、厂场和设备所支付对价的公允价值或收到资产本身的公允价值两者中较为可靠的一方作为不动产、厂场和设备的入账金额。然而，在有些资产购置方式下，公允价值可能很难取得。例如，如果企业以总价同时购买一块土地和一栋建筑物，那么如何分别确定土地和建筑物的公允价值呢？对此，我们将在后续章节详细讨论。

□ 10.3.1　现金折扣

当企业购买不动产、厂场和设备时，若立即支付款项则可获得现金折扣，那么我

们应该怎样处理这笔现金折扣呢？如果企业取得了现金折扣，那么应该将折扣金额调减资产的购买价格。但是如果企业没有得到这笔折扣，是否还应该调减资产价格呢？

对于这个问题目前存在两种观点。第一种观点认为，无论是否得到现金折扣，企业都应该在资产的购买价格中扣除该项折扣的金额。这样处理的原因在于资产的真实成本应当等于资产以现金或现金等价物衡量的价格。此外，一些人认为，现金折扣的优惠条款通常是具有吸引力的，如果企业放弃了该项折扣，则暗示着企业管理层决策失误或者管理效率低下。

另一种观点认为，企业不应当将没有取得的现金折扣确认为损失。现金折扣的条款也许对企业不利，或者对企业来说，取得该项折扣是不明智的。目前，企业可在上述两种方法中自由选择。不过大部分企业都倾向于使用第一种方法。（在课后练习中，在资产的购买价格中扣除现金折扣。）

☐ 10.3.2　延期付款合同

企业在购置不动产、厂场和设备时常常使用长期信用合同，如以票据、抵押、债券或者与设备有关的义务支付。为正确反映以长期信贷合同购买的资产的成本，企业应当以交易日合同双方交易对价的现值作为资产的成本入账。

例如，Greathouse 公司用一张面值为 10 000 美元、4 年期的零利率票据购买了一项资产。企业不应将 10 000 美元作为该项资产的入账价值。相反，面值为 10 000 美元的票据的现值才是该项交易的交换价格（即该项资产的购买价格）。假设该 4 年期、到期一次还本付息的票据的折现率为 9%，该资产的入账价值应为 7 084.30 美元（10 000×0.708 43）。（计算过程参见表 6-2 中对面值为 10 000 美元、4 年期、到期一次还本付息的债券的现值计算，折现率为 9%。）

当没有指定利率或指定利率不合理时，企业需要估算一个合适的利率。该利率应当能够代表买卖双方在公平交易的前提下，在类似的借款交易中协商达成的利率。在估算利率时，企业需要考虑借款人的信用评级、票据面值、票据到期日和市场通行利率。企业用取得资产的现金交易价格（如果可以确定的话）作为记录资产价值和利息费用的基础。

举例说明，我们假设 Sutter 公司为其生产线专门定制了一项喷漆设备。为购买该项新设备，Sutter 公司向 Wrigley Robotics 公司发行了一张面值为 100 000 欧元、5 年期的零利率票据。该类票据的市场利率为 10%。Sutter 公司预计分 5 次偿还款项，每次偿还 20 000 欧元，款项于每年年末支付。此外，由于该设备为专门定制，设备的公允价值难以取得。因此，Sutter 公司通过计算票据的公允价值（即现值）来估计资产的价值。公司在资产购买日、还款日的会计分录以及票据现值的计算如下所示：

资产购买日

　　借：设备　　　　　　　　　　　　　　　　　　　　　　　　　75 816*

　　　贷：应付票据　　　　　　　　　　　　　　　　　　　　　　　　　75 816

　　* 票据的现值＝€ 20 000（$PVF\text{-}OA_{5,10\%}$）

　　　　　　　＝€ 20 000（3.790 79）（见表 6-4）

　　　　　　　＝€ 75 816

第一年年末

　　借：利息费用　　　　　　　　　　　　　　　　　　　　　　　　7 582

应付票据		12 418
贷：货币资金		20 000

根据实际利率法，第一年确认的利息费用是 7 582 欧元（75 816×10%）。第二年年末确认利息费用和偿还本金的分录如下：

第二年年末

借：利息费用	6 340
应付票据	13 660
贷：货币资金	20 000

根据实际利率法，第二年确认的利息费用是 6 340 欧元（（75 816−12 418）×10%）。

如果 Sutter 公司不估算延期付款合同的利率，那么资产的入账价值将高于公允价值。此外，在有关期间内，Sutter 公司利润表上的利息费用将被低估。

□ 10.3.3　一揽子购买

当企业以一揽子价格购买一组固定资产时，就会出现如何对固定资产分别定价的特殊问题。通常，企业根据资产相对的公允价值，将总成本在各项资产间分配，即假设资产成本与资产公允价值同比例变动。若企业以一揽子价格购买多种存货，其成本分摊的原则与之相同。

为确定资产的公允价值，企业应当使用与客观环境相符的估值技术。企业既可以采用单一的估值技术，也可以运用多种不同的估值方法。[①]

例如，Norduct Homes 公司决定以 80 000 美元的价款向一个小型加热装置公司 Comfort Heating 购买几项资产。Comfort Heating 公司目前处于破产清算程序。其出售的资产如下：

	账面价值	公允价值
存货	$ 30 000	$ 25 000
土地	20 000	25 000
建筑物	35 000	50 000
	$ 85 000	$ 100 000

Norduct Homes 公司以相对的公允价值为基础（假设无法分别取得各项资产的成本）分配 80 000 美元的购买价款，方法如图表 10 - 9 所示。

图表 10 - 9　　　　　以相对公允价值为基础分摊购买价款

存货	$\dfrac{\$ 25\,000}{\$ 100\,000} \times \$ 80\,000 = \$ 20\,000$
土地	$\dfrac{\$ 25\,000}{\$ 100\,000} \times \$ 80\,000 = \$ 20\,000$
建筑物	$\dfrac{\$ 50\,000}{\$ 100\,000} \times \$ 80\,000 = \$ 40\,000$

---

① 企业可使用的估值方法包括市场法、收益法、成本法，或者这些方法的综合。市场法使用可比资产的市场交易产生的可观测市场价格及其他相关信息。收入法使用估值技术将未来的金额（如现金流或收入）转换成单一的现值（折现）。成本法以当前重置一项资产的服务能力所需支付的金额（通常称为当期重置成本）为基础。

□ 10.3.4　股票发行

当公司通过发行证券取得资产时，例如发行普通股，股票的面值无法准确反映该项资产的成本。如果股票交易活跃，则发行股票的市价可以公允地反映取得资产的成本。股价可以很好地代表当前现金等价物的价格。

例如，Upgrade Living 公司决定购买一块相邻的土地用于扩大毛毯和橱柜的经营规模。企业没有用现金支付款项，而是向 Deedland 公司发行了 5 000 股普通股，每股面值为 10 美元，每股市价（公允价值）为 12 美元。Upgrade Living 公司的会计分录如下：

借：土地（5 000×12）	60 000
贷：普通股股本	50 000
资本公积	10 000

如果公司无法取得所发行普通股的市场价值，则可以先确定资产的公允价值，然后以该项资产的公允价值为基础确认资产成本，并核算普通股股票的发行。

□ 10.3.5　非货币性资产交换

对于诸如不动产、厂场和设备的非货币性资产交换，如何进行适当的会计处理是一个备受争议的问题。①

一些人认为，企业应该根据换出资产或换入资产的公允价值确定交换资产的价值，同时确认利得或损失。另外一些人认为，企业应该以换出资产的入账价值（账面价值）为基础记录交换资产的价值，从而不产生利得或损失。还有一些人认为，任何时候都应当确认损失，而在特定情况下递延确认利得。

企业通常以换出资产的公允价值或换入资产的公允价值中更为可靠的数额作为非货币性资产交换的计量基础。[6] 因此，企业应该在交易发生时立即确认所有利得或损失。其原理在于，大多数交易都具有商业实质，因此企业应该及时确认利得或损失。

商业实质的含义

如前文所述，如果非货币性资产交换具有商业实质，企业应以公允价值作为非货币性资产交换中换入资产的计量基础。如果该项交易导致未来现金流发生变化，则表明非货币性资产交换具有商业实质。也就是说，如果交易双方的经济状态发生变化，这项交易便具有商业实质。

例如，Andrew 公司以设备换入 Roddick 公司的土地。土地产生现金流的时间和金额与设备带来的现金流量的时间和金额明显不同。即 Andrew 公司和 Roddick 公司的经济状态都发生了变化。因此，此项交易具有商业实质，两家企业都应确认利得或损失。

如果公司之间交换的资产相似，例如以一辆卡车交换另一辆卡车，结果又会如何？即使交换的资产相似，公司的经济状况也可能发生改变。例如，假设换入卡车的

---

① 非货币性资产是指以货币单位表示的价格可能会随着时间而变动。而货币性资产——现金、短期应收账款、长期应收款和应收票据——是指以货币单位表示的价格是固定的，如以合同形式约定或其他方式确定。

使用年限显著多于换出卡车的使用年限，则两辆卡车的现金流量会显著不同。因此，这项交易具有商业实质，公司应当以公允价值为基础计量换入资产的价值。

但是，企业之间进行相似资产的交换以后，其现金流量也可能不存在显著差异，即公司的经济状况与交易前相同。此时，企业应当确认交易损失，而递延确认交易利得。

在下面的例子中我们将看到，采用公允价值计量通常会导致交易利得或损失的确认。因此，公司必须判断交易是否具有商业实质。为此，它们必须认真评估交换资产产生现金流量的特征。①

图表 10 - 10 总结了资产交换的情况和相关的会计处理。

图表 10 - 10　　　　　　　　　　　资产交换的会计处理

	资产交换的类型	会计处理
	交换具有商业实质。	立即确认利得或损失。
	交换不具有商业实质。	递延确认利得；立即确认损失。

如图表 10 - 10 所示，企业应该在所有交易中都立即确认发生的损失，而对于利得的会计处理取决于交易是否具有商业实质。如果该交易具有商业实质，公司应该立即确认利得。但是当交易不具有商业实质时，则应该递延确认利得。

为了说明各类交易的会计处理，我们对各种损失和利得的情况进行说明。

交易——损失的情形

当企业进行非货币性资产交换并产生损失时，应当立即确认发生的损失。其原理在于，资产的入账价值不应该高于其现金等价物价格。如果递延确认损失，则资产会被高估。因此，不管交易是否具有商业实质，企业都应该立即确认损失。

例如，信息处理公司以一台旧机器换入 Jerrod Business Solution 公司新型号的机器。该交易具有商业实质。旧机器的账面价值为 8 000 欧元（初始成本为 12 000 欧元，减去累计折旧 4 000 欧元），公允价值为 6 000 欧元。新型号机器定价 16 000 欧元。信息处理公司的旧机器以 9 000 欧元的作价折抵给 Jerrod Business Solution 公司。信息处理公司换入资产成本的计算过程如图表 10 - 11 所示。

图表 10 - 11　　　　　　　　　　　新机器成本的计算

新机器定价	€ 16 000
减：旧机器的折价	9 000
应收现金	7 000
旧机器的公允价值	6 000
新机器的成本	€ 13 000

---

① 确定一项交易是否具有商业实质需要审慎的判断。在判断未来现金流量是否发生变化时，企业应当考虑如下因素：（1）换入资产的现金流量在风险、时间和金额方面是否显著不同于换出资产的现金流量；（2）评估交易发生与否对现金流量是否有影响。此外，如果企业无法确定交换资产的公允价值，则应当以账面价值为基础进行会计处理。

信息处理公司对此项交易记录如下：

借：设备		13 000
累计折旧——设备		4 000
设备处置损失		2 000
贷：设备		12 000
货币资金		7 000

我们对旧机器的处置损失进行核实，如图表 10 - 12 所示。

图表 10 - 12　　　　　　　　　　**旧机器处置损失的计算**

旧机器的公允价值	€ 6 000
减：旧机器的账面价值	8 000
旧机器处置损失	€ 2 000

　　信息处理公司为什么不采用旧设备的交易作价或账面价值作为新设备的计价基础呢？公司没有采用交易作价是因为该价格包含了一项价格让步（类似于价格折扣）。很少有人会按照定价购买一辆新车或者其他新设备。诸如 Jerrod Business Solution 公司等交易商通常会高估旧机器的交易抵价，使得实际的销售价格远低于标价。若按照定价确认资产的入账价值，将使入账金额高于现金等价物价格，因为资产的定价往往会虚高。同理，若使用账面价值，新机器的价值将被高估 2 000 欧元。①

交易——利得的情形

　　具有商业实质　现在我们来考虑一项具有商业实质且实现了利得的非货币性资产交换。在这种情况下，公司通常按照换出资产的公允价值记录在该项交易中所获取的非货币性资产的成本，并立刻确认利得。只有在换入资产的公允价值比换出资产的公允价值更清晰明确时，公司才能使用换入资产的公允价值。

　　例如，Interstate 运输公司以其一定数量的二手卡车换入半拖卡车，并支付了部分现金。其中，二手卡车的账面价值总额为 42 000 美元（成本 64 000 美元，减去 22 000 美元的累计折旧）。Interstate 公司的采购员具有丰富的二手市场经验，对这些二手卡车的公允价值评估为 49 000 美元。除了二手卡车，该公司在这项交易中还支付了 11 000 美元的现金。Interstate 公司按照如图表 10 - 13 所示步骤计算换入的半拖卡车的成本。

图表 10 - 13　　　　　　　　　　**半拖卡车成本的计算**

换出卡车的公允价值	$ 49 000
支付的现金	11 000
半拖卡车的成本	$ 60 000

　　Interstate 公司通过如下分录记录该项交易：

借：卡车（半拖）	60 000
累计折旧——卡车	22 000

---

① 请注意，对于 Jerrod Business Solution 公司（交易商）而言，交易换出的资产是企业存货。因此，Jerrod Business Solution 公司将其确认为一项销售业务并记录相关的销售成本。Jerrod Business Solution 公司按照公允价值记录收到的旧机器。

贷：卡车（二手）	64 000
卡车处置利得	7 000
现金	11 000

该项利得正是二手卡车的公允价值与其账面价值之间的差异。我们可以通过如图表 10 - 14 所示计算过程证明这一结论。

图表 10 - 14　　　　　　　　　　二手卡车处置利得的计算

二手卡车的公允价值		$ 49 000
二手卡车的成本	$ 64 000	
减：累计折旧	22 000	
减：二手卡车的账面价值		42 000
二手卡车的处置利得		$ 7 000

在这种情况下，Interstate 公司处于一个不同的经济地位上，该项交易也因此而具有商业实质。所以，该公司确认了利得。

不具有商业实质　我们现在假设 Interstate 公司的交易不具有商业实质。即 Interstate 公司的经济状况没有因为该交易发生显著的变化。在这种情况下，Interstate 公司递延确认 7 000 美元的收入，并减少半拖卡车的入账价值。图表 10 - 15 列示了两种不同的正确的计算方法，对半拖卡车成本的调减进行说明。

图表 10 - 15　　　　半拖卡车入账基础的计算——公允价值法或账面价值法

半挂卡车公允价值	$ 60 000		旧卡车的账面价值	$ 42 000
减：递延利得	7 000	或	加：付出的现金	11 000
半挂卡车的入账基础	$ 53 000		半挂卡车的入账基础	$ 53 000

Interstate 公司对该项交易记录如下：

借：半拖卡车	53 000
累计折旧——卡车	22 000
贷：卡车	64 000
现金	11 000

如果交易不具有商业实质，则企业不能在交易发生时确认利得，而应该通过抵减折旧费用的方式（利得反映在半拖卡车的成本中）或后续出售半拖卡车时确认利得。

图表 10 - 16 总结归纳了非货币性资产交换中确认利得和损失的会计处理要求。

图表 10 - 16　　　　　　非货币性资产交换利得和损失确认的总结

1. 计算该交易中的所有利得或损失。该金额等于换出资产的公允价值与换出资产账面价值之间的差异。
2. 如果步骤 1 中计算出损失，全额确认该损失。
3. 如果步骤 1 中计算出利得：
(a) 该交换具有商业实质时，全额确认该利得。
(b) 该交换不具有商业实质时，不确认利得。

企业应当在财务报表中披露当期发生的非货币性资产交换。披露的内容应当包括交易的性质、交换资产的会计处理方法和交易利得或损失的确认。

□ 10.3.6　政府补助

很多企业会收到政府补助。政府补助是政府以转移资源的形式向企业提供的帮助，作为以前会计期间或以后会计期间企业的经营活动。① 例如，百威英博公司（比利时）在巴西的某些州进行投资和生产经营，因此巴西政府给予其财政方面的优惠。丹尼斯克公司（美国）在研究、开发和二氧化碳排放与投资方面会收到政府补助。

也就是说，政府补助通常为政府提供给企业某些类型的资产（例如现金、有价证券、固定资产和设备使用权）、政府债务的豁免或者政府为企业提供低于市场利率的借款。政府补助主要涉及的会计问题是企业对该笔补助的会计处理以及如何在财务报告中列示。

会计处理

当企业通过政府补助得到某项不动产、厂场和设备时，如果严格遵循成本原则，那么资产的估值应该为零。然而，在这样的情况下，不遵循历史成本的原则似乎更合理。捐赠过程中发生的仅有的费用（如法律费用或其他相关的小额支出）并不是计量取得资产价值的合理依据。若将接受捐赠资产的价值记为零，则忽视了企业财富和资产增加的经济实质。因此，企业应当以公允价值为基础确定资产的入账价值。

下面，我们考虑这笔交易的贷方应该如何处理。有两种会计处理方法可以选择——资本（权益）法和收入法。资本法的支持者认为应该贷记"接受捐赠资本"科目（资本公积账户的一部分），因为这部分补助通常不需要企业偿还。此外，补助是政府用来激励企业的方法——并不是通过企业正常的生产经营获取的，所以不应该与利润表中正常生产经营产生的费用相抵销。

但收入法的支持者并不认同这一看法——他们认为企业应该将取得的捐赠确认为捐赠收入。政府补助不应该计入企业的资本金，因为政府并不是企业的股东。此外，大多数政府补助都是有附加条件的，往往会影响到企业未来的费用。因此，企业应该将取得的补助确认为补助收入（或递延补助收益），与未来期间由于政府补助而发生的费用相匹配。

收入法

IFRS 要求企业采用收入法确认政府补助，并与其意图补偿的费用相匹配。[7] 对于资产来说有如下两种处理方法：

1. 将政府补助确认为递延补助收入，并在相关资产使用寿命内按合理、系统的方法分期计入损益。

2. 将收到的政府补助的金额从资产的账面价值中扣除，这样政府补助通过折旧费用的降低确认为收入。

---

① 要认识到政府补助和政府援助是有区别的。政府援助可以采取多种形式，例如提供与技术法律或产品问题相关的咨询，或成为公司的货物或服务的供应商。而政府补助是政府向公司提供财务资助的特殊部分。在很少见的情况下，公司可能会收到捐赠（礼物）。补助和捐赠在会计核算上基本是相同的。虽然国际财务报告准则提供了以零成本记录财产、工厂及设备的选择，但实务中很少采用。

下面三个案例展示了收入法的实际运用。

例 1：对实验室设备的补助   AG 公司在 2015 年 1 月 2 日收到 500 000 欧元的政府补助用于购置实验室设备。实验室设备总价为 2 000 000 欧元，使用寿命为 5 年，采用直线法进行折旧。AG 公司可以采用上述两种方法确认这笔政府补助。（1）贷记递延补助收益并在 5 年内对该递延收入进行分摊。（2）贷记实验室设备的账面价值，并在 5 年内进行折旧。

如果 AG 公司确认 500 000 欧元的递延收益，并在 5 年内摊销计入损益（每年 100 000 欧元）。这样处理对 2015 年 12 月 31 日资产负债表的影响如图表 10 - 17 所示。

图表 10 - 17   确认政府补助为递延收益

资产负债表		
非流动资产		
设备	€ 2 000 000	
减：累计折旧	400 000	€ 1 600 000
非流动负债		
递延补助收益	€ 300 000	
流动负债		
递延补助收益	100 000	
利润表		
本年政府补助收入	€ 100 000	
本年折旧费用	400 000	
净利润（损失）影响	€ (300 000)	

如果 AG 公司将政府补助从实验室设备的账面价值中扣除，则确认的设备账面价值为 1 500 000 欧元（2 000 000－500 000），并在 5 年内摊销计入损益。这样处理对 2015 年 12 月 31 日资产负债表的影响如图表 10 - 18 所示。

图表 10 - 18   资产账面价值中扣除政府补助

资产负债表		
非流动资产		
设备	€ 1 500 000	
减：累计折旧	300 000	€ 1 200 000
利润表		
本年折旧费用		€ 300 000

在两种不同的会计处理下，折旧费用是相同的（300 000 欧元），但是资产负债表呈现的数据是不同的。①

例 2：对已发生的损失的政府补助   Flyaway 航空公司在过去 5 年的经营中产生了大额的损失。公司目前流动性出现了问题，可能面临破产。其所在城市并不希望 Flyaway 公司破产，这样就无法享受到其提供的航空服务，并且认为 Flyaway 公司的

---

① 这两种会计处理方法都存在缺陷。将政府补助从资产的账面价值中扣除会导致资产负债表中列示的资产的账面价值被低估。而很多人反对将政府补助确认为递延收益，因为政府补助并不应该被看做一项负债或者一项权益。

亏损政府也有责任。因此市政府同意提供 1 000 000 美元的现金补助用以偿还债权人的借款，这样 Flyaway 公司就可以继续经营。因为这笔政府补助是用于偿付债权人借款，因此 Flyaway 公司应该在收到这笔补助的当期确认收入。会计分录如下：

借：现金		1 000 000
贷：补助收入		1 000 000

如果这笔政府补助要求 Flyaway 公司在未来达到某些特定条件，则应该确认递延收益，并在未来合适的期间内分摊进行确认。

例 3：对借款费用的政府补助 某市鼓励高科技公司 TechSmart 公司将其办公地址迁移至该市。如果 TechSmart 公司在未来 10 年内，雇用员工中至少 50% 为该市本地居民，则该市政府为 TechSmart 公司提供一笔 10 000 000 美元的 10 年期无息贷款。TechSmart 公司新增借款的利息率为 9%。因此，未来应付借款的现值为 6 499 300 美元（$10\,000\,000 \times 0.649\,93_{i=9\%,\,n=10}$）。这笔借款的会计分录如下：

借：现金		6 499 300
贷：应付票据		6 499 300

此外，公司采用收入法，按如下方法确认这笔补助：

借：现金		3 500 700
贷：递延补助收益		3 500 700

TechSmart 公司在第一年采用实际利率确认利息费用 584 937 美元（9% × 6 499 300）。同时减少递延补助收益并确认 584 937 美元的递延收入。这样，这笔借款每年的净借款费用为零。

遗憾的是，政府补助的会计处理仍未有定论。企业以名义价值或者公允价值对政府补助进行确认都是可行的。此外，企业也可以自行选择是在资产的账面价值中扣除政府补助金额还是确认递延补助收益。解决目前这些情况的关键是在披露中详细说明企业采取的会计处理方法。以下为财务报告附注中政府补助披露信息的举例。

伊莱克斯公司（瑞典）采用收入法确认政府补助，其披露信息如图表 10 - 19 所示。

图表 10 - 19   递延收益的披露

伊莱克斯公司
附注 1：会计与估值原理：政府补助 政府补助为来自政府、公共机构和其他相似的国家或国际组织的财政补贴。当政府补助所附条件均可以满足，并有合理保证可以收到该笔政府补助时，企业确认政府补助。与资产相关的政府补助在资产负债表中列示为递延收益，并在资产的使用寿命内摊销，确认为收入。

Kazakhymys 公司（英国）将其收到政府补助的金额从资产的账面价值中扣除，其披露信息如图表 10 - 20 所示。

图表 10 - 20   资产账面价值扣除政府补助披露

Kazakhymys 公司
附注 3：重要会计政策总结：政府补助 当政府补助所附条件均可以满足，并有合理保证可以收到该笔政府补助时，企业会以其公允价值确认政府补助。当政府补助与某项费用相关时，收入会在与该项补助所补偿的成本耗费期间内逐步确认；当政府补助与某项资产相关时，该资产的账面价值中会扣除补助的公允价值，收入会随着该项资产在预期使用寿命内的折旧逐步确认。

当企业捐赠一项非现金资产时，应该以该捐赠资产的公允价值确认企业的费用。如果该资产的账面价值与其公允价值存在差异，则企业应该确认相应的收益或损失。例如，Kline Industries 公司捐赠一块土地给圣保罗市作为城市公园用地。土地的账面价值为 80 000 巴西雷亚尔，公允价值为 110 000 巴西雷亚尔。Kline Industries 公司对该笔捐赠的会计分录如下：

借：捐赠费用	110 000
贷：土地	80 000
处置土地利得	30 000

　　处置利得应该在利润表中营业外收入及费用部分进行填列，而不是确认为营业收入。

10.4　不动产、厂场和设备的后续支出

　　在不动产、厂场和设备安装完成并达到预定可使用状态之后，企业仍会追加某些支出，小至日常维修，大至重大扩建。在这里，主要的问题在于如何将这些支出合理地分摊到各会计期间。

　　在决定如何将这些支出分摊到各会计期间时，与不动产、厂场和设备初始计量的判断条件相同。即只有不动产、厂场和设备的后续支出同时满足下列条件的，才能予以确认：该支出能够可靠地计量且与该不动产、厂场和设备有关的经济利益很可能流入企业。未来经济利益的流入通常表现在：（1）资产的使用寿命延长；（2）资产的单位产量增加；（3）资产产出的质量提高。

　　一般而言，企业发生的与现有资产相关的后续支出主要有以下四种类型。

后续支出的主要类型

　　增置。增加或者扩建现有资产。

　　改良与更换。以改良的资产替换现有的资产。

　　重新安排与重新安装。将资产从原地点转移到另一个地点。

　　修理。维持资产目前的经营状况。

□ 10.4.1　增置不动产、厂场和设备

　　增置不动产、厂场和设备的会计处理应该不存在很大的问题。根据定义，由于增加了一项新资产，公司应该将所有厂房资产的增置都予以资本化处理。例如医院建造侧楼或办公室安装空调系统等，这些事项都增加了资产的服务能力。企业应当将这类支出予以资本化，并将这些支出与它们在未来期间创造的收入进行匹配。

　　然而，该领域出现的一个问题是，若增置不动产、厂场和设备导致现有结构发生变化，对此应当如何进行会计处理。例如，为腾出空间而拆除旧墙的成本，应该计入增置不动产、厂场和设备的成本还是作为当期支出或损失？答案取决于企业的初始意图。如果公司预期未来会增加不动产、厂场和设备，那么拆除成本应计入增置不动

产、厂场和设备的成本。但是，如果公司没有预测到未来会增加不动产、厂场和设备，考虑到计划无效，公司应该将拆除成本确认为当期损失。理论上，公司应该注销旧墙价值和相关折旧费用，并确认损失。然后将建造新墙的成本计入建筑物成本。在这种情况下，计算旧墙的账面价值有时是不能实现的。因此企业假设旧墙的账面价值为零，在建筑物的成本中仅仅增加新墙的支出。

⦾⦾⦾ **数字背后的故事**　　**世界通信公司不再联通世界**

所有的故事都从世界通信公司（美国）一名内部审计人员对账簿的核查开始。这个通信业的巨头任命了一位新总裁，新总裁要求对整个公司的财务状况进行审查。一名内部审计人员对资本性支出的记录进行抽样调查时发现，世界通信公司正在采用一种非传统的方式处理公司某项大额费用。这项费用是企业为进行长途通话而向本地电话网络商支付的款项。然而，企业并没有将该项费用记为营业费用，而是将相当大一部分的费用作资本化处理，使得世界通信公司的利润提升了数亿美元，并使 2001 年全年和 2002 年第一季度的经营状况转亏为盈。下图对比了世界通信公司的会计处理与应当采取的会计处理。这件事情败露后不久，世界通信公司就申请破产了。

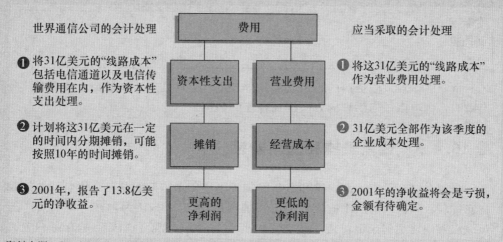

资料来源：Jared Sandberg, Deborah Solomon, and Rebecca Blumenstein, "Inside WorldCom's Unearthing of a Vast Accounting Scandal," *Wall Street Journal* (June 27, 2002), p. A1.

□ 10.4.2　改良和重置

公司会通过改良和重置用一项资产替换另一项资产。改良和重置有什么区别呢？改良是以一项更好的资产替换当前旧资产（例如，用水泥地板替换木质地板）。而重置是指相似资产的替换（如以一种木地板替换另外一种木地板）。

出于现代化的要求或修复比较旧的建筑、设备，企业通常需要进行资产改良和重置。其问题在于如何将这些类型的支出与日常维修区别开来。该项支出是否能增加资产未来的服务能力或仅仅保持当前的服务水平？通常，答案并不清晰。准确区分这些支出需要良好的判断。

如果支出提高了资产未来潜在的服务能力，公司应该将其资本化。企业只需注销旧资产的成本和相关折旧费用，并确认损失。然后用替代品的成本取而代之即可。

现举例说明，Instinct 公司决定更换铅管制造系统的导管。一名水管工人建议用塑料管替代旧的铁浇铸的管道和铜管道。旧管道的账面价值为 15 000 英镑（总成本150 000 英镑减去累计折旧 135 000 英镑），残值为 1 000 英镑。塑料管道的成本是125 000 英镑。假设 Instinct 公司在更换旧管道以后为新管道支付了 124 000 英镑，则会计分录如下：

借：固定资产（塑料管系统）	125 000
累计折旧——固定资产	135 000
固定资产处置损失	14 000
贷：固定资产（塑料管系统）	150 000
现金（125 000－1 000）	124 000

问题在于如何确定旧资产的账面价值以及累计折旧费用。IFRS 要求对某项资产的各个组成部分按照不同的速度折旧，这种折旧方法称作零部件折旧法。例如，Hanoi 公司以 50 000 英镑购置了一台拖拉机。该拖拉机的各个独立零件的使用寿命如下（净残值均为零）。

	成本	使用寿命	年折旧额
轮胎	£6 000	2 年	£3 000
传动装置	10 000	5 年	2 000
卡车	34 000	10 年	3 400

企业应该对该项资产的各组成部分分开进行会计处理。如果企业并未对其分别计提折旧，则可以采用估算的方法得到合理的数据。

10.4.3　重新安排和重新安装

公司有时会发生重新安排和重新安装成本以使未来期间获益。问题的关键在于重新安排和重新安装的成本应该资本化还是费用化。IFRS 认为，在将某项资产置于指定地点并使之达到预定可使用状态之后所支付的所有现金或现金等价物不应该资本化。因此，重新安排和重新安装的成本不应该资本化，而是在发生时直接计入当期费用。

10.4.4　维修

日常维修

企业会进行日常修理以维持资产的运营状态。企业通常在进行日常修理的当期将修理费用确认为当期费用，原因在于发生当期是主要的收益期间。维护费用经常发生，包括置换小部件、润滑或调试设备、重新喷漆和清洗等。公司将这些支出作为日常的经营费用处理。

资产维修与改良、重置通常难以区分。企业主要考虑一项支出的受益期是否超过一年或者一个营业周期的较长者。大规模的维修（例如彻底的检修）通常会使多个期间受益。公司应将该类成本作为不动产、厂场和设备增置、改良或者重置处理。

大规模维修

瑞安航空公司（爱尔兰）、汉莎航空公司（德国）这样的航空公司，以及马士基集团（德国）、达飞航运集团（法国）这样的货运公司，其飞机和轮船常常会产生高额的检修费用。假设 Shipaway 公司以 2 亿美元购入了一艘新轮船。其使用寿命为 20年，但要每 4 年将船驶入干船坞进行大规模的全面检修。检修成本预计为 400 万美元。这 400 万美元应该单独确认为轮船成本的一部分，采用零部件折旧法，按照 4 年计提折旧费用。在进行大规模全面检修时，检修成本已经提足折旧，账面价值为零，这时再将全面检修时实际发生的费用资本化。

□ 10.4.5　有关资产后续支出的总结

图表 10-21 总结了资产购置后发生的各种后续支出的会计处理问题。

图表 10-21　　　　不动产、厂场和设备后续支出的会计处理总结

支出类型	标准的会计处理
增置	将增加不动产、厂场和设备的成本资本化，并记入资产账户。
改良和重置	注销旧资产的成本和累计折旧，确认任何利得或损失。对改良和置换的成本资本化。
重新安排和重新安装	重新安排和重新安装成本应费用化。
维修	（a）日常维修：当发生时，将维修成本费用化处理。 （b）大规模维修：根据具体情况作为增置、改良或者重置处理。

10.5　不动产、厂场和设备的处置

某些企业，如诺基亚公司（芬兰），可能会主动报废部分不动产、厂场和设备，或者通过出售、交换、强制更换、弃置等方式处置不动产、厂场和设备。无论采取哪种资产处置方式，资产的折旧都必须计提到处置当日。然而，诺基亚应清理与该处置资产相关的所有账户。不动产、厂场和设备的账面价值和变卖价值通常不相等，因此就会产生资产处置利得或损失。产生这种现象的原因在于，折旧是成本分摊的估计值，并不涉及价值评估。资产处置利得或损失实际上是对不动产、厂场和设备在使用年限内的年度净收益总额进行修正。

与其他日常经营活动项目一样，诺基亚公司应该在利润表中列报处置不动产、厂场和设备的利得或损失。然而，企业如果以出售、遗弃、分割或者其他方式处置了某个业务分部，则应该将处置结果单独列报在利润表中非持续经营活动部分。也是就说，诺基亚应该报告处置业务分部的利得或损失，以及与非持续经营相关的结果。

□ 10.5.1　不动产、厂场和设备的出售

在出售不动产、厂场和设备时，企业应该首先确认从上一个折旧计提日到出售日

之间应计提的折旧。为了说明如何处理，我们假设 Barret 公司对一项原值为 18 000 欧元的机器设备计提了 9 年的折旧，每年计提 1 200 欧元。如果 Barret 公司在第十年的年中将该项资产以 7 000 欧元出售，则计提折旧的分录如下：

借：折旧费用（1 200×1/2）		600
贷：累计折旧——机器		600

出售这项资产的分录如下：

借：货币资金		7 000
累计折旧——机器［（1 200×9）+600］		11 400
贷：机器		18 000
处置机器利得		400

出售时，机器的账面价值是 6 600 欧元（18 000−11 400）。由于机器以 7 000 欧元出售，所以处置机器的利得是 400 欧元。

□ 10.5.2 不动产、厂场和设备的强制更换

资产有时会被强制更换，从而终止对企业的服务。可能导致强制更换的情况包括火灾、洪水、失窃或者被征用等。如果企业在强制更换过程中收到补偿金，则应将补偿金（例如征用补偿金或者保险公司赔偿款）与资产账面价值之间的差额确认为利得或损失。这种方式产生的利得和损失与其他处置资产利得和损失的性质相同。

为了说明，我们假设 Camel 运输公司不得不出售一处恰好位于高速公路上的厂房。州政府早在几年前就想收购该厂房所占用的土地，但是 Camel 运输公司一直拒绝出售。最终，州政府只能通过行使土地强制征用权征收这块土地，并且获得了法院的支持。而 Camel 运输公司因此收到 500 000 美元的安置费，远远高于土地的账面价值 150 000 美元和厂房的账面价值 100 000 美元（300 000 美元的初始成本减去 200 000 美元的累计折旧）。Camel 运输公司对该笔交易编制如下分录：

借：货币资金		500 000
累计折旧——厂房		200 000
贷：厂房		300 000
土地		150 000
处置资产利得		250 000

企业应当将处置利得作为非经常性损益项目，而不是作为营业收入，在利润表中列报。如果政府补偿款或者保险赔偿金并没有立刻支付，则应该确认相应金额的应收款项。

一些人反对确认某些强制更换的利得或损失。例如，政府常常为建造国家公园而征用森林。原本拥有这些森林的造纸公司必须报告征用带来的利得或者损失。然而，部分公司对这样的处理方式表示不满，它们认为不应该报告征用带来的利得或者损失，因为森林被征用之后，企业需要立即购置新的森林以取代被征用的森林，以保证企业征用前后的经济状况保持一致。事实上，争论的焦点在于征用事项和后续的购置行为属于一项交易还是两项交易。IFRS 要求，企业必须确认非货币性资产强制转化为货币性资产时的利得或损失，因为强制更换应该看做两个事项——处置资产和后续的事项。

本章小结

1. 描述不动产、厂场和设备的特征。不动产、厂场和设备的主要特征是：（1）企业持有的目的是经营管理，而不是用于出售。（2）使用寿命超过一个会计年度，且通常需要计提折旧。（3）具有实物形态。

2. 确定不动产、厂场和设备的取得成本。不动产、厂场和设备的取得成本中需要包括的支出如下。

土地成本：包括取得土地并使其达到预定可使用状态前的所有支出。土地成本通常包括：（1）购买价格；（2）过户费，例如土地的产权费、律师费和土地登记费；（3）达到预定使用状态前发生的费用，如土地平整、填平、排水、清理等费用；（4）任何可能的财产留置、担保、抵押；（5）任何使用寿命不确定的土地改良。

建筑物成本：建筑物成本包括购买或者建造建筑物过程中所有直接相关的支出。这些支出包括：（1）建造期间发生的材料费、人工费和管理费用；（2）顾问费和建筑开发许可费用。

设备成本：设备成本包括购买该项设备的价款、运费、装卸费、运输过程中发生的设备保险费、必要的专门地基费用、装配及安装费和试运行费用等。

3. 掌握自行建造不动产、厂场和设备的相关会计问题。建造过程中发生的间接成本的分摊会引发很多特殊的问题，因为企业无法直接追踪至与不动产、厂场和设备建造相关的工时记录和领料单。企业可以采用以下两种方法对间接成本进行处理：（1）不将固定间接费用分摊至自建资产的成本。（2）将间接费用的一部分分摊至自建资产的成本。企业应该采用第二种处理方法。

4. 掌握利息费用资本化的相关会计问题。只有实际发生的利息费用（经过适当调整之后）才能被资本化。这样处理的原因是，建造过程中的资产还不能为企业带来收益，因此企业应当递延确认（资本化）利息费用。一旦建造完工，资产达到预定可使用状态，就可以为企业创造收益。企业在购买已经达到预定可使用状态的资产时，应对发生的利息费用全部予以费用化处理。

5. 掌握取得不动产、厂场和设备并计量的相关会计问题。取得并计量不动产、厂场和设备过程中可能遇到下列问题：（1）现金折扣：无论是否得到现金折扣，企业都应该在资产的购买价格中扣除该项折扣的金额；资产的真实成本应当等于资产的现金或现金等价物价格。（2）延期付款合同：企业以长期信贷合同购买的资产成本，应为交易日合同双方交易对价的现值。（3）一揽子购买：公司根据资产的相对公允价值，将总成本在各项资产间分配。（4）股票发行：如果股票交易活跃，则发行股票的市场价值可以公允地反映取得资产的成本。如果公司无法取得所发行普通股的市场价值，则可以先确定资产的公允价值，然后以该项资产的公允价值为基础确认资产的成本，并核算普通股股票的发行。（5）非货币性资产交换：非货币性资产交换的会计处理方式取决于交换是否具有商业实质。图表 10 - 10 和图表 10 - 16 总结了非货币性资产交换的会计处理方法。（6）政府补助：企业应该以取得资产的公允价值作为资产的价值入账，同时贷记相同金额的递延收入，或者在多数情况下，贷记相应资产。

6. 掌握不动产、厂场和设备后续支出的会计处理。图表 10 - 21 总结了对不动产、厂场和设备的后续支出的会计处理。

7. 掌握处置不动产、厂场和设备的会计处理。无论何时处置资产，企业都应该将资产的折旧计提到处置当日，然后，应清理与该处置资产相关的所有账户。企业应该在利润表上列报处置不动产、厂场和设备的利得或损失。如果资产强制更换的情况特殊，且不经常发生，那么企业也许会将利得或损失以非经常性损益项目列报。

简单练习

BE10-1　Previn 兄弟公司以 27 000 美元购买了一块土地。手续费为 1 400 美元。拆除土地上原有建筑物花费 10 200 美元。请问土地的入账金额是多少？

BE10-2　Zhang 公司自行建造一栋建筑物。施工期为 2 月 1 日至 12 月 31 日。公司先后在 3 月 1 日支出 1 800 000 港元的工程款，6 月 1 日支出 1 200 000 港元的工程款，12 月 31 日支出 3 000 000 港元的工程款。为确定利息资本化的金额，试计算 Zhang 公司加权平均累计支出额。

综合练习

E10-2（不动产的取得成本）　Pollachek 公司以 450 000 美元购置了一块土地用于兴建厂房。整个工程需要 6 个月来拆除这块土地上原有的两栋建筑物并兴建新厂房。公司支付了 42 000 美元的建筑物拆除款，出售残留的木料和砖块收到 6 300 美元。为地产权的查证与起草购买合同支付的律师费为 1 850 美元。Pollachek 公司付给一家工程公司土地测量费 2 200 美元，工厂图纸设计费 65 000 美元。工厂图纸必须在土地测量完成之后才能最终确定。产权保险费为 1 500 美元，建造期间支付的债务性保险费用为 900 美元。厂房的建造费为 2 740 000 美元。公司分两次支付这笔建造款，其中前 3 个月支付 1 200 000 美元，全部完工后支付 1 540 000 美元。为了建造厂房发生的利息费用为 170 000 美元。

要求：

试确定 Pollachek 公司应记录的土地和建筑物的成本。假设土地测量是为建造建筑物而进行的。

权威文献

［1］International Accounting Standard 16, *Property, Plant and Equipment*（London, U. K.：International Accounting Standards Committee Foundation, 2003), par. 6.

［2］International Accounting Standard 16, *Property, Plant and Equipment*（London, U. K.：International Accounting Standards Committee Foundation, 2003), par. 7.

［3］International Accounting Standard 16, *Property, Plant and Equipment*（London, U. K.：International Accounting Standards Committee Foundation, 2003), par. 16.

［4］International Accounting Standard 16, *Property, Plant and Equipment*（London, U. K.：International Accounting Standards Committee Foundation, 2003), par. 22.

［5］International Accounting Standard 23, *Borrowing Costs*（London, U. K.：International Accounting Standards Committee Foundation, 2007), paras. 20–25.

［6］ International Accounting Standard 16, *Property, Plant and Equipment* (London，U. K. : International Accounting Standards Committee Foundation，2003)，paras. 24－26.

［7］ International Accounting Standard 20, *Ac-counting for Government Grants and Disclosure of Government Assistance* (London，U. K. : International Accounting Standards Committee Foundation，2001).

第 11 章

不动产、厂场和设备的折旧、减值和折耗

学习目标

学完本章后，你应该能够：

1. 理解折旧的概念。
2. 明确影响折旧额的几个因素。
3. 掌握不同的折旧方法：工作量法、直线法和递减法。
4. 掌握组成部分折旧方法。
5. 掌握资产减值损失的会计处理程序。
6. 掌握矿产资源折耗的会计处理程序。
7. 掌握重估值的会计处理程序。
8. 掌握报告和分析不动产、厂场和设备及矿产资源的方法。

大批量的核销出现了！

始于 2008 年底的一场信贷危机给许多金融和非金融机构造成了不小的冲击。以下列举若干有关这场信贷危机的统计资料：

1. 2008 年 10 月，英国富时指数单日跌幅创 1987 年 10 月以来之最，以 2004 年 10 月以来的最低价收盘。

2. 道琼斯指数自 2003 年以来首次跌破 8 000 点。

3. 德国综合指数在海波不动产控股银行的救援计划流产之后狂跌。

4. 信贷政策的紧缩和可支配收入的缩减导致日本电子行业整体陷入低迷。日经指数跌至 2004 年 2 月以来的最低点。

5. 香港恒生指数和亚洲其他地区的股指同步下跌。2008 年 10 月，恒生指数两年来首次跌破 17 000 点，11 月份以低于 11 000 点报收。

6. 各国政府的救市投入达数十亿美元。

虽然自 2008 年 10 月以来全球金融市场曾出现不同程度的反弹，但全球绝大多数经济体增速明显放缓，并产生一系列后续问题——长期资产、无形资产及各类金融资产的会计处理，尤其是高额的资产减值和相关的披露问题。以下是日本富士通集团的资产减值会计处理案例。

> **减值损失（节选）**
>
> 由于全球商业环境日趋恶化，业务部门的不动产、厂场和设备的盈利能力下降，富士通集团确认 589 亿日元的合并减值损失。主要损失列示如下：
>
> （1）大规模集成电路业务部的不动产、厂场和设备。
>
> 隶属于富士通微电子公司的大规模集成电路业务部，其不动产、厂场和设备的减值损失总计 499 亿日元。去年秋天开始，该业务部的客户需求锐减。为此，富士通微电子在今年 1 月份宣布实行业务改革。
>
> （2）光传输系统等业务部的不动产、厂场和设备。
>
> 光传输系统业务部、电子元件业务部等部门的不动产、厂场和设备盈利能力下降，企业确认相关的合并减值损失，总计 89 亿日元。
>
> （3）硬盘驱动器业务部的不动产、厂场和设备（包含在业务重组费用中）。
>
> 与硬盘驱动器业务部的不动产、厂场和设备相关的减值损失共计 162 亿日元。

> 这些损失包含在业务重组费用中。第三季度确认的因硬盘驱动器业务部主要业务中止造成的 53 亿日元损失包含在减值损失中。

对于可能发生的资产减值，我们需要解决下列几个问题。

1. 减值测试应该多久进行一次？

2. 哪些关键迹象能够表明资产可能出现了减值？

3. 如何对资产减值进行会计披露？

4. 企业如何预测与可能发生减值的资产相关的现金流？

判断一个企业的资产是否发生减值是非常困难的，除了涉及会计核算方面的技术性问题外，企业外部经营环境的变化无疑也会增加判断难度。消费开支的缩减、全球经济形势低迷、股票和商品市场的波动等都是需要考虑的因素。即便如此，为了保证资产负债表中有关不动产、厂场和设备的信息具有相关性和可靠性，企业必须及时报告发生的减值损失。

资料来源：A portion of this discussion is taken from "Top 10 Tips for Impairment Testing," Pricewaterhouse-Coopers (December 2008).

⊗ 本章概览

正如本章开篇案例中提到的，许多像富士通一样的企业都会受到资产减值准则的制约。准则规定，当经济条件恶化时，企业应当考虑核销资产成本，以表明资产效用的降低。本章将详细讲解资产计提折旧的程序，以及不动产、厂场和设备与矿产资源成本的核销方法。本章内容和结构如下：

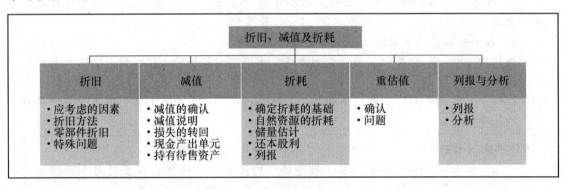

11.1 折旧——一种成本分摊方法

很多人都有过购车的经历。购买汽车时，经销商和消费者经常会讨论以旧换新的旧车的抵价价值，以及新车在若干年后的抵价价值。在这种情形下，汽车价值的下降可以视为折旧。

然而从会计的意义上，折旧并不是一个估值问题，而是一种成本分摊方法、一种会计处理方法——将有形资产的成本在特定期间内系统、合理地分摊到费用中，特定期间是指预期可从有形资产的使用中获益的会计期间。例如，Enhance Electronics 公司在计提折旧时并不以资产公允价值的下降为依据，而是通过系统的方法将资产成本分摊计入费用。

采用这种方法的原因在于，资产价值会在企业持有期间上下波动。客观估计资产的价值本就十分困难，确定持有期间的价值变动则是难上加难。因此 Enhance Electronics 公司根据系统的方法将资产的成本在预计使用寿命内分摊，并确认折旧费用，而不考虑相关的公允价值。由于公允价值难以计量且其波动具有不确定性，因此企业采用成本分摊法计提折旧，确认资产受益期间的费用。

当企业在多个会计期间内摊销长期资产的成本时，就出现了折旧的概念。而折耗是指一段时期内矿产资源（如油料、天然气、煤炭）成本的减少。无形资产（如专利、版权）价值分摊的过程则称为摊销。

□ 11.1.1　计提折旧应考虑的因素

在确定资产折旧模式前，企业需要考虑以下三个基本问题：

1. 资产的应计折旧额是多少？
2. 资产的使用寿命有多长？
3. 哪种折旧方法最为合理？

要回答这些问题，需要假设对未来有充分的了解，并在综合多项估计结果的基础上计算得出合理的折旧额，然而这是一种很难达成的理想状态。

资产折旧基础

应计折旧额取决于两个因素——初始成本和剩余价值。我们已经在第 10 章中详细讨论了资产的历史成本。剩余价值（也称作残值）是指预期能在资产出售或退出服务时收回的金额。① 折旧基础是指应在使用寿命内摊销或折旧的金额。如果一项资产的初始成本为 10 000 欧元，残值为 1 000 欧元，则应计折旧额为 9 000 欧元（见图 11-1）。

图表 11-1　　　　　　　　　　　　　　应计折旧额的计算

原值	€ 10 000
减：残值	1 000
应计折旧额	€ 9 000

实务中，企业常常假设资产的剩余价值为零。但实际上，某些长期资产可能具有较高的剩余价值。

预计资产使用寿命

一项资产的使用寿命通常不等于其物理寿命。一套机器设备在其物理寿命内可以持续生产某种特定产品，但由于后期生产成本过高，企业通常会停止使用该设备。一项资产停止使用通常源于以下两个因素：物理因素（意外事故或物理寿命终结）和经济因素（资产陈旧过时）。物理因素是指磨损、腐坏、意外等导致资产难以继续提供

---

① 剩余价值不考虑未来通货膨胀因素。[1]

服务的因素。物理因素是限制一项资产服务年限的外部因素。

经济因素（或功能性因素）可分为以下三类。

1. 不足。企业生产需求的变化导致一项资产失去有用性。例如，企业扩大生产需要更大的厂房，原有厂房因无法充分满足企业的增产需求而失去有用性。

2. 取代。原有资产被效率更高、更经济的资产取代。例如个人计算机网络取代大型计算机，波音 787 取代波音 767。

3. 废弃。除"不足"和"取代"两个因素外的其他情形。

这三类因素之间的区别是人为划定的，因此实务中，企业无须清晰界定弃置一项资产的经济因素应归属于哪一类，而要从整体层面综合考虑各项因素。

我们以一家新建的核电厂为例，进一步阐明物理因素和经济因素的概念。在确定核电厂的预计使用年限时，是物理因素还是经济因素占主导地位？限制核电厂使用年限的因素主要有三点：（1）生态因素；（2）其他能源的竞争；（3）安全因素。核电厂的物理寿命似乎不是影响其使用年限的关键因素，即使物理寿命足够长，核电厂也可能在 10 年后就会被废弃。

但对于房屋来说，物理因素对使用年限的影响无疑比经济因素（或功能性因素）更大。当物理特性成为决定资产使用年限的首要因素时，资产的后续维护就显得至关重要。后续维护做得越好，资产的物理寿命就越长。①

大多数情况下，企业会根据以前拥有的相同或相似资产的历史经验估计新购置资产的使用年限，也可采用复杂的统计学方法进行精确估算。然而在某些情况下，企业会人为设定资产的使用年限。例如，在诸如美国这样的高度工业化的经济体中，科研创新水平居世界前列，因此，技术因素对不动产、厂场和设备的使用年限的影响通常会超过物理因素。

□ 11.1.2　折旧方法

折旧涉及的第三个因素是成本分摊的方法。企业应当采用"系统合理"的折旧方法。为了达到"系统合理"，折旧方法应该反映出企业是如何消耗资产的未来经济利益的。[2]企业可能使用的折旧方法有以下几种，如：

1. 工作量法（耗用单位或产出单位）。

2. 直线折旧法。

3. 加速折旧法。

（a）年数总和法。

（b）余额递减法。②

为阐明这几种折旧方法，假设 Stanley 煤矿近期购入一台起重机车用于煤矿开采。图表 11 - 2 展示了相关的购买信息。

---

① 航空业的实例也可以说明资产使用寿命的相关问题。过去，人们认为飞机只会废弃不会磨损。但是对于部分喷气式飞机而言，只要服务时间超过 20 年，维护费用就会日渐昂贵。因此一些航空公司会因为物理磨损而更换尚未过时的飞机。

② 直线法是企业使用最广泛的折旧方法。一项对 200 家跨国企业的调查显示，直线法被使用 170 次，余额递减法被使用 11 次，工作量法被使用 18 次，其他折旧方法 8 次。有时，企业会使用不止一种折旧方法。详见 *IFRS Accounting Trends & Techniques*，*2012-2013*（AICPA, 2012）。

图表 11 - 2　　　　　　　　　　　　为了阐明折旧方法需要的数据

起重机成本	$500 000
预计使用寿命	5 年
预计净残值	$50 000
预计可工作时长	30 000 小时

工作量法

工作量法又称变动费用法或单位产量法。该方法假设折旧是耗用量或产量的函数，而与时间无关。企业依据资产的产出（产量）或投入（如工作小时数）确定资产的使用寿命。理论上讲，与不动产、厂场和设备的工作时间相比，产出量与生产成本更为相关，但是资产的产出量通常难以准确计量。在这种情况下，根据投入量（如工作小时数）计算确定某会计期间内应分摊的折旧费用是一种更为合理的处理方法。

在这个案例中，起重机折旧的计提并没有涉及特殊的问题。起重机的使用量（工作小时数）相对容易取得。假设 Stanley 煤矿第一年使用起重机 4 000 小时，分摊的折旧费用如图表 11 - 3 所示。

图表 11 - 3　　　　　　　　　　工作量法计提折旧——以起重机为例

$$\frac{(成本-净残值)\times 今年使用时长}{预计总使用时长}=折旧费用$$

$$\frac{(\$500\,000-\$50\,000)\times 4\,000}{30\,000}=\$60\,000$$

该方法的局限性主要在于，当折旧是时间而非工作量的函数时，这样的处理方式是不妥当的。例如，建筑物会随着时间的推移逐渐老化，而老化程度与建筑物的使用情况关联不大。此外，经济因素或功能性因素会对资产造成外部影响，此时使用工作量法毫无意义。举例来说，在企业快速扩张时期，一栋建筑物可能会因为企业预期使用目的的改变而被迅速废弃。此时，资产的折旧与工作量无关。此外，使用工作量法计提折旧还存在一个问题——产出量和资产提供服务的时长难以估计。

若由于企业的生产活动导致资产服务能力下降，则工作量法下计提的折旧费用可以使得当期记录的费用与同期相关收入实现更好的配比。如果企业希望在生产率较为低下的期间计提较低的折旧费用，而在生产率较高的期间计提较高的折旧费用，则应当采用或转用工作量法计提折旧。工作量法下，若一台设备目前仅以 40% 的生产能力运行，则减记资产价值的折旧额也相应减少 60%。

直线法

在直线法下，折旧被认为是时间的函数，而非使用量的函数。直线折旧法直观简单，因此被企业广泛使用。理论上，直线法的会计处理程序是最为恰当的。若限制资产使用年限的主要原因是资产随时间逐渐变得陈旧过时，资产的效用可能会在各个会计期间匀速下降。如果采用直线法对 Stanley 煤矿的起重机计提折旧，则折旧费用的计算如图表 11 - 4 所示。

图表 11 - 4　　　　　　　　　直线法计提折旧——以起重机为例

$$\frac{\text{成本} - \text{预计净残值}}{\text{预计使用寿命}} = \text{折旧费用}$$

$$\frac{\$500\,000 - \$50\,000}{5} = \$90\,000$$

直线法的缺陷在于它基于两个不尽合理的假设基础：（1）资产的经济效用在各年度恒定不变；（2）各会计期间的保养和修理费用基本一致。

此外，直线折旧法和其他折旧方法都可能造成一个问题，即资产回报率（收益/资产）的数据被扭曲。

图表 11 - 5 表明，在企业收入恒定的情况下，由于资产的账面价值减少，资产的报酬率逐年上升。

图表 11 - 5　　　　　　　　　折旧与回报率分析——以起重机为例

年	折旧费用	未折旧资产余额 （账面价值）	收入 （扣除折旧费用后）	回报率 （收入/资产）
0		$500\,000		
1	$90\,000	410\,000	$100\,000	24.4%
2	90\,000	320\,000	100\,000	31.2%
3	90\,000	230\,000	100\,000	43.5%
4	90\,000	140\,000	100\,000	71.4%
5	90\,000	50\,000	100\,000	200.0%

递减法

递减法是指在不动产、厂场和设备使用初期计提较多的折旧，而在后期计提较少的折旧。相比直线折旧法，这种方法在不动产、厂场和设备使用初期计提的折旧费用更高，因此递减法又称加速折旧法。

加速折旧法的合理性在于，不动产、厂场和设备在使用初期生产能力较强，因此需计提较多的折旧费用。此外，由于不动产、厂场和设备使用初期计提的折旧费用较多而维修费用较少，后期计提的折旧费用较少而维修费用较多，因此加速折旧法可以保持各个会计期间负担的不动产、厂场和设备使用成本的均衡性。加速折旧法通常有以下两类：年数总和法和余额递减法。

年数总和法　在年数总和法下，不动产、厂场和设备的折旧费用等于逐年递减的折旧率与应计提折旧总额（不动产、厂场和设备原值减去预计净残值）的乘积，因此该方法下的折旧费用是逐年递减的。以不动产、厂场和设备可使用年数总和为分母（5+4+3+2+1=15），年初不动产、厂场和设备尚可使用年数为分子，计算得到的比率即为各年的折旧率。分子逐年递减，分母保持不变（5/15，4/15，3/15，2/15，1/15）。在不动产、厂场和设备预计使用年限结束时，其账面净值应当等于预计净残值。这种折旧方法的计算如图表 11 - 6 所示。[1]

---

[1]　如果资产的预计使用年限是 51 年，我们应该怎么计算年数总和呢？幸运的是，数学家提出了如下公式，简化了计算过程：

$$\frac{n(n+1)}{2} = \frac{51(51+1)}{2} = 1\,326$$

图表 11-6　　　　　　　　年数总和法折旧表——以起重机为例

年	折旧基础	剩余使用寿命	折旧率	折旧费用	年末账面价值
1	$450 000	5	5/15	$150 000	$350 000
2	450 000	4	4/15	120 000	230 000
3	450 000	3	3/15	90 000	140 000
4	450 000	2	2/15	60 000	80 000
5	450 000	1	1/15	30 000	50 000[a]
		15	15/15	$450 000	

a. 净残值。

余额递减法　在余额递减法下，企业使用的折旧率（以百分比形式表示）是直线折旧率的倍数。例如，对于使用寿命为 10 年的不动产、厂场和设备，双倍余额递减法应采用的折旧率是 20%（即直线折旧率 10% 的两倍）。企业每年以相同的折旧率乘以递减的不动产、厂场和设备账面价值计算该年应计提的折旧额。

与其他折旧方法不同，余额递减法在计算应计折旧额时不扣除预计剩余价值，即当期应计提的折旧费用等于当期折旧率乘以期初不动产、厂场和设备的账面净值。计提折旧费用之后，不动产、厂场和设备的账面净值逐年减少，由于折旧率保持不变，因此折旧费用逐年降低。此过程一直持续到资产的账面净值等于预计剩余价值，届时不再计提折旧。

实务中，企业可采用多倍余额递减法。例如，双倍余额递减法是指按照双倍的直线折旧率（200%）计提折旧。图表 11-7 展示了 Stanley 煤矿使用双倍余额递减法计提折旧的过程。

图表 11-7　　　　　　　　双倍余额法计提折旧——以起重机为例

年	年初资产账面价值	折旧率[a]	折旧费用	累计折旧余额	年末资产账面价值
1	$500 000	40%	$200 000	$200 000	$300 000
2	300 000	40%	120 000	320 000	180 000
3	180 000	40%	72 000	392 000	108 000
4	108 000	40%	43 200	435 200	64 800
5	64 800	40%	14 800[b]	450 000	50 000

a. 该折旧率是直线法折旧率 20% 的两倍（$90 000/$450 000＝20%；20%×2＝40%）。
b. 此处只能计提 14 800 美元是因为折旧后的资产账面余额不能低于其净残值。

在不动产、厂场和设备的使用寿命即将结束时，为了使不动产、厂场和设备账面净值与预计剩余价值相等，企业通常需要改用直线法对不动产、厂场和设备计提折旧。[①]

---

① 企业还可以选择一种更纯粹的余额递减法（又称账面价值固定比率法），在这种方法下，企业通过以下公式计算得到一个固定的折旧率，并用此比率计提折旧，使得预计使用寿命结束时资产的账面净值与预计净残值恰好相等：

$$折旧率＝1-\sqrt[n]{\frac{残值}{购置成本}}$$

式中，n 指资产的使用寿命。企业用该比率乘以逐期递减的资产账面净值，得到逐期递减的折旧费用。但由于计算方法较为复杂，因此在会计实务中并未广泛使用。此外，税法并不认可此种方法。

□ 11.1.3　零部件折旧方法

第 10 章提到，企业应该采用零部件折旧方法。IFRS 要求，若不动产、厂场和设备的组成部分成本相对于总成本来说是重要的，则需要单独计提折旧。因此企业必须运用专业判断，将成本合理地分配到各个零部件中去。例如，当诺基亚购买了一栋建筑物时，其必须决定如何划分该建筑物的各个组成部分并分别计提折旧（例如地基、框架、房顶、供暖和制冷系统、电梯等）。

为了说明对零部件计提折旧的会计处理，假设欧亚航空公司在 2016 年 1 月 1 日用 100 000 000 欧元购买了一架飞机。这架飞机的使用寿命是 20 年，净残值为零。欧亚航空公司对其所有的飞机均采用直线法计提折旧。欧亚航空公司按图表 11 - 8 所示确认其飞机零部件、零部件金额和使用寿命。

图表 11 - 8　　　　　　　　　　　　飞机零部件

零部件	零部件金额	使用寿命
机身	€ 60 000 000	20 年
发动机	32 000 000	8 年
其他零部件	8 000 000	5 年

图表 11 - 9 展示了欧亚航空公司 2016 年折旧费用的计算。

图表 11 - 9　　　　　　　　　　　零部件折旧的计算

零部件	零部件金额	÷	使用寿命	=	零部件折旧
机身	€ 60 000 000		20		€ 3 000 000
发动机	32 000 000		8		4 000 000
其他零部件	8 000 000		5		1 600 000
总计	€ 100 000 000				€ 8 600 000

可以看出，欧亚航空公司 2016 年确认的折旧费用是 8 600 000 欧元，如下所示。

借：折旧费用　　　　　　　　　　　　　　　　　　　　　　8 600 000
　　贷：累计折旧——飞机　　　　　　　　　　　　　　　　　　　8 600 000

在 2016 年的资产负债表中，欧亚航空公司对其拥有的飞机以合计金额报告，如图表 11 - 10 所示。

图表 11 - 10　　　　　　　　　　　飞机账面价值的列报

非流动资产	€ 100 000 000
飞机	8 600 000
减去：累计折旧——飞机	€ 91 400 000

在多数情况下，企业可能不好确认购买的独立部件的成本。在这种情况下，独立部件的成本应该参照当前市价（如果能够获得），或者咨询资产评估专家，或者使用其他合理的方法进行估计。

□ 11.1.4　特殊的折旧问题

我们仍需讨论如下几个特殊的折旧问题：

1. 不完整的会计期间的折旧额如何计算？
2. 对资产计提折旧是否在为未来的资产置换做准备？
3. 如果折旧率发生改变，企业应该如何处理？

折旧和不完整的会计期间

企业通常很少在会计期间的第一天或最后一天购置不动产、厂场和设备。这就带来一个实际问题：对于不完整的会计期间，企业应该如何计算应计提的折旧额？

在计算不完整的会计期间的折旧费用时，企业应该先计算全年应计提的折旧费用，然后将这笔折旧费用按比例分摊给相关的会计期间。这一过程应该贯穿资产的整个使用寿命。

例如，假设 Steeltex 公司于 2015 年 6 月 10 日购置了一台全自动钻机。这台钻机的使用寿命为 5 年，初始成本为 45 000 英镑（预计净残值为零）。公司会计年度的终止日期是 12 月 31 日。因此 Steeltex 公司本年度只能计提 $6\frac{2}{3}$ 个月的折旧费用。全年应计提的折旧额是 9 000 英镑（假设用直线法计提折旧，45 000/5）。因此该不完整的会计期间应计提的折旧是：

$$\frac{6\frac{2}{3}}{12} \times £9\,000 = £5\,000$$

当 Steeltex 公司采用直线法对资产计提折旧时，不完整会计期间的折旧额的计算相对较为简单。如果 Steeltex 公司采用年数总和法或双倍余额递减法等加速折旧法对资产计提折旧，不完整会计期间的折旧额又该如何计算？为了说明这个问题，我们假设 Steeltex 公司 2015 年 7 月 1 日购买了另一台价值为 10 000 英镑的机器，使用寿命为 5 年，预计净残值为零。图表 11 - 11 展示了 2015 年、2016 年和 2017 年度应计提的折旧额。

图表 11 - 11　　两种加速折旧方法下不完整会计期间折旧的计算

	年数总和法	双倍余额递减法
第 1 年	(5/15×£10 000)＝£3 333.33	(40％×£10 000)＝£4 000
第 2 年	(4/15×　10 000)＝　2 666.67	(40％×　6 000)＝　2 400
第 3 年	(3/15×　10 000)＝　2 000.00	(40％×　3 600)＝　1 440
	2015 年 7 月 1 日至 2015 年 12 月 31 日计提的折旧	
	6/12×£3 333.33＝£1 666.67	6/12×£4 000＝£2 000
	2016 年计提的折旧	
	6/12×£3 333.33＝£1 666.67	6/12×£4 000＝£2 000
	6/12×　2 666.67＝　1 333.33	6/12×　2 400＝　1 200
	£3 000.00	£3 200
		或（£10 000－£2 000)×40％＝£3 200

续

年数总和法	双倍余额递减法
2017 年计提的折旧	
6/12×£2 666.67＝£1 333.33	6/12×£2 400＝£1 200
6/12× 2 000.00＝ 1 000.00	6/12× 1 440＝ 720
£2 333.33	£1 920
	或（£10 000－£5 200）×40%＝£1 920

此外，企业还可通过更改不完整会计期间的折旧方法，简化不动产、厂场和设备购置与处置的会计处理。例如，企业可以选择在购置不动产、厂场和设备的当年不计提折旧，而在处置不动产、厂场和设备的当年计提全年的折旧。或者在购置不动产、厂场和设备的当年计提半年的折旧，同时在处置不动产、厂场和设备的当年计提半年的折旧（这种处理方法称为半年惯例）。又或者在购置不动产、厂场和设备的当年计提全年的折旧，而在处置不动产、厂场和设备的当年不计提折旧。

事实上，Steelex 煤矿可以自由选择上述任意一种方法，用于分配资产使用寿命内第一年和最后一年不完整的会计期间的折旧费用。折旧方法一经确定，企业不得随意更改。然而，除非另有规定，企业通常以最近一个完整月度为基础计算折旧额。

如图表 11－12 所示，Steeltex 煤矿于 2015 年 6 月 10 日购置的原值为 45 000 英镑的全自动钻机采用直线法计提折旧，并以 5 种不同的不完整会计期间折旧费用的分摊方式计算各年度应计提的折旧金额。

图表 11－12　　　　　　　不完整会计期间计提折旧的方法

设备成本＝£45 000	资产 5 年使用寿命期间每期应计提的折旧额*					
不完整会计期间计提折旧的方法	2015 年	2016 年	2017 年	2018 年	2019 年	2020 年
1. 按占一整年的比例计提折旧	£5 000[a]	£9 000	£9 000	£9 000	£9 000	£4 000[b]
2. 近似到完整的月份计提折旧	5 250[c]	9 000	9 000	9 000	9 000	3 750[d]
3. 购置和处置资产当年均计提半年折旧	4 500	9 000	9 000	9 000	9 000	4 500
4. 购置当年计提全年折旧，处置当年不计提折旧	9 000	9 000	9 000	9 000	9 000	0
5. 购置当年不计提折旧，处置当年计提全年折旧	0	9 000	9 000	9 000	9 000	9 000

a.　6.667/12（£9 000）
b.　5.333/12（£9 000）
c.　7/12（£9 000）
d.　5/12（£9 000）
* 四舍五入到整数。

不动产、厂场和设备的折旧与置换

很多人认为折旧能够为不动产、厂场和设备的置换提供资金，这是一种普遍存在的误解。事实上，折旧费用和其他费用一样，是企业净利润的抵减项，而不同的地方在于折旧费用不会引起当期的现金流出。

为了说明折旧无法为不动产、厂场和设备的置换提供资金，假设一家企业在初始营业时拥有一项价值 500 000 美元，使用寿命 5 年的不动产、厂场和设备。企业期初的资产负债表如下：

不动产、厂场和设备	$500 000	所有者权益	$500 000

我们假设企业在后续 5 年的经营中均没有取得收入，那么这 5 年的利润表如下图所示：

	第一年末	第二年末	第三年末	第四年末	第五年末
收入	$0	$0	$0	$0	$0
折旧费用	(100 000)	(100 000)	(100 000)	(100 000)	(100 000)
损失	$(100 000)	$(100 000)	$(100 000)	$(100 000)	$(100 000)

在这 5 年期间，折旧费用的总额为 500 000 美元。因此，第五年末的资产负债表如下：

不动产、厂场和设备	$0	所有者权益	$0

这个例子比较极端，但可以清楚地说明一个问题——折旧费用的计提不可能为资产的置换提供资金。资产置换所需的资金来源于收入（即使用资产而产生的收入）。没有收入就不会有利润，也不会有现金流入。

折旧率的调整

当购置一项新的资产后，企业需要根据过去购置相似资产的经验或者其他相关信息，谨慎确定应该使用的折旧率。然而折旧率只是一个估计值，在资产后续的使用过程中，企业可能需要重新调整折旧率。例如，意外的物理磨损或未预见到的陈旧过时会缩短资产的使用寿命。而资产的维护与改良、设备操作流程的优化等措施，会延长资产的使用期限，甚至使其超过原来预期的使用寿命。[①]

例如，假设雀巢公司（瑞士）以 90 000 瑞士法郎的价格采购了一台机器设备。机器的预计使用寿命是 20 年，预计净残值为零。然而，在资产使用的第 11 年，雀巢公司预计这台机器设备还能再使用 20 年。因此，该项资产的使用寿命从 20 年变为 30 年。在前 10 年间，雀巢公司按直线法计提折旧，折旧率为 1/20，每年的折旧额为 90 000 瑞士法郎的 1/20，即 4 500 瑞士法郎。如果资产以 30 年的使用寿命为基础计提折旧，则雀巢公司每年应计提的折旧额为 90 000 瑞士法郎的 1/30，即 3 000 瑞士法郎。因此在过去 10 年中，每年的折旧费用被高估 1 500 瑞士法郎，同时净收入被低估 1 500 瑞士法郎，总影响额为 15 000 瑞士法郎。图表 11 - 13 展示了相关计算过程。

图表 11 - 13　　　　　　　　估计变更导致累计差异的计算

	每年	10 年总计
账面记录的折旧额（1/20×90 000）	CHF4 500	CHF45 000
使用寿命改为 30 年计提的折旧额（1/30×90 000）	(3 000)	(30 000)
多计提的折旧费用	CHF1 500	CHF15 000

---

①　通用汽车公司曾通过改变设备操作流程来调整资产的折旧率。在对用于生产轿车车身的模具和设备等工具计提折旧时，公司曾根据所生产汽车的寿命确定该类资产的折旧年限。在这一折旧政策下，该类工具的折旧速度是福特的两倍，克莱斯勒的三倍。后来，通用汽车公司进行了一系列的调整延缓了该类工具的折旧速度，同时延长了厂场和设备的使用寿命。调整当期，通用汽车公司的折旧和摊销费用下降了近 12.3 亿美元，每股收益增加了 2.55 美元。在第 22 章，我们会对这种会计估计的变更进行更为深入的讨论。

雀巢公司应该在本期和后续的会计期间报告这项会计估计的变更（即未来适用法）。它无须对以前期间的会计报告进行调整，也不用调整本期的期初数或在本期一次性调整前期金额。为什么？在任何一段估计过程中，会计估计的变更不可避免且常常持续发生。如果不采用未来适用法对会计估计变更进行处理，则企业可能需要频繁地对前期财务数据进行重述。因此，会计估计变更发生时企业无须编制任何会计分录。假设会计估计变更后企业仍使用直线法对资产进行折旧，那么应计提的折旧额等于该项资产的账面净值减去预计净残值后的差额除以剩余折旧年限。参见图表 11-14。

图表 11-14　　　　　　　　　会计估计变更后折旧费用的计算

机器	CHF90 000
减去：累计折旧	45 000
10 年末机器的账面价值	CHF45 000
折旧额（整个期间）＝账面价值 CHF45 000÷20 年剩余使用寿命＝CHF2 250	

后续的 20 年间，企业每年计提折旧的会计分录如下：

借：折旧费用　　　　　　　　　　　　　　　　　　　　　　　　　2 250
　　贷：累计折旧——机器　　　　　　　　　　　　　　　　　　　　　　2 250

数字背后的故事　　　　对折旧方法的选择

各会计期间记录的折旧费用取决于折旧方法、资产的预计使用寿命和预计剩余价值。不同的折旧方法和估计会对企业财务报表产生很大影响，并导致不同企业间的折旧费用失去可比性。

例如，Veolia Environment 公司（法国）提供了其报表附注中有关资产使用寿命的信息（如下图所示）。

根据这些信息，分析师能够确定管理层的选择和判断对各类不动产、厂场和设备的折旧费用数额所产生的影响。

1.7 不动产、厂场和设备
对于不动产、厂场和设备，公司以其取得成本减去累计折旧以及累计减值损失后的余额列报。
不动产、厂场和设备以其组成部分列报，各个组成部分分别根据使用寿命计提折旧。
使用寿命如下：

	使用寿命年数范围*
建筑物	20～50
信息系统	7～24
车辆	3～25
其他厂场和设备	3～12

＊使用寿命范围根据有关不动产、厂场和设备划分。

11.2　不动产、厂场和设备的减值

存货减值时采用的成本与市价孰低法并不适用于不动产、厂场和设备。即使不动产、厂场和设备已经出现局部老化，会计人员也不愿意调减不动产、厂场和设备的账

面价值。因为该类资产与存货不同，其公允价值很难客观取得。

例如，Falconbridge Ltd. Nickel Mines 公司（加拿大）必须确定是否要注销公司在多米尼加共和国经营的全部或部分不动产、厂场和设备。由于镍的价格较低而经营成本高，因此该项目目前已出现亏损。只有当镍价格上涨近 33%，该项目才能盈利。注销这些资产是否恰当取决于镍的未来价格。假设公司决定注销部分资产价值，那么注销金额应该如何计算呢？

□ 11.2.1　减值的确认

正如开篇案例所述，始于 2008 年末的信贷危机影响了很多金融和非金融机构。由于全球经济的衰退，很多公司在考虑注销部分长期资产。这一过程称为减值。

当企业不能通过使用或出售来回收一项长期有形资产的账面价值时，该资产应该减值。为了确定一项资产是否发生减值，企业应该每年判断资产是否存在可能发生减值的迹象——资产通过使用或出售变现的能力下降。减值迹象测试应该考虑内部资料来源（例如，经营业绩的不利变化）和外部资料来源（商业或监管环境的不利变化）。如果有证据表明资产存在减值迹象，应当进行减值测试。减值测试比较资产的可收回金额和其账面价值。如果账面价值高于可收回金额，两者之间的差额就应当确认减值损失。如果可收回金额高于账面价值，则不需要确认减值。[3]

可收回金额根据资产的使用价值与其公允价值减去处置费用后的净额两者之间较高者确定。公允价值减去处置费用是该资产在扣除处置费用之后的出售所得。使用价值是资产预计未来现金流量的现值。图表 11-15 表明了减值测试的过程。

图表 11-15　　　　　　　　　**减值测试**

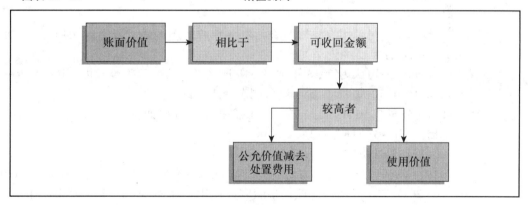

如果资产的公允价值减去处置费用或使用价值高于其账面价值，则资产没有发生减值。如果资产的公允价值减去处置费用和使用价值都低于其账面价值，则资产发生减值。

案例：没有发生减值

假设 Cruz 公司对一台设备进行了减值测试。该设备的账面价值是 200 000 欧元，公允价值减去处置费用是 180 000 欧元，其使用价值是 205 000 欧元。在这种情况下，Cruz 公司的设备的使用价值高于其 200 000 欧元的账面价值，因此，设备没有发生减值。①

案例：发生减值

现在假设该设备的使用价值是 175 000 欧元，而不是 205 000 欧元，其他信息与上个案例相同。减值损失应为设备账面价值 200 000 欧元与其公允价值减去处置费用（180 000 欧元）和使用价值（175 000 欧元）两者中较高者之间的差额。因此，Cruz 公司确认减值损失 20 000 欧元（200 000－180 000）。Cruz 公司作以下分录来记录该减值损失。

借：减值损失   20 000
　　贷：累计折旧——设备   20 000

减值损失在利润表的"其他收入和支出"部分进行列报。然后公司贷记"设备"或者"累计折旧——设备"，来减少设备的账面价值。在课后练习中，在确认应计折旧资产的减值时，贷记"累计折旧"。

□ 11.2.2　减值的说明

以下案例是对减值的补充说明。

案例 1

2016 年 12 月 31 日，Hanoi 公司所持有的设备初始成本为 2 600 万越南盾，累计折旧为 1 200 万越南盾。设备的使用寿命为 4 年，剩余价值为 200 万越南盾。以下是有关该设备的信息：

1. 设备在 2016 年 12 月 31 日的账面价值为 1 400 万越南盾（2 600 万－1 200 万）。

2. Hanoi 公司采用直线折旧法。2016 年的折旧额为 600 万越南盾 ［（2 600 万－200 万）÷4］，并且已经记录。

3. Hanoi 公司认为 2016 年 12 月 31 日该资产的可回收金额为 1 100 万越南盾。

4. 2016 年 12 月 31 日后，设备剩余使用寿命为 2 年。

Hanoi 公司 2016 年 12 月 31 日对设备折旧的计提如下：

借：资产减值损失（14 000 000－11 000 000）   3 000 000
　　贷：累计折旧——设备   3 000 000

2016 年确认资产减值损失之后，设备的账面价值为 1 100 万越南盾（1 400 万－300 万）。2017 年，公司认为该设备的剩余使用寿命不变（因此，剩余使用寿命仍为 2 年）。但是，预计剩余价值变为零。公司继续采用直线折旧法，2017 年确认折旧分录如下：

借：折旧费用（11 000 000/2）   5 500 000
　　贷：累计折旧——设备   5 500 000

在确认减值后，公司以减值后的账面金额计算之后的折旧额。2017 年末，公司

---

① 　如果企业可以较易确定资产的使用价值（或其公允价值减去处置费用）并且确定其没有发生减值，那么不需要再计算其他数据。[4]

也会评估设备是否进一步减值。例如，2017 年 12 月 31 日，设备的账面价值为 550 万越南盾（2 600 万－1 200 万－300 万－550 万）。若 Hanoi 公司认定 2017 年 12 月 31 日设备的可回收金额低于账面金额，则应确认减值损失。

案例 2

2015 年末，Verma 公司对机器进行了减值测试。机器账面价值为 20 万美元，预计剩余使用寿命为 5 年。由于机器特别，其基于公允价值的可回收金额信息难以获取。因此，Verma 公司认定机器的可回收金额（也就是使用价值和公允价值减去销售费用的较高者）应该以使用价值为基础。

公司用内部现金预算（以及以往的现金流入和为了使机器保持现状所必需的费用）来预测机器的未来现金流，并以此估计使用价值。[5] 公司使用的折旧率为 8％，该折旧率为税前折旧率，并与利息率大致相同。① 根据公司的分析计算，接下来 5 年每年现金流为 4 万美元，5 年后剩余价值为 1 万美元。图表 11-16 为公司对机器使用价值的计算过程。

图表 11-16　　　　　　　　　　　使用价值的计算

5 年每年 40 000 美元现金流的现值（40 000×3.992 71，表 6-4）	$ 159 708.40
剩余价值 10 000 美元的现值（10 000×0.680 58，表 6-1）	6 805.80
机器使用价值	$ 166 514.20

图表 11-17 为 2015 年末机器减值损失的计算过程。

图表 11-17　　　　　　　基于使用价值的减值损失计算

减值前机器账面价值	$ 200 000.00
机器可回收金额	$ 166 514.20
资产减值损失	$ 33 485.80

2015 年 12 月 31 日，公司记录资产减值损失如下：

借：资产减值损失　　　　　　　　　　　　　　　　　33 485.80
　贷：累计折旧——机器　　　　　　　　　　　　　　　　33 485.80

记录减值损失后，机器账面价值为 166 514.2 美元。

□ 11.2.3　不动产、厂场和设备减值损失的转回

在确认减值损失后，减值资产的计价基础变为可收回金额。如果在以后期间的减值测试结果表明资产的可收回金额高于其账面价值，资产不需要确认减值时，应该如何处理？在这种情况下，减值损失可能会被转回。

例如，假设 Tan 公司在 2015 年 1 月 1 日以 300 000 港元的价格购买了一台使用寿命为 3 年且净残值为零的设备。3 年间，其折旧和设备的账面价值如下所示。

---

① 税前折旧率的影响因素有市场借款利息率以及具体企业借款利息率，以及市场风险对资产预计现金流的影响。[6]

年	折旧费用	账面价值
2015	HK＄100 000（HK＄300 000/3）	HK＄200 000
2016	HK＄100 000（HK＄300 000/3）	HK＄100 000
2017	HK＄100 000（HK＄300 000/3）	0

2015 年 12 月 31 日，Tan 公司确认了一项 20 000 港元的减值损失，因此作以下分录。

　　借：减值损失　　　　　　　　　　　　　　　　　　　　　　　20 000
　　　贷：累计折旧——设备　　　　　　　　　　　　　　　　　　　　　　20 000

在发生减值后，Tan 公司的折旧费用和设备的账面价值如下所示。

年	折旧费用	账面价值
2016	HK＄90 000（HK＄180 000/2）	HK＄90 000
2017	HK＄90 000（HK＄180 000/2）	0

在 2016 年年末，Tan 公司确定设备的可收回金额为 96 000 港元，高于其账面价值 90 000 港元。在这种情况下，Tan 公司转回先前已经确认的减值损失，作以下分录。

　　借：累计折旧——设备　　　　　　　　　　　　　　　　　　　6 000
　　　贷：减值损失转回　　　　　　　　　　　　　　　　　　　　　　　6 000

减值损失的转回在利润表中的"其他收入和支出"部分列报。2016 年 12 月 31 日，Tan 公司设备的账面价值是 96 000 港元（90 000＋6 000）。

原则上，转回减值损失后，该减值资产的账面价值不应当超过假定不确认减值情况下该资产的账面价值。例如，假设该设备没有发生减值，在 2016 年年末其账面价值应为 100 000 港元。由于 Tan 公司设备的账面价值现在仅为 96 000 港元，因此可以转回 6 000 港元。但是，转回的金额不得高于 10 000 港元。因为如果转回金额超过 10 000 港元，转回后该资产的账面价值将高于其历史成本。

□ 11.2.4　现金产出单元

在某些情况下，单项资产可能无法进行减值测试，因为该项资产必须与其他资产进行组合才能产生现金流。这时，企业需要识别能够独立于其他资产或资产组合所产生现金流的最小资产组合。这种资产组合称作现金产出单元（CGU）。

举例来说，Santos 公司正在判断其不动产、厂场和设备是否存在减值迹象。然而，公司发现，由于资产组的一部分无法单独产生现金流，单项资产现金流的计算便变得非常困难。当 Santos 公司投放市场销售给最终消费者的产品是由操作单元（加工部门）生产后移交给业务单位（包装部门）销售的，这种情况便会产生。因为加工部门资产能够带来多少现金流取决于包装部门取得现金流的数量。公司在进行减值测试时，应该将两个部门看做一个现金产出单元进行评估。

□ 11.2.5　持有待售资产的减值

如果企业打算处置一项已发生减值的不动产、厂场和设备，而不是继续持有使用该资产，相应的会计处理会发生什么变化？Kroger 公司（美国）曾经对由于商店关闭而闲置的不动产、厂场和设备确认了 5 400 万美元的减值损失。此时，Kroger 公司按照成本与可变现净值（公允价值减去处置费用）孰低法报告该项减值资产。由于 Kroger 公司拟在短期内处置该项资产，为了更好地计量该项资产可收回的净现金流量，公司采用可变现净值进行计量。

持有待售的不动产、厂场和设备在持有期间不计提折旧和摊销。其原理在于，对不动产、厂场和设备计提折旧与企业持有待售的意图不一致，而且在采用成本与可变现净值孰低的计量方式时，也不需要计提折旧和摊销。换句话说，持有待售的不动产、厂场和设备与存货的性质一样，企业应该按照成本与可变现净值孰低法计量。

因为 Kroger 公司拟通过资产出售而不是经营来收回在持有待售资产上的投资，因此企业需要持续对持有待售资产进行重估值。在每一个会计期间，持有待售资产应该按照成本与可变现净值孰低进行计量与报告。因此，在未来期间，只要减值损失转回后的资产账面价值不超过减值前的账面价值，Kroger 公司就可以调增或调减持有待售资产的价值。此外，与减值资产相关的损失和利得应作为营业收益的一部分在"其他收入与支出"中予以报告。

图表 11 - 18 总结了不动产、厂场和设备减值的会计处理的主要概念。

图表 11 - 18　　　　　　　　　减值损失会计处理的图示

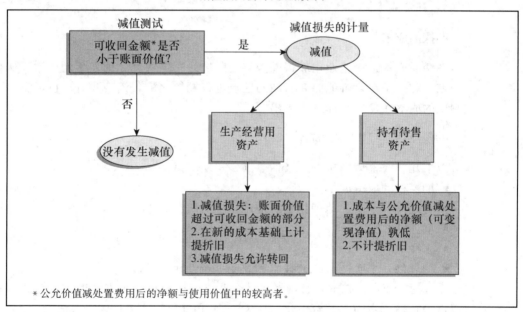

11.3　折　耗

自然资源通常称为递耗资产，包括石油、矿产和木材等。自然资源又可以分为两类：（1）生物资产，如木材；（2）矿产资源，如石油、天然气和矿物质。对生物资产如木材的会计处理要求采用公允价值法，第 9 章中已对其进行讨论。本章主要讨论矿产资源。矿产资源有两个主要特征：（1）资产可以被完全消耗；（2）资产只能通过自然的行为实现重置。不同于厂场和设备，自然资源会在使用过程中发生物理损耗，其实体特征往往难以维持。但是，与自然资源相关的会计问题与不动产、厂场和设备基本一致。我们需要解决的问题有：

1. 企业应该如何确定摊销的成本基础？
2. 企业应该采用何种成本摊销模式？

回想一下，会计业界使用专业术语折耗来表示矿产资源的成本摊销过程。

11.3.1　确定折耗的基础

自然资源的折耗基础如何确定？例如，类似于道达尔（法国）这样的公司，在自然资源的寻找和勘探方面投入巨大。每一次成功的背后都伴随着许许多多的失败。此外，企业开始发生成本的时点距离从开采的资源中获利的时点往往有相当长一段时间。因此，诸如道达尔等开采业的企业，其与矿产资源勘探和开采相关的支出的会计处理通常较为保守。

计算矿产资源折耗的基础涉及下列三类支出：

1. 勘探前成本。
2. 勘探及估值成本。
3. 开发成本。

勘探前成本

勘探前成本是指企业在取得勘探特定区域的法定权利之前发生的成本。例如，荷兰皇家壳牌公司在对可能储有石油的地点进行勘探之前，需要先开展抗震测试。而抗震测试的成本在发生时即列为支出。

勘探及估值（E&E）成本

以下几项成本均属于勘探及估值（E&E）成本：

● 勘探权的取得成本。
● 对地形、地质、地理化学、地理物理的研究成本。
● 勘探钻井成本。
● 采样成本。
● 与评估开采矿产资源的技术和商业可行性相关的成本。

企业对于 E&E 成本具有选择权。企业可以选择在成本发生时将其列为折耗，也可以选择在估价之前将其资本化。IFRS 使公司能够对 E&E 成本灵活处理。[7]

至于为什么让企业能够灵活处理，那是因为对这些支出的会计处理至今仍存在争议。例如，假设荷兰皇家壳牌公司经过勘探，确信了石油储备的存在。为了测量石油储备的数量，公司钻了一口井。然而不幸的是，公司发现它实际上是一口空井，并无石油。之后该公司为了寻找石油钻了更多的井，有些有石油，有些是空井。问题是：空井的钻井成本应该资本化吗？还是应该只将有石油的井的相关成本资本化？

支持完全成本法的人认为，钻探干井的成本属于为发现具有商业利益的勘探井所必需的成本。另一些人则认为，只有成功项目的成本才能予以资本化处理，即成果法。成果法的支持者认为，一个项目的有关成本仅包括与该项目直接相关的成本，其余所有成本应确认为期间费用。此外，他们认为，如果允许一个勘探较为失败的企业对失败项目的勘探成本予以资本化处理，则在短期内会造成该企业的净收益与勘探成功的公司相差无几的假象。

开发成本

一旦核实开采具有技术和经济可行性，勘探及估值（E&E）成本就会重分类为开发成本。一般来说，当企业认定地下存在一定量的矿产资源，开采具有盈利性，企业就进入了开发阶段。此时，任何勘探及估值资产都需要在之后进行减值测试，以确保这些资产的账面价值不会高于可收回金额。

企业将开发成本分为两部分：（1）有形的设备成本；（2）无形的开发成本。有形的设备成本包括开采自然资源并使之达到销售状态所需的所有的运输工具及其他重型机械设备的成本。因为企业可以将重型设备从一个开采地点转移到另一个开采地点，所以一般情况下，企业无须将有形的设备成本包含在自然资源的折耗基础中。相反，该类设备应当单独计提折旧。然而，对于部分无法转移的有形资产（例如钻井设备的地基），企业应以该类资产的使用寿命和资源的有效期限中较短者为基础计提折旧。

无形的开发成本包括钻孔成本、隧道、竖井、井的成本。该类成本没有实物形态，却是开发自然资源所必需的。无形的开发成本属于自然资源折耗基础的组成部分。开采完成后，企业为将开采区的地貌修复到开采前的自然状态而发生的高额成本即为修复成本。修复成本等于自然资源开采后企业为修复地貌而承担的修复义务的公允价值。企业将修复成本作为自然资源折耗基础的一部分。本书第 13 章将更加全面地讨论修复成本及相关负债（有时称作资产弃置义务）的会计处理。与其他长期资产类似，折耗基础的计算应扣除企业处置自然资源而收到的净残值。

☐ 11.3.2　自然资源的折耗

确立了自然资源的折耗基础后，下一个问题就是如何在各个会计期间分摊自然资源的成本。

企业通常根据产量法（一种作业法）计提折耗（有时称为成本折耗）。因此，折耗额是特定开采期间有关开采量的函数。在这种方法下，单位产量的折耗成本等于自然资源的总成本减去净残值后的金额除以自然资源预计总储量。而应计提的折耗额等于单位产量的折耗成本乘以当期开采量。

例如，MaClede 公司在南非拥有一项在 1 000 英亩土地上开采银矿的权利。土地租金为 50 000 欧元，相关的自然资源勘探成本为 100 000 欧元。开采过程中发生的无形开发成本是 850 000 欧元。因此在公司开采出第一盎司白银前，矿山发生的相关成本共计 1 000 000 欧元。MaClede 公司估计该矿山拥有近 100 000 盎司的白银储量。图表 11－19 展示了单位产出的折耗成本（折耗率）的计算。

图表 11－19　　　　　　　　　　折耗率的计算

$$\frac{\text{总成本}-\text{净残值}}{\text{预计总储量}}=\text{单位产出的折耗}$$

$$\frac{1\,000\,000}{100\,000}=10\,（\text{欧元/盎司}）$$

假设 MaClede 公司第一年开采了 25 000 盎司的白银，则该年度应计提的折耗为 250 000 欧元（25 000×10）。公司记录折耗的会计分录如下：

借：存货　　　　　　　　　　　　　　　　　　　　　　　　　　　250 000
　　贷：累计折耗　　　　　　　　　　　　　　　　　　　　　　　　　250 000

MaClede 公司按当年应计提的折耗借记存货，贷记累计折耗，以减少矿产资源的账面价值。当 MaClede 公司出售存货时，贷记"存货"，借记"销售成本"。尚未出售的自然资源仍保留在存货中，并以流动资产的形式在资产负债表中列报。

企业有时不使用累计折耗账户。在这种情况下，则需直接贷记相关矿产资源资产账户。MaClede 公司的资产负债表将分别列示矿产资源的初始成本和截至资产负债表日累计折耗的金额。参见图表 11－20。

图表 11－20　　　　　　　　矿产资源在资产负债表上的列报

银矿（成本）	€ 1 000 000	
减去：累计折耗	250 000	€ 750 000

在利润表中，出售的存货的折耗费用将作为销售成本的一部分。

MaClede 公司也可采用产量法对开采银矿所使用的有形设备计提折旧。如果企业可以直接确定某个矿床所占用设备的使用寿命，则采用产量法计提折旧是恰当的。如果该设备服务于多项作业，则采用诸如直线法或加速折旧法等其他方法可能更恰当。

□ 11.3.3　可采储量的估计

由于掌握了新的信息或采用了更为复杂的生产工序，企业有时需要改变自然资源可采储量的估计。近期，油气储藏、稀有金属等矿产资源可采储量的估计为企业带来了巨大的挑战。自然资源可采储量的估计很大程度上仅依靠"有见解的猜测"。[1]

可采储量估计的变更与厂场和设备使用寿命变更的会计处理相同，即采用未来适用法，用剩余的资产成本除以新的可采储量估计数计算修正的折耗率。由于该估计数具有较大的不确定性，因此采用未来适用法进行会计处理最为恰当。

□ 11.3.4　还本股利

一家企业拥有的可开采自然资源的资产通常是企业唯一一项主要资产。如果该企业不打算购买其他资产，则可能会通过还本股利的形式将投资者的投资资本逐渐返还给股东，还本股利是指支付的股利超过累积净收益。

这里涉及的会计问题主要是如何区分股利中资本返还和非资本返还的部分。由于股利是投资者初始投入的回报，发放还本股利的企业应该根据股利中与初始投资相关的部分（即资本返还部分）借记"股本溢价"，而不是借记"留存收益"。

举例说明，Callahan 矿业公司年末的留存收益是 1 650 000 英镑，矿产资源的累

---

① IASB 对采掘业进行了一项研究。主要焦点在于与矿产和其他自然资源有关的财务报告问题。关键问题是是否应该以及如何在财务报表中定义、确认、计量以及披露这些资源。目前，IASB 正在考虑将制定有关标准列入议程。详见 *http://www.ifrs.org/Current-Projects/IASB-Projects/Extractive-Activities/DPA p10/Pages/DP.aspx*。

计折耗是 2 100 000 英镑，股本溢价是 5 435 493 英镑。Callahan 矿业公司的董事会宣告对外发放现金股利，普通股每股 3 英镑。公司记录 3 000 000 英镑的现金股利的会计分录如下：

借：留存收益		1 650 000
股本溢价——普通股		1 350 000
贷：现金		3 000 000

Callahan 矿业公司必须告知股东，每股 3 英镑的股利包含每股 1.65 英镑（1 650 000÷1 000 000）的投资回报和每股 1.35 英镑（1 350 000÷1 000 000）的还本股利。

□ 11.3.5　财务报表列报

企业应披露下列与 E&E 支出相关的信息：

1. 对勘探与估值支出的会计政策，包括对 E&E 资产的确认。
2. 由勘探与估值带来的资产、负债、收入与支出以及经营现金流的金额。

图表 11-21 中图洛石油公司（英国）的财务报表摘录能够说明以上内容。

图表 11-21

图洛石油公司 （单位：千英镑）	
利润表 勘探成本	£226 701
资产负债表 无形勘探及估值资产	£1 417 777
现金流量表 无形勘探及估值资产购置成本	£323 569
会计政策 勘探、估值及开采资产（无形勘探及估值资产） 企业集团采用成果法对勘探及估值成本进行会计处理。所有取得许可证、勘探、估值产生的成本都根据评估的金额按照井、土地或开采区域资本化。直接管理成本以及应付利息在与特定活动有关时予以资本化。取得许可证之前的成本，在其发生时确认为支出。这些支出在利润表中列为勘探成本，而商业储备形成或测定未完成且无减值迹象时例外。所有的开采成本都应资本化为固定资产。与开采活动有关的固定资产根据企业的折耗与摊销会计政策进行摊销。 （k）折耗与摊销——已开发场地 　　每个场地的支出从开采时起根据产量进行摊销。以产量计算的成本由资本化成本的账面净值以及预计折现未来现金流组成，其中预计折现未来现金流是以企业对未来的石油和天然气价格估计为依据的。若场地之间存在经济相关性，如存在共同基础设施，则在判断减值时应将场地组合视为一个单独的现金产出单元。 　　若存在减值迹象，则减值作为额外折耗与摊销在利润表中列示。之后视情况可将减值转回，转回的减值贷记利润表。	

11.4　重估值

到目前为止，我们一直假设公司采用历史成本对不动产、厂场和设备进行后续计量。但是，公司可选择采用成本模式或公允价值模式对不动产、厂场和设备进行后续计量。[8]

□ 11.4.1　重估值确认

Network Rail 公司（英国）是一家典型的选择采用公允价值模式对其铁路网络进行计量的公司。由于采用公允价值计量，导致其不动产、厂场和设备升值 42.89 亿英镑。当公司选择采用公允价值模式对其不动产、厂场和设备进行后续计量时，通过调整资产账户和确定未实现重估值损益来对公允价值变动进行会计处理。这个未实现重估值损益通常称为重估值盈余。

重估值——土地

现举例说明土地重估值的会计处理。假设西门子集团（德国）在 2015 年 1 月 5 日以 1 000 000 欧元的价格购买了一块土地。该公司选择采用重估值模式对土地进行后续计量。在 2015 年 12 月 31 日，这块土地的公允价值是 1 200 000 欧元。以公允价值记录土地的分录如下：

借：土地		200 000
贷：未实现重估值收益——土地		200 000

在资产负债表中列报的土地价值是 1 200 000 欧元，未实现的重估值收益——土地转入利润表中的其他综合收益。此外，如果这是目前唯一的重估值调整，资产负债表列报 200 000 欧元的累计其他综合收益。

重估值——应计折旧资产

现举例说明应计折旧资产重估值的会计处理。假设联想集团在 2015 年 1 月 2 日以 500 000 元人民币购买了一项设备。该设备使用寿命为 5 年，采用直线法计提折旧，且其净残值为零。在设备的使用年限内，联想集团选择采用公允价值模式对其进行重估值。联想集团在 2015 年 12 月 31 日确认折旧费用 100 000 元人民币（500 000÷5），如下所示：

2015 年 12 月 31 日

借：折旧费用		100 000
贷：累计折旧——设备		100 000
（确认 2015 年的折旧费用）		

在记录这一分录之后，这台设备的账面价值变为 400 000 元人民币（500 000 － 100 000）。2015 年 12 月 31 日，该设备进行了独立评估，其公允价值为 460 000 元人民币。为了以公允价值计量该设备，联想公司进行了如下的会计处理。

1. 将累计折旧——设备账户冲零。

2. 将设备账户减少 40 000 元人民币——然后以其公允价值 460 000 人民币列报。

3. 将设备的公允价值和账面价值之间的差额 60 000 元人民币（460 000 － 400 000）确认为未实现的重估值收益（设备）。2015 年 12 月 31 日，该重估值的分录如下所示：

2015 年 12 月 31 日

借：累计折旧——设备   100 000

   贷：设备   40 000

       未实现重估值收益——设备   60 000

现在该设备以其公允价值 460 000 元人民币 （500 000－40 000） 列报。① 增加的 60 000 元人民币公允价值在利润表中的其他综合收益部分进行列报。此外，该账户余额在资产负债表所有者权益部分的累积其他综合收益中列报。

图表 11 - 22 展示了重估值相关要素的列报。

图表 11 - 22   重估值在财务报表中的列报

综合收益表	
其他综合收益	
未实现重估增值——设备	￥60 000
资产负债表	
非流动资产	
设备	￥460 000
累计折旧——设备	-0-
账面价值	￥460 000
所有者权益	
累积其他综合收益	￥60 000

如上所示，2015 年 12 月 31 日，这项设备的账面价值是 460 000 元人民币。联想集团在利润表中列报的折旧费用是 100 000 元人民币，在"其他综合收益"中报告的未实现的重估值收益为 60 000 元人民币。假设该设备的使用寿命没有发生改变，在 2016 年度应计提的折旧额为 115 000 元人民币 （460 000÷4）。

总而言之，企业发生重估增值时，通常会调增所有者权益。重估减值先抵销前期确认的重估增值，如有剩余，则以费用列报 （作为一项减值损失）。如果一项曾经发生重估减值且减值已计入费用的资产又发生了重估增值，则重估增值额以收入列报。与资产重估相关的累积其他综合收益科目不能出现负余额。

□ 11. 4. 2 重估值问题

重估值的会计处理并不一定要按整体进行。也就是说，企业可以选择只对一种资产例如建筑物进行重估值，而不对其他资产例如土地进行重估值。然而，若企业选择对建筑物进行重估值，则所有建筑物科目下的资产都应重估值。一类资产科目是指在企业运营中具有相似特性和用途的资产集合。例如，西门子公司有以下资产科目：土地、设备和建筑物。若西门子公司选择对土地采用公允价值计量，则必须对所有土地科目下的资产采用公允价值计量。公司不能对部分土地采用公允价值计量而对部分土地采用历史成本计量，因为这会导致成本计量的混乱，也给公司投机提供了机会。

使用重估值方法的企业也需尽量保证资产价值能够及时更新。价格不稳定的资产

---

① 若应计折旧资产重新估值，企业可以采用两种方法中的一种来进行重估值。企业也可以选择按照比例对资产的成本和累计折旧进行重估值，以确保资产的账面价值在重估值后和其账面价值相等。

必须每年重估值。其他情况下可以适当降低重估值的频率。不动产、厂场和设备的公允价值都需要估价后得到。附录 11A 中对土地和应计折旧资产的重估值处理方法进行了详细说明。

数字背后的故事　　要不要重估值

大部分企业都不进行重估值，主要原因是公允价值评估所带来的高持续成本。另外一个原因是，对历史成本的重估值所带来的利得直接反映在所有者权益中，而非净收入，但相应的损失却会减少净收入。此外，对于应计折旧资产，由重估值带来的折旧额增加同样会减少净收入。下表为对 175 家跨国企业的调查结果。

	2011 年	2010 年	2009 年
成本	172	163	155
重估值			
土地	1	2	3
建筑物	1	1	1
不动产（土地和建筑物）	6	4	4
其他资产	1	1	1
多项资产	1	0	0
所有资产	3	3	1
对至少一项资产使用重估值的企业总数	13	11	10
未披露相关信息的企业	0	3	3
使用多种方法的企业	(10)	(7)	(8)
调查企业总数	175	170	160

资料来源：*IFRS Accounting Trends & Techniques*，*2012–2013*（AICPA，2012）.

使用重估值的企业通常都处于高通货膨胀的环境，此时历史成本严重过时。此外，一些企业是因为想要增加所有者权益所以使用重估值。增加所有者权益能够使企业满足合同要求，或是向投资者和债权人提供额外保障，证明企业具有偿付能力。

11.5　不动产、厂场和设备的列报与分析

11.5.1　不动产、厂场和设备与自然资源的列报

企业应该披露不动产、厂场和设备以及自然资源的计价基础——通常为历史成本，同时披露与这些资产相关的担保、留置权及其他需要承担的义务。企业应当将以不动产、厂场和设备与自然资源担保的负债在财务报表的负债部分单独列报，而不应作为这些资产价值的抵减项。此外，那些没有用于当前生产经营的固定资产（例如闲置的设施或以投资为目的持有的土地）应与用于当前生产经营的资产分开列报。

资产计提折旧时，企业应按折旧费用贷记备抵调整账户"累计折旧"。该类账户可以使企业同时提供有关资产原值和以前年度计提的累计折旧等信息。

计提自然资源折耗时，部分企业会使用累计折耗账户，然而大多数企业会直接贷

记自然资源账户。由于自然资源的消耗是真正的实物消耗，因此企业可直接抵减自然资源的成本。

图表 11 - 23 为雀巢集团近期年报中的不动产、厂场和设备部分。雀巢集团在资产负债表中的列报简明扼要，并在财务报表附注中以具体金额和会计政策进行补充说明。

图表 11 - 23

雀巢集团 （单位：百万瑞士法郎）		
非流动资产		
不动产、厂场和设备	26 903	23 971
对关联企业投资	9 846	8 629
递延所得税资产	2 903	2 476
金融资产	27	39
当期所得税资产	5 003	7 161
员工福利资产	84	127
商誉	32 615	29 008
无形资产	13 643	9 356
非流动资产总额	91 024	80 767

附注 1：会计政策

不动产、厂场和设备

不动产、厂场和设备在资产负债表中以历史成本列报。企业根据预计使用寿命，采用直线法对初始成本减去剩余价值的部分计提折旧。集团总部的剩余价值为 30%，其他则为 0。以下为使用寿命：

建筑物	20～40 年
机器和设备	10～25 年
工具、家具、信息设备和杂项设备	3～10 年
车辆	3～8 年

土地不折旧。

每年对使用寿命、部件、剩余价值进行复核。复核需要考虑资产的特性，其用途包括但不限于设备停用、技术进步以及可能导致技术过时的竞争压力。

不动产、厂场和设备的折旧被合理分配到利润表的各项费用。

对于重要且建造期较长（通常大于一年）的资产，建造期间的借款成本应该资本化。资本化率取决于建造期间的短期借款利率。租赁土地及房屋的资本化费用在租赁期间摊销。政府补助采用递延法进行确认，补助初始确认为递延收入，之后再根据使用寿命分摊到各项资产。与资产无关的补助在收到时贷记利润表。

	土地和 建筑物	机器和 设备	工具、家具和 其他设备	车辆	总计
总值					
1 月 1 日	14 109	26 472	7 728	961	49 270
货币折算增减值	(156)	(622)	(34)	(29)	(841)
资本支出	1 419	2 863	957	129	5 368
资产处置	(169)	(548)	(610)	(95)	(1 422)
重分类为持有待售资产	(17)	(14)	(1)	—	(32)
合并范围变更	484	342	(29)	(4)	793
12 月 31 日	15 670	28 493	8 011	962	53 136

累计折旧和减值损失					
1 月 1 日	(5 068)	(14 449)	(5 278)	(504)	(25 299)
货币折算增减值	70	259	66	11	406
折旧	(393)	(1 434)	(782)	(102)	(2 711)
减值损失	4	(58)	(21)	—	(75)
资产处置	120	490	552	79	1 241
重分类为持有待售资产	12	11	1		24
合并范围变更	26	105	44	6	181
12 月 31 日	(5 229)	(15 076)	(5 418)	(510)	(26 233)
12 月 31 日净额	10 441	13 417	2 593	452	26 903

12 月 31 日，有 13.32 亿瑞士法郎的不动产、厂场和设备处于建造期间。有 1.54 亿瑞士法郎的融资租赁不动产、厂场和设备净额。用于金融负债抵押的不动产、厂场和设备净额为 2.94 亿瑞士法郎。火灾风险已按照国内的要求办理了保险，得到了合理的估计。
减值
不动产、厂场和设备的减值主要原因是企业为了提高生产能力而出售或关闭低效率的生产设施。
预计支出
12 月 31 日，集团预计支出为 6.5 亿瑞士法郎。

11.5.2 不动产、厂场和设备的分析

分析师通常从周转率和回报率的角度对企业的资产进行评估。

资产周转率

资产周转率衡量企业资产创造销售收入的效率。该比率等于某一期间的销售收入净额除以平均总资产，反映每一单位的资产投入所能创造的销售收入。为了说明问题，我们引用阿迪达斯公司（德国）2012 年的年报数据。

阿迪达斯公司	
销售收入净额	€14 883
总资产，2012 年 12 月 31 日	11 651
总资产，2011 年 12 月 31 日	11 237
净收益	524

图表 11-24 为资产周转率的计算过程。

图表 11-24   资产周转率

$$资产周转率 = \frac{销售收入净额}{平均总资产}$$
$$= \frac{€14\ 883}{(€11\ 651 + €11\ 237)/2}$$
$$= 1.3$$

阿迪达斯的资产周转率为 1.3，这表示在 2012 年，阿迪达斯每一单位的不动产、厂场和设备投资创造了 1.3 欧元的销售收入。

不同行业的资产周转率存在很大区别。例如，诸如 Ameren 公司（美国）等公用

事业公司的资产周转率为 0.32，而大型连锁零售公司 Morrisons 公司（英国）的资产周转率高达 1.86。因此，在利用资产周转率比较不同公司之间的经营业绩时，还需考虑该企业所在行业的平均资产周转率水平。

销售净利率

分析不动产、厂场和设备使用情况的另一个指标是销售净利率（销售利润率）。该比率等于净利润除以销售收入。事实上，销售净利率仅反映一个企业的盈利能力，并不能反映企业所拥有资产的盈利能力。但是，如果我们将某企业一段时期内的销售净利率与资产周转率相乘，就可以得到这家企业的总资产回报率，并可据此分析该时期内企业所拥有资产的盈利能力。我们使用阿迪达斯的财务报表数据计算销售净利率和总资产回报率，见图表 11 - 25。

图表 11 - 25　　　　　　　　　　　销售净利率

$$\text{销售净利率} = \frac{\text{净利润}}{\text{销售收入}}$$
$$= \frac{€\,524}{€\,14\,883}$$
$$= 3.5\%$$
$$\text{总资产回报率} = \text{销售净利率} \times \text{资产周转率}$$
$$= 3.5\% \times 1.30$$
$$= 4.6\%$$

总资产回报率

总资产回报率（ROA）用于衡量企业通过使用资产所获得的回报率。总资产回报率等于销售收入净额除以平均总资产。下面我们利用阿迪达斯的数据计算总资产回报率，见图表 11 - 26。

图表 11 - 26　　　　　　　　　　　总资产回报率

$$\text{总资产回报率} = \frac{\text{销售收入净额}}{\text{平均总资产}}$$
$$= \frac{€\,524}{(€\,11\,651 + €\,11\,237)/2}$$
$$= 4.6\%$$

用这种方式计算出的总资产回报率为 4.6%，这与销售净利率和资产周转率相乘计算得到的比率相等。总资产回报率可以很好地衡量一家企业的盈利能力，因为它综合了净利润和资产周转率的影响。

国际会计视野

不动产、厂场和设备

GAAP 与 IFRS 对不动产、厂场和设备的会计处理上基本是相同的，主要的差别涉及资产组成部分折旧、资产减值和重估值。

相关事实

下面是 GAAP 和 IFRS 在处理不动产、厂场和设备上的主要相同点和不同点。

相同点

● GAAP 和 IFRS 对不动产、厂场和设备的定义本质上是相同的。

● 在 GAAP 和 IFRS 下，折旧方法与不动产、厂场和设备使用寿命的改变都采用未来适用法，只影响当期和未来的损益，以前期间不受影响。

● GAAP 和 IFRS 对于处置不动产、厂场和设备的会计处理是相同的。

● GAAP 和 IFRS 对于确认取得自然资源的初始成本的会计处理是相同的。

● 在 GAAP 和 IFRS 中，不动产、厂场和设备建造过程中发生的利息费用都必须资本化处理。最近，IFRS 正在与 GAAP 趋同。

● 在 GAAP 和 IFRS 下，非货币性资产交换的会计处理本质上是相同的。GAAP 要求，具有商业实质的非货币性资产交换，必须确认交易中的利得。IFRS 也使用相同的框架。

● GAAP 和 IFRS 都认为，折旧是将有形资产的成本在其使用寿命内分摊到费用中，GAAP 和 IFRS 允许企业采用的折旧方法相同（直线法、递减法、工作量法）。

不同点

IFRS 要求对零部件计提折旧。在 GAAP 下，企业可以对零部件计提折旧，但是很少有企业这样处理。

在 IFRS 下，企业可以对资产采用历史成本模式或者重估值模式进行计量。而 GAAP 不允许企业在后续计量时对固定资产或者矿产资源重估值。

不动产、厂场和设备减值测试时，GAAP 与 IFRS 采用不同模式（我们将在深度解读部分说明 IFRS 对减值测试的详细要求）。如果未折现的未来现金流超过了资产的账面价值，就不需要确认减值。IFRS 对于减值测试的要求更为严格，但是，与 GAAP 的要求不同，企业可以转回资产减值损失。

深度解读

GAAP 下的减值测试分为两步。而 IFRS 与其的主要差别在于，IFRS 使用现金流收回测试来判断是否应该执行减值测试。同样，GAAP 不允许资产减值损失的转回。

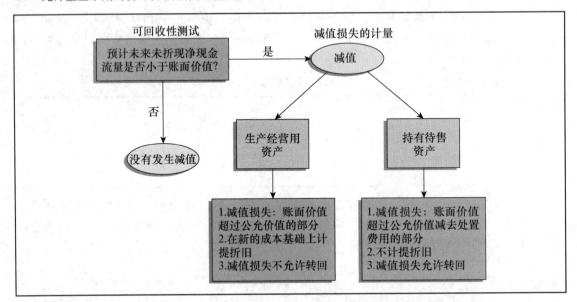

未来之路

国际财务准则委员会在新的概念框架计划中，一直致力于研究采用重估值作为资产计量基础的可行性。融合的概念框架是否会对不动产、厂场和设备采用公允价值计量（或者采用重估值入账），现在下结论为时尚早。鉴于 GAAP 长期以来一直采用历史成本计量，因此计量基础的选择问题注定会引起较大的争议。

本章小结

1. 理解折旧的概念。折旧是将有形资产的成本在特定期间内系统、合理地分摊到费用中，特定期间是指预期可从有形资产的使用中获益的会计期间。

2. 明确影响折旧额的几个因素。影响不动产、厂场和设备折旧的因素主要有以下三个方面：（1）确定不动产、厂场和设备的折旧基础；（2）估计不动产、厂场和设备的使用寿命；（3）确认成本分摊（折旧）的方法。

3. 掌握不同的折旧方法：工作量法、直线法和递减法。（1）工作量法。该方法假设折旧是耗用量或生产量的函数，而与时间无关。企业依据资产的产出或投入确定资产的使用寿命。（2）直线法。折旧被认为是时间的函数，而非使用量的函数。当资产的效用在各个会计期间匀速下降时，直线法的会计处理程序是最为恰当的。（3）递减法。在不动产、厂场和设备使用初期计提较多的折旧，而在后期计提较少的折旧。其合理性在于，不动产、厂场和设备在使用初期生产能力较强，因此需计提较多的折旧费用。

4. 掌握零部件折旧方法。IFRS 要求企业将不动产、厂场和设备中每个对成本总额有重大影响的部分分别折旧。

5. 掌握资产减值损失的会计处理程序。确定资产减值损失的程序如下：（1）判断是否存在可能导致不动产、厂场和设备发生减值的事项或环境的改变。（2）如果存在减值迹象，则执行减值测试。如果长期资产的可收回金额（公允价值减去销售费用与使用价值较高者）低于账面价值，表明该资产发生了减值。反之则未发生减值。

不动产、厂场和设备确认减值损失之后，减值后的账面价值即成为该项资产新的成本基础。资产减值损失可以转回，只要转回的数额不超过减值前的账面价值。如果企业打算处置一项已发生减值的不动产、厂场和设备，应按照成本与可变现净值（公允价值减去处置费用）孰低法报告该项减值资产。持有待售的不动产、厂场和设备在持有期间不计提折旧和摊销。

6. 掌握矿产资源折耗的会计处理程序。企业在记录矿产资源的折耗时，需要：（1）确定折耗的基础；（2）摊销折耗。计算矿产资源折耗基础时涉及下列三类支出：（1）勘探前成本；（2）勘探及估值成本；（3）开发成本。企业通常根据产量法计提折耗。因此，折耗额是特定开采期间有关开采量的函数。单位产量的折耗成本等于矿产资源的总成本减去净残值后的金额除以矿产资源预计总储量。而应计提的折耗额等于单位产量的折耗成本乘以当期开采量。

7. 掌握重估值的会计处理程序。根据 IFRS，企业可以选择使用成本或公允价值来计量长期资产。若企业选择在取得长期有形资产后以公允价值进行计量，则应将公允价值变动计入适当资产，并记录由此带来的未实现利得，计入其他综合收益。

8. 掌握报告和分析不动产、厂场和设备与矿产资源的方法。企业应该披露不动产、厂场和设备以及矿产资源的计价基础——通常为历史成本，同时披露与这些资产相关的担保、留置权及其他需要承担的义务。企业应当将以不动产、厂场和设备与矿产资源担保的负债在财务报表的负债部分单独列报，而不应作为这些资产价值的抵减项。资产计提折旧时，企业应按折旧费用贷记备抵调整账户"累计折旧——设备"。计提矿产资源折耗时，部分企业会使用累计折耗账户，然而大多数企业会直接贷记矿产资源账户。可以通过计算资产周转率、销售净利率和总资产回报率对企业的资产进行评估。

附录 11A　不动产、厂场和设备重估值

正如第 11 章中提到的，企业可以在取得资产后以重估值对资产进行后续计量。若企业选择以公允价值计量长期有形资产，则需将公允价值变动记入相应资产科目，作为该资产的未实现利得。这种未实现利得通常也称为重估值盈余。

以下为通用的重估值会计处理程序：

1. 当企业重估值大于长期有形资产的历史成本，超出部分视为未实现利得并增加其他综合收益。如此，未实现利得便绕过净收益，直接增加其他综合收益和累积其他综合收益。

2. 若企业不动产、厂场和设备发生减值（资产价值低于历史成本），减值损失将减少利润和留存收益。如此，重估值利得增加所有者权益，但不影响净收益，而重估值损失却会减少利润和留存收益（以及所有者权益）。

3. 若重估值增加，导致之前确认的减值损失转回，企业应按照减值损失转回的相关会计准则，以之前确认的损失额为限，贷记利润表。

4. 若重估值降低，导致之前确认的未实现利得减少，企业应首先减少未实现利得，借记其他综合收益。额外的价值损失将减少净利润并被确认为减值损失。

我们将在以下内容中对土地和应计折旧资产重估值会计程序进行说明。

□ 土地重估值

重估值——2015 年：估值增加

为了说明重估值会计处理程序，假设联合利华集团（英国和荷兰）于 2015 年 1 月 1 日取得土地，成本为 40 万欧元。联合利华集团决定以公允价值对土地进行后续计量。2015 年 12 月 31 日，经过评估，土地的公允价值为 52 万欧元。联合利华集团所做分录如下：

2015 年 12 月 31 日

借：土地　　　　　　　　　　　　　　　　　　　　　　　　　　　　120 000
　　贷：未实现重估值收益——土地（520 000－400 000）　　　　　　120 000
　　（确认土地价值的增加）

图表 11A-1 为 2015 年联合利华重估值调整的总结。

图表 11A-1　　　　　　　　　　　　2015 年重估值总览

日期	项目	土地公允价值	留存收益	累积其他综合收益（AOCI）
2015 年 1 月 1 日	期初余额	€ 400 000	€0	€0
2015 年 12 月 31 日	重估值	120 000	0	120 000
2015 年 12 月 31 日	期末余额	520 000	0	120 000

土地目前以公允价值 52 万欧元列报，12 万欧元的公允价值增加计入其他综合收益，在综合收益表中列示。此外，未实现重估值收益——土地的期末余额以累积其他综合收益在资产负债表的所有者权益中列报。

重估值——2016 年：估值减至历史成本以下

若 2016 年 12 月 31 日土地的公允价值为 38 万欧元，与上一年相比减少了 14 万欧元，又会怎样呢？此时，土地的公允价值低于其历史成本。因此，联合利华集团借记"未实现重估值收益——土地"12 万欧元，余额归零。此外，联合利华集团还确认了 2 万欧元（400 000－380 000）的资产减值损失，并减少净利润。联合利华集团所做分录如下：

2016 年 12 月 31 日

借：未实现重估值收益	120 000	
资产减值损失	20 000	
贷：土地（520 000－380 000）		140 000

（确认土地价值减至历史成本以下）

图表 11A－2 为 2016 年联合利华重估值调整的总览。

图表 11A－2　2016 年重估值总览

日期	项目	土地公允价值	留存收益	累积其他综合收益（AOCI）
2015 年 1 月 1 日	期初余额	€400 000	€0	€0
2015 年 12 月 31 日	重估值	120 000	0	120 000
2015 年 12 月 31 日	期末余额	520 000	0	120 000
2016 年 1 月 1 日	期初余额	€520 000	€0	€120 000
2016 年 12 月 31 日	重估值	(140 000)	(20 000)	(120 000)
2016 年 12 月 31 日	期末余额	380 000	(20 000)	0

未实现重估值收益——土地余额归零，同时其他综合收益以及累积其他综合收益的期末余额减少 12 万欧元。2 万欧元的资产减值损失减少了净利润以及留存收益。在这种情况下，联合利华集团的重估值损失首先抵减之前确认的未实现重估值收益，其余部分确认为减值损失。重估值损失不能将其他综合收益减至零以下。

重估值——2017 年：资产减值损失转回

2017 年 12 月 31 日，联合利华集团土地公允价值增加至 41.5 万欧元，比上一年增加 3.5 万欧元（415 000－380 000）。此时，资产减值损失 2 万欧元需转回，而剩下的 1.5 万欧元增加其他综合收益。联合利华集团所做分录如下：

2017 年 12 月 31 日

借：土地	35 000	
贷：未实现重估值收益——土地		15 000
资产减值损失转回		20 000

（土地重估值，资产减值损失转回）

图表 11A-3 为联合利华集团 2017 年重估值调整的总览。

图表 11A-3　　　　　　　2017 年重估值总览

日期	项目	土地公允价值	留存收益	累积其他综合收益（AOCI）
2015 年 1 月 1 日	期初余额	€400 000	€0	€0
2015 年 12 月 31 日	重估值	120 000	0	120 000
2015 年 12 月 31 日	期末余额	520 000	0	120 000
2016 年 1 月 1 日	期初余额	€520 000	€0	€120 000
2016 年 12 月 31 日	重估值	(140 000)	(20 000)	(120 000)
2016 年 12 月 31 日	期末余额	380 000	(20 000)	0
2017 年 1 月 1 日	期初余额	€380 000	€(20 000)	€0
2017 年 12 月 31 日	重估值	35 000	20 000	15 000
2017 年 12 月 31 日	期末余额	415 000	0	15 000

资产减值损失转回 2 万欧元会增加利润（以及留存收益），转回的金额不能超过之前确认的减值损失金额。

2018 年 1 月 2 日，联合利华集团以 41.5 万欧元出售土地。联合利华集团所做分录如下：

2018 年 1 月 2 日

　　借：现金　　　　　　　　　　　　　　　　　　　　　　　　415 000

　　　　贷：土地　　　　　　　　　　　　　　　　　　　　　　　　415 000

　　　　（土地出售）

在这种情况下，联合利华集团不确认收益或损失，因为土地的账面价值等于其公允价值。此时，由于土地已售出，联合利华集团可以选择将累积其他综合收益（AOCI）转入留存收益，所做分录如下：

2018 年 1 月 2 日

　　借：累积其他综合收益　　　　　　　　　　　　　　　　　　　15 000

　　　　贷：留存收益　　　　　　　　　　　　　　　　　　　　　　15 000

　　　　（AOCI 余额归零）

这种处理的目的是为了将已售土地的未实现收益清零。而这么做并不会影响净收益。这也说明了为何重估值会计不那么受欢迎。虽然土地的价值最终增加了 1.5 万欧元，但是联合利华集团却不能在持有土地期间将其计入净利润。

□ 应计折旧资产重估值

为说明应计折旧资产重估值会计处理程序，假设诺基亚公司于 2015 年 1 月 2 日购入一台设备，成本为 100 万欧元。该设备的使用寿命为 5 年，采用直线法折旧，剩余价值为 0。

重估值——2015 年：估值增加

诺基亚公司选择以公允价值对设备进行后续计量。以下为折旧费用 20 万欧元

（1 000 000÷5）的确认：

2015 年 12 月 31 日

借：折旧费用 　　　　　　　　　　　　　　　　　　　　　　　　　　　200 000

贷：累计折旧——设备 　　　　　　　　　　　　　　　　　　　　　　200 000

（2015 年 12 月 31 日确认折旧费用）

在做此分录之后，诺基亚的设备账面价值为 80 万欧元（1 000 000－200 000）。经过评估，该设备 2015 年 12 月 31 日的公允价值为 95 万欧元，为了将设备调整为公允价值，诺基亚做了如下处理：

1. 将累计折旧——设备账户减少为 0。

2. 将设备账户余额减少 5 万欧元，如此设备便能够以公允价值 95 万欧元列示。

3. 将设备公允价值与账面价值的差额确认为未实现重估值收益——设备，其数额为 15 万欧元（950 000－800 000）。

2015 年 12 月 31 日诺基亚所做分录如下：

2015 年 12 月 31 日

借：累计折旧——设备 　　　　　　　　　　　　　　　　　　　　　　200 000

贷：设备 　　　　　　　　　　　　　　　　　　　　　　　　　　　　50 000

未实现重估值收益——设备 　　　　　　　　　　　　　　　　　　150 000

图表 11A－4 为诺基亚 2015 年重估值调整的总览。

图表 11A－4　　　　　　　　　　　2015 年重估值总览

日期	项目	设备公允价值	累计折旧	留存收益	累积其他综合收益（AOCI）
2015 年 1 月 1 日	期初余额	€1 000 000			€0
2015 年 12 月 31 日	折旧		€200 000	€（200 000）	
2015 年 12 月 31 日	重估值	（50 000）	（200 000）		150 000
2015 年 12 月 31 日	期末余额	950 000	0	（200 000）	150 000

经过上述调整，资产的账面价值为 95 万欧元。诺基亚将 20 万欧元的折旧费用计入利润表，将 15 万欧元的未实现重估值收益——设备计入其他综合收益，并增加累积其他综合收益（在资产负债表中的所有者权益部分列示）。

重估值——2016 年：估值减至历史成本以下

假设设备使用寿命不变，2016 年设备的折旧额为 23.75 万欧元（950 000÷4），确认折旧费用的分录如下：

2016 年 12 月 31 日

借：折旧费用 　　　　　　　　　　　　　　　　　　　　　　　　　　237 500

贷：累计折旧——设备 　　　　　　　　　　　　　　　　　　　　　237 500

（2016 年 12 月 31 日确认折旧费用）

根据 IFRS，诺基亚公司将重估后折旧基础和重估前折旧基础之间的差额从累积其他综合收益转入留存收益。重估前的折旧额为 20 万欧元（1 000 000÷5），重估后的折旧额为 23.75 万欧元，两者差额为 3.75 万欧元（237 500－200 000）。相关分录如下：

2016 年 12 月 31 日

　　借：累积其他综合收益　　　　　　　　　　　　　　　　　37 500

　　　　贷：留存收益　　　　　　　　　　　　　　　　　　　　　　37 500

　　　　　　（从累积其他综合收益转入留存收益）

在 2016 年重估值之前，诺基亚设备的相关信息如下：

设备	€ 950 000
减去：累计折旧——设备	237 500
账面价值	€ 712 500
累积其他综合收益	€ 112 500（€ 150 000—€ 37 500）①

　　经过评估，设备的公允价值为 57 万欧元。为了将设备调整至公允价值，诺基亚公司做了如下处理：

　　1. 将累计折旧——设备账户减少为 0。

　　2. 将设备账户余额减少 38 万欧元（950 000—570 000），如此设备便能够以公允价值 57 万欧元列示。

　　3. 抵销之前确认未实现重估值收益，将其余额减少 11.25 万欧元（与 2015 年重估值相联系）。

　　4. 确认资产减值损失 3 万欧元。

　　所做分录如下：

　　借：累计折旧——设备　　　　　　　　　　　　　　　　　237 500

　　　　资产减值损失　　　　　　　　　　　　　　　　　　　　30 000

　　　　未实现重估值收益——设备　　　　　　　　　　　　　112 500

　　　　贷：设备　　　　　　　　　　　　　　　　　　　　　　　380 000

　　　　　　（将设备调整至公允价值，并确认减值损失）

　　图表 11A - 5 为诺基亚公司 2016 年重估值调整的总览。

图表 11A - 5　　　　　　　　　　2016 年重估值总览

日期	项目	设备公允价值	累计折旧	留存收益	累积其他综合收益（AOCI）
2015 年 1 月 1 日	期初余额	€ 1 000 000			€ 0
2015 年 12 月 31 日	折旧		€ 200 000	€ (200 000)	
2015 年 12 月 31 日	重估值	(50 000)	(200 000)		150 000
2015 年 12 月 31 日	期末余额	950 000	0	(200 000)	150 000
2016 年 1 月 1 日	期初余额	€ 950 000	€ 0	€ (200 000)	€ 150 000
2016 年 12 月 31 日	折旧		237 500	(237 500)	
2016 年 12 月 31 日	AOCI 向留存收益转移			37 500	(37 500)
2016 年 12 月 31 日	重估值	(380 000)	(237 500)	(30 000)	(112 500)
2016 年 12 月 31 日	期末余额	570 000	0	(430 000)	0

---

　　① 该项转移说明，资产账面价值重估值部分的折旧最终会减少留存收益。值得注意的是，历史成本账面价值（未进行重估值）等于重估值账面价值减去 AOCI 余额。在此例中，两年后的历史成本账面价值为 60 万欧元（1 000 000—200 000—200 000），等于重估值账面价值 71.25 万欧元减去 AOCI11.25 万欧元。

经过上述调整，设备的账面价值为 57 万欧元。诺基亚将折旧费用 23.75 万欧元和资产减值损失 3 万欧元计入利润表（并减少留存收益）。①

重估值——2017 年：资产减值损失转回

假设设备使用寿命不变，2017 年诺基亚公司折旧费用为 19 万欧元（570 000÷3），确认折旧费用的分录如下：

2017 年 12 月 31 日

借：折旧费用　　　　　　　　　　　　　　　　　　　　　190 000

　　贷：累计折旧——设备　　　　　　　　　　　　　　　　　　190 000

（确认折旧费用）

诺基亚将重估值前后折旧基础的差额从累积其他综合收益转入留存收益。重估值前的折旧基础为 20 万欧元（1 000 000÷5），重估值后的折旧基础为 19 万欧元，两者差额为 1 万欧元（200 000－190 000），相关会计分录如下：

2017 年 12 月 31 日

借：留存收益　　　　　　　　　　　　　　　　　　　　　10 000

　　贷：累积其他综合收益　　　　　　　　　　　　　　　　　　10 000

（从累积其他综合收益转入留存收益）

2017 年重估值之前，诺基亚设备的相关信息如下：

设备	€ 570 000
减去：累计折旧——设备	190 000
账面价值	€ 380 000
累积其他综合收益	€ 10 000

经过评估，设备的公允价值为 45 万欧元。为了将设备调整至公允价值，诺基亚做了如下处理：

1. 将累计折旧——设备账户减少为 0。

2. 将设备账户余额减少 12 万欧元（570 000－450 000），如此设备便能够以公允价值 45 万欧元列示。

3. 确认未实现重估值收益 4 万欧元。

4. 确认资产减值损失转回 3 万欧元。

所做分录如下：

2017 年 12 月 31 日

借：累计折旧——设备　　　　　　　　　　　　　　　　　190 000

　　贷：未实现重估值收益——设备　　　　　　　　　　　　　　40 000

　　　　设备　　　　　　　　　　　　　　　　　　　　　　　120 000

　　　　资产减值损失转回　　　　　　　　　　　　　　　　　　30 000

（将设备调整至公允价值，并确认减值损失转回）

图表 11A - 6 为诺基亚 2017 年重估值调整的总览。

---

① 计算减值损失 3 万欧元的另一种方法为，2016 年 12 月 31 日的历史成本账面价值 60 万欧元（1 000 000－200 000－200 000）减去公允价值 57 万欧元。

图表 11A - 6　　　　　　　　　　　2017 年重估值总览

日期	项目	设备公允价值	累计折旧	留存收益	累积其他综合收益（AOCI）
2015 年 1 月 1 日	期初余额	€1 000 000			€0
2015 年 12 月 31 日	折旧		€200 000	€（200 000）	
2015 年 12 月 31 日	重估值	(50 000)	(200 000)		150 000
2015 年 12 月 31 日	期末余额	950 000	0	(200 000)	150 000
2016 年 1 月 1 日	期初余额	€950 000	€0	€（200 000）	€150 000
2016 年 12 月 31 日	折旧		237 500	(237 500)	
2016 年 12 月 31 日	AOCI 向留存收益转移			37 500	(37 500)
2016 年 12 月 31 日	重估值	(380 000)	(237 500)	(30 000)	(112 500)
2016 年 12 月 31 日	期末余额	570 000	0	(430 000)	0
2017 年 1 月 1 日	期初余额	€570 000	€0	€（430 000）	€0
2017 年 12 月 31 日	折旧		190 000	(190 000)	
2017 年 12 月 31 日	AOCI 向留存收益转移			(10 000)	10 000
2017 年 12 月 31 日	重估值	(120 000)	(190 000)	30 000	40 000
2017 年 12 月 31 日	期末余额	450 000	0	(600 000)	50 000

　　经过上述调整，设备的账面价值为 45 万欧元。诺基亚公司将折旧费用 19 万欧元和资产减值损失转回 3 万欧元计入利润表，同时确认未实现重估值收益 4 万欧元，累积其他综合收益增加至 5 万欧元。

　　2018 年 1 月 2 日，诺基亚公司以 45 万欧元售出该设备，相关分录如下：

2018 年 1 月 2 日

　借：现金　　　　　　　　　　　　　　　　　　　　　　　　　　450 000
　　　贷：设备　　　　　　　　　　　　　　　　　　　　　　　　　　450 000
　　（出售设备）

　　诺基亚公司未确认收益或损失，因为设备的账面价值与公允价值相等。公司将累积其他综合收益的月转入留存收益。相关分录如下：

2018 年 1 月 2 日

　借：累积其他综合收益　　　　　　　　　　　　　　　　　　　　50 000
　　　贷：留存收益　　　　　　　　　　　　　　　　　　　　　　　　50 000
　　（将累积其他综合收益清零）

　　上述处理不影响净利润。虽然设备增值了 5 万欧元，公司却不能在拥有设备期间将此收益计入净利润。

□ 附录 11A 小结

　　9. 掌握重估值会计处理程序。重估值的会计处理程序为：（1）企业将未实现收益计入其他综合收益（未实现收益不影响净利润）。（2）企业将资产减值损失（资产价值降至历史成本以下）计入净利润。如此一来，重估值利得增加所有者权益，但不影响净收益，而重估值损失却会减少净利润和所有者权益。（3）若重估值增加，导致之前确认的未实现损失减少，企业应贷记"净利润"，除减值转回外的额外价值上升，应贷记"其他综合收益"。

简单练习

BE11-1　Fernandez 公司在 2015 年初以 50 000 美元购置了一辆卡车。这辆卡车的预计净残值为 2 000 美元，预计使用寿命为 160 000 英里。该卡车在 2015 年行驶了 23 000 英里，2016 年行驶了 31 000 英里。试计算 2015 年和 2016 年该卡车应计提的折旧额。

BE11-2　Lockard 公司在 2015 年 1 月 1 日以 80 000 欧元购置了一台设备。该设备的预计净残值为 8 000 欧元，预计使用年限为 8 年。（a）用直线法计提折旧，试计算 2015 年应计提的折旧额。（b）仍使用直线法计提折旧，但假设该设备是 2015 年 9 月 1 日购置的，试计算 2015 年应计提折旧额。

综合练习

E11-1（用直线法、年数总和法和双倍余额递减法计算应计提的折旧额）　Lansbury 公司在第一年 1 月 1 日以 518 000 英镑购置了一台设备。该资产的预计使用寿命为 12 年，预计净残值为 50 000 英镑。

要求：

（a）假设以直线法计提折旧，试计算第一年至第三年应计提折旧额。

（b）假设以年数总和法计提折旧，试计算第一年至第三年应计提折旧额。

（c）假设以双倍余额递减法计提折旧，试计算第一年至第三年应计提折旧额。（在计算时，百分号前的数字和最终答案都四舍五入，保留整数。）

权威文献

［1］International Accounting Standard 16, Property, *Plant and Equipment*（London，U.K.：International Accounting Standards Committee Foundation，2003），par. BC29.

［2］International Accounting Standard 16, Property, *Plant and Equipment*（London，U.K.：International Accounting Standards Committee Foundation，2003），par. 60.

［3］International Financial Reporting Standard 36, *Impairment of Assets*（London，U.K.：International Accounting Standards Committee Foundation，2001）.

［4］International Financial Reporting Standard 36, *Impairment of Assets*（London，U.K.：International Accounting Standards Committee Foundation，2001），par. 19.

［5］International Financial Reporting Standard 36, *Impairment of Assets*（London，U.K.：International Accounting Standards Committee Foundation，2001），par. 33.

［6］International Financial Reporting Standard 36, *Impairment of Assets*（London，U.K.：International Accounting Standards Committee Foundation，2001），par. 55.

[7] International Financial Reporting Standard 6, *Exploration for and Evaluation of Natural Resources* (London, U.K.: International Accounting Standards Committee Foundation, 2004).

[8] International Accounting Standard 16, Property, *Plant and Equipment* (London, U.K.: International Accounting Standards Committee Foundation, 2003), paras. 31−42.

第 12 章

无形资产

学习目标

学完本章后，你应该能够：

1. 描述无形资产的特征。
2. 确认无形资产的初始计量成本。
3. 解释无形资产的摊销处理程序。
4. 描述无形资产的类型。
5. 解释有关商誉会计处理的问题。
6. 解释与无形资产减值相关的会计问题。
7. 了解与研发支出有关的概念问题。
8. 描述对研发支出及其他类似成本的核算。
9. 了解无形资产及其他相关项目的列报。

这是可持续的吗？

近年来，企业越来越关注可持续发展问题。阿尔卡特-朗讯公司（法国）、中国南方电网公司（中国）以及高乐氏公司（美国）这些公司正实施一些战略举措，包括控制燃料泄漏、使用可再生材料以及保护水资源，致力于支持与资源责任管理相关的长期目标。企业越来越重视可持续发展的一个重要原因在于，如今的市场参与者更倾向于投资那些追求可持续发展战略的企业。

如下图所示，欧洲的可持续投资从 2005 年至 2011 年由不到 100 亿欧元增长到接近 500 亿欧元。

欧洲的可持续投资（2005—2011 年）

百万欧元

年份	2005	2007	2009	2011
百万欧元	6 914	26 468	25 361	48 090

资料来源：Eurosif.

正是由于投资者对可持续发展的关注，企业对于自身可持续发展战略的相关报告日益增多。这一额外的信息反过来也帮助投资者决定这些企业的价值。然而，与其在利润表或资产负债表上添加一条项目进行报告，企业更倾向于提供更多在实行可持续发展战略之后未来现金流变化的信息，这种信息更有用，而且是非财务信息。

举一个关于对温室气体排放进行披露的例子。监管者称公众企业应该披露有关气候变化的信息，以及管理温室气体排放对于财务绩效的影响。于是存在一个可能的悖论：

如果"每一美元收入带来的温室气体排放"这样的非财务数据体现在财务报告中，它还能叫做非财务数据吗？

正如对研发支出和其他一些无形资产的报告，很多信息披露并不体现在利润表或是资产负债表上，企业如今在综合报告中披露这些非财务信息。在这样一个报告中，企业可能会披露很多传统的资产负债表以外的指标，无论这些指标是"整体的"还是单独发布的。从业者将可持续发展报告统称为 ESG，并包括环境、社会、公司治理三类数据在内。

随着越来越多的全球公司发布可持续发展报告，这些报告的内容和形式都发生了显著改变。只有极少数公司，例如高乐氏、SAP（德国）以及 Polymer 集团公司（美国），通过财务报表整合形成了可持续发展报告。也许可持续发展报告需要一项准则来确保与环境、社会、公司治理相关的有用信息的发布。国际综合报告委员会正在提出该项准则。

资料来源：S. Lopresti and P. Lilak, "Do Investors Care About Sustainability?" *PricewaterhouseCoopers*（March 2012）; E. Rostin, "Non-Financial Data Is Material: The Sustainability Paradox," www. bloombergnews. com（April 13, 2012）; European SRI Study, *http://www. eurosif. org/research/eurosif-sri-study/sri-study-2012*（2012）; and E. Chasan, "Taking Corporate Sustainability Reporting to the Next Level," *Wall Street Journal*（November 1, 2013）.

⟳ 本章概览

正如开篇案例所阐述的，可持续发展战略对于诸如 SAP 和阿尔卡特-朗讯等企业的重要性日渐上升。可持续投资的报告所面临的挑战同样也存在于无形资产的列报当中。本章将介绍与无形资产相关的基本概念和列报事项。本章的内容和结构如下图所示。

无形资产				
无形资产问题	**无形资产的种类**	**无形资产的减值**	**研发支出**	**无形资产及相关项目的列报**
·特征 ·计价 ·摊销	·与市场相关的 ·与客户相关的 ·与艺术相关的 ·与合同相关的 ·与技术相关的 ·商誉	·使用寿命有限的无形资产 ·无形资产减值损失的转回 ·使用寿命不确定的无形资产（商誉除外） ·商誉	·研发活动的确认 ·研发活动的会计处理 ·其他相似的成本	·无形资产 ·研发支出

12.1　无形资产问题

☐ 12.1.1　特征

迪奥公司（法国）最重要的资产是它的品牌形象，而不是店面陈设。可口可乐公司（美国）所获得的成功源于可口可乐的制作秘方，而不是公司的厂房设施。世界经济是由信息和服务产业的企业所控制的。对于这些企业来说，它们的主要资产往往是无形资产。

无形资产究竟是什么？无形资产具有三个主要特征。[1]

1. 可辨认。一项无形资产必须可以从公司中分离（可出售或转让），或者从使经济利益流入企业的合同或法律权利中产生。

2. 缺乏实物形态。有形资产，例如固定资产，都具有物质形态。相反，无形资产的价值是通过将其使用权让渡给企业实现的。

3. 不是金融工具。金融工具，例如银行存款、应收账款、长期股权投资也没有实物形态。但是，金融工具的价值通过在未来期间收回现金或现金等价物的权利（要求权）来实现。因此金融工具不是无形资产。

在大多数情况下，无形资产可供使用多年。因此，企业通常将它们划分为长期资产。

□ 12.1.2 计价

外购无形资产

企业从另一实体购入无形资产需要对其按成本入账。该成本包括所有采购成本与使无形资产达到预定可使用状态的费用。典型的成本包括购买价款、法律费用以及其他杂费。

有时，企业通过股票或其他资产的交易取得无形资产。在这种情况下，无形资产的成本是企业支付对价的公允价值或者购入无形资产的公允价值，以这两者中公允价值的确定更为明确的那一个为无形资产的成本。如果企业购买一些无形资产或者无形资产与有形资产的组合该如何处理？在这种"一揽子采购"的情况下，企业应该以公允价值为基础分配成本。基本上，对于购入无形资产的会计处理与购入有形资产类似。①

自创无形资产

企业经常在各种无形的资源上耗费成本，例如科学或技术知识、市场研究、知识产权以及品牌。这些成本通常称作研发支出。由这些成本产生的无形资产有专利权、计算机软件、著作权以及商标。例如，诺基亚研发手机时发生了研发支出，获得了与其技术相关的专利权。在对这些成本进行会计处理时，诺基亚必须确定该研发项目是否处在一个可被认作经济可行的先进阶段。诺基亚评估了发生在研究阶段和开发阶段的成本。

图表 12-1 展示了研发活动的两个阶段，以及在这两个阶段发生的成本的会计处理。

如图表 12-1 所示，所有发生在研究阶段的成本在发生时费用化处理。一旦项目进入开发阶段，某些开发成本要资本化。特别地，当符合一定标准时，即研发项目将产生经济可行的无形资产，开发成本要资本化。本质上，经济可行性表明研发项目

---

① 本节的会计处理涉及单个资产或一组资产的购置。企业合并（买方获得一个或多个企业的控制权的交易）中无形资产取得的会计处理在本章后面部分进行讨论。

图表 12 - 1　　　　　　　　　　研究阶段与开发阶段

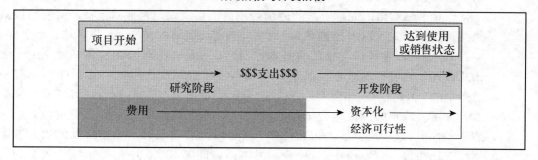

的经济利益会流入企业。因此，开发支出发生在满足确认条件的时点之前，并且应该计为无形资产。

总之，企业应费用化所有的研究支出以及部分开发支出。当满足经济可行性条件时，某些开发支出应予资本化。IFRS 定义了开发支出资本化之前必须满足的几个具体条件（在本章后面部分进行讨论）。①

12.1.3　摊销

用系统的方法对无形资产的成本进行分配称作摊销。无形资产分为使用寿命有限（确定）的无形资产和使用寿命不确定的无形资产。例如，迪士尼公司（美国）拥有两种类型的无形资产。迪士尼公司摊销寿命有限的无形资产（例如电影的版权以及品牌相关产品的生产许可），不摊销寿命不确定的无形资产（例如迪士尼的商标或互联网域名）。

使用寿命有限的无形资产

企业使用系统的方法对使用寿命有限的无形资产在其使用寿命内进行摊销。使用寿命指资产能产生现金流的期间。迪士尼公司认为以下因素决定了资产的使用寿命：

1. 企业对于资产的预期使用方式。

2. 过时、需求、竞争以及其他经济因素的影响。例如行业的稳定性、技术进步以及立法活动会导致一个不确定的以及持续变化的环境，分销渠道预期也会发生变化。

3. 任何使得资产的法律或合同寿命得到更新或延长的规定（法律法规或合同），且该规定无实质性的成本耗费。这个因素假设有证据表明资产的使用寿命可以得到更新或延长。迪士尼公司也必须在不对现有规定进行修正的前提下，完成对资产寿命的更新或延长。

4. 为得到预期未来现金流所要进行的资产维护费用水平。例如，如果资产维护费用水平与资产的账面价值相比是重大的，就意味着该资产具有有限的使用寿命。

5. 任何限制使用寿命的法律法规或合同规定。

6. 和无形资产使用寿命相关的一种资产或一组资产的预期使用寿命（例如租赁

---

①　IFRS 禁止确认的无形资产包括内部自创品牌、报头、客户名单等。这些支出与其他发展业务的成本是相似的，因此，它们不符合单独确认的标准。[2]

权与摄影棚场地的使用寿命具有相关性）。[3]

使用寿命有限的无形资产的摊销费用可能会反映出企业对该资产的使用模式（如果这种使用模式可以可靠确认）。例如，设想 Second Wave 公司购买了一个许可证，叫做 Mega，以生产指定数量的基本产品。Second Wave 公司应该依据 Mega 的使用模式摊销该许可证的成本。如果 Second Wave 公司的许可证使其在第一年需要生产总产量的 30％，第二年生产 20％，剩余年度每年生产 10％直至许可证使用期满，那么，许可证成本的摊销也应采用这种模式。如果不能确定生产或消费模式，Second Wave 公司应该使用直线法进行摊销。（在做课后习题时，除非另有说明，否则采用直线摊销法。）当 Second Wave 公司摊销许可证成本时，应将摊销额计入费用，并贷记适当的资产账户或独立的累计摊销账户。

无形资产的总摊销额应为它的成本减去残值之后的金额。残值通常假定为零，除非无形资产在使用寿命结束时对另一企业仍有使用价值。例如，如果 Hardy 公司承诺从 U2D 公司购买一项无形资产，当这项无形资产的使用寿命结束时，U2D 公司应当以成本减残值之后的金额作为摊销额。同样，如果公允价值能够可靠确定，U2D公司应以此计算无形资产的残值。

IFRS 要求企业至少每年对无形资产的预计残值和使用寿命进行评估。如果使用寿命有限的无形资产的使用寿命发生变化怎么办？在这种情况下，无形资产剩余的账面价值应该在调整的剩余使用期限内进行摊销。企业必须每年对使用寿命有限的无形资产进行评估，以确定其是否有减值迹象。如果有减值迹象，对其进行减值测试。当无形资产的账面价值超过可收回金额时，应当确认资产减值损失。可收回金额是指公允价值减销售费用与使用价值的较高者。（我们将在本章后面部分详细阐述无形资产的减值。）

使用寿命不确定的无形资产

如果没有法律法规、合同、竞争或其他因素限制无形资产的使用寿命，那么该无形资产的使用寿命是不确定的。使用寿命不确定意味着对于无形资产预期产生现金流的期间，不存在可预见的限制。企业对于使用寿命不确定的无形资产不进行摊销。例如，Double Clik 公司获得了一个商标，用于识别其生产的一种领先的消费产品。该公司每 10 年重新登记一次商标。所有证据表明注册该商标的产品会在一个不确定的期限内产生未来的现金流。在这种情况下，该商标的使用寿命不确定，Double Clik公司不需要对该商标进行摊销。

企业应至少每年对使用寿命不确定的无形资产进行减值测试。使用寿命不确定的无形资产的减值测试与使用寿命有限的无形资产相似，即当使用寿命不确定的无形资产的账面价值大于可收回金额时，应确认减值损失。①

图表 12-2 总结了无形资产的会计处理。②

---

① 使用寿命有限的无形资产只有在存在减值迹象时才进行减值测试。使用寿命不确定的无形资产必须每年进行减值测试。由于使用寿命不确定的无形资产不摊销，其确认金额受重大判断的影响，因此需要更严格地进行减值测试。

② 与长期有形资产类似，企业可能会对由收购产生的某些类型的无形资产进行重估值。重估模型只能用于那些在活跃市场进行交易的无形资产（例如，出租车许可证或类似的合同）。[4]这一约束以及每年进行重估值的成本，解释了对无形资产重估值进行限制的原因。参见 I. von Kleits and KPMG IFRG Limited，*The Application of IFRS：Choices in Practice*（December 2006），p.11.

图表 12 - 2　　　　　　　　　　　　　无形资产的会计处理

无形资产的类型	处理方式		摊销	减值测试
	外购	自创		
使用寿命有限的无形资产	资本化	费用化*	整个使用寿命期间	比较可收回金额与账面价值
使用寿命不确定的无形资产	资本化	费用化*	不摊销	比较可收回金额与账面价值

＊除满足确认条件的某些限制成本。

12. 2　无形资产的种类

无形资产的种类很多，通常分为以下六类。[5]

1. 与市场相关的无形资产。
2. 与客户相关的无形资产。
3. 与艺术相关的无形资产。
4. 与合同相关的无形资产。
5. 与技术相关的无形资产。
6. 商誉。

□ 12. 2. 1　与市场相关的无形资产

与市场相关的无形资产主要用于销售或者产品或服务的推广。例如商标或商品名、报纸报头、互联网域名以及非竞争协议。

商标或商品名是一个词语、短语或是符号，用来区别或识别一个特定的企业或产品。像梅赛德斯-奔驰、百事、本田、宜家这类商标能够很快给顾客留下深刻印象，因此促进了产品的销售。近年来互联网域名的扩展使得企业可以使用例如 .cars 这样的扩展名，或是 .lol 这样的互联网俚语。这样的扩展引发了"域名活动"的新浪潮。企业可以花费 18.5 万美元注册自己的域名。注册申请包括企业的名称（例如索尼公司的域名为 .sony）以及市域（例如 .nyc 或 .berlin）。

在普通法下，无论商标或商品名是否登记，只要最初的使用者一直使用，那么商标或商品名的使用权就一直归该使用者所有。在美国，专利商标局对于已注册的专利和商标会提供法律保护，可以每隔 10 年重新登记无限次。① 因此，企业在使用已建立的商标或商品名时可以将其视作使用寿命不确定的无形资产并且不摊销其成本。

如果一个企业购买了商标或商品名，要将购买价格资本化为成本。如果一个企业

---

① 商标或商品名的法律寿命因国而异。然而，包括欧盟成员国、澳大利亚和美国在内的超过 70 个国家都遵从《商标国际注册马德里协定》，承认在其他成员国注册的商标或商品名（见 *http : //www. ipo. gov. uk/*）。

自主开发商标，要将与保护商标或商品名有关的成本资本化，这些成本包括律师费、注册费、设计费、咨询费以及成功的法律辩护费用，然而，研究和开发支出不包括在内。如果商标或商品名的总成本很小，企业可以将其费用化处理。

数字背后的故事　　别动我的无形资产

企业会采取极端的行为去保护它们所珍视的无形资产。试想获得了巨大成功的游戏 Trivial Pursuit 的开发者是怎样保护他们的发明的。首先，他们获得了作为游戏核心的 6 000 个事项的版权。然后他们申请注册了游戏名称的商标来保护 Trivial Pursuit 这个名称。最后，他们还获得了一个关于游戏界面独特设计创意的设计专利。

另一个例子是关于苹果手机的商品名的。当苹果公司 2007 年用 iPhone 这个商品名介绍其新款手机时，遭到了思科公司的起诉。思科于 2000 年已将 iPhone 这个商品名用于自己的网络电话产品。这两家公司后来达成协议共同使用这个商品名。苹果公司并未透露其对于这份协议的支付价格是多少，但苹果公司想要立即解决这件事的原因是显而易见的——避免由于延迟发布 iPhone 而造成巨大损失。

资料来源：Nick Wingfield, "Apple, Cisco Reach Accord Over iPhone," *Wall Street Journal Online* (February 22, 2007).

□ 12.2.2　与客户相关的无形资产

与客户相关的无形资产是由于与外界实体的相互作用产生的。例如客户名单、订单或生产订货以及合同和非合同的客户关系。

举例说明，假设 Green Market 公司在 2015 年 1 月 1 日以 600 万欧元购买了一份客户名单。客户数据库里包含的信息有姓名、联系方式、订单历史以及人口统计信息。Green Market 公司期望在 3 年的时间里受益于这份信息资料。在这种情况下，客户名单是使用寿命有限的无形资产，因此 Green Market 公司应该对其按直线法进行摊销。

Green Market 公司对客户名单的购置以及每年的摊销记录如下：

2015 年 1 月 1 日

借：客户名单	6 000 000
贷：现金	6 000 000
（记录客户名单的购置）	

12 月 31 日，2015 年、2016 年、2017 年

借：摊销费用	2 000 000
贷：客户名单（或累计客户名单摊销）	2 000 000
（记录摊销费用）	

上述例子假定客户名单没有残值。但是如果 Green Market 公司决定在 3 年之后以 6 万欧元的价格将这份名单卖给另一家公司呢？在这种情况下，Green Market 公司应该用成本减残值，将这个差额作为摊销费用。每年的摊销费用应为 198 万欧元，如图表 12-3 所示。

图表 12 - 3   有残值的摊销费用的计算

成本	€ 6 000 000
残值	(60 000)
摊销总额	€ 5 940 000
每期摊销费用：€ 1 980 000 （€ 5 940 000÷3）	

企业通常应假设无形资产的残值为零，除非无形资产的使用寿命短于其经济寿命，并且有可靠证据表明应该将残值考虑在内。[6]

□ 12.2.3 与艺术相关的无形资产

与艺术相关的无形资产包括戏剧、文学作品、音乐作品、画作、照片、视频以及试听材料的所有权。这些所有权受版权保护。

版权是由政府授予作家、音乐家、画家、雕塑家以及其他艺术家的作品的。版权授予的期限为创造者的寿命加 70 年。① 这给予版权所有者以及继承者唯一的权利去复制、出售艺术作品或发表作品。版权是不可更新的。

版权拥有昂贵的价值。在 20 世纪 90 年代后期，迪士尼公司面临米老鼠的版权损失，这会影响到与米老鼠相关的产品和服务（包括主题公园）数十亿美元的销售额。迪士尼公司后来用尽各种办法向最高法院申请，将版权的使用寿命由 50 年延长至 70 年。可见版权对于迪士尼类的大型娱乐公司的重要性。

另一个例子如 Really Useful 集团（美国）拥有 Andrew Lloyd Webber 的音乐剧版权，这些音乐剧包括《猫》（Cats）、《歌剧魅影》（Phantom of the Opera）以及《万世巨星》（Jesus Christ Superstar）等等。这家公司的有形资产极少，但是分析师估算它的价值超过 3 亿美元。

企业将获取并维护版权的成本进行资本化处理。在版权的使用寿命比其法律寿命（创造者的寿命加 70 年）短的情况下，企业应对资本化的金额进行摊销。例如，Really Useful 集团应在期待获得收益的年份里将版权的成本进行摊销。由于很难估计获取收益的年数，因此 Really Useful 集团这样的公司倾向于将成本在短时间内完成摊销。对于自创的版权，企业需将研发支出在发生时费用化。

□ 12.2.4 与合同相关的无形资产

与合同相关的无形资产是指由于合同的协议所产生的权利的价值。例如特许经营权、建造许可证、广播权、服务或供应合同。

特许经营权是一项合同协议，它授予特许经营者一些权利，包括在指定的地理区域内出售某种产品或服务、使用某种商标或商品名以及执行某些特定职能。当你从丰田汽车经销商那里购置了一台普锐斯汽车，在加油站将油箱加满，或者在麦当劳吃午饭时，都会涉及特许经营权的使用。

特许人开发出一种独特的理念或产品，并通过专利、版权、商标或商品名对其进

---

① 与商标或商品名一样，版权的法律寿命也可能因国而异。然而在英国、欧盟成员国以及美国，版权的法律寿命都相同。

行保护。特许经营人通过签署特许经营协议获得开发特许人理念或者产品的权利。

另一种类型的特许经营权由政府机构授予，允许企业在提供服务时使用公共财产。例如，公交线路或出租车服务对城市街道的使用，电话、电力以及有线电视对公共土地的使用，无线电广播以及电视广播对电波频道的使用，等等。这样的经营权称为特许经营权。

特许经营权或许可证的使用期限可以是有限的，也可以是不确定的甚至是永久的。企业在会计账簿上通过无形资产账户（命名为特许经营权或许可证）对可确定购置成本的经营权进行计量，这种成本可以为诉讼费或者一次性提前支付等。企业应当将使用寿命有限的特许经营权或许可证的成本作为经营费用在其使用期限内进行摊销。对于使用寿命不确定或者永久使用的特许经营权不进行摊销，企业应将该特许经营权作为成本入账。

特许经营协议规定，每年发生的支出应当在发生时计入经营费用。这些支出不能作为一项资产，因为它们不涉及财产的未来使用权。

□ 12.2.5　与技术相关的无形资产

与技术相关的无形资产同创新及技术进步有关。例如由政府机构授予的技术专利以及商业秘密。

在很多国家，专利权赋予持有者独有的权利去使用、生产、销售一种产品或生产流程，并且 20 年内不受干扰和侵犯。[1] 默克和佳能公司是在专利权的基础上成立的，并且通过专利权赋予的独家使用权得以发展。[2] 专利权有两个主要类型：产品专利权和生产流程专利权。产品专利权包括实际的产品实体，生产流程专利权是对于产品生产流程的管理控制。

如果一家企业像三星那样从发明人手中购买专利权，那么采购价格就是它的成本。三星可以将与专利保护有关的成本也作为专利成本的一部分进行资本化，例如一个成功的专利保护的诉讼案件需要的律师费以及其他未收回的成本。然而，所有与专利权的产品、生产流程或理念的发展相关的研究成本和开发支出，应当在实现经济可行性之前进行摊销。（我们将详细讨论研究和开发支出的会计处理。）

企业应当在专利权产生收益的期间摊销其成本，摊销期间以使用寿命和法律寿命的较短者为准。若三星从专利授予之日起拥有一项专利权，并且预期专利的使用期间为整个法律寿命期间，那么该公司对这项专利的摊销期为 20 年。若该专利的使用期间较短，为 5 年，则摊销期为 5 年。

不断变化的需求、新发明取代旧发明、不完全等因素会限制专利权的使用寿命，使其短于法律寿命。例如，药物专利权的使用寿命往往比法律寿命短，因为申请专利之后要通过临床测试和专利批准。一般的药物专利权的使用寿命相比于 20 年的法律寿命要短几年。为什么？因为在美国，制药商要花 1～4 年的时间进行动物测试，花

---

① 虽然专利的寿命可能因国而异，但在最新的专利法下，专利保护期限为从申请专利日起 20 年。超过 140 个国家遵从《专利合作条约》，该条约于 1970 年签署，2001 年修订。该条约通过 "国际" 专利申请使得在不同国家同时寻求一项发明的专利保护成为可能（见 *http://www.wipo.int/patentscope/en/patents/*）。

② 看一个相反的结果。青霉素的发明者 Alexander Fleming 决定不使用专利来保护他的发明。他希望放弃专利权，使企业更快速地生产药物。然而企业拒绝使用这项发明。因为没有专利权的保护，企业不敢贸然投资。

4～6 年的时间进行人体测试，还要有 2～3 年的时间用于美国食品与药品管理局对测试的复查。这些时间都发生在专利申请之后、产品正式出产之前。

正如前面所提到的，企业保护版权所花费的成本应该费用化。对于专利权保护的会计处理是相似的。企业为成功保护专利权而耗费的所有法律费用以及其他成本，应记入"专利权"这个资产账户。这类成本应该和专利权的取得成本一同在剩余的专利使用期限内摊销。

摊销费用应该反映企业对专利权的使用模式（如果这一模式可以可靠确认）。①企业应当按照专利权摊销额贷记"专利权"账户或"累计专利权摊销"账户。举例说明，假设 Harcott 公司在 2015 年 1 月 1 日花 18 万美元的法律费用，成功保护了一项专利权。在这之后，这项专利的使用寿命为 20 年，用直线法摊销。Harcott 公司记录该法律费用和 2015 年底的摊销额如下：

2015 年 1 月 1 日

借：专利权	180 000
贷：现金	180 000
（记录和专利权有关的法律费用）	

2015 年 12 月 31 日

借：摊销费用（180 000/20）	9 000
贷：专利权（或累计专利权摊销）	9 000
（记录专利权的摊销额）	

我们已经说明，一项专利权的使用寿命不长于其 20 年的法律寿命。然而，企业通常将旧专利权进行细微修改或添加，产生一个新的专利权。例如，Astra Zeneca 公司对胃溃疡药物 Prilosec 进行了细微修改，想以此申请一个额外的专利。这样会延长旧专利权的使用寿命。如果新专利权产生的收益与旧专利权相同，Astra Zeneca 公司可以将旧专利权未摊销的成本计入新专利权的成本当中。

另外，如果由于产品需求的下降使专利权发生减值，应当立即调低资产的账面价值，并计入费用。

数字背后的故事　　专利——战略命脉

专利是无形的，那它们还是有价值的资产吗？让我们来看看 BASF 公司（德国），它是一家国际领先的化工企业。以下是 BASF 公司关于创新的战略声明：

"在竞争激烈的全球市场中，创新是利润增长的关键。因此，我们对于研发以及与大学、协会、客户和工业合作伙伴建立的全球网络一直保持着高投入。"

BASF 公司通过在研发上进行投入的战略，多次获得有价值的专利。例如，在最近的一年，BASF 公司在研发上花费了 17.46 亿欧元，占净利润的 35.8%，其预期产品创新每年产生 300 亿欧元销售额，这些产品均为市场上短于 10 年的产品。仅在那一年，BASF 公司就在全球范围内申请了 1 170 项专利。

鉴于专利技术对于 BASF 公司的重要性，BASF 公司在财务报表上披露了众多与专利相关的信息。这是从 BASF 公司的附注披露中摘录的内容。

---

① 企业可能会用产量单位法计算摊销额，这种方法与计算不动产、厂场和设备的折旧额的方法相似。

资产	2012 年	2011 年
无形资产（百万欧元）	€ 12 241	€ 11 919
11——无形资产（部分）		
取得成本	专有技术，专利和生产技术	
截至 2012 年 1 月 1 日的余额	€ 2 002	
其他	198	
出售/转让	(249)	
汇率差异，其他	(8)	
截至 2012 年 12 月 1 日的余额	1 943	
累计摊销	(653)	
账面净额	€ 1 290	

　　这一发展计划（有时被称为"滚动前进"）提供了无形资产账户变化的信息。这些信息对于了解无形资产的数量及其在一定期间的变化是重要的。注意，虽然 BASF 公司无形资产的总额在一年中有所增加，专利的净余额却降低了。考虑到专利创新在 BASF 战略中的重要性，这一现象还有待考察。

□ 12. 2. 6　商誉

　　尽管企业可以用一定的成本开发特定的可辨认资产，例如专利权和版权，并将该成本资本化，但是资本化的金额通常是很小的。然而，企业在外购无形资产时，特别是涉及企业合并的情况下（购买另外一家企业），会记录一项金额比较大的无形资产。

　　举例说明，假设 Portofino 公司决定购买 Aquinas 公司。在这个案例中，Portofino 公司估计了将获得的资产和负债的公允价值。在对这些资产和负债进行估值的过程中，Portofino 公司必须识别 Aquinas 公司所有的资产和负债。结果，Portofino 公司可能会确认一些之前没有被 Aquinas 公司确认的资产和负债。例如，Portofino 公司会确认一些无形资产，诸如商标、专利权、客户名单，这些无形资产之前没有被 Aquinas 公司确认。在这种情况下，Aquinas 公司没有确认的这些资产可能是企业自创的并且已经费用化的部分。①

　　在许多企业合并中，购买企业会记录商誉。商誉是购买成本超过被购买企业可辨认净资产（资产减负债）公允价值的部分。例如，如果 Portofino 公司付 200 万美元购置 Aquinas 公司的可辨认净资产（公允价值为 150 万美元），Portofino 公司需记录 50 万美元的商誉。因此商誉是以差额为基础计量的，而不是直接计量得出的。这就是为什么商誉有时被称为"塞子""间隙填充物"或是"总估价账户"。

　　从概念上讲，商誉代表了从企业合并中获得的资产产生的未来经济收益，不单独确认。商誉通常被称为"最无形的无形资产"，因为它的确认只发生在合并对价与企业整体公允价值存在差异的情况下。处置商誉的唯一途径是出售企业。

---

　　① IFRS[7] 提供了在企业合并中可辨认无形资产确认的详细指引。在该项指引下，IASB 预计企业在合并后将会在财务报表中更多确认无形资产，更少确认商誉。

商誉的记录

自创商誉　内部产生的商誉不应资本化记入账户。为什么呢？对商誉各个组成部分的测量过于复杂，并且与未来经济利益相关的成本的计算也很困难。商誉的未来收益可能与其开发费用无关。甚至没有特定的开发费用时商誉依然可能存在。最后，由于没有与外界实体的客观交易发生，商誉的计量可能会有较大的主观成分，甚至发生虚报。

外购商誉　正如之前所述，商誉的确认只发生在企业收购之时。为了记录商誉，企业会将被收购企业可辨认净资产的公允价值与收购价格相比，二者的差值称作商誉。商誉是一项差额——采购成本超过被收购公司可辨认净资产公允价值的部分。

例如，Feng 公司需要建立一个新的分支机构来补充现有的拖拉机经销部。Feng 公司的总裁决定收购 Tractorling 公司——一家位于巴西圣保罗的小企业。图表 12-4 是 Tractorling 公司的资产负债表。

图表 12-4　　　　　　　　　Tractorling 公司的资产负债表

<table>
<tr><td colspan="4" align="center">Tractorling 公司
资产负债表
2015 年 12 月 31 日</td></tr>
<tr><td colspan="2">资产</td><td colspan="2">负债和权益</td></tr>
<tr><td>不动产、厂场和设备（净值）</td><td>$153 000</td><td>股本</td><td>$100 000</td></tr>
<tr><td>存货</td><td>42 000</td><td>留存收益</td><td>100 000</td></tr>
<tr><td>应收账款</td><td>35 000</td><td>流动负债</td><td>50 000</td></tr>
<tr><td>现金</td><td>25 000</td><td></td><td></td></tr>
<tr><td>总资产</td><td>$255 000</td><td>负债及权益总额</td><td>$255 000</td></tr>
</table>

经过谈判，Tractorling 公司决定接受 Feng 公司提出的 40 万美元的收购价格。那么，商誉的价值为多少？

答案不是显而易见的。Tractorling 公司以历史成本为基础编制的资产负债表上并没有披露可辨认资产的公允价值。假设随着谈判的进展，Feng 公司调查了 Tractorling 公司的相关资产以确定其公允价值。这样的调查可以由 Feng 公司在收购审计过程中实现，也可以由其他来源的独立评估实现。调查确定的估值由图表 12-5 所示。

图表 12-5　　　　　　　　　Tractorling 公司净资产的公允价值

<table>
<tr><td colspan="2" align="center">公允价值</td></tr>
<tr><td>不动产、厂场和设备（净值）</td><td>$205 000</td></tr>
<tr><td>专利权</td><td>18 000</td></tr>
<tr><td>存货</td><td>122 000</td></tr>
<tr><td>应收账款</td><td>35 000</td></tr>
<tr><td>现金</td><td>25 000</td></tr>
<tr><td>负债</td><td>(55 000)</td></tr>
<tr><td>净资产公允价值</td><td>$350 000</td></tr>
</table>

通常情况下，长期资产当前公允价值与账面之间的差异相比流动资产更为普遍。现金的估价明显不成问题。应收账款通常情况下相当接近现行价值，尽管有时由于坏

账准备计提不足需要做一些调整。负债通常按账面价值估值。然而，如果公司承担负债之后利率发生变动，应采用不同的估价方法（例如采用预期现金流量的现值）。企业必须进行分析，以确保不存在未记录的负债。

Tractorling 公司存货的公允价值与账面价值存在 8 万美元（122 000−42 000）的差异，可能由许多因素引起，最可能的原因是公司采用平均成本法对存货进行计价。在通货膨胀时期，平均成本法评估的存货价值低于用先进先出法评估的存货价值。

在许多情况下，长期资产的价值随着时间推移会有大幅增长，例如固定资产以及无形资产。产生这种差异的原因可能是对长期资产的使用寿命估计不准确，持续费用化一些小额支出（例如，低于 300 美元），资产残值的估计不准确，以及对一些未入账资产的发现（例如，在 Tractorling 公司的案例中，经分析确定，存在一项公允价值为 1.8 万美元的专利权），或者是由于长期资产的公允价值大幅增加。

既然调查确定净资产的公允价值为 35 万美元，为什么 Feng 公司支付了 40 万美元？毫无疑问，Tractorling 公司指出它具有良好的声誉、良好的信用评级、顶级的管理团队、训练有素的员工等，这些因素使得 Tractorling 公司的价值比 35 万美元高。Feng 公司预计 Tractorling 公司现有的资产结构在未来的获利能力比较好，因此愿意在目前支付溢价。

Feng 公司将 40 万美元的购买价格与 35 万美元净资产公允价值的差额计为商誉。商誉是一个或一组不可辨认的价值（无形资产），其成本"是以获取的一组资产或企业的价值与获取的各个有形资产和可辨认无形资产的总和减负债这两者的差额计量的"。[1] 商誉的这种计价方法称为总估价法。这种方法假定商誉涵盖了所有无法识别为其他有形或无形资产的价值。图表 12 - 6 介绍了这种方法。

图表 12 - 6　　　　　　　　　　商誉的确定——总估价法

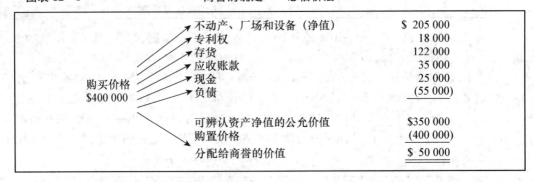

	不动产、厂场和设备（净值）	$ 205 000
	专利权	18 000
	存货	122 000
	应收账款	35 000
购买价格	现金	25 000
$400 000	负债	(55 000)
	可辨认资产净值的公允价值	$350 000
	购置价格	(400 000)
	分配给商誉的价值	$ 50 000

Feng 公司对这项交易的会计记录如下：

借：不动产、厂场和设备	205 000
专利权	18 000
存货	122 000
应收账款	35 000
现金	25 000
商誉	50 000

---

① FASB 将商誉视为一项残差来计量，并指出由于商誉不能与企业整体分割开来，因此没有对商誉确切的计价方法。[8]

贷：负债	55 000
现金	400 000

企业通常将资产负债表上的商誉确认为收购成本超过被收购公司净资产公允价值的部分。

商誉的注销

在企业合并中确认的商誉被认为是使用寿命不确定的资产，因此不应摊销。虽然随着时间的推移商誉可能会发生价值损耗，但预测商誉的实际寿命以及合理的摊销进程是很困难的。此外，投资者发现商誉的摊销费用对于评估企业财务绩效的作用微乎其微。

而且，投资界想要了解企业投资在商誉上的金额，因为商誉往往是企业资产负债表上最大的无形资产。因此，企业只有当商誉发生减值时才调整它的账面价值。这种做法对一些企业的利润表有很大影响。

有些人认为商誉的价值最终会消失。因此，这些人认为，企业应当将商誉摊销计入费用，以更好地实现收入与费用的匹配。其他人认为外购商誉和内部自创商誉的会计处理应当一致。他们指出，内部自创商誉应当立即费用化，并且同外购商誉遵从相同的会计处理。尽管这些观点都可能有一些可取之处，但不对商誉进行摊销并结合适当的减值测试的商誉会计处理方法应该为投资界提供了最有用的财务信息。我们将在本章后面部分讨论商誉减值的处理。

廉价购买

在一些案例中，企业合并中的购买者支付的价格比可辨认净资产的公允价值低。这种情况称为廉价购买。市场不完善会产生廉价购买。也就是说，比起出售企业整体，出售者更倾向于将资产分别出售。然而，当企业的创始人去世导致公司被强制清算或者廉价出售这种情况发生时，收购价格低于可辨认净资产的价值。可辨认净资产的价值高出收购价格的部分确认为买方的利得。[9]

IASB 指出，在廉价销售中产生了内在的经济利益，买方受益于公允价值高出购买价格的部分。有些人担心企业会在资产和负债的测量中有意制造错误来创造不正当的收入确认。因此，IASB 要求企业披露该增益性质的交易。这样的披露可以帮助使用者更好地评估盈余报告的质量。

12.3　无形资产的减值

当企业无论是继续使用该项资产还是将其出售都无法收回资产的账面价值时，无形资产就发生了减值。我们在第 11 章中讨论过如何确定一项长期资产（不动产、厂场和设备或无形资产）是否发生了减值，并评述了资产通过使用或者出售产生现金的能力。如果资产的账面价值高于可收回金额，其差异为减值损失。如果可收回金额高于账面价值，不发生减值。[10]记录减值的具体程序取决于无形资产的类型——使用寿命有限的无形资产还是使用寿命不确定的无形资产（包括商誉）。

□ 12.3.1　使用寿命有限的无形资产的减值

适用于不动产、厂场和设备的减值规则同样适用于使用寿命有限的无形资产。在每个资产负债表日，企业应当对使用寿命有限的无形资产进行减值测试。表明应该进行资产减值测试的信息可能是内部的（例如物理损坏或性能的不良变化）还是外部的（例如商业或监管环境的不利变化，技术进步或竞争加剧）。如果有迹象表明无形资产发生了减值，企业应当对其进行减值测试：比较该无形资产的账面价值与可收回金额。

可收回金额是指公允价值减销售费用与使用价值的较高者。公允价值减销售费用意味着扣除处置成本之后资产销售的剩余价值。使用价值是资产未来使用中的预期现金流以及使用寿命结束时最终的销售额的折现。减值损失是发生减值的资产账面价值减可收回金额的差额。与其他的减值损失一样，该项损失在利得与损失里报告。

举例说明，假设 Lerch 公司有一项从页岩中提取石油的专利权，该项专利权 2014 年底的账面价值为 500 万欧元。不幸的是，最近的几次非页岩石油的发现对于开采页岩石油技术的需求产生了不利影响，表明这项专利权发生了减值。Lerch 基于该项专利权的使用价值（因为该项专利权无活跃的市场）确定了可收回金额，并用预期未来净现金流由市场利率折现的现值估计专利权的使用价值，估值为 200 万欧元。图表 12-7 列出了减值损失的计算（基于使用价值）。

图表 12-7　　　　　　　　　　　专利权减值损失的计算

专利权账面价值	€ 5 000 000
可收回金额（基于使用价值）	（2 000 000）
减值损失	€ 3 000 000

Lerch 公司将这项损失记录如下：

借：资产减值损失	3 000 000	
贷：专利权		3 000 000

确认减值后，200 万欧元的可收回金额是该专利权新的成本基础。Lerch 公司应该摊销该项专利权的可收回金额（新的账面价值），摊销的期间为该项专利权剩余使用寿命或法律寿命较短的那一期间。

□ 12.3.2　减值损失的转回

如果对于未来一年的测试表明无形资产不再减值，因为可收回金额高于账面价值，该如何处理？在这种情况下，减值损失可能被转回。继续 Lerch 公司专利权的例子，假设该专利权的剩余使用寿命为 5 年，残值为零。该专利权减值后的账面价值为200 万欧元（5 000 000－3 000 000）。因此，Lerch 公司在该项专利权剩余的 5 年使用寿命里每年的摊销额为 40 万欧元（2 000 000/5）。减值后的摊销费用以及相关的账面价值如图表 12-8 所示。

图表 12 - 8　　　　　　　　　　专利权减值后的账面价值

年份	摊销费用	账面金额	
2015	€ 400 000	€ 1 600 000	(€ 2 000 000—€ 400 000)
2016	400 000	1 200 000	(€ 1 600 000—€ 400 000)
2017	400 000	800 000	(€ 1 200 000—€ 400 000)
2018	400 000	400 000	(€ 800 000—€ 400 000)
2019	400 000	0	(€ 400 000—€ 400 000)

2016 年初，由于页岩石油开采技术的市场条件有所改善，Lerch 公司重新估计该项专利权的可收回金额为 175 万欧元。在这种情况下，Lerch 公司将部分已确认的减值损失通过以下分录转回。

借：专利权（€ 1 750 000—€ 1 600 000）　　　　　　　　　　　　150 000
　　贷：资产减值损失　　　　　　　　　　　　　　　　　　　　　　　　150 000

减值损失的转回在利润表的"其他收入与费用"部分报告。专利权现在的账面价值为 175 万欧元（€ 1 600 000＋€ 150 000）。① 假设专利权剩余的使用寿命为 4 年，Lerch 公司记录了 2016 年的摊销费用为 43.75 万欧元（€ 1 750 000/4）。

□ 12.3.3　除商誉之外使用寿命不确定的无形资产的减值损失

企业应至少每年对除商誉之外的使用寿命不确定的无形资产进行减值测试。② 对除商誉之外的使用寿命不确定的无形资产的减值测试采用公允价值测试。除商誉之外使用寿命不确定的无形资产的减值测试与使用寿命有限的无形资产的减值测试相同，即比较无形资产的账面价值与可收回金额。若可收回金额小于账面价值，企业确认减值损失。

举例说明，假设 Arcon 广播公司用 200 万欧元购买了一个广播许可证。若公司提供的服务适当且不违反政府通信委员会（GCC）的相关规定，许可证每 10 年重新申请一次。Arcon 广播公司已经以最低的成本向 GCC 重新申请了该许可证两次。由于 Arcon 广播公司预计现金流会无限期地持续下去，因此将该许可证视为使用寿命不确定的无形资产。近期，GCC 决定发行更多这类的许可证，这样会降低 Arcon 广播公司许可证的价值。基于近期类似许可证的拍卖事件，Arcon 广播公司估计该许可证的公允价值减销售费用（可收回金额）为 150 万欧元。Arcon 广播公司因此记录了 50 万欧元的减值损失，计算如图表 12 - 9 所示。

图表 12 - 9　　　　　　　　　　广播许可证减值损失的计算

广播许可证账面价值	€ 2 000 000
可收回金额（按公允价值减销售费用计算）	(1 500 000)
减值损失	€ 500 000

适用于使用寿命有限的无形资产减值转回的规则同样适用于除商誉之外使用寿命

---

①　如不动产、厂场和设备的减值损失一样，损失转回的金额以不发生减值损失时的账面金额为限。

②　注意，减值测试每年都要进行（不仅是当减值迹象发生时）。对于使用寿命不确定的无形资产（包括商誉）使用更严格的减值模型的原因是这些资产不摊销而且其确认金额受到主观判断的显著影响。

不确定的无形资产。

□ 12.3.4 商誉的减值

商誉减值测试的时间与其他使用寿命不确定的无形资产相同。也就是说，企业对商誉的减值测试至少每年进行一次。然而，由于商誉只有与其他资产组合时才能产生现金流，所以减值测试是基于产生现金流的单元进行的，并将测试结果分配至商誉。我们在第 11 章讨论过，企业确定一个产生现金流的单元是基于能独立于其他资产产生现金流的最小可辨认资产组。IFRS 规定，当一个企业在企业合并发生时记录商誉，必须将商誉分配至产生现金流的业务单元，这样的业务单元预期能从企业合并后的协同作用或其他有利作用中获益。

举例说明，假设 Kohlbuy 公司有三个部门。该企业 4 年前花费 200 万欧元购买了一个部门——Pritt。遗憾的是，Pritt 在过去的三个季度里发生了经营亏损。Kohlbuy 公司的管理者正在对这个部门（产生现金流的单元）以年度减值测试为目的进行审核。图表 12 - 10 列示了 Pritt 的净资产，包括由于购买该部门产生的相关商誉 90 万欧元。

图表 12 - 10   Pritt 包括商誉在内的净资产

不动产、厂场和设备（净值）	€ 800 000
商誉	900 000
存货	700 000
应收账款	300 000
现金	200 000
应付账款及票据	（500 000）
净资产	€ 2 400 000

Kohlbuy 公司确定 Pritt 的可收回金额为 280 万欧元。[①] 因为该部门的可收回金额超过了其净资产的账面价值，Kohlbuy 公司不确认减值。

然而，如果 Pritt 的可收回金额小于其净资产的账面价值，Kohlbuy 公司必须记录减值。举例说明，假设 Pritt 的可收回金额为 190 万欧元而不是 280 万欧元，图表 12 - 11 计算了要记录的减值损失。

图表 12 - 11   Pritt 减值损失的确定

Pritt 可收回金额	€ 1 900 000
可辨认净资产	（2 400 000）
减值损失	€ 500 000

Kohlbuy 公司做了如下分录以记录减值。

借：资产减值损失   500 000
　　贷：商誉   500 000

根据这一分录，商誉的账面价值为 40 万欧元。

如果在随后的期间条件发生变化，如 Pritt 除商誉外资产的可收回金额超过其账面价值，Kohlbuy 公司可能会将除商誉外的 Pritt 的减值损失转回。商誉的减值损失

---

① 由于很少有市场存在产生现金流的单元，商誉减值的可收回金额的估计通常是基于使用价值估计。

不允许转回。[11]①

12.4　研发支出

研发支出本身不是企业的无形资产。由于研发活动会使企业获得专利权或版权（例如一个新的产品、程序、想法、配方、成分或文学作品），带来未来收益，因此我们在本章介绍研发支出的会计计量。

正如前文所阐述的，许多企业花费大量资金用于研发活动。图表 12-12 列举了一些跨国企业的研发支出情况。

图表 12-12　　　　　　　　　研发支出占销售额的百分比

公司	销售额（百万）	研发支出/销售额
佳能（日本）	￥3 479 788	8.52％
戴姆勒（德国）	€114 297	3.66％
葛兰素史克（英国）	£26 431	15.01％
强生（美国）	$67 224	13.13％
诺基亚（芬兰）	€30 176	15.85％
罗氏（瑞士）	CHF45 449	20.02％
宝洁（美国）	$83 680	2.42％
三星（韩国）	₩201 103 613	5.73％

如前所述，IFRS 要求将所有研究成本在发生时确认为费用。开发成本在发生时可能确认为费用，也可能不会。一旦一个项目进行到开发阶段，必然会有开发成本资本化。当一个项目已经进行到一定阶段以至于研发项目产生的经济利益将会流入企业（该项目在经济上是可行的），资本化就产生了。② 在课后作业中，假设所有的研发支出在发生时费用化，另有规定的除外。

数字背后的故事　　　　全球的研发激励

研发投资是产品和流程开发的生命线，导致未来现金流的产生和增长。世界各国都明白这一道理并以税收抵免的形式实施了显著的激励措施，"超额扣除"（扣除额超过100％），以及降低公司税率，包括对拥有并使用在本国注册的专利权的企业实行"专利盒"税率。以下是几大主要经济体的总结。

---

① 在 Kohlbuy 公司的案例中，全部减值损失都分配至商誉。如果减值损失超过商誉账面价值，Kohlbuy 公司将减值损失分配至商誉以及其他资产，如下所示：（1）将商誉降为零；（2）以资产的相对账面价值为基础，将剩余减值损失分配至其他资产。在这个案例中，Kohlbuy 公司遵循了长期资产的减值准则，这一点在第 11 章讨论过。如果这些资产在个体基础上计算减值，减值损失可能作为上述过程的一部分已经计提了。另外，Kohlbuy 公司的例子代表了一种情况，其他资产是在产生现金流的单元水平上估计的。这些程序很复杂，超出了本书的范围。[12]

② 开发成本要资本化计入相关无形资产的账面成本时，必须满足以下条件：（1）该项目具有完成无形资产建造，使其能够达到使用或销售状态的技术可行性；（2）企业有意图并且有能力完成无形资产建造并使用或销售它；（3）无形资产可能产生未来经济利益（该资产有市场或产出）；（4）企业有足够的技术、资金以及其他资源以完成无形资产的开发；（5）企业可以可靠测量与无形资产开发有关的成本。

国家	法定税率	研发激励
法国	33.33%	对研究费用实行 30% 的税收抵免，对具有知识产权收益的企业实行"专利盒"激励，将公司税率降至 15%。
爱尔兰	12.50%	为公司的研究费用提供 25% 可退还的信用额，并为扩大爱尔兰的研发活动提供各种政府拨款。
日本	28.01%	为研发支出提供了一个不可退还的最高信用比，高达企业总税负的 20%。
新加坡	17.00%	提供了生产力与创新的信用额度，对于某些合格的研发费用提供 400% 的超额扣除，并且对多个领域的创新提供了多种补助金。
英国	20.00%～23.00%	对于合格的研发支出提供 9.1% 的退税，对用于研发的资产在取得的当年实行 100% 税收折旧，130%～225% 的超额扣除，对于合格的知识产权产生的净收益实行 10% 的专利税率。
美国	35.00%	每年对研发支出实行税额扣除，对增加的研发支出规定不可退税信用额，允许"合格研究"和"基本研究"产生增量信用，等于符合条件费用的 20%。

如上所示，不同国家的法定税率与研发激励有很大不同。然而，税收抵免、政府激励和企业所得税可能只构成企业评价发展中心所考虑的相关因素的一部分。另外，根据税收规定，企业的税收规划因年而异，从而削弱了这种激励的效用。

资料来源：L. Cutler, D. Sayuk, and Camille Shoff, "Global R&D Incentives Compared," *Journal of Accountancy* (June 2013).

12.4.1 研发活动的确认

图表 12-13 说明了研究活动和开发活动的定义。这些定义将研发支出与其他类似的成本区别开来。[13]

图表 12-13   研究活动与开发活动

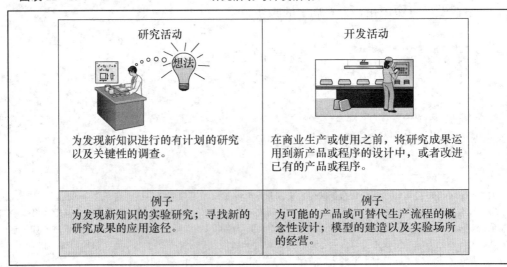

研发活动不包括现有产品、生产线、制造工艺以及其他正在进行的操作的常规变动或周期性变动，即使这些变动可能意味着改进。例如，常规的为完善或提高现有产品质量而作出的努力不能视作研发活动。

□ 12.4.2 研发活动的会计处理

研发活动的成本以及会计处理如下所示。

1. 材料、设备和设施。全部费用化处理，除非该项目以后还有其他用途（用于其他的研发项目等）。如果这些项目有其他用途，则应将这些项目作为存货，在使用时计入费用；或者将其资本化，在使用过程中逐渐计提折旧。

2. 人员。将从事研发活动的人员的工资、奖金以及其他相关成本进行费用化处理。

3. 外购无形资产。以公允价值确认和计量。初始确认之后，按照无形资产的特点进行会计核算（分为使用寿命有限的无形资产和使用寿命不确定的无形资产）。①

4. 合同服务。将其他人提供的与研发活动相关的服务成本在发生当时作费用化处理。

5. 间接成本。包括研发支出中合理分摊的间接成本，但一般管理费用除外。间接成本必须与研发支出明确相关，才能计入研发支出。

与第一条所述一致，如果一个企业拥有一项研究设备来进行研发活动，并且这项设备以后还会有其他用途（用于其他研发项目等），那么企业应当将其资本化为经营资产，再将这项研究设备的折旧以及其他成本计为研发支出。

举例说明，Next Century 公司生产及出售一种激光设备，用于医疗、工业和国防。图表 12-14 列出了和激光设备相关的支出的类型，以及会计处理方法。

图表 12-14　　　　　　　　　　研发支出及其会计处理的例子

Next Century 公司		
支出的类型	会计处理	基本原理
1. 为当前以及未来长期研究项目建造的建筑（3 层、40 万平方英尺的建筑）	资本化，然后折旧作为研发支出	具有可选择的未来用途
2. 研发设备的购置，仅为当前研发项目使用	作为研发支出立即费用化	研究成本
3. 机器的购置，为当前和未来研发项目使用	资本化，然后折旧作为研发支出	具有可选择的未来用途
4. 材料的购置，为当前和未来研发项目使用	计入存货，分摊进入研发项目，随着消耗逐渐摊销	具有可选择的未来用途
5. 激光扫描仪的研发人员的工资	作为研发支出立即费用化	研究成本
6. 与 New Horizon 公司签订研发合同后发生的研发支出，每月可得到其费用支付	作为应收账款记录	不是研发支出（可补偿的费用）
7. 材料、劳动力和原型激光扫描仪的管理费用	作为研发支出立即费用化	开发成本
8. 样机试验以及设计修改的成本	作为研发支出立即费用化	开发成本
9. 获得激光扫描仪专利权发生的法律费用	作为专利权资本化处理，摊销计入制造费用，作为制造费用的一部分	专利的直接成本
10. 管理人员的工资	作为经营费用，费用化处理	不是研发支出（一般管理费用）

① 如果与研发相关的无形资产是在企业合并中取得的，也用公允价值进行确认和核算。初始确认之后，这些无形资产将按其性质进行核算（分使用寿命有限的无形资产和使用寿命不确定的无形资产）。[14]

续

Next Century 公司		
支出的类型	会计处理	基本原理
11. 推销新的激光扫描仪花费的营销成本	作为经营费用，费用化处理	不是研发支出（销售费用）
12. 为使激光扫描仪进入全面生产阶段所耗费的工程费用	作为研发支出立即费用化	开发成本
13. 激光扫描仪专利权诉讼成功的费用	作为专利权资本化处理，摊销计入制造费用，作为制造费用的一部分	专利的直接成本
14. 新激光扫描仪的销售人员的佣金	作为经营费用，费用化处理	不是研发支出（销售费用）

理论争鸣　　　研发支出以及自创无形资产的确认

企业将所有研发支出（包括筹办费）在发生之时立即费用化是一个实用的方法。它确保了实务处理的一致性和企业内的统一性。但是立即费用化预计在未来期间产生收益的成本，在理论上是不正确的。

直接费用化做法的赞成者认为，从利润表的角度来看，使用这一标准在长期看来通常是无差异的。他们认为，由于大多数研发活动的持续性，每个会计期间研发支出计入费用的数量是相同的，无论是直接费用化还是资本化或是随后进行摊销。

也有人批判这种做法。他们认为资产负债表应当报告与能产生未来收益的费用相关的无形资产。应防止研发支出作为企业可能最有价值的资产全部从资产负债表中被移除。

事实上，研究表明，资本化的研发支出对于投资者有利。例如，一项研究表明研发支出和后续效益有很显著的关系，这种后续效益表现为研发密集型的企业生产力、盈余和股东价值的增加。另一项研究表明，当企业已强制将资本化的研发支出转为费用化时，企业的盈利性会显著下降，并且这种下降会一直持续。

目前对于研发支出和自创无形资产的核算代表了在相关性、真实表述以及成本效益的考虑等因素之间的权衡。FASB 和 IASB 在对于无形资产的核算问题上已经完成了对一些有限项目的探讨，并且委员会已经考虑在核算可辨认的无形资产（包括商誉）的问题上成立一个联合项目，解决现行准则中"无形资产因取得方式不同而适用不同会计处理规则"的问题。（参见 *http://www.ifrs.org/Current-Projects/IASB-Projects/Intangible-Assets/Intangible-Assets.aspx*。）

资料来源：Baruch Lev and Theodore Sougiannis, "The Capitalization, Amortization, and Value—Relevance of R&D," *Journal of Accounting and Economics* (February 1996); and Martha L. Loudder and Bruce K. Behn, "Alternative Income Determination Rules and Earnings Usefulness: The Case of R&D Costs," *Contemporary Accounting Research* (Fall 1995).

12.4.3　与研发支出相似的成本

许多成本与研发支出的特征相似。[①] 例如：

---

① 随着网上销售活动数量的增长，内部开发的网站成为内部自创无形资产的重要来源。对于与网站相关的开发成本是否符合资本化要求，IFRS 出台了具体的准则。本质上，这些准则评估了网站在为企业创造销售额方面是否具有经济可行性。[15]

1. 新业务的筹办费。
2. 初始经营亏损。
3. 广告成本。

在多数情况下，类似于研发支出的会计处理，这些成本需在发生当期即费用化处理。我们将在以下部分简要介绍这些成本。

筹办费

筹办费发生在筹办新业务的一次性活动上。例如，开设新厂、引进新的产品或服务以及在新领域拓展事业。筹办费包括组建成本，例如为组建一个新的企业实体花费的法律费用和区域性费用。

筹办费的核算是简单明了的：筹办费发生时即费用化。专业人士认为，企业希望筹办费的发生伴随着预期未来收益和效率的提高。然而，未来收益的数量和获得时间很难确定，因此，采用"筹办费发生时立即费用化"这种保守的做法是有必要的。[16]

举一个筹办费的例子，假设总部在美国的 Hilo 饮料公司决定在巴西建造一个新厂，这是 Hilo 饮料公司首次进入巴西市场。Hilo 饮料公司计划在巴西当地的生产条件下引入该公司在美国的主要品牌。可能涉及下列成本：

1. 差旅成本；员工成本；进行可行性研究的成本；会计、税收以及政府事务相关成本。
2. 当地员工的培训费，对员工进行产品、维护、计算机系统、财务、运营等方面的培训。
3. 与建立当地分销网络有关的招聘、组织、培训成本。

Hilo 饮料公司应当在筹办费发生时全部将其费用化处理。

筹办费通常与涉及资产收购的活动同时发生。例如，建造新厂发生筹办费时，Hilo 饮料公司可能同时购买或建立了不动产、厂场和设备及存货。Hilo 饮料公司不应立即将这些有形资产的成本立即费用化，它应当使用恰当的 IFRS 规定在资产负债表中报告这些项目。

初始经营亏损

有些人认为，对于企业开办过程中发生的初始经营亏损应予资本化。他们认为，这样的经营亏损是开办企业时不可避免的成本。

例如，假设 Hilo 饮料公司在第一年的经营过程中发生了亏损并且希望将其资本化。Hilo 饮料公司的 CEO 认为随着公司逐渐获利，这些损失在未来期间将会被抵销。你怎样看？我们认为这种做法是不合理的，因为损失不具备未来的服务潜力，因此不能被认作一项资产。

IFRS 要求企业刚成立期间的经营亏损不应资本化。总之，一个筹办新业务的企业采用的会计与报告规则不应与其他企业有差别。[17]①

广告成本

多年来，百事公司（美国）聘请了各类明星，例如 Elton John 以及 Beyoncé，为

---

① 当企业正努力开拓新业务或主营业务尚未开展或还未得到可观的收益时，则此时的企业处于发展阶段。

它的产品做代言。该公司应如何报告与明星代言相关的广告成本？百事公司可以通过不同的方式将这些成本费用化：

1. 当明星已经履行了他们的演唱协议时。
2. 广告首次播出时。
3. 在预计的广告使用期限内。
4. 采用一种恰当的方法分别计入上述三个期间。
5. 在预期会有收益产生的期间内。

在大多数情况下，百事公司必须在广告成本发生的时候将其费用化。IASB 认为，广告和促销活动可能会增强或建立客户关系，从而产生收益。然而，这些支出与其他自创无形资产相比没有什么不同（例如，品牌、报头和客户名单），主要是有助于企业整体的发展。因此，它们不符合单独确认的标准，应在发生时费用化。[18]

◈◈◈ 数字背后的故事　　品牌化

对许多企业来说，树立一个强大的品牌形象是非常重要的，这与发展它们所要销售的产品一样重要。比起以往，通过显著有效的品牌投资，品牌的力量将更加强大。

如下图所示，品牌投资的价值是巨大的。排在第一位的可口可乐公司的品牌价值约为780 亿美元。以下是代表全球前 20 名品牌的部分企业。

全球最有价值的品牌 （单位：10 亿美元）			
1. 可口可乐	77.8	9. 三星	32.9
2. 苹果	76.6	10. 丰田	30.3
3. IBM	75.5	11. 梅赛德斯-奔驰	30.1
4. 谷歌	69.7	12. 宝马	29.1
5. 微软	59.7	17. LV	23.6

资料来源：2012 data，from Interbrand Corp.

有时你可能会发现品牌价值包括在企业的财务报表商誉之下。但通常你不会找到品牌的估计价值在资产负债表中的记录。为什么？因为对品牌价值的评估具有主观性。在某些情况下，分析师基于民意调查或者广告支出的一定倍数对品牌进行估值，例如，在上图对品牌的估值中，Interbrand 公司估计了品牌所产生的未来收益占未来总收益的百分比，并且将净现金流折现，得到了目前的价值。一些分析师认为，品牌价值的信息有相关性。鉴于对收入、成本以及贴现率风险成分的估计都有很大的主观性，也有些人更关注品牌估值的有效性。

资料来源：Interbrand Corp.，*Best Global Brands Report*（October 2，2012）.

12.5　无形资产及相关项目的列报

☐ 12.5.1　无形资产的列报

无形资产的列报类似于不动产、厂场和设备的列报。然而，无形资产通常不在资产负债表中列示其备抵账户。

如图表 12-15 所示，企业应当在资产负债表上将所有无形资产作为单独的项目列报，除商誉之外。如果存在商誉，企业应当将商誉单独列报。IASB 认为由于商誉和其他无形资产与其他种类的资产有显著差异，这样的披露有利于资产负债表的使用者。

图表 12-15　　　　　　　　　　无形资产的披露

雀巢公司
（单位：百万瑞士法郎）

利润表 截至 2012 年 12 月 31 日	
摊销费用	439
商誉减值	14

资产负债表 2012 年 12 月 31 日	
商誉（附注 8）	32 615
无形资产	13 643

> 商誉和无形资产单独报告

1. 会计政策（部分）

无形资产

此标题包括单独获得或通过企业合并获得的无形资产，可辨认且可以可靠测量。无形资产分为使用寿命不确定的无形资产和使用寿命有限的无形资产。使用寿命不确定的无形资产是那些从合同或其他法律权利中取得时对经济使用寿命没有可预见限制的无形资产，其更新没有显著成本且为持续的营销支持的主体。

考虑到无形资产过时的风险，应每年对无形资产的折旧期和折旧方法进行检验。无形资产的折旧列示在利润表中适当的费用标题下。

商誉以及使用寿命不确定的无形资产的减值

商誉以及使用寿命不确定的无形资产的减值测试应每年进行一次，或当减值迹象发生时。减值测试应在产生现金流单元的水平上在每年相同的时间进行。产生现金流的单元是基于检测并获得由商誉或无形资产产生的经济效益的方法定义的。减值测试是比较这些产生现金流单元的资产的账面价值与可收回金额，基于未来预计现金流量通过合适的税前利率折现的结果。

附注 8：商誉	2012 年	
总值		
1 月 1 日	30 951	
货币折算	(589)	
合并中的商誉	(4 217)	
处置	(263)	
12 月 31 日		(34 316)
累计减值		
1 月 1 日	(1 943)	
货币折算	(7)	
减值	(14)	
处置	(263)	
12 月 31 日		(1 701)
12 月 31 日净额		(32 615)

> 商誉和其他无形资产分别列示

在利润表上，企业应单独列示无形资产（除商誉外）的摊销费用、减值损失及其转回并且将其作为持续经营的一部分。

　　财务报表附注应当披露与购入无形资产相关的信息，包括每类资产的摊销费用，应当披露每类无形资产在一定期间账面价值的变化情况。

　　图表 12-15 摘录了雀巢公司的无形资产披露。值得注意的是，雀巢公司使用了资产负债表代表其财务状况表。无形资产披露的另一个例子是"数字背后的故事"专栏中提到的 BASF 公司。

□ 12.5.2　研发支出的列报

　　企业应当将各个期间作为费用的总研发支出在财务报告中披露，在附注中，各个期间通常指利润表报告的期间。葛兰素史克公司（英国）在其最近的利润表中列报了研发支出，附注中列示的相关会计政策讨论如图表 12-16 所示。

图表 12-16　　　　　　　　　　　研发支出的列报

葛兰素史克公司 （单位：百万英镑）	
	2012 年 12 月 31 日
转回	26 413
销售成本	（7 894）
总利润	18 537
销售和管理费用	（8 739）
研发支出	（3 968）
其他营业收入	1 562
营业利润	£7 392

附注 1：（部分）研发支出
研发支出在发生时计入利润表。开发支出在满足资产确认条件时资本化，通常是在主要市场的相关监管文件已经出台且审批通过可能性极高的时候。用于研究和开发的不动产、厂场和设备根据集团的政策进行折旧。

国际会计视野

无形资产

　　在无形资产及其减值的会计处理问题上，IFRS 与 GAAP 存在一些显著差异。GAAP 与无形资产相关的内容在 FASB 文件中的商誉、其他无形资产以及企业合并中列示。研发成本、启动成本以及广告成本的会计处理在 FASB 文件中作为单独部分列示。

相关事实

　　以下是 IFRS 与 GAAP 在无形资产的处理问题上主要的异同点。

　　相同点

　　● 与 IFRS 相同，GAAP 定义无形资产为：（1）缺乏实物形态；（2）不是金融工具。另外，在 IFRS 中，无形资产是可辨认的。具有可辨认性的无形资产必须既能够从企业中分离（可以出售或转让），又是来自未来经济利益能流入企业的合同或法律权利。公允价值在 GAAP 中是无形资产的计量基础，如果它能更明显获得。

　　● 随着近期一个关于企业合并的联合声明的发

布（IFRS 3 和 SFAS 141 修订版），GAAP 和 IFRS 在企业合并中无形资产取得方面的处理非常相似。如果无形资产代表合同或法律权利，或者可以分割后出售、转让、许可、出租、交换，那么企业可以与商誉分开确认一项无形资产。另外，IFRS 以及 GAAP 都规定，企业将获得的知识产权研发（IPR&D）确认为一项单独的无形资产，如果它符合无形资产的定义并且公允价值可以可靠计量。

● 与 IFRS 的规定一致，GAAP 规定与研发活动相关的成本分为两部分。研究阶段的成本无论是在 GAAP 还是 IFRS 中通常都作费用化处理。

不同点

● GAAP 不允许在会计核算中使用重估值的基础。IFRS 不允许对商誉进行重估值，对其他使用寿命不确定的无形资产进行重估值的情况也是罕见的，因为重估值是不被许可的，除非无形资产存在活跃市场。

● GAAP 要求费用化所有与内部自创无形资产有关的成本。IFRS 允许对于某些内部自创的无形资产（例如品牌价值）进行资本化，如果该无形资产很可能产生未来收益且金额能够可靠计量。

● GAAP 规定，减值损失为资产账面价值超过其公允价值的部分。IFRS 要求在每个报告日对长期资产和无形资产进行减值测试，并且在资产的账面价值高于可收回金额时记录一项减值。可收回金额是公允价值减去出售成本与使用价值的较高者。使用价值是从特定资产获得的未来现金流折现后的现值。

● GAAP 赋予企业执行一项定性评估的选择权，以确定一项使用寿命不确定的无形资产（包括商誉）是否很可能（可能性大于 50%）发生了减值。如果评估结果表明报告单位的公允价值比账面价值高的可能性更大（资产没有发生减值），企业不需要再进行公允价值测试。

● GAAP 规定，被持有和使用的资产的减值损失不允许转回，减值损失使资产产生了新的成本基础。IFRS 和 GAAP 对于持有待售的资产的减值

损失的会计处理是相似的。IFRS 允许当经济条件或者使用寿命有限的无形资产的预期用途发生变化时对减值损失进行转回。

● GAAP 规定，所有的开发成本都在发生时费用化。IFRS 规定，在研发项目的开发阶段，一旦资产的技术可行性（也称作经济可行性）得以实现，资本化其成本。

深度解读

为了说明对于商标权的会计处理的不同，考虑葛兰素史克公司在最近一个会计年度的以下披露。注意如果葛兰素史克公司按照 GAAP 的规定对商标权进行会计处理，则其应报告一个更低的收益，为 1.3 亿英镑。

财务报表附注
无形资产（部分） 下表列示了利润表中将 IFRS 规定下的商标权的摊销额调整至 GAAP 规定下的商标权的摊销额。

利润表	
	（百万英镑）
IFRS 规定下的摊销额	（139）
GAAP 规定下的摊销额	1 454
IFRS 至 GAAP 的调整	1 315

未来之路

IASB 和 FASB 已经开展了一个项目，考虑对内部自创的无形资产的确认进行拓展，该项目目前处于初期。这表明，相比于 GAAP，IFRS 将允许更多的无形资产的确认。因此，考虑到 GAAP 长期禁止将内部自创的无形资产以及研发支出资本化，无形资产统一准则的制定将会成为一项挑战。想要了解更多关于无形资产项目的进展信息，请参见 IASB 网站，*http://www.ifrs.org/Current-Projects/IASB-Projects/Intangible-Assets/Pages/Intangible-Assets.aspx。*

本章小结

1. 描述无形资产的特征。无形资产有三个主要特征：（1）可辨识。（2）缺乏实

物形态。（3）不是金融工具。在大多数情况下，无形资产的使用寿命超过一个会计年度，因此通常将它们归为长期资产。

2．确认无形资产的初始计量成本。无形资产按成本计量。成本包括购置成本以及为使无形资产达到预定可使用状态的其他费用。如果无形资产是通过股票或其他资产的交换取得，无形资产的成本是企业所支付对价的公允价值或者购入无形资产的公允价值，以这两者中公允价值的确定更为可靠的那一个为无形资产的成本。当一个企业采用"一揽子购买"的方式购买一些无形资产或者无形资产与有形资产的组合，则应以公允价值为基础分配成本。

3．解释无形资产的摊销处理程序。无形资产有使用寿命有限的无形资产与使用寿命不确定的无形资产之分。企业摊销的是使用寿命有限的无形资产，不应摊销使用寿命不确定的无形资产。企业使用系统的方法对于使用寿命有限的无形资产在其使用期间进行摊销。使用寿命指资产能产生现金流的期间。列报的摊销费用的金额应该反映企业使用或消耗该项资产的模式，如果这种模式能够可靠确认。否则，就使用直线摊销法。

4．描述无形资产的类型。无形资产的主要类型有：（1）与市场相关的无形资产，用于产品或服务的市场化以及推广；（2）与客户相关的无形资产，是与外部实体相互作用产生的；（3）与艺术相关的无形资产，给戏剧或文学作品等项目赋予所有权；（4）与合同相关的无形资产，代表由合同协议产生的权利的价值；（5）与技术相关的无形资产，有关创新以及科技进步；（6）商誉，由企业合并产生。

5．解释有关商誉会计处理的问题。不同于应收账款、存货以及专利权这些企业可以自行在市场上出售或交换的资产，商誉只能与企业作为一个整体被确认。商誉是一个"持续经营"估价，并且只有当整个企业被收购时才能记录。企业不能将内部自创的商誉资本化。商誉的未来收益与开发商誉所耗费的成本无关，其在没有特定开发费用的情况下也可能存在。

为了计算商誉，企业会将收购过程中的购买价格与被收购企业可辨认净资产的公允价值作比较，差异被确认为商誉。商誉是一项差额。商誉通常作为购买成本超出被购买企业净资产公允价值的部分列入资产负债表。

6．解释与无形资产减值相关的会计问题。当无形资产在使用或销售中，其账面价值无法收回时，减值就发生了。使用寿命有限的无形资产需要每年检查其是否发生减值；如果发生了减值，执行减值测试。使用寿命不确定的无形资产（包括商誉），必须每年进行减值测试。当无形资产的可收回金额（公允价值减去处置费用与使用价值孰高）低于账面价值，应计提减值。无形资产（不包括商誉）的减值损失只有在高于账面金额时可以被转回，该账面金额在没有计提减值损失时已经被记录。

7．了解与研发支出有关的概念问题。研发支出本身不是无形资产，但是研发活动通常会使企业获得专利权或版权。研发支出的核算有两点困难：（1）识别与特定活动、项目或成果有关的成本存在困难；（2）确定企业未来收益的大小以及企业实现其收益的时间长度存在困难。因为这些不确定性，企业被要求在研发支出发生时全部将其费用化处理。在研发项目的开发阶段发生的某些成本在研发项目实现经济可行性时可以资本化。

8．描述对研发支出及其他类似成本的核算。图表 12－14 列示了与研发活动相关的典型成本以及对这些成本的会计处理方式。许多成本与研发支出有相似的特征。例如筹办费、初始经营亏损和广告成本。最重要的是，这些成本在发生之时即费用化，与研发支出的核算相似。

9. 了解无形资产及相关项目的列报。在资产负债表上，企业应当将所有除商誉之外的无形资产作为单独的项目列报，其备抵账户通常不予列示。如果存在商誉，应当将商誉作为单独的项目列报。在利润表上，企业应当在持续经营活动的部分报告无形资产的摊销费用和减值损失。财务报表的附注还需要报告一些额外信息。财务报表必须披露各个期间作为费用的总研发支出。

简单练习

BE12-1 Celine Dion 公司于 2015 年 1 月 1 日以 54 000 美元从 Salmon 公司购买了一项专利权。这项专利权法定剩余使用寿命为 16 年。Celine Dion 公司认为这项专利权还能使用 10 年。请编制 Celine Dion 公司购置该项专利权时的会计分录以及该项专利权 2015 年摊销的会计分录。

BE12-4 Gershwin 公司于 2015 年 4 月 1 日以 120 000 美元现金从 Sonic Hedgehog 公司购买了一项特许经营权。该项特许经营权授予 Gershwin 公司销售某种产品和服务的权利，为期 8 年。请编制 Gershwin 公司 2015 年 4 月 1 日的会计分录以及 2015 年 12 月 31 日的调整分录。

综合练习

E12-17（研发支出的核算）　Martinez 公司 2015 年发生了下列与研发活动有关的支出。

未来 5 年将会用于研发项目的设备支出（用直线法摊销）	$ 330 000
研发支出耗用的材料	59 000
研发项目需支付给外部人员的咨询费	100 000
进行研发活动的人员的个人费用	128 000
合理分配至研发项目的间接费用	50 000
为未来研发项目购置的材料	34 000

要求：计算 2015 年度该公司利润表中列报的研发支出的金额。假设设备于年初购置且经济可行性尚未实现。

权威文献

［1］International Accounting Standard 38，*Intangible Assets*（London，U. K.：International Accounting Standards Committee Foundation，2004），paras. 8-17.

［2］International Accounting Standard 38，*Intangible Assets*（London，U. K.：International Accounting Standards Committee Foundation，2004），paras. 48-67.

［3］International Accounting Standard 38，*Intangible Assets*（London，U. K.：International Accounting Standards Committee Foundation，2004），par. 90.

［4］International Accounting Standard 38，*Intangible Assets*（London，U. K.：International Accounting Standards Committee Foundation，2004），paras. 75-87.

［5］International Financial Reporting Standard 3，*Business Combinations*（London，U. K.：International Accounting Standards Committee Foundation，2004），paras. IE16-IE44.

［6］ International Accounting Standard 38, *Intangible Assets* （London，U. K.：International Accounting Standards Committee Foundation，2004），par. 100.

［7］ International Financial Reporting Standard 3, *Business Combinations* （London，U. K.：International Accounting Standards Committee Foundation，2004），paras. 13 and BC157－BC158.

［8］ International Financial Reporting Standard 3, *Business Combinations* （London，U. K.：International Accounting Standards Committee Foundation，2004），par. BC328.

［9］ International Financial Reporting Standard 3, *Business Combinations* （London，U. K.：International Accounting Standards Committee Foundation，2004），paras. 34－36.

［10］ International Accounting Standard 36, *Impairment of Assets* （London，U. K.：International Accounting Standards Committee Foundation，2001）.

［11］ International Accounting Standard 36, *Impairment of Assets* （London，U. K.：International Accounting Standards Committee Foundation，2001），par. 124.

［12］ International Accounting Standard 38, *Intangible Assets* （London，U. K.：International Accounting Standards Committee Foundation，2004），par. 57.

［13］ International Accounting Standard 38, *Intangible Assets* （London，U. K.：International Accounting Standards Committee Foundation，2004），paras. 56－59.

［14］ International Accounting Standard 38, *Intangible Assets* （London，U. K.：International Accounting Standards Committee Foundation，2004），paras. 42－43.

［15］ International Accounting SIC Interpretation 32, *Intangible Assets—Web Site Costs* （London，U. K.：International Accounting Standards Committee Foundation，2002）.

［16］ International Accounting Standard 38, *Intangible Assets* （London，U. K.：International Accounting Standards Committee Foundation，2004），par. 69.

［17］ International Accounting Standard 38, *Intangible Assets* （London，U. K.：International Accounting Standards Committee Foundation，2004），par. 69 （a）.

［18］ International Accounting Standard 38, *Intangible Assets* （London，U. K.：International Accounting Standards Committee Foundation，2004），par. 69 （c）.

第 13 章

流动负债、准备与或有事项

学习目标

学完本章后，你应该能够：

1. 描述流动负债的性质、类型及计价。
2. 解释短期债务预期再融资的分类问题。
3. 确定与员工相关的负债的类型。
4. 解释不同类型的准备的会计处理。
5. 确认或有负债和或有资产计量以及披露的规则。
6. 了解如何介绍和分析与负债相关的信息。

时隐时现的或有负债

从负债方的角度来看 Beru 公司（德国）2003 年 3 月 31 的资产负债表，我们可以发现国际会计准则在财务信息的报告方面是如何变化的。以下是在资产负债表日一项负债的列示。

未决交易的预期损失	€ 3 285 000

你认为这样的交易所产生的负债应该报告吗？预期损失是指尚未发生的损失。未决交易意味着可能会造成损失的事项还未发生。所以负债从哪里产生？企业到底欠了谁？义务又从何而来？

德国 2003 年的会计准则允许公司报告将来可能发生的负债。本质上，这种一般性的"负债"在损失真的实现之时为 Beru 公司提供了一种缓冲。如果你对此持怀疑态度，你可能会说，这种会计规则使 Beru 公司可以通过在收益好的年份多计费用、在收益不好的年份少计费用的方法来平滑利润。

这个故事有个好的结局：欧洲企业在 2005 年开始遵循 IFRS。在 IFRS 下，诸如"未决事务产生的预计负债"等消失了。因此，当我们看 Beru 公司 2005 年的财务报表时，附注中声明只能报告由过去交易产生的能被合理估算的负债。

准则的制定者继续为财务报告中某些"或有"负债努力，这些或有负债包括那些与未决诉讼有关的损失以及其他会使企业承担责任的可能损失。正如你将在本章学到的，准则制定者在报告与负债相关的交易时提供了更多透明度。例如，IASB 在考虑对或有负债的确认和计量进行大的调整。这项任务并不容易。举一个简单的例子，关于一家卖汉堡包的企业：

> ● 汉堡包在一个司法管辖区销售，这里的法律规定若消费者购买了一个被污染的汉堡包，卖方需支付 10 万美元给购买者。
> ● 在报告期末，企业已售出一个这样的汉堡包。
> ● 过去的经验表明企业售出的汉堡包是被污染的概率为百万分之一。没有其他可用信息。

这家企业有负债吗？从概念上判断结果是什么？如果有，是否要记录这项负债？如果你认为出售汉堡包导致了这项负债，怎样计量它的金额呢？这个问题的另一种问法是这一有关汉堡包的问题是不是一个可确认或可计量的问题。这个例子说明了 IASB 在这个领域面临的一些难题。

因此为或有事项制定一个好的列报和披露准则仍然是个挑战。一个监管机构最近提出了一些扩展性的披露要求，包括或有事项的属性、更多定量和定性的或有事项背景以及关于或有事项变化的列报（包括对这些变化的解释）——也许最后一项是最受欢迎的。什么人不喜欢这些增强的披露？根据一些企业和法律团体的早期反应，这样的人不在少数。一些团体担心在增强的披露中报告的信息可以用在对付他们的诉讼中，并且他们强烈反对这条被提议的准则。我们不知道这个有关负债的故事的结果。然而，关于这些提议和讨论展现了负债会计准则发展所面临的挑战，这一准则必须在避免企业因所报告的信息而受到损害的同时满足投资者需求。

本章概览

正如本章的开篇案例所表明的，IFRS 的使用应该使负债的列报得到改善。本章将介绍关于流动负债、准备与或有事项的会计处理及其列报。本章的内容和结构如下图所示。

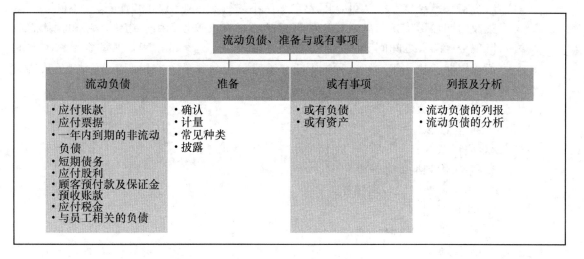

13.1 流动负债

"什么是负债？"这个问题不好回答。例如，优先股是一项负债还是一项所有权？对此问题的第一反应是优先股实际上是所有权，企业应当把它作为股东权益的一部分进行报告。实际上，优先股具有很多负债的元素。[①] 发行人（某些情况下为持有者）通常有在特定时期提前兑回股票的权利——与偿还本金相似。优先股的股利在很多情况下几乎是被担保的（累积条款）——与利息类似。因此，优先股是众多难以分类的金融工具之一。

为了帮助解决这些争议，IASB 在概念框架中将负债定义为"特定实体由于过去的交易或事项产生的现时义务，该义务预期会使企业在未来向其他实体转移资产或者提供服务，并导致未来经济利益的损失"。换句话说，负债有三个基本特征：

---

① 这样的说明不仅仅是理论上的。实践中，很多优先股具备了债务工具的所有特征，只是它们被依法分类为优先股。某些情况下，税务部门甚至允许企业把股利支付作为利息费用。

1. 负债是一项现时义务。

　　2. 负债由过去的事项产生。

　　3. 负债导致资源（现金、商品、服务）的流出。[1]

　　因为负债涉及资产或服务的未来支出，所以负债最重要的一个特点是应付日期。企业必须在日常经营中清偿到期的债务，如此才能保证持续经营。按照惯例，到期日较远的负债对公司现有的流动资产不具有索赔权。按照这一特征，负债可分为两个基本类别：（1）流动负债；（2）非流动负债。

　　流动资产是现金或其他资产，企业合理预期这些资产能在一个单独的营业周期或一年内（如果每年不止一个营业周期），在经营过程中转换为现金、出售或被耗用。类似地，当以下两个条件中有一个存在，就可以确认流动负债①：

　　1. 该负债预计会在正常的经营周期内结算。

　　2. 该负债预计会在报告期后的 12 个月内结算。

　　这个定义已经被广泛认可，因为它承认不同行业营业周期的时间长度不同。

　　营业周期是指从获取制造过程所需要的原材料或服务到由于销售产品和收款而最终取得现金这两者之间间隔的时间。制造业需要一个延续的过程，某些资本密集型的产业营业周期远超一年。在这种情况下，企业将应付账款、应付职工薪酬以及其他应计费用等经营项目分类为流动负债，即使它们的结算日期超过报告日 12 个月。

　　以下是流动负债的几项分类：

　　1. 应付账款。

　　2. 应付票据。

　　3. 一年内到期的非流动负债。

　　4. 预期再融资的短期债务。

　　5. 应付股利。

　　6. 顾客预付款及保证金。

　　7. 预收账款。

　　8. 应付销售税。

　　9. 应付所得税。

　　10. 与员工有关的负债。

□ 13.1.1　应付账款

　　应付账款，或贸易应付款，是指由于赊账购买商品、材料或服务而拖欠其他企业的款项。应付账款是由于接受服务或取得资产所有权与实际支付对价之间存在时间间隔而产生的。销售政策（2/10，n/30，1/10，或月末付款）通常规定了延长的信用期间，一般为 30 天或 60 天。

　　大多数企业在收到所购买商品的票据时记录负债。如果在收到票据之前商品所有

---

　　① IASB 还对其他两种较少发生的情况做了规定。第一，如果企业持有一项负债的主要目的在于交易，那么这项负债应被分类为流动负债。交易的意思是这项负债将会在短期内被卖出或再购入。这些负债应以公允价值计量，相关利得和损失计入利润。另外，如果企业没有无条件权力将负债的偿还推迟到至少 12 个月之后，那么这项负债也应该分类为流动负债。

权已转移到买方，企业应当在所有权转移的时候记录这项交易。企业应当特别注意那些发生在会计期末或者下一个会计期初的交易。确认收货（存货）记录需要与负债（应付账款）记录一致，并且都记录在适当的会计期间。

计量应付账款的金额并不是很困难。债权人开具的发票上写明了到期日以及债务的确切金额，这对于入账是很重要的。唯一重要的计算涉及现金折扣金额。参见第 8 章关于应付账款和销售折扣相关分录的解释。

☐ 13.1.2 应付票据

应付票据是在未来某一特定日期支付规定数量的金额的书面承诺。应付票据可能由购买、融资或其他交易产生。一些行业将票据（通常称为贸易应付票据）作为销售/购买交易的一部分，并作为所赊账款正常延期的替代。应付银行或贷款公司的票据通常由现金贷款产生。企业根据付款到期日将票据分为长期票据和短期票据。票据还可以分为带息票据和零息票据。

已发行的带息票据

假设 Castle 国立银行同意在 2015 年 3 月 1 日贷款 10 万欧元给 Landscape 公司，如果 Landscape 公司签订一张 10 万欧元，利率 6％，4 个月到期的票据，Landscape 将 3 月 1 日收到现金的分录记录如下：

2015 年 3 月 1 日

借：现金	100 000	
贷：应付票据		100 000

（记录发行给 Castle 国立银行一张利率 6％，4 个月到期的票据）

如果 Landscape 公司每半年出具一份财务报表，需在 6 月 30 日做调整分录以确认利息费用和应付利息 2 000 欧元（100 000×6％×4/12）。

2015 年 6 月 30 日

借：利息费用	2 000	
贷：应付利息		2 000

（计算 Castle 国立银行票据 4 个月的累计利息）

如果 Landscape 公司每月出具财务报表，调整分录每月底的金额为 500 欧元（100 000×6％×1/12）。

在到期日（7 月 1 日），Landscape 公司必须支付票据的面值（100 000 欧元）以及 2 000 欧元（100 000×6％×4/12）利息。Landscape 公司记录应付票据和累计利息如下。

2015 年 7 月 1 日

借：应付票据	100 000	
应付利息	2 000	
贷：现金		102 000

（记录支付 Castle 国立银行的带息票据以及到期的累计利息）

已发行的零息票据

企业可能会发行零息票据而不是带息票据。零息票据不会在票面明确注明利率，然而利息仍需支付。到期日，借款人偿还的金额必须大于发行日收到现金的金额。换句话说，借款人收到的现金是票据的现值。现值等于票据在到期日的面值减去贷款人为票据收取的利息或贴现。实质上，银行预先收取了费用而不是在票据到期的当天再收取。

举例说明，假设 2015 年 3 月 1 日 Landscape 公司向 Castle 国立银行签发了面值为 10.2 万欧元，4 个月的零息票据。票据的现值为 10 万欧元。Landscape 公司记录该项交易如下：

2015 年 3 月 1 日

借：现金 100 000

　贷：应付票据 102 000

　（记录向 Castle 国立银行签发的 4 个月的零息票据）

Landscape 公司贷记应付票据 10 万欧元，为票据的现值。如果 Landscape 公司每半年出一次财务报表，需要做如下调整分录，在 2015 年 6 月 30 日确认利息费用和应付票据的增加 2 000 欧元。

2015 年 6 月 30 日

借：利息费用 2 000

　贷：应付票据 2 000

　（记录向 Castle 国立银行签发的 4 个月的票据的利息）

在到期日（2015 年 7 月 1 日），Landscape 公司必须支付票据的面值，记录如下：

2015 年 7 月 1 日

借：应付票据 102 000

　贷：现金 102 000

　（记录到期日支付 Castle 国立银行的零息票据）

在这个案例中，无论 Landscape 公司是按规定利率还是零息利率签订贷款协议，支付的利息费用和总现金支出都是一样的。这种情况很少发生，因为持有附息票据的借款人往往需要在持有票据的期间每月以现金支付利息。我们将在第 14 章讨论更多关于应付票据会计处理的问题。

□ 13.1.3　一年内到期的非流动负债

Delhaize 集团公司（比利时）在其流动负债中报告下一年度即将到期的部分债券、抵押票据或其他非流动负债，并将这类金额分类为一年内到期的非流动负债。像 Delhaize 集团公司这样的企业，如果负债满足以下几个条件，不将其作为非流动负债，而作为流动负债报告：

1. 以偿还此项负债为目的而累积起来的资产没有作为流动资产列示。

2. 此项负债会通过再融资或者通过发行一项新的长期债务来清偿（在下一部分讨论）。

3. 将要转换成股本。

如果一项长期债务只有一部分在未来 12 个月内将要进行偿付（例如需要每年还款一次的系列债券），企业将非流动负债中即将到期的部分作为流动负债报告，其他部分仍作为非流动负债。

然而，企业应当将活期债务（随时可被债权人请求偿还）或将在一年内（或长于一年的经营周期内）到期的债务划分为流动负债。如果债务人违反了债务合同，债权人可以提前请求偿还债务。例如，债务合同大部分会规定权益与债务的比率应维持的水平，或者给定营运资本的最低限额。如果企业违反了该项协议，它必须将债务划分为流动债务，因为用现有的营运资本来偿付流动债务才是合理的预期。只有当企业能够证明它可以在债务合同规定的宽限期内对违约行为进行补救（满足某些条件），才可以继续将债务分类为非流动负债。

　　下面对债务违约进行举例。假设 Gyro 公司 2015 年 11 月 1 日对 Sanchez 公司负有长期应付票据，将于 2017 年 4 月 1 日到期。Gyro 公司不幸违反了票据中的条款，如果 Sanchez 公司要求，Gyro 公司将不得不立即偿还债务。有鉴于此，Gyro 公司在编制 2015 年 12 月 31 日的资产负债表时必须将这项负债分类为流动负债。然而，如果 Sanchez 公司在 2015 年 12 月 31 日之前同意针对该违约事项给予 Gyro 公司一个缓冲期，且缓冲期截至 2015 年 12 月 31 日之后超过 12 个月，那么 Gyro 公司可以继续将这项负债分类为非流动负债。但如果截至 2015 年 12 月 31 日，缓冲期协议仍未达成，那么 Gyro 公司必须将这项负债分类为流动负债。[2]

□ 13.1.4　预期再融资的短期负债

　　短期负债为资产负债表日后一年内或比一年更长的一个经营周期内到期的债务。某些短期债务预计将在长期基础上预计再融资。这些短期债务的清偿将不会在未来一年（或一个经营周期）内导致营运资本的耗用。①

　　会计界一度普遍认为应将"预计再融资"的短期债务排除在流动负债之外。但会计行业没有提供具体的准则指导，因此企业基于管理者在长期基础上的再融资意图判断短期债务是否"预计再融资"。这样的分类是不明确的。例如，一个企业可能取得为期 5 年的银行贷款，但实际上将这一融资作为为期 90 天的票据处理，这样该企业必须不断更新这项负债。在这种情况下，这项债务是非流动负债还是流动负债？这取决于再融资的准则规定。

数字背后的故事　　循环，循环，消失

　　破产前的美国 Penn Central 铁路公司是关于再融资负债的一个经典案例。这家公司负有巨额的短期债务，但却将其分类为长期负债。为什么？因为这家公司相信它拥有债权人允许它借新债还旧债的承诺。当这些承诺突然消失，Penn Central 铁路公司也就随之宣告破产。正如希腊哲学家 Epictetus 说过的："世上的某些东西并不像它们看起来的那样。"

再融资标准

　　IASB 对于将短期债务排除在流动负债之外的情形有另外的规定。具体而言，如

---

　　①　在长期的基础上对短期负债进行再融资意味着用长期债务或权益证券取代短期负债，更新、延长或是用另一个短期负债在不间断的期间内取代它，该期间持续到资产负债表日后一年（或比一年更长的一个经营周期）之后。

果下列两个条件同时满足，企业可以将短期债务排除在流动负债之外：

1. 必须意图在长期基础上对短期债务进行再融资。

2. 必须有将债务的偿付推迟至报告日之后 12 个月的无条件权利。

意图在长期基础上再融资意味着企业意图对短期债务进行再融资，这样就不会在接下来的财务年度（或时间更长的经营周期）内使用营运资本。制定一个融资计划，明确允许企业能够在长期基础上进行再融资的条款已经在下一个报告日订立，以这种方式可以满足第二个条件。另外，企业有权在任何时候进行再融资并且也意图这样做使得企业可以将债务分类为非流动负债。

举例说明，假设 Haddad 公司提供了以下与应付票据有关的信息。

● 2015 年 11 月 30 日发行了一张 300 万欧元的应付票据，2016 年 2 月 28 日到期。Haddad 公司的报告日期为 2015 年 12 月 31 日。

● Haddad 公司拟延长贷款（贷款再融资）的到期日至 2017 年 6 月 30 日。

● 2015 年 12 月 31 日的财务报表经审定于 2016 年 3 月 15 日报出。

● 贷款再融资必要的文书工作在 2016 年 1 月 15 日完成。Haddad 公司没有无条件的权利将债务的偿付日期推迟至 2015 年 12 月 31 日。

图表 13-1 用图形表示了再融资事件。

图表 13-1　　　　　　　　　　　　　再融资事件

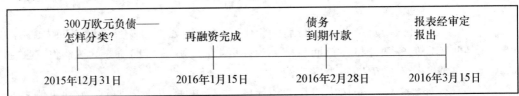

在这种情况下，Haddad 公司必须将其应付票据划分为流动负债，因为在 2015 年 12 月 31 日（财务报告日）之前再融资未完成。只有当再融资在 2015 年 12 月 31 日之前完成时，Haddad 公司才可以将应付票据划分为非流动负债。理由是：资产负债表日之后的债务再融资不影响资产负债表日债务的流动性或偿付能力，报告中应反映在资产负债表日生效的合同协议。[3]

如果 Haddad 公司有意图也有自由裁量权（依据贷款协议）对其 300 万欧元的应付票据进行再融资或延期支付至 2017 年 6 月 30 日，那么会怎样？在这种情况下，Haddad 公司应当将应付票据划分为非流动负债，因为其有能力延迟票据的偿付至 2017 年 6 月 30 日。

13.1.5　应付股利

应付现金股利是指企业欠股东的金额，这是董事会授权的结果。在宣告日，企业承担了一项债务，债权人为股东，债务金额为企业宣告的股利。由于企业通常会在宣告后一年内（一般为 3 个月以内）发放现金股利，应付现金股利通常被划分为短期负债。

企业没有将累积未宣告的累积优先股股息确认为一项负债。为什么？因为积欠优先股股息在董事会授权支付时才是一项债务。然而，企业应当在附注中披露累积未支付股息的金额，或者在股本部分顺带说明。

增发股票形式的应付股息不应确认为一项负债。这样的股息（我们将在第 15 章中讨论）不需要资产或服务的未来支出。企业通常在股东权益部分报告这些未分配的股息，因为这些未分配股息代表了向实收资本转化过程中产生的留存收益。

□ 13.1.6　顾客预付款及保证金

流动负债可能包括向顾客或员工收取的可退还保证金。企业可能从顾客那里收取保证金以确保服务或合同的履行，或者作为支付未来预计债务的保证。例如像 Alltel 这样的公司通常需要一项设备的保证金，顾客可以使用该设备连接到网络或者获取其他服务。Alltel 也可能向顾客收取保证金以防一些可能的财产损失。另外，一些企业要求它们的员工为返还钥匙或其他公司财产而支付保证金。

将这些项目分类为流动或非流动负债取决于从交纳保证金到要求支付保证金的关系终止所经历的时间。

□ 13.1.7　预收账款

Hachette 出版社（法国）在客户订阅杂志时会收到其所支付的款项。中国南方航空公司会在航班起飞之前销售机票。微软公司会发放赠券，以使其客户的软件升级到下一版本。这些企业如何计量在商品或者提供的服务交付之前收到的预收账款？

1. 当一家企业收到预付款时，借记"现金"账户，贷记"预收账款"账户来确认预收账款的来源。

2. 当一家企业确认收入时，借记"预收账款"账户，贷记"销售收入"账户。

举例说明，假设 Logo 大学销售了 10 000 张 5 站主场比赛的赛季足球票，每张 50 美元，并记录球票的销售分录如下：

8 月 6 日

借：现金		500 000
贷：预收账款		500 000
（为记录 1 万张球票的销售）		

比赛结束后，Logo 大学做了如下分录：

9 月 7 日

借：预收账款		100 000
贷：销售收入		100 000
（为记录球票的收入）		

预收账款这一账户代表了未实现的收入。Logo 大学将其作为流动负债在资产负债表上列报，因为学校有履约义务。当持票人观看了比赛，Logo 大学确认了收入，预收账款账户中的金额就转到了销售收入账户。预收账款是一些企业的原料。例如航空业，未来航班机票的销售额几乎占流动负债总额的 50％。

图表 13-2 列示了所选类型企业具体的预收账款账户以及实际收入账户。

图表 13－2　　　　　　　　　　预收账款账户与实际收入账户

企业类型	账户名称	
	预收账款	实际收入
航空公司	预收机票收入	乘客收入
杂志出版商	预收订阅收入	订阅收入
旅店	预收租金收入	租金收入
汽车销售商	预收担保收入	担保收入
零售商	预收礼品卡收入	销售收入

　　资产负债表应该报告对任何商品和服务偿还债务所承担的责任。利润表应该报告在某一期间取得的收入。

13.1.8　应付销售税和增值税

　　大多数国家都有消费税。消费税一般指销售税或增值税。这些税收的目的是为政府创收，类似于企业和个人所得税。这两个税种实现的目标相同：对最终消费者取得的产品或服务征税。然而这两类征税系统采用了不同的方法来完成这一目标。

应付销售税

　　为了说明销售税的会计处理，假设 Halo 超市某一天销售给顾客 2 400 欧元的面包，销售税率为 10%，Halo 超市通过以下分录记录这项销售。

　　　借：现金　　　　　　　　　　　　　　　　　　　　　　　　2 640
　　　　贷：销售收入　　　　　　　　　　　　　　　　　　　　　　　2 400
　　　　　　应付销售税　　　　　　　　　　　　　　　　　　　　　　　240

　　在这种情况下，Halo 超市建立了一项负债来记录已向客户收取的但是还未提交税务当局的税款。在适当的时候，Halo 超市向税务机关上缴 240 欧元税款。

　　有时，贷记入负债账户的销售税不等于由政府公式计算出的负债金额。在这种情况下，企业将对负债账户进行调整，以确认消费税收集过程中的利得或损失。很多企业在销售时没有将销售税和销售金额分开，而是将二者金额之和贷记"销售收入"账户。因此，为了正确反映实际的销售金额以及缴纳销售税的义务，企业应当将政府要求在销售时缴纳的销售税借记"销售收入"账户，并以相同的金额贷记"应付销售税"账户。

　　举例说明，"销售收入"账户金额为 15 万欧元，包括 4% 的销售税。因此，记录在"销售收入"账户中的金额是由销售收入以及在销售收入基础上征收的 4% 的销售税组成的。销售额因此为 144 230.77 欧元（150 000/1.04），销售税为 5 769.23 欧元（144 230.77×0.04，或者 150 000－144 230.77）。以下分录记录了纳税环节的金额。

　　　借：销售收入　　　　　　　　　　　　　　　　　　　　　　5 769.23
　　　　贷：应付销售税　　　　　　　　　　　　　　　　　　　　　　5 769.23

应付增值税

　　增值税是由税务机关使用的比销售税多的税种（超过 100 个国家对企业征收增值税）。如前所述，增值税是一项消费税。这个税是产品或服务在生产阶段和最终销售阶段当价值增值时征收的。增值税对于最终使用者（通常是个人）来说是一项成本，类似于销售税。

然而，增值税不应与销售税混为一谈。销售税只在消费者购买时点上征收一次，生产或供应链上的其他人没有参与销售税的征收。在增值税税制中，产品供应链上的企业每次向另一个企业购买产品的时候都要征收增值税。为了解释这一情况，让我们回到 Halo 超市的例子，假设征收的是增值税而不是销售税。为了解增值税是如何征收的，我们需要了解面包是如何进入销售环节的。下面是具体过程。

1. Hill Farms Wheat 公司种植小麦并以 1 000 欧元销售给 Sunshine 烘焙公司。Hill Farms Wheat 公司做了如下分录来记录这项销售，增值税税率为 10%。

借：现金	1 100
贷：销售收入	1 000
应付增值税	100

Hill Farms Wheat 公司之后向税务机关缴纳了 100 欧元税费。

2. Sunshine 烘焙公司将从 Hill Farms Wheat 公司获得的面包以 2 000 欧元卖给 Halo 超市。Sunshine 烘焙公司做了如下分录来记录这项销售，增值税税率为 10%。

借：现金	2 200
贷：销售收入	2 000
应付增值税	200

Sunshine 烘焙公司之后向税务机关缴纳了 100 欧元税费，而不是 200 欧元。原因是 Sunshine 烘焙公司已经缴纳了 100 欧元税费给 Hill Farms Wheat 公司。在这一点上，税务机关只享有 100 欧元税费，Sunshine 烘焙公司贷记了一项支付给 Hill Farms Wheat 公司的增值税，因此降低了应付增值税。

3. Halo 超市以 2 400 欧元将面包销售给消费者。Halo 超市做了如下分录来记录这项销售，增值税税率为 10%。

借：现金	2 640
贷：销售收入	2 400
应付增值税	240

Halo 超市在扣减已经支付给 Sunshine 烘焙公司的 200 欧元税费后，上缴税务机关 40 欧元增值税。

在这个供应链上，谁最终支付了 240 欧元的增值税？是消费者。图表 13-3 总结了这一过程。

图表 13-3　　　　　　　　谁缴纳了增值税？

1. Hill Farms Wheat 将收来的 100 欧元增值税上缴税务机关；自己没有发生关于税费的净现金支出。
2. Sunshine 烘焙公司收了 200 欧元增值税，上缴税务机关 100 欧元，因为它贷记了 100 欧元增值税并交给了 Hill Farms Wheat 公司；自己没有发生关于税费的净现金支出。
3. Halo 超市收了 240 欧元增值税，上缴税务机关 40 欧元，因为它贷记了 200 欧元增值税并交给 Sunshine 烘焙公司；自己没有发生关于税费的净现金支出。
总的来说，供应链中的企业收集和上缴的增值税总额列示如下。

	增值税收集	增值税上缴	贷记增值税	借计增值税
Hill Farms Wheat 公司	€100	€100	€0	€0
Sunshine 烘焙公司	200	100	100	0
Halo 超市	240	40	200	0
总计	€540	€240	€300	€0

因此，实际是谁缴纳了增值税？是消费者将 240 欧元增值税作为购置成本的一部分缴纳了，不是生产和销售面包的企业。

增值税的一个优点是，它比销售税更容易收集，因为它有一个建立在税收系统中的自我纠正机制。例如，参看图表 13-3 中的 Sunshine 烘焙公司。如果 Sunshine 烘焙公司考虑不缴纳增值税，它知道 Halo 超市会记录从 Sunshine 烘焙公司的购买事项，并贷记"增值税"。因此，税务机关会记录这项购买已经完成，如果 Sunshine 烘焙公司不缴纳增值税，税务机关将会控诉 Sunshine 烘焙公司欺诈。销售税没有这种自我纠正机制，因此方便逃税。例如，如果消费税很高，消费者可以在网上购买与其住所在不同司法管辖区的商品，或者假装自己是供应链中的一个企业而不是最终消费者。增值税的缺点是其在税收系统中记录的金额不断增加。

应付所得税

大多数所得税占年度利润的比例都不同。企业必须利用最好的信息和可用的建议，编制所得税纳税申报表并计算本期经营产生的所得税。企业应将基于净收入、根据不同纳税级次计算的应付税款划分为流动负债。与公司不同，独资企业和合伙企业不是所得税的纳税主体。由于个体经营者和合伙人对于其所占企业应纳税收入的股份应缴纳个人所得税，因此所得税负债不出现在独资企业和合伙企业的财务报表上。

大多数企业必须每年周期性支付税款给适当的政府机构。这些支付金额是基于对每年总税收负债的估计而得出的。如果估计的总税收负债发生变化，税款贡献额也会发生变化。如果在以后年度税务机关发现了以前年度额外的所得税，企业应当贷记"应付所得税"账户，并借记与本期经营相关的负债。

税法规定的应纳税收入与 IFRS 下的收入核算有时会出现差异。因为这些差异的存在，某些既定年份的应纳所得税额可能与财务报表上报告的所得税费用不同。第 19 章专门对所得税这个复杂的问题进行深入讨论。

□ 13.1.9　与员工相关的负债

企业将会计年度终了时拖欠员工的薪水或工资记为流动负债。另外，企业也将以下与员工薪酬相关的项目记为流动负债。

1. 工资扣款。
2. 带薪缺勤。
3. 奖金。

工资扣款

工资扣款最常见的类型是税金、保险费、员工储蓄和工会会费。在会计期末，企业应将其为特定机构正常扣除的金额计为流动负债。

社会保障税　大多数政府都会为个人和家庭提供一定水平的社会福利（针对退休、失业、收入、残疾以及医疗津贴）。一般来说，这些福利金来自向雇主和员工征收的税金。这些税金通常称为社会保险税或社会福利税。这些支付的基金来自向雇主和员工征收的税金。雇主从员工的收入总额里扣除员工应缴纳的税金，并且连同雇主应承担的部分一起缴纳给政府。政府以相同的税率对员工和雇主征税。企业应当将尚未缴纳的、雇主和员工在员工收入总额基础上支付的社会保障税金额作为流动负债报告。

代扣所得税　所得税法通常要求雇主代扣在员工工资基础上计算的适当的所得税。雇主根据政府规定的公式或代扣税率表计算所得税的代扣总额。这一总额取决于支付工资时间的长短以及每个员工的应税工资、婚姻状况以及声明的亲属情况。图表 13-4 总结了工资扣款以及负债。

图表 13-4　　　　　　　　　　　　**工资扣款的总结**

项目	支付者	
代扣所得税联邦社会保险税——员工承担工会会费	员工	雇主在这些款项上缴前将其报告为流动负债
联邦社会保险税——雇主承担联邦失业税和州失业税	雇主	

工资扣款实例　假设每周 1 万美元的工资要扣缴社会保险税（税率为 8%），代扣所得税为 1 320 美元，工会会费扣款为 88 美元。企业将支付的工资以及员工工资扣款记录如下：

借：工资和薪水费用		10 000
贷：应付代扣税款		1 320
应付社会保险税		800
应付工会会费		88
现金		7 792

企业将雇主的工资税记录如下：

借：工资税费用		800
贷：应付社会保险税		800

雇主必须向政府提交其社会保险税的份额以及从雇员总薪酬里扣除的社会保险税的金额。雇主应将所有未缴纳的社会保险税计为工资税费用或应付工资税。[①]

带薪缺勤

带薪缺勤是指为员工休假支付薪酬，例如假期、病假以及休假。[②] 以下为与带薪缺勤会计计量相关的因素。

即便雇佣关系已经结束，雇主仍然有义务为雇员支付工资，就存在既得权利。因此，既得权利并不取决于员工的未来服务。累计权利是那些员工没有在获得权利当期使用，可以转至未来期间的权利。例如，假设你在雇主财务年度结束的那一天，也就是 12 月 31 日获得了 4 天的带薪休假。公司的政策是即使雇佣关系终止，你也能在这一假期得到薪酬。在这种情况下，你这 4 天假期的薪酬是既定的，你的雇主必须按权责发生制记录这一金额。

现在假设你 4 天的假期不是既得的，而是可以转至以后期间的。尽管权利不是既

---

①　一个制造企业将所有的薪金成本（工资、工资税以及额外福利）记入恰当的成本账户，例如直接成本、间接成本、销售人员薪金、管理人员薪金等账户。关于工资成本及扣款的简单讨论，并不是维持一个健全准确的工资体系所包含的对记录及书写工作数量的确切描述。

②　企业对于闲散员工在员工受雇后退休前给予退休前福利。例如续薪、补充失业福利、遣散费、职业培训以及健康保险和人寿保险的延续。

定的，而是累计权利，但雇主仍须按权责发生制对其进行记录。然而，考虑到由工作量决定的预计支付额，应计金额须进行调整。

非累计权利不进行结转；当期不使用就会失效。因此，在福利发生时企业才确认负债或者费用。如果一个员工在一个月之中休假了一天且是非累计的，休假的一天形成该月的费用。同样，例如产假或陪产假这样的福利是取决于未来事件的或有事项并且不累计。因此，这些成本只在发生时才确认。[4]

病假工资的问题则有些特殊。如果病假工资属于既得范畴，则必须按权责发生制对其进行计量。如果病假工资是累计的而不是既得的，企业需要选择是否使用权责发生制对其进行计量。为什么会存在二者之间的差异？企业可以用两种方法中的一种对病假工资这类薪酬进行管理。在一些企业里，雇员只有因生病请假时才能得到病假工资。因此，这些企业可能不会按照权责发生制记录一项负债，因为这项负债的支付取决于员工未来是否生病。另一些企业允许员工累计未使用的病假工资，在他们没有生病时也可以获得这一薪酬。对于这种类型的病假工资，企业必须按权责发生制将其记为一项负债，因为无论员工是否生病，企业都将支付病假工资。

企业应当在员工因提供服务而取得带薪休假的当年确认费用及相关负债。例如，如果新员工在被雇用的第二年年初取得了两周的带薪休假的权利，企业认为这一带薪休假的权利是在其被雇用的第一年取得的。

企业在计量带薪休假成本时应采用什么工资率——当期工资率还是预计未来工资率？IFRS 建议使用未来工资率。然而，企业更倾向于用当期工资率而不是未来工资率。未来的工资率不确定性强，而且涉及货币的时间价值问题。举例说明，假设 Amutron 公司在 2015 年 1 月 1 日开始营业。这家公司雇用了 10 名员工，每人每周支付 480 欧元。员工在 2015 年共获得 20 周未使用的假期。2016 年，员工使用了这些假期，但他们现在每人每周的工资为 540 欧元。Amutron 公司在 2015 年 12 月 31 日记录累计的假期工资如下：

借：工资费用	9 600	
贷：应付工资（480×20）		9 600

2015 年 12 月 31 日，公司在资产负债表上报告了一项 9 600 欧元的负债。2016 年记录了支付的假期工资如下：

借：应付工资	9 600	
工资费用	1 200	
贷：现金（540×20）		10 800

2016 年，假期的使用使负债减少。注意，Amutron 公司记录了现金支付与负债账户金额减少之间的差异，将其作为支付工资费用的调整。这个差异的产生是由于企业使用了员工挣得带薪休假期间的工资率计量负债账户的金额。然而，支付的现金，是基于员工使用带薪休假期间的工资率计算的。如果 Amutron 公司使用未来工资率计算 2015 年的应计负债，2016 年的现金支付就应该与负债相等。①

利润分享和奖金计划

许多公司为某些或者所有员工支付除正常工资或薪酬之外的奖金。通常，奖金的

---

① 一些企业还有支付员工退休后救济金的义务。退休后救济金的会计计量和报告标准是复杂的。这些标准与退休后救济金的两个不同类型有关：(1) 养老金；(2) 退休后的医疗保险和人身保险。我们将在第 20 章对这些问题展开讨论。

金额取决于企业的年利润。一个企业可以考虑将支付给员工的奖金作为额外的工资，并在确定年度净收入时将其扣除。

为了说明核算员工奖金的会计分录，假设 Palmer 公司 2015 年的收入为 10 万美元。该企业将在 2016 年 1 月支付奖金 10 700 美元。Palmer 公司在 2015 年 12 月 31 日做了调整分录，记录奖金如下：

借：奖金费用	10 700
贷：应付奖金	10 700

在 2016 年 1 月，当 Palmer 公司支付奖金时，做如下分录：

借：应付奖金	10 700
贷：现金	10 700

Palmer 公司应该在利润表中将此费用账户作为营业费用列示。应付奖金这项负债通常会在短期内支付，企业应在资产负债表中将其归为流动负债。利润分享或奖金计划形成的必须确认为费用而不是作为利润分配，因为它是雇员提供服务的结果而不是与雇主的交易。

与奖金协议类似的是附条件费用的合同协议。例如，根据确认的收入金额或生产或开采产品的数量支付租金和特许使用金的合同。基于收入或单位产出的附条件费用通常比奖金协议更容易计算。

例如，假设一项租赁将 500 美元一个月作为固定租金，当销售额超过 30 万美元时，超过的部分收取 1％的租金。则企业每年的租金债务的金额为 6 000 美元加超过 30 万美元的收入每一美元支付 0.01 美元。或者，一项特许权使用费协议可能会规定，在专利的使用过程中每生产出 1 吨产品支付给专利所有者 1 美元，或者每提取一桶油给开采权所有者 0.5 美元。当企业生产或开采每一单位额外产品，都会产生一项额外的债务，通常是流动负债。

13.2　准　备

准备是一项关于不确定的时间或金额的义务（有时称为预计负债）。准备是很常见的，将其报告为流动负债还是非流动负债取决于它的预期偿付日期。[5] 准备常见的类型有与诉讼相关的债务、担保或产品保证、企业重组以及环境破坏。①

例如，Pretonas 公司（马来西亚）列报了 199.15 亿马来西亚林吉特的石油和天然气相关的准备。诺基亚公司列报了 26.19 亿欧元的保修义务、知识产权侵权以及重组成本。Adecoagro 公司（巴西）为劳动、法律以及其他索赔列报了 263.5 万巴西雷亚尔的准备。

准备与其他债务（例如应付账款或应付票据、应付工资以及应付股利）的不同点在于准备对于未来债务偿付的时间和金额有更大的不确定性。例如，当西门子公司报告应付账款时，会有关于负债的存在性以及金额的发票或正式协议。同样，当西门子

---

① 准备这一术语会令人困惑，因为它可以用来描述一项债务、一个估值账户或一项费用。它最常见的用途是描述一项债务，就像在本章中这样。IASB 正在考虑用非金融负债这一术语而不是准备，然而在这一变化发生之前，企业会继续使用准备来描述各种负债。

公司记录应付利息时，利息的到期日和金额也是已知的。①

□ 13.2.1　准备的确认

只有满足下列条件时，企业会将一项费用及相关负债计为准备：

1. 企业有一项由过去事项产生的现时义务（法定或推定）；
2. 当履行该项义务时，很有可能会使经济利益流出企业；
3. 该义务的金额可以可靠估计。

这三个条件中的任何一个条件不满足，都不能确认一项准备。[6]

在第一个条件中，过去的事项（通常被称作过去的强制性事件）必须已经发生。在第二个条件中，很有可能这个术语被定义为"比不发生的可能性大"。这意味着发生的可能性大于 50%。如果发生的可能性为 50% 或更低，那么不确认准备。

确认举例

为了说明准备何时确认，我们列举了三个例子。在每个例子中都假定负债的金额可以可靠估计。图表 13 - 5 列示了第一个例子，一个公司有一项履行担保的法律义务。法律义务一般由合同或立法形成。

图表 13 - 5　　　　　　　　　　准备的确认——保修

保修
实情：Santos 公司对其客户提供与电子产品销售相关的保修服务。保修期为销售之日起 3 年。根据过去的经验，在保修服务之下产生一些索赔是有可能的（比不发生索赔的可能性大）。 　问题：Santos 公司应该在资产负债表日对于未发生的保修成本在报表上记录一项准备吗？ 　答案：（1）保修是由过去的义务性事件产生的现时义务——过去的义务性事件是指带有保修的产品销售，这一活动产生了法律义务。（2）保修的结果是包含在结算收益中的资源流出——在这类保修服务之下产生一些索赔是有可能的。Santos 公司应当根据过去的经验确认准备。

推定义务是一项负债，由企业的以下活动产生：

1. 由过去的行为，已公布的政策，或是一项充分具体的现行声明建立的模式，企业已经对外表示它将承担一定的责任。
2. 该企业已经在其他实体中建立起了有效期望，即它将履行一定的责任。

图表 13 - 6 是第二个例子，展示了推定义务的列报。

图表 13 - 6　　　　　　　　　　准备的确认——退款

退款
实情：迪奥公司有一项向不满意的顾客退款的政策，即使它并没有法律义务这样做。它的退款政策是众所周知的。 　问题：迪奥公司应该为这些退款记录准备吗？ 　答案：（1）退款是由过去的义务性事件产生的现时义务——过去的义务性事件是指产品的销售。产品销售产生了一项推定义务，因为公司的行为已经对部分客户产生了有效期望——公司将会退款。（2）退款导致结算时资源的流出——可能有部分商品作为退款被退回。将退款成本的最佳估计数作为准备的金额确认。

---

① 这一区别是很重要的，因为准备有不同于其他类型应付款的披露要求。

第三个例子是 Wm Morrison 超市（英国）的案例，如图表 13 - 7 所示，提出了这样一种情况：准备的确认取决于未来付款的概率。

图表 13 - 7　　　　　　　　　　准备的确认——诉讼

诉讼
实情：假设一名员工在 2015 年 11 月 30 日提起了一项 100 万英镑的诉讼，指控 Wm Morrison 超市对其造成伤害，该员工在公司的一个工厂里滑倒受了重伤。Wm Morrison 超市的律师认为超市胜诉的概率小于 50%。 　　问题：Wm Morrison 超市应该在 2015 年 12 月 31 日对于法律赔偿确认一项准备吗？ 　　答案：尽管过去的义务性事件已经发生了（员工的受伤导致诉讼案），Wm Morrison 超市支付赔偿的可能性不大（比不支付赔偿的可能性大）。Wm Morrison 超市因此不需要记录一项准备。如果 Wm Morrison 超市的律师认为 Wm Morrison 超市很可能会败诉，Wm Morrison 超市应该在 2015 年 12 月 31 日确认一项准备。

□ 13.2.2　准备的计量

举个例子，像丰田这样的企业如何确认其对于汽车保修成本的报告金额？像家乐福这样的企业如何确认关于客户退款的负债？又或者，诺华公司如何确定一场可能会败诉的诉讼的报告金额？以及，像道达尔这样的企业将与环境治理相关的修复成本报告为一项准备，如何确认其金额？

IFRS 提供了答案：确认的金额应该为履行现时义务的支出的最佳估计。最佳估计代表了企业需在资产负债表日为履行义务而支付的金额。[7]

为了确定最佳估计数，企业管理者必须使用判断、基于过去或相似的交易、与专家讨论，以及运用其他信息。这里有三种运用判断来确定最佳估计数的不同情况。

● 丰田保修。丰田销售汽车，必须对需维修的汽车数量以及相关成本进行估计。由于需要处理大量的汽车，将所有可能的支出与相关可能性加权计算通常是最好的方法。例如，该企业可能确定 80% 的汽车不会发生任何保修成本，12% 将花费较多的成本，8% 会花费更少的成本。在这种情况下，将所有可能的支出与相关可能性加权计算，丰田可以得出保修负债的估计值。

● 家乐福退款。家乐福以不同的销售价格销售商品。对于已出售产品的客户退款可视作连续范围内的退款，在这个范围内每个点发生的可能性都相同。在这种情况下，这个范围的中点可用作计算退款金额的基础。

● 诺华诉讼。像诺华这样的大型企业会涉及大量有关其产品的诉讼问题。当计量一个单一的债务例如诉讼时，最可能的诉讼结果就是债务的最佳估计数。

在这些情况下，负债的计量应考虑货币的时间价值。另外，可能会对成本计量造成影响的未来事件也应考虑。例如，像道达尔这样的公司，可能会发生与环境净化相关的高额修复费用，那么可能要考虑未来科技创新引起的成本下降。

□ 13.2.3　准备的常见种类

有一些准备在财务报表中确认的常见种类：

1. 诉讼。
2. 保修义务。

3. 应付奖励。

4. 环境负债。

5. 有偿合同。

6. 重组。

尽管企业在资产负债表中对于准备仅报告一项流动负债和一项非流动负债，IFRS 要求在财务报表附注中对准备进行广泛披露。企业通常不记录或不在财务报表附注中报告企业经营中固有的一般意外风险（例如战争的可能性、罢工、不可保的灾难或经济衰退）。[8]

诉讼准备

企业必须考虑以下因素，以决定是否记录一项与未决的或构成威胁的诉讼以及实际的或可能的索赔和税捐。

1. 事件原因发生的时间段。

2. 一个不利的结果的可能性。

3. 对损失金额做合理估计的能力。

为了在财务报表中报告一项损失或负债，诉讼的原因必须发生在资产负债表日或其之前。企业在资产负债表日之后、财务报表报出之前意识到诉讼案件或索赔的存在也没有关系。为了估计产生不利结果的可能性，企业需要考虑下列因素：诉讼的性质、案件的进展情况、法律顾问的观点、企业自身或其他企业的相似案例的经历以及应对该诉讼的任何经营上的反应。

对于未提起诉讼以及不确定的索赔和评估，企业必须确定：（1）诉讼、索赔以及评估得到确认的可能性的大小；（2）产生不利结果的可能性。例如，假设联邦商务委员会为进行贸易管制调查 Nawtee 公司，并开始执行诉讼程序。在诉讼程序之后往往是私人对于第三方损害的赔偿要求。在本例中，Nawtee 公司必须确定索赔的可能性以及判定第三方损害的可能性。如果二者都有可能，且损失能够合理预计，并且引发诉讼的原因发生在资产负债表日或其之前，那么 Nawtee 公司应该确认这项负债。

企业即使有一定把握也很少能够预计未决诉讼的结果。而且，即使在资产负债表日的证据对企业不利，也不能期望企业会在资产负债表中公布可能产生的不利结果。这样明确的披露可能会削弱企业在纠纷中的地位并且鼓励了原告。因此，很多企业对未来可能发生的没有披露任何诉讼的成本计提了准备。图表 13-8 是雀巢集团与诉讼请求有关的披露。

图表 13-8　　　　　　　　　　诉讼的披露

雀巢集团
财务报表附注（部分） 诉讼 诉讼准备已设立，涵盖了在普通业务过程中产生的税收、法律以及行政程序。这些准备涉及很多案例，在这些案例中，详细披露可能会严重损害集团的利益。这些准备的转回是指案例的解决有利于本集团。诉讼准备产生的现金流出的时点是不确定的，因为它取决于诉讼的结果。这些准备不进行贴现因为它们的现值不表示任何有用信息。集团管理层认为对于资产负债表日后发生的案件进行估值是不合理的。

保修准备

一项保修（产品保证）是销售者对于购买者的承诺，用来弥补产品在数量、质量以及性能上的不足。制造商通常将其作为一种促销方法。例如，汽车制造商通过延长新车的保修期至 7 年或 10 万英里来"大肆宣传"它们的产品。在消费者购买日之后的指定期间内，制造商承诺承担更换损坏零件的全部或部分成本，或免费进行必要的维修，退还购买金额，甚至"双倍退还购买金额"。

保证者与保修者承担了未来成本。这些额外的成本，有时被称作"售后成本"或"在销售之后的成本"，数额通常是很庞大的。虽然未来成本的金额、到期日甚至客户都不明确，但大多数情况下负债都有可能发生。如果这项负债的金额可以可靠预计，企业应当确认这项负债。负债的预计金额包括企业在销售以及交付后发生的所有成本以及保修条款中要求的弥补商品缺陷的附加成本。保修成本是或有损失的典型例子。

企业通常向消费者提供两种类型的保修：

1. 在产品销售的时候保证产品符合合同约定的规格。这种类型的保证包含在公司产品的销售价格中，通常称为保证型保修。

2. 除保证型保修之外还提供了额外的服务。这种类型的保证不包含在产品的销售价格中，称为服务型保修。因此，它作为一项单独履行的义务来记录。

保证型保修　企业对于保证型保修不单独确认履行的义务。这种类型的保证只不过是对于产品或服务在销售时点无缺陷的一项质量保证。这些类型的义务应在提供货物或履行服务时（换句话说，在销售时点）费用化。另外，企业应当记录一项保修负债。负债的估计金额包括企业在销售后由于修正产品缺陷或提取保修准备所发生的全部成本。图表 13 - 9 提供了保证型保修的一个例子。

图表 13 - 9　　　　　　　　　　保证型保修的会计处理

保证型保修

实情：Denson Machinery 公司 2015 年 7 月开始生产一种新设备，并在 2015 年 12 月 31 日之前以 5 000 美元一台的价格销售了 100 台机器。每台机器有一年的保修期。根据类似机器的以往经验，平均每单位的保修费用为 200 美元。另外，为履行机器保修造成的零件替换以及其他服务，使该企业 2015 年承担了 4 000 美元保修成本，2016 年承担了 1.6 万美元保修成本。

问题：2015 年和 2016 年销售机器以及相关保修成本确认的分录是什么？

答案：2015 年销售机器以及相关保修成本确认的分录如下：

1. 确认机器的销售收入以及应计的保修义务。

2015 年 7—12 月

借：现金	500 000
保修费用	20 000
贷：保修负债	20 000
销售收入	500 000

2. 记录确认的保修。

2015 年 7—12 月

借：保修费用	4 000
贷：现金，存货，应付工资	4 000

2015 年 12 月 31 日，资产负债表中将"保修负债"作为一项流动负债报告，共 1.6 万美元，2015 年利润表上列报的"保修费用"为 2 万美元。

3. 确认 2016 年承担的保修成本（2015 年销售的机器）。

2016 年 1—12 月

借：保修负债	16 000
贷：现金，存货，应付工资	16 000

2015 年销售机器在 2016 年末没有应列报的保修负债。

服务型保修　保修有时候与产品是分开销售的。例如，当你购买了一台电视机，你有权获得保证型保修。你也将毫无疑问地通过支付额外的成本延长产品的保修期，这被称为服务型保修。在大多数情况下，服务型保修为消费者提供了超出修理产品销售时存在的缺陷的服务。

企业将服务型保修作为一项单独履行的义务确认。例如，在电视机的例子中，销售者应当将电视机的销售、保证型保修与服务型保修分开确认。对于服务型保修通常在预收保修收入账户中确认。

企业之后在服务型保修有效的期限内按直线法确认收入。销售者应当只延迟并摊销随销售合同（主要是佣金）变化的、与销售合同直接相关的成本。企业将这些成本计入费用，例如员工工资、广告成本以及一般和管理费用，因为企业即使没有销售服务型保修也应承担这些成本。图表 13-10 提出了一个既有保证型保修又有服务型保修的例子。

图表 13-10　　　　　　　　　　　保证型保修和服务型保修

保修

实情：你于 2014 年 1 月 2 日从 Hamlin 汽车公司购买了一辆汽车，价款为 3 万欧元。Hamlin 汽车公司估计汽车的保证型保修成本为 700 欧元（Hamlin 汽车公司将在第一个 3.6 万英里或者 3 年之内免费提供保修，以先达到的条件为准）。你还购买了一项价值 900 欧元的服务型保修，在额外的 3 年或 3.6 万英里之内提供保修。Hamlin 汽车公司 2014 年发生了保证型保修相关的保修成本 500 欧元，2015 年发生了保证型保修相关的保修成本 200 欧元。Hamlin 汽车公司用直线法记录服务型保修的成本。

问题：Hamlin 汽车公司在 2014 年和 2017 年应做何分录？

答案：

1. 记录汽车销售以及相关保修成本。

2014 年 1 月 2 日

借：现金（30 000＋900）	30 900	
保修费用	700	
贷：保修负债		700
预收保修收入		900
销售收入		30 000

2. 记录 2014 年发生的保修成本。

2014 年 1 月 2 日至 12 月 31 日

借：保修负债	500	
贷：现金，存货，应付工资		500

3. 记录 2017 年服务型保修确认的收入。

2017 年 1 月 1 日至 12 月 31 日

借：预收保修收入（900/3）	300	
贷：保修收入		300

应付奖励

企业经常为消费者提供奖励，并作为其收入安排的一部分。应付奖励可能是折扣、退款、免费产品或服务。例如，很多企业会为消费者提供奖励（在有限的或持续的基础上），作为消费者归还盒盖、证书、赠券、标签或包装的回报。奖励可能为银器、餐具、小家电、玩具或者免费送货。同时，印刷的赠券可以兑换为购买物品的现金折扣，这是很受欢迎的方法。最近的一个市场创新是现金返还，消费者可以通过归还商店收据、折扣赠券或是将通用产品码或"条形码"归还制造商来获得现金返还。

企业提供赠品、赠券或者折扣是为了刺激销售。企业应在从该计划中获利的销售当期将奖励或赠券的成本计入费用。获利的期间不一定是企业提供奖励的期间。在会计期末，许多未履行的奖励须在随后的期间实施。为了反映现存的流动负债以及使收入与费用匹配，企业应当估计客户将索要的而企业尚未履行的奖励的数量。企业将这些支付的奖励的成本计为奖励费用，将未履行的义务贷记奖励负债账户。图表 13-11 提供了一个应付奖励的会计处理的例子。

图表 13-11　　　　　　　　　　　　　应付奖励的会计处理

应付奖励

实情：Fluffy Cake Mix 公司销售蛋糕盒，每个盒子 3 英镑。此外，Fluffy Cake Mix 公司还为客户提供了一项奖励，客户用 1 英镑或者 10 个盒盖就能换取一个大的不易碎的搅拌碗。搅拌碗的成本为 2 英镑，企业估计客户会返还 60% 的盒盖。这项提供的奖励于 2015 年 6 月开始。2015 年，Fluffy Cake Mix 公司购买了 2 万个搅拌碗，每个 2 英镑，销售了 30 万个蛋糕盒，每个 3 英镑，回收了 6 万个盒盖。

问题：Fluffy Cake Mix 公司 2015 年的分录应如何做？

答案：

1. 记录购买 2 万个搅拌碗，每个 2 英镑。

借：赠品存货（20 000×2）	40 000
贷：现金	40 000

2. 在 Fluffy Cake Mix 公司记录销售蛋糕盒的分录之前，它确认了奖励费用和相关的奖励负债。计算如下：

2015 年盒盖的销售总量	300 000
预计的总返还量（百分比）	60%
预计的总返还量	180 000
预计返还的成本（180 000/10）×（2-1）	£180 000

销售蛋糕盒，确认奖励费用以及奖励负债的分录记录如下：

借：现金（300 000 个蛋糕盒×£3）	900 000
奖励费用	18 000
贷：销售收入	900 000
奖励负债	18 000

3. 记录实际 6 万个返还盒盖，每 10 个盒盖收取 1 英镑以及搅拌碗的交付费用。

借：现金 [（60 000/10）×£1]	6 000
奖励负债	6 000
贷：赠品存货 [（60 000/10）×£2]	12 000

2015 年 12 月 31 日，Fluffy Cake Mix 公司的资产负债表记录了一项 28 000 英镑（40 000-12 000）的奖励存货作为流动资产，以及一项 12 000 英镑（18 000-6 000）的奖励负债作为流动负债。2015 年的利润表在销售费用中报告了一项 18 000 英镑的奖励费用。

数字背后的故事　　　飞行常客

许多公司以承诺未来产品或服务的形式给客户奖励，这是一种购买激励措施。一项被所有主要的航空公司广泛采用的奖励计划是飞行常客项目。以累计的飞行英里数为基础，飞行常客将会得到打折或者免费的机票。航空公司的顾客可以通过拨打长途电话、住旅馆或者用信用卡购买汽油和杂货的方式累计英里数以获得免费的旅行。这些免费机票代表了一项巨大的潜在负债，因为使用这些免费机票的人将替代付费乘客。

当航空公司首次提供飞行常客这种奖励时，所有人都认为会有空位来容纳免费机票的持有者。这样这个项目的额外成本就会很少，航空公司就不用记录或报告这项很小的负债。

然而，由于越来越多的付费乘客被飞行常客的奖励持有者挤掉，收入的损失快速增长。例如，澳洲航空公司（澳大利亚）关于飞行常客的机票报告了超过 45.8 亿美元的负债。

环境负债

预计清理现有有毒废弃物存放地的成本是巨大的。另外，净化空气以及防止未来环境恶化的成本预计会更高。

在许多行业，非流动资产的建造和运营涉及资产的弃置义务。当一家采矿公司对露天矿进行开采时，它可能需要承诺在开采结束后修复土地。类似地，当一家石油公司建立一个海上钻井平台，它可能有在平台使用寿命结束后将其拆卸并移除的法律义务。

环境负债的会计确认　当存在与弃置非流动资产相关的法律义务以及该负债的金额能够合理估计时，企业必须确认环境负债。企业应按公允价值记录资产的弃置义务。

承担义务的事项　需要确认负债现时法律义务的例子包括但不限于：

- 核设施退役；
- 对油田以及天然气资源的废除、修复以及改造；
- 采矿设备的封闭、改造以及拆除成本；
- 废弃物填埋场封闭以及封闭后的成本。

为了获得这些非流动资产的收益，企业一般对与资产报废相关的费用负有法律义务，无论企业是雇用其他团体执行资产报废活动还是利用自己的员工和设备执行资产报废活动。环境负债有多种模式。例如，这项义务可以产生于资产使用的开端（例如，一个石油钻塔的建立），也可以随着时间的流逝而产生（例如一个随时间逐渐扩大的垃圾填埋场）。

计量。企业最初用未来成本的最佳估计值计量环境负债，这被定义为企业在活跃市场处置资产时愿意支付的金额（本质上为公允价值）。当环境负债不存在活跃市场时，企业应在可用信息的基础上估计公允价值。这样的信息应当包括类似负债的市场价格。另外，企业可以使用现值技术估计公允价值。

确认和分摊。为了在财务报表中记录环境负债，企业将与环境负债相关的成本包含在相关非流动资产的账面价值里，并记录一项相同金额的负债。将资产报废的成本计为相关资产的一部分，是因为这些成本与资产的运营直接相关，并且是使资产达到预定用途所必需的。因此，特定的资产（例如矿井、钻探平台、核电站）应当增值，因为未来的收益来自这些生产性资产的使用。企业不应当以单独的账户记录资本化的资产报废成本，因为这些资产不能独立产生未来经济收益。

在后续期间，企业将环境负债的成本在整个资产的使用寿命期间分摊至费用。企业可能会使用直线法进行分摊，也可能使用其他系统或合理的分摊方法。

环境负债会计处理的例子。为了说明环境负债的会计处理，假设在 2015 年 1 月 1 日，Wildcat 石油公司在墨西哥湾建立了一座石油平台。Wildcat 石油公司在该石油平台使用寿命结束后将依法对其进行拆卸和转移，石油平台的预计使用寿命为 5 年。Wildcat 石油公司估计石油平台拆卸和转移的成本为 100 万美元。基于 10% 的贴现率，环境负债的公允价值预计为 620 920 美元（1 000 000×0.620 92）。Wildcat 石油公司记录这项环境负债如下：

2015 年 1 月 1 日

借：钻探平台 620 920

贷：环境负债 620 920

在这项资产的使用期间，Wildcat 石油公司将资产的报废成本分摊至费用。Wild-cat 石油公司使用直线法，用以下分录记录这项费用：

2015 年、2016 年、2017 年、2018 年 12 月 31 日

借：折旧费用（620 920/5） 124 184

贷：累计折旧——固定资产 124 184

另外，Wildcat 石油公司必须每期记录利息费用。Wildcat 石油公司记录 2015 年 12 月 31 日利息费用以及环境负债的增加如下：

2015 年 12 月 31 日

借：利息费用（620 920×10%） 62 092

贷：环境负债 62 092

2020 年 1 月 10 日，Wildcat 石油公司与 Rig Reclaimers 公司签订了合同，用合同价 995 000 美元对该平台进行拆卸。Wildcat 石油公司用以下分录记录了环境负债的处置：

2020 年 1 月 10 日

借：环境负债 1 000 000

贷：环境负债的处置收益 5 000

现金 995 000

折现后，Wildcat 石油公司发生了两类成本：（1）一项与折旧费用相关的营业成本；（2）一项与利息费用相关的财务费用。利息费用的计量通常称为"贴现"，是指一项义务作为现值计算的事实。这种贴现是实质性的。例如，当英国石油公司改变了政策并开始将其环境负债折现，初始的义务降低了 3.5 亿英镑。

像 Wildcat 石油公司这样的公司在考虑负债的计量时可以考虑未来事件。例如，如果一项技术的发展可以使得修复变得便宜并且这一情况几乎肯定会发生，那么应当考虑在内。一般情况下，几乎肯定会发生的未来事件是有限的，并且技术进步或立法建议会改变未来成本。

有偿合同准备

有时，企业会存在有偿合同。在这些合同中"为履行义务而产生的不可避免的成本超过预期可能会得到的经济利益"。[9]一个有偿合同的例子是与存货相关的不利的且不可撤销的采购承诺所产生的损失的确认（第 9 章中讨论过）。

为说明其他情况，假设 Sumart Sports 公司在一家租赁的工厂内进行营利性经营并且每月支付租金。Sumart Sports 公司决定将其经营活动迁至另一个工厂。然而，对老工厂的租赁持续到未来 3 年。不幸的是，Sumart Sports 公司不能取消租赁也不能将工厂转租给其他方。这个有偿合同的预期成本为 20 万欧元。在这个案例中，Sumart Sports 公司做如下分录：

借：租赁合同损失 200 000

贷：租赁合同负债 200 000

预期成本应当反映退出这项合同的最小净成本低于：（1）合同的履行成本；（2）未履行合同产生的补偿或处罚。

假设一个与上述事实相同的 Sumart Sports 公司的例子，其履行合同的预期成本为 20 万欧元。然而，Sumart Sports 公司可以通过支付 175 000 欧元的罚款取消租约。在这一情况下，Sumart Sports 公司应当记录 175 000 欧元的债务。

图表 13 - 12 列示了雀巢集团如何披露有偿合同。

图表 13 - 12　　　　　　　　　　　　　　有偿合同的披露

雀巢集团
财务报表附注（部分） 其他准备 其他准备主要通过有偿合同建立由于剥离业务销售价格部分退回产生的负债以及本期发生的保险公司没有覆盖的各种损失赔偿。有偿合同是由高于市场价格的不利的租赁或供给协议产生的，这种合同产生的不可避免的履约成本超过了预计获得的经济利益或没有预计获得的经济利益。这些协议通常是关于效率低下的设施的关闭或出售。

重组准备

重组准备的计量是有争议的。一旦企业决定对它们的部分业务进行重组就会倾向于尽可能多地记录这项准备。理由是：很多人认为分析师通常不把这些成本作为持续经营的一部分，因此在评估企业的整体业绩时不将其考虑在内。尽量多计提重组准备可以使公司对目前的经营状况提供更乐观的报告。

此外，企业一直处于一种不断变化的状态，重组的构成往往难以评估。有一件事是确定的——企业在计量重组成本时不应将未来的经营损失计入当期。它们也不应当在重组成本分类时少计营业成本。[10]

因此，IFRS 对于重组准备的计提及以将何种成本计入重组准备中有很严格的规定。重组被定义为一项"由管理层计划和控制的项目及以下两者之一的重大变化：（1）企业所承担的业务范围；（2）企业实施的行为"。重组的例子有业务链的出售、管理结构的变化，例如取消了一个层级的管理或者取消在一个国家的经营业务。

对于一家企业来说，要记录重组成本以及相关负债，必须满足之前讨论的准备计量的一般要求。此外，为了确保重组是有效的，企业对于重组必须有一份详细的正式计划并且提出那些受计划出台及实施影响的重组的有效期望。

只有与重组相关的直接增量成本可以包含在重组准备中。同时，IFRS 出台了与不应计入重组准备的某些成本和损失相关的具体指导。图表 13 - 13 总结了应包含以及不应包含在重组准备中的成本。

图表 13 - 13　　　　　　　　　　包含/不包含在重组准备中的成本

包含的成本（直接，增量）	不包含的成本
● 与重组直接相关的雇员终止成本。 ● 合同终止成本，例如终止租赁的罚款。 ● 有偿合同准备。	● 新系统的投资额。 ● 设备使用率降低。 ● 员工培训或迁移成本。 ● 资产或经营的迁移成本。 ● 管理或营销成本。 ● 公司管理费用的分配。 ● 预计未来经营成本或预计经营损失，除非它们与有偿合同相关。

一般情况下，费用排除列表包括与企业未来经营有关的支出以及在报告期末与重组不相关的负债。因此，这种支出是在相同基础上确认的，就像它们独立于重组而产生的。[11]

如图表 13 - 14 所示，以 Rodea 集团的太阳能电池板分部为例，提供一个重组的例子。

图表 13 - 14

关闭分部
实情：2015 年 12 月 12 日，Rodea 集团的董事会决定关闭一个生产太阳能电池板的分部。2015 年 12 月 20 日，董事会通过了关闭分部的详细计划；提醒消费者寻求另外一种替代能源的信件已寄达，终止通知也寄给了分部员工。Rodea 集团预计可能会产生 50 万欧元的重组成本。 　问题：如果发生了与重组有关的成本，Rodea 集团应该报告重组义务吗？ 　答案：（1）Rodea 集团过去的合约事件是向客户和员工传达董事会决议，导致了 2015 年 12 月 31 日的一项重组义务，因为它创造了一个有效预期，即分部即将被关闭。（2）结算中资源的流出可能发生并且可以可靠估计。2015 年 12 月 31 日确认一项准备，金额为关闭分部的最佳估计数 50 万欧元。

自我保险

正如前面所讨论的，一般风险（例如，不好的预期经济条件导致的损失）不会使企业记录一项或有事项。类似地，企业不会由于某些更具体的风险（例如维修津贴）记录或有事项。原因是：这些项目确实不满足负债的定义，因为它们不是由过去的交易产生的，而是与未来事件相关。

一些企业采取保险政策以免受由火灾、洪水、风暴以及意外事故造成的潜在损失。另一些企业没有这样做。原因是：有些风险是不可保的，保险费率过高（例如地震和暴动），或者它们作出了自我保险的经营决策。自我保险是另一项不被确认为预计负债的项目。

不论它的名字是什么，自我保险不是保险而是风险假设。任何假设自己有风险的企业都将自己置于当风险发生时要承受灾难或者损失的境地。对于在假设收取保险费用的基础之上建立一项负债，没有什么理论对此进行支持。这是"如果"会计。在事件发生之前，通用会计准则阐述的权责发生制的条件没有得到满足。事件发生之前财产的价值没有减少。不同于有合同义务赔偿保险客户损失的保险公司，一个企业对其自身没有这种义务，因此，在损失发生前后都没有债务产生。①

但是，如果公司过去已经对他人造成损害，且未对此投保，那么这种风险就是一种损失发生的时间和金额都不确定的现时条件。在这种情况下，应计入预计负债。例如，一个拥有一支自行车队的企业，应按权责发生制对在资产负债表日之前产生的对他人或他人财产造成伤害且未投保的损失进行记录（如果企业的经验或其他信息使其可以对负债作出合理估计）。然而，即使损失的金额可以合理预计，企业也不应将预期未来会发生的对他人或他人财产造成的损失计为一项负债。

---

① *Forbes*（June 15，1974，p.42）上的一个评论简单表明了它在这个问题上的立场："生活中一个简单而且毋庸置疑的事实是：商业是周期性的而且充满了意想不到的惊奇。会计的作用是掩饰不好的事实并创造一个收益平稳上升的情境吗？或者，会计应当反映事实、瑕疵——洪水、征用以及所有带来强烈冲击的行为吗？"

□ 13.2.4　与准备相关的披露

与准备相关的披露是广泛的。一个企业必使各类准备从年初到年末的金额达到平衡，确认该期间准备金额变化的原因。另外，必须对准备进行描述而且要披露现金流出的预期时点。此外，与预计现金流出相关的不确定性以及预计退还款也应当披露。[12]图表 13-15 基于诺基亚的财务报告附注提供了一个准备的披露的例子。

图表 13-15　　　　　　　　　准备的披露

诺基亚

财务报表附注（部分）
27. 准备
（单位：百万欧元）

	保修	重组	知识产权侵权	材料负债	项目损失	税	其他	总计
2012 年 1 月 1 日	688	459	431	125	205	299	420	2 627
汇率差异	3	—	—	4	—	(11)	(7)	(11)
合并	—	—	—	—	—	—	—	—
额外准备	340	1 458	38	300	247	99	159	2 641
估计值变化	(28)	(112)	(63)	(85)	(65)	(45)	(73)	(471)
计入损益账户	312	1 346	(25)	215	182	54	86	2 170
一年中使用的	(596)	(1 152)	(18)	(102)	(238)	(15)	(46)	(2 167)
2012 年 12 月 31 日	407	653	388	242	149	327	453	2 619

	2012 年	2011 年
12 月 31 日准备总金额分析：		
非流动	971	1 175
流动	1 648	1 452

保修准备的现金流出通常预计在未来的 18 个月内发生。与税收准备相关的现金流出的时点具有固有的不确定性。

重组准备主要与设备和服务部门以及诺基亚西门子网络业务的重组活动相关。与重组相关的大部分现金流出预计发生在 2013 年。

2012 年 2 月，诺基亚发布了对其在匈牙利科马隆、墨西哥雷诺萨、芬兰萨洛的工厂进行改革的计划，以提高智能手机制造业的效率。2012 年 6 月，诺基亚宣布了一项额外的计划，将其劳动力与经营结合到一起。至 2013 年底，这项计划预计将在全球范围内减少 1 万个职位。作为这项计划的一部分，诺基亚打算显著调低某些研发支出，这将导致位于德国乌尔姆以及加拿大伯纳比的工厂关闭；降低工厂运营，包括关闭位于萨洛的工厂；某些市场的优先销售导致了其他市场上员工总数的下降；将诺基亚聚焦战略周围的支持功能联系起来导致了企业职能方面雇员数量的下降。因此，设备与服务部门一共确认了 5.5 亿欧元的重组费用。

知识产权准备基于过去的知识产权侵权预计在未来可能的解决方案。最后知识产权的赔偿通常发生在几个会计期间之后。

材料负债准备涉及与供应商的不可解除的购买义务。现金流出预计在未来的 12 个月内发生。

对项目损失计提的准备与诺基亚西门子网络业务的有偿合同相关。项目损失准备发生效用的时间通常预计为未来 12 个月内。

其他准备包括各种合同义务的准备、养老金准备以及其他作为股份奖励的社会保障成本。

13.3 或有事项

一般意义上，所有的准备都是或有的，因为它们的到期日和金额都是不确定的。然而，IFRS 将"或有"这个术语用于在财务报表中未确认的债务或资产。[13]

13.3.1 或有负债

或有负债不在财务报表中确认，因为它们是：（1）可能的义务（尚未确认为现时义务）；（2）一项很可能不会产生支付的现时义务；（3）一项不能作出可靠估计的现时义务。或有负债的例子有：

- 一场企业只可能败诉的诉讼。
- 与应收账款可回收性相关的担保。

图表 13 - 16 介绍了或有负债会计处理与报告的一般准则。

图表 13 - 16   **或有负债准则**

支出	可能性*	会计处理
完全确定	至少 90%	作为负债报告（准备）
很有可能（比不发生可能性大）	51%～89% 可能性	作为负债报告（准备）
可能但不是很有可能	5%～50%	要求披露
可能性小	低于 5%	不要求披露

*实际上，完全确定与可能性小的百分比可能不同于这里所列示的。

除非承担债务造成经济流出的可能性很小，否则企业应当在报告期末对或有负债进行披露，对或有负债的性质进行简要介绍，在可行的情况下披露下列项目：

1. 对财务影响的估计。
2. 对有关经济利益流出的时间及金额不确定性的说明。
3. 任何赔偿的可能性。

图表 13 - 17 介绍了 Barloworld 公司与或有负债相关的披露。

图表 13 - 17   **或有负债的披露**

Barloworld 有限公司		
（单位：百万兰特）	2012 年	2011 年
或有负债（部分）		
附有追索权、保证和承诺的账单、租赁和分期购款协议	1 440	1 316
资产负债表上未反映的回购承诺	131	161
相关资产以回购承诺为下限进行估值。 集团对澳大利亚服装厂的收购者有环境担保。担保期最长为 8 年，担保范围仅限于销售价格。Freewolrd 服装有限公司对于分拆协议前的 500 万澳大利亚元承诺负责。 各项处置业务形成了众多保证和担保事项，但并未对集团财务业绩造成重大影响。 联营企业中不存在重要的或有负债。现有及未决诉讼均不会对集团产生重要负面影响。		

□ 13. 3. 2　或有资产

或有资产是由过去事项产生的可能的资产，其存在性由未来不全受企业控制的不确定事件的发生与否来确认。[14]典型的或有资产有：

1. 可能收到的来自礼品、捐赠物、奖金的钱财。
2. 可能收到的政府在税务争议中的退款。
3. 未决诉讼案件可能产生的有利结果。

或有资产不在资产负债表中确认。如果或有资产的实现几乎是确定的，它将不再被视作或有资产而是被确认为一项资产。几乎确定通常理解为可能性至少是 90%。

图表 13 - 18 介绍了与或有资产相关的一般准则。

图表 13 - 18　　　　　　　　　　　　或有资产准则

支出	可能性*	会计处理
完全确定	至少 90%	作为资产报告（不再是或有事项）
很有可能（比不发生可能性大）	51%～89%可能性	披露
可能但不是很有可能	5%～50%	不要求披露
可能性小	低于 5%	不要求披露

＊实际上，完全确定与可能性小的百分比可能不同于这里所列示的。

当企业发生经济利益流入的可能性比不发生的可能性大（超过 50%），那么应对或有资产进行披露。然而，避免或有资产的披露对产生收入的可能性造成误导是很重要的。因此，允许确认或有资产的界限相比于其他资产更加严格也就不足为奇了。

或有资产被确认为一项资产的例子是什么？举例说明，假设 Marcus Realty 公司对马莎出租了一项财产。这个合同 5 年之内不可撤销。2015 年 12 月 1 日，合同结束前，马莎取消了合同，并被要求支付 245 000 英镑作为惩罚。当马莎取消合同时，Marcus Realty 公司应记录一项应收账款以及相关收入。披露中应包括资产的性质以及资产估计会对财务产生的影响。

13. 4　列报及分析

□ 13. 4. 1　流动负债的列报

在实际中，流动负债通常以到期值进行记录，并在财务报表中报告。由于涉及的时间较短，通常不超过一年，因此流动负债的现值与到期值之间的差异通常不大。专业人士接受由于采用流动负债到期值造成的对于负债金额的略微高估。

流动负债通常作为资产负债表上负债和股东权益部分的第一级分类列示。在流动负债部分，企业可能会以到期的顺序、金额递减的顺序以及优先清偿的顺序列示账户。图表 13 - 19 摘录了一部分丰益国际集团（新加坡）的财务报表，该企业的报表是大型企业报表的代表。

图表 13 - 19　　　　　　　　流动资产和流动负债

丰益国际集团 12 月 31 日（单位：千美元）		
	2012 年	2011 年
流动资产		
存货	$7 137 227	$7 265 300
贸易应收款	3 953 104	3 502 925
其他金融应收款	2 162 266	3 156 123
其他非金融资产	1 432 703	1 368 955
衍生金融工具	254 126	239 354
可供出售金融资产	317 887	333 715
其他银行账户	6 981 163	6 521 570
现金及银行存款	1 581 003	1 376 783
	$23 819 479	$23 764 725
流动负债		
贸易应付款	$1 579 750	$1 710 004
其他金融应付款	1 204 336	1 147 089
其他非金融负债	494 796	469 834
衍生金融工具	271 924	263 402
贷款和借款	17 740 250	18 409 070
应付税金	122 227	146 086
	$21 413 283	$22 145 485

关于流动负债的详细信息以及补充信息应该满足充分披露的要求。企业应当明确确认有担保的负债，并指出作为抵押物的相关资产。如果一项负债的到期日可以延长，企业应当披露其中的细节。企业不应将流动负债与用于清偿流动负债的资产相抵销。最后，一年内到期的非流动负债被划分为流动负债。

□ 13.4.2 流动负债的分析

流动负债和非流动负债之间的差别是很重要的。它提供了有关企业流动性的信息。流动性是指债务在清偿之前经历的时间。换句话说，能够快速清偿的债务是流动负债。流动性强的企业更能抵御金融危机，并且，这种企业可以更好地利用投资机会进行发展。

分析师使用某些基本比率来评价流动性，例如经营活动净现金流量与流动负债的比率、存货以及应收账款周转率。另外两个用于评价流动性的比率是流动比率和速动比率。

流动比率

流动比率是流动资产总额与流动负债总额的比。图表 13 - 20 列示了这个公式。

图表 13 - 20　　　　　　　　流动比率公式

$$流动比率 = \frac{流动资产}{流动负债}$$

这个比率通常表达倍数。有时它也称为营运资本比率，因为营运资本是流动资产与流动负债的差额。

一个令人满意的流动比率并不披露流动资产中和滞销存货绑定的那一部分。关于存货，特别是原材料和生产过程中的存货，存在一个问题，即从存货到产成品的转变需要多长时间以及最终在商品销售的过程中会实现什么。流动资产中存货以及预付账款的减少，对于短期债权人来说可能是个好消息。因此，一些分析师使用速动比率来替代流动比率。

速动比率

很多分析师更喜欢速动比率，它将流动负债总额与现金、有价证券以及应收账款联系起来。这个比率的公式如图表 13 - 21 所示。正如你所看到的，速动比率不包括存货。

图表 13 - 21　　　　　　　　　　　　　速动比率公式

$$速动比率 = \frac{现金 + 短期投资 + 应收账款净额}{流动负债}$$

为了说明这两个比率的计算，我们使用了丰益国际集团的信息，如图表 13 - 19 所示。图表 13 - 22 介绍了丰益国际集团流动比率和速动比率的计算。

图表 13 - 22　　　　　　　丰益国际集团流动比率以及速动比率的计算

$$流动比率 = \frac{流动资产}{流动负债} = \frac{\$23\ 819\ 479}{\$21\ 413\ 283} = 1.11 \ 倍$$

$$速动比率 = \frac{现金 + 短期投资 + 应收账款净额}{流动负债} = \frac{\$16\ 682\ 252}{\$21\ 413\ 283} = 0.78 \ 倍$$

理论争鸣　　　　　　　**温室气体：让我们成为准则制定者**

这里给你一个机会来决定一个基本问题——如何计量温室气体（GHG），通常指碳排放。许多国家的政府在尝试一个以市场为基础的体系，在这个体系里，企业要为进入大气层的超标碳排放支付一定金额。在这个以市场为基础的体系里，企业被授予碳排放许可证。例如，每个许可证允许企业排放 1 吨二氧化碳。在某些情况下，企业可以获得一定数量的免费许可证，在另一些情况下，企业必须对许可证进行支付。还有其他方法要求企业只有当超过一定排放量的时候才进行支付。

问题是，如何计量这些许可证以及相关负债？例如，当政府免费授予许可证会如何？应该报告一项资产或收益吗？如果记录了一项资产，应借记存货还是无形资产？另外，企业应该确认与污染相关的负债吗？企业该如何计量因超过允许的碳排放额度而产生的许可证购置费用？有两种观点。第一种被称为净负债法。在这一方法中，企业不确认资产或者负债。企业只在碳排放超过允许额度时确认负债。

举例说明，Holton Refinery 公司在 2015 年 1 月 1 日获得许可证，代表其有权在 2015 年排放 1 万吨温室气体。其他数据有：

● 每个许可证在发行当日的市场价格为每吨 10 欧元。
● Holton Refinery 公司在 2015 年排放了 1.2 万吨温室气体。

● 2015 年 12 月 31 日，许可证的市场价值为每吨 16 欧元。

在净债务法下，Holton Refinery 公司仅记录了 3.2 万欧元的负债，因为它必须为超额的 2 000 吨温室气体排放许可支付每吨 16 美元的金额。

另一种方法为政府授予法。在这一方法中，政府授予的许可证以最初每吨 10 欧元的公允价值记录。记录的资产是一项无形资产。同时，贷记预收账款账户，随后确认为 2015 年的收入。2015 年，确认的负债以及排放支出为 13.2 万欧元（10 000×10＋2 000×16）。下面的图表对两种方法在财务报表中的结果进行了比较。

净负债法		政府授予法
	利润表	
收入	€ 0	€ 100 000
排放支出	32 000	132 000
净损失	€ 32 000	€ 32 000
	资产负债表	
资产	€ 0	€ 100 000
负债	32 000	132 000

你怎么看净负债法和政府授予法？企业目前可以使用这两种方法的任意一种报告这些信息，以及其他一些这里没有提及的信息。请随时联系 IASB 并告知你的看法。

本章小结

1. 描述流动负债的性质、类型及计价。流动负债通常在满足以下两个条件时被记录：（1）该负债预计会在正常的经营周期内结算；（2）该负债预计会在报告期后的 12 个月内结算。这个定义已经被广泛认可，因为它承认不同行业营业周期的时间长度不同。理论上，负债应以未来清偿时所需现金的现值进行计算。实际上，企业通常以到期值对流动负债进行记录和报告。

有几种类型的流动负债，例如：（1）应付账款；（2）应付票据；（3）一年内到期的非流动负债；（4）应付股利；（5）顾客预付款及保证金；（6）预收账款；（7）应付税金；（8）与员工有关的负债。

2. 解释短期债务预期再融资的分类问题。企业在同时满足下列两个条件的情况下应该把短期负债排除在流动负债之外：（1）企业必须意图在长期基础上对负债进行再融资；（2）企业必须在财务报告日后至少 12 个月内拥有无条件将负债递延的权利。

3. 确定与员工相关的负债的类型。与员工相关的负债有：（1）工资扣款；（2）带薪缺勤；（3）奖金。

4. 确定对不同类型准备的会计处理要求。准备是一项关于不确定的时间或金额的义务（有时被称为预计负债）。准备是很常见的，将其报告为流动负债还是非流动负债取决于它的预期偿付日期。准备常见的类型有：（1）诉讼；（2）保修义务；（3）应付奖励；（4）环境负债；（5）有偿合同；（6）重组。只有满足下列条件时，企业才会将一项费用及相关负债计为准备：（1）企业有一项由过去事项产生的现时义务（法定或推定）；（2）当履行该项义务时，很有可能会使经济利益流出企业；（3）该义务的金额可以可靠估计。这三个条件中的任何一个条件不满足，都不能确认一项准备。

5. 确认或有负债和或有资产计量以及披露的标准。或有负债不在财务报表中确认，因为它们是可能的义务（尚未确认为现时义务），或是一项很可能不会产生支付的现时义务，或是一项不能作出可靠估计的现时义务。

或有资产不在资产负债表中确认。如果或有资产的实现几乎是确定的，它将不再被视作或有资产而是被确认为一项资产。几乎确定通常理解为可能性至少是 90%。

6. 了解如何介绍和分析与负债相关的信息。流动负债通常在资产负债表上以完全的到期日价值列报。流动负债通常在资产负债表中的非流动资产之后列报。在流动负债部分，企业可能以到期的顺序、金额递减的顺序以及优先清偿的顺序列示账户。分析流动性的两个比率是流动比率和速动比率。

简单练习

BE13-2 Upland 公司于 2014 年 11 月 1 日借入 40 000 美元，签发了一张面值为 40 000 美元，3 个月到期，利率为 9% 的票据。请编制 Upland 公司 2014 年 10 月 1 日的会计分录、2014 年 12 月 31 日的调整分录以及 2015 年 2 月 1 日的会计分录。

BE13-3 Takemoto 公司 2014 年 11 月 1 日借入 60 000 000 日元，签发了一张面值为 61 350 000 日元，3 个月到期的零息票据。请编制 Takemoto 公司 2014 年 11 月 1 日的会计分录、2014 年 12 月 31 日的调整分录以及 2015 年 2 月 1 日的会计分录。

综合练习

E13-8（销售税以及增值税的调整分录）Danielle 精品店的现金销售额为 265 000 巴西雷亚尔，信贷销售额为 153 700 巴西雷亚尔，销售额均包含了 6% 的销售税，必须在 7 月 15 日之前向政府缴纳。

要求：

（a）编制相关的调整分录以公允反映 6 月 30 日的财务报表。

（b）如果 6% 的税费是增值税而不是销售税，调整分录有何变化？

权威文献

［1］Conceptual Framework for Financial Reporting, "Chapter 4: *The Framework* (1989)：The Remaining Text" (London, U. K.：IASB, 2010), paras. 4. 15-4. 19.

［2］International Accounting Standard 1, *Presentation of Financial Statements* (London, U. K.：IASB, 2007), par. BC48.

［3］International Accounting Standard 1, *Presentation of Financial Statements* (London, U. K.：IASB, 2007), par. BC44.

［4］International Accounting Standard 19, *Employee Benefits* (London, U. K.：IASB, 2001).

［5］International Accounting Standard 37, *Provisions, Contingent Liabilities and Contingent Assets* (London, U. K.：IASB, 2001).

［6］International Accounting Standard 37,

Provisions, *Contingent Liabilities and Contingent Assets* (London，U. K. ：IASB，2001)，par. 14.

［7］ International Accounting Standard 37, *Provisions*, *Contingent Liabilities and Contingent Assets* (London，U. K. ：IASB，2001)，par. 36.

［8］ International Accounting Standard 37, *Provisions*, *Contingent Liabilities and Contingent Assets* (London，U. K. ：IASB，2001)，paras. 63 - 65.

［9］ International Accounting Standard 37, *Provisions*, *Contingent Liabilities and Contingent Assets* (London，U. K. ：IASB，2001)，par. 68.

［10］ International Accounting Standard 37, *Provisions*, *Contingent Liabilities and Contingent Assets* (London，U. K. ：IASB，2001)，par. 82.

［11］ International Accounting Standard 37, *Provisions*, *Contingent Liabilities and Contingent Assets* (London，U. K. ：IASB，2001)，paras. 80 - 82.

［12］ International Accounting Standard 37, *Provisions*, *Contingent Liabilities and Contingent Assets* (London，U. K. ：IASB，2001)，paras. 84 - 92.

［13］ International Accounting Standard 37, *Provisions*, *Contingent Liabilities and Contingent Assets* (London，U. K. ：IASB，2001)，paras. 27 - 35.

［14］ International Accounting Standard 37, *Provisions*, *Contingent Liabilities and Contingent Assets* (London，U. K. ：IASB，2001)，par. 10.

第 14 章

非流动负债

学习目标

学完本章后，你应该能够：

1. 描述发行长期负债的正式程序。
2. 辨析不同种类的债券。
3. 描述如何对债券发行进行会计处理。
4. 运用不同方法对债券折价和债券溢价摊销进行会计处理。
5. 描述如何对长期应付票据进行会计处理。
6. 描述如何对非流动负债的清偿进行会计处理。
7. 描述如何使用公允价值对长期负债进行会计处理。
8. 解释资产负债表表外融资行为的会计披露。
9. 指出如何对非流动负债进行列报和分析。

长远选择

时间一分一秒地过去。似乎每时每刻世界上都有人负担起更多的债务。对于去过纽约时代广场的人来说，显示一个国家债务水平的国债钟并不陌生，这个时钟揭示了美国所面临的公共财政短缺现状。而下图中的全球国债钟（来源于 www. nationaldebt-clocks. org 网站截至 2014 年 1 月的数据）将全球几乎所有政府的债务以美元的形式呈现了出来。

全球实时公共债务

$ 52 521 833 443 124 156

这有关系吗？毕竟全球政府欠的是自己公民的钱，而不是火星人的钱。但是，有两个原因让我们不能忽视不断增加的债务总额。第一，当政府债务的增加速度超过经济总量（经济产出总量）的增加速度时（就像最近几年一直发生的那样），这种现象预示着未来政府将更多地介入经济运行并征收更高额的税负。第二，债务需要定期进行展期。债务展期相当于对政府支持度的定期测试，就像电视真人秀的参赛者每周面对一次公众电话投票的考验一样。一旦像诸多欧元区国家一样无法通过这个考验，一个国家（及其邻国）可能会陷入危机。

不仅仅是政府的债务不断增加，企业也在以创纪录的频密节奏发行公司债券。为什么会出现这种趋势呢？重要的原因是较低的利率和持续繁荣的固定收益基金，这导致企业的债券发行量在银行纷纷收紧贷款时创下新高。此外，对于信用评级比较高的公司来说，银行贷款可能比发行债券的风险更大。原因在于，信用评级较高的公司倾向于通过发行未提贷款支持下的短期商业票据来筹措营运资本，一旦这些市场冻结，公司将会陷入困境。因此，许多公司现在转而通过长期负债来进行融资。事实上，非财务公司正在以前所未有的频率发行 30 年期的债券，它们期望通过这种方式来增加长期借款，锁定较低的利率，对投资者的需求进行有效利用。下图向我们展示了随着利率下降，债券发行量出现了显著上升。

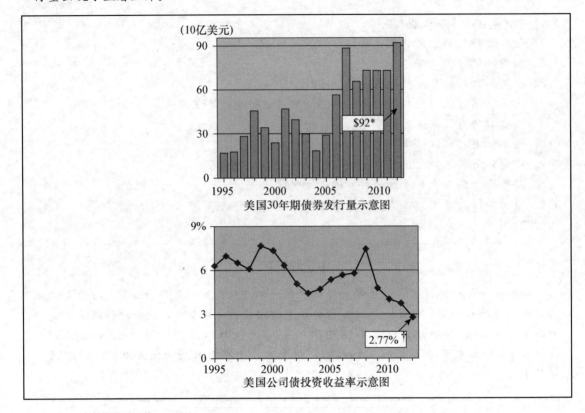

美国30年期债券发行量示意图

美国公司债投资收益率示意图

* 本年度截至目前。

† 数据截至 10 月 5 日。其他收益率数据在每一年的最后一天记录。

资料来源：Dealogic (bond issuance)；Barclays (yields)；and *Wall Street Journal*.

像菲利普莫里斯、中国石化以及苹果公司等大公司最近都售出了 30 年期的债券。债券发行量的增加隐含着人们对未来经济的信心，因为投资者愿意持有周期如此之长的投资。与此同时，很多公司对发行这样的债券也表现出强烈的意愿，因为这可以让公司以相对低的利率获得大量的资金。希望这样的交易可以帮助投资者和公司实现长期的双赢。

资料来源：A. Sakoui and N. Bullock, "Companies Choose Bonds for Cheap Funds," *Financial Times* (October 12, 2009)；*http://www.economist.com/content/global_debt_clock*；V. Monga, "Companies Feast on Cheap Money Market for 30-Year Bonds, Priced at Stark Lows, Brings Out GE, UPS and Other Once-Shy Issuers," *Wall Street Journal* (October 8, 2012)；and Josh Noble, "Sinopec Raises €550m euros from Euro Bond Sales," *Financial Times* (October 10, 2013).

本章概览

正如本章开篇所提到的，公司可能根据不同的市场环境和各种非流动负债的不同特点来选择不同形式的长期借款。在本章中，我们讲述与长期负债相关的会计问题。本章的内容和结构如下：

```
                          非流动负债
        ┌──────────────────┼──────────────────┐
     应付债券            长期应付票据        非流动负债的特殊事项
  ·应付债券的发行      ·按票面金额签发的票据    ·非流动负债的清偿
  ·应付债券的分类和评级  ·不按票面金额签发的票据  ·公允价值计量
  ·应付债券的计量      ·应付票据的特殊情况     ·表外融资
  ·实际利率法        ·抵押应付票据        ·非流动负债的列报和
                                      分析
```

14.1 应付债券

负债是预期会导致企业经济利益流出的现时义务。非流动负债有时又称长期负债，指的是偿还期限超过一年的负债，如果企业的经营周期长于一年，长期负债的偿还期限可以企业的经营周期为准。在现实中长期负债的主要种类有：应付债券、长期应付票据、抵押应付票据、养老金计划负债、应付融资租赁款等。

根据法律的规定，公司在发行债券之前一般需要得到董事会和股东的许可。同样，企业其他长期负债的发行也要得到相应的许可。

通常来说，长期负债有许多协议和限制来同时保障债权人和债务人的权益。负债的合同或者协议通常会写明发行金额、票面利率、到期日、赎回条款、抵押财产、偿债基金条款、运营资本和股利政策规定，以及对于未来继续发行负债的限制。如果上述信息对于理解企业财务状况和经营成果非常重要，企业还应该在财务报表或财务报表附注中披露。

虽然表面上看这些协议已经为长期负债的持有者提供了足够的保障，但如果企业在资本结构中注入了更多负债，许多债券持有者将蒙受巨大损失。想想杠杆收购对于债券持有者的影响。杠杆收购通常都是由管理层主导的，在 RJR Nabisco 的杠杆收购案中，债权人手上于 2016 年到期、固定利率为 9.375% 的债券在管理层宣布进行杠杆收购时价值大幅缩水 20%。价值缩水的原因是资本结构中增加的负债会大大提高债务违约的可能性。因此，虽然债务协议对债权人进行了保护，他们仍然会在企业债务水平过高时蒙受巨大损失。

14.1.1 应付债券的发行

债券产生于称为债券契约的合同。一份债券代表着发行者作出的如下承诺：（1）在指定的债券到期日按债券面值支付款项；（2）定期按照固定的票面利率支付利息。每份债券都有纸质证明作为凭证，通常的面值为 1 000 欧元。企业一般每半年支付一次利息，虽然票面利率通常是以年利率的数额予以规定。发行债券的主要目的是使企业能够在所需资本超出单一借款者承受范围时获得足够的长期借款。通过发行面值分别为 100 欧元、1 000 欧元、10 000 欧元的债券，企业可以将巨额的长期融资需求分割成很多小的投资单元，这样就能让更多的债权人为企业提供贷款。

企业可以将债券交由作为承销商的投资银行来发行。在这样的情况下，投资银行可以先用特定的价格将债券以自己的名义买下，然后面向市场销售，从而承担债券发行过程中的价格风险（包销方式）；也可以直接按照企业的条件代理企业推销债券，自己收取佣金（代销方式）。此外，企业还可以把债券交给大型的财务机构，在没有承销商的情况下直接发行。

□ 14.1.2　应付债券的分类和评级

接下来，我们列举了几种在实务中较为常见的债券。

债券的种类

担保债券和无担保债券。 担保债券有某种抵押物来为债券提供保证。抵押债券由不动产提供担保，担保信托债券由股票和其他公司的债券提供担保。没有抵押物提供保证的债券是无担保债券。信用债券是无担保的。垃圾债券是无担保的且有很高的风险，因此利率较高。企业通常用这些债券来进行杠杆收购。

一次还本债券、分期还本债券和可赎回债券。 只有一个到期日的债券叫一次还本债券；有不同到期日的债券叫分期还本债券。学校、社区医院、市政府等通过定期征税来获得资金的主体经常发行分期还本债券。可赎回债券是发行人可以在到期日之前赎回的债券。

可转换债券、商品依托债券和大折扣债券。 在发行后一定时间内可以转换为企业普通股股票的债券叫可转换债券。

在高利率市场下，有两种债券可以用来吸引投资者的目光：商品依托债券和大折扣债券。商品依托债券（也叫商品联动债券）指的是可以用商品进行赎回的债券。这些商品包括原油、煤炭以及贵金属等。例如，阳光采矿公司是美国一家从事白银开采的公司，发行了两次债券。这些债券在到期日会以 1 000 美元现钞和 50 盎司白银中价高者赎回。债券的票面利率是 8.5%。这种债券给会计处理带来了困难，因为它的到期价值很难确定，尤其是债券发行后，白银的价格在 4～40 美元之间大幅波动。

大折扣债券也称零利率债券，是以低于面值的价格售出的，中间的差价使债权人在到期日一次性获得全部利息回报。

记名债券和不记名债券。 登记有债券持有人名字的债券是记名债券。在销售记名债券时需要对旧债券进行转让并发行一份新的债券。不记名债券则不登记债券持有人的名字，只需要把债券交给新的债权人就可以实现转让。

收益债券和收入债券。 收益债券只有在发行公司盈利时才支付利息。收入债券的利息通常是用特定的收入来源进行支付的，收入债券也因此而得名，机场、学校、郡县、公路收费处以及政府部门经常发行收入债券。

❀❀❀ 数字背后的故事　　关于负债的一切

投资者如何对自己持有的债券进行监督呢？一种方法是在报纸和网络上看债券报价。公司债券报价会列示债券的利率、到期日和价格。由于公司债券的持有者主要是大型机构投资者，报价还会列示债券的现时收益率。下表就是一份公司债券报价的例子：

发行者	票面利率（%）	到期日	单价（欧元）	收益率（%）	评级
沃达丰集团	5.00	2018/06/04	106.66	4.05	AA
意大利电信集团	5.25	2022/10/02	100.00	5.25	BB+

　　报价的第一栏列示债券的发行公司，在这里是沃达丰集团和意大利电信集团。在发行公司后面紧接着列示的是债券的票面利率以及到期日。比如，沃达丰集团发行的债券票面利率为 5%，2018 年 6 月 4 日到期。意大利电信集团发行的债券票面利率为 5.25%，比沃达丰集团要高。沃达丰集团每 1 000 欧元债券的价格为 106.66 欧元，现时收益率为 4.05%。与之相比，100 欧元意大利电信集团债券的现时收益率达到 5.25%。拥有 AA 评级的沃达丰集团债券的信誉比意大利电信集团债券更好，这也解释了为什么沃达丰集团的债券价格更高，收益率更低。

　　债券的利率和到期日对债券的价格也有实实在在的影响。比如，债券利率的上升会导致债券价格的下降。反之，债券利率的下降会导致债券价格的上升。下表为我们展示了基于三种不同债券，债券利率和债券价格之间的关系。

利率变动下债券价格的变动情况	利率每增加 1%	利率每减少 1%
短期债券（2~5 年）	−2.5%	+2.5%
中期债券（5 年）	−5%	+5%
长期债券（10 年）	−10%	+10%

资料来源：The Vanguard Group.

　　此外，债券的赎回特征也会影响债券的价格。可赎回的债券价格更低，因为投资者承担了债券在利率下降的环境下被赎回的风险，在此情况下，投资者再投资的利率收益也随之降低。

□ 14.1.3　应付债券的计量

　　债券的公开发行与销售非一日之功。这个过程通常需要几周甚至几个月的时间。首先，债券的发行公司需要找到帮助发售债券的承销商。然后，发行公司必须得到监管机构的核准，实施审计，并发布债券募集说明书（说明书主要介绍发行债券的特征和相关的财务信息）。最后，公司必须大致准备好债券的纸质凭证。正是因为程序较多，发行公司往往在正式开始销售债券前很早就确定了债券的条款。从确定债券条款到正式开售债券的这段时间里，发行公司所处的市场环境和财务状况可能已经发生了很大的变化。这些改变会影响债券的流动性，进而影响债券的价格。

　　影响债券价格的因素包括供求关系、相对风险、市场环境和整体经济形势。投资者通常用预期未来现金流的现值来对债券进行估值。债券的未来现金流主要包括两个部分：（1）利息；（2）本金。用于计算现值的折现率是能够提供与发行公司风险水平相匹配的回报的利率。

在债券的条款中予以规定（通常也出现在纸质凭证上）的利率称为设定利率、票面利率或者名义利率。这个利率是由债券发行方设定的。设定利率通常以债券票面价值（或称债券面值、本金、到期价值等）的百分比形式列示。

按照票面价值发行的债券

如果投资者使用的折现率和票面利率相同，则债券是按照其票面价值发行的。这样一来，计算出的现值（也是现时的购买价格）会等于债券的票面价值。下面用一个例子来演示如何计算债券的现值。假设 Santos 公司 2015 年 1 月 1 日发行了 100 000 巴西雷亚尔（R$）的债券，5 年到期，每年年初以 9% 的利率支付利息。在债券发行时，这种债券的市场利率是 9%。图表 14 - 1 中的时间轴为我们展示了利息和本金现金流的状况。

图表 14 - 1　　　　　　　　按照票面价值发行债券的现金流时间轴

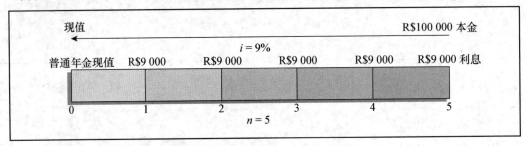

实际的本金和利息现金流在 5 年的时间里用 9% 的利率进行折现，如图表 14 - 2 所示。

图表 14 - 2　　　　　　　　按照票面价值发行债券的现值计算

本金现值	
R$100 000×0.649 93（表 6 - 2）	R$64 993
支付利息现值	
R$9 000×3.889 65（表 6 - 4）	35 007
债券的现值（售价）	R$100 000

因此，投资者在债券发行时支付 100 000 雷亚尔（债券票面价值）来购买这份债券，就能够在持有债券的 5 年时间里获得 9% 的实际利率收益。Santos 公司在发行债券时会做如下会计处理：

2015 年 1 月 1 日

借：现金　　　　　　　　　　　　　　　　　　　　　　　　　　100 000

　　贷：应付债券　　　　　　　　　　　　　　　　　　　　　　　　100 000

2015 年 12 月 31 日，Santos 公司对 9 000 雷亚尔（100 000×0.09）的应付利息做如下会计处理：

借：利息费用　　　　　　　　　　　　　　　　　　　　　　　　　9 000

　　贷：应付利息　　　　　　　　　　　　　　　　　　　　　　　　　9 000

该公司对第一次付息做如下会计处理：

借：应付利息　　　　　　　　　　　　　　　　　　　　　　9 000
　　贷：现金　　　　　　　　　　　　　　　　　　　　　　　　9 000

折价或溢价发行的债券

如果投资者使用的折现率和票面利率不同，计算出的现值（也是现时购买价格）会与债券的票面价值产生差异。该差异将决定投资者为购买债券所付出的实际价格。实际价格与票面价值的差价可能是折价也可能是溢价。[1]

如果债券以低于票面价值的价格出售，是折价销售。

如果债券以高于票面价值的价格出售，是溢价销售。

债券持有者因持有债券获得的利率称为实际利率或市场利率。如果债券是折价销售的，实际利率就会高于票面利率。相反，如果债券是溢价销售的，实际利率就会低于票面利率。债券发行时的价格受到很多因素的影响，其中最重要的就是市场利率。市场利率与债券价格存在反向相关性。

这里我们再举一个例子。假设现在 Santos 公司发行了 100 000 雷亚尔的债券，5年到期，每年年末以 9％的利率支付利息。在债券发行时，这种债券的市场利率是11％。图表 14-3 中的时间轴为我们展示了利息和本金现金流的状况。

图表 14-3　　　　　　　　　折价发行债券的现金流时间轴

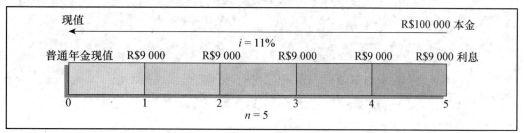

实际的本金和利息现金流在 5 年的时间里用 11％的利率进行折现，如图表 14-4 所示。

图表 14-4　　　　　　　　　折价发行债券的现值计算

本金现值	
＄100 000×0.593 45（表 6-2）	R＄59 345.00
支付利息现值	
＄9 000×3.695 90（表 6-4）	33 263.10
债券的现值（售价）	R＄92 608.10

因此，投资者在债券发行时支付 92 608.10 雷亚尔来购买这份债券，就能够在持有债券的 5 年时间里获得 11％的实际利率收益。这些债券将以低于票面价值 7 391.9雷亚尔（100 000－92 608.1）的价格出售。债券出售的价格也通常以票面价值的百分比形式表示。比如，Santos 公司的债券以票面价值的 92.6％出售。如果 Santos 公司以 102 000 雷亚尔售出债券，那么债券价格就是票面价值的 102％。

---

[1]　通常票面利率都会精确到小数点后面的数字（如 10.875％）。公司在发行债券时往往会使设定利率尽可能接近当时的市场利率或实际利率。

当债券以低于票面价值的价格出售时，意味着投资者要求债券的实际利率高于其票面利率。这通常是因为投资者可以在其他同等风险的投资上获得更高的收益率。而投资者又不能改变票面利率，所以他们拒绝按债券的票面价值来购买。虽然投资者仍然按照票面利率和票面价值来获得利息收入，但是他们实际上获得了高于票面利率的实际利率收益，因为他们以低于票面价值的价格购入了债券。（在本章后面的图表 14 - 8 和图表 14 - 9 中，我们还展示了债券溢价销售的情况。）

数字背后的故事　　来份 100 年期的债券如何？

有些公司会发行期限超过人一辈子的债券。比如，法国电力公司 2014 年初在欧洲发行了 100 年期的债券。这家世界上最大核电开发商一次性发行的债券面值为 13.5 亿英镑，收益率为 6.125%。总部设在巴黎的核电巨头成为继法国燃气苏伊士集团之后第二家发行世纪债券的欧洲公司。

为什么公司会发行 100 年期的债券呢？诸如社会保险基金和保险公司等投资者拥有期限较长的负债，需要期限同样较长的资产来减少资产与负债不匹配的情况。投资具有利率风险的 100 年期债券，这些投资者的长期负债能对这些期限长达一个世纪的资产起到抵消作用。因此，这部分投资者对此类债券有着强烈的需求。

其他一些大型跨国公司，如美国的迪士尼公司以及可口可乐公司，也曾发行 100 年期的债券。许多情况下，债券发行者可以选择在远早于规定到期日时部分或全部偿还负债。比如迪士尼公司在 1993 年发行的 100 年期债券，在 2093 年到期，但是迪士尼公司可以在债券发行 30 年后（即 2023 年）开始清偿债券。

让你感到更惊讶的是，这世上还存在 1 000 年期的债券。比如，加拿大太平洋公司曾经发行这样的债券。更有甚者，一些公司发行的债券干脆没有到期日，也就是说债券发行者会永远支付利息。这类融资工具通常称为永续年金。

□ 14.1.4　实际利率法

就像我们之前讨论的，由于在债券发行时投资者支付了高于或低于票面价值的金额，他们所获得的实际利率将不同于票面利率。债券发行者不仅要在债券的存续期按照票面利率支付利息，还要在债券到期时偿还本金。如果债券折价发行，那么到期日偿还的金额将高于票面价值。反之，如果债券溢价发行，那么到期日偿还的金额将低于票面价值。

债券的发行者用一种称为摊销的方法将上述成本的调整在债券存续期内计入债券的利息费用。对于债券折价的摊销会增加利息费用，对于债券溢价的摊销则会减少利息费用。

对债券折价或溢价的摊销，准则要求的方法是实际利率法（也叫以现值为基础的摊销）。在实际摊销法下，企业的操作步骤如下[1]：

1. 首先计算债券的利息费用，用期初债券的账面价值乘以债券发行时的实际利率。①

---

① 债券的账面价值是债券的面值减去未摊销折价或加上未摊销溢价计算得到的。

2. 再将利息费用与当期应支付的票面利息进行比较，确定当期折价或溢价的摊销金额。

图表 14－5 向我们展示了摊销金额的计算过程。

图表 14－5　　　　　　　　债券溢折价摊销的计算

债券利息费用		支付的债券利息		摊销金额
期初债券的账面价值 × 实际利率	－	债券面值 × 票面利率	＝	摊销金额

在实际利率法下，企业每个期间产生的利息费用是债券账面价值的固定百分比。①

实际利率法下的折价摊销

我们还是用一个例子来说明实际利率法下如何对债券折价进行摊销。假设 Evermaster 公司在 2015 年 1 月 1 日发行了面值为 100 000 欧元的债券，年利率为 8%，到期日为 2020 年 1 月 1 日，利息在每年 1 月 1 日和 7 月 1 日支付。由于投资者要求的实际利率是 10%，因此他们只为债券的购买支付了 92 278 欧元，这就产生了 7 722 欧元的债券折价。Evermaster 公司计算折价的步骤如图表 14－6 所示。②

图表 14－6　　　　　　　　应付债券折价的计算

应付债券的到期价值	€ 100 000
5 年后到期、年利率 10%、半年付息一次的 100 000 欧元债券的现值（表 6－2）；$FV(PVF_{10.5\%})$；（€ 100 000×0.613 91）	€ 61 391
每半年按照 10% 付息 4 000 欧元、5 年累计付息的现值（表 6－4）；$R(PVF\text{-}OA_{10.5\%})$；（€ 4 000×7.721 73）	30 887
减：债券销售的收入	(92 278)
应付债券的折价	€ 7 722

对折价 5 年摊销额的计算过程如图表 14－7 所示。

图表 14－7　　　　　　　　债券折价摊销表

债券折价摊销表			
实际利率法——半年付息一次，期限 5 年，票面利率 8%，实际利率 10%			
日期	支付现金	利息费用	折价摊销额	债券账面价值
---	---	---	---	---
1/1/15				€ 92 278
7/1/15	€ 4 000[a]	€ 4 614[b]	€ 614[c]	92 892[d]
1/1/16	4 000	4 645	645	93 537
7/1/16	4 000	4 677	677	94 214
1/1/17	4 000	4 711	711	94 925

① 债券的发行成本主要包括印刷费用、法律与会计服务费、发行佣金、推广费用以及其他类似的费用。这些成本应该从应付债券的发行金额中减去，并通过实际利率的调整在债券的存续期间计入每期的费用。[2] 如，面值为 100 000 欧元的债券，发行成本为 1 000 欧元，则应付债券的初始计量金额（减去发行成本后）应为 99 000 欧元。故基于减少的账面价值所计算的实际利率将更高。

② 因为公司每半年付一次息，所以使用 5% 作为折现率（10%×6/12），付息期间是 10 年（5×2）

续

债券折价摊销表				
实际利率法——半年付息一次，期限 5 年，票面利率 8%，实际利率 10%				
日期	支付现金	利息费用	折价摊销额	债券账面价值
7/1/17	4 000	4 746	746	95 671
1/1/18	4 000	4 783	783	96 454
7/1/18	4 000	4 823	823	97 277
1/1/19	4 000	4 864	864	98 141
7/1/19	4 000	4 907	907	99 048
1/1/20	4 000	4 952	952	100 000
	€ 40 000	€ 47 722	€ 7 722	

a. € 4 000＝€ 100 000×0.08×6/12
b. € 4 614＝€ 92 278×0.10×6/12
c. € 614＝€ 4 614－€ 4 000
d. € 92 892＝€ 92 278＋€ 614

在 2015 年 1 月 1 日债券发行时，Evermaster 公司做了如下会计分录：

借：现金　　　　　　　　　　　　　　　　　　　　　　　92 278
　　贷：应付债券　　　　　　　　　　　　　　　　　　　　　　92 278

2015 年 7 月 1 日，公司第一次付息，会计处理如下：

借：利息费用　　　　　　　　　　　　　　　　　　　　　4 614
　　贷：应付利息　　　　　　　　　　　　　　　　　　　　　　　614
　　　　现金　　　　　　　　　　　　　　　　　　　　　　　4 000

Evermaster 公司在 2015 年 12 月 31 日计提利息费用并摊销债券折价，会计分录如下：

借：利息费用　　　　　　　　　　　　　　　　　　　　　4 645
　　贷：应付利息　　　　　　　　　　　　　　　　　　　　　4 000
　　　　应付债券　　　　　　　　　　　　　　　　　　　　　　645

实际利率法下的溢价摊销

现在我们仍假设 Evermaster 公司发行上述债券，现在投资者愿意接受 6% 的实际利率。他们愿意以 108 530 欧元的价格来购买 100 000 欧元的债券，从而产生了 8 530 欧元的溢价，溢价的计算过程如图表 14－8 所示。

图表 14－8　　　　　　　　　　应付债券溢价的计算

应付债券的到期价值	€ 100 000
5 年后到期、年利率 6%、半年付息一次的 100 000 欧元债券的现值（表 6－2）；$FV(PVF_{10,3\%})$；（€ 100 000×0.744 09）	€ 74 409
每半年按照 6% 付息 4 000 欧元、5 年累计付息的现值（表 6－4）；$R(PVF\text{-}OA_{10,3\%})$；（€ 4 000×8.530 20）	34 121
减：债券销售的收入	(108 530)
应付债券的溢价	€ 8 530

对溢价 5 年摊销额的计算过程如图表 14－9 所示。

图表 14-9 债券溢价摊销表

债券溢价摊销表 实际利率法——半年付息一次，期限 5 年，票面利率 8%，实际利率 6%			
日期	支付现金	利息费用	溢价摊销额	债券账面价值
1/1/15				€ 108 530
7/1/15	€ 4 000[a]	€ 3 256[b]	€ 744[c]	107 786[d]
1/1/16	4 000	3 234	766	107 020
7/1/16	4 000	3 211	789	106 231
1/1/17	4 000	3 187	813	105 418
7/1/17	4 000	3 162	838	104 580
1/1/18	4 000	3 137	863	103 717
7/1/18	4 000	3 112	888	102 829
1/1/19	4 000	3 085	915	101 914
7/1/19	4 000	3 057	943	100 971
1/1/20	4 000	3 029	971	100 000
	€ 40 000	€ 31 470	€ 8 530	

a. € 4 000＝€ 100 000×0.08×6/12
b. € 3 256＝€ 108 530×0.06×6/12
c. € 744＝€ 4 000－€ 3 256
d. € 107 786＝€ 108 530－€ 744

Evermaster 公司在 2015 年 1 月 1 日债券发行时做了如下会计分录：

借：现金	108 530
贷：应付债券	108 530

2015 年 7 月 1 日，公司支付了利息并对溢价进行摊销，会计处理如下：

借：利息费用	3 256
应付债券	744
贷：现金	4 000

Evermaster 公司需要在债券的存续期将应付债券折价或溢价的摊销计入利息费用，这样的调整保证了每期的利息费用等于债券的账面价值与固定的实际利率的乘积。①

应计利息

在前面的例子中，债券的付息日和财务报表日总是吻合的。比如，在 Evermaster 公司以溢价销售债券时，两次付息日正好是财务报表日。如果 Evermaster 公司希望以 2017 年 2 月底作为一个会计期间的终点，我们应该怎么办呢？在这种情况下，企业对利息和溢价按照月份的比例进行计算和摊销，从而得出属于本期的利息费用，计算过程如图表 14-10 所示。

---

① 债券的发行者可以在特定时间后以票面利率赎回债券。债券的赎回功能给予债券的发行公司降低债券类债务或利用更低利率融资的机会。不过，不管债券能否赎回，债券发行者都必须对折价或溢价在债券的整个存续期进行摊销，因为债券的赎回没有确定性。

图表 14 - 10 利息费用的计算

应计利息（€4 000×2/6）	€1 333.33
溢价摊销（€744×2/6）	（248.00）
利息费用（1—2 月）	€1 085.33

Evermaster 公司的会计处理如下：

借：利息费用 1 085.33
    应付债券 248.00
  贷：应付利息 1 333.33

如果公司在半年后编制财务报表，步骤也是一样的，摊销的金额和计算过程如图表 14 - 11 所示。

图表 14 - 11 溢价摊销的计算

溢价摊销（3—6 月）（€744×4/6）	€496.00
溢价摊销（7—8 月）（€766×2/6）	255.33
溢价摊销（3—8 月）	€751.33

在计息日之间发行的债券

企业通常每半年支付一次利息，在债券契约中会规定具体的日期。当企业在计息日之外的日期发行债券时，投资者需要支付债券中包含的从上个计息日到债券发行日之间的利息。

按照票面价值发行 假设 Evermaster 公司不是在 2015 年 1 月 1 日，而是在 2015 年 5 月 1 日，以面值（100 000 欧元）发行 5 年期、票面发行日期为 2015 年 1 月 1 日的债券。Evermaster 公司对债券的发行做如下会计处理：

2015 年 5 月 1 日

借：现金 100 000
  贷：应付债券 100 000
    （记录按照票面价值发行债券）

借：现金 2 667
  贷：利息费用（100 000×0.08×4/12） 2 667
    （记录应计利息；贷方也可以是应付利息科目）

Evermaster 公司是在计息日之间发行的债券，它对债券发行的会计处理包含面值和应计利息，也就是说，投资者支付的总金额中包含 4 个月的应计利息。

2015 年 7 月 1 日，投资者购买债券 2 个月后，Evermaster 公司支付 6 个月的利息，所做会计处理如下：

2015 年 7 月 1 日

借：利息费用（100 000×0.08×1/2） 4 000
  贷：现金 4 000
    （记录第一次利息支付）

利息费用科目现在有一个借方余额 1 333 欧元（4 000－2 667），与面值 100 000 欧元、年利率 8% 的债券 2 个月的利息费用相符。

		利息费用	
		5/1/15	2 667[a]
7/1/15	4 000[b]		
余额	1 333		

a. 收到应计利息。
b. 支付利息。

折价或者溢价发行的债券

上面的例子假定 2015 年 5 月 1 日发行债券的价格与面值相同。然而，如果债券是以折价或者溢价在计息日之间发行，Evermaster 公司不但要考虑发行日到第一个计息日应支付的现金利息，还要考虑发行日到第一个计息日按实际利率进行摊销的金额。

我们还是以 Evermaster 公司为例，假设其在 2015 年 5 月 1 日发行的票面利率为 8%的债券实际利率只有 6%。那么，债券会以溢价发行。在这里，发行价格为 108 039 欧元。[①] Evermaster 公司对债券的发行做了如下会计处理：

2015 年 5 月 1 日

借：现金		108 039
贷：应付债券		108 039
（记录现金流的现值）		
借：现金		2 667
贷：利息费用（100 000×0.08×4/12）		2 667
（记录应计利息；贷方也可以是应付利息科目）		

在这个例子中，Evermaster 公司发行债券共收到 110 706 欧元，其中 108 039 欧元为债券的价格，2 667 欧元为应计利息。按照实际利率法，Evermaster 公司要确定自实际发行日（2015 年 5 月 1 日），而不是票面发行日期（2015 年 1 月 1 日）以来的利息。

图表 14-12 向我们展示了运用实际利率 6%计算的利息。

图表 14-12　　　　　　发行日到付息日的利息计算

利息费用	
债券的账面价值	€ 108 039
实际利率（6%×2/12）	×1%
2 个月的利息费用	€ 1 080

债券 2 个月（5 月和 6 月）的利息费用为 1 080 欧元。

债券的溢价摊销也只计算 2 个月的。这个数字是由支付债券利息导致的现金净流出和以实际利率计算的利息费用 1 080 欧元相减而得到的。图表 14-13 向我们展示了这部分溢价摊销的计算过程。

---

① 计息日之间发行的债券，其价格的计算往往需要财务计算器，因为课本中所列示的货币时间价值表无法列示所有期间的折现率。为了方便学生完成作业，所有计息日之间发行的债券价格将作为条件在题目中给出。

图表 14－13　　　　　　　　　　发行日到付息日的摊销计算

2015 年 7 月 1 日支付的现金利息（€ 100 000×8％×6/12）	€ 4 000
减：2015 年 5 月 2 日收到的现金	2 667
支付债券利息导致的现金净流出	€ 1 333
按照实际利率计算的 2 个月利息	(1 080)
溢价摊销	€ 253

如上述计算过程所展现的，债券的利息费用和摊销都以债券实际发行日到债券第一个付息日之间的 2 个月为基础。Evermaster 公司因此在 2015 年 7 月 1 日做如下会计分录：

2015 年 7 月 1 日

借：利息费用		4 000
贷：现金		4 000

（记录第一次利息支付）

借：应付债券		253
贷：利息费用		253

（记录 2 个月的溢价摊销）

利息费用科目现在有一个借方余额 1 080 欧元（4 000－2 667－253），与面值 108 039欧元、实际利率 6％的债券 2 个月的利息费用相符。

利息费用

		5/1/15	2 667[a]
7/1/15	4 000[b]	7/1/15	253[c]
余额	1 080		

a. 收到应计利息。
b. 支付利息。
c. 2 个月的溢价摊销。

◈◈◈　数字背后的故事　　　负债的"蝴蝶效应"

　　传统意义上讲，投资股票的人和投资债券的人是"井水不犯河水"的。然而，在最近市场环境不稳定的情况下，债券市场的小波动会对股票市场产生巨大的影响（往往是负面影响）。最极端的情况下，这些波动能够在投资者察觉任何异样之前预示一个公司的覆灭。

　　2001 年安然公司的迅速衰亡告诉了我们一个真理：没有信用的公司不成其为公司。一位股票分析师曾经说过："在评估一个公司的信用评级之前，你是无法对一个公司的股价发表任何意见的。"确实，其他公司也受到了安然丑闻的影响，放贷者收紧银根，甚至压根不再放贷，利率急速攀升，而很多公司早已债台高筑，结果导致股价暴跌。

　　其他行业也无法避免因信用危机带来的股价下跌。例如，TheStreet.com 网站报道了一些公司的债务水平。能源企业 Copel CIA 获得了良好的后市预测，因为这家公司的债务处于可控水平。与之形成鲜明对比的是，对那些拥有高负债水平而付息能力欠佳的企业的评级就不是那么乐观了。其中就包括固特异轮胎橡胶公司，该公司的负债是所有者权益的 6 倍。

固特异是一个高负债公司迅速遭受重创的典型例子。之前，固特异还有着良好的信用评价，股利分配情况也很理想。然而，随着经营亏损越来越大，固特异的巨额负债成为公司的巨大负担，它的信用评级降到了"垃圾级"，公司分配的股利变少，股票价格下降了80%。直到最近，固特异才终于从债务泥潭中走了出来。这是信用危机引发的股价重创的又一个例子。因此，就算你只钟情于股票市场，也应该留心负债情况。

资料来源：Adapted from Steven Vames, "Credit Quality, Stock Investing Seem to Go Hand in Hand," *Wall Street Journal* (April 1, 2002), p. R4; Herb Greenberg, "The Hidden Dangers of Debt," *Fortune* (July 21, 2003), p. 153; and Christine Richard, "Holders of Corporate Bonds Seek Protection from Risk," *Wall Street Journal* (December17－18, 2005), p. B4.

14.2 长期应付票据

长期应付票据和短期应付票据的区别在于偿还期限不同。我们在第 13 章中已经提到，短期应付票据是偿还期限在 1 年或者超过 1 年的一个经营周期内的票据。长期应付票据本质上和债券非常相似，两者都有确定的到期日，也都有票面或者内含的利息。然而，票据并不能像债券那样便捷地在公开的资本市场上进行交易。非法人组织和小型公司将票据作为长期融资手段。大公司既发行债券，也签发长期票据。

票据的会计处理方法也与债券极其相似。与债券一样，票据也是通过未来利息和本金现金流的现值来进行估值的，企业在票据的存续期内对折价和溢价进行摊销。企业要计算付息票据的现值，对票据的签发、折价或溢价的摊销、应计的利息进行与债券类似的会计处理（债券的会计处理在本章的前面部分已经重点阐述）。

你可能已经预料到，长期应付票据的会计处理与第 7 章提到的长期应收票据的会计处理是相对应的。

14.2.1 按票面金额签发的票据

在第 7 章我们提到了对一张由 Scandinavian 采购公司（进出口公司）开给 Bigelow 公司的 3 年期票据的会计处理，票据的面值为 10 000 欧元。在这笔交易中，票面利率和实际利率均为 10%。我们在第 7 章（见图表 7－12）中为 Bigelow 公司画出了这张应收票据的时间轴并计算了现值，这些数字对应的就是 Scandinavian 公司确认的应付票据的金额。因为这张票据的现值和面值是相等的，都是 10 000 欧元，Scandinavian 公司不确认溢价和折价，并对票据的签发做如下会计处理：

借：现金	10 000
贷：应付票据	10 000

对于每年支付的利息，公司的处理如下：

借：利息费用（€ 10 000×0.1）	1 000
贷：现金	1 000

□ 14.2.2 不按票面金额签发的票据

零利率票据

如果企业签发零利率票据（无息票据）获得的资金全部是现金，收到的现金数额就是票据的现值。对企业未来支付的金额进行折现，当折现后的金额与收到的现金数额相等时，所使用的折现率就是票据的实际利率。票据的签发公司需要将票据面值和现值（实际收到的现金数额）之间的差额计为折价，并在票据的存续期内将其摊销到每期的利息费用中。

举例说明，Beneficial 公司签发了总面值为 150 000 000 美元、偿还期限为 8 年的零利率票据（大折扣债券）。[1] 每张票据的面值是 1 000 美元，现在的售价是 327 美元——每张票据的折扣达 673 美元。每张票据的现值是售后收到的现金 327 美元。我们可以计算投资者现在支付的金额和将来收到的金额，并且通过计算两者相等时使用的折现率来确定票据的利率。这样，公司就以 15% 的实际利率在未来的 8 年中对折价进行摊销。[2]

我们用一个完整的例子来展示如何对长期应付票据的折价摊销进行会计处理。我们使用第 7 章的案例资料。Turtle Cove 公司给 Jeremiah 公司签发了 3 年期、面值为 10 000 美元的零利率票据。票据到期时按面值支付 10 000 美元，签发票据收到的现金为 7 721.80 美元，将 3 年后的 10 000 美元折现等于票据现值 7 721.80 美元，确定实际利率为 9%（9% 的 3 年复利现值系数为 0.772 18）。图表 14-14 用时间轴展示了票据的单一现金流。

图表 14-14　　　　　　　　　零息票据时间轴

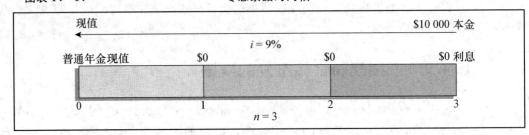

Turtle Cove 公司对票据的签发做如下会计处理：

借：现金　　　　　　　　　　　　　　　　　　　　　　　　　　　7 721.80

　　贷：应付票据　　　　　　　　　　　　　　　　　　　　　　　　7 721.80

Turtle Cove 公司每年用实际利率法摊销票据折价并确认利息费用。图表 14-15 规划了公司 3 年的债券摊销和利息确认情况。（这张摊销表与图表 7-14 中 Jeremiah 公司所做的票据应收摊销表类似。）

---

① 虽然我们在这个部分以票据作为讨论的对象，但是其基本原理和处理方法同样适用于其他长期负债项目。

② $327 = $1 000（$PVF_{8,1}$）；$PVF_{8,1} = $327 / $1 000 = 0.327；0.327 = 15%（在表 6-2 中找到 0.326 90）。

图表 14 - 15　　　　　　　　　　　　　票据折价摊销表

		票据折价摊销表		
		实际利率法		
		票面利率 0%，实际利率 9%		
	支付现金	利息费用	折价摊销额	票据账面价值
发行时				$7 721.80
第一年末	$-0-	$694.96[a]	$694.96[b]	8 416.76[c]
第二年末	-0-	757.51	757.51	9 174.27
第三年末	-0-	825.73[d]	825.73	10 000.00
	$-0-	$2 278.20	$2 278.20	

a. $7 721.80×0.09＝$694.96
b. $694.96－0＝$694.96
c. $7 721.80＋$694.96＝$8 416.76
d. 5 美分系弥补四舍五入带来的差异。

在第一年末，Turtle Cove 公司用实际利率法确认利息费用：

借：利息费用（7 721.80×9%）　　　　　　　　　　　　　　694.96
　　贷：应付票据　　　　　　　　　　　　　　　　　　　　　　694.96

在这个例子中票据折价的总额是 2 278.20 美元，代表了 Turtle Cove 公司在 3 年的时间里因为票据发生的利息费用总额。

付息票据

零利率票据是票据票面利率与实际利率产生较大差异的极端情况。许多时候，票面利率与实际利率的差异并不是很大。

我们以第 7 章中 Marie 公司签发票据的情况为例。Marie 公司向 Morgan 公司签发了面值 10 000 欧元、偿还期限为 3 年、利率为 10% 的付息票据。图表 7 - 15 用时间轴展示了票据的现金流，并计算出票据的现值。在这个例子中，票据的实际利率（12%）高于票面利率（10%），票据现值低于票据面值。这表示票据是折价签发的。Marie 公司对票据的签发做如下会计分录：

借：现金　　　　　　　　　　　　　　　　　　　　　　　　9 520
　　贷：应付票据　　　　　　　　　　　　　　　　　　　　　　9 520

Marie 公司用实际利率法对票据折价进行摊销并确认利息费用。图表 14 - 16 规划了 3 年中票据折价摊销和利息费用确认的情况。

图表 14 - 16　　　　　　　　　　　　　票据折价摊销表

		票据折价摊销表		
		实际利率法		
		票面利率 10%，实际利率 12%		
	支付现金	利息费用	折价摊销额	票据账面价值
发行时				€9 520
第一年末	€1 000[a]	€1 142[b]	€142[c]	9 662[d]
第二年末	1 000	1 159	159	9 821

续

票据折价摊销表 实际利率法 票面利率 10%，实际利率 12%			
	支付现金	利息费用	折价摊销额	票据账面价值
第三年末	1 000	1 179	179	10 000
	€3 000	€3 480	€480	

a. €10 000×10%＝€1 000
b. €9 520×12%＝€1 142
c. €1 142−€1 000＝€142
d. €9 520＋€142＝€9 662

第一年末 Marie 公司进行票据折价摊销并确认利息费用（金额以摊销表为准）：

借：利息费用   1 142
   贷：应付票据   142
      现金   1 000

如果票据的现值高于面值，那么 Marie 公司就以溢价签发了票据。公司应该在贷方确认溢价，并用实际利率法将溢价作为利息费用的抵减项摊销到每期损益中。

14.2.3 应付票据的特殊情况

为购买产权、商品和服务而签发的票据

有些时候，公司会为购买产权、商品和服务而签发票据。当使用债务工具与关联方进行产权、商品和服务的买卖时，票据的票面利率一般被认为是公允的，除非有以下情况：

1. 没有票面利率。
2. 票面利率不合理。
3. 债务工具的票面价值与相同或相似项目当前的售价严重不符，或是票面价值与债务工具当前的公允价值严重不符。

在这些情况下，企业用所购买产权、商品和服务的公允价值，或者与票据公允价值合理近似的金额来估算债务工具的公允价值。[3] 如果票据没有票面利率，那么票据面值与所购物品公允价值的差额就是票据的利息金额。

举例说明，假设 Scenic 开发公司以 200 000 欧元的价格向 Health Spa 公司出售一块土地。Health Spa 公司向 Scenic 公司签发了 5 年期、面值为 293 886 欧元的零利率票据来购买土地。200 000 欧元的售价是 293 886 欧元的票据以 8% 的利率和 5 年期进行折现的现值。那么，买卖双方是否都应该用 293 886 欧元的票面价值来对这项交易进行会计处理呢？显然不是。如果它们这么做了，Health Spa 公司购入土地的价格和 Scenic 公司卖出土地的收入都会被高估 93 886 欧元（这实际上是以 8% 作为实际利率所产生的 5 年利息）。同样，Scenic 公司 5 年间的利息收入和 Health Spa 公司 5 年间的利息费用也会被低估 93 886 欧元。

因为土地售价 200 000 欧元和票据面值 293 886 欧元的差额是实际利率 8% 所产生的利息，所以双方在交易发生当天应该分别做会计处理，如图表 14-17 所示。

图表 14 - 17　　　　　　　　　　　　非现金票据交易的会计分录

Health Spa 公司（买方）		Scenic 开发公司（卖方）	
借：土地	200 000	借：应收票据	200 000
贷：应付票据	200 000	贷：收入	200 000

在票据存续的 5 年里，Health Spa 公司每年摊销 93 886 欧元折价中的一部分，并将其计入利息费用。Scenic 公司也每年对 93 886 欧元折价进行摊销，摊销的金额计为当期的利息收入。摊销必须采用实际利率法，除非其他方法下每年的摊销金额与实际利率法下的金额没有重大差异。

利率的选择

在票据的交易中，实际利率要么显而易见，要么因交易中的其他因素（如支付或收到的公允价值）而定。但是，如果企业不能确定购入的产权、商品、服务或其他权利的公允价值，而票据也没有一个公开活跃的市场，那么想要确定实际利率就会比较困难。在这种情况下，为了确定票据的现值，企业必须估计一个与票面利率不同的利率。这个利率是估算出来的，称为假计利率。

假计利率的估算首先受到与企业信用评级相似的公司的影响，这些公司发行的类似债务工具的现行利率是一个参考指标。此外，债务的限制条款、抵押物、付款的时间表、当下的基准利率等都会影响假计利率的估算。企业在票据发行时就要估算出假计利率；现行利率的后续变化对假计利率没有影响。

举例说明，假设在 2015 年 12 月 31 日，Wunderlich 公司向 Brown 室内设计公司签发本票，为 Brown 提供的建筑服务付费。本票的面值是 550 000 英镑，2020 年 12 月 31 日到期，本票票面利率为 2%，每年年末付息。由此可得，每年支付的利息是 11 000 英镑（550 000×2%）。Wunderlich 无法确定建筑服务的公允价值，签发的本票也没有公开活跃的市场。基于 Wunderlich 的信用评级、签发日的基准利率、Wunderlich 其他负债的现行利率和本票不存在抵押物等情况，公司估算出本票合理的实际利率应该是 8%。图表 14 - 18 用时间轴展示了本金和利息的现金流情况。

图表 14 - 18　　　　　　　　　　　　付息票据时间轴

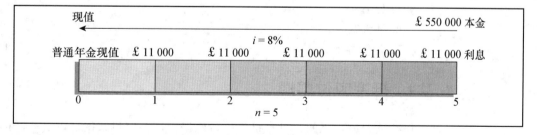

本票的现值和建筑服务的公允价值的估算如图表 14 - 19 所示。

图表 14 - 19　　　　　　　　　　公允价值和票据折价的估算

票据的公允价值		£550 000
5 年后到期、年利率 8%、每年付息一次的 550 000 英镑票据现值（表 6 - 2）；$FV(PVF_{5,8\%})$；（£550 000×0.680 58）	£374 319	

每年按照 8% 付息 11 000 美元、5 年累计付息的现值 $R(PVF\text{-}OA_{5,8\%})$；（£11 000×3.992 71）	43 920
减：票据的现值	(418 239)
应付票据的折价	£131 761

本票签发日 Wunderlich 公司的会计处理如下：

2015 年 12 月 31 日

借：固定资产（或在建工程）　　　　　　　　　418 239

　　贷：应付票据　　　　　　　　　　　　　　　　　418 239

本票 5 年的摊销如图表 14-20 所示。

图表 14-20　　　　　　票据折价摊销表（实际利率法）

票据折价摊销表 实际利率法 票面利率 10%，实际利率 12%				
日期	支付现金（2%）	利息费用（8%）	折价摊销额	票据账面价值
12/31/15				£418 239
12/31/16	£11 000[a]	£33 459[b]	£22 459[c]	440 698[d]
12/31/17	11 000	35 256	24 256	464 954
12/31/18	11 000	37 196	26 196	491 150
12/31/19	11 000	39 292	28 292	519 442
12/31/20	11 000	41 558[e]	30 558	550 000
	£55 000	£186 761	£131 761	

a.　£550 000×2%＝£11 000
b.　£418 239×8%＝£33 459
c.　£33 459－£11 000＝£22 459
d.　£418 239＋£22 459＝£440 698
e.　3 美元系弥补四舍五入带来的差异。

第一年末 Wunderlich 对折价的摊销和利息的支付做如下会计处理：

2016 年 12 月 31 日

借：利息费用　　　　　　　　　　　　　　　　33 459

　　贷：应付票据　　　　　　　　　　　　　　　　　22 459

　　　　现金　　　　　　　　　　　　　　　　　　　11 000

□ 14.2.4　抵押应付票据

长期应付票据中最常见的一种是抵押应付票据。抵押应付票据是以财产抵押作为担保的本票。与大公司相比，个人、独资企业、合资企业更喜欢使用抵押应付票据。（大公司通常认为发行债券对于获得大额的资金更有优势。）

债务人通常按照票据的面值收到相应数额的现金。如果是这样，票据的面值就是真实的负债数，不存在折价或者溢价。然而，当债权人要求一些"点数"，债务人收到的钱就会少于票据面值。① 点数使实际利率高于票面利率，一个点数是票据面值的 1%。

举例说明，假设 Harrick 公司签发 20 年期、票面利率为 10.75% 的抵押应付票据来为新建厂房筹措 1 000 000 美元的资金。如果 Associated Savings 公司要求 4 个点数来完成交易，那么 Harrick 将收到比面值 1 000 000 美元少 4% 的现金，也就是 960 000 美元，但是它需要在未来偿还 1 000 000 美元的本金，并以 10.75% 的利率每月支付利息。因为 Harrick 只得到了 960 000 美元却要偿还 1 000 000 美元，所借金额的实际利率上升到接近 11.3%。

在资产负债表上，Harrick 应该在负债下面设置"应付抵押票据"或"应付票据——抵押"科目对抵押应付票据进行会计处理，并在财务报表中对用于票据抵押的财产进行简单披露。

抵押贷款可以在到期日一次性偿还，也可以在偿还期限内分期偿还，如果是一次性偿还，Harrick 应该把应付抵押款作为长期负债列示，直到距离偿还的时间满足了流动负债的要求。如果是分期偿还，Harrick 应该将当期偿还的金额列为短期负债，余下的部分列为长期负债。

债权人现在可以提供多种多样的抵押贷款，除去传统的固定利率抵押贷款，大多数债权人都能提供变动利率抵押贷款（也叫浮动利率抵押贷款），这种贷款的利率随着市场利率的波动而改变。一般来说，提供浮动利率贷款的债权人每 1 年或 3 年调整一次利率，调整的幅度一般以基准利率或伦敦同业拆借利率（LIBOR）的变动为准。

14.3　非流动负债的特殊事项

对于非流动负债的披露是财务报告中最具争议的内容之一。因为非流动负债对企业的现金流有重大影响，其披露必须做到翔实且能提供有效信息。在这部分，我们将讨论与非流动负债相关的四个特殊事项：

1. 非流动负债的清偿。
2. 公允价值计量。
3. 表外融资。
4. 非流动负债的列报和分析。

14.3.1　非流动负债的清偿

企业应该如何对非流动负债的偿还——我们所说的债务清偿进行会计处理呢？如果企业的债务清偿发生在债券（或任何其他种类的负债）的到期日，那么答案是显而易见的：债务的清偿不会给企业带来任何利得和损失。此时，企业已经将所有的折价或溢价以及债券的发行成本摊销完。因此，债券的账面价值与到期价值（面值）以及公允价值均相等，因此不会存在利得和损失。

下面，我们将分三种情况讨论债务清偿：

---

① 抵押贷款中的点数相当于发行债券时的折价。

1. 在到期日前以现金清偿。
2. 以资产或权益清偿。
3. 修改债务条件。

在到期日前以现金清偿

有时，企业在到期日之前对债务进行了清偿。[1] 用于清偿的金额或者说是提前赎回的金额称为重置价格，其中包括赎回溢价和重置费用。在任何一个给定的日期，债券的账面价值是在债券的到期价值的基础上，加上或减去债券未摊销的溢价或折价，并减去未摊销的发行成本得到的。如果重置价格超过账面价值，超出的部分称为清偿利得；反之，如果重置价格低于账面价值，不足的部分称为清偿损失。在债券赎回时，未摊销的债券溢价或折价，以及未摊销的债券发行成本必须一直摊销到赎回的那一天。

举例说明债券清偿的会计处理。假设 Evermaster 公司 2015 年 1 月 1 日以折价发行 5 年期、面值为 100 000 欧元的债券，每半年按照 8% 的票面利率付息。债券的投资者期望获得 10% 的实际利率。债券的摊销表如图表 14 - 21 所示。

图表 14 - 21　　　　　债务清偿——债券溢价摊销表

债券溢价摊销表			
实际利率法——半年付息一次，5 年期，票面利率 8%，实际利率 10%			
日期	支付现金	利息费用	折价摊销额	债券账面价值
---	---	---	---	---
1/1/15				€ 92 278
7/1/15	€ 4 000[a]	€ 4 614[b]	€ 614[c]	92 892[d]
1/1/16	4 000	4 645	645	93 537
7/1/16	4 000	4 677	677	94 214
1/1/17	4 000	4 711	711	94 925
7/1/17	4 000	4 746	746	95 671
1/1/18	4 000	4 783	783	96 454
7/1/18	4 000	4 823	823	97 277
1/1/19	4 000	4 864	864	98 141
7/1/19	4 000	4 907	907	99 048
1/1/20	4 000	4 952	952	100 000
	€ 40 000	€ 47 722	€ 7 722	

a. € 4 000 = € 100 000 × 0.08 × 6/12
b. € 4 614 = € 92 278 × 0.10 × 6/12
c. € 614 = € 4 614 − € 4 000
d. € 92 892 = € 92 278 + € 614

债券发行 2 年后的 2017 年 1 月 1 日，Evermaster 公司以面值的 101% 赎回了所

---

[1]　有些公司尝试视同清偿的方法对债务进行清偿。视同清偿是指公司将已购买的投资（权益资产）用于一个不可撤销信托计划。公司用投资（权益资产）的本金和利息（本金和收益）来支付自己负债的本金和利息，直到负债到期。然而，公司对于债券的法律债务责任并没有解除，债券也并没有偿还。许多情况下债权人都不知道类似交易的存在，并且仍然向发行债券的公司寻求债务偿还与利息支付。这样的行为不被认为是债券清偿，因此企业不需要确认清偿利得或损失。[4]

有的债券。① 如上面的摊销表所示，2017 年 1 月 1 日债券的账面价值为 94 925 欧元，图表 14 - 22 展示了公司计算清偿（赎回）损失的过程。

图表 14 - 22　　　　　　　　　　债券赎回损失的计算

重置价格（€ 100 000×1.01）	€ 101 000
赎回债券的账面价值：	(94 925)
清偿损失	€ 6 075

Evermaster 公司对债券清偿进行了如下会计处理：

借：应付债券		94 925
债务清偿损失		6 075
贷：现金		101 000

对于债券的发行方来说，提前赎回所有的债券并发行利率更低的新债券来替代它们是有很大好处的。用新债券来替代旧债券的行为称为债券换新。在赎回债券之后不论是否进行债券换新，企业都必须计算赎回债券的账面价值和重置价格，并且将发生的清偿利得或损失计入当期损益。②

以资产或权益清偿

除了用现金清偿之外，还可以使用非现金资产（不动产、应收款项或其他资产）或者债务人新发行的股票清偿债务。在这种情况下，债权人需要用公允价值来计量其获得的非现金资产和股本权益。

债务人必须将应付账面金额超过转移资产或股权公允价值的部分确认为利得。③与此同时，债务人还要根据处置资产公允价值与账面价值的差额来确认资产处置损益。

以资产清偿　假设汉堡银行向波恩抵押贷款公司借出 20 000 000 欧元，波恩公司又将这些款项投到住宅公寓楼上。然而，由于入住率太低，波恩公司无力偿还借款。汉堡银行同意波恩公司抵押公允价值为 16 000 000 欧元的一处房产来完全清偿这笔 20 000 000 欧元的贷款。这处房产在波恩公司的账面价值是 21 000 000 欧元。波恩公司（债务人）所做会计处理如下：

借：应付票据（汉堡银行）	20 000 000
资产处置损失（21 000 000－16 000 000）	5 000 000
贷：固定资产	21 000 000
债务清偿利得（20 000 000－16 000 000）	4 000 000

波恩公司确认了 5 000 000 欧元的资产处置损失（账面价值 21 000 000 欧元与公

---

①　债券的发行方一般应该在计息日赎回债券。这样企业的折价或溢价摊销与时间是匹配的，也不存在应计利息。然而，如果企业通过在公开市场上购买债券来赎回债券，那么赎回时间很有可能不是计息日。在这种情况下，企业的折价和溢价摊销以及应计利息必须从上一个计息日计算到债券赎回的那一天。

②　公司曾经被要求以非常项目来披露债务清偿的利得和损失。为了应对债务清偿逐渐成为日常风险管理一部分的趋势，财务会计准则委员会认定清偿所带来的利得和损失不再是例外和少有的。因此，财务会计准则委员会取消了以非常项目对债务清偿进行处理的规定。

③　同样，债权人需要将应收款项超过转移资产或股权公允价值的部分确认为损失。债权人通常将这部分损失冲抵坏账准备。债权人针对这类事项的会计处理请参见第 7 章。

允价值 16 000 000 欧元之间的差价）。此外，公司还确认了 4 000 000 欧元的债务重组利得（应付票据账面价值 20 000 000 欧元与房产公允价值 16 000 000 欧元之间的差价）。

以权益清偿　现在假设汉堡银行同意以获得 320 000 股公允价值为 16 000 000 欧元的波恩公司普通股（面值为每股 10 欧元）来完全清偿 20 000 000 欧元的债务。波恩公司（债务人）做如下会计处理：

借：应付票据（汉堡银行）		20 000 000
贷：股本		3 200 000
股本溢价		12 800 000
债务清偿利得		4 000 000

波恩公司照常对股票发行进行处理，将股票公允价值与面值的差额计入股本溢价。

修改债务条件

《华尔街日报》几乎每天都会对一些公司陷入财务危机进行报道。在出现坏账的情况下，债权人通常先通过减值准备确认一部分损失。然后，债权人要么修改债务条件，要么以不利于自己的条件清偿债务。在某些不寻常的情况下，债权人会强迫债务人破产从而确保自己尽可能多地收回贷款。比方说，债务人可能会提出修改以下一款或者多款条件：

1. 降低票面利率。
2. 延长债务本金偿还期限。
3. 减少债务本金金额。
4. 减少或延迟应计利息。

与其他债务清偿一样，债权人在债务条款上作出让步，债务人就会获得经济上的收益。因此，修改债务条件的会计处理与其他债务清偿类似。也就是说，债务原有的业务灭失，新的偿还义务以公允价值入账，新义务公允价值与旧义务账面价值之间的差额被确认为利得。[1]

我们还是举一个例子来说明，这个例子向我们展示了债务人没有从重组中获得利得的情况。[2] 2015 年 12 月 31 日，摩根国家银行与出现财务危机的旅游度假发展公司达成了债务重组协议。银行对总额为 10 500 000 元、以面值发行的应收贷款（利息已支付至重组日）进行重组，修改的条件为：

1. 将所需偿还的本金从 10 500 000 元降到 9 000 000 元。
2. 将偿还到期日从 2015 年 12 月 31 日延长到 2019 年 12 月 31 日。
3. 将利率从 12％降到 8％；考虑到旅游度假发展公司目前正经历财务危机，它的市场借款利率为 15％。

---

① 当债务条件修改不重要时存在例外。重要的债务条件修改被定义为新债务条件下的现金流折现（使用历史实际利率）与原债务的账面价值有至少 10％的差别。如果债务条件修改并不重要，所获得的利得将用历史实际利率递延摊销到债务的剩余存续期间。[5]对于不重要的债务条件修改，新的债务被视为旧债务的延续。因此，债务人需按照历史实际利率来继续确认利息。

② 注意，我们假定例子中债务重组的债权人之前没有对债务进行减值准备的计提。在现实生活中，债权人往往在贷款出现减值时就做了相关会计处理。债务重组时，债权人只需对当初估计的坏账金额进行调整。然而，债务人并不对减值进行任何处理。

国际会计准则提出，债务条件修改按照灭失旧债务和发行以公允价值计量的新债务的要求进行会计处理。[6]图表 14-23 展现了债务条件修改后公允价值的计算，使用旅游度假发展公司 15% 的市场利率。

图表 14-23　　　　　　　　　债务重组公允价值的计算

债务重组现金流现值：	
4 年后到期、年利率 15%、每年付息一次的 9 000 000 元债券现值（表 6-2）；$FV(PVF_{4,15\%})$；（¥9 000 000×0.571 75）	¥5 145 750
每年按照 12% 付息 720 000 元，4 年累计付息的现值（表 6-4）；$R(PVF\text{-}OA_{4,15\%})$；（¥720 000×2.854 98）	¥2 055 586
债务公允价值	¥7 201 336

债务条件修改的利得为 3 298 664 元，这是旧债务账面价值（10 500 000 元）和重组后债务的公允价值（7 201 336 元）之差。根据这一信息，旅游度假发展公司对债务条件修改做如下会计处理：

借：应付票据（旧）	10 500 000	
贷：债务清偿利得		3 298 664
应付票据（新）		7 201 336

图表 14-24 显示了债务条件修改后新票据的摊销表。

图表 14-24　　　　　　　　　债务条件修改后的摊销表

日期	支付现金	利息费用	摊销额	票据的账面价值
12/31/2015				¥7 201 336
12/31/2016	¥720 000[a]	¥1 080 200[b]	¥360 200[c]	7 561 536[d]
12/31/2017	720 000	1 134 230	414 230	7 975 767
12/31/2018	720 000	1 196 365	476 365	8 452 132
12/31/2019	720 000	1 267 820	547 868	9 000 000

a. ¥9 000 000×8%
b. ¥7 201 336×15%
c. ¥1 080 200－¥720 000
d. ¥7 201 336＋¥360 200

旅游度假发展公司以 15% 的实际利率确认利息费用。因此，在 2016 年 12 月 31 日（债务重组后首个付息日），旅游度假发展公司做如下会计处理：

2016 年 12 月 31 日：

借：利息费用	1 080 200	
贷：应付票据		360 200
现金		720 000

到期日之前，旅游度假发展公司每年做相似的会计处理（除了贷记应付票据和借记利息费用的金额不同）。在到期日，旅游度假发展公司做如下会计处理：

2019 年 12 月 31 日

借：应付票据	9 000 000	
贷：现金		9 000 000

总而言之，在债务条件修改之后，旅游度假发展公司以 12% 的利率清偿了旧债务，同时以更高的 15% 的利率借入了新债务。

□ 14. 3. 2 公允价值计量

我们在前面提到，非流动负债如应付债券和应付票据，一般都是用摊余成本（应付项目的面值经过已经偿还/支付的金额和折价/溢价的摊销调整后的结果）进行计量的。然而，企业是可以使用公允价值对包括应付债券和应付票据在内的金融资产和金融负债进行计量的。[7] 我们在第 7 章讨论过，国际会计准则理事会认为，与摊余成本相比，使用公允价值来计量包括金融负债在内的金融工具，可以让企业提供更相关、更易理解的财务信息。

公允价值下的会计处理

如果企业选择公允价值作为计量属性，那么包括应付债券和应付票据在内的非流动负债都会以其公允价值进行确认、计量和列报，企业的净利润中也会包括这些项目的未实现持有损益。未实现持有损益是指当期负债公允价值的变动，但不包括还未计提的利息费用。这样，在每个报告日负债都以其公允价值进行披露，公允价值的变动也计入当期损益。

举例说明，Edmonds 公司在 2015 年 5 月 1 日发行了面值为 500 000 欧元、票面利率为 6% 的债券。Edmonds 使用公允价值对债券进行计量。2015 年 12 月 31 日，市场利率上升到 8%，债券的价值下降到 480 000 欧元。债券利率低于类似债券的市场利率是导致债券价值下降的原因。Edmonds 采用公允价值计量，对债券做如下会计处理：

借：应付债券（500 000－480 000）	20 000
贷：未实现持有损益（损益表）	20000

就像上述分录记录的那样，债券的价值出现下降。债券价值的下降导致债券负债的减少，进而导致未实现持有利得，未实现持有利得计入当期损益。利率上升是导致 Edmonds 负债减少的原因。需要强调的是，Edmonds 必须在以后期间继续用公允价值对应付债券进行后续计量。

公允价值的争议

在前面 Edmonds 公司的例子中，我们假设债券价值的下降是因为市场利率的上升，在现实中也有可能是因为债券违约的可能性增大。也就是说，如果 Edmonds 的信用水平下降，其债券的价值会一同下降。如果其信用水平下降，与类似风险水平的投资相比，债券投资者会以更低水平的利率获得回报。如果 Edmonds 采用公允价值对债券进行计量，公司信用水平下降导致的应付债券价值变动也会计入当期损益。有些人质疑 Edmonds 怎么可以在信用状况恶化的情况下确认一笔利得。就像一位专家说的，"这与我们的直觉相悖"。此外，国际会计准则理事会认为债权人的损失就是股东的收益。也就是说，股东对公司资产的权利随着债权人权利的下降而上升。但是进一步分析，恶化的信用状况可能预示着公司资产的价值也会出现下降，因此公司可能会记录资产的损失，这可能会抵消负债带来的收益。

基于上述争议，国际会计准则理事会提出，公司信用风险改变带来的影响不应计入公司损益，除非负债的持有目的是用于交易。[8]因此，任何因公司信用风险带来的负债价值变化都应该在其他综合收益中予以列报。我们仍以 Edmonds 公司为例，假设该公司的债券利率因信用质量下降由 6％变为 8％。在公允价值计量方法下，Edmonds 做如下会计处理：

借：应付债券 20 000
贷：未实现持有损益（其他综合收益） 20 000

这样的会计处理确认了负债公允价值的下降，并将由此带来的未实现持有收益作为其他综合收益的一部分进行列报。Edmonds 的债券价格出现下降主要是因为信用风险的变化，而不是因为整体的市场环境。Edmonds 将继续在以后期间以公允价值对应付债券进行计量。

14.3.3　表外融资

柏林航空、汇丰银行和安然公司之间有什么共同点？它们都被指控使用表外融资来尽可能减少资产负债表对于负债的披露。表外融资是指不需要列入资产负债表的融资方式。表外融资已经成为一个非常重要的问题。很多人认为引发史上最大企业倒闭案的安然公司在资产负债表外藏匿了巨额的债务。这导致如今任何进行表外融资的公司都冒着被投资者抛弃的危险。长此以往，公司的股价会受到负面影响。然而，表外融资现象仍然广泛存在。就像一位专家说的，"人类的本能就这么几样：获得足够的食物、找到容身的处所以及防止负债出现在财务报表上"。

表外融资的形式

表外融资的形式多种多样：

1. 非合并范围内的子公司。按照国际会计准则的要求，母公司的合并报表不必将持股比例低于 50％的子公司纳入其中。因此，企业一般不会将持股比例低于 50％的子公司纳入合并报表的编制范围。母公司一般只披露对子公司的投资额。这样，财务报表的使用者可能不会想到，如果子公司的财务出现问题，那么子公司有许多债务最后是要由母公司偿还的。

2. 特殊目的实体。企业会为了特殊项目而成立特殊目的实体。举例说明，假设 Clarke 公司决定建造一个新工厂。然而，管理层不希望在资产负债表上披露这个工厂及为建造工厂进行的融资活动。为此，Clarke 成立了特殊目的实体，以建造新工厂。（这样的做法叫做项目融资安排。）特殊目的实体进行融资，并用这笔资金建造工厂。反过来，Clarke 保证自己或者其他外部组织会购买工厂生产的全部产品（有人将之称为必付合同）。这样，Clarke 就不用在资产负债表上对与新工厂相关的资产或负债进行披露了。

3. 经营租赁。另一种防止负债出现在资产负债表上的方法是租赁。企业有时选择租入资产，而不是拥有它们。同样，在满足特定条件时，企业只需披露每期的租赁费用，并在附注中对该交易进行披露。值得注意的是，特殊目的实体通常采用租赁方式来进行表外融资。我们会在第 21 章对租赁的会计处理进行更深入的探讨。

企业选择表外融资的原因

企业为什么会进行表外融资呢？一个主要的原因是，很多企业认为将负债放在表外可以提高资产负债表的质量，使得贷款更容易、成本更低。

其次，贷款的限制性条款往往会限定企业负债的总额。因此，企业使用表外融资的方式，这些金额在计算负债上限时一般不被计算在内。

最后，许多人认为资产负债表的资产项目被严重低估了。比如，使用加速折旧法摊销资产的企业，固定资产的账面价值往往远低于其公允价值。作为对这些低估价值的抵销，有些人认为一部分负债不用披露。换句话说，如果企业使用公允价值对资产进行计量，那么企业进行表外融资的动机自然也就降低了。

上述说法是否成立还值得商榷。传统意义上的"眼不见，心不烦"可能并不适用于会计问题。许多财务报表的使用者表示他们在评价企业的资本结构时会考虑表外融资的影响。与之相似，许多贷款的限制性条款也尝试对这些复杂的事项作出相应规定。即使这样，许多企业仍然坚信在资产负债表中不披露特定义务会带来好处。

针对表外融资，国际会计准则理事会提高了披露（包括附注披露）的要求。这样的做法符合"有效市场"理论：重要的不是这些交易是否在资产负债表中披露，而是这些交易是否被披露了。此外，美国证券交易委员会明确规定，企业必须做到：（1）以表格的形式披露所有的合约义务；（2）以表格或文字的形式披露或有负债。①

我们相信对负债的更多披露可以提高财务报告的质量。尤其是在安然、澳大利亚虎航、马来西亚 Petra Perdana 和华盛顿互惠银行等公司的丑闻曝光，以及国际会计准则理事会及其他监管机构不断努力的背景下，我们希望在未来表外融资的现象会越来越少。②

◈◈◈　**理论争鸣**　　　**内外列报**

表外融资正在缓慢地但是确定地向表内发展。将担保和特殊目的实体纳入合并范围正在增加企业在财务报表上披露的负债金额。

此外，企业必须对表外融资和对（或很可能对）企业当前财务状况产生影响的合约义务进行披露。下面是诺华集团对合约义务的披露。由于该公司在美国上市，因此其会计信息披露受美国证券交易委员会相关规定的制约。

---

① 国际会计准则理事会发布了新的企业合并指引。这份指引不再以持股比例作为被投资单位是否纳入合并范围的唯一标准，尤其是当投资者可以通过参与被投资方的相关活动而享有可变回报，并有能力运用对被投资方的权力影响其回报金额时。因此，指引围绕控制的定义给出了三个要素：（1）拥有对被投资方的权力；（2）通过参与被投资方的相关活动而享有可变回报；（3）有能力运用对被投资方的权力影响其回报金额。总体上看，投资三要素主要用于投票权并不作为是否控制被投资方的决定性因素的情形，比如股东的投票权仅与企业的日常经营相关，而重大经营决策另有合约性安排。[9]企业合并的会计处理不是本书涉及的内容，一般会在高级财务会计中介绍。

② 国际会计准则理事会的规定不太可能叫停各种各样的表外融资。金融工程是华尔街的"圣经"。开发新的金融工具并将它们推向市场、卖给客户，不仅为投资公司带来利润，更为他们增添声誉。因此，新的金融产品仍然会层出不穷，并将不断考验国际会计准则理事会为这些工具制定适当会计准则的能力。

诺华集团 合约义务				
下表列示了我们的合约义务及其对集团未来流动性和现金流情况的影响（单位：百万美元）：				
			每期到期支付金额	
	总额	1 年以内	1～3 年	3～5 年	5 年以上
非流动负债	15 790	2 009	5 823	2 006	5 952
经营租赁义务	3 145	372	467	293	2 013
养老金义务	2 144	97	195	207	1 645
研发-综合投入义务	219	48	79	59	33
研发-专项投入义务	2 014	456	526	766	266
固定资产购置义务	755	508	236	11	
现金性合约义务总计	24 067	3 490	7 326	3 342	9 909
集团希望通过内部资源来为研发义务与固定资产购置义务融资				

安然公司滥用表外融资来藏匿负债的做法曾令人震惊，唯一让人感到高兴的是，安然丑闻促使规则制定者为企业的合约义务披露提供了更翔实的指导。我们相信美国证券交易委员会督促企业披露负债的新规定对于投资者是很有用处的。

□ 14.3.4　非流动负债的列报和分析

非流动负债的列报

有诸多长期负债项目和大额非流动负债的企业，往往只在资产负债表上披露一个总金额，同时在附注中提供进一步的解释和明细表。在 1 年以内到期的长期负债需要以短期负债进行披露，除非企业使用非流动资产偿还。如果企业计划对负债进行再融资，将负债转为股权，或者利用债券购销基金对债券进行清偿，只要再融资能够在当期完成，就应该继续以长期负债对其进行披露。[10]

负债的附注披露主要包括负债的性质、到期日、利率、赎回条件、转换特权、债权人限制及用于担保的财产等。企业应该在资产负债表的资产部分对用于担保的财产进行列示。如果可以估计长期负债的公允价值，企业也要对其进行披露。最后，企业必须披露偿债基金的未来支付计划，以及未来 5 年长期负债的每年到期金额。这些披露帮助财务报告使用者评估未来现金流出的金额和时点。图表 14 - 25 是诺华集团负债披露的示例。

图表 14 - 25　　　　　　　　　　　　**长期负债的披露**

诺华集团 （百万美元）		
	2012 年 12 月 31 日	2011 年 12 月 31 日
流动资产合计	$ 28 004	$ 24 084

非流动负债		
金融负债	13 781	13 855
递延所得税负债	7 286	6 761
准备金及其他非流动负债	9 879	7 792
流动负债	30 946	28 408
应付账款	5 593	4 989
金融负债及衍生金融工具	5 945	6 374
应交所得税	2 070	1 706
准备金及其他流动负债	10 443	10 079
流动负债合计	24 051	23 148
负债合计	$ 54 997	$ 51 556

19. 应付票据和长期负债（部分）

	2012 年	2011 年	公允价值比较	2012 年资产负债表金额	2012 年公允价值金额	2011 年资产负债表金额	2011 年公允价值金额
发行债券	$ 14 783	$ 13 483	发行债券	$ 14 783	$ 16 130	$ 13 483	$ 14 794
银行及其他金融机构借款（2012 年平均利率 0.8%，2011 年平均利率 0.9%）	1 004	1 146	其他	1 007	1 007	1 150	1 150
融资租赁	3	4	合计	$ 15 790	$ 17 137	$ 14 633	$ 15 944
合计（包含非流动金融负债的流动部分）	15 790	14 633					
减：非流动金融负债的流动部分	−2 009	−778					
非流动金融负债合计	$ 13 781	$ 13 855					

抵押非流动金融负债与担保资产	2012 年	2011 年
抵押非流动金融负债总额	$ 12	$ 7
用于抵押非流动负债担保的固定资产账面净值	$ 136	$ 100

　　集团的抵押非流动金融负债包含正常市场条件下的证券贷款。

　　2012 年 12 月 31 日金融负债总额中固定利率的占比为 80%，2011 年底占比为 72%。

　　包括流动性金融负债在内的金融负债仅包含通用违约条款。集团遵守这些条款。

　　2012 年金融负债总额的平均利率为 2.9%（2011 年为 2.7%，2010 年为 3.1%）。

	2012 年	2011 年
按到期日期划分 2012 年		$ 778
2013 年	$ 2 009	$ 2 029
2014 年	2 713	2 789
2015 年	3 110	3 108
2016 年	1 987	1 948
2017 年	19	3
2017 年之后	5 952	3 978
合计	$ 15 790	$ 14 633
按货币划分	2012 年	2011 年
美元	$ 11 943	$ 9 962
欧元	2 043	2 042
日元	929	1 031
瑞士法郎	869	1 589
其他	6	9
总计	$ 15 790	$ 14 633

非流动负债的分析

非流动负债的债权人和公司的股东关注企业的长期偿付能力，尤其是企业按时付息并在到期时偿还本金的能力。资产负债率和利息保障倍数这两个比率能提供企业长期偿债能力的信息。

资产负债率　资产负债率反映总资产中有多大比例是通过负债取得的。计算这个比率，要用总负债除以总资产，如图表 14 - 26 所示。

图表 14 - 26　　　　　　　**资产负债率的计算**

$$资产负债率 = \frac{总负债}{总资产}$$

资产负债率越高，企业不能在债务到期时偿还的风险越高。

利息保障倍数　利息保障倍数表明企业按时付息的能力。如图表 14 - 27 所示，利息保障倍数由息税前利润除以利息费用得到。

图表 14 - 27　　　　　　　**利息保障倍数的计算**

$$利息保障倍数 = \frac{息税前利润}{利息费用}$$

举例说明这两个比率的计算。我们使用诺华集团 2012 年年报上的数字。诺华集团的负债共为 549.97 亿美元，总资产为 1 242.16 亿美元，利息费用 7.24 亿美元，所得税 16.25 亿美元，净利润 96.18 亿美元。诺华集团的资产负债率和利息保障倍数的计算如图表 14 - 28 所示。

图表 14 - 28　　　　　　　　　　诺华集团长期债务比率的计算

$$资产负债率=\frac{\$54\ 997}{\$124\ 216}=44\%$$

$$利息保障倍数=\frac{\$9\ 618+\$1\ 625+\$724}{\$724}=16.5（倍）$$

虽然诺华集团的资产负债率较高，达到了 44%，但 16.5 倍的利息保障倍数可以轻松保证公司按时付息。

国际会计视野

负债

GAAP 与 IFRS 对负债有相似的定义。同时，两种准则下对流动负债的会计处理也基本相同。然而，对于非流动负债，两种准则使用了截然不同的术语，各种长期负债的会计处理也存在一定差异。

相关事实

相同点

● 就像我们前面谈到的，GAAP 和 IFRS 对负债有相似的定义，而负债本身包括流动负债和非流动负债。

● GAAP 和 IFRS 对于债券与长期票据的大部分会计处理是相同的。

● 两种准则都规定了对可能的损失进行最佳估计的方法。在 GAAP 下，估计范围内的最小值被采纳。在 IFRS 中，如果各估计值的可能性相当，则范围内的中值被用于计量负债的价值。

● 两种准则都禁止将未来损失确认为负债。

不同点

● 在 GAAP 下，如果再融资行为在财务报告发布前完成，企业必须将再融资后的负债划分为流动负债。IFRS 规定，除非长期再融资协议在财务报告日前达成，否则长期负债的流动部分要划分为流动负债。

● 两种准则对或有事项的处理有所不同。GAAP 允许满足特定条件的或有事项被确认为负债。IFRS 不允许或有事项被确认为负债。

● GAAP 用"估计负债"的说法来讨论到期日和金额不确定的负债项目。IFRS 采用"准备金"这种说法。

● 两种准则对环境负债的会计处理相似。然而，GAAP 对环境负债制定的确认条件更为严格：只有当环境负债产生现时法律义务且义务的公允价值能够被可靠计量时才予以确认。

● GAAP 使用"债务重组"这种说法，并在此基础上制定相关会计准则。IFRS 将所有债务重组都视作债务清偿。

● 在 GAAP 下，企业可以使用直线法来摊销债券的折价或溢价，前提是使用直线法的每期入账金额与使用实际利率法的入账金额没有重大差异。然而，实际利率法是更为提倡的方法，也是企业在实际中通常采用的方法。在 IFRS 下，企业必须使用实际利率法。

● 在 GAAP 下，企业单独将债券折价和溢价列示出来（参见深度解读部分）。在 IFRS 下，企业不使用折价和溢价账户，而是直接将债券的净值列示出来。

● 在 GAAP 下，发行债券的成本被确认为资产。在 IFRS 下，债券的发行成本直接冲抵债券的账面价值。

● 在 GAAP 下，亏损合同的损失一般不被确认，除非行业和业务对此有特殊要求。在 IFRS 下，当合同出现亏损时，要立即确认负债和相关费用或成本。

深度解读

在 IFRS 中，折价和溢价直接计入债券的账面净值。而 GAAP 专门使用折价和溢价科目来对其进行会计处理。我们举个例子来说明，假设 Evermaster 公司在 2015 年 1 月 1 日发行了面值为 100 000 欧元、每半年付息一次、票面利率为 8％、实际利率为 6％ 的债券。回顾我们在前面的讨论，债券的价格应为 108 530 欧元。使用 GAAP 下的会计处理步骤，Evermaster 公司应在发行债券时做如下会计处理：

2015 年 1 月 1 日

借：现金　　　　　　　　　　108 530

贷：应付债券　　　　　　　　　100 000

　　应付债券溢价（108 530－100 000）

　　　　　　　　　　　　　　　8 530

就像我们讲到的那样，有专门的一个账户来记录债券溢价（应付债券折价账户通常在折价发行债券时使用，一般为借方余额）。Evermaster 在第一个付息日做如下会计处理：

2015 年 7 月 1 日

借：利息费用（108 530×6％×1/2）

　　　　　　　　　　　　　　　3 256

　　应付债券溢价（4 000－3 256）　744

贷：现金（100 000×8％×1/2）　4 000

经过上述会计处理，债券的账面净值为：

应付债券　　　　　　　　　€ 100 000

应付债券溢价（8 530－744）　　 7 786

应付债券账面价值　　　　　€107 786

由于有单独的溢价账户存在，因此摊销也在这个账户中完成，从而在债券存续期将债券的账面价值逐渐摊销到与面值相等。

未来之路

就像在第 2 章中提到的，IASB 和 FASB 正在推进的概念框架项目将重新检视负债的定义。同时，两大准则制定机构还将努力厘清关于准备金以及相关或有事项的会计处理。

本章小结

1. 描述发行长期负债的正式程序。长期负债的发行通常有正式程序。根据法律的规定，公司在发行债券和其他长期负债之前一般需要得到董事会和股东的许可。通常来说，长期负债有许多协议和限制。债务人与债权人的协议与其他权责规定会在负债合同和票据合约上写明。

2. 辨析不同种类的债券。债券的种类包括：（1）担保债券和无担保债券；（2）一次还本债券、分期还本债券和可赎回债券；（3）可转换债券、商品依托债券和大折扣债券；（4）记名债券和不记名债券；（5）收益债券和收入债券。不同种类的债券是发行者试图吸引不同投资者和风险偏好者来满足其现金需要的结果。

3. 描述如何对债券发行进行会计处理。投资者使用包含本金和利息在内的未来现金流现值来对债券进行估价。使用的折现率是能够为投资者提供与发行者风险相对应的可接受回报的利率。在债券合同或债券票面标注出的利率称为设定利率、名义利率或票面利率。债券发行方制定利率，并将其以债券票面价值（或称债券面值、本金、到期价值等）的百分比表示。如果买家使用的利率与票面利率不同，买家计算出的债券现值也会与债券面值不同，两者之间的差异可能是折价也可能是溢价。

4. 运用不同方法对债券折价和债券溢价摊销进行会计处理。债券的折价（或溢价）将会在债券的存续期内被摊销并计入（或抵扣）财务费用。摊销债券折价会增加债券的财务费用，摊销债券溢价则会减少债券的财务费用。在摊销时采用的方法是实际利率法。在实际利率法下，企业的操作步骤如下：（1）首先计算债券的利息费用，用期初债券的账面价值乘以债券发行时的实际利率。（2）再将利息费用与当期应支付的票面利息进行比较，确定当期折价或溢价的摊销金额。

5. 描述如何对长期应付票据进行会计处理。票据的会计处理方法与债券极其相似。与债券一样，票据也是通过未来利息和本金现金流的现值来进行估值，企业在票据的存续期内对折价和溢价进行摊销。当票据的面值不能合理表现交易中对价的现值时，企业必须对整个交易进行评估，从而对交易和后续的利息进行合理的处理。

6. 描述如何对非流动债务的清偿进行会计处理。包括债券和应付票据在内的非流动负债，可以用以下方式进行清偿：（1）偿还现金；（2）资产或权益转移；（3）修改债务条件。在清偿非流动负债时，未摊销的债券折价或溢价必须摊销至清偿日。用于清偿的金额或者提前赎回的金额称为重置价格，其中包括赎回溢价和重置费用。在任何一个给定的日期，债券的账面价值是在债券的到期价值的基础上，加上或减去债券未摊销的溢价或折价得到的。如果重置价格超过账面价值，超出的部分称为清偿利得；反之，如果重置价格低于账面价值，不足的部分称为清偿损失。债券清偿利得或损失计入当期损益。当使用非货币资产或者权益来进行债券清偿时，债务人需要以公允价值来确认清偿的利得或损失。修改债务条件的会计处理与其他债务清偿相似。也就是说，原有债务义务灭失，新的应付义务以公允价值入账，新义务公允价值与旧义务账面价值的差额被确认为利得或者损失。

7. 描述如何使用公允价值对长期负债进行会计处理。企业可以使用公允价值对包括应付债券和应付票据在内的金融资产和金融负债进行计量。与摊余成本相比，使用公允价值来计量包括金融负债在内的金融工具，可以让企业提供更相关、更易理解的财务信息。如果企业选择公允价值作为计量属性，那么包括应付债券和应付票据在内的长期负债都会以其公允价值进行确认、计量和列报，企业的利润表中也会包括这些项目的未实现持有损益。未实现持有损益是指当期负债公允价值的变动，但不包括还未计提的利息费用。

8. 解释资产负债表表外融资行为的会计披露。表外融资是指不需要列入资产负债表的融资方式。典型的表外融资包括：（1）非合并范围内的子公司；（2）特殊目的的实体；（3）经营租赁。

9. 指出如何对非流动负债进行列报和分析。有诸多长期负债项目和大额非流动负债的企业，往往只在资产负债表上披露一个总金额，同时在附注中提供进一步的解释和明细表。企业应该在资产负债表的资产部分对用于担保的财产进行列示。在 1 年以内到期的长期负债需要以短期负债进行披露，除非企业使用非流动资产偿还。如果企业计划对负债进行再融资，将负债转为股权，或者利用债券购销基金对债券进行清偿，只要再融资能够在当期完成，就应该继续以长期负债对其进行披露。企业必须披露偿债基金的未来支付计划，以及未来 5 年长期负债的每年到期金额。资产负债率和利息保障倍数这两个比率能提供企业长期偿债能力的信息。

简单练习

BE14-6 JWS 公司在 2015 年 1 月 1 日发行了　　　10 年期、面值为 600 000 美元、利率为 7% 的债券。

债券实际的发行价格为 559 224 美元，计息日为每年的 1 月 1 日和 7 月 1 日。假定实际利率为 8%。

要求：

（a）写出 JWS 公司在 1 月 1 日发行债券时所做的会计分录。

（b）写出 JWS 公司在 7 月 1 日第一次支付利息时所做的会计分录。

（c）写出 JWS 公司在 12 月 31 日所做的调整分录。

BE14 - 16　Shonen 刀具公司采用公允价值对手中的一笔应付票据进行计量。票据以 11% 的实际利率发行，面值为 16 000 港元。年末，Shonen 刀具的借款利率下降；应付票据的公允价值上升到 17 500 港元。

要求：

（a）确定票据未实现持有损益的金额。

（b）对未实现持有损益进行会计处理，写出会计分录。假设债券价格的变化是市场因素引起的。

综合练习

E14 - 14（债券清偿会计处理；债券发行成本）

2012 年 1 月 2 日，Prebish 公司发行了面值为 1 500 000 美元、票面利率为 10%、实际利率为 11% 且 2021 年 12 月 31 日到期的债券。债券每年 12 月 31 日付息一次。债券按照 101 点（票面价值的 101%）赎回。2015 年 1 月 2 日，Prebish 赎回了面值为 1 000 000 美元的债券并对其进行了清偿。

要求：

（a）确定 2012 年 1 月 2 日发行时 Prebish 债券的价格。

（b）为 2012—2016 年的债券摊销制作一张摊销表。

（c）忽略所得税的影响，计算 2015 年 Prebish 清偿面值为 1 000 000 美元的债券的损益，并对债券清偿写出会计分录。

权威文献

［1］International Accounting Standard, 39, *Financial Instruments: Recognition and Measurement* (London, U.K.: International Accounting Standards Committee Foundation, 2003), par. 47.

［2］International Accounting Standard, 39, *Financial Instruments: Recognition and Measurement* (London, U.K.: International Accounting Standards Committee Foundation, 2003), par. 43.

［3］International Accounting Standard, 39, *Financial Instruments: Recognition and Measurement* (London, U.K.: International Accounting Standards Committee Foundation, 2003), paras. AG64-65.

［4］International Accounting Standard, 39, *Financial Instruments: Recognition and Measurement* (London, U.K.: International Accounting

Standards Committee Foundation, 2003), paras. AG59-61.

［5］International Accounting Standard, 39, *Financial Instruments: Recognition and Measurement* (London, U.K.: International Accounting Standards Committee Foundation, 2003), par. AG62.

［6］International Accounting Standard, 39, *Financial Instruments: Recognition and Measurement* (London, U.K.: International Accounting Standards Committee Foundation, 2003), par. 40.

［7］International Accounting Standard, 39, *Financial Instruments: Recognition and Measurement* (London, U.K.: International Accounting Standards Committee Foundation, 2003), paras. IN16-17.

［8］International Financial Reporting Standard

9. *Financial Instruments*（London，U. K.：IFRS Foundation，November 2013），paras. 5. 7. 7 — 5. 7. 8.

［9］International Financial Reporting Standard 10，*Consolidated Financial Statements*（London，U. K.：International Accounting Standards Committee Foundation，May 2011），paras. IN8－IN9.

［10］International Accounting Standard 1，*Presentation of Financial Statements*（London，U. K.：International Accounting Standards Committee Foundation，2003），paras. 69－76.

工商管理经典译丛·会计与财务系列

BUSINESS ADMINISTRATION CLASSICS

中级会计学
——基于IFRS（下册）

······ 第**2**版 ······

唐纳德·基索（Donald E. Kieso）

杰里·韦安特（Jerry J. Weygandt）　著

特里·沃菲尔德（Terry D. Warfield）

周　华　张姗姗　张卓然　等　译

INTERMEDIATE ACCOUNTING:IFRS EDITION

······ Second Edition ······

中国人民大学出版社

·北京·

目　录

第 15 章

所有者权益

学习目标

学习本章后，你应该能够：

1. 阐述公司组织形式的特点。
2. 识别所有者权益的主要组成部分。
3. 解释股票发行的会计处理程序。
4. 描述库存股的会计处理。
5. 解释优先股的会计处理和报告要求。
6. 描述股利分配政策。
7. 识别不同的股利分配形式。
8. 解释股票股利和股票分拆的会计处理。
9. 说明如何对所有者权益进行列报和分析。

全球化市场

　　正如前面章节中提到的，我们正努力朝着共用一套国际财务报告准则和一种财务信息"通用语言"迈进。这种变化很可能促进各国资本市场的融合。为了解全球金融市场变化的速度有多快，让我们首先看一下世界证券市场的变化趋势。

　　早在 2007 年，纽约证券交易所和巴黎泛欧证券交易所成功合并，创造了世界上第一个横跨大西洋的证券交易市场。纽约泛欧证券交易所是世界上最大的证券交易所，目前拥有 8 000 多家上市公司，股权交易量占全球的 30％以上。无独有偶，全球最大的电子股票交易所纳斯达克与北欧证券交易商 OMX 合并。现在纳斯达克-OMX 证券交易所有 3 300 家公司挂牌上市，市值接近 5.9 万亿欧元。

　　从近来首次公开上市（IPO）的情况中，我们还可以发现导致国际财务报告准则趋同的另一个原因。如下表所示，新兴市场正推动全球 IPO 市场的发展。

2012 年 IPO 募集资金额前十名					
排名	发行月份	发行公司	所处行业	募集金额（10 亿欧元）	证券交易所
1	5 月	Glencore International plc（CHE）	材料	10.0	伦敦、香港
2	3 月	Hutchison Port Holdings Trust（CHN）	工业	5.5	新加坡
3	7 月	Bankia（ESP）	金融	4.4	马德里
4	3 月	HCA Holdings Inc.（USA）	医疗	4.4	纽约
5	2 月	Kinder Morgan Inc.（USA）	能源	3.3	纽约
6	6 月	Prada SpA（ITA）	零售	2.5	纽约
7	10 月	中国水利水电建设集团（CHN）	能源	2.1	上海
8	5 月	上海医药集团（CHN）	医疗	2.1	香港
9	12 月	周大福珠宝金行	快销	2.0	香港
10	7 月	JSW SA（POL）	材料	1.9	华沙

　　另一个例证是，巴西、俄罗斯、印度、中国——通常被称为金砖国家——2011 年

的 IPO 募资额占到全球的 48%，2007 年占到全球的 41%。

一些大型公司的海外销售也值得关注：庞巴迪公司目前 96% 的销售发生在海外，波音公司最近一年海外的飞机销售量超过了本土，现代汽车公司销售收入的 88% 来自海外市场。

资料来源：Ernst and Young, *Global IPO Trends Report*（2012）.

本章概览

正如开篇故事中提到的，全球股权资本市场的发展意味着全世界的投资者需要有用的信息。在本章中，我们将解释与公司所有者权益相关的会计问题。本章的内容和结构如下图所示：

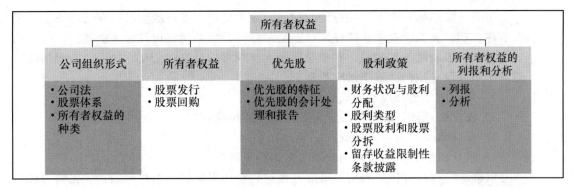

15.1　公司组织形式

企业的组织形式主要有个人独资企业、合伙企业和公司制企业三种基本类型，其中公司制企业占据主导地位。从控制的资源数量、提供产品和服务的数量以及雇用的员工数量来看，公司制企业显然是三者之中最多的。尽管与另外两种组织形式相比，公司制有很多优势（同样也有很多劣势），但其最主要的优势是便于募集和积累大量资本。

公司制组织形式对会计的影响体现在以下方面：

1. 公司法的影响。
2. 股本或股票体系的应用。
3. 所有者权益种类的发展。

15.1.1　公司法

在任何鼓励成立公司的国家，如果你想要成立公司，必须先向相应的政府机构提交公司章程。在满足所有条件之后，政府机构会颁发经营执照，这样该公司就经确认成为一家法律实体。不论一家公司的分支机构遍布多少个国家，它只能有唯一的注册地。如果某公司的注册地鼓励公司制这种企业组织形式，那么对该公司来说是一个优势。

许多政府都有自己的工商注册条例，股东权益的会计处理必须遵循这些条例。很多法律法规十分复杂，且具体的条例和特定术语的定义不尽相同。有些法律甚至没有给专业术语下定义。这也就导致了同一术语在不同国家的法律中有不同的解释。不同的法律部门对法律的范围和效力的解释是不同的，这类问题可能在今后变得更加复杂。

15.1.2 股票体系

一个公司的股东权益通常被分成很多股。同一类的股票，每股金额是完全相等的。股东拥有的股数决定了他的权利。如果某个公司的股东权益被分成了 1 000 股，某人拥有 500 股，代表他拥有公司一半的所有者权益，拥有 10 股则代表他拥有 1% 的所有权。

每一份股票都包含了一些特定的权利，除非公司在发行股票时附有特殊条款来限制这些权利。股票持有者必须仔细检查公司章程、股票凭证以及公司法条款，以便确认公司法对限制性条款的规定和在股票标准权利之外允许的变动。如果没有限制性条款，每股股票应该包含以下四项权利：

1. 按比例分享公司利润或承担公司亏损。
2. 按比例行使管理权（任免董事会成员的投票权）。
3. 按比例享有公司清算资产。
4. 按比例享有新发行同类股票的优先购买权。[①]

前面三种权利都很好理解。最后一种权利是用来保护股东权利的。优先购买权可以防止原股东的股权被强制稀释。设想如果没有该权利，在发行新股时，股票以不利于股东的价格出售，股权可能在股东不知情的情况下被稀释。但是，很多公司都废除了优先购买权，原因何在呢？因为如果一家公司需要并购其他公司，该权利对于其发行大量股票十分不利。

股票体系便于投资者之间转让对公司的投资。举例来说，巴西的 Páo de Acucar 公司的股票持有者可以在不经公司和其他股东同意的情况下，在任何时间以任何价格将股票转让给他人。每股股票都是持有者的私有财产，可以被任意处置。Páo de Acucar 公司只需列一份股东的花名册或明细账，作为其发放股利、行使股权以及代理行使投票权等的依据。由于股东可以自由频繁地转让股票，因此 Páo de Acucar 公司通常需要在每个股利发放日和股东大会召开之前更新股东的花名册或明细账。

除此之外，证券交易所要求公司提供所有权情况，但是公司发现自己统计太费时费力，于是将记录和转让股票的工作交给专门从事股票登记和过户的证券登记员和过户代理人。

15.1.3 所有者权益的种类

在每个公司中，有一类股票必须能代表基本的所有者权益，该类股票就是普通股。普通股享有公司剩余权益，即承担最终的风险和享有最终的经营成果。公司并不

---

① 这项优先权又称股票权利或认股权。但是这里的认股权与证券附有的认股权不同，其期限一般较短。

能保证给普通股股东定期发放股利，也不能保证他们能够分到清算资产。但是普通股股东享有对公司的管理权，并且在公司盈利时获利最多。不管公司章程中有没有明确，如果一个企业只能发行一种股票，那么该股票只能是普通股。

为了吸引更多的投资者，公司可能发行两种或更多种股票，这些不同种类的股票有不同的权利。正如前面提到的，同一次发行的每股股票都有四项固有权利。但是，为了得到其他的好处，股票持有者可能会放弃其中一些权利，这些通常会在公司与股东之间的股票购买合同中注明。因此，被称为优先股的股票应运而生。为了得到优先权，优先股股东通常会牺牲普通股股东所享有的股利。

优先股股东的一种最常见的权利是对公司盈利的优先请求权。公司一般会保证每年先于普通股股东向他们发放特定比率的股利。但是，优先股股东也相应失去了对公司的管理权和分得更多股利的机会。

数字背后的故事   B 类股票

通过发行不同种类的股票，公司将优先权赋予不同股东。对于家族企业来说，发行低投票权或无投票权的股票（称为 B 类股票）不失为一种很好的选择，因为这样做不仅能提高流动性、获得用于收购的资金、增加公司市值，而且不会稀释家族股东的投票权。例如，英国沃达丰公司的 B 类股东只有在股权被稀释时拥有投票权。下表中列举了一些著名的拥有双重股权结构的公司。

公司	B 类股东投票权
沃达丰（英国）	0%
谷歌（美国）	78%
加拿大航空（加拿大）	（只有加拿大公民才有投票权）
福特（美国）	40%
脸书（美国）	43%
庞巴迪（加拿大）	0%

为了保护中小投资者的权益，一些交易所制定了相应的规则。例如，FTSE 规定家族企业所有者持有的投票权不能超过 50%。香港证券交易所禁止双重股权结构。正是由于这些规定，阿里巴巴集团和英国曼联等计划在香港上市的公司只能另辟蹊径。对于大多数散户来说，投票权并没有那么重要。但是投资者在购买低价股时一定要与其他股票仔细对比，因为一不小心就可能沦为无投票权的"二等公民"。

资料来源：Adapted from Andy Serwer, "Dual-Listed Companies Aren't Fair or Balanced," *Fortune* (September 20, 2004), p. 83; Alex Halperin, "A Class (B) Act," *BusinessWeek* (May 28, 2007), p. 12; and R. Sullivan, "Dual Share Structure Goes under Spotlight," *Financial Times* (November 1, 2011).

15.2 所有者权益

所有者权益等于公司资产与负债之间的差额。[1]所有者权益又称股东权益或者公司资本。所有者权益通常在资产负债表中反映，由以下元素构成（参见第5 章）：

1. 股本。
2. 股本溢价。
3. 留存收益。
4. 累积其他综合收益。
5. 库存股。
6. 非控制性权益（少数股东权益）。

这样的分类有助于报表使用者更好地理解公司与支付股利能力相关的法律和其他限制，以及确定所有者权益是否有其他特定的用途。

公司通常将实收资本（缴入资本）和已赚资本加以区分。实收资本（缴入资本）是股东购买股权时付出的总金额，所有者投入的金额用于企业经营活动。实收资本等于发行在外股本的面值加上股本溢价减去发行折价之后的金额。已赚资本是从盈利的经营活动中积累的资本，它包括所有投资于公司的未分配利润。留存收益指公司赚得的资本。

如前文所述，所有者权益是一种剩余权益，因此所有者权益取决于资产和负债的金额。只有在特殊情况下，公司所有者权益等于股票的总市值。例如，宝马公司目前所有者权益为 302.95 亿欧元，总市值为 450 亿欧元。其所有者权益等于累计股东净投入（既包括大股东也包括小股东）加上留存收益和累积其他综合收益。作为剩余权益，所有者权益是不可能独立于宝马的资产和负债而单独存在的，所有者权益与净资产是等价的。所有者权益并不与特定的资产相对应，而是与某一比例总资产相对应。所有者权益的金额并不是指定的或固定的，它取决于宝马的盈利能力。如果公司盈利，所有者权益增加；如果公司亏损，所有者权益减少直到为零。

□ 15.2.1　股票发行

公司发行股票分为以下三个步骤。首先，政府相应机构必须在公司许可证或营业执照中对公司发行股票进行授权。然后，公司要在发行股票的合同中注明股票的数量。最后，在收到购买者支付的价款之后，公司发行股票。从公司主管机构取得股票发行的授权时，公司是不需要做账的。

关于股票发行的会计处理，我们主要讨论以下几个方面的问题：

1. 发行有面值股票的会计处理。
2. 发行无面值股票的会计处理。
3. 与其他证券合并发行的股票的会计处理（一揽子销售）。
4. 非现金交易股票发行的会计处理。
5. 股票发行成本的计量。

有面值股票

股票的面值通常与其公允价值没有必然的联系。现在大多数股票的面值都很低。例如，中国铁建股份有限公司股票的面值为 1 元，雀巢公司股票的价格为 1 瑞士法郎。低面值对于企业的好处是可以避免出现或有负债，因为当股票的发行价低于股票的面值时，企业可能需要确认或有负债。①

为了反映有面值股票发行的必要会计信息，企业会根据股票的种类设立如下科目：

1. 优先股或普通股。这两个科目合在一起反映了公司发行股票的面值。当公司最初发行股票时，贷记这些科目。之后，除非公司发行新股或注销股本，否则这些科目的余额不会发生变化。

2. 股本溢价。股本溢价科目核算的是股东为获得股票支付的超过面值的金额。一旦缴入，超过面值的部分就成为公司的股本溢价。在股本溢价方面，个别股东与同类型股票持有者的权利是相同的。

无面值股票

许多国家允许发行没有面值的股票，这类股票称为无面值股票。发行无面值股票的好处主要体现在两个方面：一是发行无面值股票可以避免或有负债的出现，因为当有面值股票折价发行时，在会计上可能需要确认或有负债。二是人们对股票的面值和公允价值之间的关系存在误解（或者说，这两者之间就没有关系），如果股票无面值，那么将面值作为公允价值的基础的情况将不会出现。以上两个优势在发行股票以购买有形资产或无形资产时体现得尤为充分。

发行无面值股票的一个明显的缺点是一些国家对该种股票发行征收高额税负。此外，在某些国家，无面值股票的发行价格全部被当作企业的注册资本，这将大大降低企业支付股利的灵活性。

无面值股票和有面值股票一样，可以任意价格发行。不同的是，无面值股票发行不存在折价和溢价。发行收到的价款全部记入普通股或优先股的贷方。例如，Video Electronics 公司在成立时被授权发行 10 000 股无面值股票。由于发行价无法确定，因此 Video Electronics 在获得授权时只需要做备查登记，不需要做账。如果 Video Electronics 之后以每股 10 欧元的价格发行了 500 股股票，则账务处理如下：

借：现金　　　　　　　　　　　　　　　　　　　　　　　　　5 000
　　贷：股本——普通股　　　　　　　　　　　　　　　　　　　　　5 000

如果另外 500 股以每股 11 欧元的价格发行，账务处理如下：

借：现金　　　　　　　　　　　　　　　　　　　　　　　　　5 500
　　贷：股本——普通股　　　　　　　　　　　　　　　　　　　　　5 500

在对真正的无面值股票做账时，应该按照发行价确认普通股或优先股的价值入账，而不确认资本溢价或折价。但是某些国家规定无面值股票要有一个规定价值。这个规定价值是股票发行的最低价，即公司不能低于该规定价值发行股票。所以，这种股票严格来说不是无面值股票，而是低面值股票。原本被鼓励发展的无面值股票也因此受到很多批评。

如果某无面值股票的规定价值是 5 欧元，发行价是 11 欧元，那么超过 5 欧元的部分就应全部确认为资本溢价，在许多国家，这一部分是可以全部或部分用于支付股利的。因此，有较低规定价值的无面值股票的新公司被允许在资本溢价大于注册资本

① 公司发行股票的价格很少会低于面值。原因在于，在清算时，公司可能会要求这些股票的原始购买者或当前持有人补交折价，以免债权人蒙受损失。

的情况下开始运营。例如，某公司以每股 15 欧元的价格发行了 1 000 股股票，规定价值是 5 欧元，则账务处理如下：

借：现金　　　　　　　　　　　　　　　　　　　　　　　　　　　15 000
　　贷：股本——普通股　　　　　　　　　　　　　　　　　　　　　　5 000
　　　　股本溢价——普通股　　　　　　　　　　　　　　　　　　　 10 000

大部分公司关于有规定价值的无面值股票的账务处理，与面值等于规定价值的有面值股票类似。

证券的合并发行（一揽子交易）

通常，公司会按照股票的不同类型分开发行。这样做的主要目的是便于之后对每种股票进行后续的跟踪。然而在某些情况下（例如在并购另一家公司时），公司可能在一笔交易中同时发行两种或两种以上的证券。会计上，处理合并发行证券的难点在于如何将收到的价款在几种证券之间分配。目前公司采用的分配方法主要有两种：（1）比例法；（2）增量法。

比例法　如果能够获得每种证券的公允价值或者其他可靠的计价基础，公司就应根据各类证券的公允价值占比来分配合并发行收入。例如，某公司发行每股规定价值为 10 美元的普通股 1 000 股，每股的市价为 20 美元；发行每股面值为 10 美元的优先股 1 000 股，每股的市价为 12 美元，共取得发行收入 30 000 美元。图表 15－1 展示了该公司是如何采用比例法将 30 000 美元在两类股票间分配的。

图表 15－1　　　　　　　　一揽子证券发行的分配——比例法

$$普通股公允价值 = 1\,000 \times \$20 = \$20\,000$$
$$优先股公允价值 = 1\,000 \times \$12 = \$12\,000$$
$$公允价值合计 = \$32\,000$$
$$分配到普通股的部分 = \frac{\$20\,000}{\$32\,000} \times \$30\,000 = \$18\,750$$
$$分配到优先股的部分 = \frac{\$12\,000}{\$32\,000} \times \$30\,000 = \$11\,250$$
$$合计 = \$30\,000$$

增量法　当公司不能确定所有证券的公允价值时，便可以使用增量法。增量法要求有公允价值的证券采用公允价值入账，将剩余的收入在没有公允价值的证券之间分配。例如，某公司发行规定价值 10 美元的普通股 1 000 股，每股公允价值 20 美元；发行每股面值 10 美元的优先股 1 000 股，没有公允价值，发行总收入 30 000 美元。图表 15－2 展示了该公司是如何使用增量法将 30 000 美元在两类股票间分配的。

图表 15－2　　　　　　　　一揽子证券发行的分配——增量法

一揽子收入	$30 000
分配到普通股的部分（1 000× $20）	(2 000)
余额计入优先股的价值	$10 000

如果合并发行中每一类股票的公允价值都无法确定，那么需要采用其他分配方法。公司可能需要聘请评估机构对股票进行估值。如果公司能预计其中一种或多种股

票在未来有确定的公允价值，那么也可以采用最佳估计值入账，并在之后根据实际情况进行调整。

非现金交易的股票发行

为购买资产或服务发行股票的会计处理都会涉及估值问题。我们的一般处理原则是：对于以服务或非现金资产作为对价进行支付的股票，公司应该按照发行股票的公允价值或者获得资产的公允价值入账，具体的选择取决于哪一个公允价值更可靠。[2]

当公司能很容易地确认这两种公允价值，且该交易是公平交易时，两种公允价值可能没有差异。这种情况下，采用何种价值对交易定价就不重要了。

当公司不能确定这两种公允价值时，则需采用合适的估值技术。公司需根据可获得的数据，参考可比资产的市场交易价格或者采用未来现金流折现的方法对股票进行估值。同时应当避免采用账面价值、面值和规定价值作为交易的定价基础。

公司可能会用未发行的股票或库存股（已发行的股票需要进行回购，但不能过期）来换取资产或服务。如果使用库存股，那么不能将其成本作为确认资产或服务价值的基础。相反，如果知道库存股的公允价值，就能以公允价值作为资产和服务的入账基础。若无法取得库存股的公允价值，那么只能将资产和服务的公允价值作为入账基础。

图表 15-3 说明了 Marlowe 公司为获取一项专利权发行 1 000 股每股面值为 10 欧元的普通股，在三种情形下的会计处理过程。

图表 15-3　　　　　　　　　　非现金交易的股票发行的会计处理

Marlowe 公司不能确定专利权的公允价值，但能确定股票的公允价值为 140 000 欧元。	
借：专利权	140 000
贷：股本——普通股	100 000
股本溢价——普通股	40 000
Marlowe 公司不能确定股票的公允价值，但能确定专利权的公允价值为 150 000 欧元。	
借：专利权	150 000
贷：股本——普通股	100 000
股本溢价——普通股	50 000
Marlowe 公司不能确定股票和专利权的公允价值，独立的咨询机构根据现金流折现确定专利权的价值为 125 000 欧元。	
借：专利权	125 000
贷：股本——普通股	100 000
股本溢价——普通股	25 000

通常情况下，董事会有权规定非现金交易的价格。但是这一权利有时会被滥用。董事会有时会故意高估所获得资产和服务的价值来抬高公司资本。资产价值的虚增提高了所有者权益，从而会形成"掺水股"。对于这类股票，公司应该注销高估的价值部分以挤出"水分"。

在发行股票以取得资产或服务时，如果公司低估资产价值，则会形成"秘密准备"。未披露的秘密准备也可能来自其他方面：过度的折旧和摊销、大量资本性支出、存货和应收账款的过度注销或者其他资产的少计和负债的多计等。一个典型的例子便是公司通过大量计提产品质量保证准备多计负债，导致所有者权益虚低，形成秘密准备。

股票发行成本

当像澳大利亚 Wesfarmers 之类的公司发行普通股时，股票销售过程中发生的直接成本是需要报告的，比如承销费用、会计和法律费用、印刷费以及各种税费，这些成本应当作为资本溢价的减项。由于发行成本与公司运营无关，Wesfarmers 公司应将发行成本记入"资本溢价"的借方。事实上，发行成本是一项融资费用。因此，发行成本应当从股票发行的收入中扣除。

公司在股票发行过程中发生的管理人员薪酬等其他非直接成本，应当作为费用记录而不是直接扣减资本溢价，因为我们很难建立这些成本与发行收入之间的联系。此外，Wesfarmers 公司还应当列支重复发生的费用，这一部分主要是支付给中介机构的登记费和转换费。

☐ 15.2.2 股票回购

公司经常会回购其拥有的股票。公司回购股票的原因主要有：

1. 向股东分配多余现金时为其减税。股东将股票卖给公司的资本利得税率只是普通资本利得税率的一半。

2. 提高每股收益和权益报酬率。减少发行在外的股票数和股东权益往往可以使一些指标变得好看。例如，西门子公司称 40 亿欧元的股票回购是其提高盈利能力的手段之一。这种改变经营业绩的手段虽然在短期内效果明显，但从长期来看并不能增加企业价值。

3. 为将来的员工股票薪酬计划或潜在的合并做准备。霍尼韦尔公司曾回购 100 万股普通股，并将其中一部分用于员工股票期权计划。还有一些公司是为了将来的收购而回购股票。

4. 降低被接管的风险或减少股东人数。现任股东和管理层可以通过减少发行在外的普通股数量，阻止"外部人员"对公司实施控制或产生重大影响。

5. 方便操纵股票价格。正如一家公司的 CEO 所说，"我们会试图给本公司的股票建立一个底线"。在市场上回购股票可以创造需求，这有助于稳定甚至抬高股价。例如，宏达电子公司表示目前的股票回购是其应对股价下降的举措之一。

一些公众公司通过回购发行在外的股票来减少公众持有的股权，从而达到"私有化"的目的。公司通常采取杠杆收购的方法，即借钱来完成股票回购。

股票回购之后，公司可以马上将其注销，也可以暂时持有等待再次发行。如果没有马上注销，那么这部分回购的股票就应在股东权益的库存股项目中反映。从专业角度来看，库存股就是公司自己的股份，只不过是在发行之后又全额买回来。

库存股并不是一项资产。当公司回购股票时，资产和股东权益同时减少。此时称"公司拥有了自己的一部分"是不合适的。公司可以通过出售库存股获得资金，但这并不意味着库存股是资产负债表中的一项资产。当公司回购自己发行在外的股票时，并没有增加资产，而是减少了净资产。

库存股并没有赋予公司投票权、优先购买权、获取现金股利和享有清算资产的权利。库存股本质上就是未发行的股票。没有人会支持将未发行的股票列入资产负债表中的资产项目。①

◯◯◯ 数字背后的故事   购买的信号？

对投资者来说，没有比公司公告即将进行股票回购更大的利好了。股票回购在金融危机之后遇冷，目前又出现了上涨的势头。例如，FTSE 100 公司的股票回购数量在 2007 年金融危机之前增长了 40%（单周的股票回购金额一度高达 7.64 亿英镑，占到发行在外股份总数的 4.7%），一些大公司（例如英国石油公司、荷兰皇家壳牌、英国巴宝莉）的股票回购数量更大。2009 年，通过股票回购计划返利给股东的部分仅为 5.93 亿英镑。但是在 2012 年，英国上市公司通过 IPO 和增发方式从证券市场募资 59 亿英镑，而股票回购金额达 124 亿英镑。

股票回购之所以对投资者是利好消息，是因为这一方面表明管理层对公司前景充满信心，另一方面表明公司现金流足够充裕，不仅能满足日常经营的需要，而且允许进行大规模的回购。

事实上，市场分析师通常将股票回购当作购买的信号。你如果观察一下进行股票回购的公司的业绩表现，就不会对这种策略感到奇怪了。一项研究表明，进行回购的公司比未进行回购的公司平均业绩水平高 23%。BuybackLetter. com 显示，最近三年，公司业绩增长率达 16.4%，而市场平均表现仅为 7.1%。为什么会出现这种情况呢？常识告诉我们，进行股票回购的公司认为其股票被低估。因此，分析师将股票回购公告作为关于公司前景的重要内部消息。

资料来源："FTSE 100 Buy-Backs Leap 40%," *www. marketwatch. com*（August 22，2007）; and G. Howes, "FT-SE 100 Share Buy-Backs on the Increase: Is This a Good Sign?" *Director of Finance Online*（05 February 2013）.

购买库存股

公司通常采用两种方法对库存股进行账务处理——成本法和面值法。两种方法都得到应用。

- 成本法是指按回购成本借记"库存股"，库存股科目在资产负债表上是实收资本和留存收益的抵减项。
- 面值法是指按照库存股的面值借记"库存股"，这时库存股只能作为股本的抵减项处理。

无论公司采用哪种方法，大多数地区都规定库存股的成本应以留存收益的金额为限。

公司一般采用成本法对库存股进行计量，成本法的得名源于公司是按照回购库存股实际支付的价款来计量的。② 在成本法下，公司按照回购股票的成本借记"库存股"，在重新发行时，以相同金额贷记"库存股"。股票最初的出售价格不影响库存股回购和重新发行的计量。

假设 Pacific 公司发行了 100 000 股每股面值 1 美元的普通股，每股发行价 1 美

---

① 将库存股归为资产的可能理由是公司将来可以用其偿还负债。

② 如果公司以不同价格进行了多次回购，那么公司再次发行库存股时，可以采用存货的计价方法，例如个别计提法、平均成本法和先进先出法。

元，Pacific 公司的留存收益为 300 000 美元。图表 15 - 4 展示了该公司 2014 年 12 月 31 日股票回购之前的所有者权益构成。

图表 15 - 4　　　　　　　　所有者权益构成——不存在股票回购

所有者权益	
普通股——每股面值 1 美元，10 000 股	
发行在外普通股	$ 100 000
股本溢价——普通股	900 000
留存收益	300 000
所有者权益合计	$ 1 300 000

2015 年 1 月 20 日，Pacific 公司以每股 11 美元的价格回购 10 000 股股票，账务处理如下：

借：库存股　　　　　　　　　　　　　　　　　　　　　　　　110 000

　　贷：现金　　　　　　　　　　　　　　　　　　　　　　　　　　110 000

Pacific 公司按照回购成本借记"库存股"。原始的"股本——普通股"和"股本溢价——普通股"等科目的金额都没有变化。Pacific 公司从所有者权益部分的实收资本和留存收益中扣除了库存股的价值。

图表 15 - 5 展示了 Pacific 公司在回购股票之后的所有者权益情况。

图表 15 - 5　　　　　　　　所有者权益构成——存在股票回购

所有者权益	
股本——普通股，每股面值 1 美元，10 000 股	
已发行和流通在外 90 000 股普通股	$ 100 000
股本溢价——普通股	900 000
留存收益	300 000
减：库存股价值	110 000
所有者权益合计	$ 1 190 000

Pacific 公司将库存股的成本从普通股、股本溢价和留存收益中扣减，导致所有者权益减少。许多地区要求库存股的成本应以留存收益余额为限，这样做是为了保全法定资本，因为库存股也暂时是法定资本的一部分。公司将库存股出售之后，这种限制便不存在了。

Pacific 公司同时披露股票总数（100 000 股）和库存股数目（10 000 股），两者的差额就是发行在外的股份数。这里，发行在外的股份数是指股东持有的股份数。

出售库存股

公司经常会注销或重新发行库存股。在出售库存股时，应依照出售价格进行会计处理。如果库存股的出售价格恰好等于回购成本，那么公司按出售价格借记"现金"，贷记"库存股"。如果出现库存股的出售价格与回购成本不等的情况，出售价格高于和低于回购价格时的会计处理是不同的，不过这两种情况都会同时增加资产和股东权益。

以高于成本的价格出售库存股　当库存股的出售价格高于成本时，公司应将二者的差异贷记"股本溢价——库存股"。假设 Pacific 公司以每股 11 美元的价格回购 10 000 股股票，2015 年 3 月 10 日将其中的 1 000 股以每股 15 美元的价格售出。账务处理如下：

借：现金		15 000
贷：库存股		11000
股本溢价——库存股		4 000

Pacific 公司不将这 4 000 美元的差异计入利得的理由是：（1）销售利得只产生于资产处置，而库存股并不是一项资产；（2）与本公司股东之间的交易不应确认利得或损失。因此，Pacific 公司不应将出售库存股形成的实收资本计入净利润。相反，Pacific 公司应将出售库存股形成的实收资本单独反映在资产负债表实收资本科目下。

以低于成本的价格出售库存股　当库存股的出售价格低于成本时，公司应将二者的差异借记"股本溢价——库存股"。假设 2015 年 3 月 21 日 Pacific 公司以每股 8 美元的价格售出另外 1 000 股库存股。账务处理如下：

借：现金		8 000
股本溢价——库存股		3 000
贷：库存股		11 000

从以上两笔分录可以总结出：（1）Pacific 公司按照成本贷记"库存股"；（2）均采用"股本溢价——库存股"科目来反映出售价格与成本的差额；（3）两笔分录均不影响原始投入资本科目，即普通股。

当"股本溢价——库存股"科目的余额减至零之后，公司可以将成本超过售价的部分借记"留存收益"。假设 Pacific 公司于 2015 年 4 月 10 日以每股 8 美元的价格再出售 1 000 股库存股。图表 15 - 6 展示了 4 月 10 日之前"股本溢价——库存股"科目的余额。

图表 15 - 6　　　　　　**库存股交易对股本溢价——库存股科目的影响**

股本溢价——库存股	
3 月 21 日　　3 000	3 月 10 日　·4 000
	余额　　　1 000

在这个例子中，Pacific 公司将差额中的 1 000 美元借记"股本溢价——库存股"，剩余的差额记入"留存收益"。分录如下：

借：现金		8 000
股本溢价——库存股		1 000
留存收益		2 000
贷：库存股		11 000

注销库存股

董事会有权批准注销库存股。该决定会导致库存股的消失和已发行股票数的减少。被注销的库存股与被授权但未发行的股票地位是相同的。在会计处理上，注销库存股与出售库存股是类似的，只不过从借记"现金"变成了借记股东权益科目。例如，某家公司最初按面值出售股票，那么它应按照面值借记"股本——普通股"。如果某家公司最初以超过面值 3 美元的价格出售股票，那么它应将这 3 美元借记"股本溢价——库存股"。

数字背后的故事　　回购的波动性

如前所述，股票回购存在巨大的波动。股票回购在持续增加很长时间之后，于 2008—2009 年骤减，之后又有所反弹。为什么会出现波动呢？市场好的时候，公司对前景看好，于是愿意将资金用于股票回购。那么在市场不好的时候呢？一位有经验的分析师解释，公司削减回购保留现金是为了提高流动性和应对严苛的信贷市场。尽管削减一系列领域的开支可以使企业现金水平达到历史高点，但是很多公司不愿意花钱进行股票回购反映了另一位分析师所称的"暴风眼心态"。财务官观察到公司由于糟糕的信贷环境和低迷的商业环境产生的波动，已将现金储备当作最重要的事情。而且从公司的角度看，股票回购比季度股利更好"掌控"。

资料来源：K. Grace and R. Curran, "Stock Buybacks Plummet," *Wall Street Journal* (March 27, 2009), p. C9; and L. Pleven and J. Light, "Leading Indicators for Investors: Corporate Spinoffs, Share Buybacks, Insider Buying and Stock Splits Can All Signal What Insiders Think Lies Ahead for Their Company's Share Price," *Wall Street Journal* (September 6, 2013).

15.3　优先股

如前所述，优先股是一种特殊的股票，拥有与普通股不一样的优先权和特征。优先股最常见的特征包括以下几点：

1. 股利的优先分配权。
2. 清算资产的优先受偿权。
3. 可转换为普通股。
4. 公司拥有提前购回权。
5. 无投票权。

除了优先权外，优先股比普通股受到的限制更多。例如，优先股股东不能参与投票，股利不能累积，不能参与公司经营，等等。

优先股通常按面值发行，以面值的一定比率来计算优先股股利。例如，面值为 100 美元、股利支付率为 8% 的优先股，持有者每年可以收到的股利是 8 美元。这种股票通常称为 8 分（8%）优先股。如果是无面值的优先股，公司通常会直接注明每股的股利金额，例如每股股利 7 美元，这种股票通常称为 7 美元优先股。

股利的优先分配权并不意味着公司一定会支付股利。该权利仅保证公司在支付普通股股利之前向优先股股东分配特定比率的股利。

为了避免抬高产权比率，很多公司会选择发行优先股而不是举债。另外，公司可能通过私下商谈的方式发行低于市场股利支付率的优先股，代价是在发行时支付给对方一大笔免税股利。

☐ 15.3.1 优先股的特征

只要不违反当地的公司法，每家公司都可以根据自己的需求来调整优先权和限制权的组合形式。当然，一家公司也可以同时发行几种优先股。接下来，我们讨论以下优先股最常见的一些特征。

累积优先股

累积优先股的要求是，如果一家公司某年未发放股利，则必须在以后年度补发该股利。在正常发放股利期间，如果董事会没有宣告发放股利，那么该部分股利称为"过去的股利"，形成公司的"积欠股利"。因为只有当董事会宣告发放股利之后，公司才能确认负债，所以积欠股利并不构成公司的负债而只在报表附注中说明。公司很少发行非累积优先股，因为股利不能累积的话，失去的股利便是股东的永久损失。也正是由于这个原因，非累积股票在市场上不受欢迎。

参与优先股

如果普通股的股利支付率超过优先股指定的支付率，那么参与优先股的持有者可以就超过部分享有和普通股股东一样的权利。例如，如果优先股指定的股利支付率为5%，那么当普通股的股利支付率大于5%时，完全参与的优先股股东可以享有与普通股股东一样的股利支付率。优先股股东也可能只有部分参与权。

可转换优先股

可转换优先股赋予股东以规定比率将优先股转换为普通股的权利。可转换优先股的持有者不仅拥有股利的优先分配权，而且拥有转换为普通股的权利，从而可以分得公司的剩余收益。

可提前购回优先股

可提前购回优先股赋予公司在未来某一期间以特定价格购回或赎回发行在外优先股的权利。很多优先股都是可以提前购回的。公司规定的购回价或赎回价通常比原发行价稍高一些，并且价格的计算会与面值联系起来。可购回的特征允许公司在不需要使用发行这种股票获得的资本时或者这类股票不再有优势时将其购回。

只要优先股还未转成普通股，购回价就会有一个最高值，这个最高值通常是股票市价。公司在购回普通股之前，必须先付清积欠股利。

可赎回优先股

最近发行的很多优先股越来越像债务工具（有支付股利的法定义务），而不是权益工具。例如，可赎回优先股有强制赎回期或其他发行公司无法控制的赎回特征。

早前，公众公司既不能在权益中反映这种类似债务的优先股，也不能在负债中反映。如何对这种证券进行分类成为大家关注的一个问题，有人认为可以将其作为权益进行报告，或者记在资产负债表中负债和权益的"夹层"部分。实务中对这种证券的处理也千差万别。IFRS 规定，像可赎回优先股等类似债务的证券，都应在负债中反映，并且账务处理应与负债相同。[3]

□ 15.3.2　优先股的会计处理和报告

发行优先股的会计处理与普通股类似。公司应将发行收入在优先股的面值和"股本溢价——优先股"之间分配。假设 Bishop 公司发行每股面值 10 欧元的优先股 10 000 股，发行价为每股 12 欧元。账务处理如下：

借：现金		120 000
贷：股本——优先股		100 000
股本溢价——优先股		20 000

从上面的分录可以看出，Bishop 公司对不同类型的股票采用了不同的会计科目。

与可转换公司债券不同（在发行时确认为一笔负债），公司将可转换优先股确认为股东权益。此外，在可转换优先股转换为普通股时，理论上是不能确认利得或损失的。因为股东是公司所有者，公司在与股东交易时不能确认利得或损失。公司应当采用账面价值法，借记"股本——优先股"和对应的"股本溢价——优先股"，贷记"股本——普通股"和"股本溢价——普通股"（如果存在溢价）。

优先股一般没有到期日，因此公司没有义务偿还优先股。所以，公司将优先股计入股东权益。公司通常会在股东权益的首项披露优先股的面值，将超过面值的部分计入股本溢价。公司将优先股股利视同普通股股利，作为收入分配而不是一项费用。公司必须披露发行在外优先股的相关权利。[4]

15.4　股利政策

确定适当的股利支付额是一项艰难的财务决策。正在支付股利的公司特别不愿意减少或取消发放股利，因为它们担心这会给市场传递一个不好的信号。所以，一直支付股利的公司会想方设法继续发放股利。此外，股东类型（应税或免税、散户或机构投资者）对股利政策也会产生重要影响。①

很少有公司将可用的法定留存收益全部用来发放股利。原因如下：

1. 为了遵守与债权人的约定（债券条款），以资产的形式保留一部分或全部盈利，以应对今后可能出现的亏损。

2. 为了满足公司法的要求，与库存股回购成本相等金额的利润不能用来发放股利。

3. 为了满足公司的发展和扩张需求，避免出现将资产用来发放股利的情况。这也被称为内部融资、再投资收益或"深耕"的利润再投入经营。

4. 为了平滑各年的股利支付，"大年"的累计利润用来在"小年"支付股利。

5. 为可能的利润计算差错建立缓冲。

---

① 最近一项研究表明，截至 2013 年 3 月的过去 10 年里，股利支付率更高的公司股价增长率也更高。"Rising Corporate Cash: What It Means for Investors," *T. Rowe Price Report*（Summer 2013）.

除了第二条之外，其他的都是出于公司自身的考虑。某些法律限制公司将法定资本用来发放股利以保护债权人的利益。[①] 相应的法律决定了股利的合法性。

15.4.1　财务状况与股利分配

公司管理层在分配股利时不仅要考虑合法性，更要关注公司的经济状况和流动性。图表 15-7 展示了一种极端情况。

图表 15-7　　　　　　　　　　　资产负债表——缺乏流动性

资产负债表			
固定资产	€ 500 000	股本	€ 400 000
	€ 500 000	留存收益	100 000
			€ 500 000

图中展示的公司留存收益有贷方余额。如果没有限制，这 100 000 欧元可以全部用来支付股利，但是公司所有的资产都是经营用固定资产，如果要支付股利，就必须变卖固定资产或者借款。

图表 15-8 展示了公司即使有流动资产，还要考虑该现金是否还有其他用途。

图表 15-8　　　　　　　　资产负债表——账面有现金但营运资本金额很小

资产负债表				
固定资产	€ 460 000	股本	€ 400 000	
现金	100 000	留存收益	100 000	€ 500 000
	€ 560 000	流动负债		€ 60 000
				€ 560 000

流动负债的存在表明公司必须保留部分现金来偿还即将到期的债务。此外，日常的薪酬和其他支出也需要用现金来支付。

因此，在宣告发放股利之前，管理层必须估算可用于发放股利的资金有多少。只有当现在和将来的财务状况能够支持股利发放时，公司才能决定发放股利。

15.4.2　股利类型

公司通常会依据累计盈利（即留存收益）或其他资本项目（如股本溢价）来发股利。股利主要有以下几种：

1. 现金股利。
2. 财产股利。
3. 清算股利。
4. 股票股利。

---

① 公司回购自己的股票会导致注册资本的减少，相当于给股东分配资产。如果允许的话，公司可以任意价格回购股票并返还给投资者，但债权人的利益将很难得到保障。

股利通常以现金形式发放，有时也会以股票或其他资产形式发放。除了股票股利，其他所有类型的股利都会减少公司的股东权益。当公司宣告发放股票股利时，并不需要付出资产或确认负债，只需要给每个股东发放新股票。

股东收到股利之后会认为公司运营良好，因为这样才能从公司的利润中分得一杯羹。所以公司应该向股东披露一种不以留存收益为基础的股利——清算股利，以免股东误会股利的来源。

现金股利

发放现金股利的提案需经董事会投票通过。一旦提案通过，董事会即对外宣告。在发放现金股利之前，公司需要列出当前股东的清单。因此，在宣告和发放股利之间存在一个时间差。例如，董事会可能在 1 月 10 日（宣告日）的会议上通过股利分配提案，宣告将在 2 月 5 日（支付日）向 1 月 25 日（登记日）[1] 登记在册的股东发放股利。在这个例子中，1 月 10 日至 1 月 25 日这段时间留给公司用于完成清单和登记股份转让。1 月 25 日至 2 月 5 日这段时间留给代理商或会计部门（取决于谁负责这项工作）准备 1 月 25 日的股东清单以及邮寄股利支票。

已宣告发放的现金股利构成公司的一项负债，通常需在短期内支付，所以被确认为流动负债。公司通过以下分录来记录普通股现金股利的宣告和发放。假设 Roadway Freight 公司在 6 月 10 日宣告所有 180 万份股票每股发放现金股利 50 美分，登记日为 6 月 24 日，支付日为 7 月 16 日。记录现金股利的宣告和发放的分录见图表 15-9。

图表 15-9　　　　　　　　　　　　　**现金股利账务处理**

宣告日（6 月 10 日）	
借：留存收益——宣告发放现金股利	900 000
贷：应付股利	900 000
登记日（6 月 24 日）	
不进行账务处理。	
支付日（7 月 16 日）	
借：应付股利	900 000
贷：现金	900 000

为了在分类账中清楚地展示本年宣告的股利，Roadway Freight 公司在宣告时不是直接借记"留存收益"而是借记"留存收益——宣告发放现金股利"。这个明细账在年末要转到留存收益总账中。

公司可以根据面值的一定比例（例如 6% 的优先股股利）或者每股的规定金额（例如无面值普通股每股 60 美分股利）来发放股利。对于第一种情况，发行在外股票的面值乘以规定比率就是股利总额。对于第二种情况，发行在外股票数量乘以每股股利就是股利总额。但库存股是没有股利的。库存股并不宣告和支付现金股利。

股利政策因公司而异。有些公司一直以不间断的按季支付股利而著称。只有在利

---

[1]　理论上，除息日是登记日的后一天。但是为了给股票转让留出时间，证券交易所通常会将除息日提前 2~4 天。所以在除息日之前持有股票的人可以收到股利。在除息日当天或之后才持有股票的人不能收到股利。在宣告日和除息日之间，股票价格是包含股利的。

润明显下降或现金严重短缺时，这些公司才会削减或不发放股利。

相反，"成长型"公司支付少量股利，甚至不支付股利，因为它们的目标是尽可能利用内部和外部融资进行扩张。例如，英国 Salamander Energy 公司从未给普通股股东发放过现金股利。投资者希望股票价格上升，然后在股票卖出时获利。比起股利支付，很多公司都更加关注股票价格、股票回购计划和公司利润。

财产股利

以资产而不是现金支付的股利称为财产股利或实物股利。财产股利可以是商品、房屋、投资或者董事会指定的其他形式。加拿大 Gold Bullion Development 公司长期以金条代替现金支付股利。由于在现实中将实物资产分割并运送给股东比较困难，因此财产股利的一般形式是发放公司持有的其他公司的证券。

宣告发放财产股利时，公司应该用公允价值对分配的资产进行重述，资产公允价值与账面价值之间的差额确认为利得或损失。在宣告发放股利时，公司根据发放财产的公允价值借记"留存收益——宣告发放财产股利"，贷记"应付财产股利"。在实际发放时，公司再借记"应付财产股利"，贷记实物资产（按照公允价值重述之后的账面余额）。

例如，Tsen 公司在 2014 年 12 月 28 日宣告将部分证券投资（交易性金融资产）作为财产股利发放给股东，证券当日的账面价值为 1 250 000 港元，公允价值为 2 000 000 港元。登记日为 2014 年 1 月 15 日，支付日为 2015 年 1 月 30 日。账务处理见图表 15 - 10。

图表 15 - 10　　　　　　　　　　财产股利账务处理

宣告日（2014 年 12 月 28 日）	
借：证券投资	750 000
贷：未实现投资利得	750 000
借：留存收益——宣告发放财产股利	2 000 000
贷：应付财产股利	2 000 000
支付日（2015 年 1 月 30 日）	
借：应付财产股利	2 000 000
贷：证券投资	2 000 000

清算股利

某些情况下，一些公司会把实收资本用来发股利。如果这种情况没有得到充分披露，股东可能会错误地认为公司盈利状况良好。为了避免这种有意或无意的欺骗，公司必须在寄出股利支票时注明所有股利的来源。

这种非来源于留存收益的股利称为清算股利。顾名思义，这种股利不是给股东分配利润，而是返还投资。换言之，任何会减少实收资本的股利都是清算股利。例如某采掘企业支付的股利金额超过累计净利润，那么超过部分就被视为返还股东投资。

例如，McChesney Mines 公司给普通股股东发放 1 200 000 英镑股利。股利声明中写明其中的 900 000 英镑来自净利润，剩下的部分是投资返还。McChesney Mines 公司的账务处理见图表 15 - 11。

图表 15－11   清算股利账务处理

```
宣告日
   借：留存收益                                                          900 000
       股本溢价——普通股                                                  300 000
      贷：应付股利                                                              1 200 000
支付日
   借：应付股利                                                        1 200 000
      贷：现金                                                                  1 200 000
```

如果管理者决定终止运营、发放清算股利，为保证有序合理地出售资产，股利的发放可能需要较长的时间。例如，美国海外国际航空公司解散时，同意在数年时间内偿还股东每股 8.6 美元的股利。那么每次支付清算股利都会减少公司的实收资本。

□ 15.4.3 股票股利和股票分拆

股票股利

有时公司会选择发放股票股利。这样做的话，公司是不需要分配资产的。发放股票股利之后，每个股东在公司的股权份额没有变。不过因为股份数增加了，每股账面价值会降低。

发放股票股利就是公司向股东等比例发行股票而不索取任何对价。关于股票股利的会计处理，有些人认为应该按照发行股票的面值扣减留存收益，同时增加股本。[①]

假设 Vine 公司发行在外的普通股为 100 000 股，每股面值 1 英镑，留存收益为 50 000 英镑。如果 Vine 公司宣告发放 10% 的股票股利，那么它需要新发行 10 000 股股票。如果在宣告日每股公允价值为 8 英镑，账务处理如下：

宣告日

```
   借：留存收益——宣告分配股票股利                                      10 000
      贷：普通股——股利分配                                                    10 000
```

关于该笔分录，我们应注意两点：第一，股票股利应用面值而非公允价值进行核算；第二，股票股利的发放不影响企业的资产和负债，仅仅是所有者权益内部项目的增减。如果资产负债表日是在股利宣告日和发放日之间，那么 Vine 公司需要在所有者权益部分的普通股项目反映股票股利（而现金股利和财产股利是在流动负债下反映）。

实际发放股票股利时，分录如下：

发放日

---

①   另一种账务处理方法是公允价值法（美国会计准则要求）。这种方法要求小额股票股利（不到发行在外普通股数量的 20%～25%）按照发行股票的公允价值计量。为了影响公司的股利政策，人们采纳了公允价值观点，至少是部分采纳——尽管在股票股利的真正影响方面可能误导投资者。一些人认为"有些收到股票股利的投资者会视其为分配公司盈利，金额与收到股票的公允价值相等"。（Stephen A. Zeff，"The Rise of 'Economic Consequences'，" *The Journal of Accountancy*（December 1978），pp. 53－66.）IFRS 对股票股利是采用面值法还是公允价值法未发表意见。我们在这里只展示面值法是因为这种方法从理论上讲更加合理——股票股利并不是投资者的收入这一观念得到普遍认同。

借：普通股——股利分配　　　　　　　　　　　　　　　　　　10 000
　　贷：股本——普通股　　　　　　　　　　　　　　　　　　　　10 000

不论股票股利的公允价值是多少，每位股东在公司所有者权益中的份额保持不变。

有些法律和交易所规则明令禁止给库存股发放股票股利，有些法律则允许库存股参与股票股利和股票分拆，所以库存股的使用计划会影响企业的行为。例如，某公司库存股与员工股票期权计划相关，那么该库存股可能会参与股票股利和股票分拆，因为公司通常会根据行权数调整库存股的数量。但如果给库存股发放的股票股利没有实际用途，那么该行为就是没有意义的，因为库存股在性质上就是已授权但尚未发行的股票。

下面我们继续讨论股票股利的影响。图表 15-12 展示了股票股利对公司的股东权益总额没有影响，对每位股东的股权份额也没有影响。

图表 15-12　　　　　　　　　　　　　股票股利的影响

分配股利之前
股本——普通股（100 000 股，每股面值 1 英镑）　　　　　　£100 000
留存收益　　　　　　　　　　　　　　　　　　　　　　　　　50 000
　　股东权益合计　　　　　　　　　　　　　　　　　　　　　£150 000
股东权益：
A. 40 000 股，占股东权益 40％，账面价值　　　　　　　　　　£60 000
B. 50 000 股，占股东权益 50％，账面价值　　　　　　　　　　75 000
B. 10 000 股，占股东权益 10％，账面价值　　　　　　　　　　15 000
　　　　　　　　　　　　　　　　　　　　　　　　　　　　　£150 000

宣告分配 10％股票股利但尚未发放
股本——普通股（100 000 股，每股面值 1 英镑）　　　　　　£100 000
待分配普通股（10 000 股，每股面值 1 英镑）　　　　　　　　10 000
留存收益（£50 000－£10 000）　　　　　　　　　　　　　40 000
　　股东权益合计　　　　　　　　　　　　　　　　　　　　　£150 000

宣告分配 10％股票股利且已发放
股本——普通股（110 000 股，每股面值 1 英镑）　　　　　　£110 000
留存收益（£50 000－£10 000）　　　　　　　　　　　　　40 000
　　股东权益合计　　　　　　　　　　　　　　　　　　　　　£150 000
股东权益：
A. 44 000 股，占股东权益 40％，账面价值　　　　　　　　　　£60 000
B. 55 000 股，占股东权益 50％，账面价值　　　　　　　　　　75 000
B. 11 000 股，占股东权益 10％，账面价值　　　　　　　　　　15 000
　　　　　　　　　　　　　　　　　　　　　　　　　　　　　£150 000

股票分拆

如果一家公司多年未分配股利，留存收益的账面余额相当大，那么这家公司的股票价格很可能会攀升。以每股不足 50 英镑发行的股票，其市价很容易超过 200 英镑。

但是股票的市价越高，愿意购买它的投资者就会越少。

许多公司的管理层认为，公司的股权越分散，与投资者的关系就会越和谐。因此，他们会将股价定在大多数潜在投资者能够接受的范围之内。为了降低股票市价，他们通常会使用一种手段——股票分拆。例如，瑞典 Arcam AB 在其股价大幅增长后，以 1∶4 的比例对股票进行分拆，达到了降低股价、分散股权的目的。

从会计处理来看，分拆股票时，Arcam AB 公司不需要编制任何会计分录，但是应该就每股面值的改变和股票数量的增加做备查登记。图表 15 - 13 展示了 100 000 股每股面值 1 欧元的股票在以 1∶2 的比例分拆之后，股东权益没有变化，但是面值降为原来的一半。

图表 15 - 13　　　　　　　　　　　股票分拆的影响

股票分拆（1 股拆成 2 股）之前股东权益情况		股票分拆（1 股拆成 2 股）之后股东权益情况	
股本——普通股（100 000 股，每股面值 1 欧元）	€ 100 000	普通股（200 000 股，每股面值 0.5 欧元）	€ 100 000
留存收益	50 000	留存收益	50 000
	€ 150 000		€ 150 000

股票分拆与股票股利的区别

从法律上讲，股票分拆与股票股利是有区别的。有什么区别呢？股票分拆在增加发行在外股票数量的同时降低了股票的每股面值。股票股利则在增加发行在外股票数量的同时并不影响每股面值，因此发放股票股利会增加发行在外股票的面值总额。

发行股票的理由有很多且不尽相同。股票股利可能仅被作为一种信号，因为许多投资者把股票股利当作现金股利。另一个原因可能是企业想通过留存收益资本化将一部分利润保留下来。这种情况下，在股利宣告日就有部分留存收益转移到了缴入资本中。

公司也希望像利用股票分拆一样利用股票股利来提升股票的受欢迎程度，虽然受欢迎程度通常不是企业最关注的。股票股利可以像股票分拆那样对股价产生影响。但是如前文所述，股票股利并不改变股票的面值。

图表 15 - 14 对比总结了不同类型股利和股票分拆对资产负债表相关项目的影响。

图表 15 - 14　　　　　　股票股利和股票分拆对资产负债表构成的影响

对下列各项的影响	宣告分配现金股利	支付现金股利	宣告分配	
			股票股利	股票分拆
留存收益	减少	不变	减少[a]	不变
股本	不变	不变	增加[a]	不变
股本溢价	不变	不变	不变	不变
所有者权益合计	减少	不变	不变	不变
营运资本	减少	不变	不变	不变
总资产	不变	减少	不变	不变
发行在外股票数量	不变	不变	增加	增加

a. 股票面值或规定价值。

⚙️ 数字背后的故事　　忽上忽下的股利

随着经济的逐渐复苏，许多公司开始增加股利发放，这也表明公司管理层信心的回升和公司流动性的改善。例如，雀巢、欧莱雅、诺和诺德等公司均在 2013 年增加了股利的发放。尽管有些人担心股利支付会随着经济增长趋于平稳，事实上市场整体的股利支付处于增长之中。

关注股利是正常现象。如今 GDP 增速缓慢、利率持续走低、股利税率较低，正是投资那些股利可能增长的股票的好时机。一位市场分析师指出："投资者经常会忽视股利的重要性，特别是股利在再投资回报中的贡献……其实，股利还可以很好地降低由于收入增加而引起的通货膨胀的不利影响。"下图对比了股利增加的公司和股利减少的公司的收益率，提醒我们要更加关注股利的增长。

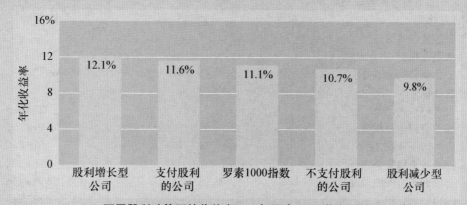

不同股利政策下的收益率——与罗素 1000 指数对比
（1978 年 12 月 31 日至 2011 年 9 月 30 日）

资料来源：T. Rowe Price analysis based on Compustat data.

1979—2011 年，罗素 1000 指数中那些股利持续增长的公司的业绩要明显好于那些股利不变、不发股利以及股利减少的公司。在这段时间内，同样投资 100 美元，所投资的股利增长型公司的股价可以涨到 4 018 美元，而罗素 1000 指数的平均值是 3 134 美元。那些发放股利的公司比不发股利的公司在市场平稳或者下跌时的业绩表现更好，而且收益的波动性也更小。

从进一步分析中我们可以看出，那些在市场中表现最好的股票往往是高收益率（虽然可能不是最高的）、高股利支付率的股票。不好的预期或其他原因导致的低股价有时也会促使收益率提高。在这种情况下，公司在不久的将来很可能会削减股利。相反，那些在过去表现很好的股票一般都是发展潜力被低估的股票。所以，增加股利的发放表明公司对未来盈利的信心，这些股票在市场周期中往往表现较好，对于想长期持有的投资者而言，该类股票是很好的选择。

资料来源："Dividend Growth Stocks May Be Timely as the Economy Sputters", *T. Rowe Price Report* (Fall 2011); and R. Evans, "Here Are the American and European Companies with Incredible Track Records of Raising Their Dividends," *The Telegraph* (November 4, 2013).

☐ 15.4.4　留存收益限制性条款披露

很多公司对留存收益和股利发放都有限制，但是这种限制不在会计分录中反映。

这些限制性条款最好是以附注的形式披露。限制性条款有时是作为附带的内容，但如果是债券契约和贷款合同的限制性条款，则需要详尽披露。报表附注是让报表信息完整呈现的载体，使得财务报表不再是孤零零的数字。附注部分应当披露限制的来源、有关准备以及受限制的留存收益（或未受限制的留存收益）。

限制留存收益可能是为了保留部分留存收益，可能是为了满足维持正常运转的资本要求，也可能是为了增加借款，或者其他目的。图表 15 - 15 是我们从三星公司年报附注中截取的有关留存收益和股利的潜在限制性条款。

图表 15 - 15   留存收益和股利潜在限制性条款的披露

三星 附注 21：留存收益 12 月 31 日留存收益情况如下：		
（百万韩元）	本年	上年
指定部分		
法定公积金		
营业公积金准备[1]	₩ 450 789	₩ 450 789
任意公积金		
财务结构优化公积金	204 815	204 815
经营合理化公积金	9 512 101	8 512 101
海外市场开发公积金	510 750	510 750
海外投资损失公积金	164 962	164 982
研发和人力资源发展公积金	26 936 458	22 936 458
出口损失公积金	167 749	167 749
库存股处置损失公积金	3 100 000	2 550 000
资本支出公积金	8 816 905	8 216 439
	49 864 549	43 714 083
未指定部分	5 555 022	7 351 091
合计	₩ 55 419 571	₩ 51 065 174

1. 韩国商业法规要求公司提取法定公积金，每年至少提取已宣告分配现金股利的 10%，直到法定公积金达到股本的 50%。法定公积金不能用于发放现金股利，但是经董事会同意可以转增资本或经股东批准用于弥补以前年度亏损。

15.5　所有者权益的列报和分析

□ 15.5.1　列报

资产负债表

图表 15 - 16 展示了 Frost 公司资产负债表中的综合所有者权益部分，这部分包含了我们在本章中讨论过的大多数的权益项目。①

---

①　如图表 15 - 16 所示，"累积其他综合收益——损失"或"累积其他综合收益——利得"包含一系列项目：外币折算调整（见高级会计学）；非交易性权益投资未实现利得或损失（见第 17 章）；不动产、厂场和设备未实现持有利得或损失（见第 11 章）。这些项目通常称为重估价盈余。

图表 15 – 16   综合所有者权益列报

Frost 公司 2015 年 12 月 31 日所有者权益情况		
股本——优先股（每股面值 100 美元，股息率 7%，可累积），授权数量 100 000 股，已发行在外流通 30 000 股	$ 3 000 000	
股本——普通股（无面值，规定价值是每股 10 美元），授权数量 500 000 股，已发行 400 000 股	4 000 000	
待分配股票股利，20 000 股	200 000	$ 7 200 000
股本溢价——优先股	150 000	
股本溢价——普通股	840 000	990 000
留存收益		4 360 000
减：库存股（2 000 股普通股）		（190 000）
累积其他综合收益——损失		（360 000）
所有者权益合计		$ 12 000 000

Frost 公司需要披露发行在外的各种证券的相关权利。例如，公司必须披露以下内容：股利和清算偏好、参与权、回购价格和日期、转换价或行权价以及相应日期、偿债资金需求、非正常投票权和重要的发行额外股票条款。其中，清算偏好应当在资产负债表的权益部分披露，而不是在财务报表附注中说明，其目的是强调限制性条款对未来现金流可能产生的影响。

所有者权益变动表

公司需要提供所有者权益变动表。所有者权益变动包含下列事项。

1. 本期综合收益合计，归属于母公司权益和少数股东权益的金额应当分别列报。
2. 对于所有者权益的每一个项目，相应会计政策的应用或重述对其产生的影响。
3. 对于所有者权益的每一个项目，从年初账面余额到年末账面金额的调整，分别披露下列每一项的结果：

（a）利润或亏损；

（b）其他综合收益变动；

（c）与所有者在其能力范围之内的交易，将所有者投入、针对所有者的分配和不丧失控制权的权益变动分开列报。

图表 15 – 17 展示了德国巴斯夫公司所有者权益的情况。

图表 15 – 17   所有者权益变动表

巴斯夫公司所有者权益变动表							
（百万欧元）	发行在外股份数	实收资本	资本溢价	留存收益	其他综合收益(损失)	归属于母公司权益	少数股东权益	所有者权益合计
	918 478 694	1 176	3 203	19 446	314	24 139	1 246	25 385
	—	—	—	—	—	—	（5）	（5）
	—	—	—	（2 296）	—	（2 296）	（345）	（2 641）

续

巴斯夫公司所有者权益变动表								
（百万欧元）	发行在外股份数	实收资本	资本溢价	留存收益	其他综合收益（损失）	归属于母公司权益	少数股东权益	所有者权益合计
—	—	—	—	4 879	—	4 879	343	5 222
—	—	—	—	(1 939)	(204)	(2 143)	(9)	(2 152)
—	—	—	(15)	16	—	1	(6)	(5)
	918 478 694	1 176	3 188	20 106	110	24 580	1 224	25 804

除此之外，巴斯夫公司应在所有者权益变动表或附注中披露支付给所有者的股利金额和相应的每股股利金额。[5]

□ 15.5.2 分析

分析师通常采用一些与所有者权益相关的比率来评价企业的盈利性和长期偿债能力。接下来，我们主要讨论三个指标：

1. 普通股权益净利率。
2. 股利支付率。
3. 每股账面价值。

普通股权益净利率

普通股权益净利率通常称为权益净利率，是站在普通股股东的角度对企业的盈利能力进行的评价。权益净利率还可以帮助投资者在市场不景气的情况下判断股票购买价值。

权益净利率等于净利润减去优先股股利再除以平均普通股股东权益。假设 Gerber 公司实现净利润 360 000 美元，发放普通股股利 54 000 美元，平均普通股股东权益为 2 550 000 美元。图表 15 - 18 展示了 Gerber 公司普通股权益净利率的计算过程。

图表 15 - 18　　普通股权益净利率的计算过程

$$普通股权益净利率 = \frac{净利润 - 优先股股利}{平均普通股股东权益}$$
$$= \frac{\$360\,000 - \$54\,000}{\$2\,550\,000}$$
$$= 12\%$$

可见，当存在优先股时，可供分配给普通股股东的利润等于净利润减去优先股股利。同样，分母也要将优先股面值从总股东权益中减去。

公司可以通过慎重地使用负债或者优先股融资来提高普通股权益净利率。我们通常说的举债经营就是使用借款或发行优先股来提高资金的回报率。如果权益净利率高于资本成本率，那么股东将从中获利。此时，普通股权益净利率高于总资产净利率，说明公司举债经营是成功的。在支付完债权人利息和优先股股利之后，剩余的利润属于普通股股东。反之，如果资本成本率高于资产回报率，那么公司举债经营是失败的，股东会蒙受损失。

股利支付率

另一个反映投资者获利情况的指标是股利支付率，股利支付率等于现金股利除以净利润。如果存在发行在外的优先股，那么该指标等于支付给普通股股东的现金股利除以可供分配给普通股股东的利润。假如 Troy 公司发放现金股利 100 000 欧元，实现净利润 500 000 欧元，没有优先股。图表 15 - 19 展示了 Troy 公司的股利支付率的计算过程。

图表 15 - 19　　　　　　　　　股利支付率的计算过程

$$股利支付率 = \frac{现金股利}{净利润}$$
$$= \frac{€\,100\,000}{€\,500\,000}$$
$$= 20\%$$

最近几年，股利支付率出现大幅下降的情况。在 2000 年，公司会拿出一半以上的净利润来发放股利。到了 2011 年，全球上市公司平均只有 37% 的净利润转化成股利。[①]

每股账面价值

每股账面价值经常作为每股净资产的估值基础。每股账面价值表示以资产负债表为基础的每股可分得的清算价值。但是，如果资产负债表中资产的公允价值不能真实反映，那么该指标应用于估值的相关性就会降低。每股账面价值等于普通股股东权益除以发行在外普通股股数。假设 Chen 公司发行在外 100 000 股普通股的账面价值为 1 000 000 港元。图表 15 - 20 展示了每股账面价值的计算过程。

图表 15 - 20　　　　　　　　　每股账面价值的计算过程

$$每股账面价值 = \frac{普通股股东权益}{发行在外股份数}$$
$$= \frac{HK\$\,1\,000\,000}{100\,000}$$
$$= HK\$\,10$$

国际会计视野

所有者权益

GAAP 与 IFRS 对所有者权益相关交易（例如股票发行、库存股回购、股利的宣告和发放）的会计处理基本相同，二者的差异主要体现在术语的使用以及所有者权益信息的列报上。

相关事实

下面列举了 GAAP 与 IFRS 关于所有者权益会计处理上主要的相同点与不同点：

---

① Andrew Blackman，"How Well Do You Know… Dividends?" *Wall Street Journal*（September 10，2007），p. R5. Also，see payout data at *http*：//*pages. stern. nyu. edu/∼%20adamodar/New _ Home _ Page/ data. html.*

相同点

1. 股票发行与库存股回购的会计处理相同。

2. 股利支付和股票分拆的会计处理和列报相同。

不同点

1. GAAP 规定发放小额股票股利时，按照所发放股票的公允价值借记"留存收益"，贷记"股本"和"资本公积"；IFRS 并未对此会计处理做明确的规定。

2. 主要的区别体现在术语的使用、概念的解释（例如，重估盈余）以及所有者权益信息的列报上。

3. 在美国和英国，公司投资主要依赖于私人投资者。然而许多国家中的投资主体与美国存在差异。例如，在德国，银行不仅是主要的债权人更是很多公司最大的股东。

4. 库存股注销的会计处理不同。GAAP 允许企业有三种选择：（1）将库存股成本高于面值的部分计入留存收益；（2）将差额分配到实收资本和留存收益中；（3）将差额全部计入留存收益。在 IF-RS 中，企业可能需要将差额全部计入实收资本，

这取决于最开始的股票发行交易。

5. GAAP 将所有者权益变动的列报称为所有者权益变动表。

6. GAAP 和 IFRS 都使用留存收益的概念。但是 IFRS 将所有者权益其他项目的蓄水池称作"储备"，这些项目包括其他综合收益、与可转换债务有关的特殊交易、股票期权合约。而 GAAP 使用的科目是"累积其他综合收益（损失）"，该表述也逐渐受到 IFRS 的欢迎。

7. 在 IFRS 中，使用"重估盈余"来反映财产、厂房、设备、矿产资源以及无形资产价值的上升或下跌是很常见的。但是这个术语在 GAAP 中并不常见，因为以上项目的未实现利得按 GAAP 的规定是不能在财务报表中反映的。

数字之谜

如前文所述，GAAP 和 IFRS 在术语上存在诸多差异。下面摘录了一家美国公司的资产负债表，你可以从该表中发现这些差异（具体可对比图表 15-16）。

Frost 公司所有者权益 2015 年 12 月 31 日		
股本		
优先股，每股面值 100 美元，股息率 7％，可累积，授权数量 100 000 股， 　已发行在外流通 30 000 股		$ 3 000 000
股本——普通股（无面值，规定价值是每股 10 美元），授权数量 500 000 　股，已发行 400 000 股		4 000 000
待分配普通股股票股利，20 000 股		200 000
股本合计		7 200 000
股本溢价		
股本溢价——优先股	$ 150 000	
股本溢价——普通股	840 000	990 000
投入资本合计		8 190 000
留存收益		4 360 000
投入资本和留存收益合计		12 550 000
减：库存股（2 000 股普通股）		190 000
其他综合收益——损失		360 000
所有者权益合计		$ 12 000 000

未来之路

在前面的讨论中我们提到过，目前 IASB 和 FASB 正在合作一个关于财务报表列报的项目。这个

项目中的一个重要内容就是决定报表中的特定列，例如小计和合计，是否需要严格定义以及是否需要列报。目前人们正密切关注所有者权益变动的列报。在 GAAP 下，对其他综合收益的列报在未来可能会

发生改变。

本章小结

1. 阐述公司组织形式的特点。公司组织形式对会计处理的影响体现在以下方面：（1）公司法的影响；（2）股票或者股票体系的应用；（3）所有者权益种类的发展。如果没有其他限制性条款，每股股票可以按比例享有以下权利：（1）分享公司利润或承担公司亏损；（2）管理权（任免董事会成员的投票权）；（3）享有公司清算资产权；（4）新发行同类股票的优先购买权。

2. 识别所有者权益的主要组成部分。所有者权益或股东权益包括实收资本和已赚资本。实收资本（缴入资本）表示股东投入的股本总额，也就是股东投资企业用于生产经营的金额。实收资本包括发行在外股票面值和扣减折扣后的发行溢价等项目。已赚资本是公司从事盈利活动积累的资本，它包括所有投资于公司的未分配利润。

3. 解释股票发行的会计处理程序。公司根据不同的股票类型设置会计账户。有面值股票下设科目：（a）"股本——普通股"或"股本——优先股"；（b）"股本溢价——普通股"和"股本溢价——优先股"。无面值股票下设科目："股本——普通股"或"股本——优先股"和"股本溢价——普通股"。合并发行证券的两种处理方法：（a）比例法；（b）增量法。非现金交易的股票：当企业发行股票收到资产或服务而不是现金时，应当按照非现金资产对价的公允价值计量。如果该公允价值难以取得，则按发行股票的公允价值计量。

4. 描述库存股的会计处理。公司一般采用成本法对库存股的价值进行计量。成本法的得名源于公司是按照回购库存股实际支付的价款来计量的。在成本法下，公司按照回购股票的成本借记"库存股"，在重新发行时，以相同金额贷记"库存股"。股票最初的出售价格不影响库存股回购和重新发行的计量。

5. 解释优先股的会计处理和报告要求。优先股是一种特殊的股票，拥有与普通股不一样的优先权和特征。优先股最常见的特征如下：（1）股利的优先分配权；（2）清算资产的优先受偿权；（3）可转换为普通股；（4）公司拥有提前购回权；（5）无投票权。优先股发行时的账务处理与普通股相同。当可转换优先股转换为普通股时，公司采用账面价值法，借记"股本——优先股"和相应的"股本溢价——优先股"，贷记"股本——普通股"和"股本溢价——普通股"。

6. 描述股利分配政策。公司法通常会规定支付股利的限额，但是很少有公司会按照限额来发股利，原因是公司想将未分配利润对应的那部分资产用以支持未来的运营。在发股利之前，公司需要明确两个问题：（1）发放股利符合法律规定吗？（2）支付股利对企业是有利的吗？

7. 识别不同的股利分配形式。股利主要有以下几种：（1）现金股利；（2）财产股利；（3）清算股利（股利的来源不是留存收益）；（4）股票股利（公司向股东等比例发行股票但不索取任何对价）。

8. 解释股票股利和股票分拆的会计处理。公司宣告发放股票股利时，按照发行股票的面值借记"留存收益"，按每股面值与股份数的乘积贷记"普通股——用于支付股利"。股票股利是资本化的留存收益。支付股票股利会减少留存收益，增加投入资本，每股面值和股东权益总额保持不变，股东的持股比例也不会变化。股票分拆会增加或减少发行在外的股份数，同时会引起每股面值的增加或减少。股票分拆不需要编制任何会计分录。

9. 说明如何对所有者权益进行列报和分析。资产负债表中的所有者权益项目包括股本、股本溢价和留存收益。有些公司会包括其他项目，如库存股、累积其他综合收益（损失）以及少数股东权益。公司还需提供所有者权益变动表。常用的与所有者权益相关的财务指标有普通股权益净利率、股利支付率和每股账面价值。

附录 15A　优先股股利和每股账面价值

□ 优先股股利

图表 15A-1 到图表 15A-4 展示了不同的优先权对普通股股东和优先股股东的影响。假设 Mason 公司在 2015 年发放了 50 000 欧元现金股利，发行在外普通股的总面值为 400 000 欧元，同时还有面值总额为 100 000 欧元的 6 分优先股。根据以下不同假设，Mason 公司分别向每类股东发放股利。

1. 如果优先股为非累积和非参与优先股：

图表 15A-1　　　　　　　　　股利分配——非累积和非参与优先股

	优先股股利	普通股股利	合计
优先股总面值 100 000 欧元，股息率 6%	€ 6 000		€ 6 000
剩余部分用于普通股股利分配		€ 44 000	44 000
合计	€ 6 000	€ 44 000	€ 50 000

2. 如果优先股为累积但非参与优先股，并且 Mason 公司在前两年未支付优先股股利：

图表 15A-2　　　　　　股利分配——累积但非参与优先股、存在积欠股利

	优先股股利	普通股股利	合计
支付过去两年积欠的优先股股利，优先股总面值 100 000 欧元，股息率 6%	€ 12 000		€ 12 000
分配当年优先股股利，优先股总面值 100 000 欧元，股息率 6%	6 000		6 000
剩余部分用于普通股股利分配		€ 32 000	32 000
合计	€ 18 000	€ 32 000	€ 50 000

3. 如果优先股为非累积但参与优先股①：

---

① 优先股为参与优先股时，关于如何参与分配可能存在不同的约定。但是在不存在具体约定的情况下，推荐按照以下步骤：a. 在优先股按规定比率分得股利后，普通股取得一个"相似"的股利支付率。在本例中，该金额是 400 000 欧元的 6%。b. 在本例中，如图表 15A-3 所示，可供分配的剩余股利为 20 000 欧元。我们将剩余股利除以总面值（500 000 欧元）来确定剩余股利分配率。在本例中，该比率为 4%（20 000/500 000），然后将该比率乘以每类股票的面值得到分配的剩余股利。

图表 15A-3　　　　　　股利分配——非累积但参与优先股

	优先股股利	普通股股利	合计
当年先按 6％的股息率分配	€6 000	€24 000	€30 000
剩余股利的分配	4 000	16 000	20 000
合计	€10 000	€40 000	€50 000

有参与权的优先股股利分配，计算过程如下：

当年先按 6％的股息率分配股利：

优先股，总面值 100 000 欧元，股息率 6％——分得 6 000 欧元		
普通股，总面值 400 000 欧元，股息率 6％——分得 24 000 欧元	€30 000	
剩余可供分配股利（€50 000－€30 000）	€20 000	
参与剩余股利分配的股票面值（€100 000＋€400 000）	€50 000	
剩余股利分配率（€20 000/€500 000）	4％	
剩余股利分配：		
优先股，总面值 100 000 欧元，分配率 6％	€4 000	
普通股，总面值 400 000 欧元，分配率 6％	16 000	
	€20 000	

4.　如果优先股为累积并参与优先股，并且 Mason 公司在前两年未支付优先股股利：

图表 15A-4　　　　　股利分配——累积并参与优先股、存在积欠股利

	优先股股利	普通股股利	合计
支付过去两年积欠的优先股股利，优先股总面值 100 000 欧元，股息率 6％	€12 000		€12 000
当年先按 6％的股息率分配	6 000	€24 000	30 000
剩余股利分配，分配率 1.6％（€8 000/€500 000）	1 600	6 400	8 000
合计	€19 600	€30 400	€50 000

□ 每股账面价值

每股账面价值最简单的计算方法就是用期末净资产除以发行在外普通股总股数。如果存在优先股，那么每股账面价值的计算会变得复杂。例如，当存在积欠优先股股利时，当优先股为参与优先股时，或者当优先股的赎回价格或清算价值高于账面价值时，公司需要将留存收益在普通股和优先股之间分配。

举例说明，假设存在如图表 15A-5 所示的情况。

图表 15A-5　　　　　每股账面价值的计算过程——不存在积欠股利

股东权益	优先股	普通股
优先股面值（股息率 5％）	€300 000	
普通股面值		€400 000

续前表

股东权益	优先股	普通股
普通股发行价格超过面值的部分		37 500
留存收益		162 582
合计	€ 300 000	€ 600 082
发行在外普通股股数		4 000
每股面值		€ 150.02

　　图表 15A - 5 假设不存在积欠的优先股股利，而且优先股为非参与优先股。现在我们保持其他条件不变，将 5 分股利变成累积股利，参与比率最高为 8%，以往三年均未发放优先股股利。图表 15A - 6 展示了普通股账面价值的计算过程（假设不考虑当年的股利）。

图表 15A - 6　　　　　　　　　　每股账面价值的计算过程——存在积欠股利

股东权益	优先股	普通股
优先股面值（股息率 5%）	€ 300 000	
普通股面值		€ 400 000
普通股发行价格超过面值的部分		37 500
留存收益：		
积欠优先股股利（3 年，股息率 5%）	45 000	
当年应支付股利（股息率 5%）	15 000	20 000
剩余股利分配（分配率 3%）	9 000	12 000
剩余的用于普通股股利分配的部分		61 582
合计	€ 369 000	€ 531 082
发行在外普通股股数		4 000
每股面值		€ 132.77

　　如图表 15A - 6 所示，在计算每股面值时，留存收益在优先股和普通股之间分配。

　　关于账面价值的计算，分析师必须了解以下事项如何处理：已授权但尚未发行的股票、持有的库存股、尚未发行股票和再次发行库存股的承诺事项、不同股票的相关权利。例如，如果优先股的清算价值高于账面价值，那么应当采用清算价值对优先股进行计量。

□ 附录 15A 小结

　　10. 解释不同类型的优先股股利以及它们对每股账面价值的影响。优先股的优先权会影响支付给股东的股利金额。优先股可以是：（1）累积或非累积优先股；（2）完全参与、部分参与或不参与优先股。当存在积欠优先股股利时，当优先股为参与优先股时，或者当优先股的赎回价格或清算价值高于账面价值时，公司在计算每股账面价值时都需要将留存收益在普通股和优先股之间分配。

简单练习

BE15-4 Ravonette 公司发行了 300 股每股面值 10 美元的普通股和 100 股每股面值 50 美元的优先股，发行收入合计 13 500 美元。普通股的市场价格为每股 20 美元，优先股的市场价格为每股 90 美元。编制关于上述股票发行的会计分录。

BE15-13 Green Day 公司发行在外的普通股共计 400 000 股，每股面值 10 美元。公司宣告发放 5% 的股票股利，宣告日每股股票的公允价值为 65 美元。编制 Green Day 公司在股票发行日和股利宣告日的会计分录。

综合练习

E15-2（普通股和优先股发行的会计处理）Abernathy 公司于 2015 年 1 月 1 日成立。公司被授权发行每股面值 50 美元、股利支付率 8% 的优先股 10 000 股和无面值、每股规定价值为 2 美元的普通股 500 000 股。2015 年公司存在以下已经完成的股票交易：

1 月 10 日，以每股 5 美元的价格发行普通股 80 000 股，全部取得现金收入。

3 月 1 日，以每股 108 美元的价格发行优先股 5 000 股，全部取得现金收入。

4 月 1 日，以发行 24 000 股普通股的形式换取土地。土地的报价为 90 000 美元，公允价值为 80 000 美元。

5 月 1 日，以每股 7 美元的价格发行优先股 80 000 股，全部取得现金收入。

8 月 1 日，为支付律师在公司组建期间的服务费 50 000 美元，发行 10 000 股普通股。

9 月 1 日，以每股 9 美元的价格发行普通股 10 000 股，全部取得现金收入。

11 月 1 日，以每股 112 美元的价格发行优先股 1 000 股，全部取得现金收入。

要求：

编制关于上述交易的会计分录。

权威文献

［1］Conceptual Framework for Financial Reporting, "Chapter 4, *The Framework* (1989): The Remaining Text" (London, U.K.: IASB, September 2010), par. 4. 20.

［2］International Financial Reporting Standard 2, *Share-Based Payment* (London, U.K.: International Accounting Standards Committee Foundation, 2004), par. 10.

［3］International Accounting Standard 32, *Financial Instruments: Presentation* (London,

U.K.: International Accounting Standards Committee Foundation, 2003), paras. 18-20.

［4］International Accounting Standard 1, *Presentation of Financial Statements* (London, U.K.: International Accounting Standards Committee Foundation, 2003), par. 79.

［5］International Accounting Standard 1, *Presentation of Financial Statements* (London, U.K.: International Accounting Standards Committee Foundation, 2003), paras. 106-107.

第 16 章

稀释性证券与每股收益

学习目标

学完本章后，你应该能够：

1. 描述可转换证券发行、转换与清偿的会计处理。
2. 解释可转换优先股的会计处理。
3. 对比认股权证及与其他证券一同发行的认股权证的会计处理。
4. 描述股票薪酬计划的会计处理。
5. 讨论与股票薪酬计划相关的争议。
6. 计算简单资本结构下的每股收益。
7. 计算复杂资本结构下的每股收益。

摆脱习惯

　　有些习惯是很难摆脱的。比如股票期权，有人就称之为"激励中的高纯度可卡因"。股票期权是一种薪酬形式，它赋予企业的关键雇员以一个给定价格（通常低于市场价格）购买股票的选择权。长期以来，企业都沉迷于这些薪酬计划产品。这是为什么呢？正是活跃的股权市场和有利的会计处理共同促使企业选择将股票期权作为主要的薪酬激励形式。授予股票期权的公司不必付出任何代价，关键雇员也非常欢迎这种薪酬形式，所以企业热衷于采用股票期权进行激励。然而，2005 年实施的会计准则要求将股票期权的公允价值费用化。

　　这种新的处理方法能使企业更容易地摆脱这一习惯。下图展示了全球 250 余家公司使用股票期权的情况，可以发现股票期权薪酬的使用逐步减少

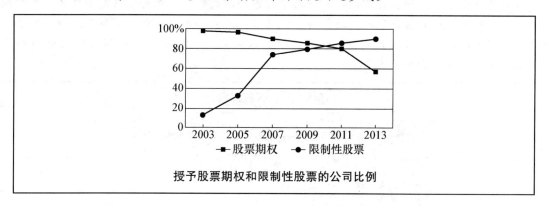

授予股票期权和限制性股票的公司比例

　　如图所示，随着股票期权费用化的实施，限制性股票计划的使用呈增加趋势，仅有小部分公司还在授予股票期权。一位评论人对一家公司称："一旦开始费用化，股票期权的吸引力就会显著下降。"实际上，20 世纪 90 年代，那些持有大量期权的高管受到几乎不可抗拒的动机的驱使，会去做一切能帮助他们提高股票价格并增加所持期权现金的事情。

　　通过控制期权的授予，许多公司迈出遏制失去控制的高管薪酬的第一步，结束股票期权酝酿公司腐败的时代。公司在遏制授予期权时所采用的方式，包括用限制性股票代替股票期权。如下图所示，授予限制性股票的公司越来越多，而且与股票期权相比，近年来限制性股票的价值有显著增长。信息技术领域的某些公司（例如微软和雅虎）已经完全将股票期权转换为限制性股票计划。

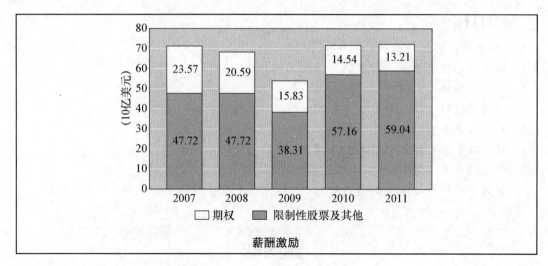

薪酬激励

这是好的趋势吗？大多数人认为是。以往的薪酬计划关注在不付出代价的同时，奖励有才能和好的业绩的雇员，股票薪酬费用化已使之发生了改变，这种费用化处理与其他薪酬形式类似。虽然这对公司行为的积极影响难以计量，但会使投资者在未来获益匪浅。

资料来源：Adapted from：Louis Lavelle, "Kicking the Stock-Options Habit," *BusinessWeek Online* (February 16, 2005). Graphs from J. Doyle and S. Sussman, "Global Long-Tem Incentives: Trends and Predicitions," Buck Consultans (October 8, 2013); and J. Ciesielski, "S&P 500 Executive Pay: The Bread Keeps Rising," *The Analyst's Accounting Observer* (June 25, 2012).

本章概览

正如开篇故事提到的，企业正在重新思考对各种形式股票薪酬的使用是否恰当。本章的目的在于讨论如何对股票薪酬进行适当的会计处理。此外，本章还研究了与不同种类的金融工具相关的问题，比如可转换证券、认股权证、或有股份，以及它们对报告每股收益的影响。本章的内容和结构如下图所示。

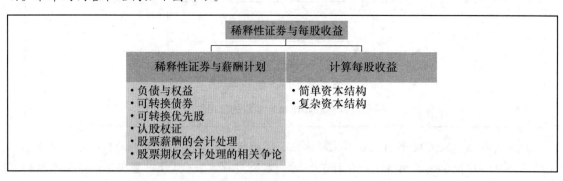

16.1　稀释性证券与薪酬计划

□ 16.1.1　负债与权益

对股票期权、可转换证券、优先股等金融工具的会计处理尚有争议，其中许多争议都是关于公司应该将这些工具作为负债进行报告，还是作为权益进行报告。例如，公司应该将不可赎回的普通股划分为权益，因为股票发行人没有支付股利或回购股份的义务。是否宣布发放股利，与是否决定回购股份一样，都取决于股票发行人的判断。类似地，不可赎回的优先股也不要求发行人支付股利或回购股份。因此，不可赎回的普通股或优先股都缺乏作为一种负债的重要特征，即在未来某一时点向该普通股或优先股的持有者进行支付的义务。①

在本章中，我们将讨论那些同时具有负债和权益特征的证券。例如，可转换债券就同时拥有负债和权益的特征。那么，公司应该将其归入负债还是权益，抑或是一部分归入负债、一部分归入权益？另外，如果一家公司的资本结构中包含可转换债券和其他的可转换证券，又该如何计算其每股收益呢？正是因为在执行可转换证券、期权、认股权证以及其他证券时可能会降低（稀释）企业的每股收益，这些证券被称为稀释性证券。

□ 16.1.2　可转换债券

在发行后的特定期间内，可转换债券能够转换成其他的公司证券。可转换债券能根据持有者的选择转换为股票，并将这种特权与债券的优势相结合。购买可转换债券的投资者要求在持有债券期间有安全保证（对其利息和本金的保证），而且当股票价值显著上涨时，还要加上有关转换的附加选择权。

公司发行可转换债券一般有两个原因。第一个原因是避免不必要地放弃过多的股权控制，同时增加其权益资本。简单地说明一下，假设一家公司的普通股的售价为每股 45 美元，该公司希望增加 100 万美元的权益资本。为此，公司需要销售 22 222 股股票（忽略发行成本）。但通过销售 1 000 份面值为 1 000 美元的可转换债券，每份债券可以转换为 20 股普通股，公司只需付出 20 000 股股票就可以使其权益资本增加 100 万美元。

第二个原因是希望以更低的利率获得债务融资。除非给债券附上转换选择权，否则许多公司都只能以很高的利息率发行债券。这种转换特权能吸引投资者接受比通常情况下发行普通债券时更低的利息率。例如，中国民生银行最近发行了可转换债券，是以 1.5% 的实际报酬率支付利息的。正是由于利息率较低，投资者才获得了相应的权利，即能以固定价格购买中国民生银行的普通股，直至债券到期。②

---

① 目前，IASB 正在研究相关准则，以改善那些同时具有负债和权益特征的金融工具的财务报告要求。它意识到有时负债和权益之间的界限是模糊的，因此对这些金融工具的区分也不一致。IASB 已经将某些证券划分为权益类。例如，除非公司决定或被强制清算，永续金融工具就是一种不需要赎回的工具。由于永续金融工具的年限没有明确的限制，IASB 同意将其划入权益类。类似地，IASB 要求在可转换债券转换为一定数量的股票时，将其分解为负债和权益两部分。如果债券不能转换为一定数量的股票，则将该金融工具完全划为负债类项目。

② 不管持有何种投资，购买者都必须小心谨慎。例如，美国 Wherehouse 娱乐公司曾有 6.25% 的可转换债券尚未偿付，但该公司私自进行了杠杆收购。结果，这些可转换债券突然间变得充满风险，就像那些高杠杆公司的垃圾债券一样，只有 6.25% 的息票。正如一位持有者所说的那样，"更糟糕的是债务将会压垮这家公司，使其没有足够的现金流来支付利息，而该公司其他债务的偿付将优先于我们所持有的可转换债券"。这种情况会降低可转换债券的吸引力，并导致在出售可转换债券时需要引入收购保护条约。有时可转换债券被允许以面值出售，但其额外报酬会因此消失。

可转换债券的会计核算

由于可转换债券同时包含负债和权益成分，因此通常被认为是一种复合金融工具。IFRS 要求，为了便于会计核算，应该将复合金融工具区分为负债成分和权益成分。[1]公司应使用"有无法"（with-and-without method）来给复合金融工具估值。图表 16 - 1 明确了"有无法"中所使用的各项目。

图表 16 - 1   可转换债券项目

发行日可转换债券的公允价值 （同时包含负债和权益成分）	—	基于现金的现值，确定发 行日负债成分的公允价值	=	发行日权益成分 （不含负债成分）

如图表 16 - 1 所示，权益成分是可转换债券的公允价值减去负债成分后的剩余数额。IFRS 不允许先分派一定的价值给权益成分，然后再确认负债成分的价值。因为权益一般被认为是一个剩余数额，这样做与权益的定义会不一致。[2]

公司在运用"有无法"时，应采用如下步骤。

1. 公司应确定同时包含负债和权益成分的可转换债券的公允价值总值。这一步非常简单，因为这个公允价值总值正是发行债券时获得的收益数额。

2. 公司通过使用市场利率折现，计算所有合同未来现金流量的现值，以确认负债成分的公允价值。这里的市场利率即公司为类似不可转换债券所支付的利率。

3. 公司将在第 2 步中估计的负债成分从可转换债券的公允价值中减去，得到权益成分的价值。也就是说，权益成分的价值就是可转换债券不包含负债成分时的公允价值。

发行时的会计核算　举例说明可转换债券的会计核算，假设瑞士罗氏集团于 2015 年初平价发行了 2 000 份可转换债券。该 4 年期债券的票面利率为 6%，每份债券的面值为 1 000 欧元（这次发行债券的总收入为 2 000 000 欧元）。利息将在每年 12 月 31 日支付。每份债券可以转换为 250 股面值为 1 欧元的普通股。类似的不可转换债券的市场利率为 9%。

图表 16 - 2 展示了利息和本金现金流的时间轴。

图表 16 - 2   可转换债券的时间轴

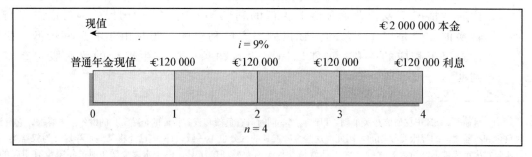

可转换债券负债部分可以根据图表 16 - 3 进行计算。

图表 16 - 3   可转换债券负债部分的公允价值

本金的现值：€ 2 000 000×0.708 43（表 6 - 2；$n=4$，$i=9\%$）	€ 1 416 860
支付利息的现值：€ 120 000 × 3.239 72（表 6 - 4；$n=4$，$i=9\%$）	388 766
负债部门的现值	€ 1 805 626

罗氏集团可转换债券权益部分的价值可以根据图表 16 - 4 进行计算。

图表 16 - 4　　　　　　　　　　　可转换债券的权益部分

发行日可转换债券的公允价值	€ 2 000 000
减：发行日负债部分的公允价值	1 805 626
发行日权益部分的公允价值	€ 194 374

这一交易的日记账分录如下：

借：现金　　　　　　　　　　　　　　　　　　　　　　　　2 000 000
　贷：应付债券　　　　　　　　　　　　　　　　　　　　　　　1 805 626
　　　股本溢价——权益转换　　　　　　　　　　　　　　　　　　194 374

罗氏集团发行的可转换债券的负债部分记为"应付债券"。第 14 章提到，与债券面值相比的折价应在每个报告期予以摊销。因此在到期时，应付债券的账面价值为 2 000 000 欧元（面值）。可转换债券权益部分应记入"股本溢价——权益转换"账户，并在资产负债表的权益部分报告。这一数额被视为投入资本的一部分，因此它不会因可转换债券而改变。①

可转换债券的结算　我们共介绍四种结算的情形：（1）在到期时回购；（2）在到期时转换；（3）在到期之前转换；（4）在到期之前回购。

在到期时回购。如果该债券在到期时没有被转换，罗氏集团可以通过如下分录对可转换债券持有者进行支付。

借：应付债券　　　　　　　　　　　　　　　　　　　　　　2 000 000
　贷：现金　　　　　　　　　　　　　　　　　　　　　　　　2 000 000
　（记录到期时对债券的赎回）

由于债券的账面价值等于其面值，在到期回购时就不存在任何利得或损失。最初分配到权益部分的 194 374 欧元，仍然记录在"股本溢价——权益转换"账户中或转移到"股本溢价——普通股"账户中。

在到期时转换。如果该债券在到期时被转换，罗氏集团可以做如下分录：

借：股本溢价——权益转换　　　　　　　　　　　　　　　　194 374
　　应付债券　　　　　　　　　　　　　　　　　　　　　　2 000 000
　贷：股本——普通股　　　　　　　　　　　　　　　　　　　500 000
　　　股本溢价——普通股　　　　　　　　　　　　　　　　　1 694 374
　（记录到期时对债券的转换）

如前所述，罗氏集团贷记"股本——普通股"500 000 欧元（2 000 份债券 × 250 股股票 × 每股面值 1 欧元），并将 1 694 374 欧元的溢价记入"股本溢价——普通股"账户。在到期时转换不存在任何利得或损失。最初分配到权益部分的数额（194 374 欧元）转移到"股本溢价——普通股"账户中。最后，罗氏集团通过这次可转换债券的发行和转换，使权益增长 2 194 374 欧元。在这种会计处理方法中，普通股权益账户的价值是由债券的账面价值和相关权益转换的价值决定的，因此通常称为账面价值法。

---

①　与负债和权益部分相关的交易成本按照这两部分获得的收入比例进行分摊。理论上，可使用"股本溢价——转换权益"账户记录权益部分。实务中，在记录这一部分时可能会使用其他的账户。

在到期之前转换。如果在到期之前转换该债券又会如何呢？为了便于理解这一会计处理，我们继续使用罗氏集团的例子。罗氏集团可转换债券的摊销表如图表 16-5 所示。

图表 16-5　　　　　　　　　　可转换债券的摊销表

债券摊销表 有效利率法 票面利率 6% 的债券按 9% 的有效利率进行折现				
日期	支付现金	利息费用	折价摊销	债券的账面价值
1/1/15				€ 1 805 626
12/31/15	€ 120 000	€ 162 506	€ 42 505	1 848 132
12/31/16	120 000	166 332	46 330	1 894 464
12/31/17	120 000	170 502	50 500	1 944 966
12/31/18	120 000	175 034*	55 059	2 000 000

* 计算过程中存在 13 欧元的误差。

假设罗氏集团在 2016 年 12 月 31 日将其债券转换为普通股，则按账面价值借记"应付债券"账户 1 894 464 欧元（参见图表 16-5）。同时，罗氏集团贷记"股本——普通股" 500 000 欧元（2 000×250×1），"股本溢价——普通股" 1 588 838 欧元。记录这一转换的分录如下：

借：股本溢价——权益转换		194 374
应付债券		1 894 464
贷：股本——普通股		500 000
股本溢价——普通股		1 588 838

（记录到期日之前的债券转换）

到期日之前的债券转换过程中不存在利得或损失：最初分配到权益部分的数额（194 374 欧元）转移到"股本溢价——普通股"账户中。

在到期之前回购。在某些情况下，公司会决定在债券到期之前进行回购。在分配回购所支付数额时使用的方法，与最初发行可转换债券时使用的方法一致。也就是说，罗氏集团在 2016 年 12 月 31 日确定了可转换债券负债部分的公允价值，然后从发行时可转换债券的公允价值（包括权益部分）中剔除这一数额，得到权益部分的价值。这样一来，就完成了数额的分配：

1. 分配到负债部分的数额与负债部分的账面价值之间的差额应被确认为利得或损失。

2. 分配到权益部分的数额（抵减项）应被确认为权益。[3]

为了说明以上过程，假设罗氏集团在 2016 年 12 月 31 日并没有转换该债券，而是将其从债券持有者手中购回。与此过程相关的信息如下：

● 根据 2016 年 12 月 31 日的市场价格，该可转换债券的公允价值（包含负债部分和权益部分）为 1 965 000 欧元。

● 负债部分的公允价值为 1 904 900 欧元。这一数额是根据 2 年期（与因为回购债券而缩短至到期时间一致）不可转换债券的现值计算出的。

首先，罗氏集团可以确定负债部分的利得或损失，计算过程如图表 16-6 所示。

图表 16 - 6　　　　　　　　　债券回购的利得或损失

2016 年 12 月 31 日负债部分的现值（前文已给出）	€ 1 904 900
2016 年 12 月 31 日负债部分的账面价值（参见图表 16 - 5）	(1 894 464)
回购的损失	€ 10 436

由于该债券的公允价值大于账面价值，因此罗氏集团的此次回购产生了损失。罗氏集团可计算权益部分的价值，确定对权益的调整，如图表 16 - 7 所示。

图表 16 - 7　　　　　　　回购可转换债券的权益调整

2016 年 12 月 31 日可转换债券的公允价值（包含权益部分）	€ 1 965 000
减：2016 年 12 月 31 日负债部分的公允价值（类似的 2 年期不可转换债券）	1 904 900
2016 年 12 月 31 日权益部分的公允价值	€ 60 100

罗氏集团可通过如下合并后的日记账分录记录整个回购交易。

借：应付债券		1 894 464
股本溢价——权益转换		60 100
回购损失		10 436
贷：现金		1 965 000

（记录可转换债券的回购）

总体来说，回购导致了负债部分的损失和"股本溢价——权益转换"账户数额的减少。回购过程中，"股本溢价——权益转换"账户的余额 134 274 欧元（194 374－60 100）通常会被转移到"股本溢价——普通股"账户里。

诱导转换

为了降低利息成本或改善债务权益比，有时债券发行者会鼓励可转换债券持有者将债券转换为权益证券。在这种情况下，债券发行者可能提供某种形式的额外补偿（比如现金或普通股）来诱导转换，这种额外补偿常常被称作"甜头"。发行债券的公司将这笔额外补偿确认为当期的费用支出，并以提供的额外证券或其他补偿的公允价值为入账数额。

假设 Helloid 公司发行了面值为 100 万美元的未付可转换债券，可以转换为 10 万股普通股股票（面值为 1 美元）。在发行时，Helloid 公司记入"股本溢价——权益转换"15 000 美元。Helloid 公司希望降低其每年的利息成本。因此，如果债券持有者进行转换，该公司就愿意支付给他们额外的 8 万美元。假设该转换发生了，Helloid 公司做如下分录：

借：转换费用	80 000
股本溢价——权益转换	15 000
应付债券	1 000 000
贷：股本——普通股	100 000
股本溢价——普通股	915 000
现金	80 000

Helloid 公司将额外的 8 万美元确认为一笔当期的费用而不是权益的减少。[4]

有些人认为诱导转换的成本是获取权益资本的成本，因此，他们主张公司应该将这种成本确认为获取权益资本所发生的成本，即权益资本的减少，而不是费用。然而，IASB 指出，当债券发行者通过额外支付来鼓励转换时，这笔支付是为了服务（债券持有者在特定时间进行转换）而发生的，所以应该被确认为费用。

□ 16.1.3　可转换优先股

可转换优先股的持有者拥有选择权，能将优先股转换为固定数量的普通股。可转换债券和可转换优先股在会计处理上的主要差别在于对二者的分类不同。可转换债券是一种复合工具，因为它同时包含负债和权益部分。可转换优先股（除非存在强制偿还的情况）则不属于复合工具，因为它只包含权益部分。因此，通常将可转换优先股确认为股东权益的一部分。

例如，假设 Morse 公司发行了 1 000 股每股面值为 1 欧元的可转换优先股。这些股票是以每股 200 欧元的价格发行的。这一交易的日记账分录为：

借：现金（1 000×200）	200 000
贷：股本——优先股（1 000×1）	1 000
股本溢价——权益转换	199 000
（记录可转换优先股的发行）	

如果之后每股可转换优先股转换为 25 股普通股（面值为 2 欧元），公允价值为 410 000 欧元，记录这一转换的日记账分录为：

借：股本——优先股	1 000
股本溢价——权益转换	199 000
贷：股本——普通股（1 000×25×2）	50 000
股本溢价——普通股	150 000
（记录可转换优先股的转换）	

如上例所示（与可转换债券的处理类似），Morse 公司使用了账面价值法，没有确认转换过程中的利得或损失，因此在计算中忽略了普通股的公允价值。如果可转换优先股没有被转换，而是以公允价值被回购，Morse 公司应做如下分录：

借：股本——优先股	1 000
股本溢价——权益转换	199 000
留存收益	210 000
贷：现金	410 000
（记录可转换优先股的回购）	

Morse 公司没有报告回购的利得或损失。理论上，为了从股东手中回购优先股，需要支付额外的股利，所以超过可转换优先股账面价值的支付数额都应借记"留存收益"。

数字背后的故事　　你能低到哪儿去？

为了满足发行者和投资者的共同需求，金融工程师一直在寻求证券设计的下一次创新。在此，我们以索尼公司发行的可转换债券为例。索尼公司的 5 年期无息债券能以 957 日元的执行价转换为该公司的普通股股票。在发行时，该债券的实际报酬率为零。

实际报酬率怎么会是零呢？当索尼公司发行该债券时，投资者认为这种转换的选择权是非常有价值的，所以他们愿意承担零利息。实际上，是投资者在向索尼公司支付利息，而索尼公司在记录利息收入。投资者为什么会这么做呢？正如许多人所认为的那样，对于此时的索尼公司和许多高科技公司而言，如果股票价格上涨，这些债券投资者能够将债券转换为股票，并从中获取大额收益。

其他亚洲公司也都身处可转换的浪潮中，奇虎 360 科技有限公司和半导体制造商日月光集团都为了满足投资者对股票增值中潜在收益的需求，发行了可转换债券。

资料来源：Mariko Yasu, "Sony Shares Plunge after Convertible Bond Offering: Tokyo Mover," *Bloomberg* (November 14, 2012); and P. Davies, "Asia Turns Bullish on Convertible Bonds," *Financial Times* (September 1, 2013).

16.1.4　认股权证

认股权证是赋予其持有者在规定时间内以确定价格获取股票的凭证。这种选择权与可转换债券中的可转换权利类似。如果执行了认股权证，就会获得普通股，而且与执行可转换证券的转换权相似的是，执行认股权证具有稀释作用（会降低每股收益）。然而，可转换证券与认股权证之间的实质性区别在于，当持有者执行认股权证时，为了获得股票，他们必须支付一定数量的钱，而可转换证券不需要。

通常在以下三种情况下，企业会发行用来购买额外股票的认股权证或期权：

1. 当公司发行不同种类的证券（比如债券或优先股）时，也会同时发行认股权证，通过提供"准权益条件"来使证券更具吸引力。

2. 对于公司额外发行的普通股，原有股东拥有先行购买的优先认购权。公司可能会发行认股权证来证明这种权利。

3. 公司会将认股权证作为一种薪酬形式授予高管及员工，这就是通常所称的股票期权。

但对认股权证的会计核算存在很多复杂的问题，有些尚未解决。下面具体介绍在以上三种情况下该如何对认股权证进行会计核算。

与其他证券一同发行的认股权证

与其他证券一同发行的认股权证基本上属于以固定价格购买普通股的长期期权。认股权证的寿命通常为 5 年，有时为 10 年；公司极少发行永久的认股权证。

下面介绍认股权证的一般操作。渤海制药集团提供了包含一份普通股股票和一份认股权证的投资组合。在本例中，渤海集团的认股权证是可分离的，也就是说它们能够脱离于股票，作为独立证券进行交易。公司也可能发行附有不可分离认股权证的债券，这就意味着这种认股权证不能与债券分离。无论在哪种情况下，出于对会计核算的考虑，发行附有认股权证的债券都被视为一种复合工具。在本例中，渤海集团的 5 年期认股权证的执行价格为每股 24.25 元人民币。这个投资组合（股票加上认股权证）以 22.75 元的价格对外出售。在该投资组合销售前一天，普通股的价格为 19.88 元，可以认为认股权证的价格为 2.87 元。

投资者购买认股权证是为了获得权利，在未来某个时刻以 24.25 元的固定价格购买普通股股票的权利。对于购买者而言，现在执行该认股权证去购买股票是无利可图的，因为现在的股票价格远比执行价格低。但假如股票的价格上涨到 30 元，投资者就能从这笔价值 2.87 元的投资中获利 2.88 元（30－24.25－2.87），这可是 100％的收益啊！如果股票的价格一直没有上涨，投资者就会损失掉每份认股权证的 2.87 元。①

因此，附有认股权证的债券是一种复合工具，同时包含负债和权益两个部分。所以，公司应该使用"有无法"将收入在这两个部分之间分配。

示例 西门子公司曾发行附有 5 年期可分离认股权证的债券。假设该 5 年期认股权证提供了以每股 25 欧元的价格购买普通股股票（面值为每股 5 欧元）的选择权。当时，该公司的股票价格约为每股 30 美元。该公司以面值发行债券，而这部分认股权证能帮助其按照 8.75％的收益率为这些债券定价（与当时普遍的债券利率相比的确较低）。在本例中，西门子能够将这些债券加上认股权证以 10 200 000 欧元的价格出售。

西门子采用"有无法"计算销售这一投资组合带来的收益。根据这种方法，西门子确定了与债券相关的未来现金流的现值为 9 707 852 欧元。然后，从 10 200 000 欧元中减去这部分，以确定权益部分的价值。图表 16－8 展示了该公司使用"有无法"确定权益部分价值的过程。

图表 16－8　　　　　　　　发行证券的权益部分

附有认股权证的债券的公允价值	€10 200 000
减：发行日负债部分的公允价值	9 707 852
发行日权益部分的价值	€492 148

在这种情况下，债券是以折价销售的。西门子按如下分录记录此次交易。

借：现金　　　　　　　　　　　　　　　　　　　　　　　9 707 852
　　贷：应付债券　　　　　　　　　　　　　　　　　　　　　　　9 707 852

此外，西门子在销售认股权证时贷记"股本溢价——认股权证"。分录如下：

借：现金　　　　　　　　　　　　　　　　　　　　　　　492 148
　　贷：股本溢价——认股权证　　　　　　　　　　　　　　　　　492 148

如果西门子认为有必要，可以将以上分录合并在一起。这里，我们将其分别列示，是为了说明购买的不仅仅是一份债券，还是一份在未来可索取普通股的权利。

假设投资者执行了全部 10 000 份认股权证（每份认股权证对应 1 股股票），西门子会做如下分录：

借：现金（10 000×25）　　　　　　　　　　　　　　　　250 000
　　股本溢价——认股权证　　　　　　　　　　　　　　　　492 148
　　贷：股本——普通股（10 000×5）　　　　　　　　　　　　　50 000
　　　　股本溢价——普通股　　　　　　　　　　　　　　　　　692 148

如果投资者没能成功地执行认股权证呢？在这种情况下，西门子应借记"股本溢价——认股权证"492 148 欧元，并以相同的金额贷记"股本溢价——过期的认股权证"。"股本溢价——过期的认股权证"会归还给原来的股票持有者。

总结分析 IASB 指出，公司应该将证券的负债和权益部分分离，比如可转换债券或发行时附有认股权证的债券。我们同意这种做法。在两种情况下（可转换债券和发行时附有认股权证的债券），投资者都对公司的权益——在未来获得一项权益工具的权利——进行了支付。这二者之间唯一的区别就是在正式获得权益工具时的支付形

---

① 在本例中，很显然，购买认股权证是一种"非全有即全无"的情况。

式不同。认股权证持有者向发行公司支付额外的现金；而可转换债券持有者通过放弃转换日至到期日之间的利息收入和债券本身的到期价值收入，来为其获得的股票进行支付。因此，二者之间的区别仅仅在于支付的方法或形式，而不在于其实质。

认购额外股份的权利

如果一家公司的主管决定发行新的股票，原有股东通常有权（优先购买权）购买与其持有股份成比例的新股票。这种优先权通常指的是一种股票权利，是为了保护原有股东，避免在未经其同意的情况下稀释了其投票权。另外，优先权或许还能允许他们以略低于公允价值的价格购买股票。这种优先权与认股权证不同，认股权证需与其他证券一同发行，而且发行的股票权利持续时间很短。

反映股票权利的证明书需规定权利持有者可能购买的股票数量。股票持有者拥有的每股股票一般会赋予其一份股票权利。证明书还需注明新股票的销售价格。该价格通常低于新股票当时的市场价格，这样就给股票权利本身赋予了价值。从发行至到期，股票权利的持有者可以购买或将其销售，就像其他证券一样。

当公司向原有股东发行股票权利时，只需在备查簿中记录。在备查簿中载明向原有股东发行的股票权利数，是为了确保公司还有额外的已注册未发行股票，以防股东执行该权利。此时公司不需要记录正式的分录，因为此时公司既没有发行股票也没有收到现金。

当持有者执行了股票权利，就会涉及某种形式的现金支付。如果公司收到了与股票票面价值相等的现金，就按照账面价值贷记"股本——普通股"。如果公司收到的现金超过了股票账面价值，则贷记"股本溢价——普通股"。如果收到的现金低于股票账面价值，则借记"股本溢价——普通股"。

股票薪酬计划

第三种形式的认股权证是支付给员工的激励性股票薪酬计划。这种认股权证是一种股票期权，授予关键员工选择权，让他们能在未来一段时期内以给定价格购买普通股。

普遍认为，有效的薪酬计划应满足以下几点：

1. 基本薪酬与员工和公司的业绩相关。
2. 激励员工取得高水平的业绩。
3. 有利于留住现有高管并考虑到新人才的招募。
4. 最大化员工的税后利益，最小化公司的税后成本。
5. 使用员工能控制的绩效指标。

虽然直接的现金薪酬计划（工资和可能的奖金）很重要，但它主要面向短期激励。很多公司都意识到，除了现金，它们还需要一种长期的薪酬计划。

长期的薪酬计划希望通过向关键员工分"一杯羹"来培育他们对公司的忠诚，这"一杯羹"就是股权利息。这些薪酬计划通常称为股权的薪酬计划，有多种形式。实际上，当公司的业绩表现（不论何种形式）令人满意时，股权薪酬计划就为员工提供了获取股票的机会。典型的业绩评价关注长期的进步，这种长期的进步易于衡量且能使公司整体受益，例如每股收益、收入、股票价格或者市场份额的增加。

图表 16-9 展示的数据进一步说明了股票授予的公允价值是显著提高的。该研究证明，2011 年公司高层管理人员的薪酬上涨了 7.7%，主要源于股权授予（如限制性股票）。

图表 16 - 9　　　　　　　　　　　　　薪酬项目

（百万美元）	2011 年	与 2010 年相比变化的百分比
工资	$1 781.3	0.2%
奖金	648.8	-2.8
授予股权的公允价值	8 389.1	13.8
非股权性激励薪酬	2 719.2	-2.9
养老金收益	1 309.2	11.9
其他	590.6	7.8
员工薪酬合计	$15 438.2	7.7%

资料来源：J. Ciesielski, "S&P 500 Executive Pay: The Bread Keeps Rising," *The Analyst's Accounting Observer* (June 25, 2012).

　　图表 16 - 9 显示，现金薪酬在总薪酬中的比重不到 20%，股权授予的公允价值则占总薪酬的大约 54%。

　　正如我们在开篇故事中提到的，公司正在改变其使用股权薪酬的方式。也就是说，最新数据显示股票期权的使用正在减少，而另一种形式的股权薪酬即限制性股票的使用在增加。主要原因有两个。一是批评家经常将公司高管操纵会计数据，企图提高股价归因于其对股票期权不加区分地使用，从而增加了期权的价值。因此，许多有责任心的公司决定减少期权的发行量，一方面是为了避免类似的会计操纵，另一方面也是为了打消投资者的疑虑。二是 IFRS 现在要求公司在授予股票期权时记录较高的费用。

　　主要的报告问题　假设你是 Hurdle 公司的一名员工，公司授予你一份期权作为薪酬的一部分，你可以行使该期权以购买 10 000 份公司普通股。你获得该期权的日子称为授予日。该期权的有效期为 10 年。在授予日，股票的市场价格和执行价格均为 20 美元。那么你得到的薪酬价值是多少呢？

　　一些人认为你所到的并没有价值。他们的理由是，股票市场价格和执行价格之间的差异为零，并没有补偿效果。另一些人则认为期权是有价值的。如果在未来 10 年里的任何时候，股票价格上涨至 20 美元以上，你执行该期权就能获得实质性补偿。例如，假设在第四年年末，股票的市场价格达到 30 美元，你执行了期权，不考虑所得税，可以赚得 100 000 美元 [10 000 份期权×（$30- $20）]。

　　对于 Hurdle 公司而言，问题是该如何报告这些期权的授予。一种方法是将股票价格超过授予日执行价格的部分确认为薪酬成本。这种方法称为内含价值法，它衡量期权持有者立即执行该期权时现在就能得到的价值。内含价值就是股票市场价格与授予日期权执行价格之间的差额。通过使用内含价值法，Hurdle 公司不需要确认与期权相关的任何薪酬支出，因为在授予日，股票的市场价格与执行价格相等。（认为期权没有价值的那些人就是从内含价值法的角度思考问题的。）

　　另一种方法是，以授予的股票期权的公允价值作为确定员工股票期权成本的基础。按照这种公允价值法，公司使用可接受的期权定价模型来确定授予日的期权价值。在确定一项期权的潜在价值时，这些模型考虑了很多因素。①

　　IASB 的准则要求公司使用公允价值法确认薪酬成本。[5]其立场是，公司应该以薪酬支付的公允价值为基础，对员工服务成本进行会计核算。薪酬支付的数额被认为是

---

①　这些因素包括潜在股票的波动性、期权的预期年限、期权年限内的无风险利率，以及期权年限内的股利期望。

对公司获得的服务价值的衡量。我们先介绍涉及的程序，在后面的章节中再进一步讨论 IFRS 在这一领域的政策（参见"股票期权会计处理的相关争论"）。

□ 16.1.5　股票薪酬的会计处理

股票期权计划

股票期权计划涉及两个主要的会计核算问题：

1. 如何确定薪酬费用。

2. 在什么期间摊销薪酬费用。

确定费用　根据公允价值法，公司基于期权的公允价值，即在向员工授予该期权既得权利的当日（授予日）期权的公允价值，计算总的薪酬费用。[①] 公众公司一般通过期权定价模型估计期权的公允价值，并根据员工股票期权的特殊性质进行调整。但在授予日之后就不再进行任何调整了，这是为了与股票价格的后续变化保持一致——不论上涨还是下跌。

薪酬支出的分配　一般而言，公司会在员工提供服务期间确认薪酬费用。除非另有说明，服务期间就是等待期——授予日到含权日之间的时间。因此，公司应该在授予日确定总的薪酬成本，并将其在享受员工服务的期间内分配。

股票薪酬示例　我们将通过一个示例进一步说明对股票期权计划的会计核算。假设在 2014 年 11 月 1 日，陈氏公司的股东通过了一项决议，决定授予公司的五位高管每人 2 000 份股票期权，可购买账面价值为 100 元人民币的公司普通股股票。公司于 2015 年 1 月 1 日授予该期权。这五位高管可以在未来 10 年内的任意时间执行期权。每份期权的价格为 6 000 元，授予日股票的市场价格为每股 7 000 元。

按照公允价值法，公司采用一种可接受的股票期权公允价值定价模型（比如 Black-Scholes 股票期权定价模型）来计算总的薪酬费用。为了使示例简明易懂，我们假设通过股票期权公允价值定价模型计算得到的陈氏公司的总薪酬费用为 2 200 万元。

基本分录。按照公允价值法，公司在员工提供服务的期间内，将期权的价值作为费用支出进行确认。在陈氏公司的例子中，假设从授予日起，预期的服务受益期间为两年。陈氏公司应对与该期权合约相关的交易做如下分录：

授予日（2015 年 1 月 1 日）

不做分录。

记录 2015 年的薪酬费用（2015 年 12 月 31 日）

借：薪酬费用		11 000 000
贷：股本溢价——股票期权（22 000 000÷2）		11 000 000

记录 2016 年的薪酬费用（2016 年 12 月 31 日）

借：薪酬费用		11 000 000
贷：股本溢价——股票期权		11 000 000

如上所示，陈氏公司将这笔薪酬费用在两年的服务期间内进行了平均摊销。

---

① "既得"意味着已经获得。在当日，员工通过某奖励获得既得权利，这意味着员工已经根据该奖励获得或持有股票或现金的权利，不会由于其在剩余时间内向公司付出的服务而不确定。

执行。如果陈氏公司的高管在 2018 年 6 月 1 日（授予日后的三年零五个月），执行了 1 万份期权中的 2 000 份（即 20% 的期权），公司应登记如下日记账分录：

2018 年 6 月 1 日

借：现金（2 000×6 000）	12 000 000	
股本溢价——股票期权（20%×22 000 000）	4 400 000	
贷：股本——普通股（2 000×100）		200 000
股本溢价——普通股		16 200 000

到期。如果陈氏公司的高管未能在期权到期之前执行剩余的股票期权，公司就应将"股本溢价——股票期权"账户中的余额转移到一个更为恰当的股本溢价账户中，例如"股本溢价——过期的股票期权"。陈氏公司应在到期日对此项业务做如下分录：

2015 年 1 月 1 日（到期日）

借：股本溢价——股票期权	17 600 000	
贷：股本溢价——过期的股票期权（80%×22 000 000）		17 600 000

调整。股票期权未能执行并不能减少记录高管服务获取成本的必要性，而应将成本分配给股票期权计划。根据 IFRS 的要求，公司不能因为期权到期而不调整薪酬费用。

一旦薪酬费用总额按照授予日的价值进行计量，在未来期间还能改变吗？答案取决于该调整是否由服务或市场条件引起。服务条件要求员工达到一定的服务期才能获得该奖励。如果存在服务条件，公司就被允许将预期股票期权的数量调整为实际的行权数量。因此，薪酬费用是可以调整的。公司应调整记录在当期的薪酬费用估计数（作为估计的变更）。公司可以将这一估计的变更借记为"股本溢价——股票期权"，并根据截至该日期累计的薪酬费用数额贷记"薪酬费用"（这样就减少了丧失期权期间的薪酬费用）。

市场条件会使股票期权的行权或可执行性取决于业绩表现，例如公司普通股股票市场价格上涨。由于市场条件是由在授予日确定的公允价值来反映的，因此不允许对薪酬费用进行调整。

许多人质疑这种会计处理方法。由市场条件决定不予执行股票期权奖励（股票价格持续低于执行价格），意味着公司可能会确认一项永远不被执行的期权费用。然而，如果期权不予执行的原因是服务条件未能满足（未能达到员工服务期以及业绩要求），与此期权相关的薪酬费用就会被调整。总而言之，对预期行权的股票期权数量的估计可以调整为行权的实际数量。由于市场条件导致的取消行权则不能调整。[1]

限制性股票

如前所述，许多公司也使用限制性股票这种薪酬形式（有时甚至完全取代了期权）。限制性股票计划是将股票份额转移给员工，并附有协议，要求在获得既定权利之前不得销售、转移或抵押股票。与股票期权类似，当既定权利的条件未能得到满足时，这些股份将被没收。[2]

---

[1]　有时公司会修改所授予的股票期权的要求和条件，以此来激励杰出的业绩表现或鼓舞某些甚至全体员工的士气。这些修改可能会缩短执行期，延长期权时间，或者增加执行时可发行的股票数量。由于修改股票合约而导致的授予期权的公允价值下降基本上可以忽略。然而，如果授予期权的公允价值随着这种修改而增加，那么修改后授予期权公允价值的增加应该作为剩余行权期的额外薪酬费用进行会计核算。

[2]　大多数公司的员工能否行权取决于未来 3～5 年的服务期限。员工能否行权也许以能否实现某些业绩目标为条件，例如收入、净利润、现金流，或者这三个因素的各种组合。员工同样能从限制性股票中获取股利，但一般而言，如果限制性股票被收回，这些股利也需归还。

限制性股票计划的主要优势包括：

1. 限制性股票永远不会毫无价值。相比而言，如果股票期权的股票价格没有超过执行价格，该期权就是没有价值的。但限制性股票仍然具有价值。

2. 限制性股票通常会给原有股东造成较小的稀释性影响。限制性股票的奖励规模一般只有股票期权的 1/3~1/2。例如，如果公司发行了 1 000 股股票的期权，相同规模的限制性股票通常只需提供 333~500 股股票。导致这一差异的原因在于，在含权期末，限制性股票有价值，但股票期权可能没有。因此，限制性股票计划中涉及的股票数量较少，当股票价格上涨时产生的稀释性影响较小。

3. 限制性股票能更好地促使员工激励与公司激励保持一致。限制性股票的持有者实际上就是股东，他们更关心企业的长期目标。相反，股票期权的接受者则通常关注短期利益，承担夸大股票价格变动带来的短期收益和长期亏损的风险。

对限制性股票的会计核算遵循与授予日股票期权相同的总体原则。也就是说，公司需要在授予日确定限制性股票的公允价值（通常是一股股票的公允价值），并将该数额在服务期内费用化。为了计算薪酬费用，股票公允价值的后续变化可以忽略。

限制性股票示例　假设 Ogden 公司在 2015 年 1 月 1 日授予其首席执行官 Christie DeGeorge 1 000 份限制性股票。2015 年 1 月 1 日，Ogden 公司股票的公允价值为每股 20 美元。其他的信息如下所示：

● 与该限制性股票相关的服务期为 5 年。

● 如果 DeGeorge 在公司服务满 5 年才能行权。

● 股票的面值为每股 1 美元。

Ogden 公司应在授予日（2015 年 1 月 1 日）做如下分录：

借：预付薪酬	20 000
贷：股本——普通股（1 000×1）	1 000
股本溢价——普通股（1 000×19）	19 000

贷记"股本——普通股"和"股本溢价——普通股"，说明 Ogden 公司发行了股票。借记"预付薪酬"（通常也指递延薪酬费用），说明公司将在 5 年后确认总的薪酬费用。"预付薪酬"代表的是一种尚未执行的服务成本，而不是资产。最终，Ogden 公司在资产负债表的股东权益中将"预付薪酬"作为一个权益对销账户进行报告（与按照成本报告库存股类似）。

2015 年 12 月 31 日，Ogden 公司通过以下分录记录了 4 000 美元（1 000×20×20%）的薪酬费用：

借：薪酬费用	4 000
贷：预付薪酬	4 000

在接下来的四年（2016 年、2017 年、2018 年以及 2019 年）里，Ogden 公司每年都会确认 4 000 美元的薪酬费用。

如果 DeGeorge 在 5 年限期到达之前就离开公司（也就是说，她没能满足服务条件的要求）又会发生什么呢？在这种情况下，DeGeorge 放弃了她的股票权利，Ogden 公司就应将已记录的薪酬费用转回。

例如，假设 DeGeorge 于 2017 年 2 月 3 日离开公司（在 2017 年确认薪酬费用之前）。Ogden 公司应对这项股票权利的放弃做如下分录：

借：股本——普通股	1 000	
股本溢价——普通股	19 000	
贷：薪酬费用（4 000×2）		8 000
预付薪酬		12 000

在这种情况下，Ogden 公司将 2016 年已累计记录的 8 000 美元薪酬费用转回。另外，借记"股本——普通股"和"股本溢价——普通股"，反映 DeGeorge 失去了股票权利。当 DeGeorge 离开 Ogden 公司时，由于没有剩余的预计薪酬了，贷记"预付薪酬"的余额。

这种会计核算与员工未达到行权条件时对股票期权的会计核算类似。回顾一下，就股票期权而言，一旦记录了薪酬费用，就不可转回。也就是说，唯一的例外是，员工提早离开公司，未能满足行权条件。

然而，在 Ogden 公司的限制性股票计划中，由于 DeGeorge 在达到服务要求之前离开公司，因此将永远不能行权。DeGeorge 永远不能行权，必须放弃她的股票。因此，公司必须将截至她离开公司时所记录的薪酬费用转回。[①]

员工持股计划

员工持股计划通常允许所有的员工在短期内以折扣价格购买股票。公司经常使用这样的薪酬计划以确保权益资本或减少员工大量拥有的普通股。这些计划被认为是具有补偿性的，且应该记录为整个服务期的费用。

例如，假设 Masthead 公司向 1 000 名员工提供机会，让他们参与一项员工持股计划。根据该计划的条件，员工有权以 20％的折扣购买 100 股普通股（每股面值为 1 英镑）。接受该计划时，员工需立即支付购买股票的价款。共有 800 名员工接受了该计划，平均每人购买了 80 股股票。也就是说，这些员工共购买了 64 000 股股票。在购买日该公司股票的加权平均市场价格为每股 30 英镑，加权平均购买价格为每股 24 英镑。记录这一交易的分录如下：

借：现金（64 000×24）	1 536 000	
薪酬费用［64 000×（30—24）］	384 000	
贷：股本——普通股（64 000×1）		64 000
股本溢价——普通股		1 856 000
（发行员工持股计划的股票）		

IASB 认为没有理由将广泛的员工持股计划区别于其他员工持股计划。有人对此提出质疑，认为这些计划是用以增加资本的，不应该具有补偿性。然而，IFRS 要求将这些计划确认为费用。它认为，由于这些计划仅适用于员工，因此充分说明该计划提供的利益属于员工薪酬。[②]

---

① 限制性股票计划有很多种，包括限制性股票组（在含权期末才发行股票），以及附有业绩目标的限制性股票计划，例如以每股收益的增加或股票价格的上涨为目标。

② 如前所述，员工持股计划通过抵减薪酬向员工提供公司股票，通常附有较高的折价。遗憾的是，很多员工没能充分享有这一利益。如果你有机会以较高的折价购买自己公司的股票，但愿你能充分利用这一机会。如果不参与，你就是"把钱留在了桌子上"。

薪酬计划的披露

期末，公司必须完全披露其薪酬计划的当期状况。为了达到这一目标，公司必须进行广泛的披露。特别是那些采取一种或多种股票薪酬支付方式的公司，必须披露信息以帮助财务报表的使用者理解以下内容：

1. 这些薪酬计划在此期间存在的实质与形式。

2. 在此期间，如何估计货物或收到的服务的公允价值，或者授予权益工具的公允价值。

3. 股票支付计划对公司本期净利润（损失）及其财务状况的影响。[7]

图表 16 - 10 反映了薪酬计划中需要披露的信息的种类。

图表 16 - 10　　　　　　　股票期权计划的披露

股票计划总费用

股票期权计划

公司拥有一项基于股票的薪酬计划。2015 年从收入中扣除该计划的薪酬成本为 2 940 万美元，2014 年为 2 870 万美元。

股票计划的描述

公司股东批准通过的 2015 年员工股票期权计划，允许授予其员工股票期权和高达 800 万股普通股股票。公司认为这样的奖励能更好地促使员工利益与股东利益保持一致。期权激励所授予的执行价格通常与授予日公司股票市场价格相等，行权条件一般是基于 5 年的连续服务，并附有 10 年期的合同条款。股票激励通常有 5 年以上的含权期。如果在控制过程（也就是该薪酬计划）中出现变化，某些期权和股票激励也会提供加速行权的机会。

在授予日，基于下表中标注的假设，用期权估值模型估计出每种期权的公允价值。

估值模型的解释

	2015 年	2014 年
预期波动性	25%～40%	24%～38%
加权平均波动性	33%	30%
预期股利	1.5%	1.5%
预期年限（年）	5.3～7.8	5.5～8.0
无风险利率	6.3%～11.2%	6.0%～10.0%

2015 年 12 月 31 日对该公司薪酬计划的期权行为以及当年的变化的总结如下：

股票期权的数量及加权平均执行价格

期权	股票数（千股）	加权平均执行价格	加权平均剩余约定期	内在价值总计（千美元）
2015 年 1 月 1 日流通在外	4 660	42		
授予	950	60		
执行	(800)	36		
放弃或过期	(80)	59		
2015 年 12 月 31 日流通在外	4 730	47	6.5	85 140
2015 年 12 月 31 日可执行	3 159	41	4.0	75 816

在 2015 年和 2014 年，期权在授予日的加权平均公允价值分别为 19.57 美元和 17.46 美元。截至 12 月 31 日，2015 年和 2014 年期权执行的总内含价值分别为 2 520 万美元与 2 090 万美元。

2015 年 12 月 31 日，该薪酬计划下，与未行权的股票薪酬计划相关的未确认薪酬成本总额为 2 590 万美元。这一成本预期将在未来的 4.9 年内采用加权平均法进行确认。截至 12 月 13 日，2015 年和 2014 年可行权期权的公允价值总额分别为 2 280 万美元与 2 100 万美元。

限制性股票奖励

该公司还提供了限制性股票计划。这一薪酬计划是为了在奖励期间保留并激励公司的高层管理者，并使其总的薪酬组合与竞争对手公司的高层管理者薪酬中位数接近。当年授予的限制性股票公允价值总额为 188.9 万美元，即每股 35.68 美元，等于该公司在授予日的普通股市场价格的 92%。

截至 2015 年，该公司限制性股票行为如下：

限制性股票计划的描述

	股数	价格
2014 年 12 月 31 日流通在外	57 990	—
授予	149 000	$ 12.68
执行	（19 330）	—
过期	—	—
2015 年 12 月 31 日流通在外	187 660	

□ 16.1.6 股票期权会计处理的相关争论

当 IASB 提出采用公允价值法对股票期权进行会计核算时，遇到了很大的阻力。这并不令人惊讶，因为与内含价值模型相比，公允价值法会导致更高的薪酬成本。

在这些反对的声音中，一些小型高科技公司提出了独特的见解，这些公司认为只有通过提供股票期权才能吸引到顶级的职业管理者。它们提出，基于这些计划确认大额的薪酬费用，会使它们在与大型公司的竞争中处于劣势，因为大型公司负担得起大额薪酬支出。一位高科技企业的经理说："那些规模达数十亿美元的大公司就像捐赠大笔款项的富翁，如果你的目标是击败其高管薪酬，那么请这样做吧！但不能以那些任劳任怨的人的利益为代价，而是应该在这一过程中努力构建商业关系并创造职位。"

IASB 在发布新会计指南时面临不少困难，有关股票期权的传言就是其中的经典案例。许多强有力的利益方结成了反对 IASB 的同盟。有些人最初看起来是支持 IASB 的，但之后改变了自己的立场。这些行为渐渐破坏了 IASB 的权威性，特别是在我们重建对财务报告系统的信心时。

透明的财务报告——包括对股票费用支出的确认在内——不应遭到批评，因为公司会报告较低的收入。我们或许不喜欢财务报表所报告的内容，但当报表能真实反映交易的潜在经济实质时，我们都会从中获益。

从收入中剔除股票薪酬费用，报告的收入就会出现偏误。有偏的报告不仅增加了对公司报告可靠性的担忧，而且会影响人们对财务报告整体可靠性的信任。这些带有"坏苹果"的有偏报告甚至可能成为一些好公司的污点。如果我们制定准则是为了达到某些社会、经济或公共政策目标，就会使财务报告失去可靠性。

16.2　计算每股收益

财经报刊经常会报告每股收益数据。而且，股东和潜在投资者在评估一家公司的盈利能力时会广泛使用该数据。每股收益是指每股普通股所赚取的收益。于是，公司仅报告普通股的每股收益。例如，Oscar 公司的净利润为 300 000 欧元，当年流通在外的普通股加权平均数为 100 000 股，则该公司的每股收益为 3 欧元（300 000÷100 000）。每股收益是非常重要的信息，公司必须在利润表中报告这一信息。[8] 但由于成本限制，非公众公司可以例外，不报告每股收益信息。① 通常而言，公司在利润表中的净利润下报告每股收益信息。图表 16 - 11 展示了 Oscar 公司是如何在利润表中反映每股收益的。

图表 16 - 11　　　　　　　　　　每股收益在利润表中的列报

净利润	€ 300 000
每股收益	€ 3.00

当利润表包含非持续性经营项目时，公司应该在利润表中报告来自持续性经营活动的每股收益和净利润。图表 16 - 12 展示了这种情况下的典型列报方式。

图表 16 - 12　　　　　　　　　每股收益项目在利润表中的列报

每股收益：	
持续性经营利润	€ 4.00
扣除税费后的非持续性经营损失	0.60
净利润	€ 3.40

这些披露能够帮助财务报表使用者比较不同公司在同一报告期的业绩，以及同一公司在不同报告期的业绩。尽管在确定"利润"时可能采用了不同的会计政策，使得每股收益数据具有一定的局限性，但使用统一的分母依然能够提高财务报表的质量。[9]

16.2.1　每股收益——简单资本结构

如果一家公司仅有普通股，或不依赖于转换或执行的潜在普通股来稀释普通股每股收益，这家公司的资本结构被认为是简单的。在这种情况下，公司报告的是基本每股收益。当一家公司还持有对普通股每股收益有稀释作用的证券（潜在普通股）时，该公司的资本结构就是复杂的。② 在这种情况下，公司既要报告基本每股收益，也要

---

①　一般而言，非公众公司是指负债或权益证券不在国内外证券交易所的公开市场或场外市场进行交易（包括在当地或地区报价的证券）的公司。当公司为了在公开市场销售任何种类的证券而编制发布财务报表时，该公司不能被认为是非公众公司。

②　潜在普通股是指其持有者有权获得普通股股票的金融工具或其他合约。潜在普通股的例子包括：（1）可以转换为普通股股票的可转换债券和可转换优先股；（2）期权和认股权证；（3）根据合约计划在满足某些条件（例如购买某项业务或其他资产）时发行的股票。我们会在本章后面的内容中继续讨论这些概念。

报告稀释后的每股收益。

　　简单资本结构下，对每股收益的计算涉及两个方面（除净利润外）：（1）优先股股利；（2）流通股加权平均数。

优先股股利

　　正如我们之前提到的，每股收益涉及普通股每股收益。当一家公司同时拥有普通股和流通在外的优先股时，需要从净利润中减去当年的优先股股利，以实现普通股股东的利润可用。图表 16 - 13 介绍了计算每股收益的公式。

图表 16 - 13　　　　　　　　　　每股收益的计算公式

$$每股收益 = \frac{净利润 - 优先股股利}{流通股加权平均数}$$

　　在报告每股收益信息时，公司必须计算属于普通股股东的利润。为了实现这一目标，公司需要从来自持续经营活动的利润和净利润中减去优先股股利。如果一家公司宣告发放优先股股利，同时又发生了净亏损，该公司就应将优先股股利与亏损相加，以计算每股损失。

　　如果优先股是可累积的，且公司当年没有宣告发放股利，就从净利润（或净亏损）中减去（或加上）与公司当年本应发放的股利相等的数额。公司应该在计算以前年度的每股收益时，包含以前年度拖欠的股利。[1]

流通股加权平均数

　　在对每股收益的计算中，当期流通股加权平均数构成了报告每股数额的基础。当期股票的发行或购买会影响流通股的数量。公司必须根据股票流通在外的时间比例对股票数量进行加权计算。这一方法的原理是，要得到当年完全流通在外的股票数量。

　　为了说明这一点，图表 16 - 14 中假设当期 Franks 公司的流通普通股数量发生了变化。

图表 16 - 14　　　　　　　　　　流通股期末余额——Franks 公司

日　期	股份变动	流通股数量
1 月 1 日	期初余额	90 000
4 月 1 日	发行 30 000 股股票以筹集现金	30 000
		120 000
7 月 1 日	回购 39 000 股股票	（39 000）
		81 000
11 月 1 日	发行 60 000 股股票以筹集现金	60 000
12 月 31 日	期末余额	141 000

　　Franks 公司计算流通股加权平均数的过程如图表 16 - 15 所示。

---

　　[1]　再次强调，普通股是一项权益工具，其级别低于其他所有种类权益工具。而且，我们假设普通股仅与控制性（大多数）利益相关。因此，计算每股收益时不应包括与非控制性（少数）利益相关的收益。

图表 16 - 15　　　　　　　　　　　　流通股加权平均数

流通日期	(A) 流通股股票	(B) 占全年的比例	(C) 加权股数（A×B）
1 月 1 日—4 月 1 日	90 000	3/12	225 000
4 月 1 日—7 月 1 日	120 000	3/12	30 000
7 月 1 日—11 月 1 日	81 000	4/12	27 000
11 月 1 日—12 月 31 日	141 000	2/12	23 500
流通股加权平均数			103 000

正如图表 16 - 15 所示，Franks 公司有 90 000 股股票在外流通 3 个月，相当于 22 500 股股票在外流通一整年。由于 Franks 公司在 4 月 1 日又发行了额外的股票，因此必须将这些股票根据流通时间进行加权计算。该公司在 7 月 1 日回购了 39 000 股股票，就应减少相应的流通股数量。因此，从 7 月 1 日至 11 月 1 日，只有 81 000 股股票在外流通，这相当于在外流通一整年的 27 000 股股票。当年最后两个月发行的 60 000 股股票增加了流通股的数量。Franks 公司又对流通股数量的加权计算进行了新的调整。

股票股利与股票分割　当发放股票股利或进行股票分割时，公司需要重述发放股票股利或分割股票前的流通股数量，以计算股票的加权平均数。例如，假设 Vijay 公司在 1 月 1 日拥有 10 万股流通股，并于 6 月 30 日发放了 25％的股票股利。为了计算当年的加权平均数，假设额外的 2.5 万股流通股是从当年年初开始流通的。因此，当年 Vijay 公司的流通股加权平均数为 125 000 股。

公司需要对发放股票股利或进行股票分割的流通股进行重述，但在发放现金股利或用现金回购股票时不需要这么做。这是为什么呢？因为股票分割和股票股利并没有增加或减少公司的净资产，公司仅仅发行了额外的股票。由于股票数量增加，公司必须重新计算股票数的加权平均数。这种重述能帮助公司在进行股票分割或发放股票股利前后的不同时期，对每股收益进行有效的对比。相反，用现金发放或购买股票会改变净资产的数额。因此，鉴于这种净资产的变化，公司会在未来赚取或多或少的收益。换句话说，股票股利或股票分割不改变股东的总投资——只是增加了（如果不是股票合并）代表这一投资的普通股数量。

为了说明股票股利是如何影响流通股加权平均数的计算的，假设 Sabrina 公司本年的普通股数量发生了变化，如图表 16 - 16 所示。

图表 16 - 16　　　　　　　　流通股期末余额——Sabrina 公司

日期	股份变动	流通股数量
1 月 1 日	期初余额	100 000
3 月 1 日	发行 20 000 股股票以筹集现金	20 000
		120 000
6 月 1 日	60 000 股额外的股票（50％的股票股利）	60 000
		180 000
11 月 1 日	发行 30 000 股股票以筹集现金	30 000
12 月 31 日	期末余额	210 000

Sabrina 公司计算流通股加权平均数的过程如图表 16 - 17 所示。

图表 16 - 17　　　　　　流通股加权平均数——发行股票与发放股票股利

流通日期	（A） 流通股股票	（B） 重述	（C） 占全年的比例	（D） 加权股数 （A×B×C）
1 月 1 日—3 月 1 日	100 000	1.50	2/12	25 000
3 月 1 日—6 月 1 日	120 000	1.50	3/12	45 000
6 月 1 日—11 月 1 日	180 000		5/12	75 000
11 月 1 日—12 月 31 日	210 000		2/12	35 000
流通股加权平均数				180 000

　　Sabrina 公司必须重新计算发放股票股利之前的股票数。该公司根据发放的股票股利，对 1 月 1 日至 6 月 1 日的流通股数量进行了调整，以便现在按照与发放股票股利之前同样的基础计算股票数。Sabrina 公司在发放股票股利之后并没有重述股票数量，这是因为股票股利是基于新的基础计算的。发放股票股利只对已有的股票数量进行重述。股票分割也采用相同的处理方法。

　　如果股票股利或股票分割发生在年末之后、发布财务报表之前，公司必须对该年的流通股加权平均数进行重述（其他年度的也应以可比较的形式列报）。例如，假设 Hendricks 公司计算的截至 2015 年 12 月 31 日流通股加权平均数为 10 万股。2016 年 1 月 15 日，在发布财务报表之前，该公司将其股票按照 1 股分割为 3 股的比例进行分割。在这种情况下，计算 2015 年每股收益时所用的流通股加权平均数应为 30 万股。如果将 2014 年的每股收益信息作为比较信息进行报告，Hendricks 公司必须对其也进行相应的调整。

综合举例

　　接下来，让我们介绍一个简单资本结构下的综合例子。Diaz 公司的非持续性经营项目的利润为 58 万雷亚尔，除税后的非持续性经营项目收益净额为 24 万雷亚尔。另外，该公司还宣告对 10 万股流通在外的优先股，发放每股 1 雷亚尔的优先股股利。2015 年 Diaz 公司流通在外的普通股股票数量变化如图表 16 - 18 所示。

图表 16 - 18　　　　　　流通股期末余额——Diaz 公司

日期	股份变动	流通股数量
1 月 1 日	期初余额	180 000
5 月 1 日	购买 30 000 股库存股	30 000
		150 000
7 月 1 日	300 000 股额外的股票（1 股分 3 股的 股票分割）	300 000
		450 000
12 月 1 日	发行 50 000 股股票以筹集现金	50 000
12 月 31 日	期末余额	500 000

　　为获得每股收益信息，Diaz 公司按照如图表 16 - 19 所示的过程计算流通股加权

平均数。

图表 16－19   流通股加权平均数

流通日期	(A) 流通股股票	(B) 重述	(C) 占全年的比例	(D) 加权股数 (A×B×C)
1月1日—5月1日	180 000	3	4/12	180 000
5月1日—7月1日	150 000	3	2/12	75 000
7月1日—12月31日	450 000		6/12	225 000
流通股加权平均数				480 000

在计算流通股加权平均数时，Diaz 公司忽略了在 2015 年 12 月 31 日销售的股票，因为这些股票并未在当年流通在外。然后，Diaz 公司分别用流通股加权平均数去除非持续性经营项目的利润和净利润，从而得到每股收益信息。从非持续性经营项目前利润（58 万雷亚尔）中减去 10 万雷亚尔的优先股股利，就得到了 48 万雷亚尔的属于普通股股东的非持续性经营项目的利润。

从非持续性经营项目的利润中减去优先股股利，同样也会在不影响非持续性经营项目数额的情况下减少净利润。如图表 16－20 所示，最终得到的数额称为提供给普通股股东的利润。

图表 16－20   计算提供给普通股股东的利润

	(A) 利润信息	(B) 加权股数	(C) 每股收益（A÷B）
属于普通股股东的非持续性经营项目的利润	R＄480 000 *	480 000	R＄1.00
非持续性经营项目的收益（扣除税费）	240 000	480 000	0.50
属于普通股股东的利润	R＄720 000	480 000	R＄1.50

* R＄580 000－R＄100 000

Diaz 公司必须在利润表上或财务报表附注中披露关于（除税后）非持续性经营项目的每股收益。图表 16－21 展示了在 Diaz 公司利润表上报告的利润和每股收益信息。

图表 16－21   存在非经常项目时的每股收益

非持续性经营项目的利润	R＄580 000
扣除税费后的非持续性经营项目收益	240 000
净利润	R＄820 000
每股收益：	
非持续性经营项目的利润	R＄1.00
扣除税费后的非持续性经营项目收益	0.50
净利润	R＄1.50

□ 16.2.2　每股收益——复杂资本结构

对每股收益的讨论适用于简单资本结构下的基本每股收益。但关于基本每股收益的计算还存在一个问题，即不能确认公司稀释性证券的潜在影响。正如我们在本章开篇时讨论过的，稀释性证券是那些可以转换为普通股的证券。[1] 随着这些证券的持有者的转换或执行，稀释性证券会降低（稀释）每股收益。这种对每股收益的不利影响可能是显著的，更重要的是，如果财务报表没能引起投资者对其潜在的稀释性作用的注意，这种影响也可能是非常出乎意料的。

如前所述，当一家公司拥有可转换证券、期权、认股权证，或者其他在转换或执行时会稀释每股收益的权利时，其资本结构就是复杂的。当一家公司拥有复杂的资本结构时，通常需要同时报告基本每股收益和稀释后的每股收益。

计算稀释后每股收益的方法与计算基本每股收益的方法类似。区别仅在于，稀释后每股收益的计算包含了当期流通在外的所有潜在稀释性普通股的影响。图表 16 - 22 中的公式进一步展示了基本每股收益与稀释后每股收益之间的关系。

图表 16 - 22　　　　　　　基本每股收益与稀释后每股收益之间的关系

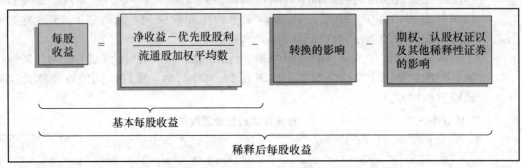

有些证券则具有反稀释性。反稀释性证券是指其转换或执行会增加每股收益（或降低每股损失）的证券。对于资本结构复杂的公司，如果其资本结构中的证券具有反稀释性，该公司就不需报告稀释后每股收益了。同时报告基本每股收益和稀释后每股收益的目的在于，既能告知财务报表使用者可能发生的情况（基本每股收益），又提供了"最坏条件下"的稀释情况（稀释后每股收益）。如果证券具有反稀释性，转换或执行的可能性就会变得极小。因此，只有反稀释性证券的公司只需报告基本每股收益。在前文中，我们已经介绍过如何计算基本每股收益。接下来，我们将进一步解释可转换和其他稀释性证券对每股收益计算的影响。

稀释后每股收益——可转换债券

在转换时，公司将可转换证券兑换成普通股。公司使用假设转换法计量潜在转换对每股收益的稀释性影响。对可转换证券使用这种方法时，假设：（1）可转换证券的转换发生在当期期初（如果该证券是在当期期间发行的，则假设转换发生在证券发行时）；（2）对相关利息的抵销是除税后的。因此，假设发行的额外股份增加了分母——流通股加权平均数。除税后利息费用数额会增加分子——净利润。

综合举例——假设转换法　例如，Mayfield 公司本年的净利润为 210 000 英镑，当期流通普通股的加权平均数为 100 000 股。所以，基本每股收益为 2.1 英镑（210 000÷100 000）。该公司发行了两份可转换公司债券流通在外。一份为一年之前

---

① 这类证券的发行通常发生在合并和出台薪酬计划时。

发行并以 100 英镑价格（总价值为 1 000 000 英镑）销售的债券，利率为 6%，可转换为 20 000 股普通股。当年，与这份可转换债券负债部分相关的利息费用是 62 000 英镑。另一份为本年 4 月 1 日发行并以 100 英镑价格（总价值为 1 000 000 万英镑）对外销售的债券，利率为 7%，可转换为 32 000 股普通股。当年，与这份可转换债券负债部分相关的利息费用是 80 000 英镑。[1] 相关税率为 40%。

如图表 16 - 23 所示，为了计算稀释后每股收益的分子，Mayfield 公司在假设转换的证券上加回利息费用，并扣除相关税费的影响。由于假设转换法假设证券在本年期初发生转换，因此 Mayfield 公司假设本年不需要支付可转换债券的任何利息。利率为 6% 的可转换债券，本年的实际利息为 62 000 万英镑。由此增加的税费支出为 24 800 英镑（62 000×0.40）。因此加回的除税后净利息为 37 200 英镑［62 000－24 800，或者 62 000×（1－0.40）］。

图表 16 - 23　　　　　　　　　调整后净利润的计算

当年的净利润	£210 000
加：（扣除税费后）利息调整	
6% 的公司债券［£62 000×（1－0.40）］	37 200
7% 的公司债券［£80 000×9/12×（1－0.40）］	36 000
调整后的净利润	£283 200

由于 Mayfield 公司是在年初之后才发行利率为 7% 的债券，因此应根据图表 16 - 23 中的信息对股票数额进行加权计算。换句话说，该公司应该假设这些股票是从 4 月 1 日到年底流通的。于是，在分子中对这些债券的利息调整仅反映了 9 个月的利息。因此，向利率为 7% 的可转换债券加回的利息为 36 000 英镑［80 000×9/12×（1－0.40）］。图表 16 - 23 中的最后一项为调整后的净利润。这一数字就是 Mayfield 公司在计算稀释后每股收益时所使用的分子。

如图表 16 - 24 所示，随后 Mayfield 公司计算了流通股加权平均数。这一股票数就是 Mayfield 公司在计算稀释后每股收益时所使用的分母。

图表 16 - 24　　　　　　　　　股票加权平均数的计算

流通股加权平均数	100 000
加：假设要发行的股票数	
6% 的公司债券（截至本年年初）	20 000
7% 的公司债券（截至发行日，4 月 1 日，9/12×32 000）	24 000
调整了稀释性证券后的股票加权平均数	144 000

Mayfield 公司在利润表中报告了基本每股收益与稀释后每股收益。[2] 图表 16 - 25 展示了这种双重披露。

---

　　[1]　如前所述，可转换债券是一种同时包含负债和权益部分的复合工具。因此，在利润表中报告的利息费用并不等于该期间以现金支付的利息。分子中的利息调整项是根据利润表中的利息费用得到的。也就是说，除税后的利息费用又被加回到净利润中。

　　[2]　由于可转换债券在转换后的每股收益（1.97 英镑）比基本每股收益（2.10 英镑）少，因此它是具有稀释性的。参见附录 16B 中对多种证券反稀释性的综合评价。

图表 16 - 25　　　　　　　　　　每股收益披露

当年的净利润	£210 000
每股收益（附注 X）	
基本每股收益（£210 000÷100 000）	£2.10
稀释后每股收益（£291 000÷144 000）	£1.97

其他因素　稀释性证券的转换率在该证券流通期间可能会发生变化。这种情况下，公司在计算稀释后每股收益时，一般使用可用的稀释性最大的转换率。[10] 例如，假设一家公司在 2013 年 1 月 1 日发行可转换债券，从 2015 年 1 月 1 日起，能以 1 份债券对 10 股普通股的转换率进行转换。从 2016 年 1 月 1 日起，1 份债券可以转换为 12 股普通股，从 2022 年 1 月 1 日起，1 份债券可以转换为 15 股普通股。在计算 2013 年的稀释后每股收益时，该公司需使用 1 份债券转换为 15 股股票的转换率。

另一个问题与优先股相关。例如，假设将 Mayfield 公司的利率为 6% 的可转换债券替换为 6% 的可转换优先股。在这种情况下，Mayfield 公司会首先将可转换优先股视为潜在的普通股。因此，在计算稀释后每股收益时也会将其作为流通股计算在内。在计算分子时，不应从净利润中减去这部分优先股股利。为什么这样做呢？因为在计算每股收益时，假设可转换优先股会转换为流通在外的普通股。该公司还直接使用净利润作为分子——不计算税费的影响，这是由于优先股股利一般不能在税前抵扣。

稀释后每股收益——期权与认股权证

除非期权与认股权证是反稀释性的，否则公司应该将流通的期权与认股权证计算在稀释后每股收益中（不管现在是否可执行）。公司使用库存股法将期权、认股权证及其等价物纳入每股收益的计算。

库存股法假设期权或认股权证的执行发生在年初（或者稍晚的发行日），而且公司会使用这些收益回购普通股作为库存。如果执行价格低于股票的市场价格，那么执行产生的收益并不足以回购所有的股票。公司会将增加的剩余股票加到流通股的加权平均数中，以计算稀释后每股收益。

例如，如果一项认股权证的执行价格为 5 欧元，而股票的市场价格为 15 欧元，使用库存股法会增加流通股的数量。执行该认股权证会增加额外的流通股，但发行 1 股股票而收到的 5 欧元并不足以购买市场中价值 15 欧元的 1 股股票，公司需要执行 3 份认股权证（并发行额外的 3 股股票）才能产生足够在市场中购买 1 股股票的钱（15 欧元）。因此，这会最终导致 2 股流通股的净增加。

我们再用大一点的数字来展示这一计算过程，假设 1 500 份期权以 30 欧元一股普通股的执行价格在外流通，每股普通股的市场价格为 50 欧元。使用库存股法，公司会增加 600 股流通股，计算过程如图表 16 - 26 所示。①

---

① 可以用以下公式更简单地计算增加的股票数量：

$$股票数 = \frac{市场价格 - 期权价格}{市场价格} \times 期权数 = \frac{50-30}{50} \times 1\,500 = 600（股）$$

图表 16 - 26　　　　　　　　　增加的股票数的计算

执行 1 500 份期权的收益（1 500×€ 30）	€ 45 000
执行期权需要发行的股票	1 500
使用收益购买的库存股（€ 45 000÷€ 50）	(900)
增加的流通股（潜在普通股）	600

因此，如果期权或认股权证的执行价格低于股票的市场价格，就会产生稀释作用。而期权或认股权证的执行价格高于股票的市场价格时，会减少普通股数量。在这种情况下，期权或认股权证是具有反稀释性的，因为在假设执行期权或认股权证时，每股收益会增加。

对于期权和认股权证，只有在报告期间股票的平均市场价格超过执行价格时，才能假设它们被执行。[①]　在实际应用时，只要价格没有显著波动，使用简单的周平均价格或月平均价格即可。

综合举例——库存股法　为了说明库存股法的使用，假设 Kubitz 工业公司当期的净利润为 22 万格里夫纳。当期的流通股平均数为 10 万股。所以，基本每股收益——忽略所有的稀释性证券——为 2.20 格里夫纳。流通的期权（尽管当时还没有执行）价格为每股 20 格里夫纳，与其相关的股票平均数为 5 000 股。当年普通股的平均市场价格为 28 格里夫纳。图表 16 - 27 说明了如何使用库存股法计算每股收益。

图表 16 - 27　　　　　　　　每股收益的计算——库存股法

	基本每股收益	稀释后每股收益
与期权相关的流通股平均数		5 000
每份期权的价格		× ₴ 20
执行期权的收益		₴ 100 000
普通股的平均市场价格		₴ 28
能够用收益回购的库存股（₴ 100 000÷₴ 28）		3 571
期权股份数量多于能够回购的库存股数量（5 000－3 571）——增加的潜在股		1 429
流通在外的普通股平均数	100 000	100 000
流通在外的普通股和潜在普通股的合计平均数	100 000（A）	101 429（C）
当年的净利润	₴ 220 000（B）	₴ 220 000（D）
每股收益	₴ 2.20（B÷A）	₴ 2.17（D÷C）

或有可发行股票

或有可发行普通股是指为了满足或有股份协议中的特定条件，出于非现金或极少量现金的考虑所发行的普通股。例如，在企业合并中，在一定条件下合并方或许会同意发行额外的股票，这被称为或有可发行股票。公司通常基于某种计量属性

[①]　期权和认股权证具有本质上相同的假设和计算问题，尽管认股权证根据执行情况可能允许或要求用某些其他证券（如债券）进行清偿以代替现金。这种情况已经超出了本书的范围。

（例如要达到一定的收益或市场价格水平）来发行这种股票。基本的原则是，纳入稀释后每股收益的或有股票数量，以将本期期末作为或有期间期末可发行的股票数量为基础。[①]

例如，假设 Watts 公司于 2014 年收购了 Cardoza 公司，并承诺如果 Cardoza 公司 2016 年的净利润达到 9 万雷亚尔，就在 2017 年授予 Cardoza 公司股东 2 万股额外的股份。以下是在未来两年所发生的事项：

1. 2015 年，Cardoza 公司实现净利润 10 万雷亚尔。Cardoza 公司达到了 2015 年的净收益要求，应该将这 2 万股股票纳入 2015 年的稀释后每股收益的计算。

2. 2016 年，Cardoza 公司实现净利润 8 万雷亚尔。Cardoza 公司未能满足 2016 年的净收益要求，不应将这些股票纳入 2016 年的稀释后每股收益的计算。

由于 Cardoza 公司在 2015 年的收益在 2016 年发生变化，并不是所有的条件都已满足，因此在或有期间结束之前，不应将或有股票纳入基本每股收益的计算。

重温反稀释性证券

在计算稀释后每股收益时，公司必须考虑所有稀释性证券的集合。但首先应确定的是，哪些潜在稀释性证券具有稀释性，哪些又具有反稀释性。在计算稀释后每股收益时，公司应该排除任何反稀释的证券，以及那些公司能用来抵销稀释性证券的证券。

之前已提到，在计算每股收益时包括反稀释性证券会增加每股收益（或减少每股净损失）。而对于期权或认股权证，无论何时，只要执行价格超过市场价格，该证券就是反稀释性的。对于可转换债券，如果附加的利息收益（除税后的净值）使利润（分子）的增长比例大于债券转换带来的普通股和潜在稀释性股票（分母）的增长比例，该债券就是反稀释性的。换句话说，当可转换债券的转换引起每股普通股的收益增长大于转换之前的每股收益时，它就是反稀释性的。

例如，假设 Martin 公司发行了价值 100 万美元的可转换债券，可转换为 1 万股普通股。该可转换债券负债部分的利息费用为 6 万美元。本年的净利润为 21 万美元，流通在外的普通股加权平均数为 10 万股，相关税率为 40%。在这种情况下，假设该债券的转换发生在年初，就需要对净利润和流通股的加权平均数进行如图表 16 - 28 所示的调整。

图表 16 - 28　　　　　　　　　　对反稀释性的检验

当年的净利润	$210 000	流通股平均数	100 000
加：（扣除税费后）对 6% 　　的公司债券的利息调整 　　$60 000×（1－0.40）	36 000	加：假设债券转换需要发行 　　的股票数	10 000
调整后的净利润	$246 000	流通在外的普通股和潜在普 　　通股的平均数	110 000

基本每股收益 = $210 000÷100 000 = $2.10

稀释后每股收益 = $246 000÷110 000 = $2.24 = 反稀释性的

---

① 除了股票的或有发行之外，其他也可能产生稀释影响的情况还有参与分红的证券和二级普通股。在计算每股收益时报告这些类型的证券超出了本书的范围。

为了简便，Martin 公司也可以通过将转换后的每股收益 3.60 美元（增加的 36 000 美元收益÷增加的 10 000 股股票），与转换前的每股收益 2.10 美元相比，以确认可转换债券是具有反稀释性的。

公司应该在计算所有的稀释后每股收益时剔除反稀释性证券。这种做法是非常合理的。因为会计实务者的目的在于告知投资者在报告每股收益时可能发生的稀释，而不是关心证券的转换或执行给每股收益带来的增加。本章的附录 16B 为公司在拥有多种证券的复杂情况下如何考虑反稀释性提供了扩展示例。

每股收益的列报与披露

拥有复杂资本结构的公司应该对每股收益信息进行列报，如图表 16 – 29 所示。

图表 16 – 29　　　　　　每股收益列报——复杂资本结构

普通股每股收益	
基本每股收益	$3.30
稀释后每股收益	$2.70

当一段时期的每股收益包含非持续性经营项目时，公司应该说明如下每股数额：来自持续性经营的收益、非持续性经营项目的收益，以及净利润。报告非持续性经营项目的公司，应该在利润表上或财务报表附注中列示这些项目的每股数额。图表 16 – 30 展示了对非持续性经营项目的列报。

图表 16 – 30　　　　　　存在非持续性经营项目时的每股收益列报

基本每股收益	
持续性经营项目的利润	$3.80
非持续性经营项目（损失）	(0.80)
净利润	$3.00
稀释后每股收益	
持续性经营项目的利润	$3.35
非持续性经营项目（损失）	(0.65)
净利润	$2.70

公司应该披露如下信息：

1. 在计算基本和稀释后每股收益时所使用的分子，以及这些数字与净利润或净亏损之间的调整关系。这种调整应包括每种工具对每股收益的单独影响。

2. 在计算基本和稀释后每股收益时所使用的分母（即普通股的加权平均数），以及这些数字之间的调整关系。这种调整应包括每种工具对每股收益的单独影响。

3. 在计算稀释后每股收益时不将那些在未来对基本每股收益具有潜在稀释性的工具（包括或有可发行股票）纳入其中，因为它们对于报告期具有反稀释性。

4. 对于那些发生在报告期之后的普通股交易或潜在普通股交易，以及那些发生在报告期结束之前，会显著影响期末流通在外的普通股或潜在普通股数量的普通股交易或潜在普通股交易，应进行描述。

注意，如果作为股票股利或股票分割的结果，流通在外的普通股或潜在普通股的数量有所增加，或者作为计算稀释后每股收益的结果，该数量有所减少，这种股票数量的变化也应进行披露。

图表 16-31 展示了按照本准则要求进行的协调和相关披露。[12]

图表 16-31　　　　　　　　　基本每股收益与稀释后每股收益的协调

	截至 2015 年底		
	净利润（分子）	股票数（分母）	每股数额
持续性经营项目的利润	$7 500 000		
减：优先股股利	45 000		
基本每股收益	7 455 000	3 991 666	$1.87
认股权证		30 768	
可转换优先股	45 000	308 333	
可转换债券（扣除税费后）	60 000	50 000	
稀释后每股收益	$7 560 000	4 380 767	$1.73

　　一项股票期权从 2015 年下半年开始在外流通，该期权持有者能以每股 85 美元购买 100 万股普通股，但在计算稀释后每股收益时不能考虑这项期权。因为该期权的执行价格高于普通股的平均市场价格。该期权在 2015 年底仍在流通，将于 2025 年 6 月 30 日到期。

每股收益计算的小结

　　每股收益的计算是个复杂的问题。这是具有争议的领域，因为尽管许多证券不是严格意义上的普通股，但它们都具有普通股的特征。实际上，有些公司发行此类其他证券而不是普通股，是为了避免对每股收益产生不利的稀释作用。图表 16-32 和图表 16-33 总结了在简单资本结构下和复杂资本结构下计算每股收益的基本点。

图表 16-32　　　　　　　　　简单资本结构下每股收益的计算

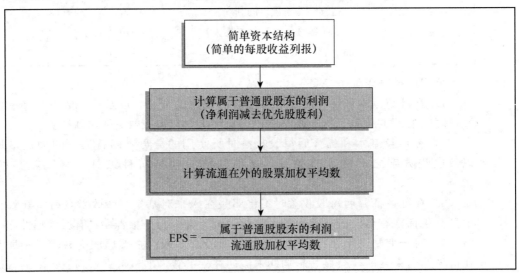

图表 16 - 33　　　　　　　　复杂资本结构下每股收益的计算

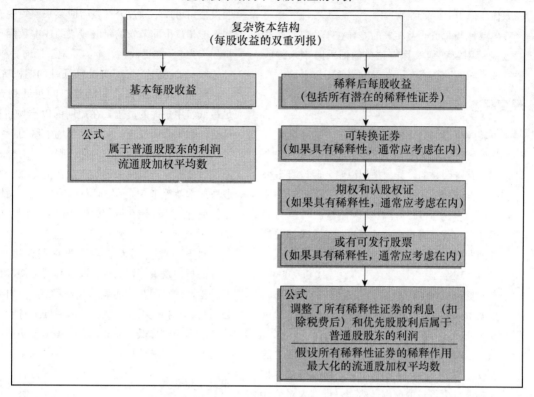

国际会计视野

稀释性证券与每股收益

　　FASB 和 IASB 都在研究区分负债和权益的相关准则。GAAP 对某些稀释性证券（例如可转换债券和发行时附有认股权证的债券）的会计处理方法与 IFRS 不同。GAAP 和 IFRS 在股票期权的会计核算和每股收益的计算上的要求基本相似。

相关事实

相同点

　　● GAAP 与 IFRS 在确认股票薪酬时使用了相同的模型：在员工服务的整个期间内，确认股票和授予员工的期权的公允价值。

　　● 尽管 GAAP 与 IFRS 对基本每股收益和稀释后每股收益的计算非常相似，但理事会正在努力消除报告每股收益时的微小差异。FASB 项目的计划之一就是有关可以用现金或股票结算的合约的。

IFRS 要求必须使用股票结算，而 GAAP 让公司自行选择结算方式。FASB 项目建议采用 IFRS 的方法，在这一点上将 GAAP 与 IFRS 结合起来。

不同点

　　● 在核算诸如可转换债券等同时具有负债和权益特征的证券时，GAAP 与 IFRS 存在显著差异。根据 GAAP，可转换债券的所有收益都应确认为长期负债。而按照 IFRS 的要求，可转换债券是有"分支"的——可以将发行的债券划分为权益成分（转换期权的价值）和负债成分。

　　● 根据 GAAP，员工持股计划通常被认为是非补偿性的，因此不应记录薪酬费用。然而，将一项计划视作非补偿性的必须满足一定的条件。根据 IFRS，所有的员工持股计划都被认为是补偿性的；也就是说，折旧数额也应该确认为薪酬费用。

　　● 在 GAAP 与 IFRS 中，都要求对股票期权的变更带来的增量公允价值进行确认。然而，如果期权的变更导致其公允价值下降，GAAP 允许确认这一减值，但 IFRS 不允许。

● 其他与每股收益相关的差异在于：（1）库存股法的运用及如何核算一项负债消灭时带来的收益；（2）如何计算或有可发行股票的加权平均数。

深度解读

可转换债券的会计核算

如前所述，GAAP 与 IFRS 在可转换债券的会计处理上有着明显的差异。举例说明，假设百事公司按面值发行了 1 000 万美元的 10 年期可转换债券，票面利率为 4.75%。假设该债券已转换为股票，根据 GAAP，百事公司应通过如下分录记录这一债券的发行。

借：现金　　　　　　　　　　10 000 000

　　贷：应付债券　　　　　　　　10 000 000

根据 IFRS，百事公司必须将所发行债券的负债和权益分离，分配转换权的价值。

因此，IFRS 要求公司分别记录所发行债券的负债和权益部分。很多人认为这将对所发行债券带来的影响进行更可靠的披露。然而，也有人对估计债券的负债部分所用方法的可靠性表示担忧。

基于 GAAP 的员工持股计划

员工持股计划通常允许所有的员工在短期内以折扣价格购买股票。公司通常使用这样的薪酬计划以确保权益资本完整或促使员工拥有广泛的普通股所有权。根据 GAAP，只有这些计划满足以下三个条件，才能被认为是具有补偿性的。

1. 几乎所有的全职员工都能公平地参与其中。

2. 与市场价格相比，折扣很小。也就是说，假设公司可以不通过公开发行股票来筹集现金，折扣不能超过由此节省的每股股票的成本数额。如果折扣额为 5% 或更低，就不需要记录任何薪酬。

3. 该计划并没有表现出实质性的期权特征。

例如，Masthead 公司的股票购买计划允许满足最低雇用条件的员工，在短期内以市场价格 5% 的折扣购买公司股票。但来自市场价格的折扣不能被认为是具有补偿性的。为什么呢？因为公司可以不通过公开发行股票来筹集现金，由此减少的每股股票成本就等于 5%。公司向员工提供补偿性的员工持股计划，应该在员工的整个服务年限中记录薪酬费用。

对于一些公司而言，除非它们改变常用的 15% 的折扣政策，否则很难断言其员工持股计划是非补偿性的（因此不能确认薪酬费用）。如果这些公司将其折扣政策变更为 5%，则员工持股计划的参与度会相应降低。因此，有些美国公司最后很可能放弃这些薪酬计划。

未来之路

FASB 已经着手制定准则，在核算可转换债券时可能与 IFRS 的规定一致。与 IASB 相类似，FASB 正在检查对混合证券的分类是否恰当；IASB 还在征求对一些讨论性文件的意见，类似于 FASB 的初步意见稿《具有权益特征的金融工具》。人们希望这些机构能在这一领域制定出统一的准则。尽管 GAAP 与 IFRS 对每股收益列报的要求相似，但 IASB 和 FASB 还在共同努力，希望能解决计算每股收益时的其他差异。

■ 本章小结

1. 描述可转换证券发行、转换与清偿的会计处理。由于可转换债券同时包含负债和权益两个部分，因此通常作为一种复合金融工具进行会计核算。为了便于会计核算，IFRS 要求将复合工具的负债和权益分离。公司使用"有无法"来计量复合工具的价值。如果公司将债券转换为其他证券，最主要的会计处理问题就是如何确定由债券转换而来的证券的入账价值；IFRS 要求使用账面价值法。可转换债券的结算被视为一种债务的消灭，已过期可转换债券的账面价值与支付现金之间的差额应形成相应的利得或损失。

2．解释可转换优先股的会计处理。当可转换优先股进行了转换时，公司就应使用账面价值法。借记"股本——优先股"以及相关的"股本溢价——权益转换"，同时贷记"股本——普通股"和"股本溢价——普通股"（如果有溢价存在）。

3．对比认股权证及与其他证券一同发行的认股权证的会计处理。股票认股权证：公司应该使用"有无法"将销售附有可分离认股权证的债券的收益在这两种证券之间进行分配。股票权利：公司向原有股东发行股票权利时，不需要登记任何分录。公司只需在备查簿中进行记录，载明向原有股东发行的股票权利数，确保公司还有额外的已注册但未发行的股票，以防股东执行该权利。

4．描述股票薪酬计划的会计处理。公司必须使用公允价值法核算股票薪酬。按照这种方法，公司根据在授予日预计的期权行权时的公允价值计算总的薪酬费用。公司应确认员工提供服务期间的薪酬费用。限制性股票计划也遵循股票期权所使用的会计核算原则。公司在授予日根据限制性股票的公允价值估计总的薪酬成本，并在整个服务期将这笔成本费用化。

5．讨论与股票薪酬计划相关的争议。在第一次提出公允价值法时，有相当多的人反对使用这一确认规定。理由是：公允价值法会带来本质上是但以前未能确认的薪酬费用。许多小公司认为这一准则会使它们在与大型公司的竞争中处于劣势，因为大型公司能负担得起大额薪酬支出。想要平息这些反对意见，就需要令财务报告更具透明度，这也是我们的资本市场所依赖的。

6．计算简单资本结构下的每股收益。当一家公司仅有流通的普通股和优先股时，从净利润中减去当年的优先股股利就能得到属于普通股股东的利润。计算每股收益的方法是：净利润减去优先股股利，再除以流通股加权平均数。

7．计算复杂资本结构下的每股收益。复杂的资本结构要求对每股收益进行双重列报，而且在利润表中给予同等程度的重视。这两种列报是指基本每股收益与稀释后每股收益。基本每股收益的计算依赖于流通股加权平均数（等于简单资本结构下的每股收益）。稀释后每股收益是指，当所有潜在普通股发行时会降低每股收益，即稀释了每股收益。拥有复杂资本结构的公司在计算每股收益时应该剔除反稀释性证券。

附录 16A　对股票增值权的会计核算

许多股票期权计划的主要缺点是，高管人员必须为股票市场价格与执行日的期权价格之间的差额支付所得税。对于希望持有股票（而不是立即将其出售）的高管人员而言，股票期权的这一特征会给他们带来财务困难，因为他们不仅要支付所得税，还必须支付期权价格。而另一种计划（激励计划）中，高管人员在执行计划时不需要支付税费，但可能需要通过负债筹集用以支付执行价格的款项，由此产生相关利息成本。

股票增值权的出现为解决这个问题提供了一种方法。在这类计划中，公司授予高管人员权利，以获得与股票增值相等的薪酬。股票增值是指在执行日股票市场价格超过预先确定的价格。公司支付股票增值的形式可能有现金、股票或二者的结合。

股票增值权的最大优势是，在执行日，高管人员通常无须进行现金支付就能够获得股票增值收入。与执行股票期权计划能获得股票不同，在股票增值权计划中，公司不需要发行股票作为计算增值的基础。实际上，公司只要奖励高管人员现金或与增值部分具有相等公允价值的股票即可。对股票增值权的会计核算取决于公司将该权利归类为权益还是负债。

股票增值权——以股份为基础的股权奖励

如果在执行日，公司将股票增值权划分为股权奖励，权利持有者就能通过执行权利从公司得到股票。实际上，股票增值权基本等同于股票期权。二者的主要差异与支付形式相关。股票期权的持有者先支付执行价格，再获得股票。在一项股权性质的股票增值权计划中，持有者获得与股价增长（市场价格与预先确定价格之差）相等数额的股票。当股票增值权属于股权奖励时，对其使用核算股票期权的会计方法进行处理。在授予日，公司先确定股票增值权的公允价值，然后将这一数额在员工的服务期内分配至薪酬费用项目。

股票增值权——以股份为基础的债权奖励

如果在执行日，公司将股票增值权划分为债权奖励，权利持有者就能通过执行权利来获得现金支付。在这种情况下，权利持有者没有得到额外的股票，而是获得了与股票价格增长相等数额的现金。因此，公司的薪酬费用会随着债权价值的变化而相应变化。

公司可以使用如下方法记录这种以股份为基础的债券奖励：

1. 在授予日测量奖励计划的公允价值，并由此计算得到服务期间的薪酬成本数额。

2. 在该奖励被清偿之前，需要计算每个报告期的公允价值。根据公允价值的变化，在每个报告期调整薪酬成本，并按比例分配至已完成的服务期间。

3. 一旦服务期结束，通过将报告的市场价格总变化作为薪酬费用的调整项，确定以后期间的薪酬费用。

对于债权奖励而言，公司需要使用期权定价模型估计股票增值权的公允价值。然后，公司将估计的总薪酬成本分配到整个服务期间，记录每一期的费用（如果公允价值下降，则记录费用的减少）。在每一期期末，报告的总薪酬费用应该等于过去的服务期占总服务期的比例与估计的总薪酬成本的乘积。

例如，假设服务期已完成 40%，估计的总薪酬为 100 000 美元。截至现在，公司报告的累积薪酬费用为 40 000 美元（100 000×40%）。

分配薪酬费用的方法称为百分比法。使用这种方法时，在这项为期四年的计划的第一年，公司将估计成本的 1/4 确认为费用。第二年，公司共冲销了 1/2 的估计成本，再减去在第一年确认的数额。第三年，公司共冲销了 3/4 的估计成本，再减去以前年度确认的数额。第四年，公司将剩余的薪酬费用全部冲销。

当执行日晚于服务期时，又会出现特殊的问题。沿用之前的例子，如果在第四年末股票增值权还没有执行，在第五年，该公司就必须核算市场价格与预先确定的价值之间的差异。在这种情况下，无论在未来报告期间的何时，只要股票市场价格发生变化，公司都应调整薪酬费用，直到这份权利到期或被执行为止。

在授予日和执行日之间，股票增值权的公允价值会增加或减少，因此会导致对薪酬的计量发生变化。如果公允价值从一期至另一期时发生下跌，就需贷记"薪酬费用"。然而，薪酬费用的贷方不能超过以前确认的薪酬费用。换句话说，累积薪酬费用不能为负。

股票增值权示例

假设巴西酒店于 2015 年 1 月 1 日制定了一项股票增值权计划。该计划赋予高管人员在执行日收到现金的权利，数额为股票市场价格与预先确定的 1 万份股票增值权每份 10 雷亚尔之间的差额。2015 年 12 月 31 日，股票增值权的公允价值为 3 雷亚尔，服务期持续两年（2015—2016 年）。假设高管人员持有该权利 3 年后执行，图表 16A-1 说明了如何在每个期间记录薪酬费用数额。

图表 16A-1　　　　　　　　　　股票增值权的薪酬费用

股票增值权							
(1) 日期	(2) 公允价值	(3) 累积可 确认薪酬[a]	(4) 应计比例[b]	(5) 到应计日的 累积薪酬	2015 年 费用	2016 年 费用	2017 年 费用
12/31/15	R$3	R$30 000	50%	R$15 000	R$15 000		
				55 000		R$55 000	
12/31/16	7	70 000	100%	70 000			
				(20 000)			R$(20 000)
12/31/17	5	50 000	100%	R$50 000			

a. 未执行的股票增值权的累积薪酬将分配到各服务期。
b. 应计比例是以两年的服务期（2015—2016 年）为基础的。

2015 年，巴西酒店记录了 15 000 雷亚尔的薪酬费用，因为在 2015 年 12 月 31 日估计的总薪酬成本为 30 000 雷亚尔，在 2015 年可分配的部分为 50%。2016 年，公允价值上涨至每份权利 7 雷亚尔（总公允价值为 70 000 雷亚尔）。该公司记录的额外的薪酬费用为 55 000 雷亚尔（70 000－15 000）。

高管人员持有该股票增值权至 2017 年，在这段时间公允价值跌落到 5 雷亚尔（对高管人员的负债等于 50 000 雷亚尔）。巴西酒店确认了 20 000 雷亚尔的公允价值损失，贷记"薪酬费用"，借记"基于股票增值权计划的负债"。注意，在服务期结束后，由于该权利仍然流通在外，该公司将其权利的价值调整至 2017 年 12 月 31 日的市场价格。该公司贷记的薪酬费用不能超过以前确认的归属于这项计划的费用。

巴西酒店在记录每一期的薪酬费用时，对应的贷方为负债账户，因为该公司将以现金的形式支付股票增值。巴西酒店在第一年按照如下方式记录薪酬费用。

借：薪酬费用　　　　　　　　　　　　　　　　　　　　　　　　　　15 000
　　贷：基于股票增值权计划的负债　　　　　　　　　　　　　　　　　　15 000

该公司应在 2016 年再贷记 50 000 雷亚尔的负债账户。2017 年，当该公司记录负的薪酬费用时，应借记 20 000 雷亚尔。记录负薪酬费用的分录如下：

借：基于股票增值权计划的负债　　　　　　　　　　　　　　　　20 000

　　贷：薪酬费用　　　　　　　　　　　　　　　　　　　　　　　　20 000

2017 年 12 月 31 日，高管人员收到 50 000 雷亚尔现金（等于股票市场价格减去预先确定的价格）。该公司应通过如下分录转移记录的负债。

借：基于股票增值权计划的负债　　　　　　　　　　　　　　　　50 000

　　贷：现金　　　　　　　　　　　　　　　　　　　　　　　　　　50 000

在从一期到另一期时薪酬费用会上涨或跌落。原因在于，每年都要对薪酬费用进行重新计算，这将导致薪酬费用的大幅波动。

□ 附录 16A 小结

8. 解释股票增值权计划的会计处理。对股票增值权的会计核算取决于该权利是以股权为基础还是以债权为基础。如果以股权为基础，会计核算方法与处理股票期权所用的方法类似。如果以债权为基础，公司应在每个期间重新计量薪酬费用，并使用百分比法将其分配到整个服务期。

附录 16B　综合每股收益示例

本附录介绍在涉及多种证券时，应如何计算稀释后每股收益。我们使用 Webster 公司的部分资产负债表（如图表 16B-1 所示）进行分析。与资本结构相关的假设都基于该资产负债表。

图表 16B-1　　　　　　　　　　综合举例的资产负债表

Webster 公司 资产负债表（部分） 2015 年 12 月 31 日	
股东权益	
授权 100 000 股 10% 可累积的、面值 100 美元的可转换优先股，发行 25 000 股流通股	$ 2 500 000
授权账面价值为 15 000 000 美元的股本——普通股，发行 500 000 股流通股	500 000
股本溢价	2 000 000
留存收益	9 000 000
股东权益合计	$ 14 000 000
长期负债	
应付票据，14%	$ 1 000 000
8% 应付可转换债券（A）	2 500 000
10% 应付可转换债券（B）	2 500 000

长期负债合计	$ 6 000 000

附注与假设
2015 年 12 月 31 日

1. 2013 年 7 月授予期权，可以购买 50 000 股面值为 20 美元的普通股。2016 年，Webster 公司普通股的平均市场价格为每股 30 美元。2015 年底，所有期权仍处于流通状态。

2. 2014 年发行了两种可转换债券。每份可转换债券可以转换为 40 股普通股。（每份债券的面值为 1 000 美元。）2015 年，确认的可转换债券 A 负债部分的利息费用为 200 000 美元，确认的可转换债券 B 负债部分的利息费用为 250 000 美元。

3. 2015 年初，以面值发行 10% 的可累积、可转换优先股。每份优先股可转换为 4 股普通股。

4. 平均的所得税税率为 40%。

5. 全年有 500 000 股普通股流通在外。

6. 2015 年没有宣告发放优先股股利。

7. 2015 年的净利润为 1 750 000 美元。

8. 2015 年没有发生债券或优先股的转换。

计算 2015 年的基本每股收益要从计算流通股的加权平均数开始，如图表 16B-2 所示。

图表 16B-2　　　　　　计算每股收益——简单资本结构

净利润	$ 1 750 000
减：10% 可累积、可转换优先股股利需求	250 000
属于普通股股东的利润	$ 1 500 000
流通股加权平均数	500 000
普通股每股收益	$ 3.00

在计算过程中需要注意以下几点：

1. 当优先股可以累积时，无论是否宣告发放股利，公司都应将优先股股利从利润中减去，以获得属于普通股的利润。

2. 公司必须以计算 3 美元的每股收益作为起点，因为这是由于存在可转换证券和期权而减少的每股数额。

□ 稀释后每股收益

计算稀释后每股收益的步骤是：

1. 确定每种稀释性证券在执行或转换时对每股收益的影响。

2. 将步骤 1 的结果按照每股影响的程度从小到大排列。也就是说，将结果从稀释性最强到稀释性最弱依次排列。

3. 首先以流通股加权平均数为基础，计算每股收益（3 美元），再计算加上步骤 2 中最小每股影响后的每股收益。如果计算结果小于 3 美元，再加上第二小的每股影响，继续计算新的每股收益。只要每次计算的每股收益都小于之前的数额，就一直持续这一过程。如果没有更多的证券用以检验，或个别证券维持或增加了原有每股收益（具有反稀释性），就可停止以上过程了。

我们现在将这三个步骤应用于 Webster 公司。（注意，优先股股利已宣告发放或者可累积，会使净利润和属于普通股股东的利润不同。）Webster 公司拥有四种能降低每股收益的证券：期权、可转换债券 A、可转换债券 B，以及可转换优先股。

计算稀释后每股收益的第一步是确定每种潜在稀释性证券的每股影响。图表 16B-3 到图表 16B-6 详细说明了这些计算过程。

图表 16B-3　　　　期权的每股影响（库存股法），稀释后每股收益

期权相关股票数量	50 000
每份期权的价格	$ 20
假设执行期权时的收益	$1 000 000
2015 年普通股平均市场价格	$ 30
利用收益可回购的库存股（$1 000 000÷$30）	33 333
期权相关股票超过可回购库存股的数量（50 000－33 333）	16 667
每股影响：	
$\dfrac{\text{对分子的增量影响}}{\text{对分母的增量影响}}=\dfrac{0}{16\,667}=\$0$	$0

图表 16B-4　　　发行债券 A 的每股影响（假设转换法），稀释后每股收益

当年债券 A 的利息费用	$ 200 000
由于利息而减少的所得税（40%×$200 000）	80 000
避免的利息费用（扣除税费后）	$ 120 000
假设转换债券时发行的普通股数量（2 500 份债券×40 股）	100 000
每股影响：	
$\dfrac{\text{对分子的增量影响}}{\text{对分母的增量影响}}=\dfrac{\$120\,000}{100\,000}=\$1.20$	$1.20

图表 16B-5　　　发行债券 B 的每股影响（假设转换法），稀释后每股收益

当年债券 B 的利息费用	$ 250 000
由于利息而减少的所得税（40%×$250 000）	100 000
避免的利息费用（扣除税费后）	$ 150 000
假设转换债券时发行的普通股数量（2 500 份债券×40 股）	100 000
每股影响：	
$\dfrac{\text{对分子的增量影响}}{\text{对分母的增量影响}}=\dfrac{\$150\,000}{100\,000}=\$1.50$	$1.50

图表 16B-6　　10%可转换优先股的每股影响（假设转换法），稀释后每股收益

累积优先股股利需求（25 000 股×$10）	$ 250 000
所得税影响（股利不会减少税费）	0
避免的股利需求	$ 250 000
假设转换优先股时发行的普通股数量（4×25 000 股）	100 000
每股影响：	
$\dfrac{\text{对分子的增量影响}}{\text{对分母的增量影响}}=\dfrac{\$250\,000}{100\,000}=\$2.50$	$2.50

图表 16B-7 描述了对这四种潜在稀释性证券的排序。

图表 16B－7　　　　　每股影响的排序（从小到大），稀释后每股收益

	每股影响
1. 期权	$ 0
2. 可转换债券 A	1.20
3. 可转换债券 B	1.50
4. 10% 的可转换优先股	2.50

下一步是确定在考虑如图表 16B－7 所示的每股影响排序时的每股收益。从之前计算得到的 3 美元的每股收益开始，如图表 16B－8 所示，将期权的增量影响加入最初的计算。

图表 16B－8　　　　　使用期权的增量影响再次计算每股收益

期权	
属于普通股股东的利润	$ 1 500 000
加：期权对分子的增量的影响	0
合计	$ 1 500 000
流通股加权平均数	500 000
加：期权对分母的增量的影响（图表 16B－3）	16 667
合计	516 667
再次计算每股收益（$ 1 500 000÷516 667 股）	$ 2.90

由于再次计算得到的每股收益减小了（从 3 美元减至 2.90 美元），该期权具有稀释性作用。我们也可以预料到这一结果，因为股票的平均市场价格（30 美元）超过了期权价格（20 美元）。

假设 Webster 公司转换了债券 A，如图表 16B－9 所示，再次计算每股收益。

图表 16B－9　　　　　使用可转换债券 A 的增量影响再次计算每股收益

可转换债券 A	
之前计算中的分子	$ 1 500 000
加：避免的利息费用（扣除税费后）	120 000
合计	$ 1 620 000
之前计算中的分母	516 667
加：假设转换债券时需要发行的股票数量	100 000
合计	616 667
再次计算每股收益（$ 1 620 000÷616 667 股）	$ 2.63

因为再次计算得到的每股收益减小了（从 2.90 美元减至 2.63 美元），债券 A 也具有稀释性作用。

接着，假设 Webster 公司转换了债券 B，如图表 16B－10 所示，该公司再次计算每股收益。

图表 16B-10   使用可转换债券 B 的增量影响再次计算每股收益

可转换债券 B	
之前计算中的分子	$1 620 000
加：避免的利息费用（扣除税费后）	150 000
合计	$1 770 000
之前计算中的分母	616 667
加：假设转换债券时需要发行的股票数量	100 000
合计	716 667
再次计算每股收益（$1 770 000÷716 667 股）	$2.47

因为再次计算得到的每股收益减小了（从 2.63 美元减至 2.47 美元），债券 B 也具有稀释性作用。

如图表 16B-11 所示，最后一步是将 10% 的可转换优先股纳入计算。

图表 16B-11   使用 10% 可转换优先股的增量影响再次计算每股收益

10% 可转换优先股	
之前计算中的分子	$1 770 000
加：避免的股利需求	250 000
合计	$2 020 000
之前计算中的分母（股数）	716 667
加：假设转换优先股时需要发行的普通股数量	100 000
合计	816 667
再次计算每股收益（$2 020 000÷816 667 股）	$2.47

因为再次计算得到的每股收益并没有减少，说明 10% 可转换优先股不具有稀释性作用。稀释后每股收益为 2.47 美元。优先股的每股影响没有被纳入稀释后每股收益的计算。

最后，图表 16B-12 展示了 Webster 公司在其利润表中对每股收益的披露。

图表 16B-12   利润表中对每股收益的列报

净利润	$1 750 000
基本普通股每股收益（附注 X）	$3.00
稀释后普通股每股收益	$2.47

公司通常使用来自持续性经营活动的利润（调整了优先股股利）以判断潜在普通股是否具有稀释性作用。有些人将其称作控制数量。为了说明这一点，假设 Barton 公司提供了以下信息（如图表 16B-13 所示）。

图表 16B-13   Barton 公司数据

持续性经营收益	$2 400 000
非持续性经营损失	3 600 000
净损失	$1 200 000
流通股加权平均数	1 000 000
潜在普通股	200 000

Barton 公司的基本每股收益和稀释后每股收益信息如图表 16B-14 所示。

图表 16B-14　　　　　　基本每股收益和稀释后每股收益

基本每股收益	
持续性经营收益	$2.40
非持续性经营损失	3.60
净损失	$1.20
稀释后每股收益	
持续性经营收益	$2.00
非持续性经营损失	3.00
净损失	$1.00

如图表 16B-14 所示，来自持续性经营活动的基本每股收益高于来自持续性经营活动的稀释后每股收益。原因在于：在来自持续性经营活动的稀释后每股收益的分母中，包含了额外的 20 万股潜在普通股。[1]

公司使用来自持续性经营活动的利润作为控制数量，是因为很多公司发现虽然持续性经营活动获得了利润（或者是出现在利润表中净利润上面一行的类似项目），但由于非持续性经营活动发生损失，导致最后报告的是净损失。如果公司使用最后的净损失作为控制数量，由于潜在普通股具有反稀释性，因此会导致基本每股收益和稀释后每股收益相等。[2]

□ 附录 16B 小结

9. 计算复杂情况下的每股收益。稀释后每股收益的计算包括以下步骤：（1）假设各种潜在稀释性证券得到执行或被转换，确定其每股影响。（2）将上一步骤中的结果按稀释性最强到最弱进行排列。（3）从稀释性最强的证券开始，再次计算每股收益，并不断地加入新的证券，直到每股收益不再发生变化或者变得更大为止。

简单练习

BE16-2　Petrenko 公司拥有 2 000 份价值 1 000 欧元的流通债券，每份债券可转换为 50 股每股面值为 10 欧元的普通股股票。债券持有者于 2015 年 12 月 31 日将这些债券进行转换。应付债券的账面价值为 195 万欧元，权益转换为 2 万欧元。使用账面价值法对这一转换进行会计处理。

BE16-9　2015 年 Kalin 公司的净利润为 100 万欧元。2015 年，Kalin 公司对其 100 000 股优先股支付了每股 2 欧元的股利。2015 年，Kalin 公司流通在外的普通股股数为 250 000。计算该公司 2015 年的每股收益。

---

① 不报告非持续性经营活动的公司应该使用净利润作为控制数量。

② 如果一家公司报告了来自持续性经营活动的损失，即使最后报告的是净利润，由于潜在普通股具有反稀释性，基本每股收益和稀释后每股收益也会相等。IASB 认为，通过将来自持续性经营活动的利润作为控制数量，能提高每股收益信息的可比性。

综合练习

E16－14（限制性股票的会计处理） 2015 年 1 月 1 日，Derrick 公司 CFO Dane Yaping 发行了 4 000 股限制性股票。在授予日股票的公允价值为 12 万英镑。与该限制性股票相关的服务期为 4 年。如果 Yaping 为公司服务满 4 年，即可行权。股票的账面价值为每股 5 英镑。2016 年 12 月 31 日，股票的公允价值为 14.5 万英镑。

要求：

（a）编制 2015 年 1 月 1 日（授予日）和 2016 年 12 月 31 日与该限制性股票相关的日记账分录。

（b）假设 2017 年 3 月 4 日，Yaping 离开了公司。编制与放弃限制性股票权利这一行为相关的日记账分录。

权威文献

［1］International Accounting Standard 32，*Financial Instrument：Presentation*（London，U. K.：International Accounting Standards Committee Foundation，2003），paras. 28–32.

［2］International Accounting Standard 32，*Financial Instrument：Presentation*（London，U. K.：International Accounting Standards Committee Foundation，2003），par. BC29.

［3］International Accounting Standard 32，*Financial Instrument：Presentation*（London，U. K.：International Accounting Standards Committee Foundation，2003），par. AG34.

［4］International Accounting Standard 32，*Financial Instrument：Presentation*（London，U. K.：International Accounting Standards Committee Foundation，2003），par. 36.

［5］International Financial Reporting Standard 2，*Share-Based Payment*（London，U. K.：International Accounting Standards Committee Foundation，2004），par. 16.

［6］International Financial Reporting Standard 2，*Share-Based Payment*（London，U. K.：International Accounting Standards Committee Foundation，2004），par. BC11.

［7］International Financial Reporting Standard 2，*Share-Based Payment*（London，U. K.：International Accounting Standards Committee Foundation，2004），par. IN8.

［8］International Accounting Standard 33，*Earnings per Share*（London，U. K.：International Accounting Standards Committee Foundation，2003），par. 66.

［9］International Accounting Standard 33，*Earnings per Share*（London，U. K.：International Accounting Standards Committee Foundation，2003），par. 1.

［10］International Accounting Standard 33，*Earnings per Share*（London，U. K.：International Accounting Standards Committee Foundation，2003），par. 39.

［11］International Accounting Standard 33，*Earnings per Share*（London，U. K.：International Accounting Standards Committee Foundation，2003），par. 56.

［12］International Accounting Standard 33，*Earnings per Share*（London，U. K.：International Accounting Standards Committee Foundation，2003），par. 66.

第 17 章

投　资

学习目标

学完本章之后，你应该能够：

1. 描述金融资产的会计处理框架。
2. 理解债权投资摊余成本的会计核算。
3. 理解债权投资公允价值的会计核算。
4. 描述公允价值选择权的会计核算。
5. 理解以公允价值计量的股权投资的会计核算。
6. 解释会计核算的权益法，并将其与股权投资的公允价值法进行比较。
7. 讨论债权投资减值的会计核算。
8. 描述不同种类投资之间转换的会计核算。

该怎么办

几年前，一家银行对其抵押担保证券减记 8 730 万美元。该银行认为，其预期实际损失只有 4.4 万美元。4.4 万美元的损失相当于一套止赎公寓的合理损失。该银行的管理者发现"会计结果是荒谬可笑的"。一年之后，该银行提高了 2.631 亿美元的信贷损失估计，与最初的 4.4 万美元的损失估计差异极大。

这个银行的例子强调，对诸如贷款、衍生工具以及其他债权投资等金融资产的估值是具有挑战性的。这个例子中出现的重要问题，或者说当前更明显的金融危机是：金融工具究竟应该用什么来估值，是摊余成本、公允价值，还是其他的计量属性？正如一位分析师所言，很多监管者和政治家都认为公允价值会计会削弱金融和经济的稳定性。但某些投资者和其他人相信，公允价值才是正确的选择，因为公允价值是更为透明的信息。那么究竟该怎么办呢？

IASB 发布的新准则（IFRS 9）要求对金融资产使用混合计量属性法，即某些金融资产用摊余成本估值，其他的则使用公允价值。而 FASB 发布了一份征求意见稿，对金融资产的报告作出了要求。遗憾的是，就如何对这些金融工具进行会计核算和报告，两个机构并未达成一致。

特许金融师组织针对 IFRS 9 进行的一项调查包括关于新准则的问题："你是否赞同 IASB 的新准则——按照摊余成本或公允价值分类将有助于改善金融工具会计整体的决策有用性？"调查结果显示，47％的被调查者认为 IASB 的方法将有助于改善信息决策的有用性。作为 IASB 的重要支持者，投资者和债权人的这种冷淡反应令人担忧。

有趣的是，欧盟各国拒绝考虑采用 IFRS 9 所要求的方法，它们认为这一准则包含了过多的公允价值信息。尽管如此，该准则还是顺利发布，而且那些使用 IFRS 的国家也将很快开始实施新准则。于是，IFRS 9 发布后的早期反应不幸地被验证了，政界再一次对会计问题冷眼相待。某些欧洲监管者建议，IASB 未来的资金或许就取决于其对公允价值使用的限制程度。这种政治干涉将导致 IASB 和 FASB 在趋同上的努力白费。

资料来源：Adapted from Jonathan Weil, "Suing Wall Street Banks Never Looked So Shady," *http：// www. bloomberg. com*/apps/news？ pid＝20601039&sid＝7ZeWzn42KX4（February 28. 2010）；Rachel Sanderson and Jennifer Hughes, "Carried Forward," *Financial Times Online*（April 20, 2010）；and CFA Institute, *Survey on Proposed Financial Instrument Accounting Changes and International Convergence*（November 2009）.

本章概览

正如开篇故事中提到的，对金融资产的会计核算极具争议。如何计量、确认并披露这些信息，是现在广泛争论的问题。在本章中，我们将介绍如何对债权和股权投资进行会计核算。本章的附录将讨论衍生工具的会计处理和公允价值披露等问题。本章的内容和结构如下：

投资			
金融资产会计核算	债权投资	股权投资	其他报告问题
·计量基础	·摊余成本 ·公允价值 ·公允价值选择权 ·债权投资会计处理小结	·持股比例低于20% ·持股比例在20%~50%之间 ·持股比例高于50%	·减值 ·不同种类投资之间的转换 ·投资报告处理方法的总结

17.1　金融资产会计核算

金融资产是指现金、对其他公司的股权投资（例如普通股或优先股），或者从其他方获取现金的契约权利（例如贷款、应收账款以及债券）。[1]在第 7 章中我们已经讨论过，对现金的会计处理相对比较简单直接。本章的开篇故事中也提到，对股权和债权投资的会计处理和报告具有较大争议，尤其是在 2008 年信贷危机的影响下。

某些财务报表使用者支持对所有金融资产使用单一计量模式——公允价值计量。他们认为与其他计量模式相比，公允价值在帮助投资者评价当前经济事项对金融资产未来的现金流量的影响时，更具相关性。而且，他们相信，使用单一方法将提高估值和资产报告的一致性，进而增强财务报表的有用性。但也有人表示异议。这些财务报表使用者注意到，许多公司持有投资的目的并不是出售，而是为了获得投资期间所形成的收益。他们认为在这种情况下，以成本为基础的信息（即摊余成本）在预测未来现金流时能提供更为相关的信息。一些报刊担心，当投资市场并不是按照以往的方式发挥作用时，使用公允价值信息计量金融资产是不可靠的。

经过一系列的讨论后，IASB 认为，就向财务报表使用者提供相关信息而言，按照公允价值报告所有金融资产并不是最合适的方法。IASB 注意到，在某种情况下，对于特定类型的金融资产来说，公允价值和以成本为基础的方法都能够向财务报表使用者提供有用的信息。最后，IASB 要求公司根据情况将金融资产按照计量模式分为两类——摊余成本与公允价值。

□ 17.1.1　近观计量基础

总体来看，IFRS 要求公司根据两个标准来确定如何对其金融资产进行计量：

● 公司在管理其金融资产时使用的商业模式；

● 该金融资产的合约现金流特征。

如果一家公司的商业模式的目标是通过出售资产以收回其合约现金流，并且其金融资产的契约形式能够提供现金流量的具体日期，即其本金和利息是独立支付的，那么该公司就应使用摊余成本进行核算。[2]①

例如，假设三菱集团购买了一项债权投资，并打算持有至到期。该企业对这类投资采用的商业模式就是收取利息，并在到期时收回本金。利息和本金的支付日就是债券上规定的日期。在这种情况下，三菱集团就应使用摊余成本来核算这项投资。从另一方面看，如果三菱集团将所购买的债券作为交易战略的一部分，投资目的在于获取利率变动差额（即交易性投资），那么这项债权投资就应以公允价值报告。因此，类似于应收账款、贷款和债券投资这样的债权投资，只有满足了以上两个标准才能够以摊余成本记录。而其他所有的债权投资都应按照公允价值记录和报告。

股权投资通常都是以公允价值来记录和报告的。股权投资并没有固定的利息或本金支付时间，因此不能按照摊余成本进行会计核算。总之，公司应该根据投资证券的类型选择适当的会计处理方法，这一点在图表 17 - 1 中进行了总结。

图表 17 - 1　　　　　　　　　**投资的会计处理方法的总结**

投资类型	会计标准评价	估值方法
债权	满足商业模式（持有至收回）以及合约现金流测试	摊余成本
	不满足商业模式测试（不持有至收回）	公允价值
股权	不满足合约现金流测试	公允价值*

* 对于某些投资者能对被投资者执行某种控制的股权投资，应使用权益法。

我们按照投资证券的类型安排以下对投资的讲解内容。在每一个部分，我们都将解释如何根据不同的投资管理模式和合约现金流特征，对债权投资和股权投资采用不同的会计处理。

17. 2　债权投资

债权投资的特征是，合约规定了在特定日对本金及利息的支付。如果公司商业模式的目标是持有金融资产，以获得合约规定的现金流（为了收回而持有），则应使用摊余成本来计量该债权投资。摊余成本是投资的初始确认额减去支付的利息，加上或减去累积摊销额，并扣除不可回收净值后的净额。如果不能满足使用摊余成本计量的条件，则采用公允价值对债权投资进行计价和会计核算。公允价值是一项资产，是熟悉市场情况的买卖双方在公平交易和自愿的情况下所确认的价值。[4]

---

① IASB 指出，应首先考虑商业模式。对于适合使用摊余成本计量的金融资产（如债权投资），还要考虑其合约现金流特征。IASB 强调，为了确保摊余成本能提供关于债权投资的有用信息，这两类条件都是必要的。[3]

□ 17.2.1 债权投资——摊余成本

只有债权投资可以按照摊余成本计量。假设家乐福购买了诺基亚的债券，就会在整个债券有效期收到契约规定的利息现金流，并在债券到期时收到本金。如果家乐福的计划是在整个债券有效期持有该债券，以获得利息现金流，那么它就有持有至收回的意图，应使用摊余成本来计量这项投资。①

例：以摊余成本计量的债权投资

为了说明如何以摊余成本核算一项债权投资，假设 Robinson 公司于 2015 年 1 月 1 日折价购买了 Evermaster 公司的面值为 100 000 欧元、票面利率为 8% 的债券，支付了 92 278 欧元。该债券将于 2020 年 1 月 1 日到期，要求报酬率为 10%；利息将在每年的 7 月 1 日和 1 月 1 日支付。Robinson 公司做了如下分录：

2015 年 1 月 1 日

借：债权投资 92 278
    贷：现金 92 278

正如我们在第 14 章中讨论的，公司必须使用有效利率法对溢价或折价进行摊销。使用有效利率法处理债券投资与处理应付债券类似。为了计算利息收入，公司需要计算出有效利率或投资时要求的报酬率，并将该利率用于计算每一个利息期的期初账面价值。投资每期的账面价值会随着折价摊销而增加，或随着溢价摊销而减少。

图表 17-2 展示了 Robinson 公司对 Evermaster 公司债权投资的记录中，每期折价摊销对利息收入的影响。

图表 17-2　　　　利息收入及债券折价摊销表——有效利率法

8% 的债券按 10% 的利率进行折现			
日期	收到现金	利息收入	债券折扣摊销额	债券的账面价值
1/1/15				€ 92 278
7/1/15	€ 4 000[a]	€ 4 614[b]	€ 614[c]	92 892[d]
1/1/16	4 000	4 645	645	93 537
7/1/16	4 000	4 677	677	94 214
1/1/17	4 000	4 711	711	94 925
7/1/17	4 000	4 746	746	95 671
1/1/18	4 000	4 783	783	96 454
7/1/18	4 000	4 823	823	97 277
1/1/19	4 000	4 864	864	98 141

① 归入持有至收回一类，并不意味着必须持有该证券直至到期日。例如，一家公司可能在如下情况下将投资在到期前出售：(1) 该证券没有满足公司的投资策略（例如，公司的政策是投资于 AAA 级的债券，但该证券的信用等级下降了）；(2) 公司改变了其在某一期限内仅投资于证券的计划；(3) 公司需要通过出售某证券来为某资本支出提供资金。然而，如果一家公司基于正常的原因开始交易其持有至收回的投资，就应该评价这项交易是否符合持有至收回投资的分类。[5]

续

8%的债券按10%的利率进行折现				
日期	收到现金	利息收入	债券折扣摊销额	债券的账面价值
7/1/19	4 000	4 907	907	99 048
1/1/20	4 000	4 952	952	100 000
	€40 000	€47 722	€7 722	

a. €4 000＝€100 000×0.08×6/12
b. €4 614＝€92 278×0.10×6/12
c. €614＝€4 614－€4 000
d. €92 892＝€92 278＋€614

Robinson 公司在 2015 年 7 月 1 日即第一个半年利息支付日所做的分录如下：

2015 年 7 月 1 日

借：现金 4 000

债权投资 614

贷：利息收入 4 614

Robinson 公司是基于公历年度进行会计核算的，它在 2015 年 12 月 31 日对应收利息和折价摊销的记录如下：

2015 年 12 月 31 日

借：应收利息 4 000

债权投资 645

贷：利息收入 4 645

图表 17-2 也展示了利息和摊销的数额。

Robinson 公司在 2015 年 12 月 31 日的财务报告中，对其投资于 Evermaster 公司的债券做如下报告（如图表 17-3 所示）。[①]

图表 17-3　　　　　　　　　以摊余成本计量的债权投资的报告

资产负债表	
长期投资	
债权投资	€93 537
流动资产	
应收利息	€4 000
利润表	
其他利润和费用	
利息收入（€4 614＋€4 645）	€9 259

有时，公司会在债权投资到期之前将其出售。例如，Robinson 公司可能改变投资战略，出售债券，从投资于 Evermaster 公司债券之类的 5 年期债权转向短期债券。这样的战略将使债券的重新定价更加迅速，以响应利率的变化。我们假设 Rob-

---

① 虽然这个例子是以单一投资为基础的，但 IASB 指出公司应以较高水平的证券投资组合而非单一的证券来评价其投资策略（或管理这些投资的商业模式）。因此，一家公司可能拥有不止一种投资战略。也就是说，一家公司可能持有一项以收回合约现金流为目的的投资组合，以及另一项以实现公允价值变动损益为目的的投资组合。[6]

inson 公司在 2017 年 11 月 1 日以 99 750 欧元的价格加上应计利息，出售了 Evermaster 公司的债券。2017 年 7 月 1 日至 11 月 1 日的折价摊销为 522 欧元（4/6×783）。Robinson 公司做如下分录记录折价摊销：

2017 年 11 月 1 日

借：债权投资		522
贷：利息收入		522

图表 17 - 4 展示了如何计算该项销售所实现的收益。

图表 17 - 4　　　　　　　　　　**债券销售收益的计算**

债券的销售价格（剔除应计利息）		€ 99 750
减：2017 年 11 月 1 日的债券账面价值：		
2017 年 7 月 1 日的摊余成本	€ 95 671	
加：2017 年 7 月 1 日至 11 月 1 日的		
折价摊销	522	96 193
债券销售收益		€ 3 557

Robinson 公司这样记录债券的销售：

2017 年 11 月 1 日

借：现金		102 417
贷：利息收入（4/6×€ 4 000）		2 667
债权投资		96 193
出售投资的收益		3 557

"利息收入"的贷方表示 4 个月的应计利息，购买者应对此支付现金。"现金"的借方表示债券的销售价格加上应计利息（€ 99 750＋€ 2 667）。"债权投资"的贷方表示出售日债券的账面价值。"出售投资的收益"的贷方表示销售价格超过债券账面价值的部分。

□ 17.2.2　债权投资——公允价值

在某些情况下，公司要管理并评价以公允价值为基础的投资业绩。这些投资是基于风险管理或投资战略进行管理或评价的，而这些战略是以公允价值信息为基础的。例如，有些公司持有债权投资是为了在短期内出售。这些债权投资通常称为交易性投资，因为公司经常购买并出售这些投资以获取由短期价差形成的收益。

以公允价值计量并报告债权投资的公司通常在报告期使用与持有至收回债权投资一样的会计分录。也就是说，它们是以摊余成本进行记录的。但在每一个报告日，公司要将摊余成本调整为公允价值，并将未实现持有损益作为净利润的一部分进行报告（公允价值法）。未实现持有损益是指债权投资的公允价值由一期到下一期的净变动。

举例：以公允价值计量的债权投资（单一证券）

为了说明如何使用公允价值法对债权投资进行会计核算，沿用 Robinson 公司的例子。仍假设 Robinson 公司于 2015 年 1 月 1 日折价购买了 Evermaster 公司的面值

为 100 000 欧元、票面利率为 8%的债券，支付了 92 278 欧元。① 该债券将于 2020 年
1 月 1 日到期，要求报酬率为 10%；利息将在每年的 7 月 1 日和 1 月 1 日进行支付。

2015 年，Robinson 公司所做会计分录与以摊余成本记录的完全一样。

2015 年 1 月 1 日

借：债权投资		92 278
贷：现金		92 278

2015 年 7 月 1 日

借：现金		4 000
债权投资		614
贷：利息收入		4 614

2015 年 12 月 31 日

借：应收利息		4 000
债权投资		645
贷：利息收入		4 645

图表 17-2 也展示了利息和摊销的数额。如果该债权投资要持有至收回，就不需
要再做其他额外的会计分录了。但在使用公允价值时，Robinson 公司发现，考虑到
利率下降，2015 年 12 月 31 日该债权投资的公允价值增至 95 000 欧元。与 2015 年 12
月 31 日该债券投资的账面价值相比，Robinson 公司形成了如图表 17-5 所示的未实
现持有收益 1 463 欧元。

图表 17-5   债权投资未实现收益的计算（2015 年）

2015 年 12 月 31 日的公允价值	€ 95 000
2015 年 12 月 31 日的摊余成本（图表 17-2）	93 537
未实现持有损益	€ 1 463

因此，Robinson 公司于 2015 年 12 月 31 日做如下分录以记录对该债权投资公允
价值的调整。

借：公允价值调整		1 463
贷：未实现持有损益——利润		1 463

在根据公允价值记录该项投资时，Robinson 公司使用了一个估值账户（公允价
值调整）来替代债权投资的借方。这一账户的使用能使 Robinson 公司在账上保持对
该投资摊余成本的记录。因为估值账户形成了借方余额，在这种情况下，Robinson
公司债权投资的公允价值就比其摊余成本要高。

"未实现持有损益——收益"账户位于利润表中的其他收入和支出部分，作为净
利润的一部分报告。在每个期末，这个账户都会清空结转至净利润中。公允价值调整
账户在期末是不需要结转的，只是在每一期调整至适当的估值。公允价值调整账户的
余额并不在资产负债表中披露，只是在利用公允价值重新计量债权投资时才会用到。

Robinson 公司在 2015 年 12 月 31 日报告其对 Evermaster 公司的投资时，财务报

---

① 在购买证券时，公司可能会发生佣金和交易成本。对于以公允价值计量的投资（既有债权也有股权）来说，IFRS
要求将这些成本以其他收入和支出的形式记录在净利润中，而不是作为投资账面价值的调整项记录。[7]

告上的内容如图表 17 - 6 所示。

图表 17 - 6　　　　　以公允价值计量的债权投资在资产负债表中的披露

资产负债表	
投资	
债权投资	€ 95 000
流动资产	
应收利息	€ 4 000
利润表	
其他利润和费用	
利息收入（€ 4 614＋€ 4 645）	€ 9 259
未实现持有损益	1 463

继续使用我们的例子，2016 年 12 月 31 日，假设对 Evermaster 公司的债权投资的公允价值为 94 000 万欧元。如图表 17 - 7 所示，在这种情况下，Robinson 公司记录了未实现损失 2 388 欧元。

图表 17 - 7　　　　　债权投资未实现收益的计算（2016 年）

债权投资 2016 年 12 月 31 日			
投资	摊余成本	公允价值	未实现持有损益
Evermaster 公司 10%的债券	€ 94 925	€ 94 000	€ （925）
减：之前公允价值调整账户的 余额（借方）			1 463
公允价值调整（贷方）			€ （2 388）

如图表 17 - 7 所示，现在债权投资的公允价值比其摊余成本低 925 欧元。然而，Robinson 公司在 2015 年已经记录了未实现收益。因此，Robinson 公司就确认了一笔 2 388 欧元（925＋1 463）的损失，以此抵销了 2015 年记录的收益，即贷记"公允价值调整" 925 欧元。Robinson 公司所做分录如下：

　　借：未实现持有损益——利润　　　　　　　　　　　　　　　　　　　　2 388

　　　　贷：公允价值调整　　　　　　　　　　　　　　　　　　　　　　　　　2 388

"公允价值调整"账户的贷方余额为 925 欧元（2 388－1 463），使得该债券的摊余成本减少为公允价值。Robinson 公司在 2016 年 12 月 31 日报告其对 Evermaster 公司的债权投资时，财务报告上的内容如图表 17 - 8 所示。

图表 17 - 8　　　　以公允价值计量的债权投资在资产负债表中的披露（2016 年）

资产负债表	
投资	
债权投资	€ 94 000
流动资产	
应收利息	€ 4 000

利润表	
其他利润和费用	
利息收入（€ 4 677＋€ 4 711）	€ 9 388
未实现持有损益	€ (2 388)

与之前的例子相似，现在假设 Robinson 公司在 2017 年 11 月 1 日以 99 750 欧元的价格加上应计利息出售了 Evermaster 公司的债券。所有的分录和计算都与以摊销成本计量时一致。唯一的区别发生在 2017 年 12 月 31 日。在这种情况下，由于该债券不再属于 Robinson 公司，"公允价值调整"账户应为零。Robinson 公司做如下分录记录对这一账户的估计。

2017 年 11 月 1 日

 借：公允价值调整   925

  贷：未实现持有损益——利润   925

图表 17-9 展示了 2017 年 12 月 31 日与 Evermaster 公司债券相关的利润。

图表 17-9   债权投资对利润的影响（2015—2017 年）

年份	摊销成本				公允价值			
	利息	销售收益	未实现损益	合计	利息	销售收益	未实现损益	合计
2015	€ 9 259	€ 0	€ 0	€ 9 259	€ 9 259	€ 0	€ 1 463	€ 10 722
2016	9 388	0	0	9 388	9 388	0	(2 388)	7 000
2017	7 935	3 557	0	11 492	7 935	3 557	925	12 417
合计	€ 26 582	€ 3 557	€ 0	€ 30 139	€ 26 582	€ 3 557	€ 0	€ 30 139

如图表 17-9 所示，在债权投资的整个周期中，无论使用摊余成本还是公允价值计量，利息收入和销售收益都是一样的。然而，使用公允价值法时，每年需要根据该投资公允价值的变化在利润中确认未实现损益。总体上，净利得或损失为零。

在确定公允价值时出现了许多其他问题。例如，2000 年的秋天，华尔街经纪公司摩根士丹利告诉投资者，关于其债券组合发生巨额亏损的传闻"言过其实"。事实证明，摩根士丹利也"言过其实"了。结果，美国证券交易委员会（SEC）指控摩根士丹利违反了证券法，夸大某种债券的价值达 7 500 万美元。SEC 指出，这种夸大更多地来源于该公司的一厢情愿而非事实，因此违背了 GAAP。SEC 写道："实际上，摩根士丹利估计债券价值依据的是它所认为的自愿买方和卖方参与交易时的价格，而不是自愿买方和自愿卖方参与当期交易时的价格。"

一位会计专家提到，特别过分的一点是，SEC 发现在某些情况下，摩根士丹利将自己的乐观假设作为外界定价的依据。"这就说明，'公允价值就是你根据想要的价值挑一个数'。这令人难以接受。"

资料来源：Adapted from "Accounting Board Criticizes European Banks on Greek Debt," *The New York Times* (August 30, 2011); Susanne Craig and Jonathan Weil, "SEC Targets Morgan Stanley Values," *Wall Street Journal* (November 8, 2004), p. C3.

举例：以公允价值计量的债权投资（组合）

举例说明债权投资组合的会计核算，假设王氏公司使用公允价值对两项债权投资进行计量。图表 17-10 说明了这一债权投资组合的摊余成本、公允价值，以及未实现损益的数额（以千元为单位）。

图表 17-10　公允价值调整的计算——以公允价值计量的债权投资（2015 年）

债权投资组合 2015 年 12 月 31 日			
投资	摊余成本	公允价值	未实现损益
Watson 公司年利率为 8% 的债券	￥93 537	￥103 600	￥10 063
Anacomp 公司年利率为 10% 的债券	200 000	180 400	（19 600）
组合合计	￥293 537	￥284 000	（9 537）
之前的公允价值调整余额			－0－
公允价值调整——贷方			￥（9 537）

王氏公司的债权投资组合的公允价值总额为 284 000 元。未实现收益总额为 10 063 元，未实现损失总额为 19 600 元，所以未实现净损失为 9 537 元。也就是说，该组合的公允价值为 9 537 元，低于其摊余成本。王氏公司通过如下对"公允价值调整"账户的调整分录，来记录价值减少与损失。

2015 年 12 月 31 日

　　借：未实现持有损益——利润　　　　　　　　　　　　　　9 537
　　　　贷：公允价值调整　　　　　　　　　　　　　　　　　　　　9 537

王氏公司将 9 537 元的未实现持有损失在利润中进行报告。

债权投资的销售

如果公司在到期日之前出售了以公允价值计量的债权投资，就必须做分录将已售债券的摊余成本从"债权投资"账户中转出。举例说明，假设王氏公司于 2016

年 7 月 1 日以 90 000 元的价格销售了所持有的 Watson 公司的债券（来自图表 17 -
10），当时债券的摊余成本为 94 214 元。图表 17 - 11 展示了已实现损失的计算
过程。

图表 17 - 11　　　　　　　　　　　出售债券损失的计算

摊余成本（Watson 公司债券）	￥94 214
减：债券的销售价格	90 000
债券销售损失	￥4 214

王氏公司对出售 Watson 公司债券所做的分录如下：

2016 年 7 月 1 日

借：现金		90 000
投资出售损失		4 214
贷：债权投资		94 214

王氏公司在利润表的"其他收入和费用"部分报告了未实现损失。假设在 2016
年没有发生其他债券的购买和销售，王氏公司在 2016 年 12 月 31 日编制的报表信息
如图表 17 - 12 所示。

图表 17 - 12　　　　　　　　　　公允价值调整的计算（2016 年）

债权投资组合 2016 年 12 月 31 日			
投资	摊余成本	公允价值	未实现损益
Anacomp 公司年利率 10% 的债券（组合合计）	￥200 000	￥195 000	￥（5 000）
之前的公允价值调整余额			（9 537）
公允价值调整——借方			￥4 537

王氏公司拥有 5 000 元的未实现持有损失。而"公允价值调整"账户的贷方余额已经
有 9 637 元。为了将调整账户的余额减少至 5 000 元，王氏公司对该账户借记 4 537 元。

2016 年 12 月 31 日

借：公允价值调整		4 537
贷：未实现持有损益——利润		4 537

财务报表列示

王氏公司 2016 年 12 月 31 日的资产负债表和 2016 年的利润表中，包括如图表
17 - 13 所示的以下项目和数额（其中，Anacomp 公司的债券属于流动资产，因为王
氏公司持有它的目的是交易）。

图表 17 - 13　　　　　　　　　　以公允价值计量的债权投资的报告

资产负债表	
投资	
以公允价值计量的债权投资	￥195 000

流动资产	
应收利息	￥×× ×
利润表	
其他收入和费用	
利息收入	￥×× ×
投资出售损失	4 214
未实现损益	4 537

□ 17. 2. 3　公允价值选择权

在某些情况下，公司虽然满足了按照摊余成本计量债权投资的标准，但仍愿意使用公允价值核算该投资，并将与公允价值相关的所有利得和损失报告在利润中。最常见的原因是为了解决计量或确认中的不匹配问题。例如，假设倍耐力轮胎公司购买了债权投资，计划以收回为持有目的进行管理（并使用摊余成本进行计量）。该公司在管理和评估这项投资时，与一项以公允价值计量的相关负债联系在一起。这些相关的金融资产之间存在不匹配的问题，因为即使投资的公允价值可能变化，也没有确认损益，因为这些负债的损益都计入利润了。

为了解决这种不匹配问题，公司在采用公允价值报告大多数金融资产时拥有选择权。这种选择权是以单独的金融工具为基础的，通常仅适用于公司第一次购买金融资产或承受金融负债时。如果公司选择使用公允价值选择权，就应对这种金融工具采用公允价值计量，直到公司对其不再拥有所有权。[8]通过对债权投资使用公允价值选择权，倍耐力轮胎公司在利润中记录了损益，这将抵销对负债确认的损益，从而对相关金融资产提供更相关的信息。

举例说明，假设 Hardy 公司购买了由德国中央银行发行的债券。Hardy 公司计划持有该 5 年期债券直至到期。2015 年 12 月 31 日，该投资的摊余成本为 10 万欧元，公允价值为 11.3 万欧元。如果该公司在核算投资时使用了公允价值选择权，则在 2015 年 12 月 31 日做如下分录：

2015 年 12 月 31 日

借：债权投资（德国债券）		13 000
贷：未实现持有损益——利润		13 000

在这种情况下，Hardy 公司使用"债权投资"账户来记录 12 月 31 日的公允价值变动。该公司没有使用"公允价值调整"账户是因为公允价值选择权的使用是以单独投资而非投资组合为基础的。Hardy 公司使用了公允价值选择权，尽管它是为了收回而持有该债券，但它记录的未实现损益属于净利润的一部分。Hardy 公司必须一直使用公允价值法来计量该项投资，直到其不再拥有该证券的所有权。

□ 17. 2. 4　债权投资会计处理小结

图表 17 - 14 总结了债权投资的会计处理基础。

图表 17-14　　　　　　　　　债权投资会计处理小结

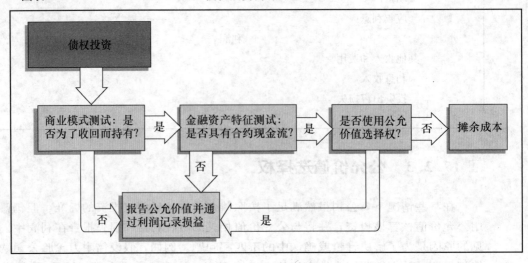

17.3　股权投资

股权投资代表了所有者权益，比如普通股、优先股或者其他股本，同时还包括以商定或确定价格获得或处置所有者权益的权利，比如认股权证和其他权利。股权投资的成本是用证券的购买价格计量的。购买过程中的经纪佣金和其他附带费用都记录为费用。[9]

一家公司（投资方）从另一家公司（被投资方）的普通股中得到利息的程度通常决定着对所取得投资后续的会计处理。对这些投资的分类取决于投资方在被投资方中持有的有表决权的股票比例。

1. 持股比例低于 20%（公允价值法）——投资方拥有被动利益。
2. 持股比例在 20%～50% 之间（权益法）——投资方具有重要影响。
3. 持股比例高于 50%（合并报表）——投资方拥有控制性利益。

图表 17-15 列举了投资方三个层次的利益或影响，以及公司在处理该项投资时必须使用的与之对应的计价和报告方法。

图表 17-15　　　　　　　　　影响水平决定会计方法

持股比例	0%◄————————20%	————————50%	————————100%
影响水平	极少或没有	显著	控制
估值方法	公允价值法	权益法	合并报表

因此，如图表 17-16 所示，股权投资的会计核算与报告取决于影响的水平和相应证券的类型。

图表 17-16　　　　　　　　　各类股权投资的会计核算与报告

分类	估值方法	未实现持有损益	对利润的其他影响
持股比例低于 20%			
1. 交易性	公允价值法	在净利润中确认	宣告发放股利，销售收益

续

分类	估值方法	未实现持有损益	对利润的其他影响
2. 非交易性	公允价值法	在"其他综合收益"中作为股东权益的单独项目确认	宣告发放股利，销售收益
持股比例在 20% ~ 50%之间	权益法	不确认	按比例分享被投资方的净利润
持股比例高于50%	合并报表	不确认	不适用

□ 17.3.1　持股比例低于 20%

当投资方的持股比例低于 20%时，就可以认为投资方对被投资方的影响极小，甚至没有影响。如图表 17-16 所示，对持股比例低于 20%的股权投资有两种分类。根据 IFRS 的要求，持有股权投资是以交易为目的的。也就是说，公司持有这些证券是为了从价差中获取收益。与交易性的债券投资一样，通常对这类股权投资的会计处理和报告都是以公允价值进行估值，并在净利润中记录其未实现损益（公允价值法）。①

然而，有些投资的持有目的并不是进行交易。例如，某公司可能是为了将其产品销售到特定领域才持有该项股权投资。在这种情况下，对交易性股权投资进行处理时，在利润中对未实现损益的记录就不能反映公司该项投资的表现。因此，IFRS 允许公司将某些股权投资归类为非交易性质的。非交易性股权投资在资产负债表上按照公允价值记录，并在其他综合收益表中报告未实现损益。[11]

股权投资——交易性（利润）

在获取投资时，公司以公允价值进行记录。② 为了说明这一点，假设在 2015 年 11 月 3 日，Republic 公司购买了其他三家公司的普通股，每项投资的持股比例都低于 20%。这些股票都是为了交易而持有的。

	成本
巴宝莉公司	€ 259 700
雀巢公司	317 500
瑞吉酒店	141 350
成本合计	€ 718 550

---

①　初始确认时的公允价值就是交易价格（不包括佣金和其他交易成本）。如果可行，之后的公允价值计量应该是基于市场价格的。对于非交易性投资而言，以预期折价现金流为基础的估值技巧可用来进行公允价值的估计。虽然 IFRS 要求所有的股权投资都应以公允价值进行计量，但在某些特殊情况下，对于某项股权投资来说，成本或许是对公允价值最适当的估计。[10]

②　如果公允价值能够可靠计量，公司应该将非现金对价转换（财产或服务）的股权投资按照公允价值记录。另外，转换价值可以根据股权投资的公允价值确定。在核算大量的证券购买时，要注意保护单独购买项目的成本信息，以及购买日和销售日信息。如果不能单独确认，公司可以使用多次购买同类证券的平均成本。在出售时，使用先进先出法分配投资成本也是可行且常见的。

Republic 公司做如下分录记录这些投资。

2015 年 11 月 3 日

借：股权投资	718 550
贷：现金	718 550

2015 年 12 月 6 日，Republic 公司收到其对雀巢公司投资的普通股现金股利 4 200 欧元。该公司通过如下分录记录收到的现金股利。

2015 年 12 月 6 日

借：现金	4 200
贷：股利收入	4 200

三家被投资公司都报告了本年度的净利润，但只有雀巢公司宣告并向 Republic 公司支付了股利。要注意，当投资者对其他公司的持股比例低于 20％时，就会被认为对被投资方造成的影响极小。因此，在确认投资者的投资收益时，被投资方的净利润并不是非常恰当的基础。为什么呢？因为来自盈利经营活动的净资产增加可能会永远留存在被投资方的经营活动中以供使用。因此，只有在被投资方宣告发放现金股利时，投资方才能确认净利润。

2015 年 12 月 31 日，Republic 公司的股权投资组合的账面价值和公允价值如图表 17-17 所示。

图表 17-17   公允价值调整的计算——股权投资组合（2015 年）

股权投资组合 2015 年 12 月 31 日			
投资	账面价值	公允价值	未实现损益
巴宝莉公司	€ 259 700	€ 275 000	€ 15 300
雀巢公司	317 500	304 000	(13 500)
瑞吉酒店	141 350	104 000	(37 350)
组合合计	€ 718 550	€ 683 000	(35 550)
之前的公允价值调整余额			−0−
公允价值调整——贷方			€(35 550)

Republic 公司股权投资组合总的未实现收益是 15 300 欧元，而总的未实现损失是 50 850 欧元（13 500＋37 350），进而形成了 35 550 欧元的未实现净损失。该股权投资组合的公允价值比成本低 35 550 欧元。

Republic 公司将与该股权投资公允价值变动相关的未实现净损益记入"未实现持有损益——利润"账户。Republic 公司将这一数额作为其他收入和费用进行报告。本例中，Republic 公司编制的调整分录为：借"未实现持有损益——利润"，贷"公允价值调整"，以记录公允价值的降低和相应的损失。

2015 年 12 月 31 日

借：未实现持有损益——利润	35 550
贷：公允价值调整	35 550

2016 年 1 月 23 日，Republic 公司出售了所持有的巴宝莉公司普通股，收到现金 287 220 欧元。图表 17-18 展示了出售股票所形成的已实现收益的计算。

图表 17-18　　　　　　　　　　出售巴宝莉公司股票收益的计算

销售净收入	€ 287 220
巴宝莉公司股份成本	259 700
股票销售收益	€ 27 520

Republic 公司做了以下分录。

2015 年 1 月 23 日

借：现金	287 220	
贷：股权投资		259 700
股权投资出售收益		27 520

另外，假设在 2016 年 2 月 10 日，Republic 公司购买了 Continental 货车公司 255 000 欧元（20 000 股×12.75 欧元/股）的普通股，加上经纪佣金 1 850 欧元。

图表 17-19 列示了截至 2016 年 12 月 31 日 Republic 公司的股权投资组合。

图表 17-19　　　　　公允价值调整的计算——股权投资组合（2016 年）

股权投资组合 2016 年 12 月 31 日			
投资	账面价值	公允价值	未实现损益
Continental 货车公司	€ 255 000ᵃ	€ 278 350	€ 23 350
雀巢公司	317 500	362 550	45 050
瑞吉酒店	141 350	139 050	（2 300）
组合合计	€ 713 850	€ 779 950	66 100
之前的公允价值调整余额——贷方			（35 550）
公允价值调整——借方			€ 101 650

a. 经纪佣金应当费用化。

2016 年 12 月 31 日，Republic 公司的股权投资组合的公允价值超过账面价值 66 100 欧元（未实现收益）。2016 年 12 月 31 日，"公允价值调整"账户的贷方余额为 35 550 欧元。为了将其调整为 2016 年 12 月 31 日的公允价值，该公司借记"公允价值调整"101 650 欧元（35 550+66 100）。该公司所做调整分录如下：

2016 年 12 月 31 日

借：公允价值调整	101 650	
贷：未实现持有损益——利润		101 650

股权投资——非交易性（其他综合收益）

除了对未实现持有损益的记录，非交易性股权投资的会计分录与处理交易性股权投资时一样。对于非交易性股权投资而言，公司应该将未实现持有损益作为其他综合收益进行报告。因此，将使用"未实现持有损益——权益"账户。

为了说明这一点，假设在 2015 年 12 月 10 日，Republic 公司以每股 20.75 欧元的价格购买了 Hawthorne 公司 1 000 股普通股（持股比例低于 20%），共计 20 750 欧元。Hawthorne 公司是 Republic 公司的产品在某些地区的经销商，当地法律要求拥有这种关系的企业之间的持股比例应为最低水平。Republic 公司对 Hawthorne 公司的这项投资满足了这一政策要求。因此，Republic 公司按照公允价值对这项投资进行核算，并将未实现持有损益记录在其他综合收益中。① Republic 公司通过以下分录记录了这项投资。

2015 年 12 月 10 日

借：股权投资　　　　　　　　　　　　　　　　　　　　　　20 750

　　贷：现金　　　　　　　　　　　　　　　　　　　　　　　20 750

2015 年 12 月 27 日，Republic 公司收到来自 Hawthorne 公司的普通股投资现金股利 450 欧元，通过以下分录记录了这笔现金股利。

2015 年 12 月 27 日

借：现金　　　　　　　　　　　　　　　　　　　　　　　　450

　　贷：股利收入　　　　　　　　　　　　　　　　　　　　　450

与交易性股权投资的会计处理相似，当投资方在其他公司中的普通股投资比例低于 20％时，就可以认为该投资方对被投资方的影响很小。因此，只有在被投资方宣告发放现金股利时，投资方才能获得收益。

2015 年 12 月 13 日，Republic 公司对 Hawthorne 公司的投资的账面价值和公允价值如图表 17 - 20 所示。

图表 17 - 20　　　　公允价值调整的计算——非交易性股权投资（2015 年）

非交易性股权投资	账面价值	公允价值	未实现损益
Hawthorne 公司	€ 20 750	€ 24 000	€ 3 250
之前的公允价值调整余额			0
公允价值调整——借方			€ 3 250

对于 Republic 公司的这项非交易性股权投资，未实现收益是 3 250 欧元。也就是说，对 Hawthorne 公司的投资的公允价值超过其成本 3 250 欧元。由于 Republic 公司将该投资归入非交易性投资，就应将与其相关的未实现持有损益记录在"未实现持有损益——权益"账户中。Republic 公司将这一数额作为其他综合收益的一部分进行报告，并在实现之前将其作为（股权中的）其他累积综合收益的一个项目进行报告。在这种情况下，Republic 公司编制如下调整分录，贷"未实现持有损益——权益"，借"公允价值调整"，以记录公允价值的降低，并报告相应的损失。

2015 年 12 月 31 日

借：公允价值调整　　　　　　　　　　　　　　　　　　　3 250

　　贷：未实现持有损益——权益　　　　　　　　　　　　　3 250

如图表 17 - 21 所示，Republic 公司在 2015 年 12 月 31 日的财务报表中对其股权投资予以披露。

---

① 将一项股权投资归入非交易性投资是不可撤销的。这种方法允许未实现损益绕过净利润，从而为非交易性分类的应用进行了一些限制。[12]

图表 17 - 21　　以公允价值计量的股权投资在财务报表中的披露（2015 年）

资产负债表	
投资	
股权投资	€ 24 000
权益	
累积其他综合收益	€ 3 250
综合收益表	
其他利润和费用	
股利收入	€ 450
其他综合收益	
未实现持有收益	€ 3 250

2016 年，Republic 公司通过 Hawthorne 公司这个经销商销售出去的产品并没有达到其管理层的目标。因此，Republic 公司退出了这一市场，于 2016 年 12 月 20 日出售了其持有的 Hawthorne 公司的所有普通股，获得净收益 22 500 欧元。如图表 17 - 22 所示，Republic 公司在出售时确认了其未实现持有损益。

图表 17 - 22　　　　　　　　　　　投资账面价值的调整

非交易性股权投资	账面价值	公允价值	未实现损益
2016 年 12 月 20 日的 Haw-thorne 公司	€ 20 750	€ 22 500	€ 1 750
之前的公允价值调整余额——借方			（3 250）
公允价值调整的变化（损失）			€ （1 500）

Republic 公司通过以下分录调整了这项非交易性投资的账面价值。

2016 年 12 月 20 日

借：未实现持有损益——权益	1 500	
贷：公允价值调整		1 500

Republic 公司对这项出售做以下分录。

2016 年 12 月 20 日

借：现金	22 500	
贷：公允价值调整		1 750
股权投资		20 750

由以上分录可知，"公允价值调整"账户没有余额了。注意该项非交易性投资的所有损益都记录在权益中。[①]

总而言之，对非交易性股权投资的会计处理与一般的股权投资规则不同。IASB

---

① 一旦出售非交易性股权投资，公司就可能将记录在累积其他综合收益中的未实现持有损益转移到留存收益中。将余额转移到留存收益中是有意义的，因为如果将这些证券按照交易性证券进行核算，过去期间的损益就应该计入净利润。有些人认为，这些未实现损益应该是"循环的"；也就是说，在出售非交易性投资时应当将其计入净利润。IASB 拒绝了这种方法，因为这将增加此类投资会计核算的复杂性。[13]

注意到，虽然公允价值为股权投资提供了非常有用的信息，但对于非交易性股权投资而言，在其他综合收益中记录未实现损益更恰当。[14]

□ 17.3.2　持股比例在 20%～50%之间

如果投资方拥有的被投资方的股权低于 50%，那么在法律上是不能控制被投资方的，但是投资方仍能对被投资方的经营和财务政策产生重大影响。[15]例如，西门子公司拥有阿海珐公司（主要建造能源工厂）34%的股权。阿海珐公司对于西门子而言非常重要，因为能源企业是其生产的发电机及其他能源相关产品的重要客户。因此，西门子公司在阿海珐公司中的股权具有重大影响，该公司能够帮助西门子将其产品推向市场。重大影响的表现形式多种多样，例如占有董事会的席位、参与制定重大政策、从事重大公司间业务往来、互换管理层、技术依赖等。

另外一个需要考虑的因素是投资者所占股权比例相对于其他股东的影响程度。为了对"重大影响"制定出一个合理、统一的标准，会计界规定，拥有被投资方 20%及以上的表决权（直接或间接），即可判定投资方能对被投资方施加重大影响，有其他相反证据的情况除外。①

在"重大影响"（通常是持股比例在 20%以上）下，投资方必须采用权益法对投资进行会计处理。

权益法

权益法下，投资方和被投资方承认二者有实质上的经济关系。投资方按取得股权的成本对投资进行初始计量，之后在每个期间根据被投资方净资产的变化进行相应的调整。调整的原则是，投资方根据每个会计期间按股权比例享有的被投资方的盈利（亏损），增加（减少）投资的账面价值；根据从被投资方分得的现金股利，减少投资的账面价值。权益法要求在被投资企业的净资产增加（盈利）和减少（亏损和发股利）时进行确认。

为了对比权益法和公允价值法，我们假设 Maxi 公司购买了 Mini 公司 20%的股权。采用公允价值法时，我们假设 Maxi 公司不能对 Mini 公司施加重大影响，并且将该投资归入可供出售证券。采用权益法时，我们假设 Maxi 公司能对 Mini 公司施加重大影响。图表 17-23 列示了两种方法的会计处理。

图表 17-23　　　　　　　　　　公允价值法和权益法的对比

Maxi 公司的会计分录			
公允价值法		权益法	
2015 年 1 月 2 日，Maxi 公司以每股 10 美元的成本购买 48 000 股股票（Mini 公司普通股的 20%）。			
借：股权投资	480 000	借：股权投资	480 000
贷：现金	480 000	贷：现金	480 000

---

①　持有 20%股权但不能施加重大影响的情况包括：（1）被投资方反对投资方购买其股票；（2）投资方与被投资方签订了放弃重大股东权利的协议；（3）被投资方的大部分股权集中在少数股东手中，他们决定着公司的运营而不用考虑其他投资者的意见；（4）投资方没有能力在被投资方的董事会占据席位。[16]

续

Maxi 公司的会计分录	
公允价值法	**权益法**
2015 年，Mini 公司报告了 200 000 美元的净利润，Maxi 公司对其持股 20%，即 40 000 美元。	
无分录	借：股权投资　　　　　　　　40 000 　　贷：投资收益　　　　　　　　40 000
2015 年 12 月 31 日，持有 Mini 公司的 48 000 股股票的公允价值（市场价格）为每股 12 美元，总额为 576 000 美元。	
借：公允价值调整　　　　96 000 　　贷：未实现持有损益——利润　96 000	无分录
2016 年 1 月 28 日，Mini 公司宣告支付现金股利 100 000 美元，Maxi 公司获得其中的 20%，即 20 000 美元。	
借：现金　　　　　　　20 000 　　贷：股利收入　　　　　20 000	借：现金　　　　　　　20 000 　　贷：股权投资　　　　　20 000
2016 年，Mini 公司报告了净亏损 50 000 美元，Maxi 公司对其持股 20%，即 10 000 美元。	
无分录	借：投资损失　　　　　10 000 　　贷：股权投资　　　　　10 000
2016 年 12 月 31 日，持有 Mini 公司的 48 000 股股票的公允价值（市场价格）为每股 11 美元，总额为 528 000 美元。	
借：未实现持有损益——利润　48 000 　　贷：公允价值调整　　　　48 000 　　　[（480 000＋96 000）－528 000]	无分录

　　由此可以发现，在公允价值法下，Maxi 公司仅在收到现金股利时确认收入。Mini 公司（被投资方）的盈利并不作为 Maxi 公司（投资方）确认收入的基础。为什么呢？因为 Mini 公司可能永久地保留从营利活动中赚取的利润。因此，Maxi 公司仅在收到现金股利时确认收入。

　　在权益法下，Maxi 公司根据在 Mini 公司净利润中享有的份额确认收入，将收到的现金股利作为投资账面价值的减项。结果，Maxi 公司按照相应份额记录 Mini 公司当年确认的净利润。因为能够施加重大影响，所以 Maxi 公司能够确保如果有需要，Mini 公司会将净利润引起的净资产增加的部分用来发股利。如果被投资方已实现利润却将收入确认时点推迟到发放股利时，则忽略了 Maxi 公司已经改善的财务状况。

　　采用股利发放作为收入确认的基础还会引起另外一个问题。假设被投资方确认了一项净损失，然而投资方对被投资方施加影响，强迫其分配支付股利。在这种情况下，投资方明明蒙受了损失，却确认了收益。换言之，采用股利发放作为收入确认的基础不能合理反映经济状况。

　　对有些公司来说，权益法可能对公司利润产生不利的影响。互联网零售的先驱亚马逊一度陷入扭亏的困境。与此同时，亚马逊的一些权益投资令情况更加糟糕。有一段时间，亚马逊披露了在美国 Altera International，Basis Technology，Drug-store.com，Eziba.com 等公司的权益投资。由于这些公司亏损严重，占到了某年报告损失的 22%，使得亚马逊原本糟糕的净利润更加难看。

　　投资损失超过账面价值　如果投资方确认的投资损失超过了投资的账面价值，那么需要确认额外的损失吗？通常情况下，投资方应该停止采用权益法，不予确认额外损失。

如果投资方的潜在损失并不局限于初始投资，例如给被投资方提供担保或其他财务支持，或者给被投资企业盈利活动的收益提供担保，那么投资方应当确认额外损失。[17]

□ 17.3.3　持股比例高于 50%

当一家公司在另一家公司占有 50% 以上的表决权时，该家公司拥有控制权。在这种关系中，投资公司称为母公司，被投资公司称为子公司。母公司在单独财务报表中将持有的子公司普通股作为长期股权投资列报。

母公司将某项投资确认为对子公司的投资时，通常需要编制合并报表。合并报表把母公司和子公司当成一个经济实体。（高级会计课程大量地探讨了关于合并报表的编制时点和方式。）不论是否编制合并报表，母公司都采用权益法对子公司的投资进行会计处理。

谁是真正的控制方？

联想集团持有闪联信息技术工程中心有限公司 23% 的股权。闪联公司的核心业务是为类似于联想的公司提供先进的科技和解决方案，向市场推出智能终端，并根据其标准为该产业提供高效率、绿色、节能的总方案。

联想集团持有闪联公司的股权低于 50%，所以不能编制合并报表而是采用权益法核算投资。在权益法下，联想集团仅在报表中反映从闪联公司分得的利润和在净资产中所占的份额。权益法使得联想集团原始地反映了资产负债情况和盈利情况，没有将相关企业的资产、负债和利润纳入笔记本电脑业务。

联想集团还持有成都联想融锦公司 49% 的股权，该公司是一家房地产开发公司。另外，联想集团还持有上海视云网络公司 49% 的股权，该公司主要进行信息技术和软件的开发。对此，联想集团均使用权益法进行核算。

有人因此对权益法提出了质疑。他们认为有些被投资企业，例如以上被持有 49% 股份的公司，应当被纳入合并范围。IASB 发布的合并准则的要求更严格，因此公司更可能将其介于 20%～50% 的股权投资纳入合并范围。如果联想集团能够有效地控制其权益法在投资中的应用，就能确保成都联想融锦公司和上海视云网络公司这样的实体被纳入合并范围。

17.4　其他报告问题

在前面部分，我们已经涉及与债权和股权证券相关的会计核算基本问题。接下来，我们将继续讲解以下问题。

1. 减值。
2. 不同种类投资之间的转换。

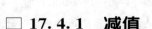

17.4.1　减值

公司应该在每个报告日评价每一项持有至收回投资,以确定其是否发生减值——当投资的公允价值低于账面价值时形成的损失。[①] 例如,当被投资方破产或陷入严重的流动性危机时,投资者可能会遭受永久性损失。如果公司确定一项投资发生了减值,就应减计该项证券单独的摊余成本基础,以反映其价值的损失。公司应将这种减计作为一种已实现的损失进行记录,并将其计入净利润。

对于债权投资,公司采用减值测试来确定"投资者按照合约条款是否无法收回所有的钱"。如果一项投资发生了减值,公司就应确定减值的损失。这种减值损失是根据账面价值加上应收利息的值,与按照投资历史有效利率折现的未来预期现金流量之间的差异计算的。[18]

举例:减值损失

2014 年 12 月 31 日,Mayhew 公司持有对包氏集团的一项债权投资,该投资是以面值 200 000 元购买的(以千为单位)。该投资有效期 4 年,每年年末按照 10%的利率支付利息(历史有效利率为 10%)。该项债权投资被归入持有至收回投资。遗憾的是,包氏公司遭遇了严重的财务危机,并有迹象表明该公司不能根据合约条款支付所有利息。Mayhew 公司使用现值法计算了该投资的减值损失。图表 17-24 展示了这一情况下的现金流量表。

图表 17-24　　　　　　　　　　投资现金流量

12 月 31 日	合约现金流	预期现金流	现金流损失
2015	￥20 000	￥16 000	￥4 000
2016	20 000	16 000	4 000
2017	20 000	16 000	4 000
2018	220 000	216 000	4 000
现金流合计	￥280 000	￥264 000	￥16 000

如前所述,264 000 元的预期现金流小于 280 000 元的合约现金流。如图表 17-25 所示,应记的减值等于记录的投资价值 200 000 元与预期现金流现值之间的差额。

图表 17-25　　　　　　　　　　减值损失的计算

记录的投资		￥200 000
减:4 年期,折现率为 10%,现值为￥200 000(表 6-2); $FV(PVF_{4,10\%})$;(￥200 000×0.683 01)	￥136 602	
4 年期,每年的应收利息率为 10%,现值为￥16 000(表 6-4); $R(PVF\text{-}OA_{4,10\%})$;(￥16 000×3.169 86)	50 718	187 320
价值损失		￥12 680

---

① 注意,只有在债权投资属于持有至收回投资时(以摊余成本进行会计核算),才进行减值测试。其他债权和股权投资都是以每期的公允价值进行计量的,因此无须进行减值测试。

减值损失为 12 680 元。① 为什么不是 16 000 元（280 000－264 000）呢？这是因为 Mayhew 公司必须按照现值额而不是未折现数额记录该损失。Mayhew 公司通过将预期损失借记"减值损失"确认了这一减值损失。同时，该公司还减记了该项投资的总体价值。记录损失的日记账分录如下：

借：减值损失　　　　　　　　　　　　　　　　　　　　　　　　12 680
　　贷：债权投资　　　　　　　　　　　　　　　　　　　　　　　　　12 680

减值损失转回

在记录减值之后，事项或经济条件可能发生改变，使得减值损失的程度有所降低（例如，债务人借贷等级有所改善）。在这种情况下，以前确认的部分或所有减值损失可以通过借记"债权投资"、贷记"减值损失转回"转回。与第 7 章中对应收账款减值的会计处理相似，对减值损失的转回不能导致投资的账面价值超过其没有确认减值时所报告的摊余成本。

☐ 17.4.2　不同种类投资之间的转换

只有当公司管理投资的商业模式发生变化时，才会发生投资在不同种类之间转换的情况。IASB 认为这种变化是很少的。[19] 在商业模式发生变化后的会计期初，公司应对不同种类投资之间的转换进行相应的会计核算。②

举例说明，假设英国天空广播公司拥有一项债权投资组合，并将其归入交易性投资；也就是说，虽然该债权投资能随着利率的变化获利，但该公司的持有目的并不是收回合约现金流。因此，该公司采用公允价值核算这些投资。2014 年 12 月 31 日，英国天空广播公司所持有的这些证券的账户余额如下所示。

债券投资	£1 200 000
公允价值调整	125 000
账面价值	£1 325 000

在 2014 年第四季度，该公司战略计划的一部分已完成，管理层决定将这些债权投资原先的激进管理战略改变成持有至收回战略。英国天空广播公司通过如下分录将这些证券转移至持有至收回类别中。

2015 年 1 月 1 日

借：债权投资　　　　　　　　　　　　　　　　　　　　　　　　125 000
　　贷：公允价值调整　　　　　　　　　　　　　　　　　　　　　　　125 000

因此，在 2015 年 1 月 1 日，这些债权投资是按照公允价值计量的。然而，在之

---

① 很多人质疑这种现值计算方法，因为它使用的是投资的历史有效利率，而非当期市场利率。现值的计算不能反映出债权投资的公允价值，所以这些人认为由此计算出的减值损失是错误的。

② IASB 否定了使用追溯调整的建议，因为根据新的投资模式调整过去期间的记录并不能反映出公司之前是如何管理该项投资的。IASB 指出，公司投资商业模式的变化是一种影响重大且明显的事项，这种变化很可能会在其发生时被披露。要注意，其他类型的转换也是允许的，例如从非交易性投资转向持有至收回投资及其反向转换，但这种情况比较少见。[20]

后的会计期间，英国天空广播公司将使用摊余成本来核算这些投资。在摊余成本模型中使用的有效利率，是其在 2015 年 1 月 1 日将未来现金流折现成 1 325 000 欧元的债权投资公允价值时所使用的利率。

理论争鸣　公允价值之争

关于投资的列报一直充满争议。有人支持现在所使用的方法，认为它能够反映出公司在管理投资时所采用的多重商业模式以及证券的类型。基于这种方法，一些债权投资是以摊余成本计量的，另一些则是以公允价值计量的。但也有人认为应对所有的金融资产采用公允价值计量，并将其损益计入利润。下面，我们将关注一些重要的未决问题。

● 以商业模式为基础的计量。公司以公允价值或摊余成本计量债权投资，取决于管理这些投资时所采用的商业模式和现金流测试。有人认为这种框架能够对这些投资的业绩提供最相关的信息。但也有人并不认同。他们指出，在财务报告中两项完全相同的债权投资可以用不同的方式报告。这种方法既增加了复杂性，也削弱了财务报告的可理解性。而且，持有至收回的分类取决于管理层的意图，而管理层的意图是会改变的。换句话说，这种分类是具有主观性的，可能是随意且不可比的。

● 利得交易。持有至收回的债权投资是以摊余成本报告的，其未实现损益不能在利润中确认。与之类似，非交易性股权投资的未实现损益也不能计入利润。尽管在这些分类之外的重大交易可能会引发对管理层关于该分类的商业模式声明的质疑，但公司可以参与"利得交易"（又称"随意选取"、"只挑最有利的"或者"出售最好的留下其余的"）。在利得交易中，公司会出售"盈利的投资"，将收益计入利润，并继续持有亏损的投资。此外，正如一位 IASB 成员所言，在最近的金融危机中，大部分遭受重大损失的投资的未实现损益都没有在利润中报告。也就是说，公允价值会计能够在市场最需要时提供更及时的投资信息。

● 未使用公允价值计量的负债。许多人主张，如果公司按照公允价值报告投资，就应采用公允价值报告负债。为什么呢？因为只在资产负债表的一边（资产）确认价值的变化，会使利润和权益的数额发生大幅的波动。而且，金融机构通常会同时涉及资产和负债管理。只看一边可能会导致管理者作出不经济的决策。正如我们在第 14 章中讨论过的，关于公允价值估计对负债的有用性还存在争论。

IASB（以及 FASB）认为，与以成本为基础的计量模式相比，金融资产和金融负债的公允价值信息提供了更多有用且相关的信息。两个机构一致的立场说明，公允价值反映了金融工具的当期现金等价物，而不是过去交易的成本。因而，只有公允价值能提供关于投资当前价值的信息。与之前的相关准则相比，IFRS 9 要求公司报告公允价值的金融资产种类更多。然而，某些债权投资是例外。这种方法究竟能否改善债权和股权投资的报告，需拭目以待。

□ 17.4.3　投资报告处理方法的总结

图表 17 - 26 总结了主要的债权和股权投资类别及其报告处理要求。

图表 17－26　　　　　　　　投资会计处理方法的总结

分类	计价方法及其在资产负债表中的报告	对利润的影响
1. 满足商业模式（属于持有至收回）和合约现金流测试	摊销成本；流动或非流动资产	将利息确认为收入
2. 不满足商业模式测试（不属于持有至收回）	公允价值；流动资产	将利息确认为收入 将未实现持有损益计入利润
3. 公允价值选择权	公允价值；流动或非流动资产	将利息确认为收入 将未实现持有损益计入利润
股权投资		
1. 不满足合约现金流测试；持股比例低于 20%（交易性）	公允价值；流动资产	将股利确认为收入 将未实现持有损益计入利润
2. 不满足合约现金流测试；持股比例低于 20%（非交易性）	公允价值；非流动资产	将股利确认为收入 未实现持有损益不能计入利润，而是计入其他综合收益
3. 持股比例高于 20%（重大影响或控制）	按照初始成本记录投资，并根据各期间投资方对被投资方利润或亏损所享有的比例进行调整，同时用从投资方收到的所有股利进行抵减；非流动资产	根据投资日后被投资方报告的利润或亏损确认收入

国际会计视野

投资

　　在 IASB 发布 IFRS 9 之前，IFRS 和 GAAP 中对投资的会计核算和报告方法的要求大部分是类似的。然而，IFRS 9 引入了新的投资分类，增加了使用公允价值计量投资的情况。

相关事实

　　以下是 GAAP 和 IFRS 对投资的会计处理中主要的相同点和不同点。

相同点

　　● GAAP 和 IFRS 对交易性投资使用了类似的分类方法。

　　● GAAP 和 IFRS 对交易性投资的会计处理完全一致。持有至到期投资（GAAP）和持有至收回投资（IFRS）都是按照摊余成本进行计量的。某些投资的损益应在其他综合收益中报告。

　　● GAAP 和 IFRS 使用相同的方法来确定是否应该使用权益法，也就是说，持股比例超过 20% 的重大影响是一个通用的标准。

　　● GAAP 和 IFRS 对公允价值计量选择权的会计处理是类似的。也就是说，必须在初始确认时对是否使用公允价值法进行选择，即要确定损益是否应该作为利润的一部分报告，而该选择是不可撤销的。

　　● GAAP 和 IFRS 下的减值计量是相似的。

不同点

　　● GAAP 将投资分为交易性投资、可供出售投资（既有债权投资也有股权投资），以及持有至到期投资（只有债权投资）。而 IFRS 使用的分类是持有至收回投资（债权投资）、交易性投资（既有债权投资也有股权投资），以及非交易性股权投资。

　　● GAAP 使用的是两极的方法，即风险-收益模型（通常指的是可变实体法）和表决权法。IF-

RS 使用的合并的基础是控制。然而，在这两种体系下，当合并发生时，投资方公司一般需要拥有其他公司 50% 的股份。

● 虽然 GAAP 和 IFRS 中对减值的计量是类似的，但 GAAP 不允许转回与可供出售债券或股权投资相关的减值费用。IFRS 则允许转回持有至收回投资的减值。

● 虽然 GAAP 和 IFRS 中对公允价值计量选择权的会计处理是类似的，但一个区别在于，GAAP 允许对权益法下的投资使用公允价值计量选择权，而 IFRS 不允许。

深度解读

采用下例说明 IFRS 对投资减值的会计处理要求。Belerus 公司拥有 Wimbledon 公司的一项年利率为 8% 的 10 年期债券，并将其归入持有至收回投资。该投资在 2015 年 12 月 31 日的账面价值为 230 万欧元。2016 年 1 月初，Belerus 公司得知 Wimbledon 公司失去了一个主要客户。Belerus 公司认为该项投资发生了减值，当前的公允价值只有 150 万欧元。该公司通过如下分录记录了这项减值。

借：减值损失（2 300 000－1 500 000）

　　　　　　　　　　　800 000

贷：债权投资（持有至收回）　800 000

2017 年初，Wimbledon 公司又发展了新的客户，前景大有改善。Belerus 公司认为此时自己所持有债券的公允价值为 200 万欧元，并根据 IFRS 的要求做如下分录。

借：债权投资（持有至收回）

　（2 000 000－1 500 000）　500 000

贷：投资损失转回　　　　　500 000

根据 GAAP 的要求，Belerus 公司不能记录已减值投资的价值转回。也就是说，一旦投资发生减值，减损后的价值就成了投资的新的计价基础。

未来之路

FASB 和 IASB 都曾认为所有的金融工具应以公允价值进行报告，而且应该将公允价值变动作为净利润的一部分进行报告。然而，IFRS 9 指出，IASB 认为某些债权投资不应按照公允价值报告。在 FASB 完成其对金融工具会计处理方法的讨论之前，IASB 发布新的投资会计处理规则，会对这两个机构在该领域会计处理方法的一致性造成一定的障碍。

■ 本章小结

　　1．描述金融资产的会计处理框架。金融资产（债权和股权投资）可以使用摊余成本或公允价值进行会计核算。如果公司拥有的金融资产具有以收回合约现金流为持有目的的商业模式，且合约规定了具体的现金流收回日（即本金的单独支付和基于本金的利息支付），就应使用摊余成本。因此，只有债权投资可以使用摊余成本计量。股权投资通常是以公允价值进行记录和报告的。股权投资没有利息或本金支付时间，也就不能用摊余成本进行计量。总体而言，股权投资是以公允价值计量的，所有的损益都应在利润中报告。

　　2．理解债权投资摊余成本的会计核算。与应付债券类似，公司应当采用实际利率法摊销债权投资的折价或溢价。将实际利率或收益率乘以各个利息期间投资的期初账面价值，可得到利息收入。

　　3．理解债权投资公允价值的会计核算。使用公允价值计量和报告债权投资的公司，在报告期间所做的会计分录与持有至收回债权投资的分录一致。也就是说，它们也是按照摊余成本记录的。然而，在每个报告日，公司将摊余成本调整为公允价值，并将未实现持有损益作为净利润的一部分报告。

4. 描述公允价值选择权的会计核算。对大多数金融工具，企业拥有采用公允价值计量的选择权，并把与公允价值变动有关的利得和损失全部计入利润表。该权利的应用有一个前提——工具对工具。公允价值选择权通常应用于企业最初购买某项金融资产或形成某项金融负债时。如果某企业选择用公允价值计量某项资产，那么要一直采用该方法直到不再拥有该资产。

5. 理解以公允价值计量的股权投资的会计核算。一般认为，对于持股比例低于20％的股权投资，该公司能够从该投资的价格变化中获利。这类投资的会计处理和报告原则是，按照公允价值计价，并将未实现损益记录在净利润中（公允价值法），收到的股利也记录在利润中。持有目的不是交易的股权投资，在资产负债表中应该以公允价值记录，且其未实现损益在其他综合收益中报告。

6. 解释会计核算的权益法，并将其与股权投资的公允价值法进行比较。当一家公司（投资方）在另一家公司（被投资方）中的普通股持股比例在 20％～50％之间时，投资方对被投资方具有重大影响，此时应采用权益法。权益法下，投资方与被投资方承认它们之间存在实质性的经济关系。公司按照成本进行初始计量，但在随后期间，投资方根据被投资方净资产的变化调整投资账面价值。也就是说，投资方按比例享有被投资方的盈余（损失），定期增加（减少）投资账面价值，投资方收到被投资方派发的现金股利，减少投资账面价值。而公允价值法下，所有来自被投资方的股利都应抵减该投资的账面价值。

7. 讨论债权投资减值的会计核算。公司使用减值测试来确定投资方是否能收回合约条款中规定的所有金额。这种减值损失是根据账面价值加上应收利息的值，与按照投资历史有效利率折现的未来预期现金流量之间的差异计算的，并应在利润中报告。

8. 描述不同种类投资之间转换的会计核算。当公司管理投资的商业模式发生改变时，就会出现不同种类投资之间相互转换的情况。公司应在商业模式发生改变之后的期初，对转换进行相应的会计处理。

附录 17A　衍生工具的会计处理

直到 20 世纪 70 年代初，大多数财务经理都还在舒适、毫无紧张感的世界里工作。从那之后，动荡的市场、新技术和监管的宽松引起持续的变化，增大了企业的风险。为了管理这些风险，金融街发明了一系列产品。

这些产品被称为衍生金融工具（或简称衍生品），能够有效管理风险。公司利用这些金融工具的公允价值和现金流的波动来对冲风险资产公允价值和现金流的波动。高性能计算机和通信技术的发展推动了衍生品的使用。这些技术为分析市场信息提供了新方法，也使处理高额支付的能力增强。

□ 衍生品的定义

为了更好地理解衍生品，先看几个例子。

例 1——远期合约　假设某家公司比如联想公司认为雅虎公司的股价在未来 3 个月将会大幅攀升，但是联想没有现金资源来购买雅虎的股票。于是，联想与经纪商签订了一份合约，约定联想可以在 3 个月后以每股 37 美元的价格购买 1 000 000 股雅虎公司的股票。

联想签订的远期合约就是一种衍生品。合约赋予联想 3 个月后购买 1 000 000 股雅虎股票的权利，但到时联想也有义务支付每股 37 美元的价格。这份远期合约的好处是什么呢？联想可以现在购买雅虎公司股票并在 3 个月后成交，如果股价上升，联想就能获利，如果股价下跌，则会蒙受损失。

例 2——期权合约　现在假设联想公司需要两周时间来决定是否购买雅虎公司股票。因此，联想需要签订一份不同类型的合约，这份合约赋予联想在未来两周内按目前价格购买雅虎公司股票的权利。作为合约的一部分，经纪商要价 30 000 美元，允许联想在未来两周以约定价格购买股票。

联想现在签订的期权合约是另一种衍生品。这类合约赋予联想购买股票的权利，但联想不需要履行相应义务。如果雅虎股价在未来两周内上涨，联想就会行权。在这种情况下，股票的成本就是约定的购买价格加上合约成本。如果股价下跌，联想不会行权，但仍要支付期权成本。

远期合约和期权合约都涉及股票的未来支付。合约的价值依赖于基础资产——雅虎公司股票。因为这些金融工具的价值衍生自其他资产（例如股票、债券、商品等）的价值，所以被称为衍生品。换言之，它们的价值与市场决定的指数（例如股价、利率、伦敦证券交易所综合指数）有关。

在本附录中，我们将讨论以下三种衍生品的会计处理。

1. 金融远期和金融期货。
2. 期权。
3. 互换。

谁使用衍生品，为什么使用衍生品

为了应对利率、气候、股价、石油价格乃至外汇的变化，衍生合约可以平滑不同类型的风险引起的波动。公司如果需要抵御特定类型的商业风险，通常会使用衍生合约来达到目的。[①]

供给方和需求方

为了说明这一点，我们假设 Heartland 是一家大型土豆生产商。土豆当前的价格很高。遗憾的是，到 Heartland 公司收获土豆并投放市场还有两个月的时间。Heartland 预期未来土豆价格会下跌，所以签订了一份远期合约，约定两个月后以现在的市场价格出售土豆。

谁会购买这份合约呢？假设另一方——麦当劳在两个月后需要土豆（用于制作薯条）并认为土豆价格会上涨。因此，麦当劳同意两个月后按现在的市场价格成交。麦当劳清楚自己两个月后需要土豆，并且能在这个价格水平上赚取利润。

---

① 衍生品在全球很多交易所交易。此外，还有很多衍生合约（主要是利率互换）是私下订立的。

在这种情况下，如果土豆价格在成交之前上涨，麦当劳盈利，Heartland 亏损。相反，如果土豆价格下跌，Heartland 盈利，麦当劳亏损。然而，双方的目的不是对结果下赌注。不论价格朝哪个方向变动，Heartland 和麦当劳都接受了一个能获取适当利润的价格。这种情形下，尽管 Heartland 是供给方，麦当劳是需求方，但二者都是套期保值者。它们对各自的持仓进行套期，以确保一个可接受的财务结果。

商品价格是波动的，受到天气、产量和宏观经济状况的影响。为了更有效地作出计划、更成功地运营企业，供给方和需求方把未来收入和成本锁定在一定水平是十分有意义的。

投机者和套利者

在某些情况下，不是麦当劳持有远期合约头寸，而是投机者从 Heartland 处购买了合约。投机者打赌土豆价格会上涨，远期合约的价格也会因此上涨。投机者可能只持有远期合约几个小时，转手就卖给其他的投机者或像麦当劳这样的公司。

套利者也会使用衍生品。这些参与者试图利用市场的信息不对称，通过同时在两个或多个市场进行交易来锁定利润。例如，套利者可能同时买入期权合同和基础商品，希望从二者之间的价格差中赚取少量利润。市场依靠投机者和套利者来保持市场的流动性。

在前文中，我们解释了 Heartland（供给方）和麦当劳（需求方）签订远期合约的原因。下面介绍公司可能遇到的其他情形。

1. 航空公司，例如日本航空公司、英国航空公司和达美航空公司，受到飞机燃油价格的影响。

2. 金融机构，例如巴克莱银行、德意志银行和荷兰国际公司，都涉及资金借贷业务，会受到利率的影响。

3. 跨国公司，例如诺基亚、可口可乐和西门子，会受到汇率的影响。

事实上，大多数公司都在从事不同类型的衍生品交易。公司给出的理由如下（摘自年报）：

1. 埃克森美孚公司使用衍生品来规避利率、汇率和碳氢化合物价格波动的风险。

2. 汇丰银行使用衍生品来管理汇率和利率的风险。

3. 葛兰素史克公司使用衍生品来管理利率和汇率波动对盈利和现金流的影响。

很多公司大量并且成功地利用衍生工具。然而，衍生品是有风险的。所有的参与方必须正确理解合约相关的风险和报酬。①

□ 衍生工具会计处理的基本原则

IASB 认定期货和期权这类衍生工具属于资产或负债。IASB 还认为，公司应当采用公允价值列报衍生工具②，因为公允价值能为报表使用者提供关于衍生工具最相

---

① 许多著名的公司都曾遭受过衍生品带来的损失。例如，房利美、安然、昭和壳牌石油、德国 Metallgesellschaft、宝洁以及美国 Air Products & Chemicals，都由于投资衍生工具而蒙受巨额损失。

② IFRS 涵盖了所有衍生工具的会计处理和列报，不论是金融衍生品还是非金融衍生品，但是我们更关注金融衍生工具，因为金融衍生工具在实践中应用更广泛。[21]

关的信息。为什么采用历史成本等其他计量属性不能很好地反映呢？因为很多衍生工具的历史成本为零。另外，衍生工具市场以及衍生工具标的市场都相当成熟。因此，IASB 认为公司能够可靠计量衍生工具的公允价值。①

利润表方面，如果衍生工具被用于投机，公司应当将任何未实现利得或损失计入利润。如果衍生工具被用于套期保值，利得和损失的会计处理取决于套期的类型。我们在之后的内容中将讨论套期保值交易的会计处理。

总之，衍生工具的会计处理应遵循以下指南：

1. 将衍生工具确认为资产或负债。
2. 以公允价值列报衍生工具。
3. 衍生工具被用于投机，立即将利得或损失计入利润。
4. 套期活动引起的利得和损失的列报，取决于套期的类型。

衍生金融工具（投机）

为了说明用于投机的衍生工具的会计处理，我们假设这样一种衍生工具，它的价值取决于 Laredo 公司的股价。某公司可以使用衍生工具从 Laredo 公司股价上涨中获利，例如看涨期权。② 看涨期权持有者有权利而没有义务按照约定的价格购买股票。这个约定的价格通常称为行权价格或执行价格。

假设 A 公司与 Baird 投资公司签订了一份看涨期权合约，合约赋予该公司以每股 100 欧元的价格购买 Laredo 公司股票的权利。③ 如果 Laredo 公司股价升至 100 欧元以上，A 公司将会行权，即以 100 欧元的价格购入股票。如果 Laredo 公司股价没有升至 100 欧元以上，这份看涨期权对 A 公司而言没有价值。

会计分录 为了说明看涨期权的会计处理，假设 A 公司在 2015 年 1 月 2 日购买了一份看涨期权，当日 Laredo 公司股价是每股 100 欧元。合约赋予 A 公司以每股 100 欧元的价格购买 1 000 股（称为名义数量）Laredo 公司股票的权利。期权于 2015 年 4 月 30 日到期。A 公司购买这份看涨期权支付了 400 欧元，账务处理如下：

2015 年 1 月 2 日

借：看涨期权 400

贷：现金 400

支付的 400 欧元称为期权价值。期权价值通常远远低于直接购买股票的成本。期权价值由两部分构成：（1）内在价值；（2）时间价值。图表 17A-1 列示了期权价值的计算公式。

---

① 正如前面章节提到的，公允价值是"无关联的双方在公平交易的条件下交易一项资产或者清偿一项负债的成交价格"。IASB 还开发出一个公允价值层级，规定了公允价值使用的优先次序。第一层级的公允价值是在活跃市场上可以观察到或可引用的相同资产或负债的价格。第二层级的公允价值不能直接在市场上找到，但可以由可观察的数据得到证实。第三层级的公允价值依赖不可观察的数据（例如，公司内部数据或假设）。因此，第一层级的公允价值是最可靠的，因为它直接来自可引用的数据，例如《华尔街日报》上某只股票的收盘价。第二层级的公允价值比较可靠，需要依据活跃市场相似资产和负债的公允价值。第三层级的公允价值最不可靠，需要我们进行很多判断，要根据可利用的最相关的信息，得到一个相对比较可靠的公允价值。[22]

② 投资者如果预期 Laredo 股价下跌，就可以使用另外一种期权工具——看跌期权来获利。看跌期权赋予持有者按约定价格卖出股票的权利，因此看跌期权的价值随基础资产价格下跌而上升。

③ Baird 投资公司被称为对手方。通常情况下该角色由投资银行或其他持有金融工具的公司担任。

图表 17A - 1　　　　　　　　　　　　期权价值的计算公式

期权价值＝内在价值＋时间价值

内在价值是任意时点市场价格和行权价格之间的差额。内在价值代表的是期权持有者立即行权将会实现的利润。2015 年 1 月 2 日期权内在价值等于零，因为市场价格等于行权价格。

时间价值是期权价值超过内在价值的部分。时间价值反映了期权公允价值大于零的可能性。这个可能性是如何产生的呢？因为存在 Laredo 公司股价在行权期内涨至行权价格以上的预期。2015 年 1 月 2 日期权的时间价值是 400 欧元。[1]

可以获得的与该看涨期权有关的其他数据如下：

日期	Laredo 股票的市场价格	看涨期权的时间价值
2015 年 3 月 31 日	每股 €120	€100
2015 年 4 月 16 日	每股 €115	€60

由此可知，Laredo 公司股票 2015 年 3 月 31 日每股涨至 120 欧元。看涨期权的内在价值现在是 20 000 欧元。也就是说，A 公司当前可以行权，以每股 100 欧元的价格从 Baird 投资公司购买 1 000 股。A 公司紧接着可以在市场上将这些股票以每股 120 欧元的价格出售。于是公司从这份期权合同中获利 20 000 欧元（120 000－100 000）。[2] 关于内在价值上升的会计处理如下：

2014 年 3 月 31 日

借：看涨期权　　　　　　　　　　　　　　　　　　　　　　　　　20 000

　　贷：未实现持有损益——利润　　　　　　　　　　　　　　　　　　20 000

一项市场评估表明 2015 年 3 月 31 日期权的时间价值是 100 欧元。[3] 关于时间价值变化的账务处理如下：

2015 年 3 月 31 日

借：未实现持有损益——利润　　　　　　　　　　　　　　　　　　　300

　　贷：看涨期权（400－100）　　　　　　　　　　　　　　　　　　300

2015 年 3 月 31 日，公司资产负债表中看涨期权的公允价值是 20 100 欧元。[4] 未实现持有利得增加了当期的净利润。期权时间价值的降低减少了净利润。

公司于 2015 年 4 月 16 日到期前结算了该期权合约。为了正确记录结算，公司更新了期权的内在价值，内在价值减少了 5 000 欧元 [（20－15）×1 000]：

2015 年 4 月 16 日

借：未实现持有损益——利润　　　　　　　　　　　　　　　　　　5 000

　　贷：看涨期权　　　　　　　　　　　　　　　　　　　　　　　　5 000

时间价值减少了 40 欧元（100－60），账务处理如下：

---

① 该价值由期权模型（例如 BS 期权定价模型）计算得出。BS 期权定价模型的变量包括基础资产价格的波动程度、期权期限、无风险利率、行权期内基础资产的预期分红。

② 在实践中，投资者结算时通常不需要实际购买或出售 Laredo 公司的股票。净额结算是期权合约的特征。

③ 时间价值的减少一方面是因为 Laredo 公司股价上升的可能性减小，另一方面是因为期权合约的到期日逼近。

④ 前面提到，任意时间的期权价值等于内在价值加上时间价值。

2015 年 4 月 16 日

 借：未实现持有损益——利润   40

  贷：看涨期权   40

结算日，看涨期权的账面价值如下：

看涨期权

2015 年 1 月 2 日	400	2015 年 3 月 31 日	300
2015 年 3 月 31 日	20 000	2015 年 4 月 16 日	5 000
		2015 年 4 月 16 日	40
2015 年 4 月 16 日，余额	15 060		

与 Baird 公司进行结算的会计分录如下：

2014 年 4 月 16 日

 借：现金   15 000

   看涨期权结算损失   60

  贷：看涨期权   15 060

图表 17A-2 总结了看涨期权合约对净利润的影响。

图表 17A-2   **对净利润的影响——衍生金融工具**

日期	交易	对利润（损失）的影响
2015 年 3 月 31 日	看涨期权价值的净增加 （€ 20 000－€ 300）	€ 19 700
2015 年 4 月 16 日	看涨期权价值的减少 （€ 5 000＋€ 40）	（5 040）
2015 年 4 月 16 日	看涨期权执行	（60）
	净利润总额	€ 14 600

  图表 17A-2 的总结与 IFRS 的要求一致。也就是说，因为看涨期权符合资产的定义，A 公司将它记录在 2015 年 3 月 31 日的资产负债表中。看涨期权采用公允价值列报，所有利得或损失直接计入利润。

传统金融工具与衍生金融工具的区别

  传统金融工具与衍生金融工具有什么不同呢？衍生金融工具有以下三个基本特征。[23]

  1. 衍生金融工具有：（1）一项或一项以上的标的物；（2）确定的支付条款。标的物可以是某种特定利率、证券价格、商品价格、价格指数、利率指数或其他市场相关变量。标的物与衍生合同（名义数量）约定的面额或数量共同决定了支付价格。例如，当 Laredo 公司股价上升时，看涨期权的价值也增加。在这个例子中标的物是股价。支付价款等于股票价格的变化乘以股票的数量（名义数量）。

  2. 衍生金融工具在订立合约时要求很少的投资或不需要投资。例如，公司支付很少的期权费就可以购买看涨期权——远低于直接购买 Laredo 公司股票支付的价格。

  3. 衍生金融工具要求或允许使用净额结算。正如前面看涨期权的例子指出的，公司不需要持有股票就可以从看涨期权中获利。净额结算特征减少了衍生工具相关的交易成本。

图表 17A - 3 总结了传统金融工具和衍生金融工具的区别。这里我们选取交易性股权投资作为传统金融工具的代表，选取看涨期权作为衍生金融工具的代表。

图表 17A - 3　　　　　传统金融工具和衍生金融工具的特征

特征	传统金融工具（交易性股权投资）	衍生金融工具（看涨期权）
付款条款	股票价格乘以股票数量	股票价格的（潜在）变化乘以股票数量（理论数量）
初始投资	投资者支付了全部成本	初始投资额比全部成本低得多
执行	转移股票以收取现金	收到的现金与股票价格的变化乘以股票数量的值相等

□ 用于套期保值的衍生工具

相对于传统金融工具，衍生工具由于使用的灵活性以及低成本特征而大受欢迎。衍生工具的另一作用就是用于风险管理。例如，可口可乐、英国石油公司、西门子等公司都在信贷市场上有大量的借贷行为，它们将面临巨大的利率风险。如果利率上升或下降，对利率敏感的资产或负债的公允价值或现金流量将会剧烈波动。这些公司也都有大量的国际业务，它们将面临汇率风险，即汇率的波动会对国际业务的盈利性造成不利影响。

公司可以利用衍生工具抵销利率或汇率变动的不利影响。衍生工具用于此目的，被称为套期保值。

IASB 制定了用于套期保值的衍生金融工具的会计处理和列报准则。IFRS 允许对两种类型的套期保值采用特殊的会计处理方法，分别是公允价值套期和现金流量套期。①

◦◦◦ 数字背后的故事　　　　风险业务

2008 年，衍生品合约大概有 500 万亿美元（估计数字）。如下图所示，对衍生品的使用呈增长态势，但近些年增速有所减缓。衍生品市场的主要参与者是大型公司和各种金融机构，它们一直在寻找新的衍生工具以进行投机和风险管理。

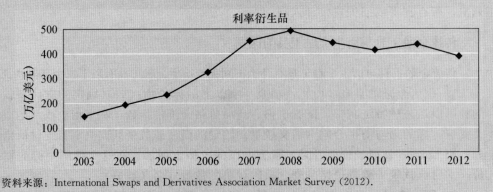

资料来源：International Swaps and Derivatives Association Market Survey (2012).

---

① IFRS 也规范了特定外汇套期保值交易的会计处理。外汇套期保值通常是上面两种类型的特殊情况。[24] 理解外汇套期保值交易需要跨国实体合并的知识，超出了本书的范围。

金融工程师一直在开发新的衍生产品，手段包括利用越来越复杂的交易网络、横跨多个市场等。新的衍生品会给整个金融系统造成重大影响。因此，一些市场观察家担心一家公司或一个部门的危机会引起整个金融系统的恐慌。

信用违约互换最近被应用于抵押支持债券。然而，当实际的房地产市场不景气时，抵押支持债券就会面临违约，巴克莱银行、美国国际集团、美国银行等大型国际金融机构都因此遭受了巨额损失。最后，政府不得不出面紧急援助，以防国际证券市场陷入瘫痪。因此，市场监管者提议通过规范衍生品交易来降低市场风险。

资料来源：P. Eavis, "Bill on Derivatives Overhaul Is Long Overdue," *Wall Street Journal* (April 14，2010).

公允价值套期

公允价值套期中，公司采用衍生工具对冲（抵销）某项已确认的资产、负债或未确认承诺的公允价值变动风险。一项完美的套期保值交易，可以使衍生工具的利得或损失正好抵销被套期资产或负债的利得或损失。

公司一般使用特定类型的公允价值套期。例如，公司采用利率互换来对冲利率变动对债权公允价值造成的影响。或者，公司采用看跌期权来对冲股权投资价值下跌的风险。

为了说明公允价值套期，我们假设 2015 年 4 月 1 日 Hayward 公司以每股 100 欧元的市价购买了 100 股 Sonoma 公司股票。Hayward 不打算频繁交易这项投资，因此将对 Sonoma 的投资划分为可供出售类。Hayward 公司的账务处理如下：

2015 年 4 月 1 日

借：股权投资		10 000
贷：现金		10 000

Hayward 公司在资产负债表中以公允价值计量可供出售证券。公司将未实现利得和损失计入权益中的其他综合收益项目。[①] 对 Hayward 公司而言幸运的是，2015 年 Sonoma 公司股价升至每股 125 欧元。Hayward 记录投资利得的会计处理如下：

2015 年 12 月 31 日

借：公允价值调整		2 500
贷：未实现持有损益——权益		2 500

图表 17A－4 说明了 Hayward 公司在资产负债表中如何列报对 Sonoma 的投资。

图表 17A－4　　　　　　　　非交易性股权投资在资产负债表中的列报

Hayward 公司 资产负债表（部分） 2015 年 12 月 31 日	
资产	
股权投资	€ 12 500
股东权益	
累积其他综合收益	
未实现持有收益	€ 2 500

---

① 我们已经在本章中讨论了交易性投资和可供出售投资的区别。

尽管 Hayward 公司从 Sonoma 公司股价上涨中获利，但它仍然面临 Sonoma 公司股价下跌的风险。为了对冲这种风险，Hayward 公司购买了 100 股 Sonoma 股票的看跌期权，以锁定投资利得。

Hayward 公司于 2016 年 1 月 2 日签订了一份看跌期权合约，并指定这份期权是对 Sonoma 投资的公允价值套期。这份看跌期权（2 年内到期）赋予 Hayward 公司以每股 125 欧元的价格出售 Sonoma 公司股票的权利。因为行权价格等于当前的市场价格，公司不需要编制任何会计分录。①

2016 年 1 月 2 日

不需要编制任何会计分录。在备查簿中载明公司签订了一份看跌期权合约并指定为公允价值套期。

2016 年 12 月 31 日，Sonoma 公司股票价格下跌至每股 120 欧元。Hayward 公司的账务处理如下：

2016 年 12 月 31 日

| 借：未实现持有损益——权益 | 500 | |
| 　贷：公允价值调整 | | 500 |

Sonoma 公司股票看跌期权的公允价值上涨，会计处理如下：

2016 年 12 月 31 日

| 借：看跌期权 | 500 | |
| 　贷：未实现持有损益——权益 | | 500 |

Sonoma 公司股价下跌引起看跌期权的公允价值上升。也就是说，Hayward 公司可以在公开市场上每股以 120 欧元的价格购买 100 股股票，以每股 125 欧元的价格出售，从中渔利。Hayward 公司共获利 500 欧元 ［100×（125 －120）］。②

需要注意的是，可供出售证券一旦被套期，会计处理就不同于 IFRS 的一般规定。也就是说，Hayward 公司将未实现持有损失计入利润而不是权益。如果 Hayward 公司不这样进行会计处理，利润表的利得和损失就会不匹配。因此在公允价值套期中，对套期保值的项目（本例是指看跌期权）采用特殊的会计处理是有必要的。[25]

图表 17A－5 说明了 Hayward 公司如何列报对 Sonoma 公司的投资和看跌期权。

图表 17A－5　　　　　公允价值套期在资产负债表中的列报

Hayward 公司 资产负债表（部分） 2016 年 12 月 31 日	
资产	
股权投资（非交易性）	€ 12 000
看跌期权	500

期权公允价值的增加抵销（对冲）了 Hayward 公司非交易性投资价值的下跌。财务报表可以反映 Hayward 公司持有 Sonoma 公司股票净风险的经济实质。通过对

---

① 为了简化，我们假设不需要支付期权费。

② 在实务中，Hayward 公司通常不需要实际购买或出售 Sonoma 公司的股票来获利。除非对手方想持有 Hayward 公司的股票，否则可以与对手方以 500 欧元现金结算。这是衍生工具的净额结算特征。

两种金融工具采用公允价值进行会计处理，资产负债表列报了 Hayward 公司出售投资并结算看跌期权能够收到的金额。

图表 17A - 6 列示了套期保值交易对截至 2016 年 12 月 31 日利润表的影响。

图表 17A - 6　　　　　　　　　公允价值套期在利润表中的列报

Hayward 公司 综合收益表（部分） 2016 年 12 月 31 日	
其他收入与费用	
未实现持有收益——看跌期权	€ 500
未实现持有损失——股权投资	(500)

综合收益表表明，看跌期权的利得正好抵销了可供出售证券的损失。[1] 这些金融工具的列报反映了套期保值关系，说明了为什么 IASB 认为公允价值会计能够提供包括衍生工具在内的金融工具最相关的信息。

现金流量套期

公司可以采用现金流量套期来对冲现金流量风险，现金流量风险来自现金流量变动。IASB 允许对现金流量套期采用特殊的会计处理方法。一般情况下，公司在资产负债表中以公允价值计量和列报衍生工具，将利得和损失直接计入净利润。对于现金流量套期，公司仍在资产负债表中采用公允价值，但是将利得或损失计入权益中的其他综合收益项目。

假设 2015 年 9 月 Allied 容器公司预期将在 2016 年 1 月购买 1 000 吨铝。Allied 公司担心未来几个月铝的价格上涨，想要对冲 2016 年 1 月支付更高铝价的风险。因此，Allied 公司签订了一份铝期货合约。

期货合约赋予持有者在特定期间以约定价格购买一项资产的权利和义务。在本例中，铝期货合约赋予 Allied 公司以每吨 1 550 元的价格购买 1 000 吨铝的权利和义务。[2] 在 2016 年 1 月到期日之前，合约价格都是有效的。这项衍生工具的标的物就是铝的价格。如果每吨铝的价格涨至 1 550 元以上，期货合约的价值就会上升。为什么呢？因为 Allied 公司可以按照每吨 1 550 元的较低价格购买铝。[3]

2015 年 9 月 1 日，Allied 公司签订了期货合约，假设当天存货支付价——现货价格——等于合约价格。由于两个价格相等，期货合约没有价值，因此不需要编制任何会计分录。

2015 年 9 月 1 日

不需要编制任何会计分录。只需要在备查簿中说明公司签订了期货合约。

2015 年 12 月 31 日，将于 1 月份交付的铝每吨升至 1 575 元。Allied 公司编制如下会计分录来记录期货合约价值的上升。

---

[1]　需要注意的是，期权公允价值的变化不会抵销 Hayward 投资公允价值的上升。因为如果 Sonoma 公司的股价升至 125 欧元以上，Hayward 公司将不会行权。

[2]　期货合约是卖方和买方签订的针对某项特定资产在特定日期交易的正式合约。期权合约具有标准规范，所以双方对交易事项非常明确。远期合约与之类似，但是不在证券交易所交易，也没有标准化条款。

[3]　与前面看涨期权的例子相同，期货合约不需要实际交付铝。双方只需要支付到期日铝的价格与约定价格之间的差额即可。

2015 年 12 月 31 日

借：期货合约		25 000
贷：未实现持有损益——权益		25 000
[(1 575—1 550)×1 000]		

　　Allied 公司在资产负债表中将期货合约作为流动资产，将期货合约利得计入其他综合收益。

　　因为 Allied 公司没有实际购买和出售铝，这种利得产生于预期交易。在这种类型的交易中，公司将期货合约的利得或损失计入其他综合收益直到公司出售该存货，因而会影响盈余。

　　2016 年 1 月，Allied 公司按照每吨 1 575 元的价格购买了 1 000 吨铝，编制会计分录如下。[①]

2016 年 1 月

借：铝存货		1 575 000
贷：现金（1 575×1 000）		1 575 000

　　同时，Allied 公司对期货合约进行最终结算，编制会计分录如下：

2016 年 1 月

借：现金		25 000
贷：期货合约（1 575 000—1 550 000）		25 000

　　通过使用期货合约衍生工具，Allied 公司锁定了存货成本。25 000 元的期货合约结算，抵销了按照 1 575 000 元的现行市价购买存货多支付的那部分金额。最后每吨铝的净现金流出是 1 550 元，与我们设想的一样。图表 17A-7 显示 Allied 公司已经成功对购买存货的现金流量进行了套期保值。

图表 17A-7　　　　　　　　　　　现金流量套期的影响

期望现金流		实际现金流
预期为该存货支付固定的现金 1 550 000元	=	实际支付的现金　　　　￥1 575 000 减：未来合同收到的现金　　(25 000) 最终支付的现金　　　￥1 550 000

　　该时点没有对利润产生影响。Allied 公司将期货合约的利得计入其他综合收益，直到公司出售该存货，才会通过产品销售成本影响盈余。

　　假设 Allied 公司将铝加工成产成品（铝罐）。这些铝罐的总成本是 1 700 000 元（包括 2016 年 1 月购买铝的成本）。2016 年 7 月，Allied 公司以 2 000 000 元的价格出售了这批铝罐，账务处理如下：

2016 年 7 月

借：现金		2 000 000
贷：销售收入		2 000 000

---

① 在实践中，期货合约按天结算。为了简化，我们在最后统一结算。

借：销售成本   1 700 000

   贷：存货——铝罐   1 700 000

因为预期交易现在对盈余产生了影响，Allied 公司编制会计分录如下：

2016 年 7 月

借：未实现持有损益——权益   25 000

   贷：销售成本   25 000

期货合约已经计入其他综合收益的利得，现在抵减产品销售成本。因此，产品销售成本中铝的成本实际是 1 550 000 元。期货合约按照预期达到了目的。Allied 公司成功地管理了铝存货支付的现金以及产品的销售成本。①

其他报告问题

前面的例子说明了衍生工具会计处理的基本问题。接下来，我们将探讨其他问题：

1. 嵌入衍生工具的会计处理。

2. 合格的套期保值标准。

嵌入衍生工具

正如我们在本附录开头指出的，金融工具的快速创新推动了衍生工具会计处理的统一和提升。近年来，混合证券发展迅速。这些证券同时具有债券和权益的特征。它们将传统金融工具和衍生金融工具结合起来。

例如，可转换债券（已经在第 16 章讨论过）就是一种混合证券。它由两部分组成：（1）债券，称为主证券；（2）债券转换成普通股的权利，即嵌入衍生工具。

对于嵌入衍生工具的会计处理，有些人认为应采用与其他衍生工具相似的方法，也就是说，将它与主证券区分开，再采用衍生工具的会计处理方法。区分嵌入衍生工具与主证券的过程称为分离。然而，IASB 认为分离法过于复杂，要求将嵌入衍生工具与其主证券作为一个组合进行会计核算。② 所采用的具体会计处理方法以主证券的分类为基础。③

套期保值标准

IASB 规定，对套期保值采用特殊的会计处理方法之前必须满足特定的标准。IASB 规定这些标准，以确保套期保值会计能够在不同的套期交易中得到一致使用。一般的标准包括以下几个方面。

1. 文件、风险管理和认定。在套期合约签订前，必须有正式的文件来明确套期关系、公司风险管理目标、套期策略。认定是指识别套期工具、被套期项目或交易、被套期风险的本质，以及如何使用套期工具来抵销被套期资产公允价值或现金流量变动的风险。[26]

IASB 认为，文件和认定是套期保值特殊会计处理的关键。如果没有这些要求，

---

① 近来，IASB 发布了对 IFRS 9 套期部分的修改意见。主要的变化在于如何确认套期发生的时间，以及如何确认套期项目和套期工具的资格。一个关键变化是只要非金融项目的某些部分是单独确认且可靠计量的，就允许对其进行套期。

② 公司也可以将嵌入衍生工具指定为套期工具。公司可以利用本章之前讲过的套期工具会计处理的准则。

③ 正如在本书第 16 章中讨论的那样，可转换债券的发行方应该将应付可转换债券的期权部分分离出来。

仅仅是为了规避市场的不利影响，公司可能会尽力追溯采用套期会计准则来抵销交易对财务报表的不利影响。在这种背景下允许采用特殊的套期会计准则可能掩盖原始交易的投机本质。

2. 套期关系的有效性。套期保值关系在合约开始和以后期间都应该持续有效，以达到抵销公允价值和现金流量变动的目标。公司在编制财务报表时必须评估套期关系的有效性。[27]

有效性的一般指南是：套期保值工具（衍生工具）的公允价值或现金流量与被套期项目的公允价值或现金流量呈现高度的相关性。实务中，高度有效是指相关系数接近 1（正负误差 0.1）。在前面的套期保值例子（看跌期权和铝存货的期货合约）中，公允价值和现金流量都是完美相关的。也就是说，购买存货的现金支出增加与期货合约收到的现金刚好可以相互抵销。

如果有效性标准没有得到满足，不论是套期合约开始时没有满足还是随后套期关系发生变化，IFRS 规定不能再采用特殊的套期保值会计。公司应该将该衍生工具作为独立的衍生工具进行会计处理。①

3. 公允价值或现金流量变化对报告盈余的影响。被套期项目的公允价值变化或被套期预期交易现金流量变化必须对报告盈余有潜在的影响。如果公司根据现行 IFRS 对套期工具和被套期项目采用公允价值进行会计处理，就没有必要采用套期保值特殊会计准则。在这种情况下，盈余会合理反映抵销后的利得和损失。②

例如，对于交易性证券的公允价值套期就没有必要进行特殊会计处理，因为公司在资产负债表中对投资和衍生工具都采用公允价值计量，同时将利得和损失计入利润。因此，"特殊的"套期保值会计仅当 IFRS 对套期保值工具的会计影响与被套期项目的会计影响不匹配时才是必要的。③

衍生工具会计处理的总结

图表 17A - 8 总结了衍生工具和套期保值交易的会计规定。

图表 17A—8　　　　　　　　　　　**IFRS 衍生工具会计处理的总结**

使用的衍生工具	对衍生工具的会计核算	对套期项目的会计核算	举例
投机	以公允价值和未实现持有损益记录在利润中	不适用	股权证券的看涨或看跌期权
套期公允价值	以公允价值和持有损益记录在利润中	以公允价值和持有损益记录在利润中	对股权投资的看跌期权套期
现金流量	以公允价值和套期的未实现持有损益记录在其他综合收益中，当套期交易的现金流量影响收益时再将其重分类至利润中	对套期项目使用其他公认会计原则	使用未来的合约对预期存货购买进行套期

---

① 不满足套期关系的那部分衍生工具以公允价值计量，利得或损失计入利润。

② IFRS 赋予公司以公允价值计量大多数类型金融工具——从股权投资到债权——的权利。公允价值的变动影响各期的净利润。[28]

③ 现金流量套期的一个重要标准就是预期很可能发生。公司需要根据可观察的事实（例如过去类似交易的频率和实现这项交易的财务和运营能力）来支持这种可能性（该可能性被认为比"更可能"更大）。

如图表 17A－8 所示，衍生工具的公认会计处理依赖于公允价值。IFRS 还针对公司用于套期保值的衍生工具制定了特殊会计指南。例如，当采用看涨期权来对非交易性股权投资进行公允价值套期时（参见前面 Hayward 公司的例子），公司将投资的未实现利得计入利润，如果没有套期保值，这样的处理是不符合 IFRS 的规定的。为了在资产负债表（看跌期权和投资都采用公允价值记录）和利润表（同一期间报告抵销后的利得和损失）中准确反映套期保值关系的本质，采用这种特殊的会计处理方法是合理的。

特殊的会计处理同样适用于现金流量套期。当衍生工具用于合格的现金流量套期时，公司在资产负债表中以公允价值计量衍生工具，但是在出售或结算被套期项目之前，公司将未实现持有利得或损失计入其他综合收益。在现金流量套期中，公司仍然采用历史成本记录被套期项目。

衍生工具的披露要求十分复杂。最近关于公允价值信息和金融工具的声明为衍生工具的列报提供了一个有用的披露框架。通常公司需要披露持有或发行衍生工具的目的（投机或套期保值）、套期内容（公允价值套期或现金流量套期），以及达到风险管理目标的策略。

□ 套期保值会计处理的综合例题

为了全面说明套期保值会计，我们来分析一个利率互换交易。首先，我们考虑互换如何发挥作用以及公司为什么使用互换。

期权和期货交易都是在有组织的证券交易所进行的。正因为如此，期货和期权都有标准条款。虽然标准化合约便于交易，但也限制了根据特定环境更改合约的灵活性。另外，大多数类型的衍生工具的时间跨度较短，因此限制了其在降低长期项目风险上的应用。

因此，许多公司转而采用互换——一种非常流行的衍生工具。互换是指一方承诺向另一方支付的交易。同样，另一方也承诺相似的支付。

最常见的互换就是利率互换。利率互换中，一方根据固定利率（浮动利率）支付，而另一方根据浮动利率（固定利率）支付。大多数情况下，大型货币中心银行将双方联系起来。这些银行处理两方之间的支付流，如图表 17A－9 所示。

图表 17A－9　　　　　　　　　　　　　互换交易

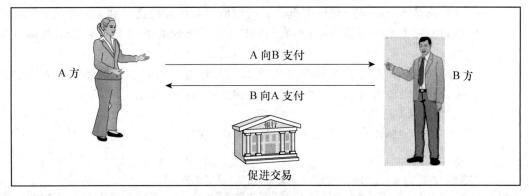

公允价值套期

为了说明互换如何在公允价值套期中应用，假设 Jones 公司 2015 年 1 月 2 日发行了 1 000 000 欧元的 5 年期债券，利率为 8%。账务处理如下：

2015 年 1 月 2 日

借：现金 1 000 000

　　贷：应付债券 1 000 000

Jones 公司提供固定利率以吸引投资者。但是，Jones 公司担心市场利率下降导致负债的公允价值上升，使公司遭受损失。[①] 为了避免这种损失，Jones 公司签订了一份 5 年期的利率互换合约来对冲利率下降的风险。Jones 公司遵守以下条款：

1. Jones 公司按照 8% 的利率收到固定的支付额（以 1 000 000 欧元为基准）。

2. Jones 公司在合约期内按有效的市场利率支付变动利率。合约签订时，变动利率是 6.8%。

如图表 17A - 10 所示，这份互换合约使 Jones 公司支付的固定利率变为浮动利率。

图表 17A - 10　　　　　　　　　　　利率互换

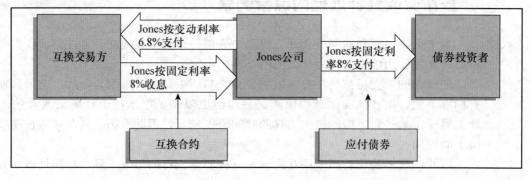

利率互换的结算日期与债务的利息支付日期（12 月 31 日）相同。在每一个利息支付日（结算日），Jones 公司和对手方计算当前市场利率和 8% 的固定利率之间的差异，然后确定互换的价值。[②] 如果利率下降，互换合约的价值上升（即 Jones 公司获利），与此同时，Jones 公司的固定利率债务的公允价值也增加（Jones 公司遭受经济损失）。

互换是有效的风险管理工具。它的价值与对应标的物（利率）有关，标的物也会影响固定利率的应付债券的价值。因此，互换合约的价值上升会抵销与债务相关的损失。

假设 Jones 公司于 2015 年 1 月 2 日（与债券发行日相同）签订了互换合约，该互换合约此时没有价值。因此，公司不需要编制会计分录。

2015 年 1 月 2 日

不需要编制任何会计分录。在备查簿中载明公司签订了互换合约。

---

① 当利率下跌时，Jones 公司仍按 8% 的利率支付，所以产生了经济损失。

② 利率互换的基础是一些市场利率指数。最常用的指数就是伦敦同业拆借利率（LIBOR）。在本例中，我们假设 LIBOR 是 8%。

2015 年底，Jones 公司支付债券利息，账务处理如下：

2015 年 12 月 31 日

借：利息费用 80 000

贷：现金（8%×1 000 000） 80 000

2015 年底，市场利率已经出现实质性下降。因此，互换合约的价值上升。回顾图表 17A-10，Jones 公司按固定利率 8% 收到 80 000 欧元（1 000 000×8%），并按变动利率 6.8% 支付 68 000 欧元。因此，第一个利息支付日，Jones 公司在互换合约结算中收到了 12 000 欧元（80 000−68 000）。账务处理如下：

2015 年 12 月 31 日

借：现金 12 000

贷：利息费用 12 000

另外，市场评估表明，利率互换合约的价值已经增加了 40 000 欧元。对该升值的账务处理如下①：

2015 年 12 月 31 日

借：互换合约 40 000

贷：未实现持有损益——利润 40 000

Jones 公司将互换合约在资产负债表中列报，将套期交易利得计入利润表。因为利率已经下跌，关于损失和负债公允价值上升的会计处理如下：

2015 年 12 月 31 日

借：未实现持有损益——利润 40 000

贷：应付债券 40 000

Jones 公司将套期活动的损失计入净利润，同时将资产负债表的应付债券调整至公允价值。

利率互换的财务报表列报

图表 17A-11 展示了 Jones 公司如何在资产负债表中列报与该套期交易相关的资产和负债。

图表 17A-11　　　　　公允价值套期在资产负债表中的列报

Jones 公司 资产负债表（部分） 2015 年 12 月 31 日	
流动资产	
互换合约	€ 40 000
长期负债	
应付债券	€ 1 040 000

该交易对 Jones 公司资产负债表的影响是：增加了互换合约的价值，同时也增加了应付债券的账面价值。图表 17A-12 列示了 Jones 公司如何列报互换交易对利润表的影响。

---

① 理论上，公允价值变化反映了变动利率与固定利率预期未来差异的现值。

图表 17A - 12　　　　　　　　公允价值套期在利润表中的列报

Jones 公司 利润表（部分） 2015 年 12 月 31 日	
利息费用（€ 80 000－€ 12 000）	€ 68 000
其他收入与费用	
未实现持有收益——互换合约	€ 40 000
未实现持有损失——应付债券	(40 000)
净利润（亏损）	€-0-

利润表中，Jones 公司列报了 68 000 欧元的利息费用。Jones 公司有效地将债务利率从固定的改为变动的。也就是说，公司利用互换合约，按照固定利率收取利息，按照变动利率进行支付，从而将应付债券固定利率转换为变动利率。这导致 2015 年的有效利率是 6.8％。① 同时，互换合约的利得抵销了与债务义务相关的损失。因此，这项套期活动的净利得或损失为零。

图表 17A - 13 展示了互换交易对财务报表的全部影响。

图表 17A - 13　　　　　　　　公允价值套期对财务报表的影响

总之，在对公允价值套期进行会计处理时（例如 Jones 公司的例子），资产负债表中按照公允价值计量衍生工具，同时将所有利得或损失计入利润。因为利率下跌，互换合约的利得刚好抵销（对冲）了应付债券的损失。

通过调整被套期项目（Jones 公司的应付债券）的公允价值并将利得或损失计入利润，Jones 公司应付债券的会计处理偏离了摊余成本。这种特殊的会计处理便于在资产负债表（互换合约和债务义务都按照公允价值记录）和利润表（在同一期间报告抵销后的利得和损失）中准确报告互换合约和应付债券之间的套期关系的本质，所以是合理的。②

□ 争议和总结性评论

公司需要规则，以在财务报表中正确计量和报告衍生工具。然而一些人认为采用

---

① Jones 公司在之后的利息支付日将会采用类似的计量方法。如果利率上升，Jones 公司仍按照 8％的利率收取利息（确认一笔损失），给债券持有者的利率还是锁定在 8％（确认一笔利得）。

② 利率互换同样也适用于现金流量套期。一个普遍的情况是可变利率债券作为企业负债结构的一部分会产生现金流量风险。在这种情况下，可变利率债务发行方可以签订利率互换合约，按固定利率支付、按变动利率收息来对冲现金流量风险。互换合约收到的现金刚好抵销债务支付的可变现金流。

公允价值报告衍生工具产生的未实现利得和损失很难理解。还有一些人对执行 IFRS 的复杂性和成本表示担忧。

但是我们相信，使用公允价值报告衍生工具的长远好处将远远超过任何短期执行成本。随着衍生工期和套期保值交易的数量持续增加、复杂性持续增强，投资者和信贷者面临的来自衍生工具交易的未预期损失风险也将增加。报表阅读者必须掌握衍生金融工具和套期保值交易影响的综合信息。

□ 附录 17A 小结

9.　解释谁会使用衍生工具，以及为什么使用衍生工具。任何想要应对各种不同类型商业风险的公司和个人都可能利用衍生工具合约。通常这些交易都涉及某种类型的套期。投机者也利用衍生工具，他们试图寻求高额回报。投机者促进了市场的流动性，所以他们对于衍生工具市场也是非常重要的。套利者则利用衍生工具市场的信息不对称来获利。公司使用衍生工具的主要目的是对冲利率、汇率以及商品价格波动的风险。

10.　解释衍生工具会计处理的基本原则。公司应当将衍生工具纳入资产负债表的资产和负债项目，并采用公允价值计量。公司应该将投机产生的利得和损失立即确认并计入利润。套期类型不同，套期交易的利得和损失的列报方式也不同。

11.　描述对衍生金融工具的会计核算。公司将衍生金融工具纳入资产负债表，并以公允价值计量。除了用于套期的衍生工具之外，公司将其他衍生工具已实现和未实现的利得和损失计入利润。

12.　解释公允价值套期的会计处理。公司将符合公允价值套期的衍生工具纳入资产负债表并以公允价值计量，将利得和损失计入利润。另外，被套期项目也采用公允价值进行会计处理。将被套期项目调整至公允价值，并将利得和损失计入利润，导致被套期项目的会计处理与 IFRS 的一般规定相悖。出于准确反映套期关系实质的目的，这种特殊的会计处理是合理的。公司将套期项目和被套期项目同时纳入资产负债表，将同一期间抵销后的利得和损失计入利润。

13.　解释现金流量套期的会计处理。公司将符合公允价值套期的衍生工具纳入资产负债表并以公允价值计量，但是将利得和损失计入其他综合收益。公司累积这些利得和损失，当套期交易的现金流影响利润时，再将其重分类，计入利润。被套期项目的会计处理与 IFRS 的一般规定一致。

14.　明确引起特殊会计问题的衍生金融工具的特殊报告事项。公司根据主证券的分类，将同时包含主证券和嵌入衍生品的证券作为一个组合进行会计核算。满足特定条件的套期关系允许采用特殊的套期会计方法。主要的条件包括：（1）有正式文件记载套期关系、公司风险管理目标、执行套期的策略、公司指定衍生工具为现金流量套期或公允价值套期。（2）公司预期套期关系能够有效抵销公允价值变动和现金流量波动的风险。（3）只有在遵循 IFRS 对套期工具和被套期项目的会计影响不匹配时，才能采用"特殊"的套期保值会计。

附录 17B　公允价值披露

正如本章中提到的，IASB 认为公允价值信息与制定有效的经济决策是非常相关的。然而，也有人从两个方面表达了他们对于公允价值计量的担忧：（1）在某些情况下，公允价值计量缺乏可靠性；（2）管理层可能拥有为了实现与基本经济情况不相关的财务结果而操纵公允价值计量的能力。

IASB 意识到了这些担忧，并努力开发出一种对公允价值信息计量和报告而言比较合理的概念基础。同时，IASB 也非常重视制定有关金融工具公允价值信息报告的指导方针，因为很多金融工具都拥有相对活跃的市场，据此就能确定其价值。本附录的目的在于解释金融工具相关公允价值信息的披露要求。

□ 公允价值信息披露：金融工具

与公允价值相关的一个要求就是，所有金融工具的成本和公允价值都应在财务报表附注中报告。这能帮助财务报表的阅读者理解公司金融工具的公允价值，以及这些金融工具在未来可能发生的潜在收益和损失。

IASB 还决定，公司应该披露那些能帮助使用者决定公允价值使用程度和进行公允价值计量时输入值的信息。这种对公允价值的额外披露，超出了简单的逐项记载，作出这一要求主要是基于以下两个原因：

1. 在公允价值计量中存在不同程度的可靠性。因此，理解公允价值计量中存在不同的风险是非常重要的。我们很难将这些不同程度的不确定性包含在财务报表中，而信息披露为我们提供了一个处理风险和计量相关定性问题的框架。

2. 财务报表中对金融工具公允价值变化的报告是不同的，这取决于涉及的金融工具类型，以及是否采用了公允价值选择权。在解释金融工具价值变化对财务结果的影响时，这些附注披露能提供更为精确的解释。IASB 意识到，在评价输入值时，公允价值计量的可靠性是非常重要的。许多金融工具是在活跃市场上进行交易的，因此对它们进行估值并不难。对其他复杂金融工具或非货币性金融工具进行估值则很难。

为了强调估值过程中存在不同程度的可靠性，IASB 建立了一个公允价值层级。我们在第 2 章中讨论过，这种层级结构明确了与公允价值相关的三个层次。第一层级是最可靠的计量，因为这种公允价值是以活跃市场中同类资产或负债的报价为基础的。第二层级的可靠性略差，它不是基于活跃市场中同类资产或负债的报价作出的，而是基于类似的资产或负债的价格。第三层级的可靠性最差，使用了不可观测的输入值来反映公司对金融工具价值的假设。

图表 17B-1 就是一个关于 Sabathia 公司公允价值附注披露的例子，其中包括公允价值数量和可靠性程度。（还有一个类似的披露负债的例子。）

图表 17B-1　　　　　　　　　　　**公允价值层级示例**

Sabathia 公司 财务报表附注			
（千美元）	报告数据使用的公允价值计量		
描述	公允价值 12/31/15	相同资产在活跃 市场中的报价 （第一层级）	其他显著可观测 的投入 （第二层级）	显著不可观测 的投入 （第三层级）
交易性证券	$115	$105	$10	

续

Sabathia 公司 财务报表附注			
（千美元）	报告数据使用的公允价值计量		
描述	公允价值 12/31/15	相同资产在活跃 市场中的报价 （第一层级）	其他显著可观测 的投入 （第二层级）	显著不可观测 的投入 （第三层级）
非交易性证券	75	75		
衍生工具	60	25	15	$ 20
风险资本投资	10			10
合计	$ 260	$ 205	$ 25	$ 30

　　对于那些以公允价值计量并被归类为第三层级的资产和负债，需要对其在某个期间的变化作出相应调整。另外，公司还应报告第三层级资产负债公允价值的变化对总收益和损失的影响，以及它们对净利润的影响。图表 17B-2 是关于这种披露的例子。

图表 17B-2　　　　　　　　　　　　对第三层级输入值的调整

Sabathia 公司 财务报表附注			
（千美元）	公允价值计量中使用的显著不可观测 的投入（第三层级）		
	衍生工具	风险资本投资	合计
期初余额	$ 14	$ 11	$ 25
总损益（已实现的/未实现的）			
包括在收益（或净资产的变动）中	11	(3)	8
包括在其他综合收益中	4		4
购买，保险，支付	(7)	2	(5)
第三层级的转入及/或转出	(2)		(2)
期末余额	$ 20	$ 10	$ 30
与报告日持有的资产相关的，由其未实现损益变动引起的包含在收益中的当期总损益（或净资产的变动）	$ 7	$ 2	$ 9
在交易收入和其他收入中报告的当期包含在收益（已实现的和未实现的）中的损益（或净资产的变动）如下所示。			
	交易收入	其他收入	
当期包含在收益（或净资产的变动）中的总损益	$ 11	$ (3)	
与报告日持有的资产相关的未实现损益变动	$ 7	$ 2	

　　Sabathia 公司的披露为其财务报表使用者提供了以下几方面的信息：

　　1. 该公司金融工具的账面价值和公允价值是基于可靠性差异区分的。因此，财务报表阅读者在判断应该给予公允价值何种信任程度时有依据。

　　2. 对属于第三层级的金融工具从期初到期末的变化进行相应的调整。这种调整能使报表阅读者理解变化情况。这是非常重要的，因为这些计算会受主观估计的影响，进而被操纵。

　　3. 不同期间公允价值变动对公司净资产的影响。

对那些选择使用公允价值来计量一部分或所有金融工具的公司来说，可以将与公允价值计量相关的所有指导与其主要的计划相结合，也可以提供与公允价值单独相关的独立计划。

最后，公司必须提供如下信息（特别要注意对第三层级公允价值的计量）：

1. 所有第三层级计量中使用的显著不可观测输入值的定量信息。

2. 在披露不可观测输入值的变化时，应提供包括输入值之间相互关系在内的，关于第三层级计量的敏感性的定性讨论。

3. 对公司估值程序的描述。

4. 公允价值第一层级和第二层级之间的所有转换。

5. 以公允价值计量的非金融资产的价格，与资产的最高价格和最广泛使用的价格不同。

6. 未在资产负债表中体现但在财务报表附注中披露的对各项目层级的适当分类。

与第三层级公允价值计量相关的典型披露形式如图表 17B-3 所示。

图表 17B-3   与第三层级公允价值计量相关的定量信息

（百万美元）	2015 年 12 月 31 日的公允价值	估值技术	不可观测的投入	范围（加权平均）
住房抵押贷款证券	125	现金流折现	恒定预付率 违约可能性 损失严重性	3.5%～5.5%（4.5%） 5%～50%（10%） 40%～100%（60%）
抵押债权契约	35	协商定价	提供的报价 可比性调整	20～45 -10%～+15%（+5%）
直接风险资本投资：健康	53	现金流折现	加权平均资本成本 长期收入增长率 长期税前经营利润率 市场性缺乏折扣[a] 控制溢价[a]	7%～16%（12.1%） 2%～5%（4.2%） 3%～20%（10.3%） 5%～20%（17%） 10%～30%（20%）
		市场可比公司	息税折旧摊销前利润乘数[b] 收入乘数[b] 市场性缺乏折扣[a] 控制溢价[a]	6.5～12（9.5） 1.0～3.0（2.0） 5%～20%（10%） 10%～20%（12%）
债务合约	38	期权模型	年度化债务波动性[c] 交易方债务风险[d] 所有债务风险[d]	10%～20% 0.5%～3.5% 0.3%～2.0%

a. 当报告主体确定了报告数额，市场参与者在为投资定价时就将考虑这些溢价和折价。
b. 当报告主体确定了报告数额，市场参与者在为投资定价时就将使用这些乘数。
c. 当报告主体确定了在估值分析时使用的波动性曲线范围，市场参与者在为合约定价时就将使用它们。
d. 当报告主体确定了在估值分析时使用的债务违约互换分布曲线，市场参与者在为合约定价时就将使用它们。
（注意：对于负债而言，也应该有类似的披露表格。）

□ 公允价值披露：资产减值或负债

除金融工具外，公司通常还拥有一些存在减值的非经常性计量基础的资产或负债。在这种情况下，公允价值层级能够强调计量的可靠性，并将其与期间内的收益或损失联系在一起。图表 17B - 4 就显示了对 McClung 公司的这种披露。

图表 17B - 4 　　　　　　　有减值存在时的公允价值披露

McClung 公司 财务报表附注				
（百万美元）		使用的公允价值计量		
描述	2015 年度	相同资产在活跃 市场中的报价 （第一层级）	其他显著可 观测的投入 （第二层级）	显著不可 观测的投入 （第三层级）
持有并使用的 　长期资产	$ 75	—	$ 75	—
商誉	30	—	—	$ 30
以出售为目的 　持有的长期资产	26	—	26	—

　　账面价值为 100 百万美元的持有并使用的长期资产，将其账面价值减计为 75 百万美元的公允价值，导致 25 百万美元的减值费用，并包含在当期收益中。

　　账面价值为 65 百万美元的商誉，将其账面价值减记为 30 百万美元的隐含公允价值，导致 35 百万美元的减值费用，并包含在当期收益中。

　　账面价值为 35 百万美元的以出售为目的持有的长期资产，将其账面价值减记为 26 百万美元的公允价值，再减去 6 百万美元的销售成本，导致 15 百万美元的损失，并包含在当期收益中。

□ 结论

　　随着 IASB 和 FASB 在制定准则方面共同努力，当公允价值计量作为一种计量方式出现在 IFRS 和 GAAP 中时，无论是定义还是计量方法都逐渐趋于统一。另外，我们在本附录中已阐述，IFRS 和 GAAP 对公允价值披露有同样的要求。正如 IASB 前任主席所言，这"标志着主要趋同项目的完成，是我们从根本上应对全球危机的一个非常重要的因素。其结果是在评价所要求使用的公允价值时，提供了更为清晰和一致的指导"。

□ 附录 17B 小结

　　12. 描述对公允价值披露的要求。IASB 要求披露公允价值信息，以响应那些对公允价值计量可靠性的质疑。披露内容包括有减值存在的资产或负债的公允价值数额，以及其可靠性水平。

简单练习

　　BE17 - 8　Cleveland 公司拥有价值 4 000 美元的非交易性股权投资组合。其成本为 3 300 美元。假设公允价值变动账户的借方余额为 200 美元，编制年末的日记账分录。

　　BE17 - 9　Zoop 公司向 Murphy 公司投资 300 000 美元，持有其 30% 的股份。这项投资使得 Zoop 公司能向 Murphy 公司实施重大影响。本年，Murphy 公司的净利润为 180 000 美元，并支付了 60 000 美元的股利。编制 Zoop 公司与本投资相关的会计分录。

综合练习

E17-2（债权投资）　2015 年 1 月 1 日，Jennings 公司购买了票面利率为 10%、到期价值为 300 000 欧元的债券。债券的发行日为 2015 年 1 月 1 日，将于 2020 年 1 月 1 日到期，每年 12 月 31 日收到利息。该公司是为了收回合约现金流而持有该债券。

要求：

（a）编制债券购买日的会计分录。

（b）编制 2015 年收到利息时的会计分录。

（c）编制 2016 年收到利息时的会计分录。

权威文献

［1］International Accounting Standard 32, *Financial Instruments*: *Presentation*（London, U. K.: IASB Foundation, 2003）, par. 11.

［2］International Financial Reporting Standard 9, *Financial Instruments*（London, U. K.: IFRS Foundation, 2009）, par. 4. 1.

［3］International Financial Reporting Standard 9, *Financial Instruments*（London, U. K.: IFRS Foundation, 2010）, paras, 4. 19-4. 21.

［4］International Financial Reporting Standard 9, *Financial Instruments*（London, U. K.: IFRS Foundation, 2011）, par. 9.

［5］International Financial Reporting Standard 9, *Financial Instruments*（London, U. K.: IFRS Foundation, 2010）, par. BC4. 19.

［6］International Financial Reporting Standard 9, *Financial Instruments*（London, U. K.: IFRS Foundation, 2010）, par. BC4. 21.

［7］International Financial Reporting Standard 9, *Financial Instruments*（London, U. K.: IFRS Foundation, 2009）, par. 4. 1. 5.

［8］International Financial Reporting Standard 9, *Financial Instruments*（London, U. K.: IFRS Foundation, 2009）, par. 4. 5.

［9］International Financial Reporting Standard 9, *Financial Instruments*（London, U. K.: IFRS Foundation, 2009）, par. B5. 1. 1.

［10］International Financial Reporting Standard 9, *Financial Instruments*（London, U. K.: IFRS Foundation, 2010）, par. B5. 4. 14.

［11］International Financial Reporting Standard 9, *Financial Instruments*（London, U. K.: IFRS Foundation, 2010）, par. 5. 7. 1.

［12］International Financial Reporting Standard 9, *Financial Instruments*（London, U. K.: IFRS Foundation, 2011）, par. BC5. 25（d）.

［13］International Financial Reporting Standard 9, *Financial Instruments*（London, U. K.: IFRS Foundation, 2011）, paras. BC5. 25（b）and BC5. 26.

［14］International Financial Reporting Standard 9, *Financial Instruments*（London, U. K.: IFRS Foundation, 2011）, par. BC5. 23.

［15］International Accounting Standard 28, *Investments in Associates*（London, U. K.: IASB Foundation, 2003）.

［16］International Accounting Standard 28, *Investments in Associates*（London, U. K.: IASB Foundation, 2003）, paras. 6-9.

［17］International Accounting Standard 28, *Investments in Associates*（London, U. K.: IASB Foundation, 2003）, paras. 29-30.

［18］International Accounting Standard 39, *Financial Instruments*: *Recognition and Measurement*（London, U. K.: IASB Foundation, London, March 1999）, paras. 58-65 and AG84-AG93.

［19］International Financial Reporting Standard 9, *Financial Instruments* (London, U. K. : IFRS Foundation, 2010), paras. BC. 116－BC4. 117.

［20］International Financial Reporting Standard 9, *Financial Instruments* (London, U. K. : IFRS Foundation, 2010), par. BC4. 118.

［21］International Financial Reporting Standard 9, *Financial Instruments*, "Chapter 6: Hedge Acconting" (London, U. K. : IFRS Foundation, 2013).

［22］International Financial Reporting Standard 13, *Fair Value Measurements* (London, U. K. : IFRS Foundation, 2011), paras. 72－90.

［23］International Financial Reporting Standard 9, *Financial Instruments*, "Appendix A" (London, U. K. : IFRS Foundation, 2010).

［24］International Financial Reporting Standard 9, *Financial Instruments* (London, U. K. : IFRS Foundation, 2013), paras. 6. 5. 13－6. 5. 16.

［25］International Financial Reporting Standard 9, *Financial Instruments* (London, U. K. : IFRS Foundation, 2013), paras. 6. 5. 8－6. 5. 9.

［26］International Financial Reporting Standard 9, *Financial Instruments* (London, U. K. : IFRS Foundation, 2013), par. 6. 4.

［27］International Financial Reporting Standard 9, *Financial Instruments* (London, U. K. : IFRS Foundation, 2013), par. 6. 4. 16c.

［28］International Financial Reporting Standard 9, *Financial Instruments* (London, U. K. : IFRS Foundation, 2013), par. 4. 1. 5 and 4. 2. 2.

第 18 章

收入确认

学习目标

学完本章后，你应该能够：

1. 理解收入确认事项。
2. 熟悉收入确认过程的五步骤。
3. 识别与顾客签订的合同。
4. 识别合同各项义务。
5. 确定交易价格。
6. 将交易价款分配到各项义务。
7. 履行完合同义务时确认收入。
8. 熟悉其他收入确认事项。
9. 描述有关收入的列报和披露。

回　顾

　　收入确认是导致会计报表重述的一个重要原因。许多公司管理层和员工的欺诈行为都与收入的确认有关。

　　● 投资者质询劳斯莱斯公司"Totalcare"合同的收入确认行为，劳斯莱斯在发动机出售不盈利和微利的情况下将顾客与长期合同和零件采购绑定在一起。当市场监管者开始调查劳斯莱斯的收入确认和在风险共担的合作事项中预提费用的行为时，公司的股价降到当年最低点。

　　● 美国证券交易委员会指控 Qwest 通信公司前任联合主席、CEO 以及其他八名前任公司管理者、员工涉嫌欺诈和违反联邦证券法。其中三人没有将一次性销售的收入计到一次性收入中，而是当作可经常性确认的数据和网络服务收入。美国证券交易委员会指出，Qwest 公司依赖该类交易来填补实际收入与计划收入差距的做法就像一种毒瘾。

　　● 华锐风电集团汽轮机的会计处理事项受到了中国监管机构的详查。不规范的会计处理导致公司 2011 年收入高估 10％、利润高估 20％，2011 年是公司公开上市的第一年。华锐风电将会计处理不规范归咎于收入确认和未完成项目的会计处理。调查之后，华锐风电的创始人辞去董事长的职务但保留了董事资格。

　　● 美国证券交易委员会向法院呈交诉状，指控 iGo 公司三名前任高管共同造成委托销售和产品销售收入的错记，在会计季度期末，这些已经确认收入的产品根本没有装船或者还在运输途中。

　　尽管上述案例都涉嫌欺诈和违规，但不是所有的收入确认错误都是企业故意造成的。例如，加拿大 Turquoise Hill Resources 公司由于收入确认不规范重述了最近 3 年的财务报表。报表重述更正了收入合同会计处理的不规范，该公司在将煤炭装运至顾客卡车时确认收入，然而根据合同风险的转移规则，公司应当在顾客付款时再确认收入。

　　收入金额越来越受到投资者的关注。收入增长速度放缓，净利润的增长主要来源于低融资成本和廉价劳动力，但是这种利润增长从长期来看是不可持续的，人们也表达了对这一现象的担忧。因为收入的增长对利润增长的贡献更具说服力，所以人们现在更加关注利润表的第一行——收入的金额。新准则施行之后，收入确认的可比性和一致性将得到改善。

IASB 最近发布了新的收入确认准则以期提高收入报告质量。新准则对收入确认的时间和如何确认收入金额提供了一套新的指南。新准则综合性较强，适用于所有公司。学完本章之后，你将对收入确认概念有更深入的理解。

　　资料来源：Cheryl de Mesa Graziano, "Revenue Recognition: A Perennial Problem," *Financial Executive* (July 14, 2005), *www. fei. org/mag/articles/7-2005 _ revenue. cfm*; S. Taub, "SEC Accuses Ex-CFO of Channel Stuffing," *CFO. com* (September 30, 2006); B. Elder, "Rolls-Royce Hit by Accounting Concerns," *Financial Times* (February 18, 2014); W. Ma, "China Securities Regulator Probes Sinovel Wind Group," *Wall Street Journal* (January 13, 2014); and "Turquoise Hill Announces Restatement of Previously Reported Financial Results," *http: // www. marketwired. com* (November 8, 2013).

本章概览

　　正如开篇故事中提到的，何时确认收入是一个十分复杂的问题。由于市场不同，产品和服务的收入确认方法各不相同，要找到一种适用于所有情形的指导方法尤为困难。本章主要介绍可以应用于当前大多数交易的通用指南。本章的内容和结构如下：

收入确认			
概览	**收入确认五步骤**	**其他收入确认事项**	**列报和披露**
·背景 ·收入确认新准则	·与顾客签订合同 ·分离合同义务 ·确定交易价格 ·分配交易价款 ·履行合同义务	·附有退回权的销售 ·附有回购协议的销售 ·开单留置销售 ·委托代销 ·寄售 ·保修 ·不可退回预付款	·列报 ·披露

18.1　收入确认概览

18.1.1　背景

　　大多数销售业务很少遇到收入确认问题，因为在大多数情况下业务的发起和完成发生在同一时点。但是，不是所有的交易都这样简单。例如，假设一名顾客与类似威瑞森这样的运营商签订了一份手机消费协议。打包式协议通常包括机身、免费通话时长、数据下载、短信服务等内容。除此之外，一些运营商还会捆绑销售固定线路宽带服务。与此同时，顾客支付服务费的方式也不同，例如，手机本身享受折扣，但需在通话费用上支付更高的价格。某些情况下，根据打包式协议的约定，公司可能在某一期间内免费提供服务。那么威瑞森公司应该如何报告这些不连续的收入呢？答案并不简单。

　　最近一项针对公司财务主管的调查表明，收入确认不仅变得更加复杂，更容易出错，而且相对于财务报告的其他领域，收入确认对财务报表的影响也更重大。该调查还表明，收入确认存在高舞弊风险，即使公司严格遵循会计准则（IFRS 或 GAAP），收入报告出错的风险也很高。[1]

---

[1]　www. prweb. com/releases/RecognitionRevenue/IFRS/prweb1648994. htm.

事实上，IASB 和 FASB 都承认对收入报告的现状不满意。IFRS 因在一些领域缺乏具体的指导而饱受诟病。例如，IFRS 只有一项有关收入的基本准则（即 IAS 18），以及对少数特定问题的有限指导。GAAP 有关收入确认的准则更加详尽（据统计，前后有超过 100 项会计准则），但是很多人认为这些准则之间存在相互矛盾的地方。因此，有关收入的会计处理很好地体现了以原则为导向的准则（IFRS）与以规则为导向的准则（GAAP）之间的差异。尽管二者都有拥护者，但 IASB 和 FASB 还是坦言在收入准则方面确实存在缺陷。①

IASB 和 FASB 最近共同发布了一项关于收入确认的准则——"顾客合同收入"。[1]为了解决现行准则的缺陷和不一致性，可开发一套综合的收入确认准则用于更多交易和行业。准则制定委员会认为能在以下方面改善 IFRS 和 GAAP：

（a）为收入确认事项提供一套粗略的框架。

（b）提高收入确认准则在不同企业、行业、司法管辖、资本市场间的可比性。

（c）减少企业需参照的规则，简化报表列报。

（d）加强信息披露，以帮助报表使用者更好地了解收入确认的时间、金额和不确定性。[2]

□ 18.1.2　收入确认新准则

新准则"顾客合同收入"采用资产负债法作为收入确认的基础。资产负债表依据资产和负债的变化来确认和计量收入。准则制定委员会关注的是，资产和负债的确认和计量与之前准则"风险报酬"的判断标准相比，合同有效期内资产和负债的变化能为收入的计量提供更多线索。

在资产负债法下，公司根据合同产生的资产和负债确认收入。因为顾客合同是大多数企业的命脉，所以要求企业必须分析顾客合同。合同规定了交易形式和交易对价。如果没有合同，企业无法判断是否已经履行了承诺。

图表 18-1 展示了新准则的核心概念。新准则首先确认了收入确认的核心目标，紧接着介绍了收入确认五步骤以保证准确确认和计量收入。五步骤的核心是收入确认原则，即在合同义务履行完之时确认收入。我们接下来将详细介绍各个步骤。

图表 18-1　　　　　　　　　　　收入确认的核心概念

核心目标
确认收入以反映向顾客提供商品和服务的行为，正确记录公司交换商品和服务取得或预期取得的对价。
收入确认五步骤
1. 识别与顾客签订的合同 　2. 识别合同各项义务 　3. 确定交易价格 　4. 将交易价款分配到各项义务 　5. 履行完合同义务时确认收入
收入确认原则
合同义务履行完后确认收入

---

① "Preliminary Views on Revenue Recognition in Contracts with Customers," IASB/FASB Discussion Paper (December 19, 2008). 该文中指出 GAAP 包括的准则太多，所以有时会存在互相矛盾的情况。此外，尽管 GAAP 的准则很多，却没有关于劳务收入的指南。而 IFRS 在一些基础领域（例如多次交付安排）缺乏指导的现象十分普遍。此外，针对长期合同，收入确认准则和其他收入确认要素也存在不一致的地方。

18.2　收入确认五步骤

　　假设空中巴士公司与国泰航空公司签订了一份价值 1 亿欧元的飞机销售合同。图表 18-2 展示了空中巴士确认收入的五个步骤。

图表 18-2　　　　　　　　　　　收入确认五步骤

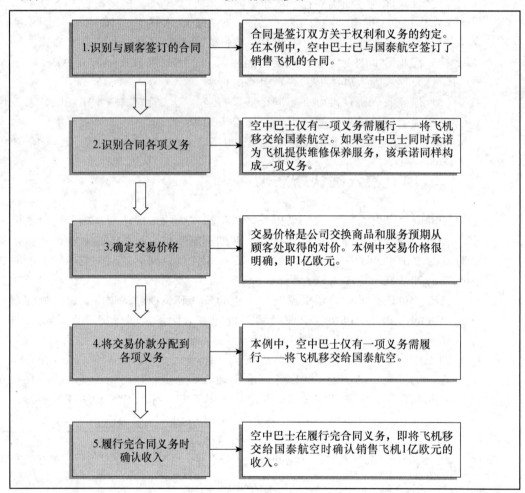

1.识别与顾客签订的合同	合同是签订双方关于权利和义务的约定。在本例中，空中巴士已与国泰航空签订了销售飞机的合同。
2.识别合同各项义务	空中巴士仅有一项义务需履行——将飞机移交给国泰航空。如果空中巴士同时承诺为飞机提供维修保养服务，该承诺同样构成一项义务。
3.确定交易价格	交易价格是公司交换商品和服务预期从顾客处取得的对价。本例中交易价格很明确，即1亿欧元。
4.将交易价款分配到各项义务	本例中，空中巴士仅有一项义务需履行——将飞机移交给国泰航空。
5.履行完合同义务时确认收入	空中巴士在履行完合同义务，即将飞机移交给国泰航空时确认销售飞机1亿欧元的收入。

　　图表 18-2 展示了收入确认的五步骤。步骤 5 是关于空中巴士何时确认向国泰航空销售飞机的收入。在这个时点，空中巴士将飞机移交给国泰航空，履行完合同义务。[3] 此时飞机的控制权从空中巴士转移给国泰航空。国泰航空在此时控制了该项资产，因为它能决定飞机的使用并取得与飞机有关的收益权。控制权的另一层含义是，国泰航空之外的公司不拥有该飞机的使用权及与飞机有关的收益权。后面我们将仔细讨论收入确认五步骤。

□ 18.2.1　步骤 1——识别与顾客签订的合同

　　合同是签订双方或多方之间关于权利和义务的约定。合同可以是书面的或口头的，也可以遵循商业活动惯例。企业根据图表 18-3 所示的标准将收入指南应用于合同确认。

图表 18-3 收入指南——合同确认

符合收入指南：	不符合收入指南：
• 合同具有商业实质； • 合同各方已同意合同条款并承诺履行各自义务； • 企业能够确认各方与转移商品和服务相关的权利； • 企业能够确认转移商品和服务对价的支付方式； • 企业很可能取得相应对价。①	• 合同尚未开始履行； • 合同各方可以单方面终止合同而不负赔偿责任。

在某些情况下，企业应当将合同和合同的会计处理结合起来。

基础会计处理

只有存在合同，企业才能确认顾客合同的收入。一旦与顾客签订合同，企业即拥有从顾客处取得转移商品和服务对价的权利，同时负有转移商品和服务顾客的义务（合同义务）。这些权利和义务共同导致一项净资产或净负债。如果经衡量权利超过义务，那么该合同是一项资产（合同资产）。相反，如果经衡量义务大于权利，那么该合同是一项负债（合同负债）。但是，只有当一方或双方开始履行合同时，企业才会确认合同资产或合同负债。合同双方的基础会计处理见图表 18-4。

图表 18-4 收入的基础会计处理

合同和收入确认

例：2015 年 3 月 1 日，Margo 公司与 Soon Yoon 公司签订合同，约定于 2015 年 7 月 31 日销售一件商品。合同规定，Soon Yoon 公司于 2015 年 8 月 31 日支付全部合同价款 5 000 港元。销售商品成本为 3 000 港元。Margo 公司应于 2015 年 7 月 31 日将商品移交给 Soon Yoon 公司。

问题：Margo 公司 2015 年针对该合同应如何进行会计处理？

解答：2015 年 3 月 1 日不需要编制任何会计分录，因为任何一方都未开始履行合同。2015 年 7 月 31 日，Margo 公司将商品移交给 Soon Yoon 公司，应确认相应收入，因为 Margo 公司已满足履行完相关义务的条件。

确认收入和成本的会计分录如下：

2015 年 7 月 31 日

借：应收账款		5 000
贷：营业收入		5 000
借：营业成本		3 000
贷：存货		3 000

收到现金对价的会计分录如下：

2015 年 8 月 31 日

借：现金		5 000
贷：应收账款		5 000

---

① IASB 包含此项标准（类似"收回可能性门槛"），因为它认为顾客信用风险是决定合同有效性的一项重要评估标准。收入准则（本章后面会讨论）中，对价收回可能性不是收入确认的一个决定因素。然而对价收回可能性是合同各方是否履行义务的一项判断标准。在评估公司收回对价可能性时，需要同时考虑顾客的支付能力和意愿。[4]

收入合同的一个重要特征是双方签订合同时并不进行会计处理，只有当一方或双方履行合同义务时才进行会计处理。合同不履行，就不会产生净资产或净负债。

合同修改

有时企业会在合同生效期间变更合同条款，这被称为"合同修改"。当对合同进行修改时，企业需要判断到底是将之视为一份新合同（以及合同义务）还是对当前合同的修改。

单独合同义务法 当同时满足以下两个条件时，企业将修改后的合同视为新合同：

- 提供的商品和服务是能明显区分的（例如，企业将其单独销售，并将其与其他商品和服务区分开）。
- 企业有权收取反映承诺的商品或服务的独立销售价格的对价。[5]

例如，Crandall 公司在 6 个月内不同时点共销售单价为 100 欧元的商品 100 件，总价款 10 000 欧元。Crandall 公司在移交 60 件商品后修改了合同条款，约定以每件 95 欧元增加提供 20 件商品，增加部分价款总计 1 900 欧元（合同修改时每件 95 欧元的价格能够与之前的价格区分开）。Crandall 公司通常将商品的销售区分开。在这种情况下，增加的 20 件商品实质上是一份新的单独的合同，并不影响原合同的会计处理。

假设是一份新合同，Crandall 公司剩下的 40 件商品依照原合同确认收入 4 000 欧元 [（100－60）×100]，增加提供的 20 件商品按照新合同确认收入 1 900 欧元（20×90）。合同修改后总收入为 5 900 欧元（4 000＋1 900）。

未来适用法 如果 Crandall 公司确定增加提供的商品不是一项单独的合同义务，会怎样呢？这种情况可能出现在新增商品没有单独定价或不能区分之时。这种情况下，企业通常采用未来适用法对修改的合同进行会计处理。

在未来适用法下，Crandall 公司需要同时就合同变更对当期和未来期间的影响进行会计处理。因此，Crandall 公司按照平均单价 98.33 欧元确认剩余商品的收入，计算过程如图表 18－5 所示。

图表 18－5 未来适用法下的收入确认

剩下 40 件商品依照原合同确认收入（€ 100×40）	€ 4 000
20 件商品按照新合同确认收入（€ 95×20）	1 900
剩余每单位商品单价（€ 5 900÷60）＝€ 98.33	€ 5 900

因此，未来适用法与单独合同义务法确认剩余商品收入的方法是不一样的，未来适用法采用的是平均单价。修改后合同总收入为 5 900 欧元（60×98.33）。图表 18－6 展示了 Crandall 公司在两种方法下的收入列报。

图表 18－6 修改合同会计处理方法的比较

	合同修改前收入	合同修改后收入	合同总收入
单独合同义务法	€ 6 000	€ 5 900	€ 11 900

续

	合同修改前收入	合同修改后收入	合同总收入
非单独合同义务法——未来适用法	€ 6 000	€ 5 900	€ 11 900

如图表 18-6 所示，无论采用何种方法，合同修改前与修改后的收入金额是相等的。不同的是，在未来适用法下，合同修改后的收入确认采用平均单价 98.33 欧元。①

18.2.2　步骤 2——识别各项合同义务

合同义务是指向顾客提供商品和服务的承诺。承诺可以是明确的或含蓄的，也可以遵循商业活动惯例。企业是否提供了明确的商品和服务是确定是否存在合同义务的基础。图表 18-7 总结了收入确认的几种基本情形。

图表 18-7　　　　　　　　　　　收入确认的基本情形

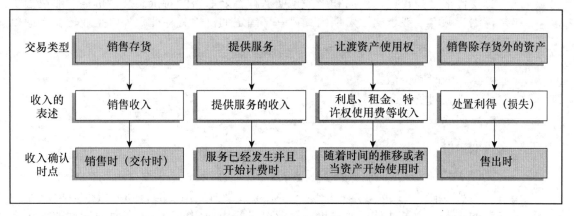

图表 18-7 中展示的交易的会计处理很直接，因为只存在一项合同义务。但是一些合同安排存在不止一项合同义务，为了明确企业是否需要对不同的义务进行会计处理，产生了第二个判断标准——该商品是否独立且能够区分开。换言之，如果某项合同义务不依赖于合同其他义务而存在或者与其他义务不存在联系，那么应当对各项义务分别处理。相反，如果各项义务不独立并且相互联系，那么应当将各项义务结合起来进行处理。

举例来说，假设印度塔塔汽车公司销售一辆汽车给 Marquart 经销商，销售价款包括 6 个月的信息服务（导航、远程故障诊断等）。塔塔公司通常按月单独对信息服务收费。6 个月之后，顾客按月支付塔塔公司的信息服务费。在本例中，塔塔公司存在两项合同义务——提供汽车和信息服务。两项服务能够区分开并且相互独立。

图表 18-8 展示了关于识别合同义务的其他例子。

---

①　修改合同的另一种会计处理方法是追溯调整法。换言之，假设新增售出商品是原合同的一部分，企业调整收入科目以反映修改合同对之前的累积影响。追溯调整法的一个典型应用就是长期建造合同，这部分内容将在附录 18A 中详细介绍。未来适用法避免了对已完成义务的会计调整，但是忽视了应该调整的情况。[6]在实践中，除非有提示，均采用未来适用法，不单独确认合同义务。会计调整的未来适用法和追溯调整法在第 22 章中会做详细介绍。

图表 18-8 识别合同义务

案例 1：单项义务

SoftTech 公司向 Lopez 公司提供客户关系软件的使用权。SoftTech 公司除了提供软件本身，还承诺提供咨询服务以使该软件能够与 Lopez 公司的信息技术环境兼容。合同总对价是 600 000 美元。在本例中，SoftTech 公司将不同合同义务（软件使用权和咨询服务）打包在一起，而且该软件是根据 Lopez 公司的特点定制的。两项义务——提供软件使用权和咨询服务虽然可以区分开但是相互不独立，所以应当将两项义务合并进行会计处理。

案例 2：多项义务

Chen Computer 公司制造和销售电脑，同时提供 120 天的电脑质量保修（通常称为保证保修）。该公司另外销售一份延长质量保证，在 120 天的基础上延长 3 年（通常称为服务保修）。在本例中，存在两项义务，一项与电脑销售有关，另一项与电脑延长质量保证有关。电脑销售和相应的质量保证是一项合同义务，因为其相互联系并且不独立，而延长质量保证是单独销售的且与电脑销售没有联系。

18.2.3 步骤 3——确认交易价格

交易价格是公司提供商品和服务预期从顾客处取得的对价。交易价格一般很容易确定，因为顾客一般承诺在短期内支付一个固定的价格。除此之外，企业还要考虑以下因素[7]：

- 可变对价。
- 货币的时间价值。
- 非现金对价。
- 已向或应向顾客支付的对价。

可变对价

某些情况下，商品和服务的价格受未来事件的影响。未来事件可能是折扣、回扣、信用、绩效奖励或者提成。这种情形下，企业需要估计预计能收到的可变对价以作为应确认的收入。为了估计可变对价，企业可以使用期望值法（取各种可能性的加权平均）或最可能发生额法（取一系列可能值中概率最大的金额）。公司如何选择取决于哪种方法能更好地估计可变对价。图表 18-9 展示了在方法选择上的考虑事项。[8]

图表 18-9 估计可变对价

期望值法：取各种可能性的加权平均。	最可能发生额法：取一系列可能值中概率最大的金额。
- 适用于公司有大量相似合同的情况。 - 基于有限数量的离散结果和概率。	- 适用于只有两种可能结果的情况。

图表 18-10 举例说明了如何使用两种估计方法。

图表 18-10 交易价格——可变对价

估计可变对价

例：Peabody 公司与顾客签订了一份仓库建造合同，合同对价 100 000 美元，根据完工进度另外支付 50 000 美元奖励。如果超过合同约定的完工期限，每超一周奖励减少 10%。该合同条款与 Peabody 公司之前已完成的合同类似，因此管理层拥有的以前合同的经验数据适用于该合同。管理层估计能在约定期限完工的可能性为 60%，推迟一周完工的可能性为 30%，推迟两周完工的可能性为 10%。

> 问题：Peabody 公司应如何对该合同进行会计处理？
> 解答：交易价格需要考虑 Peabody 公司管理层对合同对价的估计。管理层认为应采用期望值法对可变对价作出估计。
> 60%×[100 000+(50 000×1.0)]＝$90 000
> 30%×[100 000+(50 000×0.9)]＝$43 500
> 10%×[100 000+(50 000×0.8)]＝$14 000
> $147 500
> 根据加权平均法计算的结果，交易总价款为 147 500 美元。在之后每个报告日，管理层都需更新估计结果。最可能发生额法适用于绩效奖励只有两种可能性的情况（Peabody 公司能够获得奖励或不能获得奖励），即 Peabody 公司要么在约定期限内完成（获得 50 000 美元奖励），要么不能获得任何奖励，合同总价款为 150 000 美元（对应 60% 的可能性）。

总之，收入的确认要遵循谨慎性原则——企业只有在能可靠保证收回时确认可变对价。因此，企业在满足下列条件时确认可变对价：（1）有相似合同的经验数据来估计累积收入；（2）根据以往经验，对已确认收入进行重大调整的可能性不大。[1] 如果不能满足这些条件，收入确认是被限制的。图表 18-11 展示了收入限制的应用。[10]

图表 18-11　　　　　　　　　　交易价格——收入确认的限制

> **收入确认的限制**
> 例：1 月 1 日，Shera 公司与 Hornung 公司签订了一份为期 1 年的资产管理服务合同。Shera 根据每季度末 Hornung 管理资产的百分比收取季度管理费。此外，Shera 能获得基于绩效的奖励——基金收益超过年末可观察指数的部分的 20% 归属于 Shera 公司。
> Shera 将合同视为单项义务，因为投资管理服务是相互依存和相互关联的。为了计算履行义务应确认的收入，Shera 选择了完工进度法而不是完成法。Shera 过去和客户签订过相同类型的合同。
> 问题：Shera 何时能确认管理费收入和绩效奖励？
> 解答：Shera 应该在每季度履行管理义务时确认管理费收入，但是应该在年底确认绩效奖励。虽然 Shera 执行过类似合同，但以往经验数据不能用来预测当前合同的结果，因为对价金额很容易受到市场波动的影响。此外，绩效奖励有很大的不确定性。因此，在年底知道奖励金额之前，绩效奖励收入的确认受到限制（不能确认）。

货币的时间价值

付款的时间有时与将商品或服务转移给客户的时间不匹配。大多数情况下，公司在提供商品或服务后收到对价。实质上，公司是在为客户融资。

如果合同带有明显的融资性质，公司应当计算货币的时间价值。如果销售交易的融资性质明显（例如未按时支付对价，则计算利息），可以通过计量收到的对价或对现金流进行折现确定交易的公允价值。折现率可以使用市场上相同信用风险等级金融工具的利率，也可以将商品或服务的名义价格折现为现行市价的折现率。公司将这项融资行为的结果确认为利息支出或利息收入。图表 18-12 将对这一问题举例说明。

图表 18-12　　　　　　　　　　交易价格——延期付款

> **延期付款条款**
> 例：2015 年 7 月 1 日，Grant 公司从 SEK 公司购买合计 900 000 雷亚尔的商品，Grant 公司未支付现金，而是开具了一张 4 年期、利率为 0、面值 1 416 163 雷亚尔的票据。这批商品的账面价值是 590 000 雷亚尔。

---

① 符合以下一项条件即表明收入确认是受限制的（或不允许的）：（1）合同对价非常容易受到公司以外的因素的影响。影响因素包括市场的波动性、第三方的判断、天气条件，以及承诺的商品或服务过时。（2）很长时间内不能确定对价。（3）公司履行类似合同义务的经验（或其他证据）有限。（4）合同有大量、广泛的可能的对价。[9]

问题：(a) 2015 年 7 月 1 日，SEK 公司应确认多少收入？(b) 2015 年 12 月 31 日，SEK 公司应报告与该交易有关的收入金额是多少？

解答：(a) 2015 年 7 月 1 日，SEK 公司应确认的收入是 900 000 雷亚尔，等于这批商品的公允价值。

(b) 该笔交易导致 SEK 公司未来 4 年资金被占用。经计算，折现率为 12%。2015 年 12 月 31 日，SEK 公司应确认利息收入 54 000 雷亚尔（900 000×12%×1/2）。

SEK 公司确认销售收入的账务处理如下：

2015 年 7 月 1 日

借：应收票据		1 416 163
贷：销售收入		900 000
应收票据折价		516 163

结转成本相关账务处理如下：

2015 年 7 月 1 日

借：销售成本		590 000
贷：存货		590 000

SEK 公司确认利息收入的账务处理如下：

2015 年 12 月 31 日

借：应收票据折价		54 000
贷：利息收入（900 000×12%×1/2）		54 000

在实践中，如果付款期限不到一年，企业在确认销售价格时不需要考虑货币的时间价值。[11]

非现金对价

公司有时会收到商品、服务或其他形式的非现金对价。在这种情况下，公司普遍按收到对价的公允价值确认收入金额。例如，假设 Monroe 公司以其普通股股票支付 Raeylinn 公司咨询费。在这种情况下，Raeylinn 公司按照收到普通股的公允价值确认收入金额。如果 Raeylinn 不能确定这笔金额，那么它应该估计服务的售价，并按估计的金额确认收入。

此外，公司有时会收到捐赠（例如捐款和礼物）。捐赠可以是某种类型的资产（例如，证券、土地、建筑物或使用设备），也可以是对债务的豁免。在这些情况下，公司按照所收到对价的公允价值确认收入。同样，顾客有时提供商品或服务（例如设备或劳动）作为对价支付给卖方，也应按照公允价值确认提供商品或服务的收入。

已向或应向顾客支付的对价

企业通常会在销售合同中约定向顾客支付的条款。已付或应付的对价可能包括折扣、数量回扣、优惠券、免费商品或服务。一般来说，这些条款会减少收到的对价和确认的收入。图表 18-13 举例加以说明。

图表 18-13　　　　　　　　　　收入计量——返现

返现

例：Sansung 公司与顾客约定，如果顾客在一年内购买商品价款达 200 万元以上，公司将给予 3% 的返现。截至 2015 年 3 月 31 日，Artic 公司购买 Sansung 公司合计 70 万元的商品。2013 年 4 月 1 日到 12 月 31 日和 2014 年 4 月 1 日到 12 月 31 日这两个期间，Artic 公司从 Sansung 公司购买商品的价款都超过 300 万元。

> 问题：2015 年前 3 个月 Sansung 公司应该确认多少收入？
>
> 解答：在本例中，考虑到返现，Sansung 公司应该从收入中减掉 21 000 元（700 000×3%），确认 679 000 元的收入（700 000−21 000）。不确认返现将会导致 Sansung 公司收入虚增。换言之，正确的金额应当是 679 000 元而不是 700 000 元。
>
> 本例中，2015 年 3 月 31 日 Sansung 公司应编制以下会计分录：
>
> | | | |
> | --- | --- | --- |
> | 借：应收账款 | 679 000 | |
> | 贷：销售收入 | | 679 000 |
>
> 假设 Sansung 公司的顾客满足了折扣条件，应编制以下会计分录：
>
> | | | |
> | --- | --- | --- |
> | 借：现金 | 679 000 | |
> | 贷：应收账款 | | 679 000 |
>
> 假设 Sansung 公司的顾客未满足折扣条件，应编制以下会计分录：
>
> | | | |
> | --- | --- | --- |
> | 借：现金 | 700 000 | |
> | 贷：应收账款 | | 679 000 |
> | 未实现销售折扣 | | 21 000 |
>
> 正如第 7 章中提到的，未实现销售折扣在利润表的"其他收入"中反映。

有些情况下，企业会在短期内给予顾客现金折扣（有时称为及时付款折扣）。例如，假设规定的付款期限是 60 天，顾客在 5 天之内付款的话，卖方将给予 2% 的现金折扣。如果及时付款折扣数额很大，那么应当从收入中扣除。大多数情况下，企业会根据总价款确认收入，等实际发生现金折扣时再确认折扣。

18.2.4 步骤 4——将交易价款分配到各项义务

公司通常需要将交易价款分配到合同各项义务。如果需要分配，交易价款分配到各项义务的标准是基于公允价值。公允价值依据商品和服务的单独销售价格来确定。如果不能取得单独销售价格，那么应当采用商品和服务销售价格的最佳估计数。图表 18-14 总结了各种方法的应用。

图表 18-14 交易价款的分配

分配方法	应用
市价调整法	对商品或服务市场进行评估，估计该市场中顾客愿意为这些商品或服务支付的价格。市场调整法还包括参照竞争对手的售价并根据需要调整这些价格以反映公司的成本和利润。
成本加成法	预测履行义务的预期成本，然后在此基础上加上合理的利润。
剩余价值法	商品或服务的单独售价如果存在高度不确定性，则公司可以利用总交易价格减去可取得的合同中其他商品或服务的单独售价计算得到。①

图表 18-15 和图表 18-16 举例说明了交易价款的分配。

图表 18-15 分配——多项合同义务

> **多项合同义务——情形一**
>
> 例：Lonnie 公司与顾客签订了一份合同，从交付设备开始 5 年内负责安装、运行和维护一台复杂的电子设备。安装、运行和维护服务都有固定的收费，并且任何进度款都不可退还。

---

① 当公司向不同的顾客（同时或接近同一时间）销售大量相同的商品或服务时，销售价格存在很大的不确定性。若公司还没有为商品或服务定价，或者该商品或服务以前没有出售过，则销售价格是不确定的。[12]

不同服务的收费是相互独立的。安装和维修服务的价格能够可靠取得，但运行服务的收费无法可靠取得。交易价款必须分配给三项合同义务——安装、运行和维护设备。

问题：Lonnie 公司如何将交易价款分配到三项合同义务中？

解答：合同义务包括安装、运行和维护设备。如上所述，Lonnie 公司可以确定安装和维修服务的价格。接着 Lonnie 公司使用调整后的市场调整法或成本加成法对运行服务价格作出最佳估计。然后 Lonnie 公司根据公允价值法分配交易价款。一旦分配完成，Lonnie 公司根据一般收入确认标准分别确认各项合同收入。

如果与上述情况不同，运行服务的价格存在高度不确定性，Lonnie 公司应当采用剩余价值法，并从总交易价格中减去安装和维护服务的公允价值得到运行服务的价格。

图表 18-16　　　　　　　　多项合同义务——产品、安装和服务

多项合同义务——情形二

例：Handler 公司是一家经验丰富的建筑行业设备制造商。Handler 公司的产品包括各种型号的单件自动化机械、包含多个部件的复杂系统，产品单价从 600 000 美元到 4 000 000 美元不等，其中包含安装和培训费用。安装过程不涉及设备功能的更改，并且不需要已安装的设备提供专有信息。Handler 公司与 Chai 公司的约定如下：

● Chai 公司从 Handler 公司处购买设备的价格为 2 000 000 美元，并选择 Handler 公司负责安装。不管是否安装设备，Handler 公司对设备收取相同的价款（有些公司选择自行安装，可能是更愿意由自己的员工来做这项工作，也可能为了维护与其他客户的关系）。安装服务的公允价值为 20 000 美元。

● 培训服务的公允价值估计为 50 000 美元。其他公司也能提供这些培训服务。

● Chai 公司在设备交付和安装阶段向 Handler 公司支付 2 000 000 美元。

● Handler 公司于 2015 年 9 月 1 日提供设备，并于 2015 年 11 月 1 日完成设备的安装。与设备相关的培训在安装完成后开始，持续 1 年。该设备的使用寿命为 10 年。

问题：（a）设备销售的合同义务包括哪些？（b）如果合同义务不止一项，那么应当如何将 2 000 000 美元分配到各项合同义务？

解答：

（a）第一个条件已经满足——分离各项合同义务。即设备、安装服务和培训服务能够区分开并且相互独立——它们是三项单独的商品或服务，并且每项具有单独的售价。

（b）总收入 2 000 000 美元应根据相对公允价值分配给三个组成部分。在本例中，设备的公允价值为 2 000 000 美元，安装服务的公允价值为 20 000 美元，培训服务的公允价值为 50 000 美元。总公允价值为 2 070 000 美元（2 000 000＋20 000＋50 000）。分配过程如下：

设备　　　　$1 932 367 [（$2 000 000/$2 070 000）×$2 000 000]

安装服务 $19 324 [（$20 000/$2 070 000）×$2 000 000]

培训服务 $48 309 [（$50 000/$2 070 000）×$2 000 000]

2015 年 11 月 1 日，关于已实现销售收入和安装服务收入以及未实现服务收入，Handler 公司编制以下会计分录：

2015 年 11 月 1 日

借：现金		2 000 000
贷：服务收入——安装		19 324
未实现服务收入		48 309
销售收入		1 932 367

假设设备成本为 1 500 000 美元，结转商品成本的会计分录如下：

2015 年 11 月 1 日

借：销售成本		1 500 000
贷：存货		1 500 000

Handler 公司在 2015 年 11 月 1 日安装完成后确认销售设备的收入。此外，由于安装服务已执行，应确认安装服务的收入。

Handler 公司从 2015 年 11 月 1 日开始以直线法（除非有更合适的方法，如完成百分比法）分摊确认培训服务收入，即每月 4 026 美元（48 309/12），为期 1 年。2015 年确认安装服务收入的会计分录如下：

```
2015 年 12 月 31 日
    借：未实现服务收入                                              8 052
        贷：服务收入——培训（4 026×2）                                  8 052
    因此，Handler 公司在 2015 年 12 月 31 日确认收入 1 959 743 美元（1 932 367＋19 324＋
8 052）。Handler 公司 2016 年末确认培训服务收入的会计分录如下：
2016 年 12 月 31 日
    借：未实现服务收入                                             40 257
        贷：服务收入——培训（48 309－8 052）                              40 257
```

当公司销售一揽子商品或服务时，一揽子售价通常低于单独售价的总和。在这种
情况下，公司应将折扣分配给折扣销售的各商品，而不是归属于一揽子商品。图表
18－17 显示了如何分配折扣。

图表 18－17   折扣的分配

折扣销售

例：Java Joe's 高尔夫球场打包销售三项服务，具体信息如下：

项目	单独售价	打包售价
课程（每期）	€ 100	€ 100
定制球头	525	500
推杆	125	25
合计	€ 750	€ 625

问题：销售折扣应如何分配给收入的各组成部分？

解答：如上所述，课程、定制球头和推杆的单独售价之和为 750 欧元，但是三者打包售价
为 625 欧元。在本例中，定制球头和推杆的售价有折扣。因此，Java Joe's 应将折扣在定制球头和
推杆之间进行分配，不涉及课程，如下所示：

	分配收入金额
课程	€ 100
定制球头和推杆	525
合计	€ 625

☐ 18.2.5 步骤 5——履行完合同义务时确认收入

当顾客取得对商品或服务的控制权时，公司完成其合同义务。如前所述，控制权
的转移是确定公司是否履行完合同义务的决定因素。顾客控制资产是指顾客能决定资
产的使用并取得资产几乎全部的收益权。控制权的另一层含义是，除占有方以外的各
方不拥有资产的使用权及与资产有关的收益权。图表 18－18 总结了判断顾客取得控
制权的考虑因素。[13]

图表 18－18　　　　　　　　　判断控制权转移的考虑因素

> 1. 公司有收取资产对价的权利。
> 2. 公司已将该资产的法定所有权转让。
> 3. 公司转让了该资产的实际占有权。
> 4. 与所有权有关的风险和报酬已转移给顾客。
> 5. 顾客已接受该资产。

公司在某一时点或一段时间内履行合同义务。顾客如果在卖方履约期间取得并享受商品和服务带来的收益并满足以下两个标准之一，公司就会在一段时间内确认收入。

1. 在资产建造或加固期间（例如，建筑商在顾客的财产上修建建筑物），顾客控制资产。

2. 建造或加固的资产没有其他用途（例如，飞机制造商根据顾客的要求建造的专用喷气式飞机），或顾客在公司履约期间获得收益，因此合同义务不需要重新执行，或公司有权收取对价，并且此权利可强制执行。

图表 18－19 举例说明了确认收入的时点。

图表 18－19　　　　　　　　　履行合同义务

> 例：Gomez 软件公司与 Hurly 公司签订合同，开发和安装客户关系管理（CRM）软件，约定在合同的每个阶段完成后支付进度款。如果合同终止，则部分完成的 CRM 软件转移给 Hurly 公司。Gomez 公司不能将软件更改后销售给其他客户。
> 问题：Gomez 软件公司何时应该确认与 Hurly 公司的合同收入？
> 解答：因为 Gomez 公司不能将软件更改后销售给其他客户，所以软件没有替代用途。此外，Gomez 公司有权获得已完成部分的进度款，并有望完成该项目。因此，Gomez 公司满足一段时间内确认收入的条件。

公司通过衡量完成进度来确认已履行合同义务的收入。用于测量进度的方法应该能准确描述控制权的转移过程。公司使用各种方法来确定完成进度，其中最常见的是成本百分比法和交付数量法。所有这些方法的目的是衡量成本、数量或增加值方面的进展。公司采用的各种测量指标（例如已发生成本、劳动工时、生产产品的吨数、已修建楼层数等）可以归入投入法或产出法。

投入法（例如已发生成本和劳动工时）计算的是为合同付出的代价。而产出法（例如交货数量——生产产品的吨数、已修建楼层数、已建成公路里程数等）关注的是产生的结果。两种方法均不能普遍适用于所有长期项目，方法的应用需要对现实情况进行仔细判断和分析。

用于确定完成进度的最常见的投入法是完工百分比法。在完工百分比法下，公司用到目前为止发生的成本除以完成合同预计总成本来确定完工百分比。完工百分比法将在附录 18A 中进行更全面的讨论。

□ 18.2.6　小结

图表 18－20 总结了收入确认的五步骤。

图表 18 - 20   收入确认五步骤小结

步骤	描述	应用
1. 识别与顾客签订的合同	合同是签订双方关于权利和义务的约定。	企业将收入指南应用于合同确认,并且确定新合同义务是否构成合同修改。
2. 识别合同各项义务	合同义务是指向顾客提供商品和服务的承诺。如果顾客能从商品或服务本身或连同其他现有资源一起获益,则存在合同义务。	一份合同可能包含多项合同义务。对不同合同义务的会计处理取决于该义务是否独立且能够区分开。如果不同义务能够区分开,但是相互不独立而是相互联系,那么应当将各项义务合并起来进行处理。
3. 确认交易价格	交易价款是公司提供商品和劳务预期从顾客处取得的对价。	在确定交易价格时,企业需要考虑以下因素:(1)可变对价;(2)货币的时间价值;(3)非现金对价;(4)已向或应向顾客支付的对价。
4. 将交易价款分配到各项义务	如果存在不止一项合同义务,则公司需要根据相对公允价值法将交易价款分配到合同各项义务。	公允价值是依据商品和服务的单独销售价格来确定的。单独售价的估计可以依据:(1)市价调整法;(2)成本加成法;(3)剩余价值法。
5. 履行完合同义务时确认收入	当顾客取得对商品或服务的控制时,公司履行完其合同义务。	企业在某一时点或一段时间内履行合同义务。满足以下两个标准之一,公司在一段时间内确认收入:(1)资产建造过程中顾客控制该资产;(2)该资产没有替代用途。

18.3 其他收入确认事项

收入确认原则和控制权概念在下列情形的应用将稍后介绍。

- 附有退回权的销售。
- 附有回购协议的销售。
- 开单留置销售。
- 委托代销。
- 寄售。
- 保修。
- 不可退回预付款。

18.3.1 附有退回权的销售

附有退回权的销售在收入确认领域一直是个难题。例如,假设 Hogland Glass Works 公司将飓风杯的控制权转移给 Henlo Builders 公司。Hogland 公司承诺 Henlo 公司在特定情形下(例如对商品不满意)可以退回商品,并且提供下列一项或几项服务:

1. 全价或部分退款。
2. 赊购的权利。
3. 更换商品。

对附有退回权的飓风杯的销售进行会计处理，Hogland 公司应明确下列事项：

（a）Hogland 公司能够确认收到的对价（考虑退回的情形）。

（b）预计退回部分对应的负债。

（c）退回部分收回的资产（调整相应商品成本）。

图表 18-21 展示了附有退回权销售的会计处理。①

图表 18-21   附有退回权销售的会计处理

附有退回权的销售

例：Venden 公司以每件 100 欧元的价格向 Amaya 公司销售 100 件商品。Venden 公司承诺 30 天内对退回的未使用商品全额退款。每件商品的成本是 60 欧元。Venden 公司将预期从顾客处取得的对价作为交易价格，从而作出下列估计：

1. 有 3 件商品将退回。
2. 修复退回商品的成本可以忽略不计。
3. 退回商品再出售能够实现盈利。

问题：Venden 公司应当如何对该笔交易进行会计处理？

解答：转移商品控制权时，Venden 公司确认：（a）收入 9 700 欧元（100 欧元×97 件预计不会退回的商品）；（b）退回部分负债 300 欧元（100 欧元×3 件预计退回的商品）；（c）退回部分收回的资产 180 欧元（60 欧元×3 件）。应确认的销售成本为 97 件商品的成本（60 欧元×97 件）。

Venden 公司销售会计处理如下：

借：现金	10 000
贷：营业收入	9 700
退款负债	300

Venden 公司结转商品成本的会计分录：

借：营业成本	5 820
预计商品退回	180
贷：存货	6 000

退货发生时，Venden 公司应当冲销"退款负债"和"预计商品退回"，同时借记"已退存货"。

借：退款负债（100×2）	200
贷：应付账款	200
借：已退存货（60×2）	120
贷：预计商品退回	120

为了提高信息透明度，企业将退回存货在单独科目中反映。企业应在存货中单独对退回存货的账面价值进行减值测试。如果企业不能可靠估计退货量，企业不能确认收入，直到能够可靠估计。

□ 18.3.2   附有回购协议的销售

如果企业订立回购合同，在将商品控制权转移给顾客的同时有义务在以后时点进

---

①   Adapted from "Revenue from Contracts with Customers," *Illustrative Examples*（*Revised*）（London，U. K.：IASB，November 14，2011），p. 26.

行回购，那么企业本质上有没有出售该商品呢？① 通常情况下，企业将该交易视为融资行为（借款）。如果商品的回购价格高于或等于售价，那么该交易是一项融资行为。图表 18-22 举例说明了附有回购协议的销售处理。

图表 18-22　　　　　　　　**收入确认——附有回购协议的销售**

附有回购协议的销售

例：某设备经销商 Morgan 公司于 2015 年 1 月 1 日向 Lane 公司出售一台设备，销售价格为 100 000 英镑。Morgan 公司约定 2016 年 12 月 31 日按 121 000 英镑的价格回购该设备。

问题：Morgan 公司应该如何记录该笔交易？

解答：由于存在回购协议，我们应当仔细分析该协议，以确定该商品的控制权是否事实上已经转移给买方 Lane 公司。在本例中，风险和报酬已经转移给 Lane 公司，所以 Morgan 公司应当确认一笔收入。Morgan 公司是按市场价回购的，证明风险已经转移并且 Morgan 公司已履行自己的义务。另外，Lane 公司可以毫无限制地使用该设备，说明报酬也已经转移。前文已经讨论过，控制资产是指能决定资产的使用并取得资产几乎全部的收益权。控制权的另一层含义是，除占有方以外的公司不拥有资产的使用权及与资产有关的收益权。在本例中，Morgan 公司继续保有该设备的控制权。因此，该资产仍在 Morgan 公司账上反映。

假设该合同同时约定利息率为 10%。Morgan 公司 2015 年 1 月 1 日需编制以下会计分录：

借：现金　　　　　　　　　　　　　　　　　　　　　　　　　　100 000
　贷：对 Lane 公司的负债　　　　　　　　　　　　　　　　　　　　　100 000

Morgan 公司 2015 年 12 月 31 日需编制以下会计分录：

借：利息支出　　　　　　　　　　　　　　　　　　　　　　　　　10 000
　贷：对 Lane 公司的负债（100 000×10%）　　　　　　　　　　　　10 000

Morgan 公司 2016 年 12 月 31 日需编制以下会计分录：

借：利息支出　　　　　　　　　　　　　　　　　　　　　　　　　11 000
　贷：对 Lane 公司的负债（110 000×10%）　　　　　　　　　　　　11 000
借：对 Lane 公司的负债　　　　　　　　　　　　　　　　　　　121 000
　贷：现金（100 000＋10 000＋11 000）　　　　　　　　　　　　　121 000

假设 Morgan 公司不是必须回购该资产，但 Lane 公司有权要求 Morgan 公司于 2016 年 12 月 31 日回购该资产。该权利是一项卖出选择权，即 Lane 公司有权将该资产退回给 Morgan 公司。结合第 17 章附录 A 的内容，卖出选择权的价值随着基础资产（本例是指出售的设备）价值的下跌而上升。Morgan 公司需判断 Lane 公司是否有在 2016 年行权的动机来进行会计处理。

尤其在设备价值下跌时，Lane 公司具有强烈的动机行权。本例中，该交易被视为一项融资行为。即如果回购价高于设备的公允价值，那么 Lane 公司将退回设备。例如，设备的回购价为 150 000 英镑而公允价值为 125 000 英镑，Lane 公司将设备退回给 Morgan 公司对自身是有利的。

相反，如果 Lane 公司没有强烈的动机行权，那么应将该交易视为附有退回权的销售。

数字背后的故事　　　**不退回**

由于朗讯公司违反了一项收入确认的基本原则——"不退回"原则，其股东蒙受了巨大损失。这一原则是指，如果买方可以在未来的某一时点退回已发出的商品，那么卖方不应当确认收入。在本例中，朗讯公司同意分销商将无法售出的商品退回。

---

① 除了融资目的，企业短期内将存货转移给其他方可能是出于免交存货税的目的。如果对方能在存货转移期间使用该商品，那么该交易更加类似于租赁协议。

朗讯公司的做法本质上就是"渠道填塞"：该公司在商品发出时就确认收入，即使这些商品很可能被退回。这就使得其销售业绩持续走高。然而，当这些商品被退回、公司对报表进行重述时，股东们既震惊又气愤。重述导致公司的收入减少了 6.79 亿美元，营业利润由正变负。朗讯公司的每股股价也应声下跌了 1.31 美元，跌幅达 8.5%。无独有偶，加拿大的北电网络公司也采用了渠道填塞的做法，当公司被要求对报表进行重述时遇到了很多麻烦。

　　投资者应当对可能的渠道填塞行为提高警惕，投资者可以仔细检查公司有关销售退回的收入确认政策，密切关注企业激励分销商多购买商品的做法（例如 Monsanto 公司的做法）。除此之外，投资者还应关注企业的存货和应收账款水平。如果销售收入和应收账款同时增大，可能意味着赊销比例在增大。如果存货增加，可能意味着顾客的需求已经达到饱和。这两种情况都说明商品退回的可能性在增加，相应地，收入重述的可能性也会增加。所以，请记住收入确认的关键原则——"不退回"。

　　资料来源：Adapted from S. Young, "Lucent Slashes First Quarter Outlook, Erases Revenue from Latest Quarter," *Wall Street Journal Online* (December 22, 2000); Tracey Byrnes, "Too Many Thin Mints: Spotting the Practice of Channel Stuffing," *Wall Street Journal Online* (February 7, 2002); and H. Weitzman, "Monsanto to Restate Results After SEC Probe," *Financial Times* (October 5, 2011).

□ 18.3.3　开单留置销售

　　开单留置销售是指已向顾客开具发票但物理上仍占有该商品，直到在未来将商品移交给顾客。开单留置销售往往出现在买方已拥有货物、收到单据但不准备提货时。例如，某顾客可能由于以下原因要求开单留置：（1）没有空间放置商品；（2）生产计划推迟；（3）已有足够的在途商品。[①] 图表 18-23 是一个关于开单留置销售的例子。

图表 18-23　　　　　　　　　　收入确认——开单留置销售

开单留置销售
　　例：一家名为 Baristo 的咖啡厅打算扩大经营规模，于 2015 年 3 月 1 日向 Kaya 公司购买了一批售价 450 000 欧元（成本 280 000 欧元）的壁炉。根据协议，Kaya 公司继续保管该批壁炉直到 Baristo 的新店开张。壁炉的所有权在协议签订时转移给 Baristo 公司。
　　问题：Baristo 公司应当何时确认该项开单留置销售的收入？
　　解答：何时确定开单留置销售的收入视情况而定。Kaya 公司根据产品控制权的转移来判断是否履行了合同义务。如能同时满足以下四个条件，Baristo 公司可取得产品的控制权：
　　（a）该开单留置交易具有商业实质。
　　（b）产品必须单独标明属于 Baristo。
　　（c）该产品随时准备运送。
　　（d）Kaya 公司不具有该产品的使用权，也不能再将该产品移交给其他顾客。
　　在本例中，Kaya 公司满足了上述标准，因此在签订合同时应确认收入。Kaya 已将产品控制权移交给 Baristo；也就是说，Kaya 有权取得相应对价。
　　Butler 公司应编制以下会计分录：
　　2015 年 3 月 1 日

借：应收账款	450 000	
贷：销售收入		450 000
借：销售成本	280 000	
贷：存货		280 000

---

　　① Revenue from "Contracts with Customers," *Exposure Draft* (London, U. K.: IASB, June 24, 2010), pp. 63-64.

□ 18.3.4 委托代销

在委托代销中，委托方的义务是为顾客提供商品或服务。代理方的义务是将接受委托的商品或服务销售给顾客。委托代理关系的示例如下：

- Preferred Travel Company（代理方）为 Regency Cruise Company（委托方）的顾客提供游轮预订服务。
- Priceline（代理方）为赫兹汽车租赁公司（委托方）的租车服务提供代理。

在上述情形中，代表委托方收取的价款不能计为代理人的收入。代理方的收入是其收到的佣金金额（通常按总收入的百分比计提）。图表 18-24 举例说明了委托代理关系的相关问题。

图表 18-24 委托代销的收入确认

> **委托代销**
> 例：Fly-Away 旅行社替英国航空公司出售机票。
> 问题：双方的合同义务是什么？委托方和代理方应当如何确认收入？
> 解答：英国航空公司是委托方，Fly-Away 是受托方。英国航空公司为顾客提供航空运输服务，所以是委托方。Fly-Away 向顾客出售机票，以换取费用或佣金，其义务是接受英国航空公司的委托向顾客销售机票。
> 虽然 Fly-Away 从顾客处收取机票全额价款，但是应将全额价款减去佣金的部分交给英国航空公司。Fly-Away 不应将机票全额价款确认为收入，这样做会虚增收入。它的收入是佣金，而不是全额价款。提供航空运输服务的是英国航空公司而不是 Fly-Away。

人们对于委托代销的会计处理持有不同的观点。有人认为，Fly-Away 可以将机票总价款确认为收入，然后将机票的成本从收入中减掉（这种方法称为总价法）。但也有人认为，总价法抬高了企业收入，容易产生误导，真正的收入应当是委托方支付的手续费（这种方法称为净价法）。会计专业人士则认为，委托代销的收入确认应当采用净价法。因此，会计准则制定部门确定了相应的标准来明确这种委托代理关系。① 判断 Fly-Away 是不是代理方的一个重要特征就是其收入能否预先确定，即到底是从每笔交易收取固定的费用还是根据售价收取一定比例的手续费。

❀ 数字背后的故事 剔除毛利润

我们在第 4 章中提到，很多公司的管理者都非常重视净利润。分析师则往往会纵观全局，不仅关注利润表中的收入项，而且关注小计项（例如毛利润）。最近，标准普尔 500 公司平均净利润下降 2%，平均收入降低 1%，收入开始逐渐引起人们的关注。这是自经济回暖以来首次出现收入下降。另外一个坏消息是麦当劳的月销售业绩出现了 9 年以来的首次下滑，而且下滑主要发生在美国本土市场而非海外市场。

那么利润小计项（例如毛利润）的表现如何呢？答案同样令人担忧。人们担心经营困难的公司会采取一系列盈余管理手段来掩盖毛利润对净利润的影响。现实中，Marks and

---

① 公司确认代理义务的考虑因素如下：（a）其他方承担主要责任；（b）公司在商品预订期间、运送期间以及退货时没有存货风险；（c）公司没有权限决定另一方商品或服务的价格，公司从这些商品或服务获得的利益是有限的；（d）该公司的收入采用的是佣金的形式；（e）公司不承担与应收账款相关的客户信用风险。[14]

Spencer 公司的损益表省略了毛利润小计项。虽然毛利润在财务报表附注中有披露，但其他一些项目如减值和公允价值调整被加回，掩盖了经营利润。

我们再来看一个经典案例。Priceline. com 公司因为 William Shatner 的广告"为机票和酒店自主定价"而名声大振。Priceline 公司某个季度报告的收入高达 1.52 亿美元，原因是它将收取的机票价款、酒店费和租车费全部计到收入之中。而传统的旅行社将这些价款视为"预订费"而非收入。事实上，Priceline 公司像大多数旅行社一样，只获得了预订费中很少的一部分，即顾客接受的成交价减去支付给商家的价款后的差额。但 Priceline 将支付给航空公司和酒店的费用视为"产品成本"。

Priceline 所称的"产品成本"高达 1.34 亿美元，减掉该部分后，公司的利润仅为 1 800 万美元，这部分利润被公司称为"毛利润"，但在大多数公司被当作收入。从 1 800 万美元中减掉广告费、工资等其他成本之后，Priceline 最终亏损 1.02 亿美元。该差异确实存在。不仅如此，Priceline 公司的股票成交额是所报告收入的 23 倍，更令人难以置信的是，股票成交额是毛利润的 214 倍。本例和其他过于激进的收入确认方法解释了为什么现在的会计准则对收入确认的要求更加严格。如果某公司是不承担与商品所有权有关的风险和报酬的代理商或中间商，就应当采用净价法确认收入。

资料来源：Jeremy Kahn, "Presto Chango! Sales Are Huge," *Fortune* (March 20, 2000), p. 44; and S. Jakab, "Weak Revenue Is New Worry for Investors," *Wall Street Journal* (November 25, 2012).

□ 18.3.5 寄售

另外一种常见的委托代理关系就是寄售。寄售的特点就是厂商（或批发商）已经将货物发出，但是在商品售出之前仍保留其所有权。这种方法有利于打开商品销路。寄售时，发货方（厂商或批发商）将货物运送给收货方（经销商），由经销商代理销货。寄售双方都想扩大销售量，只不过前者是想从开拓市场中获益，而后者是想赚取更多的手续费。

收货方在收到货物的同时承担保管和销售的义务。最后，收货方将取得的收入扣除手续费和必要开支后交给发货方。在寄售业务中，发货方采用修正的销售基础确认收入，即发货方在收到收货方的售出通知和现金后才能确认收入。

在寄售过程中，发货方始终将商品作为自己的存货单独列示（列为寄售商品）。收货方不能将收到的商品列示为资产。一旦售出，收货方就应将净值确认为一项对发货方的负债。收货方定期向发货方提交一份被称作"销货账"的报告，内容包括已收商品、售出商品、应计费用以及移交现金。发货方在收到该报告之后即可确认收入。图表 18-25 提供了关于寄售业务的例子。

图表 18-25　　　　　　　　寄售业务的收入确认

> **寄售**
>
> 　例：Garcia 制造公司将成本为 36 000 欧元的货物运送给 Best Value 商店，支付运输费 3 750 欧元。Best Value 商店为销售该批货物花费 2 250 欧元广告费，该广告费可以从 Garcia 公司报销。本期期末，Best Value 商店共售出这批货物的 2/3，收到 40 000 欧元。Best Value 商店将销售结果告知 Garcia 公司并收取了 10% 的手续费，剩余的现金已经移交给 Garcia 公司。

问题：发货方（Garcia）和购货方（Best Value）应当如何编制与该业务有关的会计分录？
解答：

	Garcia 制造公司（发货方）		Best Value 商店（收货方）	
发货日	借：存货——寄售商品	36 000	不做分录，只做备查登记	
	贷：库存商品	36 000		
支付运输费	借：存货——寄售商品	3 750	不做分录	
	贷：现金	3 750		
收货方支付广告费	不做分录		借：应收账款——发货方	2 250
			贷：现金	2 250
售出寄售商品	不做分类		借：现金	40 000
			贷：应付账款——发货方	40 000
确认收入、支出，交还货款	借：现金	33 750	借：应付账款——发货方	40 000
	广告费	2 250	贷：应收账款——发货方	2 250
	手续费支出	4 000	手续费收入	4 000
	贷：寄售收入	40 000	现金	33 750
结转成本	借：销售成本	26 500	不做分录	
	贷：存货——寄售商品	26 500		
	[2/3（36 000＋3 750）]			

　　寄售业务中，发货方将承担商品无法售出的风险，收货方不需要拿出营运资本来购买存货。不同公司关于寄售业务的会计处理体系不尽相同，但是目的都是推迟收入的确认时点，等到将商品出售给第三方才确认收入。收货方仅确认手续费收入。

☐ 18.3.6　保修

　　企业向顾客提供的保修通常有以下两种类型：
　　1. 在产品销售时，合同中约定的符合特定条件的保修。这种类型的保修服务包含在公司产品的销售价格中，通常称为保证型保修。
　　2. 提供超出保证型保修范围的附加保修服务。这种类型的保修服务不包含在产品的销售价格中，通常称为服务型保修。因此，该服务被确认为单项合同义务。
　　公司不将保证型保修单独确认为一项合同义务。这种类型的保修仅是质量保证，保证在销售时点商品或服务没有缺陷。这种类型的保修义务发生在提供商品或服务时（即销售时点）。此外，公司应确认一项保证负债。负债的估计金额包括由于修理产品的缺陷产生的所有成本。
　　此外，公司有时还为顾客提供单独购买保修的选择权。在大多数情况下，这些延长保修服务为顾客提供超出销售时点的维修。例如，当你购买电视机时，有权获得公司的保修，你也可以支付额外费用获得产品的额外保修。这种类型的保修是单独的服务，因此也是一项单独的合同义务。公司应将交易价款的一部分分配到此合同义务。公司应在服务型保修有效期内确认收入。图表 18-26 给出了保证型保修和服务型保修的示例。

图表 18-26 保修服务的收入确认

保修

例：Maverick 公司在 2015 年出售了 1 000 件产品，总计 600 万美元，并保证该产品没有任何缺陷。产品的销售成本是 400 万美元，保证保修期为 2 年，预计服务费用为 3 万美元。此外，Maverick 为其中 400 件产品提供 3 年的延长保修服务，收取价款 12 000 美元。

问题：Maverick 公司在 2015 年应如何对该业务进行会计处理？

解答：确认与保修有关的收入和负债：

借：现金（6 000 000＋12 000）	6 012 000
保修支出	30 000
贷：保修负债	30 000
未实现保修收入	12 000
销售收入	6 000 000
结转销售商品成本：	
借：销售成本	4 000 000
贷：存货	4 000 000

如第 13 章所述，Maverick 公司在 2 年内实际发生保修成本时，减少了相应保修负债金额。该公司还在超出保证保修期（2 年）的 3 年延长保修期间确认与服务型保修相关的收入。在大多数情况下，未实现的保修收入将按直线法确认，与服务型保修相关的费用在实际发生时确认。

□ 18.3.7　不可退回预付款

公司有时在交付商品或服务之前从顾客处收到付款（预付款）。预付款通常与未来提供商品或服务有关。在大多数情况下，这些预付款不可退还，例如为取得健康俱乐部或购物俱乐部的会员资格支付的费用，以及手机、互联网或有线电视的激活费。

公司必须确定这些不可退回预付款是否用于当期的商品或服务。在大多数情况下，这些预付款用于未来交付商品和服务，因此不应在付款时记录为收入。在某些情况下，预付款被视为未来以折扣价购买商品和服务的选择权。例如一旦支付健康俱乐部的启动费，就不需要支付额外的费用。图表 18-27 是关于预付款的示例。

图表 18-27 预付款的会计处理

预付款

例：Erica Felise 与 Bigelow 健康俱乐部签订了为期一年的合同。合同条款约定 Erica 需要支付不可退回的启动费 200 英镑、每年的会员费 50 英镑。Bigelow 能够确定客户平均在续约两年后终止会员资格。

问题：Bigelow 健康俱乐部在第一年应确认的收入金额是多少？

解答：在本例中，会员费可以被视为一项单独的合同义务（在所有期间提供类似的服务）。也就是说，Bigelow 在第二年和第三年为相同服务提供折扣价，应该反映在这些期间收入确认中。Bigelow 确定总交易价格为 2 000 英镑——预付款为 200 英镑，3 年内会员费合计为 1 800 英镑（50×36）——并在 3 年内分配。在本例中，Bigelow 将每月确认收入 55.56 英镑（2 000 / 36）。除非另有说明，后附练习均采用该方法。①

---

① 启动费可能被视为单独的合同义务（它提供以低于正常收费的价格续订合同的权利，可能与其他服务捆绑在一起）。在这种情况下，在第一阶段，Bigelow 将确认收入 600 英镑（50×12）。启动费将分配到第二年和第三年（每年 100 英镑），除非丧失该权利。

☐ 18.3.8 小结

图表 18-28 总结了其他收入确认事项控制权转移的问题。

图表 18-28　　　　　　　　　总结——其他收入确认事项

事项	描述	应用
附有退回权的销售	顾客可以退回商品（例如对商品不满意）获得全价或部分退款、赊购的权利、更换商品的权利。	卖方应当：根据预计退货对收入进行调整；确认预计负债；确定退回部分收回的资产（调整相应商品成本）。
附有回购协议的销售	卖方拥有在以后时点进行回购的义务或权利。	如果商品的回购价格高于或等于售价，那么该交易是一项融资行为。
开单留置销售	开单留置销售往往出现在买方已拥有货物、收到单据但不准备提货时。	收入的确认取决于买方是否取得商品的控制权。
委托代销	在委托代销中，委托方的义务是为顾客提供商品或服务。代理方的义务是将接受委托的商品或服务销售给顾客。	代表委托方收取的价款不能计为代理方的收入，代理方的收入是其收到的佣金金额（通常按总收入的百分比计提）。委托方在商品销售给第三方时确认收入。
寄售	在寄售中，发货方（厂商或批发商）将货物运送给收货方（经销商），由经销商代理销货。	发货方在收到收货方的代销清单时确认收入（在此之前发出的商品在存货中反映）。收货方的收入是其收到的佣金金额（通常按总收入的百分比计提）。
保修	保修包括保证型保修（满足合同中约定的特定条件的保修）和服务型保修（超出保证型保修范围的附加保修服务）。	公司不将保证型保修单独确认为一项合同义务（视为商品销售的一部分）。服务型保修被确认为单项合同义务。公司应将交易价款的一部分分配到服务型保修。
不可退回预付款	预付款通常与未来提供商品或服务有关。	企业应将预付款分配到受益期间。

▨ 18.4　列报和披露

☐ 18.4.1　列报

企业目前采用资产负债法来确认收入。例如，当 Cereal Partners 公司将谷物交付家乐福（履行完合同义务）时，它有权从家乐福取得对价，确认一项合同资产。另一方面，如果家乐福首先履约，预付 Cereal Partners 款项，则 Cereal Partners 应确认一项合同负债。企业必须将这些合同资产和合同负债列入其资产负债表。

合同资产和合同负债

合同资产有两种类型：（1）由于公司履行了合同义务而获得对价的无条件权利；

（2）公司已履行一项合同义务，但必须履行完其他合同义务才能取得合同价款，这种情况下形成可获得对价的有条件权利。公司应在资产负债表中将无条件权利全额确认为应收账款，将有条件权利单独确认为合同资产。图表 18－29 列示了合同资产的会计处理和列报。

图表 18－29 　　　　　　　　　　**合同资产的确认和列报**

> **合同资产**
> 例：2015 年 1 月 1 日，Finn 公司与 Obermine 公司签订合同，出售产品 A 和产品 B，总价 100 000 欧元。合同约定，Finn 公司交付产品 B 后，Obermine 公司支付产品 A 的款项。换句话说，在产品 A 和产品 B 都转移到 Obermine 公司之前，Obermine 公司不会付款。Finn 公司确定产品 A 的单独售价为 30 000 欧元，产品 B 的单独售价为 70 000 欧元。Finn 公司于 2015 年 2 月 1 日向 Obermine 交付产品 A，于 2015 年 3 月 1 日向 Obermine 交付产品 B。
> 问题：Finn 公司对该合同应如何进行会计处理？
> 解答：因为双方都没有履行合同义务，所以 2015 年 1 月 1 日不需要进行任何会计处理。2015 年 2 月 1 日，Finn 公司编制以下会计分录：
> 2015 年 2 月 1 日
> 　　借：合同资产　　　　　　　　　　　　　　　　　　　　　　　30 000
> 　　　　贷：销售收入　　　　　　　　　　　　　　　　　　　　　　　　30 000
> 2 月 1 日，Finn 公司履行合同义务，因此确认收入 30 000 欧元。但是，Finn 公司不能无条件收到 100 000 欧元，因此在这一时点不应确认应收账款，除非 Finn 公司将产品 B 也转移到 Obermine 公司。换句话说，合同资产通常发生在公司有权利向顾客开票但同时必须履行其他履约义务时。当 Finn 公司在 2015 年 3 月 1 日转移产品 B 时，应编制以下会计分录：
> 2015 年 3 月 1 日
> 　　借：应收账款　　　　　　　　　　　　　　　　　　　　　　　100 000
> 　　　　贷：合同资产　　　　　　　　　　　　　　　　　　　　　　　　30 000
> 　　　　　　销售收入　　　　　　　　　　　　　　　　　　　　　　　　70 000

如前所述，合同负债是公司在已经收取顾客对价的情况下为顾客提供商品和服务的义务。合同负债通常记入"未实现销售收入""未实现劳务收入"或其他适当的账户。图表 18－30 举例说明了合同负债的确认和列报。

图表 18－30 　　　　　　　　　　**合同负债的确认和列报**

> **合同负债**
> 例：2015 年 3 月 1 日，Henly 公司与 Propel 公司签订合同，Henly 公司于 2015 年 7 月 31 日向 Propel 公司交付产品，Propel 公司于 2015 年 4 月 1 日提前支付全价 10 000 美元。合同不可撤销。但是，Propel 公司在 2015 年 4 月 15 日才付款，Henly 公司于 2015 年 7 月 31 日交付产品。该产品的成本为 7 500 美元。
> 问题：Henly 公司 2015 年应如何进行会计处理？
> 解答：因为双方都没有履行合同义务，所以 2015 年 3 月 1 日不需要进行任何会计处理。2015 年 4 月 15 日，Henly 公司编制以下会计分录：
> 2015 年 4 月 15 日
> 　　借：现金　　　　　　　　　　　　　　　　　　　　　　　　　10 000
> 　　　　贷：未实现销售收入　　　　　　　　　　　　　　　　　　　　　10 000
> 2015 年 7 月 31 日，Henly 公司履行完合同义务，应编制以下会计分录：
> 2015 年 7 月 31 日
> 　　借：未实现销售收入　　　　　　　　　　　　　　　　　　　　　10 000
> 　　　　贷：销售收入　　　　　　　　　　　　　　　　　　　　　　　　10 000
> 此外，Henly 公司结转商品成本如下：
> 　　借：销售成本　　　　　　　　　　　　　　　　　　　　　　　　7 500
> 　　　　贷：存货　　　　　　　　　　　　　　　　　　　　　　　　　　7 500

企业不需要在财务状况表上使用"合同资产"和"合同负债"项目。例如，合同负债属于履约义务，因此企业可以在适当情况下使用更多描述性的项目，例如未实现销售收入、未实现劳务收入、回购负债、销售退回负债。对于合同资产，重要的是财务报表使用者可以通过适当的账户列报来区分无条件和有条件的权利。

合同成本

公司还可能确认与收入安排相关的履约成本相联系的资产。公司将履约成本（合同取得成本）分为两类：

1. 形成资产部分。
2. 已发生费用。

如果增量成本是为取得合同而产生的，则公司会确认为一项资产。换句话说，增量成本是在没有取得合同的情况下公司不会发生的成本（例如销售佣金）。另外的例子是直接人工、直接材料及与合同直接相关的成本分配（例如合同管理和监督、保险、工具及设备折旧）；为了实现未来的履约义务而产生或增加公司的成本。这些成本包括能在未来带来收益的设计费用或工程成本。

其他成本包括一般行政费用（除非根据合同明确向顾客收取这些费用），以及为履行合同而浪费的原材料、人工或其他资源，这些费用没有包含在合同价款中。也就是说，公司只将直接的、增量的、可收回的成本（假设合同期超过一年）进行资本化。图表 18-31 举例说明了合同成本的资本化。

图表 18-31　　　　　　　　　　　合同成本的确认

> **合同成本**
>
> 　　例：Rock Integrators 公司与 Dello 公司签订合同，运营 Dello 公司的信息技术数据中心 5 年。Rock Integrators 公司要支付 10 000 雷亚尔的佣金才能获得合同。在提供服务之前，Rock Integrators 设计和构建了一个与 Dello 的系统相连接的技术平台。Dello 承诺每月支付固定费用 20 000 雷亚尔。Rock Integrators 产生以下成本：平台设计服务费用 40 000 雷亚尔、平台硬件费用 120 000 雷亚尔，软件费用 90 000 雷亚尔，以及数据中心迁移和测试费用 100 000 雷亚尔。
>
> 　　问题：Rock Integrators 公司完成该合同的成本是多少？
>
> 　　解答：与获得合同相关的 10 000 雷亚尔的销售佣金应确认为一项资产。设计服务成本 40 000 雷亚尔和平台硬件费用 120 000 雷亚尔也应资本化。由于技术平台独立于合同，因此平台的摊销模式可能与合同条款无关。迁移和测试成本在发生时计入费用；一般来说，这些成本是不可收回的。

在实践中，如果公司以其他方式确认的资产的摊销期为一年或更短，公司将取得合同的增量成本确认为费用。

收回可能性

如前所述，如果公司很可能难以收取交易价格，则表明当事人没有履行自己的义务。合同存在的标准未得到满足，因此不确认收入。

公司任何时候销售商品或提供服务，都会遇到收入收回可能性的问题。收回可能性是指顾客的信用风险，即顾客无法根据合同支付对价的风险。根据收入确认指南，只要合同存在（顾客很可能支付），确认的收入金额不对顾客的信用风险进行调整。

因此，公司确认总收入（不考虑信用风险），然后计提由于坏账产生的减值准备（根据相应的坏账准备规定进行初始和后续确认）。与坏账相关的减值在利润表中列为一项费用。公司是否会因履行合同义务而获得报酬，不是收入确认时考虑的因素。[15]

□ 18.4.2　披露

收入确认的披露旨在帮助财务报表使用者了解合同产生的收入和现金流的性质、金额、时间和不确定性。为了实现这一目标，公司需披露以下所有内容的定性和定量信息：

● 与顾客签订的合同。这些披露包括收入分解、合同资产和合同负债中期初和期末余额的列报，以及与履约义务相关的重要信息。

● 重大判断。这些披露包括影响交易价格确定、交易价款分配和收入时间的判断以及这些判断的变化。

● 在履行合同所产生的成本中确认的资产。这些披露包括确认获得或履行合同产生的资产期末余额，确认的摊销金额以及摊销方法。

为了实现这些要求并达到披露目标，公司会进行一系列披露，如图表 18-32 所示。①

图表 18-32　　　　　　　　　　　　收入披露

披露类型	要求
收入分解	描述收入和现金流的性质、金额、时间和不确定性，以及如何受经济因素的影响。将分类收入调整为可报告分部的收入。
合同金额的调整	披露合同资产（例如未结算的应收账款）和负债（例如递延收入）的期初和期末余额，并提供这些余额重大变化的定性描述。披露与前一期间履约义务相关的当期应确认的收入金额（例如具有可变对价的合同）。披露应收账款的期初和期末余额（如果未在别处列示）。
剩余合同义务	披露分配给任何剩余履约义务的交易价款金额，不受明显的收入逆转影响。提供关于约束安排中潜在额外收入的描述性讨论。
合同成本	披露合同成本资本化的期末余额，以获得本期摊销额。披露用于确定每个报告期间的摊销的方法。
其他定性披露	披露影响合同收入金额和时间的判断以及判断的变化。披露管理层如何确定不受可变对价约束的最低收入金额。

▊ 本章小结

1. 理解收入确认事项。大多数销售业务都很少遇到收入确认问题。因为在大多数情况下，业务的发起和完成发生在同一时点。交易和收入安排日益复杂，收入确认成为导致会计报表重述的一个重要原因。有些收入舞弊与公司管理层和员工的欺诈行为有关，有些与收入确认准则的不完善和不一致有关。最近颁布的一项新准则提供了

---

① PricewaterhouseCoopers Dataline 2013—2014.[16]

一套标准，以确定何时应确认收入和如何衡量收入。该准则综合性较强，适用于所有公司，有助于提高会计信息的可比性和一致性。

2. 熟悉收入确认过程的五步骤。收入确认的五步骤是：（1）识别与顾客签订的合同；（2）识别合同各项义务；（3）确定交易价格；（4）将交易价款分配到各项义务；（5）履行完合同义务时确认收入。

3. 识别与顾客签订的合同。合同是签订双方或多方之间关于权利和义务的约定。企业将收入指南应用于与顾客签订的合同，并且必须确定合同修改是否会产生新的合同义务。

4. 识别合同各项义务。合同义务是指向顾客提供商品和服务的承诺。一些合同安排存在不止一项合同义务，多项合同义务的处理取决于不同商品和服务能否区分开。如果不同商品和服务能区分开但是不独立并且相互联系，那么应当将各项义务结合起来进行处理。

5. 确定交易价格。交易价格是公司提供商品和服务预期从顾客处取得的对价。企业在确定交易价格时应考虑以下因素：（1）可变对价；（2）货币的时间价值；（3）非现金对价；（4）已向或应向顾客支付的对价。

6. 将交易价款分配到各项义务。公司通常需要将交易价款分配到合同各项义务。如果需要分配，交易价款分配到各项义务的标准是基于公允价值。公允价值依据商品和服务的单独销售价格来确定。公允价值的估计方法：（1）市价调整法；（2）成本加成法；（3）剩余价值法。

7. 履行完合同义务时确认收入。当顾客取得对商品或服务的控制权时，公司履行完其合同义务。公司在某一时点或一段时间内履行合同义务。满足以下两个标准之一，公司就会在一段时间内确认收入：（1）在资产建造期间顾客控制资产；（2）建造的资产没有其他用途。

8. 熟悉其他收入确认事项。参考图表 18－28 中关于下列会计处理的总结：（a）附有退回权的销售；（b）附有回购协议的销售；（c）开单留置销售；（d）委托代销；（e）寄售；（f）保修；（g）不可退回预付款。

9. 描述有关收入的列报和披露。企业必须将合同资产和合同负债列入资产负债表。合同资产是指收取对价的权利。合同负债是公司在已经收取顾客对价的情况下为顾客提供商品和服务的义务。公司还可能确认与收入安排相关的履约成本相联系的资产。公司需披露以下内容的定性和定量信息：（a）与顾客签订的合同。这些披露包括收入分解、合同资产和合同负债中期初和期末余额的列报，以及与履约义务相关的重要信息。（b）重大判断。这些披露包括影响交易价格确定、交易价款分配和收入时间的判断以及这些判断的变化。（c）在履行合同所产生的成本中确认的资产。这些披露包括确认获得或履行合同产生的资产期末余额，确认的摊销金额以及摊销方法。

附录 18A 分期确认收入

大多数情况下，企业在销售时点（交付时点）确认收入，因为在销售时点很多的不确定因素都会消失且交易价格确定。然而在有些情况下，企业在完工和交付前确认收入。最典型的例子就是长期建造合同采用完工百分比法确认收入。

长期合同通常约定工程达到某一进度时，卖方（建造方）向买方收取进度款。典型的长期合同包括建筑合同、军用飞机和民用飞机建造合同、武器建造合同以及航空航天硬件开发合同。如果工程由很多部分组成，例如建筑楼群和公路，就可以在交付时选择分期付款。这种情况下，卖方可以在不同的交付时点要求买方付款，例如每修建 10 英里收取一次价款。企业应当在收到买方"交付"的分期付款时确认收入。

如果满足以下两个标准中的至少一个，则认为公司履行义务并且分期确认收入[1]：

1. 在公司建造或加固资产过程中（例如，加工过程中），顾客能对该资产实施控制。

2. 建造或加固的资产没有其他用途。例如，其他顾客不能使用该资产。除此之外，还应当满足以下条件中的至少一个：

（a）在公司履约过程中顾客同时享有收益、付出代价。

（b）其他公司如果要履行对顾客的剩余义务，不需要重新执行已完成的工作。

（c）公司有权就迄今已完成的部分收取对价，并预期能完成该合同。①

因此，如果满足标准 1 或标准 2，而且公司能够合理地估计其履约义务的进展，就能够随时间确认收入。也就是说，公司根据施工进度确认每个期间的收入和毛利，这称为完工百分比法。企业将累计建造成本和已实现利润之和确认为存货（工程施工），将累计已收工程款确认为存货的减项（工程结算）。

完工百分比法的理论基础是大多数长期合同赋予买方和卖方法定的权利。买方有权要求卖方根据合同要求施工。卖方有权要求买方根据进度支付报酬，这样才能保障买方的所有者权益。因此，项目持续推进，收入也持续发生。企业应当根据工程进度确认收入。

如果不满足分期确认收入的标准，公司应在一个时点（即合同完成时）确认收入和毛利。在这种情况下，合同收入仅在预计可收回的成本的范围内确认。确认所有成本之后才能确认利润。这种方法称为全部完工法。企业将累计建造成本确认为存货（工程施工），将累计已收工程款确认为存货的减项（工程结算）。

□ 完工百分比法

完工百分比法要求企业根据长期合同的完工进度确认收入、成本和毛利。这是因为，如果将收入的确认推迟到整个合同完成时，则会引起人们对合同投入（成本）和完成情况（收入）的误解。为了更好地应用完工百分比法，企业应当制定一些衡量完工进度的标准，以确定在特定时点工程的完工进度。

□ 估计完工进度

一位会计工作者曾指出："应用完工百分比法的最大问题就是如何合理准确地估计完工进度和合同总毛利。"企业估计完工进度的方法多种多样，其中最常见的是成

---

① 已完成合同部分收取的对价可以不是固定的金额，但是公司必须有权向顾客取得迄今为止已完成部分的补偿（即使顾客可以因为公司未履行承诺而终止合同）。已完成合同的补偿包括到目前提供的商品或服务价格（例如，公司成本的收回加上合理的利润率）。

本百分比法和交货数量法。

这些方法的共同目标是，通过估计完工进度来确定成本、完工数量和价值增值。企业可以将所有的衡量指标（已发生成本、劳动工时、生产产品的吨数、已修建楼层数等）分成两类——投入指标和产出指标。投入指标（如已发生的成本、劳动工时）关注的是为合同付出的代价。产出指标（如生产产品的吨数、已修建楼层数、已建成公路里程数）关注的是合同产生的结果。任何一类指标都不能满足所有的长期建造合同。在使用这些指标时，会计人员需要运用职业判断，并根据实际情况谨慎选取指标。

投入指标和产出指标都存在缺点。使用投入指标的前提是每单位的产出和投入应该成正比。如果效率低下，则会导致这种关系发生改变，使用投入指标估计的结果变得不准确。另外一个潜在的问题就是，大额的前期投入会导致完工进度的高估。为了避免这种问题，如果某些前期成本与项目进度无关（例如未使用原材料成本、未动工转包合同的成本），那么企业应当将其剔除。

同样，如果付出的时间、精力、成本与产出不匹配，产出指标也会出现不准确的情况。例如，已修建楼层数指标就可能存在欺骗性。修建一幢 8 层楼房的第一层花费的成本一般会超过总成本的 1/8，因为还包括路基和地基的修建成本。

最常见的衡量完工进度的方法是成本百分比法。像 Ultra Electronics Holdings（UEH）这样的公司，计算完工百分比就是算出已发生成本与最新预计总成本之间的比值。图表 18A-1 列出了完工百分比的计算公式。

图表 18A-1　　　　　　　完工百分比的计算公式

$$\frac{\text{已发生成本}}{\text{最新预计总成本}} = \text{完工百分比}$$

一旦 UEH 公司确定了完工百分比，就可以用该比例乘以合同总收入和合同总毛利，算出到目前为止应当确认的收入和毛利。图表 18A-2 展示了计算公式。

图表 18A-2　　　　　　　累计可确认合同收入的计算公式

$$\text{完工百分比} \times \text{预计总收入（总毛利）} = \text{到目前为止应当确认的收入（毛利）}$$

为了算出本期应确认的收入和毛利，UEH 可以用上面算出的收入和毛利减去以前期间已经确认的收入和毛利，计算方法见图表 18A-3。

图表 18A-3　　　　　　　当期应确认合同收入的计算公式

$$\begin{array}{c}\text{到目前为止应当}\\\text{确认的收入（毛利）}\end{array} - \begin{array}{c}\text{以前期间已经}\\\text{确认的收入（毛利）}\end{array} = \begin{array}{c}\text{本期应确认的}\\\text{收入（毛利）}\end{array}$$

□ 完工百分比法举例——成本百分比法

为了更好地理解完工百分比法，我们现在假设 Hardhat 建筑公司签订了一份桥梁建设合同，合同总收入是 450 万英镑，预计总成本为 400 万英镑。合同于 2015 年 7 月生效，预计完工时间为 2017 年 10 月。下面是各个建造期间的数据（注意 2016 年底，Hardhat 建筑公司将预计总成本调整为 405 万英镑）。

	2015 年	2016 年	2017 年
已发生成本	£1 000 000	£2 916 000	£4 050 000
预计还将发生成本	3 000 000	1 134 000	—
当年应收工程进度款	900 000	2 400 000	1 200 000
当年实际收到工程款	750 000	1 750 000	2 000 000

图表 18A-4 是 Hardhat 建筑公司计算完工百分比的过程。

图表 18A-4　　　　完工百分比法——成本百分比法的应用

	2015 年	2016 年	2017 年
合同总价款	£4 500 000	£4 500 000	£4 500 000
减去预计成本：			
已发生成本	1 000 000	2 916 000	4 050 000
预计还将发生成本	3 000 000	1 134 000	—
预计总成本	4 000 000	4 050 000	4 050 000
预计总毛利	£500 000	£450 000	£450 000
完工百分比	25%	72%	100%
	$\left(\dfrac{£1\,000\,000}{£4\,000\,000}\right)$	$\left(\dfrac{£2\,916\,000}{£4\,050\,000}\right)$	$\left(\dfrac{£4\,050\,000}{£4\,050\,000}\right)$

基于以上数据，Hardhat 公司可以编制以下会计分录来记录：（1）工程成本；（2）结算金额；（3）已收款项。公司应当在各年分别编制会计分录，分录的汇总如图表 18A-5 所示。

图表 18A-5　　　　完工百分比法——成本百分比法的会计处理

	2015 年	2016 年	2017 年
记录工程成本：			
借：工程施工	1 000 000	1 916 000	1 134 000
贷：原材料、现金、应付账款等	1 000 000	1 916 000	1 134 000
记录工程进度款：			
借：应收账款	900 000	2 400 000	1 200 000
贷：工程结算	900 000	2 400 000	1 200 000
记录收到工程款：			
借：现金	750 000	1 750 000	2 000 000
贷：工程结算	750 000	1 750 000	2 000 000

在本例中，公司采用已发生成本来衡量完工进度，计算方法是用到目前为止已经发生的成本除以工程预计总成本。各年预计收入和毛利的计算过程见图表 18A-6。

图表 18A-6　　　　完工百分比法下各年收入、成本和毛利的计算过程

	到目前为止 总金额	以前年度已经 确认金额	当年应 确认金额
2015 年			
收入（£4 500 000×25%）	£1 125 000		£1 125 000
成本	1 000 000		1 000 000
毛利	£125 000		£125 000

续

	到目前为止 总金额	以前年度已经 确认金额	当年应 确认金额
2016 年			
收入（£4 500 000×72%）	£3 240 000	£1 125 000	£2 115 000
成本	2 916 000	1 000 000	1 916 000
毛利	£324 000	£125 000	£199 000
2017 年			
收入（£4 500 000×100%）	£4 500 000	£3 240 000	£1 260 000
成本	4 050 000	2 916 000	1 134 000
毛利	£450 000	£324 000	£126 000

图表 18A - 7 展示的是 Hardhat 公司各年确认收入和毛利的分录，以及项目完成和最终验收时的分录。

图表 18A - 7　　　　　　　**成本百分比法下确认收入和**
毛利的分录以及项目完成时的分录

	2015 年	2016 年	2017 年
确认收入和毛利：			
借：工程施工（毛利）	125 000	199 000	126 000
工程成本	1 000 000	1 916 000	1 134 000
贷：长期合同收入	1 125 000	2 115 000	1 260 000
记录合同完成进度：			
借：工程结算			4 500 000
贷：工程施工			4 500 000

应当注意的是，Hardhat 公司将毛利记到了"工程施工"的借方（见图表 18A - 6），将"长期合同收入"记到了贷方。然后，Hardhat 公司将各年收入和毛利之间的差额借记了一个名义账户——工程成本（与制造企业的销售成本账户类似）。公司将此差额作为本期实际发生的工程成本，在利润表中反映。例如，Hardhat 公司采用实际发生的成本 100 万英镑来计算毛利（125 000 英镑）和完工百分比（25%）。

为了记录累计发生的成本（加上确认的毛利），Hardhat 公司不断将发生的成本记入"工程施工"账户。从理论上讲，采用完工百分比法时，收入是根据完工进度分期确认的，但是卖方在工程完工后移交给新的所有者时才能结转存货成本。在工程施工过程中，Hardhat 公司"工程施工"科目的汇总数据如图表 18A - 8 所示。

图表 18A - 8　　　　　　　**完工百分比法下"工程施工"科目的汇总数据**

工程施工				
2015 年工程成本	£1 000 000	2017 年 12 月 31 日	工程	
2015 年确认毛利	125 000		竣工	
2016 年工程成本	1 916 000		结算	£4 500 000
2016 年确认毛利	199 000			
2017 年工程成本	1 134 000			
2017 年确认毛利	126 000			
合计	£4 500 000	合计		£4 500 000

回顾本例，Hardhat 公司一开始调整了一次估计数：公司在 2016 年将工程总成本估计数从 400 万英镑调整到 405 万英镑。我们针对这种估计变更的会计处理方法是累计追补法。首先，公司应当采用新的预计总成本计算完工百分比；然后，公司用到目前为止的收入和毛利减去以前年度的收入和毛利。估计数的改变只影响本期确认的收入和毛利，这样才能保证本期期末的资产负债表和以后年度的会计报表前后协调，就好像公司始终按照修订后的估计数来进行会计处理。

□ 财务报表列示——完工百分比法

通常情况下，企业在增加应收账款的同时会减少存货，然而在完工百分比法下，企业的应收账款和存货会同时增加。将工程结算余额从工程施工中扣除可以避免存货的重复记录。在合同期内，Hardhat 公司在资产负债表中报告工程施工和工程结算的差额。如果是借方余额，Hardhat 公司确认为一项流动资产；如果是贷方余额，Hardhat 公司确认为一项流动负债。

有时，已经发生的成本加上已经确认的毛利（即工程施工的余额）大于工程结算金额。在这种情况下，Hardhat 公司将超过的部分确认为一项流动资产，称作"成本和确认的毛利之和超过工程结算金额的部分"。Hardhat 公司在任何时候将已经确认的收入减去已结算的收入，就可以得到尚未结算的收入，图表 18A - 9 是 2015 年 Hardhat 公司尚未结算收入的计算过程。

图表 18A - 9　　　　　截至 2015 年 12 月 31 日尚未结算收入的计算过程

到目前为止已确认合同收入：£4 500 000 × $\dfrac{£1\,000\,000}{£4\,000\,000}$	£1 125 000
已结算收入	(900 000)
尚未结算收入	£225 000

有时，工程结算金额会超过已发生成本和毛利之和。在这种情况下，Hardhat 公司应确认一项流动负债，称作"结算金额超过成本和确认毛利之和的部分"。

企业还可能经常遇到好几个工程同时开工的情况。如果某公司手头有几个工程，其中一些成本超过工程结算金额，另外一些工程结算金额超过成本。在这种情况下，公司应当将这两类合同分开核算处理。资产一边只记录成本与毛利之和超过工程结算金额的合同，而负债一边只计算工程结算金额超过成本与毛利之和的合同。单独列示工程结算和成本金额的做法要比加总起来只列示一个差额的方法更加便于理解。

Hardhat 公司应当按照图表 18A - 10 所示的步骤来报告其工程状况和长期建造合同的结果。

图表 18A - 10　　　　　财务报表列报——完工百分比法（2015 年）

Hardhat 建筑公司	
利润表（来自图表 18A - 6）	2015 年
长期合同收入	£1 125 000
工程成本	1 000 000
毛利	£125 000

资产负债表（12 月 31 日）		2015 年
流动资产		
应收账款（£900 000－£750 000）		£150 000
存货		
工程施工	£1 125 000	
减：工程结算	900 000	
工程施工超过工程结算的部分		225 000

2016 年，Hardhat 公司的财务报表如图表 18A－11 所示。

图表 18A－11 财务报表列报——完工百分比法（2016 年）

Hardhat 建筑公司		
利润表（来自图表 18A－6）		2016 年
长期合同收入		£2 115 000
工程成本		1 916 000
毛利		£199 000
资产负债表（12 月 31 日）		
流动资产		
应收账款（£150 000＋£2 400 000－£1 750 000）		£800 000
流动负债		
工程结算	£3 300 000	
工程施工	3 240 000	
工程结算超过工程施工的部分		60 000

2017 年，Hardhat 公司的财务报表只有利润表（如图表 18A－12 所示），因为桥梁建设工程已经完工并已结算。

图表 18A－12 财务报表列报——完工百分比法（2017 年）

Hardhat 建筑公司	
利润表（来自图表 18A－6）	2017 年
长期合同收入	£1 260 000
工程成本	1 134 000
毛利	£126 000

除此之外，Hardhat 公司每年还应在报表附注中披露以下信息，如图表 18A－13 所示。

图表 18A－13 财务报表附注——完工百分比法

附注 1：重要的会计政策汇总
　　长期建造合同。公司采用完工百分比法确认长期建造合同的收入和毛利。这些合同通常跨越几个会计年度。公司按照到目前为止已发生成本与预计总成本的比值，来确定每年的收入和毛利。工程建设中的成本包括直接材料、直接人工和工程相关制造费用。公司的一般开销和管理费用在发生时直接计入费用，不纳入建造合同的成本。

□ 全部完工法

在合同的早期阶段，像阿尔卡特–朗讯这样的公司可能无法可靠地估计长期建设合同的结果。然而，阿尔卡特–朗讯相信它将收回所产生的合同成本。在这种情况下，阿尔卡特–朗讯使用全部完工法。此方法仅在预计可收回的成本的范围内确认收入。只有在发生所有费用后，才能确认毛利。

为了说明前面所示桥梁项目的成本收回方法，Hardhat 建筑公司将报告 2015—2017 年的收入和成本，如图表 18A - 14 所示。

图表 18A - 14　　　全部完工法下各年收入、成本和毛利的计算过程

	迄今为止	以前年度确认	当前年度确认
2015 年			
收入（已发生成本）	£1 000 000		£1 000 000
成本	1 000 000		1 000 000
毛利	£0		£0
2016 年			
收入（已发生成本）	£2 916 000	£1 000 000	£1 916 000
成本	2 916 000	1 000 000	1 916 000
毛利	£0	£0	£0
2017 年			
收入（£4 500 000×100％）	£4 500 000	£2 916 000	£1 584 000
成本	4 050 000	2 916 000	1 134 000
毛利	£450 000	£0	£450 000

图表 18A - 15 展示了 Hardhat 公司各年确认的收入和毛利，以及完工验收时的会计处理。

图表 18A - 15　　　　　　　会计分录——全部完工法

	2015 年	2016 年	2017 年
工程费用	1 000 000	1 916 000	
长期合同成本	1 000 000	1 916 000	
工程施工（毛利）			450 000
工程费用			1 134 000
长期合同成本			1 584 000
工程结算			4 500 000
工程施工			4 500 000

如图表 18A - 15 所示，2015 年和 2016 年均不确认毛利。2017 年，Hardhat 公司确认毛利并结转工程结算和工程支出。

图表 18A - 16 对比了两种方法下 Hardhat 公司确认的毛利情况。

图表 18A-16　　　　　　　　不同方法下确认的毛利

	完工百分比法	全部完工法
2015 年	£125 000	£0
2016 年	199 000	0
2017 年	126 000	450 000

在全部完工法下，Hardhat 公司应当如图表 18A-17 所示来报告长期建造合同的结果。

图表 18A-17　　　　　　　　财务报表列报——全部完工法

Hardhat 建筑公司			
利润表	2015 年	2016 年	2017 年
长期合同收入	£1 000 000	£1 916 000	£1 584 000
工程成本	1 000 000	1 916 000	1 134 000
毛利	£0	£0	£450 000
资产负债表（12 月 31 日）	2015 年	2016 年	2017 年
流动资产			
存货			
工程施工	£1 000 000		
减：工程结算	900 000		
工程施工超过工程结算的部分	£100 000		£-0-
应收账款	150 000	£800 000	-0-
流动负债			
工程结算	£3 300 000		
减：工程施工	2 916 000		
工程结算超过工程施工的部分		£384 000	£-0-

附注 1：重要会计政策汇总
　　长期建造合同。公司采用全部完工法确认长期建造合同的收入和毛利。这些合同通常跨越几个会计年度。公司确认工程期间的成本和工程结算，但直到工程完工才确认收入和利润。工程建设中的成本包括直接材料、直接人工和工程相关制造费用。公司的一般开销和管理费用在发生时直接计入费用，不纳入建造合同的成本。

▢ 长期合同亏损

在长期合同中，存在以下两类亏损：

1. 盈利合同的当期亏损。该情况通常发生在预计合同总成本增加的年份，但是增加的金额还不足以抵销合同的总利润。只有在完工百分比法下，当期预计总成本的增加才会导致以前年度总毛利发生调整。由于这种调整属于会计估计变更（参见第 22 章），因此企业只在当期调整，确认损失。

2. 非盈利合同的亏损。如果在期末预计合同成本超过了合同总收入，那么无论采用完工百分比法还是全部完工法，企业都应在当期确认合同全部预计亏损。

非盈利合同的会计处理应符合会计谨慎性的要求，即及时确认预计损失以避免高估当期和未来期间的利润。①

当期亏损

为了更好地理解有关盈利合同当期亏损的会计处理，我们继续以 Hardhat 公司的桥梁建设项目为例。假设 2016 年 12 月 31 日，Hardhat 公司估计为完成该项目还将发生的成本是 1 468 962 英镑而不是 1 134 000 英镑，其他数据不变。图表 18A - 18 展示了 Hardhat 公司计算完工百分比和确认损失的过程。我们将这一计算过程与图表 18A - 4 中 2016 年的数据进行对比，可以发现完工百分比从 72% 降到了 66.5%，原因在于预计总成本上升。

图表 18A - 18　　　　　2016 年应确认损失的计算过程——当期亏损

截至 2016 年 12 月 31 日已发生成本	£2 916 000
预计还将发生成本（修订）	1 468 962
预计总成本	£4 384 962
完工百分比（£2 916 000÷£4 384 962）	66.5%
2016 年确认合同收入	
（£4 500 000×66.5%）－£1 125 000	£1 867 500
2016 年发生成本	1 916 000
2016 年应确认合同损失	£(48 500)

2016 年确认的 48 500 英镑损失是一个累计的数额，也是对 2015 年多确认的毛利的调整。公司并没有对以前年度的结果进行重述，而是在当期调整以前年度的全部错误估计。从图表 18A - 18 可以看出，这个调整使得 2016 年的经营状况变成亏损。

Hardhat 公司应编制以下会计分录来确认 2016 年度的损失。

借：工程成本　　　　　　　　　　　　　　　　　　　　　1 916 000
　　贷：工程施工——损失　　　　　　　　　　　　　　　　　48 500
　　　　长期合同收入　　　　　　　　　　　　　　　　　　1 867 500

Hardhat 公司将在 2016 年的利润表中报告的 48 500 英镑亏损，是 2016 年 1 867 500 英镑的收入与 1 916 000 英镑的成本之差。② 如果该公司采用的是全部完工法，则不需要在 2016 年确认亏损。为什么呢？因为公司认为整个合同还是盈利的，将在完工时确认该盈利。

非盈利合同的亏损

为了更好地理解有关非盈利合同亏损的会计处理，我们假设 Hardhat 公司估计为完成该项目还将发生的成本是 1 640 250 英镑而不是 1 134 000 英镑。计算调整后估计数的过程如下所示。

---

① 损失核算反映了对亏损合同的会计的应用。[18]

② 2017 年，Hardhat 公司将确认剩下的 33.5% 的收入 1 507 500 英镑、成本 1 468 962 英镑、毛利 38 538 英镑。该合同 3 年的总毛利为 115 038 英镑 ［125 000（2015）－48 500（2016）＋38 538（2017）］。该数值刚好是合同总收入（4 500 000 英镑）与合同总成本（4 384 962 英镑）之差。

	2015 年	2016 年
	最初的估计数	调整后的估计数
合同总价款	£4 500 000	£4 500 000
预计总成本	4 000 000	4 556 250*
预计总毛利	£500 000	
预计损失		£ (56 250)

* （£2 916 000＋£1 640 250）

　　在完工百分比法下，Hardhat 公司于 2015 年确认了 125 000 英镑毛利。由于该利润不可能实现，公司必须在 2016 年将其冲销掉。另外，由于要尽早确认预计亏损，公司应当在 2016 年确认预计亏损 56 250 英镑。因此，2016 年 Hardhat 公司确认的总亏损是 181 250 英镑（125 000＋56 250）。

　　图表 18A-19 展示的是 2016 年 Hardhat 公司确认收入的计算过程。

图表 18A-19　　　　　　2016 年应确认收入的计算过程——亏损合同

2016 年确认收入	
合同总价款	£4 500 000
完工百分比	× 64%*
到目前为止应确认收入	2 880 000
减：2016 年已确认收入	1 125 000
2016 年应确认收入	£1 755 000

* 截至 2016 年 12 月 31 日已发生成本	£2 916 000
预计还将发生成本	1 640 250
预计总成本	£4 556 250
完工百分比：£2 916 000÷£4 556 250＝64%	

　　在计算 2016 年的工程成本时，Hardhat 公司应当将其在 2016 年确认的全部亏损（125 000＋56 250）与 2016 年确认的收入相加。图表 18A-20 展示了收入的计算过程。

图表 18A-20　　　　　　2016 年工程成本的计算过程——亏损合同

2016 年确认收入（前文已计算）		£1 755 000
2016 年总损失		
转回 2015 年确认毛利	£125 000	
预计合同总损失	56 250	181 250
2016 年工程成本		£1 936 250

　　2016 年 Hardhat 公司确认长期合同收入、成本、损失的分录如下：

借：工程成本	1 936 250	
贷：工程施工——损失		181 250
长期合同收入		1 755 000

2016 年年底，Hardhat 公司"工程施工"科目余额为 2 859 750 英镑，具体见图

表 18A - 21。①

图表 18A - 21   2016 年年末"工程施工"科目余额的计算——亏损合同

工程施工			
2015 年工程成本	1 000 000		
2015 年确认毛利	125 000		
2016 年工程成本	1 916 000	2016 年确认损失	181 250
余额	2 859 750		

在全部完工法下，Hardhat 公司也需在 2016 年确认合同损失 56 250 英镑（2016 年是最早能够确认损失的年度），账务处理如下：

借：长期合同亏损   56 250
　　贷：工程施工——损失   56 250

工程施工的余额与工程结算的余额一样，都不能超过合同总价款。如果工程施工余额大于工程结算余额，企业就应在资产负债表中将已经确认的损失从累计成本中扣除。也就是说，无论是完工百分比法还是全部完工法，损失全都记入"工程施工"，减少存货余额（贷方）。如果工程结算余额大于累计成本，那么 Hardhat 公司应当在资产负债表中将预计损失单独确认为一项流动负债。也就是说，无论是完工百分比法还是全部完工法，Hardhat 公司都应当将 2016 年确认的损失 56 250 英镑计入流动负债，称作"长期合同预计损失"，而不是记入"工程施工"。

☐ 附录 18A 小结

10. 在长期合同中应用完工百分比法。为了更好地应用完工百分比法，企业应当制定一些衡量完工进度的标准，以确定特定时点工程的完工进度。其中，最常见的衡量完工进度的方法是成本百分比法。根据成本百分比法，可以通过计算已发生成本与最新预计总成本之间的比值来确定完工百分比。确定完工百分比后，就可以用该比例乘以合同总收入和合同总毛利，计算出到目前为止应当确认的收入和毛利。

11. 在长期合同中应用全部完工法。全部完工法要求企业在销售时点（即合同完成时）确认收入和毛利。在该方法下，企业需要确认合同进度过程中累积的成本和结算价款，但并不逐期确认利润表中的收入、成本和毛利。与完工百分比法一样，全部完工法下，企业每年也需要编制与建造成本、工程结算以及收款情况相关的分录。与完工百分比法相比，全部完工法最大的不同在于不需要编制每期确认收入和毛利的分录。

12. 正确确认长期合同亏损。在长期合同中，存在以下两类亏损：（1）盈利合同的当期亏损。只有在完工百分比法下，当期预计总成本的增加才会导致以前年度总毛利的调整。由于这属于会计估计变更，因此企业只在当期进行调整，确认损失。

---

① 如果 2017 年发生的成本确实等于预计数 1 640 250 英镑，那么 2017 年工程施工科目余额应为 4 500 000 英镑（1 640 250＋2 859 750），等于合同总价款。公司 2017 年确认还未确认的收入 1 620 000 英镑 [4 500 000（合同总价款）－ 1 125 000（2015）－1 755 000（2016）]，确认工程成本 1 620 000 英镑 [4 556 250（总成本）－1 000 000（2015）－ 1 936 250（2016）]，最终的结果是 2017 年利润为零。总的亏损在 2016 年有充分证据时就已确认。

（2）非盈利合同的亏损。无论采用完工百分比法还是全部完工法，企业都应在当期确认合同的全部预计亏损。

附录 18B 关于转让特许权的收入确认

在本附录中，我们将介绍一种特殊的业务——特许权转让。我们在本章学习了在已完成合同义务时确认收入。由于特许权转让合同可能包括多项合同义务，因此对特许权转让的会计处理提出了挑战。在对特许权转让交易进行会计处理时，企业应当仔细分析，识别各项合同义务，确认义务履行时点，进而确认收入。①

特许权转让主要包括四种形式：（1）制造商-零售商；（2）制造商-批发商；（3）服务赞助商-零售商；（4）批发商-零售商。其中发展最为迅速且需要重新评估会计政策的是第三种"服务赞助商-零售商"。这种特许权转让形式主要应用于路旁快餐店、展馆、汽车旅馆、汽车租赁公司等。

特许权转让方的收入来自两个方面：（1）初始特许权转让收入和出售相关资产、服务的收入；（2）特许商店支付的后续费用。特许权转让方（授予特许权的一方）通常给特许权受让方（经营特许业务的一方）提供以下服务。

1. 协助选址：（a）选址分析；（b）协商租金。
2. 评估可能的收益。
3. 监督施工：（a）协助借款；（b）建筑设计；（c）施工期间监督承包商。
4. 协助购买招牌、设备和机器。
5. 记账和咨询服务：（a）记录特许权受让方的情况；（b）就利润、房地产和税务提供建议；（c）针对当地法规给受让方提供咨询。
6. 员工和经理培训。
7. 质量控制。
8. 广告和促销。

以前，无论是能立刻收到现金还是需要等很长时间才能收到账款，特许权转让方都应当在转让时一次性确认全部收入。但通常在确认收入时转让方还未开始提供服务，能否收回款项存在很大的不确定性。（实际上，这种在一开始就一次性确认全部收入的做法，就好比在小鸡孵出以前就开始清点炸鸡腿。）然而，特许权协议可能赋予受让方在特定条件未满足时收回转让费的权利。这样一来，特许权转让收入就可能因转让方提供未来服务而大幅减少。

□ 特许权转让会计处理

如前所述，特许权转让合同中的履约义务是开放业务的权利，允许使用特许人的

---

① 特许权是使用知识产权的许可证或类似权利的许可。在这种安排中，公司授权给客户，但客户不拥有公司知识产权的所有权。知识产权的其他例子包括：（1）软件和技术；（2）电影、音乐和其他形式的媒体和娱乐；（3）专利、商标和版权。一般来说，当客户对特许权能加以控制时才能确认收入。在某些情况下，特许权是对权利的承诺，在某个时点转移给客户。在其他情况下，特许权是对提供访问权的知识产权的承诺，它随着时间的推移将利益转移给客户。[19]

商业名称或其他知识产权，以及获得持续服务，如营销支持、培训，在某些情况下提供库存和库存管理。特许权经营者通常收取初始特许权转让费以及后续特许权转让费。初始特许权转让费用于建立特许经营关系和获取一些初始服务。后续特许权转让费用来换取特许经营协议所授予的持续权利，并提供管理培训、广告和促销、法律援助和其他支持等服务。图表 18B-1 提供了特许安排的示例。

图表 18B-1　　　　　　　　　　特许权转让合同

> 例：Tum's Pizza 公司于 2015 年 12 月 31 日签订了一份特许经营协议，授予 Food Fight 公司享有 5 年 Tum's Pizza 的特许经营权。Tum's 收取 50 000 美元作为初始特许费。在这笔款项中，Food Fight 在签署协议时需要支付 20 000 美元，在之后 5 年每年的 12 月 31 日支付 6 000 美元。作为合约的一部分，Tum's 帮助 Food Fight 公司选址、协商店面的租赁或购买、监督店面的装修，并提供员工培训和必要的设备。类似的培训服务和设备单独出售。
>
> Food Fight 还承诺支付其年销售额的 1% 作为后续特许费（每年 1 月 31 日支付），并有义务以当前的独立销售价格从 Tum's 处购买产品。Food Fight 的信用评级表明，可以 8% 的利率借款。按 8% 的折现率将未来 5 年的付款额折现为 23 957 美元。6 043 美元的折价代表了 Tum's 在支付期内应计的利息收入。
>
> 问题：此合同的履约义务是什么？Tum's 应于什么时点确认收入？
>
> 解答：为了确定合同义务，Tum's 必须确定承诺的权利、选址和装修服务、培训服务和设备是否能区分开。
>
> ● 商品名称、市场区域和专有技术的权利不能区分开，因为每一项不单独出售，不能与特许经营商随时可用的其他商品或服务一起使用。因此，这些合并权利产生单一履约义务。Tum's 在 Food Fight 获得对权利的控制的时点完成这些合同义务。也就是说，一旦 Food Fight 开始经营，Tum's 对这些权利没有进一步的义务。
>
> ● 培训服务和设备可以单独区分开，因为类似的服务和设备单独出售。Tum's 在将服务和设备转移给 Food Fight 时满足这些履约义务。
>
> ● Tum's 不能确认特许权使用费收入，因为没有理由保证有权获得这些特许权使用费。也就是说，这些支付是可变对价。因此，当不确定性不存在时，Tum's 才能确认收入。
>
> Tum's 承诺未来将以独立销售价格向特许经营商提供产品，并不作为合同中须履行的义务，因为它不向 Food Fight 提供实质性权利。因此，这些销售收入在未来进行销售时记录。

为了说明特许权转让的会计处理，假定 2015 年 12 月 31 日的交易价格如下所示。

商品名称、市场区域和专有技术的权利	$20 000
培训服务	9 957
设备（成本 $10 000）	14 000
交易价格合计	$43 957

培训将于 2016 年 1 月完成，设备将于 2016 年 1 月安装，Food Fight 将于 2016 年 2 月 2 日隆重开业。图表 18B-2 总结了 Tum's 的特许经营安排。

图表 18B-2　　　　　　　　特许权转让——初始会计处理

> 2015 年 12 月 31 日，Tum's 签订合同取得初始特许权费。
>
> | | | |
> |---|---|---|
> | 借：现金 | 20 000 | |
> | 　应收票据 | 30 000 | |
> | 贷：应收票据折价 | | 6 043 |
> | 　未实现特许权转让收入 | | 20 000 |
> | 　未实现服务收入（培训） | | 9 957 |
> | 　未实现销售收入（设备） | | 14 000 |

2016 年 2 月 2 日，Food Fight 开业，Tum's 满足特许权、培训和设备的履约义务，即 Tum's 没有其他相关义务。

借：未实现特许权转让收入	20 000	
贷：特许权转让收入		20 000
借：未实现服务收入（培训）	9 957	
贷：服务收入（培训）		9 957
借：未实现销售收入（设备）	14 000	
贷：销售收入（设备）		14 000
借：销货成本	10 000	
贷：库存		10 000

2016 年 Food Fight 表现良好，第一年的营业额达到 525 000 美元。图表 18B - 3 中总结了 Tum's 与特许权相关的会计处理。

图表 18B - 3　　　　　　　　特许权转让——后续会计处理

2016 年 12 月 31 日，后续特许权使用费。

借：应收账款（525 000×1%）	5 250	
贷：特许权转让收入		5 250

2016 年 12 月 31 日，收到款项，计算利息收入。

借：现金	6 000	
贷：应收票据		6 000
借：应收票据折价（23 957×8%）	1 917	
贷：利息收入		1 917

以后年度的会计处理与上述分录类似。

□ 分期确认特许权转让收入

在图表 18B - 1 所示的特许经营实例中，Tum's 在一个时点（即特许经营者开始运营并且可以从权利的控制中受益时）转移对特许权的控制，不再进一步参与。在其他情况下，根据权利的经济实质，特许权转让方可以提供权利，而不是转让对特许权的控制权。在这种情况下，特许经营收入随时间的推移确认，而不是在某个时点确认。图表 18B - 4 中给出了一个特许经营协议的例子，收入应当分期确认。

图表 18B - 4　　　　　　　　特许权转让——分期确认收入

例：Tech Solvers 公司是新兴技术咨询服务业务的特许经营商。Tech Solvers 商店在流行的 Apple 和 PC 设备上执行一系列计算服务（硬件/软件安装、修复、数据备份、设备同步和网络解决方案）。每份特许经营协议允许一个加盟商在该地区开设一个技术解决方案商店，有权销售技术解决方案的产品和服务 5 年。根据合同，Tech Solvers 还为加盟商提供许多服务，以支持和加强特许经营品牌，包括：（a）对商店运营提供咨询；（b）介绍新的硬软件开发和服务技术；（c）提供商业和培训手册；（d）提供广告方案和培训。对于几乎完全从事服务的业务（所有部件和其他用品都是根据客户的需要购买的），Tech Solvers 为加盟商提供少量前期服务。加盟商招聘的服务技术人员可获得技术解决方案的培训材料（在线手册和教程），每月对技术进行更新。

技术解决方案于 2015 年 12 月 15 日转让，授予加盟商在巴伐利亚州东部经营 5 年技术解决方案的专营权。Tech Solvers 公司收取 5 000 欧元的初始特许经营费，加盟商在签订合同时支付。另外，加盟商按年销售额的 7% 支付持续的专利使用费（每年 1 月 15 日支付）。

问题：此合同的履约义务是什么？Tech Solvers 应于什么时点确认收入？

解答：为了确定合同义务，Tech Solvers 必须确定承诺的权利以及正在进行的专营权技术支持和培训服务是否能够区分开。

● 商品名称、市场区域和专有技术的权利不能区分开，因为每一项不单独出售，不能与特许经营商随时可用的其他商品或服务一起使用。此外，这些许可权利与底层技术解决方案的知识产权（使其服务和培训材料保持最新）有着密切的联系。因此，这些合并权利和提供培训材料是单一履约义务。技术解决方案满足了一段时间内的履约义务。也就是说，一旦加盟商开始运营一个技术解决方案，Tech Solvers 需要提供访问权，并必须继续提供更新和其他服务。

● 无法确认特许权使用费收入，因为无法合理地保证有权获得这些特许权使用费。也就是说，这些支付是可变对价。因此，在不确定性消除前不能确认收入。

图表 18B-5 总结了 Tech Solvers 特许权转让的会计处理。

图表 18B-5　　　　　　　　　　特许权转让——会计处理

2015 年 12 月 15 日，Tech Solvers 签订合同取得初始特许权费。		
借：现金	5 000	
贷：未实现特许权转让收入		5 000
2016 年 12 月 31 日，Tech Solvers 进行以下会计处理。		
借：未实现特许权转让收入	1 000	
贷：特许权转让收入（5 000/5）		1 000
2017 年 1 月 15 日，收到款项。		
借：现金	5 950	
贷：应收账款		5 950

由此可见，Tech Solvers 满足与特许权转让、提供培训材料相关的履约义务（本例采用直线法）。当有关可变对价的不确定性消除时，确认后续特许权使用费。

总而言之，对 Tech Solvers 特许经营特征的分析表明，它不反映在某一时点转移的权利。也就是说，Tech Solvers 有义务持续提供更新材料和支持，表明控制权没有转移给特许经营者。因此，特许经营权的收入随着时间的推移得到确认。

□ 附录 18B 小结

13. 理解特许权转让的收入确认。在特许权转让协议中，特许权转让方在转让特许经营权的控制权时，通常在特许权受让方开始特许经营时满足履约义务。在特许转让方提供权利而不是转移对特许经营权的控制权的情况下，特许经营权的收入是随着时间的推移确认的，而不是在某个时点确认的。与可变对价相关的不确定性消除时，特许权转让方确认后续特许权使用费。

简单练习

BE18-1　2015 年 5 月 10 日，Cosmo 公司签订合同，于 2015 年 6 月 15 日向 Greig 公司交付产品。Greig 公司同意在 2015 年 7 月 15 日支付 2 000 欧元的全部合同价格，产品成本为 1 300 欧元。

Cosmo 公司于 2015 年 6 月 15 日将产品交付给 Greig 公司，于 2015 年 7 月 15 日收到付款。编制 Cosmo 公司与本合同相关的会计分录。

BE18-3 Ismail 建筑公司签订了设计和建造

医院的合同，负责项目的整体管理，确定所要提供的各种商品和服务，包括工程、场地清理、地基、采购、结构、管道和布线、设备安装等。Ismail 在该合同中对客户有单独的履约义务吗？说明理由。

综合练习

E18-1（销售折扣） Jupiter 公司于 2015 年 1 月 1 日向 Danone 公司出售货物。该货物的销售价格为 610 000 欧元（成本为 500 000 欧元）。约定付款期限为 20 天。如果 Danone 公司在 5 天内支付，它将收到 10 000 欧元的现金折扣。历史数据表明，

Danone 公司将享受现金折扣。问题：（a）编制 Jupiter 公司 2015 年 1 月 1 日的会计分录；（b）假设 Danone 公司在 2015 年 1 月 31 日前不付款，编制 Jupiter 公司 2015 年 1 月 31 日的会计分录。

权威文献

［1］ International Financial Reporting Standard 15, *Revenue from Contracts with Customers* (London, U. K.: IFRS Foundation, May 2014).

［2］ International Financial Reporting Standard 15, *Revenue from Contracts with Customers* (London, U. K.: IFRS Foundation, May 2014), Introduction.

［3］ International Financial Reporting Standard 15, *Revenue from Contracts with Customers* (London, U. K.: IFRS Foundation, May 2014), par. IN7e.

［4］ International Financial Reporting Standard 15, *Revenue from Contracts with Customers* (London, U. K.: IFRS Foundation, May 2014), par. 9e.

［5］ International Financial Reporting Standard 15, *Revenue from Contracts with Customers* (London, U. K.: IFRS Foundation, May 2014), par. 20.

［6］ International Financial Reporting Standard 15, *Revenue from Contracts with Customers* (London, U. K.: IFRS Foundation, May 2014), par. 21.

［7］ International Financial Reporting Standard 15, *Revenue from Contracts with Customers* (London, U. K.: IFRS Foundation, May 2014), paras. 47-48.

［8］ International Financial Reporting Standard 15, *Revenue from Contracts with Customers* (London, U. K.: IFRS Foundation, May 2014), par. 53.

［9］ International Financial Reporting Standard 15, *Revenue from Contracts with Customers* (London, U. K.: IFRS Foundation, May 2014), par. 57.

［10］ International Financial Reporting Standard 15, *Revenue from Contracts with Customers* (London, U. K.: IFRS Foundation, May 2014), par. 56.

［11］ International Financial Reporting Standard 15, *Revenue from Contracts with Customers* (London, U. K.: IFRS Foundation, May 2014), par. 63.

［12］ International Financial Reporting Standard 15, *Revenue from Contracts with Customers* (London, U. K.: IFRS Foundation, May 2014), as updated in Staff Paper, "Effects of Joint IASB and FASB Redeliberations on the November 2011 Exposure Draft Revenue from Contracts with Customers" (February 2013), par. 79c.

［13］ International Financial Reporting Standard 15, *Revenue from Contracts with Customers* (London, U. K.: IFRS Foundation, May 2014), paras. 32-34.

［14］ International Financial Reporting Standard 15, *Revenue from Contracts with Customers* (London，U. K.：IFRS Foundation，May 2014），par. B37.

［15］ International Financial Reporting Standard 15，*Revenue from Contracts with Customers* (London，U. K.：IFRS Foundation，May 2014)，paras. 107−108.

［16］ International Financial Reporting Standard 15，*Revenue from Contracts with Customers* (London，U. K.：IFRS Foundation，May 2014)，paras. 110−129.

［17］ International Financial Reporting Standard 15，*Revenue from Contracts with Customers*

(London，U. K.：IFRS Foundation，May 2014)，paras. 35 and 38.

［18］ International Financial Reporting Standard 15，*Revenue from Contracts with Customers* (London，U. K.：IFRS Foundation，May 2014)，par. BC296.

［19］ International Financial Reporting Standard 15，*Revenue from Contracts with Customers* (London，U. K.：IFRS Foundation，May 2014)，paras. B52−B56.

第 19 章

所得税会计

学习目标

学完本章后，你应该能够：

1. 区分税前会计利润与应纳税所得额。
2. 描述应纳税暂时性差异。
3. 描述可抵扣暂时性差异。
4. 解释递延所得税资产准备存在的意义。
5. 描述利润表中所得税费用的列报。
6. 描述各类暂时性差异和永久性差异。
7. 解释由于多种税率和税率的变化对递延所得税产生的影响。
8. 运用纳税亏损移前扣除和纳税亏损移后扣除的会计程序。
9. 描述资产负债表中递延所得税的列报。
10. 指出资产负债表债务法的基本原理。

安全避税港？

纳税成本管理是企业成本管理的重要组成部分。如今，企业间的竞争日趋激烈，管理层应当充分利用各项税收法规的优惠条款，尽可能地减少纳税义务，帮助企业将更多的可用资金用于日常经营、对外扩张和增加就业岗位。然而，当企业毫无节制地避税时又会发生什么呢？它们可能会面临税务审计，对财务报告产生不利影响。

美国 Limited Brands 公司就是企业避税的典型例子。该公司降低纳税成本的秘诀是将部分业务安排在零税率地区，而将零售门店安排在其他地区。例如，通过将子公司设立在低税率地区（这些子公司的基本职能仅限于持有 Bath and Body Works 和 Victoria's Secret 的商标），Limited Brands 公司成功地将数亿美元的收入从高税率区的零售门店转移到零税率区。

然而，税务部门加强了对该类无正当商业目的的避税事项的审查。在 Limited Brands 公司的案件中，公诉人称这家公司的"会计记录和账务处理存在不实之处"，其唯一的目的就是避税。法院同意公诉人的指控，Limited Brands 公司不得不补交自 1994 年以来数百万美元的税费。

另外，还有一件令 Limited Brands 公司的股东感到吃惊和不快的事情，即公司可能因为海外业务的"或有纳税事项"而交纳巨额税款。很多公司也面临同样的问题，它们对纳税抵扣事项的处理不符合税务部门的征管要求。如今，各国的税务监管部门正合作打击避税港。例如，20 国集团（G20）——一个由来自全世界 20 个主要经济体（19 个国家和欧盟）的财政部长和央行行长组成的组织——自在 2009 年 4 月的 G20 伦敦峰会上宣告银行机密时代终结后，就一直致力于构建一个更高效、更公平的国际税收征管体系。下面是该组织发布的有关国际税收合作的关键事项。

1. 在当今世界，国与国之间的界限日趋模糊，加强国际税收合作对于保证国家税收系统的完整性、维护政府信誉至关重要。

2. 建立并发展信息互通的全球税收标准。近期，未公开披露的国外银行账户急剧增多，充分说明了建立新的国际税收标准的必要性和紧迫性。国际税收透明度与信息交换全球论坛将建立一个机制，以监督和确保新的国际税收标准的有效实施。

3. 国际社会通力合作，共同解决国际税务筹划所导致的税基侵蚀问题。税基侵蚀和利润转移（BEPS）通常指利用不同税收法规的交互关系实现纳税筹划的事项，往往被跨国公司用于人为地转移利润，从而降低企业税负甚至造成双重免税。该类事项从根本上破坏了公平竞争的环境，因为那些进行税基侵蚀和利润转移的跨国公司将比专注于国内业务的公司更具竞争优势。若不对该类事项加强监管，则有损税务征收的公平公正原则。公平、透明、高效的税收体系不仅是健全的公共财政体系的基础，而且为经济的动态发展提供了可持续的保障。

4. 鼓励各国检查本国的税收法规，看是否存在纵容税基侵蚀和利润转移的条款。这种做法可以确保国际税收法规和本国的税收法规不存在允许甚至鼓励跨国公司通过人为转移利润来避税的漏洞。如今，无形资产对企业的重要性与日俱增，数字经济蓬勃发展，而制定于20世纪20年代的国际税收规则显然已经不符合商业实践的发展需要。

希望在这些国际组织的共同努力下，一个更加公平公正的国际税收体系将建立起来。

资料来源：Glenn Simpson, "A Tax Maneuver in Delaware Puts Squeeze on States," *Wall Street Journal*（August 9, 2002), p. A1; and *Tax Annex to the St. Petersburg G20 Leaders' Declaration*（September 2013).

本章概览

正如开篇故事所述，企业花费很多时间和精力来使自己的所得税最小化。它们这样做有充分的理由，因为对于大多数企业来说所得税是其主要支出。然而，企业必须向投资者提供反映其现有的和潜在的纳税义务和税收优惠的财务信息。在本章中，我们将讨论企业在申报所得税时必须遵守的基本准则。本章的内容和结构如下：

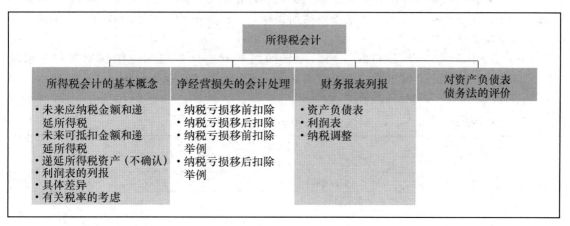

19.1 所得税会计的基本概念

到目前为止，你已经了解了企业向投资者和债权人报告信息的基本准则。此外，企业还必须按照相应的税务主管机关颁布的准则提交纳税申报表。由于国际财务报告准则（IFRS）和税法在很多方面都不尽相同，因此税前会计利润和应纳税所得额也不同。所以，企业报告的所得税费用与应该交给税务机关的应交所得税并不相同。图表 19 - 1 强调了这些不同。

图表 19 - 1　　　　　　　　　　财务报告和纳税报告之间的根本区别

税前会计利润是财务报告中的一个术语，通常又称税前利润、财务报告利润、账面利润。企业根据 IFRS 确认税前会计利润。报告目的是向投资者和债权人提供有用信息。

应纳税所得额（应税收入）是所得税会计中的一个术语，用于计算应交所得税的金额。企业根据税务条例确定应纳税所得额。所得税的意义在于为政府的运作提供资金支持。

为了说明 IFRS 和税收规则的差异如何影响财务报告和应纳税所得额，假设 Chelsea 公司前三年的收入均为 13 万美元，费用均为 6 万美元。图表 19 - 2 列示了这三年的利润表（部分）。

图表 19 - 2　　　　　　　　　　　　财务报告收益

		Chelsea 公司 IFRS 报告		
	2015 年	2016 年	2017 年	合计
收入	$ 130 000	$ 130 000	$ 130 000	
费用	60 000	60 000	60 000	
税前会计利润	$ 70 000	$ 70 000	$ 70 000	$ 210 000
所得税费用（40%）	$ 28 000	$ 28 000	$ 28 000	$ 84 000

从纳税的角度考虑，Chelsea 公司每年向税务机关报告的费用与财务报表相同，但是正如图表 19 - 3 所示，公司 2015 年、2016 年、2017 年报告的应税收入分别为 10 万美元、15 万美元、14 万美元。

图表 19 - 3　　　　　　　　　　　　　　　　纳税申报利润

Chelsea 公司 纳税申报表			
	2015 年	2016 年	2017 年	合计
收入	$ 100 000	$ 150 000	$ 140 000	
费用	60 000	60 000	60 000	
应纳税所得额	$ 40 000	$ 90 000	$ 80 000	$ 210 000
应交所得税（40%）	$ 16 000	$ 36 000	$ 32 000	$ 84 000

各年的所得税费用和应交所得税不同，但三年的总额是相等的。

图表 19 - 4　　　　　　　　　　所得税费用和应交所得税的比较

Chelsea 公司 所得税费用和应交所得税			
	2015 年	2016 年	2017 年	合计
所得税费用	$ 28 000	$ 28 000	$ 28 000	$ 84 000
应交所得税	16 000	36 000	32 000	84 000
差额	$ 12 000	$（8 000）	$（4 000）	$ 0

　　本例中，导致所得税费用和应交所得税产生差异的原因很简单。财务报告使用完全应计法报告收入，而税法采用修正的收付实现制。结果，Chelsea 公司这三年各年的税前利润为 70 000 美元，所得税费用为 28 000 美元。然而，应纳税所得额完全不同。比如，2015 年的应纳税所得额为 40 000 美元，因此 Chelsea 公司 2015 年应向税务机关缴纳所得税 16 000 美元。此外，Chelsea 公司将应交所得税视为一项流动负债列示在资产负债表上。

　　如图表 19 - 4 所示，2015 年 Chelsea 公司所得税费用和应交所得税之间的差额为 12 000 美元（28 000－16 000），反映未来期间将要支付的税费。该 12 000 美元的差异通常称为递延所得税金额。本例指递延所得税负债。若未来税费少，Chelsea 公司应当记录递延所得税资产。下面，我们分别讨论递延所得税资产和递延所得税负债的计量方法和会计处理。[①]

□ 19. 1. 1　未来应纳税金额和递延所得税

　　图表 19 - 4 的总结展示了应交所得税与所得税费用之间的差异。当税法上的利润金额与会计账面利润金额存在暂时性差异时，就会出现这种现象。暂时性差异是指资产或负债的账面价值与计税基础之间的差额，该差额会在未来期间产生应纳税金额和可抵扣金额。应纳税金额会增加以后年度的应交所得税。可抵扣金额会减少以后年度的应交所得税。

---

　　① 无论对于个人还是对于企业来说，应纳税额的确定是一项成本巨大的工程。个人和企业不仅需要支付应交税费，还要自己花费时间申报纳税，并遵守税法的规定，其中的成本包括：（1）税务机关的税收征管费用；（2）个人和企业的纳税遵从成本。一项研究估计，每向政府支付 1 美元税费就会产生 30 美分的费用。另外一项研究注意到，纳税遵从行业的规模十分庞大。Laffer，"The 30-Cent Tax Premium," *Wall Street Journal*（April 18，2011）.

在 Chelsea 公司的例子中，其账面价值和计税基础之间唯一的差异是应收账款，差异产生的原因在于会计收入的确认。图表 19 - 5 表明，Chelsea 公司 2015 年 12 月 31 日按照 IFRS 编制资产负债表，应收账款金额是 30 000 美元，但其计税基础为零。

图表 19 - 5　　　　　　　　　　　销售收入的暂时性差异

会计账簿	12/31/15	纳税申报表	12/31/15
应收账款	$ 30 000	应收账款	$ 0

2015 年 Chelsea 公司应当如何处理 30 000 美元的暂时性差异呢？假设 Chelsea 公司预期于 2016 年收回 20 000 美元的应收账款，于 2017 年收回 10 000 美元。这些未来应纳税金额将使 2016 年和 2017 年的应纳税所得额高于税前会计利润。

按照 IFRS 编制的资产负债表暗含着一个假设，即企业将按照报告金额收回资产或清偿负债。根据权责发生制原则，该假设要求企业确认当期因暂时性差异产生的递延所得税，在按照报告金额实际收回资产或者清偿负债时再确认应付（或应退回）的所得税。图表 19 - 6 展示了暂时性差异的转回过程，以及未来期间应纳税金额。

图表 19 - 6　　　　　　　　　Chelsea 公司暂时性差异的转回

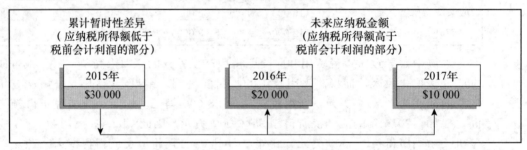

假设 Chelsea 公司将在以后收到这笔应收账款，在未来申报纳税时将其作为应税收入。那么，该公司在 2016 年和 2017 年都将缴纳所得税。因此，Chelsea 企业应在 2015 年的账面上记录收入的递延所得税影响，并在资产负债表中列示相关的应收账款。通过确认递延所得税，Chelsea 公司实现了上述要求。

递延所得税负债

递延所得税负债是应纳税暂时性差异产生的递延所得税结果。换言之，递延所得税负债代表本年年末存在的应纳税暂时性差异导致的以后年度应交所得税的增加。

回顾 Chelsea 公司的案例，Chelsea 公司 2015 年应交所得税为 16 000 美元（40 000×40%）（见图表 19 - 4）。另外，由于会计和税法的要求不同，Chelsea 公司报告了不同的收入和应收账款，产生了暂时性差异。应收账款的账面价值为 30 000 美元，计税基础是零。因此，2015 年末，递延所得税负债为 12 000 美元，计算过程如图表 19 - 7 所示。

图表 19 - 7　　　　　　　　2015 年末递延所得税负债的计算

应收账款的账面价值	$ 30 000
应收账款的计税	0
2015 年末累计暂时性差异	30 000
税率	×40%
2015 年末递延所得税负债	$ 12 000

公司也可以通过列示由暂时性差异产生的未来应交所得税来计算递延所得税负债。当计算较为复杂时，如图表 19-8 所示的表格非常有用。

图表 19-8　　　　　　　　　　　未来应纳税金额表

	未来年度		
	2016 年	2017 年	合计
未来应纳税金额	$ 20 000	$ 10 000	$ 30 000
税率	×40%	×40%	—
2015 年末递延所得税负债	$ 8 000	$ 4 000	$ 12 000

由于这是 Chelsea 公司经营的第一年，因而年初没有递延所得税负债。Chelsea 公司 2015 年所得税费用的计算过程如图表 19-9 所示。

图表 19-9　　　　　　　　　　2015 年所得税费用的计算

2015 年末递延所得税负债	$ 12 000
2015 年初递延所得税负债	0
2015 年递延所得税费用	12 000
2015 年当期所得税费用（应交所得税）	16 000
2015 年所得税费用（总额）	$ 28 000

上述计算过程表明，所得税费用的计算分为两部分：当期所得税（当期的应交所得税）以及递延所得税费用（当期递延所得税负债的增加额）。

企业将当期应交的所得税贷记"应交所得税"账户，将增加的递延所得税贷记"递延所得税负债"账户，然后将两者的合计数借记"所得税费用"账户。Chelsea 公司 2015 年末会计分录如下：

借：所得税费用 　　　　　　　　　　　　　　　　　　　　　　　　　　28 000
　　贷：应交所得税 　　　　　　　　　　　　　　　　　　　　　　　　16 000
　　　　递延所得税负债 　　　　　　　　　　　　　　　　　　　　　　12 000

在 2016 年（第二年）年末，应收账款账面价值和计税基础之间的差额为 10 000 美元。Chelsea 公司将差额乘以适用税率得到递延所得税负债 4 000 美元（10 000 × 40%），在 2016 年末报告。2016 年应交所得税是 36 000 美元（见图表 19-3），2016 年的所得税费用如图表 19-10 所示。

图表 19-10　　　　　　　　　　2016 年所得税费用的计算

2016 年末递延所得税负债	$ 4 000
2016 年初递延所得税负债	12 000
2016 年递延所得税费用（收益）	（8 000）
2016 年当期所得税费用（应交所得税）	36 000
2016 年所得税费用（总额）	$ 28 000

Chelsea 公司 2016 年记录的所得税费用、递延所得税负债的变化以及应交所得税如下：

借：所得税费用 　　　　　　　　　　　　　　　　　　　　　　　　　　28 000
　　递延所得税负债 　　　　　　　　　　　　　　　　　　　　　　　　8 000

贷：应交所得税   36 000

2017 年末，记录所得税费用的分录使递延所得税负债减少 4 000 美元。2017 年末，递延所得税负债账户如图表 19 - 11 所示。

图表 19 - 11   转回后的递延所得税负债

递延所得税负债			
2016	8 000	2015	12 000
2017	4 000		

2017 年末，递延所得税负债账户的余额为零。

数字背后的故事   真实的负债

一些分析师在评估企业的财务实力时会剔除递延所得税负债。但是 IASB 认为，递延所得税负债符合国际会计准则概念框架中对负债的定义，具体如下：

1. 是现时义务。该暂时性差异会导致未来期间的应纳税所得额高于税前会计利润。因此，这是一种现时义务。

2. 由过去的交易或事项产生。在 Chelsea 公司的案例中，公司为客户提供了服务，并且在 2015 年财务报告中确认了收入，但是在纳税目标上将其递延。

3. 代表着未来经济利益的流出。过去的事项导致未来期间的应纳税所得额和应交税额，未来支付税款时即为经济利益的流出。

B. Ayers 的研究表明，从市场角度看，递延所得税资产和递延所得税负债跟其他的资产和负债相似。另外，这项研究表明，相关会计准则提高了递延所得税金额在财务报告中的有用性。

资料来源：B. Ayers, "Deferred Tax Accounting Under *SFAS No.* 109: An Empirical Investigation of Its Incremental Value-Relevance Relative to APB *No.* 11," *The Accounting Review* (April 1998).

所得税会计目标的总结

所得税会计的第一个目标是确认本年度应交的或应退回的所得税。在 Chelsea 公司的案例中，该公司 2015 年的应交所得税是 16 000 美元。

第二个目标是识别已在财务报表或纳税申报表中确认的事项的未来纳税影响，并核算由此产生的递延所得税资产和递延所得税负债。[1] 例如，2015 年，Chelsea 因向顾客提供服务而产生 30 000 美元的应收账款。公司在 2015 年的利润表中报告了这项收入，但未在纳税申报表中确认。这项收入将在实际收到时计入纳税申报表。因此，2015 年末，企业存在 30 000 美元的暂时性差异，该暂时性差异导致未来应纳税额的增加。基于此，Chelsea 公司在 2015 年末的资产负债表中报告了 12 000 美元的递延所得税负债，这代表本年度存在的暂时性差异导致未来期间应交所得税的增加（2016 年、2017 年分别是 8 000 美元、4 000 美元）。相应地，2016 年末，递延所得税负债减少 8 000 美元，2017 年减少 4 000 美元。

除了影响资产负债表外，递延所得税还影响各年的所得税费用。2015 年，应纳税所得额（40 000 美元）小于税前会计利润（70 000 美元）。2015 年应交所得税为

16 000美元（根据应纳税所得额计算）。由于资产负债表上递延所得税负债的增加，递延所得税费用为 12 000 美元，因此最终的所得税费用为 28 000 美元。

然而，由于暂时性差异的转回（2016 年转回 20 000 美元，2017 年转回 10 000 美元），2016 年与 2017 年的应纳税所得额高于当期税前会计利润。因此，2016 年与 2017 年的应交所得税高于当期所得税费用。Chelsea 公司在 2016 年、2017 年分别借记递延所得税负债 8 000 美元、4 000 美元，相应的贷方为所得税费用。这些贷方金额通常称为递延所得税收益（我们后续会对此展开讨论。）

19.1.2　未来可抵扣金额和递延所得税

假设 2015 年 Cunningham 公司估计销售微波炉相关的质量保证成本为 500 000 美元，在未来两年内均匀支付。出于对外报告的需要，Cunningham 公司在 2015 年的财务报告中确认 500 000 美元的质量保证费用及相应的预计负债。税法规定，与质量保证相关的费用在款项实际支付时允许税前扣除。因此，Cunningham 公司没有在以纳税为基础的资产负债表中确认质量保证负债。图表 19 - 12 展示了 2015 年末两张资产负债表的差异。

图表 19 - 12　　　　　　　　　质量保证负债导致的暂时性差异

账面	12/31/15	纳税申报表	12/31/15
预计的质量保证负债	$500 000	预计的质量保证负债	$-0-

当质量保证支出实际发生时，Cunningham 公司会将其确认为一项税法认可的费用（可抵扣金额）予以税前扣除。基于该暂时性差异，Cunningham 公司应当在 2015 年确认所得税收益（正向的所得税结果），这代表由于未来负债的清偿产生可抵扣金额，将带来纳税收益。Cunningham 公司在 2015 年 12 月 31 日的资产负债表中将此未来的纳税收益确认为递延所得税资产。

我们可以从另外一个角度来考虑这个问题。未来在纳税申报时会产生抵扣金额。由于这些暂时性差异的存在，未来可抵扣金额将会导致以后期间的应纳税所得额低于税前会计利润。Cunningham 公司的暂时性差异产生于 2015 年，将在 2016 年和 2017 年两年内转回。图表 19 - 13 就列示了这种情况。

图表 19 - 13　　　　　　　　Cunningham 公司暂时性差异的转回

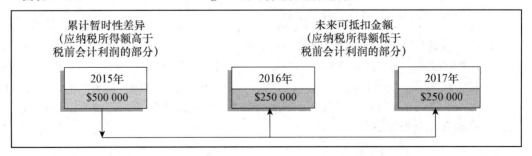

递延所得税资产是由可抵扣暂时性差异产生的递延所得税结果。换言之，递延所得税资产代表本年年末存在的可抵扣暂时性差异导致的以后年度应交所得税的减少或应退还的所得税的增加。

举例说明，假设由于未决诉讼，Hunt 公司在 2015 年的财务报表上确认了损失以及预计负债 50 000 美元。只有真正偿付了该项债务，Hunt 公司才可以用其抵扣应交税额，该公司预计会在 2016 年偿还此项债务。因此，当 Hunt 公司清偿这笔债务时，2016 年会产生一笔可抵扣金额，这会导致当年的应纳税所得额低于税前会计利润。图表 19 - 14 展示了 2015 年末的递延所得税资产的计算过程（假定税率是 40%）。

图表 19 - 14　　　　　　　　　2015 年末递延所得税资产的计算

诉讼负债的账面价值	$50 000
诉讼负债的计税基础	0
2015 年末累计暂时性差异	50 000
税率	×40%
2015 年末递延所得税资产	$20 000

公司也可以通过列示未来可抵扣金额来计算递延所得税资产。图表 19 - 15 展示了这种方法。

图表 19 - 15　　　　　　　　　　未来可抵扣金额表

	未来年度
未来可抵扣金额	$50 000
税率	×40%
2015 年末递延所得税资产	$20 000

假设 2015 年是 Hunt 公司经营的第一年，应交所得税是 100 000 美元，Hunt 公司计算所得税费用的过程如图表 19 - 16 所示。

图表 19 - 16　　　　　　　　　2015 年所得税费用的计算

2015 年末递延所得税资产	$20 000
2015 年初递延所得税资产	-0-
2015 年递延所得税费用（收益）	(20 000)
2015 年当期所得税费用（应交所得税）	100 000
2015 年所得税费用（总额）	$80 000

会计期间内递延所得税资产的增加产生了递延所得税收益，与前面 Chelsea 公司的例子类似，递延所得税收益是所得税费用的一个构成部分。2015 年利润表中所得税费用的合计是 80 000 美元——当期所得税费用是 100 000 美元，递延所得税收益是 20 000 美元。Hunt 公司在 2015 年末编制了如下会计分录，记录所得税费用、递延所得税和应交所得税。

借：所得税费用　　　　　　　　　　　　　　　　　　　　　　　　　80 000
　　递延所得税资产　　　　　　　　　　　　　　　　　　　　　　　20 000
　　贷：应交所得税　　　　　　　　　　　　　　　　　　　　　　　　　100 000

在 2016 年（第二年）年末，预计负债账面价值和计税基础之间的差异是零。因此，在这个节点上没有递延所得税资产。假设 2016 年的应交所得税是 140 000 美元，Hunt 公司计算 2016 年所得税费用的过程如图表 19 - 17 所示。

图表 19 - 17　　　　　　　　2016 年所得税费用的计算

2016 年末递延所得税资产	$-0-
2016 年初递延所得税资产	20 000
2016 年递延所得税费用（收益）	20 000
2016 年当期所得税费用（应交所得税）	140 000
2016 年所得税费用（总额）	$160 000

公司记录 2016 年的所得税费用如下：

借：所得税费用	160 000	
贷：递延所得税资产		20 000
应交所得税		140 000

2016 年的利润表中所得税费用总额是 160 000 美元——当期所得税费用是 140 000 美元，递延所得税费用是 20 000 美元。图表 19 - 18 列示了 2016 年末的递延所得税资产。

图表 19 - 18　　　　　　　　转回后的递延所得税资产

递延所得税资产			
2015	20 000	2016	20 000

数字背后的故事　　　真正的资产

是否应该在财务报表上确认递延所得税资产是所得税会计的一个关键问题。递延所得税资产符合资产定义的三个主要条件。

1. 该收益由企业拥有或控制。在 Hunt 公司的案例中，由于可抵扣暂时性差异会在未来期间减少应交所得税，因此 Hunt 公司可以获得收益，并对该项收益拥有决定性控制权，可以控制其他方对该项收益的获得。

2. 由过去的交易或事项产生。或有损失由过去的事项产生，将会导致未来可抵扣暂时性差异的增加。

3. 预计会给企业带来经济利益，且该经济利益很可能流入企业。Hunt 公司 2015 年当年的应纳税所得额高于税前会计利润，以后的年份中应纳税所得额会低于税前会计利润。由于可抵扣暂时性差异的存在减少了未来期间的应交税费，因此在当年年末存在可能的未来收益。

市场分析师对冲销递延所得税资产的反应也证实了他们将其作为资产来看待。例如，许多分析师认为美国 MF Global 公司的破产是大量递延所得税资产的突然冲销所致。实际上，MF Global 一直称公司未来很可能无法产生足够的应纳税所得额用以抵减可抵扣暂时性差异。因此，投资者对这家公司彻底失去了信心。

资料来源：J. Weil and S. Liesman, "Stock Gurus Disregard Most Big Write-Offs but They Often Hold Vital Clues to Outlook," *Wall Street Journal Online* (December 31, 2001); and Tim Worstall, "Why MF Global Really Went Bankrupt," *Forbes* (December 16, 2011).

19.1.3　递延所得税资产（不确认）

公司将全部的可抵扣暂时性差异确认为递延所得税资产。然而，如果有充分可靠的证据证明全部或者部分递延所得税资产很可能无法实现，公司应该减记递延所得税资产。"很可能"的意思是至少有 50％以上的可能性。

假设 Jensen 公司在第一年年末产生了 1 000 000 欧元的可抵扣暂时性差异。所得税税率是 40％，公司将确认 400 000 欧元（1 000 000 ×40％）的递延所得税资产。假设应交所得税是 900 000 欧元，Jensen 公司确认所得税费用、递延所得税资产和应交所得税的分录如下：

借：所得税费用		500 000
递延所得税资产		400 000
贷：应交所得税		900 000

经过全面的分析，Jensen 公司认为其中 100 000 欧元的递延所得税资产很可能不会实现，便对该递延所得税资产进行减值处理，具体如下所示。

借：所得税费用		100 000
贷：递延所得税资产		100 000

该分录增加了当年的所得税费用，因为 Jensen 公司认为部分可抵扣暂时性差异不能在未来期间形成纳税收益。公司同时减少了递延所得税资产的账面价值，之后在资产负债表上记录 300 000 欧元的递延所得税资产。

Jensen 公司会在每个会计期间的期末评估递延所得税资产账户。如果下个会计期间的期末，公司预计可以实现 350 000 欧元的递延所得税资产，则公司做以下分录调整递延所得税资产账户。

借：递延所得税资产		50 000
贷：所得税费用		50 000

Jensen 公司应该考虑所有的证据（包括积极的和消极的），根据证据的权重来确定是否需要调整递延所得税资产。例如，如果 Jensen 公司已亏损多年，就有理由假设这些亏损将继续，因此，Jensen 公司将失去未来可抵扣金额带来的收益。

一般而言，若应纳税暂时性差异在未来期间转回，或根据税收筹划策略，未来期间将产生应纳税所得额，企业通常能够获得足额的应税收入。图表 19-19 列示了 Ahold 公司递延所得税资产的报告。

图表 19-19　　　　　　　递延所得税资产的披露

> 附注 11　在确定递延所得税资产实现的可能性时，需要大量的主观判断。Ahold 公司根据递延所得税负债产生的预期应纳税利润、企业预算、现金流量预测以及减值模型进行判断。若相关收益"很可能"无法实现，企业不能确认相应的递延所得税资产。

19.1.4　利润表的列报

所得税费用金额是递延所得税与应交所得税相加之和或在应交所得税中扣除递延所得税。例如，企业计算所得税费用时，用应交所得税加上递延所得税负债的增加额，或用应交所得税减去递延所得税资产的增加额。图表 19-20 中列出了计算所得税费用（收益）的公式。

图表 19－20　　　　　　　　**所得税费用的计算公式**

应交所得税或可退回所得税±递延所得税变化＝总所得税费用或收益

在利润表或财务报告的附注中，企业应该披露持续经营过程中所得税费用的重要组成部分。根据前面 Chelsea 公司的信息，它的利润表如图表 19－21 所示。

图表 19－21　　　　　　　　**所得税费用在利润表上的列示**

Chelsea 公司 2015 年利润表		
收入		$ 130 000
费用		60 000
税前收益		70 000
所得税费用		
当期	$ 16 000	
递延	12 000	28 000
净利润		$ 42 000

如图表 19－21 所示，Chelsea 公司既报告了当期部分（即当期应交所得税），也报告了所得税费用的递延部分。另一种方式是利润表中仅列示所得税费用总额，并在财务报表附注中披露当期应交所得税和递延部分。所得税费用经常被称作"所得税准备"。据此可知，当期的准备金为 16 000 美元，递延所得税的准备金为 12 000 美元。

□ 19.1.5　具体差异

很多项目都会导致税前会计利润和应纳税所得额的差异。从会计确认的角度来看，这些差异分为两类：（1）暂时性差异；（2）永久性差异。

暂时性差异

应纳税暂时性差异是指未来收回相关资产期间导致应纳税额增加的暂时性差异。可抵扣暂时性差异是指未来清偿负债期间导致应纳税额减少的暂时性差异。应纳税暂时性差异会增加递延所得税负债。可抵扣暂时性差异会增加递延所得税资产。图表 19－22 提供了暂时性差异的例子。

图表 19－22　　　　　　　　**暂时性差异的例子**

收入或利得的会计确认先于纳税义务的发生（递延所得税负债）
一项资产（如应收账款或投资）的确认可能会伴随着收入或利得的确认，并导致未来期间该资产收回时应纳税额的增加。例如： 1. 销售收入，财务报告采用权责发生制确认，税法采用收付实现制确认。 2. 合同收入，财务报告采用完工百分比法确认，税法则采用成本回收法确认。 3. 投资，财务报告采用权益法确认，税法则采用成本法确认。 4. 相关利得，财务报告要求在非货币性资产交换发生时确认，税法则递延确认。 5. 未实现持有收益（包括公允价值的选择），财务报告确认，税法则递延确认。

费用或损失的会计确认先于纳税抵减（递延所得税资产）
一项负债（或资产的抵减项目）的确认可能会伴随着费用或损失的确认，并导致未来期间该负债偿还时应纳税额的抵减。例如： 　　1. 因提供售后服务担保而确认的预计负债。 　　2. 与非持续经营和重组有关的预计负债。 　　3. 因未决诉讼而确认的预计负债。 　　4. 坏账损失，财务报告用备抵法确认，税法则用直接注销法。 　　5. 股权薪酬费用。 　　6. 未实现持有损失（包括公允价值的选择），财务报告确认，税法则递延确认。
纳税义务的发生先于收入或利得的会计确认（递延所得税资产）
企业应当将因未来期间提供商品或服务而提前收取的款项确认为一项负债。税法规定，预收账款应该在收到现金时纳入应纳税所得额。未来清偿负债时提供商品或服务的支出（或因对方取消订单而支付的退款）会产生应纳税额的抵减。例如： 　　1. 预先收取的订阅费。 　　2. 预收租金。 　　3. 售后租回，财务报告递延确认，税法直接确认收入。 　　4. 预付合同和预收特许权使用费。
费用或损失的纳税抵减先于会计确认（递延所得税负债）
资产成本的纳税抵减可能先于折旧费用的确认。财务报告中资产的未来可收回金额（通过资产的使用或销售）高于税法的计税基础，从而产生未来期间的应纳税金额。例如： 　　1. 固定资产的折旧和无形资产的摊销。 　　2. 超过费用部分的可抵扣的养老金。 　　3. 纳税申报当期可抵扣的预付费用。 　　4. 纳税申报当期可抵扣的开发成本。

　　暂时性差异的确定比较困难。公司应该按照纳税目标编制资产负债表，并与按 IFRS 编制的资产负债表进行对比。两者之间的许多差异都是暂时性差异。

　　暂时性差异的产生和转回　　初始暂时性差异指资产或负债账面价值和计税基础之间的初始差异，包括资产（或负债）的计税基础高（低）于账面价值的情况。此外，暂时性差异的转回是指以前期间存在的暂时性差异消失，并冲减相应的递延所得税账户。

　　例如，2013—2015 年，夏普公司根据税法确认的各年折旧额均超过其在账面上确认的折旧额，差额为 2 000 英镑。另外，2016—2017 年，该固定资产的账面折旧额比税法折旧额高 3 000 英镑。假设所有年度的所得税税率均为 30%，递延所得税负债账户如图表 19 - 23 所示。

图表 19 - 23　　　　　　　　　　**差异的产生和转回对所得税的影响**

	递延所得税负债			
暂时性差异的转回对所得税费用的影响	2016　900 2017　900	2013　600 2014　600 2015　600		初始暂时性差异的所得税费用的影响

　　夏普公司前三年每年的初始暂时性差异是 2 000 英镑，所得税影响金额是 600 英镑。2016 年和 2017 年每年的暂时性差异的转回金额是 3 000 英镑，所得税影响金额是 900 英镑。

永久性差异

　　应纳税所得额和税前会计利润之间的某些差异是永久性的。永久性差异产生于以下项目：（1）计入税前会计利润但是永远不会计入应纳税所得额；（2）计入应纳税所得额但是永远不会计入税前会计利润。

为实现特定的政治、经济和社会目标，政府颁布了一系列税收法规，包括允许某些收入免税，限制某些费用的扣除，或允许某些超过特定成本的费用扣除。那些拥有免税收入、不可抵扣的费用以及超过成本的可抵扣费用的企业，其实际税率与法定税率（常规税率）不同。

永久性差异只对差异产生的当期有影响，而不影响未来应纳税金额和未来可抵扣金额，因此，公司不确认递延所得税。图表 19-24 提供了典型国家税法下永久性差异的例子。

图表 19-24　　　　　　　　　　永久性差异的例子

财务报告确认但税法不确认的项目
例如： 1. 收到特定类型的政府债务的利息。 2. 为获得免税收入而发生的费用。 3. 罚款和其他违法行为产生的费用。 4. 确认为费用的慈善捐赠，但有时税法上不允许抵扣。
税法确认但财务报告不确认的项目
例如： 1. 自然资源根据"百分率折耗法"计提的折耗金额超过其成本的部分。 2. 从其他企业获得的股利可抵扣部分，有时被认为是免税的。

暂时性差异和永久性差异的例子

为了说明暂时性差异和永久性差异的计算过程，假设 Bio-Tech 公司 2013 年、2014 年和 2015 年的税前会计利润均为 200 000 欧元。公司适用的所得税税率是 30%，公司税前会计利润和应纳税所得额之间存在的差异如下。

1. 2013 年，Bio-Tech 公司有一笔交易，收入为 18 000 欧元。双方约定对方从 2014 年 1 月 1 日起每月支付固定金额 1 000 欧元，18 个月后付完所有款项。Bio-Tech 公司在 2013 年的财务报告中确认该项交易的销售收入 18 000 欧元。

2. 2014 年和 2015 年，公司每年为高级管理人员支付 5 000 欧元的人寿保险费。税法规定该保险费不能抵扣，而 Bio-Tech 公司在财务报告中将其全部确认为费用。

分期收款销售产生的差异属于暂时性差异，人寿保险费产生的差异则是永久性差异。图表 19-25 展示了将税前会计利润调整到应纳税所得额的过程，以及应交所得税的计算过程。

图表 19-25　　　　　　　　　　应交所得税的调整和计算

	2013 年	2014 年	2015 年
税前会计利润	€ 200 000	€ 200 000	€ 200 000
永久性差异			
税法上不可抵扣的费用		5 000	5 000
暂时性差异			
分期销售利润	（18 000）	12 000	6 000
应纳税所得额	182 000	217 000	211 000
税率	×30%	×30%	×30%
应交所得税	€ 54 600	€ 65 100	€ 63 300

由于税前会计利润包含分期销售的收入，而这部分收入不应计入应纳税所得额，因此为了调整得到应纳税所得额，Bio-Tech 公司应该在税前会计利润中扣除分期销售的收入 18 000 欧元。同时，由于税前会计利润将保险费作为一项费用记录，但是税法不允许扣除，因此人寿保险费 5 000 欧元需要加回税前会计利润，这样才能调整得到应纳税所得额。

Bio-Tech 公司 2013 年、2014 年和 2015 年的所得税会计分录如下：

2013 年 12 月 31 日

借：所得税费用（54 600＋5 400）　　　　　　　　　　　　　　60 000

　　贷：递延所得税负债（18 000×30％）　　　　　　　　　　　　5 400

　　　　应交所得税（182 000×30％）　　　　　　　　　　　　54 600

2014 年 12 月 31 日

借：所得税费用（65 100－3 600）　　　　　　　　　　　　　　61 500

　　递延所得税负债（12 000×30％）　　　　　　　　　　　　3 600

　　贷：应交所得税（217 000×30％）　　　　　　　　　　　　65 100

2015 年 12 月 31 日

借：所得税费用（63 300－1 800）　　　　　　　　　　　　　　61 500

　　递延所得税负债（6 000×30％）　　　　　　　　　　　　　1 800

　　贷：应交所得税（211 000×30％）　　　　　　　　　　　　63 300

Bio-Tech 公司的暂时性差异产生于 2013 年，在 2014 年和 2015 年两年内转回。由于该差异产生了未来应纳税所得额，因此公司应该在 2013 年末确认递延所得税负债。当暂时性差异转回时，公司再冲减递延所得税负债的账面金额。而不可抵扣的保险费用产生的差异属于永久性差异，所以不会产生递延所得税。

虽然这三年的法定所得税税率均为 30％，但是 2014 年与 2015 年的实际税率与法定税率不一致。实际税率的计算方法是，用当期所得税费用除以税前会计利润。Bio-Tech 公司 2013 年的实际税率是 30％（60 000÷200 000），2014 年和 2015 年是 30.75％（61 500÷200 000）。

□ 19.1.6　有关税率的考虑

在前面的例子中，法定税率保持不变。因此，计算资产负债表上的递延所得税金额时，公司只需将累计的暂时性差异乘以现行税率即可。以 Bio-Tech 公司为例，用累计的暂时性差异 18 000 欧元乘以法定税率 30％，得到 2013 年的递延所得税负债 5 400 欧元（18 000×30％）。

未来适用税率

如果未来的税率发生变化，企业该如何处理呢？该例中，公司应该使用预期适用的实际执行税率。① 在确定暂时性差异适用的税率时，企业必须考虑未来年度的法定税率。例如，假定 Wang 公司 2012 年末累计暂时性差异是 300 000 元人民币，计算过

---

① 实质上的执行税率指"基本确定的税率"。IASB 就如何理解实质上的执行提供了指导。[2] 在讨论和课后作业中，假定法定的和实质上的执行是可互换的。

程如图表 19 - 26 所示。

图表 19 - 26　　　　　　　　累计暂时性差异的计算

折旧资产的账面价值	￥1 000 000
折旧资产的计税基础	700 000
累计暂时性差异	￥300 000

另外，300 000 元的暂时性差异将在未来期间转回，适用的法定税率如图表 19 - 27 所示。

图表 19 - 27　　　　　　　基于未来税率的递延所得税负债

	2013 年	2014 年	2015 年	2016 年	2017 年	合计
未来应纳税金额	￥80 000	￥70 000	￥60 000	￥50 000	￥40 000	￥300 000
税率	×40％	×40％	×35％	×30％	×30％	
递延所得税负债	￥32 000	￥28 000	￥21 000	￥15 000	￥12 000	￥108 000

2012 年末的递延所得税负债总额为 108 000 元。如本例所示，若未来年度的税率已经发布，Wang 公司应当使用未来税率而不是当期税率；否则，Wang 公司应当使用当期税率。

在一些国家，适用税率的确定取决于一项资产或负债的账面价值如何实现或收回。例如，某公司经营一家工厂并准备持续经营，适用于正常经营的税率为 35％。假如该公司打算出售这家工厂及相关的资本利得和损失，就适用 15％ 的税率，这时的适用税率发生了变化。[3]

未来税率的修正

当所发布的税率变动时，公司应该立即确认该变动对当前递延所得税账户的影响，并将其作为变化当期所得税费用的调整予以报告。

假设 2014 年 12 月 10 日，新所得税法签署通过，公司所得税税率由 40％ 降到 35％，自 2016 年 1 月 1 日开始生效。假设 Hostel 公司 2014 年初有一项 3 000 000 美元的暂时性差异，该项差异源于税法允许抵扣的折旧金额高于会计计提的折旧金额，这使得 2014 年 1 月 1 日递延所得税负债的余额为 1 200 000 美元（3 000 000×40％）。如果与该暂时性差异相关的应纳税金额预计将在 2015 年、2016 年和 2017 年均匀发生，则 2014 年末递延所得税负债金额为 1 100 000 美元，计算过程如图表 19 - 28 所示。

图表 19 - 28　　　　　　未来应纳税金额和相关税率一览表

	2015 年	2016 年	2017 年	合计
未来应纳税金额	$1 000 000	$1 000 000	$1 000 000	$3 000 000
税率	×40％	×35％	×35％	
递延所得税负债	$400 000	$350 000	$350 000	$1 100 000

因此，Hostel 公司在 2014 年末确认的递延所得税负债应当减少 100 000 美元（1 200 000－1 100 000），如下所示：

借：递延所得税负债　　　　　　　　　　　　　　　　　　　　　　　　100 000

　　贷：所得税费用　　　　　　　　　　　　　　　　　　　　　　　　　　100 000

公司所得税税率的变动并不频繁，因此，公司通常采用当前税率。然而，一些行政辖区的所得税税率变化较为频繁，因此需要对递延所得税进行相应的调整。①

数字背后的故事　　全球税率

如果你关心所得税税率和所得税的缴纳，你也许会考虑移民到开曼群岛或巴哈马群岛，因为这里的个人所得税税率为零。但是你绝不会考虑移民到丹麦。诚然，丹麦人经常被票选为全球最快乐的人，但我们无法确定有多少轮投票是发生在纳税时期。丹麦政府征收的所得税税率可能高达 55.4%。因此，无论住在哪里，对于很多人来说纳税都是一件十分重要的事情。

企业同样如此。例如，经济合作与发展组织（OECD）是一个由 38 个承认自由市场经济原则的国家和地区组成的国际组织。OECD 的绝大部分成员都是高收入的经济体，即发达国家和地区。然而，OECD 各成员的公司税率存在显著差异，下面列出了 10 个企业所得税税率最高的 OECD 国家。

美国	40.0%	德国	29.5%
日本	38.0	卢森堡	28.8
比利时	33.9	新西兰	28.0
法国	33.3	西班牙	28.0
澳大利亚	30.0	加拿大	26.0

税率最低的国家是冰岛和爱尔兰，分别为 15% 和 12.5%。实际上，为了吸引更多的资本投资，全球的企业所得税税率正在下降，反过来加剧了国际税收竞争。然而令人担忧的是，随着全球经济增长放缓，各国政府为了解决预算不足的问题，可能会把提高公司所得税税率作为收入来源之一。另外，扩大增值税的征收也被纳入考虑范围。间接税如增值税是对商品和服务的流通环节征税，相较于公司所得税而言更为稳定。

如果上述税收考虑导致未来的适用税率发生变化，企业最好对递延所得税资产和负债的重新计量做好准备。

资料来源：The rates reported reflect the base corporate rate in effect in 2012. Effective rates paid may vary depending on country-specific additional levies for such items as unemployment and local taxes, and, in the case of Japan, earthquake damage assessments. Effective rates may be lower due to credits for investments and capital gains. See *http://www.kpmg.com/global/en/services/tax/tax-tools-and-resources/pages/tax-rates-online.aspx.* See also P. Toscano, "The World's Highest Tax Rates," *http://www.cnbc.com/id/30727913*（May 13, 2009）.

19.2　净经营损失的会计处理

每一位管理者都希望自己的公司能够实现盈利，然而现实总是残酷的。对于一

---

① 税率的变化通常会在很大程度上影响收益和资产负债表中递延所得税的金额。因此，每当政府决定改变税率时，人们都会对相应的经济后果展开讨论。例如，一个国家将公司所得税税率从 34% 提高到 35%，导致那些拥有递延所得税负债的公司遭到额外的"打击"。

家刚刚起步的公司来讲，在实现规模经济之前往往处于扩大顾客基础的阶段，公司常常发生经营亏损。而对于那些初具规模的公司来说，一些大事件的发生（如工人罢工、制度和竞争对手的快速变化）都会导致企业的费用超过收入，即净经营损失。

从税法的角度讲，净经营损失是指税法上的可抵扣费用超过应纳税收入。若公司在盈利期间纳税，但在损失期间不享受税收的减免，则会导致不公平的税负制度。因此，在某些特定条件下，税法允许纳税企业用某一年度的亏损抵减其他年度的收益。

公司通过净经营损失移前扣除和净经营损失移后扣除来均衡利润。按此条款，公司在发生亏损当期无须缴纳所得税。另外，有以下两种方式供企业选择。①

□ 19. 2. 1　纳税亏损移前扣除

通过纳税亏损移前扣除，公司可将净经营亏损用于抵扣前两年的经营利润，并收取以前年度缴纳的所得税退税款。公司必须先将损失用于抵扣较早年份的利润，再抵扣第二年的利润。在完成两年的纳税亏损移前扣除之后，公司可以将剩余的亏损金额结转到以后年度，用于抵扣未来 20 年的应纳税所得额。图表 19 - 29 列示了纳税亏损移前扣除的程序，假设 2015 年发生亏损。

图表 19 - 29　　　　　　　　　　纳税亏损移前扣除程序

□ 19. 2. 2　纳税亏损移后扣除

公司也可以选择放弃纳税亏损移前扣除，采用纳税亏损移后扣除，以抵减未来 20 年的应纳税金额，如图表 19 - 30 所示。

图表 19 - 30　　　　　　　　　　纳税亏损移后扣除程序

① 不同国家在经营损失移前扣除和移后扣除方面有所不同。在本书中，我们假设公司可以将经营损失前移两个年度或后移 20 个年度扣除，在课后作业中，将上述期间作为前移和后移的基础。

□ 19.2.3　纳税亏损移前扣除举例

为了说明纳税亏损移前扣除的会计处理程序，我们假设 Groh 公司不存在暂时性差异和永久性差异，具体情况如下。

年份	应税收入或损失	税率	已交税金
2011	$ 50 000	35%	$ 17 500
2012	100 000	30%	30 000
2013	200 000	40%	80 000
2014	(500 000)	—	-0-

2014 年，Groh 公司出现净经营损失，公司决定采用纳税亏损移前扣除。根据法律规定，Groh 公司必须先将纳税亏损移前扣除用到前两年中较早的那一年，即先扣减 2012 年的应税收入，然后将剩余的损失额转到 2013 年。因此，Groh 公司需要提交 2012 年和 2013 年修改后的纳税申报表，并收取以前年度缴纳的 110 000 美元（30 000＋80 000）的退税。

无论从会计的角度还是纳税的角度，110 000 美元反映了纳税亏损移前扣除的所得税影响（或所得税收益）。Groh 公司可以在亏损当年即 2014 年确认该项所得税影响。由于纳税亏损引起的退税款能够可靠计量并且在当期实现，Groh 公司应该在亏损发生当期确认纳税收益。

Groh 公司 2014 年的会计分录如下：

借：应收所得税税款返还 110 000
贷：纳税亏损移前扣除收益（所得税费用） 110 000

Groh 公司将借记的应收所得税税款返还作为一项流动资产计入 2014 年 12 月 31 日的资产负债表，将贷方的账户余额计入 2014 年的利润表，如图表 19 - 31 所示。

图表 19 - 31　　　　　　　亏损年度因纳税亏损移前扣除确认的收益

Groh 公司 2014 年利润表（部分）	
税前经营损失	$ (500 000)
所得税收益	
纳税亏损移前扣除收益	110 000
净损失	$ (390 000)

由于 2014 年 500 000 美元的净经营亏损超过前两年应纳税所得额的总和 300 000 美元，Groh 公司将剩余的 200 000 美元的亏损用于纳税亏损移后扣除。

□ 19.2.4　纳税亏损移后扣除举例

如果纳税亏损移前扣除后仍有剩余，或者公司不使用移前扣除，则可在未来 20 年的时间内将亏损移后扣除。因为公司将纳税亏损用于抵扣未来的应纳税所得额，所以纳税亏损移后扣除的所得税影响即为未来所得税的节约。未来纳税收益是否实现依赖于未来能否盈利，这是一种包含不确定性的预期。

一个关键的会计问题是在两种情况下递延所得税资产的确认条件是否应当保持一致，这两种情况包括：（1）可抵扣暂时性差异；（2）纳税亏损移后扣除。IASB认为，二者的本质是相同的，都是未来年度的可抵扣金额。由此得出的结论是，可抵扣暂时性差异和纳税亏损移后扣除产生的递延所得税资产的确认条件应当保持一致。①

纳税亏损移后扣除（确认）

为了进一步说明纳税亏损移后扣除，我们回到之前讨论过的 Groh 公司的例子。2014 年，公司将 200 000 美元的损失用于纳税亏损移后扣除，产生的所得税影响为80 000 美元（200 000×40%），并将其计入递延所得税资产，假定法定税率为40%。Groh 公司 2014 年有关纳税亏损移前扣除收益和移后扣除收益的会计处理如下：

确认纳税亏损移前扣除的收益：

借：应收所得税税款返还		110 000
贷：纳税亏损移前扣除收益（所得税费用）		110 000

确认纳税亏损移后扣除的收益：

借：递延所得税资产		80 000
贷：纳税亏损移后扣除收益（所得税费用）		80 000

Groh 公司实现应收所得税税收返还 110 000 美元，这是过去年度缴纳的所得税的退税款。公司将未来税收的节约记入"递延所得税资产"账户。两个贷记账户是所得税费用的抵减账户，在利润表中的列示如图表 19-32 所示。

图表 19-32　　亏损年度因纳税亏损移前扣除和移后扣除确定的收益

Groh 公司 2014 年利润表（部分）		
税前经营损失		$ (500 000)
所得税收益		
纳税亏损移前扣除收益	$ 110 000	
纳税亏损移后扣除收益	80 000	190 000
净损失		$ (310 000)

当期纳税收益为 110 000 美元，代表所得税的退税款，该金额根据 2014 年度的亏损额和税法的纳税亏损移前扣除条款确定。当期递延所得税收益是 80 000 美元，源于递延所得税资产的增加。

假设 Groh 公司 2015 年实现盈利，应纳税所得额为 250 000 美元（纳税亏损移后扣除之前），适用税率是 40%。因此，Groh 公司在 2015 年实现了 2014 年确认的纳税亏损移后扣除的收益。Groh 公司 2015 年应交所得税的计算过程如图表 19-33所示。

---

① 该规定备受争议，一些人认为只有当未来收益实现时才能确认纳税亏损移后扣除产生的递延所得税资产。

图表 19-33 纳税亏损移后扣除收益已实现条件下的应交所得税的计算

纳税亏损移后扣除前的应纳税所得额	$ 250 000
纳税亏损移后扣除抵减额	（200 000）
2015 年的应纳税所得额	50 000
税率	×40％
2015 年的应交所得税	$ 20 000

公司 2015 年所得税费用的会计分录如下：

借：所得税费用　　　　　　　　　　　　　　　　　　　　100 000
　　贷：递延所得税资产　　　　　　　　　　　　　　　　　　80 000
　　　　应交所得税　　　　　　　　　　　　　　　　　　　　20 000

2015 年纳税亏损移后扣除收益的实现，使递延所得税资产账户的余额冲减为零。

图表 19-34 列示的是 2015 年的利润表，并没有列报纳税亏损移前扣除和移后扣除的所得税影响，因为 Groh 公司之前已经对其进行列报。

图表 19-34 纳税亏损移后扣除实现的收益，在 2014 年确认，2015 年实现

Groh 公司		
2015 年利润表（部分）		
利润总额		$ 250 000
所得税费用		
当期	$ 20 000	
递延	80 000	100 000
净利润		$ 150 000

纳税亏损移后扣除（不确认）

让我们回到 Groh 公司的例子。假设 Groh 公司在未来年度很可能无法实现所有的纳税亏损移后扣除收益。本例中，Groh 公司记录了与 300 000 美元的纳税亏损移前扣除相关的纳税收益 110 000 美元。由于它很可能无法实现纳税亏损移后扣除收益，因此不针对纳税亏损移后确认递延所得税资产。Groh 公司 2014 年的会计分录如下：

确认纳税亏损移前扣除的收益：

借：应收所得税税款返还　　　　　　　　　　　　　　　　110 000
　　贷：纳税亏损移前扣除收益（所得税费用）　　　　　　　110 000

图表 19-35 展示了 Groh 公司 2014 年的利润表。

图表 19-35 只确认纳税亏损移前扣除收益

Groh 公司	
2014 年利润表（部分）	
税前经营损失	$ (500 000)
所得税收益	
纳税亏损移前扣除收益	110 000
净损失	$ (390 000)

假设 Groh 公司 2015 年实现应纳税所得额 250 000 美元（考虑纳税亏损移后扣除之前），适用的所得税税率是 40％，即实现了递延所得税资产。Groh 公司应该做以下分录：

确认递延所得税资产和纳税亏损移后扣除：

借：递延所得税资产 80 000
　　贷：纳税亏损移后扣除收益（所得税费用） 80 000

记录当期所得税和递延所得税：

借：所得税费用 100 000
　　贷：递延所得税资产 80 000
　　　　应交所得税 20 000

Groh 公司在 2015 年的利润表中报告了 80 000 美元的纳税亏损移后扣除收益。由于该收益在 2014 年很可能无法实现，因此公司没有确认。假设 Groh 公司 2015 年的收入均为可持续的经营活动所得，其利润表如图表 19 - 36 所示。

图表 19 - 36　　　　　　　　　确认纳税亏损移后扣除收益的实现

Groh 公司 2015 年利润表（部分）		
利润总额		$ 250 000
所得税费用		
当期	$ 20 000	
递延	80 000	
纳税亏损移后扣除收益	（80 000）	20 000
净利润		$ 230 000

另一种方法是利润表主表中仅列示所得税费用总额 20 000 美元，具体信息在财务报表附注中予以披露。

再探不确认

在税法允许的纳税亏损移后扣除的期限内能否获得足够的应纳税所得额，决定了公司的递延所得税资产能否实现。图表 19 - 37 展示了应纳税所得额的可能来源及公司在评估应纳税所得额用于抵扣预计可利用的未弥补亏损或税款抵减可能性时应考虑的因素。①

图表 19 - 37　　　　　　　　　应纳税所得额的可能来源

应纳税所得额的来源
a．公司针对同一税务机关是否有足够的应纳税暂时性差异，将决定预计可利用未弥补亏损或税款抵减的未来期间内可抵扣的应纳税金额。 b．在预计可利用未弥补亏损或税款抵减的未来期间内，公司是否很可能取得应纳税利润。 c．未弥补亏损是否由可辨认的不可能再次发生的原因导致。 d．在预计可利用未弥补亏损或税款抵减的未来期间内，公司是否有利用税收筹划来创造应纳税利润的机会。[4]

在预计可利用未弥补亏损或税款抵减的未来期间内，公司不太可能获得应纳税利润的，相应的递延所得税资产不予确认。若存在消极的证据，比如近几年累计亏损，那么企业很难得出确认纳税亏损移后扣除的结论。然而，公司经常通过列举积极的证

---

① 公司通过制定和实施税收筹划战略，实现经营损失产生的纳税收益，或纳税亏损移后扣除产生的税收抵免收益。在确定递延所得税资产的计提金额时，公司会考虑税收筹划战略。

据来证明确认纳税亏损移后扣除是正当合理的。①

确认递延所得税减值的主观性为公司进行盈余管理提供了机会。正如一位会计专家所说，"很可能"的规定也许是会计中最需要职业判断的一个条款。有些公司会当期确认纳税亏损移后扣除，然后在需要时用来调高利润。有些公司则会立即确认收益来增加资本或弥补大额的费用。

19.3   财务报表列报

□ 19.3.1   资产负债表

公司应当将应收税款返还或应交所得税划分为流动资产或流动负债。尽管企业对流动所得税资产和负债进行单独确认和计量，但在财务报表中往往以相互抵销后的净额列示。原因在于，当流动所得税资产和负债与税务机关征收的所得税相关时，公司拥有将流动所得税资产（应收税款返还）和流动所得税负债（应交所得税）相互抵销的法定权利。[5]同理，企业对递延所得税资产和负债进行单独确认和计量，但可能只在财务报表中相互抵销。② 净递延所得税资产或负债以非流动项目的形式在财务报表中列示。③

举例说明，假设 K. Scott 公司 2015 年 12 月 31 日有四项递延所得税，如图表 19 - 38 所示。

图表 19 - 38   暂时性差异的分录

暂时性差异	递延所得税	
	（资产）	负债
1. 预收租金：会计上在履行义务时确认，税法上在收到款项时确认。	$ (42 000)	
2. 折旧：会计上用直线法计提折旧，税法上用加速折旧法计提折旧。		$ 214 000
3. 分期收款销售，会计上在销售发生时确认收入，税法上在收到款项时确认。		45 000
4. 因产品质量保证计提的预计负债：会计上在销售发生时确认，税法上在实际支出时确认。	(12 000)	
合计	$ (54 000)	$ 259 000

---

① 索尼公司宣告了 32 亿美元的净损失，其中包括 44 亿美元的递延所得税资产减值准备。至此，该公司已连续三年发生亏损。减值的计提表明，2011 年 3 月发生的地震和海啸打破了美好的盈利预期。灾难发生后，索尼公司暂时关闭了震区周围的 10 家工厂。与日本其他汽车和电子设备制造商一样，公司的复苏部分依赖于零部件和原材料供应商，然而它们也受到了地震的影响，因此索尼公司面临很多的不确定性。对震后恢复前景的预期使索尼公司不得不在第四季度计提 30 亿美元的递延所得税资产准备金。J. Osawa, "Sony Expects Hefty Loss: Electronics Giant Reverses Prediction for Full-Year Profit, Blaming Earthquake," *Wall Street Journal* (May 24, 2011).

② 当且仅当企业同时满足以下两个条件时，递延所得税资产和递延所得税负债可以在财务报表中相互抵销：(1) 公司拥有将当期所得税资产和当期所得税负债相互抵销的法定权利；(2) 该递延所得税资产和递延所得税负债属于同一纳税人针对同一税务机关的递延税项。[6]

③ 递延所得税金额无须折现。IASB 认为，虽然折现的影响十分重要，但折现过于复杂且没有必要。[7]

如图所示，K. Scott 公司递延所得税资产为 54 000 美元，递延所得税负债为 259 000 美元。若两者相互抵销，财务报表中非流动负债部分列示的递延所得税负债为 205 000 美元（259 000－54 000）。

再举一个例子，英国 Wm Morrison 超市集团在其合并资产负债表（财务报表）上列示与所得税有关的信息及与特定所得税相关的附注，如图表 19－39 所示。

图表 19－39 所得税列报

Wm Morrison 超市集团
合并资产负债表
2013 年 2 月 3 日
（百万英镑）

				2013 年	2012 年
流动负债					
当期所得税负债				(149)	(162)
非流动负债					
递延所得税负债			（附注 19）	(471)	(464)

19　递延所得税				2013 年	2012 年
递延所得税负债				(519)	(509)
递延所得税资产				48	45
净递延所得税负债				(471)	(464)

	不动产、厂场和设备	退休金	以股份为基础的支付	短期暂时性差异	合计
本期					
2012 年 1 月 29 日	(509)	2	6	37	(464)
本期（减少）增加的利润	(10)	5	(4)	6	(3)
计入其他综合费用和权益	—	(2)	(2)		(4)
2013 年 2 月 3 日	(519)	5	—	43	(471)
前期					
2011 年 1 月 30 日	(534)	(10)	3	42	(499)
本期（减少）增加的利润	25	(1)	2	(11)	15
计入其他综合费用和权益	—	13	1	6	20
2012 年 1 月 29 日	(509)	2	6	37	(464)

在附注 19 中，Wm Morrison 超市集团解释了净递延所得税负债的计算方法以及负债的构成。因此财务报表及相关附注的使用者得以理解 4.71 亿英镑的递延所得税负债的构成情况，并由此洞察与净递延所得税负债相关的未来现金流量的可能性。

☐ 19.3.2 利润表

公司应当将所得税费用（或收益）在持续性经营活动、非持续性经营活动、其他综合收益和前期调整之间分配。这种方法称为所得税的跨期分摊。

另外，所得税费用（收益）的组成部分可能包括：

1. 当期所得税费用（收益）。
2. 任何在本期的税额确认的前期调整。
3. 与暂时性差异的产生和取消相关的递延所得税费用（收益）额。
4. 与税率变动及征收新税种有关的递延所得税费用（收益）额。

5. 由前期未确认的，用于减少本期和递延所得税费用的纳税亏损、纳税抵减及暂时性差异引起的收益。①

下面举例说明。Wm Morrison 超市集团综合全面收益表的相关部分如图表 19 - 40 所示。

图表 19 - 40　　　　　　　应纳税所得额的可能来源

Wm Morrison 超市集团 综合全面收益表（部分） 截至 2013 年 2 月 3 日，53 周 （百万英镑）			
	附注	2013 年	2012 年
税前利润		879	947
所得税	7	(232)	(257)
本期归属于股东利润		647	690
其他综合费用			
退休金计划导致的精算损失		(6)	(65)
现金流套期保值		(2)	(23)
与其他综合费用有关的所得税	7	(2)	19
本期其他综合费用税后净额		(10)	(69)
本期归属于股东的全部综合收益		637	621

附注 7 如图表 19 - 41 所示，解释了向 Wm Morrison 超市集团征收税款的组成。

图表 19 - 41　　　　　　　所得税的构成

Wm Morrison 超市集团 （百万英镑）		
附注 7：征税		
a）本期征税分析		
	2013 年	2012 年
企业所得税		
—本期	261	292
—前期调整	(32)	(20)
	229	272
递延所得税		
—时间性差异的产生和消除	(3)	5
—前期调整	47	22
—税率变化影响	(41)	(42)
	3	(15)
本期所征税额	232	257
b）针对其他综合费用和权益项目所征收或减免税额		
	2013 年	2012 年
退休金计划导致的精算利得或损失	2	(13)
现金流套期保值	—	(6)
针对其他综合费用项目所征所得税总额	2	(19)
股份支付	2	(1)

---

① 其他应该列示的部分包括由于递延所得税资产的减记或前期减记的冲销导致的递延所得税费用，以及与会计政策变更和依照 IASB 计入利得的会计差错相关的所得税费用（收益）。[8]

续

Wm Morrison 超市集团 （百万英镑）		
针对其他综合费用和权益项目所征所得税总额	4	(20)
征收或减免税额涉及其他综合费用和权益项目分析：		
递延所得税（附注 19）	4	(20)

如图表 19 - 41 所示，所得税减少了 2.32 亿英镑的利润，除此之外，与其他综合费用及权益相关的所得税以税后净额列示。图表 19 - 41 还提供了关于 2.32 亿英镑所得税的构成信息，解释了与其他综合费用及权益相关的 400 万英镑的个人所得税影响。

□ 19.3.3　纳税调整

另一项十分重要的披露是实际税率与适用税率之间的调整，公司至少需要提供以下信息之一：

● 所得税费用（收益）与产品会计利润乘以适用税率之间的数值调整，同时披露适用税率的计算基础。

● 平均实际税率与适用税率之间的数值调整，同时披露适用税率的计算基础。

Wm Morrison 超市集团提供了第一种调整信息，但同时也指出实际税率比适用（标准）税率高，如图表 19 - 42 所示。

图表 19 - 42　　　　　　　　　　　　纳税调整披露

Wm Morrison 超市集团 （百万英镑）		
c）纳税调整 本期所得税税率（2012 年，26.3%）比英国企业所得税标准税率 24.3% 要高，具体差异如下。		
	2013 年	2012 年
税前利润	879	947
税率 24.3% 下的所得税（2012：26.3%）	214	249
影响：		
税法不允许抵扣的费用	10	12
不合标准的折旧	39	38
收购西夫韦的资产产生的递延所得税	(10)	(12)
税率变动影响	(41)	(42)
其他	5	10
前期调整	15	2
本期所得税	232	257
影响当期和未来征税的因素 　2012 年财政法案将企业所得税税率由 24% 降至 23%。由于 2013 年 2 月 3 日递延所得税余额已经按新税率计算，因此在资产负债表日这一法案实际上已经生效。这一税率变动的影响就是利润表上多了 4 100 万英镑的利润。除此之外，2012 年秋季报告发布了英国所得税制度进一步变更的声明，包括主要税率到 2014 年 4 月 1 日进一步降至 21%。这一变动还未实际生效，因此并不包含在财务报表之中。 　到 2014 年 4 月 1 日企业所得税主要税率降至 21% 将生效，如果将这一变化适用于 2013 年 2 月 3 日的递延所得税余额，其整体效应为进一步减少 4 000 万英镑的递延所得税负债。		

为了解释所得税费用（收益）和会计收入之间的关系，企业用适用税率这一方法向财务报表使用者提供最有意义的信息。[①]

---

① 通常，最有意义的税率就是企业所在国的国内税率，也就是适用于国税的税率与适用于地方税的税率的合计，这些税率通常是基于一个实际上大体相同的应纳税所得（损失）计算的。然而，对于在多个不同税收辖区内经营的企业而言，将各个辖区预计使用的国内税率经调整后进行合计可能更有意义。

披露所得税信息的原因如下：

1. 有助于评估盈余质量。许多试图评估公司盈余质量的投资者非常关注企业税前会计利润与应纳税所得额的关系。分析师通常会认真分析因纳税收益而增加的盈余，尤其关注纳税收益无法实现的情况。对于 Wm Morrison 超市集团而言，一个有趣的事实是其适用税率比实际税率（所得税除以税前利润）要高。税法上允许的不合理的折旧及前期调整是导致这一现象的主要原因。

2. 有助于对未来现金流量作出更好的预测。所得税费用的递延部分有助于预测未来期间的应交所得税。在 Wm Morrison 超市集团的例子中，由于未来年度折旧下降，分析师预测未来应纳税所得额和应纳税额将上升。由于退休金计划、股份支付及其他暂时性差异，公司预期会产生其他可抵扣金额。这些递延事项表明，Wm Morrison 超市集团未来期间实际支付的税金将低于利润表上报告的所得税费用。相反，所得税税率预计会降到 21％，将会进一步减少本期及递延所得税额。

3. 有助于预测留待以后期间抵扣的经营损失（纳税亏损移后扣除）的未来现金流量。公司应该披露纳税亏损移后扣除的金额以及到期日。分析师可据此确定企业未来不需要支付所得税的收入的数额。Wm Morrison 超市集团没有纳税亏损移后扣除项目。[1]

数字背后的故事　　税收扭曲

正如 Wm Morrison 超市集团的例子中与纳税调整有关的信息所展示的，对公司而言较好的发展环境是所得税税率从 2012 年的 26.3％ 降到 2013 年的 24.3％。除此之外，税率很可能在不远的将来降到 21％，如图表 19-41 所示。这可能会导致递延所得税减少4 100 万英镑，同时也会使所得税费用减少。

然而，税率的降低对于有大量递延所得税资产余额的企业来说可能是把双刃剑，由于应纳税额的减少意味着在递延所得税资产过期前使用的机会变少，因此税率降低意味着递延所得税资产的价值降低。以美国花旗集团为例，税率的降低将导致其冲销 40 亿～50 亿美元的递延所得税资产。下图展示了如果美国税率像一些政客所提议的那样从 35％ 降到 20％，将会发生的情况。

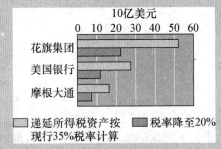

所以在税率降低方面存在扭曲的现象，对于有大量递延所得税资产余额的企业来说，未必是好事。

资料来源："Double-Edged Deferral: How Lower Taxes Could Hurt America's Big Banks," *The Economist* (December 10, 2011).

---

[1]　McConnell, J. Pegg, C. Senyak, and D. Mott, "The ABCs of NOLs," *Accounting Issues*, Bear Stearns Equity Research (June 2005). 监管者对于这些仅仅为了获得纳税亏损移后扣除而进行的企业合并很头疼。如果并购是出于纳税的考虑，则合并后的经营亏损不允许移后扣除。但是，由于合并动机通常难以认定，这种"购买纳税亏损移后扣除"的行为仍然存在。

19.4　对资产负债表债务法的评价

　　IASB 认为资产负债表债务法（有时称作债务法）是最理想的所得税会计处理方法。该方法有两大目标：一是确认当年应交的或应退回的所得税；二是确认递延所得税负债和资产，反映已在财务报告或纳税申报表中确认的事项未来的纳税影响。

　　为了实现上述目标，公司必须遵循所得税会计的基本原理，如图表 19-43 所示。

图表 19-43　　　　　　　　　资产负债表债务法的基本原理

基本原理
a. 估计当年的应交所得税或应收的税收返还，并确认为流动所得税负债或资产。
b. 估计由于暂时性差异和纳税亏损移后扣除产生的未来所得税影响，并确认为递延所得税负债或资产。
c. 当期所得税负债和资产以及递延所得税负债和资产根据现行税法确定，不考虑税法或税率的未来变化。
d. 如果可提供的证据表明部分纳税收益无法实现，企业应当减少递延所得税资产。

　　图表 19-44 展示了资产负债表债务法的操作程序。

图表 19-44　　　　　　　　　计算和报告递延所得税的程序

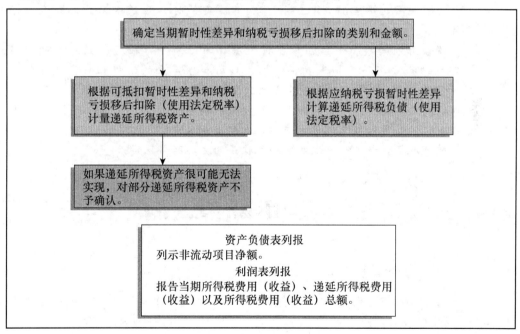

　　为帮助理解递延所得税，我们提供以下术语表。

递延所得税的关键术语

　　纳税亏损移前扣除。不能在纳税申报当年使用但可以抵减以前年度的应纳税所得额已交税金的抵扣或抵免。经营亏损移前扣除是指当期的纳税扣除高于总收入。税收抵免移前扣除是指可抵免金额高于法定限额。

纳税亏损移后扣除。不能在纳税申报当年使用但可以抵减以后年度的应纳税所得额或应纳税额的抵扣或抵免。经营亏损移后扣除是指当期的纳税扣除高于总收入。税收抵免移后扣除是指可抵免金额高于法定限额。

当期所得税费用收益。已交或应交（或可退回）的所得税金额，即用法定税率乘以应纳税所得额或者纳税抵减额高于收入的差额。

可抵扣暂时性差异。收回资产或清偿负债时会导致未来可抵扣金额的暂时性差异。

递延所得税资产。可抵扣暂时性差异和纳税亏损移后扣除产生的递延所得税。

递延所得税影响。所得税的未来影响，根据法定税率、年末暂时性差异和纳税亏损移后扣除确定。

递延所得税费用（收益）。递延所得税负债和资产的变化额。

递延所得税负债。应纳税暂时性差异产生的递延所得税。

所得税。境内外联邦（国家）、州、当地政府（包括拥有特许权的地区）根据所得征收的税款。

当期应付（可退还）的所得税。即当期所得税费用（收益）。

所得税费用（收益）。当期所得税费用（收益）和递延所得税费用（收益）的合计。

应纳税所得额。应税收入扣除税务机关认定的免税金额和可抵扣费用后的差额。

应纳税暂时性差异。收回资产或清偿负债时会导致未来应纳税金额的暂时性差异。

税收筹划策略。一系列符合特定法规的行为，旨在帮助企业在纳税抵免失效前实现纳税亏损移后扣除或税收抵免移后扣除产生的纳税收益。在评估是否对递延所得税资产计提减值准备以及计提金额时，公司通常会考虑税收筹划策略。

暂时性差异。一项资产或负债的计税基础与账面金额之间的差异，在收回资产或偿还负债时会导致未来年度的应纳税或可抵扣金额。

减值准备。很可能无法实现纳税收益的递延所得税资产。

国际会计视野

所得税

与 IFRS 相似，GAAP 也采用资产负债表债务法衡量递延所得税。IFRS 与 GAAP 之间的差异包括少数资产负债表债务法的例外情况，在确认、计量及披露条件上的一些小差异，以及实施指南上的差异。

相关事实

GAAP 和 IFRS 关于所得税会计的主要异同点如下。

相同点

● 如前文所述，GAAP 和 IFRS 均采用资产负债表债务法衡量递延所得税。

不同点

● GAAP 根据相关资产和负债的性质划分递延所得税，IFRS 将所有的递延所得税均归类为非流动性项目。

● GAAP 采用减值准备法来评估是否需要计提减值准备，即全额确认递延所得税资产，并根据很可能无法实现的金额对其计提减值准备。IFRS采用肯定判断法，即按照很可能实现的金额确认递延所得税资产。

● 在计量递延所得税资产或负债时，GAAP仅允许采用法定税率，IFRS采用法定税率或者实质上的执行税率（实质上的执行税率指基本确定的税率）。

● GAAP将所有所得税影响计入利润。而IFRS将某些特定项目产生的所得税影响计入所有者权益。

● GAAP要求企业评估不确定纳税事项通过审核的可能性。若审核很可能无法通过，企业必须记录并报告潜在负债。IFRS要求企业确认所有的潜在负债。此外，与GAAP不同的是，IFRS采用预期价值法。

深度解读

递延所得税资产或负债的分类

递延所得税在资产负债表上列示为资产或负债。公司应当根据相关资产在财务报告中的分类情况，将相应的递延所得税负债或资产划分为流动净额部分和非流动净额部分。单独的一项递延所得税资产或负债划分为流动的还是非流动的，应该按照财务报告中与其相关的资产或负债的划分情况来确定。

如果某项资产或负债的减少会导致暂时性差异的转回，就认为存在递延所得税资产或负债与之相关。公司应该根据暂时性差异预期转回的时间，区分与财务报告中的资产或负债不相关的递延所得税资产和负债，包括与纳税亏损移后扣除相关的递延所得税资产。

举例说明，假设百事公司采用备抵法确认坏账损失，然而税法要求采用直接注销法。当前公司应收账款的余额为 2 000 000 美元，坏账准备的余额为 100 000 美元。另外，假设税率是 40%，百事公司递延所得税资产的借方余额是 40 000 美元（40%×100 000）。应收账款的收回或减值会导致暂时性差异的转回，该余额与应收账款和坏账准备账户相关。因此，根据应收账款和坏账准备的性质，百事公司将该递延所得税资产划分为流动资产。

实践中，企业通常存在大量会产生递延所得税的交易和事项。公司应该将资产负债表上的递延所得税账户划分为两类：一类是流动净额，另一类是非流动净额。

如前所述，递延所得税资产或负债并不一定与财务报告中的某项资产和负债相关。例如，公司对经营亏损的移后扣除确认递延所得税资产，却没有与财务报告相关的可辨认资产或负债。在这样的情况下，递延所得税根据暂时性差异预期转回的时间进行划分，即将预计在下一年度转回的暂时性差异所对应的递延所得税确认为流动项目，将其余的确认为非流动项目。非流动性的递延所得税资产应该归入"其他资产"项目。

公司应当披露递延所得税负债总额、递延所得税资产总额和减值准备总额。另外，公司还应该披露如下事项：（1）当期减值准备净变化额；（2）暂时性差异的种类、占递延所得税资产和负债较大比例的纳税亏损移后扣除以及移前扣除。应交所得税在资产负债表上作为流动负债列示。

GAAP 和 IFRS 之间的差异

下表是从葛兰素史克公司最近的年报中截取的，它揭示了 GAAP 和 IFRS 对于递延所得税处理的不同影响。

对于美国会计准则的调整 (e) 递延所得税（部分）: 所得税总额（百万英镑）	
IFRS：	
当期所得税	2 710
递延所得税（贷项）/费用	（409）
所得税总额	2 301
GAAP：	
当期所得税	2 735
递延所得税贷项	（685）
所得税费用总额	2 050
所得税费用总额差异	（251）

因此，由于前面所强调的原因，葛兰素史克公司在 IFRS 下的所得税费用比 GAAP 下的高出了2.51 亿英镑。

未来之路

IASB 和 FASB 正致力于解决所得税会计领域

中存在的差异问题。其中一项正在讨论的议题是 IFRS 在递延所得税资产的确认中提到的"基本可能"是否应当解释为"很可能"。如果修改，则 GAAP 和 IFRS 的递延所得税资产减值实现了实质上的趋同。另外，IASB 正在考虑接受 GAAP 关于递延所得税资产和负债的分类方法。此外，GAAP 可能会继续采用法定税率计算递延所得税，除非出现不涉及税收管辖的情况。此时，公司应该采用 IFRS，即采用法定税率或实质上的适用税率。最后，为了与 GAAP 趋同，IFRS 考虑将特定交易产生的原计入所有者权益的递延所得税资产计入利润。在本书出版时，所得税会计的相关项目被无限期暂停。

本章小结

1. 区分税前会计利润与应纳税所得额。公司根据 IFRS 计算税前会计利润（或账面利润）。根据税法的规定计算应纳税所得额（纳税利润）。由于税法的规定和 IFRS 在很多方面是不同的，因此税前会计利润和应纳税所得额也是不同的。例如，在收入和费用确认的时间上可能就存在差异。

2. 描述应纳税暂时性差异。在会计上，当履行义务时就确认收入，但是在税法上要递延确认，直至收到钱时才能确认，这就造成了未来应纳税金额。直到公司收到应收账款并且在纳税上将其确认为一项收入时，未来应纳税金额才发生。这就产生了递延所得税负债。

3. 描述可抵扣暂时性差异。一项应记的因质量保证计提的预计负债，在会计上是在计提预计负债时确认费用，在税法上会在支出实际发生时确认费用，这就造成了未来可抵扣金额。未来可抵扣金额发生在公司偿还相关负债时。这就产生了递延所得税资产。

4. 解释递延所得税资产准备存在的意义。如果有充分可靠的证据可以证明全部或部分的递延所得税资产很可能（高于 50％ 的可能性）无法实现，就需要对递延所得税资产计提减值准备。公司应该考虑应纳税所得的可能来源，影响可用于评估预计可利用的未弥补亏损或税款抵减抵扣应纳税所得可能性的因素。当可利用的未弥补亏损或税款抵减不太可能用于抵扣应纳税所得时，就不应该确认递延所得税资产。

5. 描述利润表中所得税费用的列报。所得税费用的重要组成部分应该在利润表以及财务报表附注中进行披露。最常见的成分是当期费用（或收益）和递延费用（或收益）。

6. 描述各类暂时性差异和永久性差异。暂时性差异的例子包括：（1）收入或利得的会计确认先于纳税义务的发生；（2）费用或损失的会计确认先于纳税抵减；（3）纳税义务的发生先于收入或利得的会计确认；（4）费用或损失的纳税抵减先于会计确认。永久性差异的例子包括：（1）会计上确认但是税法上不会确认的项目；（2）税法上确认但是会计上不会确认的项目。

7. 解释由于多种税率和税率的变化对递延所得税产生的影响。公司只有在未来税率发布后才会使用除了当期税率以外的其他税率。当所发布的税率变动时，公司应该立即确认该变动对当期递延所得税账户的影响，并将其作为变化当期所得税费用的调整予以报告。

8. 运用纳税亏损移前扣除和纳税亏损移后扣除的会计程序。公司可以将净经营损失用于抵扣前两年的经营利润，并收取以前年度缴纳的所得税退税款。公司必须先将损失用于抵扣较早一年的利润，再抵扣第二年的利润。抵扣完两年的纳税亏损移前扣除后剩余的损失，可以采用纳税亏损移后扣除，可以在之后长达 20 年的时间里来削减未来的应纳税金额。公司也可以选择放弃纳税移前扣除，只用纳税移后扣除，抵减以后 20 年的未来应纳税金额。

9．描述资产负债表中递延所得税的列报。公司将递延所得税作为资产和负债列示在资产负债表中。公司将应收税款返还或应交所得税划分为流动资产或流动负债，这些项目可能会在资产负债表中相互抵销。同理，企业对递延所得税资产和递延所得税负债进行单独确认和计量，二者也可能在财务报表中相互抵销。净递延所得税资产或净递延所得税负债以非流动项目的形式在财务报表中列示。在利润表中，公司将所得税费用（或收益）在持续性经营活动、非持续性经营活动、特殊项目和前期调整之间分配（所得税的跨期分摊），并指明当前所得税费用（收益）和递延所得税费用（收益）。一项重要的调节就是实际税率和适用税率之间的调整。

10．指出资产负债表债务法的基本原理。公司在财务报表日使用以下所得税会计的基本原理进行会计处理：（1）估计当年的应交所得税或应收到的税收返还，确认为流动性所得税负债或资产。（2）利用法定税率估计由于暂时性差异和纳税亏损移后扣除产生的未来所得税影响，确认为递延所得税负债或资产。（3）根据发布的税法确认当期和递延的所得税资产和负债。（4）如果有必要，根据现有的可提供的证据，公司对可能无法实现的纳税收益计提递延所得税资产的减值。

附录 19A　所得税跨期分摊的综合性案例

本附录描述了一个包含多项暂时性差异和永久性差异的递延所得税的综合性案例，涉及一家公司连续两年的业务（2014 年和 2015 年）。认真学习该案例，会帮助你更好地理解本章的概念和方法。

□ 第一年——2014 年

Akai 公司在 2014 年初开始经营，根据合同生产各类产品。每份合同的毛利润为 80 000 元。其中，部分合同允许客户分期付款，Akai 公司在接下来的 4 年中每年收取合同收入的 1/5。出于财务报告目的，公司在合同完成当年确认收入（权责发生制）；出于纳税目的，公司在收取款项时确认收入（分期收款制）。

Akai 公司 2014 年经营活动的相关信息如下：

1．2014 年，Akai 公司完成了七份允许客户分期付款的合同，在会计上确认了 560 000 元的收入，而纳税申报表中只确认了 112 000 元的收入。公司预计，在接下来的 4 年中，相关的应收账款每年会带来 112 000 元的应税金额。

2．2014 年初，Akai 公司花费 540 000 元购买了一项可折旧的固定资产。在会计上，公司采用直线法计提折旧，折旧年限是 6 年。会计上和税法上的折旧情况如下所示：

年份	会计上的折旧	税法上的折旧	差额
2014	¥90 000	¥108 000	¥（18 000）
2015	90 000	172 800	（82 800）
2016	90 000	103 680	（13 680）
2017	90 000	62 208	27 792
2018	90 000	62 208	27 792
2019	90 000	31 104	58 896
	¥540 000	¥540 000	¥-0-

3. 公司从完成合同当日开始为产品提供两年的质量保证。2014 年，会计上确认的因质量保证计提的预计负债是 200 000 元，公司支付了其中的 44 000 元。公司预计，剩余的 156 000 元将分别在 2015 年和 2016 年支出，分别为 56 000 元和 100 000 元。

4. 2014 年，免税的政府债券利息收入为 28 000 元。

5. 2014 年支付了不可抵扣的罚款 26 000 元。

6. 2014 年税前会计利润为 412 000 元。

7. 2014 年发布的税率如下：

2014 年	50%
2015 年及以后年度	40%

8. 会计期间与公历年度一致。

9. 公司预计未来每年都会产生应纳税所得额。

应纳税所得额和应交所得税——2014 年

首先，通过计算 Akai 公司 2014 年的应纳税所得额，确定当期应交所得税。图表 19A－1 列示了计算过程。

图表 19A－1　　　　　　　　　2014 年应纳税所得额的计算

2014 年税前会计利润	¥412 000
永久性差异：	
免税收入——市政债券利息	（28 000）
免税费用——罚款和罚金	26 000
暂时性差异：	
会计上的合同毛利高于税法上的（¥560 000－¥112 000）	（448 000）
会计上的折旧与税法上的折旧的差额（¥108 000－¥90 000）	（18 000）
会计上因质量保证计提预计负债与税法上的差额（¥200 000－¥44 000）	156 000
2014 年应纳税所得额	¥100 000

Akai 公司根据 100 000 元的应纳税所得额计算得到应交所得税，如图表 19A－2 所示。

图表 19A - 2　　　　　　　　　　　　2014 年末应交所得税的计算

2014 年应纳税所得额	￥100 000
税率	×50%
2014 年应交所得税（当期所得税费用）	￥50 000

计算递延所得税——2014 年末

图表 19A - 3 总结了暂时性差异及相应的未来应纳税和可抵扣金额。

图表 19A - 3　　　　　　　　　2014 年末的未来应纳税和可抵扣金额一览表

	未来年份					合计
	2015	2016	2017	2018	2019	
未来应纳税（可抵扣）						
金额：						
分期收款销售	￥112 000	￥112 000	￥112 000	￥112 000		￥448 000
折旧	(82 800)	(13 680)	27 792	27 792	￥58 896	18 000
质量保证费用	(56 000)	(100 000)				(156 000)

Akai 公司计算 2014 年末的递延所得税金额，如图表 19A - 4 所示。

图表 19A - 4　　　　　　　　　　　2014 年末递延所得税的计算

暂时性差异	未来应纳税（可抵扣）金额	税率	递延所得税	
			（资产）	负债
分期付款销售	￥448 000	40%		￥179 200
折旧	18 000	40%		7 200
质量保证费用	(156 000)	40%	￥(62 400)	
合计	￥310 000		￥(62 400)	￥186 400 *

＊ 由于所有相关年份涉及的税率相同，因此合计数可以合计计算：

　　￥310 000×40%＝(￥62 400)＋￥186 400

　　第一项暂时性差异产生的原因在于会计上采用权责发生制，而税法上采用分期收款制。这项暂时性差异会导致未来应纳税金额以及递延所得税负债。分期收款销售合同在 2014 年完成，产生了 448 000 元的暂时性差异并在以后的 4 年中均匀转回。公司预计未来年度会产生应纳税所得额，适用的法定税率保持不变。Akai 公司用 40% 的税率计算因暂时性差异产生的递延所得税负债。

　　会计上和税法上不同的折旧政策导致前三年产生暂时性差异，并在后三年转回。该差异在 2015 年和 2016 年产生可抵扣金额，在 2017 年、2018 年和 2019 年产生应纳税金额，合计金额为未来应纳税净额 18 000 元（即 2014 年末的累计暂时性差异）。公司预计未来年度会产生应纳税所得额，适用的法定税率保持不变，因此 Akai 公司用该税率乘以未来应纳税净额得到相关的净递延所得税负债。

　　第三项暂时性差异源于对质量保证费用不同的处理方法。该差异将在未来两年内转回并产生可抵扣金额。公司预计未来年度将实现盈利，适用的法定税率保持不变，Akai 公司用 40％的税率计算得到递延所得税资产。

递延所得税费用（收益）以及记录所得税费用的会计分录——2014 年

为了确定递延所得税费用（收益），我们需要比较递延所得税账户的期初和期末金额。图表 19A－5 列示了相关的计算过程。

图表 19A－5　　　　　　　2014 年所得税费用（收益）的计算

2014 年末递延所得税资产	￥62 400
2014 年初递延所得税资产	－0－
递延所得税费用（收益）	￥(62 400)
2014 年末递延所得税负债	￥186 400
2014 年初递延所得税负债	－0－
递延所得税费用（收益）	￥186 400

递延所得税资产增加 62 400 元，导致利润表上增加了一项递延所得税收益。2014 年递延所得税负债增加 186 400 元，导致增加一项递延所得税费用。两者相减后的净额即为 2014 年的递延所得税费用，金额为 124 000 元。具体的计算过程如图表19A－6 所示。

图表 19A－6　　　　　　　2014 年净递延所得税费用的计算

递延所得税费用（收益）	￥(62 400)
递延所得税费用（收益）	186 400
2014 年净递延所得税费用	￥124 000

Akai 公司所得税费用的计算如图表 19A－7 所示。

图表 19A－7　　　　　　　2014 年所得税费用的计算

2014 年当期所得税费用	￥50 000
2014 年递延所得税费用	124 000
2014 年所得税费用（总额）	￥174 000

Akai 公司记录应交所得税、递延所得税和所得税费用的会计分录如下：

借：所得税费用		174 000
递延所得税资产		62 400
贷：应交所得税		50 000
递延所得税负债		186 400

财务报表列报——2014 年

公司应该对递延所得税资产和负债进行分类，并以非流动性项目的形式将其在资产负债表中列示。因此，递延所得税资产和递延所得税负债就相互抵销，计算出净递延所得税资产（负债）。图表 19A－8 展示了 Akai 公司 2014 年末的递延所得税账户的分类情况。

图表 19A‑8　　　　　　　　　　　2014 年末递延所得税的分类

暂时性差异	递延所得税	
	（资产）	负债
分期收款销售		¥179 200
折旧		7 200
质量保证费用	¥（62 400）	
合计	¥（62 400）	¥186 400

2014 年末资产负债表中报告的金额如图表 19A‑9 所示。

图表 19A‑9　　　　　　2014 年递延所得税在资产负债表上的列示

非流动负债	
递延所得税负债（¥186 400－¥62 400）	¥124 000
流动负债	
应交所得税	¥50 000

Akai 公司 2014 年的利润表如图表 19A‑10 所示。

图表 19A‑10　　　　　　2014 年所得税费用在资产负债表上的列示

税前会计利润		¥412 000
所得税费用		
当期	¥50 000	
递延	124 000	174 000
净利润		¥238 000

□ 第二年——2015 年

1. 2015 年，Akai 公司收到顾客支付的款项 112 000 元，系 2014 年分期收款销售合同的应收账款。公司预计，在接下来的 3 年中，剩余的应收账款每年会带来 112 000 元的应税金额。

2. 2015 年，公司新完成了四份允许客户分期付款的合同。这些合同产生了新的分期应收款。在接下来的 4 年中，这些应收款的收回每年会带来 64 000 元的应税收入。

3. 2015 年，Akai 公司对 2014 年购置的资产继续按照前面的折旧一览表计提折旧。因此，会计上的折旧总额达到 90 000 元，税法上累计折旧额为 172 800 元。

4. 2015 年末，因产品质量保证计提的预计负债账户的详细情况分析如下：

2015 年期初负债余额	¥156 000
2015 年利润表中确认的费用	180 000
因 2014 年的合同而支付的款项	(56 000)
因 2015 年的合同而支付的款项	(50 000)
2015 年期末负债余额	¥230 000

预计负债未来的清偿支出如下所示：

因 2014 年的合同在 2016 年支出	¥100 000
因 2015 年的合同在 2016 年支出	¥50 000
因 2015 年的合同在 2017 年支出	¥80 000
	¥230 000

5. 2015 年，免税的政府债券利息收入为 24 000 元。

6. Akai 公司因为一项未决诉讼在财务报表中确认了 172 000 元的损失。该损失预计在 2023 年实现，损失实现时可以税前扣除。

7. 2015 年税前会计利润为 504 800 元。

8. 适用的法定税率如下：

2014 年	50%
2015 年及以后年度	40%

应纳税所得额和应交所得税——2015 年

Akai 公司计算 2015 年的应纳税收入如图表 19A - 11 所示。

图表 19A - 11　　　　　　　　　**2015 年应纳税所得额的计算**

2015 年税前会计利润	¥504 800
永久性差异：	
免税收入——市政债券利息	(24 000)
转回暂时性差异：	
2014 年分期收款销售款的收回	112 000
支付的 2014 年合同的质量保证	(56 000)
初始暂时性差异：	
会计上的合同毛利高于税法上的	(256 000)
会计上的折旧与税法上的折旧的差额	(82 800)
会计上因质量保证计提预计负债与税法上的差额	130 000
会计上计提的损失	172 000
2015 年应交所得税	¥500 000

2015 年的应交所得税如图表 19A - 12 所示。

图表 19A-12　　　　　　　　2015 年末应交所得税的计算

2015 年应纳税所得额	¥500 000
税率	×40%
2015 年应交所得税（当期所得税费用）	¥200 000

计算递延所得税——2015 年末

图表 19A-13 总结了 2015 年末还存在的暂时性差异以及相应的未来应纳税和可抵扣金额。

图表 19A-13　　　　　　2015 年末的未来应纳税和可抵扣金额一览表

	未来年份						合计
	2016	2017	2018	2019	…	2023	
未来应纳税（可抵扣）金额：							
分期收款销售——2014	¥112 000	¥112 000	¥112 000				¥336 000
分期收款销售——2015	64 000	64 000	64 000	¥64 000			256 000
折旧	(13 680)	27 792	27 792	58 896			100 800
质量保证费用	(150 000)	(80 000)					(230 000)
计提的损失						¥(172 000)	(172 000)

Akai 公司计算 2015 年末的递延所得税金额，如图表 19A-14 所示。

图表 19A-14　　　　　　　　2015 年末递延所得税的计算

暂时性差异	未来应纳税（可抵扣）金额	税率	递延所得税	
			（资产）	负债
分期收款销售利润	¥592 000*	40%		¥236 800
折旧	100 800	40%		40 320
质量保证费用	(230 000)	40%	¥(92 000)	
计提的损失	(172 000)	40%	(68 800)	
合计	¥290 800		¥(160 800)	¥277 120**

* 累计暂时性差异＝¥336 000＋¥256 000
** 由于税率平稳，累计金额可以计算如下：¥290 800×40%＝¥(160 800)＋¥277 120

递延所得税费用（收益）以及记录所得税费用的会计分录——2015 年

为了确定递延所得税费用（收益），Akai 公司需要比较递延所得税账户的期初和期末金额，如图表 19A-15 所示。

图表 19A-15　　　　　　2015 年所得税费用（收益）的计算

2015 年末递延所得税资产	¥160 800
2015 年初递延所得税资产	62 400
递延所得税费用（收益）	¥(98 400)
2015 年末递延所得税负债	¥277 120
2015 年初递延所得税负债	186 400
递延所得税费用（收益）	¥90 720

2015 年的递延所得税费用（收益）以及总的所得税费用如图表 19A - 16 所示。

图表 19A - 16   **2015 年所得税费用的计算**

递延所得税费用（收益）	￥(98 400)
递延所得税费用（收益）	90 720
2015 年递延所得税费用（收益）	(7 680)
2015 年当期所得税费用	200 000
2015 年所得税费用（总额）	￥192 320

2015 年的递延所得税费用是 90 720 元，递延所得税收益是 98 400 元，净额是 7 680 元的递延所得税收益。

Akai 公司记录 2015 年的所得税的会计分录如下：

借：所得税费用		192 320
递延所得税资产		98 400
贷：应交所得税		200 000
递延所得税负债		90 720

财务报表列报——2015 年

图表 19A - 17 展示了 Akai 公司 2015 年末递延所得税账户的划分。

图表 19A - 17   **2015 年末递延所得税的分类**

暂时性差异	结果的递延所得税	
	（资产）	负债
分期收款销售利润		￥236 800
折旧		40 320
质量保证费用	￥(92 000)	
计提的损失	(68 800)	
合计	￥(160 800)	￥277 120

2015 年末资产负债表上报告的金额如图表 19A - 18 所示。

图表 19A - 18   **2015 年末递延所得税在资产负债表上的列示**

<u>非流动性负债</u>	
递延所得税资产（￥277 120—￥160 800）	￥116 320
<u>流动负债</u>	
应交所得税	￥200 000

Allman 公司 2015 年的利润表如图表 19A - 19 所示。

图表 19A - 19   **2015 年所得税费用在资产负债表上的列示**

税前会计利润		￥504 800
所得税费用		
当期	￥200 000	
递延	(7 680)	192 320
净利润		￥312 480

□ 附录 19A 小结

11. 理解和运用关于所得税跨期分摊的概念和程序。递延所得税会计包括以下几步：（1）计算当年的应纳税所得额和应交所得税。（2）计算年底的递延所得税。（3）计算递延所得税费用（收益），编制确认所得税的分录。（4）将财务报告中的递延所得税资产和负债分类，并列示递延所得税资产或递延所得税负债的净额。

权威文献

［1］International Accounting Standard 12, *Income Taxes*（London，U.K.：International Accounting Standards Committee Foundation，2001）.

［2］International Accounting Standard 12, *Income Taxes*（London，U.K.：International Accounting Standards Committee Foundation，2001），par. 48.

［3］International Accounting Standard 12, *Income Taxes*（London，U.K.：International Accounting Standards Committee Foundation，2001），par. 49.

［4］International Accounting Standard 12, *Income Taxes*（London，U.K.：International Accounting Standards Committee Foundation，2001），par. 36.

［5］International Accounting Standard 12, *Income Taxes*（London，U.K.：International Accounting Standards Committee Foundation，2001），par. 72.

［6］International Accounting Standard 12, *Income Taxes*（London，U.K.：International Accounting Standards Committee Foundation，2001），par. 74.

［7］International Accounting Standard 12, *Income Taxes*（London，U.K.：International Accounting Standards Committee Foundation，2001），paras. 53－54.

［8］International Accounting Standard 12, *Income Taxes*（London，U.K.：International Accounting Standards Committee Foundation，2001），par. 80（h）.

第 20 章

养老金及退休福利的会计处理

学习目标

学完本章后，你应该能够：

1. 区分雇主对养老金计划和养老金基金的会计处理。
2. 了解不同种类的养老金计划及其特征。
3. 了解养老金负债的计量方法。
4. 理解财务报表中与养老金相关的报表项目。
5. 利用工作底稿编制雇主养老金计划的会计分录。
6. 掌握前期服务成本的会计处理。
7. 掌握重新计量的会计处理。
8. 了解养老金计划的财务报表列报要求。
9. 掌握其他退休福利的会计处理。

养老金危机

2008年的金融危机及后续的经济衰退所带来的影响波及全球。无论是政府养老金计划还是私营企业养老金计划，均难以幸免。以下列举了部分企业为应对金融危机所采取的措施。

● 大量英国企业关闭了养老金计划。一项新的研究指出，服务成本总额——企业当期应提供的养老金福利下降了15%，这表明拥有养老金福利的员工数量大幅减少。按照这种速度，私营企业的最终薪金养老金计划将在六年内消失。可见，这一传统的养老金计划将很快成为历史。

● 在监管制度日趋严格的背景下，英国最大的自来水上市公司——（英国）联合公用事业公司（United Utilities）调整了设定受益计划，以削减养老金成本。具体而言，公司修改了设定受益计划的期限，增加员工的服务年限，同时延长退休年龄，设定养老金福利的增长上限。公司声称该举措得到了工会的支持。

● 英国马莎百货计划缴存8亿英镑，以弥补养老金计划的赤字。马莎百货有20 000余名员工参与了设定受益计划。公司发表声明称，尽管诸如英国石油（BP）和英国沃达丰等公司关闭了养老金计划，但马莎百货绝对不会这么做。一项数据显示，英国88%的设定受益计划不再向新员工开放。

经济衰退给养老金计划带来了挑战，反之，经济复苏能够快速消除经济衰退的不利影响。数据显示，2013年，在全球1 000家最大的跨国公司中，27%的企业的养老金计划处于盈余状态（即养老金资产大于养老金负债）。就在两年前，这一数字仅为4.4%。以马莎百货为例。如前所述，2008年金融危机期间，马莎百货养老金计划的赤字高达2.833亿英镑。到了2013年，公司的养老金计划实现1.933亿英镑的盈余。

为什么养老金计划对资本市场波动如此敏感？正如你将在本章中学到的，养老金是一项递延薪酬（应付薪酬）。由于养老金计划能够让员工在退休时享受福利，因此员工能够接受相对较低的工资水平。设立养老金计划的企业和政府必须缴存特定的资金，以偿付未来的养老金负债。当经济出现衰退时，养老金计划资产（如股票和债券）的价值下跌，而企业和政府又无力缴存更多的资金，养老金赤字和养老金危机由此形成。为了更好地反映养老金危机对企业的持续影响，IASB 发布了新的财务报告准则，以改进养老金及其他退休福利计划的会计处理。

　　资料来源：Adapted from Norma Cohen，"Study Sees End for Final Salary Pensions," *Financial Times*（May 17，2010）；J. Raife，"Time to Talk Real Public Sector Pension Costs," *Financial Times*（June 27，2010）；S. Johnson，"Sea Change in the Pipeline for BP's Pension Fund," *Financial Times*（January 12，2014）；and Towers and Watson，"Funded Status of Fortune 1000 Pension Plans Estimated to Have Improved," *Insider*（January 2014）.

本章概览

　　正如本章开篇案例所述，受金融危机影响，退休福利成本急剧上升，养老金计划陷入危机。例如，英国航空近几年平均每年需要为退休员工负担的养老金和医疗保险成本达 1.49 亿英镑，相当于每位乘客平均负担了 4 英镑的养老金成本。与之相似，很多其他公司也面临巨额的养老金费用及其他退休福利。本章结构和内容如下图所示。

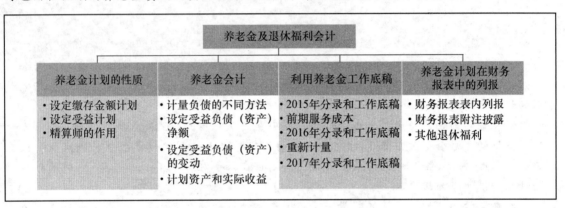

20.1　养老金计划的性质

　　养老金计划是雇主为补偿员工在工作期间为企业提供的服务，而向员工提供退休福利的协议。养老金会计可分为雇主对养老金的会计处理和养老金基金的会计处理。企业或雇主是养老金计划的出资人，为员工缴存养老金，进而产生养老金成本。基金或计划是指受企业委托负责管理企业的养老金资产，并向退休员工（养老金受益方）提供福利的实体。图表 20－1 展示了养老金计划的三方关系以及三方之间的现金流动。

　　图表 20－1　　　　　　　　**养老金计划的三方关系**

雇主向基金代理人缴存养老金后，即可视为养老金计划出资（fund）① 完成。代理人帮助企业积累养老金基金资产，并在福利到期时向受益方支付养老金福利。

部分养老金计划由企业与员工共同出资设立。在该类计划中，员工按照协议规定或自愿缴存相应的养老金费用，从而增加其未来福利。另一种养老金计划则由雇主全额承担养老金费用。在一些国家中，企业通常会设立养老金计划以获取纳税收益。能为企业带来纳税收益的计划称为合乎条件的养老金计划。该类计划允许雇主将养老金基金缴存额用于纳税扣减，此外，基金资产产生的收益免税。

养老金基金必须是一个独立的法律主体和会计主体，应当拥有并保存自己的账簿，并独立编制财务报表。为养老金基金编制会计分录和财务报表，就是大家所熟知的"员工福利计划的会计处理"，这不在本章讨论的范围之内。② 本章讨论的内容是养老金计划出资人——雇主对养老金的会计处理和对外报告。

了解了养老金基金的规模以后，你就会明白为什么雇主需要对养老金进行准确核算和有效管理。图表 20-2 展示了六家大型公司的养老金资产和养老金费用。常见的养老金计划包括设定缴存金额计划和设定受益计划。我们将分节学习这两种计划。

图表 20-2　　　　　　　　　　养老金基金规模和养老金费用　　　　　　　　单位：百万

公司	养老金基金规模	2012 年养老金费用（收入）	养老金费用占税前利润的百分比
西门子（德国）	€ 24 052	€ 332	4.56%
百威英博（比利时）	€ 5 704	€ 86	0.77%
巴斯夫（德国）	€ 16 739	€ 427	5.12%
国泰航空（中国）	$ 8 119	$ 231	14.95%
牛奶国际（中国）	$ 191	$ 13	2.42%
联合利华（英国）	￡17 665	￡353	5.28%

□ 20.1.1　养老金设定缴存金额计划

设定缴存金额计划是指由雇主根据某一公式定期向养老金基金缴存一定数额的计划。该计算公式涉及的因素包括员工年龄、工龄、雇主的盈利情况及薪酬水平等。这类养老金计划只对雇主的缴存额进行设定，而没有设定承诺给员工的最终福利。

在此类养老金计划下，员工最终可获得的养老金福利主要取决于以下因素：养老金基金的初始缴存额、养老金基金产生的收益以及因其他员工提早退出计划而收回资金的情况。企业一般会聘请独立第三方代为管理养老金账户的初始缴存金额。基金账户管理者代表受益人（参与养老金计划的员工）的利益，假设拥有养老金资产的所有

---

① fund，出资或基金，用作动词时，是指向基金代理人付款（作为未来的养老金福利或作为养老金成本）；作为名词时，是指基金代理人手中累计的用于支付到期养老金福利的资产。

② IASB 专门发布了关于员工福利计划的会计处理和列报的准则。[1]

权并对养老金的投资和分配负责。此外，基金通常独立于雇主。

设定缴存金额计划的会计处理较为简单。员工从缴存的养老金计划资产中获得收益（或损失），雇主则根据相应的养老金计划公式缴存一定的金额。因此，企业每年的养老金费用就是本年应向养老金基金缴存的金额。企业若当期未按要求足额缴存养老金，则应当在资产负债表中记录负债；反之，若当期超额缴存养老金，则应当在资产负债表中记录资产，并披露当期的养老金费用。[2]

20.1.2　养老金设定受益计划

养老金设定受益计划规定了员工退休后可获得的退休福利金额。福利金额主要由员工的服务年限及其在临近退休前所达到的工资水平决定。

为了兑现设定受益承诺，企业必须确定当前应缴存的金额（涉及资金时间价值的计算）。企业可以采用各种缴存养老金的方法，但不管什么方法，都必须保证员工在退休以后可获得计划设定的养老金数额。

设定缴存金额计划对员工有利，而设定受益计划则可能对雇主有利。在设定受益计划下，基金账户管理人的主要目的是保护并投资基金资产，从而确保有足够的资金用以履行对员工的承诺。基金在形式上是一个独立的实体，但实质上，基金的资产和负债归雇主所有。换句话说，只要养老金计划没有终止，雇主就必须按计划支付设定福利（不管基金发生了什么情况）。当基金的累计资产不足支付时，企业必须弥补资金缺口；当基金的累计资产实现超额收益时，企业可以收回超额部分的收益，如减少以后期间的缴存金额或拿回部分已缴存的资金。

因为设定受益计划是在未来不确定的情况下提供确定的福利，所以企业必须妥善制定出资计划，保证员工退休后能够有足额资金用以履行福利承诺。影响出资额的因素一般包括员工流动性、死亡率、服务年限、工资水平以及利息收入等。

雇主承担了设定受益计划的风险，因为（不管发生什么）它们必须缴存足额的资金以偿付计划福利的成本。但是，当期确认的费用并不等同于当期缴存的金额。同理，养老金负债的确认也存在争议，因为其计量和确认具有较大的不确定性。因此，此类养老金计划的会计处理比较复杂。下节主要讨论设定受益计划的有关内容。①

数字背后的故事　　哪种计划更好？

相对于设定受益计划，雇主更倾向于选择设定缴存金额计划。可能的原因在于，该类计划的成本比较低，一般只占工资总额的 3%，而设定受益计划的成本占工资总额的 5%～6%。

有人调查了某国近 650 000 份单一雇主养老金计划，并统计了各类养老金计划所占的比例。结果如下图所示。由图可知，设定缴存金额计划的数量快速增长。20 世纪 70 年代，大约有 1 500 万家企业设立了设定缴存金额计划。如今，这一数字超过了 6 200 万。

---

① 很多企业会同时设立设定缴存金额计划和设定受益计划。

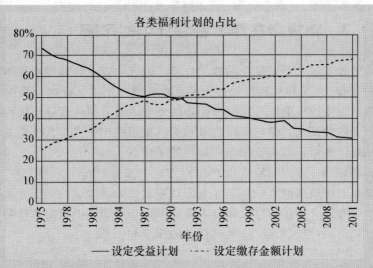

尽管很多企业选择了设定缴存金额计划，但现存的设定受益计划的数量依然十分庞大，且产生了巨额的福利负债。进一步地，设定受益计划和设定缴存金额计划的比重随着时间的推移而不断变化，且在国家间呈现出较大差异。

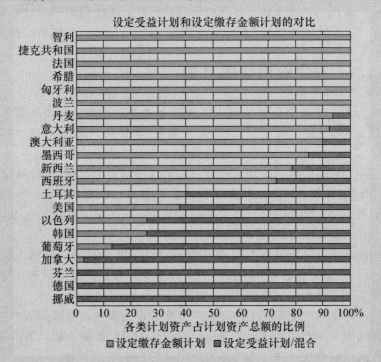

如图所示，在上述 21 个国家中，有 12 个国家的设定缴存金额计划的资产超过了设定受益计划的资产。智利、捷克共和国、法国、希腊、匈牙利和波兰等国家甚至不存在设定受益计划。而在加拿大、芬兰、德国、以色列、韩国、挪威、葡萄牙、土耳其和美国，设定受益计划是主流的养老金类型。

资料来源：Private Pension Plan Bulletin (2011)，*http://www.dol.gov/ebsa/publications/form5500dataresearch. html#statisticalsummaries*；and "Pension Markets in Focus," OECD (2013).

□ 20.1.3　精算师在养老金会计中的作用

养老金计划涉及非常复杂的数学计算。因此，企业会雇用精算师来评估员工养老金计划的适当性。[①] 精算师是经过长期训练并通过严格认证程序选拔出来的，擅长计算未来事项发生的可能性及其财务影响的专业人员。保险行业会聘请精算师来评估风险，并对保险费用或其他与保险政策相关的事项提出建议。其他企业在设计、实施养老金计划并出资时，也高度依赖精算师的工作。

精算师预测（称为精算假设）死亡率、员工流动率、利率和收益率、提前退休率、未来工资以及其他可能影响养老金计划运行的事项。他们还会测算不同养老金计算方法对财务报表的影响，比如养老金负债、当期成本以及修正计划成本。总之，设定受益计划的会计处理高度依赖精算师的测算和信息。

20.2　养老金会计

养老金计划的会计处理存在两个问题：（1）公司应当如何在财务报表中报告养老金负债？（2）如何确认当期的养老金费用？其中，仅第一个问题就备受争议。

□ 20.2.1　养老金负债的计量

一般认为，养老金负债是雇主以养老金计划的形式获取员工服务而产生的对员工的递延薪酬负债。养老金负债的计量较为复杂，因为存在多种不同的计量方法。

第一种方法是以员工的既得福利为基础计量养老金负债。既得福利（vested benefits）是指即使员工不再为企业提供额外服务也有权获得的福利。大部分养老金计划都规定了员工在取得既得福利之前需要为企业服务的最低年限。企业一般会根据员工当前的工资水平和既得福利计算既得福利负债。

第二种方法以设定服务年限和非设定服务年限为基础，即基于员工所有的服务（包括设定和非设定服务）并根据当前工资水平计算递延薪酬。利用这一方法计算的养老金负债称为累计福利负债。

第三种方法同样基于员工的设定服务和非设定服务，但根据未来工资水平计算递延薪酬。利用这一方法计算出的养老金负债称为设定受益负债。鉴于未来工资预期比当前工资高，根据该方法计算的养老金负债的金额应当最大。

计量方法的选择至关重要，因为它会对企业报告的养老金负债和年度养老金费用产生较大影响。图表 20-3 展示了上述三种计量方法的区别。

[①] 精算师的主要任务是确保企业建立了适当的缴存机制从而能够履行其养老金义务。精算师的计算基于一系列假设。精算师需要持续关注这些假设是否符合现实。IFRS 鼓励但不强制要求企业聘请精算师。[3]《华尔街日报》曾刊文指出："某民意调查机构曾随机采访了部分公众，询问他们什么是精算师。受访者一致表示，那是个不受欢迎的演员们所待的地方。"这表明公众对精算师的工作几乎一无所知。

图表 20 - 3　　　　　养老金负债和养老金费用的三种计量方法

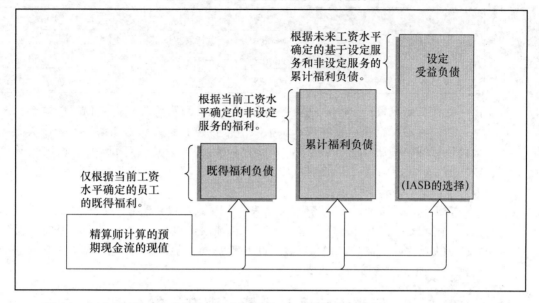

　　那么，会计界更倾向于哪一种计量方法呢？业界倾向于选择设定受益负债的计量方式，即将当期和未来期间应付员工的薪酬（不扣除任何受益计划所涉资产）折现后的价值。①[4]支持这一方法的人认为，在确定雇主对员工承诺的福利时，以员工未来工资为依据显然比以当前工资为依据更合理，未来工资和当前工资的差异应当反映在养老金负债和养老金费用之中。

　　此外，企业会将预计未来应支付的福利折成现值，折现率的微小变动可能会对养老金负债的计量结果产生巨大影响。例如，当折现率下降 1％时，养老金负债增加 15％。会计准则规定，在每个计量日计算养老金负债时，企业必须基于当前市场利率选择恰当的折现率。[5]

□ 20.2.2　设定受益负债（资产）净额

　　设定受益负债（资产）净额（又称资金积累状况）反映了设定受益计划的赤字或盈余。具体计算过程如下：

> 设定受益负债－计划资产公允价值（如果有的话）

赤字或盈余通常指计划的资金积累状况。

　　如果设定受益负债大于计划资产，则养老金计划处于赤字状态。相反，如果设定受益负债小于计划资产，则养老金计划处于盈余状态，如图表 20 - 4 所示。

---

　　①　本章中提到的"福利现值"（present value of benefits）实际上是指福利的精算现值。精算现值是在同时考虑资金的时间价值和未来支付的可能性（主要考虑死亡、残疾、退出以及退休等因素）的基础上，将未来支付的金额折现至当前时点的价值。简便起见，我们用"现值"指代"精算现值"。

图表 20 - 4　　　　　　　　　　　　养老金计划的状态

赤字		盈余	
设定受益负债	€ （1 000 000）	设定受益负债	€ （150 000）
计划资产	900 000	计划资产	200 000
设定受益负债净额	€ （100 000）	设定受益资产净额	€ 50 000

设定受益负债（资产）净额在资产负债表中通常简写为养老金负债（养老金资产）。

如前所述，企业应当在资产负债表中报告与养老金计划相关的养老金资产或养老金负债（即净额法）。举例说明，假设宏碁公司年末有 400 万欧元的设定受益负债和 370 万欧元的计划资产。此时，宏碁公司应当在资产负债表中报告 30 万欧元（400 万－370 万）的养老金负债。

有人认为，企业应该在资产负债表中分开列示设定受益负债和计划资产（即总额法）。根据该方法，宏碁公司应当在资产负债表中列报 400 万欧元的设定受益负债和 370 万欧元的计划资产。但 IASB 对此并不赞同，他们认为，负债和资产相互抵销符合资产负债应以净额列示的要求。①

□ 20.2.3　报告设定受益负债（资产）的变动

IASB 要求企业将设定受益负债和计划资产的当期变化额计入其他综合收益。该会计处理是权责发生制（费用确认原则）在养老金会计中的具体应用，要求企业在收入实现时而不是支付福利时（即收付实现制）确认养老金费用。理事会认为，将负债和资产的价值变动全额计入综合收益，可以为财务报表使用者提供可理解和有用的信息。此外，企业应当根据养老金负债（资产）不同组成部分的性质，在综合收益表中分开列示其变动额。

企业过去通常只在综合收益表中报告养老金费用，而现在会提供养老金成本的组成部分的信息，这进一步提高了信息的透明度。[7]具体而言，养老金成本包括以下三个部分。

● 服务成本。服务成本包括当期服务成本和前期服务成本。当期服务成本是归属于雇员本期提供的服务的设定受益负债现值。前期服务成本是归属于雇员以前年度的服务的设定受益负债现值（如养老金计划的变更）。该部分内容应当在综合收益表中的经营活动部分披露，并计入当期净利润。

● 利息净额。利息净额等于折现率乘以计划的资金净额（设定受益负债减去计划资产）。如果期末设定受益负债存在余额，则企业应报告利息费用。相反，如果期末设定受益资产存在余额，则企业应报告利息收入。该方法简单易行，其理论基础是融资成本应该基于计划的资金积累状况确定。利息净额一般在经营活动部分下面的筹资活动部分列示，并会对当期净利润产生影响。

● 重新计量的金额。重新计量的金额包括与设定受益负债相关的利得和损失（如折现率或其他精算假设的变动）以及计划资产公允价值变动形成的利得或损失（实际收益减去利息收入）。该部分内容以税后净额计入其他综合收益，因此只影响综合收

---

① IAS 32 规定，当满足下列条件时，金融资产和金融负债可以相互抵销，并以净额在资产负债表中列示：（a）具有抵销已确定金额的法定执行权利；（b）企业拟以净额为结算基础，或计划变现资产并偿付负债。[6]

益而不影响净利润。

图表 20-5 列示了养老金负债（资产）的构成及其在综合收益表中的位置。

图表 20-5 报告养老金负债（资产）的变动

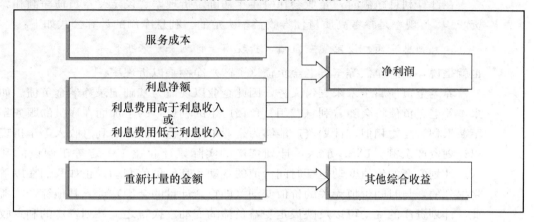

如图表 20-5 所示，服务成本和利息净额计入净利润。在接下来的小节中，我们将会对这两项内容展开讨论。重新计量形成的利得或损失计入其他综合收益，我们将在后面的内容中讨论。

服务成本

为了确定当期服务成本及相应的设定受益负债的变动额，企业必须：

1. 使用精算估价方法。
2. 将福利在服务年限内分摊。
3. 设定精算假设。[①]

IASB 指出，企业在使用精算估价方法时，若计划福利公式考虑了未来薪酬水平，那么在计算当前负债和期间养老金费用时也必须考虑未来薪酬水平。换句话说，依据最终薪酬水平和依据当前薪酬水平计算同一员工的当期福利，两者的计算结果是不同的。这一点对于养老金费用的计算十分重要。有鉴于此，IASB 采用了福利/服务年限法，即基于未来薪酬水平计算养老金福利。

有人对上述规则提出质疑，认为企业应当拥有一定的自由度来选择费用确认的方法。还有人认为，在计算当前养老金费用时考虑未来薪酬水平，这实际上是在记录未发生的事项。企业若在当期终止计划，那么只需支付累计福利带来的养老金负债（这与未来薪酬水平无关）。但 IASB 主张，在持续经营假设下，设定受益负债更加贴近现实，企业应当以此为基础计算服务成本。

不同服务期间的福利分配建立在精算估价方法的基础之上。精算师会根据企业员工的预计服务年限来分配养老金福利成本。在确定某一期间的服务成本时，精算师会设定与死亡率、员工流动率、伤残率、提前退休比率、折现率、福利水平以及未来薪酬水平等相关的精算假设。虽然 IAS 19 没有强制要求企业聘请精算师，但鉴于估算过程过于复杂，企业通常会利用精算师的工作来计算服务成本和与设定受益相关的

---

① 如前所述，服务成本包括当期服务成本和前期服务成本。计算前期服务成本所用的精算估价模型和计算当期服务成本所用的模型一致。我们将在之后的小节讨论前期服务成本的确认。

项目。

利息净额

在计算利息净额时，企业会在每年年初确定折现率、设定受益负债净额和养老金资产。① 折现率是参考高质量债券收益率决定的。利息净额的计算公式如下：

$$利息净额＝设定受益负债 \times 折现率－计划资产 \times 折现率$$

也就是说，利息净额等于养老金负债（资产）净额乘以折现率。[9]

养老金负债属于未来支付义务，因此企业以现值为基础记录养老金负债。如此一来，养老金负债将会随着利息费用（负债产生的利息）的增加而在雇员的服务年限内不断累积。与之相似，计划资产能够为企业带来收益，假设的利息收入等于折现率乘以计划资产余额。IASB 承认，计划资产的实际累计收益不一定等于假设的利息收入。计划资产的价值变动包括时间价值的变动和其他价值变动。正如我们在以下章节将提到的，与时间价值无关的价值变动（即重新计量的金额）计入其他综合收益，因此，计划资产的变动可以反映设定受益负债的变动。换言之，计划资产的利息收入抵销了设定受益负债的利息费用。

总之，养老金费用主要包括两部分：（1）服务成本；（2）利息净额。企业应当在综合收益表中对这两部分内容进行列报。部分企业选择在综合收益表的同一个部分报告这些内容，并报告养老金费用总额，另一些企业则在营业收入部分报告服务成本。②

☐ 20.2.4　计划资产和实际收益

计划资产通常包括股票、债券和其他证券，以及投资性房地产等，一般按照公允价值计量。企业通常会通过一个独立的法律主体（如养老金基金）来管理雇员的福利计划。基金拥有这些资产的所有权，债权人（即使在企业破产时）不能对这部分资产主张权利。雇主对养老金计划的直接缴存和养老金资产的实际收益会增加养老金计划资产。计划资产的实际收益包括养老金基金资产所产生的投资收益、分红、实现的和未实现的公允价值变动等。向退休员工支付福利会减少养老金计划资产。

为了说明这一问题，假设孩之宝公司 2015 年 1 月 1 日养老金计划资产的余额为 420 万欧元，2015 年，孩之宝公司向该计划缴存了 30 万欧元，并向退休员工支付了 25 万欧元的福利。本年计划资产的实际收益为 21 万欧元。由此可知，孩之宝公司 2015 年 12 月 31 日计划资产的余额为 446 万欧元，计算过程如图表 20-6 所示。

图表 20-6　　　　　　　　养老金资产的计算

计划资产 2015 年 1 月 1 日余额	€ 4 200 000
孩之宝公司的缴存额	300 000
实际收益	210 000
向员工支付的福利	(250 000)
计划资产 2015 年 12 月 31 日余额	€ 4 460 000

---

① IASB 规定，若资产的年初余额因资金缴存或福利支付而发生大幅变动，则企业应当对年初余额进行调整。[8]在课后练习中，除非条件提示余额大幅变化，否则可以直接使用年初余额。

② IASB 没有指出两种方法哪一种更合合适。[10]在做课后练习时，可将养老金费用作为经营活动的利润，计入综合收益表。

在某些情况下，企业在计算实际收益时，应当考虑本年缴存额和福利支付情况的影响。实际收益的计算公式如图表 20-7 中的等式所示。

图表 20-7 实际收益的计算公式

实际收益＝（计划资产期末余额－计划资产期初余额）－（当期缴存额－支付的福利）

换言之，计划资产的实际收益等于计划资产公允价值期初期末的差额，同时根据缴存额和福利支付额进行调整。图表 20-8 利用上述等式计算了实际收益，相关数据源于图表 20-6。

图表 20-8 计划资产实际收益的计算

计划资产 2015 年 12 月 31 日的余额		€ 4 460 000
计划资产 2015 年 1 月 1 日的余额		(4 200 000)
计划资产公允价值的增加额		260 000
减：当期缴存额	€ 300 000	
加：当期支付给员工的福利	250 000	(50 000)
计划资产的实际收益		€ 210 000

在上述案例中，孩之宝公司的计划资产实际收益为正数。近期，受全球证券市场波动的影响，一些养老金计划资产的实际收益小于 0。

20.3 利用养老金工作底稿

现在我们利用养老金费用的两个基本组成部分来说明养老金费用的计算方法。

企业通常会利用工作底稿来记录与养老金相关的信息。工作底稿，顾名思义是一种辅助性的工具。但工作底稿不是正式的会计记录，既不属于日记账，也不属于总分类账。工作底稿是帮助企业编写分录、编制财务报表的工具。[1] 图表 20-9 展示了工作底稿的形式。

图表 20-9 养老金工作底稿的基本格式

	普通日记账分录			备忘录	
项目	年度养老金费用	现金	养老金资产/负债	设定受益负债	计划资产

---

[1] 养老金分录的工作底稿最早由 Paul B. W. Miller 提出，有关内容发表于 "The New Pension Accounting (Part 2)," *Journal of Accountancy* (February 1987), pp. 86-94.

"普通日记账分录"一栏（工作底稿的左侧）记录的内容将被誊写至总分类账中，"备忘录"一栏（工作底稿的右侧）则记录了设定受益负债和计划资产的余额。设定受益负债和计划资产公允价值的差即为资产负债表中的养老金资产/负债。若设定受益负债大于计划资产，则养老金负债增加；反之，则养老金资产增加。

企业通常在工作底稿的第一行记录初始余额（如果有的话），然后在具体经济业务发生时同时借记或贷记普通日记账分录和备忘录。每笔业务的借记金额和贷记金额必须相等。"养老金资产/负债"一栏的余额应该等于备忘录中的余额。

□ 20.3.1　2015 年分录和工作底稿

下面我们举例说明工作底稿的使用方法及其在养老金会计中发挥的作用。Zarle 公司 2015 年与养老金计划相关的信息如下所示：

- 计划资产 2015 年 1 月 1 日的余额：€ 100 000；
- 设定受益负债 2015 年 1 月 1 日的余额：€ 100 000；
- 年度服务成本：€ 9 000；
- 折现率：10%；
- 缴存额：€ 8 000；
- 2015 年向退休员工支付的年度养老金福利：€ 7 000。

根据这些信息，我们编制了如图表 20 - 10 所示的工作底稿，记录了 Zarle 公司 2015 年养老金计划的初始余额及有关会计分录。Zarle 公司在"备忘录"一栏的第一行记录了设定受益负债和计划资产的初始余额。设定受益负债和计划资产的年初余额相等，因此，养老金资产/负债的期初余额为 0。

图表 20 - 10　　　　　　　　　　养老金工作底稿（2015）

Pension Worksheet—2015.xls

Home　Insert　Page Layout　Formulas　Data　Review　View

P18　　　fx

	普通日记账分录			备忘录	
项目	年度养老金费用	现金	养老金资产/负债	设定受益负债	计划资产
2015年1月1日的余额			—	贷：100 000	借：100 000
(a) 服务成本	借：9 000			贷：9 000	
(b) 利息费用	借：10 000			贷：10 000	
(c) 利息收入	贷：10 000				借：10 000
(d) 缴存金额		贷：8 000			借：8 000
(e) 福利				借：7 000	贷：7 000
2015年日记账分录	借：9 000	贷：8 000	贷：1 000 *		
2015年12月31日的余额			贷：1 000 **	贷：112 000	借：111 000
*€9 000 – €8 000 = €1 000					
**€112 000 – €111 000 = €1 000					

如图表 20-10 所示，分录（a）记录了服务成本，养老金费用和养老金负债（设定受益负债）分别增加 9 000 欧元。分录（b）记录了利息费用，养老金费用和养老金负债各增加 10 000 欧元（设定受益负债年初余额乘以折现率 10%）。分录（c）记录了利息收入，它导致计划资产增加 10 000 欧元，养老金费用减少 10 000 欧元（计划资产期初余额乘以折现率 10%）。由此可知，2015 年利息费用（收入）净额为 0。分录（d）记录了 Zarle 公司的缴存额，它导致公司现金减少 8 000 欧元，计划资产增加 8 000 欧元。分录（e）记录了对退休员工福利的支出，它导致设定受益负债和计划资产分别减少 7 000 欧元。

Zarle 公司在 12 月 31 日编制了正式的会计分录，具体如下：

2015 年

借：养老金费用	9 000
贷：现金	8 000
养老金资产/负债	1 000

"养老金资产/负债"的贷方余额即为 9 000 欧元的养老金费用与 8 000 欧元的缴存额之间的差额。"养老金资产/负债"的贷方余额表明养老金计划出现赤字，Zarle公司需承担 1 000 欧元的负债。此外，"养老金资产/负债"的账户余额等于备忘录账户显示的余额。如图表 20-11 所示，设定受益负债比计划资产高 1 000 欧元，这与资产负债表中养老金负债项目一致。

图表 20-11　　　　　养老金调整分录（2015 年 12 月 31 日）

设定受益负债（贷方）	€ （112 000）
计划资产的公允价值（借方）	111 000
养老金资产/负债（贷方）	€ 　（1 000）

若备忘录中显示的余额在贷方，那么相对应的"养老金资产/负债"的余额也应该在贷方，且贷方金额保持一致。若备忘录中显示的余额在借方，那么相对应的"养老金资产/负债"的余额也应该在借方，且借方金额保持一致。工作底稿的设计充分考虑到了这一点，这对后续财务报表的编制和附注信息的披露十分有用。

在本案例中，养老金费用的借方金额高于现金的贷方余额，从而导致"养老金资产/负债"出现贷方余额（代表一项负债）。若现金的贷方余额高于养老金费用的借方金额，则"养老金资产/负债"出现借方余额（代表一项资产）。[1]

□ 20.3.2　前期服务成本

前期服务成本是指由于养老金计划修改或缩减导致的设定受益负债现值的变

---

① IASB 在 IAS 19 中指出，企业确认的养老金资产不能超过依据可恢复性测试计算出来的数额。IFRIC 14 对可恢复性测试进行了详细说明。根据规定，养老金资产的数额不得高于以下两项之和：（1）未确认的精算利得和损失（将在本章的后续部分讨论）；（2）企业收到的资金返还或未来缴存额的减少。[11] 在课后练习中，假设养老金资产符合全额确认的要求。

动。① 例如，若企业为员工的前期服务提供额外福利，则发生养老金计划的修改；追溯调减参与计划的员工的福利，即为计划的缩减。计划修改和缩减所产生的影响十分相似，因此其会计处理也基本类似。图表 20 - 12 展示了前期服务成本的性质。

图表 20 - 12　　　　　　　　　　　前期服务成本的类型

前期服务成本（当期费用）	
计划的修改	计划的缩减
• 新计划的设立	• 大幅减少参与计划的雇员数量
• 现行计划的撤销	
• 现行计划的变更	

前期服务成本的会计处理较为简单，即在发生计划修改或缩减时记录相关费用。计划的修改或缩减将大幅增加（减少）养老金费用和设定受益负债。当期服务成本和前期服务成本与员工提供的服务直接相关，因此应当作为经营性项目在综合收益表中列报。

IASB 要求企业将计划修改或缩减所产生的成本费用化。有人对此提出质疑，他们认为，企业之所以愿意为员工的前期服务提供福利，是因为它们希望未来员工能够更好地为企业服务。因此，企业不应在计划修改时将前期服务成本全额费用化，而应在员工的剩余服务年限内摊销。还有人指出，若计划修改所产生的影响属于前期服务成本，那么企业应当追溯调整以前期间的会计记录。

但 IASB 坚持认为，企业应在当期记录设定受益负债或计划资产的变动，其他可选的会计处理方法不能提供更有用的信息，并且会导致成本确认的不及时或福利负债的减少。[13]

若企业调整归属于以前期间服务的福利，从而导致设定受益负债的减少，那么前期服务成本将是负数。在这种情形下，养老金费用也相应减少。无论前期服务成本是否大于 0，其会计处理均为立即费用化，并调整养老金费用的金额。

□ 20.3.3　2016 年分录和工作底稿

承接上述示例，Zarle 公司在 2016 年 1 月 1 日修订了养老金计划，并向雇员承诺支付现值为 81 600 欧元的前期服务福利。其他相关信息如下所示：

- 年度服务成本：€ 9 500；
- 折现率：10%；
- 年度缴存金额：€ 20 000；
- 本年向退休员工支付的福利：€ 8 000。

图表 20 - 13 展示了 Zarle 公司 2016 年与养老金相关的会计分录和工作底稿。

---

① 根据 IASB 的观点，非常规结算所产生的利得和损失属于前期服务成本。[12]结算是指企业对员工的福利支付。

图表 20 - 13　　　　　　　　　　　**养老金工作底稿（2016）**

Pension Worksheet—2016.xls

	普通日记账分录			备忘录	
项目	年度养老金费用	现金	养老金资产/负债	设定受益负债	计划资产
2015年1月1日的余额			贷：1 000	贷：112 000	借：111 000
(f)2016年1月1日额外的前期服务成本	借：81 600			贷：81 600	
2016年1月1日的余额				贷：193 600	
(g)服务成本	借：9 500			贷：9 500	
(h)利息费用	借：19 360			贷：19 360	
(i)利息收入	贷：11 100				借：11 100
(j)缴存金额		贷：20 000			借：20 000
(k)福利				借：8 000	贷：8 000
2016年日记账分录	借：99 360	贷：20 000	贷：79 360		
2016年12月31日的余额			贷：80 360	贷：214 460	借：134 100

　　工作底稿的第一行列示了养老金资产/负债账户和备忘录账户的初始余额。分录（f）记录了 Zarle 公司承诺的前期服务成本，它导致设定受益负债和养老金费用分别增加 81 600 欧元。分录（g）记录了当期服务成本。分录（h）记录了本期的利息费用。前期服务成本发生于年初，因此在计算利息费用时应当根据前期服务成本调整设定受益负债的余额，即利息费用为 19 360 欧元（193 600×10%）。分录（i）记录了本期利息收入 11 100 欧元（111 000×10%）。分录（j）和（k）与 2015 年的会计分录类似。

　　Zarle 公司 2016 年 12 月 31 日养老金费用（年度养老金费用）的会计分录如下：

2016 年

借：养老金费用	99 360
贷：现金	20 000
养老金资产/负债	79 360

　　养老金费用高于缴存额，因此 Zarle 公司确认了一笔负债，即"养老金资产/负债"的贷方金额 79 360 欧元。与 2015 年相似，2016 年"养老金资产/负债"的余额等于备忘录账户的余额，如图表 20 - 14 所示。

图表 20 - 14　　　　　　　**养老金调整分录（2016 年 12 月 31 日）**

设定受益负债（贷方）	€（214 460）
计划资产的公允价值（借方）	134 100
养老金资产/负债（贷方）	€（80 360）

上述调整分录反映了工作底稿的原理，将养老金会计的各个组成部分整合在一起。

□ 20.3.4　重新计量

养老金计划存在较多不可控的因素和难以预估的风险，其原因在于：（1）计划资产的公允价值突然发生巨大波动；（2）影响设定受益负债的精算假设发生变化。这些变动（通常称为重新计量）会对财务报表尤其是养老金费用产生什么影响？根据 IASB 的观点，企业应当将重新计量的金额计入其他综合收益，因为重新计量的金额的性质和其他养老金福利成本的组成部分——福利成本和利息净额存在较大差异。[14]

重新计量的金额包括：

1. 计划资产的利得和损失；
2. 设定受益负债的利得和损失。

资产利得和损失

计划资产的利得和损失（即资产利得和损失）等于实际收益和计算利息净额时确定的利息收入之间的差额。实际收益高于利息收入的差额称为资产利得，实际收益低于利息收入的差额称为资产损失。例如，假设 Shopbob 公司 2015 年 1 月 1 日计划资产的余额为 100 000 欧元，折现率为 6%，2015 年计划资产的实际收益为 8 000 欧元。那么，Shopbob 公司 2015 年应确认的资产利得为 2 000 欧元，计算过程见图表 20-15。

图表 20-15　　　　　　　　　资产利得的计算过程

实际收益	€ 8 000
减：利息收入（100 000×6%）	6 000
资产利得	€ 2 000

因此，Shopbob 公司应当借记"计划资产利得"2 000 欧元，贷记"其他综合收益——利得或损失"2 000 欧元。若实际收益低于利息收入，做相反分录即可。

负债利得和损失

精算师在估算设定受益负债时，通常会对某些因素作出假设，比如死亡率、退休率、流失率、伤残率以及工资金额等。任何一个假设的变动都有可能影响设定受益负债的金额。此外，实际结果通常与精算预测存在一定差异。设定受益负债的变动所产生的利得或损失称为负债利得和损失。

企业会将负债利得（负债余额发生未预期减少）和负债损失（负债余额发生未预期增加）计入其他综合收益，并将资产利得和损失与负债利得和损失合并计入其他综合收益，即将利得和损失计入"累积其他综合收益"科目①，并在资产负债表的股东权益部分予以列报。

---

① 企业是否应当设立"累积其他综合收益"科目，IASB 并没有作出规定。在课后练习中，可以使用"累积其他综合收益"科目。此外，IASB 允许企业将累积其他综合收益的金额转入其他权益类账户。

□ 20.3.5 2017 年分录和工作底稿

承接上述 Zarle 公司的示例，以下是该公司 2017 年与养老金计划相关的数据：

- 年度服务成本：€13 000；
- 折现率：10%；
- 计划资产实际收益：€12 000；
- 年度缴存金额：€24 000；
- 当期向退休员工支付的福利：€10 500；
- 精算假设变更后设定受益负债的年末余额：€265 000。

图表 20-16 的工作底稿展示了 Zarle 公司 2017 年与养老金相关的会计分录。工作底稿的第一行记录了有关项目的期初余额。在本例中，Zarle 公司 2017 年的期初余额即为图表 20-13 所示的 2016 年的期末余额。

图表 20-16 养老金工作底稿（2017）

项目	年度养老金费用	现金	其他综合收益——利得/损失	养老金资产/负债	设定受益负债	计划资产
	普通日记账分录				备忘录	
2017年1月1日的余额				贷：80 360	贷：214 460	借：134 100
(l) 服务成本	借：13 000				贷：13 000	
(m) 利息费用	借：21 446				贷：21 446	
(n) 利息收入	贷：13 410					借：13 410
(o) 缴存金额		贷：24 000				借：24 000
(p) 福利					借：10 500	贷：10 500
(q) 资产损失			借：1 410			贷：1 410
(r) 负债损失			借：26 594		贷：26 594	
2017年日记账分录	借：21 036	贷：24 000	借：28 004	贷：25 040		
2016年12月31日累积其他综合收益的余额			0			
2017年12月31日的余额			借：28 004	贷：105 400	贷：265 000	借：159 600

分录（l），（m），（n），（o），（p）与 2015 年和 2016 年的分录类似。分录（m）和（n）互相关联。分录（m）记录了 21 446 欧元（214 460×10%）的利息费用，分录（n）记录了 13 410 欧元（134 100×10%）的利息收入，因此利息费用净额为 8 036 欧元（21 446－13 410）。分录（o），（p）与 2014 年、2015 年的分录类似。

我们将进一步阐释分录（q）和（r）。计划资产 2017 年的实际收益为 12 000 美元。由分录（n）可知，利息收入等于计划资产期初余额乘以折现率，即 13 410 欧元，它导致养老金费用减少了 13 410 欧元。但由于假设利息收入大于实际收益，因此 Zarle 公司需要确认 1 410 欧元（13 410－12 000）的资产损失。相应的会计分录是借记"其他综合收益——利得/损失"，贷记"计划资产"。如此一来，养老金资产实现了公允价值计量。

分录（r）反映了精算假设的变更对设定受益负债的影响。精算师测算的设定受益负债 2017 年年末余额为 265 000 欧元，然而，精算利得和损失调整前的设定受益负债的余额为 238 406 欧元，如图表 20 - 17 所示。

图表 20 - 17　设定受益负债的余额变动（调整前）

2016 年 12 月 31 日设定受益负债的余额	€ 214 460
服务成本［分录（l）］	13 000
利息费用［分录（m）］	21 446
支付的福利［分录（p）］	(10 500)
2017 年 12 月 31 日设定受益负债的余额（负债增加前）	€ 238 406

精算师测算的设定受益负债余额 265 000 欧元比该科目当前余额 238 406 欧元高了 26 594 欧元（即设定受益负债的负债损失）。如工作底稿所示，企业应当依据该项差额借记"其他综合收益——利得/损失"，贷记"设定受益负债"。经过工作底稿的调整，设定受益负债的余额等于其精算价值 265 000 美元。根据图表 20 - 16 中的工作底稿所编制的 2017 年 12 月 31 日的会计分录如下：

借：养老金费用　　　　　　　　　　　　　　　21 036
　　其他综合收益——利得/损失　　　　　　　　28 004
　　贷：现金　　　　　　　　　　　　　　　　　　　　　24 000
　　　　养老金资产/负债　　　　　　　　　　　　　　　25 040

由 2017 年工作底稿可知，2017 年 12 月 31 日养老金资产/负债的余额为 105 400 欧元，与备忘录账户中记录的余额相等。图表 20 - 18 展示了具体的计算过程。

图表 20 - 18　养老金调整分录（2017 年 12 月 31 日）

设定受益负债（贷方）	€ (265 000)
计划资产的公允价值（借方）	159 600
养老金资产/负债	€ (105 400)

"养老金资产/负债"和"累积其他综合收益"科目 2017 年的期末余额即为 2018 年的期初余额。如前所述，企业会根据设定受益负债和计划资产的变动来调整这些项目的余额。例如，假设 Zarle 公司 2018 年发生了如下与养老金相关的业务：

养老金费用	€ 17 450
缴存额	32 000
资产利得	13 150
养老金资产/负债的减少	27 700

设定受益负债和计划资产的期末余额分别为 303 560 欧元和 225 860 欧元。相关数据已经记录在 2018 年养老金工作底稿中，如图表 20 - 19 所示。

图表 20-19　　　　　　　　　养老金工作底稿（2018 年，部分）

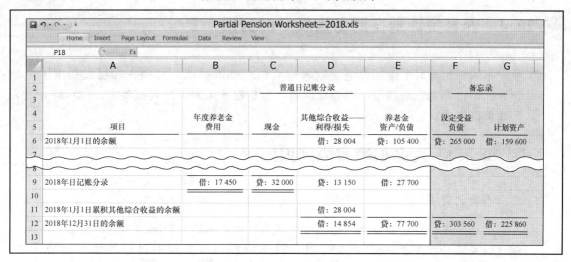

请注意日记账分录一行。Zarle 公司记录了 17 450 欧元的"养老金费用"，减记了 27 700 欧元的"养老金资产/负债"。导致"养老金资产/负债"减少的原因之一是资产利得增加了 13 150 欧元。2018 年"养老金资产/负债"和"累积其他综合收益"的期末余额（即 2019 年的期初余额）分别为 77 700 欧元和 14 854 欧元（累积其他综合收益期初余额 28 004 欧元－利得 13 150 欧元）。

⬡⬡⬡ **数字背后的故事**　　　　　　**"过山车式"的养老金**

下图展示了养老金基金近几年的资金状况和财务状况，看起来就像过山车一样。

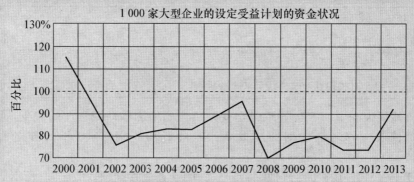

1 000 家大型企业的设定受益计划的资金状况

资料来源：Towers and Watson，"Funded Status of Fortune 1 000 Pension Plans Estimated to Have Improved," *Insider* (January 2014).

世纪之交，股票市场比较繁荣，养老金计划大多处于盈余状态。但是，股票市场泡沫破裂之后，截至 2002 年，养老金基金资产仅占负债的 76%。正如开篇故事所述，到 2007 年，养老金计划的资金状况迅速好转，但随着 2008 年金融危机的爆发，资金状况再度恶化。近年来，情况又开始好转。

导致基金由盈余转为赤字的因素有很多。第一，较低的利率会影响养老金计划资产的收益，有时甚至导致资产出现价值减损；第二，用较低的折现率对设定受益负债进行折现，使得养老金负债的金额增加；第三，退休员工人数的增加会导致福利支付的增加。

资料来源：D. Zion and A. Varshay，"Strong Returns Didn't Close Pension Funding Gaps Last Year; But So Far So Good This Year," *Credit Suisse Equity Research* (February 5，2013).

20.4　养老金计划在财务报表中的列报

不难想见，对于诸如养老金这种重要而复杂的事项，其报告和披露要求十分繁杂。我们将养老金的列报要求分成两类：（1）财务报表表内列报要求；（2）财务报表附注披露要求。

□ 20.4.1　财务报表表内列报要求

养老金费用

如前所述，养老金费用（包括服务成本和利息净额）影响净利润的金额，应当在综合收益表中予以列报。企业可以在以下两种列报方式中自行选择合适的方式：（1）在综合收益表中列报养老金费用的总额；（2）将养老金费用拆分成服务成本和利息净额，前者计入营业利润，后者计入与融资相关的项目。①

利得和损失（重新计量）

资产（负债）的利得和损失计入其他综合收益。IASB 认为，与计入净利润相比，计入其他综合收益能够增加财务报表信息的有用性。

我们以 Obey 公司为例，阐释其他综合收益和累积其他综合收益的列报问题。Obey 公司 2015 年的相关信息如下所示。

2015 年年度净利润	€ 100 000
2015 年度负债损失	60 000
2015 年度资产损失	15 000
2015 年 1 月 1 日累积其他综合收益的余额	40 000

负债损失和资产损失导致设定受益负债的增加和计划资产的减少，因此降低了资产负债表中养老金计划的提拨率，但两者均不对 2015 年的养老金费用产生影响。

Obey 公司 2015 年"其他综合损失"的计算过程如图表 20 - 20 所示。

图表 20 - 20　　　　　　　　　其他综合损失的计算示例

负债损失	€ 60 000
资产损失	15 000
其他综合损失	€ 75 000

2015 年"综合收益"的计算过程如图表 20 - 21 所示。

---

① 在课后练习中，请将养老金费用的总额合并列示于综合收益表中的营业利润项目。请注意，IFRS 要求企业将部分员工福利成本计入某些资产的成本，如存货、固定资产等。计入资产价值的福利成本一般同时包括福利成本和利息净额。[15]

图表 20－21　　　　　　　　　　　　综合收益的计算示例

净利润	€ 100 000
其他综合损失	75 000
综合收益	€ 25 000

　　企业可在以下两种方式中选择一种方式来报告其他综合收益的构成信息：（1）第二损益表法；（2）在一张综合收益表中报告。但无论何种形式，综合收益均等于净利润和其他综合收益之和。除非特别声明，课后习题一律使用第二损益表法。此外，准则不强制要求企业披露与综合收益相关的每股收益信息。

　　为进一步说明第二损益表法，假设 Obey 公司对外公布了传统的利润表，其综合收益表如图表 20－22 所示。

图表 20－22　　　　　　　　**Obey 公司综合收益报告**

2015 年 12 月 31 日 Obey 公司综合收益表		
净利润		€ 100 000
其他综合损失		
负债损失	€ 60 000	
资产损失	15 000	75 000
综合收益		€ 25 000

　　2015 年 12 月 31 日，股东权益部分报告的"累积其他综合收益"见图表 20－23。

图表 20－23　　　　　　　累积其他综合收益计算示例

2015 年 1 月 1 日累积其他综合收益的余额	€ 40 000
其他综合损失	75 000
2015 年 12 月 31 日累积其他综合损失的余额	€ 35 000

　　无论利润表的列报形式如何，累积其他综合损失在 Obey 公司资产负债表中股东权益部分的列报形式如图表 20－24 所示。（其中普通股和留存收益数据均为假设。）

图表 20－24　　　　　　　**Obey 公司累积其他综合收益报告**

2015 年 12 月 31 日 Obey 公司资产负债表（股东权益部分）	
股东权益	
普通股	€ 100 000
留存收益	60 000
累积其他综合损失	35 000
股东权益总计	€ 125 000

　　通过提供综合收益的构成信息和累积其他综合收益总额，企业完整地披露了净资产的变动信息。

　　IASB 禁止企业对其他综合收益项目进行重分类，诸如美国 GAAP 等准则允许重分类。重分类是指将其他综合收益项目的金额在特定的期间内摊销至净利润。IASB 表示，合理的摊销标准很难确定。[16]此外，禁止重分类的规定表明，其他综合收益项目和正常的收入费用项目存在差异。

确定养老金计划的资金状况

企业必须在资产负债表中确认设定受益计划处于盈余状态（养老金资产）还是赤字状态（养老金负债）。盈余或赤字取决于计划资产的公允价值和设定受益负债的差额。

养老金资产或养老金负债的分类

是否应当将养老金资产（负债）分成流动性项目和非流动性项目，针对这一问题，IASB 没有作出明确规定。在课后练习中，假设所有的养老金资产均为非流动资产。计划资产的公允价值超过设定受益负债的差额应当认定为非流动资产。理由在于，养老金资产的使用是受限的，只能用于支付设定受益负债。

养老金负债净额中的流动负债部分，代表无法从已有的养老金资产中抽取但需要在未来 12 个月内（或者一个经营周期内，取两者中的较长者）支付的应付福利。除此之外的养老金负债均属于非流动负债。

养老金计划的合并

一些企业拥有两个及以上的养老金计划。随之而来的问题是，企业是否需要将不同的养老金计划在资产负债表中合并列示。IASB 认为，除非存在下列情形，否则企业不能将养老金计划合并列示：

（a）拥有将一个计划的盈余用于偿付另一个计划的负债的法定权利。

（b）拟以净额为基础进行债务结算，或计划同时变现资产并偿付负债。

□ 20.4.2　财务报表附注披露要求

养老金计划的相关信息对于了解一个企业的财务状况、经营成果和现金流量至关重要。为了帮助报表使用者更好地了解养老金计划，企业披露的信息应当包括以下内容[17]：

（a）设定受益计划的特征和风险；

（b）与养老金计划相关的财务报表项目的解释说明；

（c）设定受益计划对企业未来现金流的数量、时间和不确定性的影响。

为了满足上述要求，企业应当充分披露与设定受益计划相关的信息。我们主要讨论第二项内容，即与养老金计划相关的财务报表项目的解释说明。相关要求如图表 20-25 所示。

图表 20-25　　　　　　　　　　　　　**养老金披露要求**

对财务报表项目的解释说明
企业应当披露反映下列项目从期初到期末的价值变化过程的调节表：
1. 计划资产
2. 设定受益负债
3. 计划的资金状况

调节表应当包括以下内容：
- 当期服务成本。
- 利息收入或利息费用。
- 设定受益负债（资产）净额的重新计量，包括：（a）计划资产的收益，不包括前述利息收入；（b）设定受益负债变动所产生的精算利得和损失。
- 前期服务成本。
- 资金缴存额或福利支付额。

设定受益计划对企业未来现金流的数额、时间和不确定性的影响

1. 重要精算假设的敏感性分析，解释未来可能发生的精算假设变更对设定受益负债的影响。
2. 敏感性分析的假设、方法及局限性。
3. 以前期间使用的假设、方法的变更及变更原因。
4. 会对未来缴存额产生影响的资金安排或资金政策。
5. 下一报告年度预期的缴存额。
6. 设定受益负债的偿还计划，例如福利支付的时间表。

调节表是养老金附注的重要组成部分。调节表反映了资产或负债从期初到期末的价值变化过程，能够帮助报表使用者更好地理解养老金计划的经济内涵。事实上，该项披露反映了养老金工作底稿中，根据 IAS 19 编写的设定受益负债和计划资产一栏的内容。图表 20-26 展示了 Zarle 公司的调节表。

图表 20-26　　　2015 年、2016 年、2017 年 Zarle 公司养老金信息披露

Zarle 公司养老金信息披露			
	2015 年	2016 年	2017 年
福利负债的变动			
福利负债的年初余额	€ 100 000	€ 112 000	€ 214 460
服务成本	9 000	9 500	13 000
利息费用	10 000	19 360	21 446
前期服务成本的修改	0	81 600	0
支付的福利	(7 000)	(8 000)	(10 500)
精算损失	0	0	26 594
福利负债的年末余额	(112 000)	(214 460)	(265 000)
计划资产的变动			
计划资产年初的公允价值	100 000	111 000	134 100
利息收入	10 000	11 100	13 410
缴存金额	8 000	20 000	24 000
支付的福利	(7 000)	(8 000)	(10 500)
资产损失	0	0	(1 410)
计划资产年末的公允价值	111 000	134 100	159 600
资金状况（养老金资产/负债）	€ (1 000)	€ (80 360)	€ (105 400)

2015 年一栏的信息表明，Zarle 公司对设定受益负债提存不足，产生了赤字 1 000 欧元。2016 年一栏的信息表明，公司在资产负债表中报告了赤字 80 360 欧元。由

2017 年一栏的数据可知，Zarle 公司最终在资产负债表中确认了 105 400 欧元的赤字。

□ 20.4.3　财务报表附注披露要求

除养老金以外，企业往往会提供其他类型的退休福利，如养老金计划之外的人寿保险、医疗福利以及法律和税务服务等。鉴于医疗福利是最主要的其他退休福利，我们将重点阐释医疗福利与传统的养老金计划之间的差异，具体如图表 20 - 27 所示。

图表 20 - 27　　　　　　　　养老金和退休医疗福利的差异

项目	养老金	医疗福利
资金	通常有特定的缴存金额	通常没有特定的缴存金额
福利	有明确的规定且可用货币计量	通常没有限制且变动较大
受益人	退休人员（有时可能包括在世的员工配偶）	退休人员及其配偶以及其他家属
应付福利	每月支付	在需要或使用时支付
可预测性	相关变量可以合理预测	难以预测，成本水平随着地理区域、时间等的变化而变动

图表 20 - 27 所示的差异充分说明了导致未来应付医疗福利的计量远比养老金更困难的原因，具体如下：

1. 很多退休福利计划没有对医疗福利设定限制。不管员工的疾病有多严重或持续时间有多长，企业都会持续支付福利。（虽然雇主购买了保险，但保费会随着所提供福利的增加而增加。）

2. 医疗福利的成本很难预测。新的医疗技术和治疗方法的发展可能会延长人的寿命，也可能治愈某些当前还难以治愈的疾病（比如艾滋病、"非典"和禽流感），在这种情形下，医疗福利也会随之变化。

另外，虽然政府监管下的员工福利计划的受托管理和报告规则通常涵盖医疗福利，但养老金计划中的最低服务年限、参与条件和资金标准等概念均不适用于医疗福利。然而，养老金会计中的基本概念适用于其他退休福利。因此，IASB 主张其他退休福利的会计处理和列报规则应当与养老金会计保持一致。若其他退休福利计划和养老金计划的风险存在显著差异，则企业应当单独披露这两类福利计划的具体信息。[18]

□ 20.4.4　结语

全世界的财经媒体几乎每天都在分析与养老金计划相关的问题。这不足为奇，因为现如今养老金基金的规模高达数兆美元（或欧元、英镑、日元）。如前所述，养老金资产的会计处理问题十分复杂。新修订的 IFRS 改进了相关的会计处理，以期帮助报表使用者更好地理解养老金计划对企业财务状况、经营成果和现金流量的影响。

2013 年以前，企业可选择不采用 IAS 19 的修订稿。很多学者分析了准则变更对财务报表及报表使用者的影响（包括有利影响和不利影响），具体如下表所示。

对会计处理/财务报告的影响	结果
增加了养老金费用，原因在于：第一，使用单一折现率（通常是更低的折现率）计算资产收益或利息收入；第二，将所有的前期服务成本计入净利润。	可能导致企业违反贷款协议，或增加基于净利润数据的薪酬激励。
增加了资产负债表和股东权益的波动，原因在于，将重新计量的金额计入其他综合收益。	可能导致企业违反基于股东权益的贷款协议，影响基于股权资本的监管。
对于那些将利得和损失计入净利润的公司而言，新准则减少了净利润的波动。	能够降低企业的资本成本，因为企业的波动较小，风险较低。

减少净利润的波动对于采纳新准则的企业来说十分有利。如下图所示，若企业在 1998—2009 年间就采纳了新准则（灰线标示），那么其利润波动将比旧准则下的利润波动（黑线标示）小很多。改变通常是痛苦的，但该项准则的变动是一个例外。

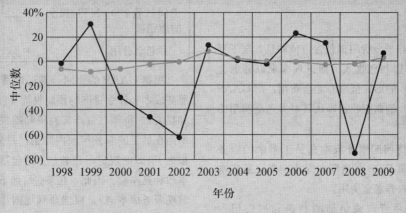

—— 新准则下的利润波动 ——● 旧准则下的利润波动

资料来源：PricewaterhouseCoopers，*Pension and OPEB Accounting：A Study of the IASB's Proposal*（2010），Exhibit 4-8，p. 20. 数据基于对 60 家采用成熟的设定受益计划的大型跨国公司的分析。

不难理解，在资本市场的低迷期（如 2000—2002 年，2007—2008 年），新准则下的利润波动和旧准则下的利润波动的差异最大。当资本市场较为稳定时，新旧准则下的养老金费用的差额最小。例如，瑞士罗氏集团（Roche Group）2012 年指出，新准则对利润的影响为 1.64 亿瑞士法郎，约占营业利润的 1%。公司预期其对 2013 年的影响与 2012 年大体保持一致。

国际会计视野

GAAP 和 IFRS 在退休福利会计的基本原则方　　面是一致的，即都将养老金及其他退休福利视为一项递延薪酬。但两者在具体的会计处理规则方面存在较大差异。

相关事实

GAAP 和 IFRS 有关养老金会计的主要相同点和不同点如下。

相同点

● 两者都将养老金计划分为设定缴存金额计划和设定受益计划。其中，设定缴存金额计划的会计处理类似。

● 两者都通过确认养老金资产或负债以反映计划的资金状况（即设定受益负债减去计划资产的公允价值）。（请注意，这里的设定受益负债就是 GAAP 中的预测的福利负债。）

● 两者计算未确认的前期服务成本的方法相同。

不同点

● 两者的养老金费用都包含负债利息。至于资产收益，IFRS 以利息收入（即折现率乘以养老金资产期初余额）的形式抵减养老金费用；而 GAAP 则基于计划资产的期望收益确认其对养老金费用的影响。

● GAAP 将前期服务成本在员工剩余的服务年限内摊销，而 IFRS 在当期立即将前期服务成本费用化，并计入养老金费用。

● GAAP 将资产或负债的利得和损失记入"累积其他综合收益"科目，并将其在员工剩余服务年限内摊销（一般用"通道法"）。在 IFRS 下，企业将资产或负债的利得或损失计入其他综合收益（即所谓的重新计量），且这些利得和损失的金额不得在以后期间转入利润表。

● GAAP 对不同类型的福利计划设有不同的规则，相应的会计处理也存在很大区别。而 IFRS 对养老金及其他退休福利计划的会计处理类似。

深度解读

如前所述，在 GAAP 和 IFRS 下，养老金费用所包含的内容存在一定差别。以 Altidore 公司为例，下表列示了该公司分别根据 GAAP 和 IFRS 计算的养老金费用。

	GAAP	IFRS
当期服务成本	€ 28 000	€ 28 000
前期服务成本	—	30 000
利息费用	21 000	21 000
利息收入	—	(18 000)
计划资产的预期收益	(28 800)	—
前期服务成本的摊销额（摊销年限为 10 年）	3 000	—
负债（资产）利得/损失的摊销额	500	—
养老金费用	€ 23 700	€ 61 000

根据 GAAP 的要求，养老金费用仅包括当期服务成本和计划资产的预期收益（包括未预期利得和损失），负债（资产）利得和损失、前期服务成本则在员工的服务年限内摊销，并分期计入利润。根据 IFRS 的规定，养老金费用包括所有的服务成本和利息净额。因此，在某些情形下（如企业发生前期服务成本时），根据两套规则计算的养老金费用可能存在较大差别。

未来之路

IASB 和 FASB 在退休福利项目上开展了广泛的合作。IASB 近期发布的准则修订稿表明，对于在资产负债表中确认基金资金状况的规则，IFRS 开始与 GAAP 趋同。但是，正如"深度解读"部分所述，两者关于养老金费用的组成部分依然存在很大差异。FASB 若要对退休福利计划的费用计量进行重新论证，可能会参考 IASB 的修订稿。

本章小结

1. 区分雇主对养老金计划和养老金基金的会计处理。企业或雇主设立养老金计划，并因此发生成本，同时向养老金基金缴存金额。基金或计划从雇主那里获得缴存的金额并管理养老金资产，同时向养老金计划受益者（退休员工）支付应付福利。基金应当是一个独立的法律主体和会计主体，单独保存账簿并编制财务报表。

2. 了解不同种类的养老金计划及其特征。养老金计划一般分为以下两类：（1）设定缴存金额计划。在该类计划中，雇主根据某一公式定期向养老金基金缴存一定金额，该计算公式涉及的因素包括员工的年龄和工龄、雇主的利润及薪酬水平等。这类养老金计划只对雇主的缴存计划进行设定，而没有设定承诺给员工的最终福利。（2）设定受益计划，即直接规定了员工退休以后可以获得的退休福利。福利数额的计算公式主要由员工在企业的服务年限及其临近退休前的工资水平决定。

3. 了解养老金负债的计量方法。一种方法是以应该给员工的既得福利为基础计量养老金负债。既得福利是指即使员工不再为企业提供额外服务也有权获得的福利。大部分养老金计划都规定了员工在获取既得福利前需要为企业服务的最低年限。企业一般会在既得福利的基础上，根据员工当前工资水平计算既得福利负债。另一种计量负债的方式是以员工所有的服务（包括设定和非设定服务）为基础，根据当前工资水平计算递延薪酬。利用这一方法计算出的养老金负债称为累计福利负债。以第三种方法计量的养老金负债称为设定受益负债，即同时基于员工的设定服务和非设定服务，但使用未来工资水平计算递延薪酬。

4. 理解财务报表中与养老金相关的报表项目。企业应当在资产负债表中报告设定受益负债/资产的净额（资金状况），该净额等于设定受益负债和计划资产公允价值之间的差额。企业应当在综合收益表中列报设定受益负债（资产）净额的变动。其中，服务成本（包括当期和前期）和利息净额（等于计划资产的余额乘以折现率）应当在综合收益表中的经营活动部分披露。重新计量的金额包括设定受益负债的利得和损失（折现率等精算假设的变更），以及计划资产公允价值变动所产生的利得或损失。重新计量的金额应当计入其他综合收益。

5. 利用工作底稿编制雇主养老金计划的会计分录。工作底稿可以帮助企业对养老金计划进行会计处理。工作底稿同时记录正式的会计分录和备忘录分录，从而保证准确记录雇主养老金计划的相关项目和组成内容。

6. 掌握前期服务成本的会计处理。前期服务成本是指由于养老金计划修改或缩减导致的设定受益负债现值的变动。企业应当在计划修改或缩减当期将前期服务成本费用化。因此，当企业修改或缩减养老金计划时，养老金费用和设定受益负债通常会大幅增加（减少）。

7. 掌握重新计量的会计处理。重新计量的金额包括：（1）计划资产的利得和损失；（2）设定受益负债的利得和损失。计划资产的利得和损失（资产利得和损失）等于实际收益和计算利息净额时确定的利息收入之间的差额。实际收益高于利息收入的差额称为资产利得，实际收益低于利息收入的差额称为资产损失。与设定受益负债相关的精算假设的变更会产生设定受益负债的利得和损失（负债利得/损失）。重新计量的金额应当计入其他综合收益，且不得在后续期间重分类至利润。

8. 了解养老金计划的财务报表列报要求。企业应当将养老金资产/负债视为一项资产/负债在报告期期末进行列报。流动性和非流动性项目的分类参照一般原则。企业应当在利润表（及相关附注）中报告当期养老金费用的金额。此外，计入其他综合收益的精算利得或损失应当在综合收益表中列报。

企业披露的信息应当包括以下内容：（1）设定受益计划的特征和风险；（2）与养老金计划相关的财务报表项目的解释说明；（3）设定受益计划对企业未来现金流的数额、时间和不确定性的影响。重要的附注披露参见图表 20 - 25。调节表反映了养老金资产或负债的价值变化过程，是养老金附注的重要组成部分。

9. 掌握其他退休福利的会计处理。除养老金以外，企业往往会提供其他类型的退休福利，如养老金计划之外的人寿保险，医疗福利以及法律和税务服务等。其他退休福利的会计处理与养老金计划的会计处理基本一致。对于同时设立了养老金计划和其他退休福利计划的企业而言，若计划之间的风险存在显著差异，则企业应当单独披露各项计划的具体信息。

简单练习

BE20 - 1　假设国泰航空公司在近期的年度报告中列示了如下信息（单位：百万）。

服务成本：	HK＄316
设定受益负债的利息费用：	342
计划资产的利息收入：	371

要求：请计算国泰航空公司的养老金费用。

BE20 - 10　Conway 公司 2015 年 12 月 31 日的资产负债表显示，其设定受益负债和计划资产的期末余额分别为 510 000 欧元和 322 000 欧元，请为该公司编制养老金计划调节表。

综合练习

E20 - 2（养老金费用的计算）　Veldre 公司 2015 年与设定受益计划相关的信息如下所示。

服务成本：	€90 000
基金缴存额：	105 000
向员工支付的养老金福利：	40 000
计划资产 2015 年年初余额：	640 000
设定受益负债 2015 年年初余额：	700 000
折现率：	10%

要求：请计算 2015 年度的养老金费用。

权威文献

[1] International Accounting Standard 26, *Accounting and Reporting by Retirement Benefit Plans* (London, U.K.: International Accounting Standards Committee Foundation, 2001).

[2] International Accounting Standard 19, *Employee Benefits* (London, U.K.: International Accounting Standards Committee Foundation, 2011), paras. 50-54.

［3］ International Accounting Standard 19, *Employee Benefits* (London, U. K.: International Accounting Standards Committee Foundation, 2011), par. 59.

［4］ International Accounting Standard 19, *Employee Benefits* (London, U. K.: International Accounting Standards Committee Foundation, 2011), par. 8.

［5］ International Accounting Standard 19, *Employee Benefits* (London, U. K.: International Accounting Standards Committee Foundation, 2011), paras. 83－86.

［6］ International Accounting Standard 19, *Employee Benefits* (London, U. K.: International Accounting Standards Committee Foundation, 2011), par. 131.

［7］ International Accounting Standard 19, *Employee Benefits* (London, U. K.: International Accounting Standards Committee Foundation, 2011), paras. BC70－71 and BC89－90.

［8］ International Accounting Standard 19, *Employee Benefits* (London, U. K.: International Accounting Standards Committee Foundation, 2011), par. 123.

［9］ International Accounting Standard 19, *Employee Benefits* (London, U. K.: International Accounting Standards Committee Foundation, 2011), paras. 123－124.

［10］ International Accounting Standard 19, *Employee Benefits* (London, U. K.: International Accounting Standards Committee Foundation, 2011), par. 134.

［11］ International Accounting Standard 19, *Employee Benefits* (London, U. K.: International Accounting Standards Committee Foundation, 2011), par. 64; and IFRIC Interpretation 14, *IAS 19 － The Limit on a Defined Benefit Asset, Minimum Funding Requirements and Their Interaction* (2007).

［12］ International Accounting Standard 19, *Employee Benefits* (London, U. K.: International Accounting Standards Committee Foundation, 2011), par. BC163.

［13］ International Accounting Standard 19, *Employee Benefits* (London, U. K.: International Accounting Standards Committee Foundation, 2011), par. BC70.

［14］ International Accounting Standard 19, *Employee Benefits* (London, U. K.: International Accounting Standards Committee Foundation, 2011), par. BC90.

［15］ International Accounting Standard 19, *Employee Benefits* (London, U. K.: International Accounting Standards Committee Foundation, 2011), par. 121.

［16］ International Accounting Standard 19, *Employee Benefits* (London, U. K.: International Accounting Standards Committee Foundation, 2011), par. BC99.

［17］ International Accounting Standard 19, *Employee Benefits* (London, U. K.: International Accounting Standards Committee Foundation, 2011), paras. 135－144.

［18］ International Accounting Standard 19, *Employee Benefits* (London, U. K.: International Accounting Standards Committee Foundation, 2011), par. 138.

第 21 章

租赁的会计处理

学习目标

学完本章后，你应该能够：

1. 解释租赁交易的内容、经济实质和优点。
2. 描述承租人融资租赁的会计准则和程序。
3. 对比记录经营租赁和融资租赁的方法。
4. 解释出租人出租资产的优势和经济性，识别出租人租赁业务的分类。
5. 描述出租人直接融资租赁的会计处理。
6. 识别造成特殊会计问题的租赁协议特征。
7. 描述余值（包括担保的和未担保的）对租赁会计处理的影响。
8. 描述出租人对销售型租赁的会计处理。
9. 列出租赁业务的披露要求。

越来越多的公司开始发问："我们为什么要购买资产?"

　　租赁业务越来越普及。现如今，它是发展最迅速的资本投资形式。公司不再借钱去购置飞机、电脑、核芯或人造卫星，转而变为以支付阶段性租金的方式去租入这些资产，甚至连赌场的老虎机都是租来的。租赁的公司趋向于规模较小、增长较快，大多处于信息技术行业（参见 www.techlease.com）。

　　航空业就是一个典型。乘客大多以为英国航空、国泰航空、日本航空这些航空公司的飞机是自有的，实际上往往并非如此。航空企业的飞机大多是租来的，因为与购置相比，租赁的会计处理会使它们的报表更漂亮。下面列示的就是国际主要航空企业的租赁资产的比例。

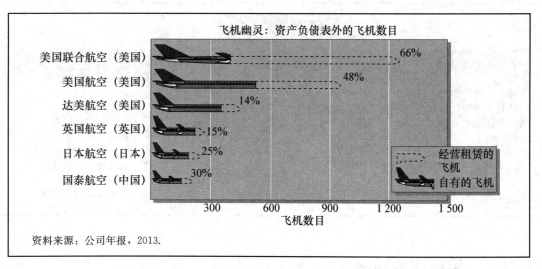

资料来源：公司年报，2013.

　　其他公司又如何呢？它们其实也在利用现行租赁会计准则将资产和负债隐藏在表外。美国的 Krispy Kreme 公司就是典型一例。这是一家拥有 217 个炸面包圈分店的连锁企业，它的报表显示，公司凭借较少的资本获得高额盈利和强劲的增长。如果你用资本报酬率来考核它，这真是令人印象深刻的丰功伟绩，但实际上这家企业却存在不为人知的亏空。该企业当时正在伊利诺伊的埃芬汉村耗资 3 000 万美元建造工厂和仓库，然而其财务报表却没有披露与这 3 000 万美元相关的资产和负债。

　　Krispy Kreme 公司利用合成租赁的方式进行了融资，从而把投资和义务隐藏在报表之外。在合成租赁业务中，瑞信（Credit Suisse）会设立一个特殊目的实体（special-purpose entity, SPE）来借入资金并建造工厂，之后再把工厂租赁给 Krispy Kreme 公司。编制会计报表的时候，Krispy Kreme 公司只需报告租赁费用。而在纳税的时候，Krispy Kreme 公司却被税务机关看作资产的所有者，从而可以通过折旧抵减税额。值得一提的是，使用特殊目的实体美化报表并节税的做法受到广泛的批评，Krispy Kreme 已宣布变更相关会计方法。

　　在本章你将了解，由于租赁会计准则的规定，财务报表使用者只能通过附注中披露的信息和一个经验性的乘数来估算这一杠杆。就像 IASB 的主席所说的，"既然管理层知道自己公司的租赁负债实际上是多少，那么再让分析师去估计这一信息看起来确实有些奇怪"。这一疑虑也正是 IASB 和 FASB 努力制定相关新准则的原因之一——我们不能仅仅因为把一项贷款命名为"租赁"，就把它排除在资产负债表之外。

　　资料来源：Adapted from Seth Lubore and Elizabeth MacDonald，"Debt？ Who, Me？" *Forbes*（February 18, 2002），p. 56；A. Catanach and E. Ketz，"Still Searching for the 'Rite' Stuff，" *Grumpy Old Accountants*（April 30，2012），*http：//blogs. smeal. psu. edu/grumpyoldaccountants/archives*/643；and Hans Hoogervorst，"Harmonisation and Global Economic Consequences，" Public lecture at the London School of Economics（November 6，2012）.

本章概览

　　本章的开篇故事展示了租赁业务逐渐提升的重要性和普遍性。有鉴于此，人们越来越需要租赁业务的统一会计处理和信息披露。在这一章，我们将讨论与租赁有关的会计问题。本章的内容和架构如下所示。

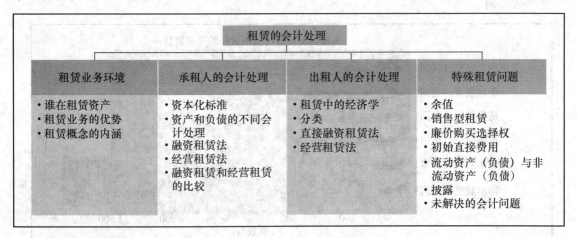

21.1　租赁业务环境

　　亚里士多德曾经说过："财富并不是源于拥有资产，而是源于对资产的使用！"显然，很多美国公司认为亚里士多德是对的，它们现在总是倾向于租入资产，而不是购置资产。White Clarke 集团发布的 2015 年全球租赁业务报告显示，全球的租赁业务交易额约为 6 580 亿美元，其中欧洲市场占 38%，亚洲占 19%，北美占 37%。从金融危机所导致的全球经济衰退开始到目前为止，租赁市场增长了 9%。注意，这还只是设备租赁。如果加上数额可能更大的房地产租赁，这项业务的规模和增长将更为可观。而这种现状至少有一部分是会计准则驱动的。

企业都在租赁什么资产？就像我们在本章开篇所说的，公司可以租赁任何设备，包括机动有轨车、直升机、推土机、驳船、CT 扫描仪、电脑等。

图表 21 - 1 根据公司披露的信息总结了它们租入的主要资产。

图表 21 - 1　　　　　　　　　　　　公司在租赁什么资产？

公司	描述
家乐福公司（法国）	"很多非自有商场是租来的，集团还有一些购物中心用来出租。"
Delhaize 集团（比利时）	"Delhaize 集团的很多商店都是以融资租赁和经营租赁的方式租来的。我们还将很多租入资产部分或全部转租给第三方，在这种业务中，集团就成为出租人。租赁期（包括合理续租选择权）基本在 1～36 年之间浮动，续租期为 3～30 年。"
Diageo 公司（英国）	"公司的自有和租赁土地及建筑遍布全球。Diageo 公司账面金额最大的单个设施是都柏林的 St James's Gate 酿酒厂。大约 96% 的集团资产是自有的，约 3% 的集团资产是以超过 50 年租赁期的合同租入的。"
马莎百货公司（英国）	"集团以签订不可撤销经营租赁合同的方式租入各种商店、办公室、仓库、设备，以经营租赁的方式租入房地产、机器、设备。各项租赁具有不同的租赁期、升级条款和续租权。"
麦当劳公司（美国）	"公司的 15 235 家门店都进行土地租赁（即公司租赁土地，但拥有建筑的所有权）或复杂租赁（即公司同时租赁土地和建筑物）。"
Reed Elsevier（荷兰）	"公司租入各种资产、主要办公室和仓库，采用当地通用的租赁期条款和续租权。"

租赁涉及最多的资产是信息技术设备，其次是交通运输工具（卡车、飞机、轨道），最后是建筑业和农业设备。

□ 21. 1. 1　谁在租赁资产

租赁是出租人和承租人之间的一份合同，这份合同赋予承租人在一定期间内使用出租人所拥有的资产的权利，同时，承租人要在租赁期内向出租人支付租金。

拥有财产的出租人通常是些什么机构？一般可以分为以下三类：

1. 银行。
2. 专属租赁公司。
3. 独立租赁公司。

银行

银行是租赁业务的最大参与者。它们拥有较低的筹资成本，这使它们能够以比竞争对手更低的成本购置资产。银行一直在租赁市场上表现积极。当发现参与租赁业务能够带来利润时，银行扩张了在这一领域的产品线。现如今的租赁交易越来越标准化，这使得银行不需要在构造租赁合约时花费太多的精力。所以，瑞信（瑞士）、大通（美国）、巴克莱（英国）、德意志（德国）等银行都设立了大量承接租赁业务的子公司。

专属租赁公司

专属租赁公司是为了母公司利益主营租赁业务的子公司。荷兰 CNH 资本管理公司（CNH 的子公司）、德国 BMW 金融服务公司（BMW 的子公司）、美国 IBM 全球金融部（IBM 的子公司）等公司都起到了便利产品销售的作用。举个例子，如果加拿大 Ivanhoe 矿业有限公司想要从 CNH 有限公司获得一批土方机械，那么 CNH 资本管理公司会主动提出将交易构造为租赁，而不是购买。这样一来，CNH 资本管理公司就替代外部金融机构提供了融资服务。

专属租赁公司很容易在销售时点找到租赁业务客户。也就是说，一旦 CNH 收到一份可能的订单，它专营租赁业务的子公司就可以迅速将这份订单转换成融资租赁协议。而且，专属租赁公司对其母公司的产品更加了解，这也有利于租赁合约的达成。

根据现在的发展趋势，专属租赁公司主要关注其母公司的产品而不是从事普通租赁。例如，美国的波音资本公司和 UPS 资本公司就退出了一般融资租赁业务，转而专营母公司产品的租赁业务。

独立租赁公司

独立租赁公司是最后一类出租人。在过去几年中，独立租赁公司的表现并不好。在银行和专属租赁公司在融资租赁市场上越来越活跃的情况下，独立租赁公司的市场份额大幅下降。独立租赁公司既无法像专属租赁公司一样掌握销售时点，也无法像银行一样以低成本融得资金。它们唯一擅长的就是为承租人构造创新的租赁合约。另外，一些缺少专营租赁业务的子公司的企业开始聘用独立租赁公司来充当它们的专属租赁公司。

根据 www.ficinc.com 近期的数据，将新兴业务量按照出租人类型进行分类统计，银行在其中约占 44％的份额，专属租赁公司约占 30％的份额，而独立租赁公司只占剩余的 26％的市场份额。市场份额的变化数据显示，银行和专属租赁公司的业务量都有所增长，而独立租赁公司则有所下降。银行和专属租赁公司的市场份额分别上涨了 58％和 36％，独立租赁公司的市场份额则下降了 44％。

□ 21.1.2　租赁业务的优势

租赁业务的迅速发展表明，与真正拥有资产相比，租入资产有着实实在在的优势，例如：

1. 100%融资且保持固定利率。租赁合约在签订时通常不要求承租人在租金之外另付款项，有助于承租人留存稀缺的现金资源——这一点对于新兴和发展中的公司尤为重要。另外，租金支付在每一期是固定的，这使承租人免受通货膨胀和资金成本上升的影响。下面这句评论解释了公司倾向于选择租赁而不是传统贷款的原因："地方银行最终同意借给我们相当于购货价款 80%的资金，它们不愿再扩大贷款额，而且还要求浮动利率。我们无法支付其余 20%的价款，我们需要将支付总额锁定在我们可承受的范围内。"

2. 保护企业免受资产过时的影响。租赁能够降低资产过时对承租人的影响，在很多情况下将余值的风险转移给出租人。让我们举个例子，看看爱尔兰的 Elan 公司（一家制药企业）是怎样租赁电脑的。按照租赁协议的规定，Elan 公司可以随时交还旧电脑并租入新电脑，取消旧的租赁合同并签订一份新的合同。出租人将把新租赁电脑的成本扣除旧电脑的回收值之后的数额记入旧租赁到期账目。正如一个会计所说的，"我们下意识的决策就是购买"，但是如果新的电脑很快会上市，"那么租赁就是比购买更方便的决策"。当然，如果承租人不想保留资产，那么出租人会处于保护自己的目的要求承租人支付更高的租金或额外的款项。

3. 灵活性。租赁合同的限制性条款可能比其他债务合同更少。富有创新精神的出租人能够根据承租人的特殊需求设计租赁合同。例如，它们能够把租赁时间的长短（租赁期）设计为任意时间段，可以是很短的期间，也可以是资产的整个预计经济寿命。租金可以每年保持一定，也可以逐年增长或下降。租金额可以事先约定，也可以随销售额、主要利率水平、物价指数或其他因素变动。当然，在大多数情况下，租赁合同要让出租人收回租赁资产的成本，同时在租赁期内获取合理的报酬。

4. 更低成本的融资。有些公司发现，租赁比其他融资形式更便宜。例如，萧条行业中处于起步期的企业或处于低纳税级别的企业可能利用租赁来获得纳税收益。毕竟，折旧抵减对于这些只有很少应纳税所得额的企业来说没有多少用处。通过租赁业务，租赁公司或金融机构可以获得直接的纳税收益。它们可以通过少收取租金的方式将这种收益传递给资产的使用者。

5. 税收优势。某些情况下，企业可以利用租赁的税收优势"制造一块蛋糕，再吃掉它"。在编制财务报表的时候，企业不需要报告租赁相关的资产和负债；而在纳税的时候，租赁资产又可以资本化，通过计提折旧的方式抵减税额。结果，企业获得纳税抵扣收益的时点反而更早而不是更晚。这种交易的常见形式就是"合成租赁"，我们在开篇的故事中提到的 Krispy Kreme 公司就属于这种情况。

6. 表外融资。这些租赁业务不会增加资产负债表上的负债，也不会影响财务比率。实际上，它们可能增加企业的借款能力。[①] 这样的表外融资对于某些公司来说是非常重要的。

---

① 本章余下部分会讲到，某些类型的租赁协议不会在资产负债表上资本化，因此负债部分就会少计大额的租赁义务。这些租赁义务如果在表内确认，就会对资产负债率产生不利影响。避免将租赁义务确认为负债是一些公司抵制租赁业务资本化的主要原因之一。

⬡⬡⬡ 数字背后的故事   表外融资

就像我们在开篇故事中说到的，航空业大范围地开展租赁业务，这导致高额的表外融资。下图表明，航空公司通过租赁业务在报表上少报了大量债务。

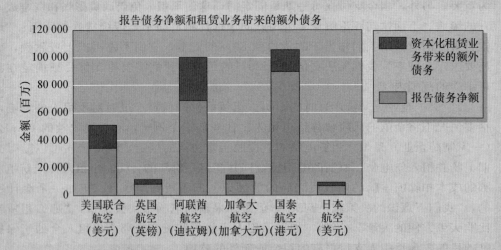

报告债务净额和租赁业务带来的额外债务

资料来源：公司年报，2012.

航空业并不是唯一利用表外融资的行业。就像图表 21-1 所列举的，像马莎百货和家乐福这样的零售商，Reed Elsevier 这样的出版商也在经营中使用租赁。因此，分析师必须在考虑未资本化的租赁业务之后调整报告债务数额。D. Zion 和 A. Varshney 在 *Credit Suisse Equity Research*（August 17，2010）上发表的文章 "Leases Landing on Balance Sheets，Appendix：HOLT's Capitalization of Operating Leases" 提供了一种调整方法。

另外，就像在本章开篇故事中所讲述的，IASB 正在制定新规则，使更多的租赁业务入表。普华永道对 3 000 家跨国公司的调研显示，租赁准则的变更会对一些行业产生如下影响。

	有息负债平均增长比例（%）	增长率超过 25% 的公司	杠杆平均增长率（%）
零售和贸易行业	213	71	64
其他服务业	51	35	34
运输仓储业	95	38	31
专业服务业	158	52	19
旅店业	101	41	18
全行业	58	4	13

正如上表所显示的，准则变化的预期影响是巨大的：全行业有息负债的平均增长率达到 58%，杠杆率增加 13%。报表将变得不那么好看，但是投资者确实需要这些信息去理解企业的租赁负债。

资料来源：Nanette Byrnes，"You May Be Liable for That Lease，" *BusinessWeek*（June 5，2006），p. 76；PricewaterhouseCoopers，*The Future of Leasing：Research of Impact on Companies' Financial Ratios*（2009）；and J. E. Ketz，"Operating Lease Obligations to Be Capitalized，" *Smartpros*（August 2010），http://accounting.smartpros.com/x70304.xml.

□ 21.1.3 租赁概念的内涵

如果法国航空从瑞士联合银行借了为期 10 年的款项 4 700 万美元去购买空中客车 A330 喷气式飞机，那么法国航空应该在资产负债表上清楚地报告这一资产和相关负债。类似地，如果法国航空以 4 700 万美元总额的分期付款直接从空中客车公司购买了 A330 飞机，它显然也应该报告这一资产和相关负债。（即法国航空应该将分期付款交易"资本化"。）

然而，如果法国航空与世界上最大的飞机租赁商——美国国际租赁金融公司签订了不可撤销的租赁合同，租入飞机，而且合同涉及的支付金额与分期付款交易一样，那么法国航空该如何进行财务报告？人们对此争论不休。关于租赁的资本化，现有如下不同的观点。

1. 所有的租赁资产都不应该资本化。这种观点认为，资本化是不合理的，因为法国航空根本不拥有这项资产。而且，租赁是一种"待履行"合同，它的履行要求双方持续投入。因为企业目前并没有资本化其他待履行合同（例如购买承诺和员工聘任合同），所以它不应该资本化租赁合同。

2. 将租赁资产按照与分期付款相似的方式资本化。这种观点认为，企业应该根据它们的经济实质报告交易行为。所以，如果企业资本化了分期付款购买的资产，那么它们也应该资本化具有类似性质的租赁资产。让我们再回到法国航空购买空客飞机的例子。无论签订租赁还是分期付款协议，法国航空实际支付的现金流是一样的。公司作为承租人支付租金，作为所有者支付按揭款。为什么财务报告要以不同的方式报告这两种交易呢？

3. 将所有的长期租赁资本化。这种观点认为，长期使用资产的权利应资本化。换句话说，这种"财产权法"要求资本化所有的长期租赁。

4. 仅将违约惩罚严重的租赁资本化。最后一种观点认为，只有"固定的"（不可撤销的）合同权利和义务应该资本化。"固定"意味着企业不可能在不接受严重处罚的情况下违反租赁合约。①

简单总结，从完全不应该资本化租赁到应资本化所有租赁，人们的观点存在巨大的分歧。IASB 显然赞成资本化方法，因为租赁与分期付款购买交易是类似的。它认为，如果租赁合同是不可撤销的，那么法国航空应该资本化这项实质性转移了与所有权相关的全部风险和收益的租赁业务。② 其中，不可撤销意味着法国航空仅在极小可能发生的事项出现后才会撤销合同，或撤销合同所带来的处罚对于法国航空来说太过严重，以至于该公司几乎不可能进行撤销操作。

这一观点引发了以下三个基本结论：（1）企业必须识别那些意味着与所有权相关的全部风险和收益都已实质性转移的交易特征。（2）这些交易特征应该在出租人和承租人之间一致运用。（3）那些与所有权相关的风险和收益没有实质性转移的租赁即为

---

① 大多数租赁业务的资本化（或基于使用权，或基于不可撤销的权利和义务）是有财务分析师支持的。FASB 和 IASB 联合开发的租赁会计项目是基于使用权模型的，这会要求更多的租赁资产和负债的资本化。

② 这里所称的收益可以是机构在资产经济寿命内的预期盈利或余值的增值；这里所称的风险包括闲置生产能力带来的损失、技术过时以及由经济情况变化带来的收益波动。[1]

经营租赁。企业不应该资本化经营租赁。相反，企业应该以租金和应收款的形式对其进行会计核算。

21.2　承租人的会计处理

如果法国航空（承租人）资本化一项租赁，那么它应该以租金的现值记录一项资产和一项负债。在与所有权相关的全部风险和收益都已实质性转移的情况下，国际租赁金融公司（出租人）应该确认一项销售，将相应资产移出资产负债表，转而记录一项应收账款。在假定租赁设备被资本化的情况下，承租人和出租人典型的日记账分录如图表 21 - 2 所示。

图表 21 - 2　　　　　　　　　　　租赁资本化的会计分录

法国航空 （承租人）		国际租赁金融公司 （出租人）	
借：租赁设备	×××	借：租赁应收款	×××
贷：租赁负债	×××	贷：设备	×××

在资本化这项租入资产之后，法国航空开始记录其折旧。国际租赁金融公司和法国航空公司都把租金看作本金和利息之和。

如果法国航空不资本化这项租赁，那么它就不记录这项资产，相应地，国际租赁金融公司也不会将该资产移出报表。当法国航空支付租金时，它会记录一项租金费用，同时国际租赁金融公司会记录一项收入。

如果将一项租赁确认为融资租赁，则这份租赁合同必须是不可撤销的。而且，它还必须满足图表 21 - 3 所示的一个或多个标准。

图表 21 - 3　　　　　　　　　　　承租人的资本化标准

1. 这项租赁向承租人转移了资产的所有权。
2. 这项租赁包含一项廉价购买选择权。①
3. 租赁期相当于租赁资产预计经济寿命的大部分。
4. 最低租赁付款额的现值基本相当于租赁资产的公允价值。[2]

法国航空应该将不符合以上任意一个条件的租赁分类为经营租赁，并依照经营租赁的规定进行会计核算。图表 21 - 4 具体展示了承租人如何根据以上四个标准对租赁进行分类。②

---

① 我们将在下一小节定义廉价购买选择权。

② 有时，租赁资产比较特殊，只有承租人能够在不对其进行重大调整的前提下使用，此时与资产所有权相关的风险和报酬转移给承租人的可能性比较高。在这种情况下，可能存在确认为融资租赁的第五项标准。除上述四项标准以外，承租人和出租人应单独或综合考虑如下状况，判断一项租赁业务是否应该被分类为融资租赁：（1）承租人可以取消租赁合同，且负责承担出租人因取消合同产生的损失；（2）租赁资产余值的公允价值变动所带来的损益由出租人承担（例如，租赁期满时的租金减免款应等于租赁资产销售净额）；（3）承租人能够在租赁期满时以远低于市场租金的价格续租资产。[3]

图表 21 - 4　　　　　　　　　　　　　　承租人租赁分类标准图

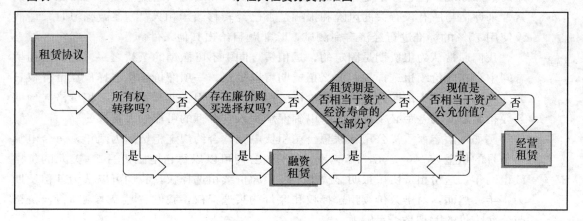

　　所以，租赁业务的分类由租赁交易的实质而不是其形式决定。我们在对租赁业务进行分类时，经常需要对与所有权相关的风险和报酬是否已经转移作出职业判断。

21. 2. 1　资本化标准

　　上述四个承租人资本化标准中的三个存在很大的争议，且很难应用于实际。在之后的内容中，我们将详细探讨每一项标准。

所有权转移测试

　　如果出租人把资产的所有权转移给承租人，这就是一项融资租赁。这项标准不存在争议，在实务中也很容易实施。

廉价购买选择权测试

　　一项廉价购买选择权允许承租人以远低于资产在行权时公允价值的价格购买租赁资产。在租赁期开始时，廉价购买选择权的价格与资产预期公允价值之间的差距必须足够大，以确保承租人有合理的可能性去行权。

　　例如，假定 Brett 快递服务公司要从本田公司租赁一辆雅阁汽车，合同约定租赁期 40 个月，每月支付 599 美元，在第 40 个月末 Brett 公司可以选择以 100 美元购买这辆汽车。如果该汽车在第 40 个月末的预期公允价值为 3 000 美元，那么按照 100 美元行使购买选择权意味着捡了一个大便宜。因此，Brett 公司应该资本化这项租赁业务。然而在其他情况下，这项标准可能没有那么容易实施：在当下估计特定的未来价格是不是一项合适的交易，是很困难的。

经济寿命测试

　　如果租赁期相当于资产经济寿命的大部分，这就意味着出租人已经将与所有权相关的大部分风险和报酬转移给承租人。在这种情况下，资本化是合理的。然而，确定租赁期和资产的经济寿命可能非常麻烦。

　　IASB 尚未对资产经济寿命的"大部分"进行明确定义。在实务中，我们通常参照美国 GAAP 的规定，以 75% 的标准来进行经济寿命测试。虽然 75% 可能是一个有用的参照标准，但它并不是一个自动断点。承租人和出租人还是应该考虑所有相关因素，来评估与所有权有关的风险和报酬是否已经转移给承租人。① 在做练习时，请假设使用 75％的标准进行经济寿命测试，除非题目给出其他条件。

我们通常认为租赁期是固定的，是租赁合同中不可撤销的条款之一。但如果租赁合同中存在廉价续租选择权，那么租赁期可以延长。一项廉价续租选择权在可行权日允许承租人以低于预期公允租金的价格续租资产。在租赁期开始时，续租价格与预期公允租金之间的差距必须足够大，以确保承租人有合理的可能性去行权。[4]

例如，假定家乐福公司从联想公司租赁电脑，合约规定租赁期为两年，每台电脑每个月的租金为 100 美元，两年后，家乐福公司可以以每台电脑每月 10 美元的价格续租两年。这份租赁协议很明显提供了一项廉价续租选择权，我们可以认为其租赁期为 4 年。然而，对于廉价续租选择权和廉价购买选择权，我们有时很难判断行权价格与公允市价的差别是否足够大。

估计资产的经济寿命也会带来问题，尤其是在租赁资产是一项专业化资产，或该资产已经使用很长时间的时候。例如，估计核芯的经济寿命就非常困难，它涉及比磨损和毁坏更多的消耗事项。

投资回收测试

如果最低租赁付款额的现值等于或超过几乎全部的资产公允价值，那么像法国航空一样的承租人应该资本化租入的资产。为什么？因为如果最低租赁付款额的现值比较接近飞机的公允价值，那么法国航空实际上就是在购买该资产。

IASB 并没有明确定义什么是"几乎全部"的资产公允价值。在实务中，我们经常参考美国 GAAP 90％的标准。与经济寿命测试的情况类似，承租人和出租人应该考虑所有相关因素来评估一项租赁业务的分类，而不是以某一项租赁分类指标为准。② 在做练习时，读者可使用 90％作为投资回收测试的标准。

计算最低租赁付款额的现值涉及以下三个重要概念：（1）最低租赁付款额；（2）履约成本；（3）折现率。

最低租赁付款额 法国航空有义务或被要求支付与租赁资产相关的最低租赁付款额。这些支付款项包括如下几个部分。[5]

1. 最低租金付款额。最低租金付款额是指法国航空依照租赁合同必须支付给国际租赁金融公司的租金。在某些情况下，最低租金付款额与最低租赁付款额是相等的。然而，最低租赁付款额还包括担保余值（如果存在）、未续租资产的惩罚，以及廉价购买选择权（如果存在）。下面我们将讨论这些问题。

2. 担保余值。余值是指租赁资产在租赁期结束时的估计公允（市场）价值。国际租赁金融公司可以通过获取对估计余值的担保来把损失风险转移给法国航空或第三方。担保余值是指：（1）法国航空在租赁期结束时购买飞机而向国际租赁金融公司支付的一定数额的款项；（2）法国航空或第三方保证国际租赁金融公司在收回飞机时将

---

① The International Financial Reporting Group of Ernst and Young, *International GAAP*, *2013*（John Wiley and Sons：New York, 2013), p. 1669.

② 很多人认为美国 GAAP 中 75％和 90％的"明线"不适当。他们认为承租人可以构造租赁合同条款以使相关指标落在 75％和 90％以下，从而避免将租赁业务分类为融资租赁，并将租赁相关资产和负债放在表外。

会获得的价值。如果余值没有完全被担保，那么未担保余值就是扣除已担保部分的估计的剩余价值。①

3. 未续租资产的惩罚。这部分款项是指，在租赁合同规定法国航空应续租资产的情况下，该公司因没有续租而必须支付的资金。

4. 廉价购买选择权。就像我们之前所说的，租赁合同给予法国航空在租赁期满时购买租入飞机的选择权。该期权的行权价格事先已固定，且比预期公允价值低很多，以至于在租赁期开始时，就可以预测承租人有合理的可能性购买资产。

法国航空在计算最低租赁付款额时还扣除了履约成本（定义如下）。

履约成本　和大多数资产一样，租赁的有形资产在其经济寿命期间会引致保险、维护和纳税等成本——我们称其为履约成本。如果国际租赁金融公司保留支付这些"所有权相关成本"的责任，那么它应该在计算最低租赁付款额现值时从每一份租金中扣除相应的履约成本。履约成本并不意味着相应负债的支付或减少。

很多租赁合同都规定由承租人直接将履约成本支付给适当的第三方。在这种情况下，出租人可以使用未经调整的租金来计算最低租赁付款额的现值。

折现率　像法国航空一样的承租人一般使用租赁内含利率计算最低租赁付款额的现值。[7]该利率可定义为："在租赁开始时，使最低租赁付款额和任何出租人需要承担的未担保余值之和的现值等于租赁资产公允价值的折现率。"[8]

法国航空也许会抗辩：它很难确定出租人的内含利率，但是，在大部分情况下，法国航空能够合理估计国际租赁金融公司的内含利率。当法国航空确实无法估计出租人的内含利率时，可以使用增量借款利率计算最低租赁付款额的现值。该利率可定义为："如果承租人在租赁期开始时以担保贷款融资并购买租赁资产，且该担保贷款的偿还条款与租赁合同的租金支付安排类似，那么这一贷款的利率即为增量借款利率。"

如果租赁内含利率已知或可估计，那么使用这一利率更好。因为：第一，一般来讲，在确定法国航空资产或负债的报告价值（如果存在）时，使用国际租赁金融公司的内含利率使数据更为真实。第二，使法国航空无法人为调高增量借款利率从而调低最低租赁付款额的现值。使用该利率可以避免将资产和相关负债资本化。

确定租赁内含利率是否可估计，需要主观判断，尤其是当增量借款利率使投资回收测试结果处于临界水平时。由于法国航空不会以高于公允价值的数额资本化租赁资产（这一点我们将在后文讨论），因此它不会使用一个过低的折现率。

□ 21.2.2　资产和负债的不同会计处理方法

在一项融资租赁交易中，法国航空将租赁视为一种融资方式。国际租赁金融公司通过租赁资产向法国航空提供投资所需资本。法国航空支付的租金实际上相当于分期付款。所以，在飞机的整个租赁期内，支付给国际租赁金融公司的租金是由本金和利

---

①　如果租赁资产余值是由第三方担保的，它就不包含在最低租赁付款额中。（第三方担保人实质上是为了赚取一定收费而承担租赁资产余值不足的风险的保证人。）如果租赁条款要求承租人赔偿由于损坏、额外的耗费和毁损或过度使用造成的余值不足，则这部分内容不应包含在最低租赁付款额里。承租人应在费用发生当期进行确认。如前所述，这种约定意味着这项租赁业务应分类为融资租赁。[6]

息构成的。

记入账目的资产和负债

在融资租赁方法下，法国航空将租赁交易视同融资并购入飞机。也就是说，法国航空获得一架飞机，并引发一项义务。因此，该公司在记录融资租赁时要确认一项资产，同时以最低租赁付款额（不包括履约成本）和租赁开始日租赁资产公允价值的较低者确认一项负债。这一方法的道理在于，公司不应以超过公允价值的数额确认一项资产。

折旧期间

资本化租赁资产折旧的会计处理有一个较为麻烦的问题：应当如何确定折旧期间？如果租赁协议将资产的所有权转移给法国航空（第一项标准），或包含一项廉价购买选择权（第二项标准），法国航空就可以按照与其他资产一致的折旧政策，以资产的经济寿命为基础对租入飞机计提折旧。

如果租赁协议没有将所有权转移给承租人，也没有包含廉价购买选择权，那么法国航空应该以租赁期为基础对租入飞机计提折旧。在后一种情形中，一段时间之后飞机会还给国际租赁金融公司。

实际利率法

在租赁期内，法国航空使用实际利率法将每一期租金分配到本金和利息上。这种方法形成的期间利息费用等于租赁负债账面余额乘以一个固定比率。当将实际利率法应用于资本租赁时，法国航空必须使用与确定最低租赁付款额现值时相同的折现率。

折旧概念

虽然法国航空最初以相同的现值金额确认租赁资产和租赁负债，但是在租赁期内记录飞机的折旧费用和租赁负债的履行过程却是独立的会计核算流程。公司应该采用常规的折旧方法对租赁资产计提折旧，例如直线法、年数总和法、余额递减法、产量法等。

□ 21. 2. 3　融资租赁法（承租人）

下面我们举例说明融资租赁的会计处理方法。假定 CNH 资本管理公司（CNH 的子公司）和 Ivanhoe 矿业公司在 2015 年 1 月 1 日签订了一份租赁协议，要求 CNH 公司自 2015 年 1 月 1 日起向 Ivanhoe 矿业公司租出一台前端装载机。租赁合同的条款、规定以及其他相关数据如下所示。

● 租赁期限为 5 年。租赁协议不可撤销，要求承租人在每年年初等额支付 25 981. 62 美元的租金（先付年金）。

● 在租赁开始日，装载机的公允价值为 100 000 美元。资产的预计经济寿命为 5 年，无余值。

● Ivanhoe 公司每年向 CNH 公司支付 2 000 美元的财产税，这一款项已包含在年付租金之内。除此之外的履约成本由 Ivanhoe 公司直接向第三方支付。

● 租赁协议不包含续租选择权，租赁期满时装载机会还给 CNH 公司。

● Ivanhoe 公司的增量借款利率是每年 11%。

● Ivanhoe 公司按照直线法对其拥有的类似设备计提折旧。

● CNH 公司将每年的租金设置在可以赚取 10% 投资回报率的水平上，而且 Ivanhoe 公司知晓这一事实。

这项租赁业务应分类为融资租赁，原因如下。

1. 租赁期限为 5 年，等于设备的预计经济寿命，通过了经济寿命测试。

2. 最低租赁付款额的现值（100 000 美元，计算如下）等于装载机的公允价值（100 000 美元）。

最低租赁付款额为 119 908.10 美元（23 981.62×5）。Ivanhoe 公司以最低租赁付款额的现值（不包括履约成本——财产税 2 000 美元）作为租赁资产的资本化金额。计算过程如图表 21-5 所示。

图表 21-5　　　　　　　　　　租赁资本化的计算过程

资本化金额＝（＄25 981.62－＄2 000）×1 美元 5 年期年金按照 10% 利率折现的现值（见表 6-5）
　　　　　＝＄23 981.62×4.169 86
　　　　　＝＄100 000

Ivanhoe 公司使用 CNH 公司的内含利率 10% 作为折现率，而没有使用其增量借款利率 11%。这是因为：（1）出租人的内含利率较低；（2）Ivanhoe 公司知晓出租人的内含利率。[①] Ivanhoe 公司应当于 2015 年 1 月 1 日按照如下会计分录记录融资租赁业务。

　　借：租赁设备　　　　　　　　　　　　　　　　　　　　　　　　100 000
　　　　贷：租赁负债　　　　　　　　　　　　　　　　　　　　　　　　100 000

我们应当注意到，上述会计分录以 100 000 美元的净额（未来租赁付款额的现值）记录了租赁负债，而不是以 119 908.10 美元的付款总额（23 981.62×5）进行记录的。

Ivanhoe 公司应当在 2015 年 1 月 1 日按照如下会计分录记录第一次租赁付款。

　　借：财产税费用　　　　　　　　　　　　　　　　　　　　　　2 000.00
　　　　租赁负债　　　　　　　　　　　　　　　　　　　　　　23 981.62
　　　　贷：现金　　　　　　　　　　　　　　　　　　　　　　　25 981.62

每一次支付的 25 981.62 美元由以下三个部分组成：（1）租赁负债的减少；（2）融资成本（利息费用）；（3）履约成本（财产税）。租赁期内的总融资成本（利息费用）为 19 908.10 美元，也就是租赁付款额的现值（100 000 美元）与实际的现金支付额扣除履约成本后的净额（119 908.10 美元）之间的差额。因此，采用实际利率法计算的年利息费用是剩余租赁负债的函数，如图表 21-6 所示。

---

① 如果 Ivanhoe 公司拥有一个更高的增量借款利率（例如 9%，比 CNH 公司的 10% 更低），而且它并不知道 CNH 公司的内含利率，那么折现计算出的资本化金额就应该是 101 675.35 美元（23 981.62×4.239 72）。所以，采用不切实际的低折现率能够使承租人以超过资产公允价值的数额确认租赁资产，这是被 IFRS 所禁止的。这就是 IFRS 规定使用租赁内含利率资本化最低租赁付款额现值的原因。

图表 21 - 6　　　　　　　　　　　承租人租赁摊销时间表——先付年金基础

Ivanhoe 矿业公司 租赁摊销时间表 先付年金基础					
时间	年租金	履约成本	负债利息（10%）	租赁负债的减少	租赁负债余额
	(a)	(b)	(c)	(d)	(e)
1/1/15					$ 100 000.00
1/1/15	$ 25 981.62	$ 2 000	$ 0	$ 23 981.62	76 018.38
1/1/16	25 981.62	2 000	7 601.84	16 379.78	59 638.60
1/1/17	25 981.62	2 000	5 963.86	18 017.76	41 620.84
1/1/18	25 981.62	2 000	4 162.08	19 819.54	21 801.30
1/1/19	25 981.62	2 000	2 180.32 *	21 801.30	0
	$ 129 908.10	$ 10 000	$ 19 908.10	$ 100 000.00	

(a) 租赁合同规定的租金。
(b) 租金中包含的履约成本。
(c) 上期 (e) 余额的 10%，2015 年 1 月 1 日除外。由于这是先付年金的情况，所以在第一次付款之前没有时间流逝，也就没有产生应计利息。
(d) (a) 减去 (b) 和 (c)。
(e) 上一期余额减去 (d)。
* 19 美分去尾。

在 2015 年 12 月 31 日，即财政年度结束日，Ivanhoe 公司应当按照如下会计分录记录应计利息。

借：利息费用　　　　　　　　　　　　　　　　　　　　7 601.84
　　贷：应付利息　　　　　　　　　　　　　　　　　　　　　　7 601.84

2015 年 12 月 31 日，Ivanhoe 公司还应当使用其常规折旧政策（直线法）在 5 年租赁期内对租赁设备计提折旧，其会计分录如下。

借：折旧费用　　　　　　　　　　　　　　　　　　　　20 000
　　贷：累计折旧——融资租赁　　　　　　　　　　　　　　　　20 000
　　　　（100 000/5 年）

2015 年 12 月 31 日，Ivanhoe 公司应在其资产负债表上单独列示融资租赁租入资产。类似地，该公司也应单独列示租赁业务相关负债。Ivanhoe 公司应当将一年内到期或一个经营周期内到期（取一年和经营周期的较长者）的那部分租赁负债列示在流动负债中，其余列示在非流动负债中。例如，2015 年 12 月 31 日，在 Ivanhoe 公司 76 018.38 美元的租赁负债总额中，16 379.78 美元的负债应列示于流动负债之下——也就是将在 2015 年偿付的那部分租赁负债。图表 21 - 7 展示了 2015 年 12 月 31 日与租赁交易相关的负债的列报方式。

图表 21 - 7　　　　　　　　　　　报告流动和非流动负债

非流动资产	
租赁负债（76 018.38－16 379.78）	$ 59 638.60
流动负债	
应付利息	$ 7 601.84
租赁负债	16 379.78

Ivanhoe 公司应当在 2016 年 1 月 1 日采用如下会计分录记录租金支付。

借：财产税费用	2 000.00	
应付利息	7 601.84	
租赁负债	16 379.78	
贷：现金		25 981.62

2017 年，该公司也将按照上面的方式记账。Ivanhoe 公司在记录其他履约成本（包括保险成本和维护成本）时，应使用与公司记录其资产的其他经营成本时类似的方式。

租赁期届满后，Ivanhoe 公司将租入设备全部摊销完毕，也充分履行了契约义务。如果 Ivanhoe 公司不购买该装载机，就将它还给 CNH 公司。Ivanhoe 公司此时应从账目上注销租赁设备以及与其有关的累计折旧。

如果 Ivanhoe 公司选择花 5 000 美元购买该设备，且设备的预计经济寿命从 5 年变化至 7 年，那么它应该作以下会计分录。

借：设备（100 000＋5 000）	105 000	
累计折旧——融资租赁	100 000	
贷：租赁设备		100 000
累计折旧——设备		100 000
现金		5 000

21.2.4 经营租赁法（承租人）

在经营租赁下，租金费用（以及相关负债）应当以天为单位分摊到承租人使用租赁资产的过程中。承租人将租金分摊到资产为企业带来经济利益的期间内，但在会计上不考虑任何需要在未来支付的款项。如果支付日之间隔着会计截止日，那么承租人应适当地记录应计和递延项目。

例如，假定上一节举例中的融资租赁并没有满足融资租赁的判定条件，所以 Ivanhoe 公司将其分类为经营租赁。现在，该租赁业务第一年的租金是 25 981.62 美元。2015 年 1 月 1 日，Ivanhoe 公司按照如下会计分录记录这笔付款。

借：租赁费用	25 981.62	
贷：现金		25 981.62

在资产负债表上，Ivanhoe 公司不报告装载机的价值，也不列示任何与未来应支付租金相关的长期负债。Ivanhoe 公司应当在利润表上报告租赁费用。而且，就如本章将在稍后讨论的，公司还必须披露所有租赁期超过一年的含有不可撤销条款的经营租赁业务。

21.2.5 融资租赁与经营租赁的比较

正如我们已经指出的，如果将租赁业务认定为经营租赁，那么会计上记录的第一年费用应为 25 981.62 美元，也就是租赁付款额。而如果将租赁业务认定为融资租赁，那么第一年的租赁费用应为 29 601.84 美元，其中包括折旧费用 20 000 美元（假设以直线法计提折旧）、利息费用 7 601.84 美元（见图表 21-6）和履约成本 2 000 美元。从图表 21 - 8 可以看出，虽然无论租赁业务被认定为融资租赁还是经营租赁，在全部租赁期间内总费用是一样的，但在融资租赁下，租赁期前几年的费用会高一些，后几年的费用会低一些。[1]

图表 21 - 8　　　　　　　　　　对比经营费用：融资租赁和经营租赁

| 年份 | 融资租赁 | | | | 经营租赁费用 | 差额 |
	折旧	履约成本	利息	总费用		
Ivanhoe 矿业公司 经营费用时间表 融资租赁与经营租赁						
2015	$ 20 000	$ 2 000	$ 7 601.84	$ 29 601.84	$ 25 981.62	$ 3 620.22
2016	20 000	2 000	5 963.86	27 963.86	25 981.62	1 982.24
2017	20 000	2 000	4 162.08	26 162.08	25 981.62	180.46
2018	20 000	2 000	2 180.32	24 180.32	25 981.62	(1 801.30)
2019	20 000	2 000	—	22 000.00	25 981.62	(3 981.62)
	$ 100 000	$ 10 000	$ 19 908.10	$ 129 908.10	$ 129 908.10	$ 0

如果企业使用加速折旧法，那么两种租赁的经营费用在时间分布上的差异会更大。

此外，融资租赁的会计处理方法导致在租赁开始日多确认一项 100 000 美元的资产和负债。而在经营租赁下，承租人则不会报告任何资产或负债。因此，与经营租赁相比，融资租赁有以下几个不同点：

1. 增加财务报告中的短期负债和长期负债。
2. 增加总资产（尤其是长期资产）。
3. 租赁前期较低的收入和留存收益。

因此，很多企业认为融资租赁会对它们的财务状况产生负面影响：它会导致企业的负债比率增加，资产回报率下降。这是公司联合抵制资本化租赁业务的原因。

然而，关于这种抵制是否有充分的理由，是值得商榷的。从现金流的角度来看，公司的财务状况不受融资租赁和经营租赁会计方法差异的影响。公司管理层经常出于以下几个原因反对资本化租赁业务：第一，融资租赁令公司更容易违反贷款条款。第二，它还会影响业主的薪酬（例如与收益挂钩的股票薪酬计划）。第三，融资租赁还会拉低收益率并提高负债率，降低公司对现有和潜在股东的吸引力。[2]

---

[1]　租赁前期较高的费用是承租人抵制融资租赁会计处理的原因之一。承租人（尤其是房地产行业）认为租赁资产的前期费用没有后期费用高，所以他们更赞成与经营租赁会计方法相似的年度间均衡的费用处理方式。

[2]　一项研究表明，管理层的行为确实会因为租赁准则的改变而改变。例如，很多公司为了避免资本化会重构其租赁协议。还有一些公司停止了租赁业务，转而变为购买。其他不得不资本化租赁业务的公司可能会停止发债，转而增发股票。然而，这项研究并没有发现租赁资本化对债券或股票价格的影响。具体请参考 A. Rashad Abdel-khalik, "The Economic Effects on Lessees of FASB Statement No. 13, Accounting for Leases," Research Report (Stamford, Conn.: FASB, 1981)。

21.3 出租人的会计处理

我们已经讨论了对于承租人而言租赁的优点，下面讨论对于出租人来讲租赁的三个重要优点。

1. 利息收入。租赁是一种筹资行为。银行、专属租赁公司和独立租赁公司认为租赁有吸引力，就是因为它提供了具有竞争优势的息差。

2. 税收优惠。在很多情况下，承租人不能直接享受税收优惠，但它们可以将这部分经济利益转移给出租人，从而要求支付较低的租金。例如，空中客车可以向一个富有的只要求税收利益的投资人出售一架 330 喷气式飞机；之后，该投资人可以将飞机租给不要求税收优惠的外国航空公司——这是一笔多赢的交易。空中客车成功出售了它的飞机，投资人获得了税收利益，而外国航空公司则廉价收购了 330 飞机。[①]

3. 高余值。对于出租人来说，租赁业务的另一个优点在于在租赁期结束时能够收回资产。余值可能带来巨大的经济利益。花旗集团曾估计，它租给航空公司的飞机具有相当于购买价格 5% 的余值。这些飞机的价值竟然高达其成本的 1.5 倍——这是多么诱人的利润。但同时，如果租赁资产的余值下降，出租人会因租赁期结束时收回价值已毁损的资产而蒙受损失。例如，油价上涨促使租赁卡车和 SUV 的转售价值大幅下降，汽车制造商福特公司就曾经对其租赁资产组合计提了 21 亿美元的减值准备。

21.3.1 租赁中的经济学

租金的高低是由出租人（例如前文所提到的 CNH 资本管理公司）根据能够补偿租出前端装载机成本的内含回报率来确定的。在确定内含回报率的过程中，CNH 公司会考虑 Ivanhoe 公司的信用情况、租赁期长短以及余值情况（包括担保余值和未担保余值）。

在前文 CNH 公司与 Ivanhoe 公司的案例中，CNH 公司要求的内含回报率是 10%，其设备成本（公允价值）为 100 000 美元，预计余值为零。CNH 公司确定租金的过程如图表 21 - 9 所示。

图表 21 - 9　　　　　　　　　　　　租赁付款的计算

租赁设备的公允价值	$ 100 000.00
减：余值的现值	0
出租人需要通过租金来弥补的成本	$ 100 000.00
为获得 10% 回报率所需要的 5 年期先付年租金 （100 000÷4.169 86[a]）	$ 23 981.62

a. 1 美元 5 年期年金按照 10% 利率折现的现值。

如果租赁设备存在余值（无论是担保余值还是未担保余值），那么 CNH 就不必要

---

① 有些人认为，在这场交易中有一个失败者——美国政府。税收优惠使盈利的投资者减少或消除了应纳税所得额。

求这么多租金以补偿成本，此时，租赁付款额就会减少。（图表 21-16 展示了这种情况。）

□ 21.3.2　出租人对租赁的分类

出于会计处理的目的，出租人可以将租赁业务划分为经营租赁或融资租赁。融资租赁又可以进一步分为直接融资租赁和销售型租赁。

与承租人的会计处理一样，如果出租人转移了与租赁资产所有权相关的几乎全部风险和报酬，那么出租人就可以将这项租赁业务分类为融资租赁。出租人在判断时依照与图表 21-3 一样的标准。

而直接融资租赁与销售型租赁对出租人的区别在于制造商或经销商是否赚得利润（或发生损失）。制造商或供货商在销售型租赁中会获得利润，在直接融资租赁中则不会。发生利润（或损失）的判断标准在于，租赁开始日租赁资产的公允价值是否与出租人的成本或租赁资产的账面价值存在差额。

通常情况下，销售型租赁源自生产商或经销商将租赁作为产品营销手段的这种动机。例如，一家计算机制造商也许会将其计算机设备（可能通过一个专属租赁公司）出租给其他企业和机构。直接融资租赁一般源自企业与以金融为主营业务的出租人（例如银行）之间的合约。

出租人应将不符合直接融资租赁或销售型租赁分类标准的租赁业务划分为经营租赁。图表 21-10 说明了出租人应如何根据不同的情形划分经营租赁、直接融资租赁和销售型租赁。

图表 21-10　　　　　　　　　　　　出租人租赁分类标准图

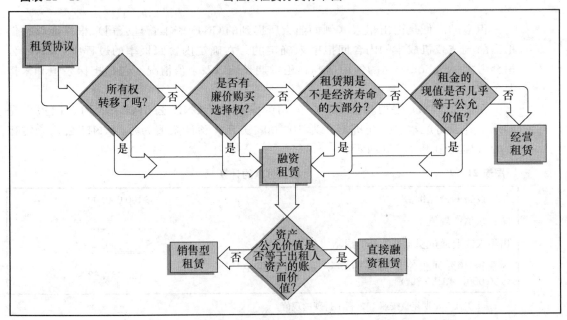

为了与承租人的会计处理做比较，在下一节中我们只对经营租赁和直接融资租赁进行举例说明。对于较为复杂的销售型租赁，我们将在本章后面的小节予以讨论。

□ 21.3.3　直接融资租赁法（出租人）

直接融资租赁的实质就是承租人为购买资产进行融资。在这种类型的租赁业务中，出租人记录一项租赁应收款以取代租赁资产。租赁应收款等于最低租赁付款额的现值。而最低租赁付款额包括：

1. 租金（不包括履约成本）。
2. 廉价购买选择权（如果有）。
3. 担保余值（如果有）。
4. 未能续租的罚款（如果有）。

因此，出租人会记录租赁资产余值，无论是担保余值还是未担保余值。此外，我们要牢记，如果出租人支付了履约成本，那么在计算最低租赁付款额时要从租金中扣除这部分金额。

下面的举例沿用前面的 CNH 公司/Ivanhoe 公司案例，说明直接融资租赁的会计处理。我们在这里重复一下与 CNH 公司会计处理相关的信息。

1. 租赁期始于 2015 年 1 月 1 日，租赁期 5 年，不可撤销，每年年初需要等额支付租金 25 981.62 美元，其中包括 2 000 美元的履约成本（财产税）。

2. CNH 公司购买该设备（前端装载机）的成本为 10 万美元，该设备在租赁开始日的公允价值为 10 万美元，预计经济寿命为 5 年，无余值。

3. CNH 公司在租赁业务的谈判和签约过程中没有发生初始直接费用。

4. 合同没有包含续租选择权。设备在租赁终止日会返还给 CNH 公司。

5. CNH 公司将年度租金设置在能够保证 10% 投资回报率的水平上，如图表21-11 所示。

图表 21 - 11　　　　　　　　　租赁付款的计算

租赁设备的公允价值	$ 100 000.00
减：余值的现值	0
出租人需要通过租金来补偿的成本	$ 100 000.00
为获得 10% 回报率所需要的 5 年期先付年租金 （100 000÷4.169 86[a]）	$ 23 981.62

a. 1 美元 5 年期年金按照 10% 利率折现的现值。

这项租赁业务应当分类为直接融资租赁，原因如下：（1）租赁期等于设备的预计经济寿命。（2）最低租赁付款额现值等于设备的公允价值。这项租赁业务不是销售型租赁，因为装载机的公允价值（100 000 美元）与 CNH 购置该资产的成本（100 000 美元）之间没有差别。

应收租赁款是最低租赁付款额（不包括履约成本，即 2 000 美元的财产税）的现值。CNH 公司计算应收租赁款的过程如图表 21 - 12 所示。

图表 21 - 12　　　　　　　　　应收租赁款的计算

应收租赁款＝（$ 25 981.62— $ 2 000）×1 美元 5 年期年金按照 10% 利率折现的现值（见表 6 - 5）
　　　　　＝ $ 23 981.62×4.169 86
　　　　　＝ $ 100 000

CNH 公司应当在 2015 年 1 月 1 日（租赁开始日）按照如下会计分录记录租赁资产和应收租赁款。

借：应收租赁款　　　　　　　　　　　　　　　　　　　100 000
　　　贷：设备　　　　　　　　　　　　　　　　　　　　　　　100 000

公司经常在资产负债表中将应收租赁款作为"融资租赁净投资"报告。至于应将其分类为流动资产还是非流动资产，取决于净投资的偿还期限。①

这样，CNH 在账目上就用应收租赁款取代了这项投资（租出的前端装载机，成本为 10 万美元）。与 Ivanhoe 公司处理利息支出的方式类似，CNH 公司也采用实际利率法，按照应收租赁款余额的函数确认利息收入，具体过程如图表 21 - 13 所示。

图表 21 - 13　　　　　　　出租人租赁摊销时间表——先付年金基础

			CNH 资本管理公司 租赁摊销时间表 先付年金基础		
时间	年租金	履约成本	应收租赁款利息 （10%）	应收租赁款的收回	应收租赁款余额
	(a)	(b)	(c)	(d)	(e)
1/1/15					$ 100 000.00
1/1/15	$ 25 981.62	$ 2 000.00	$ 0	$ 23 981.62	76 018.38
1/1/16	25 981.62	2 000.00	7 601.84	16 379.78	59 638.60
1/1/17	25 981.62	2 000.00	5 963.86	18 017.76	41 620.84
1/1/18	25 981.62	2 000.00	4 162.08	19 819.54	21 801.30
1/1/19	25 981.62	2 000.00	2 180.32 *	21 801.30	0
	$ 129 908.10	$ 10 000.00	$ 19 908.10	$ 100 000.00	

(a) 每年的租金，能够保证出租人获得 10% 的净投资回报率。
(b) 租金中包含的履约成本。
(c) 上期（e）余额的 10%，2015 年 1 月 1 日除外。
(d)（a）减去（b）和（c）。
(e) 上一期余额减去（d）。
* 19 美分去尾。

2015 年 1 月 1 日，CNH 公司应按照如下会计分录记录第一年的租金。

借：现金　　　　　　　　　　　　　　　　　　　　　　25 981.62
　　　贷：应收租赁款　　　　　　　　　　　　　　　　　　　　23 981.62
　　　　　财产税费用/应付财产税　　　　　　　　　　　　　　　2 000.00

2015 年 12 月 31 日，CNH 公司应按照如下会计分录确认第一年的利息收入。

借：应收利息　　　　　　　　　　　　　　　　　　　　　7 601.84
　　　贷：利息收入　　　　　　　　　　　　　　　　　　　　　7 601.84

2015 年 12 月 31 日，CNH 公司在资产负债表的流动资产和/或非流动资产部分报告应收租赁款。公司应将一年或一个经营周期内可收回的应收租赁款分类为流动资

----

① 在财务报表附注中（见图表 21 - 31），应收租赁款是以其总金额（最低租赁付款额加上未担保余值）来披露的。此外，出租人还报告与租赁有关的尚未收到的利息总额。所以，一些出租人在账簿上记录应收租赁款总额，同时在一个单独的账户中记录未实现的利息收入。我们之所以在这里讲解净额法，是因为它与承租人的会计处理相一致。

产，将其余部分分类为非流动资产。

图表 21 - 14 展示了与租赁交易相关的资产在 2015 年 12 月 31 日应如何列报。

图表 21 - 14　　　　　　　　　　出租人租赁交易的报告

非流动资产（投资）	
应收租赁款（76 018.38－16 379.78）	$ 59 638.60
流动资产	
应收利息	$ 7 601.84
应收租赁款	16 379.78

公司应按照以下会计分录记录第二年的租金和利息收入。

2016 年 1 月 1 日

借：现金	25 981.62	
贷：应收租赁款		16 379.78
应收利息		7 601.84
财产税费用/应付财产税		2 000.00

2016 年 12 月 31 日

借：应收利息	5 963.86	
贷：利息收入		5 963.86

此后直到 2019 年的分录都与上述分录类似，但 2019 年（最后一年）CNH 公司不再记录利息收入。因为到 2019 年 1 月 1 日，公司就应该全部收回应收租赁款，2019 年租赁净投资账户余额为 0。当然，CNH 公司不需要记录折旧。如果 Ivanhoe 公司在租赁期结束时花 5 000 美元买下装载机，那么 CNH 公司应当按照如下会计分录记录设备的处置。

借：现金	5 000	
贷：设备处置利得		5 000

21.3.4　经营租赁法（出租人）

在经营租赁下，出租人应当将每一笔租金确认为租赁收入。公司应以常规方法对租赁资产计提折旧，并将折旧费用与租赁收入进行配比。在每个会计期间，无论租赁条款如何规定，公司都会以直线法确认收入，除非存在另一种系统合理的方法能够更好地表现企业从租赁资产中获益的时间分布。

除折旧费用以外，出租人还会将维修费用以及按照租赁合约需提供的其他服务的支出在适当的会计期间费用化。对于支付给独立第三方的租赁成本（例如评估费、佣金和信用调研费用），出租人也会在租赁期内进行摊销。企业此时大多使用直线法。

下面我们举例说明经营租赁的会计处理。承上例，我们假定该直接融资租赁业务没能满足融资租赁的判定标准，因此 CNH 公司将其分类为经营租赁。该公司应当按照如下会计分录记录租金收入。

借：现金	25 981.62	
贷：租金收入		25 981.62

同时，CNH 公司应当按照如下会计分录记录折旧费用（假设公司使用直线法，资产成本为 100 000 美元，资产使用年限为 5 年）。

借：折旧费用	20 000
贷：累计折旧——设备	20 000

如果 CNH 公司在年内还支付了财产税、保险和维修费用以及其他运营成本，那么公司应在与总租金收入配比的期间记录这些费用。

如果 CNH 公司除了出租的资产，还拥有自用固定资产，那么公司应将租赁资产及其累计折旧单独分类为租赁给他人的设备或租赁资产投资。如果租赁收入数额庞大或租赁活动与主营业务性质相差较大，那么 CNH 公司应将租赁收入及其对应成本从利润表的销售收入和销售成本中分离出来单独列报。

21. 4   租赁会计的特殊问题

租赁会计的特殊问题包括：

1. 余值。
2. 销售型租赁（出租人）。
3. 廉价购买选择权。
4. 初始直接费用。
5. 流动资产与非流动资产的分类。
6. 披露。

我们将分别讨论这些特殊问题。

☐ 21. 4. 1   余值

之前，为了讲解出租人和承租人对租赁业务的基本会计处理，我们略去了对余值的考虑。

余值的会计处理比较复杂，它可能是理解租赁会计的最大挑战。

余值的含义

余值是指租赁期结束时租赁资产的预计公允价值。通常情况下，租赁期结束时租赁资产的余值较高，尤其是在租赁资产的经济寿命超过租赁期的情况下。如果租赁合同没有规定租赁资产在租赁期结束时自动转移给承租人（标准 1），也不包含廉价购买选择权（标准 2），那么承租人就会将其实际保管的资产还给出租人。

担保余值与未担保余值

余值可能由承租人担保，也可能不存在担保。有时承租人会承诺在租赁期结束时针对租赁资产价值低于规定余值的部分向出租人进行补偿。在这种情况下，这一规定余值就是担保余值。

缔约双方在租赁合同中使用担保余值条款的原因主要有两个。第一是业务上的原因：担保余值能够保护出租人免受因余值毁损而造成的损失，确保出租人获得其最初设定的投资回报率。第二个原因在于会计上的利益——你将通过本章末尾的讨论理解这一点。

租金

由定义来看，担保余值较之未担保余值更易于实现。因此，出租人会因余值收回的可能性增加而调整租金数额。在出租人做完这一调整之后，租赁资产余值经担保或未经担保就不会对会计处理方法产生影响。只要内含回报率调整完毕，两种情形下出租人记录的租赁净投资就是一致的。

我们仍沿用 CNH 公司和 Ivanhoe 公司的案例数据，但假定在 5 年租赁期结束时租赁资产的余值为 5 000 美元。此外，无论余值是否经过担保，CNH 公司都设定其投资回报率（ROI）为 10%。① CNH 公司将按照如下过程计算租赁付款额（见图表 21-15）。

图表 21-15　　出租人租金的计算

CNH 公司的租金计算过程（投资回报率 10%） 余值经担保或未经担保 先付年金基础，考虑余值	
出租人租赁资产的公允价值	$ 100 000.00
减：余值的现值（5 000×0.620 92，见表 6-2）	3 104.60
出租人需要通过租金补偿的成本	$ 96 895.40
5 年租赁期内每年的租金（96 895.40÷4.169 86，见表 6-5）	$ 23 237.09

让我们来对比一下上述租赁付款额 23 237.09 美元与图表 21-9 无余值情形下的租赁付款额 23 981.62 美元。在第二个示例中，租金降低了，这是因为余值的现值使 CNH 公司需要补偿的成本从 10 万美元减少到 96 895.40 美元。

承租人对余值的会计处理

对于承租人来说，预计余值是否经担保既有经济后果，也有会计影响。我们已经在前面的示例中看到了担保余值的经济后果——它会降低租赁付款额。其会计影响则在于，作为资本化基础的最低租赁付款额包含担保余值，但不包含未担保余值。

担保余值（承租人的会计处理）　担保余值影响承租人计算最低租赁付款额的过程，因此它也会影响租赁资产和租赁负债的资本化金额。实际上，担保余值就相当于一种额外的租金。承租人会在租赁期结束时以资产、现金或二者兼有的方式支付这部分租赁款。

根据图表 21-15 出租人租金的计算，该项业务的最低租赁付款额为 121 185.45 美元（3 237.09×5+5 000）。图表 21-16 显示了 Ivanhoe 公司资本化后的最低租赁付款额现值（不包括履约成本）。

图表 21-16　　承租人资本化金额的计算——担保余值的情形

Ivanhoe 公司资本化金额（必要报酬率 10%） 先付年金基础，担保余值	
5 个年度租金的现值（23 237.09×4.169 86，见表 6-5）	$ 96 895.40
5 000 美元担保余值的现值	
自租赁开始日起 5 年后到期（5 000×0.620 92，见表 6-2）	3 104.60
承租人的资本化金额	$ 100 000.00

Ivanhoe 公司会制作一个时间表，计算每年的利息费用和 100 000 美元租赁负债

---

① 实际上，CNH 公司要求的投资回报率会因余值是否经担保而有所不同，但为了简化举例，我们在以后的章节中忽视了这种差异。

的摊销过程。图表 21-17 展示的就是这一表格，它假定 5 年后租赁期结束时，租赁资产存在 5 000 美元的担保余值。

图表 21-17　　　　　　　承租人租赁摊销时间表——担保余值的情形

Ivanhoe 矿业公司 租赁摊销时间表 先付年金基础，担保余值					
时间	年租金与担保余值之和	履约成本	负债利息(10%)	租赁负债的减少	租赁负债余额
	(a)	(b)	(c)	(d)	(e)
1/1/15					$ 100 000.00
1/1/15	$ 25 237.09	$ 2 000	$ 0	$ 23 237.09	76 762.91
1/1/16	25 237.09	2 000	7 676.29	15 560.80	61 202.11
1/1/17	25 237.09	2 000	6 120.21	17 116.88	44 085.23
1/1/18	25 237.09	2 000	4 408.52	18 828.57	25 256.66
1/1/19	25 237.09	2 000	2 525.67	20 711.42	4 545.24
12/31/19	5 000.00*		454.76**	4 545.24	0
	$ 131 185.45	$ 10 000	$ 21 185.45	$ 100 000.00	

(a) 租赁合约要求的年度租赁付款额。
(b) 租金中包含的履约成本。
(c) 上期（e）余额的 10%，2015 年 1 月 1 日除外。
(d)（a）减去（b）和（c）。
(e) 上一期余额减去（d）。
* 担保余值。
** 24 美分去尾。

Ivanhoe 公司在担保余值的基础上记录租赁资产（前端装载机）和负债、折旧、利息、财产税和租赁付款额。（这些会计分录如图表 21-22 所示。）这些分录的形式与之前的举例是一样的，只不过由于担保余值的存在金额有所不同。Ivanhoe 公司以 10 万美元的价值确认装载机资产，并在 5 年内对其计提折旧。在计算折旧的时候，公司应从装载机成本中扣除担保余值。假设 Ivanhoe 公司使用直线法计提折旧，则每年的折旧费用为 19 000 美元（(100 000−5 000)÷5 ）。

租赁期结束时，在承租人将资产转移给 CNH 公司之前，租赁资产和租赁负债账户有以下余额（见图表 21-18）。

图表 21-18　　　　　租赁期结束时承租人的账户余额——担保余值的情形

租赁设备（融资租赁）	$ 100 000.00	应付利息	$ 454.76
减：累计折旧——融资租赁	95 000.00	租赁负债	4 545.24
	$ 5 000.00		$ 5 000.00

如果租赁期结束时残余租赁资产的公允价值低于 5 000 美元，Ivanhoe 公司就会记录损失。假设 Ivanhoe 公司以 5 000 美元余值为基础对租赁资产计提折旧，但在 2019 年 12 月 31 日，残余租赁资产的公允价值是 3 000 美元，在这种情况下，Ivanhoe 公司将不得不报告 2 000 美元的损失。假设公司以支付现金的形式弥补余值的毁损，则相应的会计分录如下所示。

借：融资租赁损失　　　　　　　　　　　　　　　　　　　　　　　　2 000.00

利息费用（或应付利息）		454.76
租赁负债		4 545.24
累计折旧——融资租赁		95 000.00
贷：租赁设备		100 000.00
现金		2 000.00

如果租赁期结束时租赁资产的公允价值超过 5 000 美元，公司将确认一项利得。CNH 公司和 Ivanhoe 公司可能根据双方的最初约定按比例分享这一利得。

当存在担保余值时，承租人必须小心不要以资产总成本为基础计提折旧。例如，如果 Ivanhoe 公司将装载机的总成本（100 000 美元）全部折旧完毕，就会发生错报：租赁期结束时资产的账面价值将为 0，但融资租赁下的负债却为 5 000 美元。在这种情况下，如果该资产价值 5 000 美元，那么 Ivanhoe 公司在将其还给 CNH 公司时就会报告 5 000 美元的利得。这样一来，Ivanhoe 公司在 2015—2018 年就夸大了折旧费用，低估了相应的净利润，在最后一年（2019 年）则高估了净利润。

未担保余值（承租人的会计处理）　从承租人的角度来看，承租人计算最低租赁付款额和资本化租赁资产与租赁负债的方法在未担保余值与零余值情形下是一样的。

沿用上例，但假定租赁资产的 5 000 美元余值未经担保。此时年租金仍为 23 237.09 美元，因为我们假定无论余值是否经过担保，CNH 公司希望通过租金来赚取的回报是一定的，即 96 895.40 美元。由此计算的最低租赁付款额就是 116 185.45 美元（23 237.09×5）。Ivanhoe 公司会将这一金额按照图表 21 - 19 所示的过程资本化。

图表 21 - 19　承租人资本化金额的计算——未担保余值的情形

Ivanhoe 公司资本化金额（10%） 先付年金基础，未担保余值	
5 个年度租金的现值（23 237.09×4. 169 86，见表 6 - 5）	$96 895.40
未担保余值 5 000 美元（未由承租人资本化）	0
承租人的资本化金额	$96 895.40

假设 Ivanhoe 公司在第 5 年年底的未担保余值为 5 000 美元，那么该公司的利息费用和 96 895.40 美元租赁负债的摊销时间表如图表 21 - 20 所示。

图表 21 - 20　承租人租赁摊销时间表——未担保余值的情形

Ivanhoe 矿业公司 租赁摊销时间表（10%） 先付年金基础，未担保余值				
时间	年租金	履约成本	负债利息（10%）	租赁负债的减少	租赁负债余额
	(a)	(b)	(c)	(d)	(e)
1/1/15					$96 895.40
1/1/15	$25 237.09	$2 000	$0	$23 237.09	73 658.31
1/1/16	25 237.09	2 000	7 365.83	15 871.26	57 787.05
1/1/17	25 237.09	2 000	5 778.71	17 458.38	40 328.67

续

时间	年租金	履约成本	负债利息（10%）	租赁负债的减少	租赁负债余额
			Ivanhoe 矿业公司 租赁摊销时间表（10%） 先付年金基础，未担保余值		
	(a)	(b)	(c)	(d)	(e)
1/1/18	25 237.09	2 000	4 032.87	19 204.22	21 124.45
1/1/19	25 237.09	2 000	2 112.64 *	21 124.45	0
	$126 185.45	$10 000	$19 290.05	$96 895.40	

(a) 租赁合约要求的年度租赁付款额。
(b) 租金中包含的履约成本。
(c) 上期 (e) 余额的 10%。
(d) (a) 减去 (b) 和 (c)。
(e) 上一期余额减去 (d)。
＊ 19 美分去尾。

　　Ivanhoe 公司应以未担保余值为基础记录租赁资产和负债、折旧、利息、财产税和租赁付款额。（这些会计分录如图表 21 - 22 所示。）这一融资租赁业务的分录形式与前面的例题是一样的。Ivanhoe 公司应以 96 895.40 美元确认租赁资产并在 5 年内计提折旧。假设公司使用直线法计提折旧，那么每年的折旧费用应为 19 379.08 美元（96 895.40÷5）。租赁期结束时，在 Ivanhoe 公司将资产还给 CNH 公司之前，租赁资产和租赁负债的余额如图表 21 - 21 所示。

图表 21 - 21　　租赁期结束时承租人的账户余额——未担保余值的情形

租赁设备	$96 895	租赁负债	$0
减：累计折旧——融资租赁	96 895		
	$0		

　　假设 Ivanhoe 公司在租赁期结束时已经将租赁资产折旧完毕、将租赁负债摊销完毕，那么剩下的唯一工作就是将资产移出账簿。

　　如果 Ivanhoe 公司以资产的未担保余值为残值计提折旧，将发生错报。这会导致租赁期结束时租赁资产的账面价值为 5 000 美元，但融资租赁下的负债却为 0。结果，Ivanhoe 公司会在返还租赁资产时报告 5 000 美元的损失。这样一来，Ivanhoe 公司会在 2015—2018 年低估折旧费用，高估净利润，而在最后一年（2019 年）因确认损失而低估净利润。

　　存在余值情形下承租人的会计分录　图表 21 - 22 比较了担保余值和未担保余值两种情形下的会计分录。

图表 21 - 22　　担保余值和未担保余值情形下承租人的会计分录对比

担保余值		未担保余值	
租赁资本化（2015 年 1 月 1 日）			
借：租赁设备	100 000.00	借：租赁设备	96 895.40
贷：租赁负债	100 000.00	贷：租赁负债	96 895.40

续

担保余值		未担保余值	
第一次租金支付（2015 年 1 月 1 日）			
借：财产税费用	2 000.00	借：财产税费用	2 000.00
租赁负债	23 237.09	租赁负债	23 237.09
贷：现金	25 237.09	贷：现金	25 237.09
应计利息的调整分录（2015 年 12 月 31 日）			
借：利息费用	7 676.29	借：利息费用	7 365.83
贷：应付利息	7 676.29	贷：应付利息	7 365.83
折旧费用的调整分录（2015 年 12 月 31 日）			
借：折旧费用	19 000.00	借：折旧费用	19 379.08
贷：累计折旧——融资租赁	19 000.00	贷：累计折旧——融资租赁	19 379.08
（（100 000－5 000）÷ 5）		（96 895.40 ÷ 5）	
第二次租金支付（2016 年 1 月 1 日）			
借：财产税费用	2 000.00	借：财产税费用	2 000.00
租赁负债	15 560.80	租赁负债	15 871.26
利息费用（或应付利息）	7 676.29	利息费用（或应付利息）	7 365.83
贷：现金	25 237.09	贷：现金	25 237.09

出租人对余值的会计处理

如前文所述，无论余值是否经过担保，出租人需要依靠租金补偿的净投资是一样的。也就是说，无论租赁资产的余值是否经过担保，出租人都假定在租赁期结束时公司会收回余值；无论租赁资产的余值是否经过担保，公司为赚取一定的投资回报率所需收取的租金是相同的（在我们的示例中是 23 237.09 美元）。

我们再次沿用 CNH 公司和 Ivanhoe 公司的例子，并假设该租赁业务为直接融资租赁。在租赁资产余值为 5 000 美元（无论是担保余值还是未担保余值）的情况下，CNH 公司确定的租金如图表 21 - 23 所示。

图表 21 - 23　　　　　　　直接融资租赁的租金计算

租赁设备的公允价值	$ 100 000.00
减：余值的现值（5 000×0.620 92，见表 6 - 2）	3 104.60
出租人需要通过租金补偿的成本	$ 96 895.40
为获得 10% 回报率所需要的 5 年期先付年租金 （96 895.40÷4.169 86，见表 6 - 5）	$ 23 237.09

租赁摊销时间表对于担保余值和未担保余值情形是一样的，如图表 21 - 24 所示。

图表 21 - 24　　出租人租赁摊销时间表——担保余值或未担保余值的情形

时间	年租金与余值之和	履约成本	应收租赁款利息（10%）	应收租赁款的收回	应收租赁款余额
	CNH 资本管理公司 融资租赁摊销时间表 先付年金基础，担保余值或未担保余值				
	（a）	（b）	（c）	（d）	（e）
1/1/15					$ 100 000.00
1/1/15	$ 25 237.09	$ 2 000.00	$ 0	$ 23 237.09	76 762.91
1/1/16	25 237.09	2 000.00	7 676.29	15 560.80	61 202.11
1/1/17	25 237.09	2 000.00	6 120.21	17 116.88	44 085.23
1/1/18	25 237.09	2 000.00	4 408.52	18 828.57	25 256.66
1/1/19	25 237.09	2 000.00	2 525.67	20 711.42	4 545.24
12/31/19	5 000.00	0	454.76 *	4 545.24	0
	$ 131 185.45	$ 10 000.00	$ 21 185.45	$ 100 000.00	

（a）租赁合约要求的年度租赁付款额。
（b）租金中包含的履约成本。
（c）上期（e）余额的 10%，2015 年 1 月 1 日除外。
（d）（a）减去（b）和（c）。
（e）上一期余额减去（d）。
* 24 美分去尾。

通过上述计算，CNH 公司会按照如下会计分录记录此直接融资租赁业务第一年的情况（见图表 21 - 25）。我们可以注意到这一分录与图表 21 - 22 Ivanhoe 公司的相似之处。

图表 21 - 25　　出租人对余值处理的会计分录（不区分担保余值和未担保余值）

租赁开始日（2015 年 1 月 1 日）	
借：应收租赁款	100 000.00
贷：设备	100 000.00
收到首笔付款（2015 年 1 月 1 日）	
借：现金	25 237.09
贷：应收租赁款	23 237.09
财产税费用/应付财产税	2 000.00
应计利息的调整分录（2015 年 12 月 31 日）	
借：应收利息	7 676.29
贷：利息收入	7 676.29

□ 21.4.2　销售型租赁（出租人）

正如前文所指出的，直接融资租赁与销售型租赁的主要区别在于制造商或经销商的毛利（或损失）。图表 21 - 26 描述了直接融资租赁和销售型租赁的区别。

图表 21-26   直接融资租赁与销售型租赁

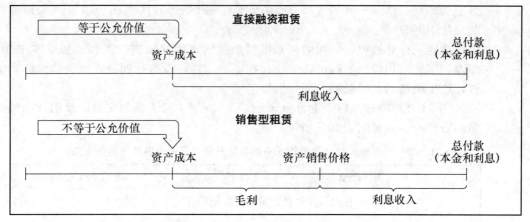

在销售型租赁中，出租人会记录资产的销售价格、销售成本以及相应的存货减少额和租赁应收款。记录销售型租赁业务所需的信息如下所示。

销售型租赁业务术语

- **应收租赁款（也称为净投资）。** 最低租赁付款额的现值与未担保余值的现值之和。可见，应收租赁款始终包含租赁期结束时租赁资产的余值，无论其是否经过担保。
- **资产的销售价格。** 最低租赁付款额的现值。
- **销售成本。** 出租人的租赁资产成本减去未担保余值的现值。

在记录销售收入和销售成本时，担保余值和未担保余值的情形存在差异。担保余值可以视为销售收入的一部分，因为出租人确定担保余值是可收回的，但未担保余值的可收回性就不那么确定了。因此，出租人只对经济利益能够实现的那部分确认销售收入和成本。但是，无论余值是否经过担保，销售资产所获得的毛利是一样的。

下面我们举例说明担保余值和未担保余值情形下销售型租赁业务的会计处理。我们沿用上一个直接融资租赁业务的数据：资产预计余值为 5 000 美元（其现值为 3 104.60 美元），并假设 CNH 公司（经销商）的租赁设备成本为 85 000 美元。假设租赁期结束时资产余值的公允价值为 3 000 美元。

图表 21-27 显示了销售型租赁业务相关金额的计算。

图表 21-27   CNH 公司销售型租赁业务相关金额的计算

	销售型租赁	
	担保余值	未担保余值
应收租赁款	$100 000 [23 237.09×4.169 86（见表 6-5） ＋5 000×0.620 92（见表 6-2）]	与担保余值情形一样
资产销售价格	$100 000	$96 895.40 （100 000－3 104.60）
销售成本	$85 000	$81 895.40 （85 000－3 104.60）
毛利	$15 000 （100 000－85 000）	$15 000 （96 895.40－81 895.40）

可见，无论是在担保余值还是在未担保余值的情形下，CNH 公司在资产销售时点记录的利润都是一样的（15 000 美元）。两种情形的区别在于销售收入和销售成本的金额不同。

在这一计算过程中，我们将未担保余值的现值从销售收入和销售成本中扣除了，原因如下：未担保余值的可收回性存在不确定性，没有达到收入确认的标准。也就是说，这里确认的利润总额与公开销售的情形一样。①[9]

CNH 公司应按照以下会计分录记录 2015 年 1 月 1 日的交易以及租赁期结束时收回的资产余值（见图表 21-28）。

图表 21-28　出租人销售型租赁业务的会计分录（担保余值和未担保余值）

担保余值		未担保余值	
在租赁开始日记录销售型租赁（2015 年 1 月 1 日）			
借：销售成本	85 000.00	借：销售成本	81 895.40
应收租赁款	100 000.00	应收租赁款	100 000.00
贷：销售收入	100 000.00	贷：销售收入	96 895.40
存货	85 000.00	存货	85 000.00
记录第一次租金支付（2015 年 1 月 1 日）			
借：现金	25 237.09	借：现金	25 237.09
贷：应收租赁款	23 237.09	贷：应收租赁款	23 237.09
财产税费用/应付财产税	2 000.00	财产税费用/应付财产税	2 000.00
确认第一年的利息收入（2015 年 12 月 31 日）			
借：应收利息	7 676.29	借：应收利息	7 676.29
贷：利息收入	7 676.29	贷：利息收入	7 676.29
（见图表 21-17 租赁摊销时间表）			
记录第二次租金支付（2016 年 1 月 1 日）			
借：现金	25 237.09	借：现金	25 237.09
贷：应收利息	7 676.29	贷：应收利息	7 676.29
应收租赁款	15 560.80	应收租赁款	15 560.80
财产税费用/应付财产税	2 000.00	财产税费用/应付财产税	2 000.00
确认第二年的利息收入（2016 年 12 月 31 日）			
借：应收利息	6 120.21	借：应收利息	6 120.21
贷：利息收入	6 120.21	贷：利息收入	6 120.21
记录租赁期结束时收回的余值（2019 年 12 月 31 日）			
借：存货	3 000	借：存货	3 000
现金	2 000	融资租赁损失	2 000
贷：应收租赁款	5 000	贷：应收租赁款	5 000

公司必须定期复核销售型租赁业务中的未担保余值。如果未担保余值下降，那么公司必须使用修改后的估计余值对租赁业务进行会计处理。未担保余值的下降意味着出租人应收租赁款（净投资）的下降。出租人应在估计余值下降的当期确认损失。但在估计余值上升时，公司不做相应调整。

---

① 所以，在对销售型租赁进行会计处理时，出租人必须参照 IFRS 的收入确认指引。读者可以回顾第 18 章的内容。

□ 21.4.3 廉价购买选择权（承租人）

如前所述，廉价购买选择权允许承租人以大大低于租赁资产预期未来公允价值的价格购买该资产。这一价格非常有诱惑力，以至于在租赁开始日就可以合理确定承租人未来一定会行权。如果存在廉价购买选择权，承租人就将期权价格的现值计入最低租赁付款额。

例如，假设 Ivanhoe 公司（见图表 21-17）在 5 年租赁期结束时有一项可以以 5 000 美元购买租赁设备的选择权。而在那一时点，Ivanhoe 公司和 CNH 公司预计租赁资产的公允价值为 18 000 美元。行权价格与资产公允价值之间的显著差异形成了一项廉价购买选择权，且这一期权的行权是可以合理保证的。

廉价购买选择权对租赁业务会计处理方式的影响与担保余值相似。换句话说，当存在担保余值时，承租人必须在租赁期结束时支付余值。类似地，廉价购买选择权也意味着承租人会在租赁期结束时行权并支付一定的价格。因此，对于行权价格为 5 000 美元的廉价购买选择权，其摊销时间表和会计分录与存在 5 000 美元担保余值的情形相似（见图表 21-15、图表 21-16 和图表 21-17）。

二者唯一的区别在于年折旧额的计算。在担保余值的情形下，Ivanhoe 公司应在租赁期内计提折旧。而在廉价购买选择权的情形下，公司会以该资产的经济寿命为基础计提折旧。

□ 21.4.4 初始直接费用（出租人）

初始直接费用有两种类型：增量直接费用和内在直接费用。增量直接费用是指支付给独立第三方的用以达成租赁安排的支出。例如，租赁抵押品的独立评估费用、承租人外部信用审核的费用，以及寻找承租人的经纪费。

内在直接费用是指与出租人在某租赁业务上的特定行为直接相关的支出。例如，评估承租人潜在财务状况的支出，评估并记录担保、抵押和其他保证性安排的支出，商议租约条款、起草和处理租赁文件的支出，以及停止交易的支出等。那些与员工花在一项特定租赁事务上的时间直接相关的费用也属于初始直接费用。

但是初始直接费用不包括内在间接费用，例如，出租人在广告宣传、现有租约服务或设立与监控信贷政策的过程中花费的成本；也不包括监督和管理费用，以及租金和折旧等费用。

初始直接费用的会计处理取决于租赁类型[10]：

● 对于经营租赁，出租人应将初始直接费用递延，并在租赁期各个期间按照与确认租金收入一致的比例进行分配。①

---

① 在实务操作上，经营租赁的初始直接费用常以账面价值增量的方式报告。但因为这些递延费用的摊销方式与租赁资产的折旧方式可能不同，所以出租人常用以下形式列报这些金额。

租赁资产	€100 000
减：累计折旧——租赁资产	20 000
	80 000
递延初始直接费用	10 000
	€90 000

- 对于销售型租赁，出租人应在确认销售利润的当期将初始直接费用费用化。
- 对于直接融资租赁，出租人应将初始直接费用计入租赁净投资，并在租赁期内摊销，形成对租赁收益率的调整。

在直接融资租赁中，初始直接费用经递延形成租赁净投资的一部分，出租人必须对尚未摊销的该部分费用进行披露。例如，如果租赁资产的账面价值是 4 000 000 美元，出租人发生了 35 000 美元的初始直接费用，那么租赁应收款（租赁净投资）就是 4 035 000 美元。这样一来，收益率就会低于最初的回报率，出租人会对实际收益率作出调整，以确保租赁净投资在整个租赁期的各个期间合理摊销。

□ 21.4.5　流动资产（负债）与非流动资产（负债）

在本章前面部分，我们讲述了先付年金情况下租赁负债/应收租赁款的分类要求。从图表 21-7 可以看出，Ivanhoe 公司的流动负债为 23 981.62 美元（不包括 2 000 美元的履约成本），这即为公司在下一年 1 月 1 日需要支付的数额。类似地，图表 21-14 所示的 CNH 公司的流动资产是 23 981.62 美元（不包括 2 000 美元的履约成本），这即为公司在下一年 1 月 1 日将要收取的数额。在先付年金的情形下，资产负债表日是 12 月 31 日，（一年内的）租赁付款截止日是 1 月 1 日，所以下一年租赁付款额的现值就与租赁付款额相同，都是 23 981.62 美元。

那么在普通年金而不是先付年金的情形下，又会发生怎样的变化呢？例如，我们假设租金支付日在年底（12 月 31 日），而不是在年初（1 月 1 日）。租赁负债就应该分为流动负债和非流动负债。[11] 然而，IFRS 并没有规定应该如何计量流动和非流动资产或负债。在计量普通年金情形下的租赁流动负债时，最常用的方法就是现值变动法。

为了举例说明现值变动法，我们假设在 CNH 公司/Ivanhoe 公司的案例中，租金为普通年金形式，但暂不考虑 2 000 美元的履约成本。既然 Ivanhoe 公司改为在年底而不是年初支付租金，CNH 公司为了获得 10% 的实际利率会将五次租金设置在 26 379.73 美元的水平上。图表 21-29 展示了普通年金情形下的租赁摊销时间表。

图表 21-29　　　　　　　　租赁摊销时间表——普通年金基础

Ivanhoe/CNH 租赁摊销时间表 普通年金基础				
日期	年租金	利息（10%）	租赁负债或应收租赁款的减少	租赁负债或应收租赁款的余额
1/1/15				$100 000.00
12/31/15	$26 379.73	$10 000.00	$16 379.73	83 620.27
12/31/16	26 379.73	8 362.03	18 017.70	65 602.57
12/31/17	26 379.73	6 560.26	19 819.47	45 783.10
12/31/18	26 379.73	4 578.31	21 801.42	23 981.68
12/31/19	26 379.73	2 398.05 *	23 981.68	0
	$131 898.65	$31 898.65	$100 000.00	

*12 美分去尾。

在现值变动法下，2015 年 12 月 31 日租赁负债的流动负债部分或应收租赁款的流动资产部分就是 18 017.70 美元 （83 620.27－65 602.57）。到了 2016 年 12 月 31 日，流动资产/负债就会变成 19 819.47 美元 （65 602.57－45 783.10）。2015 年 12 月 31 日，CNH 公司应将 65 602.57 美元的应收款分类为非流动资产。

也就是说，无论在先付年金还是在普通年金的情形下，流动负债/流动资产都包含下一期间租赁本金的减少额。在先付年金的情形下，CNH 公司在年内记录应计利息，但直到下一个期间才支付。因此，应收租赁款的减少以及前期确认的利息收入都形成了流动资产。

而在普通年金的情形下，确认利息的期间和支付利息的期间则是相同的，因此，只有租赁本金的减少才形成流动资产。

□ 21.4.6 租赁信息的披露

除在财务报表上报告租赁相关资产和负债，IASB 还要求承租人和出租人在财务报表或其附注中对租赁相关信息进行披露。这些披露的要求因租赁业务类型（融资租赁还是经营租赁）的不同而不同，因披露主体（承租人还是出租人）的不同而不同。这些披露要求为投资者提供以下信息。

对于承租人[12]：

- 有关租赁安排性质的一般说明。
- 在报告期末未来最低租赁付款额的现值计算过程。
- 在报告期末，以下期间的未来最低租赁付款总额及其现值：（1）1 年以内；（2）1～5 年；（3）5 年以上。

对于出租人[13]：

- 有关租赁安排性质的一般说明。
- 在报告期末未来最低租赁收款额的现值计算过程。
- 未实现的利息收入。
- 在报告期末，以下期间的未来最低租赁收款总额及其现值：（1）1 年以内；（2）1～5 年；（3）5 年以上。

图表 21-30 展示了比利时 Delhaize 集团 2012 年年度报告的部分内容。这些摘录描述了一个同时具有融资租赁和经营租赁业务的承租人在财务报表和附注中的典型披露模式。

图表 21-30　　　　　　　　承租人租赁业务的披露

Delhaize 集团	
（单位：百万）	<u>2012 年</u>
<u>非流动负债</u>	
融资租赁业务中的长期负债，	€ 612
减去流动部分	
<u>流动负债</u>	
融资租赁业务中的流动负债	€ 62

18.3 租赁

Delhaize 集团的大量店面是通过签订融资租赁或经营租赁合同租入的。各种租入资产会（部分或全部）转租给第三方，这时集团作为出租人（详细信息如下）。租赁期（包括合理续租权）基本上为 1～45 年，续租期限为 3～30 年。

下面的时间表提供了 2012 年 12 月 31 日的未来最低租赁付款额。表中数字未扣除预期最低转租收入 3 500 万欧元。

	2013 年	2014 年	2015 年	2016 年	2017 年	以后年份	总计
融资租赁							
最低租赁付款额	129	115	111	101	90	772	1 318
减：利息	(67)	(64)	(59)	(54)	(48)	(352)	(644)
最低租赁付款额现值	62	51	52	47	42	420	674
与关闭店面相关的租赁负债	6	5	5	5	4	33	58
经营租赁							
(不可撤销经营租赁)未来最低租赁付款额	312	260	231	195	164	754	1 916
与关闭店面相关的租赁负债	21	18	15	14	12	49	129

2012 年 12 月 31 日，融资租赁的平均实际利率为 11.6%。以市场利率 5.1% 计算，2012 年 12 月 31 日集团融资租赁负债的公允价值为 8.42 亿欧元。

租金（包括租金提价安排）在最短租赁期内直线摊销。2012 年经营租赁费用总额为 3 亿欧元，列报在"一般销售和管理费用"之中。

图表 21-31 展示了爱尔兰 Trinity 生物工程公司在 2012 年年报附注中对租赁的披露情况，主要包括出租人所需披露的租赁业务信息。

图表 21-31　　　　　　　　　　出租人租赁业务披露

Trinity 生物工程
财务报表附注

附注 16：贸易及其他应收款项（部分）
融资租赁承诺
出租构成集团的一类业务。不可撤销租赁合同的未来最低租赁收款额如下：

2012 年 12 月 31 日（千美元）	总投资	未实现收入	最低租赁收款额
1 年之内	604	213	391
1～5 年	1 341	509	832
	1 945	722	1 223

经营租赁承诺

集团在都柏林租入一处占地 9 000 平方英尺的设施。这项资产已被集团转租出去。租赁条款允许定期提高租金。经营租赁也构成集团的一类业务。不可撤销经营租赁合同的未来最低租赁收款额如下：〔租赁资产的描述〕

2012 年 12 月 30 日（千美元）			
	土地和楼房	设备	总计
1 年以内	232	4 641	4 873
1～5 年	636	2 323	2 959
5 年以上	——	——	——
	868	6 964	7 832

〔未来租金的性质、时点和金额〕

□ 21.4.7　未解决的租赁会计问题

正如我们在本章开始时所说的，租赁会计经常被实务人员滥用，各家公司都花了很大的精力来规避租赁会计准则。承租人避免租赁资本化的强烈意愿使该会计准则处于部分失效的状态。通常来讲，租赁业务涉及的数额巨大。如果将其资本化，会提高承租人报表上的负债数额，给资产负债率带来负面影响。承租人规避租赁资本化的另一个原因在于，融资租赁在租赁早期的费用要高于经营租赁，而且通常没有纳税收益。结果，"击垮租赁准则"成为坊间最流行的游戏之一。

为了避免租赁资产的资本化，公司以使租赁业务不能满足四个租赁资本化条件中任何一个的方式设计、书写和解释租赁协议。只要满足以下条件，公司就可以轻松设计出无须资本化的租赁协议：

1. 确保租赁协议不指定将资产所有权转移给承租人。
2. 不在协议中设定廉价购买选择权。
3. 将租赁期设定在远低于租赁资产预计经济使用寿命的范围内，以使其无法通过经济寿命测试。
4. 将最低租赁付款额的现值安排在远低于租赁资产公允价值的范围内。

真正有难度的是将租赁协议设计成使承租人不至于将其分类为融资租赁，又使出租人能够将其分类为融资租赁（销售型租赁或直接融资租赁）的情形。与承租人不同，出租人总是尽量避免将租赁业务分类为经营租赁。①

规避前三个条件相对简单，但是在让承租人规避投资回收测试的同时又要让出租人能够满足这一条件，就需要稍加变通。两个可以变通的因素是：（1）出租人不向承租人暴露其租赁内含利率，从而使承租人能够使用比租赁内含利率更高的增量借款利率；（2）担保余值。

让承租人使用较高的利率可能是更广为运用的方式。承租人理应了解租赁财产的公允价值，当然，还有租赁付款额。然而，他们一般不知道出租人对租赁资产的估计余值。既然承租人不确切知晓出租人的内含利率，他们就可以使用不同的（较高的）

---

① 原因在于大多数出租人都是银行，当局不允许银行在资产负债表上持有这些资产，除非时间较短。而且，融资租赁能够在租赁早期带给出租人更高的收入。

增量借款利率。

担保余值是另一个独特的、尚未流行的可供承租人和出租人使用的工具。事实上，规避承租人与出租人在运用租赁会计准则时的对称性甚至导致一个全新行业的产生。担保余值催生了众多以为租赁资产余值做担保为主要甚至唯一职能的公司。

对于出租人来说，最低租赁付款额包括担保余值，因而可以通过投资回收测试，从而使出租人将该租赁业务分类为非经营租赁。而对于承租人来说，最低租赁付款额不包括第三方担保余值，因此只要将部分风险转移给第三方，承租人就可以将原本的融资租赁转化成经营租赁。①

租赁会计准则基本目标的不明晰滋生了实务界的规避行为。IASB 已经意识到现行会计准则无法为投资者提供满足其需求的信息，因此它们正在研究制定新的租赁准则。

新租赁准则规定了一个使用权模型，要求所有的租赁业务都要使用类似于融资租赁的方法进行会计处理，无论其租赁期长短。也就是说，经营租赁的概念将被取消。另外，新准则要求最低租赁付款额不仅包括在租赁期内的合同金额，而且包括或有租金的最佳估计值。租赁期不仅包括最初租赁的期限，还包括较可能的续租期。

有些人认为一个更可行的解决方案是对所有不可撤销的期限超过一年的租约进行资本化。在这种方案的要求下，租赁业务总是会赋予承租人资产（财产权）和相应的负债，而不再以是否实质上转移了所有权的所有风险和报酬为判断标准。

理论争鸣　　　　　租赁会计——如果它像鸭子一样嘎嘎叫

很多人表示，"如果租赁会计准则必须重新修订，那么他们认同这种财产权法，即所有的租约都必须在承租人的资产负债表上列报为'使用财产的权利'和'租赁负债'"。FASB 和 IASB 已发布租赁会计处理的建议稿，强调在资产负债表外对租赁业务进行披露。从下面的表格可以看出，租赁准则建议稿的潜在影响可能是非常巨大的。

如果现行准则被废除，那么超过 13 000 亿美元的经营租赁将会从表外移入表内。而且，建议稿还会对租赁早期承租人的利润表产生巨大的负面影响。

> 快速浏览目前的租赁市场以及建议稿的一些可能影响：
> - 6 000 亿美元。年租赁设备总额。
> - 70%。美国公众公司所持有的房地产租赁占租赁总额的百分比。
> - 13 000 亿美元。在新建议稿下，美国公众公司将从资产负债表外移入表内的经营租赁付款额。
> - 7%。3 年租赁期的租赁业务在第一年的租赁费用平均潜在涨幅。
> - 21%。10 年租赁期的租赁业务在第一年的租赁费用平均潜在涨幅。

资料来源：Equipment Leasing and Finance Association，2009；PricewaterhouseCoopers and Rotterdam School of Management，2009.

---

① 值得一提的是，第三方担保人现在遇到了一些困难。伦敦 Lloyd's 公司曾经对美国快速发展的计算机租赁行业投入 20 亿美元的保险，担保内容为其收入损失和取消租赁后的余值损失。然而，由于"一夜之间"的技术改进和高效率低价格计算机的引入，承租人纷纷取消了租约。二手计算机市场迅速饱和，租赁余值下降，这使得第三方担保人伦敦 Lloyd's 公司损失了 4 亿美元。承租人和出租人规避 GAAP 的意图催生了大量与此类似的第三方担保业务。

如下所示的几个行业的租赁费用将首当其冲受到影响。

各行业租赁费用受到的影响			
行业	常用租赁期（年）	新准则提升第一年 租赁费用的百分比*	至费用最高年份为止 的费用累计提升额*
航空	17	26	128%（第 9 年）
汽车	3	4	N/A
银行	10	21	64%（第 5 年）
办公设备	3	7	7%（第 3 年）
设备制造商	5	11	17%（第 2 年）
医用设备	5	11	17%（第 2 年）
信息技术	3	7	7%（第 2 年）
铁路	22	26	200%（第 12 年）
房地产	10	21	64%（第 5 年）
运输	7	16	33%（第 4 年）

* 相比直线折旧法。
资料来源：Equipment Leasing and Finance Association，2009.

鉴于建议稿会增加报告负债、降低收益，众多反对这一准则变更的评论稿被寄至 IASB（和 FASB）也就不奇怪了。下表分析了建议稿所述的新租赁会计处理方法对租赁经济优势的影响，我们可以发现，租赁业务的很多优势并不因准则的改变而改变。

租赁的优势	详细描述	新准则实施后对租赁业务优势的影响
融资来源	额外的资本来源，100%融资，固定利率。	与购买相比，在融资、固定利率和支付额度方面仍保留优势，尤其是对于资本来源不充足的小规模企业来说。
低资本成本	由于存在税收优惠和余值，而且出租人的融资成本较低，所以承租人能以较低的付款/成本获取资本。	与贷款相比，仍保留优势。
税收优惠	租赁与购买决策的对比显示租赁能够带来最低的税后成本。	仍保留优势。
能够选择是否需要保留资产/是否转移余值风险	承租人具有是否返还资产的选择权。	仍保留优势。
方便	迅速便捷的融资过程，通常在销售时即可融资。	仍保留优势。
监管优势	可以帮助企业满足监管要求。	如果资本化数额小于资产成本，那么这一优势就会保留，因为在很多租赁业务中这一优势都源自预计余值和税收优惠。
会计优势	可以将资产和负债隐藏在资产负债表之外。	如果资本化数额小于资产成本，那么这一优势就会保留，因为在很多租赁业务中这一优势都源自预计余值和税收优惠。

资料来源：Equipment Leasing & Finance Foundation，*2011 State of the Equipment Finance Industry Report*.

所以，尽管对于租赁会计准则变更的担忧是有理由的，但准则制定机构纠正租赁会计处理的缺陷的意志也是坚定的。正如 IASB 主席所评论的，"……以贷款并购买资产为表现形式的融资会被记入账目，将它改称为租赁，它就会奇迹般地从账目中消失。我认为，如果一只动物看起来像一只鸭子，并像鸭子一样游水、嘎嘎叫，那么它可能就是一只鸭子。负债、租赁等情况与此类似"。

　　我们希望构建新的会计准则，以使财务报表提供相关且如实的租赁业务信息。

　　资料来源：M. Leone，"Taking the 'Ease' Out of 'Lease'?" *CFO Magazine*（December 1，2010）；and Hans Hoogervorst，"Harmonisation and Global Economic Consequences," public lecture at the London School of Economics（November 6，2012）. Survey results from *Lease Accounting Survey Report*，CFA Institute（October 2013）.

国际会计视野

租赁会计

　　租赁是一项国际业务。出租人和承租人签订租赁协议时经常是跨国别的。虽然 GAAP 和 IFRS 的租赁准则类似，但二者都认为现行的准则无法提供财务报表应该提供的有关租赁交易的最有用、最透明和最完善的信息。

相关事实

　　以下是 GAAP 和 IFRS 在租赁准则上的主要相同点和不同点。

相同点

● GAAP 和 IFRS 都要求出租人和承租人按照其经济实质（即资产和负债的定义）记录租赁交易。

● IFRS 和 GAAP 的很多租赁会计术语是相同的。

● IFRS 要求承租人和出租人使用与 GAAP 相同的一般租赁资本化标准来确定所有权的风险和报酬是否已经转移。

不同点

● 在租赁术语方面，IFRS 所称的融资租赁（finance leases）在 GAAP 中称为融资租赁（capital leases）。

● GAAP 的租赁会计准则使用明线标准来确定租赁协议是否转移了所有权的风险和报酬，而 IFRS 的规定更为笼统。

● GAAP 对出租人有额外的要求：租金是可收回的，且没有与租赁相关的附加成本。

● IFRS 要求承租人使用内含利率记录租赁业务，除非承租人不能确定出租人的内含利率。而 GAAP 则要求使用增量借款利率，除非承租人知晓出租人的内含利率，且内含利率比增量利率更低。

● GAAP 要求对未来 5 年及以后期间的不可撤销的租赁付款额进行详细披露。虽然也有一些跨国公司（如诺基亚）逐年提供了未来 5 年的租赁付款额，但 IFRS 并不强制要求。

● FASB 的租赁准则最初发布于 1976 年。自其发布以来，这项准则（SFAS No. 13）已经出台了超过 30 份解释。IFRS 的租赁准则是 IAS 17，于 1982 年首次发布。这项准则只出台了 3 份解释。IFRS 的准则解释数目之所以这样少，原因之一在于 IFRS 并不具体解决 GAAP 所强调的很多租赁交易问题，包括自然资源租赁、售后租回、房地产租赁、杠杆租赁等。

深度解读

　　在美国 GAAP 的规定下，未来 5 年及以后期间不可撤销租赁合同的披露更为详细，下表展示了沃尔玛公司在该方面的披露。

> **附注 12：承诺**
> 公司及其子公司拥有商店或设备的长期租约。2012 年 1 月 31 日不可撤销的租赁的最低年租金合计数如下（单位：百万美元）：

	经营租赁	融资租赁
2013 年	$1 644	$608
2014 年	1 590	580
2015 年	1 525	532
2016 年	1 428	497
2017 年	1 312	457
以后年度	8 916	3 261
最低租赁付款额		$5 935
减：预计履约成本		50
最低租赁付款额净值		$5 885
减：利息		2 550
最低租赁付款额现值		$3 335

租赁费用在 2012 年约为 24 亿美元，2011 年约为 20 亿美元。

未来之路

租赁的会计处理方法在 IASB 和 FASB 之间尚未达成共识。两个准则指定机构已发布基于"使用权"的征求意见稿，要求所有的租赁业务，不管其条款怎样规定，都应当按照类似于目前融资租赁的处理方式进行会计处理。也就是说，经营租赁的概念将被淘汰，从而解决目前准则下企业利用经营租赁逃避报告资产和负债的责任的问题。最终的准则将于 2015 年发布。您可以在 IASB 网站（http://www.iasb.org）上追踪租赁会计准则研究项目。

本章小结

1. 解释租赁交易的内容、经济实质和优点。租赁是指出租人和承租人之间签订的契约，该契约使承租人有权在特定时间段内使用出租人拥有的特定财产（动产或不动产）。作为交换，承租人需定期向出租人支付现金（租金）。租赁业务的优势包括：（1）100%融资；（2）保持企业免受资产过时的影响；（3）灵活性；（4）更低成本的融资；（5）税收优势；（6）表外融资。

2. 描述承租人融资租赁的会计准则和程序。满足一个或多个以下条件的租赁业务应分类为融资租赁：（1）租赁将资产的所有权转移给承租人。（2）租赁包含一项廉价购买选择权。（3）租赁期等于租赁资产预计经济寿命的大部分。（4）最低租赁付款额（不包括履约成本）的现值相当于租赁资产的公允价值。在融资租赁中，承租人以最低租赁付款额的现值和租赁开始日租赁资产的公允价值二者中的较低者为准记录一项资产和负债。

3. 对比记录经营租赁和融资租赁的方法。无论将租赁业务分类为融资租赁还是经营租赁，租赁期间的总费用是不变的。只是在融资租赁下，租赁前期的费用较高，后期的费用较低。如果使用加速折旧法，两种方法下租赁前期和后期的费用差别会更大。如果使用融资租赁替代经营租赁，就会发生以下变化：（1）报表上的长短期负债增加；（2）总资产（特别是长期资产）增加；（3）租赁前期较低的收入及留存收益。

4. 解释出租人出租资产的优势和经济性，识别出租人租赁业务的分类。对于出租人来说，租赁业务有三个重要的好处：（1）利息收入；（2）税收优惠；（3）高余值。出租人基本上是出租或出售资产，并在很多情况下为资产购置提供资金。出租人在确定租金时，会以收回租赁资产价值所需的必要报酬率（内含回报率）为基础，同时考虑承租人的信用状态、租赁期以及余值情况（包括担保余值和未担保余值）。

出于会计处理的目的，出租人会将租赁业务分为以下三类：（1）经营租赁；（2）直接融资租赁；（3）销售型租赁。如果在租赁协议日，租赁业务满足一个或多个租赁资本化标准，则出租人应将租赁业务分类为直接融资租赁或销售型租赁。出租人将所有不符合以上标准的租赁分类为经营租赁。

5. 描述出租人对直接融资租赁的会计处理。租赁业务的实质是承租人为购买资产进行融资，对于这种业务，出租人应贷记租赁资产，借记"应收租赁款"。应收租赁款是最低租赁付款额的现值加上未担保余值的现值。因此，出租人在计算应收租赁款时总是包括了余值，无论其是否经过担保。

6. 识别造成特殊会计问题的租赁协议特征。导致特殊会计问题的租赁协议条款包括：（1）余值；（2）销售型租赁（出租人）；（3）廉价购买选择权；（4）初始直接费用；（5）流动资产（负债）与非流动资产（负债）；（6）披露。

7. 描述余值（包括担保的和未担保的）对租赁会计处理的影响。无论余值是否经过担保，都会给承租人带来经济上和会计上的影响。其会计影响在于，作为资本化基础的最低租赁付款额包含担保余值，但不包含未担保余值。因此担保余值会影响承租人对最低租赁付款额的计算以及租赁资本化所形成的资产和负债金额。实际上，担保余值相当于一种额外的租金。承租人会在租赁期结束时以资产、现金或二者兼有的方式支付这部分租赁款。从承租人的角度来看，未担保余值的存在就像没有余值一样。承租人在计算最低租赁付款额和租赁资本化形成的资产和负债时并不考虑未担保余值。

8. 描述出租人对销售型租赁的会计处理。销售型租赁确认利息收入的方式与直接融资租赁类似，只不过它还会确认制造商或经销商的利润。在销售型租赁的起始日，出租人会记录租赁资产的销售价格、销售成本、库存减少和应收租赁款。销售型租赁区别于直接融资租赁的地方在于租赁资产的成本和公允价值以及由此产生的毛利润。无论余值是否经过担保，应收租赁款和利息收入是相同的，只是销售收入和销售成本的记录方式不同。担保余值可以视为销售收入的一部分，因为出租人知道与此对应的资产全部被卖掉了。而未担保余值对应的那部分资产是否被卖掉则存在一定的不确定性。因此，出租人只应确认保证能实现的那部分销售收入和销售成本。然而，无论余值是否经过担保，资产销售的毛利润是相同的。

9. 列出租赁业务的披露要求。租赁业务的披露要求因租赁类型的不同（融资租赁还是经营租赁）而不同，因披露主体的不同（出租人还是承租人）而不同。这些披露能够给投资者提供以下信息：（1）租赁协议的一般说明；（2）租赁业务的性质、时点、现金流入和流出额，包括其后五年中每一年要发生的付款和收款额；（3）每期利润表中的租赁收入和租赁费用；（4）租赁资产的描述，租赁资产在资产负债表上的分类和数额以及相关负债；（5）租赁协定规定的应收租赁款和未实现利息收入。

附录 21A 租赁合约举例

为了说明本章讨论的概念，假设摩根面包店涉及四种不同的租赁合约。这些租赁合约都是不可撤销的，而且在每个合约中摩根面包店都不会在租赁期间或期满时获得租赁财产的所有权。租赁从 2015 年 1 月 1 日开始，首次租金在年初支付。附加信息如图表 21A-1 所示。

图表 21A-1 租赁合约举例（出租人）

	Harmon 公司	Arden 烤箱公司	Mendota 卡车公司	Appleland 计算机公司
租赁资产类别	储藏柜	烤箱	卡车	电脑
年租金	6 000 欧元	15 000 欧元	5 582.62 欧元	3 557.25 欧元
租赁期	20 年	10 年	3 年	3 年
估计经济寿命	30 年	25 年	7 年	5 年
购买权	无	在 10 年后可以 75 000 欧元的价格购买；在 15 年后可以 4 000 欧元的价格购买	无	3 年后可以 3 000 欧元的价格（约为公允价值）购买
续租权	无	可以每年 15 000 欧元的价格续租 5 年	无	可以 1 500 欧元的价格续租一年，若不续租无惩罚；标准续租条款
租赁开始日公允价值	70 000 欧元	120 000 欧元	20 000 欧元	10 000 欧元
出租人资产成本	70 000 欧元	120 000 欧元	15 000 欧元	10 000 欧元
残值	0	0	7 000 欧元	0
担保/未担保	5 000 欧元	0	0	3 000 欧元
承租人增值借款利率	12%	12%	12%	12%
履约成本	承租人每年 300 欧元	承租人每年 1 000 欧元	承租人每年 500 欧元	出租人每年估计 500 欧元
最低租赁付款额的现值				
使用承租人增量借款利率	50 194.68 欧元	115 153.35 欧元	20 000 欧元	8 224.16 欧元
使用出租人内含报酬率	不切实际	不切实际	承租人知晓，20 000 欧元	承租人知晓，8 027.45 欧元
期满资产预计公允价值	5 000 欧元	第 10 年末 80 000 欧元，第 15 年末 60 000 欧元	无	3 000 欧元

□ 举例 1：Harmon 公司

以下是 Harmon 公司的租赁业务分析。

1. 是否转让所有权？否。

2. 是否有廉价购买选择权？否。

3. 经济寿命测试：租赁期为 20 年，估计经济寿命为 30 年。因此，它未通过经济寿命测试。

4. 投资回收测试：

租金	€ 6 000
年金现值系数（PV）（20 年，12%）	×8. 365 78
租金现值	€ 50 194.68

由于最低租赁付款额的现值仅为该资产公允价值的 72%（50 195÷70 000），似乎这并不表示该资产的公允价值的很大一部分，因此，租赁未通过投资回收测试。

2015 年 1 月 1 日，摩根和 Harmon 公司都应将该租赁作为经营租赁处理，相关会计分录如图表 21A - 2 所示。

图表 21A - 2　　　　　　　　　　经营租赁的会计处理比较

摩根面包店 （承租人）		Harmon 公司 （出租人）	
借：租金费用 　　贷：现金	6 000 6 000	借：现金 　　贷：租金收入	6 000 6 000

□ 举例 2：Arden 烤箱公司

以下是对 Arden 烤箱公司租赁业务的分析。

1. 是否转让所有权？否。

2. 是否有廉价购买选择权？10 年后的购买价格 75 000 欧元似乎并不比 80 000 欧元的预期公允价值低太多，承租人的行权不能保证。然而，15 年后的购买价格 4 000 欧元相比于当时的公允价值 6 万欧元来说确实是很大的折扣。因此，该项租赁业务满足融资租赁的第 2 个标准。请注意，由于出租人不希望收回租赁资产，因此担保余额和非担保余额均为 0。

3. 经济寿命测试：由于存在廉价购买选择权，租赁期为 10 年的初始租赁期加上 5 年续租期。虽然租赁期现在被认为是 15 年，但是这项租赁业务仍未通过经济寿命测试，因为租赁期只有资产经济寿命的 60%（15÷25）。

4. 投资回收测试：

租金	€ 15 000.00
年金现值系数（PV）（15 年，12%）	×7. 628 17
租金现值	€ 114 422.55

$$廉价购买选择权的现值 = 4\,000 \times (PVF_{15,12\%}) = 4\,000 \times 0.182\,70 = 730.80(欧元)$$

租金现值	€ 114 422.55
廉价购买选择权的现值	730.80
最低租赁付款额的现值	€ 115 153.35

最低租赁付款额的现值为资产公允价值的 96%（115 153÷120 000）。该项租赁通过了投资回收测试，因为资产公允价值中的大部分将通过租赁款收回。请注意，这里使用了增量借款利率，因为确定出租人的内含回报率是不切实际的。

摩根面包店应将其视为融资租赁，因为租赁符合标准 2 和 4。假设 Arden 的内含回报率低于摩根的增量借款利率，企业应在 2015 年 1 月 1 日做如下会计分录（见图表 21A - 3）。

图表 21A-3 出租人和承租人融资租赁的会计处理比较——存在廉价购买选择权

摩根面包店 （承租人）		Arden 烤箱公司 （出租人）	
借：租赁设备	115 153.35	借：应收租赁款	120 000
贷：租赁负债	115 153.35	贷：资产（烤箱）	120 000

鉴于廉价购买选择权的存在，摩根面包店应以租赁资产的经济寿命 25 年为限对其计提折旧。Arden 烤箱公司不将该租赁合约视为销售型租赁，因为在租赁开始时租赁资产的公允价值和成本相同。

举例 3：Mendota 卡车公司

以下是对 Mendota 卡车公司租赁业务的分析。

1. 是否转让所有权？否。

2. 是否有廉价购买选择权？否。

3. 经济寿命测试：租赁期为 3 年，仅为预计经济寿命的 43%，未通过经济寿命测试。

4. 投资回收测试：

租金	€5 582.62
年金现值系数（PV）（3 年，12%）	×2.690 05
租金现值	€15 017.54

（注：做了四舍五入调整）

$$担保余值的现值 = 7\,000 \times (PVF_{3,12\%}) = 7\,000 \times 0.711\,78 = 4\,982.46（欧元）$$

租金现值	€15 017.54
担保余值的现值	4 982.46
最低租赁付款额的现值	€20 000.00

最低租赁付款额的现值等于公允价值，因此，该租赁合约通过了投资回收测试。

假设 Mendota 的内含回报率与摩根的增量借款利率相同，企业应在 2015 年 1 月 1 日做如下会计分录（见图表 21A-4）。

图表 21A-4 出租人和承租人融资租赁的会计处理

摩根面包店 （承租人）		Mendota 卡车公司 （出租人）	
借：租赁设备	20 000	借：应收租赁款	20 000
贷：租赁负债	20 000	销售成本	15 000
		贷：库存（卡车）	15 000
		销售收入	20 000

摩根面包店应以 3 年为期限对租赁资产计提折旧至其账面价值等于担保余值。

举例 4：Appleland 计算机公司

以下是对 Appleland 计算机公司租赁业务的分析。

1. 是否转让所有权？否。

2. 是否有廉价购买选择权？否。在 3 年租赁期届满时允许承租人以大致相当于资产公允价值的价格购买租赁资产显然不构成廉价购买选择权。

3. 经济寿命测试：租赁期为 3 年，仅为资产经济寿命的 60%（3÷5），且不存在廉价续租选择权，所以该租赁合约未通过经济寿命测试。

4. 投资回收测试：

租金	€ 3 557.25
减：履约成本	500.00
	3 057.25
年金现值系数（PV）（3 年，12%）	×2.690 05
使用增量借款利率计算最低租赁付款额的现值	€ 8 224.16

使用增量借款利率计算的最低租赁付款额的现值为 8 224.16 欧元（见图表 21A-1）。然而，摩根面包房现在知晓了出租人的较高的内含回报率。鉴于这种情况，承租人会使用该内含回报率进行计算，得到最低租赁付款额的现值为 8 027.45 欧元。由于最低租赁付款额的现值仅为公允价值的 80%（8 027÷10 000），因此该租赁合约未通过投资回收测试。

2015 年 1 月 1 日，企业应做如下会计分录（见图表 21A-5）。

图表 21A-5　　　　　　　　出租人和承租人经营租赁的会计处理

摩根面包房 （承租人）		Appleland 计算机公司 （出租人）	
借：租金费用	3 557.25	借：现金	3 557.25
贷：现金	3 557.25	贷：租金收入	3 557.25

□ 附录 21A 小结

10. 在各种租赁合约中理解并运用租赁会计相关概念。承租人和出租人对租赁业务的分类取决于出租人是否已将几乎所有与租赁资产所有权相关的风险和报酬转让给承租人。若租赁合约符合融资租赁的任何一条标准，那么承租人就应该记录租赁资产和相关的租赁负债。对于实质上是为购买资产融资的租赁业务，出租人不应确认租赁资产，而应确认一项应收租赁款。在销售型租赁中，租赁资产的公允价值高于成本，出租人应记录毛利润。不符合资本化条件的租赁应归类为经营租赁，出租人将租金确认为租赁收入，承租人将租金确认为租赁费用。

附录 21B　售后租回业务

售后租回业务是指财产所有人（卖方承租人）将资产卖给另一方，同时将资产从新的所有人手中租回的业务。资产的使用一般是持续的，不会受租赁业务的影响而被打断。

售后租回业务很常见：金融机构（例如汇丰和 BBVA）运用这种业务模式租回了它们的办公室，零售商（例如 Liberty）租回了它们的商店，医院（例如 Healthscope）租回了它们的设备。从卖方角度来看，售后租回业务的优点通常涉及两个主要因素：

1. 融资。当利率下降时，如果企业已经为购买设备融资了，那么售后租回业务可以帮助出售方以较低利率再融资。另外，售后租回业务是提供营运资本的另一种渠道，尤其是当企业流动性较低的时候。

2. 节税。公司在购买设备时，可能不知道该设备的所有权会增加其最低税负。卖出资产之后，卖方承租人可以从应纳税所得额中扣除整个租赁付款，不再受一些税收条款的约束。

□ 确定资产的使用

鉴于卖方承租人在出售资产之后还继续使用该资产，因此售后租回业务实际上是一种融资业务。所以，出租人不应确认交易的损益。简言之，卖方承租人只是在借款。

另一方面，如果卖方承租人放弃使用该资产，那么这项交易实质上就是销售业务。在这种情况下，确认收益或损失是适当的。然而，确定承租人何时放弃资产的使用很困难，IASB 制定了复杂的规则来帮助判断这种情况。① 为了理解会计准则制定者在这类业务中考虑的因素，我们下面来讨论承租人和出租人的基本会计处理。

承租人

如果租赁业务符合融资租赁的四项标准之一（见图表 21-3），那么卖方承租人应将交易视为一项销售业务和一项融资租赁业务的叠加。卖方承租人应当将出售资产的利得或损失递延，在租赁期内（如果标准 1 或标准 2 得到满足，则应在经济寿命内）按照租赁资产的折旧比例分期确认这些利得或损失。

例如，假设 Stora Enso 公司向德意志银行出售一台设备，该设备的账面价值为 580 000 欧元，公允价值为 623 110 欧元。同时，Stora Enso 将该设备租回，租赁期 20 年，年租金 50 000 欧元。假设该租赁业务符合资本化条件之一，那么 Stora Enso 公司应在 20 年间以对 623 110 欧元资产计提折旧相同的比率分期确认 43 110 欧元的利润。[14] 在会计分录上贷记未实现售后租回收益 43 110 欧元（623 110－580 000）。

如果该项租赁业务不满足融资租赁的标准，那么卖方承租人应将交易视为一项销售业务和一项经营租赁业务的叠加。只要售后租回业务是以公允价值交易的，企业就应立即确认相应的利得或损失。②

出租人

如果租赁业务符合租赁资本化标准之一，那么买方出租人应将交易视为购买资产和直接融资租赁的叠加。如果租赁业务不符合融资租赁标准，那么买方出租人应将交

---

① 房地产的售后租回往往采用不同的会计处理方式。与这些交易有关的问题的讨论超出了本教材的范围。

② 如果销售价格不是公允的，且损失是通过减少未来的租赁付款（低于市场价格）进行补偿的，那么企业应将损失递延，并按照该资产预计使用期间的租赁付款额分期确认。如果销售价格高于公允价值，其利得应在该资产预计使用期间予以递延，分期确认。[15]

易视为购买资产和经营租赁的叠加。

□ 售后租回业务举例

下面举例说明售后租回业务的会计处理。假设日本航空 2015 年 1 月 1 日将账面价值为 7 550 万美元的波音 757 飞机以 8 000 万美元的价格卖给了花旗资本公司。随后，日本航空立即以下列条款将飞机租回：

1. 租赁期为 15 年，不可撤销，每年初交付等额租金 10 487 443 美元。
2. 2015 年 1 月 1 日，飞机的公允价值为 8 000 万美元，预计经济寿命为 15 年。
3. 日本航空支付所有的履约成本。
4. 日本航空对类似机型按照 15 年直线法计提折旧。
5. 年租金确保出租人 12％的回报率。
6. 日本航空知晓出租人的内含回报率。

这项租赁业务对于日本航空来说是融资租赁，因为租赁期与飞机的预计寿命相同，且租赁付款额的现值等于飞机的公允价值。花旗资本将该租赁业务分类为直接融资租赁。

图表 21B-1 展示了日本航空和花旗资本在租赁第一年处理售后租回业务的典型会计分录。

图表 21B-1　　　　　出租人和承租人售后租回业务的会计处理

日本航空公司（承租人）		花旗资本公司（出租人）	
日本航空将飞机卖给花旗资本（2015 年 1 月 1 日）			
借：现金	80 000 000	借：飞机	80 000 000
贷：飞机	75 500 000	贷：现金	80 000 000
未实现售后租回收益	4 500 000		
借：租赁飞机	80 000 000	借：应收租赁款	80 000 000
贷：租赁负债	80 000 000	贷：飞机	80 000 000
第一次租赁付款（2015 年 1 月 1 日）			
借：租赁负债	10 487 443	借：现金	10 487 443
贷：现金	10 487 443	贷：应收租赁款	10 487 443
2015 年日本航空支付保险及履约成本			
借：保险、维护、税费等	×××	无分录	
贷：现金或应付账款	×××		
飞机折旧费用（2015 年 12 月 31 日）			
借：折旧费用	5 333 333	无分录	
贷：累计折旧——租赁设备	5 333 333		
（80 000 000÷15）			
日本航空摊销售后租回销售利润（2015 年 12 月 31 日）			
借：未实现售后租回收益	300 000	无分录	
贷：折旧费用*	300 000		
（4 500 000÷15）			
* 在某些情况下可能贷记"销售收入"而非"折旧费用"。			

续

日本航空公司（承租人）			花旗资本公司（出租人）	
2015 年确认利息（2015 年 12 月 31 日）				
借：利息费用	8 341 507[a]		借：应收利息	8 341 507
贷：应付利息	8 341 507		贷：利息收入	8 341 507[a]

a. 租赁业务涉及的摊销时间表（部分）：

日期	年租金	利息	余额的减少	余额
1/1/15				$ 80 000 000
1/1/15	$ 10 487 443	$ 0	$ 10 487 443	69 512 557
1/1/16	10 487 443	8 341 507	2 145 936	67 366 621

□ 附录 21B 小结

11. 描述承租人对售后租回业务的会计处理。如果租赁业务符合融资租赁的确认标准之一，那么卖方承租人应将交易视为一项销售业务和一项融资租赁业务的叠加。卖方承租人应将售后租回业务的利润做递延处理，并在租赁期内（当租赁业务满足标准 1 或标准 2 时，则在资产的经济寿命内）按照租赁资产的折旧比例分期确认这一利润。如果租赁业务不符合融资租赁标准，那么卖方承租人应将交易视作一项销售业务和一项经营租赁业务的叠加。此时，如果售后租回交易是以公允价值达成的，那么承租人应立即确认任何相关利得或损失。

简单练习

BE21-8　Jennifer Brent 公司拥有成本为 80 000 美元的设备一台，使用寿命 8 年，无余值。2015 年 1 月 1 日，Jennifer Brent 公司将设备出租给 Lopez 公司，租赁期一年，租金为 15 000 美元，于 1 月 1 日支付。请编制 Jennifer Brent 公司 2015 年的会计分录。

BE21-9　Cortez 公司于 2015 年 1 月 1 日开始为期 6 年的设备租赁，每年需在年初支付 40 000 美元租金，第一次支付在 2015 年 1 月 1 日。此外，Cortez 公司还向出租人保证租赁期结束时归还设备的价值不少于 20 000 美元。该设备具有 6 年使用寿命。假设利率为 10%，试编制 Cortez 公司 2015 年 1 月 1 日的会计分录。

BE21-10　使用 BE21-9 中 Cortez 公司的信息。假定对于 Lost Ark 公司（出租人）来说，租金的可收回性可以合理预测，且不存在具有重大不确定性的有关费用。已知该设备的账面价值是 202 921 美元。试编制 Lost Ark 公司 2015 年 1 月 1 日的会计分录。

综合练习

E21-1（承租人会计处理，未担保余值情况下的融资租赁）　2015 年 1 月 1 日，Adams 公司签署了一份 5 年期不可撤销的设备租赁合同。租赁条款要求 Adams 公司从 2015 年 1 月 1 日开始每年年初支付 9 968 美元。这台设备的预计使用寿命为 6 年，未担保余值为 5 000 美元。在租赁期结束时，承租人会将这台机器返还给出租人。Adams 公司使用直线法对其工厂的所有资产计提折旧。Adams 公司的增量借款利率为 10%，出租人的内含利率未知。

要求：

（a）这是什么类型的租赁？试进行解释。

（b）计算最低租赁付款额的现值。

（c）试编制到 2016 年 1 月 1 日为止 Adams 公司的所有会计分录。

权威文献

［1］International Accounting Standard 17, *Leases*（London，U. K.：International Accounting Standards Committee Foundation，2003），par. 7.

［2］International Accounting Standard 17, *Leases*（London，U. K.：International Accounting Standards Committee Foundation，2003），par. 10.

［3］International Accounting Standard 17, *Leases*（London，U. K.：International Accounting Standards Committee Foundation，2003），paras. 10 (e) and 11.

［4］International Accounting Standard 17, *Leases*（London，U. K.：International Accounting Standards Committee Foundation，2003），par. 11.

［5］International Accounting Standard 17, *Leases*（London，U. K.：International Accounting Standards Committee Foundation，2003），par. 4.

［6］International Accounting Standard 17, *Leases* (London，U. K.：International Accounting Standards Committee Foundation，2003)，par. 11 (b).

［7］International Accounting Standard 17, *Leases*（London，U. K.：International Accounting Standards Committee Foundation，2003），par. 20.

［8］International Accounting Standard 17, *Leases*（London，U. K.：International Accounting Standards Committee Foundation，2003），par. 4.

［9］International Accounting Standard 17, *Leases*（London，U. K.：International Accounting Standards Committee Foundation，2003），par. 44.

［10］International Accounting Standard 17, *Leases*（London，U. K.：International Accounting Standards Committee Foundation，2003），paras. 38 and 52.

［11］International Accounting Standard 17, *Leases*（London，U. K.：International Accounting Standards Committee Foundation，2003），par. 23.

［12］International Accounting Standard 17, *Leases*（London，U. K.：International Accounting Standards Committee Foundation，2003），paras. 31 and 35.

［13］International Accounting Standard 17, *Leases*（London，U. K.：International Accounting Standards Committee Foundation，2003），paras. 47 and 56.

［14］International Accounting Standard 17, *Leases*（London，U. K.：International Accounting Standards Committee Foundation，2003），par. 59.

［15］International Accounting Standard 17, *Leases*（London，U. K.：International Accounting Standards Committee Foundation，2003），par. 61.

第 22 章

会计变更与差错分析

学习目标

学完本章之后，你应该能够：

1. 识别会计变更的两种类型。
2. 描述会计政策变更的处理。
3. 了解如何追溯调整会计变更。
4. 了解无法实施的变更的会计处理。
5. 描述会计估计变更的处理。
6. 描述差错更正的会计处理。
7. 识别企业变更会计方法的经济动机。
8. 分析差错的影响。

我们需要确实可比的信息

　　IASB 的概念框架将可比性（包括一致性）列为有用财务信息的质量特征之一。遗憾的是，在 IASB 要求实施众多会计政策变更的情况下，企业很难保持会计信息的可比性和一致性。

　　下面节选了爱尔兰 UBW 公司在最近一次年度财务报告中披露的会计政策变更情况。

会计政策变更（部分）

本年度本公司所使用的会计政策基本与以前年度一致，以下事项除外：

IAS 1—财务报表列报（修订版）。集团采用了这一修订准则。新准则要求分开列报归属于母公司和少数股东的权益变化。股东权益变动表只包含归属于母公司的权益变化明细，归属于少数股东的权益变化单列一行列报。另外，准则允许综合收益表以单独形式或与利润表结合的形式进行列示，集团选择分别列示两张报表。

IAS 36—资产减值。准则要求在使用现金流折现方法估算"公允价值减去处置费用"时披露折现率，这一要求与使用现金流折现方法估算"使用价值"时的披露要求一致。对于需要估计可收回金额的现金产出单元，可使用利润乘数方法估计"公允价值减去处置费用"。在未来期间的报表中，这些额外信息会在适当之处进行披露。

IAS 7—金融工具。披露：集团采用了这一修订准则，该准则要求增加有关公允价值计量和流动性风险的披露。以公允价值计量的资产的公允价值应按照公允价值三个层级的输入参数来源进行分类披露；所有以公允价值计量的金融工具均应分级披露。

IAS 8—经营分部。集团按照 IAS 8 披露集团经营分部的信息，取代了原来披露主要（业务）和次要（地理）报告分部信息的要求。采用这一准则对集团的财务状况和经营成果没有影响。集团决定按照事项、数据、服务、线上四个经营分部报告信息，有关这些分部的额外信息在附注 3 中列示。

　　这些内容说明，IASB 正在不断改进财务报告，以适应不断变化的财务环境。

　　另外，还有很多公司由于报告中存在差错需要重述。下表列示了自 2004 年以来发生财务重述的公司数。还是有些好消息的：2007 年，财务重述数量下降了 31.5%（从 1 771 到 1 213）；2008 年，这一数字再度下降了 24%（从 1 213 到 922）。虽然 2009 年这一数字仍有所下降，但从 2010—2012 年的趋势来看，财务重述水平基本上保持稳定。这一总体下降趋势源自企业内部控制可靠性的提升，但也有人怀疑这一趋势是由市场监管者放松管制所导致的。

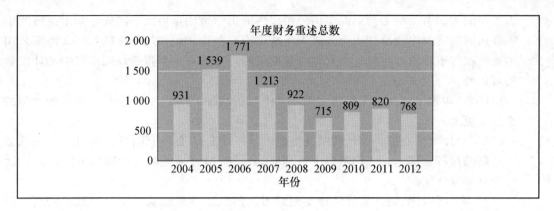

财务重述的下降趋势是一个进步。但是，当发生财务重述和会计变更时，报表使用者仍然需要高质量的会计信息，以对会计变更或重述前后的企业财务业绩进行有效的比较。

资料来源：*2009 Financial Restatements：A Nine Year Comparison*，Audit Analytics（March 2013），p. 3.

本章概览

就像我们在前面所讲述的，会计政策变更和财务信息差错的影响是重大的。当这些变更出现时，公司必须遵循特定的会计处理和报告要求。另外，为了保证公司之间的信息可比性，IASB 规定了会计政策变更、会计估计变更、差错更正和相关每股收益信息的标准列报要求。在本章，我们将对这些规定进行讨论，以帮助投资者更好地理解公司的财务状况。本章的内容和架构如下所示。

22.1　会计变更

会计方法的选择降低了会计信息在不同期间和不同公司之间的可比性，影响了历史趋势分析的有用性。例如，如果日本的丰田公司修改了其设备有效寿命的估计，那么当期的折旧费用就会与前期丰田公司报告的折旧费用不可比。同样，如果英国的乐购公司的存货发出计价变更为先进先出法，而马莎百货仍使用零售法，那么两家公司的业绩报告很难进行比较。当存在会计变更时，需要有一个报告规则来保护会计信息的可比性。

IASB 构建了这样一个报告规则，其中包括两种类型的会计变更。[1]这两种类型的会计变更为：

1. 会计政策变更。会计政策变更是指从一个公认会计原则变化为另一个公认会计原则的过程。例如，法国阿尔卡特-朗讯公司将精算损益的会计确认方法从走廊法改为立即确认法。

2. 会计估计变更。会计估计变更是指新信息或额外经验的出现导致的变更。例如，德国戴姆勒 AG 公司最近根据生产流程的变动修改其应折旧财产使用寿命的估计。

第三类变更也需要修改会计数据，尽管它并不真正属于会计变更。

3. 财务报表中的差错。这里的差错包括数学计算错误所导致的差错、应用会计准则所导致的差错、编制财务报表时忽视或滥用既定事实所导致的差错等。例如，公司可能没有正确地应用零售价盘存法来确定其最后的库存价值。

IASB 之所以这样分类，是因为不同类别的会计变更应使用不同的方法在财务报表中进行确认。在这一章，我们将讨论这些分类。我们还将解释如何在账户中记录这些项目，如何在比较财务报表中披露这些信息。

22.2　会计政策变更

会计政策变更被定义为从一个公认会计原则变更为另一个公认会计原则的过程。例如，一家公司可能将其存货计价从平均成本法改为先进先出法。或者，公司可能将其长期建造合同的收入确认方法从完全完工法变更为完工百分比法。

公司必须仔细检查每个情形，以确保会计政策确实发生了变更。因某事项首次发生或该事项在以前没有达到重要性水平而开始实施新准则的情况不属于会计变更。例如，如果一家公司对新购置的物品使用一种存货计价方法（例如，先进先出法），即使该公司以往没有使用先进先出法记录存货，这也不算是会计政策变更。再如，以前期间并不重要的营销支出在发生当期就费用化了。如果这些支出变得重大，从而可能被递延和摊销，这也不算是会计政策变更。

最后，如果一家公司以前遵循的记账方法不被接受，该怎么办？或者，如果公司错误地应用了会计准则，该怎么办？这种会计政策的变更应视为差错更正。例如，企业从现金（所得税）收付制会计转变为权责发生制会计就属于差错更正。或者，如果一家公司在使用双倍余额递减法计算固定资产折旧时扣除了设备残值，之后又按照没有扣除预计残值的方法重新计算了折旧，这也属于差错更正。

报告会计政策变更的方法共有三种：

● 当期报告更改法。在这种方法下，公司应将变更的累计影响作为非常规项目在当期利润表中进行报告。变更的累计影响是指核算以前年度的利润时，采用新会计政策与采用原会计政策之间的差额。按照这种办法，会计变更对以前年度收益的影响只体现在当前年度利润表上。公司不需要改变往年的财务报表。

这一方法的拥护者认为，改变往年的财务报表会导致使用者对财务报告丧失信心。如果告诉投资者现在发现三年前的利润存在错误，那么投资者会如何反应？如果允许改变往年报表，则可能会影响基于旧会计信息的合同安排。例如，在旧方法的基础上作出的利润分享安排可能不得不改变，形成完全不一样的利润分配方案，从而带来许多法律问题。而且，改变往年报表还存在许多实际困难。其成本可能过于高昂，或根据可获取的信息根本无法计算出变更对以往各年的影响。

● 追溯调整法。追溯调整法是指将新的会计政策运用到以往年度的财务报表上——就好像企业自始至终在使用这种新的会计政策。换句话说，公司应按照与新会计政策一致的方法"追溯"并调整往年的财务报表。公司应将变更的累计影响体现在最早列报年度的期初留存收益上。

这一方法的拥护者认为只有追溯调整才能保证公司信息的可比性。想想看，如果不使用这种方法会发生什么：在变更之前的年份，公司还在使用旧的会计方法；变更当年，公司会报告全部的累计调整；在以后的年份，财务报表将完全按照新的会计方法编制，丝毫看不到变更的累计效应。这种一致性的缺乏导致财务报表无法提供有意义的利润趋势数据，也无法提供评估公司业绩所需的其他财务信息。

● 未来适用法。在这种方法下，以前年度财务报表的数据保持不变。也就是说，公司不需要调整期初余额以反映会计政策的变更。这一方法的拥护者认为，一旦管理者按照公认会计原则编制了财务报表，它们就是最终结果。管理层不能因为采用新的会计政策就改变以往各期的会计信息。根据这种思路，将变更的累计影响计入当期是不适当的，因为这部分金额包含与当年利润或经济事项无关的部分。

对于这三种方法，会计行业专家偏好哪一个呢？IASB 要求公司使用追溯调整法。原因在于，它能为会计报表使用者提供比当期报告更改法和未来适用法更有用的信息。[2] 因为将以前期间的财务报表变更为与新会计政策一致的基础，能够保证不同会计期间之间更高的可比性。报表使用者可以更好地比较从某一期间到下一期间的业绩变化。

数字背后的故事　　大幅变化

正如本章开篇故事中所说的，会计变更使企业前后期间的会计信息不可比。这体现了会计准则的重要性，投资者是通过在会计准则制约下生成的信息来理解公司财务报告的。会计准则的变更及变更时间都可能会影响信息的可比性。下表展示了近期会计准则的变更及其时间。

执行时间（年份）	会计准则
2013 年 6 月 30 日	其他综合收益表列报（IAS 1 修订）
	披露：金融资产和负债的抵销（IFRS 7 修订）
2013 年 12 月 31 日	IFRS 13 公允价值计量
	IAS 19 员工福利
2014 年 12 月 31 日	非金融资产可收回金额的披露（IAS 36 修订）

2013—2014 年，有 18 项新准则开始实施。我们可以理解为什么报表使用者很难比较不同公司的会计信息，因为这些公司受准则变更的影响不同。而且，某些准则指引还允许企业提前使用新准则。金融资产和负债的抵销以及非金融资产可收回金额的新规定就属于这种情况。这种提前使用的弹性规定进一步加深了准则修订对信息可比性的负面影响。

资料来源："IFRS: New Standards—Are You Prepared?" *In the Headlines* (Issue 2014/4), KPMG (March 2014).

□ 22.2.1　会计变更处理的追溯调整法

我们通常做这样的前提假定：一旦一家公司采用了一种会计政策，它就不应轻易改变。这种假定是可以理解的，因为只有一致地运用会计政策才能增加财务报表的有用性。[3]然而，环境总在不断变化，公司不得不作出改变以应对环境的变化。最近，有关借款成本、经营分部的新准则，以及有关收入确认和金融工具的征求意见稿陆续出台，这意味着会计准则的变化会继续发生。

所以，IASB 允许企业在以下两种情况下变更会计政策：

1. 会计政策变更是 IFRS 要求的（例如，新的金融工具准则出台后，企业应以正当理由变更会计政策）。

2. 会计政策变更可以使企业提供有关财务状况、经营成果和现金流量的更可靠和相关的信息。例如，公司可能认为将存货计价方法从平均成本法变更为先进先出法能够提供有关存货现值的更可靠和相关的信息。①

当公司变更会计政策时，应使用追溯调整法报告这一变化。总的来说，企业必须在账目上做如下记录：

1. 调整比较财务报表所列报的以前年度每个期间的财务报表，使以前期间报表信息的基础与新的会计政策一致。

2. 调整比较财务报表所列报的最早年份的资产和负债的期初账面价值。这样做能够反映会计政策变更对列报以前期间的累计影响。公司还应调整比较财务报表所列报的第一年的留存收益及其他适当的所有者权益构成部分的期初余额。

例如，假定家乐福公司决定在 2015 年改变存货计价方法，由先进先出法变更为平均成本法。公司需要提供 2013 年和 2014 年基于新会计方法的比较资料。家乐福公司在编制比较财务报表时，将调整 2013 年之前的资产、负债和留存收益，并将其计入 2013 年的财务报表。

会计变更处理的追溯调整法：长期合同

下面我们举例说明追溯调整法的应用。假设 Denson 公司原本使用完全完工法核算长期建造合同的收入。2015 年，公司将其变更为完工百分比法。管理层认为这种方法能够更准确地衡量收入。而在纳税时，该公司还是继续使用完全完工法。（我们

---

① 在某些情况下，IFRS 可能未对某项特定交易出台会计处理方法。此时，IAS 8 提供了有关企业应如何选择会计政策的指引。其主要要求在于，管理层应使用专业判断来确定信息是否相关和可靠。在做判断时，管理层应依次考虑如下规则：（1）IFRS 对相似或相关事项的会计处理规定；（2）概念框架中相关要素的定义、确认和计量标准；（3）其他使用相似概念框架的国家的准则资料。[4]

假设法定税率为 40%。)

图表 22-1 分别显示了完全完工法和完工百分比法下 2013—2015 年利润表的一部分（2013 年以前，两种会计方法下的利润不存在差异）。

图表 22-1　　　　　　　　**完全完工法和完工百分比法下的比较财务报表**

完全完工法 Denson 公司 年度利润表（部分）			
	2013 年	2014 年	2015 年
税前利润	€400 000	€160 000	€190 000
所得税（40%）	160 000	64 000	76 000
净利润	€240 000	€96 000	€114 000
完工百分比法 Denson 公司 年度利润表（部分）			
	2013 年	2014 年	2015 年
税前利润	€600 000	€180 000	€200 000
所得税（40%）	240 000	72 000	80 000
净利润	€360 000	€108 000	€120 000

我们需使用图表 22-2 所示的方法记录企业由完全完工法变更为完工百分比法的各种影响。

图表 22-2　　　　　　　　**追溯调整举例的信息**

年份	税前利润		利润差异		
	完工 百分比法	完全 完工法	利润总额 差异	纳税影响 （税率 40%）	税后净利润 差异
2014 年以前	€600 000	€400 000	€200 000	€80 000	€120 000
2014 年	180 000	160 000	20 000	8 000	12 000
2015 年年初汇总	€780 000	€560 000	€220 000	€88 000	€132 000
2015 年汇总	€200 000	€190 000	€10 000	€4 000	€6 000

记录 2015 年年初会计变更的分录为：

借：在建工程		220 000
贷：递延所得税负债		88 000
留存收益		132 000

公司借记"在建工程"220 000 欧元，这一数字即为图表 22-2"利润差异"部分的第一列。公司贷记"留存收益"132 000 欧元，以反映变更对 2015 年之前期间的累计影响，这一数字即为图表 22-2"利润差异"部分的第三列。公司之所以调整留存收益，是因为所有以前年度的利润都已经转入这一账户。公司贷记"递延所得税负债"是为了对以前年度的所得税费用进行调整。现在公司针对未来年度的纳税义务确认了 88 000 欧元的所得税负债。也就是说，由于当期暂时性差异的存在，未来期间的应纳税所得额将高于账面收入。因此，Denson 公司必须在本年度报告一项递延所得税负债。

会计政策变更的报告　会计政策变更的披露尤为重要。财务报表的使用者需要在不同会计期间具有一致性的信息。只有这种一致性才能确保财务报告的有用性。会计政策变更的主要披露要求如下所示。

1. 会计政策变更的理由及性质。

2. 公司必须解释为什么新的会计政策能够提供更可靠和相关的会计信息。

3. 在当期和以前期间财务报表中能够追溯调整的数额：

（a）每个财务报表小计项目受到的影响。

（b）基本和稀释每股收益受到的影响。

4. 在列报期间以前财务报表中能够追溯调整的数额。①

这里的披露规定适用于企业自愿变更会计政策，例如将存货计价方法从平均成本法变更为先进先出法。新会计准则出台所导致的强制会计政策变更的披露要求与此稍有不同。在强制变更的情况下，还要考虑过渡性调整。

例如，Denson 公司在编制比较财务报表时，2014 年和 2015 年的报表都应使用完工百分比法（新的会计政策）进行列报。图表 22 - 3 展示了 Denson 公司应当如何披露这些信息。

如图表 22 - 3 所示，对于 2014 年和 2015 年，Denson 公司均报告了基于使用完工百分比法的净利润。公司追溯调整了 2014 年的利润表，以使其信息与 2014 年一致，都使用完工百分比法。此外，财务报表附注还披露了会计政策变更的性质，公司会计政策变更的原因，以及影响的年份。

图表 22 - 3　　　　　　　　会计政策变更的可比信息（完工百分比法）

Denson 公司 年度利润表（部分）		
	2015 年	2014 年
		调整后（见附注 A）
税前利润	€ 200 000	€ 180 000
所得税（40%）	80 000	72 000
净利润	€ 120 000	€ 108 000

附注 A：长期合同的会计政策变更。 公司在 2015 年开始采用完工百分比法核算长期建造合同，但是在以前年度，公司的收入和成本测定采用的都是完全完工法。公司采用新方法是因为……〔陈述会计政策变更的理由〕……以往年度的财务报表已经使用新方法追溯调整并重述。在纳税时，公司继续使用完全完工法。会计政策变更会提升 2015 年的税后利润 6 000 欧元，会提升 2014 年的税后利润 12 000 欧元。2014 年和 2015 年的留存收益余额已按照追溯调整法调整为新会计政策下的数字。会计变更之后，2014 年 1 月 1 日的留存收益与完全完工法相比增加了 120 000 欧元。

此外，公司还需要提供完全完工法和完工百分比法下会计数字的重要差异。当识别这些重要差异时，一些公司会披露完全完工法和完工百分比法下整个财务报表和关键会计数据的差异。然而，大多数公司只披露关键会计数据的差异。例如，Denson 公司只披露了 2014 年和 2015 年两种会计政策下在建工程、留存收益、利润总额和净利润的差异。

---

① 以后期间的财务报表不需要重复披露这些事项。[5]

调整留存收益 如前文所述，披露的要求之一是给出会计变更对列报最早期间的期初留存收益的累计影响。对于 Denson 公司来说，列报最早期间的期初就是 2014 年 1 月 1 日。Denson 公司通过一段叙述性说明披露了该信息（见图表 22 - 3 的附注 A）。Denson 公司还会在留存收益表中披露这部分信息。假设 2013 年年初的留存收益余额为 1 360 000 欧元，图表 22 - 4 给出了 Denson 公司在完全完工法下的留存收益表，也就是不考虑会计政策变更的影响的会计数据。（利润信息取自图表 22 - 1。）

图表 22 - 4 **追溯调整前的留存收益表**

Denson 公司		
年度留存收益变动表		
	2015 年	2014 年	2013 年
1 月 1 日留存收益	€ 1 696 000	€ 1 600 000	€ 1 360 000
净利润	114 000	96 000	240 000
12 月 31 日留存收益	€ 1 810 000	€ 1 696 000	€ 1 600 000

如果 Denson 公司要编制 2014 年和 2015 年在完工百分比法下的比较财务报表，那么公司必须修改 2014 年 1 月 1 日的留存收益余额。完全完工法和完工百分比法之间的留存收益差额计算如下所示。

2014 年 1 月 1 日留存收益（完工百分比法）	€ 1 720 000
2014 年 1 月 1 日留存收益（完全完工法）	1 600 000
累计差异	€ 120 000

120 000 欧元的差异是会计变更的累计影响。图表 22 - 5 展示了 2014 年和 2015 年的比较留存收益表，其中给出了会计政策变更为完工百分比法的影响。

图表 22 - 5 **追溯调整后的留存收益表**

Denson 公司	
年度留存收益变动表	
	2015 年	2014 年
1 月 1 日留存收益	—	€ 1 600 000
加：使用核算建造合同的新会计方法追溯调整对以前年度留存收益的累计影响		120 000
1 月 1 日调整后留存收益	€ 1 828 000	1 720 000
净利润	120 000	108 000
12 月 31 日留存收益	€ 1 948 000	€ 1 828 000

Denson 公司按照完工百分比法的净利润超过完全完工法的数额调整了 2014 年 1 月 1 日的留存收益余额，这个比较列报展示了公司需要作出的调整类型。从中我们也可以看出，如果变更涉及以往的多个期间，调整就会变得更为复杂。

会计变更处理的追溯调整法：存货计价

我们再举一例来说明追溯调整法。假设 Lancer 公司一直使用平均成本法核算其库存。2015 年，公司变更为先进先出法，因为管理层认为这种方法能够更适当地报告其库存成本。图表 22 - 6 提供了 Lancer 公司的更多信息。

图表 22 - 6   Lancer 公司的信息

1. Lancer 公司于 2013 年 1 月 1 日开始经营业务。当时，股东投入 10 万美元作为普通股投资。
2. 2013—2015 年间所有的销售、采购和营业费用都是以现金交易的。Lancer 公司在这一期间的现金流如下所示。

	2013 年	2014 年	2015 年
销售	$ 300 000	$ 300 000	$ 300 000
采购	90 000	110 000	125 000
营业费用	100 000	100 000	100 000
经营活动的现金流	$ 110 000	$ 90 000	$ 75 000

3. Lancer 公司自成立以来一直使用平均成本法进行存货计价。
4. 2013—2015 年间公司按照平均成本法和先进先出法计算的库存如下所示。

	平均成本法	先进先出法	差异
2013 年 1 月 1 日	$ 0	$ 0	$ 0
2013 年 12 月 31 日	10 000	12 000	2 000
2014 年 12 月 31 日	20 000	25 000	5 000
2015 年 12 月 31 日	32 000	39 000	7 000

5. 2013—2015 年间公司按照平均成本法和先进先出法计算的销售成本如下所示。

	销售成本		差异
	平均成本法	先进先出法	
2013 年	$ 80 000	$ 78 000	$ 2 000
2014 年	100 000	97 000	3 000
2015 年	113 000	111 000	2 000

6. 利润表不需要报告每股收益信息。
7. 不考虑各种税收的影响。

根据 Lancer 公司的基本信息，图表 22 - 7 给出了 2013—2015 年间平均成本法下的利润表、留存收益变动表、资产负债表和现金流量表。

图表 22 - 7   Lancer 公司的财务报表（平均成本法）

Lancer 公司 年度利润表			
	2013 年	2014 年	2015 年
销售收入	$ 300 000	$ 300 000	$ 300 000
销售成本（平均成本法）	80 000	100 000	113 000
营业费用	100 000	100 000	100 000
净利润	$ 120 000	$ 100 000	$ 87 000
Lancer 公司 年度留存收益变动表			
	2013 年	2014 年	2015 年
年初留存收益	$ 0	$ 120 000	$ 220 000
加：净利润	120 000	100 000	87 000
年末留存收益	$ 120 000	$ 220 000	$ 307 000

续

Lancer 公司 年末资产负债表			
	2013 年	2014 年	2015 年
存货（平均成本法）	$ 10 000	$ 20 000	$ 32 000
现金	210 000	300 000	375 000
资产总额	$ 220 000	$ 320 000	$ 407 000
普通股	$ 100 000	$ 100 000	$ 100 000
留存收益	120 000	220 000	307 000
负债和所有者权益总额	$ 220 000	$ 320 000	$ 407 000

Lancer 公司 年度现金流量表			
	2013 年	2014 年	2015 年
经营活动的现金流			
销售	$ 300 000	$ 300 000	$ 300 000
采购	90 000	110 000	125 000
营业费用	100 000	100 000	100 000
经营活动的净现金流	110 000	90 000	75 000
筹资活动的现金流			
发行普通股	100 000	—	—
现金增加值	210 000	90 000	75 000
年初现金余额	0	210 000	300 000
年末现金余额	$ 210 000	$ 300 000	$ 375 000

如图表 22-7 所示，平均成本法下 Lancer 公司报告的 2013 年净利润为 120 000 美元，2014 年净利润为 100 000 美元，2015 年净利润为 87 000 美元。资产负债表上的存货金额是按照平均成本法反映的。

图表 22-8 则展示了 Lancer 公司 2013—2015 年间先进先出法下的利润表、留存收益变动表、资产负债表和现金流量表。你可以看到先进先出法和平均成本法下的现金流量表是相同的。尽管每个时期的净利润都不同，但并没有影响现金流。（如果我们考虑税收，就会出现对现金流的影响。）

图表 22-8　　　**Lancer 公司的财务报表（先进先出法）**

Lancer 公司 年度利润表			
	2013 年	2014 年	2015 年
销售收入	$ 300 000	$ 300 000	$ 300 000
销售成本（先进先出法）	78 000	97 000	111 000
营业费用	100 000	100 000	100 000
净利润	$ 122 000	$ 103 000	$ 89 000

续

Lancer 公司 年度留存收益变动表		
	2013 年	2014 年	2015 年
年初留存收益	$ 0	$ 122 000	$ 225 000
加：净利润	122 000	103 000	89 000
年末留存收益	$ 122 000	$ 225 000	$ 314 000

Lancer 公司 年末资产负债表		
	2013 年	2014 年	2015 年
存货（先进先出法）	$ 12 000	$ 25 000	$ 39 000
现金	210 000	300 000	375 000
资产总额	$ 222 000	$ 325 000	$ 414 000
普通股	$ 100 000	$ 100 000	$ 100 000
留存收益	122 000	225 000	314 000
负债和所有者权益总额	$ 222 000	$ 325 000	$ 414 000

Lancer 公司 年度现金流量表		
	2013 年	2014 年	2015 年
经营活动的现金流			
销售	$ 300 000	$ 300 000	$ 300 000
采购	90 000	110 000	125 000
营业费用	100 000	100 000	100 000
经营活动的净现金流	110 000	90 000	75 000
筹资活动的现金流			
发行普通股	100 000	—	—
现金增加值	210 000	90 000	75 000
年初现金余额	0	210 000	300 000
年末现金余额	$ 210 000	$ 300 000	$ 375 000

请比较图表 22-7 和图表 22-8 的两份财务报表。可以看出，在追溯调整法下，存货计价变更为先进先出法会对存货价值、销售成本、净利润和留存收益产生影响。在下面的章节中，我们将讨论 Lancer 公司从平均成本法变更为先进先出法的会计处理和披露。

已知图表 22-6、图表 22-7 和图表 22-8 中提供的信息，我们可以开始对会计变更进行会计处理和报告。

第一步是针对从平均成本法到先进先出法的变更调整相应的会计账目。为此，我们需首先执行图表 22-9 的分析。

图表 22-9　　　　　　　　　　会计政策变更的数据

年份	净利润		利润差异
	平均成本法	先进先出法	
2013 年	$ 120 000	$ 122 000	$ 2 000
2014 年	100 000	103 000	3 000
2015 年年初汇总	$ 220 000	$ 225 000	$ 5 000
2015 年汇总	$ 87 000	$ 89 000	$ 2 000

公司应当按照如下会计分录记录 2015 年年初的这次会计变更。

借：存货 5 000

贷：留存收益 5 000

这次会计变更使存货的账面价值增加了 5 000 美元。这一数额即为 2014 年 12 月 31 日平均成本法下的存货余额（20 000 美元）与先进先出法下的存货余额（25 000 美元）之间的差额。假设 Lancer 公司往年一直使用先进先出法，贷记的留存收益数额即为会计变更对以前年度利润的影响。

会计政策变更的报告　Lancer 公司将使用先进先出法（新的存货计价方法）编制 2014 年和 2015 年的比较财务报表。图表 22 - 10 显示了 Lancer 公司如何列报此信息。

图表 22 - 10　　有关会计变更（先进先出法）的比较信息

Lancer 公司 年度利润表		
	2015 年	2014 年
		调整后（见附注 A）
销售收入	$ 300 000	$ 300 000
销售成本	111 000	97 000
营业费用	100 000	100 000
净利润	$ 89 000	$ 103 000

附注 A：存货计价的会计方法变更。2015 年 1 月 1 日，Lancer 公司决定将其存货计价方法变更为先进先出法。而在以前期间，公司一直采用平均成本法核算存货。公司变更会计政策的原因在于想要更合理地核算当年的销售成本。比较财务报表上的前期会计数据已采用新的会计方法追溯调整。2014 年和 2015 年财务报表的下述项目受到会计政策变更的影响。 *（变更的性质及原因；有关以前期间数据调整的描述）*

资产负债表	2014 年			2015 年		
	平均 成本法	先进 先出法	差异	平均 成本法	先进 先出法	差异
存货	$ 32 000	$ 39 000	$ 7 000	$ 20 000	$ 25 000	$ 5 000
留存收益	307 000	314 000	7 000	220 000	225 000	5 000
利润表						
销售成本	$ 113 000	$ 111 000	$ 2 000	$ 100 000	$ 97 000	$ 3 000
净利润	87 000	89 000	2 000	100 000	103 000	3 000
现金流量表						
（没有影响）						

（变更对关键绩效指标的影响）

会计政策变更之后，2014 年 1 月 1 日的留存收益由原先平均成本法下的 120 000 美元改为先进先出法下的 122 000 美元。 *（对留存收益的累计影响）*

如图表 22 - 10 所示，Lancer 公司报告了 2014 年和 2015 年先进先出法（新的会计政策）下的净利润。公司追溯调整了 2014 年的利润表，使其与 2015 年一样以先进先出法为基础。此外，财务报表附注还说明了变更的性质、原因，受到影响的年份，以及平均成本法和先进先出法下报告金额的重要差异。（在识别重要差异时，某些公司会披露平均成本法和先进先出法下整个财务报表及细分项目的差异。）

调整留存收益　如前文所述，披露的要求之一就是给出会计政策变更对列报最早期间的期初留存收益的累计影响。对于 Lancer 公司来说，这一日期就是 2014 年 1 月 1 日。Lancer 公司通过叙述性说明披露了这一信息（见图表 22－10 的附注 A）。Lancer 公司还会在其留存收益表中披露这一信息。图表 22－11 展示了 Lancer 公司在平均成本法下的留存收益表，也就是不考虑会计政策变更的影响的留存收益表。（此信息摘自图表 22－7。）

图表 22－11　　　　　　　留存收益表（平均成本法）

	2015 年	2014 年	2013 年
1 月 1 日留存收益	$220 000	$120 000	$0
净利润	87 000	100 000	120 000
12 月 31 日留存收益	$307 000	$220 000	$120 000

如果 Lancer 公司要列报 2014 年和 2015 年的比较财务报表，就必须调整 2014 年 1 月 1 日的留存收益期初余额。平均成本法和先进先出法下留存收益余额的差异计算如下所示。

2014 年 1 月 1 日留存收益（先进先出法）	$122 000
2014 年 1 月 1 日留存收益（平均成本法）	120 000
累计影响的差异	$2 000

2 000 美元的差异是会计变更的累计影响。图表 22－12 展示了 2014 年和 2015 年的比较留存收益表，考虑了会计政策变更为先进先出法的影响。

图表 22－12　　　　　追溯调整后的留存收益表

	2015 年	2014 年
1 月 1 日留存收益		$120 000
加：使用存货核算的新会计方法追溯调整对以前 年度留存收益的累计影响		2 000
1 月 1 日调整后留存收益	$225 000	122 000
净利润	89 000	103 000
12 月 31 日留存收益	$314 000	$225 000

Lancer 公司按照 2013 年先进先出法下利润高于平均成本法下利润的部分调整了 2014 年 1 月 1 日的留存收益期初余额。从这份比较财务报表可以看出，会计政策变更之后公司需要作出的调整类型。如果会计政策变更涉及的以前期间很多，这一调整就会更为复杂。

□ 22.2.2　会计政策变更的直接和间接影响

发生会计政策变更时，是否还有其他公司应当报告的影响事项？例如，如果像 Lancer 一样的公司曾发布一项基于净利润的奖金计划，那么当公司按照先进先出法追溯调整以前年度的净利润时，是否会对奖金计划产生影响？Lancer 公司是否也应该报告奖金开支的数额？或者，如果我们考虑 Lancer 公司示例中所得税的影响，又会发生什么？平均成本法和先进先出法下的所得税费用是不一样的，Lancer 公司是否应该据此调整净利润？问题的答案取决于这些影响是直接的还是间接的。

直接影响

IASB 认为，公司应追溯调整会计政策变更带来的直接影响。由于存货计价方法的改变而调整存货账面余额，就是一个直接影响的例子。例如，由于存货计价的会计政策转变为先进先出法，所以 Lancer 公司应当调整以前期间的存货金额。再如，对已调整的存货余额实施成本与市价孰低标准时，会涉及对存货减值的调整。递延所得税等账户的相关变化也应视为直接影响。在 Denson 公司的例子中就曾出现这一分录。该例中，我们针对会计政策变更为完工百分比法确认了一项递延所得税负债。

间接影响

除了直接影响，会计政策变更还可能给公司带来间接影响。间接影响是指追溯调整会计政策变更的影响所造成的当期或未来期间公司现金流的任何变化。例如，基于收入、净利润等以往期间报告金额的利润分享或特许权使用费，就可能受到会计政策变更的间接影响。IASB 对于这种情形下的会计处理没有做明确规定。美国 GAAP 明确规定，间接影响不改变以往期间的相应数额（原因可能在于美国相关准则的出台迟于 IAS 8）。

假设 Lancer 公司有一项基于净利润的员工利润分享计划。如图表 22－9 所示，如果使用先进先出法，Lancer 公司会在 2014 年和 2015 年报告更高的利润。此外，我们假设利润分享计划要求 Lancer 公司基于先进先出法下的利润额进行补充分配。在这种情况下，Lancer 公司会在当期报告额外的费用，但不需要改变前期的这笔费用。如果公司编制比较财务报表，不需要改写以前期间的这笔额外费用。①

如果利润分享计划的条款规定当会计政策变更时无须支付额外款项，那么公司即使在当期也不需要确认额外的利润分享费用。当然，它不会影响前期报告的数额。

当一家公司确认会计政策变更的间接影响时，它应当在财务报表中对这一间接影响进行描述。为此，公司需要披露当期确认的金额和相关的每股业绩信息。

□ 22.2.3　无法实际操作的事项

在对会计政策变更进行追溯调整时，公司并不总是能够确定以往期间按照新的会计政策应报告的数额。如果一家公司尝试了所有的办法仍无法确定会计政策变更对以往期间会计信息的影响，追溯调整就被认为是无法实际操作的。

如果存在下列情况之一，公司不应使用追溯调整法处理会计政策变更：

1. 公司无法确定追溯调整的金额。
2. 追溯调整需要对以往期间的管理层意图作出假定。
3. 追溯调整需要对以往期间作出重大估计，而公司无法获得作出这些重大估计

---

① 这种做法的理由是，公司应当在采取新的会计政策的当期（而不是前期）确认新的会计政策对现金流量的影响。也就是说，会计政策变更属于资产和负债定义中的"过去事项"，要求在当期确认间接影响。

所需要的客观可验证的信息。

满足上述几个条件中的任意一个，追溯调整就应视为是无法实际操作的。在这种情况下，公司应在可能的最早期间应用新的会计政策。[6]

例如，假定 Williams 公司改变了资产折旧政策，以在重估价会计下更好地执行零部件折旧法。遗憾的是，公司没有可供参考的历史零部件明细会计记录。因此，Williams 公司判断对所有可折旧资产追溯使用零部件折旧法是不切实际的。所以公司从当年年初开始使用未来适用法处理这项会计变更。

公司必须披露会计政策变更对当期经营成果的影响。此外，公司还应该解释没有计算变更的累计影响的原因。最后，它应披露将资产折旧方法改为零部件折旧法的理由。[7]

22.3 会计估计变更

在编制财务报告时，公司必须估计未来环境和事项的影响。例如，以下项目均涉及估计：

1. 坏账。
2. 存货过时。
3. 资产的使用寿命和残值。
4. 递延成本的受益期间。
5. 与保修费用和所得税相关的负债。
6. 可开采的矿产储量。
7. 折旧方法的改变。
8. 金融资产和负债的公允价值。

公司不能肯定地感知未来环境和事项及其带来的影响，所以，估计总是需要主观判断。当新的事件发生，公司习得更多的经验或获得额外的信息时，会计估计就可能发生改变。

□ 22.3.1 会计变更处理的未来适用法

公司应当使用未来适用法报告会计估计变更。也就是说，公司不应调整估计变更之前的报告结果。如果会计变更只对当期产生影响，那么公司只需要调整当期的会计数据。例如，坏账估计的变更仅影响当期利润。而如果会计变更对当期和未来期间都会产生影响，公司就需要调整当期和未来期间的会计数据。例如，资产折旧年限估计的变更会同时影响当期和未来期间的折旧费用。[8] IASB 将会计估计变更视为会重复出现的修正和调整，是会计流程的自然结果，因此不应当进行追溯调整。

会计估计变更的情形不同于会计政策变更。如果公司对会计估计变更进行追溯调整，那么就需要持续调整以前年份的利润。而由于会计估计变更是随着新环境或新情形的出现而发生的，所以只在新状况下做调整（而不在旧状况下做调整）看起来更为适当。因此，公司应该只对当期和未来期间进行调整。

我们来举个例子。Lao Labs 公司花费 3 000 000 元购买了一栋建筑，预计使用寿命为 15 年，无残值。公司按直线法对资产计提 5 年折旧。2015 年 1 月 1 日，Lao Labs 公司修改了资产使用寿命的估计值。公司现在认为这栋建筑的总寿命应为 25 年。（假定财务报告和税务报告中资产的使用寿命和折旧方法是相同的。）图表 22-13 展示了第 6 年开始时建筑资产的账户余额。

图表 22-13　　　　　　　　　　计提五年折旧之后的资产账面价值

建筑物原值	¥3 000 000
减：建筑物累计折旧（5×20 000）	1 000 000
建筑物账面价值	¥2 000 000

　　Lao Labs 公司应按照如下分录记录 2015 年的折旧。

借：折旧费用		100 000
贷：累计折旧——建筑物		100 000

该公司计算 100 000 元折旧的过程如图表 22-14 所示。

图表 22-14　　　　　　　　　　会计估计变更之后的折旧

$$折旧 = \frac{资产账面价值}{资产剩余使用年限} = \frac{2\ 000\ 000}{25-5} = 100\ 000（元）$$

　　公司有时很难区分会计估计变更和会计政策变更。如果营销支出的未来收益不明确，那么公司就应当将这些支出在发生当期费用化，而不是将其递延并摊销。这样的会计变更应视为会计政策变更还是会计估计变更？如果无法确定某会计变更是会计政策变更还是会计估计变更，那么处理原则是：将此会计变更视为会计估计变更。

　　折旧（以及摊销或损耗）方法变更属于会计政策变更带来的会计估计变更。当公司对长期资产未来收益的估计发生变化时，折旧方法就会发生变化，所以我们不可能分清楚会计估计变更和会计政策变更的影响。此时，公司就可以将会计变更视为会计政策变更带来的会计估计变更，并进行相应的会计处理。

　　现实中的情况并不都像我们的举例一样清楚，有时公司很难区分会计估计变更和差错更正。公司应当如何确定它是在以前期间忽视了某些信息（从而导致差错），还是获得了新的信息（从而导致会计估计变更）？正确分类很重要，因为差错更正和会计估计变更的会计处理不同。基本规则是这样的：如果公司在作出会计估计时已经审慎考虑，但在以后期间却发现当时的估计并不正确，那么公司应视其为会计估计变更。只有当公司在计算估计数时由于缺乏经验或不够诚信而发生明显的错误，才能视其为差错更正。这之间并没有明确的分界线。公司必须考虑所有的情况，作出合理的判断。

□ 22.3.2　披露

　　如果会计变更对当期或未来期间的会计信息有影响，那么公司应对会计估计变更的性质和金额进行披露（除非其影响是难以估计的）。[9] 图表 22-15 展示了土耳其 Portugal 通信公司在年报中对预计资产使用寿命的会计估计变更的披露。

图表 22 - 15　　　　　　　　　预计资产使用寿命的会计估计变更的披露

Portugal 通信公司
附注 4（部分）：会计政策变更和会计估计变更。 UMTS 经营许可的使用年限估计变更从 6 月 30 日开始实施。根据 IAS 8，这一变更应使用未来适用法以年为单位进行会计处理。这一变更将使折旧和摊销费用降低 2 600 万欧元。

大多数情况下，公司不需要对属于日常操作的会计估计变更进行披露。例如，公司不需要披露坏账准备的预计变化或存货由于陈旧过时发生的价值变化，除非这种变化是重大的。

22.4　会计差错

无论大公司还是小公司，没有一家公司能够完全避免差错。就如本章开篇所讨论的，导致重述的会计差错数量开始下降。然而，如果没有准则去规范会计差错的会计处理和信息披露，投资者就会处于一无所知的状态。

某些错误并不那么重要，例如财务报表上一定金额的分类错误。但某些错误非常重要，例如，那些会导致夸大资产或收入的错误。然而，投资者应该知道所有差错的潜在影响。即使是"无害的"分类错误也可能影响重要的财务比率。此外，一些差错能够映射出内部控制的薄弱之处，而内部控制的缺陷可能引发重大的会计差错。

总的来说，会计差错包括以下类型：

1. 没有按照公认会计原则记账，因而出现差错，需要更正。也就是说，公司由于使用不正当的会计政策，错误地列报了以前期间的会计数据。例如，公司可能会从现金（所得税）收付制变更为权责发生制。

2. 计算错误，例如在计算存货价值过程中汇总存货计数表时出现差错。

3. 由于公司没有诚信地作出会计估计而发生的会计估计变更。例如，一家公司如果采用显然不切实际的折旧率，就属于一项会计差错。

4. 遗漏。例如，一家公司如果在期末没有正确地记录或递延特定的费用和收入，就属于一项会计差错。

5. 事实的误用。例如，一家公司按照直线法计算折旧时如果未能考虑残值的影响，就属于一项会计差错。

6. 将本应记为资产的成本错误分类为费用，反之亦然。

会计差错的发生有各种原因。图表 22 - 16 展示了 11 种导致报表重述的主要的会计差错类型。

图表 22 - 16　　　　　　　　　　会计差错的类型

会计操作	重述类型
费用确认	在不正确的期间或以不正确的数额记录费用。
收入确认	不当的收益核算。这一类别包括收入的不当确认，可疑收入的确认，或任何其他导致收入误报的例子。

续

会计操作	重述类型
分类错误	重大会计项目在资产负债表、利润表或现金流量表上的错误分类。包括短期资产/负债和长期资产/负债之间的分类错误，以及影响经营活动净现金流的分类错误。
其他权益	EPS、限制性股票、认股权证和其他权益工具的不当核算。
准备金/或有事项	与应收账款坏账准备、存货跌价准备、所得税减免和或有损失有关的差错。
长期资产	不动产、厂场和设备的资产减值，商誉或其他相关项目。
税收	税收条款修正的错误，纳税义务以及其他税收相关项目的不当处理。
权益——其他综合收益	综合收益的不当会计处理。与综合收益相关的交易包括外币项目，工厂资产的估计，与某些债券投资、股权投资和衍生品投资有关的未实现利得和损失。
存货	库存成本计价、数量问题和销售成本调整。
权益——股票期权	员工股票期权的不当会计处理。
其他	所有没有包含在以上错误类别中的情况，包括收购兼并的不当会计处理。

资料来源：T. Baldwin and D. Yoo, "Restatements—Traversing Shaky Ground," *Trend Alert*, Glass Lewis & Co. (June 2, 2005), p. 8. and "2012 Financial Restatements," *Audit Analytics* (March 2013).

　　一旦公司发现了会计差错，就必须进行更正。公司应当在更正前期差错时调整当期留存收益的期初余额。这种更正称为以前年度调整。

　　如果公司还提供比较财务报表，就应当重述受到影响的以前期间报表，以更正差错。[1] 公司不需要在以后各期的财务报表中对此重复披露。

□ 22.4.1　差错更正举例

　　让我们举例讲述差错更正。2016 年，Selectro 公司的记账员在账目中发现了一个错误。2015 年，公司没有记录新建大楼的 20 000 英镑折旧费用。这座大楼是 Selectro 公司所拥有的唯一一项需要计提折旧的资产。公司在纳税申报表中正确地列报了折旧费用，准确地计算了应交所得税。图表 22-17 展示了 Selectro 公司 2015 年有差错情况和无差错情况下的利润表（从折旧前利润开始列报）。

图表 22-17　　　　　　　　　　　　　　差错更正前后对比

Selectro 公司 2015 年度利润表		
	无差错	有差错
折旧前利润	£100 000	£100 000
折旧费用	20 000	0

---

　　[1] "重述"一词是指更改以前发布的财务报表，以反映差错更正的情况。这一术语将差错更正与会计政策变更区分开来。

续

Selectro 公司 2015 年度利润表			
	无差错		**有差错**
税前利润	80 000		100 000
当期所得税费用	£32 000		£32 000
递延所得税费用	0	32 000	8 000	40 000
净利润		£48 000		£60 000

图表 22-18 展示了 Selectro 公司在处理折旧费用和所得税时应该记录和实际记录的会计分录。

图表 22-18   错误的会计分录

公司应该记录的会计分录 （无差错）		公司实际记录的会计分录 （有差错）	
借：折旧费用	20 000	没有记录折旧费用	
贷：累计折旧——建筑物	20 000	借：所得税费用	40 000
借：所得税费用	32 000	贷：递延所得税负债	8 000
贷：应交所得税	32 000	应交所得税	32 000

如图表 22-18 所示，2015 年少记的 20 000 英镑折旧费用会导致以下效果。

对利润表的影响
少记了 2015 年折旧费用 20 000 英镑。
多记了 2015 年所得税费用 8 000 英镑（20 000×40%）。
多记了 2015 年净利润 12 000 英镑（20 000－8 000）。

对资产负债表的影响
少记了累计折旧——建筑物 20 000 英镑。
多记了递延所得税负债 8 000 英镑（20 000×40%）。

为了在 2016 年更正这些项目，Selectro 公司应当意识到 2015 年的净利润被夸大了 12 000 英镑，递延所得税负债被夸大了 8 000 英镑，建筑物的累计折旧被低估了 20 000英镑，2016 年更正这一差错的会计分录如下。

借：留存收益	12 000	
递延所得税负债	8 000	
贷：累计折旧——建筑物		20 000

借记留存收益是因为 2015 年的净利润被夸大了。借记递延所得税负债是为了删除差错导致的账户余额。贷记累计折旧——建筑物是为了将建筑的账面价值减记至正确的金额。Selectro 公司将使用相同的会计分录来更正 2016 年的差错，无论公司是编制单期财务报表（非比较财务报表）还是比较财务报表。

单期财务报表

为了举例说明公司如何在单期财务报表中披露此信息，我们假设 Selectro 公司 2016 年 1 月 1 日留存收益的期初余额为 35 万英镑。2016 年，公司报告的净利润为 40 万英镑。图表 22-19 展示了 2016 年 Selectro 公司的留存收益变动表。

图表 22 - 19　　　　　　　　　报告差错——单期财务报表

Selectro 公司 2016 年度留存收益变动表		
1 月 1 日留存收益		£350 000
差错更正（折旧）	£20 000	
减：所得税调整	8 000	（12 000）
1 月 1 日调整后留存收益		338 000
加：净利润		400 000
12 月 31 日留存收益		£738 000

2016 年的资产负债表不会再报告任何与建筑物有关的递延所得税负债，建筑物的累计折旧被重述到较高的数额。利润表不受影响。

比较财务报表

如果编制比较财务报表，公司应对所有受到影响的期间进行差错更正。公司应当重述每一个列报期间的报表，更正其金额。作为对以前年度的追溯调整，公司应更改最早列报期间的留存收益。这些规定基本上与会计政策变更相同。

例如，Selectro 公司在 2016 年发现的 2015 年 20 000 英镑的账目信息遗漏导致 2015 年财务报表的重述。图表 22 - 20 展示了 Selectro 公司对 2015 年财务报表进行重述所涉及的账户。

图表 22 - 20　　　　　　　　　报告差错——比较财务报表

资产负债表：	
累计折旧——建筑物	调增 20 000 英镑
递延所得税负债	调减 8 000 英镑
留存收益期末余额	调减 12 000 英镑
利润表：	
折旧费用——建筑物	调增 20 000 英镑
所得税费用	调减 8 000 英镑
净利润	调减 12 000 英镑
留存收益表：	
留存收益期末余额（由于当期调减净利润）	调减 12 000 英镑

Selectro 公司在编制比较财务报表时，会将 2016 年和 2015 年的财务报表都更正得好像差错从没有发生一样。此外，Selectro 必须披露它已经重述了先前发布的财务报表，并描述该差错的性质。Selectro 还必须披露以下信息：

1. 差错更正对每个期间的财务报表的小计项目和每股指标的影响。
2. 差错更正对留存收益以及权益或净资产其他组成部分的累计影响。

就像之前我们所提到的，会计政策变更所导致的一期或多期以前年度比较财务报表信息的调整有时是不切实际的。使用追溯调整法更改以前期间的会计差错有时也是不切实际的。例如，公司可能在以前年度计算福利金时出现差错，现在已无法完全重构当时的信息。因此，我们只需要以追溯调整可实现为限度调整最早期间的期初会计信息。

财务重述有时是财务舞弊导致的。财务舞弊是指在财务报告中故意错报或遗漏重要信息。常见的财务舞弊手段包括记录虚假收入、隐藏负债和费用、人为高估资产。最近的一项职业欺诈调查显示，财务舞弊大约占全部欺诈案数目的 8%，在 2012 年造成中位数超过 100 万美元的损失（这一数字在 2010 年为 400 万美元）——这是到目前为止带来损失最高的欺诈类型。下图比较了 2012 年和 2010 年财务报表舞弊、腐败和资产挪用等职业欺诈行为所带来的损失。

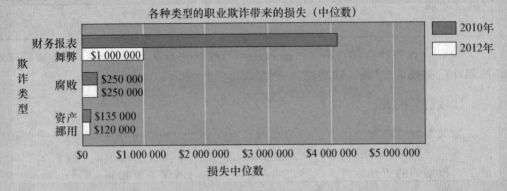

　　尽管损失数额随着时间的推移在减少，但最近另一项针对 1 400 家企业的"季度公司欺诈指数"研究显示，舞弊数量却在逐年攀升。2005 年第二季度，欺诈事件有 2 348 起，这一数字到 2012 年第二季度升至 7 800 起。不过，也有人认为欺诈报告案件数量上升是因为对检举行为的保护规则更多了。也就是说，实际发生的欺诈案并没有报告的欺诈案这么多。无论如何，企业都必须加大力度保护财务报表不受舞弊行为的负面影响。

　　资料来源：*Report to the Nations on Occupational Fraud and Abuse*，*2012 Global Fraud Study*，Association of Certified Fraud Examiners（2012），p. 11；and C. McDonald，"Fraud Reports Climb Still Higher," *CFO. com*（September 26，2012）.

22.4.2　会计变更和差错更正小结

　　对会计变更和差错更正的报告进行规范帮助解决了一些长期存在的重大会计问题。然而，由于实务中会碰到各种各样的事，使用专业判断至关重要。公司按照相关准则的规定报告会计变更，主要目的是服务于财务报表的使用者。实现这一目标需要准确、充分的披露和没有误导性的解释。

　　图表 22-21 总结了本章讨论的主要问题。

　　只有当公司能够证明新的会计政策确实优于现有会计政策，会计政策变更才是适当的。在确定新的会计政策是否更优时，公司和会计需要判断新的会计政策是否能够提高财务报告质量，而不能只看其所得税效应。

　　但确定财务报告质量是否得到改进有时很困难。如何衡量会计政策的优劣或财务报告质量的好坏？答案是因公司而异。例如，会计电算化可能是将存货计价方法从平均成本法变更为先进先出法的合理原因。然而，将立即确认精算利得和损失（这是 IASB 更认可的方法）的会计政策变更为通道法，不一定能生成更高质量的会计信息。判断哪个方法更优，需要以一定的"标准"或"目标"为基础。但全世界通用的标准和目标是不存在的。这种判断仍是困难的工作。

图表 22－21　　　　　　　　　　会计变更和差错更正小结

会计政策变更

通过以下方式使用追溯调整法：
a. 变更所有以前期间的财务报表。
b. 在变更当年披露变更对所有列报期间净利润和每股收益的影响。
c. 报告列报最早期间留存收益表上留存收益期初余额的调整。

如果无法确定变更对以前期间的影响：
a. 不要调整以前年度的利润。
b. 使用变更当年资产的期初余额作为以后所有年度会计数字计算的基数。
c. 披露变更对当期报表的影响，解释没有计算变更对以前期间的累计影响的原因。

会计估计变更

通过以下方式使用未来适用法：
a. 使用新的估计基础报告当期和未来期间的财务报表。
b. 按照原有数额列报以前期间的财务报表。
c. 不需要调整由于变更对以前期间产生影响所导致的当期期初余额的变化。

差错更正

通过以下方式进行重述：
a. 更正所有以前列报期间的会计数字。
b. 如果差错发生在最早列报期间之前，则重述最早列报期间的留存收益期初余额。

□ 22.4.3　会计方法变化的动机

　　尽管评估会计政策的合理性很困难，其他与此关联的问题却使问题更加复杂。这些问题源于财务报表所体现的公司状况与管理层的自身利益息息相关。他们当然希望向公众展示出一份好的业绩。较高的盈利能力会影响投资者的决策，而较强的流动性可以影响债权人的决策。然而，如果业绩太好，会给联盟谈判者和政府监管部门提供讨价还价的借口，使公司浪费资金。因此，经理人可能有报告不同利润的各种动机。

　　相关研究给出了公司可能会更喜欢某些会计方法的原因。[①] 其中的一些原因如下。

　　1. 政治成本。随着公司规模变大，对政治的影响逐渐体现出来，政治家和监管者就会对其给予更多的关注。公司越大，越有可能成为某些监管措施（例如反托拉斯）的实施对象，也越有可能被要求支付更高的税额。因此，政治上具有重要性的公司可能倾向于报告较低的利润，以避免监管机构的审查。此外，如果报告利润较低，则工会等其他组织不太可能要求提高工资。研究者发现，公司规模越大，越有可能采用使利润减少的会计处理方法。

　　2. 资本结构。大量的研究表明，公司的资本结构可以影响会计方法的选择。例如，一个具有高负债权益比的公司更有可能受制于债务契约的条款。债务契约可能规定当留存收益低于某一水平的时候，公司不能支付股息。因此，这样的公司更有可能

---

① 有关管理层选择会计方法的动机的研究汇总，请参考 Ross L. Watts and Jerold L. Zimmerman，"Positive Accounting Theory：A Ten-Year Perspective，" *The Accounting Review* (January 1990)。

选择增加净利润的会计处理方法。

3. 奖金支付。研究发现，如果薪酬计划将管理人员的奖金与利润挂钩，那么管理层就倾向于选择能够最大化其奖金的会计处理方法。

4. 平滑盈余。大幅利润增长会吸引政治家、监管机构和竞争对手的注意。收入大幅增加还会导致以后年份收入难再增长。高管薪酬计划将使用这些更高的利润数字作为基数，在以后年间高管再难获得利润增长并赚取奖金。相反，投资者和竞争对手可能将利润大幅下跌视为公司陷入财务困境的信号。收入大幅下降会使股东、债权人和其他利益实体对公司管理层的胜任能力产生担忧。出于所有这些原因，公司倾向于"管理"或"平滑"利润。一般情况下，管理层认为稳定的每年 10％的增长比第一年增长 30％、第二年下跌 10％更理想。① 换句话说，管理层通常喜欢逐渐增加报告利润，有时会通过改变会计处理方法来确保这种结果。

管理层密切关注会计准则并频繁地变更会计方法，这种行为并非出于概念上的原因，而是出于经济上的原因。正如本书一直在说的，这种论点称为经济后果观。这种观点关注会计方法对投资者、债权人、竞争者、政府或公司经理行为的影响。②

为了应对这些压力，IASB 宣布，它们将对准则的中立性进行评价，并将其作为概念框架的一部分。也就是说，它们是基于概念的完备性而不是会计准则对利益相关者行为的影响来评价准则完备性的。IASB 并非根据它希望推崇或反对的利益相关者行为来制定准则。同时，我们必须承认一些准则经常会影响利益相关者的行为。然而，判断准则是否正当的理由应当是概念性的，而不该从其经济影响的角度来考虑。

22.5　差错分析

在本节中，我们将展示其他一些类型的会计差错。公司通常不会对不给财务报表列报带来重大影响的差错进行更正。当一家年度工资总额为 1 750 000 美元、净利润为 940 000 美元的公司发现它的应付工资少计了 500 美元，它应该进行差错更正吗？答案是否定的——公司会认为这一差错不够显著或重大。

显然，定义差错是否重大是困难的。管理层和审计人员必须使用经验和判断来确定某一差错是否需要更正。我们假设本节讨论的所有差错都是重大的，需要予以更正。（另外，我们在本节中忽略所有税的影响。）

公司在差错分析时必须回答三个问题：

1. 涉及的错误是哪种类型的？
2. 要更正差错，该如何做会计分录？

---

① O. Douglas Moses，"Income Smoothing and Incentives：Empirical Tests Using Accounting Changes，" *The Accounting Review*（April 1987）。研究结果显示，平滑收益的行为与公司规模、是否存在奖金计划、实际收益与预期收益的差距等方面有关。

② 游说团体经常使用经济后果观（包括多个方面）来对准则制定者施加压力。在石油和天然气行业，游说团体曾经针对技术领域成功成本法和完全成本法的取舍向准则制定机构施压。研发支出和股票期权的强制费用化曾导致游说团体不满。

3. 发现差错后，应如何重述财务报表？

如上文所述，公司将差错视为以前年度调整，并通过在当期调整留存收益期初余额进行报告。如果一家公司编制比较财务报表，它就需要重述以前年度报表并进行差错更正。

22.5.1 资产负债表差错

资产负债表差错只影响资产、负债或股东权益等科目的列报。例如，误将短期应收款分类成投资，将应付票据分类成应付账款，将工厂分类成存货等。

当公司发现差错时，就会重新分类，将科目置于正确的位置。如果公司编制的比较财务报表包含差错发生年份，就应该重述当年的资产负债表。

22.5.2 利润表差错

利润表差错涉及收入和费用的不正当分类。例如，将利息收入误分类为销售收入，将购置资产误分类为坏账费用，将折旧费用误分类为利息费用等。利润表分类差错对资产负债表和净利润没有影响。

如果公司在差错发生当年就发现了，那么它需要做一个重分类会计分录。如果差错发生在前期，那么公司不需要在发现当期做重分类分录，因为当前年度的账目是正确的。（注意，前期的利润表账目已经在公司结账时转入留存收益。）如果公司在编制比较财务报表时包含差错发生年份，那么需要重述差错年份的利润表。

22.5.3 资产负债表和利润表差错

第三种类型的差错同时涉及资产负债表和利润表。例如，假设簿记员在年末记账时遗漏了应付工资。这一差错的影响在于低估当期费用、低估当期负债、夸大当期净利润。这种类型的错误同时影响了资产负债表和利润表。我们将这种类型的错误分为以下两类——自动抵销的差错和非自动抵销的差错。

自动抵销的差错是指那些在两个期间内抵销并自动更正的差错。例如，遗漏应付工资的记录是自动抵销的差错，因为这一差错会在两年内消失不见。换句话说，未能在前一时期记录应付工资意味着：（1）第一期的净利润被夸大了；（2）应付工资（负债）被少报了；（3）工资费用被低估了。而在下一期，净利润将被低估，应付工资（负债）将被调整为正确水平，工资费用将被夸大。两年合起来考虑：（1）净利润是正确的；（2）工资费用是正确的；（3）第二年年底的应付工资是正确的。同时影响资产负债表和利润表的大部分差错都是自动抵销的差错。

非自动抵销的差错是指那些不能在下一个会计期间抵销的差错。例如，会计未能将一个使用寿命为5年的设备资本化。如果我们立即费用化这项资产，那么第一期的费用会被高估，但接下来四个时期的费用就会被低估。在第二期末尾，差错的影响并不能被完全抵销。只有在第五年结束时合计看净利润才是正确的，因为资产在此时才完全折旧完毕。因此，非自动抵销的差错是指那些需要多于两个报告期间才能自动抵销的差错。

只有极少数情况下的差错是永远不会被抵销的。例如，一家公司最初将一块土地费用化。由于土地不能计提折旧，因此从理论上讲，除非土地出售，否则差错永远不会被抵销。

自动抵销的差错

我们将在之后的内容中举例说明常见的自动抵销的差错的类型。在学习这些例子的时候，请记住以下几点。

第一，确定公司是否已经对差错发生期间做结账处理。

1. 如果公司在当年已经结账：

（a）如果差错已经抵销，就没有必要再做会计分录了。

（b）如果差错尚未抵销，就需要做会计分录调整留存收益的当前余额。

2. 如果公司在本年度还没有结账：

（a）如果差错已经抵销，就需要在当期做会计分录调整留存收益的期初余额。

（b）如果差错尚未抵销，就需要做会计分录调整留存收益的期初余额。

第二，如果公司编制比较财务报表，那么它必须考虑可比性来重述报表金额。即使不需要做会计分录，重述也是必不可少的。

例如，我们假设 Sanford 水泥公司未能在 2013 年报告业绩时正确记录收入，但在 2014 年收到货款时记录了这项收入。2016 年，该公司发现了这一差错。Sanford 水泥公司不需要再编制会计分录来更正这一差错，因为该差错的影响在 2016 年之前就已经自动抵销了。然而，如果公司编制 2013—2016 年的比较财务报表，就必须重述 2013 年和 2014 年的报表金额。

图表 22 - 22 至图表 22 - 26 将展示常见的自动抵销的差错的会计处理。

图表 22 - 22   **差错——应付工资**

未能记录应付工资。

事实：2015 年 12 月 31 日，Hurley 公司没有记录 1 500 美元的应付工资。

问题：假设 2015 年未结账时，企业发现并意图更正此差错，则相应的会计分录是什么？

解答：差错更正的会计分录如下。

借：留存收益		1 500
贷：薪金和工资费用		1 500

这一会计分录的思路为：

（1）当 Hurley 公司在 2016 年偿还 2015 年的应付工资时，会额外借记 1 500 美元的薪金和工资费用。

（2）2016 年的薪金和工资费用被夸大了 1 500 美元。

（3）因为公司没有在 2015 年记录应付工资对应的薪金和工资费用，所以 2015 年的净利润被夸大了 1 500 美元。

（4）因为 2015 年的净利润被夸大了 1 500 美元，所以留存收益账户被高估了 1 500 美元（因为净利润已在结账时转入留存收益）。

如果 Hurley 公司已经在 2016 年结账，它就无须编制会计分录，因为差错已经被抵销。

图表 22－23   差错——预付费用

未能记录预付费用。

事实：2015 年 1 月，Hurley 公司花 1 000 美元购买了两年的保险。公司借记"保险费用"，贷记"现金"，且在 2015 年年底没有做调整分录。

问题：2016 年 12 月 31 日，假设 Hurley 公司未结账，则更正此差错的会计分录是什么？

解答：2016 年 12 月 31 日的差错更正分录如下。

借：保险费用	500	
贷：留存收益		500

如果 Hurley 公司已经在 2016 年结账，它就无须编制会计分录，因为差错已经被抵销。

图表 22－24   低估未实现收入

低估未实现收入。

事实：2015 年 12 月 31 日，Hurley 公司收到 50 000 美元作为下一年租出办公场地的预收款。收到租金的时候，公司借记"现金"，贷记"租金收入"，且在 2015 年 12 月 31 日没有做调整分录。

问题：2016 年 12 月 31 日，假设 Hurley 公司没有结账，则更正这一差错的会计分录是什么？

解答：2016 年 12 月 31 日的差错更正分录如下。

借：留存收益	50 000	
贷：租金收入		50 000

如果 Hurley 公司已经在 2016 年结账，它就无须编制会计分录，因为差错已经被抵销。

图表 22－25   高估应计收入

高估应计收入。

事实：2015 年 12 月 31 日，Hurley 公司将本应记在 2015 年的 8 000 美元利息收入记在了 2016 年，即公司借记"应收利息款"，贷记"利息收入"。

问题：2016 年 12 月 31 日，假设 Hurley 公司没有结账，则更正这一差错的会计分录是什么？

解答：2016 年 12 月 31 日的差错更正分录如下。

借：留存收益	8 000	
贷：利息收入		8 000

如果 Hurley 公司已经在 2016 年结账，它就无须编制会计分录，因为差错已经被抵销。

图表 22－26   高估购置成本

高估购置成本。

事实：Hurley 公司将本应归属于 2015 年的 9 000 美元商品购买记在了 2016 年。2015 年的存货盘点账目是正确无误的。该公司使用定期盘存的存货计价方法。

问题：2016 年 12 月 31 日，假设 Hurley 公司没有结账，则更正此差错的会计分录是什么？

解答：2016 年 12 月 31 日的差错更正分录如下。

借：购置存货	9 000	
贷：留存收益		9 000

如果 Hurley 公司已经在 2016 年结账，它就无须编制会计分录，因为差错已经被抵销。

非自动抵销的差错

非自动抵销的差错的更正分录更复杂。即使公司已经结账，也必须做差错更正分录（见图表 22-27 和图表 22-28）。

图表 22-27　　　　　　　　　　非自动抵销的差错——折旧

未能记录折旧。	
事实：2015 年 1 月 1 日，Hurley 公司花 10 000 美元购买了一台机器，预计使用寿命为 5 年。会计将这台机器的成本在 2015 年费用化了，但在 2016 年发现这一错误。	
问题：2016 年 12 月 31 日，如果公司还未结账，则更正这一差错的会计分录是什么？	
解答：我们假定 Hurley 公司使用直线法对资产计提折旧，则 2016 年 12 月 31 日的差错更正分录如下。	

借：设备	10 000
折旧费用	2 000
贷：留存收益	8 000*
累计折旧——设备（20%×10 000×2）	4 000

*计算：

留存收益

高估 2015 年费用	$10 000
2015 年应计提折旧（20%×10 000）	(2 000)
截至 2015 年 12 月 31 日低估留存收益	$8 000

如果 Hurley 公司在 2016 年已经结账，那么差错更正会计分录如下。

借：设备	10 000
贷：留存收益	6 000*
累计折旧——设备	4 000

*计算：

留存收益

截至 2015 年 12 月 31 日低估留存收益	$8 000
2016 年应计提折旧（20%×10 000）	(2 000)
截至 2016 年 12 月 31 日低估留存收益	$6 000

图表 22-28　　　　　　　　　　非自动抵销的差错——坏账

未能调整坏账准备。	
事实：有时，虽然用销售百分比估计坏账更为合适，公司却使用直接冲销法对坏账费用进行会计处理。为了更正这一差错，公司会进行调整，从直接冲销法更正为备抵法。例如，假定 Hurley 公司有以下无法收回的债务，并确认了坏账。	

	2015 年	2016 年
2015 年销售额	$550	$690
2016 年销售额		700

Hurley 公司估计，它将在 2016 年发生 1 400 美元的坏账，其中 300 美元源自 2015 年的销售收入，1 100 美元源自 2016 年的销售收入。

问题：2016 年 12 月 31 日，如果 Hurley 公司尚未结账，那么更正差错的会计分录是什么？
解答：2016 年 12 月 31 日的差错更正分录如下。

借：坏账费用 410
　　留存收益 990
　　贷：坏账准备 1 400

坏账准备： 与 2015 年销售收入挂钩的 300 美元和与 2016 年销售收入挂钩的 1 100 美元。

坏账准备和留存收益余额：

	2015 年	2016 年
坏账	$1 240*	$700
2017 年额外调整坏账	300	1 100
坏账费用准确值	1 540	1 800
已在各期确认的坏账	(550)	(1 390)
坏账调整	$990	$410

* $550＋$690＝$1 240

如果 Hurley 公司在 2016 年已经结账，那么差错更正会计分录如下。

借：留存收益 1 400
　　贷：坏账准备 1 400

22.5.4 综合举例：多种差错同时发生

在某些情况下，可能同时发生多种差错。公司此时需要编制一张工作表，以便进行分析。下面的例题讲解了工作表的使用。由工作表可以明显地看出其编制的原理。Hudson 公司 2014 年、2015 年和 2016 年利润表上的净利润如下所示。

2014 年	€17 400
2015 年	20 200
2016 年	11 300

通过对这些年账目的检查，Hudson 公司发现在计算净利润的时候发生了如下差错。

1. 公司一直没有记录每年 12 月 31 日应付未付的工人工资。被忽略的数额如下：

2014 年 12 月 31 日	€1 000
2015 年 12 月 31 日	1 400
2016 年 12 月 31 日	1 600

在下一年实际支付工资的时候，Hudson 公司才将这些款项记录为费用。

2. 由于库存表的基数和记录的差错，公司高估了 2014 年 12 月 31 日存货价值 1 900 欧元。

3. 2015 年 12 月 31 日，Hudson 公司将本应归属于 2016 年的预付保险费用化。

4. 公司没有记录 2015 年 12 月 31 日的应收利息款 240 欧元。

5. 2015 年 1 月 2 日，Hudson 公司以 1 800 欧元的价格出售了一台成本为 3 900

欧元的设备。在销售日，设备的累计折旧为 2 400 欧元。公司将收到的现金记录为 2015 年的杂项收入，并在 2015 年和 2016 年继续按照成本的 10% 对设备计提了折旧。

编制工作表的第一步是编制一张显示 2014 年、2015 和 2016 年正确利润的时间表。每一步对原始报告金额的差错更正都要在工作表中清楚地标明。下一步是识别受到影响的 2016 年资产负债表账户。图表 22-29 显示了 Hudson 公司完成的差错更正工作表。

图表 22-29   利润表和资产负债表差错更正工作表

HUDSON COMPANY.xls							
Home Insert Page Layout Formulas Data Review View							
P18 fx							
	A	B	C	D	E	F	G	H
				Hudson公司 利润表和资产负债表 差错更正工作表				
		利润表更正分析工作底稿				2016年12月31日资产负债表更正		
		2014年	2015年	2016年	总计	借方	贷方	账户
6	净利润	€17 400	€20 200	€11 300	€48 900			
7	应付工资（2014年12月31日）	(1 000)	1 000		0			
8	应付工资（2015年12月31日）		(1 400)	1 400	0			
9	应付工资（2016年12月31日）			(1 600)	(1 600)		€1 600	应付职工薪酬
10	存货高估（2014年12月31日）	(1 900)	1 900		0			
11	预付保险（2015年12月31日）		1 200	(1 200)	0			
12	应收利息（2016年12月31日）		240	(240)	0			
13	出售设备分录更正（2015年1月2日）		(1 500)		(1 500)	€2 400	3 900	累计折旧——设备
14	折旧高估（2015年）		390		390	390		累计折旧——设备
15	折旧高估（2016年）			390	390	390		累计折旧——设备
16	调整后净利润	€14 500	€22 030	€10 050	€46 580			
17	成本	€3 900						
18	累计折旧	2 400						
19	账面价值	1 500						
20	销售收入	1 800						
21	销售利得	300						
22	利润	(1 800)						
23	调整	€(1 500)						

假设 Hudson 公司尚未结账，那么 2016 年 12 月 31 日的差错更正会计分录如下。

借：留存收益	1 400
贷：薪金和工资费用	1 400

（更正 2016 年不适当的薪金和工资费用。）

借：薪金和工资费用	1 600
贷：应付薪金和工资	1 600

（记录 2016 年正确的工资费用。）

| 借：保险费用 | 1 200 |
| 贷：留存收益 | 1 200 |

（记录 2016 年正确的保险费用。）

| 借：利息收入 | 240 |
| 贷：留存收益 | 240 |

（更正 2016 年不适当的利息收入。）

借：留存收益	1 500
累计折旧——设备	2 400
贷：设备	3 900

（记录 2015 年正确的设备折旧，调整留存收益。）

借：累计折旧——设备	780
贷：折旧费用	390
留存收益	390

（更正 2015 年和 2016 年不适当的折旧费用。）

如果 Hudson 公司已在 2016 年结账，那么更正差错的分录如下。

| 借：留存收益 | 1 600 |
| 贷：应付薪金和工资 | 1 600 |

（记录 2016 年正确的工资费用。）

借：留存收益	1 500
累计折旧——设备	2 400
贷：设备	3 900

（记录 2015 年设备的折旧，调整留存收益。）

| 借：累计折旧——设备 | 780 |
| 贷：留存收益 | 780 |

（更正 2015 年和 2016 年不适当的折旧费用。）

□ 22.5.5　差错更正与编制财务报表

到目前为止，我们对差错分析的讨论集中于识别差错类型以及编制更正分录。我们知道，公司必须将差错更正列报在比较财务报表上。

下面我们举例解释当存在很多差错时，公司如何重述某一年的财务报表。

Dick & Wally 是某度假小镇的一家小零售店。由于缺乏记账经验，该公司的账目并不准确，存在很多差错。

1. 2016 年，簿记员忘记将商品销售取得的 1 000 美元现金记入账中。

2. 2015 年年底应付工资为 2 500 美元；2016 年年底应付工资为 3 200 美元。公司没有记录应付工资，所有工资都被计入管理费用。

3. 公司没有对预计无法收回的应收账款计提坏账准备。Dick & Wally 在 2016 年 12 月 31 日决定设立坏账准备账户，并估计 2015 年该账户的余额应为 700 美元，2016 年该账户的余额应为 1 500 美元。公司决定更正每年的坏账费用（包含实际的和估计的），以便与当年的销售收入相配比。公司已注销的坏账费用（销售费用）如下。

	2015 年	2016 年
2015 年账户	$400	$2 000
2016 年账户		1 600

4. 2015 年没有记录的预付保险费为 600 美元，2016 年为 400 美元。所有保险费用都被计入管理费用。

5. 存在本应记入"应付票据"的 6 000 美元应付账款。

6. 2015 年，公司以 7 000 美元的价格出售了一项成本为 10 000 美元、账面价值为 4 000 美元的资产。在销售时，公司借记"现金"，贷记"杂项收入"7 000 美元。

7. 由于上一笔交易的处理，公司高估了 2015 年的折旧费用（管理费用）800 美元，高估了 2016 年的折旧费用 1 200 美元。

图表 22-30 展示了一张从未调整的试算平衡表开始的 Dick & Wally 公司差错更正工作表。读者可以通过阅读工作表确定差错更正分录及其对财务报表的影响。

图表 22-30　　　　　　　　　　　差错更正对财务报表影响的分析工作表

DICK & WALLY'S OUTLET.xls

Home　Insert　Page Layout　Formulas　Data　Review　View

P18

	A	未调整的试算平衡表 借方	未调整的试算平衡表 贷方	调整 借方	调整 借方	调整 贷方	调整 贷方	利润表调整 借方	利润表调整 贷方	资产负债表调整 借方	资产负债表调整 贷方
8	现金	3 100		(1)	1 000					4 100	
9	应收账款	17 600								17 600	
10	应收票据	8 500								8 500	
11	存货	34 000								34 000	
12	不动产、厂场和设备	112 000				(6)	10 000ᵃ			102 000	
13	累计折旧——设备		83 500	(6)	6 000ᵃ						75 500
				(7)	2 000						
14											
15	投资	24 300								24 300	
16	应付账款		14 500	(5)	6 000						8 500
17	应付票据		10 000			(5)	6 000				16 000
18	股本		43 500								43 500
19	留存收益		20 000	(3)	2 700ᵇ						
20				(6)	4 000ᵃ	(4)	600				
21				(2)	2 500	(7)	800				12 200
22	销售收入		94 000			(1)	1 000		95 000		
23	销售成本	21 000						21 000			
24	销售费用	22 000				(3)	500ᵇ	21 500			
25	管理费用	23 000		(2)	700	(4)	400	22 700			
26				(4)	600	(7)	1 200				
27	总计	265 500	265 500								
28											
29	应付职工薪酬					(2)	3 200				3 200

30	坏账准备			(3)	2 200b			2 200
31								
32	预付保险	(4)	400				400	
33	净利润					29 800		29 800
34	总计		25 900		25 900	95 000	95 000	190 900	190 900
35								

计算：

a.设备		b.坏账	2015年	2016年
销售收入	$ 7 000	坏账	$2 400	$1 600
设备账面价值	4 000	坏账的额外调整	700	1 500
销售利得	3 000		3 100	3 100
已贷记收入	7 000	已在各期记录的坏账	(400)	(3 600)
留存收益调整	$4 000	坏账调整	$2 700	$ (500)

国际会计视野

会计变更与差错

FASB出台了会计政策变更、会计估计变更和差错更正的指引，实现了与IAS 8的实质上的趋同。

相关事实

美国GAAP与IFRS关于会计变更准则规定的主要相同点和不同点如下所示。

相同点

● 美国GAAP和IFRS对会计估计变更的处理是相似的。

● 根据GAAP和IFRS的规定，如果无法确定会计政策变更对以前期间的影响，那么公司可以从能够确定变更影响的期间开始（也许就是当期）做调整。

不同点

● GAAP和IFRS在前期财务报表差错更正规定方面有所不同。虽然两套准则都要求重述，但GAAP的要求更绝对，没有例外。

● IFRS规定当追溯调整无法实际操作时，会计政策变更和差错更正都可以免于完全的追溯调整，而GAAP仅允许会计政策变更适用于"无法实际操作"这一例外事项。

● IFRS（IAS 8）没有特别对会计政策变更的间接影响作出规定。而如前所述，GAAP对这种间接影响有详细的指引。

深度解读

与我们所讨论的会计变更相关的另一个话题是，采用IFRS的公司如何报告与权益法相关的会计信息。在权益法下，投资企业按照被投资企业（IFRS常称其为联营企业）净利润的份额增记投资，按照被投资企业分发的股利减记投资。IFRS和GAAP均作此规定。

然而，在投资企业如何评估被投资企业的会计政策方面，IFRS与GAAP略有差别。举例来说，我们假设Kirkland公司（投资企业）使用存货计价的先进先出法，Margo公司（被投资企业）使用存货计价的平均成本法。如果Kirkland使用IFRS，那么它必须将Margo公司的会计政策调整到与自己一致。所以，Kirkland公司会计算假设Margo使用先进先出法所获得的净利润。

GAAP没有这项规定。在GAAP下，Kirkland公司可以忽视Margo存货计价方法与自己不同这一事实，直接按照Margo公司的账面净利润份额调增投资价值。所以，在GAAP下，Kirkland公司的存货计价方法在内部不可比。

未来之路

大多数情况下，GAAP和IFRS在会计变更和报告差错影响方面的规定是相似的。因此，这一领域目前没有在研项目。一个与此相关的在研项目为比较信息的列报。根据 IFRS，当发生追溯调整时，公司的比较财务报表应包含两年的数据；而 GAAP 则要求包含三年的数据。在美国公司采用 IFRS 之前，必须解决比较财务报表的数据期间问题。

本章小结

1. 识别会计变更的两种类型。两种类型的会计政策变更如下所示。（1）会计政策变更：从一个公认会计原则变为另一个公认会计原则。（2）会计估计变更：获得新的信息或经验从而导致会计估计发生变化。

2. 描述会计政策变更的处理。会计政策变更是指从一个公认会计原则变更为另一个公认会计原则的过程。因某事项首次发生或在以前期间并不重大而采用新会计政策的行为不属于会计政策变更。如果公司之前所遵循的会计政策并不是公认会计原则，或公司没有适当地按照公认会计原则记账，那么其变更公认会计原则的行为应当视为差错更正。

3. 了解如何追溯调整会计变更。会计政策变更的一般处理要求是使用追溯调整法。在追溯调整法下，公司应将以前年度的财务报表调整为与新会计政策一致的数字。对于任何列报期间以前的会计政策变更，公司应调整列报最早期间的留存收益。

4. 了解无法实施的变更的会计处理。如果公司尝试了所有可能的方法，仍无法确定变更对以前期间的影响，则应当认定追溯调整是无法实际操作的。例如，当公司将存货计价方法改为平均成本法时，所有后续年份的计算基数就是变更年度存货的期初余额。公司不需要重述前几年的利润，因为这样做往往不切实际。

5. 描述会计估计变更的处理。公司使用未来适用法报告会计估计变更。也就是说，公司不需要改动以前期间的报告结果：不需要调整期初余额，也不需要调整以前各期的财务报表。

6. 描述差错更正的会计处理。公司必须在发现差错时进行更正，编制更正分录，并在财务报表中进行报告。准则要求公司将差错更正视为以前期间的调整，在发现差错的当期记入账中，并在适当期间的财务报表中报告。如果公司编制比较财务报表，则应当重述所有受差错影响的列报期间的财务报表。公司不需要在以后各期的财务报表中对此重复披露。

7. 识别企业变更会计方法的经济动机。管理层可能有不同的利润报告动机，具体取决于经济环境和他们想要影响的利益相关者。管理层改变会计处理方法的一些原因包括：（1）政治成本；（2）资本结构；（3）奖金支付；（4）平滑盈余。

8. 分析差错的影响。差错有三种类型：（1）资产负债表差错，即只影响资产、负债或股东权益科目的差错。（2）利润表差错，即只影响利润表中收入、费用、利得和损失的差错。（3）资产负债表和利润表差错，即同时涉及资产负债表和利润表的差错。差错还可分为两种类型：（1）自动抵销的差错，即能够在两个连续期间抵销并自我更正的差错。（2）非自动抵销的差错，即不能在下一个会计期间抵销的、需要超过两个会计期间才能自我更正的差错。

简单练习

BE22 - 3　Shannon 公司在 2015 年将存货成本流转假设从平均成本法变更为先进先出法。这使得上年税前利润增加了 1 200 000 欧元。已知税率是 40%。试编制 Shannon 公司 2015 年处理会计政策变更的会计分录。

BE22 - 5　Sesame 公司在 2013 年 1 月 1 日花 74 000 英镑购买了一套计算机系统。该系统按照 7 年的使用寿命计提了折旧，残值为 18 000 英镑。2015 年 1 月 1 日，Sesame 公司修改了这些估计，预计资产使用寿命为 4 年，残值为 10 000 英镑。试编制 Sesame 公司记录 2015 年折旧费用的会计分录。

综合练习

E22 - 17（差错分析和更正分录）　Sinclair Products 公司前两年报告的净利润如下：2014 年，147 000 美元；2015 年，185 000 美元。2016 年，公司发现了以下错误：

1. 2014 年设备折旧高估了 19 000 美元。
2. 2015 年设备折旧低估了 38 500 美元。
3. 2014 年 12 月 31 日，存货低估了 50 000 美元。
4. 2015 年 12 月 31 日，存货高估了 14 200 美元。

要求：

编制发现这些错误时公司必须做的更正分录。假设公司已经结账。（忽略所得税的影响。）

权威文献

［1］International Accounting Standard 8，*Accounting Policies*，*Changes in Accounting Estimates*，*and Errors*（London，U. K.：International Accounting Standards Committee Foundation，2003）.

［2］International Accounting Standard 8，*Accounting Policies*，*Changes in Accounting Estimates*，*and Errors*（London，U. K.：International Accounting Standards Committee Foundation，2003），paras. 19-22.

［3］International Accounting Standard 8，*Accounting Policies*，*Changes in Accounting Estimates*，*and Errors*（London，U. K.：International Accounting Standards Committee Foundation，2003），par. 13.

［4］International Accounting Standard 8，*Accounting Policies*，*Changes in Accounting Estimates*，*and Errors*（London，U. K.：International Accounting Standards Committee Foundation，2003），paras. 11-12.

［5］International Accounting Standard 8，*Accounting Policies*，*Changes in Accounting Estimates*，*and Errors*（London，U. K.：International Accounting Standards Committee Foundation，2003），par. 29.

［6］International Accounting Standard 8，*Accounting Policies*，*Changes in Accounting Estimates*，*and Errors*（London，U. K.：International Accounting Standards Committee Foundation，2003），par. 27.

［7］International Accounting Standard 8，*Accounting Policies*，*Changes in Accounting Estimates*，*and Errors*（London，U. K.：International Accounting Standards Committee Foundation，2003）， par. 29 （e）.

［8］ International Accounting Standard 8, *Accounting Policies*, *Changes in Accounting Estimates*, *and Errors* （London, U. K.: International Accounting Standards Committee Foundation, 2003），

paras. 37-38.

［9］ International Accounting Standard 8, *Accounting Policies*, *Changes in Accounting Estimates*, *and Errors* （London, U. K.: International Accounting Standards Committee Foundation, 2003）, par. 39.

第 23 章

现金流量表

学习目标

学完本章之后，你应该能够：

1. 描述编制现金流量表的目标。
2. 描述现金流的主要分类。
3. 编制一张现金流量表。
4. 区分净利润与经营活动产生的净现金流。
5. 确定投资活动和筹资活动产生的净现金流。
6. 识别现金流量表的信息来源。
7. 对比计算经营活动产生的净现金流的直接法和间接法。
8. 讨论现金流量表编制过程中的特殊问题。
9. 解释现金流量表编制过程中工作底稿的使用。

让我看看现金！

投资者通常将净利润视作评价一个企业财务状况以及未来前景的关键指标。下图是一个企业 7 年间的净利润。

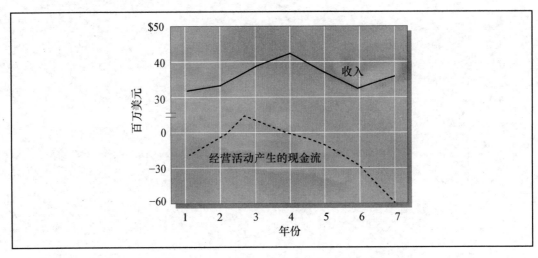

该企业呈现出持续盈利的态势，而且在某些时期利润有所增长。从第 1 年到第 4 年，该企业的净利润增长了 32%，从 3 100 万美元增长至 4 100 万美元。你是否预计这种盈利性会持续？该企业持续支付股息和利息。你是否预计该企业会一直这样做？投资者通过购买企业的股票回答了这些问题。18 个月后，这家企业——W. T. Grant——申请破产，这在当时成为美国最大的一桩破产案。

这是如何发生的？正如图中虚线所显示的，该企业几年来经营现金流一直为负，尽管报告中显示企业盈利。企业为何在报告盈利的情况下经营现金流却为负？部分原因在于 W. T. Grant 赊销产生的应收账款在收取时遇到困难，导致现金流比净利润小。那些分析过现金流的投资者很可能已经提前发现预示企业经营问题的信号。

投资者还可以通过观察企业的现金流量信息来辨别投资机会。一个分析师谈到股价时说："让我看看现金！"这一理念背后的逻辑是，现金流量表的起点"经营活动产生的现金流"（在本章你会学到，它等于净利润加上折旧和递延税项等非现金流出再减去存货批量采购等事项导致的现金流出）扣除资本支出和股息，剩下的就是自由现金流（我们在第 5 章讨论过）。

很多分析师倾向于要求企业把交易额限制在自由现金流量的较低倍数以内（与竞争对手目前或企业过去几年的数据相比）。为什么？他们知道报告中的利润会产生误导。举个例子，美国电脑游戏公司 Activision Blizzard 近一年报告了 1.13 亿美元的净利润。但是该企业的实际情况比净利润展示出来的更好，它另外还获得了 3 亿美元，大部分是由在线多人游戏的订购产生的。该企业收到了这部分现金，但是在之后实际发货时才确认收入。几个投资公司基于该企业强大的现金流打算购买该企业的股票。所以看看现金流——它会在企业遭遇麻烦以及企业价值可能被低估时给我们以指示。

资料来源：Adapted from James A. Largay Ⅲ and Clyde P. Stickney, "Cash Flows, Ratio Analysis, and the W. T. Grant Company Bankruptcy," *Financial Analysts Journal* (July-August 1980), p. 51; and D. Fisher, "Cash Doesn't Lie," *Forbes* (April 12, 2010), pp. 52−55.

◈ 本章概览

正如开篇故事所表明的，通过检查 W. T. Grant 公司经营活动产生的现金流可以发现最终导致企业破产的财务问题。本章将阐述现金流量表的构成要素以及它所提供的信息类型。本章的内容和结构如下所示。

现金流量表			
编制报表	**举例——税务咨询公司**	**编制中的特殊问题**	**工作底稿的使用**
·表的功能 ·现金流的分类 ·现金及现金等价物 ·表的格式 ·编制步骤	·现金的变化 ·经营活动产生的现金流 ·投资和筹资活动产生的现金流 ·现金流量表——2015年 ·举例——2016年及2017年 ·信息来源 ·直接法	·净利润的调整 ·应收账款（净额） ·其他营运资本的变化 ·净损失 ·披露	·编制工作底稿 ·分析交易 ·编制最终报表

23.1 编制现金流量表

编制现金流量表的首要目标是提供企业在一个期间内与现金流入和现金流出有关的信息。次要目标是提供有关企业经营、投资、筹资活动的以现金为基础的信息。[1]现金流量表因此会报告现金流入、现金流出以及企业在一定期间内的经营、投资、筹资活动所产生的现金的净变化。现金流量表展示了期初现金余额是通过哪些增减变化变为期末现金余额的。

23.1.1　现金流量表的功能

现金流量表提供以下信息来帮助投资者、债权人以及其他信息使用者：

1. 企业产生未来现金流的能力。财务报告的首要目标是提供用于预测未来现金流的时间、金额以及不确定性的信息。分析诸如销售与经营活动产生的净现金流之间的关系，或经营活动产生的净现金流与现金净增加和减少等项目之间的关系，有助于比单独使用权责发生制的数据更好地预测未来现金流。

2. 企业支付股利与偿付债务的能力。显而易见，现金是必不可少的。没有充足的现金，企业就无法支付员工工资、偿还债务、支付股息或者获取设备。现金流量表表明了企业的现金来源以及企业是如何使用现金的。员工、债权人、股东以及客户应该特别关注这张表，因为只有它提供了企业现金流的信息。

3. 净利润与经营活动产生的净现金流存在差异的原因。净利润的金额很重要，它提供了企业从一个阶段到另一个阶段与业绩相关的信息。但是有些人对于权责发生制基础上的净利润持批判态度，因为这其中包含企业的估计。这就与实际现金情况不符。因此，正如开篇故事所表明的，财务报表使用者可以通过分析企业净利润与经营活动产生的净现金流为何不同而获益，并且可以评估利润金额的可靠性。

4. 在一定时期内现金和非现金的投资及筹资活动。除经营活动外，企业还从事投资以及筹资活动。投资活动包括除企业自身产品或服务外的资产的购置及销售。筹资活动包括借款及偿还借款、所有者投资以及所有者的分配。通过审查企业的投资活动与筹资活动，财务报表使用者可以更好地理解一定时期内企业资产和债务上升或下降的原因。例如，通过阅读现金流量表，读者可以找到下列问题的答案：

- 为什么当德国 Aixtron Aktiengesellschaft 公司报告一定时期的净利润时，现金反而减少？
- 西班牙 Telefónica，S. A. 公司去年花在不动产、厂场和设备上的金额为多少？
- 英国 BP plc 公司支付的股息增加了吗？
- 美国可口可乐公司去年有多少借款？
- 比利时 Delhaize Group 公司为了回购其普通股支付了多少现金？

23.1.2　现金流的分类

现金流量表将现金流入与现金流出按投资、经营、筹资活动划分。每种活动的交易与其他事项的特征叙述如下。[2]

1. 经营活动涉及影响净利润的交易对现金的影响，例如，销售产品或提供服务产生的现金流入、为获得存货而支付给供应商和员工的现金以及其他费用。经营活动产生的现金流是一个关键指标，它衡量了一个实体的经营在何种程度上可以产生足够的现金流去偿还贷款、维持经营、支付股利以及进行新的投资，而不依赖于外部融资来源。

2. 投资活动通常涉及长期资产，包括：（a）发放及收回贷款；（b）对外投资以及长期生产性资产的获得和处置。对投资活动产生的现金流单独进行披露很重要，这类现金流代表了企业的支出可以在何种程度上作为产生未来收益和现金流的来源。

3. 筹资活动涉及负债以及所有者权益，包括：（a）从债权人处获得现金并偿还借款；（b）从所有者处获得资本并给予投资回报。对筹资活动产生的现金流单独进行披露很重要，这类现金流在预测企业资金的提供者产生的未来现金流时很有用。

图表 23-1 根据投资、经营以及筹资活动将企业典型的现金流入与现金流出进行了分类。经营活动类是最重要的，它表明了企业经营活动提供的现金。这种现金来源通常被认为是衡量企业能否产生足够的现金流来维持经营的最优指标。

图表 23-1   典型的现金流入与流出的分类

经营	
现金流入	
商品或服务的销售	
贷款收益（利息）以及股票收益（股利）	
现金流出	利润表项目
购买存货支付给供应商	
购买劳务支付给员工	
支付给政府税收	
支付给债权人利息	
支付的其他费用	
投资	
现金流入	
销售不动产、厂场和设备	
销售给其他企业的债务或权益证券	
收回对其他企业贷款的本金	通常为长期资产项目
现金流出	
购买不动产、厂场和设备	
购买其他企业的债务或权益证券	
向其他企业贷款	
筹资	
现金流入	
出售权益证券	
发行债务（债券及票据）	通常为长期负债及权益项目
现金流出	
向股东发放股利	
赎回长期负债或回购股本	

注意以下有关现金流分类的一般准则：

1. 经营活动涉及利润表项目。

2. 投资活动涉及由于对外投资以及长期资产项目的变化产生的现金流。

3. 筹资活动涉及由于长期负债以及所有者权益项目的变化产生的现金流。

IFRS 对于某些项目分类的规定有一定的灵活性。应付利息和应付股利可以划分为经营活动产生的现金流，也可以划分为筹资活动产生的现金流，这取决于企业认为哪种处理更合适。类似地，应收利息和应收股利可以划分为经营活动产生的现金流，也可以划分为筹资活动产生的现金流。应付税款划分为经营活动产生的现金流，除由特定的投资或筹资活动产生的应付税款外。为了限制这种规定的灵活性，避免作业材料的模糊性，图表 23-1 中规定了这些项目的具体处理方式，而不是可以任意选择。所有的作业材料都基于这种处理。①

企业将某些与经营活动有关的现金流划分为与投资和筹资活动有关的现金流。例如，一家企业将销售不动产、厂场和设备收到的现金划分为投资活动。因此，销售这些资产不被视为经营活动。这样做（在本章后面的部分详细讨论）排除了有关利得对经营活动产生的净现金的影响。同理，债务的清偿是筹资活动产生的现金流，也应划分为此。任何与清偿相关的利得或损失都是从经营活动产生的净现金流中消除的。

23.1.3 现金及现金等价物

IASB 建议的现金流量表的基础实际上就是"现金及现金等价物"。现金等价物是短期的、流动性高的投资，同时满足以下条件：

- 可以随时转换为金额已知的现金；
- 与到期日非常接近以至于承担的价值变动的风险（例如，由于利率的变化）很小。

一般来说，只有初始到期日为 3 个月或 3 个月以下的投资符合这个定义。现金等价物的例子有国库券、商业票据，以及用没有即刻需求的现金购买的货币市场基金。

权益投资并不列报在现金等价物中，除非它们实质上属于现金等价物。虽然我们在讨论和举例中一直使用"现金"一词，但实际上我们在报告现金流和现金增减变化时所指的都是现金和现金等价物。[3]

数字背后的故事　　我的现金流怎样？

为了全面评估现金流，了解企业处在生命周期的哪个阶段是非常重要的。一般来说，企业在各个发展阶段其现金流具有不同的特征。如下图所示，由经营活动、投资活动、筹资活动产生的现金流的态势取决于企业处在产品生命周期的哪一阶段。

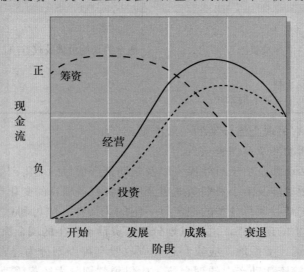

---

① 《IFRS 会计发展趋势与技术——2012—2013》表明大部分企业都把应付或应收所得税、应付或应收利息以及应收股利作为经营活动产生的现金流列报。然而，大部分企业把应付股利作为筹资活动产生的现金流列报。这些结果与图表 23-1 中列出的信息一致。

在开始阶段，产品可能不会产生很多收入（经营活动的现金流为负）。因为这时企业会将大量投资用于产品生产，所以投资活动的现金流为负，筹资活动的现金流为正。

随着产品进入发展和成熟阶段，这些现金流关系发生反转。产品为经营活动产生了更多现金流，可以负担产品生产所需的投资，筹资需要的现金会减少。因此，负的经营现金流一定是不好的吗？不一定，这取决于产品所处的生命周期。

资料来源：Adapted from Paul D. Kimmel, Jerry J. Weygandt, and Donald E. Kieso, *Financial Accounting*: *Tools for Business Decision Making*, 7th ed. (New York: John Wiley & Sons, 2013), p. 631.

□ 23.1.4 现金流量表的格式

我们以上讨论的这三种活动构成现金流量表的一般格式。经营活动部分通常最先出现，接下来是投资活动，最后是筹资活动。

企业会单独报告各种投资活动和筹资活动产生的现金流入及流出。也就是说，企业报告的是不同投资、筹资项目各自的总额，而不是现金流出抵减现金流入之后的净值。因此，购置不动产产生的现金流出与销售该不动产产生的现金流入是分开列报的。同样，发行债务的现金流入与偿还债务的现金流出也是分开列报的。

报告期内现金的净增加或净减少应等于比较资产负债表中报告的现金的期初与期末余额之差。现金流量表的一般格式报告了先前讨论的三种活动——经营活动、投资活动、筹资活动的结果。图表23-2展示了现金流量表普遍使用的一种格式。

图表23-2   **现金流量表的格式**

企业名称 现金流量表 ××期间		
经营活动的现金流		
净利润		×××
将净利润调整为经营活动提供的净现金：		
（列示个别项目）	××	××
经营活动提供的（使用的）净现金		×××
投资活动的现金流		
（列示个别的现金流入及流出）	××	
投资活动提供的（使用的）净现金		×××
筹资活动的现金流		
（列示个别的现金流入及流出）	××	
筹资活动提供的（使用的）净现金		×××
现金净增加（减少）		×××
现金期初余额		×××
现金期末余额		×××

□ 23.1.5　编制步骤

企业现金流量表的编制不同于其他三种财务报表。首先，它不需要以调整后的试算平衡表为起点编制。现金流量表需要用到关于两个时点间账户余额变化的详细信息，调整后的试算平衡表不能提供这一必要的数据。另外，现金流量表涉及现金的收入与支出。因此，企业必须调整权责发生制下的会计数据，以确定现金流。编制现金流量表的信息通常有三个来源：

1. 比较资产负债表提供了一个期间始末的资产、负债以及权益变化的金额。

2. 当期利润表的数据有助于提供一个期间内经营活动产生或使用的现金金额。

3. 总账中某些交易数据提供了企业在一个期间内如何产生或使用现金的详细的补充信息。

我们利用以上数据来源编制现金流量表，主要遵循以下三个步骤：

步骤 1：确定现金的变化数。这个过程很简单。企业通过查阅比较资产负债表很容易计算出期初与期末现金余额的变化。

步骤 2：确定经营活动产生的净现金流。这个过程是复杂的，不仅涉及当前年度利润表的分析，还涉及比较资产负债表以及某些交易数据的分析。

步骤 3：确定投资活动以及筹资活动产生的净现金流。企业必须分析资产负债表账户的所有其他变化以确定其对现金的影响。

接下来我们利用这三个步骤编制税务咨询公司若干年度的现金流量表。

23.2　举例——税务咨询公司

我们利用税务咨询公司的数据说明编制现金流量表的步骤。首先，我们利用税务咨询公司第一年的经营数据。该企业从 2015 年 1 月 1 日开始经营，发行了 6 万股普通股，每股面值 1 美元，共收到现金 6 万美元。该企业在第 1 年租赁了办公区域、家具以及设备，并提供税务咨询服务。2015 年年初和年末的比较资产负债表如图表 23-3 所示。

图表 23-3　　　　　　　　税务咨询公司第 1 年的比较资产负债表

税务咨询公司 比较资产负债表			
			变化
资产	2015 年 12 月 31 日	2015 年 1 月 1 日	增加/减少
应收账款	$ 36 000	$ 0	增加 36 000
现金	49 000	0	增加 49 000
总计	$ 85 000	$ 0	
负债和所有者权益			
普通股（面值 1 美元）	$ 60 000	$ 0	增加 60 000
留存收益	20 000	0	增加 20 000
应付账款	5 000	0	增加 5 000
总计	$ 85 000	$ 0	

图表 23-4 展示了税务咨询公司的利润表以及补充信息。

图表 23 - 4　税务咨询公司第 1 年的利润表

税务咨询公司 2015 年度利润表	
收入	$ 125 000
营业费用	85 000
所得税前收入	40 000
所得税费用	6 000
净利润	$ 34 000
补充信息： 选定数据的考察结果表明，企业在该年度宣告发放并且支付了 1.4 万美元股利。	

23.2.1　步骤 1：确定现金的变化数

编制现金流量表的第一步是确定现金的变化数。这个计算很简单。税务咨询公司在 2015 年年初没有现金，在 2015 年年末有 4.9 万美元现金。因此，2013 年现金的变化数（增加）为 4.9 万美元。

23.2.2　步骤 2：确定经营活动的净现金流

为确定经营活动产生的净现金流①，企业需在许多方面调整净利润。我们首先有必要理解为什么净利润要转换为经营活动的净现金流。

根据 IFRS，大多数企业采用权责发生制进行会计计量。你已经了解到，权责发生制要求企业在履行义务时确认收入，在费用发生时确认费用。收入可能包含企业尚未收到现金的赊销收入。发生的费用可能包含一些企业尚未支付现金的应付项目。因此在权责发生制下，净利润不等于经营活动产生的净现金流。

为了得到经营活动产生的净现金流，企业必须按照收付实现制基础确认收入和费用。这可以通过消除不导致现金增减的利润表交易的影响来实现。图表 23 - 5 展示了净利润与经营活动产生的净现金流之间的关系。

图表 23 - 5　对比净利润与经营活动产生的净现金流

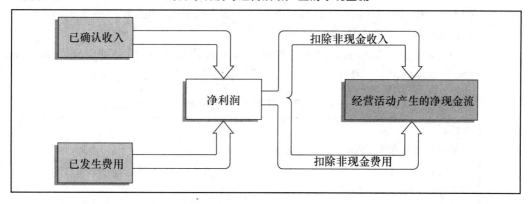

① "经营活动产生的净现金流"是一个通用术语，在现金流量表中代表"经营活动提供的现金净额"（如果经营活动使现金流量增加）或"经营活动使用的现金净额"（如果经营活动使现金流量减少）。

本章中，"净利润"这个术语是指权责发生制基础上的净利润。企业可以通过直接法或间接法将净利润转换为经营活动产生的净现金流。在接下来的部分我们将介绍间接法的使用，因为它在实践中应用得更广。本章稍后会介绍直接法并讨论这两种方法的优缺点。

间接法（或调整法）从净利润开始，将其转换为经营活动产生的净现金流。换句话说，间接法对影响净利润但不影响现金流的一些项目进行了调整。为了计算经营活动产生的净现金流，企业将利润表中未导致现金流出的费用加回到净利润中，再扣除未收到现金的赊销收入。对净利润的这两类调整即为应收账款和应付账款的增加。下面我们以税务咨询公司为例进行解释。

应收账款的增加——间接法

税务咨询公司的应收账款在一年内增加了 3.6 万美元（从 0 到 3.6 万美元）。对于税务咨询公司来说，这意味着实际收到的现金比收入少 3.6 万美元。图表 23 - 6 的应收账款账户表明税务咨询公司有 12.5 万美元收入（利润表中列报的金额），但只收回 8.9 万美元现金。

图表 23 - 6　　　　　　　　应收账款分析

1/1/15	余额	0	从顾客处收取的现金	89 000
	收入	125 000		
12/31/15	余额	36 000		

如图表 23 - 7 所示，为了将净利润调整为经营活动的净现金流，税务咨询公司必须将 3.6 万美元应收账款的增加额从净利润中扣除。当应收账款余额减少时，实际收到的现金会高于在权责发生制下确认的收入。因此，该企业将应收账款的减少额加回到净利润中，得出经营活动的净现金流。

应付账款的增加——间接法

当应付账款在一年内增加时，以权责发生制为基础确认的费用会超过实际支付的现金。为什么？因为尽管税务咨询公司发生了费用，但有一些费用尚未支付。为了将净利润转化为经营活动产生的净现金流，税务咨询公司必须将 5 000 美元应付账款的增加额加回到净利润中。

由于应收账款和应付账款的调整，税务咨询公司 2015 年确认的经营活动的净现金流为 3 000 美元。图表 23 - 7 列示了计算过程。

图表 23 - 7　　　　　　计算第 1 年经营活动产生的净现金流——间接法

净利润		$ 34 000
将净利润调整为经营活动提供的现金：		
应收账款增加	$（36 000）	
应付账款增加	5 000	（31 000）
经营活动提供的净现金		$ 3 000

□ 23.2.3 步骤 3：确定投资活动和筹资活动的净现金流

在税务咨询公司计算出经营活动的净现金流之后，下一步就是确定资产负债表账户的其他变化是否引起现金的增加或减少。

例如，通过查看税务咨询公司其他资产负债表账户，可以发现普通股和留存收益都有所增加。企业对外发行普通股以筹集现金，这使得普通股增加了 6 万美元。发行普通股在现金流量表中报告为筹资活动产生的现金流入。

有两个事项导致留存收益增加了 2 万美元：

1. 3.4 万美元的净利润增加了留存收益。
2. 宣告发放 1.4 万美元股利减少了留存收益。

如前所述，税务咨询公司已将净利润转换为经营活动产生的净现金流。补充信息中提到该企业支付股利。因此，该企业将股利支付作为现金流出列报，归类为筹资活动。

□ 23.2.4 现金流量表——2015 年

我们现在准备编制现金流量表。该表以经营活动部分开始。税务咨询公司使用间接法报告经营活动产生的净现金流。

IASB 鼓励采用直接法而不是间接法。[4]如果一家企业使用间接法，它既可以提供一个综合的现金流量表，也可以提供一个单独的表，只报告经营活动产生的现金流。在本章中我们使用间接法，此方法在实践中应用更广。①

图表 23-8 展示了税务咨询公司第 1 年（2015 年）的现金流量表。

图表 23-8　　　　　　　税务咨询公司第 1 年的现金流量表

税务咨询公司 2015 年度现金流量表 现金的增加（减少）		
经营活动的现金流		
净利润		$ 34 000
将净利润调整为经营活动提供的净现金：		
应收账款增加	$ （36 000）	
应付账款增加	5 000	（31 000）
经营活动提供的净现金		3 000
筹资活动的现金流		
发行债券	60 000	
支付现金股利	（14 000）	
筹资活动提供的净现金		46 000
现金净减少		49 000
现金，2015 年 1 月 1 日		0
现金，2015 年 12 月 31 日		$ 49 000

---

① 《IFRS 会计发展趋势与技术——2012—2013》指出，在接受调查的 175 家企业中，151 家企业使用间接法，23 家企业使用直接法。1 家企业没有提供现金流量表。做作业时，读者应该根据题目要求使用直接法或间接法。

如图表所示，6 万美元普通股的增加导致筹资活动的现金流入。1.4 万美元现金股利的支付是一项筹资活动的现金流出。现金流量表中报告的 4.9 万美元现金的增加与比较资产负债表（图表 23-3）中现金账户的变化金额一致。

□ 23.2.5　举例——2016 年

　　税务咨询公司持续壮大并在第 2 年的经营中日益繁荣。该企业购买了土地、建筑物及设备，收入及净利润相比第 1 年大幅增加。图表 23-9 及图表 23-10 列示了税务咨询公司与第 2 年经营状况有关的信息。

图表 23-9　　　　　　　　　税务咨询公司第 2 年的比较资产负债表

税务咨询公司 比较资产负债表			
资产	2016 年	2015 年	变化 增加/减少
土地	$ 70 000	0	增加 70 000
建筑物	200 000	0	增加 200 000
累计折旧——建筑物	(11 000)	0	增加 11 000
设备	68 000	0	增加 68 000
累计折旧——设备	(10 000)	0	增加 10 000
应收账款	26 000	36 000	减少 10 000
预付费用	6 000	0	增加 6 000
现金	37 000	49 000	减少 12 000
总计	$ 386 000	$ 85 000	
负债和所有者权益			
普通股（面值为 1 美元）	$ 60 000	$ 60 000	0
留存收益	136 000	20 000	增加 116 000
应付债券	150 000	0	增加 150 000
应付账款	40 000	5 000	增加 35 000
总计	$ 386 000	$ 85 000	

图表 23-10　　　　　　　　　　税务咨询公司第 2 年的利润表

税务咨询公司 2016 年度利润表		
收入		$ 492 000
营业费用（不包含折旧）	$ 269 000	
折旧费用	21 000	290 000
营业收入		202 000
所得税费用		68 000
净利润		$ 134 000
补充信息： （a）企业宣告发放并支付了 1.8 万美元现金股利。 （b）企业通过发行长期债券获得了 15 万美元现金。 （c）用现金购置土地、建筑物及设备。		

步骤 1：确定现金的变化数

利用可用信息编制现金流量表，第一步是确定现金的变化数。图表 23 - 9 中列示的信息表明，现金减少了 1.2 万美元（49 000－37 000）。

步骤 2：确定经营活动的净现金流——间接法

使用间接法，我们在权责发生制的基础上对 13.4 万美元的净利润进行调整，以得到经营活动产生的净现金流。净利润的调整解释如下。

应收账款减少 当期应收账款减少是因为收到的现金（以收付实现制为基础的收入）比以权责发生制为基础报告的收入高。为将净利润转化为经营活动产生的净现金流，必须将应收账款减少的 1 万美元加回到净利润中。

预付费用增加 当期预付费用（资产）增加时，以权责发生制为基础的利润表中的费用比以收付实现制为基础的利润表中的费用低。原因是：虽然税务咨询公司在当期发生了现金支付，但是费用（作为利润表支出）递延至以后期间。为将净利润转化为经营活动产生的净现金流，该企业必须将 6 000 美元预付费用的增加从净利润中扣除。预付费用的增加会导致当期现金的减少。

应付账款增加 与 2015 年的增加一样，税务咨询公司必须将 2016 年 3.5 万美元应付账款的增加额加回到净利润当中，将净利润转化为经营活动产生的净现金流。该企业发生的费用比实际支付的现金更多。

折旧费用（累计折旧增加） 购买应计折旧资产使用的现金应在取得当年列示在投资活动部分。税务咨询公司 2.1 万美元的折旧费用（也表示为累计折旧的增加）是一项非现金流出；该企业将其加回到净利润中，得出经营活动产生的净现金流。这 2.1 万美元是 1.1 万美元建筑物折旧费用与 1 万美元设备折旧费用之和。

其他某些周期性计入费用的支出不要求使用现金。例如，无形资产摊销和折耗费用。这些费用的处理方式与折旧费用相同。企业通常将折旧费用以及类似的非现金流出作为净利润的第一类调整事项列示在现金流量表中。

综合上述项目，经营活动的净现金流为 19.4 万美元，如图表 23 - 11 所示。

图表 23 - 11　　　　　**计算第 2 年经营活动产生的净现金流——间接法**

净利润		$ 134 000
将净利润调整为经营活动提供的净现金：		
折旧费用	$ 21 000	
应收账款减少	10 000	
预付费用增加	（6 000）	
应付账款增加	35 000	60 000
经营活动提供的现金		$ 194 000

步骤 3：确定投资活动和筹资活动的净现金流

确定了影响经营活动的净现金流的项目，下一步是分析资产负债表账户的其余变化。税务咨询公司分析了下列账户。

土地增加 土地账户的变化表明，该企业在这一期间购买了 7 万美元土地。这是一项投资活动，报告为现金的流出。

建筑物以及相关累计折旧增加　补充数据以及建筑物账户的变化表明，税务咨询公司用 20 万美元现金购买了一栋办公楼。该项交易是现金流出，在投资活动部分列报。1.1 万美元累计折旧的增加是由于建筑物折旧费用的记录产生的。之前已经指出，报告的折旧费用不影响现金总额。

设备以及相关累计折旧增加　6.8 万美元设备的增加是由于企业用现金购买了设备。该项交易是投资活动产生的现金流出。当期折旧费用的分录解释了"累计折旧——设备"的增加。

应付债券增加　应付债券账户增加了 15 万美元。发行这些债券的现金流入是筹资活动产生的现金流入。

留存收益增加　留存收益在这个年度增加了 11.6 万美元。有两个因素可以解释这一增加：（1）13.4 万美元的净利润增加了留存收益；（2）1.8 万美元股利的发放减少了留存收益。正如之前指出的，该企业在经营活动部分将净利润调整为经营活动的净现金流。股利的支付是涉及现金流出的一项筹资活动。

现金流量表——2016 年

结合之前的项目，我们得到了税务咨询公司 2016 年的现金流量表，其中经营活动产生的净现金流用间接法计算（见图表 23 - 12）。

图表 23 - 12　　　　　　　税务咨询公司第 2 年的现金流量表

税务咨询公司 2016 年度现金流量表		
经营活动的现金流		
净利润		$ 134 000
将净利润调整为经营活动提供的净现金：		
折旧费用	$ 21 000	
应收账款减少	10 000	
预付费用增加	(6 000)	
应付账款增加	35 000	60 000
经营活动提供的净现金		194 000
投资活动的现金流		
购买土地	(70 000)	
购买建筑物	(200 000)	
购买设备	(68 000)	
投资活动提供的净现金		(338 000)
筹资活动的现金流		
发行债券	150 000	
支付现金股利	(18 000)	
筹资活动提供的净现金		132 000
现金净减少		(12 000)
现金，2016 年 1 月 1 日		49 000
现金，2016 年 12 月 31 日		$ 37 000

□ 23.2.6 举例——2017年

第三个举例涉及税务咨询公司2017年的经营活动，更加复杂。经营活动产生的净现金流的计算和表示仍然采用间接法。

税务咨询公司在2017年继续获得成功，并且扩大经营，开始销售用于纳税申报及纳税筹划的计算机软件。因此，存货是该企业2017年12月31日资产负债表上出现的一项新资产。图表23-13以及图表23-14列示了比较资产负债表、利润表以及2017年的部分数据。

图表23-13　　　　　　税务咨询公司第3年的比较资产负债表

税务咨询公司 比较资产负债表			
			变化
资产	2017年	2016年	增加/减少
土地	$45 000	$70 000	减少25 000
建筑物	200 000	200 000	0
累计折旧——建筑物	(21 000)	(11 000)	增加10 000
设备	193 000	68 000	增加125 000
累计折旧——设备	(28 000)	(10 000)	增加18 000
存货	54 000	0	增加54 000
应收账款	68 000	26 000	增加42 000
预付费用	4 000	6 000	减少2 000
现金	54 000	37 000	增加17 000
总计	$569 000	$386 000	
负债和所有者权益			
普通股（面值为1美元）	$220 000	$60 000	增加160 000
留存收益	206 000	136 000	增加70 000
应付债券	110 000	150 000	减少40 000
应付账款	33 000	40 000	减少7 000
总计	$569 000	$386 000	

图表23-14　　　　　　税务咨询公司第3年的利润表

税务咨询公司 2017年度利润表		
收入		$890 000
商品销售成本	$465 000	
营业费用	221 000	
利息费用	12 000	
设备销售损失	2 000	700 000
营业利润		190 000
所得税费用		65 000
净利润		$125 000

续

税务咨询公司
2017 年度利润表

补充信息：
(a) 营业费用包括 3.3 万美元折旧费用以及 2 000 美元已到期的预付费用。
(b) 土地按账面价值销售，并获得现金。
(c) 宣告发放 5.5 万美元现金股利并已支付。
(d) 以现金支付 1.2 万美元利息费用。
(e) 以现金购买成本为 16.6 万美元的设备。以 3.4 万美元现金出售成本为 4.1 万美元、账面价值为 3.6 万美元的设备。
(f) 以现金按账面价值回购债券。
(g) 发行普通股（面值为 1 美元）并取得现金。

步骤 1：确定现金的变化数

编制现金流量表的第一步是确定现金的变化数。比较资产负债表显示，2017 年现金增加了 1.7 万美元。

步骤 2：确定经营活动的净现金流——间接法

我们将 12.5 万美元净利润的调整解释如下。

应收账款增加　4.2 万美元应收账款的增加表明，2017 年以权责发生制为基础记录的收入超过实际收到的现金。该企业从净利润中扣除了这项增加，将权责发生制转变为收付实现制。

存货增加　存货增加 5.4 万美元表示经营活动中使用的现金，而不是一项费用。税务咨询公司因此将这一金额从净利润中扣除，得出经营活动产生的净现金流。换句话说，当企业在一个期间购买的存货数量超过销售的存货时，以权责发生制为基础计算的产品销售成本会小于以收付实现制为基础计算的金额。

预付费用减少　预付费用减少 2 000 美元表示税务咨询公司利润表上的一项费用没有在当期支付现金。该企业将减少的金额加回到净利润中，得出经营活动产生的净现金流。

应付账款减少　当应付账款在这一年减少时，以收付实现制为基础计算的产品销售成本以及费用会高于以权责发生制为基础计算的金额。为将净利润转化为经营活动产生的净现金流，企业必须将应付账款减少的 7 000 美元从净利润中扣除。

折旧费用（累计折旧增加）　"累计折旧——建筑物"增加了 1 万美元（21 000－11 000）。建筑物账户在此期间没有变化，这意味着税务咨询公司在 2017 年记录了 1 万美元的折旧费用。

"累计折旧——设备"在这一年增加了 1.8 万美元（28 000－10 000）。但是"累计折旧——设备"由于这一年设备的销售减少了 5 000 美元。因此，该年的折旧金额为 2.3 万美元。该企业对"累计折旧——设备"账户的调整如下。

期初余额	$10 000
加：2017 年折旧费用	23 000
	33 000

减：设备销售	5 000
期末余额	$ 28 000

该企业必须将记入利润表的折旧总额 3.3 万美元（10 000＋23 000）加回到净利润中，得到经营活动产生的净现金流。

设备销售损失 税务咨询公司以 3.4 万美元销售了成本为 4.1 万美元的设备，该设备的账面价值为 3.6 万美元。因此，企业报告了 2 000 美元的销售损失。为得到经营活动产生的净现金流，该企业必须将销售设备的损失加回到净利润中。原因是该项损失是利润表的非现金流出。该损失不减少现金，但是会减少净利润。

根据以上项目，企业编制的现金流量表的经营活动部分如图表 23 - 15 所示。

图表 23 - 15   现金流量表的经营活动部分

经营活动的现金流		
净利润		$ 125 000
将净利润调整为经营活动提供的净现金：		
折旧费用	$ 33 000	
设备销售损失	2 000	
应收账款增加	(42 000)	
存货增加	(54 000)	
预付费用减少	2 000	
应付账款减少	(7 000)	(66 000)
经营活动提供的净现金		59 000

步骤 3：确定投资活动和筹资活动的净现金流

通过分析资产负债表账户的其他变化，税务咨询公司确认了投资活动和筹资活动产生的现金流。

土地 在这一期间土地减少了 2.5 万美元。从提供的信息来看，该企业以账面价值销售了土地，获得了现金。这是一项投资活动，报告为现金流入 2.5 万美元。

设备 对设备账户做如下分析。

期初余额	$ 68 000
设备采购	166 000
	234 000
减：设备销售	41 000
期末余额	$ 193 000

该企业以公允价值 16.6 万美元用现金购买了设备，报告为投资活动的现金流出。以 3.4 万美元销售该设备也属于投资活动，但是一项现金流入。

应付债券 应付债券在这一年减少了 4 万美元。补充信息显示，该企业以账面价值赎回了债券。该项筹资活动使用了 4 万美元现金。

普通股 普通股账户在这一年增加了 16 万美元。补充信息显示，税务咨询公司以面值发行了 16 万美元普通股。该项筹资活动提供了 16 万美元现金。

留存收益 留存收益在这一年变化了 7 万美元（206 000－136 000）。留存收益变化了 7 万美元是由 12.5 万美元营业净利润以及支付现金股利 5.5 万美元这一筹资活动所致。

现金流量表——2017 年

税务咨询公司结合以上项目编制的现金流量表如图表 23 - 16 所示。

图表 23 - 16　　　　　　　税务咨询公司第 3 年的现金流量表

税务咨询公司 2017 年度现金流量表 现金增加（减少）		
经营活动的现金流		
净利润		$ 125 000
将净利润调整为经营活动提供的净现金：		
折旧费用	$ 33 000	
设备销售损失	2 000	
应收账款增加	(42 000)	
存货增加	(54 000)	
预付费用减少	2 000	
应付账款减少	(7 000)	(66 000)
经营活动提供的净现金		59 000
投资活动的现金流		
销售土地	25 000	
销售设备	34 000	
购买设备	(166 000)	
投资活动提供的净现金		(107 000)
筹资活动的现金流		
赎回债券	(40 000)	
销售普通股	160 000	
支付现金股利	(55 000)	
筹资活动提供的净现金		65 000
现金净增加		17 000
现金，2017 年 1 月 1 日		37 000
现金，2017 年 12 月 31 日		$ 54 000

□ 23. 2. 7　现金流量表的信息来源

在现金流量表的编制过程中需注意以下几点：

1. 比较资产负债表提供了编制报告的基本信息。分析具体账户获得的补充信息也包括在内。

2. 对留存收益账户的分析是必要的。没有任何解释说明的留存收益的净增加或减少在报表中没有意义。若不解释说明，该金额可能表示净利润的影响、宣告的股利或者以前期间的调整。

3. 报表中包括所有涉及现金账户的交易和引起现金增加或减少的事项。

4. 减值、摊销费用以及类似的"账面"记录，例如固定资产的折旧，既不代表现金流入也不代表现金流出，因为它们对现金没有影响。它们在一定程度上会影响净利润的确定，企业必须将它们加回到净利润中或者从净利润中扣减，从而得到经营活动的净现金流。

间接法——补充判断

间接法是实务中应用最为广泛的方法，为保持一致性与可比性，在税务咨询公司的举例中采用了间接法。我们通过在净利润中加上或减去与现金无关的项目来确定经营活动产生的净现金流。图表 23 - 17 列出了一套更为全面的企业为得到经营活动产生的净现金流对净利润的常见调整。

图表 23 - 17　　　　　确定经营活动产生的净现金流所需的调整——间接法

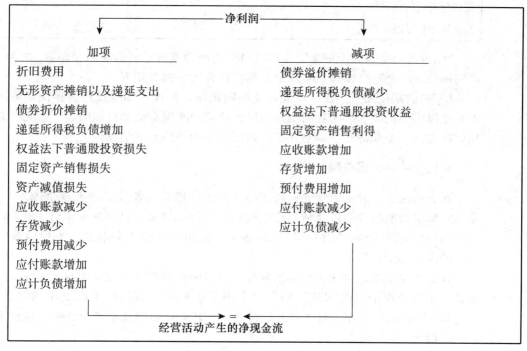

图表 23 - 17 中的加项和减项将净利润调整为经营活动产生的净现金流，这解释了间接法被称作调整法的原因。

□ 23.2.8　经营活动产生的净现金流——直接法

可用来将权责发生制基础上的营业收入调整为经营活动的净现金流的方法有两种。我们在之前部分通过税务咨询公司的举例介绍了间接法。

直接法报告了现金活动产生的现金流入以及现金流出。这两者之间的差额就是经营活动产生的净现金流。换句话说，直接法将营业现金流出从营业现金流入里扣除。直接法得出一张简明的现金收支表。

以权责发生制为基础编制的利润表（图表 23 - 4）指出，税务咨询公司报告了12.5 万美元的收入。然而，由于该企业的应收账款在 2015 年增加了 3.6 万美元，企业实际上从这些收入中只收到 8.9 万美元（125 000－36 000）现金。类似地，税务咨询公司报告了 8.5 万美元营业费用。而应付账款在这一期间增加了 5 000 美元。假设这些应付账款与营业费用相关，则以现金支付的营业费用应为 8 万美元（85 000—5 000）。由于期末不存在应付税款，该企业必然已经在 2015 年以现金支付了 6 000 美元所得税费用。税务咨询公司对经营活动产生的净现金流的计算如图表23 -18 所示。

图表 23 - 18　　　　　　计算第 1 年经营活动产生的净现金流——直接法

从顾客处获得的现金流入	$ 89 000
用现金支付的费用	80 000
所得税前利润	9 000
用现金支付的所得税	6 000
经营活动提供的净现金	$ 3 000

"经营活动提供的净现金"与以收付实现制为基础计算的净利润相等。（"经营活动使用的净现金"与以收付实现制为基础计算的净损失相等。）

IASB 鼓励使用直接法，也允许使用间接法。然而，如果使用直接法，董事会要求企业提供一张关于将净利润调整为经营活动的净现金流的单独的表。因此，无论采用何种方法，企业都必须编制并报告间接法（调整法）的信息。

直接法——扩展举例

在直接法下，现金流量表将经营活动产生的净现金流作为营业现金流入（例如，从顾客那里收取的现金以及从利息和股利中获得的现金）以及现金流出（例如，支付给产品供应商的现金、支付给员工的薪金、支付给债权人的利息、支付给政府的税收）的主要类别进行报告。

我们在这里对直接法进行详细解释，以帮助读者理解权责发生制下的收益与经营活动产生的净现金流之间的不同。这个例子还说明了直接法下需要用到哪些数据。Drogba 公司于 2015 年 1 月 1 日开始营业，从其资产负债表中摘录的部分信息如图表23 -19 所示。

图表 23 - 19　　　　　　　　Drogba 公司的资产负债表账户

	2015 年 12 月 31 日	2015 年 1 月 1 日
不动产、厂场和设备（净值）	€ 90 000	€ 0
存货	160 000	0
应付账款	60 000	0
应计费用	20 000	0
应收账款	15 000	0
预付费用	8 000	0
现金	159 000	0

Drogba 公司 2015 年 12 月 31 日的利润表以及补充信息如图表 23 - 20 所示。

图表 23 - 20	Drogba 公司的利润表	
销售收入		€ 780 000
商品销售成本		450 000
毛利		330 000
营业费用	€ 160 000	
折旧费用	10 000	170 000
所得税前利润		160 000
所得税费用		48 000
净利润		€ 112 000

补充信息：
(a) 宣告发放 7 万欧元股利并以现金支付。
(b) 购买商品使应付账款增加。
(c) 预付费用和应计费用与营业费用相关。

在直接法下，企业通过将利润表中的每个项目从以权责发生制为基础调整至以收付实现制为基础，计算出经营活动的净现金流。为了简化经营活动部分，只对经营现金流入与现金流出的主要类别进行报告。如图表 23 - 21 所示，经营现金流入与现金流出的主要类别之间的差额就是经营活动的净现金流。

图表 23 - 21　　　　　　　　　　现金收支的主要类别

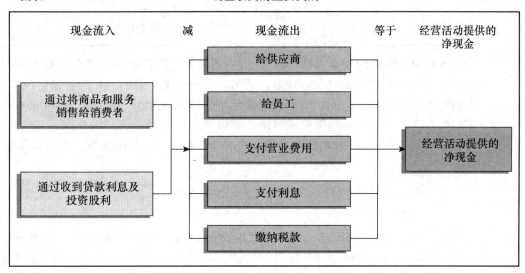

采用直接法的一个有效方式就是按照利润表中收入和费用列示的先后顺序对其逐一分析。然后进一步确定与这些收入和费用相关的现金流入和现金流出。下面列示了 Drogba 公司 2016 年直接法的调整事项，从而确定经营活动的净现金流。

从顾客处获得的现金流入　Drogba 公司利润表中报告的从顾客处获得的收入为 780 000 欧元。为了确定从顾客处获得的现金流入，公司需要考虑当年应收账款的变化数额。

如果当年的应收账款增加，那么权责发生制下的收入要高于从顾客处获得的现金；换句话说，经营活动会增加收入，但并不是所有这些收入都能收到现金。为了确定现金流入的增加数，需要从总的销售收入中减去应收账款的增加数。相反，应收账款的减少数需要加到销售收入中，因为从顾客处获得的现金超过了销售收入。

对于 Drogba 公司，应收账款增加了 15 000 欧元。因此，从顾客处获得的现金为 765 000 欧元，计算如下。

销售收入	€ 780 000
减：应收账款的增加	15 000
从顾客处收到的现金	€ 765 000

Drogba 公司也可以通过分析下面所示的应收账款账户来确定现金流入。

应收账款

1/1/16	余额	0	从顾客处获得的收入	765 000
	销售收入	780 000		
12/31/16	余额	15 000		

图表 23 - 22 列示了从顾客处获得的现金流入、销售收入和应收账款变化三者之间的关系。

图表 23 - 22　　　　　　　计算从顾客处获得的现金流入的公式

$$\text{从顾客处获得的现金流入} = \text{销售收入} \begin{cases} +\text{应收账款的减少} \\ \text{或} \\ -\text{应收账款的增加} \end{cases}$$

支付给供应商的现金　　Drogba 公司在利润表中报告的商品销售成本为 450 000 欧元。为了确定支付给供应商的现金，公司首先应根据存货的变化调整销售成本，从而得到当年的购货数额。如果当年的存货增加，当年的购货就会超过销售成本。因此，公司将存货的增加数加到销售成本中，就得到购货数额。

2016 年，Drogba 公司的存货增加了 160 000 欧元。公司按下列方式计算购货。

销售成本	€ 450 000
加：存货增加	160 000
购货	€ 610 000

计算了购货后，Drogba 公司通过应付账款的变化来调整购货，从而确定支付给供应商的现金。如果当年的应付账款增加，权责发生制下的购货数额就会高于收付实现制下的数额。因此，公司从购货中减去应付账款的增加数，从而得到支付给供应商的现金。相反，如果支付给供应商的现金超过购货，则 Drogba 公司将应付账款的减少数加到购货中。支付给供应商的现金为 550 000 欧元，计算过程如下。

购货	€ 610 000
减：应付账款增加	60 000
支付给供应商的现金	€ 550 000

Drogba 也可以按下列方式，通过分析应付账款来确定支付给供应商的现金。

	应付账款		
支付给供应商	550 000	1/1/16 余额	0
		购货	610 000
		12/31/16 余额	60 000

图表 23 - 23 列示了支付给供应商的现金、商品销售成本、存货的变化，以及应付账款的变化。

图表 23 - 23 　　　　　　　　　支付给供应商的现金的计算公式

$$
\text{支付给供应商的现金} = \text{商品销售成本} \begin{cases} +\text{存货增加} \\ \text{或} \\ -\text{存货减少} \end{cases} \begin{cases} +\text{应付账款减少} \\ \text{或} \\ -\text{应付账款增加} \end{cases}
$$

以现金支付的营业费用 　Drogba 公司在利润表中报告的营业费用为 160 000 欧元。为了确定以现金支付的营业费用，公司必须对预付费用和应计费用的任何变化进行调整。

例如，如果当年的预付费用增加了 8 000 欧元，那么以现金支付的营业费用就会比利润表中报告的营业费用高出 8 000 欧元。为了将营业费用转换为以现金支付的营业费用，公司将 8 000 欧元加到营业费用中。相反，如果当年的预付费用减少，则公司应从营业费用中减去这部分数额。

Drogba 公司必须根据应计费用的变化来调整营业费用。如果当年的应计费用增加，则权责发生制下的营业费用将高于收付实现制下的营业费用。因此，公司从营业费用中减去应计费用的增加，从而得到以现金支付的营业费用。相反，应计费用的减少要加到营业费用中，因为现金支付的数额超过了营业费用。

Drogba 公司以现金支付的营业费用为 148 000 欧元，计算如下。

营 业 费 用	€160 000
加：预付费用增加	8 000
减：应计费用增加	20 000
以现金支付的营业费用	€148 000

以现金支付的营业费用、预付费用的变化、应计费用的变化三者之间的关系如图表 23 - 24 所示。

图表 23 - 24 　　　　　　　　　以现金支付的营业费用的计算公式

$$
\text{以现金支付的营业费用} = \text{营业费用} \begin{cases} +\text{预付费用增加} \\ \text{或} \\ -\text{预付费用减少} \end{cases} \begin{cases} +\text{应计费用减少} \\ \text{或} \\ -\text{应计费用增加} \end{cases}
$$

注意到公司并没有考虑折旧费用，因为折旧是一项非现金流出。

以现金支付的所得税 　Drogba 公司利润表中列示的所得税费用为 48 000 欧元。这一数额与以现金支付的所得税相同。为什么我们会这么认为？因为通过比较资产负债表可以看出，无论是期初还是期末，应交所得税的数额均为 0。

经营活动产生的净现金流总结——直接法

图表 23-25 对上述列举的计算进行了总结。

图表 23-25　　　　　　　　　权责发生制到收付实现制

权责发生制		调整		加（减）	收付实现制
销售收入	€ 780 000	－	应收账款增加	€ （15 000）	€ 765 000
商品销售成本	450 000	＋	存货增加	160 000	
		－	应付账款增加	（60 000）	550 000
营业费用	160 000	＋	预付费用增加	8 000	
		－	应计费用增加	（20 000）	148 000
折旧费用	10 000	－	折旧费用	（10 000）	0
所得税费用	48 000				48 000
总费用	668 000				746 000
净利润	€ 112 000		经营活动提供的净现金		€ 19 000

图表 23-26 以 Drogba 公司为例，列示了直接法下报告的经营活动的净现金流。

图表 23-26　　　　　　　经营活动部分——直接法，2016 年

Drogba 公司 现金流量表（部分）		
经营活动产生的现金流		
从顾客处获得的现金		€ 765 000
现金支出：		
给供应商	€ 550 000	
营业费用	148 000	
所得税	48 000	746 000
经营活动提供的净现金		€ 19 000

如果 Drogba 公司采用直接法来列示经营活动的现金流，则必须用一个单独的表格来反映将净利润调整为经营活动的净现金流。这种调整假定与间接法具有相同的格式和内容，如图表 23-27 所示。

图表 23-27　　　　　　将净利润调整为经营活动提供的净现金

Drogba 公司 调整事项		
净利润		$ 112 000
将净利润调整为经营活动提供的净现金		
折旧费用	$ 10 000	
应收账款增加	（15 000）	
存货增加	（160 000）	
预付费用增加	（8 000）	
应付账款增加	60 000	
应计费用增加	20 000	（93 000）
经营活动提供的净现金		$ 19 000

〰 **理论争鸣** **直接法对间接法**

IASB 所要面对的最具争议性的决定就是在直接法和间接法这两种现金流量报告方法中进行选择以确定经营活动产生的净现金流。很多公司进行游说反对直接法，极力希望采用间接法。商业信贷人员则向 IASB 表示出对直接法的强烈支持。支持每种方法的理论依据有哪些？

支持直接法

直接法的主要优点是列示了经营现金收入和支出。因此，与间接法相比，直接法与现金流量表的目标更为一致——提供有关现金流入和现金流出的信息，而间接法并不报告经营现金流入和支出。

直接法的支持者指出，了解过去期间的经营现金流入的特定来源和经营现金流出的使用目的有助于估计未来的经营活动现金流。此外，各主要类别的现金收入及支出的数量信息比只有算术加总数的信息（经营活动产生的净现金流）更有用。这些信息更能揭示公司的如下能力：（1）从经营活动中获得充足的现金以偿还其债务；（2）扩大生产规模；（3）向所有者进行分配。

很多公司指出，它们还无法从其财务系统中直接得到如从顾客处获得的现金、支付给供应商的现金等数据。但是直接法的支持者指出，确定经营现金流入和流出的额外成本是不重大的。

支持间接法

间接法的主要优点是关注净利润与经营活动产生的净现金流之间的差异。也就是说，它在现金流量表、利润表和资产负债表间建立了有效的联系。

很多公司指出将净利润调整为经营活动产生的净现金流（间接）比报告总的经营活动现金收入和支出（直接）更节约成本。间接法的支持者还指出，直接法可以有效地报告收付实现制而非权责发生制下的利润表信息，但这有可能会错误地暗示经营活动产生的净现金流可以像净利润一样作为业绩的测量标准，甚至比净利润指标更好。

在合并财务报表报告项目中，FASB 和 IASB 均指出只允许使用直接法。然而，这一规定也面对巨大的阻力，无论是直接法还是间接法都将持续发挥作用。

资料来源：See *http://www.fasb.org*; click on Projects and then on Inactive Joint FASB/IASB Projects.

23.3 报表编制中的特殊问题

在上面的内容中我们讨论了与编制现金流量表相关的一些特殊问题。在编制这一报表时还经常会出现如下问题：

1. 净利润的调整。
2. 应收账款（净额）。
3. 其他营运资本的变化。
4. 净损失。
5. 披露。

☐ 23.3.1 净利润的调整

折旧和摊销

折旧费用是公司在将净利润转化为经营活动产生的净现金流时最常见的一个调整事项。除此之外还有很多其他的非现金费用或收入项目。例如，公司必须加回到净利润中的费用项目包括专利权等有期限的无形资产的摊销，以及债券发行成本等递延成本的摊销。这些费用包含以前期间的支出，并要求在当期摊销。这些费用减少了净利润但没有影响当期的现金流。

同样，长期应付债券的折价或溢价摊销会对利息费用产生影响。然而，它们对现金不会产生影响。因此，公司应该在净利润中加上折价摊销并减去溢价摊销，从而得到经营活动产生的净现金流。

退休福利成本

如果公司存在退休成本如雇员养老金计划，就有可能会出现一定时间内的养老金费用高于或低于现金的出资。当存在无资金储备的负债时，养老金费用要高于现金出资，而当存在养老金资产时，养老金费用要低于现金出资。当养老金费用高于或低于支付的现金时，公司必须根据支付的现金和报告的费用之间的差异来调整净利润，以此计算出经营活动产生的净现金流。

递延所得税的变化

递延所得税的变化会影响净利润，但对现金不产生影响。例如，Baytex Energy 公司报告其递延所得税负债增加了近 107 598 000 美元。负债的这一变化增加了所得税费用，并且降低了净利润，但是没有影响现金。因此，Baytex 公司在其现金流量表中将这 107 598 000 美元加回到净利润中。

权益会计法

另一个对净利润常见的调整就是在权益法下记录收益或损失时与普通股投资相关的变化。回忆在权益法下，投资者：（1）借记投资账户，贷记在被投资单位净利润中占有份额而享有的收入；（2）贷记投资收到的股息。因此，投资账户的净增加额并不会影响现金流。公司必须从净利润中减去这部分净增加额，从而得到经营活动产生的净现金流。

假定 Victor 公司拥有 Milo 有限公司 40% 的股份。当年，Milo 公司报告的净利润为 100 000 美元，支付现金股利 30 000 美元。Victor 公司按照下列方式在现金流量表中将其作为净利润的减项进行报告——来自 Milo 公司的权益收益，扣除股息，28 000 美元 [（100 000－30 000）×40%]。

损失和利得

实现的损失和利得　以税务咨询公司为例，公司因设备的销售产生了 2 000 美元的损失。公司要将这部分损失加回到净利润中以计算经营活动产生的净现金流，因为这部分损失在利润表中是非现金费用。

如果税务咨询公司在销售设备时取得了一项利得，也要对净利润进行调整。因为公司将这部分利得作为投资活动——销售设备取得的现金的一部分在现金流量表中进行报告，它将这部分利得从净利润中减去以避免重复记账———一方面将其作为净利润的一部分，另一方面将其作为销售取得的现金的一部分。

为了说明这一点，假定税务咨询公司账面价值为 200 000 美元的土地被州政府用于一个公路项目。政府支付给税务咨询公司 205 000 美元，因而产生了 5 000 美元的利得。在现金流量表（间接法）中，公司需要从经营活动产生的净利润中减去 5 000 美元的利得。它应报告这项征用作为投资活动产生的现金流 205 000 美元。

> 投资活动的现金流
> 土地征用 $ 205 000

未实现的损失和利得 未实现的损失和利得通常在债务投资或股权投资时发生。例如，假定比利时 AB InBev 公司在 2015 年 1 月 10 日进行了以下两项投资。

1. 100 万欧元的债务投资被分类为交易性金融资产。2015 年，这项债务投资有未实现持有利得 110 000 欧元（记录在净利润中）。

2. 600 000 欧元的股权投资被分类为可供出售金融资产。2015 年，这项可供出售股权投资有未实现持有损失 50 000 欧元（记录在其他综合收益中）。

对于 AB InBev 公司来说，这项债务投资未实现持有利得 110 000 欧元增加了净利润，但是并没有增加经营活动产生的净现金流。因此，需要将这 110 000 欧元的未实现持有利得从净利润中减去，以计算经营活动产生的现金流。

另一方面，AB InBev 公司可供出售股权投资的 50 000 欧元未实现持有损失并没有对净利润和现金流产生影响——这一损失在其他综合收益中报告。因此，在计算经营活动产生的净现金流时不需要对净利润进行调整。

因此，一般的原则是，对净利润产生影响的未实现持有利得或损失必须进行调整以确定经营活动产生的净现金流。相反，对于不影响净利润的未实现持有利得或损失，在确定经营活动产生的净现金流时不需要进行调整。①

股票期权

回忆一下以股份为基础的薪酬计划，公司被要求使用公允价值法确定总的薪酬成本。然后在员工提供服务期间将薪酬成本确认为一项费用。一般借记"薪酬费用"，贷记"股本——股票期权"。记录这项费用不会对现金产生影响。因此，公司在计算经营活动产生的现金流时必须根据股票期权的薪酬费用来调整净利润。

为了说明这一信息是如何在现金流量表中报告的，假定 First Wave 公司向其 CEO（首席执行官）Ann Johnson 授予 5 000 股期权。Johnson 拥有的每一股期权可以在未来两年内的任何时点（服务期间）以 50 英镑的价格购买一股面值为 1 英镑的 First Wave 公司的普通股。期权的公允价值为 200 000 英镑。First Wave 公司按如下方式记录第一年的薪酬费用。

---

① 其他未实现持有利得或损失，例如不动产、厂场和设备，或者无形资产的重新估值，也作为其他综合收益的一部分列报。因此，在其他综合收益中列报的未实现持有利得或损失产生的经营活动现金流不用于调整净利润。

借：薪酬费用（200 000÷2）　　　　　　　　　　　　　　100 000
　　贷：股本——股票期权　　　　　　　　　　　　　　　　　100 000

另外，如果我们假定 First Wave 公司的税率为 35%，其应在第一年确认一项递延所得税资产 35 000 英镑（100 000×35%）。

借：递延所得税资产　　　　　　　　　　　　　　　　　　35 000
　　贷：所得税费用　　　　　　　　　　　　　　　　　　　　35 000

因此，在第一年的现金流量表中，First Wave 公司进行了如下报告（假定净利润为 600 000 英镑）。

净利润	£600 000
将净利润调整为经营活动提供的净现金流	
基于股份的薪酬费用	100 000
递延所得税资产增加	（35 000）

如 First Wave 公司的现金流量表所示，其将基于股份的薪酬费用加到净利润中，因为这是一项非现金费用。递延所得税资产的增加和与之相关的所得税费用的减少增加了净利润。尽管负的所得税费用增加了净利润，但没有增加现金流。因此，应将其减去。如果 Ann Johnson 之后行使了期权，First Wave 公司应在现金流量表的筹资部分报告"行使股票期权提供的现金"。①

23.3.2　应收账款（净额）

到目前为止，我们假定没有"坏账准备"账户（"应收账款"的备抵账户）。然而，如果公司需要使用"坏账准备"账户，那么准备金如何影响公司确定经营活动产生的净现金流？例如，假定 Redmark 公司报告的净利润为 40 000 欧元。其应收账款余额如图表 23 - 28 所示。

图表 23 - 28　　　　　　　　　　Redmark 公司的应收账款余额

	2015 年	2014 年	变化 增加/减少
应收账款	€105 000	€90 000	增加 15 000
坏账准备	（10 000）	（4 000）	增加 6 000
应收账款（净额）	€95 000	€86 000	增加 9 000

间接法

因为"坏账准备"账户的增加导致坏账费用的发生，所以公司应该将坏账准备的增加加回到净利润中以得到经营活动产生的净现金流。图表 23 - 29 列示了在现金流量表中阐述这一信息的一种方法。

---

① 在某些国家，当员工行权时，公司会获得基于股份的薪酬计划的相关税收优惠。税收抵减的数额等于员工购买股票当天的行权价与股票市场价格之间的差异，大多数情况下，要比记录的总薪酬费用高。当税收的抵减超过记录的总薪酬费用，就为公司提供了额外的现金流。在 IFRS 的规定下，这个与税收相关的现金流应在现金流量表的筹资部分进行报告。[5]

图表 23-29   "坏账准备" 账户的列报——间接法

Redmark 公司 2015 年度现金流量表（部分）		
经营活动的现金流		
净利润		€ 40 000
将净利润调整为经营活动提供的净现金：		
应收账款增加	€ (15 000)	
坏账准备增加	6 000	(9 000)
		€ 31 000

正如我们所指出的，坏账准备余额的增加会导致当年坏账费用的发生。由于坏账费用是一项非现金费用，公司必须将其加回到净利润中以得出经营活动产生的净现金流。

不用单独分析准备金账户，一条捷径是计算出应收账款减去坏账准备后的净额，以此为基础比较应收账款净额的变化。图表 23-30 给出了该方法。

图表 23-30   坏账准备净值法——间接法

Redmark 公司 2015 年度现金流量表（部分）	
经营活动的现金流	
净利润	€ 40 000
将净利润调整为经营活动提供的净现金：	
应收账款增加（净额）	(9 000)
	€ 31 000

这种方法也适用于注销应收账款导致的准备金账户余额的变化。这会同时减少应收账款和坏账准备，但不会对现金流产生影响。由于其简便性，请使用这种方法完成你的家庭作业。

直接法

如果使用直接法，则公司不能用应收账款减去坏账准备的净额来计算。举例说明，假定 Redmark 公司的净利润为 40 000 欧元（见图表 23-31）。

图表 23-31   Redmark 公司的利润表

Redmark 公司 2015 年度现金流量表		
销售收入		€ 100 000
费用		
工资	€ 46 000	
水、电、气	8 000	
坏账	6 000	60 000
净利润		€ 40 000

如果 Redmark 公司从当年的销售收入中减去应收账款（净额），其将报告的现金

销售收入为 91 000 欧元（100 000－9 000），以现金支付的营业费用为 60 000 欧元。这两个项目都将被错报：现金销售收入应报告为 85 000 欧元，以现金支付的总的营业费用应报告为 54 000 欧元（60 000－6 000）。图表 23－32 列示了合理的列报。

图表 23－32　　　　　　　　　　坏账——直接法

Redmark 公司 2015 年度现金流量表（部分）		
经营活动的现金流		
从顾客处获得的现金		€ 85 000
支付工资	€ 46 000	
支付水、电、气费用	8 000	54 000
经营活动提供的净现金		€ 31 000

如果公司注销应收账款，情况就变得非常复杂。单纯根据应收账款的变化调整销售收入将无法得到合理的现金销售收入。原因是注销应收账款不等于现金的收回。因此，一项额外的调整是必要的。

□ 23.3.3　其他营运资本的变化

在此之前，我们已经说明公司在确定经营活动产生的净现金流时如何处理作为净利润调整项目的所有营运资本项目（流动资产和流动负债项目）的变化。然而，必须注意，营运资本的某些变化可能影响现金流，但对净利润不产生影响。通常来说，这些是具有流动性的投资或筹资活动。

短期可供出售证券的购买就是一例。例如，以现金 500 万元购买短期可供出售证券对净利润不会产生影响，但却造成现金减少了 500 万元。公司按照下列方式将这一交易作为投资活动的一个现金流进行报告。

　　投资活动的现金流
　　购买短期可供出售证券　　　　　　　¥5 000 000

另一个例子是以现金支付的短期非交易性票据的发行。这一营运资本项目的变化不会对经营活动的利润产生影响，但是会按照应付票据的数额增加现金。例如，公司在现金流量表中按照下列方式报告其发行的 1 000 万元短期应付票据。

　　筹资活动的现金流
　　发行短期票据　　　　　　　　　　　¥10 000 000

另一类既不影响经营活动的利润又不影响现金流的营运资本项目的变化是现金股利的支付。尽管公司在支付现金股利时将其作为一项筹资活动进行报告，但对于已宣告但尚未发放的股利不必在现金流量表中进行报告。

□ 23.3.4　净损失

如果公司报告一项净损失而非一项净利润，则必须根据那些既不导致现金流入又不导致现金流出的项目调整净损失。在净损失基础上调整那些不影响现金流的收入或支出，可能得到一个正的或负的经营活动现金流。

例如，如果净损失为 50 000 英镑，需要加回到净损失的总支出是 60 000 英镑，那么经营活动产生的净现金流为 10 000 英镑。图表 23 - 33 列示了这个计算过程。

图表 23 - 33　　　　　经营活动产生的净现金流的计算——现金流入

净损失		£(50 000)
将净利润调整为经营活动提供的净现金：		
固定资产折旧	£55 000	
专利权摊销	5 000	60 000
经营活动提供的净现金		£10 000

如果公司的净损失为 80 000 英镑，应加回到净损失的支出总额为 25 000 英镑，那么应按下列方式列报（见图表 23 - 34）。

图表 23 - 34　　　　　经营活动产生的净现金流的计算——现金流出

净损失		£(80 000)
将净利润调整为经营活动提供的净现金：		
固定资产折旧		25 000
经营活动提供的净现金		£(55 000)

尽管本章并未举例，但即使公司报告有净利润，也可能存在一个负的现金流。

□ 23.3.5　披露

重大的非现金交易

就现金流而言，现金流量表只报告了经营活动、投资活动以及筹资活动的影响，忽略了一些重大的非现金交易及其他投资或筹资活动事项。这些公司应按特定方式报告或披露的较为普遍的非现金交易有以下几种：

1. 通过承担债务（包括融资租赁）或发行权益证券取得资产。
2. 交换非货币性资产。
3. 长期负债再融资。
4. 将债权或优先股转化为普通股。
5. 发行权益证券以偿还债务。

公司并不将这些非现金项目包含在现金流量表中。[6] 如果数目重大，公司可能会在报表底部以文字叙述或在单独的表格中进行总结，或者将其列示在单独的报表附注中，或作为报表的补充说明。① 图表 23 - 35 列示了对这些重大的非现金交易或其他事项在现金流量表底部的表格中进行的列报。

_____

① 一些非现金投资和筹资活动是部分现金形式、部分非现金形式。公司应该在现金流量表中仅报告现金部分。非现金部分应在报表底部或单独的报表附注中报告。

图表 23 - 35　　　　　　　　　　　非现金投资和筹资活动的列报

附注 G：重大的非现金交易。当年，公司参与了下列非现金投资和筹资活动：	
发行 250 000 股普通股购买土地和建筑物	€1 750 000
用纽约的土地交换德国柏林的土地	€2 000 000
将 12% 的债券转换为 50 000 股普通股	€500 000

公司一般不会将其他一些重大的非现金交易或事项与现金流量表结合在一起报告。这些类型的交易包括股票分红、股票分割，以及限制留存收益。公司一般不将这些项目作为筹资或投资活动进行报告，而是在股东权益变动表及有关权益账户变化的时间表和附注中进行报告。

特别披露

IAS 7 规定，与利息收取和支付有关的现金流量，和与股利收取和支付有关的现金流量，应在现金流量表中分开披露。[7] 每个项目应以前后期间一致的方式分类为经营、投资或筹资活动的现金流。在做作业时，请将与利息收取和支付、股利收取有关的现金流分类为经营活动的现金流，将与股利支付有关的现金流分类为筹资活动的现金流。将前三项报告为经营活动的现金流是因为每个项目都会影响净利润。但是股利支付不会影响净利润，且经常被视为融资成本。

公司也应当将所得税视为经营活动产生的现金流，除非这些内容可以单独分类为投资或筹资活动的现金流。虽然所得税费用可能很容易归属于投资或筹资活动，但相关的所得税现金流却往往不能这样分类，而且这些现金流与相关交易可能不在同一时期。因此，应付税款通常分类为经营活动产生的现金流。IFRS 要求公司披露以现金支付的税款，以及与利息和股利有关的现金收支。各个项目归类为哪一部分（经营、投资或筹资）必须进行披露。

德国戴姆勒公司的类似附注披露如图表 23 - 36 所示。

图表 23 - 36　　　　　　　有关利息、税收和股利的附注披露

戴姆勒公司		
（百万欧元）	2012 年	2011 年
利息支付	(561)	(489)
收到利息	192	243
收到股利	192	140

还有一些公司选择直接在现金流量表中报告这些项目。在许多情况下，公司从税前利润出发，然后将所得税费用分摊至每个单独的项目。需要注意的是，它们经常加回权责发生制下的利息费用，然后从中减去所支付的利息。Wáng 公司在经营活动部分报告了这些项目，如图表 23 - 37 所示。

图表 23 – 37　　　　　　　　经营活动部分的利息、税收和股利

Wáng 公司 现金流量表（单位：百万） （经营活动部分）		
税前利润		¥4 000
将税前利润调整为经营活动提供的净现金：		
折旧费用	¥1 000	
利息费用	500	
投资收益	(650)	
存货减少	1 050	
应收账款增加	(310)	1 590
经营活动提供的现金流		5 590
利息支付	(300)	
所得税支付	(760)	(1 060)
经营活动提供的净现金		¥4 530

公司在确定利息和所得税支付时通常使用一个单独的板块。

数字背后的故事　　　　比资产收益率更好？

正如你在会计学中学到的，会计利润（以权责发生制计量）和经营活动产生的现金流都可以提供有用的信息。然而，这两者有时会遭到批判。会计利润有时是错误的，因为确认收入和费用要用到大量的判断。此外，许多企业通过增加债务来增加以盈利为基础的指标和权益报酬率，这会使企业的风险加大。另一方面，现金流的绩效指标遭到批判是因为它们不遵循收入和费用的确认原则。

所以衡量真正盈利的公司的更好的方法是什么？或者，采用投资大师沃伦·巴菲特的投资观点：你如何找到一家能在原始投资基础上持续获得巨大回报的企业？最近，对盈利能力的一个新的测量方法"COROA"——经营现金资产回报率——作为一种更好的绩效指标被提出。这一想法是测量每一美元投资在不动产、厂场和设备、研发中心、存货以及所有其他资产上产生纯现金回报的管理能力，而不是未来预期的现金。

具体来说，COROA 的计算以经营活动产生的现金流为起点，之后将现金税费与现金利息加回以计算纯经营现金流。这是一个企业在一年内纳入金库的实际金额——可以用来支付股利，或通过购买公司或部门进行投资，或进行资本支出，特别是那些促进经济增长的。这是分子。税收和利息的调整是 COROA 测量的基础。这是因为降低税负会造成企业持续盈利的假象。利息被加回来，因为它主要影响杠杆水平，但是对资产管理没有作用。

分母由花在产生经营现金流的资产上的每一美元组成。计算这个数字时，从资产负债表中得出"总资产"，加上"累计折旧"以计算仍在使用的经营资产，这些经营资产用于制造车辆、半导体以及其他按照会计目标充分费用化的产品。

因此，COROA——调整的经营活动现金流占总资产的比例——是一个值得注意的比率，是测量纯盈利能力的最好方法。如果这一比率在一段时间内处于高水平，并且具有持续性或一直增长，那么该企业从新投资中获得高回报的证据会很充分。这是巴菲特所寻找的方法。按照会计大师杰克·西塞尔斯基（Jack Ciesielski）所说，这个比率是完全关于现金的。他问道："在这个世界上有什么比现金更重要？""当然是更多的现金。"

资料来源：S. Tully, "A Top Accounting Guru's Compelling New Measure for Profitability," *Fortune* (March 10, 2014).

23.4　工作底稿的使用

当存在大量需要调整的项目以及其他复杂的因素时，公司通常会使用工作底稿归集和分类在现金流量表中呈现的数据。工作底稿仅为编制财务报表时的一个辅助工具，可以选择使用。图表 23-38 列示了使用间接法编制现金流量表工作底稿的基本格式。

图表 23-38　　　　　　　　编制现金流量表工作底稿的格式

XYZ COMPANY.xls

| Home | Insert | Page Layout | Formulas | Data | Review | View |

| P18 | | fx | |

	A	B	C	D	E
1		XYZ公司			
2		年度现金流量表			
3					
4	资产负债表账户	上年年末余额	调整项目 借	贷	本年年末余额
5	借方余额	××	××	××	××
6		××	××	××	××
7	合计	×××			×××
8	贷方余额	××	××	××	××
9		××	××	××	××
10	合计	×××			×××
11	现金流量表影响				
12	经营活动				
13	净利润		××		
14	调整		××	××	
15	投资活动				
16	收入和支出		××	××	
17	筹资活动				
18	收入和支出		××	××	
19	合计		×××	×××	
20	现金增加（减少）		(××)	××	
21	合计		×××	×××	
22					

使用工作底稿时应注意以下几点。

1. 在资产负债表的账户部分,将存在借方余额的账户与存在贷方余额的账户分别列示。这意味着,例如,"累计折旧"账户列示在贷方余额下,而不是作为备抵账户列示在借方余额下。将每个账户的期初和期末余额列示在合适的栏目中。然后,将造成账户余额变化的交易作为调整事项列示在中间两个栏目中。

将所有的调整事项录入后,与资产负债表对应的每一行应该调平。也就是说,期初余额加上或减去调整项目应该等于期末余额。当所有的资产负债表账户均调平后,账户余额的所有变化就调整完成。

2. 公司底稿的下半部分由经营活动、投资活动和筹资活动组成,以提供编制正式现金流量表所必需的信息。将现金流入作为借方记入调整列,现金流出作为贷方记入调整列。在这部分,公司要将按照账面价值出售设备取得的现金记录在投资活动现金流入的借方。类似地,将购买土地支付的现金记录在投资活动现金流出的贷方。

3. 不要将工作底稿中的调整分录记入或过入账目中。这些项目不代表调整事项,也不代表对资产负债表账户余额的更正。它们只是有助于现金流量表的编制。

23.4.1　工作底稿的编制

编制工作底稿包含下列步骤。

步骤 1:在资产负债表账户部分录入资产负债表账户和这些账户的期初和期末余额。

步骤 2:录入解释资产负债表账户(除现金外)余额变化的数据,并在工作底稿的调整列录入其对现金流量表的影响。

步骤 3:在现金一行及工作底稿的底部录入现金的增加或减少。这个数字应与调整列的合计数相一致。

为了说明工作底稿的编制与使用,以及在前面部分讨论的一些特殊问题的报告,我们以 Satellite 公司为例进行更为全面的说明。再次使用间接法作为计算经营活动产生的现金流的基础。图表 23 - 39 和图表 23 - 40 列示了资产负债表、合并利润表和留存收益表,以及 Satellite 公司的补充信息。接下来的讨论将提供与编制工作底稿相关的补充信息。

图表 23 - 39　　　　　　　　　**Satellite 公司的比较资产负债表**

SATELLITE CORPORATION.xls			
Home　Insert　Page Layout　Formulas　Data　Review　View			
P18　　　fx			
A	B	C	D
Satellite公司 2015年和2016年比较资产负债表 (单位:千)			
	2016年	2015年	增加或(减少)
资产			
对Porter公司的投资(权益法)	HK$　18 500	HK$　15 000	HK$　3 500
土地	131 500	82 000	49 500
设备	198 000	142 000	56 000
累计折旧——设备	(40 000)	(31 000)	9 000

7	建筑物	262 000	262 000	—
8	累计折旧——建筑物	(74 100)	(71 000)	3 100
9	商标权	7 600	10 000	(2 400)
10	存货	493 000	341 000	152 000
11	预付费用	16 500	17 000	(500)
12	应收账款（净额）	104 000	51 000	53 000
13	现金	59 000	66 000	(7 000)
14	资产总额	HK$1 176 000	HK$ 884 000	
15	所有者权益			
16	普通股（面值为1港元）	HK$　60 000	HK$ 50 000	HK$　10 000
17	股本溢价——普通股	187 000	38 000	149 000
18	留存收益	592 000	496 000	96 000
19	库存股	(17 000)	—	17 000
20	所有者权益总额	822 000	584 000	
21	负债			
22	应付票据（长期）	60 000	—	60 000
23	应付债券	107 000	108 000	(1 000)
24	递延所得税负债（长期）	9 000	6 000	3 000
25	应付账款	132 000	131 000	1 000
26	应计负债	43 000	39 000	4 000
27	应付所得税	3 000	16 000	(13 000)
28	负债总额	354 000	300 000	
29	负债和所有者权益总额	HK$ 1 176 000	HK$　884 000	

图表 23 - 40　　　　　　　　　　　Satellite 公司的利润表和留存收益表

Satellite 公司 2016 年合并利润表和留存收益表		
净销售额		HK $ 526 500
其他收入		3 500
收入总额		530 000
费用		
商品销售成本		310 000
销售和管理费用		47 000
其他费用		4 000
费用总额		361 000
所得税前利润		169 000
所得税		
当期所得税	HK $ 49 000	
递延所得税	3 000	52 000
净利润		117 000
留存收益（1 月 1 日）		496 000
减：		
现金股利	6 000	

续

Satellite 公司		
2016 年合并利润表和留存收益表		
股票股利	15 000	21 000
留存收益（12 月 31 日）		HK＄592 000
每股：		
净利润		HK＄2.13

补充信息：

(a) 其他收入 3 500 港元代表 Satellite 公司在被投资单位 Porter 公司净利润中享有的权益份额。Satellite 公司持有 Porter 公司 22% 的股份。

(b) 有关设备及其累计折旧账户的分析如下：

	设备 借方/（贷方）	累计折旧 借方/（贷方）	利得或 （损失）
2015 年年末余额	HK＄142 000	HK＄（31 000）	
购买设备	53 000		
销售设备	（8 000）	2 500	HK＄（1 500）
本期折旧		11 500）	
设备大修理支出	11 000		
2016 年年末余额	HK＄198 000	HK＄（40 000）	

(c) 通过发行长期票据购买价值 60 000 港元的土地。另外，被征用土地的成本为 10 500 港元。政府支付给 Satellite 公司 18 500 港元，公司从而获得 8 000 港元的利得。

(d) 累计折旧——建筑物、商标权、应付债券的变化来自折旧与摊销分录。

(e) 股东账户的分析如下：

	普通股	股本溢价——普通股
2015 年年末余额	HK＄50 000	HK＄38 000
发放 2% 的股票股利	1 000	14 000
销售股票取得的现金	9 000	135 000
2016 年年末余额	HK＄60 000	HK＄187 000

(f) 支付利息 9 000 港元；支付所得税 62 000 港元。

23.4.2 交易分析

接下来的讨论将解释图表 23－41 的工作底稿中每个项目的调整。由于现金流是分析的基础，因此 Satellite 公司最后调整现金账户。由于利润是现金流量表中的第一个项目，所以先对其进行分析。

留存收益的变化

当期净利润为 117 000 港元，在工作底稿中的分录如下。

(1)

借：经营——净利润　　　　　　　　　　　　　　　　117 000

　　贷：留存收益　　　　　　　　　　　　　　　　　　　117 000

Satellite 公司在工作底稿的底部报告其净利润。这是编制现金流量表的起点（间接法）。

股票股利和现金股利也会影响留存收益。留存收益表报告的股票股利为 15 000 港元。这一交易的工作底稿分录如下。

（2）

借：留存收益	15 000
贷：普通股	1 000
股本溢价——普通股	14 000

发放股票股利不属于经营活动、投资活动或筹资活动。因此，尽管公司出于调整的目的在工作底稿中录入这项交易，但不在现金流量表中报告。

支付现金股利 6 000 港元代表一项筹资活动的现金流出。Satellite 公司编制下列工作底稿分录。

（3）

借：留存收益	6 000
贷：筹资——现金股利	6 000

公司根据上面三个项目的分录调整留存收益的期初和期末余额。

应收账款（净额）

应收账款（净额）的增加为 53 000 港元，由于其未导致 2016 年现金流入的增加，因此需要调整净利润。公司应从净利润中减去增加的 53 000 港元。

（4）

借：应收账款（净额）	53 000
贷：经营——应收账款（净额）增加	53 000

存货

存货增加 152 000 港元代表经营活动使用的现金。当年增加的存货投资减少了现金但没有增加销售成本。Satellite 公司编制如下工作底稿分录。

（5）

借：存货	152 000
贷：经营——存货增加	152 000

预付费用

预付费用减少 500 港元代表利润表中一项未导致当期现金流出的支出。Satellite 公司应该通过下列分录将这一数额加回到净利润中。

（6）

借：经营——预付费用减少	500
贷：预付费用	500

股票投资（权益法）

Satellite 公司对 Porter 公司的股票投资增加了 3 500 港元。这一数额反映了 Satellite 公司在 Porter 公司（权益投资对象）当年实现的净利润中享有的份额。尽管 Satellite 公司在 Porter 公司净利润中享有的份额能使其收入和净利润增加 3 500 港元，但并未导致现金（股利）的增加。Satellite 公司编制下列工作底稿分录。

（7）

借：权益投资（Porter 公司）		3 500
贷：经营——对 Porter 公司的权益投资		3 500

土地

Satellite 公司通过发行长期应付票据购买了价值 60 000 港元的土地。这一交易并不对现金产生影响。这是一笔非现金投资/筹资交易，公司应在现金流量表下方单独披露这笔交易，或在财务报表附注中进行披露。Satellite 公司编制下列分录以调整工作底稿。

（8）

借：土地		60 000
贷：应付票据		60 000

除了发行票据购买土地这一非现金交易外，土地账户会因征地补偿而导致余额减少。下列工作底稿分录记录了账面价值为 10 500 港元的土地收到 18 500 港元的土地出让金。

（9）

借：投资——土地征用收益		18 500
贷：土地		10 500
经营——土地征用利得		8 000

在将净利润调整为经营活动产生的净现金流时，Satellite 公司从净利润中减去利得 8 000 港元。这样做的原因是，对于形成利得的交易项目，其现金影响分类为投资活动的现金流入。至此土地账户调整完成。

设备及其累计折旧

对设备及其累计折旧进行的分析表明，很多交易都会影响这些账户。Satellite 公司当年购买设备的支出为 53 000 港元。公司在工作底稿中的记录如下。

（10）

借：设备		53 000
贷：投资——购买设备		53 000

另外，Satellite 公司将账面价值为 5 500 港元的设备出售并发生 1 500 港元的损失。公司对这笔交易的记录如下。

（11）

借：投资——销售设备		4 000
经营——销售设备损失		1 500
累计折旧——设备		2 500
贷：设备		8 000

通过销售设备获得的收入提供了 4 000 港元的现金流。另外，销售设备的损失减少了净利润，但并不影响现金流。因此，公司为准确计算经营活动产生的现金流，要将这部分损失数额加回到净利润中。

Satellite 公司报告设备的折旧为 11 500 港元，并在工作底稿中记录如下。

（12）

| 借：经营——折旧费用——设备 | 11 500 | |
| 贷：累计折旧——设备 | | 11 500 |

公司要将折旧费用加回到净利润中，因为折旧费用减少了净利润但没有影响现金。

最后，公司对设备进行大修理。这项费用支出为 11 000 港元，记入"累计折旧——设备"账户。这项支出需要支付现金，因此 Satellite 公司编制下列工作底稿分录。

（13）

| 借：累计折旧——设备 | 11 000 | |
| 贷：投资——设备大修理 | | 11 000 |

将上述项目调整后，Satellite 公司就完成了对"设备"和"累计折旧——设备"账户余额的调整。

建筑物折旧和商标权摊销

建筑物的折旧费用为 3 100 港元，商标权的摊销费用为 2 400 港元，这两项费用在利润表中均会减少当期净利润但不会导致当期现金流出。Satellite 公司编制如下工作底稿分录。

（14）

借：经营——折旧费用——建筑物	3 100	
经营——商标权摊销	2 400	
贷：累计折旧——建筑物		3 100
商标权		2 400

其他非现金支出或收入

对其余账户的分析指出，应付账款、应计负债、应交所得税、应付债券，以及递延所得税负债余额的变化都源于那些影响净利润但不影响现金的收支。公司应对这些项目进行单独分析，并将其记入工作底稿。下面列示的是这些非现金且与利润相关的项目的合并分录。

（15）

借：应交所得税	13 000	
应付债券	1 000	
经营——应付账款增加	1 000	
经营——应计负债增加	4 000	
经营——递延所得税负债增加	3 000	
贷：经营——应交所得税减少		13 000
经营——债券溢价摊销		1 000
应付账款		1 000
应计负债		4 000
递延所得税负债		3 000

普通股和相关账户

"普通股"账户余额和"资本公积——股本溢价"账户余额的比较显示,当期的交易会对这些账户产生影响。首先,Satellite 公司向股东发放 2% 的股票股利。如前面工作底稿的分录(2)所示,股票股利交易中并没有提供或使用现金。另外,除了通过股票股利发行股票,Satellite 公司以每股 16 港元的价格销售普通股。公司记录这笔交易如下。

(16)

借:筹资——出售普通股	144 000
贷:普通股	9 000
股本溢价——普通股	135 000

此外,公司以 17 000 港元回购其普通股。在工作底稿中这笔交易记录如下。

(17)

借:库存股	17 000
贷:筹资——回购库存股	17 000

最终调整分录

最终的分录是调整现金的变化并调平工作底稿,如下所示。7 000 港元为期初和期末现金余额的差异。

(18)

借:现金减少	7 000
贷:现金	7 000

公司一旦确定工作底稿上每个项目从期初到期末的变化,就可以汇总调整栏的金额,调整项目的借方和贷方合计数应该相等。因此,Satellite 公司可以根据工作底稿最下方"现金流量表影响"下的项目和数字来编制现金流量表,如图表 23 - 41 所示。

图表 23 - 41   **Satellite 公司编制现金流量表的工作底稿**

	余额 12/31/15		调整项目——2016年 借		贷	余额 12/31/16
借方						
现金	HK$ 66 000			(18)	HK$7 000	HK$ 59 000
应收账款(净额)	51 000	(4)	HK$ 53 000			104 000
存货	341 000	(5)	152 000			493 000
预付费用	17 000			(6)	500	16 500
对Porter公司的投资(权益法)	15 000	(7)	3 500			18 500
土地	82 000	(8)	60 000	(9)	10 500	131 500
设备	142 000	(10)	53 000	(11)	8 000	198 000
		(13)	11 000			
建筑物	262 000					262 000
商标权	10 000			(14)	2 400	7 600

行	项目		借方		贷方	
18	库存股		(17) 17 000			$17 000
19	借方合计	HK$986 000				HK$1 307 100
20	贷方					
21	累计折旧——设备	HK$ 31 000	(11) 2 500	(12) 11 500		HK$ 40 000
22	累计折旧——建筑物	71 000		(14) 3 100		74 100
23	应付账款	131 000		(15) 1 000		132 000
24	应计负债	39 000		(15) 4 000		43 000
25	应交所得税	16 000	(15) 13 000			3 000
26	应付票据	0		(8) 60 000		60 000
27	应付债券	108 000	(15) 1 000			107 000
28	递延所得税负债	6 000		(15) 3 000		9 000
29	普通股	50 000		(2) 1 000		
30				(16) 9 000		60 000
31	股本溢价——普通股	38 000		(2) 14 000		
32				(16) 135 000		187 000
33	留存收益	496 000	(2) 15 000	(1) 117 000		
34			(3) 6 000			592 000
35	贷方合计	HK$986 000				HK$1 307 100
36	现金流量表影响					
37	经营活动					
38	净利润		(1) 117 000			
39	应收账款（净额）增加			(4) 53 000		
40	存货增加			(5) 152 000		
41	预付费用减少		(6) 500			
42	对Porter公司的权益投资			(7) 3 500		
43	土地征用利得			(9) 8 000		
44	销售设备损失		(11) 1 500			
45	折旧费用——设备		(12) 11 500			
46	折旧费用——建筑物		(14) 3 100			
47	商标权摊销		(14) 2 400			
48	应付账款增加		(15) 1 000			
49	应计负债增加		(15) 4 000			
50	递延所得税负债增加		(15) 3 000			
51	应交所得税减少			(15) 13 000		
52	债券溢价摊销			(15) 1 000		
53	投资活动					
54	土地征用收益		(9) 18 500			
55	购买设备			(10) 53 000		
56	销售设备		(11) 4 000			
57	设备大修理			(13) 11 000		
58	筹资活动					
59	支付现金股利			(3) 6 000		
60	出售普通股		(16) 144 000			
61	回购库存股			(17) 17 000		
62	合计		697 500	704 500		
63	现金减少		(18) 7 000			
64	合计		HK$704 500	HK$704 500		

□ 23.4.3　编制最终报表

图表 23－42 列示了根据工作底稿底部数据编制的正式的现金流量表。

图表 23－42　　　　　　　　Satellite 公司的现金流量表

Satellite 公司 2016 年现金流量表 现金增加（减少）（单位：千）	
经营活动的现金流	
净利润	HK $ 117 000
将净利润调整为经营活动提供的净现金：	
折旧费用	HK $ 14 600

续

Satellite 公司 2016 年现金流量表 现金增加（减少）（单位：千）		
商标权摊销	2 400	
债券溢价摊销	（1 000）	
对 Porter 公司的权益投资	（3 500）	
土地征用所得	（8 000）	
销售设备损失	1 500	
递延所得税负债增加	3 000	
应收账款（净额）增加	（53 000）	
存货增加	（152 000）	
预付费用减少	500	
应付账款增加	1 000	
应计负债增加	4 000	
应交所得税减少	（13 000）	（203 500）
经营活动提供的净现金		（86 500）
投资活动的现金流		
土地征用收益	18 500	
购买设备	（53 000）	
销售设备	4 000	
设备大修	（11 000）	
投资活动提供的净现金		（41 500）
筹资活动的现金流		
支付现金股利	（6 000）	
出售普通股	144 000	
回购库存股	（17 000）	
筹资活动提供的净现金		121 000
现金净减少		（7 000）
现金，2016 年 1 月 1 日		66 000
现金，2016 年 12 月 31 日		HK $ 59 000

另外，非现金投资和筹资活动的补充披露如下所示。

非现金投资和筹资活动的补充披露

以 60 000 港元的长期票据购买价值 60 000 港元的土地。

国际会计视野

现金流量表概述

与 IFRS 一样，现金流量表也是 GAAP 要求披露的报表。美国现金流量表的内容和列报方式与 IFRS 一致。但是，GAAP 对现金流量表的披露要求更多。

相关事实

以下是 GAAP 和 IFRS 在现金流量表准则上的主要相同点与不同点。

相同点

● GAAP 和 IFRS 都要求公司编制现金流量表。

● GAAP 和 IFRS 都要求现金流量表披露三个主要部分——经营、投资和筹资，以及现金和现金等价物的变动。

● 与 GAAP 相似，IFRS 允许企业采用直接法或间接法来编制现金流量表。无论在 GAAP 还是在 IFRS 下，大多数公司都使用间接法报告经营活动的现金流。

● GAAP 和 IFRS 关于现金等价物的定义是类似的。

不同点

● 根据 GAAP，银行透支应分类为筹资活动的现金流。两套准则在现金和现金等价物定义上的主要区别是，对于某些情况，IFRS 将银行透支视为现金和现金等价物的一部分，而 GAAP 则不是。

● GAAP 允许公司将非现金投资和筹资的现金流列报在现金流量表中。IFRS 要求将非现金投资和筹资的现金流从现金流量表中去除。正如本章提到的，这些非现金活动应当在其他地方报告。也就是说，那些非现金投资和筹资活动应当在财务报表附注而不是财务报表中进行披露。

● 利息、股利和税收的分类是 GAAP 和 IFRS 的重大区别之一。GAAP 要求除股利支付（被归类为筹资活动），这些项目都应当作为经营活动进行披露。IFRS 给出了很多披露这些项目的选择。

深度解读

关于利息、股利和税收的分类，GAAP 和 IFRS 有显著差异。下表列示了这两种方法的差异。

项目	IFRS	GAAP
应付利息	经营或筹资活动	经营活动
应收利息	经营或投资活动	经营活动
应付股利	经营或筹资活动	筹资活动
应收股利	经营或投资活动	经营活动
应交税费	经营活动——除非与特定的筹资或投资活动相关	经营活动[1,2]

1. GAAP 有额外的披露规定。
2. GAAP 对于以股份为基础的薪酬安排以及衍生金融产品的分类有具体的规定。

资料来源：PricewaterhouseCoopers, *Similarities and Difference—A Comparison of IFRS and U. S. GAAP* (October 2013).

未来之路

IASB 和 FASB 正在开展一个有关财务报表列报和信息组织的联合项目。具体到现金流量表，现金等价物的概念可能不再保留。现有文献中现金的定义将被保留，现金流量表将只列报现金变动的信息。此外，IASB 和 FASB 更倾向于只使用直接法列报经营活动的现金流。但是公司对这种方法持反对态度。

▮ 本章小结

1. 描述编制现金流量表的目标。编制现金流量表的首要目标是提供一个经济实体在一定期间内的现金流入和现金流出的信息。次要目标是报告经济实体在一定期间内的经营、投资和筹资活动。

2. 描述现金流的主要分类。公司按照下列方式对现金流进行分类：（1）经营活动——会导致产生净利润的收入、费用、利得及损失的交易。（2）投资活动——发放贷款并收回贷款，以及获得或处置投资、固定资产和无形资产。（3）筹资活动——从债权人处取得现金以及偿还贷款，发放或回购股票，以及支付现金股利。

3. 编制一张现金流量表。编制现金流量表包含三个主要步骤：（1）确定现金的变化数。这是指比较资产负债表中"现金"账户期初和期末余额的差异。（2）确定经营活动产生的净现金流。这一步骤是复杂的；不仅要分析当期的利润表，还要分析比较资产负债表和部分交易数据。（3）确定投资活动和筹资活动产生的净现金流。分析资产负债表账户的所有其他变化以确定对现金的影响。

4. 区分净利润与经营活动产生的净现金流。公司必须对权责发生制下的净利润进行调整以得到经营活动产生的净现金流，因为一些费用和损失不会导致现金流出，一些收入和利得不会提供现金流入。

5. 确定投资活动和筹资活动产生的净现金流。一旦公司计算出经营活动产生的净现金流，下一步就是确定资产负债表账户的其他变化是否会导致现金增加或减少。投资和筹资活动的净现金流可以通过非流动性的资产负债表账户的变化来确定。

6. 识别现金流量表的信息来源。编制报表的信息通常有下列三个来源：（1）比较资产负债表：报表可以提供当期资产、负债和权益的变化数。（2）当期利润表：利润表提供的信息可用于确定当期经营活动提供的现金流。（3）部分交易数据。从总分类账中获取的数据提供了确定当期现金如何得来又如何使用的额外的详细信息。

7. 对比计算经营活动产生的净现金流的直接法和间接法。在直接法下，公司计算主要分类的经营现金流入和流出。公司在单独的列表中总结将权责发生制下的利润表转为收付实现制下的利润表的过程。直接法下对经营活动产生的净现金流的列报采用以收付实现制为基础的利润表形式。在间接法下，要将非现金费用和损失加回到净利润中，并减去非现金收入和利得。

8. 讨论现金流量表编制过程中的特殊问题。这些特殊问题有：（1）净利润的调整；（2）应收账款（净额）；（3）其他营运资本的变化；（4）净损失；（5）披露。

9. 解释现金流量表编制过程中工作底稿的使用。当存在很多必要的调整事项以及其他的复杂因素时，公司通常需要使用工作底稿来归集和分类在现金流量表中呈现的数据。工作底稿仅为编制报表时的一个辅助工具，可以选择使用。

简单练习

BE23-1 Wainwright 公司 2015 年的经济活动如下。

1. 销售土地 180 000 美元。
2. 购进存货 845 000 美元。
3. 购入库存股 72 000 美元。
4. 购入设备 415 000 美元。
5. 发行普通股 320 000 美元。
6. 购入可转让公司债券 59 000 美元。

计算 Wainwright 公司在 2015 年现金流量表中应报告的投资活动提供的净现金。

BE23-12 2015 年，Leppard 公司以每股面值 10 美元发行普通股 1 000 股，用于购买价值 40 000 美元的土地。

（a）编制 Leppard 公司此项交易的会计分录。

（b）指出此项交易对现金流的影响。

（c）指出此项交易如何在现金流量表中报告。

综合练习

E23-1（交易分类） Springsteen 公司在最近几年的经营中有如下活动。

（a）养老金费用高于现金的出资。

（b）赎回应付债券。

（c）以账面价值销售建筑物。

（d）折旧。

（e）用设备交换家具。

（f）发行普通股。

（g）无形资产的摊销。

（h）购买库存股。

（i）发行土地的债券。

（j）支付股利。

（k）增加应付票据的应计利息。

（l）购置设备。

要求：

按下列要求进行分类：（1）经营——增加净利润；（2）经营——减少净利润；（3）投资；（4）筹资；（5）重大的非现金投资和筹资活动。使用间接法。

权威文献

［1］International Accounting Standard 7, *Statement of Cash Flows* (London, U. K.：International Accounting Standards Committee Foundation, 2001).

［2］International Accounting Standard 7, *Statement of Cash Flows* (London, U. K.：International Accounting Standards Committee Foundation, 2001), paras. 13–17.

［3］International Accounting Standard 7, *Statement of Cash Flows* (London, U. K.：International Accounting Standards Committee Foundation, 2001), par. 7.

［4］International Accounting Standard 7, *Statement of Cash Flows* (London, U. K.：International Accounting Standards Committee Foundation, 2001), par. 19.

［5］International Accounting Standard 7, *Statement of Cash Flows* (London, U. K.：International Accounting Standards Committee Foundation, 2001), par. 36.

［6］International Accounting Standard 7, *Statement of Cash Flows* (London, U. K.：International Accounting Standards Committee Foundation, 2001), par. 43.

［7］International Accounting Standard 7, *Statement of Cash Flows* (London, U. K.：International Accounting Standards Committee Foundation, 2001), par. 31.

第 24 章

财务报告的列报和披露

学习目标

学完本章之后，你应该能够：

1. 回顾充分披露的原则并了解该原则在实施过程中的问题。
2. 解释附注在财务报表编制中的作用。
3. 讨论关联方交易、期后事项和主要业务分部的信息披露要求。
4. 描述与中期报告相关的会计问题。
5. 明确审计报告的主要内容。
6. 了解管理层对财务报表的责任。
7. 了解财务预测和计划的相关问题。
8. 了解业界对财务报告舞弊的态度。

我们需要质量，而非数量

通过学习本教材，你将了解到财务报表包含大量有用的信息，这些信息能够帮助投资者和债权人评估未来现金流的金额、时间和不确定性。另外，若企业提供附注披露来帮助报表使用者了解如何将 IFRS 应用到交易事项中，会计报表的有用性将得到增强。这些披露能够帮助报表使用者理解管理层决策以及决策对财务报表中金额的影响。而一些报表使用者认为我们需要更进一步。

IASB 在了解到改善财务报表和披露的需求后作出回应。IASB 组织了研讨会，并对报表的编制者和使用者展开调查，以获取衡量财务报告和附注有效性的数据。该调查的参与者会被问及一系列问题，例如是否存在披露问题，问题存在于年报的哪一项等。调查内容主要集中于三方面可能存在的问题：（1）相关信息不充分；（2）无关信息太多；（3）披露表述难以理解。下图显示了调查反馈结果。

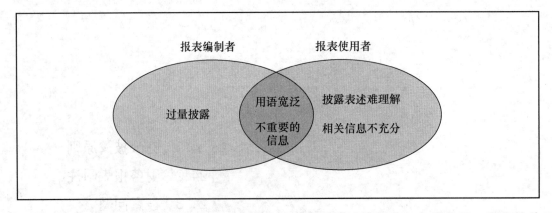

可以看出，报表编制者认为披露存在的首要问题是过量披露，也就是说，他们被要求提供过量的信息。另一方面，报表使用者抱怨他们无法理解某些信息并且部分信息的相关性不大。这些反馈与研讨会的结果相似。尤其是财务披露信息量的增加导致披露质量和有用性的下降。更重要的是，人们一致认为采取行动改善披露信息刻不容缓。

根据调查和讨论结果，IASB 在以下三个主要方面采取了措施：

1. 修订 IAS 1。IASB 将修订 IAS 1（"财务报表的列报"），帮助报表编制者在列报财务报表时克服困难。

2. **重要性。**IASB 将组建顾问组，制定关于重要性的指导文件。

3. **对披露的专门研究。**IASB 将把提高披露有效性纳入其研究议程。

会长 Hans Hoogervorst 将 IASB 的职责总结为："毋庸置疑，我们能够改善我们对 [披露] 的要求。然而，重要的是，我们的行为要发生改变，以保证财务报表被视作沟通的工具而不是单方面的遵从。这就意味着，我们需要从根本上解决报表编制者在谨慎性上犯错并在披露时'一劳永逸'的问题。"总之就是：我们要追求披露的质量，而非数量。

资料来源："Discussion Forum—Financial Reporting Disclosure," *Feedback Statement* (London, U.K.：IASB, May 2013), *http://www.ifrs.org/Current-Projects/IASB-Projects/Disclosure-Initiative/Pages/Disclosure-Initiative.aspx.* See also "Disclosure Initiative：Proposed Amendments to IAS 1," *Exposure Draft ED/2014/1* (London, U.K.：IASB, March 2014).

本章概览

正如开篇案例所示，投资者和其他利益相关者需要阅读和了解财务报告的所有信息，包括财务报表、报表附注、董事长声明、管理层评论。在本章中我们将更深入地讨论充分披露原则，并论证只有将信息披露和财务报表相结合才能避免被误导。本章的内容和结构如下。

财务报告的列报和披露				
充分披露原则	**财务报表附注**	**披露问题**	**审计报告和管理层报告**	**当前报告的主要问题**
• 报告要求的提高 • 差异化披露	• 会计政策 • 常见的附注	• 特殊交易或事项的披露 • 期后事项 • 多元化企业 • 中期报告	• 审计报告 • 管理层报告	• 财务预测和计划报告 • 互联网财务报告 • 财务报告舞弊 • 会计和报告选择的标准

24.1　充分披露原则

根据 IASB 的概念框架，财务报表能够提供一些有用的信息，而另一些信息更适合以非财务报表的形式披露。例如，投资者能够从财务报表中获得净利润和现金流信息，但可能还需要从新闻报道或股票分析报告中获得行业数据的对比，进而作出更好的决策。

IASB 制定的准则对财务报表、财务报表附注和补充信息有直接影响。这些会计准则为财务报表的确认和计量提供了指引。由于在应用 IFRS 时包含大量的主观判断，附注披露提供了关于 IFRS 应用的重要信息。补充信息包括对风险及不确定性的披露、资产负债表中未确认的资产和负债（如矿产储量），以及地理位置和行业部门的划分。年度报告中的其他信息，例如管理层评论以及致股东的信，则不受该准则的影响。[1]图表 24 - 1 列示了各种类型的财务信息。

图表 24 - 1　　　　　　　　　　　　　　　财务信息的类型

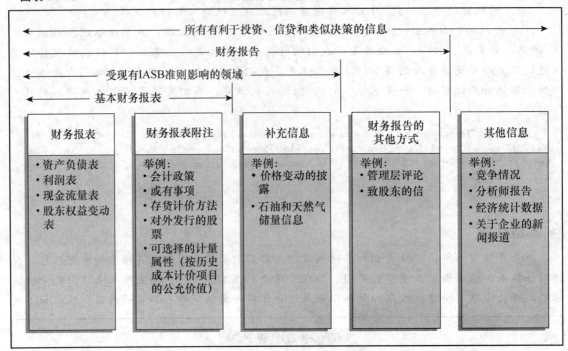

正如第 2 章所述，会计界采纳了充分披露原则。充分披露原则要求财务报告披露所有会对报告使用者的判断产生影响的财务信息。在某些情况下，信息披露的效益可能很明显，但成本无法确定；而有时，信息披露的成本确定但效益不显著。

例如，IASB 要求公司加大对合同义务的信息披露。考虑到在类似意大利帕玛拉特（Parmalat）这样的公司中存在舞弊，这些披露对投资者的好处显而易见。虽然没有人准确记录这些信息披露的成本，但它们似乎相对较低。

另一方面，在某些情况下，信息披露的成本巨大而收益却难以评估。例如，财经媒体曾经报道，对于诸如美国 Fruehauf 等公司来说，若采取分部报告，其会计人员将从 300 人增加到 450 人，即增加 50%。此时，披露的成本可以估测但收益难以确定。

一些人甚至认为财务报告的要求太多且过于具体，导致报告使用者很难充分理解这些信息。他们认为会计界会陷入信息过载的困境。

印度 Mahindra Satyam 公司和法国兴业银行（Société Générale）等发生的财务危机表明，充分披露原则在实施过程中有很大的困难，许多问题亟待解决。例如，投资者为什么无法从披露的信息中发现公司的潜在问题？是因为这些公司提供的信息难以理解或太过专业，还是因为企业有意隐瞒真相？是因为信息披露以后情况又恶化了，还是因为企业根本没有提供有关信息？在下面几节中，我们将描述高质量的信息披露所具备的要素，帮助企业避开信息披露的陷阱。

　24.1.1　报告要求的提高

信息披露的要求大幅提高了。一项调查显示，为了满足增加透明度的要求，很多公司年度报告的内容不断增加。例如，德国 Wm Morrison Supermarkets plc 的年度报告有 92 页，而西班牙 Telefónica 公司则长达 268 页。这一结果并不奇怪，如本书所述，最近 10 年，IASB 发布了大量有关信息披露的规定。

增加信息披露要求的原因有很多，例如：

● 商业环境的复杂性。日趋复杂的商业环境加大了在报表中对经济事项进行高度概括的难度。衍生工具、租赁、企业合并、退休金、融资安排、收入确认、递延所得税等领域非常复杂。因此，公司普遍使用财务报表附注来解释相关交易事项及其预期影响。

● 及时披露信息的需要。现在的报告使用者比以往任何时候都更加需要及时的、预测性的信息。例如，报告使用者想获取更完整的中期数据。

● 会计是一种控制和监督手段。最近，监管机构要求对高管薪酬、资产负债表表外事项、关联方交易等事项进行披露。很多有关披露的新规定允许会计师和审计人员协助监督和控制。

□ 24.1.2 差异化披露

差异化披露正在成为一种趋势。[①] IASB 为中小型企业（SME）制定了 IFRS。中小型企业是指向外部使用者发布通用的财务报表，但是不在公开市场上发售股票或其他证券的实体。据估计，全世界 95％ 以上的企业为中小企业。很多人认为一套简化的准则对这些企业来说更适用，因为它们无法执行完整的 IFRS。

简化版的 IFRS 根据中小企业的需求和能力制定而成。相较于完整版的 IFRS（和很多国家的会计准则），简化版更为简洁，具体如下：

● 删除了与中小企业不相关的内容，例如每股收益、中期财务报告和分部报告。

● 减少了可供选择的会计政策。例如，中小企业不能对资产、设备或无形资产重新估值。

● 简化了确认和计量资产、负债、收入和费用的原则。例如，对商誉进行摊销（取消了年度的减值测试），借款和研发支出全部费用化。

● 大幅减少要求披露的内容（大概从 3 000 项减到 300 项）。

● 为进一步简化，准则制定机构将对适用于中小企业的简化版 IFRS 每三年修订一次。

因此，简化版的 IFRS 既能满足财务报表使用者的要求，又能从中小企业的角度平衡成本和收益。[2]

24.2 财务报表附注

正如你在本书中所学到的，附注是企业财务报表的一个组成部分。然而，由于附

---

① IASB 正在对与管理层评论相关的披露问题进行评估。然而，一位理事会成员说，扩大披露要求的有用性还取决于报表使用者区分财务报表披露和列报事项的能力。迄今为止还没有研究能够就此下定论。详见 Katherine Schipper, "Required Disclosures in Financial Reports," Presidential Address to the American Accounting Association Annual Meeting (San Francisco, Calif.：August 2005)。

注信息过于专业而且字体较小，财务报告的使用者经常会忽视这部分内容。附注是一个用于补充说明或解释报表主体所列项目的手段。附注不仅能够提供与财务报表中特定项目有关的定性信息，还能对财务报表提供的信息进行扩展，提供补充性的定量数据。此外，附注还能对筹资安排或基本合同协议中的限制条件进行解释说明。虽然附注信息可能很专业且难以理解，但是它们能够为财务报告使用者提供有意义的信息。

□ 24.2.1　会计政策

会计政策是指企业在编制财务报告时使用的具体的准则、依据、惯例、规则和实践。IFRS 认为，某一报告实体所采用的会计政策是财务报告使用者制定经济决策的必要信息。它建议企业将有关报告实体所采用的会计政策的声明作为财务报表必要的组成部分进行列报。企业应该将这类信息作为第一项附注内容或者单独作为重要会计政策的概要在财务报表附注之前列报。

重要会计政策的概要能够回答下列问题：固定资产折旧采用什么方法？存货的计价方法是什么？无形资产使用的是哪种摊销政策？为了实现财务报告的目标，销售费用应该如何处理？马莎百货公司的附注披露是一个很好的例子，相关信息可在该公司的网站上找到：www.marksandspencer.com。

分析师通过对仔细考察企业的会计政策概要来确定企业的会计处理是谨慎的还是激进的。例如，固定资产折旧年限过长通常被认为是激进的；在通货膨胀时期采用加权平均法核算存货往往被视为是谨慎的做法。

除了对重要会计政策的披露，企业还必须：

1. 识别管理层在应用会计政策的过程中作出的判断，这些判断对财务报表金额会产生重大影响。

2. 对未来假设，以及那些在会计期末可能给下一年度的资产和负债数额带来重大调整的项目进行披露。对于那些资产和负债，附注应该包括其属性以及期末余额的详细信息。

这些披露通常随会计政策附注出现，也可能出现在特定政策的附注中。披露应该指出管理层最难决策、最为主观和复杂的估计。[3] 图表 24-2 给出了一个披露示例：英国航空公司。

图表 24-2　　　　　　　　　会计估计和判断的披露

英国航空公司
重大会计估计和判断（部分） 　　在财务报表编制过程中，管理层需要进行判断、估计、假设，这些假设会对会计政策的应用、资产和负债金额、收入和费用产生影响。这些估计和相关的假设是根据过去的经验和其他合乎情理的因素作出的。这些潜在假设会随着时间的推移不断更新修订。如果会计估计变更仅影响变更当期的会计信息，那么企业只需在该期间对此进行会计确认；如果会计估计变更既影响当期又影响未来的会计信息，那么企业应在这些受影响的期间内对此进行会计确认。后文将讨论那些可能给下一会计年度资产和负债的账面价值带来重大调整的会计估计和假设。

续

英国航空公司

a.　计提非金融资产减值准备

　　公司需在每一报告日对所有非金融资产是否存在减值迹象进行评估。对使用年限不确定的商誉和无形资产，在每一年度以及存在减值迹象时进行减值测试。现金产生单元的可收回金额根据使用价值计算得出。这些计算需要用到附注 16 中的估计。

　　在有迹象表明账面价值无法收回时，需要对其他非金融资产进行减值测试。

d.　确认客运收入

　　在运输服务发生时确认客运收入。预计不用于运输的机票收入（未使用的机票）根据机票的条款以及历史趋势确认收入。

e.　飞行常客收入

　　奖励积分应以公允价值确认为负债。公允价值应以奖励积分单独销售的价格确定。这项负债应在奖励积分兑换使用或集团确认相应积分不会再兑换使用时确认为收入。公允价值和这些预计不会兑换的积分需要由管理层进行判断和估计。

　　总之，这些披露通过在财务报表中提供用于预测未来现金流的信息，来帮助报表使用者评估企业会计政策的质量。对于未能采用高质量报告政策的企业，市场将给予惩罚。例如，当德国 Isoft 公司披露，其因使用激进的收入确认政策将对以前年度的数据进行修改时，该公司的股价在一天内下降了 39% 以上。投资者认为 Isoft 公司的收益质量低下。

24.2.2　常见的附注

　　我们在本教材中已经讨论过许多有关财务报表附注的内容，在这一章我们将更全面地讨论其他报表附注。常见的报表附注如下。

主要的披露事项

　　存货。企业应当报告存货金额的列报基础（成本与市价孰低）以及发出存货成本的确定方法（后进先出法、先进先出法、平均成本法等）。制造企业需要在资产负债表或者附注中单独列报存货的组成（产成品、在产品、原材料）。与存货相关的异常或重大融资安排包括关联方交易、产品融资安排、公司购货承诺、存货的抵押担保等都需要披露。第 9 章对存货进行了详细的阐述。

　　不动产、厂场和设备。企业应当说明不动产、厂场和设备的估价基础（例如重估价或历史成本），通常为历史成本。企业还要披露与这些资产有关的抵押、留置等其他承诺事项。对于固定资产的折旧，企业应当在财务报表或附注中披露下列内容：（1）当期折旧费用；（2）按照性质和功能划分为重要资产的固定资产在资产负债表日的余额；（3）重要资产的累计折旧或所有计提折旧资产的累计折旧在资产负债表日的余额；（4）对于若干类重要的资产，概括折旧费用的计算方法。最后，企业应当说明所有重大的减值事项。第 11 章对这些披露进行了详细的阐述。

　　债权人的索偿权。投资者一般认为了解债权人索偿权的性质和成本十分重要。但是，资产负债表的负债部分仅提供主要负债的合计数。而附注中的明细能够提供有关公司如何为其经营活动筹集资金，未来期间需要承担的成本及未来现金流出的时间等补充信息。财务报表必须披露未来 5 年内，各年到期的债务总额以及长期借款的偿债基金要求。第 14 章详细阐述了上述披露事项。

股东的索取权。 多数企业会在资产负债表的主体部分或报表附注中披露下列有关权益证券的信息：已经批准的、已经发行的和流通在外的股数以及各类股票面值。在此基础上，附注中一般还要披露对外发行的有可能会影响其余股东的各种权益的合同和优先证券，如对外发行的股票期权、可转换债券、可赎回优先股和可转换优先股等。另外，企业还应当披露各类限制性条款，如限制可供进行股利分配的利润金额。第 15 章和第 16 章详细阐述了上述披露。

或有事项和承诺。 企业可能存在一些未在财务报表主体部分披露但可能带来利得和损失的或有事项。这些或有事项包括诉讼、债务及其他各类担保、可能的纳税评估、政府合同的重新谈判、带追索权的应收款项转让。此外，企业应当在附注中披露有关股利限制、购买协议（生产量和无条件支付）、套期保值合同和雇佣合同。这类事项的披露详见第 7 章、第 9 章和第 13 章。

公允价值。 以公允价值计量资产和负债的企业必须在报表附注中披露所有金融工具的历史成本和公允价值。公允价值计量模式可用于金融资产和负债，投资，不动产、厂场和设备的重估值，长期资产的减值，或有事项。公司还应当提供必要的信息，使报告使用者能够明确公允价值的使用范围和计量使用的相关参数。公允价值计量分为三个层级（层级 1，2，3）。公允价值的不同层级反映了不同程度的可靠性。第 17 章详细讨论了公允价值信息的披露。

递延所得税、养老金和租赁。 IASB 要求企业全面披露与递延所得税、养老金和租赁相关的内容。第 19 章、第 20 章和第 21 章对此进行了详细阐述。财务报表使用者应当仔细阅读报表附注中有关表外承诺、未来融资需求和公司盈余质量的信息。

会计政策的变更。 业界定义了各种不同类型的会计变更，并且为每一类变更的列报都制定了不同的准则。企业可以在重要会计政策的概要部分或者其他附注中披露会计政策的变更（以及会计估计变更和差错更正）。参见第 22 章。

上述披露事项均在前面章节讨论过。接下来，本章将重点说明以下四类重要的披露——特殊交易或事项、期后事项、分部报告和中期报告。

数字背后的故事　　　脚注的秘密

通常，报表附注需要全面报告一个公司的财务状况，例如企业应当披露回购协议中的担保情况。当美国雷曼兄弟以及其他美国和欧洲的金融机构被曝采用专门的回购协议（也称为回购 105 或者是回购 108（欧洲））来粉饰其资产负债表时，这种协议成为新闻头条。下面是其运作的过程。

回购协议相当于一种短期借款，用担保物换取现金，隔天以现金换回担保物完成交易。雷曼公司采用的回购 105 将多种财产当做担保物。雷曼公司的交易对象主要包括国际金融机构，例如巴克莱银行、瑞银、三菱日联金融集团，以及比利时联合银行。回购 105/108 的特别之处在于，雷曼公司在交易中抵押的证券的价值相当于换取的现金的 105%。也就是说，该公司进行了亏本交易。当雷曼公司连本带息偿还从交易对方那里取得的现金时，这种方法变得代价高昂。与大部分的回购交易一样，根据当时的会计政策，雷曼公司能够将这项交易粉饰为"销售收入"而不是"融资"。这意味着在几天时间内，雷曼公司能够将数百亿美元的资产变成收入，以使自己的财务状况比实际看起来更好。

怎么才能更好地从财务报表附注中获取与投资（如回购 105）相关的重要信息？除了课堂上的学习，一些网站也能帮助人们了解报表附注披露的内容，如 http://www.foot-noted.org/。这个网站高度关注"隐藏在年度报告中的信息"。它们认为，企业的报告比以往更为全面，但只有某些大型公司提供的报告具有可读性。正如该网站的编辑所说，"［一些公司］正在被强制要求使用平实易懂的语言"。

资料来源：Gretchen Morgenson, "Annual Reports: More Pages, but Better?" *The New York Times* (March 17, 2002); D. Stead, "The Secrets in SEC Filings," *BusinessWeek* (August 25, 2008), p. 12. and M. de la Merced and J. Werdigier, "The Origins of Lehman's 'Repo 105'," *The New York Times* (March 12, 2010).

24.3 披露问题

☐ 24.3.1 特殊交易或事项的披露

关联方交易、会计差错和舞弊是目前非常敏感又难以解决的问题。负责报告这类交易的会计师和审计人员必须十分谨慎地在报告公司的权利和财务报表使用者的需求之间寻求平衡。

关联方交易是指公司在交易时交易一方有能力对另一方的政策施加重大影响的情形。若一家未参与交易的企业能够同时影响交易双方的政策，也属于关联方交易。① 在关联方交易中，竞争性的自由市场行为可能不复存在，因此"市场交易价格"的假设不成立。以异常高或低的利率借入或贷出款项，按照明显偏离估值的价格出售不动产，非货币性资产交换以及与无任何经济实质的企业（壳公司）进行交易，都暗示其中可能存在关联方交易。

为了实现充分披露，企业应当报告关联方交易的经济实质而非法律形式。IFRS 要求企业必须最低限度地披露以下关于关联方交易的事项。[5]

1. 关联方关系的性质。

2. 交易金额以及未清余额，包括承诺、报酬的性质，以及作出或收到的任何担保的细节。

3. 与未清余额有关的呆账的条款。

4. 有关坏账或呆账到期时确认的费用。

图表 24-3 来自沃尔沃集团，展示了有关关联方交易的披露。

---

① 关联方交易的例子包括：（a）母公司及其子公司；（b）同一控制下的子公司；（c）公司与其员工福利的托管者（受公司的控制和管理）；（d）公司与其主要所有者、管理层或其直系亲属和分公司。[4]

图表 24 - 3　　　　　　　　　　关联方交易的披露

沃尔沃集团		
附注 25：关联方交易（部分）		
沃尔沃集团与其部分相关方发生交易。该交易主要包括向经销商销售车辆以及购置引擎。		
	2012 年	2011 年
从关联企业取得的销售收入	1 670	1 296
付给关联企业的购置成本	702	60
与关联企业相关的应收账款，12 月 31 日	242	186
对关联企业的负债，12 月 31 日	632	129
购置成本和负债的增加可由 Deutz AG 公司解释，该公司从 2012 年 9 月起成为沃尔沃的关联方。商业条款和市场价格决定关联企业产品及服务的供给和需求。 　法国雷诺公司在 2012 年 12 月之前因持有 AB 沃尔沃的股份是沃尔沃集团的关联方。2012 年 12 月雷诺公司出售其持有的沃尔沃股份。与雷诺公司及其子公司的交易往来总计 29（53）及 1 719（2 321）。到 2011 年 12 月 31 日，与雷诺公司相关的应收账款及负债为 11 和 372。销售主要来自雷诺卡车向雷诺公司销售元件及配件以及雷诺公司向雷诺卡车销售轻型卡车。雷诺卡车从雷诺公司获得了雷诺商标的使用权。		

很多企业都存在关联方交易。而另一类事项如会计差错、欺诈（有时为违规行为）属于规则的例外。会计差错是无意的错误，而欺诈（资产侵占和财务报告舞弊）是故意歪曲财务报表。[①] 如前所述，企业应该更正财务报表中发现的错误。对于欺诈也应如此。然而，一旦发现欺诈，会计师或审计人员的责任与处理程序将完全不同。

在这类交易中，信息披露显得尤为重要。因为这些事项的性质比金额更重要，而且涉及更多的主观评价。财务报表使用者需要借助信息披露、非标准审计报告或审计人员变更等信息，得到有关这些交易存在和性质的线索。

□ 24. 3. 2　资产负债表日后事项（期后事项）

财务报表附注应当对资产负债表日至财务报告报出日（后文称作报出日）之间发生的所有重要的财务事项进行说明。这些事项称为资产负债表日后事项，简称期后事项。图表 24 - 4 说明了期后事项所属期间。

图表 24 - 4　　　　　　　　　　期后事项的时间区域

---

① International Standard on Auditing 240, "The Auditor's Responsibilities Related to Fraud in an Audit of Financial Statements," *Handbook of International Quality Control, Auditing, Review, Other Assurance, and Other Related Services Pronouncements* (New York: International Federation of Accountants (IFAC), April 2010)。在本章的后面我们将对欺诈进行讨论。对公司审计的要求根据管辖权和上市与否有所不同。大部分美国之外的跨国公司都会遵循由国际审计与鉴证准则理事会（IAASB）发布的国际审计准则。

在会计年度结束之日至财务报告报出日之间通常会有几周甚至几个月的时间差。① 会计结账的工作十分繁杂，财务报告的发布也需要时间：存货的盘点和定价，过账，编制必要的调整分录，确保期间内的所有交易都被记录，第三方注册会计师对财务报表进行审计，以及打印年度报告等。从资产负债表日到财务报告报出日期间，可能会发生很多对公司的财务状况和经营成果产生实质性影响的重要交易和事项。

很多财务报表的阅读者认为企业的财务状况在未来保持不变。但是，如果公司发生重大的变化，这些阅读者必须被告知有关信息，例如处置部分固定资产，兼并某子公司，发生非经常性损失，重大诉讼事项的终结或其他在资产负债表日后发生的重大事项。没有报表附注的解释说明，阅读者可能会被误导并得出不当的结论。

资产负债表日后发生的事项或交易可能会对财务报告产生实质性的影响，需要企业披露以便阅读者能够准确理解报告信息。具体的交易或事项如下：

1. 能够对资产负债表日存在的情况提供补充证据的事项，包括在财务报告编制过程中使用的会计估计。这些事项称为期后调整事项，需要对财务报表进行调整。可在财务报表对外报出之前获取的所有信息有助于投资者和债权人对之前的判断进行评估。忽略这些期后事项相当于放弃了一个提高财务报表准确性的机会。对于该类事项，会计师应当视为在资产负债表日就已经知道相关信息并将其记入相应账户。

例如，对于在资产负债表日后因客户破产造成的坏账损失，公司需要在对外公布之前对财务报告进行调整，因为客户不良的财务状况在资产负债表日就已经存在。

已决诉讼的会计处理与之类似。对于人身伤害、专利侵权等发生在资产负债日之前的法律诉讼，公司必须对资产负债表进行调整。

2. 资产负债表日不存在但为期后发生的情况提供证明的事项。这些事项称为期后非调整事项，即不需要对财务报表进行调整的事项。例如，客户在资产负债表日后由于火灾或洪水而遭受的损失不能反映其在资产负债表日的状况，因此无须调整财务报表。公司不应该对资产负债表日不存在但为期后发生的情况提供证明的事项进行会计确认。

下面是期后非调整事项的一些举例：

- 资产负债表日后发生的企业合并。
- 发布关于终止或执行重要重组的计划。
- 资产购置、销售，以及政府征用资产。
- 发生在资产负债表日后的火灾或自然灾害造成的设备和存货损失。
- 普通股交易以及资产负债表日之后可能发生的普通股交易。
- 资产负债表日后的资产价格异常变化、外汇汇率变化或税率变化。
- 重大承诺及或有负债，例如资产负债表日后作出重大担保。②[7]

为避免财务报表被曲解，企业应当披露某些非调整事项的性质和预计的财务

---

① 在许多行政辖区，管理层被要求向监督董事会（仅由非执行董事组成）提供财务报表以获取批准。在这种情况下，财务报表在管理层取得批准后发布（通常在期后事项期间的期末）。在其他行政辖区，企业被要求在公开发布财务报表之后向股东提交财务报表以获取批准。在这种情况下，期后事项期间在报表报出日之后，而不是股东批准财务报表报出日之后。[6]

② 例如受发生在公司财务年度之后的冰岛火山大喷发等自然灾害的影响，为了避免财务报告阅读者被误导，要求进行披露。一些公司可能得考虑这些灾害是否会影响它们持续经营的能力。

影响。

图表 24-5 列示了一个关于期后事项的案例，该案例摘自芬兰 Tieto 公司的年度报告。

图表 24-5　　　　　　　　　　　期后事项的披露

Tieto 公司
附注 32：资产负债表日后事项 　　2 月，Tieto 公司决定将其在德国与荷兰的大部分业务出售给德国 Aurelius 工业集团。交易预计在 2013 年第二季度完成。该项剥离业务 2012 年的净销售额总计超过 1.1 亿欧元。德国企业在 2012 年处于亏损状态，而该项剥离业务将使 Tieto 公司基础业务的营业毛利较 2012 年提高大约 0.5 个百分点。Tieto 公司在 2012 年第四季度计提的减值大约为 3 000 万欧元。剥离的业务部门有将近 900 名员工，他们在交易完成后都将归属新的业主。该项剥离业务使 Tieto 公司失去了国际业务和客户，也就是德国的林业业务、荷兰的能源业务、国际客户的产品设计业务以及其他国际业务。 　　在 2012 年 12 月 7 日至 12 月 31 日之间，Tieto 公司的 2006C 优先认股权认购了共计 111 846 股新发行的股份，2009A 优先认股权认购了共 3 500 股。至此，Tieto 公司的股份数增加至 72 492 559 股，股本增加至 76 064 020 欧元。优先认股权认购的股份在 2013 年 1 月 18 日登记。

许多期后事项不需要企业对财务报表进行调整或在报表中披露。这些事项属于非会计事项或情形，管理层通常借助其他途径进行披露，如法律法规、产品变更、管理层变动、员工罢工、成立工会、营销协议以及重要客户的流失等。

☐ 24.3.3　多元化企业（集团公司）的报告

在特定的商业环境中，公司越来越倾向于多元化经营和发展。以德国西门子公司为例，旗下产品包括能源技术、消费品和金融服务。当企业业务如此多元化的时候，投资者和分析师希望从企业集团财务报表中获得更多的详细信息，尤其是各独立分部的利润表、资产负债表、现金流量表信息。

许多信息隐藏在合计数中。如果分析师只有合并数据，他就无法区分不同的产品线对公司的盈利、风险和增长潜力的影响程度。例如，在图表 24-6 中，办公设备分部似乎具有一定的风险。分部报告能够提供有关两个分部的有用信息，并且有助于从公司整体层面作出合理的投资决策。

图表 24-6　　　　　　　　　　　分部利润表

办公设备及汽车配件公司 利润表数据 （单位：百万）			
	合并数	办公设备	汽车配件
净销售额	$78.8	$18.0	$60.8
制造成本			
存货，期初	12.3	4.0	8.3
材料及服务	38.9	10.8	28.1
员工薪金	12.9	3.8	9.1

续

办公设备及汽车配件公司 利润表数据 （单位：百万）		
存货，期末	(13.3)	(3.9)	(9.4)
	50.8	14.7	36.1
销售和管理费用	12.1	1.6	10.5
营业费用合计	62.9	16.3	46.6
税前利润	15.9	1.7	14.2
所得税	(9.3)	(1.0)	(8.3)
净利润	$6.6	$0.7	$5.9

一个证明分部数据必要性的经典案例是美国卡特彼勒公司。市场监管部门将卡特彼勒公司作为典型案例，是因为该公司没有告知投资者其年度收入的近 1/4 来自巴西的分部，且这部分收入不具有可持续性。公司明知下一年度经济政策的变化会极大影响巴西分部的收入，却依然发布基于合并数据的财务报告而没有披露巴西分部的经营状况。卡特彼勒公司的行为使投资者无法全面了解公司的财务状况，并且剥夺了投资者"通过管理层的眼睛"看清公司的机会。

很多公司都会在披露分部报告信息时有所迟疑，原因如下：

1. 投资者普遍缺乏对公司业务的全面了解，对于竞争环境和资本投资需求等重要因素也知之甚少，因此投资者可能认为分部信息没有意义，甚至根据报告的分部收益得出不当的结论。

2. 额外披露的信息可能对竞争对手、工会、供应商和特定的政府监管部门有利，因此会损害报告公司的利益。

3. 额外披露的信息可能会使管理层承担风险，因为分部报告的亏损或不尽如人意的收益可能会引起股东对管理层的不满。

4. 不同公司在分部划分、成本分配和其他会计处理上有很大的不同，这限制了分部信息的有用性。

5. 投资者的投资对象是整个公司，而不是具体的一个分部。因此，如果企业整体绩效令人满意，则其中任何单个分部的业绩是无关紧要的。

6. 特定的技术性问题难以解决，例如部门的划分和分部收入、成本的分配（特别是"共同成本"）。

另一方面，分部报告披露的支持者提出了以下理由：

1. 对于多元化企业而言，投资者需要分部报告信息来作出明智的投资决策。

（a）各分部的销售收入和利润信息能够帮助投资者评价不同分部在增长速度、风险和盈利能力上的差别，并且有助于预测合并利润。

（b）分部报告通过披露公司业务的性质和组成部分的相对规模来帮助投资者评价公司的投资价值。

2. 若多元化企业不提供分部报告，那些未划分分部的仅拥有单一生产线的竞争者将有可能处于劣势地位，因为它们必须披露有关信息而集团企业则可以适当隐瞒。

分部信息披露的支持者似乎更占上风。很多报表使用者认为，分部数据是除基本财务报表之外最有用的财务信息。因此，IASB 发布了这一领域的全面的报告准则。

分部信息报告的目标

分部信息报告的目标是提供企业不同类型经营活动和经营所处的不同经济环境的信息。满足以上目标有助于财务报表使用者：

（a）更好地理解企业的经营绩效。

（b）更好地评价其对未来净现金流的预期。

（c）更好地从企业整体的角度作出判断。

基本原则

财务报表可以通过多种方式进行拆分。例如，以产品或服务、地理位置、法律实体、顾客类型等因素进行拆分。在一套财务报告中列报所有信息是不可行的，IFRS要求通用目的的财务报表在分部基础上提供经过筛选的信息。因此，为满足分部报告的目标，公司可以依照经营管理的方式划分财务报表，即管理法。[8]管理法反映管理层如何从经营管理决策的角度对企业进行划分。各分部依据企业组织结构划分而成，这些组成部分称为经营分部。

确认经营分部

经营分部是企业的一个组成部分：

（a）通过业务活动赚取收入、产生成本。

（b）通常由公司的主要经营决策者审核其经营成果，进而评价部门业绩、分配资源。

（c）可以获得由内部财务报告系统生成的有关该分部的财务信息。

若两个及以上的分部具有以下某个方面的共同特征，公司可将这些经营分部的信息进行汇总：

（a）所提供产品或服务的性质。

（b）产品生产过程的性质。

（c）客户类型或等级。

（d）分销产品或提供服务的方式。

（e）监管环境的性质（若可行）。

在确定了可能披露的分部之后，企业需要进行一项定量的重要性测试。这项测试决定分部是否足够重要，需要企业进行披露。如果一个经营分部满足以下一项或多项数量上的要求，该分部就被认为是重要的，应当将其确定为报告分部。

1. 分部收入（包括对外销售以及部门间销售或转移）占公司所有经营分部收入总额的 10％或以上。

2. 分部利润或分部亏损的绝对额，占按照绝对值计算的所有盈利分部利润合计或者所有亏损分部亏损合计的 10％或以上。

3. 分部可辨认资产占所有经营分部资产总额的 10％或以上。

测试时，公司必须考虑两个额外因素。第一，报告的分部数据必须能够解释公司大部分的业务。具体来说，报告分部的对外交易收入总额必须大于等于企业对外交易总收入的 75％，从而防止企业只提供一些分部的有限信息，而将其余分部汇总报告。

第二，业界意识到过多的报告分部会使报表使用者淹没在信息的海洋中。IASB

决定将企业报告分部的数量限定在 10 以内。[9]

为了说明上述内容，假设公司已经确定了 6 个可能的报告分部，如图表 24 - 7 所示。

图表 24 - 7　　　　　　　　　　　各个可能报告分部的数据　　　　　　　　　　　（单位：千）

分部	收入总额（独立）	营业利润（损失）	可辨认资产
A	€100	€10	€60
B	50	2	30
C	700	40	390
D	300	20	160
E	900	18	280
F	100	(5)	50
	€2 150	€85	€970

公司需要分别对其进行测试：

收入测试：10％×2 150 000＝215 000 欧元；C，D 和 E 满足要求。

营业利润（损失）测试：10％×90 000＝9 000 欧元（注意，该测试以盈利分部为基础，5 000 美元的损失不纳入计算）；A，C，D 和 E 满足要求。

可辨认资产测试：10％×970 000＝97 000；C，D 和 E 满足要求。

因此，报告分部为 A，C，D，E，假设这四个分部的销售收入合计达到总销售收入的 75％。有关 75％的测试计算如下：

总销售收入的 75％测试：75％×2 150 000＝1 612 500 欧元。A，C，D 和 E 的销售收入合计 2 000 欧元（100 000＋700 000＋300 000＋900 000），因此满足 75％的要求。

计量原则

企业披露分部信息时所采用的会计原则无须与编制合并报表时所采用的原则保持一致。这种弹性最初看来可能会造成信息不一致。但是，由于 IFRS 的部分原则在分部层面并不适用，因此按照 IFRS 编制分部信息很困难，例如公司统一的员工福利计划以及填报在一张合并纳税申报表上的不同税收管辖区的公司所得税。

在用于对外报告目的时，IASB 不要求企业单独对联合成本、共同成本和整体成本进行分配。共同成本是指发生的能够使多个分部受益，且由于相互关联使得总成本很难分摊的成本。例如，很难将公司董事长的薪酬分配到各个分部。共同成本的分配具有内在的主观性，而且可能没有意义。只有当分配的成本是直接相关的或者是可合理分配的，公司才能将共同成本在各分部分摊。

分部信息报告

IASB 要求企业报告以下内容：

1. 经营分部的一般信息。包括管理层在确定经营分部时所考虑的最重要的因素，各经营分部赚取收入所依靠的产品和服务的类型。

2. 分部的利润和损失以及相关信息。具体来看，如果下列数据被列入分部利润或损失的计算范围，企业应当报告有关信息：

（a）对外交易取得的收入。

（b）与同一企业中其他经营分部交易取得的收入。

（c）利息收入。

（d）利息费用。

（e）折旧、损耗和摊销费用。

（f）非经常性项目。

（g）权益法下，在被投资企业净利润中应享有的份额。

（h）所得税费用和收益。

（i）除折旧、损耗和摊销费用以外其他重大的非现金项目。

3. 分部资产和负债。企业必须报告每个分部的总资产和总负债。

4. 调节表。企业必须提供相应的调节表解释分部收入总额如何与总收入相协调、经营分部利润和亏损总额如何与企业税前利润相协调、经营分部资产与负债总额如何与总资产及总负债相协调。

5. 产品、服务和地理区域的信息。对于不按地理位置确定的经营分部，企业必须报告以下信息（除非无法实现）：（1）来自外部客户的收入；（2）长期资产；（3）长期资产的当期费用。若此类信息符合重要性原则，企业应当在企业所在的国家和其他有关国家报告。

6. 主要顾客。如果企业收入的 10% 或以上来自单一客户，那么企业必须披露各分部从该类客户获得的收入总额。

分部信息的案例

图表 24-8 展示了挪威 Statoil 公司分部信息的披露。

图表 24-8　　　　　　　　　　分部信息披露

Statoil 公司						
附注 5：分部（部分） 12 月 31 日的分部数据如下（单位：百万挪威克朗）：						
	挪威探测与生产	国际探测与生产	天然气	制造与销售	其他	冲销	总计
第三方收入及其他收入	4 153	12 301	96 973	348 941	1 287	0	463 655
分部间收入	154 431	28 459	1 241	2 014	2 295	(188 440)	0
关联方净利润	79	1 075	399	280	(55)	0	1 778
总收入及其他收益	158 663	41 835	98 613	351 235	3 527	(188 440)	465 433
净营业利润	104 318	2 599	18 488	(541)	(1 146)	(2 078)	121 640
确认为分部利润或损失的重要 非现金项目						
—折旧与摊销	25 653	16 231	1 778	2 390	687	0	46 739
—减值损失	0	873	1 001	5 369	74	0	7 317
—存货估价	0	0	(24)	(5 171)	0	1 377	(3 818)
—商品衍生品	(1 781)	0	(2 814)	1 072	(122)	0	(3 645)
—已注销的探测支出	1 177	5 821	0	0	0	0	6 998

续

Statoil 公司						
对关联方的投资	214	4 962	2 829	917	1 134	0	10 056
其他分部非流动资产	175 998	152 678	34 797	28 587	3 028	0	395 088
未分摊至分部的非流动资产*							41 312
非流动资产总额							446 456
不动产、厂场和设备及无形资产增加**	34 875	39 354	2 528	7 618	1 340	0	85 715

* 递延所得税资产、离职后福利资产以及非流动金融工具均未分摊至分部。

** 不包括资产弃置义务的变动。

☐ 24.3.4　中期报告

中期报告是投资者另一重要的信息来源。如前所述，中期报告涵盖的期间短于一年。证券交易所、市场监管部门和会计界都对中期报告充满兴趣。

由于此类报告中所包含的信息具有短期性，关于企业应该使用哪种通用方法进行报告的问题引起了巨大的争论。一部分人支持独立观，即企业应该将每个中期当作一个独立的会计期间。在该方法下，企业需要遵循年度报告中使用的递延和权责发生制原则，即在交易发生时进行会计报告，并且费用的确认不随着会计期间的变化而变化。

另一部分人支持一体观，认为中期报告是年度报告的一个组成部分，应在整个会计年度运用递延和权责发生制原则。在该方法下，企业应当按照销售量或其他业务基础将预计费用分配到年度内的各个期间。通常，IFRS 要求企业采用独立观。[10]

中期报告的要求

企业在中期报告中采用的会计原则应当与年度报告完全一致。企业应当根据与年度报告一致的基础确认中期收入。例如，若 Cedars 公司采用完工百分比法确认年度收入，那么其中期报告也应该采用同样的方法。Cedars 公司对与收入直接相关的成本（制造成本，例如原材料、人工和相关福利、制造费用）也应照此处理。

中期报告所采用的存货定价方法应与年度报告保持一致（先进先出法、加权平均法等）。企业可以在中期采用毛利率法进行存货定价，但必须披露所采用的方法，并解释其如何与年度存货信息相协调。

独立观　在独立观下，企业应该根据收入和费用的确认原则在中期报告中记录收入和费用。这不仅包括产品成本（通常定义为期间成本），还包括成本和费用。本年度预测的未来事项的应计和递延不应该报告。例如，法国空客公司预计的主要期间维修、彻底检查或其他预计在年末发生的季节性支出，不应该在中期报告中预测发生。仅仅是对未来可能导致支出的预期不足以导致债务的增加。

或者类似于法国家乐福这样的公司可能把广告和员工培训费等在整个财务年度内不固定发生的特定成本纳入预算。这些成本通常是随机发生的，尽管它们是计划好的而且每年重复发生。在中期财务报告期末把尚未发生的成本确认为一项债务通常与债务的定义不符。

虽然从年初至今的计量方法可能涉及当前财务年度的中期报告中估计数量的变

化，但是中期确认资产、负债、收入、费用的原则和年度财务报告是一致的。例如，英国 Wm Morrison Supermarkets plc 在中期按照类似于在年度财务报表中的方式（当发生时）记录由存货跌价、重组、资产减值造成的损失。但是，如果一项前期的中期估计在后续期间发生变化，最初的估计需要根据后续期间作出调整。

中期披露 IFRS 在中期报告日不要求一套完整的财务报表。此外，公司会遵从这样的规定，提供精简的财务报表和精选的解释附注。由于中期报告的使用者能够获得最新的年度财务报告，公司只需要提供自上一年度报告期末以来的重大事项和交易的解释。公司至少应该报告以下中期数据。

1. 声明与最新的年度财务报表相比，在中期财务报表中采用了相同的会计政策和计算方法，或者如果这些政策和方法有变更，应该说明变更的本质和影响。

2. 对中期经营的季节性和周期性的解释性评论。

3. 影响资产、负债、股权、净利润或由于性质、规模或概率等原因导致异常的现金流的项目的性质和总量。

4. 会计政策以及前期报告估计数变更的性质和总量。

5. 债务和权益证券的发行、回购和支付。

6. 对普通股和其他股的分红（总计或每股）。

7. 分部信息，如 IFRS 8 "经营分部"。

8. 自上个年度报告期末以来或有负债和或有资产的变化。

9. 在中期企业组成部分发生变化的影响。这些变化包括业务组合、获得或失去子公司和长期股权投资、重组和停止经营。

10. 发生在中期之后但是没有在中期财务报表中反映的重大事项。

如果在中期报告中提供一整套财务报表，公司需要遵循 IAS 1 "财务报表列报"的规定。

中期报告的特殊问题

IFRS 更倾向于独立观。然而，在该组织发布的准则中，出现很多与下列项目相关的特殊报告问题。

所得税 如果税率是累进的，那么企业不同应税收入适用的税率可能不同。这导致企业在编制中期财务报表时会遇到很多问题。企业应该采用年化法，即预估全年收入并按比例确认当期应交所得税，还是采用边际法，对前期收入采用较低的税率？过去，企业大多采用边际法，并且随着收入的增加确认应纳税额。

IFRS 要求企业采用年化法。企业对全年所得税率采取加权平均法来预测中期所得税费用。在这种方法下，企业中期报告采用的准则能够与年度报告保持一致；也就是说，所得税是在评估全年水平的基础上得出的。然而，如果对年度所得税率的预测发生变化，则需要在当年接下来的期间对中期递延所得税费用进行调整。①[11]

季节性 季节性是指企业大部分的收入集中在一年中很短的某个期间内，而相应的费用却在整个年度内均匀发生。例如，天然气行业的销售收入集中在冬季；相反，饮料行业的销售收入主要在夏季。

---

① 预测的年度实际税率应该反映预期的税收减免、国外税率、百分率折耗、资本收益率以及其他可选择的税收筹划方案。

季节性问题与配比原则有关。通常，费用与其创造的收入相关。季节性行业的利润波动较大，因为在销售淡季，收入往往无法弥补企业的固定成本（例如制造、销售和管理成本相对固定，与销量或产量无关）。

为了说明季节性带来的问题，我们假设以下信息（见图表 24-9）。

图表 24-9　　　　　　　　　　　季节性示例数据

单价	1 美元
属于该期间的年度销售收入（预测的和实际的）	
100 000 件，每件 1 美元	100 000 美元
制造成本	
变动	10 美分每件
固定	20 美分每件或 20 000 美元一年
非制造成本	
变动	10 美分每件
固定	30 美分每件或 30 000 美元一年

四个季度和年度（预测的和实际的）的销售收入如图表 24-10 所示。

图表 24-10　　　　　　　　　　季节性示例销售数据

		销售百分比
第一季度	$ 20 000	20%
第二季度	5 000	5
第三季度	10 000	10
第四季度	65 000	65
全年合计	$ 100 000	100%

在目前的会计框架下，季度利润表如图表 24-11 所示。

图表 24-11　　　　　　　　　　季节性行业的中期净利润——离散法

	第一季度	第二季度	第三季度	第四季度	年度
销售收入	$ 20 000	$ 5 000	$ 10 000	$ 65 000	$ 100 000
制造成本					
变动	(2 000)	(500)	(1 000)	(6 500)	(10 000)
固定[a]	(4 000)	(1 000)	(2 000)	(13 000)	(20 000)
	14 000	3 500	7 000	45 500	70 000
非制造成本					
变动	(2 000)	(500)	(1 000)	(6 500)	(10 000)
固定[b]	(7 500)	(7 500)	(7 500)	(7 500)	(30 000)
净利润	$ 4 500	$ (4 500)	$ (1 500)	$ 31 500	$ 30 000

a. 固定制造成本在明细账中记录，所以其对应金额不必每季度反映。
b. 固定非制造成本不在明细账中记录，所以其对应金额需要每季度反映。

投资者可能会被第一季度的数据误导。第一季度的利润是 4 500 美元，那么是否可以用这个数字乘以 4 来预测年度收入为 18 000 美元？或者，第一季度的收入为 20 000美元，占全年预计销售收入的 20%，那么当年的净利润是否为 22 500 美元（4 500×5）？显然，这两个预测数据都是错误的，而且当第二季度的结果出来后，投资者可能会更加困惑。

采用常规分析方法遇到的问题是，固定非制造成本不与销售收入成比例。为避免此类问题，一些企业依据当期收入占总收入的比例变化来分析当期固定非制造成本，如图表 24－12 所示。

图表 24－12　　　　　　　　季节性行业的中期净利润——整体法

	第一季度	第二季度	第三季度	第四季度	年度
销售收入	$ 20 000	$ 5 000	$ 10 000	$ 65 000	$ 100 000
制造成本					
变动	(2 000)	(500)	(1 000)	(6 500)	(10 000)
固定	(4 000)	(1 000)	(2 000)	(13 000)	(20 000)
	14 000	3 500	7 000	45 500	70 000
非制造成本					
变动	(2 000)	(500)	(1 000)	(6 500)	(10 000)
固定	(6 000)	(1 500)	(3 000)	(19 500)	(30 000)
净利润	$ 6 000	$ 1 500	$ 3 000	$ 19 500	$ 30 000

　　该方法能够解决中期报告的部分季节性问题。如图表所示，第一季度的销售收入占全年总销售收入的 20%，第一季度净利润也占全年净利润的 20%。本例与前面的例子类似，投资者不能用任何一个季度数据乘以 4 来分析年度数据，但是可以使用比较数据或者依靠给定期间与净利润相关的销售估计数。

　　企业业务的季节性越强，季度数据的扭曲程度越高。由于准则未对固定非制造成本的会计处理进行规定，因而收入的波动较大。为了缓解这个问题，业界建议那些受季节影响较大的企业披露其业务的季节性，并补充提供中期财务报告日前 12 个月的相关信息。

　　上述两个例子对比说明了独立观和一体观的不同。图表 24－11 体现了独立观，其中，固定非制造成本在发生时作费用处理。图表 24－12 体现了一体观，其中，固定非制造成本按照业务的某些计量基础计入费用。

　　久悬未决的问题　　IFRS 已经制定了一些规范中期报告的规则，但是仍存在其他问题。例如，有关审计人员在中期报告中的参与问题备受争议。很多审计人员不愿意对中期财务报告发表意见，他们认为中期数据是暂时的，且主观性较强。然而，更多的人支持对中期报告进行审查。于是，审计人员对中期报告进行简单的审查。相对于年度报告审计，这种审查在审计程序方面更有局限性，仅为中期报告信息符合 IFRS 提供部分保证。[①]

　　分析师和投资者希望在财务信息过时之前尽快获取信息。利用互联网，持续获得公司财务信息的数据库系统似乎离我们并不遥远。投资者可以随时根据自己需要的格式获得公司的财务记录，而不用等到季度结束之后才了解诸如销售下滑、成本上升或者利润波动等情况。

　　源源不断地将信息从公司传达给投资者具有一定的积极作用，因为这能够减少管理层对中期数据的过分关注和担忧。现在，许多人认为管理层的目光太短浅。一位决

---

　　①　这些被称为审阅业务，比审计范围更小。参见 International Standards on Review Engagements（ISRE）2410，"Review of Interim Financial Information Performed by the Independent Auditor of the Entity," *Handbook of International Quality Control*, *Auditing*, *Review*, *Other Assurance*, *and Other Related Services Pronouncements*（April 2010）。

定提前退休的某大型公司董事长的话最能说明问题："我期待由四个季节而不是四个季度组成的年份。"

24.4 审计报告和管理层报告

24.4.1 审计报告

另一个经常被忽略的重要信息来源是审计报告。审计人员是对企业会计数据实施独立检查的会计专业人士。

如果审计人员认为财务报表按照 IFRS 的要求公允地反映了企业的财务状况、经营成果和现金流量，则会出具一份无保留意见的审计报告，如图表 24 – 13 所示。①

图表 24 – 13　　　　　　　　　　　审计报告

Wm Morrison Supermarkets plc
独立审计师对 Wm Morrison Supermarkets plc 的成员出具的审计报告
我们已经审计了 Wm Morrison Supermarkets plc 60～108 页截至 2013 年 2 月 3 日为期 53 周的财务报表。集团财务报表遵循适用的法律以及欧洲国家采用的 IFRS。合并财务报表遵循适用的法律以及英国会计准则（英国通用会计准则）。 　　本报告根据 2006 年公司法第 16 部分第 3 章仅适用于公司集团整体。我们已经开展了相应的审计工作，能够对公司成员出具审计意见，报告不用于审计意见之外的用途。在法律允许的最大范围内，我们拒绝就审计工作、审计报告及审计意见向该公司以外的主体负责。 **董事及审计人员的责任** 　　根据 58 页管理层责任声明，董事有责任真实公允地编制财务报表。我们的责任是根据适用的法律以及国际审计准则（英格兰以及爱尔兰）开展审计工作。我们在准则的要求下遵守审计实务委员会（APB）的审计人员道德标准。 **财务报表审计的范围** 　　有关财务报表审计范围的内容请参见 APB 官方网站：www.frc.org.uk/apb/scope/UKP **对财务报表的审计意见** 　　我们认为： ● 财务报表真实公允地反映了公司集团整体截至 2013 年 2 月 3 日的财务状况以及当年的利润水平。 ● 集团财务报表遵循了欧洲国家采用的国际财务报告准则。 ● 合并财务报表遵循了英国通用会计准则。 ● 财务报表遵循了 2006 年公司法的有关规定，集团财务报表遵循了 IAS 第 4 条的规定。 **对 2006 年公司法规定的其他事项的审计意见** 　　我们认为： ● 董事薪酬报告根据 2006 年公司法的规定进行了合理编制。 ● 该年的董事报告与财务报表的信息相符。

---

① 这份审计报告以及之后的讨论遵循国际会计准则。参见 International Standard on Auditing 700，"Forming an Opinion and Reporting on Financial Statements" and International Standard on Auditing 705，"Modifications to the Opinion in the Independent Auditor's Report," *Handbook of International Quality Control*，*Auditing*，*Review*，*Other Assurance*，*and Other Related Services Pronouncements*（New York：International Federation of Accountants（IFAC），April 2010）。报告还与审计准则第 58 号公告《对已审财务报表的报告》中的规定相似（New York：AICPA，1988）。按照美国证监会的要求，美国准则中与公司内部审计有关的审计意见与国际会计准则的要求有所不同。

续

Wm Morrison Supermarkets plc

应当在审计报告中披露的特殊事项

被审计单位不存在审计准则强制要求披露的下列特殊事项：

根据 2006 年公司法，若被审计单位存在如下情况，我们应当在审计报告中对相关事项予以披露：

- 母公司未保留充分的会计记录，或我们未到访的分支公司未合理反映其收益。
- 合并财务报表以及董事薪酬报告未进行适当的会计记录。
- 董事薪酬报告未根据法律进行完整披露。
- 我们未收到开展审计工作需要的全部信息和解释。

根据规定我们需审查：

- 56 页的管理层声明与持续经营有关的部分。
- 公司治理声明中有关 2008 年 6 月的九项联合准则的部分。
- 董事薪酬报告中与股东有关的部分。

Adrian Stone

（高级法定审计师）

毕马威会计师事务所法定审计师

注册会计师

1 The Embankment

Neville Street

Leeds

L51 4DW

2013 年 3 月 10 日

在编制审计报告时，审计人员应当遵循以下报告标准：

1. 报告需要说明财务报表是否符合 IFRS 并说明管理层与审计人员对财务报表应负的责任。

2. 报告需要识别是否存在这些情况，即和以前期间相比，企业本期没有一贯地遵循这些准则。

3. 使用者可以合理地认为财务报表披露的信息是恰当的，除非报告中另有说明。

4. 报告是针对会计报告整体发表意见，或是对无法发表意见的情况进行说明。审计人员如果不能对财务报表整体发表意见，应当在审计报告中说明原因。在所有情况下，只要审计人员的名字和财务报表有关，报告就需要对审计人员的审查性质和所承担的责任进行清晰的说明。

审计人员通常会如图表 24-13 所示出具标准的无保留审计意见，即认为企业的财务报表在所有重大方面符合公认会计原则，并且公允地反映了企业的财务状况、经营成果和现金流量。

一些特定情况尽管不影响审计人员出具无保留意见，但可能需要审计人员在审计报告中添加解释说明段。本书列举了一些更加重要的事项，具体如下：

1. 持续经营。考虑到所有可用的未来信息，审计人员必须评估企业能否在一个合理的期间内持续经营。（一般来说，未来期间至少包括但不限于报告期截止日后 12 个月。）如果对企业持续经营能力存在重大怀疑，审计人员需要在审计报告中添加强调事项段，说明潜在问题。

2. 缺乏一贯性。如果企业的会计原则或者所采用的会计处理方法发生变更，并且对企业财务报表的可比性产生了重要影响，审计人员应该在审计报告的解释说明段中提及该变化。该解释说明段应当识别会计变更的性质，并引导阅读者通过财务报表附注详细了解变更的信息。解释说明段不表明审计人员对会计政策变更持否定意见。如果认为会计政策变更不适当，那么审计人员应出具财务报告未遵从 IFRS 如实表述的审计意见。

3. 强调事项。审计人员可能会在发表无保留意见的同时对财务报告有关事项进行强调说明。例如，审计人员可能想强调被审计企业是某大型企业集团的一部分，或者与关联方存在重大交易。审计人员通常会将这类解释说明信息在审计报告中单独成段列示。

但是在某些情况下，审计人员应当出具非标准无保留意见。非标准无保留意见可以是保留意见或否定意见，或无法表示意见。

保留意见与标准意见不同。导致保留意见的事项一般不影响财务报表整体的有效性；否则，应当出具否定意见的审计报告。当存在下列情形时，审计人员通常不会出具简短的标准的无保留意见。

1. 审计范围受到环境的影响或限制。

2. 出于以下原因，财务报表未能公允地反映企业的财务状况或经营成果：

（a）不符合公认会计原则及相关准则。

（b）披露不充分。

当存在上述情形之一时，审计人员必须发表保留意见并在保留意见中说明：除了导致保留意见的相关事项的影响外，财务报表在所有重大方面符合公认会计原则，并公允地反映了企业的财务状况、经营成果和现金流量。

图表 24 - 14 是一份保留意见的审计报告示例。由于企业采用的会计原则不符合公认会计原则，审计人员出具了保留意见。

图表 24 - 14　　　　　　　　　　　　**保留意见的审计报告**

Helio 公司
独立的审计报告 （第一段和第二段与标准报告相同） 　　Helio 公司没有将某些租赁义务在资产负债表的不动产和债务中反映，我们认为按照公认会计原则的要求应当予以资本化。如果这些租赁义务被资本化，截至当年及以前年度的 12 月 31 日，不动产将分别增加 1 500 000 美元和 1 300 000 美元，长期负债分别增加 1 400 000 美元和 1 200 000 美元，留存收益分别增加 100 000 美元和 50 000 美元。此外，年度净利润将分别减少 40 000 美元和 30 000 美元，每股收益分别减少 0.06 美元和 0.04 美元。 　　我们认为，除了上述未予以资本化租赁业务的影响外，上述财务报表符合公认会计原则，在所有重大方面公允地反映了 Helio 公司的财务状况，以及各年度的经营成果和现金流量。

出具否定意见是指根据独立审计人员的判断，财务报表未能公允列报，出具保留意见不再恰当。在这种情况下，财务报表整体不符合 IFRS。否定意见十分少见，因为大多数公司都会遵照 IFRS 进行会计处理。市场监管部门禁止被出具否定意见的公司上市交易。

当审计人员能够收集到的财务报表相关信息很少，以至于无法对财务报表发表意见时，应当出具无法表示意见。

审计报告应该向投资者提供有用的信息。一位投资银行家指出，"可能我们最先查看的就是审计意见，看审计意见是'清洁'的——符合公认会计原则，还是有所保留，即注册会计师与管理层对重大项目的会计处理或重大诉讼的结果有分歧"。

数字背后的故事　　问题的核心

会计信息披露是众多有利于活跃证券市场的制度特征之一。事实上，最近一项关于披露和其他制度机制（例如民事诉讼和刑事制裁）的研究发现，有效的信息披露是活跃市场的"头号功臣"。这项研究对比了 49 个国家有关披露的规定及其他法律和监管制度，发现信息披露制度最完善的国家拥有最大的股票市场。

拥有较好市场环境的国家更倾向于制定法规，为私人投资者起诉那些提供不良信息的公司提供便利。换句话说，虽然刑事制裁在某些情况下是有效的，但是信息披露及其他鼓励高质量信息披露的法律法规是决定证券市场流动性最重要的因素。

无论一个国家的经济发展处于什么阶段，这些研究结论都是十分重要的，尤其是对于那些证券市场监管处于早期阶段的国家来说。市场保护薄弱的国家可能会更多地从采用市场监管和信息披露的国际标准中受益。请记住：信息披露有利于资本市场。

资料来源：Rebecca Christie, "Study: Disclosure at Heart of Effective Securities Laws," *Wall Street Journal On-line* (August 11, 2003); and L. Hail, C. Leuz, and P. Wysocki, "Global Accounting Convergence and the Potential Adoption of IFRS by the U.S. (Part I): Conceptual Underpinnings and Economic Analysis," *Accounting Horizons* (September 2010).

24.4.2　管理层报告

管理层评论

管理层评论能够帮助人们理解企业的财务状况、经营成果和现金流量。举例来说，比利时 Delhaize Group 除了财务报表之外，还会发布管理层财务评论来介绍公司财务状况、经营成果的主要特点，以及公司面临的主要风险。该评论需包括：

- 经营成果的主要影响因素，包括行业环境变化、企业对变化的应对及其影响、公司的投资政策（如股利政策）等。
- 公司的资金来源以及目标负债与权益比率。
- 符合 IFRS 的并未列在资产负债表里的资源。

管理层评论还能帮助人们理解管理层的目标和为实现目标所制定的策略。财务报告的使用者（通常作为资本提供者）通常把管理层评论中提供的信息用作评估公司前景和市场风险，以及管理层的策略是否有效的工具。

对于大多数公司，管理层评论作为财务报表的补充，已经成为公司与资本市场沟通的重要部分。管理层评论在一些地区又被称为管理层讨论和分析（MD&A）、营运及财务复核（OFR）或者管理层报告。

图表 24-15 是摘自法国 Lectra 公司年报的管理层讨论和分析。

图表 24 - 15　　　　　　　　　　　　管理层讨论和分析

Lectra 公司

管理层讨论和分析（部分）

4. 风险因素——风险管理

本章主要介绍与公司具体业务、公司组织架构相关的风险。本章还进一步介绍公司如何根据风险的性质控制、规避风险。

风险识别

为了实现有效的内部控制，公司需要对其面临的风险进行识别和评估。由于市场在不断变化，风险识别可以通过持续分析外部环境变化和公司结构变化来实现。此过程由财务部门和法务部门进行监督，需要公司全体部门的参与。下面是可能阻碍公司实现目标的主要风险：

公司抵御风险的关键因素是公司的商业模式，一般包含两个盈利途径：

● 新业务的销售收入（新软件许可证、CAD/CAM 设备以及相应的服务），可为公司带来盈利增长。

● 经常性收入，由固定合同收入（例如，软件升级、CAD/CAM 设备维护、在线服务合同）以及其他基于客户群的非固定经常性收入（原材料和配件销售收入、通话维护以及支持干预）组成。以上经常性收入是使企业保持稳定的重要因素，并在经济增长缓慢时起到缓冲作用。

经常性收入产生的毛利承担了公司 75% 以上的固定间接费用。此外，公司的商业模式使公司流入的自由现金超过净利润——假设公司每年充分利用法国科研领域的税收优惠政策以及鼓励竞争和就业的税收优惠政策——这使公司能够在基本不动用流动资产的情况下利用现金开展财务活动以获取收益增长。

最后一点，不违背商业伦理道德以及尊重每个人是公司的核心价值观之一。

4.1　宏观经济风险

为满足客户需求，公司有时需要进行大规模投资。公司的投资决策会受到宏观经济环境和客户所在行业的影响。当经济增长缓慢或者某一行业陷入低谷时，公司可以缩减或推迟投资。公司处在全球经济的范围内。

4.2　公司具体业务的经济和运营风险

Lectra 公司设计、生产并销售全方位的技术解决方案——包括软件、CAD/CAM 设备以及相关服务——主要适用于对纺织品、皮革、工业纺织品以及复合材料有大量需求的行业。

公司的业务范围覆盖国际上的主要市场，包括时装业（服装、配饰和鞋）、汽车业（汽车座椅、车内配件、安全气囊）、家具业以及其他行业，例如航空、海洋、风能等。

4.3　市场风险

因为公司业务分布在全球，所以公司主要面临的市场风险为汇率风险。

目前公司面临的利率风险不大。

公司的政策是，利用套期工具谨慎应对此类风险。

4.4　客户依赖风险

每年公司能够从大约 2 000 名顾客处获取新业务收入（2012 年占总收入的 42%），收入既来源于新客户，也来源于与已有客户群的新业务。每年公司能够从约 5 000 个客户处获取经常性合约收入（约占总收入的 34%）。最后，公司销售原材料和零配件的收入（约占总收入的 23%）大部分来源于已安装 CAD/CAM 设备的客户。

公司并没有过于依赖某一个或某一群客户的风险，因为与以前年度一样，2012 年没有任何单个客户的收入超过总收入的 6%，公司的 10 大客户不到总收入的 20%，20 大客户不到总收入的 25%。

一些公司利用年报中的管理层评论部分来披露公司的可持续性。图表 24 - 16 摘自英国马莎百货的年报。

图表 24 - 16　　　　　　　　　　　　可持续性报告

马莎百货

A 计划

　　我们致力于成为全球可持续性水平最高的零售商，A 计划（我们的生态和道德计划）是我们公司运营的核心。成立五年来，我们持续将 A 计划发扬光大——参与者包括我们的职员、供应商和客户。

A 计划总目标数	已达成目标数	计划达成目标数
180	139	31

我们如何运营

　　马莎百货的创始人明白，想要创造长期价值，"做正确的事"很重要。对我们而言，就是推行 A 计划。想要使公司长期存续，公司就必须与社会紧密联系，A 计划便是为此制定的。A 计划有利于创造健全的经济环境以及道德观念。

A 计划的作用原理

　　A 计划（我们的生态和道德计划）使我们成为行业领导者，它帮助我们克服了所有零售商都会面临的影响可持续性的问题。面临原材料和自然资源的稀缺，我们建立了更加可持续的供应链，主要用于棉纺织业和渔业。我们坚持多年的严格的采购标准使公司保证了原料质量，杜绝了因为供应链问题造成的残次品浪费。

　　在形势严峻的经济环境下，A 计划能够帮助我们减少浪费和能耗，实现高效运营。我们会与供应商分享我们的经验，帮助它们减少生产成本，提高可持续性。

　　为了让客户更多地参与到 A 计划中，今年我们采取了多种新的方法，例如，举办令人激动的购物与交换活动和海滩大扫除等活动。

　　针对公司的可持续性出具报告非常重要，因为可以通过此报告更好地了解公司的社会责任以及财务报表中提到的或有负债。

　　由于 IFRS 对管理层评论尚没有正式规定，IASB 针对管理层评论的应用制定了一项计划，提出了应用指南。该指南不具有约束力，仅提供有限的指导。这项计划适用于各个行政辖区的法律及经济环境。该计划主要针对上市公司制定，在一定范围内，该计划也能成为非上市公司如部分私有企业和国有企业的有用工具。[①]

管理层对财务报表的责任

　　管理层有责任编制财务报表，并建立、维护有效的内部控制体系。审计人员对财务报表是否符合 IFRS 进行独立评估（参见图表 24 - 13 的审计意见）。图表 24 - 17 是上市公司此类披露的示例。

图表 24 - 17　　　　　　　　　　　　管理层责任报告

Wm Morrison Supermarkets plc
管理层对年报和财务报表的责任声明

　　管理层有责任依照适用的法律和法规编制年报、合并报表以及母公司报表。

　　按照公司法的要求，管理层需在每一会计年度编制合并报表和母公司报表。管理层需要遵循 IFRS 编制合并报表，并根据英国会计准则和相关法律（英国公认会计准则）来编制合并报表。

---

　　① See *http://www.ifrs.org/Current + Projects/IASB + Projects/Management + Commentary/Management + Commentary.htm.* 该提议不会导致 IFRS 的条款。IFRS 不要求企业在编制管理层评论时遵循该指南。

续

Wm Morrison Supermarkets plc

按照公司法，管理层在编制财务报表时必须真实公允地反映集团和母公司当期盈亏及其他事项，否则财务报表不能发布。在编制合并报表和母公司报表时，管理层必须：

- 遵照相关会计政策；
- 谨慎合理地作出判断和估计；
- 声明合并报表是否遵循 IFRS；
- 根据母公司财务报告中披露和解释的任何重大偏差，对母公司报表是否遵循英国会计准则作出判断；
- 在持续经营的假设下编制财务报表，除非集团和母公司被认为无法持续经营。

管理层有责任进行适当的会计记录，来充分列报、解释母公司的交易事项，并在必要时对财务报表是否遵循 2006 年公司法进行披露。管理层有责任履行上述步骤以确保集团资产的安全，防止欺诈和其他违法行为。

根据相关法律和法规，管理层还有责任编制管理层报告、管理层薪酬报告以及遵循相关法律规定的公司治理声明。

管理层有责任在公司网站上完整发布和更新公司及财务的相关信息。英国关于编制和发布财务报表的规定与其他国家和地区可能存在差异。

责任声明书　我们确定：

- 财务报表的编制遵循了相关会计准则，真实公允地反映了集团内母子公司的资产、负债、财务状况以及盈亏状况；
- 管理层报告公允地反映了公司业务和集团内各公司的发展情况，并反映了集团内各公司所面临的主要风险和不确定因素。

董事会
2013 年 3 月 13 日

24.5　当前报告的主要问题

□ 24.5.1　财务预测和计划报告

近年来，公众投资者对信息的需求逐渐集中于披露企业对未来的预期。[①] 预测信息的披露可采用以下任意一种方式[②]：

- 财务预测。财务预测是指由相关责任方最大限度地运用知识和判断制定而成的一套预测性财务报表，反映企业预期的财务状况、经营成果和现金流量。责任方在企业预期存续和计划采取的财务行动的基础上进行财务预测。
- 财务计划。财务计划是指责任方最大限度地运用知识和判断，根据一个或多个

[①]　企业会用到未来财务信息的领域包括设备的租赁—购买分析、企业成功进入新市场的能力分析、对并购机会的考察。此外，企业还会为了满足第三方的需求而在公开披露的文件（有时要求财务预测）、税收导向的投资规划和财务可行性研究等文件中进行财务预测和计划。微型计算机在进行分析、比较和处理大量数据方面功能不断增强，促进了前瞻性数据的运用。

[②]　国际上对此尚无明确规定。在美国，详见 "Financial Forecasts and Projections" and "Guide for Prospective Financial Information," *Codification of Statements on Standards for Attestation Engagements* (New York：AICPA 2006)，paras. 3.04 and 3.05。

假设情况制定而成的预测性财务报表，反映企业预期的财务状况、经营成果和现金流量。责任方根据一个或多个假设前提，在企业预期存续和计划采取的财务行动的基础上制定财务计划。

财务预测和财务计划的差异是显而易见的。财务预测反映预期发生的事项，而财务计划反映可能发生但不一定会发生的事项。

是否要求企业提供财务预测的问题引起了记者、企业管理层、证券交易委员会、财务分析师、会计师和其他人员的激烈讨论。不难预见，任何一方都有非常有力的观点。下面列举其中的一些观点。

要求报告财务预测的观点：

1. 投资决策依赖于对未来的预测，因此，未来的信息有利于作出更好的决策。

2. 企业已经以非正式方式公布了预测信息，监管机构应当予以规范，以确保所有投资者都能获取这些预测信息。

3. 环境变化太快，历史信息不再适用于预测。

反对报告财务预测的观点：

1. 没有人可以预测未来。因此，预测不可避免地会出现错误。更严重的是，如果对未来的预测过于细致，可能会造成误导。

2. 若要求报告财务预测，企业会满足于已经对外公布的预测业绩，这违背了股东利益最大化的原则。

3. 如果预测被证明是不准确的，企业可能会遭到指责，甚至面临法律问题。①

4. 披露预测信息可能会对企业不利，因为除了投资者以外，来自国内外的竞争对手也能获取预测信息。

审计准则为编制和列报财务预测和计划提供了指南。② 它要求会计人员提供：（1）在财务预测和计划中使用的重大假设的摘要；（2）最低列报指引。

为鼓励管理层披露预测性财务信息，市场监管部门制定了"安全港"规则，即只要企业依据合理的基础，以诚信的态度编制预测报告，即使信息预测错误也应受到保护。③ 但是，很多公司表示"安全港"规则并不能在实践中发挥作用，因为它没有包含口头声明，也无法使企业免于投资者的法律诉讼。

数字背后的故事　　　全球的预测

英国允许进行财务预测报告，并且实践的结果非常成功。英美两国的商业环境和法律环境确实存在一些重大差异。例如，英国的法律不允许针对预测信息提出法律诉讼，而且法律顾问（律师）不允许进行或有收费。

下面的内容摘自英国某建筑公司为公开发行股票而发布的典型的预测报告。

---

① 这个问题很严重。近三年，在纽约证券交易所，8％的企业由于所谓的披露不充分而受到起诉。企业抱怨一旦股价下跌，它们就要被起诉。正如一位经理人所说，"即使股价上涨，你仍然可能被起诉——因为你披露好消息的速度不够快"。

② *Op cit.*, par. 1. 02.

③ 例如，美国证券交易委员会发布了《预测的安全港规则》（Safe-Harbor Rule for Projections）（Washington, D. C.：SEC，1979）。美国 1995 年的《私人证券诉讼改革法案》意识到某些对投资者有用的信息比其他信息缺乏确定性或可靠性。通过为前瞻性报表提供安全港，国会正在试图帮助投资者获取这些信息。

过去十年里，企业利润显著增长，公司领导对企业持续扩张充满信心……虽然扩张的速度取决于爱尔兰和英格兰两地的经济情况，但是企业已经准备就绪，等待时机。特别是房地产开发领域，预计将对公司的未来扩张起到日益重要的作用。

上半年截至 6 月 30 日的税前利润是 402 000 英镑。基于以往的经验、目前的销售水平和完成情况，公司领导预计，如果不出现意外情况，截至 12 月 31 日集团的本年税前利润将不少于 960 000 英镑。

本年度企业将不再发放股利。在整个财务年度内，基于以上预测（不包括年度利润），假定目前税率保持不变，董事会建议将税后利润的 40% 作为股利并于两年内支付。

一般的叙述型预测如下所示。

基于公司下半年的发展规划，当期净利润预计和上半年基本一致，并且预计主要来自第三季度的贡献。

由此可见，一般的财务预测信息更为笼统。

但是这种差异或许可以消除，只要国内具有影响力的利益集团联合起来，共同创造出有益于高质量预测信息的氛围。你怎么认为？作为投资者，你会选择更详细的预测吗？

资料来源：See "A Case for Forecasting—The British Have Tried It and Find That It Works," *World* (New York: Peat, Marwick, Mitchell & Co., Autumn 1978), pp. 10-13. 最近的一项研究表明，英国的公司仍然保守地提供历史导向信息。在英国富时 100 指数中，仅有 5% 的公司在管理层讨论和分析中强调公司的未来发展。See PricewaterhouseCoopers, "Guide to Forward-looking Information：Don't Fear the Future" (2006).

责任问题

如果一个企业的预测没有实现将会如何？该企业和负责审计的注册会计师会被起诉吗？例如，某公司预计利润会增加 15%，但实际上仅增加了 5%，股东是否有权起诉公司？

美国孟山都化学品公司的法律案件开创了先例。在这个案例中，孟山都公司预计销售收入会增加 8%～9%，利润会上升 4%～5%。然而，在过去的几个月中，孟山都公司的产品需求因经济不景气而下降，导致公司利润不升反降。由于预计利润数据有误，公司被投资者起诉。但是，法官驳回了诉讼请求，因为尽管数据有误，但报告该数据的责任方是诚信的并且具备预测能力，该数据是当时情况下的最佳估计数。

如前所述，"安全港"规则旨在保护那些诚信的企业。但是，若错误的预测信息误导了使用者，市场监管部门和法庭又该如何对"诚信"和"合理假定"等作出合理解释？

□ 24.5.2 互联网财务报告

现在，大部分公司都借助互联网的力量和传播范围向财务报表使用者提供更多有用的信息。所有的大型公司都有网址，并且大部分公司的网站上都有财务报表和其他披露信息的链接。由于有效减少了公司打印和发布纸质报告的成本，互联网报告形式的流行不足为奇。

互联网财务报告是否提高了公司财务报告的有用性？答案是肯定的。首先，与传统的纸质报告相比，通过互联网发布报告使得企业与报告使用者的沟通更加方便快捷。其次，互联网报告允许使用者利用搜索引擎和超链接等工具快速查找公司信息，并进行下载、分析。最后，和传统纸质报告相比，互联网报告能使公司披露更多、更详细、更及时的数据，增强财务报告的相关性。例如，有些公司自愿在网站上报告每周的销售数据和分部数据。

考虑到投资者和债权人广泛使用互联网，许多机构正在开发新的技术和标准以进一步优化互联网报告，如可扩展商业报告语言（XBRL）的广泛应用。可扩展商业报告语言是一种改编自互联网编码的计算机语言。它给资产负债表、利润表和现金流量表中列报的会计数据赋予一定的"标签"。一旦被标记，企业的任何 XBRL 数据都可以轻松地通过电子表格和其他计算机程序进行处理。事实上，XBRL 是一种国际通用的语言，随着所有企业利用 XBRL 编制财务报表，使用者能够搜索公司报告、提取和分析数据，并进行行业间和国家间的财务对比。[①]

□ 24.5.3　财务报告舞弊

全球范围内的经济犯罪愈演愈烈。近期，有人对来自全球 54 个国家的超过 3 000 名高管进行了调查，并记录了经济犯罪的类型，如图表 24 - 18 所示。[②]

图表 24 - 18　　　　　　　　　　　经济犯罪的类型

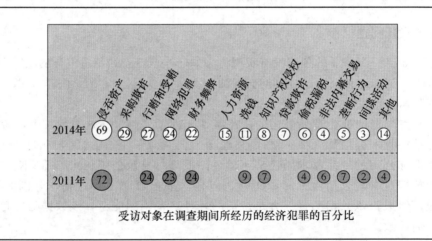

受访对象在调查期间所经历的经济犯罪的百分比

如图表所示，报道的经济犯罪多种多样。前三类经济犯罪活动的趋势不容乐观。在图表 24 - 19 中，前三类经济犯罪活动有愈演愈烈之势。

---

①　See *www. sec. gov/rules/final/2009/33-9002. pdf* and C. Twarowski，"Financial Data 'on Steroids'，"*Washington Post*（August 19，2008），p. D01．See also *www. xbrl. org/us/us/BusinessCaseForXBRL. pdf* for additional information on XBRL.

②　Pricewaterhouse Coopers，*The Global Economic Crime Survey：Economic Crime in a Downturn*（2014）.

图表 24－19　　　　　　　　　经济犯罪的类型

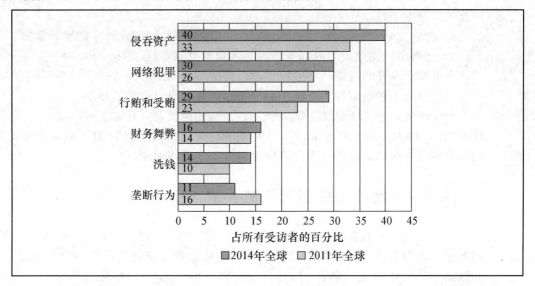

财务报告舞弊是指"企业有意识地歪曲或虽无意识但由于粗心等原因导致财务报表产生重大误导的行为"。① 财务报告舞弊包括明显故意歪曲公司记录（例如存货盘点），或误用会计准则（如未披露重大交易）。近期意大利帕玛拉特、印度 Mahindra Satyam、法国兴业银行等知名公司所涉案件表明，要解决这个问题，还有很多事情要做。

财务报告舞弊的原因

财务报告舞弊的发生通常源于企业内外部的环境。内部环境因素包括低效的内部控制、管理层道德水平低下、企业的流动性或盈利能力等。外部环境因素可能涉及行业状况、宏观经济环境或者法律监管等。

企业财务舞弊的动机各异。常见的动机包括希望提高股价，避免贷款合同违约，或者得到某种形式的个人收入（如额外薪酬、升职）。内外部环境也可能对企业或管理者施压，并导致财务舞弊行为。具体如下：

● 某一企业或整个行业的销售收入或市场份额突然下降。

● 集团总部不考虑实际情况武断地决定利润目标（尤其是短期目标）和预算，导致预算无法实现。

● 由基于短期经营状况的奖金计划引发的财务压力。当奖金是员工薪酬的重要组成部分时，压力尤其突出。

当舞弊很容易实施且不容易发现时，往往会给财务报告舞弊创造机会。通常，这些机会来自：

1. 董事会或审计委员会没有密切监督财务报告过程。

2. 内部控制薄弱或缺失。例如，某企业的收入系统由于销售业务的扩张、并购或进入全新的业务领域等过载。

---

① "Report of the National Commission on Fraudulent Financial Reporting"（Washington，D. C.，1987），p. 2. 无意的错误以及公司的不恰当行为（如偷税漏税、员工挪用等）不会造成财务报表的误导，不属于财务报告舞弊定义的范畴。

3．不经常发生的或高度复杂的交易。例如企业合并，撤销或关闭某特定部门，以及买卖衍生工具。

4．包含主观判断的会计估计。例如，坏账准备和因担保产生的预计负债。

5．内部审计无效，如内部审计人员数量不足或审计范围十分有限。

企业缺乏良好的道德环境会导致财务舞弊。当与业务相关的会计准则不存在、正在改进或者有不同的解释时，发生财务报告舞弊的机会会显著增加。[1]

如前所述，为了缓解实务界、媒体和公众的担忧，审计监管部门发布了大量的审计准则。[2] 例如，关于财务报告舞弊的准则对财务报告审计行为"提高了标准"，明确要求审计人员评估是否存在由舞弊导致的重大错报风险。[3]

□ 24.5.4　会计和报告选择的标准

在本教材中，我们自始至终强调一点，即企业应当提供有助于预测未来现金流的数量、时间和不确定性的信息。为此，企业必须在选择可使用的会计概念、方法和披露方式时作出正确的决策。你可能会对存在如此多的可选择的会计方法感到惊讶。

但是，正如第 1 章提到的，会计在很大程度上受外部环境的影响。会计无法存在于真空之中。因此，完全取消某些交易和事项的可选呈报方法是不现实的。但是，我们希望会计界能够坚持财务会计概念框架，重点关注财务报表使用者的需求并适当减少分歧。基于此，IASB 开展了一个原则导向的会计准则的研究项目。他们试图制定一系列指南，使得会计和财务报告能够反映交易的经济实质，而不是管理层想要的财务结果。为此，业界必须继续努力，构建指导准则制定和会计实践的理论基础。正如亚里士多德所说，"良好的开端是成功的一半"。

理论争鸣　披露过多

正如我们在第 1 章和全书中所述，IFRS 已在全世界范围内推广。美国证券交易委员会正在研究是否以及如何在美国公开上市公司的会计准则中吸收 IFRS。有关美国是否愿意作出转变的问题尚无定论。例如，在 FASB 和 IASB 实现实质性融合，共同出台一系列会计准则之前，它们必须解决以下六个方面的技术问题。

1．差错更正。根据 IAS 8，企业不需要在会计差错更正时进行追溯调整，尤其是当调整不切实际或成本过高时。而 GAAP 在很多的差错更正案例中都要求报表重述。

---

[1]　本部分讨论基于 "Report of the National Commission on Fraudulent Financial Reporting"（2004），23-24。也可以参见 "2012 Report to the Nation on Occupational Fraud and Abuse，Association of Certified Fraud Examiners"，*http://www.acfe.com/uploadedFiles/ACFE_Website/Content/rttn/2012-report-to-nations.pdf*，寻找财务报告舞弊的原因和结果。

[2]　因为职业界坚信该职业以外的人并不能充分理解审计人员的作用，所以将许多注意力集中于期望差距。期望差距是指财务报表使用者对于独立审计人员提供保证程度的预计与实际工作中独立审计人员按照公认会计原则提供的保证之间的差距。

[3]　See International Standard on Auditing 240，"The Auditor's Responsibilities Relating to Fraud in an Audit of Financial Statements," *Handbook of International Quality Control，Auditing，Review，Other Assurance，and Other Related Services Pronouncements*（April 2010）.

2.　是否取消后进先出法。IAS 2 禁止企业采用后进先出法，因此任何以该方法作为编制基础的企业都必须舍弃后进先出法，转而使用其他方法。此外，尽管 GAAP 允许后进先出法，但出于税收考虑人们正讨论废止该方法。

3.　减值转回。IAS 36 规定，当引起减值的因素消失或不存在时，企业可以转回以前计提的减值准备。而 GAAP 禁止转回减值。

4.　固定资产重估。IAS 16 允许对不动产、厂场和设备重估值，但整个资产类别必须重估值。这意味着，若资产的公允价值能可靠计量，企业可以选择使用重估值模式。但是企业只能在重估值模式和历史成本模式中选择一种进行会计核算，两种模式不能同时使用。而 GAAP 不允许采用重估值模式。

5.　对资产各组成部分分别计提折旧。IAS 16 规定，若设备的部件可以被物理拆分并且具有不同的使用寿命，那么企业必须对各组成部分进行划分并单独计提折旧。即实践中，企业必须依据实际的业务活动评估资产的各组成部分。GAAP 允许但不强制要求企业对资产各组成部分分别计提折旧。

6.　开发成本。依据 IAS 38，企业可对满足六项标准的开发成本进行资本化，而研究成本全额费用化。GAAP 要求研发成本在发生时全额计入费用。

很多人都在讨论美国采用新标准会有什么后果。几乎可以确定的是，企业需要扩大披露范围，帮助使用者获取以 IFRS 为基础编制的会计报告。正如一位会计分析师所说，"为脚注的崩溃做好准备"。由于 IFRS 比 GAAP 更需要会计判断，企业需要两倍甚至三倍的脚注来解释会计方法的合理性。因此，原则导向的会计准则在提高可比性的同时，也对投资者从脚注中挖掘信息的能力提出更高的要求。

资料来源：Marie Leone, "GAAP and IFRS: Six Degrees of Separation," *CFO.com* (June 30, 2010).

国际会计视野

披露

对比 IFRS 和 GAAP 对披露的要求可知，两者存在很多相似之处。IAS 24 "关联方披露"阐述了有关披露的各种问题，IAS 10 "资产负债表日后事项"规范了资产负债表日后事项的披露，IAS 8 "经营分部"和 IAS 34 "中期财务报告"分别解释了分部报告和中期报告。

相关事实

以下是 GAAP 和 IFRS 在披露问题上的主要相同点和不同点。

相同点

● GAAP 和 IFRS 在资产负债表日后事项的会计处理上相似。即两者都要求在企业的财务报告中对期后事项以及为资产负债表日已经存在的情况提供补充证据的事项予以确认。

● 此外，与 GAAP 类似，IFRS 要求企业披露关联方交易的金额，未清余额的金额、条款和性质，与主要关联方的未清余额的坏账。

● 随着 IAS 8 "经营分部"的发布，GAAP 和 IFRS 进一步趋同。两者都要求企业从经营管理的角度确认报告分部，且披露规则大同小异。

● GAAP 和 IFRS 都没有对中期报告作出要求。但是，证券交易委员会和国外的证券交易监管机构制定了相关规则。在美国，中期报告通常按季度编制；而在其他国家半年报更为常见。

不同点

● 更倾向于规则导向的 GAAP 允许更少的判断，因此相较于国际 IFRS，其信息披露的范围更窄。

● 在美国，除了特殊情况，一般偏向一套 GAAP。FASB 针对加入私营企业协会的私营企业发布了可选择的指引（在 GAAP 的范围内）。正如本章内容所述，为了满足私营企业的需要，IASB 为中小企业制定了一套单独的准则。

● 正如后文提到的，GAAP 以财务报表报出日决定期后事项的报告。IFRS 将期后事项（或资产负债表日后事项）定义为财务报表批准报出日以后发生的事项。对于期后发生的股票分红和拆分，IFRS 不作调整，而 GAAP 要求调整。

● GAAP 对关联方名称的披露有明确规定；

IFRS 没有特别要求披露关联方的名称。

● 在 IFRS 下，中期报告以独立观为编制基础，而 GAAP 遵循一体观。

深度解读

报告日后（期后）事项

根据 GAAP（与 IFRS 相似），财务报表附注应当对资产负债表日后、报表报出日（以下简称报出日）之前发生的重大财务事项作出解释。这些事项称为报告日后事项或期后事项。下图展示了 GAAP 期后事项所属期间。

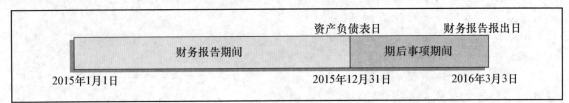

在会计年度结束之日至财务报告报出日之间通常会有几周甚至几个月的时间差。会计结账的工作十分繁杂，财务报告的发布也需要时间：存货的盘点和定价，过账，编制必要的调整分录，确保期间内的所有交易都被记录，第三方注册会计师对财务报表进行审计，以及打印年度报告等。从资产负债表日到将财务报告发放给股东和债权人这段时间，可能会发生很多对公司的财务状况和经营成果产生实质性影响的重要交易和事项。

很多财务报表的阅读者认为企业的财务状况在未来保持不变。但是，如果公司发生重大的变化，这些阅读者必须被告知有关信息，例如处置部分固定资产，兼并某子公司，发生非经常性损失，重大诉讼事项的终结或其他在资产负债表日后发生的重大事项。没有报表附注的解释说明，阅读者可能会被误导并得出不当的结论。

根据 IFRS，期后事项期间在财务报告报出日截止。相比之下，GAAP 的期后事项期间更长。因此，财务报表使用者通常能够得到更多与期后事项有关的信息。但是，GAAP 和 IFRS 对是否属于期后事项的定义是相似的。下图中期后事项披露的示例摘自美国 Commercial Metals 公司的年报。

Commercial Metals 公司

附注 22：期后事项（会计年度结束于 8 月 31 日）

2011 年 10 月 7 日，公司决定并宣布以销售和/或终止的方式退出 CMCS 业务。2011 年，公司对该业务进行了改进，但尚未达到能够长期盈利的水平。另外，未及时加入欧盟、对管材的周期性需求、难以接受的损失以及对资本的需求增长都是导致作出这个决定的原因。公司将继续完成未完成的业务，在接下来的几个月内逐渐减少业务并清算存货。公司在 2012 年会计年度预计将面临 2 500 万～4 000 万美元的离职补偿金以及其他停业损失。

许多期后事项不需要企业对财务报表进行调整或在报表中披露。这些事项属于非会计事项或情形，管理层通常借助其他途径进行披露，如法律法规、产品变更、管理层变动、员工罢工、成立工会、营销协议以及重要客户的流失等。

小结

因 GAAP 与 IFRS 在披露方面的规定非常相似，对于在美国上市的外国企业应用 IFRS 的情况，我们做了相关介绍。近期，美国证券交易委员会的职员回顾了首次应用 IFRS 的 100 家外国企业发布的财务报表。证券交易委员会的职员未对报表的整体质量做任何声明，但指出了需要进一步讨论、改进的部分。以下几条印证了职员所说的内容：

1. 收入确定，尤其是企业只进行了一般披露而未根据具体情况进一步披露的部分。

2. 无形资产和商誉，包括在业务合并时促使企业予以确认的因素。

3. 企业对减值的确认和计量、确认减值的原因，或将长期资产（包括商誉）减值转回的情况。

4. 租赁，包括租赁的条款以及经营租赁、融资租赁的未来最低支付额。

5. 或有负债，包括其属性以及预计的财务影响。

6. 金融工具的重要条款，包括金融衍生工具及其对未来现金流的影响、公司确认和计量金融工具的标准。

7. 其他与利润表和现金流量表有关的事项。

未来之路

IASB 主席 Hans Hoogervorst 最近说道："高质量的财务信息是市场经济的血液。如果血液是低质的，身体就会罢工，病人就会死亡。财务报告也是如此。如果投资者不相信这些数字，金融市场就会停滞。对于市场经济来说，这是一个坏消息。对于市场经济而言，高质量的财务信息是必需的……在过去的十年中，世界上大部分经济体——无论是发达国家还是新兴国家——都采用了 IFRS。"虽然美国还没有采用 IFRS，但毫无疑问的是 IFRS 和 GAAP 正在迅速趋同。

我们已经在国际会计视野中进行了讨论，帮助你理解两者在中级财务会计相关问题上的趋同。阅读了这些讨论后，你应该意识到 IFRS 和 GAAP 在很多方面有相似之处，仅仅存在一些小的技术方面的差异。但是在其他情况下，差异是巨大的，例如，IFRS 不允许后进先出法的存货处理。我们希望 FASB 和 IASB 能够快速完成相关整合，为全世界的公司提供一套统一的高质量的会计准则。

本章小结

1. 回顾充分披露的原则并了解该原则在实施过程中的问题。充分披露原则要求企业披露所有会对报告使用者的判断产生影响的财务信息。充分披露原则难以实施，因为披露的成本很高而收益很难评估。有关信息披露的规则不断增加，因为：（1）商业环境日益复杂；（2）及时披露信息的需要；（3）会计是一种控制和监督手段。

2. 解释附注在财务报表编制中的作用。附注是会计人员用于对报表主体部分列报的项目进行详细解释或说明的手段。附注既可以定性地解释特定的财务报表项目，也可以提供量化的补充数据。常见的附注包括以下项目：会计政策，存货，不动产、厂场和设备，债权人的索偿权，或有事项和承诺，期后事项。

3. 讨论关联方交易、期后事项和主要业务分部的信息披露要求。在关联方交易中，一方有能力对另一方的经营管理决策施加重大影响，因此，IFRS 要求企业披露与关联方的交易，包括与关联方的关系、交易的金额、相关坏账的计提和费用的确认等。对于资产负债表日后事项，企业应当披露那些会对财务状况和经营成果产生重大影响的事项。最后，汇总数据往往难以反映各组成部分的信息，报表使用者很难从合并财务信息中分析出各产品线对公司盈利能力、风险和增长潜力的不同影响。因此，会计界要求企业在特定情形下披露分部信息。

4. 描述与中期报告相关的会计问题。中期报告涵盖的期间短于一年，有关中期报告存在两类观点。独立观认为每个中期都应该视作一个完整的会计期间。一体观认为中期报告是年度报告的一部分，企业应当从全年的角度考虑递延事项和权责发生制原则。IFRS 要求使用独立观。

企业应该在中期报告中使用和年度报告相同的会计准则。许多特殊的报告问题与以下事项相关：（1）所得税；（2）季节性。

5. 明确审计报告的主要内容。若审计人员认为财务报表按照 IFRS 公允地反映了企业的财务状况、经营成果和现金流量，则会发表无保留意见。相较于标准意见，保留意见意味着财务报告存在部分错报，但通常这些错报不足以影响报表整体的有效性。

当财务报表未能公允列报且该事项影响重大，以至于不适合发表保留意见时，注册会计师应当出具否定意见。当审计人员难以获取足够的财务报表相关信息，以至于无法发表意见时，应当出具无法表示意见。

6. 了解管理层对财务报表的责任。管理层评论补充了财务报表提供的信息。管理层评论频繁地讨论了企业的以下方面：流动性、资本来源、经营成果、重大风险和可持续性。管理层对财务报表的责任通常在年度报告中致股东的信中说明。

7. 了解财务预测和计划的相关问题。企业允许（但不强制）在年度报告中披露利润预测信息。为鼓励管理层披露这类信息，市场监管部门发布了"安全港"规则，即只要企业依据合理的基础，以诚信的态度编制预测报告，即使信息预测错误也应受到保护。但是，"安全港"规则并不实用。

8. 了解业界对财务报告舞弊的态度。财务报告舞弊是指企业有意识地歪曲或虽无意识但由于粗心等原因导致财务报表产生重大误导的行为。财务报告舞弊通常源于低效的内部控制、管理层道德水平低下、业绩不佳等。

附录 24A　基本财务报表分析

在研究企业的财务报表时，最重要的是什么？答案取决于你的利益——取决于你是债权人、股东、潜在投资者、管理者、政府机构还是工会领导。例如，短期债权人如银行主要关注企业的短期偿债能力。此时，你可以通过分析流动资产及其与短期负债的关系，来评价企业的短期偿债能力。

另一方面，债券持有者更看重长期指标，例如企业的资本结构、过去和未来的盈利情况以及财务状况的变化。无论是现有股东还是潜在股东，他们关注的内容在许多方面和长期债权人相同。作为股东，你会关注企业的盈利情况，因为盈利情况会对你所持股票的市场价值产生巨大影响。此外，你还会关注公司的财务状况，因为它间接影响盈余的稳定性。

公司的管理者关注资本结构以及盈余的变化趋势。这些财务信息直接影响企业外部融资的类型、金额和成本。此外，在公司的日常管理中，财务信息在资本预算、盈亏平衡分析、差异分析、毛利分析以及内部控制等领域都有重要作用。

□ 财务报表分析透视

财务报表的阅读者可以通过分析报表项目之间的关系以及关系的变化趋势来获取信息。项目之间的关系以比率和百分比的形式表示，而变化趋势通过比较分析获得。

学习报表分析的最大问题是停留于方法本身。分析师可以计算上千种反映可能的关系和趋势的指标。但是，只知道计算而不懂得如何使用计算的结果是没有意义的。因此，掌握财务分析的步骤和方法是十分必要的，具体内容如下。

1. 明确你想要了解的问题。如前所述，不同的利益相关者有不同的利益。

2. 明确各比率和比较分析能够帮助解决的问题。对此，我们将在附录中讨论。

3. 对比步骤 1 和步骤 2。通过对比，报表分析有了合理的方向和目标。

此外，还有几点需要注意。财务报表是对过去信息的报告。因此，基于历史数据的分析是面向过去的。当运用这些信息进行决策（未来导向）时，分析师通常假设历史是预测未来的合理基础。一般而言，该假设是合理的，但是也应该认识到它的局限性。

比率和趋势分析有助于识别企业当前的优势和劣势。它们就像"红旗"一样指明企业可能出现的问题。但是，一般而言，这些分析无法揭示为什么。要回答"为什么"，通常需要深入地分析和挖掘财务报表中没有报告的信息。

此外，值得注意的是，单个比率的有用性可能很有限。比如，分析师通常认为2∶1的流动比率（流动资产是流动负债的两倍）是合理的。但是，如果行业的平均值是 3∶1，则该结论是不合理的。进一步，若上一年度的比率是 1.5∶1，则可以认为公司表现得很好。因此，为了让比率更有意义，分析师需要一些比较标准，如行业平均数据、历史数据、特定竞争对手或者计划的水平。

最后，我们必须认识到，会计数据也有一定的局限性。我们将在附录中讨论这些局限性及其带来的结果。

□ 比率分析

在分析财务报表数据时，分析师经常运用各种方法挖掘更为重要的财务信息。这些方法包括比率分析、比较分析、百分比分析和相关数据的检验等。不存在一种方法比另一种方法更有用。根据不同的情况，分析师通常通过仔细分析所有提供的数据及其关系来得到想要的答案。比率分析只是一个起点。常见的各类比率列示如下。

常见的各类比率

- **流动比率**。衡量公司短期内偿还到期债务的能力。
- **经营活动比率**。反映公司运用其资产的效率。
- **盈利能力比率**。衡量某公司或某部门在特定期间的盈利或亏损情况。
- **偿债能力比率**。反映长期债权人和投资者受保护的程度。①

我们已经在全书中对这些财务比率的计算和使用做了讨论和说明。图表 24A－1总结了有关章节。

---

① 一些分析师用其他术语来对这些比率进行分类。例如，流动比率有时称为偿付比率；经营活动比率称为周转率或效率比率；偿债能力比率称为杠杆率或资本结构比率。

图表 24A - 1   财务比率总结

在以前章节中出现的财务比率的总结		
比率	计算公式	参考
I．流动性		
1．流动比率	流动资产/流动负债	第 13 章
2．速动比率	（现金＋短期投资＋应收账款净额）/流动负债	第 13 章
3．现金流量比率	经营活动产生的现金流量净额/平均流动负债	第 5 章
II．经营活动		
4．应收账款周转率	净销售额/商业应收款净额平均值	第 7 章
5．存货周转率	销售成本/平均存货	第 9 章
6．资产周转率	销售收入净额/平均总资产	第 11 章
III．盈利能力		
7．销售净利率	净利润/销售收入	第 11 章
8．总资产回报率	销售收入净额/平均总资产	第 11 章
9．普通股权益净利率	（净利润－优先股股利）/平均普通股股东权益	第 15 章
10．每股收益	（净利润－优先股股利）/流通股加权平均数	第 16 章
11．股利支付率	现金股利/净利润	第 15 章
IV．偿债能力		
12．资产负债率	总负债/总资产	第 14 章
13．利息保障倍数	息税前利润/利息费用	第 14 章
14．现金流量债务比	经营活动产生的现金流量净额/平均总负债	第 5 章
15．每股账面价值	普通股股东权益/发行在外股份数	第 15 章

在本书的配套网站 www. wiley. com/college/kieso 上，你可以获得关于这些比率的额外资料和配套习题。这些补充资料是一个综合案例，摘自一家名为 Anetek Chemical 公司的国际大型化学企业的年度报告。

比率分析的局限性

财务报表的阅读者必须了解比率分析的局限性。作为一种分析方法，比率分析因操作简便而颇受欢迎。但是决策者经常只依靠简单的比率计算就作出决策。事实上，这些比率与计算所使用的数据和比较信息一样，有用性有限。

比率分析的一个很大的局限性就是通常基于历史成本，这很可能导致企业在衡量经营业绩时出现偏差。若不结合公允价值信息，企业可能会对财务状况和经营业绩作出错误的评价。

此外，投资者必须牢记，若某项目包含大量的估计成分（例如折旧和摊销），利润比率的可信度就会降低。例如，在企业的生命终结之前确认收入是一种估计。在分析利润表时，报表使用者应当意识到计算净利润时的不确定性。正如一位作家所言，"物理学家很久以前就承认概率曲线最能反映电子的位置。显然，像每股收益这种抽象的事物更易受不确定性和风险的影响"。[1]

比率分析最大的局限性可能在于特定行业内的公司不可比。提高可比性需要分析师：（1）识别企业之间会计政策和会计程序的差异；（2）调整项目余额。基本的会计

---

[1] Richard E. Cheney，"How Dependable Is the Bottom Line?" *The Financial Executive* (January 1971)，p. 12.

差异如下：

1. 存货计价方法（先进先出法、加权成本法）。
2. 折旧方法，尤其是直线折旧法与加速折旧法。
3. 特定支出的资本化或费用化。
4. 是否对租赁资本化。
5. 普通股投资采用权益法或公允价值进行核算。
6. 退休福利成本的不同处理方法。
7. 对有争议问题的会计处理，如定义非持续性经营、减值和非经常性项目等。

运用不同的会计方法可以使计算的比率产生重大差异。例如，美国 Anheuser-Busch（现在的比利时 AB InBev）公司表示，如果存货计价采用不同的方法，存货的价值将增加 3 300 万美元，这会极大影响企业的流动比率。有学者针对不同的会计处理方法对财务报表分析的影响进行了研究。在一些情况下，可能产生的盈余差异令人错愕。投资者如果想作出适当的调整，必须意识到潜在的"陷阱"。①

最后，投资者应该注意，许多重要的信息并没有在公司的财务报表中列报。行业变化、管理层变更、竞争者的行动、技术进步、政府行为、工会活动等一系列事件会对企业的经营产生重要影响。这些事件一直在发生，为了解相关信息，投资者应当从媒体及其他来源获取财务报告并进行仔细分析。事实上，很多人认为，根据有效市场假说，财务报表对于市场参与者而言并非"意料之外"。这些信息早已被市场知晓，因此在报告发布以前，公司股价已经作出调整。

□ 比较分析

比较分析提供了同一个项目或相似项目在两个或多个不同期间的信息，使项目之间更具可比性。比率分析仅提供单一时点或时间段的数据。而在比较分析中，分析师可以关注某个特定项目，并比较分析它在逐年上升还是下降。企业通常会提供比较财务报表。典型的比较财务报表包括两年资产负债表信息和三年利润表信息。

此外，许多公司还在年度报告中列报近 5 年或 10 年的相关数据摘要，以便报表阅读者检验和分析数据的变化趋势。IFRS 指出，"在年度报告和其他报告中提供比较财务报表提高了报表的有用性，更有利于分析企业变化的性质和趋势"。图表 24A－2 展示了 Anetek Chemical 公司近 5 年的简要报表和补充数据。

□ 百分比分析（共同比分析）

分析师会使用百分比分析法来帮助他们进行评价和比较。百分比法是指将一系列相关数据简化成根据一个特定基础计算的一系列百分比。例如，分析师经常会计算利润表中的所有项目与销售收入或销售成本之间的比值，或分析资产负债表中各项目与总资产之间的关系。百分比分析法使比较分析更为有效，有助于评价项目的相对大小和相对变化。由绝对金额向百分比的转变也可以提高不同规模企业之间的可比性。

---

① See for example, Eugene A. Imhoff, Jr., Robert C. Lipe, and David W. Wright, "Operating Leases: Impact of Constructive Capitalization," *Accounting Horizons* (March 1991).

图表 24A - 2　　　　　　　　　　　　简要比较财务信息

	Anetek Chemical 公司 简要比较报表（单位：百万）						
	2015 年	2014 年	2013 年	2012 年	2011 年	10 年前 2005 年	20 年前 1995 年
销售和其他收入：							
净销售额	$1 600.0	$1 350.0	$1 309.7	$1 176.2	$1 077.5	$636.2	$170.7
其他收入	75.0	50.0	39.4	34.1	24.6	9.0	3.7
合计	1 675.0	1 400.0	1 349.1	1 210.3	1 102.1	645.2	174.4
成本和其他费用：							
销售成本	1 000.0	850.0	827.4	737.6	684.2	386.8	111.0
折旧和摊销	150.0	150.0	122.6	115.6	98.7	82.4	14.2
销售和管理费用	225.0	150.0	144.2	133.7	126.7	66.7	10.7
利息费用	50.0	25.0	28.5	20.7	9.4	8.9	1.8
所得税	100.0	75.0	79.5	73.5	68.3	42.4	12.4
合计	1 525.0	1 250.0	1 202.2	1 081.1	987.3	587.2	150.1
本年净利润	$150.0	$150.0	$146.9	$129.2	$114.8	$58.0	$24.3
其他统计数据							
普通股每股收益[a] （美元）	$5.00	$5.00	$4.90	$3.58	$3.11	$1.66	$1.06
普通股每股现金 股利[a]（美元）	2.25	2.15	1.95	1.79	1.71	1.11	0.25
普通股宣告的现 金股利	67.5	64.5	58.5	64.6	63.1	38.8	5.7
股票股利				46.8		27.3	
税收（主要）	144.5	125.9	116.5	105.6	97.8	59.8	17.0
薪资	389.3	325.6	302.1	279.6	263.2	183.2	48.6
员工福利成本	50.8	36.2	32.9	28.7	27.2	18.4	4.4
年终员工数（千 人）	47.4	36.4	35.0	33.8	33.2	26.6	14.6
额外的财产	306.3	192.3	241.5	248.3	166.1	185.0	49.0

a. 已根据股票分割和股票股利做出调整。

图表 24A - 3 展示了 Anetek Chemical 公司过去两年费用项目的比较分析。

这种方法通常称为水平分析法，表明某段时期内的比例变化。鉴于绝对数的变化通常具有欺骗性，这种方法在分析趋势时尤其有用。

另一种比较分析的方法称为垂直分析法。该方法用于计算特定期间内财务报表的各个项目与某个既定基础之间的比例关系，详见图表 24A - 4 所示的 Anetek Chemi-cal 公司的利润表。

图表 24A - 3　　　　　　　　　　水平百分比分析

Anetek Chemical 公司 水平比较分析（单位：百万）			
	2015 年	2014 年	差额	变化百分比
销售成本	$1 000.0	$850.0	$150.0	17.6%
折旧与摊销	150.0	150.0	0	0
销售和管理费用	225.0	150.0	75.0	50.0
利息费用	50.0	25.0	25.0	100.0
所得税	100.0	75.0	25.0	33.3

图表 24A - 4　　　　　　　　　　垂直百分比分析

Anetek Chemical 公司 利润表（单位：百万）		
	金额	占总收入的百分比
净销售额	$1 600.0	96%
其他收入	75.0	4
总收入	1 675.0	100
减：		
销售成本	1 000.0	60
折旧与摊销	150.0	9
销售和管理费用	225.0	13
利息费用	50.0	3
所得税	100.0	6
总费用	1 525.0	91
净利润	$150.0	9%

　　垂直分析法又称为共同比分析法，因为它将所有项目简化成一个"共同规模"。也就是说，每张报表的所有项目都以某个数值的百分比来表示，并且各项目总和为100%。共同比（百分比）分析法揭示了财务报表各部分的结构。

　　在分析资产负债表时，共同比分析法可以回答以下问题：股东权益、短期负债和长期负债的比例是多少？公司以什么样的资产组合开展经济业务？流动资产中存货、应收账款等项目的比例是多少？

　　在分析利润表时，共同比分析法把各利润表项目和销售活动联系起来。如此一来，企业能够知道每实现一单位的销售收入所发生的成本和费用。

　　分析师可以运用共同比报表来比较一个公司不同年份的报表，发现在比较绝对金额时不明显的趋势。同样，共同比报表提供不同规模企业之间的对比，因为它们将财务报表重塑成一个个可以比较的形式。

□ 附录 24A 小结

　　9. 理解财务分析的方法。基本的财务报表分析包括分析报表各项目之间的关系（比率和百分比分析）及其变化趋势（比较分析）。分析是为了预测未来，但由于分析所依据的数据是面向过去的，因而比率分析有一定的局限性。此外，比率分析可以识别公司当前的优势和劣势，但无法解释其中的原因。虽然单个比率指标可能是有用的，但是缺乏整体性和综合性。因此，分析师必须将比率指标与行业平均水平、历史数据、计划水平等进行比较。

10. 识别主要的分析比率并描述它们的计算。主要的财务比率包括流动比率、经营活动比率、盈利能力比率和偿债能力比率。（1）流动比率分析衡量一个公司短期内偿还其到期债务的能力。（2）经营活动比率分析衡量一个公司运用其资产的效率。（3）盈利能力比率分析衡量一个公司的销售收入是否足够弥补其经营成本并给投资者提供回报，进而衡量公司成功或失败的程度。（4）偿债能力比率分析衡量长期债权人和投资者受保护的程度。

11. 解释比率分析的局限性。比率分析基于历史成本，在衡量公司业绩时可能会失真。同样，当估计的项目很大时，收益比率会失去一些可信度。此外，公司采用不同的会计准则和程序会导致可比性的问题。最后，分析师必须认识到还有一些重要信息没有包含在公司的财务报表中。

12. 描述比较分析技术。公司通常提供含有两年资产负债表信息和三年利润表信息的比较数据。此外，很多公司在它们的年度报告中提供 5～10 年的相关数据摘要，以便阅读者分析趋势。

13. 描述百分比分析技术。百分比法将一系列相关数据简化成按照一个给定基础计算的一系列百分比。分析师会运用两种方法。水平分析法揭示财务报表项目在一定时期内的比例变化；该分析在趋势分析时最有效。垂直分析（共同比分析）法将一个特定时期内财务报表各个项目以某个数值的百分比来表示。它通过分析不同年份财务报表各项目的组成来发现绝对数比较无法看到的趋势，并在不同规模公司间进行比较。

附录 24B　首次采用 IFRS

如第 1 章所述，IFRS 在世界范围内逐渐被采纳。例如，最新数据表明，世界《财富》500 强企业中 40％都采用 IFRS。IASB 主席预测，未来应用 IFRS 的国家将从 115 个增加到 150 个。

当采用 IFRS 作为公认会计政策时，公司需要相关的指导来保证第一次就能得到高质量的财务报表。IFRS 1 要求企业的首份 IFRS 报表：（1）通俗易懂；（2）开良好的先例；（3）产生的成本不得超过取得的收益。[12]

从 GAAP（如美国、中国或俄罗斯）转为 IFRS（转换过程）最重要的原则就是，所有 IFRS 条款的全面追溯调整。追溯调整——以 IFRS 为基础重述以前的财务报表——为报表使用者提供了可比信息。然而，IASB 认识到，全面追溯调整有时难以实现，尤其是当过去的信息并非现成的时候。所以，IASB 提供了相应的指导，以确保财务报表使用者在使用数据、权衡成本收益时能够得到高质量的可比信息。

□ 一般指导

从 GAAP 向 IFRS 转换的目的在于使呈现的 IFRS 财务报表看不出有转换的痕

迹。为了达到此目的，企业必须：

1. 选好发布首份 IFRS 财务报表的时机；

2. 在转换日，准备一份财务状况的开篇陈述；

3. 选择符合 IFRS 的会计政策，并进行追溯调整；

4. 考虑采用可选免除还是强制免除；

5. 用大量披露来解释转换过程。

相关日期

一旦公司决定转向 IFRS，就必须确定转换日和报告日。转换日是全面应用 IFRS 编制信息的第一天。报告日是首次采用 IFRS 编制财务报表的资产负债表日。

为了说明，假设 FirstChoice 公司计划在 2016 年 12 月 31 日会计年度结束时发布其首份 IFRS 财务报表，该公司只提供一年的比较资料。此时，FirstChoice 公司的转换日是 2015 年 1 月 1 日，报告日是 2016 年 12 月 31 日。初次采用 IFRS 的时间轴如图表 24B-1 所示。

图表 24B-1　　　　　　　　初次采用 IFRS 的时间轴

根据图表 24B-1：

1. FirstChoice 公司在 2015 年 1 月 1 日编制初始 IFRS 资产负债表，作为公司采用 IFRS 的起始日期（转换日）。

2. FirstChoice 公司的完整 IFRS 财务报表在 2016 年 12 月 31 日报出。也就是说，在完成向 IFRS 的转换之前，需要经历至少两年的 IFRS 财务报表编制期。FirstChoice 公司必须准备至少一年的 IFRS 资产负债表（2015 年）。

3. FirstChoice 公司于 2015 年 12 月 31 日提供遵照 GAAP 的财务报表。

按照此转换过程，FirstChoice 公司能够为报表使用者提供 2015 年和 2016 年的可比 IFRS 财务报表。

实施步骤

初始 IFRS 资产负债表

转换过程的第一步就是企业编制初始 IFRS 资产负债表。这个过程包括以下几步：

1. 列入所有 IFRS 要求的资产和负债；

2. 剔除所有不在 IFRS 允许范围内的资产和负债；

3. 按照 IFRS 对所有资产、负债和所有者权益进行分类；

4. 根据 IFRS 计量所有资产和负债。[13]

要完成这个步骤，需要对 GAAP 和 IFRS 都有所了解（在学习本书后能够实现）。图表 24B-2 中 NewWorld 公司的例子能够说明这一点。

图表 24B-2　　　　　　　　　政策变更——初始资产负债表

初始资产负债表
介绍：NewWorld 公司准备采用 IFRS，并于 2015 年 1 月 1 日开始编制初始资产负债表。New-World 公司找出了近期使用的 IFRS 和 GAAP 间会计政策的差异。根据 GAAP，New-World 公司：
1. 对一个具有经济可行性的项目投入 50 万欧元的开发成本。
2. 因"推定义务"无法确认，未对 10 万欧元的货物提供质量担保。
3. 尽管对于资产而言达到如今的工作状态是必需的，但公司未将 15 万欧元的设计费用资本化，列入自 2013 年起投入使用的机械的成本。机械的使用寿命为 5 年，期末无残值，NewWorld 公司采用直线折旧法。
问题：NewWorld 公司在初始 IFRS 资产负债表中该怎样处理以上事项？
解决方法： 1. IFRS 允许本例中的开发费用递延（详见第 12 章），NewWorld 公司应该将其资本化。 2. IFRS 要求对质量担保进行确认（详见第 13 章），因此公司应记录负债。 3. 根据 IFRS，所有使资产达到现使用状态以实现其预期用途的成本都应该资本化，计入资产成本。

首次应用 IFRS 后，需要调整的部分主要是留存收益。为达到 IFRS 的要求，New-World 公司于 2015 年 1 月 1 日作出以下调整：

借：开发成本（或相关无形资产）	500 000	
贷：留存收益（开发成本资本化）		500 000
借：留存收益	100 000	
贷：质量担保负债（确认质量担保负债）		100 000
借：设备	150 000	
贷：累计折旧——设备		60 000
留存收益（确认机械的成本）		90 000

在上述情形中，NewWorld 公司根据 IFRS 和 GAAP 间的差异调整留存收益，以确保初始资产负债表符合 IFRS。

进行以上调整后，NewWorld 公司开始编制初始 IFRS 资产负债表。2015 年 1 月 1 日是起点（转换日）。接下来，2015 年和 2016 年，NewWorld 公司在内部编制 IFRS 财务报表。2016 年 12 月 31 日，该公司正式采用 IFRS。①

免除追溯调整

在某些情况下，企业无法合理地进行追溯调整。有些时候，由于生成比较信息的

---

① 为了体现转换年度的对比，公司需根据之前的 GAAP 和 IFRS 编制对比信息。公司必须：（a）标明之前 GAAP 信息不适用于 IFRS 的部分；（b）披露为了符合 IFRS 所做的调整的性质。公司不需要量化以上调整。[14]

成本超过其带来的收益，比较信息"行不通"。因此，IASB 设定了必要时一般追溯调整的免除政策。免除政策有两种——强制的和可选的。

强制免除　IASB 规定了首次采用 IFRS 时禁止进行追溯调整的三个方面：

1. 估计；
2. 套期保值会计；
3. 非控股权益。

对以上三方面进行强制免除的理由是，这三方面的追溯调整要求企业获取很可能是非现成的信息。这时，企业就需要在事后重新编制过去交易事项的信息。[15] 例如，与非控股权益相关的追溯调整需要有关企业合并时的条件和估计的信息——这通常非常困难。另外，这些免除减轻了企业的压力，否则企业很可能不得不在交易发生之前对所有者权益和非控股权益间的交易进行分配。

可选免除　针对追溯调整，除了强制免除，IASB 还规定，在特定领域，企业可以选择性地免除追溯调整。这种免除减轻了企业进行追溯调整的压力，并简化了初始 IFRS 财务报表的编制过程。图表 24B-3 所示为本书认定的可选免除范围。①

图表 24B-3　　　　　　　　　　追溯调整的可选免除

企业可选择不对下列一项或多项交易进行追溯调整：
- 与股份支付相关的交易；
- 认定成本（deemed cost）的公允价值变动或重估值；
- 租赁；
- 员工福利；
- 复合金融工具；
- 金融资产或金融负债初始确认时的公允价值计量；
- 清算负债，包括不动产、厂场和设备的成本；
- 借款费用。

在特定情况下，对追溯调整进行可选免除是合理的。上述范围的会计处理通常需要初始确认以及后续计量时的一系列估计和假设。根据之前采用的 GAAP，追溯调整所需要的信息可能无法取得，或取得成本过于高昂。以下是两个例子。②

免除示例：复合金融工具。 第 16 章中曾提到，IFRS 要求采用"有无法"把可转换债券中的负债和权益分开。后续计量中以实际利率摊销法计量负债。但如果在初次采用 IFRS 时所有负债已摊销完，追溯调整就需要把权益分为两部分：一部分是留存收益以及负债部分已确认的累计利息，另一部分是初始所有者权益。因为负债摊销完毕时企业并未做相应记录，所以追溯调整会花费大量的成本。因此，若初次采用 IFRS 时负债已摊销完毕，企业不会把权益分为两部分。

免除示例：认定成本的公允价值变动或重估值。 企业可采用购买日的公允价值来计量不动产、厂场和设备的初始金额，并将该金额作为认定成本用于资产的后续计量，符合特定条件的无形资产也可以采用这一计量方法。该方法使得企业无须再为固定资产另行计提折旧，降低了企业的会计核算成本。事实上，IASB 发现相较于现行的公允价值信息，重置成本信息的相关性和可靠性均较低。因此，IASB 允

---

① 此外，企业可以选择不对下列事项进行追溯调整：（1）企业合并；（2）保险合同；（3）对子公司、合营企业和联营企业的投资；（4）金融工具重分类；（5）与服务特许权安排相关的金融资产或无形资产；（6）客户资产转让。[16]

② IFRS 1 中给出了其他范围的详细实施指导。[17]

许企业采用公允价值计量认定成本，但后续计量过程中不得再对资产进行重估值。①[18]

列报与披露

首次采用 IFRS 后，企业必须按照 IFRS 编制至少一年的比较信息。[19]根据 IAS 1，企业的初始 IFRS 财务报表应该至少包括三张资产负债表、两张综合收益表、两张单独的利润表（若需要）、两张现金流量表、两张股东权益变动表以及包括比较信息的其他相关附注。企业必须说明从 GAAP 改为 IFRS 对其财务状况、经营成果和现金流量造成了哪些影响。

企业的初始 IFRS 财务报表应包括以下比较数据：

● 在转换日，转换前后的权益。

● 在同一期间，GAAP 与 IFRS 规定下的综合收益总额。应编制转换前最近一期采用 GAAP 的企业财务报表的调节表。[20]

例如，琼斯公司 2016 年首次采用 IFRS，转换日为 2015 年 1 月 1 日。该公司遵照 GAAP 编制的最后一期财务报表的会计期末为 2015 年 12 月 31 日。图表 24B‑4 为该公司首次采用 IFRS 的调节表（资产负债表的非流动资产部分）。

图表 24B‑4　　　　　　　　　　　　**2015 年权益调节表**

琼斯公司 （单位：千）			
初始 IFRS 财务报表包括以下调节和相关附注。 **2015 年 1 月 1 日权益的调节（转换日）**			
附注	GAAP	转为 IFRS 的影响	IFRS
1　不动产、厂场和设备	£8 299	£100	£8 399
2　商誉	1 220	150	1 370
2　无形资产	208	(150)	58
3　金融资产	3 471	420	3 891
非流动资产总计	£13 198	£520	£13 718

2015 年 1 月 1 日调节表的附注：
1. GAAP 规定下的折旧会受到税收因素的影响，而 IFRS 规定下的折旧受使用寿命的影响。这项调整使工厂不动产、厂场和设备的账面价值增加了 100 英镑。
2. GAAP 规定下的无形资产有 150 英镑转移到了商誉，因为这部分无形资产不符合 IFRS 的确认标准。
3. 根据 IFRS，金融资产全部被划分为非交易性股权投资，公允价值为 3 891 英镑。而之前根据 GAAP，这部分资产的成本为 3 471 英镑。获得的 294 英镑收益（420 英镑减去递延税额 126 英镑）纳入累积其他综合收益。

通过数据的比较，报表使用者能够评估采用 IFRS 对资产负债表产生的影响。实务中，在权益调节表中增加会计政策的交叉索引并提供对会计调整的进一步解释信

---

① 另外，和重估值会计类似（详见第 11 章），IFRS 并不要求企业采用公允价值来计量所有资产的认定成本。例如，企业可选择仅对部分建筑物的认定成本采用公允价值计量。但是，企业如果将该计量方法用于那些公允价值高于成本的资产，那么还应当关注其他资产的可收回金额低于账面价值的可能性，并考虑计提相应的减值准备。

息，有助于提高报表信息的有用性。

图表 24B-5 为琼斯公司综合收益总额的调节表（利润表的毛利部分）。

图表 24B-5　　　　　　　　　　**2015 年综合收益调节表**

琼斯公司 （单位：千）			
附注	GAAP	转为 IFRS 的影响	IFRS
销售收入	£20 910	£0	£20 910
1，2，3　　销售成本	(15 283)	(97)	(15 380)
毛利	£5 627	£ (97)	£5 530

2015 年综合收益调节表的附注：
1. 根据 IFRS 应确认养老金负债，而按 GAAP 的规定则不进行确认。2015 年养老金负债增加了 130 英镑，使得销售成本增加了 50 英镑、配送成本增加了 30 英镑、管理费用增加了 50 英镑。
2. IFRS 规定下的销售成本比之前增加了 47 英镑，因为根据 IFRS，存货包括固定制造费用和可变制造费用，而 GAAP 的规定与 IFRS 不同。
3. GAAP 规定下的折旧受到税收因素的影响，而 IFRS 规定下的折旧受使用寿命的影响。这对 2015 年的利润影响不大。

对 2015 年现金流量表重要调整的说明：
2015 年缴纳的所得税按 IFRS 的规定被纳入经营现金流，但按照 GAAP 的规定被纳入单独的税务现金流项目。除此之外，转换前后现金流量表没有其他重要差异。

☐ 总结

企业采用 IFRS 后必须确保财务报表使用者获得高质量的信息，以便在 GAAP 财务报表以及 IFRS 财务报表之间进行比较。IFRS 提供指导以确保在首次应用 IFRS 时财务报表具有可比性，并且确保首次应用 IFRS 的成本收益得到有效管理。

☐ 附录 24B 小结

14. 简述首次应用 IFRS 的指导。首次应用 IFRS 后，企业必须在转换日编制和列报初始 IFRS 财务报表。这是应用 IFRS 的起点。首次应用 IFRS 需要进行追溯调整。也就是说，以 IFRS 为基础对之前的财务报表进行重述，并且在初始 IFRS 财务报表中以及以后的期间采用相同的会计政策。这些会计政策应与 IFRS 相一致。企业还需提供至少一年的转换前后对比报表。

15. 解释编制初始 IFRS 资产负债表的步骤。企业编制初始 IFRS 资产负债表需要：（1）列入所有 IFRS 要求的资产和负债；（2）剔除所有不在 IFRS 允许范围内的资产和负债；（3）按照 IFRS 对所有资产、负债和所有者权益进行分类；（4）根据 IFRS 计量所有资产和负债。公司应编制追溯调整分录。进行上述调整之后，即可编制首次采用 IFRS 的期初财务报表，该报表使用的会计政策与采用 IFRS 当年的会计政策保持一致。

16. 说明与首次采用 IFRS 相关的追溯调整的免除规定。首次采用 IFRS 将对会计数据产生重大影响，IASB 基于成本效益原则，有针对性地对部分追溯调整事项作了免除规定。若以前年度的调整金额难以合理确定且企业难以提供相关可比信息，则适用免除规定。具体的免除政策包括强制免除（即企业禁止采用追溯调整法）和可选免除（即企业可自行选择是否采用追溯调整法）。

17. 说明首次采用 IFRS 时的列报与披露要求。首次采用 IFRS 后，企业必须按照 IFRS 的要求编制至少一年的比较信息。企业的首份 IFRS 财务报表应该至少包括三张资产负债表、两张综合收益表、两张单独的利润表（若需要）、两张现金流量表、两张股东权益变动表以及包括比较信息的其他相关附注。企业必须说明从 GAAP 改为 IFRS 对其财务状况、经营成果和现金流量造成了哪些影响。企业的首份 IFRS 财务报表应包括转换前后的权益和综合收益的调节表。

简单练习

BE24-3 Morlan 公司正在编制 2015 年 12 月 31 日的财务报表。然而公司在 2015 年 12 月 31 日至 2016 年 3 月 10 日报表报出日之间发生了两个事项，具体如下：

1. 一项负债在 2015 年 12 月 31 日的预计金额为 160 000 欧元，2016 年 2 月 26 日实际偿还额为 170 000 欧元。

2. 2016 年 3 月 1 日发生洪水，损失 80 000 欧元。

这些期后事项对 2016 年的净利润有什么影响？

BE24-4 Tina Bailey 是一名正在学习中级财务会计的学生，在一次有关分部报告的班级讨论中，她听到这样的评论："这部分内容让我很困惑。起初告诉我们合并报告反映的结果很有用，现在又告诉我们反映分部的结果会更好。我希望他们能够统一意见。"请评价这段评论。

综合练习

E24-1（期后事项） 2016 年 3 月 10 日，Keystone 公司发布了截至 2015 年 12 月 31 日的年度财务报表。下列事项在 2016 年初报表发布前发生。

（a）1 月 10 日，发行普通股 10 000 股，每股票面价值 5 美元，发行价格 66 美元。

（b）3 月 1 日，Keystone 公司与税务部门商议后确定 2015 年的应交所得税为 1 320 000 美元。2015 年 12 月 31 日，记录的应交所得税为 1 100 000 美元。

要求：讨论应当如何在 2015 年的财务报表中反映上述期后事项。

权威文献

［1］ "Framework for the Preparation and Presentation of Financial Statements"（London, U. K.：IASB, 2001), par. 21.

［2］ *International Financial Reporting Standard for Small and Medium-sized Entities*（*IFRS for SMEs*）（London, U. K.：IASB, 2009).

［3］ International Accounting Standard 1, *Presentation of Financial Statements*（London, U. K.：International Accounting Standards Committee Foundation, 2007).

［4］ International Accounting Standard 24, *Related Party Disclosures*（London, U. K.：International Accounting Standards Committee Foundation, 2009), par. 9.

[5] International Accounting Standard 24, *Related Party Disclosures* (London, U. K.： International Accounting Standards Committee Foundation, 2009), par. 17.

[6] International Accounting Standard 10, *Events after the Reporting Period* (London, U. K.： International Accounting Standards Committee Foundation, 2007).

[7] International Accounting Standard 10, *Events after the Reporting Period* (London, U. K.： International Accounting Standards Committee Foundation, 2007), par. 22.

[8] International Financial Reporting Standard 8, *Operating Segments* (London, U. K.： International Accounting Standards Committee Foundation, 2006), par. BC15.

[9] International Financial Reporting Standard 8, *Operating Segments* (London, U. K.： International Accounting Standards Committee Foundation, 2006), par. 19.

[10] International Accounting Standard 34, *Interim Financial Reporting* (London, U. K.： International Accounting Standards Committee Foundation, 2001).

[11] International Accounting Standard 34, *Interim Financial Reporting* (London, U. K.： International Accounting Standards Committee Foundation, 2001), paras. B12−B19.

[12] International Financial Reporting Standard 1, *First-time Adoption of International Financial Reporting Standards* (London, U. K.：

IASB, 2003), par. 1.

[13] International Financial Reporting Standard 1, *First-time Adoption of International Financial Reporting Standards* (London, U. K.： IASB, 2003), par. 10.

[14] International Financial Reporting Standard 1, *First-time Adoption of International Financial Reporting Standards* (London, U. K.： IASB, 2003), par. 22.

[15] International Financial Reporting Standard 1, *First-time Adoption of International Financial Reporting Standards* (London, U. K.： IASB, 2003), par. BC 22B.

[16] International Financial Reporting Standard 1, *First-time Adoption of International Financial Reporting Standards* (London, U. K.： IASB, 2003), App. C and D.

[17] International Financial Reporting Standard 1, *First-time Adoption of International Financial Reporting Standards* (London, U. K.： IASB, 2003), App. B-E.

[18] International Financial Reporting Standard 1, *First-time Adoption of International Financial Reporting Standards* (London, U. K.： IASB, 2003), paras. D5-D8 and BC41-BC47.

[19] International Financial Reporting Standard 1, *First-time Adoption of International Financial Reporting Standards* (London, U. K.： IASB, 2003), par. 19.

[20] International Financial Reporting Standard 1, *First-time Adoption of International Financial Reporting Standards* (London, U. K.： IASB, 2003), par. 24.

图书在版编目（CIP）数据

中级会计学——基于 IFRS/唐纳德·基索（Donald E. Kieso）等著；周华等译. —2 版. —北京：中国人民大学出版社，2018.3
（工商管理经典译丛. 会计与财务系列）
书名原文：Intermediate Accounting：IFRS Edition，2e
ISBN 978-7-300-25383-1

Ⅰ.①中… Ⅱ.①唐…②周… Ⅲ.①会计学 Ⅳ.①F230

中国版本图书馆 CIP 数据核字（2018）第 006896 号

工商管理经典译丛·会计与财务系列
中级会计学——基于 IFRS（第 2 版）
唐纳德·基索
杰里·韦安特　　著
特里·沃菲尔德
周　华　张姗姗　张卓然　等　译
Zhongji Kuaijixue：Jiyu IFRS

出版发行	中国人民大学出版社			
社　　址	北京中关村大街 31 号	**邮政编码**	100080	
电　　话	010 - 62511242（总编室）	010 - 62511770（质管部）		
	010 - 82501766（邮购部）	010 - 62514148（门市部）		
	010 - 62515195（发行公司）	010 - 62515275（盗版举报）		
网　　址	http://www.crup.com.cn			
	http://www.ttrnet.com（人大教研网）			
经　　销	新华书店			
印　　刷	涿州市星河印刷有限公司			
规　　格	185 mm×260 mm　16 开本	**版　　次**	2018 年 3 月第 1 版	
印　　张	57 插页 2	**印　　次**	2018 年 3 月第 1 次印刷	
字　　数	1 375 000	**定　　价**	128.00 元	

版权所有　侵权必究　　印装差错　负责调换

WILEY

老师您好，若您需要与 John Wiley 教材配套的教辅（免费），烦请填写本表并传真给我们。也可联络 John Wiley 北京代表处索取本表的电子文件，填好后 e-mail 给我们。

原书信息
原版 ISBN：
英文书名（Title）：
版次（Edition）：
作者（Author）：

配套教辅可能包含下列一项或多项
教师用书（或指导手册)/习题解答/习题库 /PPT 讲义/其他

教师信息（中英文信息均需填写）
➢ 学校名称（中文）：
➢ 学校名称（英文）：
➢ 学校地址（中文）：
➢ 学校地址（英文）：
➢ 院/系名称（中文）：
➢ 院/系名称（英文）：
课程名称（Course Name）：
年级/程度（Year / Level）：□大专　□本科 Grade：1 2 3 4　□硕士　□博士　□MBA　□EMBA
课程性质（多选项）：□必修课　□选修课　□国外合作办学项目　□指定的双语课程
学年（学期）：□春季　□秋季　□整学年使用　□其他（起止月份_____）
使用的教材版本：□中文版　□英文影印（改编）版　□进口英文原版（购买价格为___元）
学生：_____个班共_____人

授课教师姓名：
电话：
传真：
E-mail：

WILEY-约翰威立商务服务（北京）有限公司

John Wiley & Sons Commercial Service（Beijing）Co Ltd

北京市朝阳区太阳宫中路 12A 号，太阳宫大厦 8 层 805-808 室，邮政编码 100028
Direct +86 10 8418 7869 Fax +86 10 8418 7810
Email：sliang@wiley.com　梁爽

教师教学服务说明

中国人民大学出版社工商管理分社以出版经典、高品质的工商管理、财务会计、统计、市场营销、人力资源管理、运营管理、物流管理、旅游管理等领域的各层次教材为宗旨。

为了更好地为一线教师服务，近年来工商管理分社着力建设了一批数字化、立体化的网络教学资源。教师可以通过以下方式获得免费下载教学资源的权限：

在"人大经管图书在线"（www. rdjg. com. cn）注册，下载"教师服务登记表"，或直接填写下面的"教师服务登记表"，加盖院系公章，然后邮寄或传真给我们。我们收到表格后将在一个工作日内为您开通相关资源的下载权限。

如您需要帮助，请随时与我们联系：

中国人民大学出版社工商管理分社

联系电话：010－62515735，62515987，62515782，82501048

传　　真：010－62515732，62514775　　　　电子邮箱：rdcbsjg@crup. com. cn

通讯地址：北京市海淀区中关村大街甲 59 号文化大厦 1501 室（100872）

教师服务登记表

姓 名		□先生 □女士	职 称		
座机/手机			电子邮箱		
通讯地址			邮 编		
任教学校			所在院系		
所授课程	课程名称	现用教材名称	出版社	对象（本科生/研究生/MBA/其他）	学生人数
需要哪本教材的配套资源					
人大经管图书在线用户名					

院/系领导（签字）：

院/系办公室盖章